FRANÇAIS

Tout Savoir 2de

Français
Louise Taquechel

Mathématiques
Christine Bronsart, Vincent Noury

Histoire-Géographie
Françoise Sutour

Physique-Chimie
Joël Carrasco

Sciences de la vie et de la Terre
Jacques Bergeron, Jean-Claude Hervé

Anglais
Jeanne-France Bignaux, Didier Hourquin

Espagnol
Christine Hascoët

© Hatier, Paris, 2015 – ISBN : 978-2-218-98892-9

Hatier

Sommaire

Français page 6

Roman et nouvelle au XIXe siècle

Tragédie et comédie au XVIIe siècle

La poésie du XIXe au XXe siècle

L'argumentation aux XVIIe et XVIIIe siècles

Langue et style

Vers le bac

Mathématiques page 74

Calculs et algorithmique

Équations et inéquations

Fonctions

Statistiques et probabilités

Trigonométrie

Géométrie dans le plan

Géométrie dans l'espace

Coordonnées d'un vecteur $\overrightarrow{AB}$

Soit $A(x_A ; y_A)$ et $B(x_B ; y_B)$ deux points d'un repère. Les coordonnées du vecteur $\overrightarrow{AB}$ sont :

$$\begin{pmatrix} x_B - x_A \\ y_B - y_A \end{pmatrix}$$

Colinéarité de deux vecteurs

- Deux vecteurs $\vec{u}\begin{pmatrix} x \\ y \end{pmatrix}$ et $\vec{v}\begin{pmatrix} x' \\ y' \end{pmatrix}$ sont colinéaires si et seulement si :

$$x \times y' = y \times x'$$

- Pour démontrer que deux droites (AB) et (CD) sont parallèles, on peut montrer que les vecteurs $\overrightarrow{AB}$ et $\overrightarrow{CD}$ sont colinéaires.
- Pour démontrer que trois points A, B et C sont alignés on peut montrer que les vecteurs $\overrightarrow{AB}$ et $\overrightarrow{AC}$ sont colinéaires.

Équations de droites

- Une droite non parallèle à l'axe des ordonnées a une équation de la forme :

$$y = mx + p$$

- Une droite parallèle à l'axe des ordonnées a une équation de la forme :

$$x = a$$

Coefficient directeur d'une droite

- Soit (AB) une droite non parallèle à l'axe des ordonnées. Son coefficient directeur est égal à :

$$m = \frac{y_B - y_A}{x_B - x_A}$$

- Deux droites non parallèles à l'axe des ordonnées sont parallèles si et seulement si elles ont le même coefficient directeur.

Périmètres, aires et volumes

Rectangle

$$\text{Aire} = \text{longueur} \times \text{largeur} = AB \times BC$$

Triangle

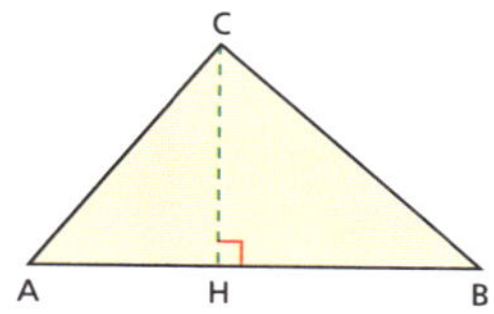

$$\text{Aire} = \frac{\text{base} \times \text{hauteur}}{2} = \frac{AB \times CH}{2}$$

Cercle et disque

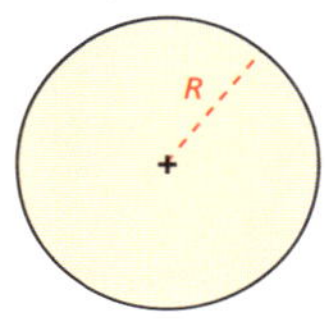

Périmètre $= 2 \times \pi \times R$
Aire d'un disque $= \pi \times R^2$

Parallélépipède rectangle

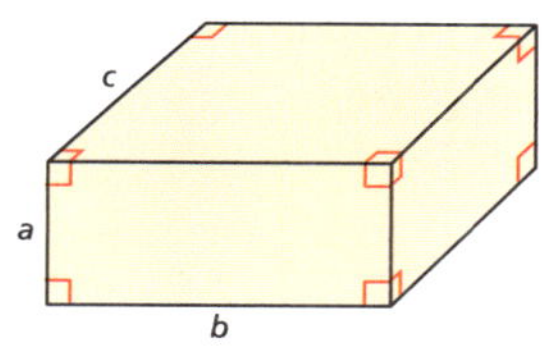

$$\text{Volume} = a \times b \times c$$

Prisme droit

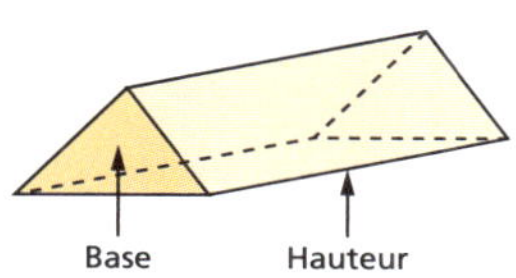

Volume = aire d'une base × hauteur

Cylindre

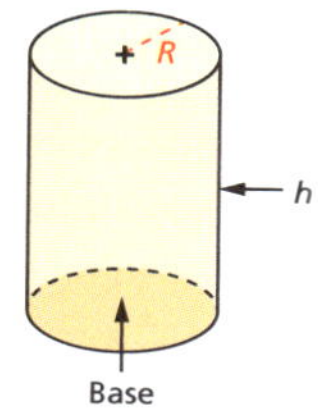

Volume = aire d'une base × hauteur $= \pi \times R^2 \times h$

Pyramide

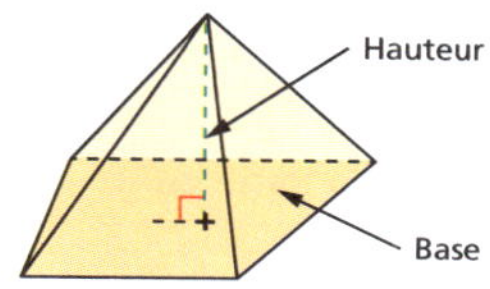

$$\text{Volume} = \frac{\text{aire de la base} \times \text{hauteur}}{3}$$

Cône

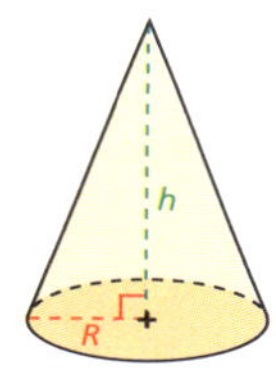

$$\text{Volume} = \frac{\text{aire de la base} \times \text{hauteur}}{3} = \frac{\pi \times R^2 \times h}{3}$$

Sphère

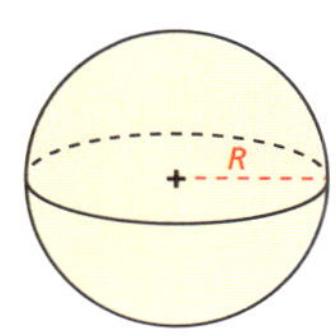

$$\text{Volume} = \frac{4}{3} \times \pi \times R^3$$

Aide-mémoire de physique-chimie

Formules à connaître

Fréquence-période

$$F = \frac{1}{T}$$

F : fréquence en Hz
T : période en s

Vitesse

$$v = \frac{d}{\Delta t}$$

v : vitesse en $m \cdot s^{-1}$
d : distance parcourue en m
Δt : intervalle de temps en s

Pression

$$P = \frac{F}{S}$$

P : pression en Pa
F : force exercée en N
S : surface de la paroi en m^2

Gaz parfait

$$P \times V = n \times R \times T$$

P : pression en Pa
V : volume en m^3
n : quantité de matière en mol
T : température en K
R : constante du gaz parfait avec $R = 8{,}31\ J \cdot mol^{-1} \cdot K^{-1}$

Indice de réfraction

$$n = \frac{c}{v}$$

n : indice de réfraction du milieu sans unité
v : vitesse de la lumière dans le milieu en $m \cdot s^{-1}$
c : vitesse de la lumière dans le vide avec $c = 3{,}00 \times 10^8\ m \cdot s^{-1}$

Seconde loi de Snell-Descartes

$$n_1 \sin i_1 = n_2 \sin i_2$$

n_1 : indice du milieu 1
n_2 : indice du milieu 2
i_1 : angle d'incidence
i_2 : angle de réfraction

Loi de gravitation

$$F = G \times \frac{m \times m'}{d^2}$$

F : intensité de la force gravitationnelle en N
m et m' : masses des deux corps en kg
d : distance entre les centres des deux corps en m
G : constante de la gravitation universelle avec $G = 6{,}67 \times 10^{-11}\ N \cdot m^2 \cdot kg^{-2}$

Poids

$$P = m \times g$$

P : poids en N
m : masse en kg
g : intensité de la pesanteur en $N \cdot kg^{-1}$

Masse volumique

$$\rho = \frac{m}{V}$$

ρ : masse volumique en $kg \cdot m^{-3}$
m : masse en kg
V : volume en m^3

Densité

$$d = \frac{\rho}{\rho_{eau}}$$

d : densité sans unité
ρ : masse volumique en $kg \cdot m^{-3}$
ρ_{eau} : masse volumique de l'eau en $kg \cdot m^{-3}$

Nucléons d'un atome

$$A = Z + N$$

A : nucléons Z : protons N : neutrons

Quantité de matière-masse

$$n = \frac{m}{M}$$

n : quantité de matière en mol
m : masse en g
M : masse molaire en $g \cdot mol^{-1}$

Quantité de matière-volume

$$n = \frac{V}{V_m}$$

n : quantité de matière en mol
V : volume en L
V_m : volume molaire en $L \cdot mol^{-1}$

Concentration molaire

$$C = \frac{n}{V}$$

C : concentration molaire en $mol \cdot L^{-1}$
n : quantité de matière en mol
V : volume de la solution en L

Multiples et sous-multiples

Facteur multiplicatif	10^{-12}	10^{-9}	10^{-6}	10^{-3}	10^{3}	10^{6}	10^{9}	10^{12}
Préfixe	pico	nano	micro	milli	kilo	méga	giga	téra
Symbole	p	n	μ	m	k	M	G	T

Constantes fondamentales

	Notation	Valeur	Unité
Charge élémentaire	e	$1{,}602\,177 \times 10^{-19}$	C
Constante de gravitation	G	$6{,}672 \times 10^{-11}$	$N \cdot m^2 \cdot kg^{-2}$
Constante du gaz parfait	R	8,314 5	$J \cdot mol^{-1} \cdot K^{-1}$
Nombre d'Avogadro	N_A	$6{,}022\,13 \times 10^{23}$	mol^{-1}
Vitesse de la lumière dans le vide	c	$2{,}997\,924\,58 \times 10^{8}$	$m \cdot s^{-1}$

Histoire-Géographie page 144

Histoire

Géographie

Physique-Chimie page 192

Physique

Chimie

SVT page 238

La Terre : une planète habitée

Des enjeux planétaires : énergie et sol

Le corps humain et la santé

Sommaire

Anglais page 274

Points clés de grammaire

Vers le bac

Quelques repères de civilisation

Espagnol page 308

Points clés de grammaire

Quelques repères de civilisation

Vers la 1re page 336

CORRIGÉS page 368

Sciences économiques et sociales sur www.hatier-entrainement.com

Ménages et consommation

1. Comment les revenus et les prix influencent-ils les choix des consommateurs ?
2. La consommation : un marqueur social ?

Entreprises et production

3. Qui produit des richesses ?
4. Comment produire et combien produire ?

Marchés et prix

5. Comment se forment les prix sur un marché ?
6. La pollution : comment remédier aux limites du marché ?

Formation et emploi

7. Le diplôme : un passeport pour l'emploi ?
8. Le chômage : des coûts salariaux trop élevés ou une insuffisance de la demande ?

Individus et cultures

9. Comment devenons-nous des acteurs sociaux ?
10. Comment expliquer les différences de pratiques culturelles ?

Français

Caspar David Friedrich (1774-1840), *Falaises de craie à Rügen*, 1818-1819, Museum Stiftung Oskar Reinhart, Winterthour

Des podcasts de révision audio sur
www.hatier-entrainement.com

Date

Roman et nouvelle au XIXe siècle

Tragédie et comédie au XVIIe siècle

La poésie du XIXe au XXe siècle

L'argumentation aux XVIIe et XVIIIe siècles

Langue et style

Vers le bac

Le récit

L'ESSENTIEL

L'intrigue

● Par l'intermédiaire du narrateur, le récit présente une succession d'événements. Une intrigue **simple** suit les étapes du **schéma narratif** :
- situation initiale qui présente cadre et personnages,
- élément perturbateur qui bouleverse l'équilibre initial,
- péripéties qui font rebondir l'action,
- élément de résolution qui met un terme aux péripéties,
- situation finale qui rétablit un équilibre.

● Le récit est **complexe** lorsqu'il mêle **différentes intrigues** qui se déroulent en même temps, ou lorsqu'à l'intérieur d'un récit-cadre, on trouve une autre intrigue racontée par un personnage (**récit enchâssé**).

Le déroulement des événements

Les faits sont souvent racontés dans leur succession chronologique. Mais l'histoire peut présenter :
- une anticipation ou **prolepse** : on annonce des événements qui se produiront plus tard dans l'histoire ;

> Le jeune Icare se tenait à ses côtés, sans se douter qu'il maniait ce qui devait le mettre en mortel péril.
> ▷ OVIDE, *Métamorphoses*.

- un retour en arrière ou **analepse** : on mentionne des événements qui ont déjà eu lieu.

> Un peu plus tôt, le nègre Ange Soleil avait tué sa maîtresse.
> ▷ Jean GENET, *Notre-Dame-des-Fleurs*, 1948.

INFO
La prolepse est en général moins fréquente que l'analepse.

Les personnages

● Le personnage remplit un rôle, qui dépend de la position qu'il occupe par rapport aux autres personnages. Le **schéma actantiel** définit ces rôles :
- le **sujet** est le héros qui fait évoluer l'action en fonction de ce qu'il recherche : une personne, un idéal ou autre, qu'on appelle l'**objet** de la quête ;
- les **adjuvants** sont les auxiliaires (personnages, qualités...) qui vont aider le personnage dans sa quête, face aux **opposants** qui lui font obstacle.

● Le personnage se construit non seulement tout au long de l'intrigue, mais également grâce à des **portraits** qui indiquent ses caractéristiques physiques et morales.

INFO
On parle de **héros** pour désigner le personnage doté d'un rôle majeur. Celui-ci n'est pas nécessairement « héroïque » : il peut être faible ou méprisable.

Roman et nouvelle

● Le genre narratif peut prendre **différentes formes**, notamment celles du roman et de la nouvelle.

● **Récit bref, la nouvelle** se distingue du roman en plusieurs points : les personnages sont moins nombreux, l'intrigue est en général simple, l'étendue dans le temps est plus resserrée. L'action se déroule dans un lieu unique et la fin présente souvent une chute, un effet de surprise. Quand les nouvelles sont publiées en recueil, elles s'inscrivent dans la même veine (fantastique, merveilleuse, réaliste, etc.).

LA MÉTHODE

Étudier un récit enchâssé

> « Mon père, repris-je, il est aisé de juger à votre air et à votre discours que vous avez acquis une grande expérience. Si vous en avez le temps, racontez-moi, je vous prie, ce que vous savez des anciens habitants de ce désert [...] ». Alors, comme quelqu'un qui cherche à se rappeler diverses circonstances, après avoir appuyé quelque temps les mains sur son front, voici ce que le vieillard me raconta.
> En 1726, un jeune homme de Normandie, appelé M. de La Tour, après avoir sollicité en vain du service en France et des secours dans sa famille, se détermina à venir dans cette île pour y chercher fortune. Il avait avec lui une jeune femme qu'il aimait beaucoup et dont il était aimé.
> ▷ Bernardin DE SAINT-PIERRE, *Paul et Virginie*, 1788.

● **Repérer les différents narrateurs, l'endroit où se situe le changement de l'instance narrative**
Le récit enchâssé commence avec le deuxième paragraphe. Le premier paragraphe, récit-cadre, est le fait d'un narrateur interne (récit à la première personne) ; en revanche, le récit enchâssé est à la troisième personne. Le changement de narrateur entraîne alors un **changement de focalisation** (on passe d'un point de vue interne à un point de vue omniscient).

● **Analyser l'intérêt de l'enchâssement**
Ce procédé est un artifice utilisé pour rendre plus vraisemblable le récit qui va suivre. L'histoire racontée par le vieil homme a pour récepteur le premier narrateur, qui est comme un double du lecteur. Ce dernier sera dispensé d'éprouver des doutes, si le premier récepteur lui-même n'en a pas. L'histoire devient plus facilement acceptable par le lecteur. Le récit-cadre apporte donc une **caution** au récit enchâssé.

S'ENTRAÎNER

1 QUIZ

Quel procédé est utilisé dans la phrase suivante ?

Il se consacra à l'écriture de ce livre qui devait le rendre un jour si célèbre.

☐ **a.** une prolepse ☐ **b.** une progression chronologique ☐ **c.** une analepse

2 Un début de roman

a. À quelle étape du schéma narratif correspond cet extrait qui ouvre le roman ?
b. Qui est le personnage principal ?
c. Quelles sont les informations que le lecteur possède d'emblée sur lui ?

Ça a débuté comme ça. Moi, j'avais jamais rien dit. Rien. C'est Arthur Ganate qui m'a fait parler. Arthur, un étudiant, un carabin lui aussi, un camarade. On se rencontre donc place Clichy. C'était après le déjeuner. Il veut me parler. Je l'écoute. « Restons pas dehors ! qu'il me dit. Rentrons ! » Je rentre avec lui. Voilà.

▷ Louis-Ferdinand CÉLINE, *Voyage au bout de la nuit*, 1932, © Éditions Gallimard.

3 Un récit-cadre

a. Commentez l'usage d'une narration à la première personne, et expliquez le rôle de ce passage pour le récit enchâssé qui va suivre.
b. À quelle personne sera-t-il raconté ?

« Monsieur, me dit-il, vous en usez si noblement avec moi, que je me reprocherais, comme une basse ingratitude, d'avoir quelque chose de réservé pour vous. Je veux vous apprendre non seulement mes malheurs et mes peines, mais encore mes désordres et mes plus honteuses faiblesses. Je suis sûr qu'en me condamnant, vous ne pourrez pas vous empêcher de me plaindre. »
Je dois avertir ici le lecteur que j'écrivis son histoire presque aussitôt après l'avoir entendue. [...] Voici donc son récit, auquel je ne mêlerai, jusqu'à la fin, rien qui ne soit de lui.

▷ L'abbé PRÉVOST, *Histoire du chevalier Des Grieux et de Manon Lescaut*, 1753.

4 Un narrateur tout-puissant

a. Le narrateur s'adresse-t-il explicitement à quelqu'un ?
b. Combien y a-t-il de récits enchâssés ? Pourquoi ?

Comment s'étaient-ils rencontrés ? Par hasard, comme tout le monde. Comment s'appelaient-ils ? Que vous importe ? D'où venaient-ils ? Du lieu le plus prochain. Où allaient-ils ? Est-ce que l'on sait où l'on va ? Que disaient-ils ? Le maître ne disait rien ; et Jacques disait que son capitaine disait que tout ce qui nous arrive de bien et de mal ici-bas était écrit là-haut.

▷ Denis DIDEROT, *Jacques le Fataliste*, 1796.

5 Le traitement du temps

a. Quel est le temps de référence de cet extrait ?
b. Comment s'appelle le procédé qui bouleverse l'ordre chronologique dans le deuxième paragraphe ?
c. Quelle remarque pouvez-vous faire sur les temps dans ce paragraphe ?

J'ai fermé les yeux, et j'ai mis les mains dessus, et j'ai tâché d'oublier, d'oublier le présent dans le passé. Tandis que je rêve, les souvenirs de mon enfance et de ma jeunesse me reviennent un à un [...].
Je me revois enfant, écolier rieur et frais, jouant, courant, criant avec mes frères dans la grande allée verte de ce jardin sauvage où ont coulé mes premières années [...].

▷ Victor HUGO, *Le Dernier Jour d'un condamné*, 1829.

6 Un portrait surprenant

a. Quel est le point de vue utilisé pour faire ce portrait ? S'agit-il d'un portrait physique ou moral ?
b. Quelle image le lecteur a-t-il de Duroy ? Faites des hypothèses sur la suite de l'intrigue : son parcours, sa quête.

Il était un peu gêné, intimidé, mal à l'aise. Il portait un habit pour la première fois de sa vie, et l'ensemble de sa toilette l'inquiétait. Il la sentait défectueuse en tout, par les bottines non vernies, mais assez fines cependant, car il avait la coquetterie du pied, par la chemise de quatre francs cinquante achetée le matin même au Louvre, et dont le plastron trop mince cassait déjà. Ses autres chemises, celles de tous les jours, ayant des avaries plus ou moins graves, il n'avait pas pu utiliser même la moins abîmée. [...]
Il montait lentement les marches, le cœur battant, l'esprit anxieux, harcelé surtout par la crainte d'être ridicule ; et, soudain, il aperçut en face de lui un monsieur en grande toilette qui le regardait. Ils se trouvaient si près l'un de l'autre que Duroy fit un mouvement en arrière, puis il demeura stupéfait : c'était lui-même, reflété par une haute glace en pied qui formait sur le palier du premier une longue perspective de galerie. Un élan de joie le fit tressaillir tant il se jugea mieux qu'il n'aurait cru.

▷ Guy DE MAUPASSANT, *Bel-Ami*, 1885.

7 Un personnage clé

a. Quel est le personnage présenté dans cet incipit ? Que peut-on en déduire sur son rôle dans le roman ?
b. Comment son portrait est-il construit ?
c. Quel est le point de vue utilisé ?

Nous étions à l'étude, quand le proviseur entra, suivi d'un nouveau habillé en bourgeois. [...]
Resté dans l'angle, derrière la porte, si bien qu'on l'apercevait à peine, le nouveau était un gars de la campagne, d'une quinzaine d'années environ, et plus haut de taille qu'aucun de nous tous. Il avait des cheveux coupés droit sur le front, comme un chantre de village, l'air raisonnable et fort embarrassé. Quoiqu'il ne fût pas large des épaules, son habit-veste de drap vert à boutons noirs devait le gêner aux entournures et laissait voir, par la fente des parements, des poignets rouges habitués à être nus. Ses jambes, en bas bleus, sortaient d'un pantalon jaunâtre très tiré par les bretelles. Il était chaussé de souliers forts, mal cirés, garnis de clous.

▷ Gustave FLAUBERT, *Madame Bovary*, 1857.

Le rythme dans un récit

L'ESSENTIEL

La **durée du récit** ne correspond presque jamais à la **durée réelle de l'histoire** racontée. Le narrateur choisit de développer certains épisodes ou, au contraire, d'en condenser d'autres. Cette alternance de **passages développés** et de **passages condensés** donne au récit son **rythme**.

L'ellipse

L'ellipse consiste à **passer sous silence** certains épisodes de manière à **accélérer le récit**.

- Certains moments ne présentant **pas d'intérêt** particulier, le narrateur peut choisir de ne pas les mentionner.
- Parfois, les épisodes ne doivent pas être révélés parce que le narrateur veut les tenir secrets pour entretenir un **suspense** ou parce qu'il veut les oublier.
- Il arrive aussi qu'il soit dans l'incapacité de raconter un événement, parce qu'il était absent ou qu'il ne s'en souvient pas. Souvent l'ellipse est **introduite par un indice temporel** *(le lendemain, trois ans plus tard…)*.

> Enfin, il annonça qu'il irait lui-même à la Préfecture prendre des informations, et les apporterait dimanche prochain entre onze heures et minuit. (*Ellipse.*) Le moment arrivé, elle courut vers l'amoureux.
>
> ▷ Gustave FLAUBERT, *Un cœur simple*, 1877.

AUTEUR CLÉ

Gustave Flaubert (1821-1880), admiré mais aussi décrié de son vivant, s'inscrit dans la lignée du réalisme. Ses œuvres les plus célèbres sont les romans *Madame Bovary* et *L'Éducation sentimentale*, ainsi que la nouvelle *Un cœur simple*.

Le sommaire

- Le sommaire consiste à **condenser en quelques lignes** un épisode, parce qu'il présente moins d'intérêt que d'autres : on raconte rapidement des événements qui ont pris plus de temps à se dérouler.
- Ce procédé permet d'accélérer le récit pour **maintenir l'intérêt du lecteur**. Le plus souvent, le sommaire ne comporte pas de dialogue et présente une succession de passés simples juxtaposés. On peut aussi employer l'imparfait de répétition.

> Bien des années se passèrent. Et la maison ne se louait pas, ne se vendait pas.
>
> ▷ Gustave FLAUBERT, *Un cœur simple*, 1877.

La scène

- Elle tente de **restituer la durée des événements** : le narrateur donne au lecteur l'illusion que la durée des événements racontés est égale au temps nécessaire pour lire la scène, que la durée du récit est identique à la durée de l'histoire. L'événement est alors étiré au maximum.
- Le plus souvent, la scène est **introduite par une indication temporelle** *(or, un dimanche…)* et comporte des dialogues. Elle marque un moment fort de l'action.

> Une d'elles, un jour, aborda Félicité, qui peu de temps après entra dans la chambre toute joyeuse. Elle avait retrouvé une sœur ; et Nastasie Barette, femme Leroux, apparut, tenant un nourrisson à sa poitrine, de la main droite un autre enfant, et à sa gauche un petit mousse les poings sur les hanches et le béret sur l'oreille.
>
> ▷ Gustave FLAUBERT, *Un cœur simple*, 1877.

LA MÉTHODE

Analyser le rythme de la narration

> Puis des années s'écoulèrent, toutes pareilles et sans autres épisodes que le retour des grandes fêtes : Pâques, l'Assomption, la Toussaint. Des événements intérieurs faisaient une date, où l'on se reportait plus tard. Ainsi, en 1825, deux vitriers badigeonnèrent le vestibule ; en 1827, une portion du toit, tombant dans la cour, faillit tuer un homme. L'été de 1828, ce fut à Madame d'offrir le pain bénit ; Bourais, vers cette époque, s'absenta mystérieusement ; et les anciennes connaissances peu à peu s'en allèrent : Guyot, Liébard, Mme Lechaptois, Robelin, l'oncle Gremanville, paralysé depuis longtemps. Une nuit, le conducteur de la malle-poste annonça dans Pont-l'Évêque la révolution de Juillet. Un sous-préfet nouveau, peu de jours après, fut nommé : le baron de Larsonnière.
>
> ▷ Gustave FLAUBERT, *Un cœur simple*, 1877.

Repérer les indicateurs temporels

Il faut relever tous les adverbes, propositions ou dates qui renseignent sur l'époque à laquelle se déroulent les événements. Ils sont nombreux dans le passage et englobent généralement toute une période, qu'elle soit **vague** *(des années, vers cette époque)* ou **précise** *(en 1825, l'été de 1828)*.

Analyser l'écoulement du temps

Combien d'années ont passé ?
Il s'agit ici d'un **sommaire**, puisque plusieurs années (au minimum cinq, de 1825 à 1830, date de la révolution de Juillet) sont condensées en quelques lignes. Le récit **s'accélère**, on ne s'étend pas sur ces années *toutes pareilles*. Ce sommaire sert à dire la monotonie d'années toutes semblables les unes aux autres.

● **Étudier les variations de rythme**

Le temps passe-t-il très vite ou très lentement ? À quel moment cela change-t-il ?

Une seule indication précise semble échapper au sommaire : les deux dernières phrases (introduites par l'indicateur spécifique *une nuit*) traitent d'un événement particulier. C'est donc une **scène**, la monarchie de Juillet, qui va être développée. Mais l'événement historique est ramené à sa dimension intime, villageoise, aux conséquences qu'il entraîne sur la vie quotidienne. Si l'intérêt de l'arrivée du sous-préfet n'est pas immédiatement évident, on apprendra par la suite que c'est lui qui fournira à Félicité, personnage principal de la nouvelle, son grand amour.

S'ENTRAÎNER

1 QUIZ **Quel procédé est utilisé dans la phrase suivante ?**

Ce fut une soirée mémorable. Le lendemain, ils quittèrent la ville très tôt, sans se faire remarquer.

☐ **a.** un sommaire ☐ **b.** une scène ☐ **c.** une ellipse

2 Soulignez les indications temporelles dans les extraits suivants. Mettent-elles en évidence un sommaire ou une ellipse ?

a. Pendant quinze jours, il vécut d'une vie économe, réglée et chaste, l'esprit plein de résolutions énergiques.

b. Ils descendirent dans un hôtel dont les fenêtres donnaient sur le quai, et ils se mirent au lit après avoir un peu soupé, très peu. La femme de chambre les réveilla, le lendemain, lorsque huit heures venaient de sonner.

c. Les Du Roy avaient passé à Paris tout l'été, menant une campagne énergique dans *La Vie française* en faveur du nouveau cabinet pendant les courtes vacances des députés.

▷ Guy DE MAUPASSANT, *Bel-Ami*, 1885.

3 Distinguez les différents procédés utilisés dans les extraits suivants. Commentez l'emploi des temps.

a. Il connut les coulisses des théâtres et celles de la politique, les corridors et les vestibules des hommes d'État de la Chambre des députés, les figures importantes des attachés de cabinet et les mines renfrognées des huissiers endormis.

b. Deux mois s'étaient écoulés ; on touchait à septembre, et la fortune rapide que Duroy avait espérée lui semblait bien lente à venir.

c. Alors, il retourna, un soir, aux Folies-Bergère, avec l'esprit d'y trouver Rachel. Il l'aperçut en effet, dès l'entrée, car elle ne quittait guère cet établissement. Il alla vers elle en souriant, la main tendue. Mais elle le toisa de la tête aux pieds : – Qu'est-ce que vous me voulez ?

d. Il l'avait prise dans ses bras, et il baisait ses cheveux avec emportement, entre le front et le chapeau, à travers le voile.

Une heure et demie plus tard, il la reconduisit à la station de fiacres de la rue de Rome.

▷ Guy DE MAUPASSANT, *Bel-Ami*, 1885.

POUR VOUS AIDER

Commencez par repérer toutes les indications temporelles.

4 Repérez une ellipse narrative dans ce passage et écrivez un court paragraphe qui prendra la forme d'un sommaire, pour la combler.

Pendant de longues minutes il multiplia, autour du front de l'endormie, les magnétiques passes du réveil – vainement. Edison s'aperçut, au bout d'une heure d'anxiété et d'efforts de volition devenus stériles, que celle qui semblait dormir avait définitivement quitté le monde des humains.

Environ trois semaines après ces événements, M. Edison, n'ayant reçu ni lettre ni dépêche de Lord Ewald, commençait à s'inquiéter de ce silence.

▷ Auguste DE VILLIERS DE L'ISLE-ADAM, *L'Ève future*, 1886.

5 Rythme et temps

a. Quels sont les temps employés dans ce passage ? Combien de temps s'est écoulé ?

b. Comment appelle-t-on ce procédé ? Pourquoi est-il utilisé ?

c. Écrivez la fin de la nouvelle : Mme Loisel rencontre par hasard son ancienne amie et lui avoue la vérité. Votre texte prendra la forme d'une scène.

Mathilde Loisel a perdu une parure de diamants prêtée par son amie, Mme Forestier. Le ménage Loisel remplace le collier, mais s'endette terriblement pour le payer.

Mme Loisel connut la vie horrible des nécessiteux. Elle prit son parti, d'ailleurs, tout d'un coup, héroïquement. Il fallait payer cette dette effroyable. Elle payerait. On renvoya la bonne ; on changea de logement ; on loua sous les toits une mansarde.

Elle connut les gros travaux du ménage, les odieuses besognes de la cuisine. Elle lava la vaisselle, usant ses ongles roses sur les poteries grasses et le fond des casseroles. Elle savonna le linge sale, les chemises et les torchons, qu'elle faisait sécher sur une corde ; elle descendit à la rue, chaque matin, les ordures, et monta l'eau, s'arrêtant à chaque étage pour souffler. Et, vêtue comme une femme du peuple, elle alla chez le fruitier, chez l'épicier, chez le boucher, le panier au bras, marchandant, injuriée, défendant sou à sou son misérable argent. [...]

Et cette vie dura dix ans.

Au bout de dix ans, ils avaient tout restitué, tout, avec le taux de l'usure, et l'accumulation des intérêts superposés.

▷ Guy DE MAUPASSANT, *La Parure*, 1884.

Le récit réaliste

L'ESSENTIEL

L'adjectif « réaliste » qualifie la plupart des grands romans du XIXe siècle, qui visent à l'**imitation de la réalité**. Le roman est « comme un miroir que l'on promène sur une grande route », selon les termes employés par Stendhal dans *Le Rouge et le Noir*.

Le mouvement réaliste

● **Les thèmes**

Le roman réaliste s'attache à **peindre la société** : les personnages incarnent la **diversité des classes sociales**, et une attention particulière est accordée aux milieux défavorisés. Le **monde moderne** (sous l'angle de la ville ou celui des machines industrielles qui ont révolutionné le siècle) sert souvent de cadre à l'action.

OEUVRE CLÉ

La Comédie humaine est un ensemble de quatre-vingt-quinze romans, dans lesquels Balzac s'est efforcé de dresser un tableau complet de la société de son époque, et plus généralement de la société humaine.

● **Les personnages**

Ils s'inscrivent dans un **espace réaliste** : lieux de travail (la fabrique, les champs), lieux domestiques (l'espace où l'on vit et où l'on mange) ou lieux de rencontres (le café, le bal). Le rapport du personnage au monde se construit par le biais du **corps** : on s'intéresse à ses appétits et à sa déchéance (la maladie, la misère). Le héros réaliste est souvent porté par un **désir de réussite sociale**, laquelle n'est pas forcément au rendez-vous.

Dans le roman de Balzac *Illusions perdues*, Lucien veut s'illustrer en tant que poète mais sa vanité en fera un journaliste, avant que le besoin d'argent ne précipite sa perte : il conclura, par faiblesse, un pacte avec un « démon » et deviendra sa créature.

● **Les procédés**

Le recours au **lexique spécialisé** propre à l'univers représenté est fréquent. Les personnages s'expriment dans un langage conforme à leur milieu. La **description** occupe un rôle prépondérant. Les romanciers ont le souci du **détail vrai**, particulièrement apte à ancrer le récit dans le réel. Le narrateur se veut omniscient pour transmettre une **vision objective et complète** de la réalité.

Les limites du réalisme

● Les romanciers réalistes désirent **rompre avec l'idéalisation romantique** : ils veulent faire connaître le réel et refusent le sublime.

● Ce n'est pourtant pas une pure reproduction de la réalité qu'offre le roman, puisque sa forme même suppose une reconstruction : la nécessité romanesque préside aux destinées des personnages, seuls les événements nécessaires sont mentionnés, et le temps réel est déformé pour les besoins de l'œuvre. Il s'agit bien plus de créer l'**illusion du vrai**. C'est dans cette optique que le narrateur adopte parfois un point de vue interne : la perception de la réalité se fait par le filtre de la conscience d'un individu.

LA MÉTHODE

Étudier le registre réaliste

C'était bal à la Boule-Noire, un jeudi. On dansait.
La salle avait le caractère moderne des lieux de plaisir du peuple. Elle était éclatante d'une richesse fausse et d'un luxe pauvre. On y voyait [...] du velours et des bancs en bois, les misères et la rusticité d'une guinguette dans le décor d'un palais de carton. [...]
Une vieille en cheveux, la raie sur le côté de la tête, passait, devant les tables, une corbeille remplie de morceaux de gâteau de Savoie et de pommes rouges. De temps en temps la danse, dans son branle et son tournoiement, montrait un bas sale, [...] des doigts rouges au bout de mitaines noires, une figure bise à moustache, une sous-jupe tachée de la crotte de l'avant-veille, une crinoline d'occasion forcée et toute bossue, de l'indienne de village à fleurs, un morceau de défroque de femme entretenue. [...]
Tout sautait et s'agitait. Les danseuses se démenaient, tortillaient, cabriolaient, animées, pataudes et déchaînées sous le coup de fouet d'une joie bestiale.

▷ Jules et Edmond DE GONCOURT, *Germinie Lacerteux*, 1865.

● **Étudier la représentation du réel**

Où se situe la scène ? Quel est le milieu social évoqué ? Le lieu est marqué socialement : la salle de bal du peuple est caractérisée d'emblée par un oxymore : *luxe pauvre*, et cette alliance commande toute la description, où le sordide est prépondérant. Différents milieux, qui n'ont en commun que la pauvreté, sont évoqués à travers les mentions de *l'indienne* (tissu de coton) *de village* (univers campagnard) et de la *défroque de femme entretenue* (univers citadin).

● **Analyser les personnages réalistes**

Comment le narrateur dresse-t-il leur portrait ?
S'agit-il de personnages individualisés ou de types ? ►

Les personnages appartiennent au peuple, voire aux bas-fonds. Leur portrait se fait par mention de leurs membres ou de leurs vêtements, révélateurs de leur milieu social. Ce sont d'abord des corps, présentés sous l'angle de la déchéance *(bas sale, doigts rouges, jupe tachée, pataudes)*, à tel point que le réalisme frise la **caricature** : malgré leur diversité, les femmes du bal populaire se ressemblent toutes.

● **Repérer les effets de réel**
Quels sont les « détails vrais » ? Comment sont-ils utilisés ? L'**alliance des contraires** dans le premier paragraphe, le contraste des couleurs dans le second, ainsi que les énumérations, témoignent du souci de refléter la complexité de la réalité. Les **objets quotidiens** *(pommes, mitaines)* contribuent à créer l'illusion du réel. Cette représentation est néanmoins subjective, et la « sauterie » populaire est à l'image de l'enfer suggéré dans le dernier paragraphe.

S'ENTRAÎNER

1 QUIZ

Dans quel milieu social évolue le personnage évoqué dans le passage suivant ?

C'était une de ces jolies et charmantes filles, nées, comme par une erreur du destin, dans une famille d'employés.

▷ Guy de Maupassant, *La Parure*, 1884.

☐ **a.** le peuple ☐ **b.** la bourgeoisie ☐ **c.** la noblesse

2 Une description réaliste

a. Quel est le lieu décrit ? Comment est-il ancré dans le réel ?
b. Sait-on quel est le milieu social évoqué ?
c. Expliquez le rôle de cette description.

L'extérieur de la maison Séchard était en harmonie avec la crasse avarice qui régnait à l'intérieur, où le vieil Ours n'avait jamais rien réparé. La pluie, le soleil, les intempéries de chaque saison avaient donné l'aspect d'un énorme tronc d'arbre à la porte de l'allée, tant elle était sillonnée de fentes inégales. La façade, mal bâtie en pierres et en briques mêlées sans symétrie, semblait plier sous le poids d'un toit vermoulu surchargé de ces tuiles creuses qui composent toutes les toitures dans le midi de la France. Le vitrage vermoulu était garni de ces énormes volets maintenus par les épaisses traverses qu'exige la chaleur du climat.

▷ Honoré de Balzac, *Illusions perdues*, 1836.

3 Un portrait réaliste ?

a. Étudiez l'ancrage historique et géographique du passage et le milieu social dont il est question. Cet extrait relève-t-il du mouvement réaliste ?
b. Comment se manifeste la présence du narrateur ? Quel jugement porte-t-il ?

Lors d'une foire agricole, une femme nommée Catherine Leroux reçoit une médaille pour « cinquante-quatre ans de service dans une même ferme ».

Quelque chose d'une rigidité monacale relevait l'expression de sa figure. Rien de triste ou d'attendri n'amollissait ce regard pâle. Dans la fréquentation des animaux, elle avait pris leur mutisme et leur placidité. C'était la première fois qu'elle se voyait au milieu d'une compagnie si nombreuse ; et intérieurement effarouchée par les drapeaux, par les tambours, par les messieurs en habit noir et par la croix d'honneur du Conseiller, elle demeurait tout immobile, ne sachant s'il fallait s'avancer ou s'enfuir, ni pourquoi la foule la poussait et pourquoi les examinateurs lui souriaient. Ainsi se tenait, devant ces bourgeois épanouis, ce demi-siècle de servitude.

▷ Gustave Flaubert, *Madame Bovary*, 1857.

4 Cet extrait présente-t-il les caractéristiques du mouvement réaliste ?

Il arriva un jour vers trois heures ; tout le monde était aux champs ; il entra dans la cuisine, mais n'aperçut point d'abord Emma ; les auvents étaient fermés. Par les fentes du bois, le soleil allongeait sur les pavés de grandes raies minces, qui se brisaient à l'angle des meubles et tremblaient au plafond. Des mouches, sur la table, montaient le long des verres qui avaient servi, et bourdonnaient en se noyant au fond, dans le cidre resté. Le jour qui descendait par la cheminée, veloutant la suie de la plaque, bleuissait un peu les cendres froides. Entre la fenêtre et le foyer, Emma cousait ; elle n'avait point de fichu, on voyait sur ses épaules nues de petites gouttes de sueur.

▷ Gustave Flaubert, *Madame Bovary*, 1857.

5 Une définition du réalisme

a. Sur quelle opposition repose la conception du réalisme de Maupassant ?
b. Expliquez quelle doit être, selon lui, la démarche du romancier.
c. Commentez le procédé utilisé dans la première et dans la dernière phrase.

Le vrai peut quelquefois n'être pas vraisemblable.
Le réaliste, s'il est un artiste, cherchera, non pas à nous montrer la photographie banale de la vie, mais à nous en donner la vision plus complète, plus saisissante, plus probante que la réalité même.
Raconter tout serait impossible, car il faudrait alors un volume au moins par journée, pour énumérer les multitudes d'éléments insignifiants qui emplissent notre existence.
Un choix s'impose donc – ce qui est une première atteinte à la théorie de toute la vérité. [...]
Faire vrai consiste donc à donner l'illusion complète du vrai, suivant la logique ordinaire des faits, et non à les transcrire servilement dans le pêle-mêle de leur succession.
J'en conclus que les Réalistes de talent devraient s'appeler plutôt des Illusionnistes.

▷ Guy de Maupassant, préface de *Pierre et Jean*, « Le Roman », 1888.

Le récit naturaliste

L'ESSENTIEL

Le mot « naturaliste » désigne au XVIe siècle un savant qui étudie la nature. Dans le dernier tiers du XIXe siècle, des écrivains empruntent ce terme pour l'appliquer au roman. Dans la continuité du réalisme, le naturalisme tente aussi de dire la réalité ; mais il s'en distingue par la **perspective scientifique** qu'il adopte.

Principes et enjeux du naturalisme

- Le romancier doit adopter une **méthode expérimentale**. Il ne se contente plus d'observer, il analyse l'action du milieu social moderne (la naissance du monde ouvrier, par exemple) sur l'individu.
- La **réalité tout entière** est prise en compte, aucun domaine n'est exclu ; pour Zola il faut « tout voir et tout peindre ». *Les Rougon-Macquart* évoquent tous les milieux : les artistes dans *L'Œuvre,* le monde paysan dans *La Terre*, l'univers du rail dans *La Bête humaine*.
- L'influence du milieu intérieur, c'est-à-dire de l'**hérédité**, est importante.

ŒUVRE CLÉ

Les Rougon-Macquart est un ensemble de vingt romans où Zola étudie une famille à travers cinq générations, toutes marquées par la folie de leur aïeule.

- Le roman naturaliste a une visée didactique et pédagogique. La représentation que le romancier donne du monde doit conduire le lecteur à une **prise de conscience**. Dans *Germinal,* Zola traite des conséquences sanglantes d'une révolte ouvrière, mais le roman se clôt sur l'espoir que tous les hommes auront droit un jour à une vie libre.

Les principaux procédés

- Le romancier mène une **enquête préalable** : Zola constitue pour chaque œuvre un dossier préparatoire rassemblant notes et documents.
- La **description** a un rôle primordial.
- Le roman est d'un réalisme cru et **pessimiste**. Nana, personnage de Zola dans le roman du même nom, est une courtisane avide, qui, après s'être acharnée à ruiner ses protecteurs, meurt seule, abandonnée et misérable.
- Le récit, pour être impartial, est raconté par un **narrateur omniscient**. Mais l'objectivité n'est jamais totale. Dans *La Bête humaine,* l'écriture de Zola relève parfois du lyrisme épique ; la locomotive devient un monstre humain.

LA MÉTHODE

Analyser une description

Le train est chargé de soldats en partance pour le front.

La chaudière était pourvue d'eau, le charbon dont le foyer venait d'être rempli, s'embrasait ; et pendant la première demi-heure, la pression monta follement, la vitesse devint effrayante. Sans doute, le conducteur-chef, cédant à la fatigue, s'était endormi. Les soldats, dont l'ivresse augmentait, à être ainsi entassés, subitement s'égayèrent de cette course violente, chantèrent plus fort. On traversa Maromme, en coup de foudre. Il n'y avait plus de sifflet, à l'approche des signaux, au passage des gares. C'était le galop tout droit, la bête qui fonçait tête basse et muette, parmi les obstacles. Elle roulait, roulait sans fin, comme affolée de plus en plus par le bruit strident de son haleine.

À Rouen, on devait prendre de l'eau : et l'épouvante glaça la gare, lorsqu'elle vit passer, dans un vertige de fumée et de flammes, ce train fou, cette machine sans mécanicien ni chauffeur, ces wagons à bestiaux emplis de troupiers qui hurlaient des refrains patriotiques.

▷ Émile ZOLA, *La Bête humaine,* 1890.

Repérer les outils de la description

Quels sont les verbes, les adjectifs, les images utilisés ?

La description est dynamique : les **verbes de mouvement** abondent *(augmentait, fonçait, roulait)*. Les notations sont principalement visuelles *(vit passer)* et auditives *(chantèrent, bruit strident)*. La figure majeure est la **métaphore** de la locomotive en bête *(galop, bête, affolée, haleine)*. En réponse à l'animalisation du train, apparaît la personnification de la gare dans le dernier paragraphe. Les notations renvoient à un univers parfaitement réaliste *(chaudière, charbon, Rouen, wagons à bestiaux)*.

Étudier l'organisation de la description

Suit-elle un ordre ?

Narration et description sont mêlées. À la première ivresse qui s'empare du train livré à lui-même, s'ajoute ensuite celle des soldats (caractérisés au sein de la « bête » comme des animaux eux-mêmes : *entassés, wagons à bestiaux*). La vitesse *(subitement, en coup de foudre, galop)* et la folie *(follement, effrayante, affolée, fou)* deviennent les champs lexicaux dominants. La description part du cœur de la machine *(le foyer)*, passe par ses entrailles *(les soldats)*, avant d'en donner une vision globale (la gare voit passer le *train fou*). ▶

● **Comprendre le rôle de la description**
Aide-t-elle le lecteur à se représenter la scène ? A-t-elle une fonction symbolique ?
Il s'agit ici de faire de la locomotive un personnage à part entière qui, comme les hommes, apparaît dans sa dimension animale. En créant une correspondance entre les personnages et l'objet décrit, c'est toute une atmosphère qui s'installe et qui va commander la suite du roman. L'**animalisation** mise en place par le romancier contredit son idéal d'objectivité : il crée ici un **mythe du monde moderne**.

S'ENTRAÎNER

1 QUIZ

Quel est le procédé utilisé dans ce passage descriptif ?

[...] *ce train fou, cette machine sans mécanicien ni chauffeur, ces wagons à bestiaux emplis de troupiers qui hurlaient des refrains patriotiques.*

☐ **a.** une antithèse ☐ **b.** une énumération ☐ **c.** une comparaison

2 Une description subjective

a. Quel est le point de vue adopté dans cette description ? Que ressentent les deux femmes à la fenêtre ?

b. Montrez comment les détails objectifs et les impressions subjectives alternent dans le passage. Le narrateur est-il totalement absent, caché derrière ce spectacle ?

Assises près de la fenêtre, elles coupaient, tailladaient, cousaient ; de temps à autre, elles levaient le nez et regardaient au travers des vitres. Un bout de soleil tachait la voie par places et trempait ses rayons pâles dans le ventre des flaques. Les Parisiens abusaient de cette éclaircie pour aller encore à la campagne. Les trains de Versailles se succédaient de dix en dix minutes. [...] Cette manie des boutiquiers de vouloir s'ébattre, en plein air, dans un Clamart quelconque, cette satisfaction imbécile de porter, à cheval sur une canne, le panier aux provisions ; ces dînettes avec du papier gras sur l'herbe ; ces retours avec des bottelettes de fleurs ; ces cabrioles, ces cris, ces hurlées stupides sur les routes, ces débraillés de costumes, ces habits bas, ces chemises bouffant de la culotte, ces corsets débridés, ces ceintures lâchant la taille de plusieurs crans ; ces parties de cache-cache et de visa dans les buissons empuantis par toutes les ordures des repas terminés et rendus, leur firent envie.

▷ Joris Karl Huysmans, *Les Sœurs Vatard*, 1879.

3 Un début et une fin

a. En quoi le second texte fonctionne-t-il comme l'antithèse du premier ?

b. Expliquez la métaphore finale du roman, et mettez-la en rapport avec le titre.

c. Dans quel registre s'inscrit cette fin ? Pourquoi peut-on parler d'« élan visionnaire » de la part de Zola ?

Document 1

Étienne Lantier arrive un soir à la fosse de Vosse, site minier.

Une seule idée occupait sa tête vide d'ouvrier sans travail et sans gîte, l'espoir que le froid serait moins vif après le lever du jour. [...]
Mais, au ras du sol, un autre spectacle venait de l'arrêter. C'était une masse lourde, un tas écrasé de constructions, d'où se dressait la silhouette d'une cheminée d'usine ; de rares lueurs sortaient des fenêtres encrassées, cinq ou six lanternes tristes étaient pendues dehors, à des charpentes dont les bois noircis alignaient vaguement des profils de tréteaux gigantesques ; et, de cette apparition fantastique, noyée de nuit et de fumée, une seule voix montait, la respiration grosse et longue d'un échappement de vapeur, qu'on ne voyait point.

▷ Émile Zola, *Germinal*, 1884 (début).

Document 2

Étienne quitte la région pour aller à Paris, après avoir vu mourir la plupart des ouvriers, lors d'une grève sévèrement réprimée.

Et, sous ses pieds, les coups profonds, les coups obstinés des rivelaines continuaient. Les camarades étaient tous là, il les entendait le suivre à chaque enjambée. N'était-ce pas la Maheude, sous cette pièce de betteraves [...] ? À gauche, à droite, plus loin, il croyait en reconnaître d'autres, sous les blés, les haies vives, les jeunes arbres. Maintenant, en plein ciel, le soleil d'avril rayonnait dans sa gloire, échauffant la terre qui enfantait. Du flanc nourricier jaillissait la vie, les bourgeons crevaient en feuilles vertes, les champs tressaillaient de la poussée des herbes. De toutes parts, des graines se gonflaient, s'allongeaient, gerçaient la plaine, travaillées d'un besoin de chaleur et de lumière. Un débordement de sève coulait avec des voix chuchotantes, le bruit des germes s'épandait en un grand baiser. Encore, encore, de plus en plus distinctement, comme s'ils se fussent rapprochés du sol, les camarades tapaient. Aux rayons enflammés de l'astre, par cette matinée de jeunesse, c'était de cette rumeur que la campagne était grosse. Des hommes poussaient, une armée noire, vengeresse, qui germait lentement dans les sillons, grandissant pour les récoltes du siècle futur, et dont la germinaison allait faire bientôt éclater la terre.

▷ Émile Zola, *Germinal*, 1884 (fin).

POUR VOUS AIDER

Observez les termes qui expriment la démesure.

4 **Le roman se doit, selon Zola, de faire naître une prise de conscience chez le lecteur. Pensez-vous, comme lui, que la littérature doit se mettre au service d'une ambition sociale ? Développez votre point de vue dans un paragraphe argumenté, accompagné d'exemples précis pour appuyer vos propos.**

5 Le récit fantastique

L'ESSENTIEL

Le registre fantastique

Dans le récit fantastique, des événements étranges surviennent, que le lecteur et parfois le personnage essayent de comprendre : s'agit-il d'événements totalement irrationnels ? Le personnage a-t-il simplement sombré dans la folie ? **Le doute est maintenu jusqu'à la fin** : on ne tranche pas entre explication rationnelle ou surnaturelle. Le personnage, comme le lecteur, est en proie à l'incertitude. À la différence du merveilleux (où l'on accepte que des citrouilles deviennent carrosses), l'univers de référence de la nouvelle fantastique reste le monde réel.

Les principaux procédés

- Le récit est souvent écrit à la **première personne** : l'ambiguïté est ainsi maintenue, et le lecteur peut croire que l'inexplicable n'est que la manifestation du délire personnel du narrateur.
- Les outils de la **modalisation** sont très utilisés : le narrateur n'affirme pas avec certitude, il donne ses impressions, exprime son opinion et ses doutes ; d'où le recours fréquent au conditionnel, aux expressions telles que *peut-être, apparemment, il semble que* et aux verbes d'opinion ou de jugement.
- Pour parler d'un phénomène inexplicable, le témoin fait des rapprochements à l'aide de **comparaisons** et de **métaphores**.
- Le personnage éprouve essentiellement de l'angoisse et de la peur : ces sentiments sont rendus par l'usage de **phrases exclamatives** ou interrogatives et par l'utilisation du **lexique de la peur**.
- Pour créer une ambiance trouble, le monde est décrit à l'aide de **connotations péjoratives**.

La forme de la nouvelle

- La nouvelle est la forme d'**expression privilégiée** du fantastique. Le récit court, l'action recentrée sur le personnage, l'accélération inhérente à la forme même permettent de mieux exprimer l'angoisse du personnage. Le récit fantastique peut suivre différentes progressions.
- Les **événements énigmatiques** s'enchaînent et conduisent à la mort ou à la folie de celui qui en est témoin. C'est le cas dans la fameuse nouvelle de Maupassant *Le Horla*.

AUTEUR CLÉ

Guy de Maupassant (1850-1893), lié à Flaubert et Zola, est célèbre pour ses romans et ses nouvelles, qui s'inscrivent dans les registres réaliste (*Boule de suif*) ou fantastique (*Le Horla*).

- Des **indices** sont disposés au fur et à mesure de la lecture ; la nouvelle se termine sur un point culminant : l'événement étrange survient et reste inexplicable.
- La première partie s'intensifie jusqu'à l'arrivée de l'**événement surnaturel** ; la seconde raconte alors les conséquences ou bien propose différentes explications à l'événement.

LA MÉTHODE

Étudier un texte fantastique

25 mai – Aucun changement ! Mon état, vraiment, est bizarre. À mesure qu'approche le soir, une inquiétude incompréhensible m'envahit, comme si la nuit cachait pour moi une menace terrible. Je dîne vite, puis j'essaye de lire ; mais je ne comprends pas les mots ; je distingue à peine les lettres. Je marche alors dans mon salon de long en large, sous l'oppression d'une crainte confuse et irrésistible, la crainte du sommeil et la crainte du lit. Vers dix heures, je monte donc dans ma chambre. À peine entré, je donne deux tours de clef, et je pousse les verrous ; j'ai peur… de quoi ?… Je ne redoutais rien jusqu'ici… j'ouvre mes armoires, je regarde sous mon lit ; j'écoute… j'écoute… quoi ?… Est-ce étrange qu'un simple malaise, un trouble de la circulation peut-être, l'irritation d'un filet nerveux, un peu de congestion, une toute petite perturbation dans le fonctionnement si imparfait et si délicat de notre machine vivante, puisse faire un mélancolique du plus joyeux des hommes, et un poltron du plus brave ? Puis je me couche, et j'attends le sommeil comme on attendrait un bourreau.

▷ Guy DE MAUPASSANT, *Le Horla* (deuxième version), 1887.

Étudier les caractéristiques du récit

À quelle personne se fait la narration ?
Quel est le genre narratif choisi ?
La nouvelle prend la forme du **journal intime**, récit à la première personne normalement non destiné à être lu par un tiers, ce qui suppose la sincérité et l'honnêteté du locuteur.

Repérer les procédés du doute

Quels sont les outils de modalisation employés ?
L'utilisation des termes *bizarre, incompréhensible, étrange*, le vocabulaire des sens *(j'écoute, je regarde)*, l'expression de la possibilité *(peut-être, puisse)* traduisent l'**angoisse** du personnage, en même temps qu'un désir d'y trouver une explication vraisemblable. ▶

● Analyser l'expression de l'angoisse
Quels outils sont employés (lexique, ponctuation, images) ?
Le doute plane mais l'angoisse est réelle : le premier paragraphe est marqué par une impuissance *(j'essaye, je ne comprends pas, je distingue à peine)*. La **ponctuation** (points de suspension et d'interrogation) reprend cette idée dans le second paragraphe, de même que le **lexique de la peur** et la **comparaison finale** qui a trait à la mort.

S'ENTRAÎNER

1 QUIZ **Dans la phrase suivante, quel est le modalisateur ?**

À mesure qu'approche le soir, une inquiétude incompréhensible m'envahit [...]

☐ **a.** inquiétude ☐ **b.** incompréhensible ☐ **c.** m'envahit

2 Ces extraits relèvent-ils du registre fantastique ?

DOCUMENT 1

Voici maintenant cinquante-six ans que cette aventure m'est arrivée, et il ne se passe pas un mois sans que je la revoie en rêve. Il m'est demeuré de ce jour-là une marque, une empreinte de peur, me comprenez-vous ? Oui, j'ai subi l'horrible épouvante, pendant dix minutes, d'une telle façon que depuis cette heure une sorte de terreur constante m'est restée dans l'âme. Les bruits inattendus me font tressaillir jusqu'au cœur ; les objets que je distingue mal dans l'ombre du soir me donnent une envie folle de me sauver. J'ai peur la nuit, enfin.

▷ Guy DE MAUPASSANT, *Clair de lune*, « Apparition », 1883.

DOCUMENT 2

En se réveillant, un matin, après des rêves agités, Gregor Samsa se retrouva, dans son lit, métamorphosé en un monstrueux insecte. Il était sur le dos, un dos aussi dur qu'une carapace, et, en relevant un peu la tête, il vit, bombé, brun, cloisonné par des arceaux plus rigides, son abdomen sur le haut duquel la couverture, prête à glisser tout à fait, ne tenait plus qu'à peine. [...]
« Qu'est-ce qui m'est arrivé ? » pensa-t-il. Ce n'était pas un rêve. Sa chambre, une vraie chambre humaine, juste un peu trop petite, était là tranquille entre les quatre murs qu'il connaissait bien.

▷ Franz KAFKA, *La Métamorphose*, 1915, trad. B. Lortholary © Flammarion, coll. GF, 2010.

3 Un cadre inquiétant

a. Relevez les termes apportant des précisions sur le cadre spatio-temporel. Ce cadre vous semble-t-il adapté au registre de la nouvelle ? Pourquoi ?

b. Relevez les outils utilisés pour exprimer l'angoisse et expliquez le choix du mode de narration.

Pas de lune ! Quelle nuit ! J'avais peur, une peur affreuse dans ces étroits sentiers, entre deux lignes de tombes ! Des tombes ! des tombes ! des tombes. Toujours des tombes ! [...] Je m'assis sur l'une d'elles, car je ne pouvais plus marcher tant mes genoux fléchissaient. J'entendais battre mon cœur ! Et j'entendais autre chose aussi ! Quoi ? un bruit confus innommable ! Était-ce dans ma tête affolée, dans la nuit impénétrable, ou sous la terre mystérieuse, sous la terre ensemencée de cadavres humains, ce bruit ?

▷ Guy DE MAUPASSANT, *La Main gauche*, « La morte », 1889.

4 Relevez les termes et les procédés employés pour faire planer l'ambiguïté. Sont-ils le fait d'un narrateur personnage ou d'un narrateur extérieur à l'histoire ? Que permet le choix de ce mode de narration ?

Après la mort de sa femme, le comte d'Athol s'est créé un univers où son épouse semble être toujours présente dans la pièce d'à côté.

Grâce à la profonde et toute-puissante volonté de M. d'Athol, qui, à force d'amour, forgeait la vie et la présence de sa femme dans l'hôtel solitaire, cette existence avait fini par devenir d'un charme sombre et persuadeur. Raymond, lui-même, n'éprouvait plus aucune épouvante, s'étant graduellement habitué à ces impressions.
Une robe de velours noir aperçue au détour d'une allée ; une voix rieuse qui l'appelait dans le salon ; un coup de sonnette le matin, à son réveil, comme autrefois ; tout cela lui était devenu familier : on eût dit que la morte jouait à l'invisible, comme une enfant. Elle se sentait aimée tellement ! C'était bien *naturel*.

▷ Auguste DE VILLIERS DE L'ISLE-ADAM, *Les Contes cruels*, « Véra », 1883.

5 Écrivez la fin de l'épisode de manière à ce que l'ambiguïté fantastique soit respectée.

Dans un château abandonné, le narrateur est témoin de l'apparition d'une femme.

Alors, pendant une heure, je me demandai anxieusement si je n'avais pas été le jouet d'une hallucination. Certes, j'avais eu un de ces incompréhensibles ébranlements nerveux, un de ces affolements du cerveau qui enfantent les miracles, à qui le Surnaturel doit sa puissance.
Et j'allais croire à une vision, à une erreur de mes sens, quand je m'approchai de ma fenêtre. Mes yeux, par hasard, descendirent sur ma poitrine. Mon dolman était plein de longs cheveux de femme qui s'étaient enroulés aux boutons ! Je les saisis un à un et je les jetai dehors avec des tremblements dans les doigts.

▷ Guy DE MAUPASSANT, *Clair de lune*, « Apparition », 1883.

POUR VOUS AIDER
Mentionnez la possibilité d'une explication logique à la présence des cheveux.

Le théâtre

L'ESSENTIEL

Composition d'une pièce de théâtre

À la différence des autres genres littéraires, le texte de théâtre, en prose ou en vers, est fait pour être dit et représenté. Il comprend **le dialogue** et **les didascalies**.

- La ou les premières scènes (ou parfois le premier acte dans son intégralité) correspondent à **l'exposition** : il s'agit de présenter, d'exposer au public les principaux ressorts qui vont permettre à l'intrigue de se mettre en place.

- **L'intrigue** est l'ensemble des événements qui forment le « nœud » de la pièce. Dans les pièces en cinq actes, l'action culmine souvent au troisième acte : les conflits y sont exacerbés et leur résolution paraît difficile. Dans *Le Cid* de Corneille, Rodrigue pourra-t-il épouser Chimène, alors que pour venger son propre père il a dû tuer le père de celle-ci ?

ŒUVRE CLÉ

Le Cid (1637) est une tragi-comédie de Corneille dans laquelle Rodrigue, par devoir filial, tue le père de Chimène. Sa valeur guerrière lui permet néanmoins d'obtenir le pardon du roi et, à terme, la main de Chimène.

- La ou les dernières scènes correspondent au **dénouement** : le conflit est résolu, l'obstacle supprimé et le spectateur est renseigné sur le sort de chacun des personnages.

Espace et temps

- Dans le théâtre classique, la pièce se déroule dans **un seul lieu**, suffisamment vraisemblable pour que toutes les actions s'y passent. Si l'action se déroule dans plusieurs endroits, chaque partie marquée par un changement de décor est appelée « tableau ». Dans le théâtre contemporain, la scène peut ne rien représenter de précis.

- La durée de la **représentation** ne coïncide que rarement avec la durée de l'**action**. Dans le théâtre classique, la durée de l'action ne dépasse pas une journée. Mais des années peuvent aussi s'écouler entre les actes. La durée de l'action peut être incertaine : les repères temporels sont brouillés et la fin de la pièce peut ressembler à son début, comme dans *La Cantatrice chauve* de Ionesco.

Les principaux genres théâtraux

- Les principaux genres sont la **farce** (pièce très simple à tonalité comique qui met en scène des personnages populaires), la **comédie** (pièce à tonalité légère où les personnages rencontrent des obstacles, mais dont le dénouement est heureux) et la **tragédie** (pièce à tonalité grave où des personnages nobles sont soumis à la fatalité et dont le dénouement est malheureux).
- Au XXe siècle, la distinction des genres a tendance à s'effacer, le découpage en actes et scènes disparaît et les lieux comme les personnages se multiplient.

LA MÉTHODE

Analyser un extrait de théâtre

La scène se déroule à Paris, dans la maison de Célimène. Alceste, personnage principal, se caractérise par son dégoût des hommes, sa « misanthropie ».

PHILINTE. – Qu'est-ce donc ? Qu'avez-vous ?
ALCESTE. – Laissez-moi, je vous prie.
PHILINTE. – Mais encor, dites-moi, quelle bizarrerie…
ALCESTE. – Laissez-moi là, vous dis-je, et courez vous cacher.
PHILINTE. – Mais on entend les gens, au moins, sans se fâcher.
ALCESTE. – Moi, je veux me fâcher, et ne veux point entendre.
PHILINTE. – Dans vos brusques chagrins je ne puis vous comprendre,
Et, quoique amis, enfin, je suis tout des premiers…
ALCESTE, *se levant brusquement.* – Moi, votre ami ? Rayez [cela de vos papiers.
J'ai fait jusques ici profession de l'être.
Mais après ce qu'en vous je viens de voir paraître,
Je vous déclare net que je ne le suis plus,
Et ne veux nulle place en des cœurs corrompus.
PHILINTE. – Je suis donc bien coupable, Alceste, à votre compte ?
ALCESTE. – Allez, vous devriez mourir de pure honte ;
Une telle action ne saurait s'excuser,
Et tout homme d'honneur s'en doit scandaliser.

▷ MOLIÈRE, *Le Misanthrope*, acte I, scène 1, 1666.

- **Situer l'extrait**

Il s'agit de l'**exposition** de la pièce, sans doute une comédie à en juger par l'auteur. Alceste, personnage principal qui donne son titre à la pièce, apparaît pour la première fois ; dans cette **scène de conflit**, il est particulièrement furieux contre son ami Philinte, lequel ne comprend pas où résident ses torts.

- **Étudier le discours des personnages**

Bien qu'Alceste ne souhaite pas converser avec Philinte, son temps de parole est beaucoup plus important : cette contradiction semble indiquer que le plaisir d'invectiver son ami dépasse le désir de le voir partir. Son discours est **catégorique** et autoritaire (verbes à l'impératif et didascalie). Philinte, lui, s'ingénie à comprendre l'humeur de son ami, dont la logique pourtant lui échappe (*bizarrerie, brusques chagrins*). ▶

● **Ouvrir sur la suite de la pièce**
Cette première apparition d'Alceste témoigne d'emblée de son caractère tranché et de son désir de se distinguer du commun des mortels (à la généralisation du *on* employé par Philinte, Alceste oppose son *moi*). L'emportement d'Alceste et son attitude intransigeante seront-ils justifiés ? Alceste pourra-t-il concilier ses exigences morales et son amour pour la grande coquette Célimène, chez qui se déroule la pièce ?

S'ENTRAÎNER

1 QUIZ

Associez chaque personnage au type de pièce qui lui correspond.

Lucile ○	○ farce
Gros-René ○	○ tragédie
Jules César ○	○ comédie

2 Voici des titres de pièces de théâtre. Indiquez pour chaque pièce à quel genre elle appartient.

Le Jeu de l'amour et du hasard • *Alexandre le Grand* • *Ubu cocu* • *Cléopâtre captive* • *Le Dindon* • *La Farce du cuvier* • *Le Malade imaginaire* • *On ne badine pas avec l'amour* • *César* • *Le Mariage de Figaro.*

3 Identifiez le genre auquel appartient chacun des extraits suivants et donnez un indice qui vous a permis de répondre.

DOCUMENT 1

BÉRÉNICE. – Seigneur, je n'ai pas cru que dans une journée
Qui doit avec César unir ma destinée,
Il fût quelque mortel qui pût impunément
Se venir à mes yeux déclarer mon amant.

▷ Jean RACINE, *Bérénice*, acte I, scène 4, 1670.

DOCUMENT 2

MAGDELON. – Mon père, voilà ma cousine qui vous dira aussi bien que moi que le mariage ne doit jamais arriver qu'après les autres aventures. Il faut qu'un amant, pour être agréable, sache débiter les beaux sentiments, pousser le doux, le tendre et le passionné, et que sa recherche soit dans les formes.

▷ MOLIÈRE, *Les Précieuses ridicules*, acte I, scène 4, 1659.

DOCUMENT 3

SGANARELLE. – Ne vous imaginez pas que je sois un médecin ordinaire, un médecin du commun. Tous les autres médecins ne sont, à mon égard, que des avortons de médecine. [...] Monsieur Gorgibus, y aurait-il moyen de voir de l'urine de l'égrotante[1] ?

GORGIBUS. – Oui-da ; Sabine, vite allez quérir de l'urine de ma fille. Monsieur le médecin, j'ai grand'peur qu'elle ne meure.

SGANARELLE. – Ah ! qu'elle s'en garde bien ! Il ne faut pas qu'elle s'amuse à se laisser mourir sans l'ordonnance du médecin. Voilà de l'urine qui marque grande chaleur, grande inflammation dans les intestins : elle n'est pas tant mauvaise pourtant.

GORGIBUS. – Hé quoi ? Monsieur, vous l'avalez ?

1. L'égrotante : la malade.

▷ MOLIÈRE, *Le Médecin volant*, acte I, scène 4, 1658.

4 Une scène d'exposition

a. Où se situe ce passage dans l'œuvre ? À quoi sert-il ? Qui sera le personnage principal de la pièce ?
b. Qui dresse son portrait ? Pourquoi a-t-on choisi ce personnage pour en parler ?
c. Qu'apprend-on sur le personnage principal ? Quel sera le sujet de l'intrigue ?

Sganarelle, le valet de Dom Juan, parle de son maître à Gusman.

SGANARELLE. – [...] Tu me dis qu'il a épousé ta maîtresse : crois qu'il aurait plus fait pour sa passion, et qu'avec elle il aurait encore épousé toi, son chien et son chat. Un mariage ne lui coûte rien à contracter ; il ne se sert point d'autres pièges pour attraper les belles, et c'est un épouseur à toutes mains. Dame, damoiselle, bourgeoise, paysanne, il ne trouve rien de trop chaud ni de trop froid pour lui ; et si je te disais le nom de toutes celles qu'il a épousées en divers lieux, ce serait un chapitre à durer jusqu'au soir. Tu demeures surpris et changes de couleur à ce discours ; ce n'est là qu'une ébauche du personnage, et pour en achever le portrait, il faudrait bien d'autres coups de pinceau.

▷ MOLIÈRE, *Dom Juan*, acte I, scène 1, 1665.

5 Le dénouement

a. Où se situe ce passage dans la pièce ? Qu'arrive-t-il à Dom Juan ? Pourquoi ?
b. Comment peut-on qualifier ce dénouement ?
c. Sganarelle est le dernier à prendre la parole : à quoi sert son intervention ?

LA STATUE. – Dom Juan, l'endurcissement au péché traîne une mort funeste, et les grâces du Ciel que l'on renvoie ouvrent un chemin à sa foudre.

DOM JUAN. – Ô Ciel ! que sens-je ? Un feu invisible me brûle, je n'en puis plus et tout mon corps devient un brasier ardent. Ah !
(Le tonnerre tombe avec un grand bruit et de grands éclairs sur Dom Juan ; la terre s'ouvre et l'abîme ; et il sort de grands feux de l'endroit où il est tombé.)

SGANARELLE. – Ah ! mes gages, mes gages ! Voilà par sa mort un chacun satisfait : Ciel offensé, lois violées, filles séduites, familles déshonorées, parents outragés, femmes mises à mal, maris poussés à bout, tout le monde est content. Il n'y a que moi seul de malheureux. Mes gages, mes gages, mes gages !

▷ MOLIÈRE, *Dom Juan*, acte V, scène 6, 1665.

7 Le dialogue théâtral

L'ESSENTIEL

L'énonciation au théâtre

Le théâtre crée une situation d'énonciation complexe appelée « **double énonciation** ». En effet, la communication entre un personnage A et un personnage B s'inscrit dans une communication plus large entre l'auteur et le spectateur. Même si un personnage est seul en scène, on peut toujours parler de dialogue puisque le destinataire final du texte est le public. Dans un **quiproquo** (malentendu entre deux personnages qui croient parler de la même chose), cette double énonciation se révèle puisque seul le spectateur sait de quoi il retourne réellement.

Les types d'échanges

- Au théâtre, ce sont les paroles prononcées par les personnages qui constituent l'action. L'intrigue repose généralement sur un conflit et le dialogue prend la forme d'un **échange argumentatif**.
- On peut distinguer plusieurs types d'échanges :
  – le **dialogue conflictuel** (les répliques s'enchaînent selon le monde assertion/contre-assertion, comme dans les situations de dispute) ;
  – le **dialogue didactique** (les répliques s'enchaînent selon le mode question/réponse, comme dans les situations d'interrogatoire) ;
  – le **dialogue de confidence** (un personnage se confie à un autre qui écoute et intervient pour relancer son discours).

Les répliques

Étudier la répartition de la parole dans la pièce permet de définir l'importance des rôles. Les répliques peuvent être organisées de différentes façons.

- La **stichomythie** : dialogue où les personnages se répondent vers à vers ou ligne à ligne. Elle donne de la vivacité à l'échange et suppose une situation extrêmement tendue. Dans *Le Cid* de Corneille, le désespoir de la prochaine séparation entre les deux amants est ainsi rendu par une série de parallélismes de construction et d'antithèses.

> Don Rodrigue. – Ô miracle d'amour !
> Chimène. – Ô comble de misères !

- La **tirade** : longue réplique d'un personnage qui développe une thèse ou contient le récit d'un événement impossible à montrer sur scène.
- L'**aparté** : réplique que le personnage est censé dire pour lui-même, sans qu'aucun autre personnage sur scène ne l'entende, même s'il la crie. Elle sert à communiquer au spectateur les sentiments du personnage.
- Le **monologue** : discours que tient un personnage seul sur scène. Il peut traduire un conflit intérieur ou être l'expression d'une plainte. Le monologue peut être adressé à un absent ou à une instance supérieure (dieux, destin, etc.), ou même être un discours que le personnage se tient à lui-même.

LA MÉTHODE

Analyser une scène de conflit

Don Diègue, père de Rodrigue, a obtenu du Roi un honneur que le Comte, père de Chimène, convoitait.

Le Comte. – Ce que je méritais, vous l'avez emporté.
Don Diègue. – Qui l'a gagné sur vous l'avait bien mérité.
Le Comte. – Qui peut mieux l'exercer en est bien le plus [digne.
Don Diègue. – En être refusé n'en est pas un bon signe.
Le Comte. – Vous l'avez eu par brigue[1], étant vieux courtisan.
Don Diègue. – L'éclat de mes hauts faits fut mon seul [partisan.
Le Comte. – Parlons-en mieux, le Roi fait honneur à votre âge.
Don Diègue. – Le Roi, quand il en fait, le mesure au courage.
Le Comte. – Et par là cet honneur n'était dû qu'à mon bras.
Don Diègue. – Qui n'a pu l'obtenir ne le méritait pas.
Le Comte. – Ne le méritait pas ! Moi ?
Don Diègue. – Vous.
Le Comte. – Ton impudence,
Téméraire vieillard, aura sa récompense.
(Il lui donne un soufflet.)

1. Par brigue : par vos intrigues et vos manigances.

▷ Pierre Corneille, *Le Cid*, acte I, scène 3, 1636.

- **Identifier le type de répliques**

Le temps de parole est également partagé entre les personnages. Il s'agit d'une **stichomythie** puisque l'échange se fait vers à vers. Elle fonctionne dans un premier temps sur le modèle assertion/contre-assertion. On suppose la situation très tendue : le langage même exprime le thème du duel.

- **Étudier le système d'opposition**

Le Comte espérait être choisi par le Roi comme gouverneur de son fils ; c'est finalement Don Diègue qui a obtenu cet honneur. L'échange est construit autour de la **notion de mérite**. Don Diègue met en avant sa valeur (quitte à nier celle de son interlocuteur) tandis que le Comte affirme qu'il ne s'agit que d'un privilège dû à l'âge. Cette opposition vieux/jeune se traduit aussi dans le discours par une opposition entre maximes généralisantes chez Don Diègue (*Qui l'a gagné*/*Qui n'a pu l'obtenir*), et attaques personnelles du côté du Comte (*je méritais*/*vous l'avez emporté, votre âge*/*mon bras*). ►

● **Analyser la progression de l'échange**

Les sentences générales qui jalonnent la discussion n'atténuent pas la gravité des attaques que se lancent les deux personnages. La stichomythie s'interrompt brutalement : les phrases sont plus courtes et d'un autre type (exclamative et interrogative), le vouvoiement cède la place au tutoiement. L'argumentation laisse place à l'émotion, l'échange verbal cesse brusquement par des coups. La rupture entre les deux pères est consommée. Mais Don Diègue, trop âgé, ne pourra se venger de l'offense faite. L'intrigue est nouée, le **dilemme** de Rodrigue exposé : venger son père, Don Diègue, signifie aussi perdre l'amour de Chimène, fille du Comte.

S'ENTRAÎNER

1 QUIZ

Dans la scène 4 de l'acte I du *Cid*, Don Diègue, seul sur scène, prononce ces mots :

Ô rage ! ô désespoir ! ô vieillesse ennemie !
N'ai-je donc tant vécu que pour cette infamie ?

1. Don Diègue s'adresse : ☐ **a.** au Comte ☐ **b.** à lui-même ☐ **c.** au public

2. Il s'agit : ☐ **a.** d'une stichomythie ☐ **b.** d'un aparté ☐ **c.** d'un monologue

2 Une scène de comédie

a. Comment appelle-t-on les répliques prononcées par les personnages ? À qui s'adressent-elles ? Quel est l'effet produit ?

b. Quels sont les sentiments exprimés dans les répliques de George Dandin ?

George Dandin a épousé une jeune fille noble, sans se soucier des sentiments de celle-ci. Mari jaloux et égoïste, il se trouve ici en face d'un inconnu qui sort de chez lui.

GEORGE DANDIN, *voyant sortir Lubin de chez lui.* – Que diantre ce drôle-là vient-il faire chez moi ?

LUBIN, *à part, apercevant George Dandin.* – Voilà un homme qui me regarde.

GEORGE DANDIN, *à part.* – Il ne me connaît pas.

▷ MOLIÈRE, *George Dandin*, acte I, scène 2, 1668.

3 Un monologue

a. À qui Harpagon s'adresse-t-il successivement ?

b. À quel endroit le spectateur apparaît-il comme destinataire réel du discours du personnage ?

c. Quel est le but de cette scène ? Quelle image donne-t-elle du personnage ?

Harpagon est seul sur scène.

(Il crie au voleur dès le jardin, et vient sans chapeau.)

– Au voleur ! au voleur ! à l'assassin ! au meurtrier ! Justice, juste Ciel ! je suis perdu, je suis assassiné, on m'a coupé la gorge, on m'a dérobé mon argent. Qui peut-ce être ? Qu'est-il devenu ? Où est-il ? Où se cache-t-il ? Que ferai-je pour le trouver ? Où courir ? Où ne pas courir ? N'est-il point là ? N'est-il point ici ? Qui est-ce ? Arrête. Rends-moi mon argent, coquin… *(Il se prend lui-même le bras.)* Ah ! c'est moi. Mon esprit est troublé, et j'ignore où je suis, qui je suis, et ce que je fais. Hélas ! mon pauvre argent, mon pauvre argent, mon cher ami ! on m'a privé de toi […]. De grâce, si l'on sait des nouvelles de mon voleur, je supplie que l'on m'en dise. N'est-il point caché là parmi vous ? Ils me regardent tous et se mettent à rire. Vous verrez qu'ils ont part sans doute au vol que l'on m'a fait.

▷ MOLIÈRE, *L'Avare*, acte IV, scène 7, 1668.

4 Une scène argumentative

a. Quels rapports unissent les deux personnages ?

b. Comment se manifeste la domination sociale de l'un sur l'autre ?

c. L'infériorité sociale du valet apparaît-elle dans les types de phrases et le niveau de langue utilisé ?

d. Qui conduit le dialogue ? Qui l'interrompt ?

e. Qui parle le plus ? Qui domine dans cet échange ? Qu'obtient-il à la fin ?

ARLEQUIN. – Hélas ! Monsieur, mon très honoré maître, je vous en conjure…

DORANTE. – Encore ?

ARLEQUIN. – Ayez compassion de ma bonne aventure : ne portez point guignon à mon bonheur qui va son train si rondement ; ne lui fermez point le passage.

DORANTE. – Allons donc, misérable ; je crois que tu te moques de moi ; tu mériterais cent coups de bâton.

ARLEQUIN. – Je ne les refuse point, si je les mérite ; mais quand je les aurai reçus, permettez-moi d'en mériter d'autres. Voulez-vous que j'aille chercher le bâton ?

DORANTE. – Maraud !

ARLEQUIN. – Maraud, soit ; mais cela n'est point contraire à faire fortune.

DORANTE. – Ce coquin ! quelle imagination lui prend !

ARLEQUIN. – Coquin est encore bon, il me convient aussi ; un maraud n'est point déshonoré d'être appelé coquin ; mais un coquin peut faire un bon mariage.

DORANTE. – Comment, insolent ! tu veux que je laisse un honnête homme dans l'erreur, et que je souffre que tu épouses sa fille sous mon nom ? Écoute : si tu me parles encore de cette impertinence-là, dès que j'aurai averti Monsieur Orgon de ce que tu es, je te chasse ; entends-tu ?

ARLEQUIN. – Accommodons-nous ; cette demoiselle m'adore, elle m'idolâtre. Si je lui dis mon état de valet, et que, nonobstant, son tendre cœur soit toujours friand de la noce avec moi, ne laisserez-vous pas jouer les violons ?

DORANTE. – Dès qu'on te connaîtra, je ne m'en embarrasse plus.

▷ MARIVAUX, *Le Jeu de l'amour et du hasard*, acte III, scène 1, 1730.

8 La tragédie classique

L'ESSENTIEL

Au XVIIe siècle, Racine et Corneille s'inspirent de la tragédie grecque pour écrire des pièces obéissant à des règles strictes. Le personnage, partagé entre **raison** et **passion**, doit faire face à un **dilemme**.

AUTEUR CLÉ

Jean Racine est le plus célèbre auteur de tragédies du XVIIe siècle. *Andromaque*, *Iphigénie* et *Phèdre*, où les personnages luttent en vain contre leurs passions, restent ses pièces les plus jouées.

Comment définir la tragédie ?

- Elle met en scène des héros ou des personnages de **rang social élevé**.
- Ses sujets lui viennent **de l'histoire ou de la légende**. Racine emprunte l'intrigue d'*Athalie* au livre des Rois de l'Ancien Testament et celle de *Phèdre* à la mythologie grecque.
- Les personnages s'expriment sur un **ton élevé** et **en vers** (forme d'expression noble).
- Les dénouements sont **funestes**. *Phèdre* se termine par la mort d'Hippolyte et de Phèdre, et par les remords de Thésée.
- La tragédie suscite chez le spectateur une puissante identification aux souffrances du héros, fondée sur la **crainte** de tomber dans une pareille infortune et la **pitié** devant ses malheurs. Le spectateur prend plaisir à éprouver ces sensations pendant la tragédie et cela le dispense de les ressentir réellement et sur un mode douloureux. Cet effet est appelé la « **catharsis** ».

Les règles de la tragédie classique

- La règle des **trois unités**. L'action ne doit pas durer plus de vingt-quatre heures (unité de temps), elle doit se dérouler en un lieu unique (unité de lieu), elle est unifiée autour d'un sujet principal et l'intrigue doit être menée jusqu'à son terme (unité d'action).
- La règle des **bienséances**. Il ne faut pas montrer des spectacles qui peuvent choquer comme la mort ou la violence physique.
- La règle de la **vraisemblance**. Le personnage, son discours et ses actes doivent être en accord avec l'époque qui sert de cadre à la pièce.
- La règle de l'**unité de ton**. Le comique n'a pas sa place dans une tragédie.

Ses registres

La tragédie ne se limite pas au registre tragique. Les registres **pathétique**, **lyrique** et **épique** sont particulièrement exploités.

LA MÉTHODE

Analyser une tirade tragique

Andromaque fait face à un choix impossible : pour sauver son fils d'une mort certaine, elle doit épouser Pyrrhus. Andromaque expose à sa confidente pourquoi ce mariage lui fait horreur.

Dois-je oublier Hector privé de funérailles,
Et traîné sans honneur autour de nos murailles ?
Dois-je oublier son père à mes pieds renversé,
Ensanglantant l'autel qu'il tenait embrassé ?
Songe, songe, Céphise, à cette nuit cruelle
Qui fut pour tout un peuple une nuit éternelle.
Figure-toi Pyrrhus, les yeux étincelants,
Entrant à la lueur de nos palais brûlants,
Sur tous mes frères morts se faisant un passage,
Et de sang tout couvert échauffant le carnage.
Songe aux cris des vainqueurs, songe aux cris des mourants,
Dans la flamme étouffés, sous le fer expirants.
Peins-toi dans ces horreurs Andromaque éperdue :
Voilà comment Pyrrhus vint s'offrir à ma vue ;
Voilà par quels exploits il sut se couronner ;
Enfin voilà l'époux que tu me veux donner.
Non, je ne serai point complice de ses crimes ;
Qu'il nous prenne, s'il veut, pour dernières victimes.

▷ Jean RACINE, *Andromaque*, acte III, scène 8, 1667.

- **Identifier la nature de la tirade**

Il s'agit ici du **récit** de la nuit d'horreur qui vit mourir Hector, époux d'Andromaque, et tomber Troie aux mains des Grecs. Ce récit obéit à une double nécessité : il est impossible de représenter ces événements sur scène (règle des bienséances) et il nous renseigne sur la psychologie d'Andromaque.

- **Étudier le registre**

Le personnage dresse un véritable tableau de la scène, comme en témoignent le lexique de la vue et les injonctions *(Figure-toi, Peins-toi)*. Le récit se transforme alors en hallucination. Andromaque insiste sur le caractère spectaculaire des *exploits* de Pyrrhus (**registre épique**). Les constructions de phrases (propositions de plus en plus courtes), l'effet d'intensité créé par les présentatifs (répétition de *voilà*, allitérations en [v]), le vocabulaire (champ lexical de l'horreur) soulignent le côté terrifiant de ces scènes. La tirade s'inscrit également dans le **registre tragique** dans la mesure où Andromaque se place dans le camp des *victimes* (on cherche à provoquer la pitié chez le spectateur) et fait de Pyrrhus un bourreau (pour éveiller un sentiment de crainte devant l'atrocité des crimes).

Comprendre le rôle de la tirade

Cette scène entre Andromaque et sa confidente a pour but de rendre plus poignant encore le dilemme du personnage. Il s'agit ici du **nœud de l'intrigue**, qui progresse par revirements successifs : au deuxième acte, Pyrrhus, déçu dans sa passion, renonce à Andromaque ; au quatrième, Andromaque décide d'épouser Pyrrhus et de se suicider après la cérémonie. Le suspense est bien ménagé : il est impossible, à partir de cette tirade, d'imaginer la décision que prendra Andromaque. Après cette scène, elle décide de se rendre sur la tombe d'Hector pour le consulter. Le passé pèse donc lourdement sur le personnage pour qui la fidélité à l'époux signifie également la mort du fils.

S'ENTRAÎNER

1 QUIZ **À quelle règle de la tragédie classique fait référence la réplique suivante ?**

ORESTE. – Vous voulez qu'un roi meure, et pour son châtiment
Vous ne donnez qu'un jour, qu'une heure, qu'un moment !

▷ Jean RACINE, *Andromaque*, acte IV, scène 3, 1667.

☐ **a.** unité d'action ☐ **b.** unité de lieu ☐ **c.** unité de temps ☐ **d.** unité de ton

2 **Lisez ces textes qui résument l'intrigue de différentes pièces et identifiez les tragédies.**

a. Le bruit court que Titus, l'empereur, va épouser Bérénice, la reine de Palestine. Antiochus déclare sa flamme à Bérénice. Elle le repousse. Mais Titus charge son ami Antiochus d'apprendre à Bérénice qu'il ne l'épousera finalement pas et qu'elle doit repartir en Palestine. Elle menace de se tuer.

b. Pontagnac, grand séducteur, force la porte d'une inconnue qu'il a suivie dans la rue. Celle-ci appelle son mari, Vatelin, lequel reconnaît en Pontagnac une vague relation. Elle déclare, pendant une brève absence de son mari, qu'elle ne lui cédera qu'au cas où son propre mari la tromperait. Surviennent alors Mme Pontagnac et Maggy Soldignac, ancienne maîtresse de Vatelin.

c. Émilie veut tuer l'empereur Auguste qui a jadis tué son père. Elle demande à Cinna, qui l'aime et qui est favori de l'empereur, de l'assassiner. Mais Auguste, lassé de son pouvoir, abdique et fait de Cinna son successeur. Touché par la générosité d'Auguste, Cinna demande à Émilie de renoncer à son projet. Auguste est alors informé du complot.

3 **À quelle règle de la tragédie obéit cet extrait ?**

Théramène raconte à Thésée la mort de son fils Hippolyte.

J'ai vu, Seigneur, j'ai vu votre malheureux fils,
Traîné par les chevaux que sa main a nourris
Il veut les rappeler, et sa voix les effraie.
Ils courent. Tout son corps n'est bientôt qu'une plaie.
De nos cris douloureux la plaine retentit.
Leur fougue impétueuse enfin se ralentit.

▷ Jean RACINE, *Phèdre*, acte V, scène 6, 1677.

4 **Un choix impossible**

a. Reformulez le dilemme de Rodrigue et dites quelle figure de style le traduit le mieux.

b. Étudiez et commentez les vers et les rimes utilisés.

c. Montrez que cette scène a une nécessité dramatique (elle est importante à l'intérieur de la pièce) et une nécessité psychologique.

Père, maîtresse, honneur, amour,
Noble et dure contrainte, aimable tyrannie,
Tous mes plaisirs sont morts, ou ma gloire ternie.
L'un me rend malheureux, l'autre indigne du jour.
Cher et cruel espoir d'une âme généreuse
Mais ensemble amoureuse,
Digne ennemi de mon plus grand bonheur,
Fer qui causes ma peine,
M'es-tu donné pour venger mon honneur ?
M'es-tu donné pour perdre ma Chimène ?

▷ Pierre CORNEILLE, *Le Cid*, acte I, scène 6, 1636.

POUR VOUS AIDER

Question a. Observez particulièrement les trois premiers vers pour identifier cette figure d'opposition.

5 **Un dénouement funeste**

a. Étudiez les types de phrases et le jeu des pronoms personnels. Que révèlent-ils sur l'état d'esprit de Thisbé ?

b. Quel est le registre de la tirade ? Relevez-en les indices.

c. Peut-on parler d'ironie tragique pour cet extrait ?

d. Connaissez-vous un autre exemple, au théâtre, d'un malentendu débouchant sur un double suicide ?

Pyrame pense que son amante Thisbé a été tuée par un lion. De désespoir il se suicide. Thisbé, qui s'était cachée pour échapper au lion, découvre alors le corps de Pyrame.

Ne t'en va point sans moi, ne me fais point ce tort.
Tu ne me réponds rien, mon cœur ! tu n'es pas mort,
Les Dieux ne meurent point, la nature est trop sage
Pour laisser ruiner son plus aimable ouvrage.
Mais, ô faible discours ! ô faux soulagement !
La perte que je fais m'ôte le jugement.
Pyrame ne vit plus, ha ! ce soupir l'emporte.
Comment ! il ne vit plus et je ne suis pas morte ?
Pyrame, s'il te reste encore un peu de jour,
Si ton esprit me garde encore un peu d'amour,
Et si le vieux Charon touché de ma misère
Retarde tant soit peu sa barque à ma prière,
Attends-moi, je te prie, et qu'un même trépas
Achève nos destins ; je m'en vais de ce pas.

▷ Théophile DE VIAU, *Les Amours tragiques de Pyrame et Thisbé*, acte V, scène 2, 1621.

La comédie

L'ESSENTIEL

Les caractéristiques de la comédie classique

- Les thèmes sont principalement l'**amour** et l'**argent**. L'intrigue type est celle du mariage contrarié, que la complicité de serviteurs rendra finalement possible. L'analyse des relations sociales permet d'aborder les questions économiques.

- Les personnages appartiennent souvent à la **bourgeoisie** mais toutes les classes sociales sont parfois représentées. Dans *Dom Juan,* Molière fait ainsi intervenir nobles (Dom Juan), domestiques (Sganarelle), paysans (Marceline) et bourgeois (Monsieur Dimanche).

- La comédie stigmatise et ridiculise les vices. Le personnage est souvent caricaturé en **type** : l'avare, le vieillard amoureux, l'hypocrite…

ŒUVRE CLÉ

Dans ***L'École des femmes*** (1662) de Molière, Arnolphe, qui craint d'être trompé, veut épouser Agnès, une jeune fille maintenue dans l'ignorance. Malgré ses précautions, celle-ci s'attache à un jeune homme, mettant un terme au projet du barbon.

Les enjeux de la comédie

La comédie renvoie à la société une certaine image d'elle-même afin de l'amener à se corriger. Elle a donc une visée pédagogique : **faire rire en instruisant**. Cette **vocation morale** se radicalise au XVIIIe siècle, avant d'évoluer vers les formes du vaudeville et du théâtre de boulevard (avec les pièces de Labiche, Courteline, Feydeau) qui n'ont d'autre but que le rire et le divertissement.

Les ressorts comiques

- Le **comique de gestes** : comique visuel qui naît du jeu des acteurs (grimaces, coups…).

- Le **comique de mots** : jeu sur les niveaux de langue, sur les mots, sur les sonorités. Harpagon se moque de sa fille qui refuse de lui obéir en imitant ses bonnes manières :

> ÉLISE. – Je suis très humble servante au seigneur Anselme ; mais, avec votre permission, je ne l'épouserai point.
> HARPAGON. – Je suis votre très humble valet ; mais, avec votre permission, vous l'épouserez dès ce soir.
>
> ▷ MOLIÈRE, *L'Avare*, 1668.

- Le **comique de situation** : quiproquo, sous-entendu complice, rupture dans l'ordre logique, coup de théâtre. Cléante, amant de Marianne, acquiesce à l'éloge que fait son père Harpagon de la jeune fille, sans comprendre qu'Harpagon compte l'épouser lui-même.

- Le **comique de caractère** : grossissement des traits de caractère d'un personnage ou d'un milieu social. L'avarice d'Harpagon donne ainsi naissance à une forme de paranoïa après le vol de son trésor.

LA MÉTHODE

Analyser une scène de comédie

> *Cathos et Magdelon ont repoussé deux soupirants choisis par le père de Magdelon, Gorgibus. Ce dernier, furieux, vient de leur promettre le couvent si elles ne se marient pas promptement et selon ses vœux.*
>
> CATHOS. – Mon Dieu ! ma chère, que ton père a la forme enfoncée dans la matière ! que son intelligence est épaisse, et qu'il fait sombre dans son âme !
> MAGDELON. – Que veux-tu, ma chère ? j'en suis en confusion pour lui. J'ai peine à me persuader que je puisse être véritablement sa fille, et je crois que quelque aventure, un jour, me viendra développer une naissance plus illustre.
> CATHOS. – Je le croirais bien. Oui, il y a toutes les apparences du monde ; et pour moi, quand je me regarde aussi…
>
> ▷ MOLIÈRE, *Les Précieuses ridicules,* scène 5, 1659.

Situer les personnages

Il est question ici du classique **conflit père-fille**, poussé à l'extrême puisque Magdelon ira jusqu'à renier son père et son monde (la bourgeoisie). Le thème du mariage forcé s'accompagne de celui de l'argent, au sens où les deux demoiselles aspirent à un niveau social plus élevé.

Identifier les procédés comiques utilisés

Les précieuses sont rendues ridicules par une caricature de leur langage (**comique de mots**) : elles abusent des termes à la mode (répétition de *ma chère*). Le fait de dédoubler la préciosité en deux personnages permet de grossir le trait : à la première supposition hautement invraisemblable d'une naissance illustre, s'en ajoute ainsi une deuxième (**comique de situation**). L'idéalisme et le goût des aventures romanesques s'opposent au réalisme de la vision marchande de Gorgibus. Cette opposition est source de comique : les trois personnages sont victimes du même aveuglement (**comique de caractère**).

Comprendre la portée de la satire

Les aspirations des demoiselles en matière d'amour et de mariage semblent légitimes. Mais Molière ridiculise Cathos et Magdelon : il se moque ici de la prétention des gens de peu à se faire passer pour des aristocrates. Si la sottise et la fausse sentimentalité sont stigmatisées chez Cathos et Magdelon, les préjugés et le respect aveugle des conventions le sont tout autant chez Gorgibus dans le reste de la pièce.

S'ENTRAÎNER

1 QUIZ

Quel type de comique intervient dans les répliques suivantes ?

BÉLISE. – Veux-tu toute ta vie offenser la grammaire ?
MARTINE. – Qui parle d'offenser grand-mère ni grand-père ?

▷ MOLIÈRE, *Les Femmes savantes*, acte II, scène 6, 1672.

☐ **a.** le comique de gestes ☐ **b.** le comique de situation ☐ **c.** le comique de mots

2 **Lisez la présentation de l'intrigue de différentes pièces. Dites pour chaque extrait si le début laisse entendre une comédie à visée morale ou un vaudeville. La critique sociale vous semble-t-elle totalement absente du théâtre de boulevard ?**

a. Monsieur Jourdain, « bourgeois ignorant », s'est mis en tête des idées de noblesse et de galanterie. Pour ressembler aux gens qu'il admire, il s'assure les services d'un maître de musique et d'un maître à danser, sans pour autant être réellement sensible aux délicatesses de leur art.

b. Dans un intérieur de bon goût, un mari s'impatiente et sa femme essaie en vain de l'apaiser. L'homme qui les a invités est en retard, et il risque de manquer un rendez-vous, que le public imagine galant. Invoquant une histoire invraisemblable, il laisse sa femme attendre leur hôte. Quand celui-ci paraît, il déclare qu'il a tout prémédité pour se retrouver seul avec elle. La jeune femme est sensible à son charme.

c. Le Commissaire, personnage toujours à cran, et qui ne cesse de tisonner son poêle, reçoit plusieurs personnes qu'il congédie avec hargne et mauvaise foi, sans prendre en compte leurs préoccupations respectives. Un certain Breloc, rapportant une montre qu'il a trouvée, finit par se faire arrêter par le Commissaire tout à coup soupçonneux.

d. Philaminte est une mère autoritaire qui se pique de savoir et de philosophie et qui parvient à entraîner sa fille aînée Armande et sa belle-sœur Bélise dans son sillage. Elle veut imposer un vaniteux poète à la mode, Trisottin, comme époux à sa fille cadette, Henriette. Cette dernière, qui reste à l'écart des lubies de sa mère, aime Clitandre, un jeune homme de bonne famille jadis éconduit par Armande.

3 **Un personnage type**

a. Quel projet Arnolphe expose-t-il dans cette tirade ?

b. Quel temps emploie-t-il pour donner des informations sur sa future femme, Agnès ? Pourquoi ? Quel portrait de la femme idéale Arnolphe dresse-t-il ?

c. Déterminez l'âge d'Arnolphe : à quel personnage type s'apparente-t-il ? Comment ce côté caricatural se traduit-il dans son discours ?

ARNOLPHE. – Chacun a sa méthode.
En femme, comme en tout, je veux suivre ma mode.
Je me vois riche assez pour pouvoir, que je crois,
Choisir une moitié qui tienne tout de moi,
Et de qui la soumise et pleine dépendance
N'ait à me reprocher aucun bien ni naissance.
Un air doux et posé, parmi d'autres enfants,
M'inspira de l'amour pour elle dès quatre ans ;
Sa mère se trouvant de pauvreté pressée,
De la lui demander il me vint la pensée ;
Et la bonne paysanne, apprenant mon désir,
À s'ôter cette charge eut beaucoup de plaisir.
Dans un petit couvent, loin de toute pratique,
Je la fis élever selon ma politique,
C'est-à-dire ordonnant quels soins on emploierait
Pour la rendre idiote autant qu'il se pourrait.

▷ MOLIÈRE, *L'École des femmes*, acte I, scène 1, 1662.

4 **Un dialogue comique**

a. Étudiez les réactions d'Orgon aux informations données par Dorine et expliquez pourquoi elles prêtent à rire. Quel procédé de langage produit cet effet comique ?

b. Étudiez le comique de caractère, concernant d'abord le personnage de Tartuffe puis le personnage d'Orgon.

c. Comment se manifeste l'ironie de Dorine ? Orgon y est-il sensible ? Qui la comprend sans peine ?

Orgon a recueilli chez lui un certain Tartuffe, dévot hypocrite qu'il admire, à la désolation des autres membres de sa famille. Absent depuis deux jours, il interroge la servante sur les faits survenus en son absence.

DORINE. – Madame eut avant-hier la fièvre jusqu'au soir,
Avec un mal de tête étrange à concevoir.
ORGON. – Et Tartuffe ?
DORINE. – Tartuffe ? Il se porte à merveille,
Gros et gras, le teint frais et la bouche vermeille.
ORGON. – Le pauvre homme !
DORINE. – Le soir elle eut grand dégoût
Et ne put au souper toucher à rien du tout,
Tant sa douleur de tête était encor cruelle.
ORGON. – Et Tartuffe ?
DORINE. – Il soupa, lui tout seul, devant elle,
Et fort dévotement il mangea deux perdrix
Avec une moitié de gigot en hachis.
ORGON. – Le pauvre homme !

▷ MOLIÈRE, *Tartuffe ou l'Imposteur*, acte I, scène 4, 1664.

10 Du théâtre antique au théâtre classique

L'ESSENTIEL

Le théâtre grec

- Le théâtre de l'Antiquité (ve siècle av. J.-C.) se veut **réflexion** sur des **grands thèmes civiques**. Les représentations ont lieu lors des fêtes périodiques rendues au culte de Dionysos (dieu du printemps et du vin), où chaque auteur en compétition présente trois tragédies et un drame satirique (un sujet de tragédie traité par la dérision). Tous les citoyens y assistent. Il n'y a pas de séparation entre scène et salle, et les spectacles, gratuits, se déroulent en plein air. Les malheurs de la famille des **Atrides** ou des **Labdacides** fournissent les thèmes principaux de ces tragédies.

- Tous les comédiens sont des **hommes**. Il n'y en a jamais plus de trois ; ils interprètent tous les rôles, même féminins, en changeant de costume et de masque (qui fait porter la voix). Le **chœur**, personnage collectif qui interroge les acteurs par le biais de son chef, le **coryphée**, les accompagne. Musique et danse agrémentent ses prises de parole. Les décors sont peu importants.

- Les grands auteurs sont **Eschyle**, **Sophocle** et **Euripide** pour les tragédies, **Aristophane** et **Ménandre** pour les comédies satiriques. Ils n'ont cessé d'inspirer les dramaturges, dès l'époque classique, et pourtant ne furent pratiquement plus joués jusqu'à la fin du XIXe siècle.

Le théâtre romain

Au IIe siècle avant J.-C., les Romains découvrent le théâtre grec et l'adaptent, le pastichent parfois, avec des auteurs comme **Plaute** et **Térence**, puis bien plus tard **Sénèque**. À Rome, les spectacles, de pur divertissement, se déroulent soixante jours par an et les comédiens sont parfois professionnels.

INFO

L'imitation des Anciens se retrouve chez tous les grands dramaturges du XVIIe siècle : Molière s'inspire de Plaute pour écrire *L'Avare*, Corneille de Sénèque pour *Cinna* et Racine d'Euripide pour *Phèdre*.

La *Commedia dell'arte*

Né en Italie en 1528, ce genre de théâtre populaire a eu une grande influence en France. Les décors, désormais réalistes, rendent la **perspective** par des peintures en trompe-l'œil. Des troupes professionnelles jouent en privé comme en public, **improvisant** souvent à partir d'un scénario, montrant des **personnages types** (vieillards, amoureux, soubrettes, valets comme Arlequin, Polichinelle et Pierrot) joués par des comédiens masqués et des comédiennes. La **scène à l'italienne** s'impose.

PERSONNAGE CLÉ

Arlequin est un valet comique, paresseux, crédule et bon vivant, qui cherche à éviter tout effort. Nombre de personnages de valets chez Molière s'en inspirent, comme Gros-René dans *Le Médecin volant*.

Le théâtre classique

- Au XVIIe et au XVIIIe siècle en France, le théâtre respecte de plus en plus la **règle des trois unités**. Les rares troupes autorisées par le pouvoir se produisent à l'hôtel de Bourgogne, au théâtre du Marais, au théâtre du Palais-Royal, puis à la Comédie-Française.

- Les comédies s'inspirent de la *commedia dell'arte* et s'appuient sur des personnages types. **Molière** se fait remarquer pour ses **comédies bourgeoises**, ses **comédies-ballets** ou encore ses **comédies à machine** (pièces utilisant des machines pour créer des décors et des effets spectaculaires, comme lors du dénouement de *Dom Juan* où la terre s'ouvre pour entraîner le personnage aux enfers).

- Les **tragédies** reprennent les **thèmes et règles de la tragédie antique**. Sans chœur, les pièces sont en cinq actes, en vers, et s'appuient toujours sur des figures historiques et légendaires.

LA MÉTHODE

Analyser un dénouement

ŒDIPE. – Emmène-moi donc tout de suite.
CRÉON. – Viens alors et laisse tes filles.
ŒDIPE. – Non, pas elles ! non, ne me les enlève pas !
CRÉON. – Ne prétends donc pas triompher toujours : tes triomphes n'ont pas accompagné ta vie.
On ramène les fillettes dans le gynécée, tandis qu'on fait rentrer Œdipe par la grande porte du palais.
LE CORYPHÉE. – Regardez, habitants de Thèbes, ma patrie. Le voilà, cet Œdipe, cet expert en énigmes fameuses, qui était devenu le premier des humains. Personne dans sa ville ne pouvait contempler son destin sans envie. Aujourd'hui, dans quel flot d'effrayante misère est-il précipité ! c'est donc ce dernier jour qu'il faut, pour un mortel, toujours considérer. Gardons-nous d'appeler jamais un homme heureux, avant qu'il ait franchi le terme de sa vie sans avoir subi un chagrin.

▷ SOPHOCLE, *Œdipe roi*, DR, trad. M. Artaud.

▶

Situer l'extrait

Il s'agit ici du **dénouement** de la pièce, lorsque la situation se résout. Œdipe a compris qu'il était responsable du malheur de la cité de Thèbes et s'apprête à partir en exil après la mort de Jocaste, à la fois sa mère et sa femme. Œdipe s'adresse à Créon, frère de Jocaste, puis sort de l'espace scénique. La dernière réplique est laissée au coryphée, chef du chœur antique.

Analyser le contenu

Le coryphée ne s'adresse pas aux personnages mais directement aux spectateurs, les habitants de Thèbes, et leur fait part de l'enseignement qu'il tire des malheurs d'Œdipe. Au rappel du passé glorieux *(était devenu, ne pouvait)*, succède un présent funeste *(Aujourd'hui… est précipité)*. Le passage à l'injonction *(il faut, gardons-nous)*, qui engage le spectateur dans le futur, est accompagné d'une généralisation *(un mortel, un homme heureux)*.

Comprendre le rôle du chœur

Le chœur commente l'action mais ne la crée pas. Il met en lumière le **tragique de la destinée humaine**, qui passe rapidement de la gloire à la misère. Mais, en ce qu'il participe ouvertement à ce que l'on nomme la double énonciation, le chœur se place au-dessus des personnages puisqu'il en sait plus qu'eux, tout comme le spectateur qui n'ignore rien des malheurs des Labdacides. Contrairement à Œdipe qui pensait pouvoir garder ses filles *(non, ne me les enlève pas)*, le chœur sait que la malédiction familiale les frappera aussi.

S'ENTRAÎNER

1 Des dénouements tragiques

a. Observez les personnages présents dans ces deux extraits qui s'inspirent de la pièce de Sophocle, présentée dans « La méthode ». Quels rôles remplissent-ils dans ces dénouements ?

b. Comment le tragique est-il mis en valeur dans ces textes ?

DOCUMENT 1

LE CHŒUR. – Elle expire. Sa main meurt sur la blessure ; et le sang qui s'en échappe avec violence repousse le fer.

ŒDIPE. – Dieu des oracles ! toi qui présides à la vérité, c'est à toi que j'en appelle ici. Tes prédictions ne m'avaient annoncé que le meurtre d'un père ; et voilà que, doublement parricide, et plus coupable que je ne craignais de le devenir, j'ai tué aussi ma mère ; car c'est mon crime qui a causé sa mort. Apollon, dieu menteur, j'ai dépassé la mesure de mon affreuse destinée. Maintenant, malheureux Œdipe, suis timidement des voies ténébreuses en t'avançant d'un pas mal assuré. Cherche ta route d'une main incertaine dans la sombre nuit qui t'environne. Toujours prêt à tomber sur un sol glissant, va, fuis, marche ! Mais que dis-je ? arrête, tu vas rencontrer ta mère. Vous que la maladie accable, et qui n'avez plus qu'un léger souffle de vie, relevez vos têtes mourantes : je pars, je m'exile. L'air deviendra plus pur, dès que j'aurai quitté ces lieux. Que celui dont l'âme est prête à s'exhaler, respire librement et se ranime. Allez, portez secours à ceux dont la vie est déjà désespérée. J'emporte avec moi tous les germes de mort qui désolent ce pays. Peste cruelle, effroi qu'inspire un mal terrible, maigreur, fléau dévorant, douleur insupportable, venez, venez tous avec moi, je ne veux pas d'autres guides que vous.

▷ SÉNÈQUE, *Œdipe*, acte V, © traduction M. Cabaret-Dupaty, © Garnier 1863.

DOCUMENT 2

Jocaste paraît dans la porte. Jocaste morte, blanche, belle, les yeux clos. Sa longue écharpe enroulée autour du cou.

ŒDIPE. – Jocaste ! Toi ! Toi vivante !

JOCASTE. – Non, Œdipe. Je suis morte. Tu me vois parce que tu es aveugle ; les autres ne peuvent plus me voir.

ŒDIPE. – Tirésias est aveugle…

JOCASTE. – Peut-être me voit-il un peu… mais il m'aime, il ne dira rien…

ŒDIPE. – Femme ! ne me touche pas…

JOCASTE. – Ta femme est morte pendue, Œdipe. Je suis ta mère. C'est ta mère qui vient à ton aide… Comment ferais-tu rien que pour descendre seul cet escalier, mon pauvre petit ?

ŒDIPE. – Ma mère !

JOCASTE. – Oui, mon enfant, mon petit enfant… Les choses qui paraissent abominables aux humains, si tu savais, de l'endroit où j'habite, si tu savais comme elles ont peu d'importance.

▷ Jean COCTEAU, *La Machine infernale*, 1934, © Grasset.

POUR VOUS AIDER

Analysez le champ lexical dominant dans chacun des textes, puis le rôle de Jocaste dans la pièce de Cocteau. Quel effet produit sa dernière réplique ?

2 En 2004, Alessandro Barrico décide de réécrire l'épopée d'Homère, et de la faire lire sur des places publiques. Lisez cet extrait de la postface, puis efforcez-vous de répondre, en vous basant sur votre expérience de lecteur et de spectateur, à la question posée.

[…] *L'Iliade*[1] est une histoire de guerre […] : elle a été composée pour chanter une humanité combattante, et la chanter de façon inoubliable, pour durer dans l'éternité, et arriver au dernier fils des fils en chantant toujours la solennelle beauté, et l'irrémédiable émotion, qu'a été autrefois la guerre, et qu'elle sera toujours. […] *L'Iliade* est un monument à la guerre.

Alors vient tout naturellement cette question : quel sens cela a-t-il, dans un moment comme celui-ci, de consacrer autant de place, et d'attention, et de temps, à un monument de la guerre ? Comment, parmi toutes les histoires possibles, se retrouve-t-on précisément attiré par celle-ci, comme si elle était une lumière qui indique une voie de fuite dans les ténèbres actuelles ?

1. Ouvrage d'Homère qui raconte la guerre de Troie.

▷ Alessandro BARICCO, *Homère, Iliade*, 2004, © Albin Michel.

La poésie

L'ESSENTIEL

Essai de définition

- Le texte poétique utilise **toutes les ressources du langage** : il joue avec les mots, les images, la mise en page du texte. La dimension musicale de la poésie s'est d'abord appuyée sur des règles strictes de versification ; l'invention du vers libre et du poème en prose a néanmoins réussi à la préserver. À côté du travail sur la composition, les sonorités et le rythme, il faut également être attentif aux réseaux lexicaux et aux connotations.

- Ce travail de la langue n'est pas seulement formel. Il transmet une vision particulière du monde et fait du langage poétique le vecteur privilégié de l'**expression des émotions**.

La poésie versifiée

- Elle se caractérise par le nombre de syllabes par vers (on ne compte le *e* muet comme une syllabe que lorsqu'il est suivi d'une consonne). Lorsqu'on prononce en deux syllabes ce qui habituellement n'en fait qu'une, on parle de **diérèse** (ci/el) ; le contraire est appelé synérèse (duel).

- Les vers les plus fréquents de la langue française comptent un nombre pair de syllabes : l'octosyllabe (8), le décasyllabe (10) et l'alexandrin (12). Les vers sont regroupés en strophes (3 vers : tercet ; 4 vers : quatrain ; 5 vers : quintil ; 6 vers : sizain…).

Les jeux sur les sonorités

- La poésie versifiée se particularise souvent par les rimes (croisées : *abab* ; plates : *aabb* ; embrassées : *abba*), dites pauvres (un seul son commun : n**ue**/r**ue**), suffisantes (deux sons semblables : che**nu**/té**nu**), ou riches (trois sons identiques : é**noncé**/an**noncé**).

- D'autres outils sont utilisés dans la poésie, qu'elle soit versifiée ou non :
– l'**assonance** est le retour d'un son vocalique (*Je fais souvent ce rêve étrange et pénétrant*) ;
– l'**allitération** est la répétition d'un son consonantique (*D'une femme inconnue, et que j'aime et qui m'aime*, Paul Verlaine). Ces répétitions ont différentes fonctions : imiter des bruits, souligner un terme fort par le retour des sons qui le composent ou créer un effet mélodique.

Le rythme

- Certaines syllabes, dans une phrase ou dans un vers, sont accentuées. Un **accent** apparaît presque toujours sur la dernière syllabe (sauf *e* muet) d'un groupe de mots (*le grand* **brun**, *qui*…). On peut également accentuer le premier son d'un groupe (**Moi**, *je*… ; **ô**…).

- Chaque syllabe accentuée est suivie d'une pause, appelée **coupe**. Dans la poésie classique, la **césure** est le nom donné à la coupe qui partage le décasyllabe ou l'alexandrin en deux parties, appelées hémistiches. *Ses ailes de géant//l'empêchent de marcher* (Charles Baudelaire) : 6 syllabes//6 syllabes. On peut multiplier les accents sur un seul vers afin d'accélérer le rythme.

- Quand la proposition ou la phrase ne s'arrête pas à la fin du vers mais déborde d'un ou deux mots sur le vers suivant, on parle de **rejet**. Si, au contraire, une phrase ou une proposition commence avec les derniers mots du vers précédent, on parle de **contre-rejet**. Les mots rejetés sont ainsi mis en relief.

> Il dort dans le soleil, la main sur sa poitrine
> Tranquille. Il a deux trous rouges au côté droit.
>
> ▷ Arthur Rimbaud, « Le Dormeur du val », 1870.

LA MÉTHODE

Étudier le rythme d'un poème

> Je m'en allais, les poings dans mes poches crevées ;
> Mon paletot aussi devenait idéal ;
> J'allais sous le ciel, Muse ! et j'étais ton féal ;
> Oh ! là là ! que d'amours splendides j'ai rêvées !
>
> ▷ Arthur Rimbaud, *Les Cahiers de Douai*, « Ma bohême », 1870.

- **Placer les accents et les coupes**

Il s'agit d'alexandrins : la césure à l'hémistiche ne se situe pas systématiquement au milieu du vers. Les accents vont se placer sur les dernières syllabes de groupes, et chaque syllabe accentuée sera suivie d'une coupe (/). On peut également placer des accents d'attaque sur le premier son d'un groupe.

Je m'en al**lais**,/les **poings**/dans mes poches cre**vées** ; (4/2/6)
Mon pale**tot**/aus**si**/deve**nait**/idé**al** ; (4/2/3/3)
J'al**lais**/sous le **ciel**,/**Muse** !/et j'é**tais**/ton fé**al** ; (2/3/1/3/3)
Oh !/là **là** !/que d'a**mours**/splen**di**/des j'ai rê**vées** ! (1/2/3/2/4)

- **Analyser l'effet produit**

Dans les deux premiers vers, le rythme est presque identique. Dans le troisième, les accents se multiplient : le rythme est plus rapide, plus saccadé, jusqu'au dernier vers qui exprime la déception. Le contraste entre le terme vieilli *féal* et l'expression familière *oh là là* est souligné dans ce dernier vers par l'irrégularité des accents, qui donnent un rythme tout à fait inédit à l'alexandrin.

S'ENTRAÎNER

1 QUIZ

Quel est le rythme employé dans ce tercet ?

Et je les écoutais, assis au bord des routes,
Ces bons soirs de septembre, où je sentais des gouttes
De rosée à mon front, comme un vin de vigueur ;

▷ Arthur RIMBAUD, « Ma Bohême », 1870.

☐ **a.** 6/6 – 6/6 – 6/6 ☐ **b.** 4/6 – 6/4 – 4/6 ☐ **c.** 6/6 – 6/4 – 4/6

2 **Pour chaque extrait, faites le décompte des syllabes et nommez quand vous le pouvez le type de vers et de strophes. Les règles de versification de la poésie classique sont-elles respectées ?**

a.

La courbe de tes yeux fait le tour de mon cœur,
Un rond de danse et de douceur,
Auréole du temps, berceau nocturne et sûr,
Et si je ne sais plus tout ce que j'ai vécu
C'est que tes yeux ne m'ont pas toujours vu.

▷ P. ÉLUARD, *Capitale de la douleur*, « La Courbe de tes yeux », 1926, © Éditions Gallimard.

b.

Les sanglots longs
Des violons
De l'automne
Blessent mon cœur
D'une langueur
Monotone.

▷ P. VERLAINE, *Poèmes saturniens*, « Chanson d'automne », 1866.

c.

J'ai longtemps habité sous de vastes portiques
Que les soleils marins teignaient de mille feux,
Et que leurs grands piliers, droits et majestueux,
Rendaient pareils, le soir, aux grottes basaltiques.

▷ C. BAUDELAIRE, *Les Fleurs du mal*, « La Vie antérieure », 1857.

POUR VOUS AIDER

Certains vers peuvent contenir une diérèse.

3 **Repérez les allitérations et les assonances dans les citations suivantes et indiquez leur rôle : imitation d'un bruit, insistance ou effet mélodique.**

a. Je fais souvent ce rêve étrange et pénétrant. (Paul VERLAINE)

b. Tout m'afflige et me nuit et conspire à me nuire. (Jean RACINE)

c. Jadis, si je me souviens bien, ma vie était un festin où s'ouvraient tous les cœurs, où tous les vins coulaient. (Arthur RIMBAUD)

d. Sous le pont Mirabeau coule la Seine
Et nos amours
Faut-il qu'il m'en souvienne
(Guillaume APOLLINAIRE)

4 **Un poème d'amour**

a. Relevez tous les mots qui s'opposent, et nommez cette figure de style.

b. Quelles sont les émotions décrites dans ce sonnet ? De quel sentiment sont-elles l'expression ?

c. Quelle différence constatez-vous entre les deux premières strophes et les deux dernières ?

Je vis, je meurs, je me brûle et me noie,
J'ai chaud extrême en endurant froidure,
La vie m'est trop molle et trop dure,
J'ai grands ennuis entremêlés de joie.

Tout à coup, je ris et je larmoie,
Et en plaisir maint grief tourment j'endure,
Mon bien s'en va, et à jamais il dure,
Tout en un coup je sèche et je verdoie.

Ainsi Amour inconstamment me mène.
Et quand je pense avoir plus de douleur,
Sans y penser, je me trouve hors de peine.

Puis, quand je crois ma joie d'être certaine
Et être au haut de mon désiré heur[1],
Il me remet mon premier malheur.

1. Heur : bonheur.

▷ Louise LABÉ, *Sonnets*, 1555.

5 **L'importance des sonorités**

a. Identifiez le type de strophes et de rimes.

b. Relevez et analysez deux figures de style importantes pour le sens et la musicalité.

c. Repérez l'allitération dominante : quelle est sa fonction ?

Il pleure dans mon cœur
Comme il pleut sur la ville ;
Quelle est cette langueur
Qui pénètre mon cœur ?

Ô bruit doux de la pluie
Par terre et sur les toits !
Pour un cœur qui s'ennuie
Ô le chant de la pluie !

Il pleure sans raison
Dans ce cœur qui s'écœure.
Quoi ! nulle trahison ?...
Ce deuil est sans raison.

C'est bien la pire peine
De ne savoir pourquoi
Sans amour et sans haine
Mon cœur a tant de peine !

▷ Paul VERLAINE, *Romances sans paroles*, « Il pleure dans mon cœur », 1874.

12 Le romantisme

L'ESSENTIEL

Une nouvelle manière de penser

- Le romantisme est un mouvement culturel venu d'Allemagne et introduit en France **vers 1820**, dont Victor Hugo est le chef de file. Il se caractérise par la naissance d'une sensibilité nouvelle. Il naît de la prise de conscience des **rapports qui unissent l'art et l'histoire**.

- Le poète a désormais un rôle à remplir : il doit parler aux hommes de son temps et dévoiler le vrai visage de la société. Il est un **prophète** qui guide l'humanité et montre la voie de l'avenir. Mais une tension subsiste entre cet espoir et la tentation de la mélancolie.

- Accordant une grande place à l'imagination, les romantiques veulent relativiser les règles et décloisonner les genres. Ils vont exploiter des **formes d'écriture inédites** comme le poème en prose. On parlera de « romantisme noir » pour certains écrivains ayant le goût des mystères, de l'ombre, des atmosphères médiévales et gothiques, voire surnaturelles.

Le registre lyrique

- Le registre privilégié du romantisme est le lyrisme, ou l'**expression personnelle d'une émotion** : le moi est à la fois sujet et objet du poème, à la fois énonciateur et destinataire de son écriture. Il peut s'agir de dire l'exaltation du sentiment amoureux, la mélancolie, la sensation de communion avec la nature…

- Le lecteur est amené à **partager les sentiments** exprimés par le poète, d'où les nombreuses marques de première et de deuxième personne dans les textes.

> Ô douleur ! ô douleur ! le Temps mange la vie,
> Et l'obscur Ennemi qui nous ronge le cœur
> Du sang que nous perdons croît et se fortifie !
>
> ▷ Charles BAUDELAIRE, *Les Fleurs du mal*, « L'Ennemi », 1857.

Les principaux procédés

- La force des sentiments est rendue par l'emploi de phrases **interrogatives** et **exclamatives**, et d'interjections (*Ô douleur !*).

- Tous les **procédés de l'insistance** comme l'hyperbole, la gradation ou l'anaphore, sont utilisés.

- L'**apostrophe** sert souvent à prendre Dieu ou le lecteur à témoin.

- Les **figures d'analogie**, comme la comparaison, la métaphore et la personnification, disent la complexité des émotions.

> Salut, bois couronnés d'un reste de verdure !
> Feuillages jaunissants sur les gazons épars !
> Salut, derniers beaux jours ! le deuil de la nature
> Convient à la douleur et plaît à mes regards.
>
> ▷ Alphonse DE LAMARTINE, *Méditations poétiques*, « L'Automne », 1820.

LA MÉTHODE

Analyser un poème en prose

> Il était nuit. Ce furent d'abord – ainsi j'ai vu, ainsi je raconte – une abbaye aux murailles lézardées par la lune, une forêt percée de sentiers tortueux, et le Morimont[1] grouillant de capes et de chapeaux.
> Ce furent ensuite – ainsi j'ai entendu, ainsi je raconte – le glas funèbre d'une cloche auquel répondaient les sanglots funèbres d'une cellule, des cris plaintifs et des rires féroces dont frissonnait chaque feuille le long d'une ramée, et les prières bourdonnantes des pénitents noirs qui accompagnaient un criminel au supplice.
> Ce furent enfin – ainsi s'acheva le rêve, ainsi je raconte – un moine qui expirait, couché dans la cendre des agonisants, une jeune fille qui se débattait pendue aux branches d'un chêne, et moi que le bourreau liait échevelé sur les rayons de la roue.
>
> 1. Place des exécutions à Dijon.
>
> ▷ Aloysius BERTRAND, *Gaspard de la nuit*, 1842.

Il faut essayer de repérer les caractéristiques poétiques de ce texte en prose, qui relève du **romantisme noir**.

Les traces de la versification
Y a-t-il des souvenirs de la strophe, du vers et de la rime ?
Les paragraphes miment une structure strophique. Le rythme de la première strophe est encore proche d'un modèle versifié : les segments sont progressivement de plus en plus longs. Le choix de cette forme particulière peut correspondre au désir du poète d'organiser le monde obscur qui est en lui.

Les effets descriptifs et allégoriques
Toute une atmosphère médiévale est mise en place dans la première strophe (mention de la forêt, de l'abbaye), continuée par des motifs clairement fantastiques dans la suite du poème, inspirés de scènes sataniques. Le tableau évoqué, effrayant et lugubre, augmente au fur et à mesure en intensité : *glas, sanglots, funèbres,* puis *pénitents, criminel, supplice,* et enfin *expirait, cendre, agonisants, pendue, bourreau.*

L'unité du poème

La progression narrative est claire *(d'abord, ensuite, enfin)*. La première strophe repose sur une évocation visuelle, la deuxième sur une évocation sonore, la troisième fait passer du récit au rêve. Cette continuité est renforcée par l'inscription, dans la scène, du narrateur, qui devient dans la dernière partie le personnage central d'un spectacle qu'il ne faisait jusque-là que décrire.

S'ENTRAÎNER

1 QUIZ

Dans cette strophe, quel(s) thème(s) cher(s) à la poésie romantique retrouve-t-on ?

Mais je demande en vain quelques moments encore,
Le temps m'échappe et fuit ;
Je dis à cette nuit : Sois plus lente ; et l'aurore
Va dissiper la nuit.

▷ Alphonse DE LAMARTINE, *Méditations poétiques*, « Le Lac », 1820.

- ☐ **a.** la mission du poète
- ☐ **b.** la communion de l'homme avec la nature
- ☐ **c.** la nostalgie liée à la fuite du temps
- ☐ **d.** l'exaltation du sentiment amoureux

2 La fonction du poète

a. Quelle est la fonction du poète ?

b. Que représente l'opposition symbolique entre l'ombre et la lumière ?

c. À qui s'adresse le poète ? Quel rapport entretient-il avec le sacré ?

Peuples ! écoutez le poète !
Écoutez le rêveur sacré !
Dans votre nuit, sans lui complète,
Lui seul a le front éclairé !
Des temps futurs perçant les ombres
Lui seul distingue en leurs flancs sombres
Le germe qui n'est pas éclos.
Homme, il est doux comme une femme.
Dieu parle à voix basse à son âme
Comme aux forêts et comme aux flots !

▷ Victor HUGO, *Les Rayons et les Ombres*, « Fonction du poète », 1840.

3 Nature et état d'âme

a. Quelle saison est évoquée ? À quel sentiment est-elle associée ?

b. Quel est le lien entre la nature et l'homme ? Expliquez la figure de style utilisée dans la troisième strophe.

Salut, bois couronnés d'un reste de verdure !
Feuillages jaunissants sur les gazons épars !
Salut, derniers beaux jours ! le deuil de la nature
Convient à la douleur et plaît à mes regards.

Je suis d'un pas rêveur le sentier solitaire ;
J'aime à revoir encor, pour la dernière fois,
Ce soleil pâlissant, dont la faible lumière
Perce à peine à mes pieds l'obscurité des bois.

Oui, dans ces jours d'automne où la nature expire,
À ses regards voilés je trouve plus d'attraits ;
C'est l'adieu d'un ami, c'est le dernier sourire
Des lèvres que la mort va fermer pour jamais.

Ainsi, prêt à quitter l'horizon de la vie,
Pleurant de mes longs jours l'espoir évanoui,
Je me retourne encore, et d'un regard d'envie
Je contemple ces biens dont je n'ai pas joui.

▷ Alphonse DE LAMARTINE, *Méditations poétiques*, « L'Automne », 1820.

4 Le surnaturel

a. À qui s'adresse le poète ? Quel est le thème du sonnet ?

b. Expliquez l'expression « Dieu caché » : quels thèmes chers au romantisme recouvre-t-elle ?

c. Quelle forme fixe le poète a-t-il utilisée ? Quel signe de ponctuation est fortement utilisé ? Dans quel but ?

Homme ! libre penseur – te crois-tu seul pensant
Dans ce monde où la vie éclate en toute chose :
Des forces que tu tiens ta liberté dispose,
Mais de tous tes conseils l'Univers est absent.

Respecte dans la bête un esprit agissant…
Chaque fleur est une âme à la Nature éclose ;
Un mystère d'amour dans le métal repose :
Tout est sensible ; – et tout sur ton être est puissant !

Crains dans le mur aveugle un regard qui t'épie :
À la matière même un verbe est attaché…
Ne la fais point servir à quelque usage impie.

Souvent dans l'être obscur habite un Dieu caché ;
Et, comme un œil naissant couvert par ses paupières
Un pur esprit s'accroît sous l'écorce des pierres.

▷ Gérard DE NERVAL, *Les Chimères*, « Vers dorés », 1854.

5 Art et histoire

a. Combien de plans composent ce tableau ?

b. D'où provient la lumière ? Quelle est l'impression ainsi donnée ?

c. Que s'est-il passé en France en 1830 ? En quoi cette œuvre est-elle « romantique » ?

Eugène DELACROIX, *La Liberté guidant le peuple*, 1830, musée du Louvre, Paris.

13 L'art pour l'art

L'ESSENTIEL

Les origines du mouvement

- Dans les années 1860, la revue *Le Parnasse contemporain* groupe autour d'elle des poètes qui affirment que l'art n'a d'autre fin que lui-même : « Nous croyons à l'autonomie de l'art ; l'art pour nous n'est pas le moyen mais le but. » (Théophile GAUTIER)
- Ce mouvement de « **l'art pour l'art** », qui souhaite rompre avec le romantisme, va mettre en pratique un certain nombre de convictions.

Les principes

- Il faut recourir à l'**impersonnalité** contre les excès et les épanchements obscènes du moi.
- Le poète n'a pas à s'impliquer dans la société : l'échec de la révolution de 1848 et des grands espoirs qu'elle portait doit désormais **détourner l'artiste de la vanité de l'engagement**. Les membres de ce mouvement iront jusqu'à affirmer la primauté de la forme sur toute idée de confidence ou de message à délivrer.
- Le **culte du langage** est essentiel : il faut renoncer aux facilités et aux licences poétiques. Par son travail, l'artiste a une mission à remplir : atteindre une réalité spirituelle et dépasser les apparences du monde sensible. « Une belle forme est une belle idée, car que serait-ce qu'une forme qui n'exprimerait rien ? » (Théophile GAUTIER)
- L'exigence retenue est celle de la **beauté absolue**, s'élevant contre toute idée d'intérêt : la beauté se doit d'être inutile car « tout ce qui est utile est laid » (Théophile GAUTIER).
- On reprochera parfois aux parnassiens d'avoir élaboré une poésie technique, insensible, voire hermétique.

Les conséquences formelles

- Le locuteur n'apparaît plus dans son discours, il **s'efface** totalement.
- Les poètes sont fidèles aux formes poétiques **traditionnelles**, voire archaïques : le rondeau, le dizain, la ballade et surtout le sonnet.

MOTS CLÉS

Le **sonnet** se compose de deux quatrains suivis de deux tercets. La **ballade** se compose de trois strophes suivies d'un refrain, et se termine par un envoi, qui correspond souvent à une demi-strophe.

- Dans sa recherche de perfection, le poète veut explorer l'**inconnu**. Les images poétiques comme l'analogie et la métaphore sont très présentes.
- La versification est très **recherchée**, le lexique est **rare et raffiné**. Gautier définit ainsi le travail du poète dans « L'Art », poème à vers courts et très travaillé :

> Sculpte, lime, cisèle ;
> Que ton rêve flottant
> Se scelle
> Dans le bloc résistant !

LA MÉTHODE

Analyser un manifeste

> Ce livre est un recueil d'études, un retour réfléchi à des formes négligées ou peu connues. Les émotions personnelles n'y ont laissé que peu de traces ; les passions et les faits contemporains n'y apparaissent point. Bien que l'art puisse donner, dans une certaine mesure, un caractère de généralité à tout ce qu'il touche, il y a dans l'aveu public des angoisses du cœur et de ses voluptés non moins amères, une vanité et une profanation gratuites. D'autre part, quelque vivantes que soient les passions politiques de ce temps, elles appartiennent au monde de l'action ; le travail spéculatif leur est étranger. Ceci explique l'impersonnalité et la neutralité de ces études. Il est du reste un fonds commun à l'homme et au poète, une somme de vérités morales et d'idées dont nul ne peut s'abstraire ; l'expression seule en est multiple et diverse.
>
> ▷ Charles Marie René LECONTE DE LISLE, préface des *Poèmes antiques*, 1852.

Comprendre la visée du texte

Est-il descriptif, explicatif ou argumentatif ?

La préface d'un recueil poétique se doit de présenter les poèmes. Elle répond ici à une visée argumentative plus qu'explicative, puisque l'auteur y justifie sa pratique de la poésie. Il s'agit bien d'un **manifeste**, c'est-à-dire d'une déclaration écrite et solennelle où un groupe expose sa position : toute une génération de poètes va s'engager pour défendre les mêmes idées.

Identifier la thèse défendue

Le locuteur développe des idées qui vont à l'encontre des recherches de la génération précédente. Les *études* (poèmes) rompent avec un certain nombre de pratiques poétiques du romantisme : les *émotions personnelles* et les *faits contemporains* n'apparaîtront pas, parce que sacrilèges *(profanation gratuite)* et bien trop concrets *(étrangers au travail spéculatif)*.

Expliquer le programme du manifeste

L'auteur de la préface va expliquer dans la pratique le travail à mettre en œuvre. Le poète doit revenir aux contraintes formelles abandonnées *(formes négligées ou peu connues)* ; le « je » ne doit plus apparaître dans l'écriture *(l'impersonnalité et la neutralité)* ; le travail de l'expression *(multiple et diverse)* enfin est essentiel pour dire des vérités unanimes *(vérités morales et idées dont nul ne peut s'abstraire)*.

S'ENTRAÎNER

1 QUIZ

Dans cette liste, quels sont les deux auteurs qui comptent parmi les chefs de file du mouvement de « l'art pour l'art » ?

- ☐ **a.** Théophile Gautier
- ☐ **b.** Victor Hugo
- ☐ **c.** Charles Baudelaire
- ☐ **d.** Paul Verlaine
- ☐ **e.** Théodore de Banville
- ☐ **f.** Marceline Desbordes-Valmore

2 Le travail du poète

a. À quel art est comparée la tâche du poète ? Comment se caractérise le travail de l'artiste ?

b. Qui sont les destinataires de ce poème ? Ce texte pourrait-il être un manifeste ?

Statuaire, repousse
L'argile que pétrit
Le pouce
Quand flotte ailleurs l'esprit ;

Lutte avec le Carrare[1],
Avec le Paros[2] dur
Et rare,
Gardiens du contour pur ;

Emprunte à Syracuse
Son bronze où fermement
S'accuse
Le trait fier et charmant ;

1 et 2 : Types de marbre.

▷ Théophile GAUTIER, *Émaux et camées*, « L'Art », 1852.

3 Un sonnet

a. Relevez un contre-rejet : quel champ lexical introduit-il ?

b. Quels sens sont mentionnés dans le premier quatrain ?

c. Comment l'auteur exploite-t-il la forme du sonnet ?

Le choc avait été très rude. Les tribuns
Et les centurions, ralliant les cohortes,
Humaient encor, dans l'air où vibraient leurs voix fortes,
La chaleur du carnage et ses âcres parfums.

D'un œil morne, comptant leurs compagnons défunts,
Les soldats regardaient, comme des feuilles mortes,
Tourbillonner au loin les archers de Phraortes[1] ;
Et la sueur coulait de leurs visages bruns.

C'est alors qu'apparut, tout hérissé de flèches,
Rouge du flux vermeil de ses blessures fraîches,
Sous la pourpre flottante et l'airain rutilant,

Au fracas des buccins qui sonnaient leur fanfare,
Superbe, maîtrisant son cheval qui s'effare,
Sur le ciel enflammé, l'Imperator sanglant !

1. Nom de deux rois mèdes.

▷ José Maria DE HEREDIA, *Les Trophées*, « Rome et les barbares », 1893.

4 Les jeux sur les sonorités

a. Étudiez les sonorités à la rime et à l'intérieur des vers.

b. Pourquoi ce poète est-il considéré comme très habile aux jeux et effets de sonorités ? Quel rapport peut-on établir entre le funambule et le poète ?

Il s'élevait à des hauteurs
Telles, que les autres sauteurs
Se consumaient en luttes vaines.
Ils le trouvaient décourageant,
Et murmuraient : « Quel vif-argent
Ce démon a-t-il dans les veines ? »

▷ Théodore DE BANVILLE, *Odes funambulesques*, « Le Saut du tremplin », 1857.

5 Pensez-vous que la poésie parnassienne manque totalement d'émotion et de sensibilité ? Rédigez votre réponse sous la forme d'un paragraphe argumenté, appuyé par des exemples précis tirés des textes présentés dans cette page.

6 Quelle est la visée de ce texte ? Reformulez la thèse défendue par l'auteur et identifiez clairement les différentes étapes de l'argumentation.

Rien de ce qui est beau n'est indispensable à la vie. – On supprimerait les fleurs, le monde n'en souffrirait pas matériellement ; qui voudrait cependant qu'il n'y eût plus de fleurs ? Je renoncerais plutôt aux pommes de terre qu'aux roses, et je crois qu'il n'y a qu'un utilitaire au monde capable d'arracher une plate-bande de tulipes pour y planter des choux.

À quoi bon la musique ? à quoi bon la peinture ? Qui aurait la folie de préférer Mozart à M. Carrel, et Michel-Ange à l'inventeur de la moutarde blanche ?

Il n'y a de vraiment beau que ce qui ne peut servir à rien ; tout ce qui est utile est laid, car c'est l'expression de quelque besoin, et ceux de l'homme sont ignobles et dégoûtants, comme sa pauvre et infirme nature. – L'endroit le plus utile d'une maison, ce sont les latrines.

▷ Théophile GAUTIER, préface de *Mademoiselle de Maupin*, 1835.

14 Le symbolisme

L'ESSENTIEL

Les origines du mouvement

- **Baudelaire**, sensible aux aspirations purement esthétiques du Parnasse, voit cependant les limites de ce mouvement dans le formalisme, le refus de l'engagement et des sentiments de ses partisans. Sa **foi en l'imagination**, sa conscience des **pouvoirs de l'art** vont faire de lui un des précurseurs du symbolisme des années 1870.

- Le mot « symbole » désigne l'**analogie** que le poète symboliste souhaite établir entre une **idée** abstraite et l'**image** concrète chargée de l'exprimer.

Les principes

- Le symbolisme apparaît dans les **années 1880**. À la fois théoriciens et praticiens de l'écriture, les partisans de ce mouvement s'inscrivent contre les certitudes scientifiques que reprennent leurs contemporains naturalistes.

- Leur travail prône :
– **la préférence donnée à l'idée et au signe**, plutôt qu'au réel et à la matière ;
– **la suggestion d'une réalité supérieure**, plutôt que la description des apparences concrètes ;
– **l'expression des impressions par le jeu des sonorités**, de l'harmonie musicale, plutôt que par la forme.

Les poètes symbolistes

- **Verlaine** prend le **parti pris de l'impression** contre le réalisme ; chez lui, symbole et réel vivent dans une unité indissociable. Sur le plan formel, il se singularise par beaucoup d'innovations : l'utilisation des **mètres impairs**, l'**irrégularité du rythme**, le primat de la « **musique** » par le jeu des sonorités.

> La mélancolie
> Berce de doux chants
> Mon cœur qui s'oublie
> Aux soleils couchants.
>
> ▷ *Poèmes saturniens*, « Soleils couchants », 1866.

- **Mallarmé**, désigné par ses disciples comme le maître du symbolisme, voit dans la poésie une **recherche de l'absolu**, qui vise à saisir la signification de la vie au-delà des apparences. En séparant la langue poétique de la langue de tous les jours, le poète doit créer un **langage nouveau**, au risque de devenir obscur, voire inaccessible.

> Le sens trop précis rature
> Ta vague littérature.
>
> ▷ *Poésies*, « Toute l'âme résumée », 1895.

- Chez **Laforgue**, grand admirateur de Mallarmé, le goût de l'absolu s'accompagne d'une **vision désabusée** du monde. Son usage audacieux du **vers libre** s'accompagne souvent d'un **traitement burlesque** ou satirique.

> Lune, vagabonde Lune,
> Faisons cause et mœurs communes ?
> Ô riches nuits ! je me meurs,
> La province dans le cœur !
> Et la lune a, bonne vieille,
> Du coton dans les oreilles
>
> ▷ *Les Complaintes*, « Complainte de la lune en province », 1885.

INFO

Sorte d'impressionnisme littéraire, le symbolisme est contemporain de compositeurs comme **Debussy** et **Fauré**, et de peintres comme **Monet**, **Pissarro** ou **Manet**.

LA MÉTHODE

Analyser un poème à forme fixe

> La Nature est un temple où de vivants piliers
> Laissent parfois sortir de confuses paroles ;
> L'homme y passe à travers des forêts de symboles
> Qui l'observent avec des regards familiers.
>
> Comme de longs échos qui de loin se confondent
> Dans une ténébreuse et profonde unité,
> Vaste comme la nuit et comme la clarté,
> Les parfums, les couleurs et les sons se répondent.
>
> Il est des parfums frais comme des chairs d'enfants,
> Doux comme les hautbois, verts comme les prairies,
> – Et d'autres, corrompus, riches et triomphants,
>
> Ayant l'expansion des choses infinies,
> Comme l'ambre, le musc, le benjoin et l'encens,
> Qui chantent les transports de l'esprit et des sens.
>
> ▷ Charles Baudelaire, *Les Fleurs du mal*, « Correspondances », 1857.

- **Identifier la forme**

Quel est le type de vers, de rimes, de strophes ?
Le poème se compose de deux quatrains (avec des rimes embrassées) suivis de deux tercets (rimes croisées puis rimes plates). C'est un **sonnet**, une forme classique, en alexandrins.

- **Analyser la composition**

Quels sont les thèmes des strophes ?
Le premier quatrain définit la *Nature* comme un espace où la relation entre les êtres *(les vivants piliers* et *l'homme)* est perturbée *(confuses paroles)*. Ces messages difficiles à comprendre doivent être restaurés, les *symboles* étant (sens de l'étymologie grecque) les deux parties d'une même pièce qu'il faut réunir dans une ambition noble : comprendre ou reconstruire ce *temple*.

▶

Les comparaisons vont se multiplier dans le reste du poème, qui harmonieusement confond l'odorat *(parfums)*, la vue *(couleurs)*, l'ouïe *(sons)*, puis le toucher *(chairs d'enfants)*. Le tiret du vers 11 souligne une rupture avec la mention de ces *autres* parfums associés à l'extase *(transports de l'esprit et des sens)*.

Comprendre le choix de cette forme
Cadre resserré, le sonnet permet l'affirmation d'une opposition, d'une rupture entre une douce et harmonieuse unité et une exaltation violente d'une *Nature* dégradée ou décomposée *(corrompus)*, mais s'inscrivant dans une éternité *(choses infinies)*.

S'ENTRAÎNER

1 QUIZ

Replacez dans l'ordre chronologique, du plus ancien au plus récent, ces mouvements littéraires du XIXe siècle.

a. le symbolisme **b.** le romantisme **c.** l'art pour l'art

2 **Identifiez et expliquez la figure employée au vers 1. Peut-on qualifier ce poème de « musical » ? Appuyez votre réponse sur l'étude du lexique, des sonorités et des procédés de rythme.**

Votre âme est un paysage choisi
Que vont charmant masques et bergamasques,
Jouant du luth et dansant et quasi
Tristes sous leurs déguisements fantasques.

Tout en chantant sur le mode mineur
L'amour vainqueur et la vie opportune,
Ils n'ont pas l'air de croire à leur bonheur
Et leur chanson se mêle au clair de lune.

Au calme clair de lune triste et beau,
Qui fait rêver les oiseaux dans les arbres
Et sangloter d'extase les jets d'eau,
Les grands jets d'eau sveltes parmi les marbres.

▷ Paul Verlaine, *Fêtes galantes*, « Clair de lune », 1869.

3 **Étudiez la composition du poème (strophes, vers, rimes). Quels sont les thèmes évoqués ? Quelle remarque pouvez-vous faire sur le dernier vers ?**

La Femme,
Mon âme :
Ah ! quels
Appels !

Pastels
Mortels,
Qu'on blâme
Mes gammes !

Un fou
S'avance,
Et danse.

Silence…
Lui, où ?
Coucou.

▷ Jules Laforgue, *Les Complaintes*, « Complainte-épitaphe », 1885.

4 **Un poème manifeste**

a. Dans ce manifeste du symbolisme, relevez les interdits et les obligations du poète.

b. Montrez ensuite comment la forme du poème répond à ces principes.

De la musique avant toute chose,
Et pour cela préfère l'Impair
Plus vague et plus soluble dans l'air,
Sans rien sur lui qui pèse ou qui pose.

Il faut aussi que tu n'ailles point
Choisir tes mots sans quelque méprise :
Rien de plus cher que la chanson grise
Où l'indécis au précis se joint. […]

Prends l'éloquence et tords-lui son cou !
Tu feras bien, en train d'énergie,
De rendre un peu la Rime assagie :
Si l'on n'y veille, elle ira jusqu'où ? […]

De la musique encore et toujours !
Que ton vers soit la chose envolée
Qu'on sent qui fuit d'une âme en allée
Vers d'autres cieux, à d'autres amours.

Que ton vers soit la bonne aventure
Éparse au vent crispé du matin
Qui va fleurant la menthe et le thym…
Et tout le reste est littérature.

▷ Paul Verlaine, *Jadis et naguère*, « Art poétique », 1884.

POUR VOUS AIDER

Question b. Vous devez parler des thèmes, de la versification, du rythme, du lexique, des figures de style.

5 **Pour rendre la fragilité et la fugacité des impressions, quels sont les moyens techniques que le peintre utilise ?**

Claude Monet, *Soleil couchant sur la Seine à Lavacourt*, 1880, musée du Petit Palais, Paris.

POUR VOUS AIDER

Observez particulièrement les sources de lumière.

15 Le surréalisme

L'ESSENTIEL

L'histoire du mouvement

- En **1916**, à Zurich, **Tristan Tzara** crée le **mouvement dada** : entreprise de démolition du langage qui veut libérer la poésie de ce « véhicule occasionnel, nullement indispensable ».
- Parallèlement en France, influencés par la psychanalyse freudienne contemporaine, **André Breton** et **Louis Aragon** appliquent la méthode des **associations libres** aux blessés des hôpitaux militaires.
- Les deux courants se rejoignent puis se séparent en **1922** : c'est la naissance du **mouvement surréaliste**, qui se veut véritable révolution des mentalités, en réaction notamment aux horreurs de la première guerre mondiale.
- Les surréalistes multiplient les **provocations** et **scandales** mais rencontrent cependant **notoriété** et **succès**. « Une vérité gagnera toujours à prendre pour s'exprimer un tour outrageant », écrit André Breton. L'esprit de révolte gagne certains membres (Aragon, Breton, Éluard) qui s'inscrivent alors au **parti communiste**. Le refus de cet engagement par d'autres surréalistes (**Desnos**, **Leiris**) conduit à la rupture et à l'éclatement du mouvement.

Les principes

Il s'agit de donner la parole à l'**inconscient** et à l'**imagination**, comme dans les techniques d'écriture automatique. « Le surréalisme repose sur la croyance à la réalité supérieure de certaines formes d'associations négligées jusqu'à lui, à la toute-puissance du rêve, au jeu désintéressé de la pensée.[…] C'est une dictée de la pensée, en l'absence de tout contrôle exercé par la raison, en dehors de toute préoccupation esthétique et morale », écrit André Breton en 1924 dans le *Manifeste surréaliste*.

L'écriture

- Les principales techniques poétiques sont l'**écriture automatique** et l'attention accordée au **rêve**, provoqué ou spontané, deux procédés qui permettent d'affranchir la poésie des barrières de la raison et de la conscience, et de ses contraintes formelles.
- Les thèmes sont universels : l'amour, la nature, la mort ; mais aussi le **merveilleux** et la **folie**.
- **Tous les registres** sont utilisés : lyrique, pathétique, élégiaque, mais aussi humoristique et fantaisiste.

LA MÉTHODE

Étudier un poème surréaliste

La terre est bleue comme une orange
Jamais une erreur les mots ne mentent pas
Ils ne vous donnent plus à chanter
Au tour des baisers de s'entendre
Les fous et les amours
Elle sa bouche d'alliance
Tous les secrets tous les sourires
Et quels vêtements d'indulgence
À la croire toute nue.

Les guêpes fleurissent vert
L'aube se passe autour du cou
Un collier de fenêtres
Des ailes couvrent les feuilles
Tu as toutes les joies solaires
Tout le soleil sur la terre
Sur les chemins de ta beauté.

▷ Paul Éluard, *L'Amour, la poésie*, « La terre est bleue comme une orange », 1929, © Éditions Gallimard.

Étudier la forme choisie

Il s'agit d'un poème en **vers libres**. Il n'obéit pas à une structure régulière : il n'y pas de strophes fixes, de rimes ou de vers réguliers, mais il conserve quelques caractéristiques du vers traditionnel tels que le retour à la ligne, des longueurs de vers variables mais repérables, des effets de sonorités (allitérations en *m* au vers 2, assonances en *ou* aux vers 5, 6, 7).

Identifier les thèmes

La syntaxe libre et l'absence de ponctuation ne rendent pas forcément aisée la compréhension du poème. Les thèmes de l'**amour** *(baisers, amour, elle, ta beauté)*, de la **poésie** *(les mots ne mentent pas)*, de la **nature** *(terre, fleurissent, soleil, chemin)* sont présents, comme l'annonce déjà le titre du recueil ; l'absence de ponctuation, de même que le premier et le dernier vers montrent à quel point ces thèmes sont liés et indivisibles.

Expliquer les figures

La célèbre **comparaison** initiale repose sur le remplacement du terme attendu, *ronde*, par *bleue*. Si l'image ainsi créée produit un choc, elle n'est pas le produit d'un rapprochement hasardeux, puisque par ailleurs la Terre est bleue… Puis les mots se taisent au profit de ce qui sort de la bouche, *baisers, secrets, sourires*, au-delà du langage donc. La deuxième phrase, où chaque substantif est accompagné d'un verbe ou d'un complément inattendu, déploie une image radieuse de la nature. Le **rapprochement inédit** de termes familiers sert de révélateur à une autre réalité, et crée l'**émotion**.

S'ENTRAÎNER

1 QUIZ

Quelle est la figure de style utilisée dans le vers suivant ?

Les guêpes fleurissent vert

☐ **a.** une personnification ☐ **b.** une métonymie ☐ **c.** une métaphore

2 **Étudiez l'importance de l'image du cercle dans ce poème d'amour. Quelles remarques pouvez-vous faire sur la structure strophique et métrique ? Relevez et expliquez les principales figures utilisées.**

La courbe de tes yeux fait le tour de mon cœur,
Un rond de danse et de douceur,
Auréole du temps, berceau nocturne et sûr,
Et si je ne sais plus tout ce que j'ai vécu
C'est que tes yeux ne m'ont pas toujours vu.

Feuilles de jour et mousse de rosée,
Roseaux du vent, sourires parfumés,
Ailes couvrant le monde de lumière,
Bateaux chargés du ciel et de la mer,
Chasseurs des bruits et sources des couleurs,

Parfums éclos d'une couvée d'aurores
Qui gît toujours sur la paille des astres,
Comme le jour dépend de l'innocence
Le monde entier dépend de tes yeux purs
Et tout mon sang coule dans leurs regards.

▷ Paul Éluard, *Capitale de la douleur*, « La Courbe de tes yeux », 1926, © Éditions Gallimard.

3 **Un rêve**

a. Quelle phrase rythme ce texte ? Quelle image de l'amour peut-on y lire ? Qu'aime réellement le poète ?
b. Quels thèmes du surréalisme retrouve-t-on ici ?
c. Est-ce un poème ou un texte en prose ?

J'ai tant rêvé de toi que tu perds ta réalité.
Est-il encore temps d'atteindre ce corps vivant et de baiser sur cette bouche la naissance de la voix qui m'est chère ?
J'ai tant rêvé de toi que mes bras habitués, en étreignant ton ombre, à se croiser sur ma poitrine ne se plieraient pas au contour de ton corps, peut-être.
Et que, devant l'apparence réelle de ce qui me hante et me gouverne depuis des jours et des années, je deviendrais une ombre sans doute.
Ô balances sentimentales.
J'ai tant rêvé de toi qu'il n'est plus temps sans doute que je m'éveille. Je dors debout, le corps exposé à toutes les apparences de la vie et de l'amour et toi, la seule qui compte aujourd'hui pour moi, je pourrais moins toucher ton front et tes lèvres que les premières lèvres et premier front venus.
J'ai tant rêvé de toi, tant marché, parlé, couché avec ton fantôme qu'il ne me reste plus peut-être, et pourtant, qu'à être fantôme parmi les fantômes et plus ombre cent fois que l'ombre qui se promène et se promènera allégrement sur le cadran solaire de ta vie.

▷ Robert Desnos, *Corps et biens*, « J'ai tant rêvé de toi », 1930, © Éditions Gallimard.

4 **Le cadavre exquis**

Les surréalistes inventèrent, en groupe, le procédé du « cadavre exquis » : plusieurs personnes sont réunies et se passent successivement un papier sur lequel chacun écrit un mot (en respectant des contraintes de classe grammaticale) ; on finit par obtenir une phrase invraisemblable, comme celle qui a donné son nom au jeu : *Le cadavre exquis boira le vin nouveau*, ou encore *L'huître du Sénégal mangera le pain tricolore*.

a. Que pensez-vous des phrases ainsi créées ? Correspondent-elles à votre conception de la poésie ?
b. Amusez-vous avec des camarades à créer des phrases grâce à ce procédé littéraire.

5 **Décrivez soigneusement ce tableau. Quelles thématiques chères au surréalisme retrouvez-vous ? Mettez en rapport l'image et le titre, et essayez d'en dégager la signification.**

René Magritte, *La Reproduction interdite*, 1937, musée Boijmans Van Beuningen, Rotterdam.

6 **Suivez la méthode préconisée dans ce texte. Que pensez-vous du résultat obtenu ?**

Faites-vous apporter de quoi écrire, après vous être établi en un lieu aussi favorable que possible à la concentration de votre esprit sur lui-même. Placez-vous dans l'état le plus passif, ou réceptif, que vous pourrez. Faites abstraction de votre génie, de vos talents et de ceux de tous les autres. Dites-vous bien que la littérature est un des plus tristes chemins qui mènent à tout.
Écrivez vite sans sujet préconçu, assez vite pour ne pas retenir et ne pas être tenté de vous relire. La première phrase viendra toute seule, tant il est vrai qu'à chaque seconde il est une phrase étrangère à notre pensée consciente qui ne demande qu'à s'extérioriser.

▷ André Breton, *Manifeste du surréalisme*, 1924, © Pauvert, département de la Librairie Arthème Fayard 1962 et 1979.

16 L'argumentation

L'ESSENTIEL

Le texte argumentatif veut agir directement sur le destinataire, pour lui **faire adopter l'opinion annoncée**. Il peut s'agir de la défense d'un point de vue, du développement d'une idée ou de la critique d'une idée. L'argumentation est généralement associée au genre dit de « la littérature d'idées » ; mais elle est aussi présente dans des pièces de théâtre, des poèmes, des romans, etc.

Composition d'un texte argumentatif

● Pour que l'argumentation soit claire, elle doit distinguer le **thème** (le sujet dont il est question), les **arguments** (les idées avancées pour appuyer la thèse) développés par des explications et les **exemples** qui les illustrent.

> L'argent ne fait pas le bonheur (*thèse*). Il fait naître des sentiments malveillants vis-à-vis des autres hommes (*argument*), envieux de ce qu'ils n'ont pas, ou pingres de ce qu'ils ont (*explication*). Bossuet reprochait ainsi aux nobles de laisser mourir les pauvres aux portes de leurs palais (*exemple*).

● Ces différents moments du paragraphe argumentatif sont reliés par des **connecteurs logiques** qui peuvent exprimer différents rapports : de cause, d'opposition…

> Je puis bien concevoir un homme sans mains, pieds, tête, **car** *(cause)* ce n'est que l'expérience qui nous apprend que la tête est plus nécessaire que les pieds. **Mais** *(opposition)* je ne puis concevoir l'homme sans pensée. Ce serait une pierre ou une brute.
>
> ▷ Blaise PASCAL, *Pensées*, 1660.

La littérature engagée

● Un texte argumentatif, et notamment littéraire, ne suit pas de manière systématique cette structure. Le XXe siècle, marqué par l'émergence d'une littérature de plus en plus engagée (socialement et politiquement), face aux traumatismes et tragédies du siècle, exploite l'argumentation au travers de **formes d'écritures variées** : par ses œuvres, l'écrivain doit prendre directement position dans les débats de son temps.

AUTEUR CLÉ

Jean-Paul Sartre (1905-1980) est l'un des plus célèbres écrivains engagés du XXe siècle. Il est connu autant pour ses œuvres littéraires et philosophiques (*Huis clos*, *L'Être et le Néant*…) que pour ses prises de position politiques.

● Les choix esthétiques de l'artiste dépendent aussi d'une intention idéologique. Mais l'engagement en littérature est une **pratique ancienne**. En 1616, dans *Les Tragiques*, Agrippa d'Aubigné choisit la forme du long poème épique pour retracer l'ampleur du drame que vivent les protestants dans les guerres de religion qui les opposent aux catholiques.

> Je veux peindre la France une mère affligée
> Qui est, entre ses bras, de deux enfants chargée.
>
> ▷ Livre I.

LA MÉTHODE

Analyser un texte engagé

> Sans doute l'écrivain engagé peut être médiocre, il peut même avoir conscience de l'être, mais comme on ne saurait écrire sans le projet de réussir parfaitement, la modestie avec laquelle il envisage son œuvre ne doit pas le détourner de la construire comme si elle devait avoir le plus grand retentissement. Il ne doit jamais se dire : « Bah, c'est à peine si j'aurai trois mille lecteurs » ; mais « Qu'arriverait-il si tout le monde lisait ce que j'écris ? » Il se rappelle la phrase de Mosca devant la berline qui emporte Fabrice et la Sanseverina : « Si le mot d'amour vient à surgir entre eux, je suis perdu. » Il sait qu'il est l'homme qui nomme ce qui n'a pas encore été nommé ou ce qui n'ose dire son nom […]. Il sait que les mots, comme dit Brice Parain, sont « des pistolets chargés ». S'il parle, il tire. Il peut se taire, mais puisqu'il a choisi de tirer, il faut que ce soit comme un homme, en visant des cibles, et non comme un enfant, au hasard, en fermant les yeux et pour le seul plaisir d'entendre les détonations. […] La fonction de l'écrivain est de faire en sorte que nul ne puisse ignorer le monde et que nul ne s'en puisse dire innocent.
>
> ▷ Jean-Paul SARTRE, *Qu'est-ce que la littérature ?*, 1948, © Éditions Gallimard.

● **Repérer la thèse défendue**

Est-elle énoncée clairement ? Est-elle implicite ? Faut-il la déduire de l'argumentation ?

Ici, la thèse est présente de manière explicite dans la dernière phrase : le rôle de l'écrivain est de responsabiliser les hommes, en décrivant la réalité du monde qui l'entoure.

● **Distinguer les étapes de l'argumentation**

Comment sont disposés les arguments et les exemples ?

1. Premier argument : l'écrivain écrit pour l'humanité ; illustration : les interrogations de l'écrivain.
2. Exemple : les personnages tirés de *La Chartreuse de Parme* de Stendhal ; deuxième argument : l'écrivain nomme ce qui n'est pas encore révélé.
3. Citation de Brice Parain ; troisième argument : les mots sont des armes, qu'il faut diriger.

▶

Les procédés de l'argumentation
L'émetteur parle-t-il au nom de tous ? Veut-il convaincre par une argumentation rigoureuse ou fait-il appel à l'émotion, au pathétique ?
Ici, l'énoncé a une valeur généralisante, il s'agit d'un « il » indéterminé. Les verbes employés au présent de vérité générale disent l'obligation ou la certitude *(il ne doit pas, il sait, il faut)*. La métaphore qui assimile le mot à une arme à feu est filée : cette image forte souligne le pouvoir extrême (de vie et de mort) de l'écriture.

S'ENTRAÎNER

1 QUIZ Identifiez la thèse, l'argument et l'exemple parmi les phrases suivantes.

1. Le réchauffement climatique a des conséquences dramatiques pour certains écosystèmes.
2. Des centaines d'espèces animales, comme la baleine blanche, sont ainsi menacées d'extinction.
3. Limiter la pollution doit être une préoccupation majeure pour chacun d'entre nous.

2 Repérez le thème des extraits suivants. Quelle est la thèse défendue dans chacun d'eux ?

DOCUMENT 1

Je suis partisan du maintien de la peine de mort, du maintien et de l'application. Je n'apporterai pas à la tribune la masse des arguments que soulève cette grande question ; je voudrais me tenir sur un point particulier, bien déterminé et contredire, réfuter, si je puis, l'opinion de ceux qui croient que la suppression de la peine de mort serait un progrès moral pour la société française.

▷ Discours de Maurice BARRÈS à la Chambre des députés, le 3 juillet 1908.

DOCUMENT 2

Dans une civilisation, dans une société dont les institutions sont imprégnées par la foi religieuse, on comprend aisément que le représentant de Dieu ait pu disposer du droit de vie ou de mort. Mais dans une république, dans une démocratie, quels que soient ses mérites, quelle que soit sa conscience, aucun homme, aucun pouvoir ne saurait disposer d'un tel droit sur quiconque en temps de paix.

▷ Discours de Robert BADINTER à l'Assemblée nationale, le 17 septembre 1981.

3 La défense d'un point de vue

a. Identifiez le thème de l'argumentation, la thèse défendue et la thèse réfutée.
b. Quels sont les procédés de généralisation utilisés ?
c. Étudiez la construction des phrases : comment le locuteur donne-t-il de l'ampleur à son discours ?

Quoi ! Tu veux qu'on se lie à demeurer au premier objet qui nous prend, qu'on renonce au monde pour lui, et qu'on n'ait plus d'yeux pour personne ? La belle chose de vouloir se piquer d'un faux honneur d'être fidèle, de s'ensevelir pour toujours dans une passion, et d'être mort dès sa jeunesse à toutes les autres beautés qui nous peuvent frapper les yeux ! Non, non, la constance n'est bonne que pour les ridicules, toutes les belles ont droit de nous charmer, et l'avantage d'être rencontrée la première ne doit pas dérober aux autres les justes prétentions qu'elles ont toutes sur nos cœurs.

▷ MOLIÈRE, *Dom Juan*, acte II, scène 1, 1665.

4 Un thème universel

a. Quel est le thème débattu ? Quelles sont les thèses défendues ? Quel connecteur logique les sépare ?
b. Le narrateur prend-il parti pour une des thèses ?
c. Les exemples sont-ils détaillés ?

On en vint à parler d'amour, et une grande discussion s'éleva, l'éternelle discussion, pour savoir si on pouvait aimer une fois ou plusieurs fois. On cita des exemples de gens n'ayant jamais eu qu'un amour sérieux ; on cita d'autres exemples de gens ayant aimé souvent, avec violence. Les hommes, en général, prétendaient que la passion, comme les maladies, peut frapper plusieurs fois le même être, et le frapper à le tuer si quelque obstacle se dresse devant lui. Bien que cette manière de voir ne fût pas contestable, les femmes, dont l'opinion s'appuyait sur la poésie bien plus que sur l'observation, affirmaient que l'amour, l'amour vrai, le grand amour, ne pouvait tomber qu'une fois sur un mortel, qu'il était semblable à la foudre, cet amour, et qu'un cœur touché par lui demeurait ensuite tellement vidé, ravagé, incendié, qu'aucun autre sentiment puissant, même aucun rêve, n'y pouvait germer de nouveau.

▷ Guy DE MAUPASSANT, *Contes de la Bécasse*, « La Rempailleuse », 1883.

5 Une dénonciation

a. Ce roman a été publié en 1932 : à quel événement historique renvoie-t-il ? Quelle est la thèse défendue ?
b. Comment se mêlent impressions personnelles et discours à portée générale ? Quel est l'effet produit ?
c. Relevez et commentez l'usage d'un niveau de langue familier. Expliquez la dernière phrase.

Je venais de découvrir d'un coup la guerre tout entière. J'étais dépucelé. Faut être à peu près seul devant elle comme je l'étais à ce moment-là pour bien la voir, la vache en face et de profil. […]
Il y a bien des façons d'être condamné à mort. Ah ! combien n'aurais-je pas donné à ce moment-là pour être en prison au lieu d'être ici, moi crétin ! Pour avoir, par exemple, quand c'était si facile, prévoyant, volé quelque chose, quelque part, quand il en était temps encore. On ne pense à rien ! De la prison, on en sort vivant, pas de la guerre. Tout le reste, c'est des mots.

▷ Louis-Ferdinand CÉLINE, *Voyage au bout de la nuit*, 1932,

17 Argumentation directe et indirecte

L'ESSENTIEL

Les différents types d'écrits argumentatifs

- L'**essai** : cet écrit à la première personne est un instrument privilégié pour le développement d'un point de vue personnel.
- Le **dialogue** : cette forme qui remonte à l'Antiquité grecque se caractérise par une alternance de prises de paroles ; il favorise la confrontation des points de vue.
- L'**apologue** : ce récit bref et fictif comporte une leçon derrière l'anecdote de l'histoire.

Deux types d'argumentation

- L'**argumentation directe** : la défense de la thèse se fait de manière explicite, clairement exprimée. C'est le cas dans le dialogue ou dans l'essai.
- L'**argumentation indirecte** : la défense de la thèse se fait de manière implicite, sous-entendue, notamment à travers un récit. C'est le cas dans l'apologue.

Trois démarches

Convaincre

L'énonciateur fait appel à la raison du destinataire. Il lui présente un raisonnement rigoureux qui imite la démarche de la démonstration scientifique : le discours, très structuré, progresse logiquement pour prouver le bien-fondé de la thèse ; il privilégie les tournures impersonnelles et les généralisations. L'**essai** est proche de cette manière d'argumenter.

> Chaque animal a son instinct ; et l'instinct de l'homme, fortifié par la raison, le porte à la société comme au manger et au boire. Loin que le besoin de la société ait dégradé l'homme, c'est l'éloignement de la société qui le dégrade.
>
> ▷ VOLTAIRE, *Questions sur l'Encyclopédie*, article « Homme », 1770.

Persuader

L'émetteur fait appel aux sentiments du récepteur. Il veut susciter son émotion pour emporter son adhésion. Il adapte son discours (niveau de langue, ton, valeurs) à son destinataire et utilise tous les procédés d'intensité. L'**apologue** correspond à cette forme d'argumentation.

> Je le dis avec horreur, mais avec vérité : c'est nous, chrétiens, c'est nous qui avons été persécuteurs, bourreaux, assassins ! Et de qui ? de nos frères.
>
> ▷ VOLTAIRE, *Traité sur la tolérance*, 1763.

Délibérer

C'est prendre position par rapport à une thèse, adopter un certain point de vue. Le **dialogue** correspond à cette forme d'argumentation.

> LA MARÉCHALE : […] quel inconvénient y aurait-il à avoir une raison de plus, la religion, pour faire le bien, et une raison de moins, l'incrédulité, pour mal faire ?
> DIDEROT : Aucun, si la religion était un motif de faire le bien, et l'incrédulité un motif de faire le mal.
>
> ▷ Denis DIDEROT, *Entretien d'un philosophe avec la Maréchale de* ***, 1774.

LA MÉTHODE

Analyser un essai

> Si cette poésie provoque en nous un tel abandon, un tel ravissement, c'est qu'elle célèbre des sentiments que nous avons l'habitude d'éprouver (que nous éprouvions peut-être aux grands déjeuners d'avant-guerre), de sorte que nous répondons aisément, familièrement, à ces sentiments, sans nous donner la peine de les contrôler ou de les comparer à ceux que nous éprouvons à présent. Mais les poètes vivants expriment un sentiment né et comme arraché de nos entrailles. Nous ne le reconnaissons pas tout d'abord ; souvent, pour une cause ou pour une autre, ce sentiment nous fait peur, nous le surveillons attentivement et le comparons avec jalousie et méfiance au vieux sentiment déjà éprouvé. C'est pourquoi la poésie moderne nous semble difficile et en raison de cette difficulté même nous ne pouvons nous souvenir de plus de deux vers de l'un quelconque des bons poètes modernes.
> Et c'est pourquoi, ma mémoire me faisant défaut, mon raisonnement tourna court faute de matière.
>
> ▷ Virginia WOOLF, *Une chambre à soi*, 1929, © 10/18, Denoël pour la trad.

Rechercher les relations logiques explicites et donner leur valeur

Dans ce texte, véritable démonstration, les connecteurs sont nombreux. *Si… c'est que* introduit les résultats d'un fait. *De sorte que* exprime également une conséquence. *Mais* indique une opposition par rapport à ce qui vient d'être dit. Suivent alors deux expressions indiquant la conséquence : *C'est pourquoi, Et c'est pourquoi.*

Évaluer l'implication du locuteur

L'emploi de la première personne (*nous*) indique l'implication de l'énonciatrice. Le point de vue personnel est renforcé par l'ancrage dans le quotidien avec les *déjeuners d'avant-guerre*. Le présent de vérité générale est contrebalancé par le passé simple de l'énonciatrice dans la dernière phrase, où elle se met en scène dans une chute ironique (*mon raisonnement tourna court*).

S'ENTRAÎNER

QUIZ

1 **Quelle est la relation logique sous-entendue par le signe de ponctuation ?**

La lecture n'est pas une activité inutile : il faut en enseigner le goût dès le plus jeune âge.

☐ **a.** la cause ☐ **b.** l'addition ☐ **c.** la conséquence ☐ **d.** l'opposition

2 L'argumentation directe

a. Quelle est la thèse défendue par l'énonciateur ? Quelle objection anticipe-t-il ? Quel est le lien logique qui souligne cette objection ?

b. Comment le locuteur arrive-t-il à donner de la force à ses arguments ? Cherche-t-il à convaincre ou à persuader ?

Venons-en maintenant au détail des choses dont une femme est instruite. Quels sont ses emplois ? elle est chargée de l'éducation de ses enfants ; des garçons jusqu'à un certain âge, des filles jusqu'à ce qu'elles se marient ou se fassent religieuses ; de la conduite des domestiques, de leurs mœurs, de leur service ; du détail de la dépense, des moyens de tout faire avec économie et honorablement, d'ordinaire même de faire les fermes, et de recevoir les revenus.

La science des femmes, comme celle des hommes, doit se borner à s'instruire par rapport à leurs fonctions : la différence de leurs emplois doit faire celle de leurs études. Il faut donc borner l'instruction des femmes aux choses que nous venons de dire. Mais une femme curieuse trouvera que c'est donner des bornes bien étroites à sa curiosité : elle se trompe ; c'est qu'elle ne connaît pas l'importance et l'étendue des choses dont je lui propose de s'instruire.

▷ Fénelon, *De l'éducation des filles*, 1687.

3 Faire appel aux sentiments

a. Quelle thèse défend l'énonciateur ? À quels sentiments fait-il appel chez son interlocuteur ?

b. Quelles sont les relations logiques introduites par le point-virgule ?

c. Quelle est la démarche adoptée dans ce texte ?

Par quelle fatalité le plus doux des sentiments ne peut-il vous inspirer que l'effroi ? Quelle est donc cette crainte ? Ah ! ce n'est pas celle de le partager : votre cœur que j'ai mal connu, n'est pas fait pour l'amour ; le mien, que vous calomniez sans cesse, est le seul qui soit sensible ; le vôtre est même sans pitié. S'il n'en était pas ainsi, vous n'auriez pas refusé un mot de consolation au malheureux qui vous racontait ses souffrances ; vous ne vous seriez pas soustraite à ses regards, quand il n'a d'autre plaisir que de vous voir ; vous ne vous seriez pas fait un jeu cruel de son inquiétude, en lui faisant annoncer que vous étiez malade sans lui permettre d'aller s'informer de votre état ; vous auriez senti que cette même nuit, qui n'était pour vous que douze heures de repos, allait être pour lui un siècle de douleurs.

▷ Pierre Choderlos de Laclos, *Les Liaisons dangereuses*, 1782.

POUR VOUS AIDER

Pour comprendre la démarche adoptée, observez les champs lexicaux et les types de phrase utilisés.

4 Un discours structuré

a. Quel type d'argumentation le locuteur utilise-t-il ? Qu'énonce-t-il ?

b. Quels sont les procédés utilisés pour donner de la force aux arguments ?

c. Une évolution du statut de la femme est-elle possible pour l'énonciateur ?

On ne peut dire (comme Proudhon) que la femme *n'est que réceptive*. Elle est *productive* aussi par son influence sur l'homme, et dans la sphère de l'idée, et dans le réel. Mais son idée n'arrive guère à la forte réalité. C'est pourquoi elle crée peu.

La politique lui est généralement peu accessible. Il y faut un esprit générateur et très mâle. Mais elle a le sens de l'ordre, et elle est très propre à l'administration.

Les grandes créations de l'art semblent jusqu'ici lui être impossibles. Toute œuvre forte de civilisation est un fruit du génie de l'homme.

On a fait sottement de tout cela une question d'amour-propre. *L'homme et la femme sont deux êtres incomplets et relatifs, n'étant que deux moitiés d'un tout.* Ils doivent s'aimer, se respecter.

Elle est relative. Elle doit respecter l'homme, qui crée tout pour elle. Elle n'a pas un aliment, pas un bonheur, une richesse, qui ne lui vienne de lui.

Il est relatif. Il doit adorer, respecter la femme, qui fait l'homme, le plaisir de l'homme, qui par l'aiguillon de l'éternel désir a tiré de lui, d'âge en âge, ces jets de flammes qu'on appelle des arts, des civilisations. Elle le refait chaque soir, en lui donnant tour à tour les deux puissances de vie : en l'apaisant, l'harmonie ; en l'ajourant, l'étincelle.

Elle crée ainsi le créateur. Et il n'est rien de plus grand.

▷ Jules Michelet, *La Femme*, 1859.

5 Repérez les liens logiques et analysez la construction du texte. À qui renvoie le « on » des dernières lignes ? À qui, selon vous, ce texte est-il destiné ?

[…] la passivité qui caractérisera essentiellement la femme « féminine » est un trait qui se développe en elle dès ses premières années. Mais il est faux de prétendre que c'est là une donnée logique ; en vérité, c'est un destin qui lui est imposé par ses éducateurs et par la société. L'immense chance du garçon, c'est que sa manière d'exister pour autrui l'encourage à se poser pour soi. […] Au contraire, chez la femme il y a, au départ, un conflit entre son existence autonome et son « être-autre » ; on lui apprend que pour plaire il faut chercher à plaire, il faut se faire objet donc renoncer à son autonomie. On la traite comme une poupée vivante et on lui refuse sa liberté.

▷ Simone de Beauvoir, *Le Deuxième Sexe*, 1949, © Éditions Gallimard.

18 Éloge et blâme

L'ESSENTIEL

L'éloge

- Faire un éloge oblige à utiliser les ressources de l'argumentation, dans le but de **faire partager au destinataire un jugement positif** que l'on porte. En général, l'éloge cherche à obtenir l'unanimité : il ne fait pas preuve d'audace. On parle néanmoins d'éloge paradoxal lorsque le locuteur, en prenant le risque de déplaire, va à l'encontre de l'opinion commune.

- L'objet de l'éloge est souvent une **personne** : l'être aimé ou une célébrité qui vient de mourir. Dans ce dernier cas, l'éloge prend la forme de l'**oraison funèbre** : discours prononcé à l'occasion du décès d'une personnalité, destiné à souligner l'union de ceux qui restent autour de valeurs ou de convictions partagées.

> [...] toutes les têtes nues sur le passage du poète, malgré le ciel pluvieux, malgré la froide journée d'hiver ; la douleur partout, le respect partout ; le nom d'un seul homme dans toutes les bouches ; le deuil d'une seule famille dans tous les cœurs ! (Victor HUGO)

- L'auteur utilise des **connotations mélioratives** : le discours n'est pas neutre et n'hésite pas à employer, parfois avec exagération, un lexique valorisant.

> Ce n'est pas le lieu ici de dire tout ce qu'était cette splendide et souveraine intelligence. (Victor HUGO)

S'y ajoutent des **formulations laudatives** : on insiste sur l'excellence ou la rareté.

> M. de Balzac était un des premiers parmi les plus grands [...]. (Victor HUGO)

L'**amplification** enfin sert à mettre en valeur : on allonge ce qu'on dit pour emporter l'adhésion de l'auditoire.

> Tous ses livres ne forment qu'un seul livre, livre vivant, lumineux, profond, où l'on voit aller et venir et marcher et se mouvoir, avec je ne sais quoi d'effaré et de terrible mêlé au réel, toute notre civilisation contemporaine. (Victor HUGO)

Le blâme

- À l'inverse de l'éloge, le blâme consiste à présenter aux yeux du public ce qui est susceptible de déplaire, en mettant en évidence les **défauts d'un être ou d'un objet**. Comme l'éloge, il suppose l'accord préalable de celui auquel il s'adresse.

- Le blâme peut intervenir dans de multiples types d'écrits : dans les fictions romanesques ou dans le texte théâtral, il emprunte souvent **le genre du portrait**. Celui-ci peut être **caricatural** : les comportements sont réduits à des types et prêtent à rire.
Dans la littérature d'idées, le blâme peut s'exprimer dans les **essais** ou le **pamphlet**, œuvre brève et souvent satirique qui vise à critiquer violemment.
Le blâme prend la forme de la **satire** lorsqu'il vise à critiquer les travers et les ridicules des mœurs et des institutions. L'attitude critique est au service d'une ambition morale : il faut réformer les hommes.

- Tous les outils de la **dépréciation** sont employés, tels que les connotations péjoratives, les comparaisons négatives ou l'exagération. Célimène dresse ainsi le portrait de Bélise dans *Le Misanthrope* de Molière :

> Le pauvre esprit de femme, et le sec entretien !
> Lorsqu'elle vient me voir, je souffre le martyre :
> Il faut suer sans cesse à chercher que lui dire,
> Et la stérilité de son expression
> Fait mourir à tous coups la conversation [...]

L'**ironie** est un outil largement utilisé par la satire. Le locuteur avance un énoncé tout en annonçant qu'il ne l'assume pas. L'ironie se confond souvent avec la figure de l'**antiphrase**.

> On ne peut se mettre dans l'esprit que Dieu, qui est un être très sage, ait mis une âme, surtout bonne, dans un corps tout noir. (MONTESQUIEU)

LA MÉTHODE

Analyser un portrait

> M. du Châtelet possédait toutes les incapacités exigées par sa place. Bien fait, joli homme, bon danseur, savant joueur de billard, adroit à tous les exercices, médiocre acteur de société, chanteur de romances, applaudisseur de bons mots, prêt à tout, souple, envieux, il savait et ignorait tout. Ignorant en musique, il accompagnait au piano tant bien que mal une femme qui voulait chanter par complaisance une romance apprise avec mille peines pendant un mois. Incapable de sentir la poésie, il demandait hardiment la permission de se promener pendant dix minutes pour faire un impromptu, quelque quatrain plat comme un soufflet, et où la rime remplaçait l'idée. [...] Ignorant en peinture, il savait copier un paysage, crayonner un profil, croquer un costume et le colorier. Enfin il avait tous ces petits talents qui étaient de si grands véhicules de fortune dans un temps où les femmes ont eu plus d'influence qu'on ne le croit sur les affaires. Il se prétendait fort en diplomatie, la science de ceux qui n'en ont aucune et qui sont profonds par leur vide.
>
> ▷ Honoré DE BALZAC, *Illusions perdues*, 1836.

● **La construction du portrait**

Y a-t-il un ordre ? Passe-t-on du portrait physique au portrait moral ? Les deux sont-ils en accord ? Se contredisent-ils ?

On commence par évoquer rapidement sa carrière, avant de s'arrêter sur les talents qui lui sont nécessaires pour sa place : la musique, la poésie, la peinture, ce qui ne laisse pas d'étonner puisqu'il s'agit d'un diplomate.

● **Les termes laudatifs et les termes dépréciatifs**

Les deux lexiques sont-ils également représentés ? Comment s'organisent-ils ?

Les deux réseaux sont présents dans le texte, mais subordonnés au terme générique d'« incapacités » : *il savait et ignorait tout.* Les moindres petits talents ne font que souligner son vide.

● **L'image donnée du personnage**

Est-ce un portrait dévalorisant ? Le personnage est-il ridiculisé ?

L'image donnée est très critique ; c'est celle d'un personnage mesquin et opportuniste, arrivant non par des idées ou des actes mais par des talents annexes. Le narrateur recourt au discours généralisant pour faire partager au lecteur son opinion sur le personnage, comme le montre la maxime de la dernière phrase : la diplomatie, c'est *la science de ceux qui sont profonds par leur vide.*

S'ENTRAÎNER

1 QUIZ **Panurge parle de ses dettes. Comment peut-on appeler son discours ?**

Dieu me garde d'en avoir fini avec [les dettes], sinon je ne trouverais plus lors personne pour me prêter un denier. Vous devez toujours de l'argent à quelqu'un ? celui-ci priera continuellement Dieu de vous donner une bonne, longue et heureuse vie, dans la crainte de ne pas récupérer son dû [...]

▷ François Rabelais, *Le Tiers Livre*, 1546.

☐ **a.** un éloge ☐ **b.** un blâme ☐ **c.** un éloge paradoxal

2 **De qui Célimène dresse-t-elle le portrait ? Quelle raison a-t-elle de le blâmer ? Cette présentation prête-t-elle à rire ? Pourquoi ? Quel est le portrait en creux qui se dessine derrière ?**

Clitandre. – Timante encor, Madame, est un bon caractère.
Célimène. – C'est de la tête aux pieds un homme tout [mystère,
Qui vous jette en passant un coup d'œil égaré,
Et, sans aucune affaire, est toujours affairé.
Tout ce qu'il débite en grimaces abonde ;
À force de façons il assomme le monde ;
Sans cesse il a, tout bas, pour rompre l'entretien,
Un secret à vous dire, et ce secret n'est rien ;
De la moindre vétille il fait une merveille,
Et, jusques au bonjour, il dit tout à l'oreille.

▷ Molière, *Le Misanthrope*, acte II, scène 5, 1666.

3 **S'agit-il du portrait d'un personnage, d'un individu ou d'un type ? Quel est le procédé syntaxique employé ? Quelle est la portée de ce portrait ?**

Phédon a les yeux creux, le teint échauffé, le corps sec et le visage maigre ; il dort peu, et d'un sommeil fort léger ; il est abstrait, rêveur, et il a avec de l'esprit l'air d'un stupide : il oublie de dire ce qu'il sait, ou de parler d'événements qui lui sont connus ; et s'il le fait quelquefois, il s'en tire mal, il croit peser à ceux à qui il parle, il conte brièvement, mais froidement ; il ne se fait pas écouter, il ne fait point rire. Il applaudit, il sourit à ce que les autres lui disent, il est de leur avis ; il court, il vole pour leur rendre de petits services. [...] Il n'ouvre la bouche que pour répondre ; il tousse, il se mouche sous son chapeau, il crache presque sur soi, et il attend qu'il soit seul pour éternuer, ou, si cela lui arrive, c'est à l'insu de la compagnie : il n'en coûte à personne ni salut ni compliment. Il est pauvre.

▷ Jean de La Bruyère, *Les Caractères*, 1688.

4 **Un sermon**

a. Sur qui porte le blâme ? Que lui reproche-t-on ? À qui est adressé ce discours ? Dans quel but ?

b. Quelles remarques pouvez-vous faire sur l'emploi du mot « pauvres » ?

c. Peut-on parler ici de satire ?

Donc, dans l'âme de ce mauvais riche et de ses cruels imitateurs, où la raison a perdu l'empire, où les lois n'ont plus de vigueur, l'ambition, l'avarice, la délicatesse, toutes les autres passions, troupe mutine et emportée, font retentir de toutes parts un cri séditieux, où l'on n'entend que ces mots : « Apporte, apporte [...] » ; apporte toujours de l'aliment à l'avarice, apporte une somptuosité plus raffinée à ce luxe curieux et délicat ; apporte des plaisirs plus exquis à cet appétit dégoûté par son abondance. Parmi les cris furieux de ces pauvres impudents et insatiables, se peut-il que vous entendiez la voix languissante des pauvres qui tremblent devant vous, qui, accoutumés à surmonter leur pauvreté par leur travail et par leurs sueurs, se laissent mourir de faim plutôt que de découvrir leur misère ? C'est pourquoi ils meurent de faim, oui, Messieurs, ils meurent de faim dans les villes, dans les campagnes, à la porte et aux environs de vos hôtels ; nul ne court à leur aide ; hélas ! ils ne vous demandent que le superflu, quelques miettes de votre table, quelques restes de votre grande chère.

▷ Jacques-Bénigne Bossuet, *Sermon du mauvais riche*, 1662.

POUR VOUS AIDER

Question b. L'expression *pauvres impudents* ne renvoie pas au même groupe que les *pauvres qui tremblent.*

19 Satire et fable au XVIIe siècle

L'ESSENTIEL

La satire

● Inspirée de l'Antiquité (la satire latine était un texte en vers de six pieds qui dénonçait les vices du temps), la satire désigne un poème ou un écrit dans lequel l'auteur **critique les travers et les vices** des mœurs ou institutions. La satire nourrit donc des **ambitions morales**.

> Un discours trop sincère aisément nous outrage :
> Chacun dans ce miroir pense voir son visage.
> Et tel, en vous lisant admire chaque trait,
> Qui dans le fond de l'âme et vous craint et vous hait.
>
> ▷ Nicolas BOILEAU, *Satire VII*, 1663.

● Elle **ridiculise** également les **gens en place**, contemporains de l'auteur et connus du public. Régnier critique ainsi la nouvelle conception de la poésie de Malherbe et ses partisans :

> Ils rampent bassement, faibles d'inventions
> Et n'osent, peu hardis, tenter les fictions.

● Si le genre au sens strict de « pièce satirique en vers » n'est plus représenté à l'époque que dans les *Satires* de **Boileau**, le ton et l'esprit subsistent dans de nombreux écrits, comme dans *Les Caractères* de **La Bruyère** :

> Les enfants […] rient et pleurent facilement ; ils ont des joies immodérées et des afflictions amères sur de très petits sujets ; ils ne veulent point souffrir de mal, et aiment à en faire : ils sont déjà des hommes.

● La vocation morale des œuvres satiriques n'empêche en rien l'utilisation fréquente du **registre comique** : humour, comparaisons inédites, portraits pittoresques, font naître le rire et expliquent le succès des ces écrits.

> Et, dès qu'un mot plaisant vient luire à mon esprit
> Je n'ai point de repos qu'il ne soit en écrit.
>
> ▷ Nicolas BOILEAU, *Satire VII*, 1663.

La fable

● C'est un **récit court** qui obéit à des **fins didactiques** : l'anecdote est destinée à mettre en lumière une **morale**, le plus souvent exprimée à la fin. Narration et passages dialogués en composent la première partie ; la partie finale, appelée moralité, explique la morale contenue dans le récit.

● Le genre de la fable recouvre une grande variété d'écrits. L'utilisation du **vers libre** et la **diversité des registres** rapprochent parfois la fable d'une scène de comédie, d'un conte ou d'un apologue.

● Les personnages y sont le plus souvent des **animaux** ; parfois aussi des éléments de la nature, des hommes et des femmes (*Les Médecins*), ou des êtres mythiques (*Jupiter et le passager*). Mais **leur univers est en réalité celui des hommes**.

AUTEUR CLÉ

Le plus célèbre des fabulistes du XVIIe siècle, **La Fontaine**, s'inspire de ce genre représenté dans l'Antiquité par des auteurs comme Ésope et Phèdre (eux-mêmes reprenant un genre oriental).

La rhétorique au service de l'argumentation

● Satire et fable font appel aux ressources de la rhétorique antique, qui se définit comme l'**art de persuader par le discours** et se partage en trois genres. Le **démonstratif** (il s'agit de blâmer ou de louer ; la satire en relève souvent), le **délibératif** (il s'agit de conseiller une action ou de dissuader quelqu'un de l'entreprendre, comme dans la fable), le **judiciaire** (il s'agit de juger une action déjà faite).

● La fabrication du discours enfin repose sur l'art de trouver des idées adaptées au public (l'**invention**), de les organiser dans un plan construit (la **disposition**) et de les mettre en mots dans un souci d'efficacité (l'**élocution**).

LA MÉTHODE

Étudier une fable

> Un pauvre Bûcheron, tout couvert de ramée,
> Sous le faix du fagot aussi bien que des ans,
> Gémissant et courbé, marchait à pas pesants,
> Et tâchait de gagner sa chaumine enfumée.
> Enfin, n'en pouvant plus d'effort et de douleur,
> Il met bas son fagot, il songe à son malheur.
> Quel plaisir a-t-il eu depuis qu'il est au monde ?
> En est-il un plus pauvre en la machine ronde ?
> Point de pain quelquefois, et jamais de repos.
> Sa femme, ses enfants, les soldats, les impôts,
> Le créancier, et la corvée
> Lui font d'un malheureux la peinture achevée.
> Il appelle la Mort. Elle vient sans tarder,
> Lui demande ce qu'il faut faire.
> « C'est, dit-il, afin de m'aider
> À recharger ce bois ; tu ne tarderas guère. »
>
> Le trépas vient tout guérir ;
> Mais ne bougeons d'où nous sommes :
> Plutôt souffrir que mourir,
> C'est la devise des hommes.
>
> ▷ Jean DE LA FONTAINE, *Fables*, « La Mort et le Bûcheron », 1668.

▶

Étudier la progression du récit

On peut appliquer à ce court récit le **schéma narratif**. La situation initiale s'étend sur 12 vers. Elle commence par une longue description de la situation pathétique du Bûcheron. Pour rendre vivant son malheur, les pensées du personnage sont rapportées au **style indirect libre** : le malheur est poignant car personnalisé. L'élément perturbateur tient en six syllabes : *il appelle la Mort*. La réponse à la question qu'elle lui pose est rapportée au **style direct** et tient lieu de dernière péripétie. La situation finale est omise, car elle importe peu. Le sens à tirer de l'anecdote est alors précisé dans la moralité.

Analyser la versification

Elle sert la progression du récit. Aux **alexandrins réguliers** qui correspondent à la description initiale, succèdent deux octosyllabes pour le dialogue entre la Mort et le Bûcheron ; l'enjambement du vers 16 peut mimer l'hésitation du personnage, qui cherche le moyen de se sortir de cette fâcheuse situation. La moralité enfin se démarque du récit par l'emploi d'un vers impair, l'**heptasyllabe** (sept syllabes).

Comprendre la satire

Si l'évocation des malheurs du Bûcheron éveille la compassion du lecteur, son comportement est pourtant l'objet d'une **critique**. La dernière strophe nous présente la morale, qui se veut **universelle**, comme le montrent le présent de vérité générale *(vient, est)* et l'expression *des hommes*. C'est d'abord l'illustration d'une vérité : tout homme aime la vie. Mais c'est aussi une dénonciation de ce comportement partagé (y compris par l'énonciateur, qui s'inclut dans le *nous*) qui consiste à avoir peur de la mort et à s'attacher démesurément à la vie terrestre, quand bien même celle-ci n'est que souffrance et semble dénuée de sens.

S'ENTRAÎNER

1 QUIZ **À quel genre de la rhétorique antique se réfère le passage ci-dessous ?**

Ils rampent bassement, faibles d'inventions
Et n'osent, peu hardis, tenter les fictions.

▷ Abbé Mathurin Régnier, *Satire IX*, 1608.

☐ **a.** le démonstratif ☐ **b.** le délibératif ☐ **c.** le judiciaire

2 **Quel est le vice dénoncé dans ce portrait ? En quoi est-il satirique ? À quel célèbre personnage de Molière ce portrait pourrait-il s'appliquer ?**

S'il entre dans l'église, il observe d'abord de qui il peut être vu, et selon la découverte qu'il vient de faire, il se met à genoux et prie, ou il ne songe ni à se mettre à genoux ni à prier. Arrive-t-il vers lui un homme de bien et d'autorité qui le verra et qui peut l'entendre, non seulement il prie, mais il médite, il pousse des élans et des soupirs ; si l'homme de bien se retire, celui-ci qui le voit partir s'apaise et ne souffle pas. Il entre une autre fois dans un lieu saint, perce la foule, choisit un endroit pour se recueillir, et où tout le monde voit qu'il s'humilie ; s'il entend des courtisans qui parlent, qui rient, et qui sont à la chapelle avec moins de silence que dans l'antichambre, il fait plus de bruit qu'eux pour les faire taire, il reprend sa méditation, qui est toujours la comparaison qu'il fait de ces personnes avec lui-même, et où il trouve son compte.

▷ Jean de La Bruyère, *Les Caractères*, « De la mode », 1696.

3 **Une mise en garde**

a. Quelle image de la femme se dégage du texte ? Qui désigne le « tu » ? À quel genre de la rhétorique antique se rattache donc cet extrait ?
b. Quelles remarques pouvez-vous faire sur la syntaxe et les images utilisées ?
c. Étudiez la progression narrative du portrait.

Bientôt dans ce grand monde, où tu vas l'entraîner,
Au milieu des écueils qui vont l'environner,
Crois-tu que toujours ferme aux bords du précipice
Elle pourra marcher sans que le pied lui glisse ?
Que toujours insensible aux discours enchanteurs
D'un idolâtre amas de jeunes séducteurs,
Sa sagesse jamais ne deviendra folie ?
D'abord tu la verras, ainsi que dans Clélie,
Recevant ses amants sous le doux nom d'amis,
S'en tenir avec eux aux petits soins permis :
Puis, bientôt en grande eau sur le fleuve du tendre,
Naviguer à souhait, tout dire, et tout entendre.
Et ne présume pas que Vénus, ou Satan
Souffre qu'elle en demeure aux termes du roman.
Dans le crime il suffit qu'une fois on débute,
Une chute toujours attire une autre chute.
L'honneur est comme une île escarpée et sans bords.
On n'y peut plus rentrer dès qu'on en est dehors.

▷ Nicolas Boileau, *Satire X*, « Sur les femmes », 1694.

4 **Résumez l'anecdote contenue dans cette fable et explicitez la morale. Quelles caractéristiques de la fable retrouve-t-on ? Quels commentaires pouvez-vous faire sur le premier vers ?**

Certain renard gascon, d'autres disent normand,
Mourant presque de faim, vit au haut d'une treille
Des raisins mûrs apparemment,
Et couverts d'une peau vermeille.
Le galant en eût fait volontiers son repas ;
Mais comme il n'y pouvait atteindre :
« Ils sont trop verts, dit-il, et bons pour des goujats. »

Fit-il pas mieux que de se plaindre ?

▷ Jean de La Fontaine, *Le Renard et les Raisins*, 1668.

20 Les formes de l'argumentation au XVIIIe siècle

L'ESSENTIEL

L'avènement de la raison

- Le XVIIIe siècle se caractérise par l'importance accordée à la **raison** et à l'**expérience**. L'argumentation est au cœur de la création littéraire de l'époque qui, au détriment de la poésie, va essentiellement exploiter les formes d'écriture en **prose**.
- Ces formes, extrêmement variées (dictionnaires, journaux, dialogues, lettres…), relèvent de la **littérature d'idées** comme du **genre narratif**. La plupart des récits ne se préoccupent plus de maintenir l'illusion romanesque. Les aventures sentimentales, les récits de voyages imaginaires et les contes orientaux sont ainsi tournés en dérision.
- Les registres de l'**ironie** et de la **satire** sont largement utilisés. Mais ces procédés sont au service d'une ambition très noble : l'avènement de la raison et de la **tolérance**.

Les formes traditionnelles

- Le **pamphlet** : écrit **polémique** fortement **lié à l'actualité**, court et violent, qui dénonce avec force un pouvoir, un homme ou une institution. Il est proche de la satire. C'est ainsi que Montesquieu dénonce l'esclavage :

> De petits esprits exagèrent trop l'injustice que l'on fait aux Africains. Car, si elle était telle qu'ils le disent, ne serait-il pas venu dans la tête des princes d'Europe, qui font entre eux tant de conventions inutiles, d'en faire une générale en faveur de la miséricorde et de la pitié ?

- Le **discours** : texte inspiré de la rhétorique antique, qui veut convaincre en utilisant toutes les ressources de l'**art oratoire**. Outre l'importance accordée à l'invention, la disposition et l'élocution, l'auteur d'un discours doit savoir le jouer, l'accompagner par les gestes et la voix. C'est l'action, qui précède l'ultime enseignement de la rhétorique, la mémoire.

> De quoi s'agit-il dans ce discours ? De marquer dans le progrès des choses le moment où, le droit succédant à la violence, la nature fut soumise à la loi ; d'expliquer par quel enchaînement de prodiges le fort put se résoudre à servir le faible, et le peuple à acheter un repos en idée, au prix d'une félicité réelle. (Jean-Jacques ROUSSEAU)

Les genres nouveaux

- Le **conte philosophique** : bref récit utilisé au XVIIIe siècle comme une parabole. La narration est un instrument plaisant et efficace qui sert à démontrer la validité d'une thèse. Les sous-titres des contes de Voltaire en explicitent ainsi le but, comme *Zadig ou la Destinée*, *Candide ou l'Optimisme*.
- Le **dictionnaire** : ouvrage qui recense par ordre alphabétique un certain nombre de termes et s'efforce de les définir en répertoriant **toutes les connaissances** du temps (but de l'*Encyclopédie*), tout en les passant au crible d'une critique raisonnée, parfois militante. Il peut prendre des **accents satiriques** ou **pamphlétaires**.

LA MÉTHODE

Étudier un conte philosophique

> *En 1689, l'Ingénu, jeune Huron (nation indienne du Canada) « très bien fait » de sa personne, débarque dans la baie de Saint-Malo ; il y rencontre l'abbé de Kerkabon et sa sœur, qui l'invitent à souper au prieuré, où la bonne compagnie du canton s'empresse de les rejoindre.*
>
> […] tous les convives criaient : « Nous le baptiserons ! » L'Ingénu répondit qu'en Angleterre on laissait vivre les gens à leur fantaisie. Il témoigna que la proposition ne lui plaisait point du tout, et que la loi des Hurons valait pour le moins la loi des Bas-Bretons ; enfin il dit qu'il repartait le lendemain. […]
>
> Quand on eut reconduit l'Ingénu dans sa chambre, mademoiselle de Kerkabon et son amie mademoiselle de St. Yves ne purent se tenir de regarder par le trou d'une large serrure pour voir comment dormait un Huron. Elles virent qu'il avait étendu la couverture du lit sur le plancher, et qu'il reposait dans la plus belle attitude du monde.
>
> ▷ VOLTAIRE, *L'Ingénu*, 1767.

Le récit fictif

L'emploi des temps du récit et de connecteurs temporels font de ce texte une fiction : **nul souci d'authenticité** malgré l'ancrage historique et géographique du conte. Les styles direct et indirect sont présents pour donner vie à des personnages non identifiables, **réduits à des comportements types** et qui n'ont aucune épaisseur psychologique (l'absence de nom du personnage principal en témoigne).

La rencontre entre une conscience et le monde

Dans le premier paragraphe, les personnages se répartissent en **deux camps**. Le Huron, seul, mesuré, dont l'honnêteté est perceptible dans un discours structuré et logique *(que… et que… enfin…)*. En face : un groupe qui vocifère, qui utilise un discours autoritaire et dont l'implication paraît aussi exagérée que ridicule. Ce passage montre une opposition entre une **conscience pure** et proche de la nature, et une **société aux multiples travers**.

La prise de conscience

Le conte invite le lecteur à prendre conscience de la **relativité des normes** socioculturelles, ici les sacrements catholiques. Voltaire remet en cause ces sacrements, par l'intermédiaire de l'étranger qui ramène le baptême à une coutume régionale *(la loi des Bas-Bretons)* ; celui-ci étant perçu comme une loi civile et non un engagement de la foi.

Le divertissement

À l'emportement des convives, font suite la curiosité et les appétits charnels des demoiselles. Mais c'est un **regard bienveillant et humoristique** que le narrateur porte sur les deux femmes, dont la pensée ne peut s'exprimer que pudiquement par la périphrase *la plus belle attitude du monde.*

S'ENTRAÎNER

1 QUIZ

Sur quelle figure repose la satire dans cette phrase ?

Chacun marche gaiement au crime sous la bannière de son saint.

▷ VOLTAIRE, *Dictionnaire philosophique*, article « Guerre », 1764.

☐ **a.** antiphrase ☐ **b.** métonymie ☐ **c.** oxymore

2 Une démonstration

a. D'où naît l'inégalité selon Voltaire ?

b. Quel type d'argumentation privilégie-t-il ? Relevez-en les preuves syntaxiques et lexicales.

c. Comment peut-on désigner l'idée contradictoire présentée dans la dernière phrase ? Expliquez cette dernière idée.

Tout homme naît avec un penchant assez violent pour la domination, la richesse et les plaisirs, et avec beaucoup de goût pour la paresse ; par conséquent tout homme voudrait avoir l'argent et les femmes ou les filles des autres, être leur maître, les assujettir à tous ses caprices, et ne rien faire, ou du moins ne faire que des choses très agréables. Vous voyez bien qu'avec ces belles dispositions il est aussi impossible que les hommes soient égaux qu'il est impossible que deux prédicateurs ou deux professeurs de théologie ne soient pas jaloux l'un de l'autre.

Le genre humain, tel qu'il est, ne peut subsister, à moins qu'il n'y ait une infinité d'hommes utiles qui ne possèdent rien du tout ; car certainement, un homme à son aise ne quittera pas sa terre pour venir labourer la vôtre ; et si vous avez besoin d'une paire de souliers, ce ne sera pas un maître des requêtes[1] qui vous la fera. L'égalité est donc à la fois la chose la plus naturelle et en même temps la plus chimérique.

1. Maître des requêtes : magistrat.

▷ VOLTAIRE, *Dictionnaire philosophique*, article « Égalité », 1764.

3 Définissez la situation d'énonciation de chacun de ces textes. Quelles sont les thèses défendues ? Les deux textes se répondent-ils ? Relevez et commentez les références à la religion.

DOCUMENT 1

La première et la plus importante qualité d'une femme est la douceur : faite pour obéir à un être aussi imparfait que l'homme, souvent si plein de vices, et toujours si plein de défauts, elle doit apprendre de bonne heure à souffrir même l'injustice et à supporter les torts d'un mari sans se plaindre ; ce n'est pas pour lui, c'est pour elle qu'elle doit être douce. L'aigreur et l'opiniâtreté des femmes ne font jamais qu'augmenter leurs maux et les mauvais procédés des maris [...]. Le ciel ne les fit point insinuantes et persuasives pour devenir acariâtres ; il ne les fit point faibles pour être impérieuses ; il ne leur donna point une voix si douce pour dire des injures ; il ne leur fit point des traits si délicats pour les défigurer par la colère.

▷ Jean-Jacques ROUSSEAU, *Émile ou De l'éducation*, 1762.

DOCUMENT 2

Le flambeau de la vérité a dissipé tous les nuages de la sottise et de l'usurpation. L'homme esclave a multiplié ses forces, a eu besoin de recourir aux tiennes pour briser ses fers. Devenu libre, il est devenu injuste envers sa compagne. Ô femmes ! Femmes, quand cesserez-vous d'être aveugles ? Quels sont les avantages que vous avez recueillis dans la révolution ? Un mépris plus marqué, un dédain plus signalé. [...] opposez courageusement la force de la raison aux vaines prétentions de supériorité ; réunissez-vous sous les étendards de la philosophie ; déployez toute l'énergie de votre caractère, et vous verrez bientôt ces orgueilleux, non serviles adorateurs rampants à vos pieds, mais fiers de partager avec vous les trésors de l'Être Suprême.

▷ Olympe DE GOUGES, *Déclaration des droits de la femme et de la citoyenne*, 1791.

4 Lisez cet extrait de *L'Ingénu*. Faites-en une analyse pertinente, en suivant « La méthode ».

Enfin la grâce opéra ; l'Ingénu promit de se faire chrétien ; il ne douta pas qu'il ne dût commencer par être circoncis ; « car, disait-il, je ne vois pas dans le livre qu'on m'a fait lire un personnage qui ne l'ait été [...] ». Il ne délibéra point [...] La bonne Kerkabon trembla que son neveu, qui paraissait résolu et expéditif, ne se fît lui-même l'opération très maladroitement, et qu'il n'en résultât de tristes effets auxquels les dames s'intéressent toujours par bonté d'âme. Le prieur redressa les idées du Huron ; il lui remontra que la circoncision n'était plus à la mode ; que le baptême était beaucoup plus doux et plus salutaire [...]. L'Ingénu, qui avait beaucoup de bon sens et de droiture, disputa, mais reconnut son erreur, ce qui est assez rare en Europe aux gens qui disputent ; enfin il promit de se faire baptiser quand on voudrait.

▷ VOLTAIRE, *L'Ingénu*, 1767.

Énonciation et modalisation

L'ESSENTIEL

La situation d'énonciation

Définir la situation d'énonciation d'un **énoncé** (message écrit ou oral), c'est identifier l'**émetteur** (qui parle ?), le **récepteur** (à qui ?), le **contexte de production** (où et quand le message a-t-il été produit ?) et la **visée** de l'énonciateur.

Deux types d'énoncé

- Parfois, l'énoncé **ne fait pas référence à la situation d'énonciation**. C'est le cas :
– des sentences ou explications, au présent de vérité générale ;

> La raison du plus fort est toujours la meilleure.
> ▷ Jean de La Fontaine, *Fables*, « Le Loup et l'Agneau », 1668.

– des récits à la 3e personne, au passé simple, à l'imparfait ou au présent de narration.

> Et il se remit à manger son pain et son fromage en accotant son épaule sur le montant de la fenêtre [...].
> ▷ Honoré de Balzac, *Le Colonel Chabert*, 1844.

- Lorsqu'un énoncé écrit **fait référence à la situation d'énonciation**, il se rapproche du discours oral. Il se caractérise alors principalement par des marques de première et/ou de deuxième personne, et par l'emploi du présent d'énonciation comme temps de référence. On peut trouver également le passé composé, l'imparfait ou le futur.

> Vous savez, ma belle, qu'on ne se baigne pas tous les jours.
> ▷ Madame de Sévigné, *Lettres*, 1657.

- Ces deux types d'énoncés ne sont pas étanches : les passages de l'un à l'autre sont extrêmement fréquents.

Les indices de subjectivité

- Même en l'absence de marques de la première personne, la présence de l'émetteur est parfois perceptible dans son énoncé à travers l'emploi d'un **vocabulaire affectif** ou **évaluatif**, ainsi que de **modalisateurs** (mots ou expressions qui signalent le degré d'adhésion de l'émetteur à son énoncé).
- Ces indices de subjectivité peuvent être des **adjectifs** (péjoratifs ou laudatifs), des **signes de ponctuation** (point d'exclamation, points de suspension...), des **adverbes** *(certainement, peut-être...)*, des **verbes** *(croire, douter, pouvoir, devoir...)*, l'emploi d'un **mode** comme le conditionnel...

> Lui, passionné, studieux, austère, et ayant déjà trouvé une épouse dans son Art ; elle, une jeune fille d'une très rare beauté, et non moins aimable que pleine de gaieté : rien que lumière et sourires.
> ▷ Edgar Allan Poe, *Le Portrait ovale*, 1842.

L'implicite

- Un énoncé peut comporter des informations explicites (clairement exprimées) et des informations implicites : on appelle ainsi ce qui, sans être dit, est **sous-entendu par l'émetteur**.
- Tout en instaurant une relation complice entre l'émetteur et le lecteur, l'implicite, en laissant une grande part à l'interprétation, peut ouvrir sur une certaine ambiguïté.

INFO
L'**ironie** crée un décalage entre l'énoncé et la situation, à laquelle les paroles ne s'adaptent pas. Cette figure de pensée repose sur l'implicite.

LA MÉTHODE

Analyser l'énonciation et comprendre l'implicite

> En approchant de la ville, ils rencontrèrent un nègre étendu par terre, n'ayant plus que la moitié de son habit, c'est-à-dire d'un caleçon de toile bleue ; il manquait à ce pauvre homme la jambe gauche et la main droite.
> « Eh ! mon Dieu ! lui dit Candide en hollandais, que fais-tu là, mon ami, dans l'état horrible où je te vois ?
> – J'attends mon maître, M. Vanderdendur, le fameux négociant, répondit le nègre.
> – Est-ce M. Vanderdendur, dit Candide, qui t'a traité ainsi ?
> – Oui, monsieur, dit le nègre, c'est l'usage. On nous donne un caleçon de toile pour tout vêtement deux fois l'année. Quand nous travaillons aux sucreries, et que la meule nous attrape le doigt, on nous coupe la main ; quand nous voulons nous enfuir, on nous coupe la jambe : je me suis trouvé dans les deux cas. C'est à ce prix que vous mangez du sucre en Europe. Cependant, lorsque ma mère me vendit dix écus patagons sur la côte de Guinée, elle me disait : "Mon cher enfant, bénis nos fétiches, adore-les toujours, ils te feront vivre heureux ; tu as l'honneur d'être esclave de nos seigneurs les blancs, et tu fais par là la fortune de ton père et de ta mère." Hélas ! je ne sais pas si j'ai fait leur fortune, mais ils n'ont pas fait la mienne. Les chiens, les singes et les perroquets sont mille fois moins malheureux que nous ; les fétiches hollandais qui m'ont converti me disent tous les dimanches que nous sommes tous enfants d'Adam, blancs et noirs. Je ne suis pas généalogiste ; mais si ces prêcheurs disent vrai, nous sommes tous cousins issus de germain. Or vous m'avouerez qu'on ne peut pas en user avec ses parents d'une manière plus horrible.
> ▷ Voltaire, *Candide ou l'Optimisme*, 1759.

Étudier l'énonciation

Le récit, mené par un narrateur extérieur, laisse place dès la ligne 3 à un dialogue entre Candide et le « nègre de Surinam ». Mais les paroles de l'esclave ne s'adressent pas seulement à Candide : le *je* de l'esclave devient un *nous*, et le *vous* finit par englober tous les Européens.

Analyser les marques de la subjectivité

Dans les premières lignes, l'emploi de l'adjectif *pauvre* semble révéler la compassion du narrateur pour l'esclave ; cette prise de position est pourtant nuancée par **l'apparente objectivité** de la description qui évoque sur le même plan les vêtements déchirés et les membres amputés. La longue intervention de l'esclave est également très neutre : hormis l'interjection *hélas !*, le personnage s'exprime sans pathos. De fait, Candide est le seul à exprimer l'horreur que lui inspire la situation extrême de l'esclave, à travers des exclamations, l'apostrophe chaleureuse *mon ami* et l'adjectif *horrible*.

Comprendre la visée du texte

Cette apparente objectivité, ce refus d'un registre pathétique attendu répondent à une volonté argumentative manifeste de l'auteur. Il s'agit de **dénoncer explicitement** un commerce qui entraîne la mort d'êtres humains (jeu sur le champ sémantique du terme *prix*). Voltaire **dénonce** également **implicitement** l'inversion des valeurs opérée par la logique esclavagiste, ainsi que la religion chrétienne qui avalise ce système de pensée sans se formaliser ni de ses conséquences inhumaines ni des contradictions avec le dogme (d'après la Bible, tous les hommes devraient être égaux).

Si la visée du texte n'est pas de revendiquer l'égalité entre Blancs et Noirs, l'ironie qui transparaît en fait néanmoins un réquisitoire contre la maltraitance des esclaves et l'hypocrisie de la religion.

S'ENTRAÎNER

1 QUIZ **Dans la phrase suivante, quel est le modalisateur ?**

Y a-t-il plus exécrable tyrannie que celle de verser le sang à son gré, sans en rendre la moindre raison ?

▷ VOLTAIRE, « Lettre à d'Argental », 5 juillet 1762.

☐ **a.** exécrable tyrannie ☐ **b.** verser le sang ☐ **c.** la moindre raison

2 Dites ce que vous savez de la situation d'énonciation : qui parle ? à qui ? où ? quand ? Quel est le but ?

Elles arrivent par des voies détournées et ne semblent jamais renoncer à mener l'assaut. Pour décrire les espèces invasives, animales et végétales, qui passent en permanence les frontières des États-Unis, *Time* a choisi, dans son numéro du 28 juillet, d'invoquer le jeu culte « Space Invaders » [...]. Exagéré ? Pas tant que ça. Car les espèces invasives, que ce soit des algues, des moustiques tigrés ou des écureuils, sont bel et bien « ces envahisseurs de l'espace » décrits sur la couverture de *Time*.

▷ *Courrier international*, 21 juillet 2014, DR.

3 Pour chaque extrait, indiquez le type de texte (narratif, descriptif, argumentatif...), puis étudiez l'implication de l'émetteur par le relevé précis des indices de subjectivité.

DOCUMENT 1

La pluie, poussée par le vent qu'on entendait hululer, tambourinait contre les carreaux de la fenêtre sans rideaux. À travers les vitres brouillées je découvrais un paysage de toits mouillés sur lequel le ciel plombé répandait une déprimante teinte vénéneuse. Un linge douteux flottait tristement, comme l'emblème d'une lamentable reddition, à la mansarde d'un immeuble voisin. Sur la gauche, devait s'élever l'hôtel Clisson ou Soubise, où sont conservées les Archives nationales. Droit devant, une haute cheminée émergeait du chaos de toits, signalant un pétrin de boulanger ou un atelier de fondeur. La fumée qui s'en échappait rejoignait les nuages noirs et s'y incorporait.

▷ Léo MALET, *Fièvre au Marais*, 1955, © Fleuve Noir.

DOCUMENT 2

Dans ses productions exemplaires, [le roman policier] n'est plus depuis longtemps une mixture où se fondent les eaux usées des romans d'aventures, des livres de chevalerie, des légendes, des contes de fées, mais un genre stylistique bien défini qui présente résolument un monde à lui, avec des moyens esthétiques qui lui sont propres.

▷ Siegfried KRACAUER, *Le Roman policier*, 1981, DR.

4 Une énonciation complexe

a. Cet extrait fait-il référence à la situation d'énonciation ? Le romancier s'implique-t-il dans son énoncé ?

b. Quelle thèse défend-il de manière implicite ?

Jacques commença l'histoire de ses amours. C'était l'après-dînée : il faisait un temps lourd ; son maître s'endormit. La nuit les surprit au milieu des champs ; les voilà fourvoyés. [...] Vous voyez, lecteur, que je suis en beau chemin, et qu'il ne tiendrait qu'à moi de vous faire attendre un an, deux ans, trois ans, le récit des amours de Jacques, en le séparant de son maître et en leur faisant courir à chacun tous les hasards qu'il me plairait. Qu'est-ce qui m'empêcherait de marier le maître et de le faire cocu ? d'embarquer Jacques pour les îles ? d'y conduire son maître ? de les ramener tous deux en France sur le même vaisseau ? Qu'il est facile de faire des contes ! Mais ils en seront quittes l'un et l'autre pour une mauvaise nuit, et vous pour ce délai.

▷ Denis DIDEROT, *Jacques le Fataliste*, 1796.

POUR VOUS AIDER

Question a. Observez comment le second paragraphe introduit une rupture dans la situation d'énonciation.

22 Le statut du narrateur et le point de vue

L'ESSENTIEL

Qui raconte ?

- Un récit peut être raconté à la **troisième personne** : le narrateur est extérieur à l'histoire et semble complètement absent.

> La procession se déroulait dans le chemin creux ombragé par les grands arbres poussés sur les talus des fermes.
>
> ▷ Guy de Maupassant, « Farce normande », 1882.

- Quand le narrateur est aussi un personnage, qu'il soit simple témoin ou personnage principal, le récit est à la **première personne** ; on parle de narrateur interne.

> Nous venions de sortir de Rouen et nous suivions au grand trot la route de Jumièges.
>
> ▷ Guy de Maupassant, « Un normand », 1882.

- Le narrateur, même s'il n'est pas un personnage, peut intervenir directement dans le récit, pour **prendre le lecteur à témoin** ou commenter un événement. Ces interventions créent une complicité avec le lecteur, ainsi associé à l'histoire.

> Puisque ce Fortunio tant désiré n'est pas encore arrivé, et que sans lui nous ne pouvons commencer notre histoire, nous demanderons au lecteur la permission de lui esquisser les portraits des compagnes de Musidora, à peu près comme on remet un livre d'images ou un album plein de croquis à quelqu'un qu'on est obligé de faire attendre.
>
> ▷ Théophile Gautier, *Fortunio*, 1837.

Qui voit ?

La présence du narrateur, même extérieur au récit, se traduit par le point de vue qu'il adopte pour raconter l'histoire. Le point de vue utilisé n'est pas forcément le même du début à la fin.

- Le narrateur extérieur à l'histoire se contente de raconter ce qu'il voit ou ce qu'il entend : c'est le **point de vue** (ou la focalisation) **externe**. Cela donne l'impression que le narrateur est objectif et impartial.

> Frank écarte la serviette du mur et, avec son pied, achève d'écraser quelque chose sur le carrelage, contre la plinthe.
>
> ▷ Alain Robbe-Grillet, *La Jalousie*, 1957, © Minuit.

- L'histoire est racontée à travers les yeux ou les pensées d'un personnage : on parle de **point de vue** (ou focalisation) **interne**.

> Était-ce bien LUI l'époux promis par mille voix secrètes, qu'une Providence souverainement bonne avait ainsi jeté sur sa route ? […] Elle n'avait point encore ces élans tumultueux de tout son être, ces ravissements fous, ces soulèvements profonds qu'elle croyait être la passion.
>
> ▷ Guy de Maupassant, *Une vie*, 1883.

- Le narrateur sait tout des personnages (leur passé, leurs pensées, etc.) et peut raconter ce qui se passe au même moment dans différents lieux : on parle de **point de vue omniscient** (ou focalisation zéro).

> Elle avait eu, comme une autre, son histoire d'amour. Son père, un maçon, s'était tué en tombant d'un échafaudage. Puis sa mère mourut, ses sœurs se dispersèrent, un fermier la recueillit, et l'employa toute petite à garder les vaches dans la campagne.
>
> ▷ Gustave Flaubert, *Un cœur simple*, 1877.

ATTENTION !
Il ne faut pas confondre narrateur interne et point de vue interne : un narrateur extérieur au récit peut utiliser un point de vue interne.

LA MÉTHODE

Réécrire un texte en changeant de point de vue

Dans les *Exercices de style*, Raymond Queneau s'amuse à écrire quatre-vingt-dix-neuf versions de la même histoire.

- Voici une des versions (**point de vue externe**).

> Dans l'S, à une heure d'affluence. Un type dans les vingt-six ans, chapeau mou avec cordon remplaçant le ruban, cou trop long comme si on lui avait tiré dessus. Les gens descendent. Le type en question s'irrite contre un voisin. Il lui reproche de le bousculer chaque fois qu'il passe quelqu'un.
>
> ▷ Raymond Queneau, *Exercices de style*, « Surprises », 1947, © Éditions Gallimard.

Les notations se veulent neutres et objectives ; le narrateur n'intervient pas directement et semble un simple témoin de la scène.

- Pour réécrire cette scène en adoptant un **point de vue omniscient**, il va falloir ajouter des notations indiquant que le narrateur connaît tout de ses personnages. On peut mentionner les sentiments des personnages et des détails de leur histoire (passée ou future), comme dans cet exemple de réécriture.

> C'était l'heure d'affluence dans l'autobus S, et rares étaient les passagers, fatigués pour la plupart, à conserver un visage serein. Un jeune homme penchait mélancoliquement son long cou, accablé sous le poids des soucis. Sa pauvreté n'avait fait que s'accentuer ces derniers mois, et le beau ruban de son chapeau, faute d'argent, avait été remplacé par une vulgaire ficelle.

▶

● Pour réécrire cette scène selon un **point de vue interne**, on peut faire intervenir un narrateur personnage, dont on va évoquer l'état d'esprit, à l'aide principalement des pensées rapportées et du style indirect libre.

> Après une attente infecte sous un soleil ignoble, je finis par monter dans un autobus immonde où se serrait une bande de cons. Le plus con d'entre ces cons était un boutonneux au sifflet démesuré qui exhibait un galurin grotesque avec un cordonnet au lieu d'un ruban.
>
> ▷ Raymond QUENEAU, *Exercices de style*, « Injurieux », 1947, © Éditions Gallimard.

S'ENTRAÎNER

1 QUIZ **Quel est le point de vue adopté dans ce passage d'*Exercices de style* de Queneau ?**

Ce que nous étions serrés sur cette plate-forme d'autobus ! Et ce que ce garçon pouvait avoir l'air bête et ridicule ! Et que fait-il ? Ne le voilà-t-il pas qui se met à vouloir se quereller avec un bonhomme qui – prétendait-il ! ce damoiseau ! – le bousculait ! ▷ Raymond QUENEAU, *Exercices de style*, « Notations », 1947, © Éditions Gallimard.

☐ **a.** point de vue externe ☐ **b.** point de vue interne ☐ **c.** point de vue omniscient

2 **Identifiez le point de vue utilisé dans ces trois courts récits.**

a. Un homme s'arrête devant la boutique. Grand et blond, il porte un pardessus foncé. Il baisse la tête, entre dans le magasin, et adresse la parole à la vendeuse qui n'a pas l'air de saisir ce qu'il lui raconte.

b. Miguel ne comprenait pas ce qu'on attendait de lui. Il hésitait : devait-il se taire et tourner les talons ? Fallait-il au contraire qu'il garde son calme et reprenne son exposé ? Le doute le paralysait.

c. Debout devant la fenêtre, l'homme regardait sans les voir les voitures qui défilaient. Cela faisait trois ans qu'il avait emménagé, et le spectacle ne lui inspirait plus la moindre curiosité. Enfant, il avait pourtant rêvé d'habiter la ville. Derrière son dos, le chat s'étirait et plantait ses griffes dans le cuir blanc du canapé.

3 **Le narrateur indique-t-il les sentiments ou les pensées d'un personnage ? de plusieurs ? Identifiez le point de vue adopté dans chaque extrait et donnez un indice qui vous a permis de répondre.**

DOCUMENT 1

Les lèvres plissées en un sourire ironique qui lui était familier, il s'avançait à sa rencontre et la regardait fixement de ses grands yeux fatigués. Sous ce regard à brûle-pourpoint, Anna sentit son cœur se serrer. S'était-elle donc attendue à trouver son mari autre qu'il n'était ? Et pourquoi sa conscience lui reprochait-elle soudain l'hypocrisie de leurs rapports ? À vrai dire ce sentiment sommeillait depuis longtemps au plus profond de son être, mais c'était la première fois qu'il se faisait jour avec cette acuité douloureuse.

▷ Léon TOLSTOÏ, *Anna Karénine*, 1877, © Éditions Gallimard, trad. Henri Mongault.

DOCUMENT 2

Sur le mur nu, la trace du mille-pattes écrasé est encore parfaitement visible. Rien n'a dû être tenté pour éclaircir la tache, de peur d'abîmer la belle peinture mate, non lavable, probablement.

▷ Alain ROBBE-GRILLET, *La Jalousie*, 1957, © Minuit.

4 **L'extrait suivant a pour thème la bataille de Waterloo. Quel est le point de vue utilisé ? Quel est l'effet produit ? Comment se manifeste la connivence entre le narrateur et le lecteur ?**

Nous avouerons que notre héros était fort peu héros en ce moment. Toutefois, la peur ne venait chez lui qu'en seconde ligne ; il était surtout scandalisé de ce bruit qui lui faisait mal aux oreilles. L'escorte prit le galop ; on traversait une grande pièce de terre labourée, située au-delà du canal, et ce champ était jonché de cadavres.

– Les habits rouges ! les habits rouges ! criaient avec joie les hussards de l'escorte, et d'abord Fabrice ne comprenait pas ; enfin il remarqua qu'en effet presque tous les cadavres étaient vêtus de rouge. Une circonstance lui donna un frisson d'horreur ; il remarqua que beaucoup de ces malheureux habits rouges vivaient encore ; ils criaient évidemment pour demander du secours, et personne ne s'arrêtait pour leur en donner. Notre héros, fort humain, se donnait toutes les peines du monde pour que son cheval ne mît les pieds sur aucun habit rouge. L'escorte s'arrêta ; Fabrice, qui ne faisait pas assez attention à son devoir de soldat, galopait toujours en regardant un malheureux blessé.

▷ STENDHAL, *La Chartreuse de Parme*, 1839.

5 **Changer de point de vue**

En tournant à l'angle de la rue, Sarah l'aperçut. Enfin, elle l'avait retrouvé ! Elle reconnaissait sa démarche mal assurée. C'était bien lui ! Il fit semblant de ne pas la reconnaître, mais elle était décidée à ne pas le laisser s'échapper. Vraiment, elle n'était pas dupe de son air innocent ! Elle le tenait et il allait enfin lui apporter des réponses. Un doute pourtant la saisit. Ne risquait-elle pas, en lui posant des questions, de révéler à ses ennemis tout ce qu'elle ignorait ? Mais elle agrippa fermement le veston de l'homme qui faisait mine de s'enfuir, et décida de se jeter à l'eau.

a. Quel est le point de vue choisi dans ce texte ?

b. Racontez la même scène à la troisième personne en adoptant le point de vue de l'homme.

c. Racontez-la ensuite en adoptant un point de vue externe.

23 La cohérence d'un texte

L'ESSENTIEL

Pour s'assurer de la bonne compréhension d'un texte, il est nécessaire d'identifier le **type** auquel il appartient. La cohérence interne d'un texte repose ensuite sur la **progression**, les **procédés de reprise** et les **connecteurs** utilisés.

Les types de textes

- On distingue quatre grands types de textes. Le texte **narratif** raconte un événement ou une histoire : il fait intervenir des personnages, et les actions se succèdent dans le temps. Le texte **descriptif** permet au lecteur de se représenter une scène, un être ou une chose. Le texte **explicatif** fait comprendre le fonctionnement de quelque chose. Le texte **argumentatif** cherche à convaincre son destinataire d'une thèse. Au sein d'un même ouvrage, ces types de texte sont souvent combinés, comme lorsqu'une description succède à une narration.
- Un même texte peut aussi avoir **plusieurs visées**. La fable par exemple est un texte narratif qui, en plus d'offrir une lecture plaisante, poursuit une visée argumentative, explicitée ou non par une morale.

La progression d'un texte

- Pour assurer la cohérence d'un texte, il est nécessaire que chaque phrase apporte une **nouvelle information** par rapport à la précédente. Les informations données dans chaque phrase doivent s'enchaîner selon une progression claire.
- Mais il arrive que l'on observe, à l'inverse, une **rupture thématique** : une phrase apparaît, sans lien avec le thème initial. Dans un récit, cela sert souvent à marquer un tournant.

> Je savais parfaitement ce qui allait arriver. Fatigué d'avance, je me préparai à l'inévitable discussion. Un cri d'oiseau déchira le ciel. Je me lançai.

Les procédés de reprise

Dans un texte, des éléments déjà nommés peuvent être repris à l'identique ou remplacés par des **substituts**.

- On parle de **reprise pronominale** lorsque l'élément est remplacé par un pronom.

> Le Duc prit place. Le roi lui adressa la parole, et celui-ci en profita pour placer son mot.

- On parle de **reprise nominale** lorsque l'élément est remplacé par un groupe nominal de sens proche. On peut ainsi utiliser un **synonyme** (*le jeune garçon* devient *le jouvenceau*), une **périphrase** (*l'homme du 18 juin* pour *De Gaulle*), un **nom générique** (*les vertes vallées* deviennent *le paysage*). Ces substituts lexicaux permettent d'ajouter des informations à l'élément initial.

Les connecteurs

Les connecteurs sont des **outils de liaison** qui permettent de structurer un texte. Il peut s'agir d'adverbes, de conjonctions (coordination ou subordination) ou de prépositions.

- Les **connecteurs logiques** établissent entre les éléments une relation logique (opposition, cause, conséquence, condition, concession, addition, comparaison, but…). Ils sont fréquents dans les passages argumentatifs et explicatifs.

> Elle est malade, car elle a eu très froid cette nuit.

- Les **connecteurs spatiaux** organisent l'espace évoqué. Ils sont très utilisés dans les passages descriptifs.

> La chambre était un grenier ; dans l'angle opposé au lit, une table ; au fond, un placard qui fermait mal.

- Les **connecteurs temporels** expriment un rapport de temps entre deux actions. Ils sont majoritaires dans les passages narratifs.

> Il décida de s'y rendre, puis d'effectuer le trajet de retour en passant par la rue Misère. Il se rendit compte peu de temps après que c'était ridicule.

LA MÉTHODE

Analyser les procédés de reprise

> Donc, ce soir-là, comme tous les soirs, nous attendions l'entrée de figures inconnues.
> Il n'en vint que deux, mais très étranges, un homme et une femme : le père et la fille. Ils me firent l'effet, tout de suite, de personnages d'Edgar Poe ; et pourtant, il y avait en eux un charme malheureux ; je me les représentai comme des victimes de la fatalité. L'homme était très grand et maigre, un peu voûté, avec des cheveux tout blancs, trop blancs pour sa physionomie jeune encore ; et il avait dans son allure et dans sa personne quelque chose de grave, cette tenue austère que gardent les protestants. La fille, âgée peut-être de vingt-quatre ou vingt-cinq ans, était petite, fort maigre aussi, fort pâle, avec un air las, fatigué, accablé… Elle était assez jolie, cette enfant, d'une beauté diaphane d'apparition…
>
> ▷ Guy DE MAUPASSANT, *Contes fantastiques*, « Le Tic », 1884.

Comprendre les enjeux

Un texte descriptif, notamment un portrait, a recours à de multiples substituts pour désigner les personnages. En plus d'éviter les répétitions, **chaque terme de reprise permet de construire le portrait**.

Relever les reprises pronominales

Le texte dresse le portrait de deux figures inconnues. Les reprises pronominales sont assez neutres : *ils, eux, les,* puis *il* et *elle*. Les pronoms sont tantôt sujets tantôt objets dans les phrases, mais, même en position de sujets, ils sont employés dans des tournures de sens passif *(firent l'effet)* ou accompagnés du verbe *être*. Les deux personnages sont bien objets de la description.

Relever les reprises nominales

Un homme, le père, l'homme, sont les termes employés pour le premier personnage. *Une femme, la fille, la fille, cette enfant,* sont des substituts qui **révèlent une progression** claire : on passe du statut officiel (sexe féminin, fille de) à l'impression d'innocence et de fragilité que le personnage *(fille, enfant)* a laissée sur le narrateur, impression soulignée par les termes *victimes, petite, pâle, diaphane, apparition*.

S'ENTRAÎNER

1 QUIZ **De quel type de texte s'agit-il ?**

L'art d'apprendre se réduit donc à imiter longtemps et à copier longtemps, comme le moindre musicien le sait, et le moindre peintre. ▷ Alain, *Propos sur l'éducation*, 1932.

☐ **a.** narratif ☐ **b.** descriptif ☐ **c.** explicatif ☐ **d.** argumentatif

2 Une fable

a. Quels types de texte peut-on repérer dans cette fable ?
b. Quelle est la visée de cette fable ? Est-elle explicite ?

Deux mulets cheminaient, l'un d'avoine chargé,
L'autre portant l'argent de la gabelle.
Celui-ci, glorieux d'une charge si belle,
N'eût voulu pour beaucoup en être soulagé.
Il marchait d'un pas relevé,
Et faisait sonner sa sonnette :
Quand, l'ennemi se présentant,
Comme il en voulait à l'argent,
Sur le mulet du fisc une troupe se jette,
Le saisit au frein et l'arrête.
Le mulet, en se défendant,
Se sent percé de coups ; il gémit, il soupire.
Est-ce donc là, dit-il, ce qu'on m'avait promis ?
Ce mulet qui me suit du danger se retire ;
Et moi j'y tombe et je péris !
– Ami, lui dit son camarade,
Il n'est pas toujours bon d'avoir un haut emploi :
Si tu n'avais servi qu'un meunier, comme moi,
Tu ne serais pas si malade.

▷ Jean de La Fontaine, *Fables* (I, 4), « Les deux mulets», 1668.

3 Relevez les connecteurs temporels utilisés. Quel procédé narratif mettent-ils en évidence ?

Et avant que Dantès eût songé à ouvrir la bouche pour lui répondre [...], le geôlier avait pris le lampion, et, refermant la porte, enlevé au prisonnier ce reflet blafard qui lui avait montré comme à la lueur d'un éclair les murs ruisselants de sa prison.

Alors il se trouva seul dans les ténèbres et dans le silence, aussi muet et aussi sombre que ces voûtes dont il sentait le froid glacial s'abaisser sur son front brûlant. Quand les premiers rayons du jour eurent ramené un peu de clarté dans cet antre, le geôlier revint avec ordre de laisser le prisonnier où il était.

▷ Alexandre Dumas, *Le Comte de Monte-Cristo*, 1844.

4 Un texte descriptif

a. Relevez les connecteurs spatiaux employés dans le texte.
b. Quelle est l'impression donnée par cette description ?

[...] il vit au-dessus de sa tête un ciel noir et tempétueux, à la surface duquel le vent balayait quelques nuages rapides, découvrant parfois un petit coin d'azur rehaussé d'une étoile ; devant lui s'étendait la plaine sombre et mugissante, dont les vagues commençaient à bouillonner comme à l'approche d'une tempête, tandis que derrière lui, plus noir que la mer, plus noir que le ciel, montait, comme un fantôme menaçant, le géant de granit, dont la pointe sombre semblait un bras étendu pour ressaisir sa proie ; sur la roche la plus haute était un falot éclairant deux ombres.

▷ Alexandre Dumas, *Le Comte de Monte-Cristo*, 1844.

POUR VOUS AIDER

Notez la connotation des adjectifs plusieurs fois répétés.

5 Un jeune homme

a. Relevez les substituts employés pour désigner (totalement ou en partie) le jeune homme.
b. Dites en quoi ces différentes reprises permettent d'assurer la progression du texte.

Avec la vivacité et la grâce qui lui étaient naturelles quand elle était loin du regard des hommes, Mme de Rênal sortait par la porte-fenêtre du salon qui donnait sur le jardin, quand elle aperçut près de la porte d'entrée la figure d'un jeune paysan presque encore enfant, extrêmement pâle et qui venait de pleurer. Il était en chemise bien blanche, et avait sous le bras une veste fort propre de ratine violette.

Le teint de ce petit paysan était si blanc, ses yeux si doux, que l'esprit un peu romanesque de Mme de Rênal eut d'abord l'idée que ce pouvait être une jeune fille déguisée, qui venait demander quelque grâce à M. le Maire. Elle eut pitié de cette pauvre créature, arrêtée à la porte d'entrée, et qui évidemment n'osait pas lever la main jusqu'à la sonnette.

▷ Stendhal, *Le Rouge et le Noir*, 1830.

24 La phrase

L'ESSENTIEL

La phrase : un énoncé structuré

● La phrase se définit comme un énoncé composé de groupes de mots structurés formant une unité de sens. Un groupe structuré s'organise autour d'un mot **noyau**. Selon la nature de ce mot, on parle de :
– groupe nominal (*la grande* **fenêtre**),
– groupe pronominal (**celle** *qui se trouvait au fond*),
– groupe adverbial (*très* **agréablement**),
– groupe verbal (**ouvrait** *sur le jardin*),
– groupe adjectival (**entretenu** *par trois personnes*),
– groupe prépositionnel (**à** *l'allure invraisemblable*).

● Un groupe peut être composé seulement du mot noyau ou élargi par d'autres groupes de mots, qu'on appelle **expansions** : **sur** *le jardin* est un groupe prépositionnel inclus dans le groupe verbal **ouvrait** *sur le jardin*.

● Une phrase longue peut présenter une suite de groupes de mots structurés, dont l'agencement ne doit rien au hasard : les **répétitions** et **parallélismes de construction** donnent un rythme à la phrase.

> Elle dansait avec ivresse, avec emportement, grisée par le plaisir, ne pensant plus à rien, dans le triomphe de sa beauté, dans la gloire de son succès, dans une sorte de nuage de bonheur fait de tous ces hommages, de toutes ces admirations, de tous ces désirs éveillés, de cette victoire si complète et si douce au cœur des femmes.
> ▷ Guy de Maupassant, « La Parure », 1884.

Le verbe principal *dansait* est aussitôt suivi de **deux** groupes prépositionnels commençant par *avec*, de **deux** groupes adjectivaux (commençant par les participes *grisée* et *pensant*), de **trois** groupes prépositionnels commençant par *dans*, dont le dernier inclut **quatre** groupes prépositionnels commençant par *de*. La phrase, dont le rythme va croissant (2/3/4), mime la virevolte incessante de la valse.

L'ordre des mots

● Dans la langue française, la plupart des phrases déclaratives présentent le **même ordre** :

> sujet + verbe + complément(s) essentiel(s) + complément(s) circonstanciel(s)

● Lorsqu'on veut mettre en valeur un groupe de mots à l'intérieur de la phrase, l'ordre habituel est remis en cause. Parmi les procédés de mise en valeur (dits emphatiques), on distingue :
– le recours à une **tournure présentative**, du type *c'est… qui/que…* ;

> **C'est** avec lui **que** nous réussirons.

– le **détachement** d'un des groupes en tête de phrase, avec reprise par un pronom (procédé fréquent à l'oral) ;

> Mes vrais amis, les reverrai-je un jour ?
> Elle était pénible, cette fille.

– le simple **déplacement au début ou à la fin** de la phrase d'un groupe de mots.

> Survint alors un événement tout à fait inattendu.

Phrase simple et phrase complexe

● Une proposition est un ensemble de groupes de mots qui s'articule autour d'un verbe conjugué. Une phrase simple comporte **une seule proposition** ; une phrase complexe, **plusieurs propositions**.

● Lorsqu'elles sont de même nature, les propositions peuvent être reliées entre elles par **juxtaposition** (c'est-à-dire par un signe de ponctuation) ou par **coordination** (c'est-à-dire par une conjonction de coordination ou un adverbe de liaison comme *et, mais, car, puis…*).

● Une phrase complexe qui se développe en de nombreuses propositions est une **période**. On parle de **style lié** lorsque la subordination est le procédé utilisé pour relier ces propositions, et de **style coupé** lorsque la juxtaposition est privilégiée. Avec le style coupé, c'est au lecteur de rétablir les liens logiques restés implicites.

● Lorsqu'une proposition fonctionne de manière autonome, on dit qu'elle est indépendante.
Au contraire, on parle de **subordonnée** lorsqu'une proposition dépend d'une autre, appelée **principale**. La subordonnée commence par un mot **subordonnant**.

Type de subordonnée	Nature du mot subordonnant	Exemples de mots subordonnants
Conjonctive	Conjonction de subordination (ou locution conjonctive)	*Que, comme, si, quand, lorsque, parce que, puisque, avant que, bien que…*
Interrogative indirecte	Mot interrogatif	*Si, qui, ce qui, que, ce que, quoi, quel, lequel, quand, où…*
Relative	Pronom relatif	*Qui, que, quoi, où, dont, lequel…*

INFO
Selon leur fonction, on distingue les subordonnées **complétives** qui ont une fonction essentielle (sujet, attribut, complément d'objet…) dans la phrase, des subordonnées **circonstancielles** qui ne sont pas indispensables.

LA MÉTHODE

Maîtriser la concordance des temps dans les subordonnées

● Principale + subordonnée à l'indicatif

Temps du verbe de la principale	Temps du verbe de la subordonnée	Exemple
Présent	Présent (action simultanée)	J'apprends qu'elle déménage.
	Passé composé (action antérieure ponctuelle)	J'apprends qu'elle a déménagé.
	Imparfait (action antérieure inscrite dans la durée)	J'apprends qu'elle déménageait.
	Futur (action postérieure)	J'apprends qu'elle déménagera.
Passé	Imparfait (action simultanée)	J'ai appris/j'apprenais qu'elle déménageait.
	Plus-que-parfait (action antérieure)	J'ai appris/j'apprenais qu'elle avait déménagé.
	Futur du passé = conditionnel présent (action postérieure)	J'ai appris/j'apprenais qu'elle déménagerait.

● Principale + subordonnée au subjonctif

Temps du verbe de la principale	Temps du verbe de la subordonnée	Exemple
Présent	Présent (action simultanée ou postérieure)	Elle apprécie qu'ils viennent.
	Passé (action antérieure)	Elle apprécie qu'ils soient venus.
Passé	Imparfait (action simultanée)	Elle apprécia/elle appréciait qu'ils vinssent.
	Plus-que-parfait (action antérieure)	Elle apprécia/elle appréciait qu'ils fussent venus.

S'ENTRAÎNER

1 QUIZ

<u>Qu'il réponde sans tarder</u> est indispensable.

1. La proposition soulignée est une :
☐ **a.** principale ☐ **b.** subordonnée conjonctive ☐ **c.** subordonnée relative

2. Le verbe *répondre* est conjugué :
☐ **a.** au présent de l'indicatif ☐ **b.** au présent du subjonctif ☐ **c.** à l'imparfait du subjonctif

2 Complétez chaque mot en italique par une expansion, en respectant les indications données.

1. *Un homme* nous intriguait. (groupe prépositionnel)
2. C'est à ce moment que l'arbitre siffla la fin du *match*. (subordonnée relative)
3. Non, répondit-*il*, il n'en est pas question. (groupe adjectival)
4. Marine *attendait* là. (groupe adverbial)

3 Conjuguez les verbes dans les subordonnées en étant attentif à la concordance des temps. Lorsqu'il y a plusieurs possibilités, quelle nuance de sens apporte le subjonctif ?

1. Je ne suis pas certaine de vouloir que l'on (se revoir).
2. Les policiers souhaitaient que quelqu'un (se confier).
3. Je ne pense pas qu'elle (réussir).
4. Le plaignant avait espéré que les magistrats (être convaincus) par ses arguments.
5. La morale voulait que l'homme (reconnaître) ses torts.
6. Il affirme que nous (partir).

4 Voici deux versions d'un vers de Rimbaud dans le poème « Sensation ». Pourquoi le poète a-t-il jugé nécessaire de réécrire ce vers ? Quelles remarques pouvez-vous faire concernant l'ordre des mots ?

1. Par les beaux soirs d'été
2. Par les soirs bleus d'été

5 Une période

a. De combien de propositions se compose cette phrase ? Comment sont-elles reliées entre elles ?
b. Repérez le rythme de la phrase, en vous appuyant sur l'étude des groupes de mots structurés.

Ô mort, nous te rendons grâces des lumières que tu répands sur notre ignorance : toi seule nous convaincs de notre bassesse, toi seule nous fais connaître notre dignité : si l'homme s'estime trop, tu sais déprimer son orgueil ; si l'homme se méprise trop, tu sais relever son courage ; et, pour réduire toutes ses pensées à un juste tempérament, tu lui apprends ces deux vérités, qui lui ouvrent les yeux pour bien se connaître : qu'il est méprisable en tant qu'il passe, et infiniment estimable en tant qu'il aboutit à l'éternité.

▷ Jacques-Bénigne Bossuet, *Sermon sur la mort*, 1662.

Le verbe, modes et temps

L'ESSENTIEL

Les modes et leurs valeurs

- On distingue :
– d'une part, les **modes impersonnels**, qui ne varient pas en personne : l'**infinitif** (*finir*), le **participe** (passé : *fini*, présent : *finissant*), **le gérondif** (*en finissant*) ;
– d'autre part, les **modes personnels**.

- Parmi les modes personnels :
– l'**indicatif** permet d'exprimer une action présentée comme réelle ;
– le **subjonctif** est utilisé pour des actions éventuelles, soumises au jugement, à la volonté ou aux sentiments de l'énonciateur ;
– l'**impératif** est le mode de l'ordre ou du conseil.

- Le **conditionnel**, autrefois considéré comme un mode à part entière, est parfois intégré à l'indicatif, notamment lorsqu'il exprime le futur du passé. Il peut exprimer une action hypothétique ou l'atténuation d'un ordre dans un souci de politesse.

Les temps et leurs valeurs

- À l'intérieur de chacun des modes, les temps fonctionnent par paires : **à chaque temps simple** (une seule forme verbale) **correspond un temps composé** (une forme verbale composée de deux éléments, un auxiliaire conjugué à un temps simple suivi d'un participe passé).
- Les temps composés ont une **valeur d'accompli et d'antériorité** par rapport aux temps simples.
- **Valeurs des quatre temps simples de l'indicatif**

Passé simple	Imparfait
– action au premier plan du récit – action limitée dans le temps	– valeur descriptive – action à l'arrière-plan du récit – action répétée ou habituelle
Présent	**Futur**
– action située au moment de l'énonciation – présent de narration (ou historique) – présent de vérité générale – présent d'habitude	– action postérieure au moment de l'énonciation – ordre ou conseil – probabilité – vérité atténuée par politesse – futur de narration

Les voix

- Tous les verbes peuvent être conjugués à la **voix active** : le sujet accomplit l'action indiquée par le verbe.
- Seuls les **verbes transitifs directs** (c'est-à-dire les verbes qui se construisent avec un COD) peuvent être conjugués à la **voix passive**, avec l'auxiliaire *être* ; le sujet subit l'action exprimée par le verbe.

Voix active

Temps simples	Temps composés
Indicatif – présent : il voit – imparfait : il voyait – passé simple : il vit – futur simple : il verra	Indicatif – passé composé : il a vu – plus-que-parfait : il avait vu – passé antérieur : il eut vu – futur antérieur : il aura vu
Conditionnel présent : il verrait	Conditionnel passé : il aurait vu
Subjonctif présent : qu'il voie	Subjonctif passé : qu'il ait vu

Voix passive

Temps simples	Temps composés
Indicatif – présent : il est vu – imparfait : il était vu – passé simple : il fut vu – futur simple : il sera vu	Indicatif – passé composé : il a été vu – plus-que-parfait : il avait été vu – passé antérieur : il eut été vu – futur antérieur : il aura été vu
Conditionnel présent : il serait vu	Conditionnel passé : il aurait été vu
Subjonctif présent : qu'il soit vu	Subjonctif passé : qu'il ait été vu

Quelques particularités

- **Le verbe pronominal**
Il est toujours accompagné d'un **pronom personnel réfléchi** : *je **me** réveille, réveille-**toi**, ne **te** réveille pas.*

- **La tournure impersonnelle**
Certains verbes sont conjugués à la troisième personne du singulier, **sans que le pronom sujet *il* ait la moindre identité** : ***il** pleut ; **il** survient un événement inattendu.*

LA MÉTHODE

Accorder correctement un participe passé

La lettre, **écrite** il y a dix jours, est **arrivée** ce matin. Conrad a aussitôt **saisi** l'enveloppe et l'a bien **regardée**. Nous nous sommes alors **évertués** à déchiffrer l'identité du destinataire, parfaitement illisible. Ce n'est pas étonnant que la lettre se soit **perdue** ! Je me suis ensuite **levée** ; nous nous sommes **souri** et, enfin, nous nous sommes **embrassés**. ▶

● **Règle générale**

Emploi	Règle d'accord	Exemple
Le participe est employé seul.	Il fonctionne comme un adjectif qualificatif et s'accorde donc en genre et en nombre avec le nom.	*La lettre, écrite il y a dix jours.*
Le participe est employé avec *être*.	Il s'accorde avec le sujet.	*La lettre est arrivée.*
Le participe est employé avec *avoir*.	Il ne s'accorde jamais avec le sujet, mais il s'accorde avec le COD si celui-ci est placé avant le verbe.	*Il l'a bien regardée.* (« l' » remplace « la lettre ».)

● **Cas du participe passé d'un verbe pronominal**

Type de verbe pronominal	Règle d'accord	Exemple
Verbe essentiellement pronominal (*s'évanouir, se blottir, s'abstenir, s'enfuir…*).	Le participe passé s'accorde avec le sujet.	*Nous nous sommes évertués à déchiffrer.*
Verbe pronominal de sens passif (*se vendre, se construire, se perdre…*).	Le participe passé s'accorde avec le sujet.	*Il n'est pas étonnant que la lettre se soit perdue* (ait été perdue).
Verbe pronominal de sens réfléchi (il exprime une action faite par le sujet lui-même) ou réciproque (il exprime une action que plusieurs sujets exercent les uns sur les autres).	Le participe passé s'accorde avec le COD si celui-ci est placé avant le verbe.	*Nous nous sommes embrassés.* Remarques : – le participe passé dans *nous nous sommes souri* ne s'accorde pas car le pronom réfléchi *nous* est COI. – le participe passé ne s'accorde pas dans *nous nous sommes lavé les mains* car le COD (les mains) est placé après le verbe.

S'ENTRAÎNER

1 QUIZ

Quel temps est employé dans la phrase suivante ?

Le navire a été brutalement englouti par les flots.

☐ **a.** passé composé ☐ **b.** passé antérieur ☐ **c.** passé composé passif

2 **Dans le texte suivant, relevez les verbes conjugués au subjonctif.**

Puisque vous voulez absolument qu'on vous rende votre petite boîte, la voilà. Je vous conjure de conserver et de recevoir, aussi tendrement que je vous le donne, un petit présent qu'il y a longtemps que je vous destine. J'ai fait retailler le diamant avec plaisir, dans la pensée que vous le garderez toute votre vie. Je vous en conjure, ma chère bonne, et que jamais je ne le voie en d'autres mains que les vôtres. Qu'il vous fasse souvenir de moi et de l'excessive tendresse que j'ai pour vous, et par combien de choses je voudrais vous la pouvoir témoigner en toutes occasions, quoi que vous puissiez croire là-dessus.

▷ Madame de Sévigné, *Lettres*, 1671.

3 **Accordez correctement les participes passés.**

Lorsqu'elle est (entré), elle a (fermé) la porte à clef. Ainsi (protégé) par le solide battant de chêne, elle s'est (dirigé) vers le miroir, s'est (souri) à elle-même, avant de commencer sa toilette. Elle s'est (lavé) les cheveux.
Mais cette activité a (pris) fin très vite : elle s'est (perdu) dans ses pensées, et petit à petit, s'est (blotti) dans le coin encombré de linge. Peu après, se reprenant, elle s'est (avancé) vers la baignoire, qu'elle a (vidé) en pensant à autre chose. C'est alors qu'elle s'est (évanoui), sans faire un bruit.

4 **Relevez les verbes conjugués et, pour chacun d'eux, indiquez son temps et sa valeur.**

J'ai vu, ces jours passés, une chose hideuse.
Il était à peine jour, et la prison était pleine de bruit. On entendait ouvrir et fermer les lourdes portes, grincer les verrous et les cadenas de fer, carillonner les trousseaux de clefs entre-choqués à la ceinture des geôliers, trembler les escaliers du haut en bas sous des pas précipités, et des voix s'appeler et se répondre des deux bouts des longs corridors. Mes voisins de cachot, les forçats en punition, étaient plus gais qu'à l'ordinaire. Tout Bicêtre semblait rire, chanter, courir, danser.
Moi, seul muet dans ce vacarme, seul immobile dans ce tumulte, étonné et attentif, j'écoutais.
Un geôlier passa.
Je me hasardai à l'appeler et à lui demander si c'était fête dans la prison.
– Fête si l'on veut ! me répondit-il. C'est aujourd'hui qu'on ferre les forçats qui doivent partir demain pour Toulon. Voulez-vous voir, cela vous amusera.
C'était en effet, pour un reclus solitaire, une bonne fortune qu'un spectacle, si odieux qu'il fût. J'acceptai l'amusement.

▷ Victor Hugo, *Le Dernier Jour d'un condamné*, 1829.

26 Le lexique

L'ESSENTIEL

Formation d'un mot

- Les mots peuvent être formés par **dérivation** : à partir d'une base appelée radical, l'ajout d'un préfixe ou d'un suffixe permet d'en créer un nouveau. Le dérivé obtenu appartient souvent à une autre classe grammaticale que le radical : *fenêtre, défenestrer.*
- La **composition** est un autre procédé utilisé pour former des mots : on relie deux mots qui ont par ailleurs une existence autonome dans la langue. La composition peut se faire à l'aide d'un trait d'union entre les deux mots ; ceux-ci peuvent également complètement fusionner et ne former qu'un seul terme : *pomme de terre, porte-monnaie, portefeuille.*

Sens d'un mot

- Un mot est un **signifiant** (forme sonore et visuelle), qui peut revêtir différents **signifiés** (sens). Le signifiant *cœur* par exemple a un **sens propre** (organe vital) et un **sens figuré** (le centre de quelque chose).
- On dit qu'un mot est **polysémique** lorsqu'il possède plusieurs significations. La polysémie d'un mot permet souvent de jouer sur le langage et d'enrichir la signification d'un texte.

> Un impôt qui doit rentrer facilement, c'est celui sur les portes et fenêtres.
>
> ▷ Alphonse ALLAIS.

Le jeu de mots sur « rentrer » instaure un double sens comique.

- On appelle **champ sémantique** l'ensemble des sens d'un mot.

Connotation et dénotation

- La plupart des mots possèdent un sens **dénoté** (sens premier du mot, qui correspond à la définition du dictionnaire) et un sens **connoté** (ensemble des images ou des pensées associées au mot).

> L'automne est une saison *(sens dénoté)*, mais évoque souvent la mélancolie et les regrets *(sens connoté).*

- La connotation dépend non seulement du contexte d'utilisation, mais aussi de la subjectivité de l'émetteur et du récepteur, de leur histoire, de leur culture.

On parle de **connotation méliorative** lorsqu'un terme est associé à une image positive, et de **connotation péjorative** lorsqu'au contraire le mot renvoie à un jugement dévalorisant. Ainsi, le mot *mince* (sens dénoté : *qui a peu d'épaisseur*) peut prendre une connotation méliorative *(élancé, svelte)* mais aussi une connotation péjorative *(maigre, médiocre).*

Champ lexical

- On appelle champ lexical l'ensemble des mots de différentes classes grammaticales qui, par leur sens dénoté ou connoté, se rattachent à un **même domaine**, à une **même idée**. *Mer, bronzer, sable, vacances,* sont des mots appartenant au champ lexical de la *plage.*
- L'étude des champs lexicaux aide à construire l'interprétation d'un texte. Dans une description, par exemple, l'analyse des mots renvoyant au champ lexical de l'ouïe, de la vue ou du toucher permet de mieux **appréhender la perception du narrateur**.

LA MÉTHODE

Interpréter des réseaux lexicaux

> Les crépuscules dans cet enfer africain se révélaient **fameux**. On n'y coupait pas. **Tragiques** chaque fois comme d'**énormes** assassinats du soleil. Un **immense** **chiqué**. Seulement c'était **beaucoup** d'admiration pour un seul homme. Le ciel pendant une heure **paradait** tout giclé d'un bout à l'autre d'**écarlate** **en délire**, et puis le vert **éclatait** au milieu des arbres et **montait** du sol en traînées tremblantes jusqu'aux premières étoiles. Après ça le gris **reprenait** tout l'horizon et puis le rouge encore, mais alors fatigué le rouge et pas pour longtemps. Ça se terminait ainsi. Toutes les couleurs **retombaient** en lambeaux, **avachies** sur la forêt comme des **oripeaux** après la **centième**.
>
> ▷ Louis-Ferdinand CÉLINE, *Voyage au bout de la nuit*, 1932, © Éditions Gallimard.

- Avec le **champ lexical de la démesure**, la description des crépuscules africains devient une vision grandiose.
- S'y ajoute le **champ lexical du spectacle ou du théâtre** : le spectacle éminemment naturel qu'est le coucher de soleil devient sous la plume de Céline le comble de l'artifice.
- L'explosion pourtant ne dure qu'une heure, comme le montre l'évolution des termes appartenant au **champ lexical du mouvement**.
- Les trois champs lexicaux fonctionnent de manière complémentaire pour rendre compte des caractéristiques du spectacle.

S'ENTRAÎNER

1 QUIZ **Dans la phrase suivante, sur quoi repose le jeu de mots ?**

Les miroirs feraient bien de réfléchir un peu avant de renvoyer les images.

▷ Jean COCTEAU.

☐ **a.** sur la connotation de *miroirs* ☐ **b.** sur la polysémie de *réfléchir* ☐ **c.** sur la dénotation d'*images*

2 **Lisez le texte suivant. Sur quoi repose l'étrangeté de la recette ?**

– [...] Ainsi, que faites-vous ce soir ?
– Je resterai, une fois de plus, dans la tradition de Gouffé en élaborant cette fois un andouillon des îles au porto musqué.
– Et ceci s'exécute ? dit Colin.
– De la façon suivante : Prenez un andouillon que vous écorcherez malgré ses cris. Gardez soigneusement la peau. Lardez l'andouillon de pattes de homards émincées et revenues à toute bride dans du beurre assez chaud. Faites tomber sur glace dans une cocotte légère. Poussez le feu, et sur l'espace ainsi gagné, disposez avec goût des rondelles de ris mitonné. Lorsque l'andouillon émet un son grave, retirez prestement du feu et nappez de porto de qualité. Touillez avec spatule de platine. Graissez un moule et rangez-le pour qu'il ne rouille pas.

▷ Boris VIAN, *L'Écume des jours*, 1947, © Société Nouvelle des Éditions Pauvert 1979, 1996 et 1998, © Librairie Arthème Fayard 1999 pour l'édition en œuvres complètes.

3 **Relevez les mots appartenant au champ lexical de la maladie. Expliquez-en l'utilisation : quelle réalité sert-il à dénoncer ?**

Le peuple a faim, le peuple a froid. La misère le pousse au crime ou au vice, selon le sexe. Ayez pitié du peuple, à qui le bagne prend ses fils, et le lupanar ses filles. Vous avez trop de forçats, vous avez trop de prostituées. Que prouvent ces deux ulcères ? Que le corps social a un vice dans le sang. Vous voilà réunis en consultation au chevet du malade : occupez-vous de la maladie.

▷ Victor HUGO, *Claude Gueux*, 1834.

4 **La découverte des livres**

a. Nommez le champ lexical auquel appartiennent tous les mots en gras.

b. Quel est le rapprochement créé par ce réseau lexical ? Comment appelle-t-on cette figure de style ?

Quand je prenais un livre, j'avais beau l'ouvrir et le fermer vingt fois, je voyais bien qu'il ne s'altérait pas. Glissant sur cette substance incorruptible : le *texte*[1], mon regard n'était qu'un minuscule accident de surface, il ne dérangeait rien, n'usait pas. Moi, par contre, passif, éphémère, j'étais un moustique **ébloui**, traversé par les **feux** d'un **phare** ; je quittais le bureau, j'éteignais : invisible dans les ténèbres, le livre **étincelait** toujours ; pour lui seul. Je donnerais à mes ouvrages la violence de ces jets de **lumière** corrosifs, et plus tard, dans les bibliothèques en ruines, ils survivraient à l'homme.

1. En italique dans le texte original.

▷ Jean-Paul SARTRE, *Les Mots*, 1964, © Éditions Gallimard.

5 **Identifiez le champ lexical dominant du passage. Commentez son utilisation.**

L'avarice commence où la pauvreté cesse. Le jour où l'imprimeur entrevit la possibilité de se faire une fortune, l'intérêt développa chez lui une intelligence matérielle de son état, mais avide, soupçonneuse et pénétrante. Sa pratique narguait la théorie. Il avait fini par toiser d'un coup d'œil le prix d'une page et d'une feuille selon chaque espèce de caractère.

▷ Honoré DE BALZAC, *Illusions perdues*, 1837.

6 **Un meuble ancien**

a. Repérez le champ lexical dominant.

b. Quelle est sa connotation habituelle ? Est-ce le cas dans ce poème ?

C'est un large buffet sculpté ; le chêne sombre,
Très vieux, a pris cet air si bon des vieilles gens ;
Le buffet est ouvert, et verse dans son ombre
Comme un flot de vin vieux, des parfums engageants ;

Tout plein, c'est un fouillis de vieilles vieilleries,
De linges odorants et jaunes, de chiffons
De femmes ou d'enfants, de dentelles flétries,
De fichus de grand-mère où sont peints des griffons ;

▷ Arthur RIMBAUD, *Les Cahiers de Douai*, « Le Buffet », 1870.

7 **Quelles sont les saisons évoquées dans ce poème ? Quelles connotations y sont associées ? Relevez les champs lexicaux qui les développent.**

Souvenir, souvenir, que me veux-tu ? L'automne
Faisait voler la grive à travers l'air atone,
Et le soleil dardait un rayon monotone
Sur le bois jaunissant où la bise détone.

Nous étions seul à seule et marchions en rêvant,
Elle et moi, les cheveux et la pensée au vent.
Soudain, tournant vers moi son regard émouvant :
« Quel fut ton plus beau jour ? » fit sa voix d'or vivant,

Sa voix douce et sonore, au frais timbre angélique.
Un sourire discret lui donna la réplique,
Et je baisai sa main blanche, dévotement.

– Ah ! les premières fleurs, qu'elles sont parfumées !
Et qu'il bruit avec un murmure charmant
Le premier oui qui sort des lèvres bien-aimées !

▷ Paul VERLAINE, *Poèmes saturniens*, « Nevermore », 1866.

POUR VOUS AIDER

C'est de manière implicite qu'une saison est évoquée dans la dernière strophe.

27 Les figures de style

L'ESSENTIEL

Une figure de style sert à **rendre plus expressif un énoncé**, grâce à une utilisation particulière du lexique ou de la syntaxe.

Les figures d'analogie ou de ressemblance

- La **comparaison** rapproche deux éléments, nommés comparé et comparant, à l'aide d'un outil comparatif : *comme, pareil à, ressembler...*

> Et **le vers** rongera ta peau comme **un remords**.
> ▷ Charles BAUDELAIRE, *Les Fleurs du mal*, « Remords posthume », 1857.

- La **métaphore** rapproche deux réalités, mais sans outil comparatif. Parfois, le comparé est passé sous silence.

> L'or du soir qui tombe.
> ▷ Victor HUGO, *Les Contemplations*, « Demain dès l'aube », 1856.

L'or du soir est le comparant. Le comparé, la lumière du soleil couchant, n'est pas nommé.

- La **personnification** prête des caractéristiques humaines à ce qui ne l'est pas.

> Rome à ne vous plus voir m'a-t-elle condamnée ?
> ▷ Jean RACINE, *Bérénice*, 1670.

Les figures de substitution

- La **périphrase** remplace un mot par une expression plus développée. Elle permet d'éviter une répétition et attire l'attention sur une qualité.

> Le roi des animaux *pour* le lion.

- La **métonymie** désigne une chose par un terme qui lui est proche. Elle peut désigner le contenant pour le contenu (*finis ton assiette* pour *finis ce qui est dans ton assiette*), le lieu pour la personne (*les déclarations de l'Élysée* pour *les déclarations du Président*), etc.

- L'**antiphrase** remplace une idée par son contraire, sans laisser le moindre doute sur le sens réel de la phrase. Figure de l'ironie, elle introduit une certaine complicité entre l'émetteur et le récepteur.

> Ah, c'est du propre !

Les figures d'opposition

- L'**antithèse** met en relation deux mots de sens opposés, de manière à souligner le contraste.

> Ton bras est invaincu mais non pas invincible.
> ▷ Pierre CORNEILLE, *Le Cid*, 1636.

- L'**oxymore** oppose deux termes qui sont dépendants grammaticalement dans la phrase.

> Un affreux soleil noir d'où rayonne la nuit
> ▷ Victor HUGO, *Les Contemplations*, 1856.

Les figures d'atténuation ou d'exagération

- L'**euphémisme** sert à atténuer une réalité, jugée souvent trop brutale ou trop désagréable.

> Elle nous a quittés *pour* Elle est morte.

- La **litote** est utilisée pour dire moins, mais de manière à suggérer plus.

> Ce film n'est pas mal *pour* C'est un assez bon film.

- L'**hyperbole** permet d'exagérer une situation, en employant des termes trop forts.

> Il est mort de rire.

Les figures de construction

- L'**énumération** présente une succession de termes, qui vont souvent en s'intensifiant. Le rythme s'accélère, et peut produire un effet de gradation.

> Va, cours, vole et nous venge !
> ▷ Pierre CORNEILLE, *Le Cid*, 1636.

- L'**anaphore** reprend le même mot ou la même expression en tête de phrase, de vers ou de paragraphe.

> **C'est qu'**un souffle, tordant ta grande chevelure, [...]
> **C'est que** la voix des mers folles, immense râle, [...].
> ▷ Arthur RIMBAUD, *Poésies*, « Ophélie », 1870.

- Le **parallélisme** répète la même construction plusieurs fois, afin de souligner une ressemblance ou une opposition.

> **Ce cœur qui** haïssait la guerre **voilà qu'il** bat pour le combat et la bataille !
> **Ce cœur qui** ne battait qu'au rythme des marées [...] **voilà qu'il** se gonfle [...].
> ▷ Robert DESNOS, dans *L'Honneur des poètes*, 1943.

- Le **chiasme** fait se suivre deux expressions contenant les mêmes éléments, mais dans la seconde expression l'ordre est inversé (A-B/B-A). Il sert souvent à renforcer l'opposition entre les réalités A et B.

> **J'**ai voulu **mourir** à la guerre :
> La **mort** n'a pas voulu de **moi**.
> ▷ Paul VERLAINE, *Sagesse*, « Je suis venu, calme orphelin », 1880.

INFO

Dans la vie quotidienne, les figures de style sont fréquemment utilisées : *boire la tasse, être à cheval sur les principes, décrocher la lune, aller au bout du monde...*

LA MÉTHODE

Analyser une métaphore

Exemple 1

Je pense à toi mon Lou ton cœur est ma caserne.

▷ Guillaume APOLLINAIRE, *Poèmes à Lou*, 1947 (posthume).

La métaphore ici est explicite. *Ton cœur* est le comparé, *ma caserne* est le comparant. Soldat au front, le poète trouve refuge dans le cœur de sa bien-aimée.

Exemple 2

Votre âme est un paysage choisi.

▷ Paul VERLAINE, *Fêtes galantes*, « Clair de lune », 1869.

Le verbe « être » pose ici une équivalence stricte entre le comparé et le comparant. Cette métaphore picturale qui travestit l'âme en paysage fait entrer dans l'ordre de la représentation ce qui auparavant était de l'ordre de l'invisible. Cette métaphore est néanmoins énigmatique : on ne connaît pas la caractéristique commune qui permet le rapprochement.

Exemple 3

Ô âme, console-toi. Si ce divin architecte qui a entrepris de te réparer laisse tomber pièce à pièce ce vieux bâtiment de ton corps, c'est qu'il veut te le rendre en meilleur état, c'est qu'il veut le rebâtir dans un meilleur ordre [...].

▷ Jacques-Bénigne BOSSUET, *Sermon sur la mort*, 1662.

L'âme est ici comparée implicitement à un bâtiment. La métaphore est **filée** (elle se développe sur plusieurs phrases) puisque plusieurs termes la reprennent : *l'architecte* pour Dieu, *vieux bâtiment* pour le corps, *réparer* et *rebâtir* pour la nouvelle maison qui accueillera l'homme après sa mort. La **métaphore filée** sert à dire de manière concrète ce qui est habituellement abstrait et difficile à concevoir.

S'ENTRAÎNER

1 Identifiez les figures de substitution et d'analogie utilisées.

a. Lire Proust demande du temps.
b. Il a pris la route tôt ce matin.
c. Dans l'océan de ta chevelure, j'entrevois un port fourmillant de chants mélancoliques, d'hommes vigoureux de toutes nations et de navires de toutes formes.
d. L'astre parfait qui éclaire nos jours.
e. Il ment comme un arracheur de dents.
f. L'onde calme et noire où dorment les étoiles.

2 Identifiez les figures d'opposition utilisées. Quels champs lexicaux développent-elles ?

a. Père, maîtresse, honneur, amour,
Noble et dure contrainte, aimable tyrannie,
Tous mes plaisirs sont morts, ou ma gloire ternie.
(Pierre CORNEILLE)
b. Cette obscure clarté qui tombe des étoiles.
(Pierre CORNEILLE)
c. Je suis plein du silence assourdissant d'aimer.
(Louis ARAGON)
d. Je vis, je meurs : je me brûle et me noie. (Louise LABÉ)

3 Identifiez dans ce poème une anaphore, une personnification, un parallélisme, une périphrase, une métaphore filée, une antithèse. Expliquez ces figures et dites en quoi elles contribuent à construire le sens du poème.

Où vont tous ces enfants dont pas un seul ne rit ?
Ces doux êtres pensifs, que la fièvre maigrit ?
Ces filles de huit ans qu'on voit cheminer seules ?
Ils s'en vont travailler quinze heures sous des meules ;
Ils vont, de l'aube au soir, faire éternellement
Dans la même prison le même mouvement.
Accroupis sous les dents d'une machine sombre,
Monstre hideux qui mâche on ne sait quoi dans l'ombre,
Innocents dans un bagne, anges dans un enfer,
Ils travaillent. Tout est d'airain, tout est de fer.
Jamais on ne s'arrête et jamais on ne joue. [...]

▷ Victor HUGO, *Les Contemplations*, « Melancholia », 1856.

4 Faites l'analyse des figures de construction utilisées dans ce poème.

Dans le vieux parc solitaire et glacé,
Deux formes ont tout à l'heure passé.

Leurs yeux sont morts et leurs lèvres sont molles,
Et l'on entend à peine leurs paroles.

Dans le vieux parc solitaire et glacé,
Deux spectres ont évoqué le passé.

– Te souvient-il de notre extase ancienne ?
– Pourquoi voulez-vous donc qu'il m'en souvienne ?

– Ton cœur bat-il toujours à mon seul nom ?
Toujours vois-tu mon âme en rêve ? – Non.

– Ah ! les beaux jours de bonheur indicible
Où nous joignions nos bouches ! – C'est possible.

– Qu'il était bleu, le ciel, et grand, l'espoir !
– L'espoir a fui, vaincu, vers le ciel noir.

Tels ils marchaient dans les avoines folles,
Et la nuit seule entendit leurs paroles.

▷ Paul VERLAINE, *Fêtes galantes*, « Colloque sentimental », 1869.

POUR VOUS AIDER

Soyez attentif aux reprises et aux variations, notamment dans l'avant-dernière strophe.

28 Genres et registres littéraires

L'ESSENTIEL

Il existe **quatre genres** littéraires principaux : le récit, la poésie, le théâtre, l'écrit argumentatif. Mais un énoncé littéraire s'inscrit également dans un ou plusieurs registres. Le terme « registre » renvoie à l'impression produite sur le lecteur (tristesse, amusement, etc.).

- Le **registre épique** : les événements sont amplifiés, voire démesurés, et le personnage héroïque est confronté à des obstacles colossaux. L'amplification créée doit provoquer l'étonnement, la crainte, mais aussi l'admiration et l'exaltation.

> Hippolyte lui seul digne fils d'un héros,
> Arrête ses coursiers, saisit ses javelots,
> Pousse au monstre, et d'un dard lancé d'une main sûre
> Il lui fait dans le flanc une large blessure.
>
> ▷ Jean RACINE, *Phèdre*, 1677.

- Le **registre tragique** : les personnages prennent conscience de l'existence de forces qui les dépassent. L'infortune du héros doit provoquer la terreur et la pitié.

> Grands dieux, si votre haine
> Persévère à vouloir l'arracher de mes mains,
> Que peuvent devant vous tous les faibles humains ?
>
> ▷ Jean RACINE, *Iphigénie*, 1675.

- Le **registre pathétique** : des situations douloureuses et poignantes sont évoquées, comme la mort ou la maladie. Il cherche à attendrir, à émouvoir fortement le lecteur.

> Et Virginie, voyant la mort inévitable, posa une main sur ses habits, l'autre sur son cœur, et levant en haut des yeux sereins, parut un ange qui prend son vol vers les cieux.
>
> ▷ Jacques-Henri BERNARDIN DE SAINT-PIERRE, *Paul et Virginie*, 1789.

- Le **registre comique** : une situation, un personnage, un discours sont drôles. Il provoque l'amusement et le rire.

> Une fois qu'on a passé les bornes, il n'y a plus de limites.
>
> ▷ Alphonse ALLAIS, *Aphorismes*, 1902.

- Le **registre fantastique** : le monde normal est bouleversé par l'irruption de phénomènes étranges. Il déstabilise le lecteur, provoque le doute et l'effroi.

> Alors je fus pris d'une colère furieuse contre moi-même ; car il n'est pas permis à un homme raisonnable et sérieux d'avoir de pareilles hallucinations. Mais était-ce bien une hallucination ?
>
> ▷ Guy DE MAUPASSANT, *Le Horla*, 1887.

- Le **registre lyrique** : il naît de l'évocation des états d'âme. Il cherche à provoquer chez le lecteur une émotion analogue à celle exprimée.

> Il pleure dans mon cœur
> Comme il pleut sur la ville ;
> Quelle est cette langueur
> Qui pénètre mon cœur ?
>
> ▷ Paul VERLAINE, *Romances sans paroles*, 1874.

- Le **registre didactique** : il s'agit de développer une thèse dans le but d'enseigner, de prouver quelque chose. Il vise à obtenir l'adhésion du récepteur.

> Je me suis donc résolu de leur faire considérer dans ce discours comme, par une chute insensible, on tombe d'une vie licencieuse à une mort désespérée.
>
> ▷ Jacques-Bénigne BOSSUET, *Sermon sur l'impénitence finale*, 1662.

- Le **registre satirique** : il sert à critiquer, de manière virulente et moqueuse, un ridicule, un défaut ou un vice. Proche de la raillerie et du sarcasme, il cherche à s'attirer la complicité amusée du lecteur, afin d'obtenir son adhésion.

> Un nombre infini de maîtres de langues, d'arts et des sciences, enseignent ce qu'ils ne savent pas, et ce talent est bien considérable : car il ne faut pas beaucoup d'esprit pour montrer ce qu'on sait ; mais il en faut infiniment pour enseigner ce qu'on ignore.
>
> ▷ MONTESQUIEU, *Lettres persanes*, 1721.

INFO

Un même registre peut intervenir dans des genres différents : le registre épique par exemple est utilisé dans l'épopée, le roman, mais aussi dans la presse sportive.

LA MÉTHODE

Identifier les marqueurs du registre lyrique

> Jours de travail ! seuls jours où j'ai vécu !
> Ô trois fois chère solitude !
> Dieu soit loué, j'y suis donc revenu,
> À ce vieux cabinet d'étude !
> Pauvre réduit, murs tant de fois déserts,
> Fauteuils poudreux, lampe fidèle,
> Ô mon palais, mon petit univers,
> Et toi, Muse, ô jeune immortelle,
> Dieu soit loué, nous allons donc chanter !
> Oui, je veux vous ouvrir mon âme,
> Vous saurez tout, et je vais vous conter
> Le mal que peut faire une femme ;
> Car c'en est une, ô mes pauvres amis
> (Hélas ! vous le saviez peut-être),
> C'est une femme à qui je fus soumis,
> Comme le serf l'est à son maître.
>
> ▷ Alfred DE MUSSET, *Poésies nouvelles*, « La Nuit d'octobre », 1850.

▶

● **La sensibilité**

››› Le **lexique des sentiments** est primordial. Ici les expressions *chère solitude, ouvrir mon âme* relèvent du vocabulaire de l'affectivité. La personnification des objets avec des adjectifs (*vieux, pauvre, fidèle, mon petit univers*) dénote un attachement sentimental.

››› L'**utilisation de la première personne** (*j'ai vécu, j'y suis donc revenu, je veux, je vais, je veux*) révèle des émotions intimes.

● **L'expressivité**

››› Les **modalités exclamative ou interrogative** soulignent la force des sentiments. Les **apostrophes** (plusieurs fois *ô*), les **interjections** (*Hélas !*) et les **adresses directes** (*Et toi, Muse*), en faisant apparaître un destinataire dans le discours, montrent l'épanchement (*vous saurez tout*) ou l'exaltation (*nous allons donc chanter !*).

››› La **musicalité** du poème se traduit par les anaphores (*Dieu soit loué*) et par les rythmes binaires (*Fauteuils poudreux, lampe fidèle*) ou ternaires.

S'ENTRAÎNER

1 QUIZ

Dans quel registre s'inscrit le passage suivant ?

Ô elle dont je dis le nom sacré dans mes marches solitaires et mes rondes autour de la maison où elle dort, et je veille sur son sommeil, et elle ne le sait pas, et je dis son nom aux arbres confidents, et je leur dis, fou des longs cils recourbés, que j'aime et j'aime celle que j'aime, et qui m'aimera, car je l'aime comme nul autre ne saura [...].

▷ Albert Cohen, *Belle du seigneur*, 1968, © Éditions Gallimard.

☐ **a.** registre pathétique ☐ **b.** registre tragique ☐ **c.** registre lyrique ☐ **d.** registre épique

2 **Identifiez le genre et le registre auxquels appartiennent les différents extraits.**

DOCUMENT 1

Je fais souvent ce rêve étrange et pénétrant
D'une femme inconnue et que j'aime et qui m'aime
Et qui n'est chaque fois ni tout à fait la même
Ni tout à fait une autre, et m'aime et me comprend.

▷ Paul Verlaine, *Poèmes saturniens*, « Mon rêve familier », 1866.

DOCUMENT 2

Agamemnon : – Ma fille, il est trop vrai. J'ignore pour [quel crime
La colère des dieux demande une victime :
Mais ils vous ont nommée. Un oracle cruel
Veut qu'ici votre sang coule sur un autel.

▷ Jean Racine, *Iphigénie*, acte IV, scène 4, 1674.

DOCUMENT 3

Ainsi mon dessein n'est pas d'enseigner ici la méthode que chacun doit suivre pour bien conduire sa raison, mais seulement de faire voir en quelle sorte j'ai tâché de conduire la mienne.

▷ René Descartes, *Discours de la méthode*, 1637.

3 **Une scène étonnante**

a. À quel moment de la journée se situe la scène décrite dans le texte suivant ? Quels sont les sentiments du narrateur ?

b. Peut-on donner une explication claire à ces événements ? Dans quel registre s'inscrit donc cet extrait ?

La pendule sonna onze heures. Le vibrement du dernier coup retentit longtemps, et, lorsqu'il fut éteint tout à fait...
Oh ! non, je n'ose pas dire ce qui arriva, personne ne me croirait, et l'on me prendrait pour un fou.
Les bougies s'allumèrent toutes seules ; le soufflet, sans qu'aucun être visible lui imprimât le mouvement, se prit à souffler le feu, en râlant comme un vieillard asthmatique, pendant que les pincettes fourgonnaient dans les tisons et que la pelle relevait les cendres.
Ensuite une cafetière se jeta en bas d'une table où elle était posée, et se dirigea, clopin-clopant, vers le foyer, où elle se plaça entre les tisons.
Quelques instants après, les fauteuils commencèrent à s'ébranler, et, agitant leurs pieds tortillés d'une manière surprenante, vinrent se ranger autour de la cheminée.

▷ Théophile Gautier, *La Cafetière et autres contes fantastiques*, « La Cafetière », 1831.

4 **Réécrivez ce passage dans un registre pathétique, en respectant le genre et la situation d'énonciation.**

Aujourd'hui, maman est morte. Ou peut-être hier, je ne sais pas. J'ai reçu un télégramme de l'asile : « Mère décédée. Enterrement demain. Sentiments distingués. » Cela ne veut rien dire. C'était peut-être hier.
L'asile de vieillards est à Marengo, à quatre-vingts kilomètres d'Alger. Je prendrai l'autobus à deux heures et j'arriverai dans l'après-midi. Ainsi, je pourrai veiller et je rentrerai demain soir. J'ai demandé deux jours de congé à mon patron et il ne pouvait pas me les refuser, avec une excuse pareille.

▷ Albert Camus, *L'Étranger*, 1942, © Éditions Gallimard.

POUR VOUS AIDER

Identifiez le champ lexical que vous devrez développer en priorité, ainsi que le type de phrase le plus à même de traduire des émotions tristes.

VERS LE BAC

29 La lecture analytique

L'ESSENTIEL

Objectif de la lecture analytique

Ce type d'exercice demande de dégager les principales caractéristiques d'un texte et d'en faire un commentaire pertinent. À l'oral des épreuves anticipées de français, ce commentaire est orienté par une question.

● Comme pour toute analyse littéraire, il est recommandé de toujours mettre en rapport le **fond** (ce qui est dit) et la **forme** (la manière dont c'est dit).

● Les différentes remarques sont organisées autour d'une question (**problématique**) qui vous est donnée et qui doit guider votre analyse. Il ne s'agit pas de tout dire du texte mais toutes vos remarques doivent être rattachées à la question.

● Une préparation écrite rigoureuse est nécessaire avant la présentation de votre travail. À l'oral, une lecture du passage intervient juste après l'introduction : il est donc nécessaire de s'y entraîner pour la rendre la plus expressive possible et ne pas faire de fautes de prononciation.

ATTENTION !

S'il s'agit d'un texte poétique, pensez à la prononciation des *e* muets, repérez les diérèses, etc.

Le travail préalable

● **Lire le texte**. Cette lecture doit être attentive et s'accompagner d'une recherche sur le **paratexte** : nom de l'ouvrage, nom de l'auteur, date de parution.

● **Situer le texte**. Vous devez mobiliser tout ce que vous savez sur l'auteur, la période historique, le mouvement littéraire et rassembler ces informations dans une ou des phrases rédigées.

● **Dégager le sens du texte**. Il faut comprendre le thème général de l'extrait.

● **Analyser la question posée**. Elle peut porter sur le sens du texte, sur le genre et la composition, ou sur le registre et les intentions. À vous de la reformuler pour être sûr de l'avoir bien comprise, en repérant les mots-clés.

● **Repérer** dans le texte tous les éléments qui vont vous permettre d'y répondre.

Le plan à suivre

● L'**introduction** présente le texte (auteur, titre, date) et le situe éventuellement dans un mouvement littéraire ou un registre particulier. Elle reformule la question initiale et annonce le plan. Il faut la rédiger entièrement.

● L'**analyse** peut choisir de suivre la progression du texte : on étudie de manière linéaire (une phrase ou un ensemble de phrases après l'autre) les éléments du texte utiles pour répondre à la question posée. Elle peut aussi être thématique : en deux ou trois parties.

● La **conclusion** fait le bilan de ce qui a été dit ; elle s'ouvre sur une interprétation personnelle ou met en rapport l'extrait étudié avec la suite du texte. Elle aussi est rédigée.

LA MÉTHODE

Rédiger une introduction

Le spectacle était épouvantable et charmant. Gavroche, fusillé, taquinait la fusillade. Il avait l'air de s'amuser beaucoup. C'était le moineau becquetant les chasseurs. Il répondait à chaque décharge par un couplet. On le visait sans cesse, on le manquait toujours. Les gardes nationaux et les soldats riaient en l'ajustant. Il se couchait, puis se redressait, s'effaçait dans un coin de porte, puis bondissait, disparaissait, reparaissait, se sauvait, revenait, ripostait à la mitraille par des pieds de nez, et cependant pillait les cartouches, vidait les gibernes et remplissait son panier. Les insurgés, haletants d'anxiété, le suivaient des yeux. La barricade tremblait ; lui, il chantait. Ce n'était pas un enfant, c'était un étrange gamin fée. On eût dit le nain invulnérable de la mêlée. Les balles couraient après lui, il était plus leste qu'elles. Il jouait on ne sait quel effrayant jeu de cache-cache avec la mort ; à chaque fois que la face camarde du spectre s'approchait, le gamin lui donnait une pichenette.

▷ Victor Hugo, *Les Misérables*, 1862.

Question : Expliquez l'utilisation du registre épique.

● **Situer le texte et dégager son sens**

Il s'agit de l'extrait d'une œuvre mondialement connue, parue en 1862, du fait d'un auteur qui croyait à l'engagement politique. Le texte présente le célèbre personnage de Gavroche, juste avant sa mort, alors que des combats furieux se déroulent dans Paris, au lendemain de l'enterrement du général Lamarque, et qui opposent les insurgés aux soldats.

Les Misérables, *ouvrage écrit par Victor Hugo et paru en 1862, est l'œuvre littéraire française la plus traduite dans le monde. Dans ce passage, le narrateur décrit l'étrange spectacle qui a lieu près d'une barricade : le jeune Gavroche, gamin parisien, ramasse des balles sur les soldats morts pour les apporter aux insurgés. Les balles pleuvent autour de lui sans l'atteindre.*

▶

Comprendre la question

Le mot *expliquez* a deux sens ici : *montrez comment* le registre apparaît dans le texte et *montrez pourquoi* il est utilisé. La question invite à mettre en relation des procédés, un registre et une intention.

Annoncer le plan

››› **Première partie :** l'ampleur de la scène qui présente Gavroche comme un être hors du commun (on commentera : l'énumération, la répétition, la gradation, l'exagération).

››› **Deuxième partie :** une intention argumentative derrière le contraste frappant entre deux camps (on s'intéressera aux métaphores, aux antithèses, à l'opposition entre le jeu et la mort).

Le narrateur a recours au registre épique pour raconter cette scène. Nous analyserons d'abord les procédés utilisés pour faire de Gavroche un être hors du commun, puis nous étudierons les conséquences de ce choix révélateur des valeurs défendues par l'auteur.

S'ENTRAÎNER

1 QUIZ **Dans quelle partie du commentaire présenté dans la méthode faut-il analyser les exemples suivants ?**

le spectacle était épouvantable et charmant ○
c'était un étrange gamin fée ○
on le visait sans cesse, on le manquait toujours ○

○ 1re partie : l'ampleur de la scène
○ 2e partie : une intention argumentative

2 **Situez le texte : identifiez l'auteur et le genre du texte. Replacez l'œuvre dans son mouvement et/ou registre littéraire.**

19 août. [...] Je me dressai, les mains tendues, en me tournant si vite que je faillis tomber. Eh ! bien ?... on y voyait comme en plein jour, et je ne me vis pas dans la glace !... Elle était vide, claire, profonde, pleine de lumière ! Mon image n'était pas dedans... et j'étais en face, moi ! Je voyais le grand verre limpide du haut en bas. Et je regardais cela avec des yeux affolés ; et je n'osais plus avancer, je n'osais plus faire un mouvement, sentant bien pourtant qu'il était là, mais qu'il m'échapperait encore, lui dont le corps imperceptible avait dévoré mon reflet.
Comme j'eus peur ! Puis voilà que tout à coup je commençai à m'apercevoir dans une brume, au fond du miroir, dans une brume comme à travers une nappe d'eau ; et il me semblait que cette eau glissait de gauche à droite, lentement, rendant plus précise mon image, de seconde en seconde. C'était comme la fin d'une éclipse. Ce qui me cachait ne paraissait point posséder de contours nettement arrêtés, mais une sorte de transparence opaque, s'éclaircissant peu à peu.
Je pus enfin me distinguer complètement, ainsi que je le fais chaque jour en me regardant. Je l'avais vu ! L'épouvante m'en est restée, qui me fait encore frissonner.

▷ Guy de Maupassant, *Le Horla*, 1886.

3 **Voici la question commandant l'analyse du texte de l'exercice précédent et le plan proposé pour y répondre. Rédigez l'introduction qui reprendra toutes les informations nécessaires.**

Question : Dans quelle mesure la forme d'écriture choisie permet-elle l'expression du registre fantastique ?
Première partie : la figure du narrateur
Deuxième partie : la dramatisation du récit
Troisième partie : la tonalité fantastique

4 **Faites tous les relevés nécessaires et placez-les dans chacune des parties dont les titres vous ont été donnés dans l'exercice précédent.**

5 **Imaginez un plan pour répondre à la question : « Quels aspects de l'écriture des *Essais* le texte met-il en évidence ? »**

C'est ici un livre de bonne foi, lecteur. Il t'avertit dès l'entrée que je ne m'y suis proposé aucun autre but, que domestique et privé. [...] Je veux qu'on m'y voie en ma façon simple, naturelle et ordinaire, sans contention ni artifice : car c'est moi que je peins. Mes défauts s'y liront au vif, et ma forme sera naïve, autant que la révérence publique me l'a permis. Si j'avais vécu parmi ces nations que l'on dit vivre encore sous la douce liberté des premières lois de la nature, je t'assure que je m'y serai très volontiers peint tout entier, et tout nu.

▷ Michel de Montaigne, *Essais*, 1580.

6 **Analysez complètement cet extrait. Rédigez l'introduction, donnez le plan détaillé de vos parties.**

Question : Montrez la double dimension, comique et effrayante, de ce portrait.

Les lecteurs ont peut-être, dès sa première apparition, conservé quelque souvenir de cette Thénardier, grande, blonde, rouge, grasse, charnue, carrée, énorme et agile ; elle tenait, nous l'avons dit, de la race de ces sauvagesses colosses qui se cambrent dans les foires avec des pavés pendus à leur chevelure. Elle faisait tout dans le logis, les lits, les chambres, la lessive, la cuisine, la pluie, le beau temps, le diable. Elle avait pour tout domestique Cosette ; une souris au service d'un éléphant. Tout tremblait au son de sa voix, les vitres, les meubles et les gens. [...] Elle avait de la barbe. C'était l'idéal d'un fort de la halle habillé en fille. Elle jurait splendidement ; elle se vantait de casser une noix d'un coup de poing. Sans les romans qu'elle avait lus, et qui, par moments, faisaient bizarrement reparaître la mijaurée sous l'ogresse, jamais l'idée ne fût venue à personne de dire d'elle : c'est une femme. Cette Thénardier était comme le produit de la greffe d'une donzelle sur une poissarde. Quand on l'entendait parler, on disait : C'est un gendarme ; quand on la regardait boire, on disait : C'est un charretier ; quand on la voyait manier Cosette, on disait : C'est le bourreau.

▷ Victor Hugo, *Les Misérables*, 1862.

Le commentaire littéraire

L'ESSENTIEL

Objectif du commentaire littéraire

Le commentaire est un exercice qui doit **montrer la spécificité** d'un texte. Il faut commencer par **repérer les caractéristiques** générales du passage : le genre, le registre, le mouvement ou courant littéraire, le thème central. Cela permet ensuite **d'identifier l'originalité** du texte (en le confrontant à d'autres textes du même registre étudiés auparavant) : au niveau du thème et au niveau du style. On peut alors **construire une analyse** autour d'une problématique générale, c'est-à-dire une orientation qui guide l'étude. La problématique est parfois donnée.

Construire le plan

Les différentes parties ont un lien entre elles et sont toutes au service d'une démonstration : la lecture particulière que vous faites du texte.

● **Les grandes parties**
Vous devez aller **du plus évident au plus caché** : de l'impression la plus générale au symbole. Pour une description, par exemple, le premier temps peut étudier la caractérisation d'un personnage ; le deuxième l'expression des sentiments du narrateur ; le dernier la fonction de la description. Il s'agit de toujours relier ce qui est dit et la manière dont c'est dit. Formulez soigneusement le titre de chaque partie. Votre commentaire peut compter de deux à quatre parties.

ATTENTION !
Faites apparaître clairement au brouillon les connecteurs qui relient les grandes parties du commentaire : la logique de votre plan est ainsi soulignée.

● **L'organisation d'une partie**
Chaque partie comporte plusieurs sous-parties, présentant un argument pour appuyer la problématique générale : des citations ou des renvois au texte, quand ils sont analysés, doivent apparaître comme des arguments soutenant la thèse (la problématique) initiale.

Rédiger le commentaire

● L'**introduction** : elle doit être soignée puisque c'est le premier contact qu'aura le correcteur avec votre devoir. Elle commence par situer le passage étudié dans son contexte, avant d'exposer la problématique. Elle se termine par l'annonce du plan : il s'agit d'indiquer très clairement (sous forme de questions ou d'affirmations) le contenu des grandes parties du développement.

● Les **grandes parties** : seul un plan détaillé suffit au brouillon. Chaque grande partie se termine par une transition pour annoncer la suivante. Chaque paragraphe s'organise autour de l'analyse précise d'un passage du texte, appuyée par des citations.

● La **conclusion** : elle résume l'analyse menée lors du développement, avant d'élargir la réflexion, soit sur l'intérêt historique que le texte suscite, soit par un jugement personnel.

ATTENTION !
Avant de rendre votre travail, pensez à vous relire : vérifiez la ponctuation, les accords et l'orthographe. Soulignez les titres d'œuvre et placez les citations entre guillemets.

LA MÉTHODE

Rédiger un paragraphe de commentaire

> Laisse-moi respirer longtemps, longtemps, l'odeur de tes cheveux, y plonger tout mon visage, comme un homme altéré dans l'eau d'une source, et les agiter avec ma main comme un mouchoir odorant, pour secouer des souvenirs dans l'air.
> Si tu pouvais savoir tout ce que je vois ! tout ce que je sens ! tout ce que j'entends dans tes cheveux ! Mon âme voyage sur le parfum comme l'âme des autres hommes sur la musique.
>
> ▷ Charles BAUDELAIRE, *Le Spleen de Paris*, « Un hémisphère dans une chevelure », 1862.

● **Organiser un paragraphe du commentaire**

a. **Argument** : une chevelure de femme qui sollicite tous les sens.

b. **Relevé** : notations nombreuses pour l'odorat (*respirer, odeur, odorant, sens* – 1er sens –, *parfum*) ; la vue (*je vois*) ; le toucher (*je sens* – 2e sens) ; l'ouïe (*j'entends*) ; les deux comparaisons introduites par *comme.*

c. **Élargissement** : le rapport des deux paragraphes avec le titre du poème. La chevelure offre tout un monde au poète.

d. **Transition** : une thématique déjà présente dans des poèmes en vers de Baudelaire. Elle introduit l'argument de la partie suivante : un poème en prose très proche d'un modèle versifié.

● **Relier l'idée directrice à des exemples**
Chaque sous-partie est un paragraphe qui développe un argument. Après avoir annoncé l'idée directrice, l'argument, il faut l'illustrer par des citations du texte, qu'on introduit à l'aide de mots comme *par exemple, ainsi, comme on le voit à la ligne,* etc.

▶

● **Rédiger**

a. *Dans les premiers paragraphes du poème, l'auteur s'attache à mentionner les différents sens que la chevelure de la femme sollicite.*

b. *On* **note d'abord** *des renvois à la vue, au toucher et à l'ouïe,* **comme l'indique** *la répétition syntaxique du deuxième paragraphe :* tout ce que je vois/tout ce que je sens/ tout ce que j'entends. **Mais c'est surtout** *l'odorat qui est souligné, par les termes suivants :* respirer, odeur, odorant, sens, parfum. *L'utilisation de comparaisons témoigne de l'importance que l'odeur des cheveux a pour le poète.*

c. *En plus de correspondre à un besoin vital,* **comme le montre** *la première comparaison, la senteur des cheveux fait voyager l'âme du poète. Par sa simple odeur, la chevelure offre tout un monde au poète, ou tout au moins un hémisphère,* **ainsi que le laisse entendre** *le titre du poème.*

d. *De par sa thématique, le texte n'est pas sans évoquer le poème en vers intitulé « La Chevelure ». Rythme, images et structure strophique semblent également confirmer ce rapprochement.*

S'ENTRAÎNER

1 QUIZ

Voici trois plans de commentaire du texte de « La méthode ». Lequel vous semble le plus pertinent ?

- ☐ **a.** I. Le travail des sonorités — II. Le travail des images — III. La structure du poème
- ☐ **b.** I. Un poème en prose — II. Un voyage vers l'idéal
- ☐ **c.** I. Échos et reprises — II. Une célébration de la femme — III. Un voyage immobile

2 **Repérez les caractéristiques générales de ce texte en le replaçant dans son contexte, mouvement, courant littéraire, etc.**

[...]
Un soir, t'en souvient-il ? nous voguions en silence ;
On n'entendait au loin, sur l'onde et sous les cieux,
Que le bruit des rameurs qui frappaient en cadence
Tes flots harmonieux.

Tout à coup des accents inconnus à la terre
Du rivage charmé frappèrent les échos ;
Le flot fut attentif, et la voix qui m'est chère
Laissa tomber ces mots :

« Ô temps, suspends ton vol ! et vous, heures propices,
Suspendez votre cours !
Laissez-nous savourer les rapides délices
Des plus beaux de nos jours ! [...]

▷ Alphonse DE LAMARTINE, *Méditations poétiques*, « Le Lac », 1820.

3 **Lisez cet extrait, puis dégagez la problématique et rédigez une introduction.**

Emma Bovary, jeune mariée, est invitée à un bal chez le marquis d'Andervilliers.

L'air du bal était lourd ; les lampes pâlissaient. On refluait dans la salle de billard. Un domestique monta sur une chaise et cassa deux vitres ; au bruit des éclats de verre, madame Bovary tourna la tête et aperçut dans le jardin, contre les carreaux, des faces de paysans qui regardaient. Alors le souvenir des Bertaux lui arriva. Elle revit la ferme, la mare bourbeuse, son père en blouse sous les pommiers, et elle se revit elle-même, comme autrefois, écrémant avec son doigt les terrines de lait dans la laiterie. Mais aux fulgurations de l'heure précédente, sa vie passée, si nette jusqu'alors, s'évanouissait tout entière, et elle doutait presque de l'avoir vécue. Elle était là ; puis autour du bal, il n'y avait plus que de l'ombre, étalée sur tout le reste. Elle mangeait alors une glace au marasquin, qu'elle tenait de la main gauche dans une coquille de vermeil, et fermait à demi les yeux, la cuiller entre les dents.

▷ Gustave FLAUBERT, *Madame Bovary*, 1857.

POUR VOUS AIDER

Voici des pistes de lecture possibles :
Première partie : un bonheur intense.
Deuxième partie : un passé qui ressurgit.

4 **Lisez cet extrait. Rédigez soigneusement introduction et conclusion, faites un plan détaillé et rédigez un paragraphe du commentaire.**

Comme d'un cercueil vert en fer blanc, une tête
De femme à cheveux bruns fortement pommadés
D'une vieille baignoire émerge, lente et bête,
Avec des déficits assez mal ravaudés ;

Puis le col gras et gris, les larges omoplates
Qui saillent ; le dos court qui rentre et qui ressort ;
Puis les rondeurs des reins semblent prendre l'essor ;
La graisse sous la peau paraît en feuilles plates ;

L'échine est un peu rouge, et le tout sent un goût
Horrible étrangement ; on remarque surtout
Des singularités qu'il faut voir à la loupe...

Les reins portent deux mots gravés : CLARA VENUS ;
– Et tout ce corps remue et tend sa large croupe
Belle hideusement d'un ulcère à l'anus.

▷ Arthur RIMBAUD, *Les Cahiers de Douai*, « Vénus Anadyomène », 1870.

POUR VOUS AIDER

Demandez-vous pourquoi ce poème peut être lu comme une parodie. Pensez à étudier la description de la femme et l'exploitation des contraintes formelles du poème.

La dissertation

L'ESSENTIEL

Objectif de la dissertation

La dissertation demande de rédiger un **développement argumenté**. Analyser précisément le sujet permet d'en dégager la problématique. Il faut ensuite élaborer un plan : chaque partie est construite autour d'une idée directrice, appuyée par deux ou trois paragraphes qui développent les arguments choisis. Des transitions sont nécessaires pour marquer la logique du raisonnement. La conclusion répond à la problématique du sujet.

Analyser le sujet et formuler une problématique

Le sujet peut demander de discuter une citation, de prouver la validité d'un point de vue ou de confronter deux points de vue.

Consigne

« Vous direz si la représentation est indispensable pour apprécier et comprendre une pièce de théâtre. »

Il s'agit ici de confronter deux points de vue : l'un qui prétendrait que la lecture est suffisante, l'autre que l'on ne saurait se passer de la représentation pour apprécier une pièce.

Formulation de la problématique

On peut se demander s'il est nécessaire d'assister à une représentation pour apprécier pleinement une œuvre théâtrale.

ATTENTION !

Si théoriquement un plan en deux ou quatre parties est possible, le plan en trois parties reste le plus adapté à la grande majorité des sujets.

Rechercher des idées

Il s'agit de mobiliser ses connaissances et d'exploiter au maximum les textes fournis, choisis en fonction de la problématique posée et donc adaptés au raisonnement qu'on vous demande de mener.

Construire un plan

- Le **plan dialectique** : la première partie (thèse) explique le point de vue exprimé par le sujet ;
la deuxième (antithèse) conteste ce point de vue en en montrant les limites ;
la troisième (synthèse) s'efforce de réunir les points de vue opposés, en dépassant leurs contradictions.

1. La lecture suffit à apprécier une pièce.
2. La pièce est écrite avant tout pour la scène.
3. Lecture et représentation : deux notions rivales ou complémentaires ?

- Le **plan analytique** : chaque partie développe un aspect différent du sujet en confrontant à l'intérieur même de la partie les arguments opposés.

1. Lecture et représentation : deux manières de découvrir l'intrigue.
2. Lecture et représentation : deux plaisirs différents.
3. Multiples visions de la mise en scène.

Introduction et conclusion

Il s'agit, pour l'introduction, de replacer le sujet dans son contexte, de reformuler la problématique et d'annoncer le plan. La conclusion présente le bilan de l'argumentation et élargit la problématique initiale.

LA MÉTHODE

Dégager la problématique d'une citation

Il n'y a pas d'« intérêt au théâtre, sans un secret rapport du sujet dramatique à nous ». Vous discuterez cette affirmation de Beaumarchais en vous appuyant sur les textes étudiés et sur vos connaissances personnelles.

- **Reformuler l'opinion citée pour s'assurer de sa bonne compréhension**

Il faut que le spectateur découvre dans la pièce des éléments qui le renvoient à lui-même pour y trouver de l'intérêt.

- **Analyser le contexte de formulation**

Auteur dramatique du XVIIIe siècle, Beaumarchais est resté célèbre pour ses pièces qui témoignent des préoccupations contemporaines de la société. Son personnage le plus fameux, Figaro, révèle la révolte de la bourgeoisie éclairée face aux abus de la noblesse.

- Si la citation est **sans nuance**, il faut lui opposer un **jugement contraire** afin de voir si on doit l'accepter ou la nuancer.

Ici l'affirmation n'est pas nuancée. Le point de vue opposé auquel il faut la confronter pourrait être : l'intérêt que l'on éprouve pour une pièce n'est ni subordonné ni limité à ce que l'on retrouve de nous à l'intérieur.

- **Formuler la problématique**

Elle naît de la confrontation des points de vue, qu'il va falloir examiner avant d'exprimer un jugement personnel.

Peut-on apprécier une pièce de théâtre sans se sentir concerné par le sujet représenté, ou est-il nécessaire d'y trouver une correspondance avec notre vie et nos préoccupations ?

S'ENTRAÎNER

1 QUIZ

Quel type de plan appelle le sujet de dissertation suivant ?

Le roman doit-il montrer la réalité telle qu'elle est, ou au contraire chercher à l'embellir ?

☐ **a.** plan dialectique ☐ **b.** plan analytique

2 Analysez les sujets de dissertation suivants : s'agit-il d'une affirmation à prouver, d'une citation à discuter, de deux points de vue à confronter ?

a. Par quels moyens les textes littéraires peuvent-ils se révéler particulièrement puissants pour défendre une cause ?

b. Un écrivain peut-il, par ses œuvres, contribuer à l'amélioration de la société ?

c. Pensez-vous que le théâtre est « le lieu de la plus grande liberté, de l'imagination la plus folle » ?

3 Formulez la problématique de chacun des sujets suivants.

a. Les aspects comiques d'une pièce de théâtre ne servent-ils qu'à faire rire ?

b. À partir du corpus, de vos lectures et de votre expérience de spectateur, vous vous demanderez en quoi la mise en scène d'une œuvre théâtrale en constitue, à sa manière, une interprétation.

c. Vous vous demanderez si le théâtre exprime le réel.

POUR VOUS AIDER

Pensez à mentionner de manière explicite le point de vue opposé, qui n'est souvent que sous-entendu dans le sujet donné.

4 Voici un sujet et un exemple d'introduction pour le traiter : identifiez clairement les différentes parties qui composent cette dernière.

Sujet : « Je ne fais pas de littérature. Je fais une chose tout à fait différente ; je fais du théâtre », écrit Ionesco dans *Notes et contre-notes*. Dans quelle mesure le théâtre vous semble-t-il « une chose tout à fait différente » de la littérature ?

Introduction

Dans le monde des lettres, le théâtre a toujours été considéré comme une forme littéraire. Le dramaturge Ionesco nous surprend donc quelque peu quand il oppose littérature et théâtre, en tenant les propos suivants, dans *Notes et contre-notes* : « Je ne fais pas de littérature. Je fais une chose tout à fait différente ; je fais du théâtre. » Quelles sont donc les caractéristiques spécifiques du théâtre par rapport aux autres genres littéraires ? Nous étudierons d'abord en quoi le théâtre est une forme de littérature, avant de nous arrêter sur les spécificités du texte théâtral. Ce qui nous amènera à répondre à la question suivante : le théâtre se borne-t-il au texte ?

5 Voici un sujet de dissertation et un plan proposé pour y répondre. Rédigez l'introduction et la conclusion.

« Au théâtre tout est langage. » Vous discuterez cette affirmation de Pierre Larthomas en vous basant sur les textes étudiés lors des précédents chapitres et sur vos connaissances personnelles.

1. Le théâtre est une action verbale.

2. Le théâtre est une représentation visuelle.

3. Le théâtre : un lieu où l'on voit et où l'on entend.

6 Identifiez le type de sujet, dégagez la problématique et faites le plan de la dissertation (titres des grandes parties et des sous-parties, éventuellement avec renvois à des exemples situés dans les pages de ce livre et consacrées – ou non – au théâtre).

Le registre tragique trouve-t-il son unique expression dans la tragédie ? Vous répondrez à cette question en vous appuyant sur les textes que vous avez étudiés et sur vos connaissances personnelles.

POUR VOUS AIDER

Lorsque le sujet prend la forme d'une interrogation totale, le plan dialectique est le plus adapté. Ici, les exemples ne se limiteront pas à la tragédie, et seront tirés d'autres formes théâtrales et d'autres genres littéraires.

7 Analysez les sujets ci-dessous et dégagez leur problématique. Pour chaque sujet, dites quel type de plan vous semble le mieux adapté. Donnez le titre des parties qui développeront votre argumentation.

Sujet 1 : Dans la préface de *Bérénice*, Racine parle de « cette tristesse majestueuse qui fait tout le plaisir de la tragédie ». Expliquez comment cette remarque peut aider à comprendre les enjeux de la tragédie classique.

Sujet 2 : « Le théâtre, les règles du théâtre, les spectateurs du théâtre sont au service d'une réflexion sur le pouvoir et l'homme au pouvoir. » Discutez cette affirmation de Michel Prigent.

Sujet 3 : « Un auteur comique suit le courant général du public pour lequel il écrit ; il prolonge et incarne dans les actions qu'il met à la scène les pensées de tout le monde ; il cherche pour sa raillerie l'auditoire le plus vaste, pour sa pensée les voies où ses contemporains ont coutume de se rencontrer. » Vous discuterez cette affirmation de Paul Bénichou en vous basant sur vos lectures et sur votre expérience de spectateur.

VERS LE BAC

32 L'écrit d'invention

L'ESSENTIEL

Objectif de l'écrit d'invention

Ce travail d'écriture s'appuie toujours sur un ou des **textes** du corpus : il faut cerner la spécificité de ces textes, afin d'être capable de les reproduire, de les prolonger, de vous en démarquer ou de les critiquer. En aucun cas il ne s'agit d'écrire des textes de pure imagination. Il est donc nécessaire de comprendre quelles sont les **contraintes d'écriture**, avant de chercher et d'organiser les idées, les arguments et les exemples.

Formes littéraires

L'écriture d'invention peut prendre des formes variées.

- Elle s'inscrit fréquemment dans un cadre argumentatif. On peut notamment vous demander d'écrire :
  - un **article critique** : il s'agira d'apporter un jugement, de défendre un point de vue sur un sujet donné, tout en respectant les exigences formelles du genre ;
  - une **lettre** : elle sera adressée à un destinataire réel ou fictif, un individu ou un public (lettre ouverte), et respectera les contraintes de ce type d'écrit : date, en-tête, signature, etc. ;
  - un **monologue** délibératif, un **dialogue** (y compris théâtral), un **discours** devant une assemblée : le texte s'inscrira dans un genre spécifique et utilisera des procédés oratoires ;
  - un **récit à visée argumentative** : le texte prendra le plus souvent la forme d'une fable ou d'un apologue, illustrant clairement la thèse défendue.
- Lorsqu'elle concerne le genre narratif, on vous demande d'effectuer certaines transformations :
  - une **transposition** : il peut s'agir d'un changement de genre, de registre, de point de vue ;
  - une **amplification** : vous devrez insérer une description ou un dialogue dans un récit, écrire une suite de texte, développer une ellipse narrative, etc.

Le cas de l'écrit argumentatif

- Pour **défendre une thèse** : elle doit d'abord être explicitée avant que les arguments ne soient amenés, à chaque fois illustrés par des exemples, tirés du corpus, de vos connaissances personnelles ou des textes étudiés en classe.
- Pour **réfuter une thèse** : il est nécessaire de la reformuler très précisément, avant de critiquer la démarche adoptée par son auteur. Des contre-arguments et des contre-exemples appuient la dénonciation.
- Pour **discuter un point de vue** : les deux thèses opposées doivent être reformulées et confrontées, afin d'en dégager une problématique. Arguments et contre-arguments alterneront, toujours illustrés. L'écrit pourra alors se clore par l'affirmation de la validité d'une des deux thèses.

S'inscrire dans un registre

L'écrit d'invention demande toujours d'inscrire son texte dans un registre. Cette exigence peut être :

- imposée : *vous écrirez* ***dans un registre pathétique*** *le discours du législateur contre la peine de mort* ;
- simplement suggérée : *racontez dans une lettre la mort d'un soldat tombé au champ d'honneur, en insistant particulièrement sur* ***la valeur des combattants***. Implicitement, le **registre épique** est indiqué ;
- laissée à la liberté du candidat : il s'agit alors de choisir le ton adapté à la situation donnée.

LA MÉTHODE

Comprendre le rôle de l'exemple dans une argumentation

Dans la préface du *Dernier Jour d'un condamné* (1829), Victor Hugo réfute les arguments favorables à la peine capitale. Le passage ci-dessous vise à démontrer l'invalidité de l'argument suivant : *Il faut épouvanter par le spectacle du sort réservé aux criminels ceux qui seraient tentés de les imiter.*

- Voici l'**argument** que Victor Hugo oppose : *Loin d'édifier le peuple, il le démoralise, et ruine en lui toute sensibilité, partant toute vertu.*
- On attend ensuite l'**exemple** ; or le texte continue par la phrase suivante : *Les preuves abondent, et encombreraient notre raisonnement si nous voulions en citer.* Il s'agit en fait d'un procédé qui consiste à feindre de ne pas dire, avant de dévoiler. L'exemple choisi et expliqué arrive enfin : *Nous signalerons pourtant un fait entre mille, parce qu'il est le plus récent. Au moment où nous écrivons, il n'a que dix jours de date. Il est du 5 mars, dernier jour du carnaval. À Saint-Pol, immédiatement après l'exécution d'un incendiaire nommé Louis Camus, une troupe de masques est venue danser autour de l'échafaud encore fumant.*
- L'exemple est **mis en valeur** par la proximité dans le temps que lui prête l'énonciateur. Longuement amené, il illustre de manière concrète l'argument défendu et se conclut par une formule frappante : *Faites donc des exemples ! le Mardi gras vous rit au nez.* L'exemple joue donc un rôle déterminant : il confirme et renforce l'argument, quand il n'en tient pas lieu.

S'ENTRAÎNER

QUIZ

1 **Quelle est la forme littéraire à adopter pour traiter le sujet suivant ?**

Sujet : Un lecteur du XIXe siècle est indigné par la position défendue par Victor Hugo dans son ouvrage *Le Dernier Jour d'un condamné*. Il écrit à l'auteur pour lui en faire part. Vous rédigerez ce texte.

☐ **a.** une suite de texte ☐ **b.** un article critique ☐ **c.** une lettre argumentative

2 **Analysez les exemples de sujets suivants : dans quel genre doit s'inscrire la réponse ? Quelles sont les contraintes formelles à adopter ? Le registre est-il indiqué ? Quelle est la stratégie argumentative suggérée pour répondre au sujet ?**

a. Après avoir lu le poème de Rimbaud (texte page 67), un lecteur indigné écrit à une revue littéraire pour dénoncer de façon véhémente le scandale que constitue à ses yeux le fait de le publier comme de la poésie. Vous rédigerez cette lettre.

b. À la manière de La Fontaine (texte page 44), rédigez un apologue présentant un personnage se lamentant sur son sort, puis se ravisant devant la perspective d'un malheur plus grand. Vous prendrez soin d'expliciter la visée didactique de votre texte.

3 **Pour le sujet d'écriture ci-dessous, quels seront la forme, la démarche et le registre à adopter ? Rédigez un paragraphe argumenté pour ce sujet en vous appuyant sur le texte proposé.**

Sujet : *En 1853, malgré les interdits et la censure,* Les Châtiments *sont diffusés clandestinement en France. Un journaliste du* Moniteur *écrit et publie un article dans lequel il attaque, critique et condamne le poème « Souvenir de la nuit du 4 ». Rédigez cet article.*

L'enfant avait reçu deux balles dans la tête.
Le logis était propre, humble, paisible, honnête ;
On voyait un rameau bénit sur un portrait.
Une vieille grand-mère était là qui pleurait.
Nous le déshabillions en silence. Sa bouche,
Pâle, s'ouvrait ; la mort noyait son œil farouche ;
Ses bras pendants semblaient demander des appuis.
Il avait dans sa poche une toupie en buis.
On pouvait mettre un doigt dans les trous de ses plaies.
Avez-vous vu saigner la mûre dans les haies ?
Son crâne était ouvert comme un bois qui se fend.
L'aïeule regarda déshabiller l'enfant,
Disant : « Comme il est blanc ! approchez donc la lampe !
Dieu ! ses pauvres cheveux sont collés sur sa tempe ! »
Et quand ce fut fini, le prit sur ses genoux.
La nuit était lugubre ; on entendait des coups
De fusil dans la rue où l'on en tuait d'autres. [...]
« Est-ce que ce n'est pas une chose qui navre !
Cria-t-elle ! monsieur, il n'avait pas huit ans !
Ses maîtres, il allait en classe, étaient contents.
Monsieur, quand il fallait que je fisse une lettre,
C'est lui qui l'écrivait. Est-ce qu'on va se mettre
À tuer les enfants maintenant ? Ah ! mon Dieu !
On est donc des brigands ? Je vous demande un peu,
Il jouait ce matin, là, devant la fenêtre !
Dire qu'ils m'ont tué ce pauvre petit être !
Il passait dans la rue, ils ont tiré dessus.
Monsieur, il était bon et doux comme un Jésus.
Moi je suis vieille, il est tout simple que je parte ;
Cela n'aurait rien fait à monsieur Bonaparte
De me tuer au lieu de tuer mon enfant ! » [...]

▷ Victor Hugo, *Les Châtiments*, « Souvenir de la nuit du 4 », Jersey, 2 décembre 1852.

4 **Voici un sujet d'écriture. Analysez-le (forme, démarche, registre) et rédigez votre devoir entièrement, sans oublier d'employer des connecteurs logiques pour relier les paragraphes et les idées.**

Corpus : Victor Hugo, *Les Contemplations*, « Melancholia », 1856, dont un extrait est présenté dans cet ouvrage, page 61.

Sujet : En réponse à des critiques qui lui reprocheraient d'avoir engagé la littérature dans le combat politique, Victor Hugo écrit un article où il défend le choix de tout écrivain de mettre la littérature au service de grandes causes. Vous rédigerez cet article.

POUR VOUS AIDER

Un article de presse suit généralement la structure suivante : titre, chapeau, accroche, développement, chute et signature. N'hésitez pas à reprendre ces étapes.

5 **Après avoir pris connaissance du fait divers raconté dans le texte ci-dessous, vous décidez d'écrire la préface d'un ouvrage qui prend parti pour l'abolition de la peine de mort. Votre texte s'appuiera sur l'exemple expliqué par Voltaire. Vous n'hésiterez pas à employer toutes les ressources propres à susciter l'émotion.**

[...] on m'apprit qu'on venait de pendre, dans une province, une fille de dix-huit ans, belle et bien faite, qui avait des talents utiles, et qui était d'une très honnête famille.

Elle était coupable de s'être laissé faire un enfant ; elle l'était encore davantage d'avoir abandonné son fruit. Cette fille infortunée, fuyant la maison paternelle, est surprise des douleurs de l'enfantement ; elle est délivrée seule et sans secours auprès d'une fontaine. La honte, qui est dans le sexe une passion violente, lui donna assez de force pour revenir à la maison de son père, et pour y cacher son état. Elle laisse son enfant exposé, on le trouve mort le lendemain ; la mère est découverte, condamnée à la potence, et exécutée.

La première faute de cette fille, ou doit être renfermée dans le secret de sa famille, ou ne mérite que la protection des lois, parce que c'est au séducteur à réparer le mal qu'il a fait, parce que la faiblesse a droit à l'indulgence [...] et que la difficulté d'élever son enfant est encore un grand malheur de plus.

La seconde faute est plus criminelle : elle abandonne le fruit de sa faiblesse, et l'expose à périr.

▷ Voltaire, *Commentaire sur l'ouvrage* Des délits et des peines, 1766.

L'analyse de l'image

L'ESSENTIEL

L'image est un message visuel, qu'il s'agit de décoder. Il est donc nécessaire d'analyser les signes qui la composent. Visant souvent à représenter le réel, elle est parfois utilisée à des fins manipulatrices. La plupart des images sont **polysémiques**, car elles peuvent donner naissance à de multiples interprétations.

La dénotation de l'image

Il faut étudier le sujet de l'image pour comprendre son **message littéral** : quelle est la situation d'énonciation de l'image ? Que représente-t-elle ? Est-elle accompagnée d'une légende ou d'un texte écrit qui définit les informations de l'image ou qui en propose une interprétation ?

La construction de l'image

- L'image est toujours une **mise en scène**, puisqu'elle choisit de représenter quelque chose selon un certain angle. Pour appréhender cette mise en scène, il faut d'abord identifier les **lignes de force** (c'est-à-dire les grandes lignes verticales, horizontales, ou courbes que l'œil repère d'emblée).
- Il faut ensuite s'intéresser au choix de la **prise de vue** : on parle de plongée lorsque la scène est vue du haut et que le sujet semble écrasé ; de contre-plongée quand la scène est vue du bas et que le sujet apparaît comme grandi. Enfin, le choix de la perspective et du **cadrage** (le découpage, la « mise en cadre » du sujet représenté) donne des indications sur l'interprétation qu'il faut en faire. La dernière question importante à se poser concerne les **couleurs** et les **formes** utilisées.

La connotation de l'image

Il s'agit de comprendre l'**intention** de l'artiste. Que veut-il nous dire avec cette image ?

- La **disposition** des éléments et les éléments mêmes renvoient souvent à des archétypes, des émotions ou des associations communes à tous (le feu renvoie généralement à la passion, à l'énergie vitale).
- La **composition** aussi joue un rôle essentiel. S'ajoutent à cela les sentiments personnels de chacun, fruits de son histoire. Il faut comprendre ce que l'image suggère, et essayer de l'interpréter.

Les fonctions de l'image

Elle peut avoir différentes fonctions parfois complémentaires : explicative lorsqu'elle renseigne sur quelque chose, expressive lorsqu'elle transmet une émotion, injonctive ou argumentative quand elle veut faire réagir, ou esthétique.

LA MÉTHODE

Rédiger un commentaire d'image

Les Droits de l'homme, dessin de *Plantu*, 1998.

- **Procéder à une description précise** (dénotation)

L'affiche n'utilise que deux couleurs, le gris et le noir. Elle présente quatre rangées de quatre personnages. L'impression géométrique est renforcée par l'utilisation d'une forme carrée pour représenter la tête des personnages. Seul un personnage a la tête ronde et il est barré d'une croix.

- **Proposer une interprétation en s'appuyant sur la construction et les thèmes** (connotation)

Au sein d'une foule, un individu se distingue, celui à la tête ronde. Cette différence ne paraît renvoyer à rien de précis : seule certitude, elle est clairement identifiable (opposition forte du carré et du cercle).

- **Comprendre la portée de l'image**

Il s'agit d'une représentation symbolique de la discrimination : un individu est désigné et exclu du groupe pour une différence de forme (qu'on imagine pouvoir être la couleur, la religion, etc.). Le fait que la différence se manifeste par le visage est important : la mise à l'écart ici prend uniquement appui sur l'apparence. La schématisation veut souligner l'absurdité de ce rejet, et le trait noir sa violence. En montrant l'aberration et la cruauté, le dessin répond à une intention argumentative : dénoncer toutes les formes de discrimination.

S'ENTRAÎNER

1 QUIZ

À quelle fonction associez-vous ces différents types d'images ?

une affiche de film ○	○ expressive
une caricature politique ○	○ argumentative
un tableau impressionniste ○	○ explicative

2 **Faites l'analyse de cette caricature de l'écrivain, en vous arrêtant successivement sur la déformation des traits, le cadrage et l'angle de vue. Quelle est selon vous la fonction de cette image ?**

Caricature de Victor Hugo par Honoré Daumier, publiée en 1849 dans le n° 13 de la série *Les Représentants représentés,* Bibliothèque nationale de France.

3 **La réinterprétation d'un personnage**

DOCUMENT 1

LA REINE
Tout auprès d'un ruisseau un saule se penche
Qui mire dans les eaux son feuillage gris,
C'est là qu'elle est allée tresser des guirlandes
Capricieuses, d'ortie et de boutons d'or,
De marguerites et des longues fleurs pourpres [...].
Et voulut-elle alors, aux branches inclinées,
Grimper pour accrocher sa couronne florale ?
Un des rameaux, perfide, se rompit
Et Ophélie et ses trophées agrestes
Sont tombés où l'eau pleure. Sa robe s'étendit
Et d'abord la porta, telle une sirène,
Tandis qu'elle chantait des bribes de vieux airs,
Inconsciente peut-être de sa détresse
Ou faite de naissance pour vivre ainsi.
Mais que pouvait durer cet instant ? Alourdis
Par tout ce qu'ils buvaient, ses vêtements
Prirent l'infortunée à sa musique,
Et l'ont vouée à une mort fangeuse.

▷ William Shakespeare, *Hamlet*, acte IV, scène 7, 1603, © Mercure de France, trad. Yves Bonnefoy, 1957.

DOCUMENT 2

I
Sur l'onde calme et noire où dorment les étoiles
La blanche Ophélia flotte comme un grand lys,
Flotte très lentement, couchée en ses longs voiles...
– On entend dans les bois lointains des hallalis.

Voici plus de mille ans que la triste Ophélie
Passe, fantôme blanc, sur le long fleuve noir ;
Voici plus de mille ans que sa douce folie
Murmure sa romance à la brise du soir.

Le vent baise ses seins et déploie en corolle
Ses grands voiles bercés mollement par les eaux ;
Les saules frissonnants pleurent sur son épaule,
Sur son grand front rêveur s'inclinent les roseaux.

Les nénuphars froissés soupirent autour d'elle ;
Elle éveille parfois, dans un aulne qui dort,
Quelque nid, d'où s'échappe un petit frisson d'aile :
– Un chant mystérieux tombe des astres d'or.

II
Ô pâle Ophélia ! belle comme la neige !
Oui tu mourus, enfant, par un fleuve emporté !
– C'est que les vents tombant des grands monts de Norwège
T'avaient parlé tout bas de l'âpre liberté ;

▷ Arthur Rimbaud, *Les Cahiers de Douai*, « Ophélie », 1870.

DOCUMENT 3

John Everett Millais, *Ophelia,* 1852, Tate Gallery, Londres.

a. Expliquez comment le tableau de Millais et le poème de Rimbaud offrent chacun une interprétation particulière du personnage de Shakespeare.
b. Identifiez les procédés propres à la peinture pour traiter le sujet.
c. Quelle est la fonction de cette image ?

POUR VOUS AIDER

Question b. Pensez à commenter les couleurs utilisées, ainsi que la posture du personnage.

Mathématiques

Piet Mondrian (1872-1944), *Composition de rouge, noir, jaune, bleu et gris*, 1921, Gemeentemuseum Den Haag, La Haye

Date

Calculs et algorithmique

Équations et inéquations

Fonctions

Statistiques et probabilités

Trigonométrie

Géométrie dans le plan

Géométrie dans l'espace

1 Intervalles et notations dans ℝ

L'ESSENTIEL

Les intervalles dans ℝ

● En Seconde, on va utiliser différents types de nombres : des nombres composés uniquement de chiffres (1 274), des nombres avec une virgule (12,74), des fractions $\left(\frac{76}{13}\right)$, des nombres qui ne peuvent être représentés qu'à l'aide d'un symbole ($\sqrt{3}$)…

Tous ces nombres font partie d'un même ensemble que l'on appelle **l'ensemble des nombres réels**. Il est noté ℝ. On peut le représenter par une droite orientée : l'axe des réels.

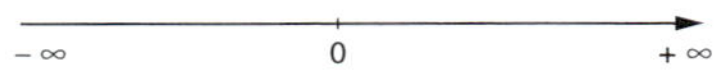

● Un **intervalle** est une partie de ℝ. On peut le représenter à l'aide de l'axe des réels.

L'ensemble des nombres x tels que :	est représenté sur l'axe des réels par :	est symbolisé par l'intervalle noté :
$a \leqslant x \leqslant b$		$[a\,;b]$
$a < x \leqslant b$		$]a\,;b]$
$x \geqslant a$		$[a\,;+\infty[$
$x < b$		$]-\infty\,;b[$

Remarque : a et b sont les bornes de l'intervalle. Si le crochet est dirigé vers l'intérieur de l'intervalle (on parle d'intervalle fermé en a), alors a fait partie de l'intervalle. Sinon (crochet ouvert), a ne fait pas partie de l'intervalle.

ATTENTION !
Du côté de l'infini, les crochets sont toujours ouverts.

Accolades

● **Notation d'un ensemble, appartenance**

››› Si on peut lister les éléments d'un ensemble, on utilise des accolades.

Exemple Soit A l'ensemble des nombres entiers pairs supérieurs à 1 et inférieurs à 10.
A est noté $A = \{2\,;4\,;6\,;8\}$.
On dit que 4 appartient à A, on note $4 \in A$.

››› Un ensemble qui ne contient aucun élément est appelé l'**ensemble vide**. Il est noté $\varnothing$.

● **Intervalle ou ensemble d'éléments ?**

Un intervalle contient une infinité de nombres. Il ne faut pas confondre les accolades et les crochets.

Exemple L'ensemble $\{3\,;\,5\}$ contient uniquement les deux nombres 3 et 5, l'intervalle $[3\,;5]$ contient **tous** les nombres réels supérieurs ou égaux à 3 et inférieurs ou égaux à 5 (il y en a une infinité).

Inclusion, réunion, intersection : ⊂, ∪ et ∩

On note A, B et C les ensembles suivants :
$A = \{1\,;2\,;3\,;4\,;5\,;6\}$, $B = \{4\,;5\,;6\,;7\,;8\}$.
et $C = \{3\,;4\,;5\}$

››› Tous les éléments de C sont dans A. On dit que C est **inclus** dans A. On note $C \subset A$.

››› Les éléments de C ne sont pas tous dans B (par exemple $3 \notin B$). On peut écrire $C \not\subset B$.

››› L'ensemble des éléments qui appartiennent à A, à B ou aux deux ensembles A et B à la fois est appelé la **réunion** de A et de B. Il est noté $A \cup B$.
On a $A \cup B = \{1\,;2\,;3\,;4\,;5\,;6\,;7\,;8\}$.

››› L'ensemble des éléments qui appartiennent à la fois à A et à B est appelé l'**intersection** de A et de B. Il est noté $A \cap B$. On a $A \cap B = \{4\,;5\,;6\}$.

LA MÉTHODE

Déterminer des unions et des intersections d'intervalles

Étape 1 On représente les intervalles sur une droite graduée. On colorie différemment chacun des intervalles.
Étape 2 L'intersection correspond alors à la portion bicolore. L'union correspond à toute la partie coloriée, quelle que soit la couleur.

Exemple On pose $A =]-\infty\,;5]$, $B = [3\,;6]$, $C = [6\,;8]$. Déterminer $A \cup B$, $A \cap B$, $A \cup C$, $A \cap C$, $B \cup C$ et $B \cap C$.

Étape 1

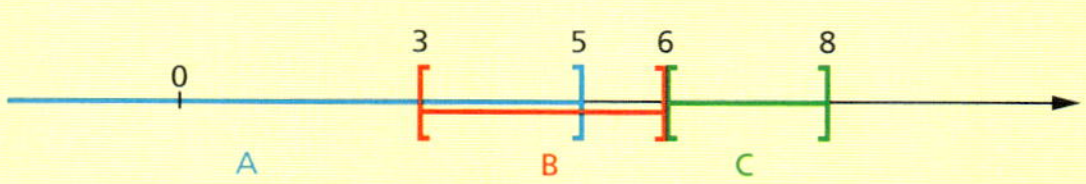

Étape 2

››› $A \cup B$ est la réunion des réels qui sont sur la partie bleue **ou** sur la partie rouge, c'est-à-dire l'intervalle $]-\infty\,;6]$.

››› $A \cap B$ est l'ensemble des réels qui sont **à la fois** sur la partie bleue et sur la partie rouge, c'est-à-dire l'intervalle $[3\,;5]$.

››› De même, $A \cup C =]-\infty\,;5] \cup [6\,;8]$ (nombres situés sur le bleu ou sur le vert), $A \cap C = \varnothing$ (pas de nombres à la fois sur le bleu et sur le vert), $B \cup C = [3\,;8]$ et $B \cap C = \{6\}$.

S'ENTRAÎNER

1 QUIZ

Vrai ou faux ? Cocher la case qui convient.

a. Le nombre 4 appartient à l'intervalle $]2\,;5]$. V ☐ F ☐

b. Le nombre 2 appartient à l'intervalle $]2\,;5]$. V ☐ F ☐

c. Le nombre 5 appartient à l'intervalle $]2\,;5]$. V ☐ F ☐

d. L'ensemble des nombres réels inférieurs ou égaux à 2 est l'intervalle $[2\,;+\infty[$. V ☐ F ☐

2 Sur l'axe des réels

Compléter le tableau suivant.

Encadrement	Représentation sur l'axe des réels	Notation intervalle
$3 \leqslant x \leqslant 7$		$x \in [\ldots\,;\ldots]$
……		$x \in$ ……
$x < 3$		$x \in$ ……
……		$x \in\,]5\,;+\infty[$
……	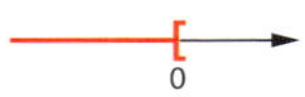	$x \in$ ……
$-1 < x < 1$		$x \in$ ……

3 Appartient ou n'appartient pas ?

On pose : $A=\{-2\,;2\}$, $B=[-2\,;2]$, $C=]-2\,;2]$, $D=]2\,;+\infty[$.

POUR VOUS AIDER

$\{-2\,;3\}$ ne contient que deux éléments, –2 et 3, tandis que $[-2\,;3]$ contient une infinité d'éléments, tous les nombres compris entre –2 et 3 (ainsi que –2 et 3) !

Compléter par $\in$ ou $\notin$.

a. 0 . . . . . A **b.** 0 . . . . . B

c. –2 . . . . . A **d.** 2 C

e. 2 . . . . . D **f.** $\sqrt{2}$ . . . . . A

g. $\sqrt{2}$ . . . . . B **h.** $\sqrt{2}$ C

4 Avec des accolades

On pose $X=\{-4;-1\}$, $Y=\{-2;3\}$, $Z=\{3;5\}$.

Compléter :

a. $X \cap Y =$ . . . . . **b.** $X \cup Y =$ . . . . .

c. $X \cap Z =$ . . . . . **d.** $Y \cap Z =$ . . . . .

5 Avec des crochets

On pose :

$Q=[-4\,;-1]$, $R=[-2\,;3]$, $S=[3\,;5]$.

Compléter.

$Q \cap R =$ . . . . . .

$Q \cup R =$ . . . . . .

$Q \cap S =$ . . . . . .

$R \cap S =$ . . . . . .

6 Avec des crochets et des accolades

On pose : $D=]-\infty\,;5[$, $E=\{4\,;5\,;6\}$,

$F=[4\,;+\infty[$, $G=\{6\,;7\,;8\}$.

Compléter.

$E \cup G =$ . . . . . $E \cap G =$ . . . . .

$D \cup F =$ . . . . . $D \cap F =$ . . . . .

$F \cap G =$ . . . . . $D \cap G =$ . . . . .

7 Inclusion

Compléter par $\subset$ ou par $\not\subset$.

a. $[2\,;3]$ …… $[0\,;4]$ **b.** $[2\,;3]$ …… $]2\,;4]$

c. $\{2\,;4\,;6\}$ …… $\{4\,;6\,;8\}$ **d.** $\{2\}$ …… $\{1\,;3\}$

e. $\{2\,;3\}$ …… $[0\,;4]$ **f.** $\{2\,;3\}$ …… $[2\,;4]$

g. $\{2\,;3\}$ …… $[2{,}5\,;4]$ **h.** $\{2\,;3\}$ …… $]1\,;4]$

8 Représentation d'ensembles

Décrire les ensembles suivants à l'aide des crochets ou des accolades.

a. H est l'ensemble des nombres entiers supérieurs ou égaux à 4 **et** inférieurs à 10 ;

b. I est l'ensemble des nombres réels supérieurs ou égaux à 4 **et** inférieurs à 10 ;

c. J est l'ensemble des nombres réels inférieurs ou égaux à 6 **ou** supérieurs ou égaux à 12.

9 Intervalles et ensembles d'éléments

On appelle K l'ensemble des nombres pairs et L l'ensemble des nombres impairs.

On pose : $M=\{1\,;2\,;3\,;4\,;5\,;6\,;7\,;8\,;9\,;10\}$,

$N=[0\,;6]$ et $P=[1\,;2] \cup [4\,;12]$.

Compléter.

$K \cap M =$ . . . . . . $L \cap M =$ . . . . . .

$N \cap K =$ . . . . . . $N \cap L =$ . . . . . .

$N \cap M =$ . . . . . . $N \cap P =$ . . . . . .

10 Dans la classe

Dans une classe, on note A l'ensemble des élèves,

B l'ensemble des filles,

C l'ensemble des garçons,

D l'ensemble des élèves qui font de l'espagnol,

E l'ensemble des filles qui font de l'espagnol

et F l'ensemble des garçons qui font de l'espagnol.

Compléter par A, B, C, D, E, F ou $\varnothing$.

$B \cup C =$ . . . . . . $B \cap C =$ . . . . . .

$E \cup F =$ . . . . . . $E \cap D =$ . . . . . .

$F \cap D =$ . . . . . . $E \cap F =$ . . . . . .

$D \cap C =$ . . . . . . $D \cap B =$ . . . . . .

2 Un peu de logique

MATHS

L'ESSENTIEL

Implication p ⇒ q

● On considère la phrase suivante :
« Si j'habite en France, alors j'habite en Europe. » (1)
Cette proposition est vraie. Elle se traduit par : « quelle que soit » la personne habitant en France, alors cette personne habite en Europe.

● Elle peut s'écrire à l'aide d'un symbole : ⇒.
Il signifie que, si la première partie de la phrase (p) est vraie, alors la seconde (q) l'est aussi. On dit que la première partie « entraîne » la seconde :
J'habite en France. ⇒ J'habite en Europe.
Remarque : Le symbole ⇒ est une **implication**, il se lit **implique**.

Contraposée non q ⇒ non p

● La contraposée de la proposition (1) s'écrit : « Si je n'habite pas en Europe, alors je n'habite pas en France. ». Cette proposition est vraie, elle est équivalente à la première. Elle s'écrit en inversant les deux parties de la phrase, et en prenant leur négation.
Remarque : Une implication et sa contraposée sont équivalentes.

● Pour démontrer qu'une implication est vraie, on peut démontrer sa contraposée. Pour démontrer qu'une implication est fausse, il suffit de trouver un exemple pour lequel elle est fausse (un contre-exemple).

Réciproque q ⇒ p

La réciproque de la proposition (1) s'écrit :
« Si j'habite en Europe, alors j'habite en France. »
Cette phrase est fausse : si une implication est vraie, sa réciproque ne l'est pas forcément.

Équivalence p ⇔ q

● L'équivalence p ⇔ q est une double implication : elle signifie à la fois **p ⇒ q** et **q ⇒ p**.

Exemple Soit la proposition « ABCD est un parallélogramme. ⇒ [AC] et [BD] ont le même milieu. »
Sa réciproque est « [AC] et [BD] ont le même milieu. ⇒ ABCD est un parallélogramme. »
Ces deux propositions sont vraies.
On peut donc écrire :
« ABCD est un parallélogramme. ⇔ [AC] et [BD] ont le même milieu. »

Remarque : Le symbole ⇔ est une **double implication**, il se lit **équivaut à**.

● Dans la rédaction de la résolution d'une équation, il est recommandé de travailler avec des équivalences, c'est-à-dire que chaque ligne écrite doit être **équivalente** à la précédente.
On utilise donc le symbole ⇔ entre chaque ligne (voir les chapitres 5 à 9).

ATTENTION !
On a l'habitude d'écrire « $AB^2 = 25$ donc $AB = 5$ » car AB est une longueur, donc elle est forcément positive.
Mais l'équation $x^2 = 25$ (avec $x \in \mathbb{R}$) n'est pas équivalente à $x = 5$ car on a aussi $x = -5$.
On écrit $x^2 = 25$
$\Leftrightarrow x = 5$ ou $x = -5$.

LA MÉTHODE

Écrire la contraposée et la réciproque d'une proposition

Contraposée. On inverse les deux parties de la proposition en prenant la négation (le contraire) de chacune.
Réciproque. On inverse les deux parties.

Exemple Soit la proposition : « Si ABC est rectangle en B, alors $AB^2 + BC^2 = AC^2$. »
Contraposée. « Si $AB^2 + BC^2 \neq AC^2$, alors ABC n'est pas rectangle en B. » (Cette proposition est vraie.)
Réciproque. « Si $AB^2 + BC^2 = AC^2$, alors ABC est rectangle en B. » (Cette proposition est vraie aussi. Il s'agit de la réciproque du théorème de Pythagore)

Vérifier si on a une implication ou une équivalence

Étape 1 On cherche si la première partie d'une phrase entraîne forcément la seconde. Pour cela, on peut éventuellement chercher des contre-exemples, c'est-à-dire des exemples pour lesquels la phrase est fausse.
Étape 2 On étudie la réciproque, c'est-à-dire que l'on refait l'étape 1 pour l'autre sens de la proposition.

Exemple Relier les deux parties de phrase « $x = 3$ » et « $x^2 = 9$ » par un des deux symboles ⇒ ou ⇔.
Étape 1 Si $x = 3$, on a forcément $x^2 = 9$ (on élève 3 au carré), donc on peut écrire $x = 3 \Rightarrow x^2 = 9$.
Étape 2 Réciproquement, si $x^2 = 9$, alors a-t-on $x = 3$? Non. Un contre-exemple est -3 puisque $(-3)^2 = 9$. On dit que la réciproque est fausse. Finalement, on a seulement $x = 3 \Rightarrow x^2 = 9$.

S'ENTRAÎNER

1 QUIZ

Cocher la case qui convient.

Une bactérie dans un bocal de laboratoire se reproduit en se divisant par 2 toutes les minutes. À midi, on peut compter 200 000 de ces bactéries dans le bocal. À quelle heure y en avait-il 100 000 ?

- ☐ **a.** à 11 h
- ☐ **b.** à 12 h 01
- ☐ **c.** à 11 h 59
- ☐ **d.** à 13 h

2 Téléphone mobile

Dans un lycée, tous les élèves de Seconde 5 ont un téléphone mobile.

a. Dans la cour, un élève affirme ne pas posséder de téléphone. Est-ce un élève de Seconde 5 ?

b. Un élève de Seconde 4 arrive. A-t-il un téléphone mobile ?

c. Un autre élève sort son téléphone : est-il en Seconde 5 ?

3 Phrases réciproques et contraposées

Voici plusieurs exemples de phrases qui sont vraies (pour la géométrie, on se limite au plan).

1. Si $x = 5$, alors $x^2 = 25$.

2. Si $a + 5 = -7$, alors $a = -12$.

3. Si ABCD est un parallélogramme, alors (AB)//(CD).

4. Si [AB] et [CD] sont sécants, alors (AB) et (CD) sont sécantes.

Pour chacune de ces phrases :

a. écrire la phrase réciproque ;

b. dire si la phrase réciproque est vraie ou fausse ; dans le cas où la réciproque est fausse, donner un exemple (dans certains cas, ce sera un dessin) qui le prouve ;

c. écrire la phrase contraposée.

4 Une réciproque fausse

Chacune des phrases ci-dessous est vraie et sa réciproque est fausse.

1. Soit n un entier : « Si n est un multiple de 24, alors n est un multiple de 6 et de 4. »

2. « Si ABCD est un losange, alors (AC) est la médiatrice de [BD]. »

3. Soit a, b et c trois entiers : « Si a et b sont multiples de c, alors $(a + b)$ est un multiple de c. »

a. Dans chacun des cas, donner un exemple qui illustre la phrase.

b. Donner alors un contre-exemple qui prouve que la réciproque est fausse.

5 Implication ou équivalence ?

Dans chacun des cas suivants, relier les deux parties de phrase en utilisant les symboles ⇒ ou ⇔.

a. $A + 5 = -2$ ...... $A = -7$

b. $a = 0$ et $b = 0$ ...... $ab = 0$

c. $a = 0$ ou $b = 0$ ...... $ab = 0$

d. a et b sont positifs. ...... ab est positif.

6 Vrai ou faux ?

Indiquer si chaque proposition est vraie ou fausse.
Si elle est fausse, donner un contre-exemple.

a. Quel que soit x réel positif, $\sqrt{x}$ est un entier.

b. Quel que soit $x > 9$, $x^2 > 81$.

c. Il existe deux nombres x et y, avec $x < y$, tels que $x^2 > y^2$.

d. Le parallélogramme a deux côtés égaux. ⇒ C'est un losange.

e. Il existe x, avec $x > 14$, tel que $x^2 < 350$.

POUR VOUS AIDER

Pour démontrer qu'une proposition est vraie, des exemples ne suffisent pas. Il faut montrer qu'elle est vraie pour tout nombre.
En revanche, si on veut démonter qu'une proposition est fausse, une contre-exemple suffit.

7 Et ou *ou* ?

Dans chacune des implications suivantes, où a et b sont des nombres réels. Remplacer les pointillés par « *et* » ou « *ou* ».

a. $a = 2$ ...... $b = 3 \Rightarrow a^2 + b^2 = 13$.

b. $(a - 2)(a + 4) = 0 \Rightarrow a = 2$ ...... $a = -4$.

c. $ab < 0 \Rightarrow (a < 0$ ...... $b > 0)$ ...... $(a > 0$ ...... $b < 0)$.

d. $a > 0$ ...... $b > 0 \Rightarrow ab > 0$.

e. $a \in E \cup F \Rightarrow a \in E$ ...... $a \in F$.

f. $a \in E \cap F \Rightarrow a \in E$ ...... $a \in F$.

8 Négation

Soit un réel t tel que « $t > -1$ **et** $t < 2$ ».
Cela équivaut à « $t \in]-1 ; 2[$ ».
La **négation** (le contraire) de cette phrase est :
« $t \notin]-1 ; 2[$ », c'est-à-dire « $t \in]-\infty ; -1] \cup [2 ; +\infty[$ ».
On peut aussi écrire « $t \leqslant -1$ ou $t \geqslant 2$ ».
En s'inspirant de cet exemple, écrire, pour un nombre réel x, la négation de chacune des phrases suivantes.

a. $x \geqslant 2$ et $x < 3$.

b. $x < 1$ ou $x \geqslant 2$.

c. $-1 \leqslant x \leqslant 1$.

9 Vers la 1re S

Démontrer la proposition suivante en utilisant sa contraposée :
« x^2 est impair. ⇒ x est impair. »

3 Notions d'algorithmique

L'ESSENTIEL

Qu'est-ce qu'un algorithme ?

Un algorithme est une **succession d'instructions** à enchaîner dans un certain ordre qui permet de résoudre un problème.

Exemple Voici un algorithme très simple qui demande la valeur d'un nombre et qui donne la valeur de son double.

```
Variables :
x, y
Début algorithme
Lire x
y prend la valeur 2 × x
Afficher y
Fin algorithme
```

Si on rentre la valeur 7, l'algorithme affichera 14. Cet algorithme correspond aux calculs des images de la fonction $f(x) = 2x$.

INFO
L'instruction « Lire x » signifie que l'ordinateur va demander à l'utilisateur quelle valeur il souhaite donner à x.

Calcul itératif

- Le calcul itératif est un calcul qui se **répète** un certain nombre de fois. Il se présente sous la forme d'une instruction qui effectue, en fait, un calcul « **en boucle** ».
- Dans les instructions, il faut donc indiquer un début de boucle et une fin de boucle.

Exemples On peut débuter un calcul itératif à l'aide des instructions « **Pour n variant de 1 à N** » (si le nombre d'itérations est connu) ou « **Tant que $A < 100$** » (si le nombre d'itérations est inconnu). Pour finir le calcul, il faut ajouter « **Fin Pour** » ou « **Fin Tant que** » à la fin de la boucle.

Instructions conditionnelles

Si l'énoncé comporte des **conditions**, c'est-à-dire s'il précise différentes possibilités d'exécution des instructions, alors le traitement nécessite des consignes particulières : par exemple « Si … alors » et « Sinon ». La fin de la boucle s'écrit « Fin Si ».

ATTENTION !
L'instruction de **fin de boucle** (« Fin Si », « Fin Tant que », « Fin Pour ») est nécessaire pour que l'algorithme revienne au début du « Si » et réitère le procédé.

LA MÉTHODE

Utiliser la boucle « Pour »

Étape 1 On donne une valeur initiale avec laquelle le calcul démarrera dans la boucle.
Étape 2 Dans la boucle « **Pour** », on indique le nombre de fois que l'instruction doit être répétée, puis on termine la boucle avec « **Fin Pour** ».

Exemple Calculer : $S = 1 + 2 + 3 + 4 + 5 + \ldots + 100$.

```
Variables :
S, i entiers
Début algorithme
S prend la valeur 0
    Pour i allant de 1 à 100
        S prend la valeur S + i
    Fin Pour
Afficher S
Fin algorithme
```

Utiliser la boucle « Tant que »

Étape 1 On donne une valeur initiale avec laquelle le calcul démarrera dans la boucle.
Étape 2 Dans la boucle « **Tant que** », on indique jusqu'à quand l'instruction doit être répétée, puis on termine la boucle avec « **Fin Tant que** ».

Exemple Écrire un algorithme qui donne le plus petit nombre entier dont le cube est supérieur à 2 000 000.

```
Variable :
n
Début algorithme
n prend la valeur 0
    Tant que n^3 < 2 000 000
        n prend la valeur n + 1
    Fin Tant que
Afficher n
Fin algorithme
```

Programmer une instruction conditionnelle

Étape 1 Dans l'énoncé, on distingue les différents cas possibles et on différencie les calculs par « **Si … alors** », puis « **Sinon** » (ou par une succession de boucles « **Si … alors** »).

Étape 2 On écrit les instructions dans les boucles « **Si … alors** » et « **Sinon** » et on termine chaque boucle par « **Fin Si** ».

Exemple Écrire un algorithme qui donne l'inverse d'un nombre quelconque.

```
Variables : x, y
Début algorithme
Lire x
  Si x = 0 alors :
    Afficher message : « x n'a pas d'inverse »
  Sinon
    y prend la valeur 1/x
    Afficher message : « L'inverse de x est : »
    Afficher y
  Fin Si
Fin algorithme
```

S'ENTRAÎNER

1 QUIZ **Vrai ou faux ? Lire l'algorithme ci-contre et cocher la case qui convient.**

a. Le nombre obtenu en entrant 0 est –4. V ☐ F ☐

b. Pour obtenir 0 en sortie, il faut entrer le nombre 0,2. V ☐ F ☐

c. Le nombre obtenu en entrant –1 est 6. V ☐ F ☐

d. Pour obtenir 1 en sortie, il faut entrer le nombre 1. V ☐ F ☐

e. Cet algorithme correspond au calcul de $5x + 1$. V ☐ F ☐

```
Variables : x, a, b
Début algorithme
Lire x
a prend la valeur –5 × x
b prend la valeur a + 1
Afficher b
Fin algorithme
```

2 **Soldes dans un magasin**

Dans un magasin, les articles sont soldés de 30 %. Dans l'algorithme suivant, la variable a représente le prix initial et b le prix final (soldé). Compléter l'algorithme afin qu'il donne la valeur du prix final.

```
Variables : a, b
Début algorithme
Lire a
b prend la valeur
Afficher b
Fin algorithme
```

3 **Calculs de sommes**

a. On pose : $S = 2 + 2^2 + 2^3 + \ldots + 2^{20}$

Compléter la ligne incomplète de l'algorithme suivant qui permet d'obtenir la valeur de S.

```
Variables : s, i
Début algorithme
s prend la valeur 2
  Pour i allant de 2 à 20
    s prend la valeur
  Fin Pour
Afficher s
Fin algorithme
```

b. On pose : $S' = x + x^2 + x^3 + \ldots + x^n$ où x est un nombre réel et n un nombre entier positif.

Écrire un algorithme qui, suivant les valeurs de x et de n, donne la valeur S′.

4 **Photocopies**

Un magasin de reprographie applique le tarif suivant :

- 15 centimes l'unité jusqu'à 50 photocopies ;
- 10 centimes l'unité au-delà de 50 photocopies.

On paiera par exemple pour 62 photocopies :

$50 \times 0,15 + 12 \times 0,10 = 8,70$ euros.

Dans l'algorithme suivant, a représente le nombre de photocopies et b le prix à payer.

Compléter cet algorithme qui donne le prix à payer en fonction du nombre de photocopies.

```
Variables : a,b
Début algorithme
Si a ⩽ 50 alors
  b prend la valeur
  Afficher b
Sinon
  b prend la valeur
  Afficher b
Fin Si
Fin algorithme
```

5 **Encore des soldes**

C'est la période des soldes dans un magasin. Écrire un algorithme qui, selon les valeurs du pourcentage de solde et du prix initial, donne la valeur du prix final.

6 **Résolution d'inéquation**

Écrire un algorithme qui donne la plus petite valeur du nombre entier x tel que $x^4 \geqslant 6\ 250$.

4 Développer ou factoriser une expression

L'ESSENTIEL

Degré d'une expression

- Une expression du premier degré en x est une expression qui peut s'écrire sous la forme $ax + b$ où a et b sont des nombres fixés, avec $a \neq 0$.
- Une expression du second degré en x est une expression qui peut se mettre sous la forme $ax^2 + bx + c$, où a, b et c sont des nombres fixés, avec $a \neq 0$.
- Le degré de l'expression correspond à la **puissance de x la plus élevée**.

Exemple 1 Expressions du premier degré :
$3x + 5$; $-2x$; $7(x - 2)$;
$(2x + 1)^2 - 4x^2$ est aussi une expression du premier degré car, en développant, elle devient :
$4x^2 + 4x + 1 - 4x^2$, soit $4x + 1$.

Exemple 2 Expressions du second degré :
$5x^2$; $(7x + 5)(4 - 2x)$; $3 - 2x + x^2$.

Exemple 3
L'expression $x^4 + 2x - 8$ est de degré 4.

Développement d'une expression

Qu'est-ce que développer ?
Développer une expression qui comporte des parenthèses, c'est enlever ces parenthèses pour transformer l'expression en une somme de termes.

Les formules pour développer
Soit k, a, b, c et d des nombres réels.

- Distributivité simple :
$k(a + b) = ka + kb$ (1)
- Distributivité double :
$(a + b)(c + d) = ac + ad + bc + bd$ (2)
- Identités remarquables :
$(a + b)^2 = a^2 + 2ab + b^2$ (3)
$(a - b)^2 = a^2 - 2ab + b^2$ (4)
$(a + b)(a - b) = a^2 - b^2$ (5)

ATTENTION !
Il faut être particulièrement **attentif aux signes** car c'est l'origine de la majorité des erreurs faites sur les développements. Notamment, le produit de deux nombres de même signe est positif, le produit de deux nombres de signes contraires est négatif.

Factorisation

Factoriser une somme, c'est la transformer en un **produit**. Pour cela, on utilise les formules de développement ci-dessus, mais dans l'autre sens.

Réduction

Réduire une expression, c'est faire une factorisation.

Exemple
$4 + 3x + 2x = 4 + x(3 + 2) = 4 + 5x$

LA MÉTHODE

Développer puis réduire une expression

On utilise les formules pour développer, en faisant attention aux parenthèses.

Exemple Développer puis réduire l'expression $A = (3x - 1)^2 - 3(2 - x) - (x + 3)(4 - 2x)$.

Étape 1 On développe les trois produits en même temps. Mais, à cause du signe –, on garde les parenthèses devant la double distributivité :
$(3x - 1)^2 - 3(2 - x) - (x + 3)(4 - 2x) = 9x^2 - 6x + 1 - 6 + 3x - (4x - 2x^2 + 12 - 6x)$

Étape 2 On enlève les parenthèses en changeant donc les signes :
$A = 9x^2 - 6x + 1 - 6 + 3x - 4x + 2x^2 - 12 + 6x$

Étape 3 On réduit : $A = 11x^2 - x - 17$

Factoriser une somme

Étape 1 On cherche un facteur commun.
Étape 2 S'il y a un facteur commun, on le met en facteur en utilisant la formule (1).
S'il n'y a pas de facteur commun, on utilise l'une des formules (3), (4) ou (5).

Exemple 1 Factoriser $B = 7x^5 + 5x^3 - x^2$.

Étape 1 On remarque que x^2 est le facteur commun le plus grand :
$7x^5 + 5x^3 - x^2 = x^2 \times 7x^3 + x^2 \times 5x - x^2 \times 1$

Étape 2 On met x^2 en facteur.
Attention : ici, l'expression de départ comporte trois termes, il faut donc trois termes dans la parenthèse :
$B = x^2(7x^3 + 5x - 1)$

Exemple 2 Factoriser $C = x + 1 - (x+1)^2(x-3)$.

Étape 1 On remarque que $(x + 1)$ est le facteur commun : $C = (x + 1) \times 1 - (x + 1) \times (x + 1)(x - 3)$

Étape 2 On met $(x + 1)$ en facteur. Attention, l'expression de départ comporte deux termes, il faut donc deux termes dans le crochet : $C = (x + 1)[1 - (x + 1)(x - 3)]$

On développe et réduit ce qui est dans les crochets en utilisant la formule (2) :

$$C = (x + 1)[-x^2 + 2x + 4]$$

Exemple 3 Factoriser $D = (3x-1)^2 - 16$.

Étape 1 Il n'y a pas de facteur commun.

Étape 2 On utilise la formule (5) : $(3x - 1)^2 - 16 = (3x - 1)^2 - 4^2$

$= (3x - 1 - 4)(3x - 1 + 4)$

On réduit ce qui est dans les parenthèses : $= (3x - 5)(3x + 3)$

S'ENTRAÎNER

1 QUIZ

Somme ou produit ? Cocher la case qui convient.

	somme	produit
a. $(3x - 2) - (4x - 1)$	☐	☐
b. $(3x - 2)(4x + 1)$	☐	☐
c. $3x - 3(5x + 2)$	☐	☐

2 Degré

De tête, donner le degré de ces expressions.

a. $3x^2 - 3(x^2 + 3)$

b. $(x + 2)^2 - (x - 1)^2$

c. $(x + 2)^2 + (x - 1)^2$

d. $(x + 2)^2(x - 1)^2$

3 Question de signes

On a développé des produits, mais les signes ont disparu. Les ajouter.

a. $(3x + 1)(4x + 2) = \dots 12x^2 \dots 6x \dots 4x \dots 2$

b. $(3x - 1)(4x + 2) = \dots 12x^2 \dots 6x \dots 4x \dots 2$

c. $(3x + 1)(-4x + 2) = \dots 12x^2 \dots 6x \dots 4x \dots 2$

d. $(3x + 1)(-4x - 2) = \dots 12x^2 \dots 6x \dots 4x \dots 2$

e. $(-3x - 1)(-4x + 2) = \dots 12x^2 \dots 6x \dots 4x \dots 2$

f. $(3x - 1)(-4x - 2) = \dots 12x^2 \dots 6x \dots 4x \dots 2$

4 Sans réduction

Développer les expressions suivantes.

$A = (3x - 1)^2$ $B = (5 - 2x)(5 + 2x)$

$C = (3 + 4x)^2$ $D = -3(2 - 4x)$

$E = x(4x + 1)$ $F = 2x(3x - 5)$

5 Avec réduction

Développer et réduire les expressions suivantes.

$A = (3x + 1)(4 - 5x)$ $B = 1 - (4x + 3)^2$

$C = -(x - 3)(2x + 1)$ $D = (x - 4)^2 - (3x + 2)^2$

$E = (2x - \sqrt{2})(x\sqrt{2} + 1)$ $F = (\sqrt{2} + \sqrt{3})^2$

6 Égalité

Démontrer l'égalité pour a et b non nuls :

$$\frac{(a + b)^2 - (a - b)^2}{ab} = 4$$

POUR VOUS AIDER

Développez le numérateur en faisant attention aux signes.

7 Triangle rectangle

Pour tout entier n strictement positif, démontrer que le triangle dont les côtés ont pour longueurs A, B et C, tels que $A = 2n + 1$, $B = 2n(n + 1)$ et $C = 2n(n + 1) + 1$, est un triangle rectangle.

8 De tête

Factoriser et réduire de tête, si possible.

$A = 6x^2 - 7x$ $B = 4x^2 - 49$

$C = 3x^4 - 2x^3 + x^2$ $D = x^2 + 1$

$E = (2x + 5)^2 - 36$

$F = (x + 2)(3x - 1) + (x + 2)(5 - x)$

9 Factorisation et réduction

Factoriser les expressions suivantes.

a. $49 - (2x + 5)^2$

b. $(5x - 2)(4x + 5) - 3(5x - 2) - (5x - 2)^2$

c. $(x - 3)^2 - (2x + 4)^2$

d. $(3 - 4x)(x + 2) + (4x - 3)(3x + 1)$

e. $(6 - 4x)(2x - 3) + (3 - 2x)(5 + x)$

f. $x^2 - 1 + (2x + 5)(x - 1) - 3x + 3 + x - 1$

10 Simplification

On considère les expressions suivantes.

$A = (a + b + c)^2 - (-a + b + c)^2$

$B = (a + b - c)^2 - (a - b + c)^2$

a. Factoriser A et B.

b. En déduire une expression simplifiée de $C = A + B$.

11 Forme canonique

Soit $A = x^2 - 6x + 5$ et $B = 9x^2 + 24x - 9$.

a. Montrer que A peut aussi s'écrire $A = (x - 3)^2 - 4$.

b. En déduire une factorisation de A.

c. Montrer que $B = (3x + 4)^2 - 25$.

d. En déduire une factorisation de B.

5 Équations et inéquations du premier degré

L'ESSENTIEL

Équation

- Une **équation** est une égalité qui comporte une inconnue. La résoudre, c'est trouver **le ou les nombres** pour lesquels l'égalité est vérifiée.
- Une équation du premier degré est une équation qui peut s'écrire sous la forme $ax + b = 0$, où a, b et x sont des nombres réels, avec $a \neq 0$.
- Une **équation du premier degré** possède **une solution unique**.

Exemple

Soit l'équation $2x + 1 = 5$.
Le nombre $x = 0$ n'est pas solution de cette équation car $2 \times 0 + 1$ n'est pas égal à 5.
Le nombre $x = 2$ est la solution de cette équation car $2 \times 2 + 1 = 5$.

Inéquation

- Une **inéquation du premier degré** est une inéquation qui peut s'écrire sous la forme $ax + b \leqslant 0$.
La résoudre, c'est trouver **tous les nombres** qui vérifient cette inégalité.

Exemple

Soit l'inéquation $2x + 1 \geqslant 5$.
0 n'est pas solution de cette inéquation car $2 \times 0 + 1$ n'est pas supérieur à 5.
12 est solution de cette inéquation car $3 \times 12 + 1$ est supérieur à 5, ainsi que 2 ou 8 ou 5,1…

Propriétés

- On **ne modifie pas** une **égalité** ou une **inégalité** lorsque l'on ajoute (ou retranche) un même nombre à chaque membre de l'égalité ou de l'inégalité.
- On **ne modifie pas** une **égalité** lorsque l'on multiplie (ou divise) par un même nombre non nul chaque membre de l'égalité.

ATTENTION !
Le raccourci « Quand on passe un nombre de l'autre côté de l'égalité, on change son signe » est faux et occasionne de nombreuses erreurs. Exemple $-3x = 5 \Leftrightarrow x = \dfrac{5}{-3}$.

- On **change le sens** d'une **inégalité** si on multiplie (ou divise) par un nombre strictement négatif de chaque côté de l'inégalité.

Signe d'une expression du premier degré

On réunit les résultats qui donnent le signe d'une expression du premier degré dans un tableau.

x	$-\infty$		$-\dfrac{b}{a}$		$+\infty$
Signe de $ax + b$		Signe de $-a$	0	Signe de a	

Si $a > 0$, alors : $ax + b > 0 \Leftrightarrow ax > -b \Leftrightarrow x > -\dfrac{b}{a}$.

Si $a < 0$, alors : $ax + b > 0 \Leftrightarrow ax > -b \Leftrightarrow x < -\dfrac{b}{a}$.

LA MÉTHODE

Résoudre une équation ou une inéquation du premier degré

Étape 1 S'il y a des parenthèses, on commence par développer.
Étape 2 On cherche à isoler « les termes en x » en appliquant les propriétés données plus haut.

Exemple 1 Résoudre l'équation suivante, en développant puis en isolant l'inconnue :

$$2(-4x + 5) = 8(-0{,}5x + 1) - 7$$

Étape 1 On développe : $-8x + 10 = -4x + 8 - 7$

Étape 2 On rassemble les termes en x à gauche de l'égalité (en appliquant la première propriété) :

$$-8x + 4x = 8 - 7 - 10$$

On réduit : $-4x = -9$

On divise de chaque côté du signe « = » par -4 (deuxième propriété) : $x = \dfrac{9}{4}$

On note la solution sous la forme d'un ensemble : $S = \left\{\dfrac{9}{4}\right\}$.

Exemple 2 Résoudre l'inéquation $-6x - 5 \leqslant -4x + 8$.

Étape 1 Il n'y a pas de parenthèses, on passe directement à l'étape 2.

Étape 2 On additionne $4x$ puis 5 dans les deux membres de l'inégalité.

On ne change donc pas le sens de l'inégalité : $-6x + 4x \leqslant 8 + 5$

On réduit : $-2x \leqslant 13$

On divise par -2, on change donc le sens de l'inégalité : $\dfrac{-2x}{-2} \geqslant \dfrac{13}{-2} \Leftrightarrow x \geqslant -\dfrac{13}{2}$

Conclusion : $S = \left[-\dfrac{13}{2} ; +\infty\right[$

Faire rapidement le tableau de signes d'une expression du premier degré

Étape 1 On résout l'équation $ax + b = 0$.

Étape 2 On réunit les informations dans un tableau de signes.

Exemple Faire le tableau de signes de l'expression $2x + 8$.

Étape 1 On résout l'équation : $2x + 8 = 0 \Leftrightarrow 2x = -8 \Leftrightarrow x = -4$

Étape 2 On fait le tableau de signes.

x	$-\infty$		-4		$+\infty$
Signe de $2x+8$		$-$ (signe de -2)	0	$+$ (signe de 2)	

Remarque : Pour compléter les signes du tableau, on peut aussi calculer $2x + 8$ pour une valeur supérieure ou inférieure à -4. Par exemple, si $x = 2$, on a $2x + 8 = 12$ et on en déduit que $2x + 8$ est positif sur $]-4\,;+\infty[$ et négatif sur $]-\infty\,;-4[$. (Voir aussi le signe d'une fonction affine au chapitre 14.)

S'ENTRAÎNER

1 QUIZ **Oui ou non ? Cocher la case qui convient.**

	oui	non		oui	non
a. 1 est-il solution de $5x - 1 = 4 - 2x$?	☐	☐	**b.** -1 est-il solution de $-2x + 3 = x + 6$?	☐	☐
c. 0 est-il solution de $3x + 1 \geqslant 5$?	☐	☐	**d.** -4 est-il solution de $-2x + 1 < 9$?	☐	☐

2 Calcul mental

Résoudre de tête les équations.

a. $3x + 1 = 5$ **b.** $2 - 5x = 6$

c. $7x + 1 = 2x + 5$ **d.** $12 + 9x = 5x + 1$

3 Équations

Résoudre les équations.

a. $2(-3x + 2) = -4x + 5$ **b.** $x + 5 = \frac{2}{5}x - 3$

c. $3x + \sqrt{2} = x\sqrt{2} + 3$ **d.** $\frac{3x+5}{2} = \frac{\frac{1}{3}x + 1}{2}$

4 Mise en équation

Dans la figure ci-dessous, on a HK = 10 cm, AH = 6 cm, BK = 8 cm. On pose HM = x cm.

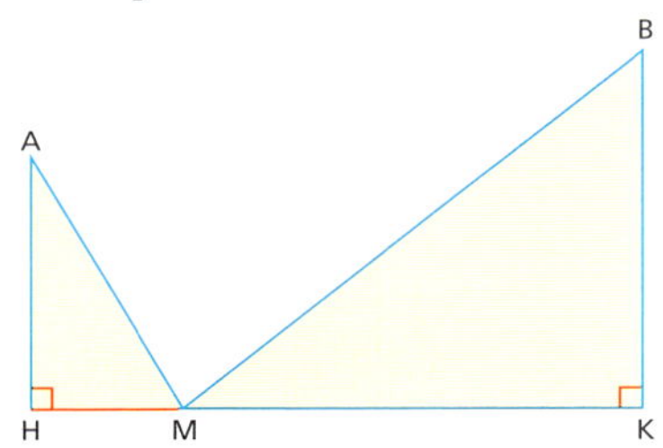

a. Déterminer x pour que les aires de AMH et de BMK soient égales.

b. Déterminer x pour que AM = BM.

5 Tableaux de signes

Compléter les tableaux de signes suivants.

a.

x	
Signe de $2x - 3$	

b.

x	
Signe de $6 - 2x$	

c.

x	
Signe de $4 + 5x$	

d.

x	
Signe de $-x$	

e.

x	
Signe de $4 - \frac{x}{3}$	

f.

x	
Signe de x	

6 Inéquations

Résoudre les inéquations suivantes.

a. $-3x + 1 > 7$ **b.** $x - 1 \leq 4x + 2$

c. $-2(4x - 5) < 4x + 6$ **d.** $\frac{2}{3}x + 5 \geqslant -4x + \frac{5}{2}$

7 Une course

Lucie et Basile font une course mais suivent chacun un parcours différent. Le départ et le retour des deux enfants ont lieu au point A. Lucie doit parcourir la longueur rouge et Basile la longueur bleue.

Quelle doit être la mesure de [AB] pour que les deux enfants parcourent la même distance ?

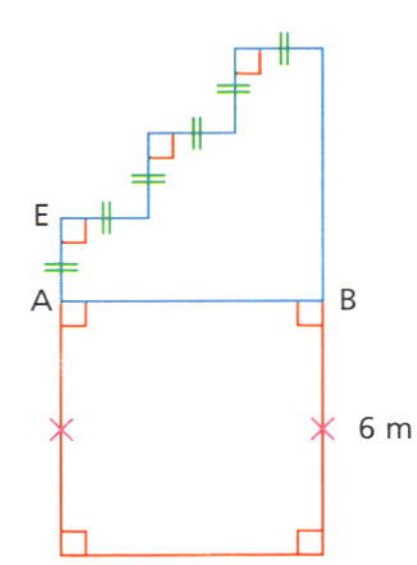

6 Équations du second degré

L'ESSENTIEL

Définition

Une équation du second degré est une équation qui peut s'écrire sous la forme $ax^2 + bx + c = 0$, où x, a, b, c sont des nombres réels, avec $a \neq 0$.

Exemples Voici trois équations du second degré :
(A) $(x-2)(x+3) = 0$;
(B) $x^2 = x$;
(C) $x^2 + 12x + 7 = 0$.

Résoudre une équation du second degré

● Règle de résolution

››› En Seconde, on ne saura pas résoudre toutes les équations du second degré (la méthode générale sera vue en Première). On utilisera ici la propriété vue en 3e :
« Pour qu'un produit de facteurs soit nul, il faut qu'au moins l'un des facteurs soit nul. »

››› C'est pourquoi, pour résoudre une équation du second degré, on essaye de la ramener à un **produit de facteurs** du premier degré **égal à 0**.
Il faut d'abord transformer l'équation pour obtenir 0 d'un côté de l'égalité, puis factoriser l'expression obtenue de l'autre côté de l'égalité (voir le chapitre 4).

Remarque : Toutes les méthodes de factorisation ne sont pas au programme de Seconde.

● Nombre de solutions

››› Une équation du second degré possède **une** solution, **deux** solutions ou **aucune** solution.

››› L'**ensemble des solutions** est noté S.

Exemples On reprend les exemples (A), (B) et (C).

››› (A) est déjà sous la forme d'un produit de facteurs égal à 0 :
$(x-2)(x+3) = 0 \Leftrightarrow x = 2$ ou $x = -3$.
Donc $S = \{2 ; -3\}$.

››› L'équation (B) doit être transformée pour obtenir un produit nul. On met tous les termes dans le membre de gauche et on obtient ainsi 0 à droite.
(B) devient $x^2 - x = 0$.
On transforme cette somme en produit en factorisant (ici, x est facteur commun) :
$x(x-1) = 0$.
D'où $S = \{0 ; 1\}$.

››› La factorisation de l'équation (C) n'apparaît pas de manière évidente. On ne peut donc pas résoudre cette équation en classe de Seconde.

LA MÉTHODE

Résoudre une équation du second degré

Étape 1 On cherche à obtenir une expression égale à 0.
Étape 2 On factorise l'expression obtenue afin d'obtenir un produit.
Étape 3 On applique la règle de résolution : pour qu'un produit de facteurs soit nul, il faut qu'au moins l'un des facteurs soit nul.

Exemple 1 Résoudre l'équation $(x+1)^2 = 9$.

Étape 1 On cherche à obtenir une expression égale à 0 :
$(x+1)^2 = 9 \Leftrightarrow (x+1)^2 - 9 = 0$

Étape 2 On factorise l'expression de gauche (voir le chapitre 4) :
$\Leftrightarrow (x+1)^2 - 3^2 = 0$
$\Leftrightarrow (x+1+3)(x+1-3) = 0$
$\Leftrightarrow (x+4)(x-2) = 0$

Étape 3 On applique la règle sur les produits nuls :
$\Leftrightarrow x+4 = 0$ ou $x-2 = 0$
$\Leftrightarrow x = -4$ ou $x = 2$
$S = \{-4 ; 2\}$.

Exemple 2 Résoudre l'équation $(x-2)(4x+5) = x^2 - 4$.

Étape 1 On cherche à obtenir une expression égale à 0 :
$(x-2)(4x+5) = x^2 - 4 \Leftrightarrow (x-2)(4x+5) - (x^2-4) = 0$

Étape 2 On factorise l'expression de gauche :
$\Leftrightarrow (x-2)(4x+5) - (x-2)(x+2) = 0$
$\Leftrightarrow (x-2)[(4x+5) - (x+2)] = 0$
$\Leftrightarrow (x-2)(3x+3) = 0$

Étape 3 On applique la règle sur les produits nuls :
$\Leftrightarrow x-2 = 0$ ou $3x+3 = 0$
$\Leftrightarrow x = 2$ ou $x = -1$
$S = \{-1 ; 2\}$.

1 QUIZ

Cocher les cases qui conviennent.

Parmi les équations du second degré suivantes, quelles sont celles qui peuvent se résoudre immédiatement, c'est-à-dire qui sont sous la forme d'un produit nul ?

☐ **a.** $x^2 = x$ ☐ **b.** $(x+1)(x+2) = 0$ ☐ **c.** $2x^2 - 4x = 0$

☐ **d.** $x(2x-1) = 0$ ☐ **e.** $(x+1)^2 = 0$

2 Équations de tête

Résoudre de tête les équations suivantes.

a. $(4x-2)(2x+3) = 0$
b. $x(-2x-3) = 0$
c. $x^2 + 5x = 0$
d. $x^2 = 25$
e. $x^2 + 2 = 0$
f. $(x+2)^2 = 0$
g. $x^2 = 0$

3 Équations à résoudre

Résoudre les équations suivantes.

a. $(2x+1)^2 = (4x+3)^2$
b. $x^2 + 6x = -9$
c. $16x^2 = 81$
d. $(2x-1)^2 = (3x-2)(2x-1)$

4 Mise en équation

Dans la figure ci-dessous, on a AC = 10 cm, AE = 8 cm, BC = x cm. L'objectif est de trouver pour quelle(s) valeur(s) de x les aires de BDC et de ABDE sont égales.

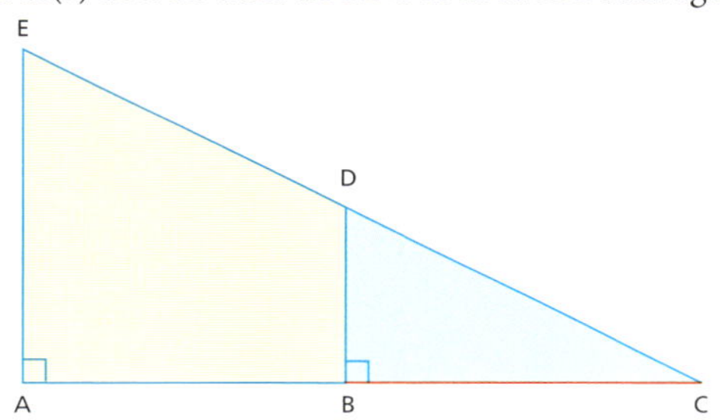

a. Exprimer BD en fonction de x.

POUR VOUS AIDER

Pensez au théorème de Thalès !

b. Exprimer les aires de BCD puis de ABDE en fonction de x.

c. Déterminer pour quelle(s) valeur(s) de x les aires de BCD et de ABDE sont égales.

5 Troisième degré

Claire a résolu une équation du troisième degré, mais sa réponse est incomplète. Corriger sa copie.

$x^3 + 9x = 6x^2$
Je divise par x de chaque côté.
$x^2 + 9 = 6x$
$\Leftrightarrow x^2 - 6x + 9 = 0$
$\Leftrightarrow (x-3)^2 = 0$
S = {3}

6 Cube ou triple ?

En voulant calculer le cube d'un nombre réel, un élève se trompe : il multiplie le réel par 3. Pourtant, son résultat est exact. Quel peut être ce nombre ?
Donner toutes les solutions possibles.

POUR VOUS AIDER

On peut appeler x le réel cherché, puis écrire une équation.

7 Différentes expressions

Soit $A(x) = x^2 + 2x - 3$.

1. Montrer que $A(x) = (x-1)(x+3)$, puis que $A(x) = (x+1)^2 - 4$.

2. Choisir l'une des trois expressions de A pour répondre aux consignes ci-dessous.

a. Résoudre $A(x) = 0$.
b. Résoudre $A(x) = -4$.
c. Résoudre $A(x) = -3$.

8 Une nouvelle méthode

On voudrait résoudre l'équation (E) : $x^2 - 2x - 8 = 0$.
Malheureusement, la factorisation du premier membre n'est pas évidente. Voici une façon de procéder :
$x^2 - 2x$ peut faire penser au début du développement de l'identité remarquable $x^2 - 2x + 1$. On a alors :

$$x^2 - 2x - 8 = 0 \Leftrightarrow (x^2 - 2x + 1) - 1 - 8 = 0$$
$$\Leftrightarrow (x-1)^2 - 9 = 0$$

On reconnaît la différence de deux carrés.

a. Terminer la résolution.

b. Utiliser cette méthode pour résoudre l'équation $x^2 + 6x - 7 = 0$.

9 Démonstration

Démontrer que, quel que soit le nombre réel x, $x^2 - 4x + 5 \geqslant 1$.
Rappel : Le carré d'un nombre réel est toujours positif.

10 Algorithme

Quelle(s) valeur(s) de a faut-il entrer dans l'algorithme ci-dessous pour afficher 0 en sortie ?

```
Variables : a, b, c, d
Début algorithme
Lire a
    b prend la valeur a + 3
    c prend la valeur b²
    d prend la valeur d – 4
    Afficher d
Fin algorithme
```

MATHS

7 Inéquations du second degré

L'ESSENTIEL

Signe d'une expression du second degré

Signe d'un produit

Il est facile de donner le signe d'un produit $A \times B$, connaissant les signes de A et de B.

- Si A et B sont de **même signe**, alors $A \times B > 0$;
- Si A et B sont de **signes contraires**, alors $A \times B < 0$.

ATTENTION !

Pour une **somme**, on ne peut pas toujours conclure : si A et B sont de signes contraires, on ne peut pas en déduire le signe de $A + B$.

Tableau de signes

Pour étudier le signe d'une expression du second degré, il faut la factoriser afin d'obtenir un **produit d'expressions du premier degré**. Il ne reste plus alors qu'à faire un tableau de signes (voir le chapitre 5).

Résoudre une inéquation du second degré

- On transforme l'inéquation de façon à se ramener à l'étude du signe d'un produit, en mettant tous les termes dans le membre de gauche et 0 à droite.
- À l'aide d'un tableau, on déduit le signe du produit des signes des différents facteurs.
- La conclusion s'écrit sous la forme d'un **ensemble de solutions**.

Remarque : Si une inéquation contient plus de deux facteurs comprenant des expressions de x du premier ou du second degré, l'inéquation a un degré supérieur, mais elle se résout de la même façon.

Exemple L'inéquation du troisième degré $(3x + 1)(x - 2)(4 + 5x) > 0$ se résout avec un tableau de signes ayant 4 lignes.

LA MÉTHODE

Étudier le signe d'une expression

Étape 1 On factorise l'expression pour obtenir un produit de facteurs du premier degré.

Étape 2 On fait le tableau de signes du produit obtenu.

Étape 3 On conclut en donnant le signe de l'expression selon l'intervalle dans lequel se trouve l'inconnue.

Exemple On pose $A(x) = (2x + 3)^2 - (-3x + 5)^2$. Étudier le signe de $A(x)$.

Étape 1 On factorise $A(x)$ (voir le chapitre 4) :

$$A(x) = [(2x+3)+(-3x+5)][(2x+3)-(-3x+5)]$$
$$= (-x+8)(5x-2)$$

Étape 2 On fait le tableau de signes de $(-x+8)(5x-2)$.

On résout les équations $-x + 8 = 0$ et $5x - 2 = 0$, puis on fait le tableau de signes de $-x + 8$ et celui de $5x - 2$.

x	$-\infty$		8		$+\infty$
Signe de $-x+8$		+	0	−	

x	$-\infty$		$\frac{2}{5}$		$+\infty$
Signe de $5x-2$		−	0	+	

On fait alors le tableau de signes de $A(x)$. Pour cela :

- dans la première ligne, on place $\frac{2}{5}$ et 8 dans l'ordre croissant ;
- dans la deuxième ligne, on met les résultats du premier tableau ;
- dans la troisième ligne, on met les résultats du deuxième tableau ;
- dans la dernière ligne, on applique la règle du signe d'un produit.

x	$-\infty$		$\frac{2}{5}$		8		$+\infty$
Signe de $-x+8$		+		+	0	−	
Signe de $5x-2$		−	0	+		+	
Signe de $\boldsymbol{A(x)}$		−	0	+	0	−	

Remarque : Par la suite, on fera directement ce dernier tableau, sans faire les deux petits.

Étape 3 On conclut :

$A(x) = 0$ si $x = 8$ ou $x = \frac{2}{5}$;

$A(x) < 0$ si $x \in \left]-\infty ; \frac{2}{5}\right[\cup]8 ; +\infty[$;

$A(x) > 0$ si $x \in \left]\frac{2}{5} ; 8\right[$.

Résoudre une inéquation du second degré

Étape 1 On se ramène à une expression de la forme $A(x) < 0$ (ou $A(x) > 0$), où $A(x)$ est un produit de facteurs.
Étape 2 On fait le tableau de signes du produit obtenu.
Étape 3 On conclut en donnant l'intervalle solution de l'inéquation.

Exemple Résoudre l'inéquation $(2x+3)^2 < (-3x+5)^2$.

Étape 1 On ramène les termes du même côté du signe : $(2x+3)^2 < (-3x+5)^2 \Leftrightarrow (2x+3)^2 - (-3x+5)^2 < 0$
On retrouve l'expression de l'exemple de la méthode précédente.
Étape 2 Résoudre l'inéquation $(2x+3)^2 < (-3x+5)^2$ revient donc à résoudre $A(x) < 0$.
Le tableau de signes est celui de l'exemple précédent.
Étape 3 Le tableau de signes donne l'ensemble solution de l'inéquation : $S = \left]-\infty ; \frac{2}{5}\right[\cup \left]8 ; +\infty\right[$.

MATHS

S'ENTRAÎNER

1 QUIZ **Cocher les cases qui conviennent.**

P_1 et P_2 sont deux réels positifs, N_1 et N_2 sont deux réels négatifs.
Parmi les expressions suivantes, quelles sont celles dont on peut connaître le signe ?

☐ **a.** $P_1 \times P_2$ ☐ **b.** $P_1 + P_2$ ☐ **c.** $N_1 \times N_2$
☐ **d.** $N_1 + N_2$ ☐ **e.** $P_1 \times N_1$ ☐ **f.** $P_1 + N_1$
☐ **g.** $P_1 \times P_2 \times N_1$ ☐ **h.** $P_1 \times N_1 \times N_2$ ☐ **i.** $P_1 + P_2 + N_1$

2 Tableaux de signes

Compléter les tableaux de signes suivants.

a.

x	
Signe de $3+3x$	
Signe de $-2x+4$	
Signe de $(3+3x)(-2x+4)$	

b.

x	
Signe de $3+3x$	
Signe de $2x+4$	
Signe de $(3+3x)(2x+4)$	

c.

x	
Signe de $-x$	
Signe de $-2x+4$	
Signe de $-x(-2x+4)$	

d.

x	
Signe de $4+\frac{x}{3}$	
Signe de $-2x+4$	
Signe de $(4+\frac{x}{3})(-2x+4)$	

3 Inéquations à résoudre

Résoudre les inéquations suivantes.
a. $4x^2 \leqslant 12x$
b. $(2x+1)^2 > 9$
c. $(x+1)(-x+5) < (2x+2)$

4 Triple et carré

Chercher tous les nombres dont le triple est strictement supérieur au carré.

5 Degré 3

On pose $A(x) = (4-x^2)(3x+2)$.
Étudier le signe de $A(x)$.

6 Un système d'équation

Résoudre le système $\begin{cases} x^2 - 4 \leqslant 0 \\ 2x - 1 \geqslant 0 \end{cases}$, c'est déterminer toutes les valeurs possibles de x pour lesquelles $x^2 - 4 \leqslant 0$ **et** $2x - 1 \geqslant 0$.
a. Résoudre $x^2 - 4 \leqslant 0$.
b. Résoudre $2x - 1 \geqslant 0$.
c. Regrouper les réponses des questions **a.** et **b.** pour résoudre le système puis conclure.

7 Des rectangles

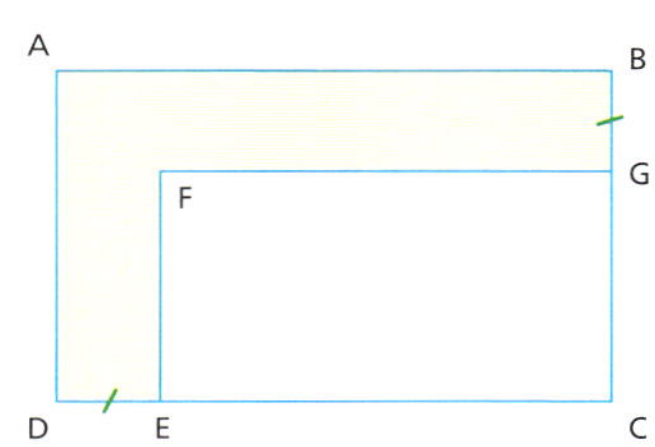

ABCD et EFGC sont des rectangles.
On a AB = 8, AD = 6, DE = BG = x.
Soit $\mathscr{A}$ et $\mathscr{A}'$ les aires respectives du rectangle EFGC et de la surface jaune.
a. Exprimer $\mathscr{A}$ et $\mathscr{A}'$ en fonction de x.
b. Vérifier que, quel que soit le réel x, on a $(x-12)(x-2) = x^2 - 14x + 24$.
c. Résoudre dans $\mathbb{R}$ l'inéquation $x^2 - 14x + 24 \geqslant 0$.
d. Trouver les valeurs de x pour lesquelles $\mathscr{A} \geqslant \mathscr{A}'$.

8 Équations quotients

L'ESSENTIEL

Opérations avec les quotients

Quotients égaux

… Les quotients ont déjà été vus au collège. Le principal changement en Seconde, c'est que les dénominateurs et les numérateurs peuvent être des expressions contenant des inconnues (x).

… **Règle de base** : on ne change pas la valeur d'un quotient en multipliant (ou en divisant) le numérateur et le dénominateur par **un même nombre non nul**.

Exemples

$\frac{3}{5}=\frac{4\times 3}{4\times 5}=\frac{12}{20}$;

$\frac{2x}{x^2}=\frac{2\times x}{x\times x}=\frac{2}{x}$, où $x\neq 0$.

Somme

On ne peut additionner ou soustraire deux quotients que **s'ils ont le même dénominateur**.

Dans ce cas, on applique la règle suivante :

$$\frac{a}{b}+\frac{c}{b}=\frac{a+c}{b} \quad \text{ou} \quad \frac{a}{b}-\frac{c}{b}=\frac{a-c}{b}$$

où a, b et c sont des nombres réels, $b\neq 0$.

ATTENTION !

En général, $\frac{a}{b}\neq\frac{a^2}{b^2}$.

Par exemple, $\frac{3}{4}\neq\frac{9}{16}$

Produit

Pour multiplier ou diviser des quotients, on applique les règles suivantes :

$$\frac{a}{b}\times\frac{c}{d}=\frac{a\times c}{b\times d} \quad \text{et} \quad \frac{\frac{a}{b}}{\frac{c}{d}}=\frac{a}{b}\times\frac{d}{c}$$

où a, b, c et d sont des nombres réels, $b\neq 0$, $c\neq 0$, $d\neq 0$.

Résolution d'équations

Produit en croix

… Pour résoudre des équations quotients, on peut appliquer la règle suivante :

$$\frac{a}{b}=\frac{c}{d}\Leftrightarrow a\times d=c\times b$$

où a, b, c et d sont des nombres réels, $b\neq 0$ et $d\neq 0$.

… Cas particulier du quotient nul :

$$\frac{a}{b}=0\Leftrightarrow\frac{a}{b}=\frac{0}{1}\Leftrightarrow a\times 1=b\times 0\Leftrightarrow a=0$$

« Un quotient est nul » équivaut à « Le numérateur est nul ».

Valeurs interdites

Dans un quotient, il est impossible d'avoir 0 au dénominateur : **on ne peut pas diviser par 0**.

Les **valeurs interdites** d'un quotient sont les valeurs pour lesquelles le dénominateur est égal à 0.

Remarque : On a choisi ici d'appeler les équations qui s'écrivent sous forme de fractions des « équations quotients ». On fera de même pour les « inéquations quotients ».

LA MÉTHODE

Réduire des fractions au même dénominateur

Étape 1 On cherche un dénominateur commun. Le produit des dénominateurs convient toujours, mais, afin de simplifier les calculs, il faut vérifier s'il n'y a pas un multiple commun plus petit.

Étape 2 On transforme les fractions en appliquant la règle de base sur un quotient.

Exemple Écrire sous forme d'une seule fraction l'expression $A=\frac{5}{x+1}-\frac{3}{x}$.

Étapes 1 et 2 On prend $x(x+1)$ comme dénominateur commun :

$$A=\frac{5x}{(x+1)x}-\frac{3(x+1)}{x(x+1)}=\frac{5x-3(x+1)}{x(x+1)}=\frac{5x-3x-3}{x(x+1)}=\frac{2x-3}{x(x+1)}$$

Remarque : Dans la plupart des cas, **il faut éviter de développer le dénominateur**, car l'objectif est souvent d'étudier le signe d'une expression. Pour cela, il vaut mieux qu'il puisse s'écrire sous la forme d'un produit.

Résoudre une équation quotient

Étape 1 On cherche les valeurs interdites, c'est-à-dire les valeurs pour lesquelles les dénominateurs des quotients sont égaux à 0. On éliminera ces valeurs de l'ensemble solution trouvé.

Étape 2 On réduit au même dénominateur pour obtenir un seul quotient de chaque côté de l'égalité.

Étape 3 On applique la règle d'égalité des produits en croix.

Exemple Résoudre l'équation $\frac{4}{x^2-4}-\frac{1}{x-2}=\frac{-1}{2}$. On appelle (E) cette équation.

Étape 1 Trouver les valeurs interdites, c'est résoudre les équations $x^2-4=0$ et $x-2=0$.
Les solutions de l'équation $x^2-4=0$ sont $x=2$ et $x=-2$ (voir le chapitre 6).
La solution de l'équation $x-2=0$ est $x=2$.
Les valeurs interdites sont donc 2 et – 2.

Étape 2 On trouve un même dénominateur pour les quotients du premier membre de l'égalité.
On remarque que $x^2-4=(x+2)(x-2)$:
$$\frac{4}{x^2-4}-\frac{x+2}{x^2-4}=-\frac{1}{2}\Leftrightarrow\frac{4-(x+2)}{x^2-4}=-\frac{1}{2}\Leftrightarrow\frac{2-x}{x^2-4}=-\frac{1}{2}=\frac{-1}{2}$$

Étape 3 On utilise la règle des produits en croix et on obtient $2(2-x)=-1(x^2-4)$, avec $x\neq 2$ et $x\neq -2$.
On résout cette équation :
$2(2-x)=-1(x^2-4)\Leftrightarrow x^2-2x=0\Leftrightarrow x(x-2)=0\Leftrightarrow x=0$ ou $x=2$.
2 est une des valeurs interdites, 0 est donc l'unique solution de l'équation (E). D'où $S=\{0\}$.

S'ENTRAÎNER

1 QUIZ

Calculer de tête chaque expression et la relier à sa valeur.

$\frac{1}{5}+\frac{1}{6}$	$\frac{2}{3}+2$	$\frac{5}{4}+\frac{1}{2}$	$\frac{1}{3}-1$	$5\times\frac{2}{6}$	$13\times\frac{4}{13}$
4	$\frac{11}{30}$	$\frac{7}{4}$	$\frac{10}{6}$	$\frac{8}{3}$	$-\frac{2}{3}$

2 Nombre manquant

Écrire le nombre manquant dans chacun des cas suivants.

a. $\frac{5}{6}=\frac{\dots\dots}{42}$ **b.** $\frac{12}{20}=\frac{3}{\dots\dots}$

c. $\frac{6x}{4}=\frac{\dots\dots}{8}$ **d.** $\frac{3}{x}=\frac{\dots\dots}{x^2}$

e. $\frac{4}{x+1}=\frac{4(x-1)}{\dots\dots}$ **f.** $\frac{x+3}{4}=\frac{\dots\dots}{8x}$

g. $\frac{3}{x-5}=\frac{\dots\dots}{x^2-25}$ **h.** $\frac{x^2}{2x}=\frac{\dots\dots}{2}$

i. $\frac{2(x+6)}{4}=\frac{x+6}{\dots\dots}$ **j.** $\frac{x(2x+6)}{2x^2}=\frac{2x+6}{\dots\dots}=\frac{\dots\dots}{x}$

3 Même dénominateur

Dans chaque cas, on veut réduire deux expressions au même dénominateur. Compléter le tableau suivant.

Expressions	Dénominateur commun	La première fraction devient...	La deuxième fraction devient...
$\frac{2}{x}$ et $\frac{3}{2x-3}$	$x(2x-3)$	$\frac{2}{x}=\frac{2(2x-3)}{x(2x-3)}$	
$\frac{2}{x}$ et $\frac{3}{4}$			
$\frac{2x+1}{x^2}$ et $\frac{5}{3x^3}$			
$\frac{4}{x+1}$ et $\frac{5}{3x+3}$	$3x+3$		

4 Somme de fractions

Écrire chaque expression sous la forme d'une seule fraction simplifiée.

$A=\frac{5}{x}+\frac{2}{3x}$ $B=\frac{5}{8x}-\frac{7}{6x}$

$C=\frac{5}{x^2-1}+\frac{6}{x+1}$ $D=\frac{4x+1}{2x-1}-\frac{2-3x}{5x+2}$

$E=\frac{5x+1}{x^2}+\frac{3}{2x}$

5 Mentalement

Résoudre mentalement les équations suivantes.

a. $\frac{x}{6}=\frac{5}{2}$ **b.** $\frac{4x-1}{2x+3}=0$ **c.** $\frac{x^2-9}{x+3}=0$

d. $\frac{x}{2}=\frac{8}{x}$ **e.** $\frac{3x+1}{2x}=4$

6 Quotients

Résoudre les équations.

a. $\frac{2x+3}{5}=\frac{2}{3}$ **b.** $\frac{2x+5}{3}-\frac{x-1}{2}=3$

c. $\frac{x^2+1}{x}=2$ **d.** $\frac{3x}{x^2+2}=\frac{4}{x^2+2}$

e. $\frac{3x^2-6x}{x}=0$ **f.** $\frac{1}{x-3}=\frac{1}{x^2-9}$

MATHS

9 Inéquations quotients

L'ESSENTIEL

Propriétés

Les **règles des signes** d'un quotient sont les mêmes que celles d'un produit.

- Si N et D sont de même signe, alors $\frac{N}{D} > 0$.
- Si A et B sont de signes contraires, alors $\frac{A}{B} < 0$.

ATTENTION !

Le quotient $\frac{N}{D}$ n'existe pas si $D = 0$.

Résolution d'inéquations

- Une inéquation contenant des écritures fractionnaires doit se ramener à une inéquation du type :

$$\frac{N(x)}{D(x)} \leqslant 0 \quad \left(\text{ou } \frac{N(x)}{D(x)} \geqslant 0\right).$$

- Les deux consignes « résoudre une inéquation » et « étudier le signe d'une expression » correspondent alors au même travail, seule la conclusion change (voir le chapitre 7).

LA MÉTHODE

Étudier le signe d'une expression contenant des écritures fractionnaires

Étape 1 On transforme l'expression en un seul quotient.
Étape 2 On factorise éventuellement pour obtenir un quotient de produits de facteurs.
Étape 3 On fait le tableau de signes.
Étape 4 On conclut en donnant le signe de l'expression selon les intervalles.

Exemple Étudier le signe de $A(x)$, où $A(x) = \frac{2x+4}{-4x+6} + 3$.

Étapes 1 et 2 On transforme l'expression en un seul quotient :

$$\frac{2x+4}{-4x+6} + 3 = \frac{2x+4}{-4x+6} + \frac{3}{1} = \frac{2x+4}{-4x+6} + \frac{3(-4x+6)}{-4x+6} = \frac{2x+4+3(-4x+6)}{-4x+6}$$

$$= \frac{2x+4-12x+18}{-4x+6} = \frac{-10x+22}{-4x+6}$$

Étape 3 On fait le tableau de signes de $\frac{-10x+22}{-4x+6}$ en tenant compte de la valeur interdite (voir le chapitre 8).

x	$-\infty$		$\frac{3}{2}$		$\frac{11}{5}$		$+\infty$
Signe de $-10x+22$		+	|	+	0	−	
Signe de $-4x+6$		+	0	−	|	−	
Signe de $\frac{-10x+22}{-4x+6}$		+	‖	−	0	+	

$\frac{3}{2}$ est la solution de l'équation $-4x+6=0$.

$\frac{11}{5}$ est la solution de l'équation $-10x+22=0$.

Le dénominateur de $\frac{-10x+22}{-4x+6}$ ne peut pas être égal à 0. C'est le cas lorsque $x = \frac{3}{2}$.

La **double barre** du tableau indique que $\frac{-10x+22}{-4x+6}$ n'existe pas si $x = \frac{3}{2}$.

La fraction $\frac{-10x+22}{-4x+6}$ est égale à 0 si $-10x+22=0$. C'est le cas si $x = \frac{11}{5}$.

Étape 4 On conclut en donnant le signe de l'expression selon les intervalles :

$A(x) = 0$ si $x = \frac{11}{5}$; $A(x) < 0$ si $x \in \left]\frac{3}{2};\frac{11}{5}\right[$; $A(x) > 0$ si $x \in \left]-\infty;\frac{3}{2}\right[\cup \left]\frac{11}{5};+\infty\right[$.

Résoudre une inéquation quotient

Étape 1 On commence par se ramener à une inéquation du type $\frac{N(x)}{D(x)} \geqslant 0$ (ou $\frac{N(x)}{D(x)} \leqslant 0$).

Étape 2 On fait le tableau de signes de $\frac{N(x)}{D(x)}$.

Étape 3 On conclut en donnant l'intervalle solution de l'inéquation.

Exemple Résoudre l'inéquation $\frac{2x+4}{-4x+6} \geqslant -3$.

Étape 1 On se ramène à une inéquation du type $\frac{N(x)}{D(x)} \geqslant 0$:

$\frac{2x+4}{-4x+6} \geqslant -3 \Leftrightarrow \frac{2x+4}{-4x+6} + 3 \geqslant 0$.

Étape 2 On retrouve, à gauche du signe $\geqslant$, l'expression du calcul précédent, celui de $A(x)$.

Résoudre l'inéquation $\frac{2x+4}{-4x+6} \geqslant -3$ est donc équivalent à résoudre l'inéquation $A(x) \geqslant 0$.

Étape 3 Le tableau de signes de l'exemple précédent donne l'ensemble solution de l'inéquation :

$S = \left]-\infty ; \frac{3}{2}\right[\cup \left[\frac{11}{5} ; +\infty\right[$.

S'ENTRAÎNER

1 QUIZ

Cocher la case qui convient.

Les nombres N_i sont des réels négatifs, les nombres P_i sont des réels positifs.

Quel est le signe des quotients suivants ?

	positif	négatif		positif	négatif
a. $\frac{N_1P_1}{P_2}$	☐	☐	**b.** $\frac{P_2N_1N_2P_1}{P_3N_3}$	☐	☐
c. $\frac{(N_1)^{12}P_1}{(P_2)^{14}(N_2)^5}$	☐	☐	**d.** $\frac{N_1}{P_1} \times \frac{P_2}{N_2}$	☐	☐

2 **Tableaux de signes**

Compléter les tableaux suivants.

a.

x	
Signe de $4x-2$	
Signe de $-2-x$	
Signe de $\frac{4x-2}{-2-x}$	

b.

x	
Signe de $4x-2$	
Signe de $-2-x$	
Signe de $\frac{-2-x}{4x-2}$	

c.

x	
Signe de $x+3$	
Signe de $\frac{1}{2}x-4$	
Signe de $\frac{x+3}{\frac{1}{2}x-4}$	

d.

x	
Signe de $3-\frac{2}{3}x$	
Signe de $5x$	
Signe de $\frac{5x}{3-\frac{2}{3}x}$	

3 **Avec des quotients**

Résoudre les inéquations.

a. $\frac{-2x-4}{3x+5} < 1$ **b.** $\frac{4x-x^2}{2x-8} \leqslant 2$

4 **Question d'inverse**

Chercher tous les nombres dont l'inverse est inférieur ou égal à 2.

5 **Quel signe ?**

On pose $A(x) = \frac{x-x^2}{2x+3}$. Étudier le signe de $A(x)$.

POUR VOUS AIDER

Il faut d'abord factoriser le numérateur. Le tableau de signes aura une ligne supplémentaire.

10 Notion de fonction

MATHS

L'ESSENTIEL

Du programme de calcul à la fonction

● **Programme de calcul**

Exemple Voici un programme de calcul.

1. On part d'un nombre.
2. On le multiplie par 3.
3. On ajoute ensuite 1.
4. On élève le résultat au carré.
Si on part du nombre 4, on trouve à la fin 169.
Si on part d'un nombre x, on trouve donc $(3x + 1)^2$.

● **La fonction et son vocabulaire**

Un programme de calcul ainsi défini s'appelle une **fonction** (on la note souvent f).

Exemple À un nombre x (nombre de départ) la fonction de l'exemple précédent fait correspondre le nombre $(3x + 1)^2$.
4 est un antécédent de 169 ;
169 est l'image de 4.
x est un **antécédent** par f de $(3x + 1)^2$;
$(3x + 1)^2$ est l'**image** de x.

ATTENTION !
Par une fonction, un nombre peut avoir plusieurs antécédents (ou aucun !), mais l'image d'un nombre est unique. Dans l'exemple précédent, le nombre 4 a deux antécédents par f : $\frac{1}{3}$ et -1.

En fonction de

Lorsqu'une quantité Q dépend de la valeur d'une quantité **variable** (souvent appelée x), on cherche à **exprimer Q en fonction de x**. Pour cela, on écrit $Q(x)$ à l'aide d'une expression ne contenant que des nombres connus et la lettre x. $Q(x)$ se lit « Q de x ».

Exemple

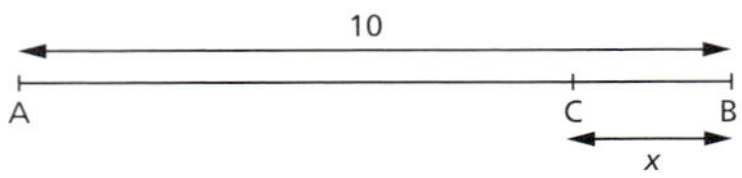

La longueur ℓ = AC dépend de la valeur de x.
On écrit AC $= \ell(x) = 10 - x$.

Ensemble de définition

● L'ensemble de définition d'une fonction f, noté $\mathcal{D}_f$, est l'ensemble des nombres de départ dont le calcul de l'image est possible (les antécédents).

Exemple Dans l'exemple précédent, le nombre x ne peut pas être négatif, et il ne peut pas être supérieur à 10. On note donc $\mathcal{D}_\ell = [0 ; 10]$.

● Dans certaines fonctions, c'est le calcul d'un certain nombre de valeurs qui est impossible : par exemple, on ne peut pas diviser par 0, ou on ne peut pas prendre la racine carrée d'un nombre négatif.

Exemple $f(x) = \frac{1}{x}$, on a $\mathcal{D}_f = \mathbb{R} \setminus \{0\}$.
L'ensemble de définition est l'ensemble des nombres réels privé de 0.

LA MÉTHODE

Calculer l'image d'un nombre a par une fonction f

Étape 1 On remplace x par a dans l'expression de $f(x)$.
Étape 2 On calcule $f(a)$ en respectant les règles de priorités sur les opérations.

Exemple Soit la fonction f définie par : $f(x) = 3(2x + 1)^2 - 4$. Calculer l'image de 7 par f.
Étape 1 On remplace x par 7 dans l'expression de $f(x)$:
$f(7) = 3(2 \times 7 + 1)^2 - 4$
Étape 2 On calcule $f(7)$:
$f(7) = 3(14 + 1)^2 - 4 = 3 \times 15^2 - 4 = 3 \times 225 - 4 = 675 - 4 = 671$
671 est donc l'image de 7 par la fonction f.

Déterminer les antécédents (éventuels) d'un nombre b par une fonction f

Étape 1 On résout l'équation $f(x) = b$.
Étape 2 On conclut : les antécédents de b par f sont les solutions de l'équation $f(x) = b$ qui **appartiennent** à l'ensemble de définition de f.

Exemple Soit f la fonction définie sur $[0 ; 5]$ par $f(x) = x^2 - 1$.
Déterminer les antécédents de 8 par f.
Étape 1 On résout l'équation $f(x) = 8$: $x^2 - 1 = 8 \Leftrightarrow x^2 = 9 \Leftrightarrow x = 3$ ou $x = -3$.
Étape 2 -3 n'appartient pas à $[0 ; 5]$. 3 est donc l'unique antécédent de 8 par f.

1 QUIZ **Cocher la case qui convient.**

Quelle est l'image de 0 dans chacun des cas ?

1. $f(z) = \dfrac{1}{z+2}$	☐ **a.** 0	☐ **b.** $\dfrac{1}{2}$	☐ **c.** 2	☐ **d.** 0 n'a pas d'image.
2. $g(x) = 2x^2 - 7{,}5x + 3$	☐ **a.** 0	☐ **b.** 3	☐ **c.** –2,5	☐ **d.** 0 n'a pas d'image.
3. $u(n) = \sqrt{n+1}$	☐ **a.** 0	☐ **b.** $\dfrac{1}{2}$	☐ **c.** 1	☐ **d.** 0 n'a pas d'image.
4. $h(a) = a^8$	☐ **a.** 0	☐ **b.** 1	☐ **c.** 8	☐ **d.** 0 n'a pas d'image.

2 **Programme de calcul**

Voici un programme de calcul.

1. Choisir un nombre x.
2. Multiplier ce nombre par 3, puis ajouter 1.
3. Élever le résultat au carré, puis soustraire 5.
4. Noter $R(x)$ le résultat obtenu.

Déterminer $R(x)$ pour n'importe quel x.

3 **Images et antécédents**

Soit f une fonction telle que : $f(3) = 5$ et $f(7) = 6$.
Compléter les phrases suivantes :

a. L'image de 7 par …… est …… .
b. Un antécédent de 6 par f est …… .
c. 5 est …… de ……. par …… .
d. 3 est un …… de …… par …… .

4 **Distance et temps**

Une relation entre la distance D, la vitesse V et le temps T est : $D = VT$.

a. Exprimer V en fonction de D et de T.
b. Exprimer T en fonction de D et de V.

5 **Calcul d'images**

Soit f la fonction définie par $f(x) = 2x^3 - 4x^2 - 4x + 1$.

a. Déterminer l'image de 2 par f.
b. Déterminer l'image de –2 par f.
c. Déterminer l'image de 0 par f.
d. Compléter le tableau de valeurs suivant :

x	2	–2	0
$f(x)$			

6 **Calculs d'antécédents**

Soit f et g les fonctions définies sur $\mathbb{R}$ par :

$f(x) = \dfrac{2x+7}{5}$ et $g(x) = 2x^2 + 3$.

a. Déterminer le ou les antécédents de 8 par f.
b. Déterminer le ou les antécédents de 5 par g.

7 **Antécédent et image**

Soit f une fonction telle que :

- un antécédent de 0 est 1 ;
- l'image de 0 est –2 ;
- $f(3) = 4$;
- 5 a pour image 3.

Compléter le tableau de valeurs suivant :

x	3		0	
$f(x)$		3		0

8 **Dans un triangle**

Dans la figure suivante, on a : BC = 10 cm, AB = 8 cm.
E est un point du segment [BC] ; on pose EC = x cm.
On pose : $f(x)$ = aire de EFC et $g(x)$ = aire de ABEF.

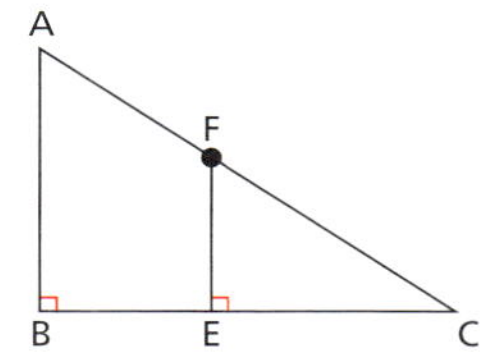

a. À quel intervalle appartient x ?
b. Exprimer EF en fonction de x.
c. Déterminer $f(x)$.
d. Déterminer $g(x)$.
e. Déterminer la ou les valeurs de x pour lesquelles les deux aires sont égales.

9 **Avec un tableur**

Soit la fonction g définie par $g(x) = \dfrac{-60}{x+2}$.

Compléter le tableau de valeurs en utilisant la fonction « Table » de la calculatrice.

x	1	2	3	4	2,58
$g(x)$					

x				
$g(x)$	–5	–4	5	erreur

POUR VOUS AIDER

- Pour les 4 premières valeurs, le calcul d'image peut se faire en programmant le tableur avec un pas de 1 (dans DEFINIR TABLE pour Texas, RANGE pour Casio).
- Pour le calcul de l'image de 2,58, il faut entrer la valeur sur le clavier (programmer « demande » pour Texas, ne rien faire pour Casio qui donne les images directement à la demande).
- Pour les calculs d'antécédents, les calculatrices ne résolvent pas les équations, il faut les chercher par tâtonnement…

11 Courbe représentative d'une fonction

L'ESSENTIEL

Représentation graphique d'une fonction

Soit (O ; I, J) un repère (voir le chapitre 26 pour la définition d'un repère dans le plan).
Soit f une fonction définie sur un intervalle K.
La **courbe représentative** d'une fonction f dans le repère (O ; I, J) est l'ensemble des points dont les coordonnées sont $(x\,;f(x))$, avec x appartenant à K.

ATTENTION !
Connaître les coordonnées de quelques points ne suffit pas pour tracer la courbe représentative d'une fonction.
Pour joindre les points, il faut connaître le sens de variation de la fonction (voir le chapitre suivant).

Exemple Soit la fonction f définie sur $[-1{,}5\,;\,3{,}5]$ par $f(x) = 0{,}5x^3 - 1{,}5x^2 - 0{,}5x + 1{,}5$.
L'ordinateur ou la calculatrice peuvent calculer un très grand nombre d'images, ce qui permet de dessiner une courbe.
On a ainsi la courbe représentative, notée $\mathscr{C}_f$, de la fonction f.
Par le calcul, on trouve $f(2) = -1{,}5$.
Donc le point M de coordonnées $(2\,;\,-1{,}5)$ appartient à $\mathscr{C}_f$.

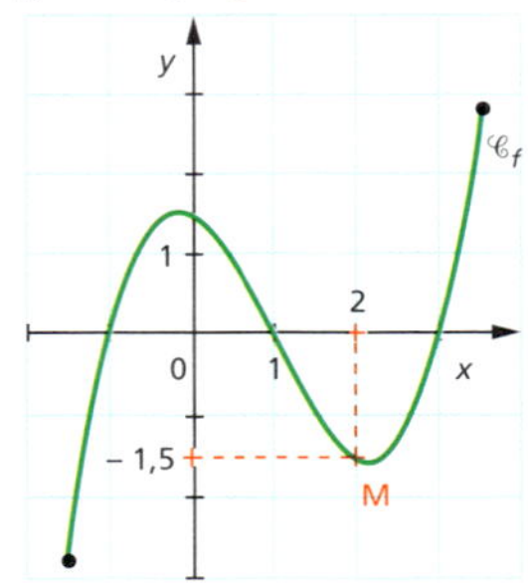

LA MÉTHODE

Déterminer graphiquement l'image d'un nombre x par une fonction f

Étape 1 On place x sur l'axe des abscisses.

Étape 2 On repère le point de la courbe représentative de f qui a pour abscisse x. L'ordonnée de ce point est égale à $f(x)$.

Exemple On a tracé la courbe représentative d'une fonction f.
Déterminer graphiquement les images de -2, 0 et 7 par f.
Étape 1 On repère les abscisses -2, 0 et 7 sur l'axe.
Étape 2 Les points de la courbe d'abscisses -2, 0 et 7 sont respectivement A, B et C.
L'ordonnée de A est 1. L'image de -2 par f est donc 1, ce que l'on écrit $f(-2) = 1$.
L'ordonnée de B est -3. L'image de 0 par f est donc -3, d'où $f(0) = -3$.
L'ordonnée de C est 3. L'image de 7 par f est donc 3. D'où $f(7) = 3$.

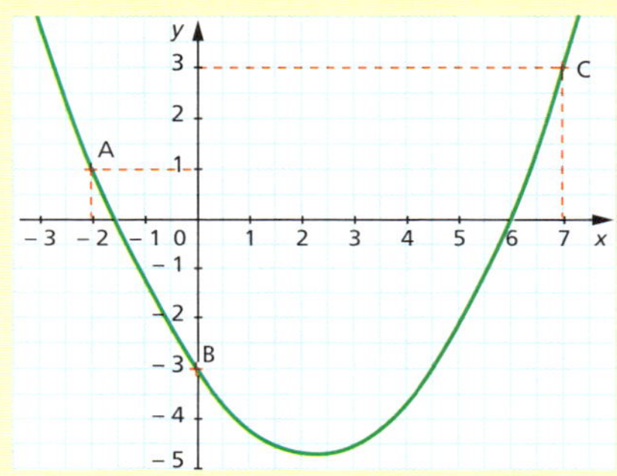

Résoudre graphiquement l'inéquation $f(x) \leqslant a$

Étape 1 On place a sur l'axe des ordonnées.

Étape 2 On repère les points de la courbe $\mathscr{C}_f$ qui ont une ordonnée inférieure ou égale à a.

Étape 3 On regarde les **abscisses** des points trouvés précédemment. Ces abscisses sont les solutions de l'inéquation $f(x) \leqslant a$.

Exemple On a tracé la courbe représentative d'une fonction f définie sur $[-1{,}5\,;\,2{,}5]$. Résoudre l'inéquation $f(x) \leqslant 1$.
Étape 1 On place 1 sur l'axe des ordonnées.
Étape 2 On place en rouge tous les points de $\mathscr{C}_f$ qui ont une ordonnée inférieure ou égale à 1.
Étape 3 On a tracé en bleu les abscisses des points de la courbe trouvés à l'étape 2.
L'ensemble des solutions S de l'inéquation est donc :
$S = [-1\,;\,0{,}5] \cup [2\,;\,2{,}5]$.

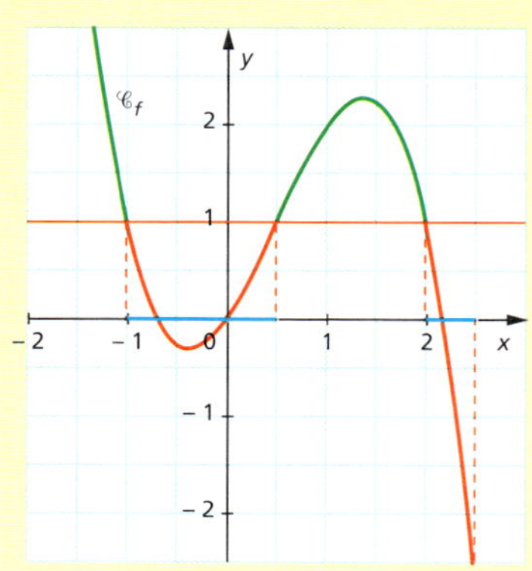

Remarques :
- Dans l'exemple, les antécédents de 1 sont -1, $0{,}5$ et 2 (chercher les antécédents de 1 revient à résoudre l'équation $f(x) = 1$).
- Étudier graphiquement les inéquations $f(x) < 0$ et $f(x) > 0$ revient à situer la courbe par rapport à l'axe des abscisses ou à étudier graphiquement le signe de f (équivalent au tableau de signes).

1 QUIZ

Entourer le mot qui convient.

Soit le point A(3 ; 5) sur la courbe représentative d'une fonction f.

a. 3 est une *abscisse / ordonnée.*

b. 3 est *un antécédent / une image.*

c. 5 est *l'image / l'antécédent* de 3.

2 Sur la courbe

On a tracé la courbe d'une fonction f.

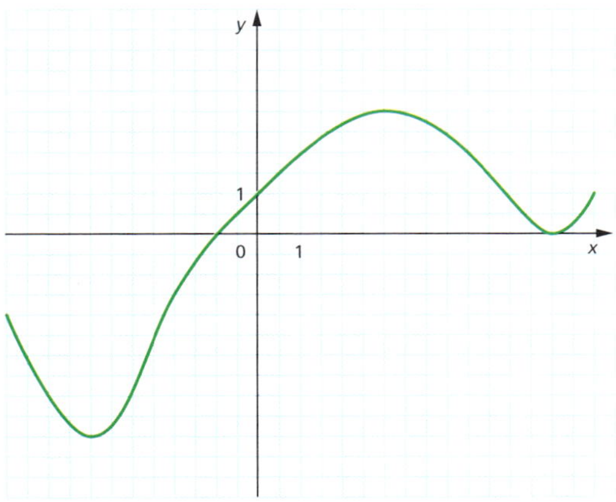

a. Donner l'ensemble de définition de f.

b. Déterminer graphiquement les images de – 6, de 3 et de 0 par f.

c. Déterminer les (éventuels) antécédents de 0, de 1 et de 4 par f.

d. Faire le tableau de signes de f.

3 Graphiquement et par le calcul

On a tracé la courbe d'une fonction f définie sur $\mathbb{R}$ par $f(x) = -x^3 + 4x + 2$.

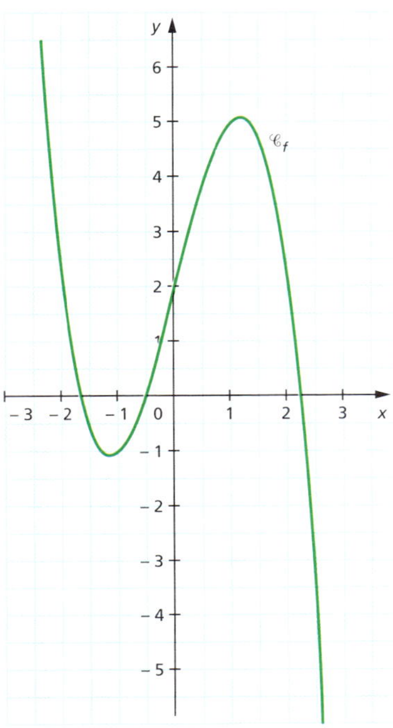

a. Déterminer graphiquement les antécédents de 2 par f.

b. Vérifier par le calcul les résultats trouvés en **a**.

4 Équation et inéquations

On a tracé la courbe d'une fonction f définie sur [–2 ; 2,5].

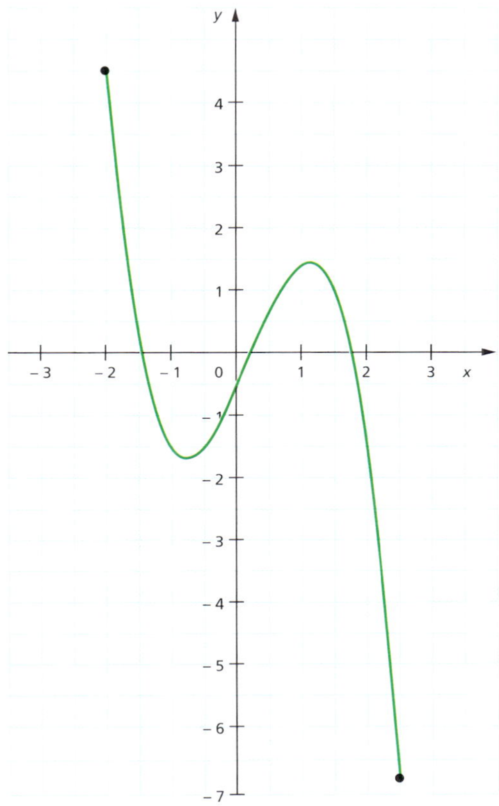

1. Résoudre graphiquement :

a. $f(x) = -1{,}5$ **b.** $f(x) > -1{,}5$

c. $f(x) \geqslant -1{,}5$ **d.** $f(x) < -1{,}5$

e. $f(x) \leqslant -1{,}5$

2. Ces affirmations sont-elles vraies ou fausses ?

a. Si $f(x) > 0$, alors $x > 0$.

b. Si $x > 1$, alors $f(x) < 1{,}5$.

c. Si $f(x) < -2$, alors $x > 0$.

d. L'équation $f(x) = 0$ admet trois solutions.

e. 3 n'a pas d'antécédent.

f. 3 n'a pas d'image.

g. –1 a deux antécédents.

3. Compléter :

a. Si $x \in [-2 ; -1]$, alors $f(x) \in$ ……

b. Si $x \in]0 ; 2]$, alors $f(x) \in$ ……

5 Points de la courbe

Soit la fonction f définie sur $\mathbb{R}$ par $f(x) = x^2 + 2x + 1$.

Compléter avec les symboles $\in$ ou $\notin$.

a. A(0 ; 3) …… $\mathscr{C}_f$ **b.** B(–1 ; 0) …… $\mathscr{C}_f$

c. C(–2 ; –7) …… $\mathscr{C}_f$ **d.** D(1 ; 0) …… $\mathscr{C}_f$

12 Sens de variation d'une fonction

L'ESSENTIEL

Variations d'une fonction

Exemple La courbe d'une fonction f définie sur $[-4 ; 2]$ est représentée ci-dessous. On se déplace sur la courbe de la gauche vers la droite. On observe que :
- si $x \in [-4 ; -2] \cup [1 ; 2]$ (les intervalles en bleu sur l'axe des abscisses), la courbe « monte » ;
- si $x \in [-2 ; 1]$ (l'intervalle en rouge sur l'axe des abscisses), la courbe « descend ».

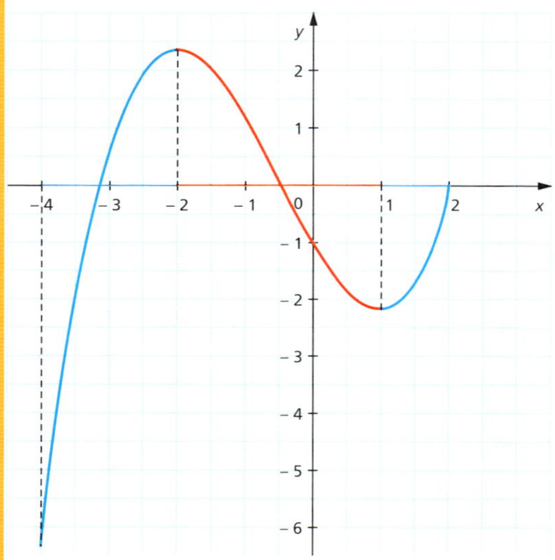

On dit que f est **strictement croissante** sur $[-4 ; -2] \cup [1 ; 2]$ et **strictement décroissante** sur $[-2 ; 1]$. On a ainsi donné le **sens de variation** de f.

ATTENTION !
Ne pas confondre « sens de variation » et « signe » ! Une fonction peut être croissante et négative, ou décroissante et positive !

Fonction croissante
Une fonction f est strictement **croissante** sur un intervalle I si pour tous réels x_1 et x_2 de I tels que $x_1 < x_2$, alors $f(x_1) < f(x_2)$ (l'ordre est **conservé**).

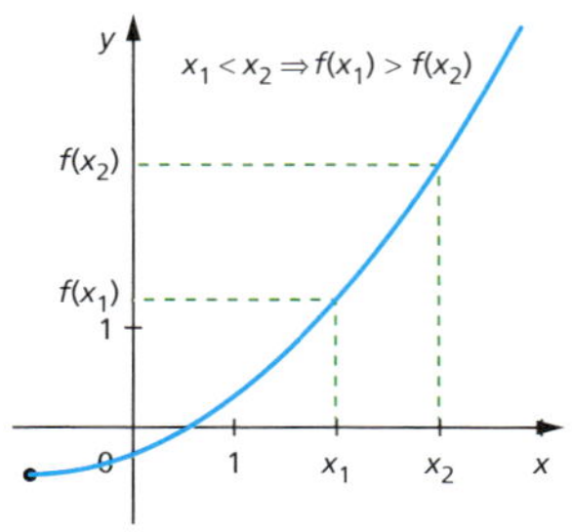

Fonction décroissante
Une fonction f est strictement **décroissante** sur un intervalle I si pour tous réels x_1 et x_2 de I tels que $x_1 < x_2$, alors $f(x_1) > f(x_2)$ (l'ordre est **inversé**).

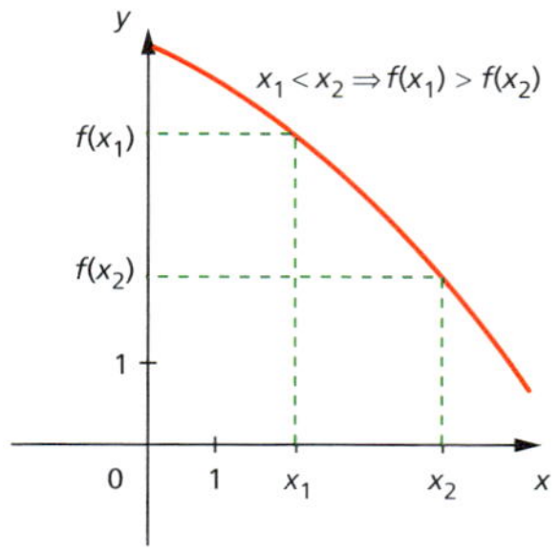

Fonction constante
Une fonction f est **constante** sur un intervalle I si pour tous réels x_1 et x_2 de I on a $f(x_1) = f(x_2)$.

Remarques
- On dit que f est **monotone** sur I si elle est strictement croissante ou strictement décroissante sur I.
- Le sens de variation d'une fonction peut être résumé dans un tableau de variation (voir « La méthode »).

Extremums d'une fonction

Soit f une fonction définie sur un intervalle I.

- Dire que $f(a)$ est le **maximum** de f sur I équivaut à dire que $f(x) \leqslant f(a)$ pour tout x de l'intervalle I.
- Dire que $f(b)$ est le **minimum** de f sur I équivaut à dire que $f(x) \geqslant f(b)$ pour tout x de l'intervalle I.

LA MÉTHODE

Déterminer graphiquement le tableau de variation d'une fonction f

Étape 1 Sur la première ligne du tableau, on place les bornes des intervalles sur lesquels la fonction est monotone.
Étape 2 On complète la deuxième ligne du tableau avec des flèches (flèche montante si la fonction croissante, flèche descendante si la fonction est décroissante), en allant de la gauche vers la droite.
Étape 3 On complète le tableau avec les images des nombres de la première ligne.

Exemple Le schéma ci-contre donne la courbe d'une fonction f.
Faire le tableau de variation de f.

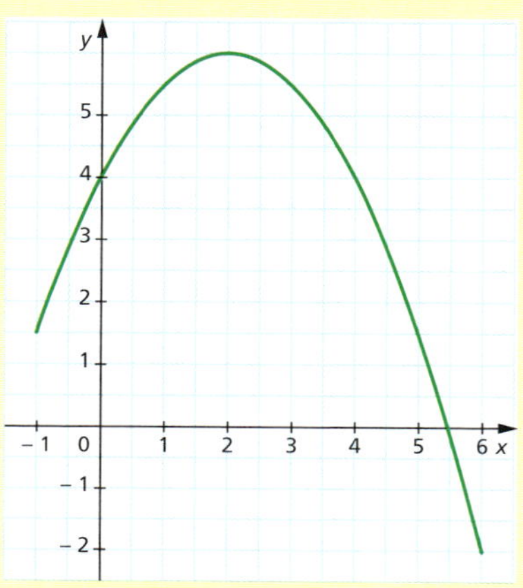

Étape 1 f est définie sur $[-1 ; 6]$. Elle change de sens de variation pour $x = 2$.
On place donc les abscisses -1, 2 et 6 (dans l'ordre croissant) sur la première ligne du tableau.

Étape 2 f est croissante si x varie de -1 à 2 : on dit que f est croissante **sur $[-1 ; 2]$**. On trace donc une flèche montante dans la deuxième ligne du tableau, sous les valeurs correspondantes de x.
De la même façon, f est décroissante sur $[2 ; 6]$. On trace donc une flèche descendante pour cet intervalle.

x	-1		2		6
Variations de f		↗		↘	

Étape 3 On complète le tableau avec les images de -1, 2 et 6.

x	-1		2		6
Variations de f	$\frac{3}{2}$	↗	6	↘	-2

S'ENTRAÎNER

1 QUIZ

Cocher les inégalités qui sont vraies.

Soit f une fonction croissante et négative sur $]-\infty ; 5]$.

- ☐ **a.** $f(5) < f(3)$
- ☐ **b.** $f(-5) < f(3)$
- ☐ **c.** $f(4) < 0$
- ☐ **d.** $f(-2) \geqslant f(0)$
- ☐ **e.** $f(0) > 0$
- ☐ **f.** $f(5) > 0$

2 De la courbe au tableau

Voici la courbe d'une fonction f.

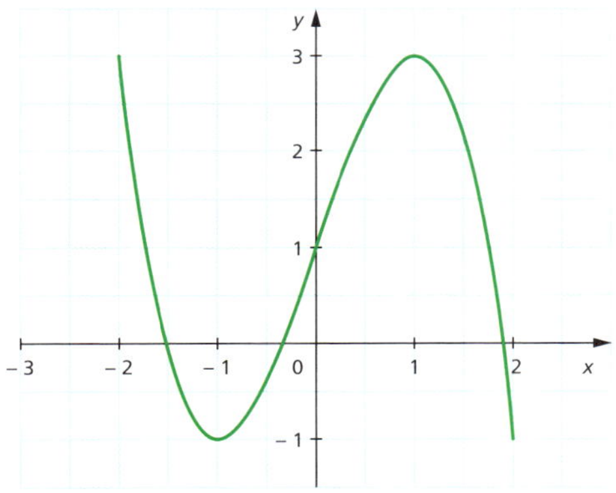

a. Donner l'intervalle de définition de f.
b. Donner son tableau de variation.

3 Plus grand ou plus petit

Voici le tableau de variation d'une fonction f.

x	-2		3		5		8
Variations de f	4	↘	-6	↗	7	↘	6

Compléter par < ou > quand c'est possible.

a. $f(1)$ …… -6 **b.** $f(1)$ …… 4
c. $f(4)$ …… -6 **d.** $f(4)$ …… 7
e. $f(1)$ …… $f(4)$ **f.** $f(1)$ …… $f(6)$
g. $f(4)$ …… $f(6)$ **h.** $f(5{,}5)$ …… $f(-1)$

4 Des variations aux signes

Voici le tableau de variation d'une fonction f.

x	1		3		5
Variations de f	-4	↗	5	↘	2

On donne un renseignement supplémentaire : $f(2) = 0$.

a. Compléter par > ou <.
$f(1{,}5)$ …… 0
$f(2{,}5)$ …… 0
$f(4)$ …… 0

b. Sur quel intervalle a-t-on $f(x) > 0$?
c. Sur quel intervalle a-t-on $f(x) < 0$?
d. En déduire le tableau de signes de $f(x)$.

5 Un casse-tête

Voici quelques renseignements donnés à propos d'une fonction u définie sur $[-2 ; 2]$.

1. u est croissante sur $[-1 ; 1]$.
2. 0 est le minimum de u sur $[-2 ; 1]$.
3. $u(1) = 3$.
4. u est décroissante sur $[-2 ; -1]$.
5. Sur $[0 ; 2]$, $u(x) \leqslant 3$.
6. u est monotone sur $[1 ; 2]$.

Établir le tableau de variation de u en le complétant au maximum.

13 Positions relatives et intersections de courbes

L'ESSENTIEL

Intersection de courbes

Soit $\mathscr{C}_f$ la courbe représentative d'une fonction f et $\mathscr{C}_g$ la courbe représentative d'une fonction g. Chercher les abscisses des points d'intersection de $\mathscr{C}_f$ et $\mathscr{C}_g$, c'est résoudre, graphiquement ou par le calcul, l'équation $f(x) = g(x)$.

Positions relatives de deux courbes

● **Graphiquement**

››› Étudier les positions relatives de $\mathscr{C}_f$ et de $\mathscr{C}_g$, c'est chercher les points d'intersection des deux courbes ainsi que les intervalles sur lesquels $\mathscr{C}_f$ est au-dessus de $\mathscr{C}_g$ et les intervalles sur lesquels $\mathscr{C}_f$ est en dessous de $\mathscr{C}_g$.

››› Dire que $\mathscr{C}_f$ est au-dessus de $\mathscr{C}_g$ sur un intervalle I équivaut à dire que $f(x) > g(x)$ sur cet intervalle.

››› Dire que $\mathscr{C}_f$ est en dessous de $\mathscr{C}_g$ sur un intervalle I équivaut à dire que $f(x) < g(x)$ sur cet intervalle.

● **Par le calcul**

Pour étudier les positions relatives de deux courbes $\mathscr{C}_f$ et $\mathscr{C}_g$, on étudie le signe de $f(x) - g(x)$. En effet :

››› $f(x) > g(x)$ équivaut à $f(x) - g(x) > 0$;

››› $f(x) < g(x)$ équivaut à $f(x) - g(x) < 0$.

LA MÉTHODE

Résoudre graphiquement l'équation $f(x) = g(x)$

Étape 1 On repère sur la courbe les points d'intersection entre les courbes représentatives $\mathscr{C}_f$ et $\mathscr{C}_g$.

Étape 2 On lit les abscisses des points trouvés précédemment : ce sont les solutions de l'équation $f(x) = g(x)$.

Exemple

On a tracé les courbes représentatives de deux fonctions f et g définies sur $[-3 ; 2]$.
Résoudre l'équation $f(x) = g(x)$.

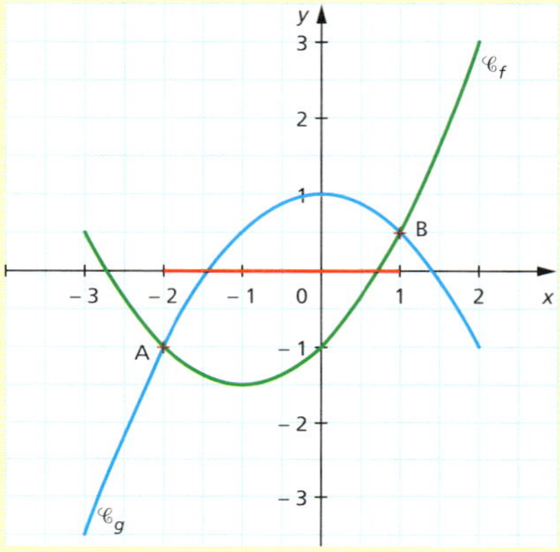

Étape 1 Les points A et B sont les points d'intersection des courbes $\mathscr{C}_g$ et $\mathscr{C}_g$.

Étape 2 Leurs abscisses sont respectivement -2 et 1.
L'ensemble solution de l'équation $f(x) = g(x)$ est donc $S = \{-2 ; 1\}$.

Étudier par le calcul les positions relatives de deux courbes représentatives de fonctions f et g

Étape 1 On calcule $f(x) - g(x)$.

Étape 2 On étudie le signe de $f(x) - g(x)$.

Étape 3 On conclut : ››› quand $f(x) - g(x) > 0$, $\mathscr{C}_f$ est au-dessus de $\mathscr{C}_g$;
››› quand $f(x) - g(x) < 0$, $\mathscr{C}_f$ est en dessous de $\mathscr{C}_g$.

Exemple

Soit f et g les fonctions définies sur $\mathbb{R}$ par $f(x) = x^2 - 3x - 2$ et $g(x) = x - 2$.
Étudier les positions relatives de $\mathscr{C}_f$ et de $\mathscr{C}_g$.

Étape 1 On calcule $f(x) - g(x)$ en factorisant afin d'obtenir un produit d'expressions du premier degré :
$f(x) - g(x) = x^2 - 3x - 2 - (x - 2) = x^2 - 4x = x(x - 4)$

Étape 2 On construit le tableau de signes de $x(x - 4)$.

x	$-\infty$		0		4		$+\infty$
Signe de x		$-$	0	$+$		$+$	
Signe de $x - 4$		$-$		$-$	0	$+$	
Signe de $x(x - 4)$		$+$	0	$-$	0	$+$	

Étape 3 On conclut :

››› $f(x) - g(x) > 0$ sur $]-\infty ; 0[\cup]4 ; +\infty[$,
d'où $f(x) > g(x)$ sur $]-\infty ; 0[\cup]4 ; +\infty[$.
Donc $\mathscr{C}_f$ est au-dessus de $\mathscr{C}_g$ sur $]-\infty ; 0[\cup]4 ; +\infty[$.

››› $\mathscr{C}_f$ est en dessous de $\mathscr{C}_g$ sur $]0 ; 4[$.

Remarque : On peut vérifier ces résultats en traçant les deux courbes sur la calculatrice.

S'ENTRAÎNER

1 QUIZ

Compléter les phrases suivantes.

Soit $\mathscr{C}_f$ la courbe représentative de la fonction f et $\mathscr{C}_g$ la courbe représentative de la fonction g.

a. $\mathscr{C}_f$ est au-dessus de $\mathscr{C}_g$ sur un intervalle I signifie $f(x) - g(x)$ .... pour $x \in I$.

b. Pour trouver les abscisses des points d'intersection de $\mathscr{C}_f$ et $\mathscr{C}_g$, on résout ....

2 Comparaison de fonctions

On a tracé les courbes de deux fonctions f et g définies sur $[-2\,;3]$.

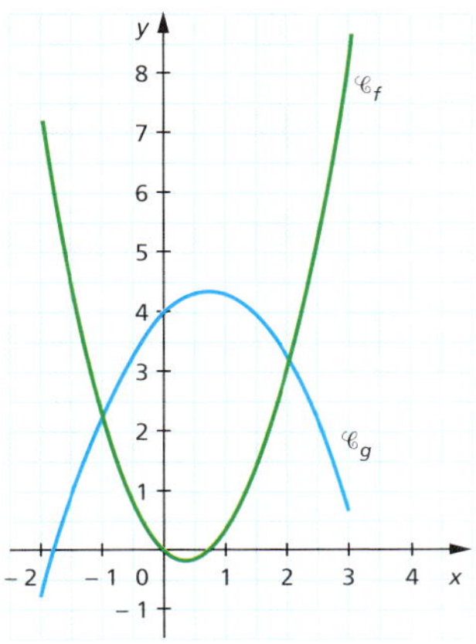

a. Compléter avec >, < ou =.

$f(-1{,}5)$ ...... $g(-1{,}5)$ $f(-1)$ ...... $g(-1)$

$f(-0{,}5)$ ...... $g(-0{,}5)$ $f(1)$ ...... $g(1)$

$f(2)$ ...... $g(2)$ $f(3)$ ...... $g(3)$

b. Résoudre graphiquement l'inéquation $f(x) < g(x)$.

3 Courbe et droite

On a tracé ci-dessous les courbes de deux fonctions f et g définies sur $\mathbb{R}$.

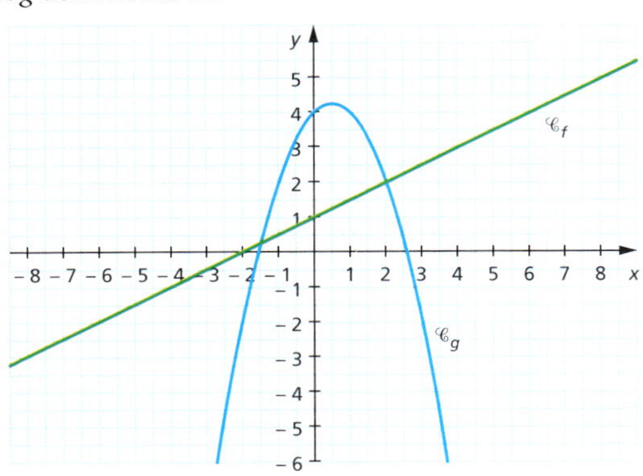

a. Résoudre graphiquement l'équation $f(x) = g(x)$.

b. Résoudre graphiquement l'inéquation $f(x) < g(x)$.

c. Résoudre graphiquement l'inéquation $f(x) \geqslant g(x)$.

d. Donner les positions relatives de $\mathscr{C}_f$ et de $\mathscr{C}_g$.

POUR VOUS AIDER

La réponse à la question **d.** est un résumé des réponses précédentes.

4 Deux courbes

On a tracé ci-dessous les courbes de deux fonctions f et g définies sur $[-2{,}5\,;1{,}5]$.

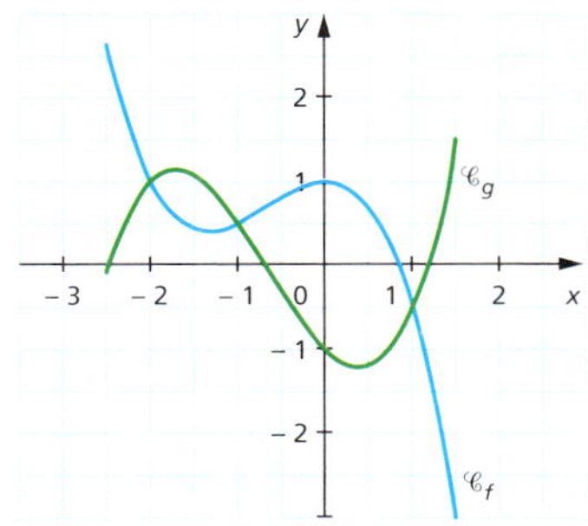

a. Résoudre graphiquement l'équation $f(x) = g(x)$.

b. Résoudre graphiquement l'inéquation $f(x) < g(x)$.

c. Résoudre graphiquement l'inéquation $f(x) \geqslant g(x)$.

d. Donner les positions relatives des courbes représentatives $\mathscr{C}_f$ et $\mathscr{C}_g$.

5 Second degré

Soit f et g les fonctions définies sur $\mathbb{R}$ par

$f(x) = -x^2 + 2x + 1$ et $g(x) = x^2 + 6x + 1$.

a. Déterminer les coordonnées des points d'intersection de $\mathscr{C}_f$ et $\mathscr{C}_g$.

b. Étudier les positions relatives de $\mathscr{C}_f$ et $\mathscr{C}_g$.

POUR VOUS AIDER

On est amené à résoudre une équation du second degré puis à étudier un signe. Il faut donc factoriser l'expression obtenue.

6 Troisième degré

Soit f et g les fonctions définies sur $\mathbb{R}$ par

$f(x) = x^3 - 9x$ et $g(x) = -x^2 + 9$.

a. Montrer que $f(x) - g(x) = (x+1)(x^2 - 9)$.

b. Déterminer les coordonnées des points d'intersection de $\mathscr{C}_f$ et $\mathscr{C}_g$.

c. Étudier les positions relatives de $\mathscr{C}_f$ et $\mathscr{C}_g$.

POUR VOUS AIDER

Question a. Pour montrer cette égalité, on calcule, en développant et réduisant, **séparément** chaque membre de l'égalité.

14 Les fonctions affines

L'ESSENTIEL

Définition et vocabulaire

- Une fonction affine f est définie par :

$$f : x \mapsto f(x) = ax + b$$

avec a et b deux réels.

- Le nombre a est appelé le **coefficient** de f.
- Le nombre b est **l'image de 0**.

Sens de variation et signe

- La fonction f est **croissante** si $a > 0$.

Elle est **décroissante** si $a < 0$.

Une fonction affine n'a donc qu'un seul sens de variation.

- Sa représentation graphique est **une droite** (voir les études graphiques et algébriques aux chapitres 31 et 32).

››› Si $a \neq 0$, $ax + b = 0 \Leftrightarrow x = -\dfrac{b}{a}$

››› Si $a > 0$, $ax + b > 0 \Leftrightarrow x > -\dfrac{b}{a}$

x	$-\infty$	$-\dfrac{b}{a}$	$+\infty$
$f(x)$	$-$	0	$+$

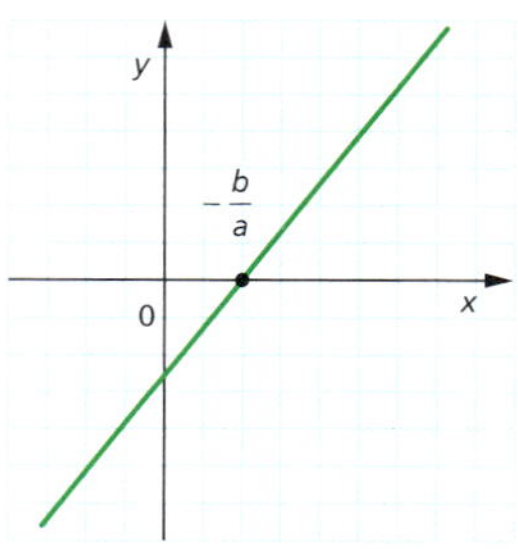

››› Si $a < 0$, $ax + b > 0 \Leftrightarrow x < -\dfrac{b}{a}$

x	$-\infty$	$-\dfrac{b}{a}$	$+\infty$
$f(x)$	$+$	0	$-$

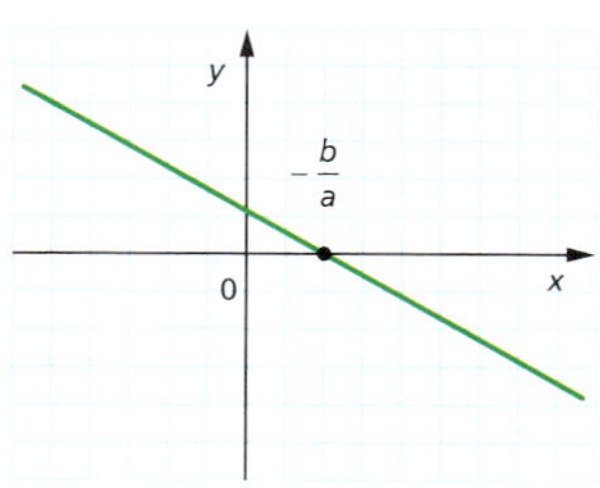

Caractérisation d'une fonction affine

- Soit deux nombres x_1 et x_2 tels que $x_1 \neq x_2$.

On a $f(x_1) = ax_1 + b$ et $f(x_2) = ax_2 + b$.

Donc, par différence :

$f(x_1) - f(x_2) = ax_1 - ax_2 = a(x_1 - x_2)$.

D'où : $$a = \dfrac{f(x_1) - f(x_2)}{x_1 - x_2}$$

- Une fonction affine est donc caractérisée par le fait que la différence des images de deux nombres est **proportionnelle** à la différence de ces nombres.

On parle de **proportionnalité des accroissements**.

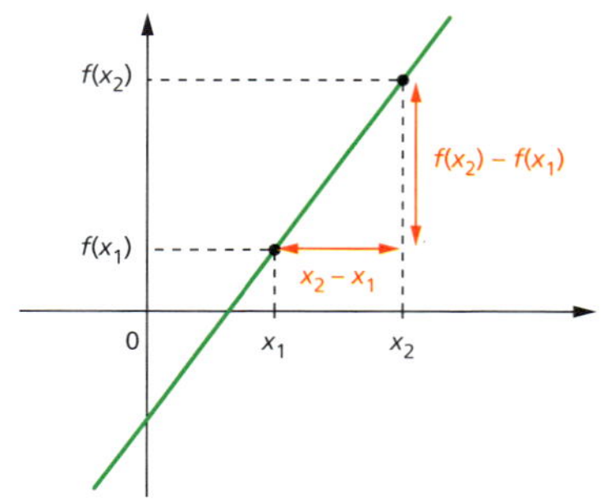

- Le coefficient a donne une indication sur la pente de la droite.

Cas particuliers

- Si le nombre b (image de 0) est nul, alors la fonction f est **linéaire**. Le nombre a représente alors un **coefficient de proportionnalité** : $f(x) = ax$.

ATTENTION !

Une fonction linéaire n'est pas le « contraire » d'une fonction affine. C'est justement ne fonction affine qui a une caractéristique supplémentaire : l'image de 0 et 0.
Donc la représentation d'une fonction linéaire est une droite qui passe par l'origine.

- Si le coefficient a est nul, alors on a $f(x) = b$.

La fonction est **constante**.

LA MÉTHODE

Déterminer le sens de variation d'une fonction affine

Étape 1 On écrit l'expression de la fonction sous la forme $f(x) = ax + b$.

Étape 2 On repère le coefficient a. S'il est positif, la fonction est croissante ; s'il est négatif, elle est décroissante ; s'il est nul, la fonction est constante.

Exemple Donner le sens de variation de la fonction $f : x \mapsto f(x) = \dfrac{2 - 3x}{5}$.

Étape 1 La fonction s'écrit $f(x) = -\dfrac{3}{5}x + \dfrac{2}{5}$.

Étape 2 Le coefficient est donc $-\dfrac{3}{5}$. Comme il est négatif, la fonction f est décroissante.

Déterminer une fonction affine connaissant deux nombres et leurs images

Étape 1 On calcule le coefficient a en utilisant la formule $a = \dfrac{f(x_1) - f(x_2)}{x_1 - x_2}$.

Étape 2 On calcule b en remplaçant un nombre et son image dans l'expression.

Exemple Déterminer la fonction affine g telle que $g(1) = -2$ et $g(-1) = 4$.

Étape 1 Calcul de a : soit $g(x) = ax + b$.

On a $a = \dfrac{g(1) - g(-1)}{1-(-1)} = \dfrac{-2-4}{2} = -3$.

Donc $g(x) = -3x + b$.

Étape 2 Calcul de b : $g(1) = -2 = -3 \times 1 + b$. D'où $b = -2 + 3 = 1$.

La fonction g est donc définie par $g(x) = -3x + 1$.

S'ENTRAÎNER

1 QUIZ **Cocher la ou les cases qui conviennent.**

	linéaire	affine	ni l'un, ni l'autre
$f(x) = \sqrt{3} - x$	☐	☐	☐
$g(x) = \dfrac{4+2x}{3}$	☐	☐	☐
$h(x) = \dfrac{4+2x}{x}$	☐	☐	☐
$k(x) = -\dfrac{7x}{3}$	☐	☐	☐
$u(x) = 3 - x^2$	☐	☐	☐
$v(x) = (4x+1)(5-x)$	☐	☐	☐
$w(x) = 3$	☐	☐	☐
$t(x) = \sqrt{x} - 5$	☐	☐	☐

2 Images et antécédents d'une fonction linéaire

Compléter le tableau de valeurs de la fonction u linéaire.

x	0	5	
$u(x)$		15	36

3 f peut-elle être affine ?

Voici le tableau de valeur d'une fonction f.
Cette fonction peut-elle être affine ?

x	0	2	4
$f(x)$	5	10	15

4 Reconnaître une fonction affine

Soit la fonction h définie sur $\mathbb{R}$ de la manière suivante :
$h(x) = (2x-1)^2 + 2(x+5)(3-2x)$.
Cette fonction est-elle affine ?

5 Sens de variation

Donner le sens de variation de ces fonctions, si elles sont affines.

a. $f : x \mapsto f(x) = 5x + 2$ **b.** $f : x \mapsto f(x) = 6 - 4x$

c. $f : x \mapsto f(x) = \dfrac{1}{x}$ **d.** $f : x \mapsto f(x) = \dfrac{x-1}{3}$

e. $f : x \mapsto f(x) = \dfrac{2-x}{-2}$ **f.** $f : x \mapsto f(x) = \dfrac{x}{-\sqrt{2}}$

6 Quelle fonction affine ?

Déterminer la fonction affine f telle que
$f(-2) = 1$ et $f(6) = 5$.

7 La fonction est-elle affine ?

Soit un nombre réel x positif.
Dans chacun des cas suivants, le nombre y est-il l'image de x par une fonction affine ?

a. x est le côté d'un carré et y le périmètre de ce carré.
b. x est le côté d'un carré et y l'aire de ce carré.
c. x est le prix d'un objet en euros et y le prix du même objet en dollars.
d. x est le poids d'un adulte et y sa taille.

8 Taxi !

Les taxis parisiens font payer un forfait pour chaque course, plus une certaine somme proportionnelle aux kilomètres parcourus. J'ai payé 35 € pour une course de 15 km et 41 € pour une course de 18 km.
Donner le montant du forfait ainsi que le prix au kilomètre, puis exprimer le prix en fonction de la distance.

9 Algorithme et fonction affine

Écrire un algorithme qui détermine une fonction affine connaissant deux abscisses et leurs images.

15 La fonction carré

MATHS

L'ESSENTIEL

Définition

La fonction carré est la fonction f définie sur $\mathbb{R}$ par :

$$f(x) = x^2$$

Sens de variation

- Sur $]-\infty\,;0]$, si $a < b$, alors $a^2 > b^2$.
La fonction carré est donc décroissante sur cet intervalle (voir le chapitre 12).

- Sur $[0\,;+\infty[$, si a $< b$, alors $a^2 < b^2$.
La fonction carré est donc croissante sur cet intervalle.

x	$-\infty$	0	$+\infty$
$f(x)$	↘	0	↗

- L'image de 0 par f est $f(0) = 0^2 = 0$.

Représentation graphique

- La représentation graphique de la fonction carré s'appelle une **parabole**. Elle passe par l'origine.
- L'axe des ordonnées est l'**axe de symétrie** de la parabole.

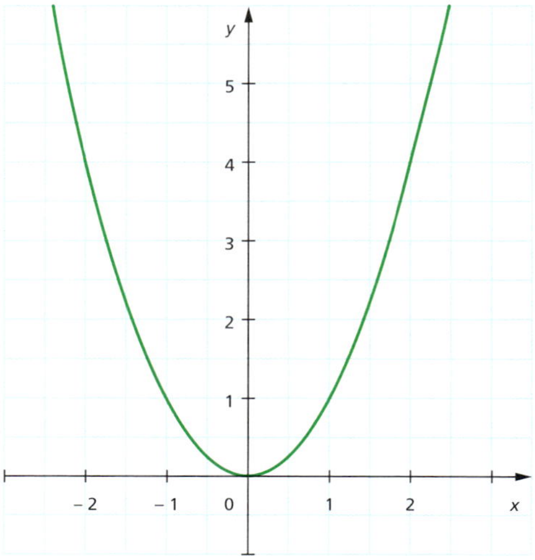

LA MÉTHODE

Comparer deux expressions comportant un carré

Étape 1 On situe chaque expression dans l'un des intervalles $]-\infty\,;0]$ ou $[0\,;+\infty[$.

Étape 2 On établit une inégalité en utilisant les priorités d'opérations, les règles sur les inégalités et la propriété sur les variations de la fonction carré.

Exemple Sachant que $x < y < 0$, comparer $-3x^2 - 2$ et $-3y^2 - 2$.

Étape 1 Par hypothèse, on a $x < y$.

Étape 2 Comme x et y sont négatifs et que la fonction carré est décroissante sur $]-\infty\,;0]$, alors on a : $x^2 > y^2$

On multiplie les deux membres de l'inégalité par -3, négatif, donc on change le sens de l'inégalité :

$$-3x^2 < -3y^2$$

On ajoute un même nombre aux deux membres de l'inégalité et on obtient :

$$-3x^2 - 2 < -3y^2 - 2$$

Étudier le sens de variation d'une fonction en utilisant celui de la fonction carré

Étape 1 On suppose deux nombres a et b tels que $a < b$, et on les situe dans l'intervalle donné.

Étape 2 On compare $f(a)$ et $f(b)$ en procédant comme dans la méthode précédente.

Étape 3 On conclut : si on obtient $f(a) < f(b)$, alors f est croissante, et inversement.

Exemple Étudier le sens de variation de la fonction f définie par $f(x) = 2 + 4x^2$ sur $]0\,;+\infty[$.

Étape 1 Sur $]0\,;+\infty[$, on pose : $0 < a < b$.

Étape 2 Sur $]0\,;+\infty[$, la fonction carré est croissante.

D'où : $0 < a^2 < b^2$

On multiplie les deux membres de l'inégalité par un même nombre positif.

D'où : $4a^2 < 4b^2$

On ajoute un même nombre : $2 + 4a^2 < 2 + 4b^2$

Donc $f(a) < f(b)$

Étape 3 On a démontré que si $a < b$, alors $f(a) < f(b)$.

Donc la fonction f est croissante sur $]0\,;+\infty[$.

1 QUIZ

Calculer mentalement le carré des nombres suivants.

a. 3 **b.** -2 **c.** -1 **d.** 0,5

e. 0,1 **f.** 10^5 **g.** -10^2 **h.** 10^{-4}

2 Nombres

Comparer les nombres suivants.

a. $\left(-\frac{4}{7}\right)^2 \ldots \left(-\frac{2}{7}\right)^2$ **b.** $(-\pi)^2 \ldots (-3\pi)^2$

c. $\left(\frac{5}{\pi}\right)^2 \ldots \left(\frac{4}{\pi}\right)^2$

3 Encadrer le carré

Dans chaque cas, que peut-on dire de x^2 ?

a. $1 < x < 3$ **b.** $-2 > x > -4$ **c.** $x \in [-1 ; 0]$

4 Ranger sans calculer

On considère la liste de nombres :

$0{,}2$; $\frac{5}{3}$; $13{,}5$; $0{,}125$; $\frac{1}{4}$.

Sans les calculer, ranger les carrés de ces nombres dans l'ordre croissant.

5 Dans l'ordre croissant

On sait que quatre nombres x, y, z et t sont tels que $x < y < z < t < 0$.

Ranger les carrés de ces nombres dans l'ordre croissant.

6 Comparaisons

a. Sachant que $x < y < 0$, comparer $3x^2 - 2$ et $3y^2 - 2$.

b. Sachant que $a > b > 0$, comparer $\frac{5a^2 - 4}{7}$ et $\frac{5b^2 - 4}{7}$.

7 Fonctions définies par morceaux

a. On donne une fonction u définie sur $[-2 ; 4]$ par $u(x) = 2 - x$ si $x \geqslant 1$ et $u(x) = x^2$ si $x < 1$.
Représenter graphiquement la fonction u.

b. Voici la représentation graphique d'une fonction v composée de plusieurs morceaux de fonctions de référence.

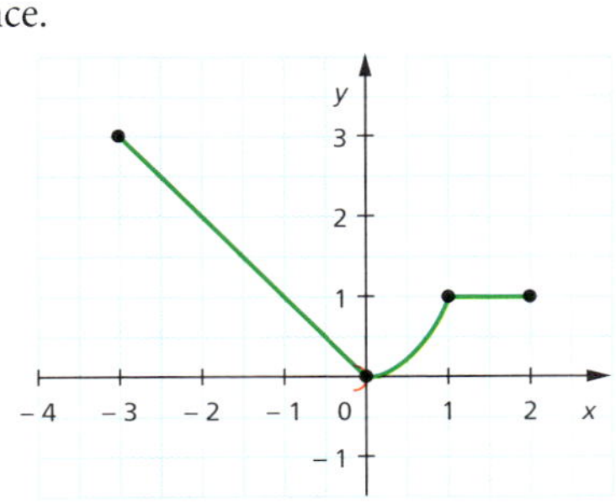

Par lecture graphique, donner les expressions de v en précisant les intervalles concernés.

POUR VOUS AIDER

Les fonctions de référence sont des fonctions dont les propriétés sont particulièrement intéressantes, comme les fonctions affines, la fonction carré, la fonction inverse, etc.

8 Comparaisons graphiques

a. Tracer dans un repère les représentations graphiques des deux fonctions f et g définies par $f(x) = x^2$ et $g(x) = -2x$.

b. Étudier graphiquement leurs positions relatives.

c. Retrouver ces résultats par le calcul.

9 Sens de variation

Déterminer le sens de variation de la fonction u définie sur $]-\infty ; 0]$ par $u(x) = -5x^2 + 1$.

10 Comparaison de fonctions

On souhaite résoudre l'inéquation $x^2 + 2x - 1 < 0$.

Pour cela, on pose $f(x) = x^2$ et $g(x) = 1 - 2x$.

En traçant les courbes représentatives de ces deux fonctions, résoudre graphiquement le problème.

11 Résolution graphique

D'après la représentation graphique de la fonction carré donnée dans l'exercice 12, compléter les inégalités en observant la courbe.

a. $1 < x < 2 \Rightarrow \ldots\ldots < x^2 < \ldots\ldots$

b. $-2 < x < 0 \Rightarrow \ldots\ldots < x^2 < \ldots\ldots$

c. $-1 < x < 2 \Rightarrow \ldots\ldots < x^2 < \ldots\ldots$

12 Fonction paire

On a $(-x)^2 = x^2$.

C'est pour cette raison que la représentation graphique de la fonction carré est symétrique par rapport à l'axe des ordonnées.

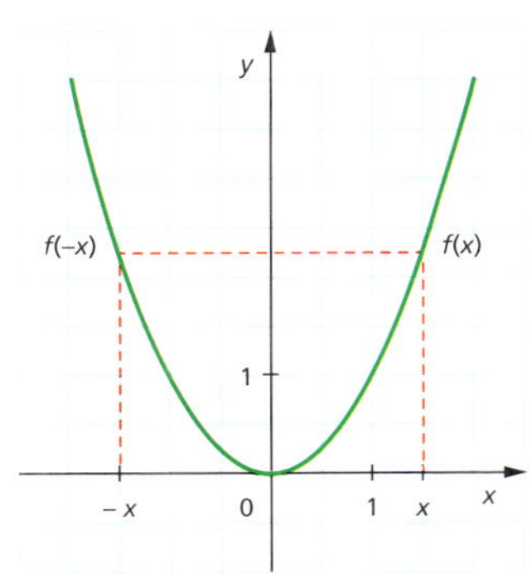

Les fonctions telles que $f(x) = f(-x)$ sont dites « fonctions paires » et leur représention graphique a pour axe de symétrie l'axes des ordonnées.

Parmi les fonctions ci-dessous, quelles sont les fonctions paires ?

$u : x \mapsto x^2 + x + 1$ $v : x \mapsto 1 - x^2$

$t : x \mapsto \frac{1}{3x^2 - 2}$ $h : x \mapsto \frac{2 + x}{3x - 1}$

16 La fonction inverse

MATHS

L'ESSENTIEL

Définition

- La fonction inverse est la fonction f définie par :

$$f(x) = \frac{1}{x}$$

- f est définie sur $\mathbb{R}\backslash\{0\}$ (ou $\mathbb{R}^*$).
En effet, 0 est une valeur interdite de f.

Sens de variation

La fonction inverse est décroissante sur $]-\infty\,;0[\,\cup\,]0\,;+\infty[$.

x	$-\infty$	0	$+\infty$
$f(x)$	↘	‖	↘

ATTENTION !
Les deux intervalles $]-\infty\,;0[$ et $]0\,;+\infty[$ sont bien séparés.
On ne peut pas dire que f est décroissante sur $\mathbb{R}^*$ car, par exemple, pour $-3 < 2$, on a $f(-3) < f(2)$ $\left(\text{on a } -\frac{1}{3} < \frac{1}{2}\right)$.

Représentation graphique

- La représentation graphique de la fonction inverse s'appelle une **hyperbole** : on parle de « deux branches d'hyperbole » car la courbe est en deux parties.
- L'origine du repère est **centre de symétrie** de la courbe.

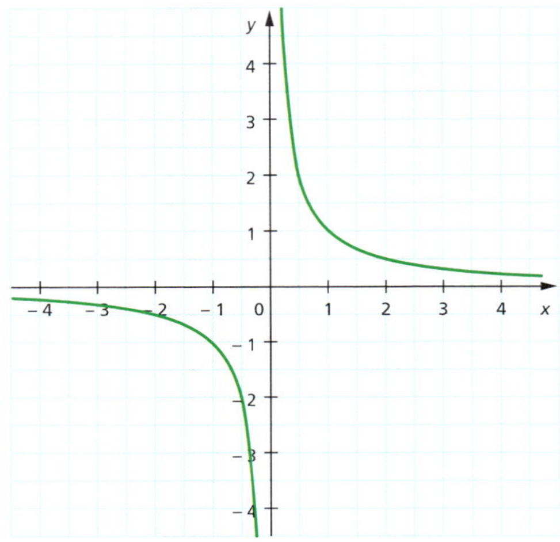

LA MÉTHODE

Comparer deux expressions comportant un inverse en partant d'une inégalité

Étape 1 On part d'une inégalité donnée par l'énoncé.

Étape 2 On établit une inégalité en utilisant les priorités d'opérations ainsi que les règles sur les inégalités.

Exemple Sachant que $x < y < 0$, comparer $\frac{2}{x-3}$ et $\frac{2}{y-3}$.

Étape 1 On part de l'inégalité : $x < y$.

Étape 2 On ajoute un même nombre aux deux membres de l'inégalité et on obtient : $x - 3 < y - 3$.

La fonction inverse étant décroissante, on a : $\frac{1}{x-3} > \frac{1}{y-3}$.

On multiplie les deux membres de l'inégalité par un même nombre positif. D'où : $\frac{2}{x-3} > \frac{2}{y-3}$.

Étudier le sens de variation d'une fonction f en utilisant celui de la fonction inverse

Étape 1 On suppose deux nombres a et b tels que $a < b$ et situés dans le même intervalle du domaine de définition $\mathcal{D}_f$ de f.

Étape 2 On compare $f(a)$ et $f(b)$ comme dans la méthode précédente.

Étape 3 On conclut : si on obtient $f(a) < f(b)$, alors f est croissante, et inversement.

Exemple Étudier le sens de variation de la fonction f définie par $f(x) = -\frac{3}{x}$ sur $]0\,;+\infty[$.

Étape 1 On pose les nombres a et b : $0 < a < b$.

Étape 2 Comme la fonction inverse est décroissante, on obtient : $\frac{1}{a} > \frac{1}{b}$.

On multiplie les deux membres de l'inégalité par un même nombre négatif. D'où : $\frac{-3}{a} < \frac{-3}{b}$
On a donc : $f(a) < f(b)$.

Étape 3 On a démontré que si $a < b$, alors $f(a) < f(b)$. Donc la fonction f est croissante sur $]0\,;+\infty[$.

S'ENTRAÎNER

1 QUIZ **Relier chaque nombre à son inverse.**

$-\frac{2}{5}$	$\frac{1}{3}$	-3	$0,5$	10^5	10^{-5}	-2^3	2^{-3}	-2^{-3}
2	$-\frac{5}{2}$	-8	$-\frac{1}{3}$	10^{-5}	$-\frac{1}{8}$	10^5	8	3

2 Nombres

Comparer les nombres suivants.

a. $-\frac{1}{7}$ et $-\frac{1}{8}$ **b.** $\frac{1}{\pi}$ et $\frac{1}{2\pi}$ **c.** $\frac{1}{\sqrt{3}}$ et $\frac{1}{\sqrt{2}}$

3 Encadrer l'inverse

Dans chaque cas, que peut-on dire de $\frac{1}{x}$?

a. $1 < x < 3$ **b.** $-2 > x > -4$ **c.** $x \in [-3\,;-1]$

4 Ranger sans calculer

On considère la liste de nombres :

$0{,}2\,;\ \frac{5}{3}\,;\ 13{,}5\,;\ 0{,}125\,;\ \frac{1}{4}.$

Sans les calculer, ranger les inverses de ces nombres dans l'ordre croissant.

5 Comparaisons

a. Sachant que $2 < x < y$, comparer $-\frac{5}{2-x}$ et $-\frac{5}{2-y}$.

b. Sachant que $a > b > 0$, comparer $\frac{5}{7+a^2}$ et $\frac{5}{7+b^2}$.

6 Sens de variation

Soit la fonction u définie par $u(x) = \frac{1}{3-x}$.

Déterminer le sens de variations de u sur $]3\,;+\infty[$.

7 Résolution graphique

La courbe de la fonction inverse est présentée page 106.
Par résolution graphique, compléter les inégalités.

a. $2 < x < 3 \Rightarrow \ldots\ldots < \frac{1}{x} < \ldots\ldots$

b. $-2 < x < -1 \Rightarrow \ldots\ldots < \frac{1}{x} < \ldots\ldots$

c. $-2 < x < 0 \Rightarrow \frac{1}{x} < \ldots\ldots$

d. $-2 < x < 2 \Rightarrow \frac{1}{x} > \ldots\ldots$ ou $\frac{1}{x} < \ldots\ldots$

8 Comparaisons graphiques

a. Tracer les représentations graphiques des fonctions g et h définies par $g(x) = \frac{1}{x}$ et $h(x) = 2 - x$.

b. Étudier graphiquement leurs points d'intersection, puis leurs positions relatives.

c. Retrouver ces résultats par le calcul.

9 Un peu de géométrie

On a tracé ci-dessous la représentation graphique de la fonction inverse sur $]0\,;+\infty[$.

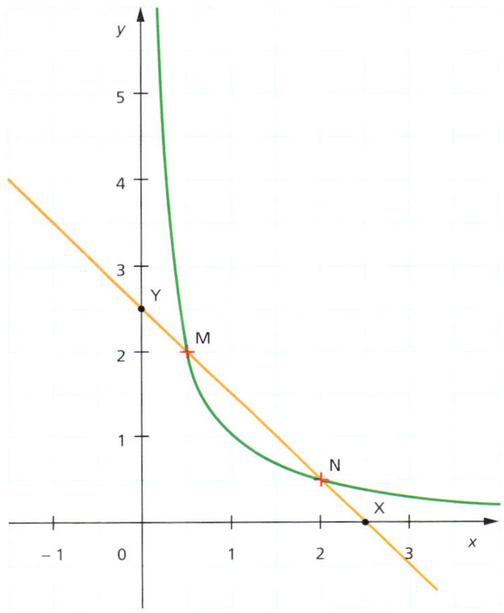

Les points M et N de la courbe ont pour abscisses respectives $\frac{1}{2}$ et 2. La droite (MN) coupe les axes en X et Y.

a. Déterminer la fonction affine dont la représentation graphique est la droite (MN).

b. En déduire par le calcul les coordonnées des points X et Y.

c. Montrer que les segments [MN] et [XY] ont le même milieu.

POUR VOUS AIDER

Voir les formules des fonctions affines au chapitre 14 et des coordonnées du milieu au chapitre 26.

10 Dans un repère

a. Tracer sur une même figure les représentations graphiques de la fonction inverse et de la fonction carré, pour $x > 0$.

b. D'après ce graphique, sur quel intervalle a-t-on $\frac{1}{x} < x^2$?

c. En déduire, sans calcul, les comparaisons des nombres : $\frac{1}{0{,}12}$ et $0{,}12^2$; $\frac{1}{\pi}$ et π^2.

17 Fonctions polynômes et homographiques

L'ESSENTIEL

Fonction polynôme du second degré

- Une fonction polynôme f du second degré est de la forme : $x \mapsto f(x) = ax^2 + bx + c$

avec a, b et c réels, a non nul. Elle est définie sur $\mathbb{R}$.

- Sa représentation graphique est une **parabole**.
- Cette parabole possède un **axe de symétrie** d'équation $x = -\dfrac{b}{2a}$.
- Le nombre $-\dfrac{b}{2a}$ est l'**abscisse du minimum ou du maximum** de la fonction.
- Le tableau de variation dépend du signe de a.

››› Si $a > 0$

x	$-\infty$		$-\dfrac{b}{2a}$		$+\infty$
$f(x)$		↘	$f\left(-\dfrac{b}{2a}\right)$	↗	

››› Si $a < 0$

x	$-\infty$		$-\dfrac{b}{2a}$		$+\infty$
$f(x)$		↗	$f\left(-\dfrac{b}{2a}\right)$	↘	

Fonction homographique

- La fonction homographique g est de la forme :

$$x \mapsto g(x) = \frac{ax+b}{cx+d}$$

avec a, b, c et d réels, c non nul et $ad - bc \neq 0$.

- Cette fonction est définie si $cx + d \neq 0$, c'est-à-dire pour $x \neq -\dfrac{d}{c}$, donc sur $\left]-\infty\,;-\dfrac{d}{c}\right[\cup \left]-\dfrac{d}{c};+\infty\right[$.
- Sa représentation graphique est une **hyperbole**. Elle possède un **centre de symétrie**.
- Une fonction homographique est soit strictement croissante, soit strictement décroissante sur chacun des deux intervalles de son ensemble de définition.

x	$-\infty$		$-\dfrac{d}{c}$		$+\infty$
$g(x)$		↗	‖	↗	

x	$-\infty$		$-\dfrac{d}{c}$		$+\infty$
$g(x)$		↘	‖	↘	

LA MÉTHODE

Construire le tableau de variation et la courbe d'une fonction polynôme du second degré

Étape 1 On calcule la valeur de $-\dfrac{b}{2a}$ qui donne l'abscisse de l'extremum.

Étape 2 On repère le signe de a pour établir le sens de variation de f, et on fait le tableau de variation.

Étape 3 On calcule quelques images de nombres d'un côté de $-\dfrac{b}{2a}$ pour tracer une moitié de courbe. On complète par symétrie.

Exemple

Représenter graphiquement la fonction $x \mapsto f(x) = -x^2 + 5x - 3$.

Étape 1 $-\dfrac{b}{2a} = \dfrac{5}{2}$

Étape 2 On a $a = -1$. On est dans le cas où $a < 0$.

On calcule $f\left(\dfrac{5}{2}\right)$: $f\left(\dfrac{5}{2}\right) = -\left(\dfrac{5}{2}\right)^2 + 5 \times \dfrac{5}{2} - 3 = \dfrac{13}{4}$.

On obtient donc le tableau de variation suivant.

x	$-\infty$		$\dfrac{5}{2}$		$+\infty$
$f(x)$		↗	$\dfrac{13}{4}$	↘	

Étape 3

x	0	1	2
$f(x)$	–3	1	3

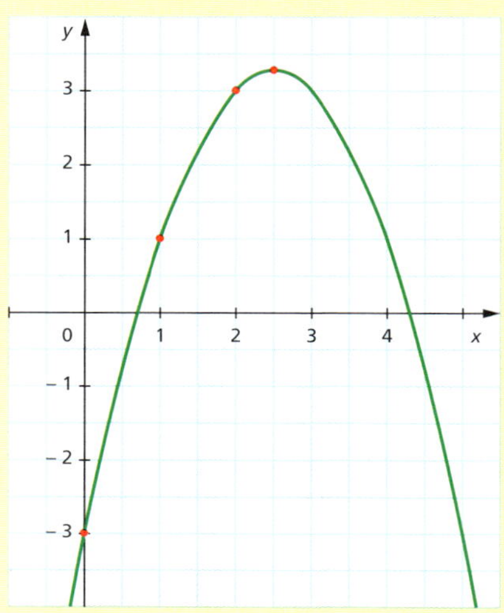

1 QUIZ

Parmi les fonctions suivantes, cocher celles qui sont des fonctions polynômes du second degré.

☐ **a.** $f(x) = x^2 + \sqrt{x} - 2$ ☐ **b.** $g(x) = \dfrac{6x^2 + x - 2}{5}$ ☐ **c.** $h(x) = \dfrac{-x^3 + 6x}{5x}$

☐ **d.** $k(x) = -5x + x^2$ ☐ **e.** $u(x) = 3x^2 - 4x + \dfrac{2}{x}$

2 Tableaux de variation

Établir les tableaux de variation des fonctions.

$x \mapsto f(x) = 4x^2 - 2x + 12$

$x \mapsto g(x) = 6x^2 + 8x - 1$

$x \mapsto h(x) = -x^2 - 2x$

3 Expression de fonction

g est une fonction homographique définie sur $\mathbb{R}\backslash\{-4\}$. On donne $g(0) = 2$. Parmi les propositions suivantes, quelle est la bonne expression de g ?

a. $g(x) = \dfrac{3x+2}{x+4}$ **b.** $g(x) = \dfrac{3x+2}{x+1}$

c. $g(x) = \dfrac{5x+8}{x+4}$

4 Courbes de fonctions polynômes

On a tracé ci-dessous quatre courbes représentatives de fonctions polynômes.

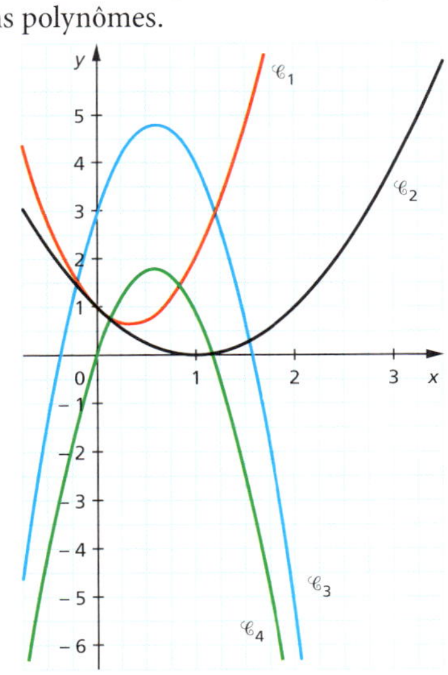

Retrouver la fonction correspondant à chaque courbe.

$f(x) = 3x^2 - 2x + 1$ $g(x) = -5x^2 + 6x$

$h(x) = -5x^2 + 6x + 3$ $k(x) = x^2 - 2x + 1$

5 Fonction et système d'équation

Soit la fonction définie par : $f(x) = ax^2 + bx + c$. Sachant que $f(0) = 3$, $f(1) = 5$ et $f(-1) = 7$, trouver les valeurs de a, b et c.

6 Variations de *u*

On donne la fonction u définie par $u(x) = ax^2 + 2x - 1$.

a. Sachant que $u(2) = 1$, calculer a.

b. Donner le tableau de variation de u.

7 Courbes de fonctions homographiques

On a tracé ci-dessous deux courbes représentatives de fonctions homographiques.

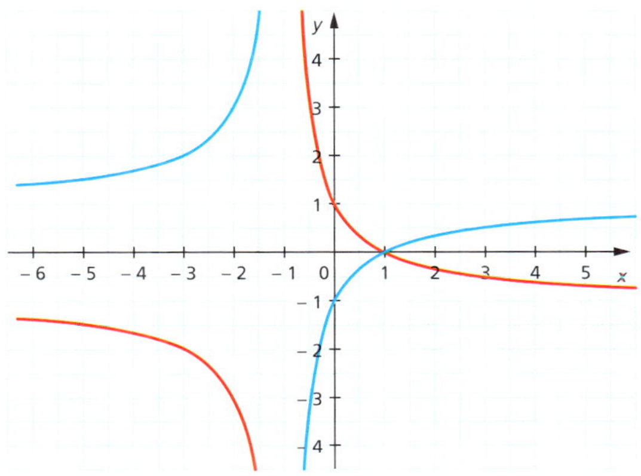

Retrouver la fonction correspondant à chaque courbe.

$u(x) = \dfrac{1-x}{1+x}$; $v(x) = \dfrac{x-1}{x+1}$.

8 Retrouver des fonctions

a. Soit la fonction g définie par $x \mapsto g(x) = \dfrac{2x+3}{5x+d}$.

Sachant que $g(0) = 1$, déterminer le nombre d.

b. Soit la fonction h définie par $x \mapsto h(x) = \dfrac{3x+1}{cx+d}$.

Sachant que $h(0) = -1$ et $h(1) = 2$, déterminer c et d.

9 Écrire sous une autre forme

Soit la fonction f définie par $x \mapsto f(x) = \dfrac{2x-5}{x-1}$.

a. Donner son ensemble de définition.

b. Montrer que $f(x)$ peut aussi s'écrire $f(x) = 2 - \dfrac{3}{x-1}$.

c. En déduire le sens de variation de f (voir des indications au chapitre 12).

10 Deux courbes

Soit f la fonction définie par $f(x) = x^2 + 2x + 3$.

a. Donner les images de 0 et de -2 par f.

b. Montrer que $f(x) = (x+1)^2 + 2$.

c. En déduire le ou les antécédents de 2.

d. Soit la fonction g définie par $g(x) = 3$.
Déterminer les points d'intersection A et B des courbes représentatives de f et g.

e. Tracer ces deux courbes dans un repère.

f. Montrer que le milieu de [AB] est sur l'axe de symétrie de la parabole.

18 Statistiques

L'ESSENTIEL

Définitions

- Une **série statistique** est un recueil de données concernant un caractère particulier des individus d'une population.
Les valeurs recueillies peuvent être dénombrables : le caractère est alors dit **quantitatif**.
Si elles ne le sont pas, le caractère est dit **qualitatif**.
- Quand les données sont nombreuses, il est possible de les regrouper en **classes**. Dans le cas de valeurs dénombrables, ces classes sont des intervalles.
- L'**effectif** n est le nombre d'individus pour lesquels une certaine valeur est atteinte.
- L'**effectif total** N est la somme de tous les effectifs.
- La **fréquence** f d'une valeur est le quotient de l'effectif n de cette valeur par l'effectif total N :

$$f = \frac{n}{N}.$$

Exemple Une équipe du club d'athlétisme « Les goélands » a recueilli les temps mis par chacun des coureurs du 100 m.

Valeurs (temps en s)	Effectif
10,3	13
10,2	21
10,1	3
10,0	6
9,9	5
9,8	2

L'effectif de la valeur 10,1 est 3 : trois coureurs ont mis 10,1 s au 100 m.

L'effectif total est $N = 13 + 21 + 3 + 6 + 5 + 2 = 50$.

La fréquence de la valeur 10,1 est $f = \frac{3}{50} = 0{,}06$, soit 6 %.

6 % des coureurs ont couru le 100 m en 10,1 s.

ATTENTION !
La somme de toutes les fréquences d'un caractère sur une population est égale à 1 (soit 100 %). Une fréquence est donc toujours inférieure ou égale à 1.

Représentations graphiques

On peut illustrer les données d'une étude statistique à l'aide de différents graphiques. On reprend ici les données de l'exemple ci-contre.

- **Histogramme**

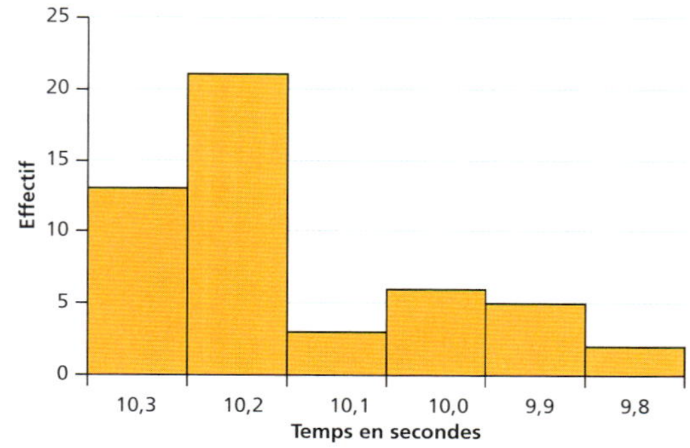

- **Diagramme circulaire**

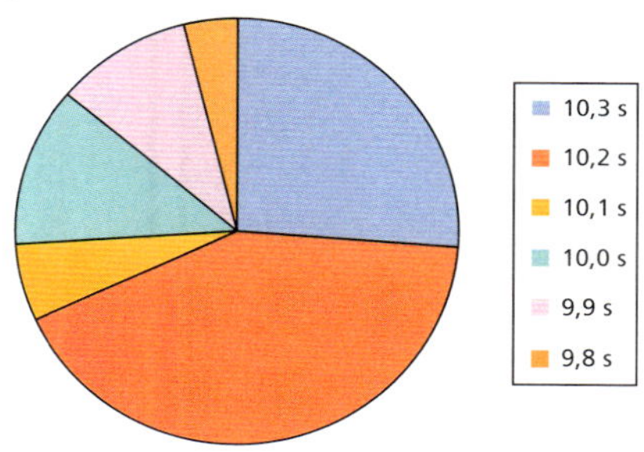

LA MÉTHODE

Construire un tableau de fréquences cumulées croissantes

Étape 1 On range les valeurs dans l'ordre croissant.
Étape 2 On calcule les fréquences de chaque valeur.
Étape 3 On ajoute (on dit « on cumule ») chaque fréquence avec celle des cases précédentes.

Exemple Compléter le tableau de l'exemple par les fréquences cumulées croissantes.

Étape 1 Il suffit de recopier la première colonne du tableau dans le sens des valeurs croissantes.
Étape 2 Les fréquences, dans la troisième colonne, sont calculées en utilisant la formule $f = \frac{n}{N}$.
Étape 3 Chaque fréquence de la quatrième colonne est ajoutée à la précédente.
On peut ainsi conclure, par exemple, que 32 % des membres du club ont mis au plus 10,1 s pour courir le 100 m.

Valeur (temps en s)	Effectif	Fréquence (en %)	Fréquence cumulée croissante
9,8	2	4	4
9,9	5	10	$10 + 4 = 14$
10,0	6	12	$12 + 14 = 26$
10,1	3	6	$6 + 26 = 32$
10,2	21	42	$42 + 32 = 74$
10,3	13	26	$26 + 74 = 100$

S'ENTRAÎNER

1 QUIZ

Cocher la case qui convient.

1. 100 % de 50 est égal à : ☐ **a.** 5 000 ☐ **b.** 50 ☐ **c.** 500
2. 50 % de 200 est égale à : ☐ **a.** 100 ☐ **b.** 1 000 ☐ **c.** 50
3. 25 % de 200 est égal à : ☐ **a.** 100 ☐ **b.** 500 ☐ **c.** 50
4. 10 % de 500 est égal à : ☐ **a.** 5 000 ☐ **b.** 50 ☐ **c.** 1 500
5. 1 % de 10 est égal à : ☐ **a.** 1 ☐ **b.** 11 ☐ **c.** 0,1
6. 200 % de 20 est égal à : ☐ **a.** 40 ☐ **b.** 4 000 ☐ **c.** 200

2 Proportion

Compléter par un nombre.

a. La moitié d'un ensemble en représente ...... %.
b. Un quart d'un ensemble en représente ...... %.
c. Trois quarts d'un ensemble en représentent ...... %.
d. 6 élèves dans une classe de 30 représentent ...... % de l'ensemble des élèves.

3 Hôtels en France

Voici l'extrait d'une étude sur les hôtels en France.

Catégorie d'hôtel	Nombre de chambres louées en 2014 (en milliers)
0 étoile	77,5
1 étoile	31,9
2 étoiles	265,0
3 étoiles	173,4
4 et 4 étoiles luxe	64,3

a. Quel est le nombre total de chambres louées en 2014 dans les hôtels de France ?
b. Quel est le pourcentage, arrondi à l'unité, de chambres louées dans les hôtels de trois étoiles et plus ?

4 Concours de pêche

À l'issue d'un concours de pêche, l'organisateur a noté le nombre de truites pêchées par chaque concurrent :
5 ; 5 ; 8 ; 4 ; 4 ; 1 ; 2 ; 0 ; 0 ;3 ; 5 ; 5 ; 3 ; 2 ; 7 ; 4 ; 4 ; 1 ; 6 ; 5 ; 5 ; 2 ; 1 ; 5 ; 4.

a. Reporter les données de cette étude dans un tableau.
b. Établir un histogramme de cette série.

5 Calculs de fréquences

Compléter ces tableaux.

a.

Valeur	Effectif	Fréquence (en %)
20	3	
23	5	
26	24	
28	14	
35	4	
Total		100

b.

Valeur	Effectif	Fréquence (en %)
2	2	
6	1	
1	5	
0		40
5		20
Total	20	

6 Naissances en France

Voici une étude statistique concernant le nombre de naissances en France entre 1950 et 2008 (en milliers).

a. Établir un graphique représentant les effectifs de cette série, en veillant à bien choisir l'unité.
b. Quel est le pourcentage de baisse des naissances entre 1950 et 2008 ?

Année	Nombre de naissances (en milliers)
1950	858
1960	816
1970	848
1980	800
1990	762
1999	745
2000	775
2001	771
2002	762
2003	761
2004	768
2005	774
2006	797
2007	786
2008	801

POUR VOUS AIDER

Pour calculer un taux d'évolution t (en %), on peut utiliser la formule suivante :

$$t = 100 \times \frac{\text{valeur finale} - \text{valeur initiale}}{\text{valeur initiale}}.$$

7 Pyramide des âges

Les figures ci-dessous sont des doubles histogrammes donnant la répartition par âge et par sexe d'un groupe d'individus.

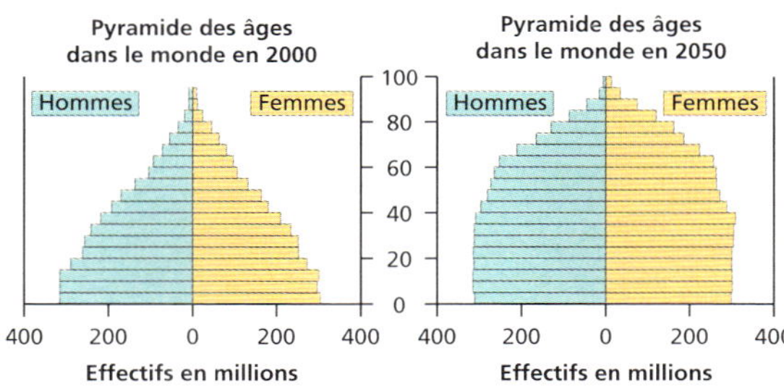

En observant les pyramides, dire si les affirmations sont vraies ou fausses.

a. Le nombre d'individus de 60 ans aura doublé en 2050.
b. Les individus les plus nombreux en 2000 étaient les enfants.
c. En 2050, il y aura beaucoup plus d'enfants qu'aujourd'hui.
d. L'âge le plus représenté en 2050 sera 40 ans.
e. La durée de vie maximale aura sensiblement augmenté en 2050.

19 Calculs en statistiques

L'ESSENTIEL

- En statistiques, certains calculs permettent de **visualiser les tendances** des données d'une étude en complément des graphiques, notamment la façon dont les valeurs sont dispersées. Ces paramètres peuvent être utiles aussi pour **comparer** plusieurs séries.

- La **moyenne** M est la somme des valeurs divisée par l'effectif total N :

$$M = \frac{n_1x_1 + n_2x_2 + ...}{N}$$

où x_i sont les valeurs de la série et n_i les effectifs correspondants.

- La **médiane** M_e est la valeur qui partage la population en deux groupes de même effectif. Au moins la moitié des valeurs de la série est inférieure ou égale à la médiane M_e

››› Si l'effectif total N est impair, M_e est la valeur du milieu de la série.

››› Si N est pair, M_e est la demi-somme des deux valeurs situées au milieu de la série.

- Tout comme la médiane, les **quartiles** partagent la population. Mais au lieu d'être en deux, ils la partagent en quatre parties égales pour obtenir trois quartiles, notés Q_1, Q_2 (qui est la médiane) et Q_3.

Exemple On reprend le tableau du chapitre 18.

Valeurs (temps en s)	Effectif
10,3	13
10,2	21
10,1	3
10,0	6
9,9	5
9,8	2

La moyenne est :

$$M = \frac{13 \times 10{,}3 + 21 \times 10{,}2 + ... + 2 \times 9{,}8}{50} = 10{,}15.$$

L'effectif total est 50. Pour obtenir la médiane, on cherche la performance du 25e et du 26e coureur (qui est la même ici). Si les effectifs sont rangés dans l'ordre, on additionne les effectifs jusqu'à trouver la valeur du 25e. On trouve ici 10,2.

Cela signifie que 50 % des coureurs de ce club courent le 100 m en moins de 10,2 s (10,2 s inclus) et 50 % en plus de 10,2 s.

Le quartile Q_3 est la valeur atteinte par le 38e coureur soit 10,0 (voir « La méthode »). Cela signifie que 75 % des coureurs ont mis plus de 10,0 s au 100 m.

LA MÉTHODE

Calculer un quartile

Étape 1 On range les valeurs dans l'ordre croissant et on calcule les effectifs cumulés croissants.

Étape 2 On divise l'effectif total par quatre. Si ce nombre est entier, le premier quartile Q_1 est la valeur correspondant à cet effectif. Sinon on prend l'entier immédiatement supérieur et on lit la valeur correspondante.
Pour la médiane, Q_2, on divise par 2.
Pour Q_3, on calcule les trois quarts de l'effectif total. Dans tous les cas, on arrondit à l'entier supérieur.

Exemple Calculer les quartiles de cette série donnant la taille, en centimètres, de 110 hommes adultes.

Taille (en cm)	[155 ; 160[	[160 ; 165[	[165 ; 170[	[170 ; 175[	[175 ; 180[	[180 ; 185[	[185 ; 190[	> 190
Effectif	4	11	21	24	26	13	8	3

Étape 1 On calcule les effectifs cumulés.

Taille (en cm)	[155 ; 160[	[160 ; 165[	[165 ; 170[	[170 ; 175[	[175 ; 180[	[180 ; 185[	[185 ; 190[	> 190
Effectif	4	11	21	24	26	13	8	3
Effectifs cumulés croissants	4	15	36	60	86	99	107	110

Étape 2 Le quart de 110 est 27,5. On cherche donc le 28e homme : il se situe dans la classe [165 ; 170[.
Prenons le centre de la classe pour Q_1 : $Q_1 = 167{,}5$.
La moitié de 110 est 55. Le 55e homme est dans la classe [170 ; 175[. La médiane est 172,5.
Les trois quarts de 110 sont 82,5. On cherche le 83e homme : il se situe dans la classe [175 ; 180[. $Q_3 = 177{,}5$.
Cela signifie que 25 % des hommes de cet échantillon mesurent moins de 167,5 cm et 50 % mesurent moins (ou plus) de 172,5 cm.

1 QUIZ

Calculer mentalement la moyenne et la médiane de cette série statistique.

8 ; 24 ; 12 ; 10 ; 11.

2 Dans un magazine

On peut lire dans un magazine : « Dans la journée, un accident sur deux se produit entre 10 h et 19 h, et un quart des accidents a lieu entre 16 h et 19 h. »
Traduire cette phrase en utilisant les mots « médiane » et « quartiles ».

3 Moyenne de tête

Calculer de tête la moyenne de chaque série.

a.

Valeur	3	4	6	7
Effectif	1	1	1	1

b.

Valeur	1	2	4	9
Effectif	2	5	3	1

4 Coureurs de 100 m

Voici une série statistique correspondant aux performances des coureurs du 100 m dans le club « Les mouettes ».

Temps (en s)	Effectif
10,4	6
10,3	8
10,2	7
10,1	8
10,0	8
9,9	7
9,8	4
9,7	2

Comparer les performances de ce club avec celles du club « Les goélands » (présentées dans « L'essentiel » en page précédente) par le calcul des paramètres de dispersion (moyenne, quartiles).

5 De la moyenne à x

a. Les nombres 5, 8, 6, 12, 14 et x ont une moyenne de 10. Que vaut x ?

b. Les nombres 25, 39, 44 et x ont pour moyenne x. Que vaut x ?

6 Tests d'anglais et de maths

a. Sur cinq tests effectués, un élève a une moyenne de 10,5 en anglais. Quelle note doit-il obtenir au prochain test pour que sa moyenne augmente de deux points ?

b. Un élève a une moyenne de 12 en maths. Il lui faudrait obtenir 18 au prochain contrôle pour que sa moyenne soit de 14. Combien y a-t-il eu de contrôles jusqu'à présent ?

7 En entreprise

La distribution des salaires dans une entreprise a pour moyenne 1 750 €, et le salaire médian est 1 300 €.
Si chaque salaire est augmenté de 100 €, quelles seront les nouveaux salaires médian et moyen ?

8 Livres lus

Voici l'extrait d'une enquête parue dans un magazine pour lycéens, présentant les réponses à la question : « Combien avez-vous lu de livres dans les douze derniers mois ? »

Nombre de livres	Pourcentage des réponses
moins de 2	24
2 à 4	20
5 à 8	28
9 à 12	5
13 à 15	3
Sans réponse	20

On décide de ne pas tenir compte de la dernière ligne, et d'établir un tableau des fréquences avec uniquement les lycéens ayant répondu à la question posée.

a. Établir ce tableau.

b. Calculer la moyenne de cette nouvelle série.

9 Vrai ou faux ?

L'histogramme ci-dessous indique les notes obtenues dans une classe de seconde à un devoir de maths.

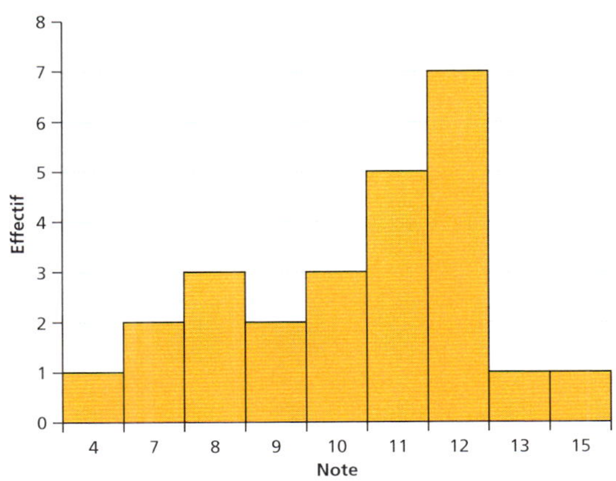

Les affirmations suivantes sont-elles vraies ou fausses ? Justifier.

a. La classe est surchargée.

b. La moyenne est égale à 12.

c. Plus de 50 % des élèves ont une note supérieure ou égale à 10.

d. Les trois quarts des élèves de cette classe ont une note supérieure ou égale à 8.

20 Expérience aléatoire Dénombrement

MATHS

L'ESSENTIEL

Expérience aléatoire

- Une expérience aléatoire est une expérience dont les résultats dépendent du hasard. Les résultats de l'expérience s'appellent les **issues** ou les **éventualités**.
- L'ensemble de tous les résultats possibles est appelé **l'univers** de l'expérience aléatoire. Il est noté Ω.

Exemple

Si on lance un dé à six faces, les issues possibles sont 1, 2, 3, 4, 5 et 6.
L'univers de cette expérience aléatoire est :
$\Omega = \{1 ; 2 ; 3 ; 4 ; 5 ; 6\}$.

Fréquence d'une issue

On considère une expérience aléatoire et on note e_1, e_2, e_3… les différentes issues possibles. On répète n fois l'expérience aléatoire.

- Si on a obtenu k fois l'issue e_i, la fréquence de cette issue, notée f_i, est égale à :

$$f_i = \frac{k}{n}$$

- Comme $k \leqslant n$, on a $0 \leqslant f_i \leqslant 1$.

Exemple

On lance un dé douze fois et la face 5 est obtenue quatre fois. La fréquence de l'issue 5 est $\frac{4}{12}$, soit $\frac{1}{3}$.

Événements

Soit une expérience aléatoire et Ω son univers.

- Un **événement** A est une partie de Ω.
- Un **événement élémentaire** est un événement ne comportant qu'une seule issue.
La réunion de tous les événements élémentaires est Ω.
- L'**événement contraire** de A est noté $\overline{A}$. Il est réalisé lorsque A n'est pas réalisé.
- Soit A et B deux événements.
L'événement **« A ou B »**, noté **$A \cup B$**, est réalisé lorsque l'un au moins des deux événements est réalisé.
- L'événement **« A et B »**, noté **$A \cap B$**, est réalisé lorsque les deux événements sont réalisés.

Exemple On lance un dé à six faces.

Soit A et B les événements suivants :
A : « le résultat est pair »,
B : « le résultat est un multiple de trois ».
$A = \{2 ; 4 ; 6\}$; $\overline{A} = \{1 ; 3 ; 5\}$; $B = \{3 ; 6\}$;
$A \cup B = \{2 ; 3 ; 4 ; 6\}$; $A \cap B = \{6\}$.

- **Représentation par un diagramme**

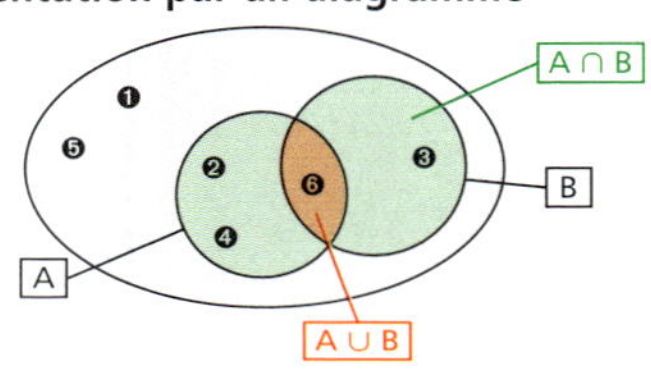

LA MÉTHODE

Dénombrer les résultats d'une expérience aléatoire

Remarque : Si une expérience est répétée deux fois, on peut utiliser un tableau à double entrée.
Si elle est répétée plus de deux fois, on peut utiliser un arbre.

Exemple 1 On lance deux fois de suite un dé et on additionne les résultats obtenus. Lister les couples de résultats dont la somme est comprise entre 4 (inclus) et 6 (inclus).
Les sommes comprises entre 4 et 6 sont indiquées dans les cases colorées.
On lit, dans les têtières du tableau, les couples correspondants : (1 ; 3), (1 ; 4), (1 ; 5), (2 ; 2), (2 ; 3), (2 ; 4), (3 ; 1), (3 ; 2), (3 ; 3), (4 ; 1), (4 ; 2) et (5 ; 1).

Somme	1	2	3	4	5	6
1	2	3	**4**	**5**	**6**	7
2	3	**4**	**5**	**6**	7	8
3	**4**	**5**	**6**	7	8	9
4	**5**	**6**	7	8	9	10
5	**6**	7	8	9	10	11
6	7	8	9	10	11	12

Exemple 2 On lance trois fois de suite une pièce.
Déterminer l'univers Ω de cette expérience.
Au premier lancer, deux événements sont possibles : P (pour pile) ou F (pour face).
De même à chacun des deux lancers suivants.
Chaque événement de l'univers se lit en suivant un chemin de gauche à droite. Ainsi, le premier chemin passe par P, P et P.
On note cet événement PPP.
De même pour les événements suivants.
On obtient donc l'univers Ω :
$\Omega = \{PPP ; PPF ; PFP ; PFF ; FPP ; FPF ; FFP ; FFF\}$.

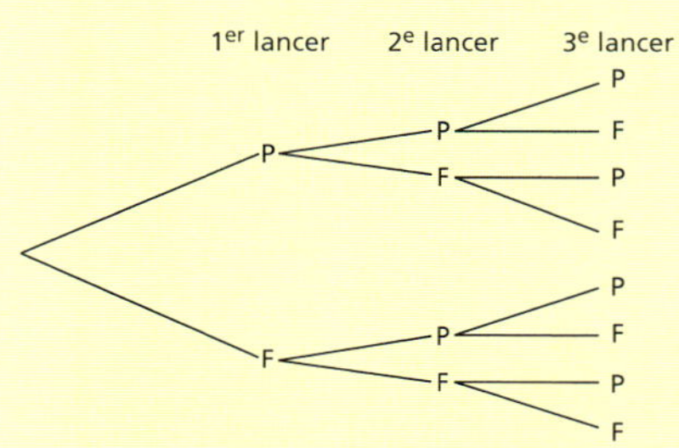

S'ENTRAÎNER

1 QUIZ

Cocher la case qui convient.

Soit un jeu de 32 cartes duquel on tire une carte au hasard.
Soit A l'événement « on tire un cœur » et B l'événement « on tire une figure ».

1. L'événement $\overline{A}$ est l'événement :
☐ **a.** « On tire un pique. » ☐ **b.** « On tire un pique ou un trèfle. » ☐ **c.** « On ne tire pas de cœur. »

2. L'événement $A \cup B$ est l'événement :
☐ **a.** « On tire un cœur et une figure. » ☐ **b.** « On tire un cœur ou une figure. » ☐ **c.** « On ne tire ni cœur ni figure. »

3. L'événement $A \cap B$ est l'événement :
☐ **a.** « On tire un cœur et une figure. » ☐ **b.** « On tire un cœur ou une figure. » ☐ **c.** « On ne tire ni cœur ni figure. »

4. L'événement $\overline{A} \cap \overline{B}$ est l'événement :
☐ **a.** « On tire un trèfle et une carte qui n'est pas une figure. » ☐ **b.** « On ne tire ni cœur ni figure. » ☐ **c.** « On ne tire pas un cœur ou on ne tire pas une figure. »

2 Nombre d'enfants par famille

Voici une série statistique donnant le nombre d'enfants par famille.

Nombre d'enfants	Nombre de familles
0	64
1	161
2	70
3	48
4	22
5	32
6 ou plus	3

a. Calculer la fréquence de chacune des catégories de famille.
b. Calculer la somme des fréquences obtenues.
c. Calculer la fréquence de l'événement : « la famille a moins de trois enfants ».
d. Calculer la fréquence de l'événement : « la famille a plus de deux enfants ».

3 Examen

Adrien, Basile et Clara attendent dans un couloir de leur lycée pour passer une épreuve orale.
Donner tous les ordres de passage possibles de ces trois élèves.

4 Diagramme

Voici deux diagrammes.

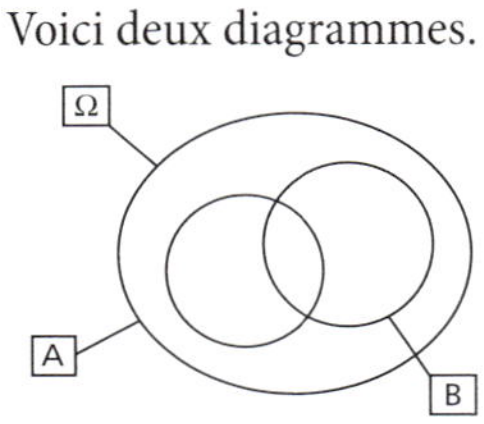

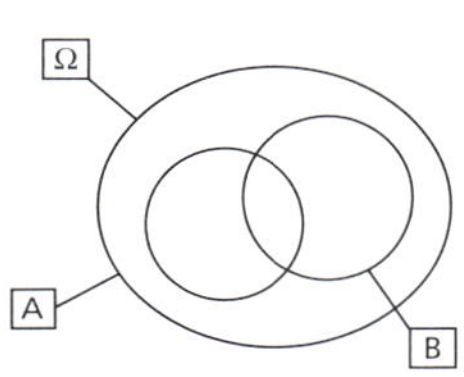

a. Hachurer sur le premier diagramme $\overline{A} \cup \overline{B}$.
b. Hachurer sur le second diagramme $\overline{A \cap B}$.
c. Que remarque-t-on ?

5 Lancer de dés

On lance successivement deux dés à six faces et on additionne les résultats obtenus.
Soit A et B les événements suivants :
A : « la somme est paire » ;
B : « la somme est supérieure ou égale à quatre ».

a. Décrire par une phrase les événements : $\overline{A}$, $\overline{B}$, $A \cup B$ et $A \cap B$.
b. Donner la liste des couples correspondant à $\overline{B}$, à $A \cup B$ et à $A \cap B$.

6 Exercice de QCM

À un exercice de QCM, trois questions sont proposées. Chacune des questions amène une réponse : V pour vrai ou F pour faux. Un exemple de réponse aux trois questions est donc « VVF ».

a. Combien y a-t-il de réponses différentes ?
b. Le barème attribue trois points à chaque réponse exacte et retire deux points à chaque réponse fausse. Quelles sont les différentes notes possibles ?

7 En entreprise

Un objet produit en série dans une usine peut présenter, à l'issue de sa fabrication, un défaut A, un défaut B, ou en même temps le défaut A et le défaut B.

a. On prélève un lot de 200 objets. Le défaut A est observé sur 16 objets, le défaut B sur 12 objets et 180 objets n'ont aucun défaut.
Compléter le tableau suivant avec le nombre d'objets.

Nombre d'objets	Avec le défaut B	Sans le défaut B	Total
Avec le défaut A			
Sans le défaut A			
Total			

b. Quelle est la fréquence de l'événement « l'objet a les deux défauts » ?

MATHS

21 Calculs de probabilités

L'ESSENTIEL

Cardinal d'un événement

● Soit A un événement d'une expérience aléatoire. Le cardinal de A, noté card(A), est le nombre d'éléments contenus dans A.

Exemple On lance un dé à six faces.
Soit A et B les événements suivants :
A : « le résultat est pair » ;
B : « le résultat est un multiple de trois ».
Alors A = {2 ; 4 ; 6} et B = {3 ; 6}.
On a card(A) = 3 et card(B) = 2.

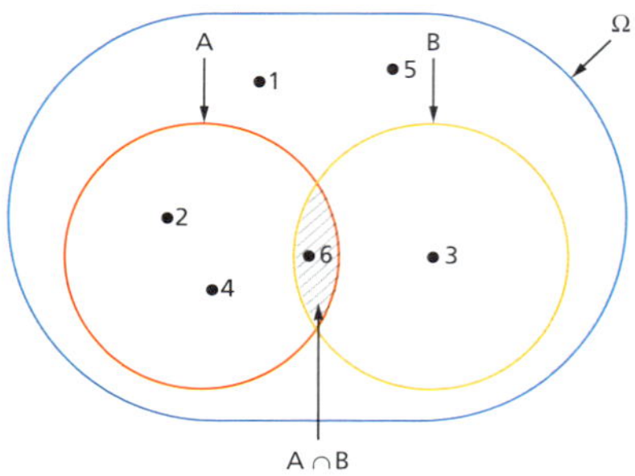

● **Propriété**
Soit deux événements A et B.
On voudrait connaître le nombre d'éléments de $A \cup B$. Si on additionne le nombre d'éléments de A et le nombre d'éléments de B, on compte deux fois les éléments de $A \cap B$ (une fois dans A, une fois dans B). Pour obtenir card($A \cup B$), il faut donc soustraire card($A \cap B$) à la somme. D'où :

$$\text{card}(A \cup B) = \text{card}(A) + \text{card}(B) - \text{card}(A \cap B)$$

Probabilités

● Lorsque l'on répète un grand nombre de fois une expérience aléatoire, les fréquences des événements se stabilisent vers un résultat que l'on appelle la **probabilité** de cet événement.

● À chaque événement élémentaire est associée sa probabilité p. Les probabilités élémentaires ont les propriétés suivantes :
››› $0 \leq p \leq 1$
››› La somme de toutes les probabilités élémentaires est égale à 1.

● À chaque événement A est associée sa probabilité, notée $P(A)$. Ce nombre est la somme des probabilités, p_i, des événements élémentaires qui constituent l'événement A.

● Si tous les événements élémentaires ont la même probabilité, on dit alors qu'on est en situation d'**équiprobabilité**.

Propriétés

››› $P(\varnothing) = 0$ et $P(\Omega) = 1$.
››› Pour tout événement A :

$$0 \leq P(A) \leq 1 \quad \text{et} \quad P(\bar{A}) = 1 - P(A)$$

››› Pour deux événements A et B, on a :

$$P(A \cup B) = P(A) + P(B) - P(A \cap B)$$

››› En situation d'équiprobabilité, on a :

$$P(A) = \frac{\text{card}(A)}{\text{card}(\Omega)}$$

On peut aussi écrire cette formule sous la forme

$$P(A) = \frac{\text{nombre de cas favorables}}{\text{nombre de cas possibles}}.$$

Exemple En reprenant l'exemple précédent :
$P(A) = \frac{3}{6} = \frac{1}{2}$ et $P(B) = \frac{2}{6} = \frac{1}{3}$;
$P(\bar{B}) = 1 - P(B) = 1 - \frac{1}{3} = \frac{2}{3}$.

LA MÉTHODE

Calculer la probabilité d'un événement A

Étape 1 On détermine le cardinal de l'univers en utilisant les méthodes de dénombrement du chapitre 20.
Étape 2 On détermine le cardinal de A.
Étape 3 Si on est en situation d'équiprobabilité, on applique la dernière propriété $P(A) = \frac{\text{card}(A)}{\text{card}(\Omega)}$.

Exemple On lance trois fois de suite une pièce équilibrée.
On appelle A l'événement « obtenir exactement deux fois pile ». Déterminer $P(A)$.
Étape 1 Ω = {PPP ; PPF ; PFP ; PFF ; FPP ; FPF ; FFP ; FFF}.
Il y a huit cas possibles (voir l'exemple 2 du chapitre précédent dans la « La méthode »).
Donc card(Ω) = 8.
Étape 2 A = {PPF ; PFP ; FPP}. Donc card(A) = 3.
Étape 3 La pièce est équilibrée, on est donc en situation d'équiprobabilité. D'où $P(A) = \frac{3}{8}$.

1 QUIZ **Cocher les cases qui conviennent.**

Soit A, B, C et D quatre événements d'une expérience aléatoire.

Quelles sont parmi les égalités suivantes celles qui ne peuvent pas exister ?

☐ **a.** $P(A) = 0$ ☐ **b.** $P(B) = 1$ ☐ **c.** $P(C) = -0{,}3$ ☐ **d.** $P(D) = 2{,}3$

2 Expérience aléatoire

On considère une expérience aléatoire.

Soit A et B deux événements tels que :

$P(A) = 0{,}4$; $P(B) = 0{,}7$; $P(A \cap B) = 0{,}3$.

Déterminer $P(\overline{A})$ et $P(A \cup B)$.

3 Vrai ou faux ?

Lors d'une expérience aléatoire d'univers Ω, on donne deux événements A et B de probabilités non nulles.

a. $P(A \cap B) = P(A) \times P(B)$ V ☐ F ☐

b. $P(A \cup B) \geqslant P(A)$ V ☐ F ☐

c. $P(A \cup B) + P(A \cap B) = P(A) + P(B)$ V ☐ F ☐

d. $P(A) \neq P(\overline{A})$ V ☐ F ☐

e. $A \neq B \Rightarrow P(A) \neq P(B)$ V ☐ F ☐

f. $P(A \cup B) > P(A \cap B)$ V ☐ F ☐

g. $P(\Omega) = P(A) + P(\overline{A})$ V ☐ F ☐

h. $A \cup \overline{A} = \Omega$ V ☐ F ☐

i. $P(B) \geqslant P(A \cap B)$ V ☐ F ☐

POUR VOUS AIDER

Pour qu'une égalité soit vraie, elle doit être vraie quels que soient A et B. Si elle est fausse, un contre-exemple suffit pour le prouver.

4 Démonstration

Soit A et B deux événements d'une expérience aléatoire.

Démontrer la propriété :

$P(A \cup B) = P(A) + P(B) - P(A \cap B)$,

à l'aide de la propriété :

$\text{card}(A \cup B) = \text{card}(A) + \text{card}(B) - \text{card}(A \cap B)$.

5 Au restaurant scolaire

Au lycée Jean-Moulin, le restaurant scolaire sert chaque jour de la semaine 900 repas. Le vendredi 29 janvier 2010, on propose deux plats : l'un de viande, l'autre de poisson. Ces plats peuvent être accompagnés au choix de riz, de pâtes ou de purée.

Afin de mieux maîtriser ses achats et ses stocks, le gestionnaire du lycée a fait les statistiques suivantes :

- 65 % des élèves prennent de la viande ;
- 40 % des élèves accompagnent leur plat de pâtes ;
- 30 % des élèves accompagnent leur plat de riz.

1. Compléter le tableau ci-dessous.

	Viande	Poisson	Total
Purée			
Pâtes		120	
Riz	170		
Total			900

2. Pour les questions suivantes, on donnera les résultats sous forme de fractions simplifiées.

On choisit un élève au hasard parmi les 900 élèves qui prennent leur repas au restaurant scolaire du lycée ce vendredi 29 janvier 2010.

a. Quelle est la probabilité des événements suivants ?

A : « cet élève prend de la purée »

B : « cet élève prend de la viande »

b. Définir par une phrase les événements $\overline{A}$ et $A \cap B$. Calculer leur probabilité.

c. Déduire des questions précédentes la probabilité de $A \cup B$.

d. Ce jour-là, on choisit au hasard un élève qui prend du poisson. Quelle est la probabilité qu'il choisisse comme accompagnement du riz ?

6 Oral de français

Quatre élèves de Première, Anne, Bertrand, Céline et Didier, sont convoqués pour les oraux de français.

L'ordre de passage est aléatoire.

a. Déterminer, en utilisant éventuellement un arbre, tous les ordres de passage possibles.

b. Bertrand ne souhaite pas passer le premier.

Quelle est la probabilité que son vœu soit réalisé ?

c. Didier souhaite passer l'oral tout de suite après Anne.

Quelle est la probabilité que son vœu soit réalisé ?

7 Jeu de 32 cartes

On tire au hasard une carte d'un jeu de 32 cartes.

On considère les événements suivants :

- A : « tirer un as » ;
- B : « tirer un roi » ;
- C : « tirer un cœur » ;
- D : « tirer une carte rouge » ;
- E : « tirer une figure ou un as ».

Déterminer $P(A)$, $P(B)$, $P(C)$, $P(D)$, $P(E)$, $P(A \cap C)$, $P(A \cap D)$, $P(D \cap E)$, $P(A \cup C)$, $P(E \cap \overline{D})$.

8 Musique et sport

Dans une classe de 35 élèves, 10 élèves font de la musique, 18 élèves font du sport et 11 élèves ne font ni sport ni musique.

On note M et S les ensembles suivants :

M : « élèves qui font de la musique »,

S : « élèves qui font du sport ».

a. Combien d'élèves font à la fois du sport et de la musique ?

b. On choisit au hasard un élève dans la classe.

Quelle est la probabilité qu'il fasse à la fois du sport et de la musique ?

22 Échantillonnage

L'ESSENTIEL

Définitions

- Soit une population dont on prélève au hasard un des éléments. On note le caractère étudié et on réinsère l'élément dans la population. Un **échantillon de taille n** est la liste des résultats obtenus après n répétitions indépendantes de cette expérience aléatoire. Dans la pratique, un échantillon de taille n est un **sous-groupe de n éléments** de la population.

Exemple Dans une pharmacie, on peut prélever un échantillon de médicaments de taille 50 : on prend au hasard une boîte, on vérifie sa conformité, on la remet et on recommence 50 fois.

- **Fréquences**

··· On peut estimer la proportion de la **population totale** pour laquelle le caractère étudié est réalisé : c'est la **fréquence effective**, notée p.

··· Après l'échantillonnage, on peut calculer la **proportion de l'échantillon** pour laquelle le caractère est réalisé : c'est la **fréquence observée**, notée f.

- **Fluctuation**

La fréquence f observée dans l'échantillon n'est pas généralement égale à la fréquence effective p dans la totalité de la population : on dit que f **fluctue** autour de p.

Intervalle de fluctuation : prise de décision concernant la fréquence effective p

Pour juger de la fiabilité d'une hypothèse, on peut comparer les fréquences observées avec la fréquence théorique (effective).

Définition et propriété

Soit un caractère de fréquence effective p d'une population. On considère tous les échantillons de taille n et la fréquence d'apparition du caractère pour chacun de ces échantillons.

On admet que, pour $0{,}2 \leqslant p \leqslant 0{,}8$, au moins 95 % des fréquences observées de tous les échantillons de taille $n \geqslant 25$ appartiennent à l'intervalle

$$\mathrm{I_f} = \left[p - \frac{1}{\sqrt{n}} ; p + \frac{1}{\sqrt{n}}\right].$$

Cet intervalle est appelé **intervalle de fluctuation au seuil de 95 %**.

INFO

Après avoir calculé une fréquence f d'un échantillon, cette propriété permet de déterminer si une hypothèse sur p doit être rejetée ou non (voir « La méthode »).

Intervalle de confiance : estimation de la fréquence effective p

Propriété

Soit une population dont la fréquence effective d'un caractère est comprise entre 0,2 et 0,8.

On admet que l'**intervalle de confiance au seuil de 95 %** est l'intervalle

$$\mathrm{I_c} = \left[f - \frac{1}{\sqrt{n}} ; f + \frac{1}{\sqrt{n}}\right].$$

LA MÉTHODE

Décider de la validité d'une hypothèse sur p à partir d'un échantillon avec un intervalle de fluctuation

Étape 1 On calcule la fréquence observée f du caractère étudié.

Étape 2 On calcule les bornes de l'intervalle de fluctuation $\mathrm{I} = \left[p - \frac{1}{\sqrt{n}} ; p + \frac{1}{\sqrt{n}}\right]$.

Étape 3 On conclut selon l'appartenance de f à I :

- Si $f \in \mathrm{I}$, on ne rejette pas l'hypothèse.
- Si $f \notin \mathrm{I}$, on rejette l'hypothèse avec un risque d'erreur de moins de 5 %.

Exemple Le maire d'une ville affirme que 75 % de ses administrés sont heureuses.
Sur 100 personnes interrogées, 64 se déclarent heureuses.
Que penser de l'affirmation du maire ?

Étape 1 $f = \frac{64}{100} = 0{,}64$

Étape 2 $\mathrm{I} = \left[0{,}75 - \frac{1}{\sqrt{100}} ; 0{,}75 + \frac{1}{\sqrt{100}}\right] = [0{,}65 ; 0{,}85]$

Étape 3 0,64 n'appartient pas à [0,65 ; 0,85]. On peut affirmer avec un risque d'erreur de moins de 5 % que le maire est un menteur.

Estimer une proportion avec un intervalle de confiance

Étape 1 On calcule la fréquence f du caractère étudié.

Étape 2 On calcule les bornes de l'intervalle de confiance $I = \left[f - \frac{1}{\sqrt{n}}\,;\, f + \frac{1}{\sqrt{n}}\right]$ et on conclut.

Exemple Un sondage préélectoral lors des élections présidentielles de 2007 effectué sur 900 personnes donnait 495 voix à Nicolas Sarkozy. Quelle prévision pouvait-on faire sur le résultat de l'élection ?

Étape 1 $f = \frac{495}{900} = 0{,}55$

Étape 2 $I = \left[0{,}55 - \frac{1}{\sqrt{900}}\,;\, 0{,}55 + \frac{1}{\sqrt{900}}\right] \simeq [0{,}52\,;\,0{,}58]$

On pouvait raisonnablement estimer que Nicolas Sarkozy allait obtenir entre 52 % et 58 % des voix. (En réalité il a obtenu 53 % des suffrages.)

S'ENTRAÎNER

1 QUIZ **Calculer mentalement et compléter.**

a. $[0{,}2\,;\,0{,}5]$ est centré en ....

b. $[0{,}23\,;\,0{,}37]$ est centré en ....

c. $f \in [0{,}3\,;\,0{,}5] \Leftrightarrow ...... \leqslant f \leqslant ......$

d. Si $f = 0{,}3$ et $n = 100$, alors $\left[f - \frac{1}{\sqrt{n}}\,;\, f + \frac{1}{\sqrt{n}}\right] = [......\,;\,......]$.

2 Amplitudes d'intervalles

Compléter les phrases ci-dessous

a. Si $n = 25$, alors $\sqrt{n} = ...$ et $\frac{1}{\sqrt{n}} = ...$.
$\left[f - \frac{1}{\sqrt{n}}\,;\, f + \frac{1}{\sqrt{n}}\right]$ a donc une amplitude de ....

b. Si $n = 100$, alors $\sqrt{n} = ...$ et $\frac{1}{\sqrt{n}} = ...$.
$\left[f - \frac{1}{\sqrt{n}}\,;\, f + \frac{1}{\sqrt{n}}\right]$ a donc une amplitude de ....

c. Si $n = 10\,000$, alors $\sqrt{n} = ...$ et $\frac{1}{\sqrt{n}} = ...$.
$\left[f - \frac{1}{\sqrt{n}}\,;\in f + \frac{1}{\sqrt{n}}\right]$ a donc une amplitude de ....

3 Au laboratoire

Un laboratoire pharmaceutique fabrique une série de gélules de Promax dont chaque boîte doit peser 75 g. Il produit 5 000 boîtes par jour, mais on sait qu'une centaine ne dépasse pas 74 g. Un contrôle est effectué par un prélèvement de 300 boîtes, et 5 boîtes n'ont pas le poids requis.

a. Quelle est la population concernée ?

b. Quel est le caractère étudié ?

c. Quelle est la proportion p des boîtes non conformes pour l'ensemble de la population ?

d. Quelle est la taille n de l'échantillon ?

e. Quelle est la fréquence f de l'échantillon ?

4 Algorithme

Écrire un algorithme qui calcule les bornes de l'intervalle de fluctuation à 95 % des échantillons de taille n dans une population donnée.

5 Groupe sanguin

En France, d'après l'Établissement français du Sang, 39 % de la population possède un groupe sanguin A+. Lors d'une collecte de sang effectuée dans un lycée, 350 élèves se présentent et 100 se révèlent être du groupe sanguin A+. À partir de cet échantillon, peut-on dire que la population du lycée est représentative de la population française concernant le groupe sanguin ?

6 Au moulin

Un agriculteur vend 500 kg de céréales à un industriel qui en fait de la farine. Les sacs de grains fournis sont censés contenir pour moitié de l'orge et du blé. Pour le vérifier, l'industriel prélève une vingtaine de poignées de grains dans les sacs, et il observe que sur les 800 g prélevés, il y a 350 g de grains d'orge.

Estimer le poids de grains d'orge dans l'ensemble des sacs fournis par l'agriculteur.

Que peut-on en déduire ?

7 Élections

À la veille d'un scrutin municipal, le maire de Nouville, très populaire, affirme que plus de 80 % des électeurs sont satisfaits de sa gestion de la commune et que sa réélection est assurée avec le même pourcentage.

À la sortie des urnes, 380 votants sont sondés et 291 affirment avoir voté pour le maire sortant.

Le maire, sûr d'être élu, avait-il raison ?

POUR VOUS AIDER

Vérifiez toujours que les conditions requises pour utiliser un intervalle de confiance sont respectées : $n \geqslant 25$ et $0{,}2 \leqslant p \leqslant 0{,}8$.

23 Le cercle trigonométrique

L'ESSENTIEL

Cercle trigonométrique et radians

● Un cercle de rayon 1 et muni d'un sens de rotation est appelé **cercle trigonométrique**. Le sens positif est le sens inverse des aiguilles d'une montre.

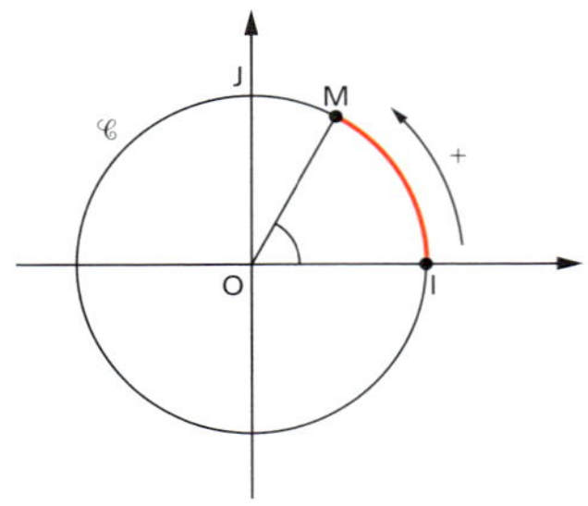

● Soit M un point du cercle $\mathscr{C}$, $M \in \mathscr{C}$.
La position du point M sur $\mathscr{C}$ est caractérisée :
››› soit par la longueur de l'arc $\widehat{IM}$;
››› soit par la mesure de l'angle $\widehat{IOM}$, en degré.
Pour pouvoir associer la mesure de l'arc et celle de l'angle, on utilise une nouvelle unité d'angle : le **radian**.

INFO
Dans un cercle de rayon R, un angle de 1 radian est un angle qui délimite un arc de cercle de longueur égale au rayon.
Si $\widehat{IM} = R$, alors $\widehat{IOM} = 1$ rad.

Exemple
››› Si le point M part de I et parcourt un tour complet, il se retrouve en I. La mesure de l'angle correspondant au périmètre d'un cercle de rayon 1 est de **2π radians**.
››› De même, si M parcourt 2 tours, 3 tours… alors l'angle mesure $2 \times 2\pi$ radians, $3 \times 2\pi$ radians…
››› Si M est en J, il aura parcouru un quart du cercle, soit $\frac{\pi}{2}$. La position en J correspond donc à un angle de $\frac{\pi}{2}$ radian.

Repérage sur le cercle

● On définit des points sur le cercle : I, A, B, C, J, K, L. Ils correspondent aux valeurs de base des angles de sommet O partant de I, en radian.

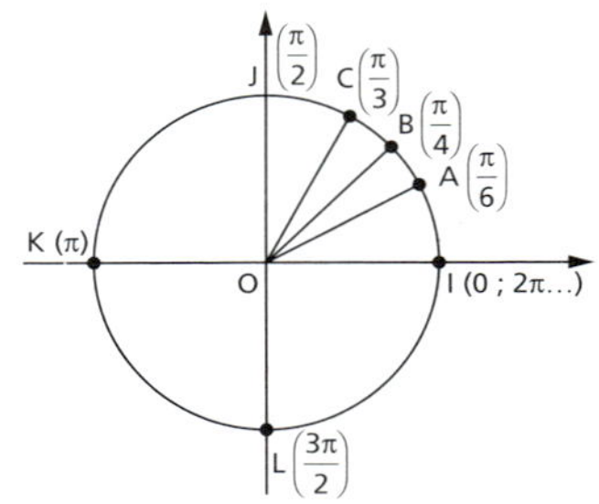

La correspondance des mesures, en degré et en radian, est donnée par le tableau ci-dessous.

	I	A	B	C	J	K	L
En degré	0	30	45	60	90	180	270
En radian	0	$\frac{\pi}{6}$	$\frac{\pi}{4}$	$\frac{\pi}{3}$	$\frac{\pi}{2}$	π	$\frac{3\pi}{2}$

● Outre ces valeurs de base, par la suite, on utilisera aussi les multiples de ces valeurs.
Les valeurs de la deuxième ligne sont dites « à 2π près », c'est-à-dire que si on fait plusieurs fois le tour complet du cercle, on se retrouvera au même point.

Exemple La valeur de l'angle correspondant à B est $\frac{\pi}{4}$, mais c'est aussi $\frac{\pi}{4} + 2\pi$, soit $\frac{9\pi}{4}$, ou $\frac{\pi}{4} + 4\pi$, etc.

● Le tableau est un **tableau de proportionnalité** : on passe de la mesure en degré à la mesure en radian en multipliant par $\frac{\pi}{180}$.
On peut donc changer facilement d'unité en utilisant, par exemple, les produits en croix.

LA MÉTHODE

Placer un point sur le cercle connaissant la mesure correspondante en radian

Étape 1 On compare la mesure avec les valeurs de base du tableau.

Étape 2 Si la mesure est dans le tableau, alors le point est l'un de ceux de la figure.
Si la mesure n'est pas dans le tableau, on essaye de la ramener à un multiple de l'une des valeurs de base du tableau.

Étape 3 On part du point I sur le cercle et on reporte cette valeur de base autant de fois que l'indique le coefficient, dans le sens positif ou négatif selon le signe.

Exemple
Sur un cercle trigonométrique, placer les points correspondant à $\frac{7\pi}{6}$ et à $-\frac{5\pi}{4}$.
Étape 1 $\frac{7\pi}{6}$ et $-\frac{5\pi}{4}$ ne sont pas des valeurs de base du tableau.

▶

Étape 2 Pour obtenir des multiples d'une valeur de base du tableau, on peut écrire : $\frac{7\pi}{6} = 7 \times \frac{\pi}{6}$ et $-\frac{5\pi}{4} = -5 \times \frac{\pi}{4}$. On repère ici les valeurs de base $\frac{\pi}{6}$ et $\frac{\pi}{4}$.

Étape 3 On reporte $\frac{\pi}{6}$ sur le cercle, sept fois dans le sens positif.
On reporte $\frac{\pi}{4}$ cinq fois dans le sens négatif, toujours en partant de l'angle 0 (c'est-à-dire du point I).
On remarque ici que la position de $-\frac{5\pi}{4}$ correspond, par exemple, à la mesure positive de $\frac{3\pi}{4}$.

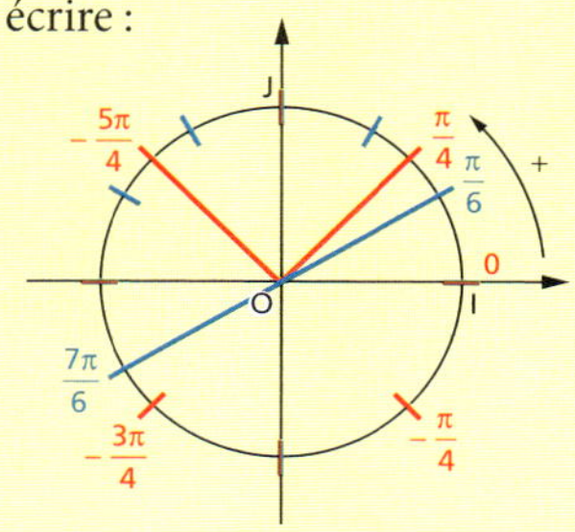

S'ENTRAÎNER

1 QUIZ **Relier chacun de ces nombres à la proportion correspondante.**

a. Les nombres 30 ; 45 ; 180 et 270 représentent une proportion de 360.

30 ○	○ $\frac{1}{2}$
45 ○	○ $\frac{3}{4}$
180 ○	○ $\frac{1}{8}$
270 ○	○ $\frac{1}{12}$

b. Les nombres $\frac{\pi}{3}$; $\frac{\pi}{2}$; $\frac{2\pi}{3}$; $\frac{\pi}{6}$ représentent une proportion de 2π.

$\frac{\pi}{3}$ ○	○ $\frac{1}{4}$
$\frac{\pi}{2}$ ○	○ $\frac{1}{12}$
$\frac{2\pi}{3}$ ○	○ $\frac{1}{3}$
$\frac{\pi}{6}$ ○	○ $\frac{1}{6}$

2 Sur le cercle

Placer sur ce cercle les points correspondant à :
$\frac{7\pi}{4}$; $-\frac{\pi}{6}$; $\frac{4\pi}{3}$;
$-\frac{5\pi}{3}$; $\frac{5\pi}{2}$; 3π.

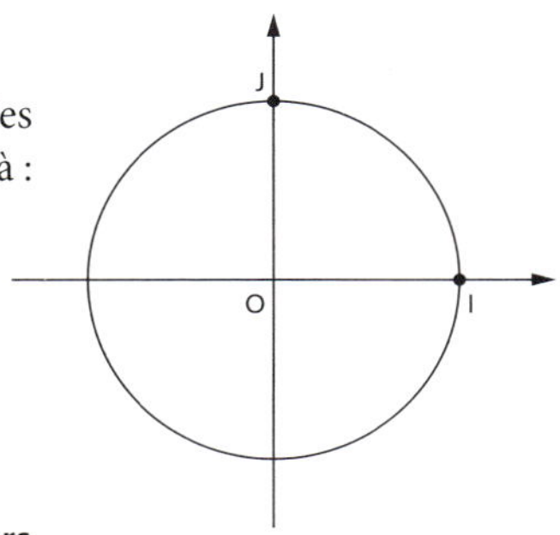

3 Angles particuliers

Exprimer, en radian :
a. la mesure des angles d'un triangle équilatéral ;
b. la mesure des angles d'un triangle isocèle rectangle.

4 De degré à radian, de radian à degré

Compléter le tableau, sans utiliser la calculatrice (tout peut être fait de tête) :

Degré	18	150		22,5	
Radian			$\frac{\pi}{12}$		$\frac{4\pi}{3}$

5 D'une unité à l'autre

1. Transformer en radian :
a. 36° **b.** 108° **c.** 135°

2. Transformer en degré :
a. $\frac{2\pi}{5}$ **b.** $\frac{5\pi}{8}$ **c.** $\frac{3\pi}{10}$

6 Partie entière

Combien de tours complets a « parcouru » un point dont la position correspond à la mesure de $\frac{15\pi}{2}$, en radian ?

7 Calculs d'angles

On considère deux points M et N sur un cercle de centre O et de rayon 1. Ces points sont tels que la longueur de l'arc $\overset{\frown}{MN}$ est égale à 1.
Donner la mesure en radian, puis une valeur approchée en degré, de l'angle $\widehat{NOM}$.

POUR VOUS AIDER
Voir la définition du radian page précédente.

8 Entre deux mesures

a. Sur le cercle ci-dessous, représenter en rouge l'ensemble des points M tels que la mesure en radian de l'angle correspondant soit comprise entre $\frac{7\pi}{6}$ et 2π.

b. Sur ce même cercle, représenter en bleu, l'ensemble des points M tels que la mesure soit comprise entre $\frac{2\pi}{3}$ et $\frac{3\pi}{4}$.

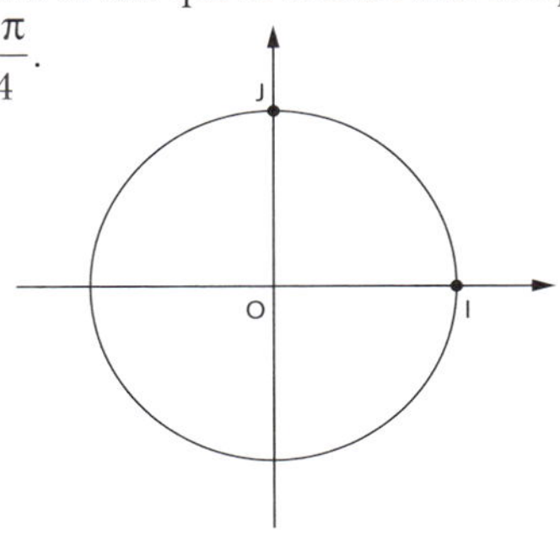

24 Sinus et cosinus d'un angle

L'ESSENTIEL

Dans le cercle trigonométrique

● Soit un point M de coordonnées $(x\,;y)$ sur le cercle trigonométrique, donc tel que OM = 1.

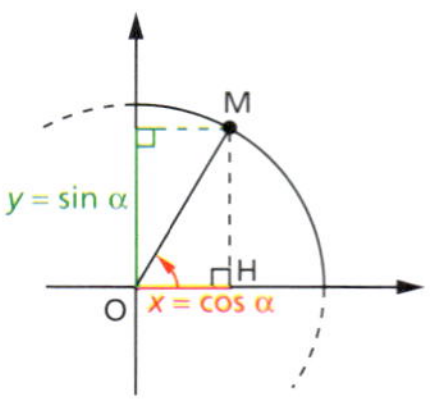

Le triangle MOH est rectangle en H. On a donc :

››› $\cos \widehat{MOH} = \dfrac{OH}{OM} = OH = x$

››› $\sin \widehat{MOH} = \dfrac{MH}{OM} = MH = y$

● Dans un cercle trigonométrique, le **cosinus** et le **sinus** d'un angle sont donnés par l'**abscisse** et l'**ordonnée** du point M.

Propriétés

● Pour tout angle α, on a :

$$-1 \leqslant \cos\alpha \leqslant 1 \quad \text{et} \quad -1 \leqslant \sin\alpha \leqslant 1$$

● De plus, $OH^2 + HM^2 = OM^2$, donc

$$(\cos\alpha)^2 + (\sin\alpha)^2 = 1$$

Quelques valeurs exactes

Le tableau suivant donne quelques valeurs exactes du cosinus et du sinus des angles remarquables.

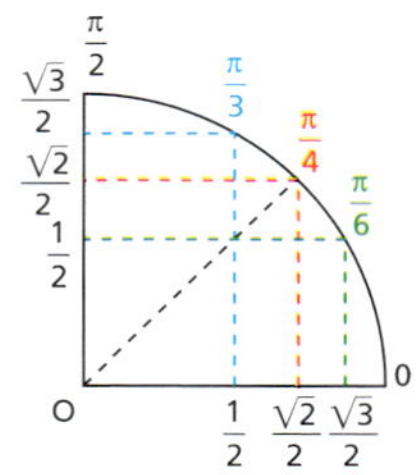

α	0	$\frac{\pi}{6}$	$\frac{\pi}{4}$	$\frac{\pi}{3}$	$\frac{\pi}{2}$
cos α	1	$\frac{\sqrt{3}}{2}$	$\frac{\sqrt{2}}{2}$	$\frac{1}{2}$	0
sin α	0	$\frac{1}{2}$	$\frac{\sqrt{2}}{2}$	$\frac{\sqrt{3}}{2}$	1

INFO

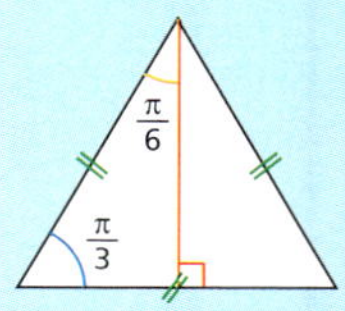

Les valeurs de $\frac{\pi}{6}$ et $\frac{\pi}{3}$ se démontrent à l'aide du théorème de Pythagore dans un triangle équilatéral ; de même, on retrouve les valeurs de $\frac{\pi}{4}$ dans un triangle isocèle rectangle.

LA MÉTHODE

Déterminer les valeurs exactes du sinus ou du cosinus d'un angle

Étape 1 On repère l'angle sur le cercle (voir le chapitre précédent).

Étape 2 On utilise les symétries du cercle pour déduire les valeurs cherchées.

Exemple Donner la valeur exacte de $\cos\left(\dfrac{5\pi}{6}\right)$ et de $\sin\left(\dfrac{3\pi}{4}\right)$.

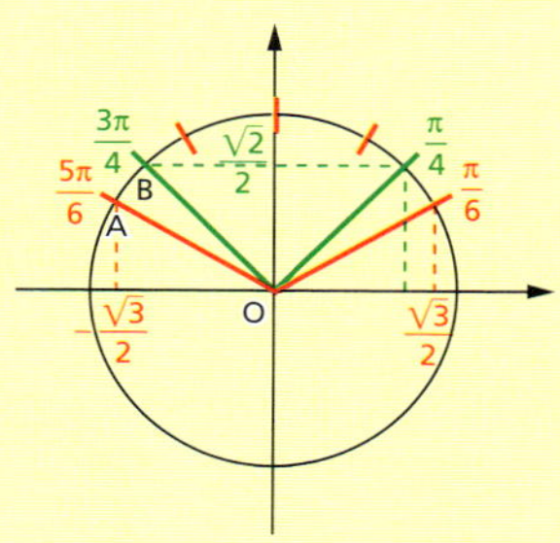

Étape 1 On repère les angles $\dfrac{5\pi}{6}$ et $\dfrac{3\pi}{4}$ sur le cercle.

On nomme les points correspondants respectivement A et B.

Étape 2 L'abscisse de A est l'opposé de $\cos\left(\dfrac{\pi}{6}\right)$. Donc $\cos\left(\dfrac{5\pi}{6}\right) = -\dfrac{\sqrt{3}}{2}$.

L'ordonnée de B est identique à $\sin\left(\dfrac{\pi}{4}\right)$. Donc $\sin\left(\dfrac{3\pi}{4}\right) = \dfrac{\sqrt{2}}{2}$.

Calculer le cosinus d'un angle connaissant son sinus

Étape 1 On utilise l'égalité $(\cos\alpha)^2 + (\sin\alpha)^2 = 1$ en remplaçant l'un des deux termes par sa valeur.

Étape 2 On isole l'inconnue et on résout l'équation. Attention, il y a deux possibilités !

Exemple Sachant que $\cos x = \dfrac{1}{3}$, calculer les valeurs possibles de $\sin x$.

Étape 1 L'égalité $(\cos\alpha)^2 + (\sin\alpha)^2 = 1$ donne ici : $\left(\dfrac{1}{3}\right)^2 + (\sin x)^2 = 1$.

Étape 2 $(\sin x)^2 = 1 - \left(\dfrac{1}{3}\right)^2 \Leftrightarrow \sin x = \sqrt{\dfrac{8}{9}} = \dfrac{2\sqrt{2}}{3}$ ou $\sin x = -\sqrt{\dfrac{8}{9}} = -\dfrac{2\sqrt{2}}{3}$.

Les valeurs possibles de $\sin x$ sont donc $\dfrac{2\sqrt{2}}{3}$ et $-\dfrac{2\sqrt{2}}{3}$.

S'ENTRAÎNER

1 QUIZ

Cocher la case qui convient.

1. $\cos\left(-\dfrac{\pi}{4}\right)$ est égal à : ☐ **a.** $\dfrac{\sqrt{2}}{2}$ ☐ **b.** $-\dfrac{\sqrt{2}}{2}$ ☐ **c.** $-\dfrac{\sqrt{3}}{2}$

2. $\sin\left(\dfrac{2\pi}{3}\right)$ est égal à : ☐ **a.** $\sqrt{3}$ ☐ **b.** $-\dfrac{\sqrt{3}}{2}$ ☐ **c.** $\dfrac{\sqrt{3}}{2}$

3. Si $x = \dfrac{\pi}{2}$, alors $\cos(2x)$ est égal à : ☐ **a.** 1 ☐ **b.** 0 ☐ **c.** –1

2 **D'après le cercle**

Compléter par les valeurs exactes en s'aidant du cercle :

$\cos\left(\dfrac{2\pi}{3}\right) =$ ....

$\sin\left(\dfrac{5\pi}{3}\right) =$ ....

$\cos\left(\dfrac{7\pi}{6}\right) =$ ....

$\cos\left(\dfrac{3\pi}{4}\right) =$ ....

$\sin\left(\dfrac{5\pi}{6}\right) =$ ....

$\sin\left(\dfrac{3\pi}{2}\right) =$ ....

3 **Un petit tour de plus**

Compléter en s'aidant du cercle :

a. $\sin\left(\dfrac{\pi}{3} + 2\pi\right) =$ ....

b. $\sin\left(\dfrac{\pi}{3} + \pi\right) =$ ....

c. $\cos\left(\dfrac{\pi}{4} + 2\pi\right) =$ ....

d. $\cos\left(\dfrac{\pi}{4} + \pi\right) =$ ....

4 **Signes**

D'après le cercle, si $x \in \left[0\,;\dfrac{\pi}{2}\right]$, alors $\sin x$ et $\cos x$ sont tous les deux positifs.

Compléter le tableau suivant avec les signes + ou –.

Intervalle auquel appartient *x*	$\left[\dfrac{\pi}{2}\,;\pi\right]$	$\left[\pi\,;\dfrac{3\pi}{2}\right]$	$\left[\dfrac{3\pi}{2}\,;2\pi\right]$
$\sin x$			
$\cos x$			

5 **Le carré d'un sinus**

Soit un nombre x appartenant à l'intervalle $\left[-\dfrac{\pi}{2}\,;0\right]$.

a. Quel est le signe de $\sin x$?

b. On sait que $\cos x = \dfrac{3}{5}$.

Démontrer que $(\sin x)^2 = \dfrac{16}{25}$.

c. Déduire de **a.** et de **b.** la valeur de $\sin x$.

6 **Application des propriétés**

Sachant que $\sin\left(\dfrac{\pi}{12}\right) = \dfrac{\sqrt{6}-\sqrt{2}}{4}$, calculer $\cos\left(\dfrac{\pi}{12}\right)$.

7 **Équations et inéquations**

Donner toutes les valeurs possibles de l'angle x, comprises entre 0 et 2π, pour lesquelles :

a. $\cos x = \dfrac{\sqrt{3}}{2}$ **b.** $\sin x = \dfrac{\sqrt{2}}{2}$

c. $\cos x \leqslant \dfrac{1}{2}$ **d.** $\sin x > \dfrac{\sqrt{2}}{2}$

POUR VOUS AIDER

Dans tous les exercices, il est très utile d'utiliser un schéma (cercle trigonométrique) pour se repérer.

8 **Développer**

Simplifier l'écriture de l'expression :

$(\cos x + \sin x)^2 + (\cos x - \sin x)^2$.

POUR VOUS AIDER

Pensez à développer en utilisant les identités remarquables et à utiliser l'une des propriétés de la page précédente.

9 **On retrouve la tangente**

a. En utilisant les formules de trigonométrie de collège, retrouver l'égalité suivante :

$\tan x = \dfrac{\sin x}{\cos x}$.

b. En déduire la nouvelle égalité :

$1 + (\tan x)^2 = \dfrac{1}{(\cos x)^2}$.

MATHS

25 Triangles, cercles et symétries

L'ESSENTIEL

Médiatrice et symétrie axiale

● La **médiatrice** d'un segment [AB] est la droite Δ qui coupe ce segment perpendiculairement et en son milieu.

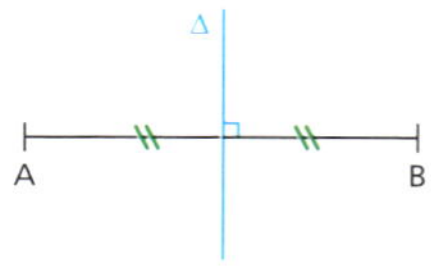

● **Propriété caractéristique**
Tout point de la médiatrice d'un segment est à égale distance des extrémités de ce segment :

$M \in \Delta \Leftrightarrow MA = MB$.

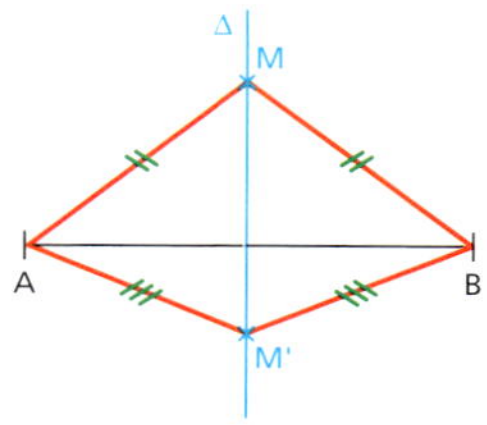

ATTENTION !
L'égalité MA = MB ne signifie pas forcément que M est le milieu du segment [AB].
(Il faudrait que M, A et B soient alignés pour que ce soit le cas.)

● Dans un triangle, les médiatrices des trois côtés sont concourantes et le point de concours est le **centre du cercle circonscrit** au triangle.
On a, en effet :
OA = OB = OC.

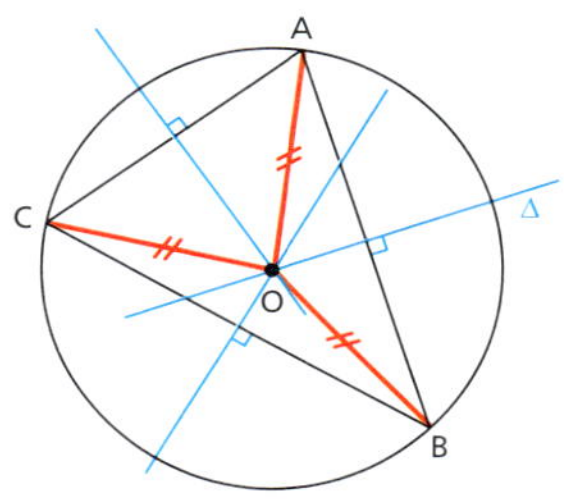

● **Symétrie axiale**
Un point A′ est le symétrique d'un point A par la symétrie d'axe Δ signifie que Δ est la médiatrice de [AA′].

Exemple

Le point B est le symétrique de A par la symétrie d'axe Δ dans la figure ci-dessus.

Médianes dans un triangle

● Dans un triangle, une **médiane** est une droite passant par un sommet et le milieu du côté opposé.

● Dans un triangle, les trois médianes sont concourantes et leur point de concours est le **centre de gravité** du triangle.

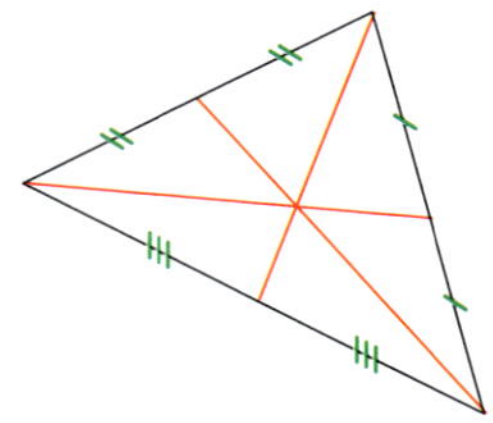

Hauteurs dans un triangle

● Dans un triangle, une **hauteur** est une droite passant par un sommet et perpendiculaire au côté opposé.

● Dans un triangle, les trois hauteurs sont concourantes et leur point de concours est l' **orthocentre** du triangle.

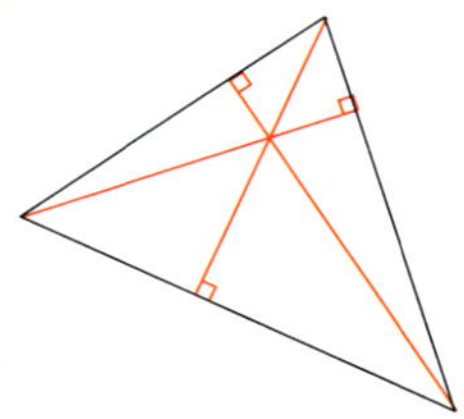

Cas particuliers dans les triangles

● Dans un **triangle isocèle**, la médiatrice de la base, la hauteur et la médiane issues du sommet principal sont confondues : cette droite est l'axe de symétrie du triangle.

● Dans un **triangle équilatéral**, cette propriété s'applique aux trois côtés. Le triangle équilatéral a donc trois axes de symétrie.

● Dans un **triangle rectangle**, le centre du cercle circonscrit est le milieu de l'hypoténuse.
Réciproquement, si un triangle ABC est inscrit dans un cercle dont un des côtés est le diamètre, il est rectangle.

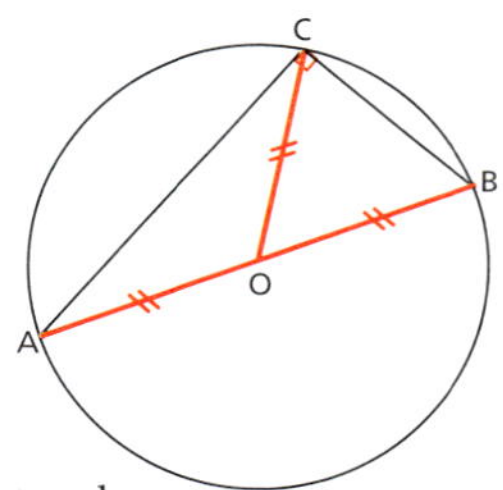

LA MÉTHODE

Dans un triangle ABC, démontrer que I est le milieu de [BC]

- Par le calcul vectoriel, on démontre que $\overrightarrow{BI} = \overrightarrow{IC}$.
- Si la droite (AI) passe par le centre de gravité de ABC, alors c'est une médiane de ABC.
- Si ABC est isocèle en A (ou équilatéral) et si (AI) est perpendiculaire à (BC), alors I est le milieu de [BC].
- Si A est milieu d'un segment et si on a deux parallèles, on peut penser au théorème des milieux.

Dans un triangle ABC, démontrer que AHB est rectangle en H ou que (AH) est perpendiculaire à (BC)

- Si AHB est inscrit dans un demi-cercle dont [AB] est un diamètre, AHB est rectangle.
- Si (AH) passe par l'orthocentre de ABC, alors c'est une hauteur de ABC.
- Si on connaît les trois longueurs des côtés, on utilise la réciproque du théorème de Pythagore.

Dans un triangle ABC, démontrer que des droites sont parallèles

On peut penser à la réciproque du théorème de Thalès, ou au théorème des milieux, ou encore aux angles alternes-internes égaux…

S'ENTRAÎNER

1 QUIZ

Vrai ou faux ? Cocher la case qui convient.

a. Un cercle passant par deux points A et B a son centre O sur la médiatrice de [AB]. V ☐ F ☐

b. La diagonale d'un carré de côté a mesure $a\sqrt{2}$. V ☐ F ☐

c. Un quadrilatère dont les diagonales ont même mesure est un rectangle. V ☐ F ☐

d. Un parallélogramme dont les diagonales sont perpendiculaires est un losange. V ☐ F ☐

2 Qui est qui ?

On a tracé le centre de gravité, l'orthocentre et le centre du cercle circonscrit à ABC. Retrouver chacun d'eux.

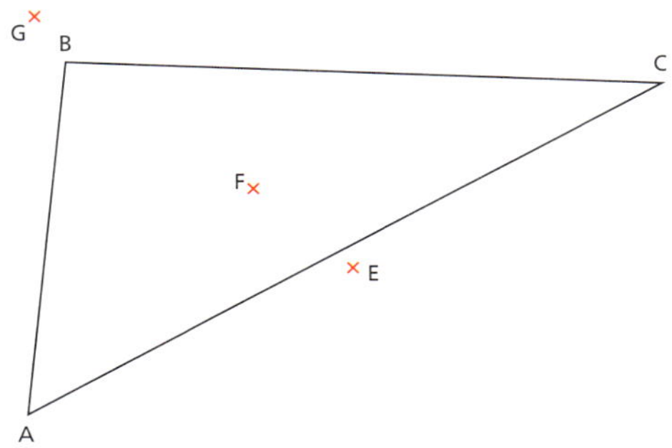

3 Vrai ou faux ?

En observant les figures, déterminer si chaque affirmation est vraie ou fausse.

POUR VOUS AIDER

Attention ! Ne pas se fier aux impressions données par la figure ; ce qui n'est pas codé ou qui ne peut pas être prouvé est *a priori* faux.

a.

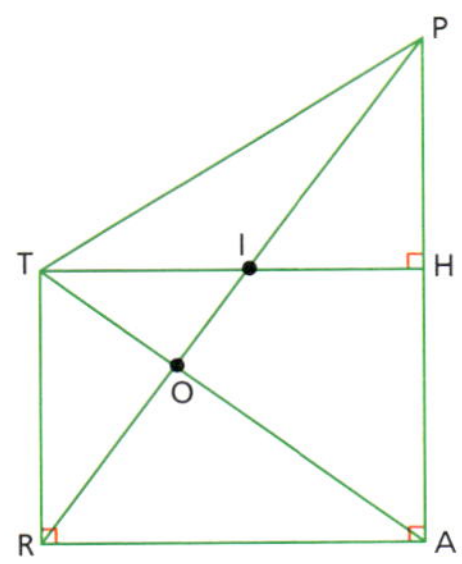

$\frac{OP}{OR} = \frac{OT}{OA} = \frac{PT}{RA}$	$\frac{OR}{OP} = \frac{OT}{OA} = \frac{RT}{PA}$	$\frac{IP}{PR} = \frac{PH}{PA} = \frac{RA}{IH}$	$\frac{OI}{OR} = \frac{OT}{OA} = \frac{TI}{RA}$
$\widehat{TIO} = \widehat{ORA}$	POA est rectangle en O.	I est l'orthocentre de TPA.	I est le milieu de [TH].

b.

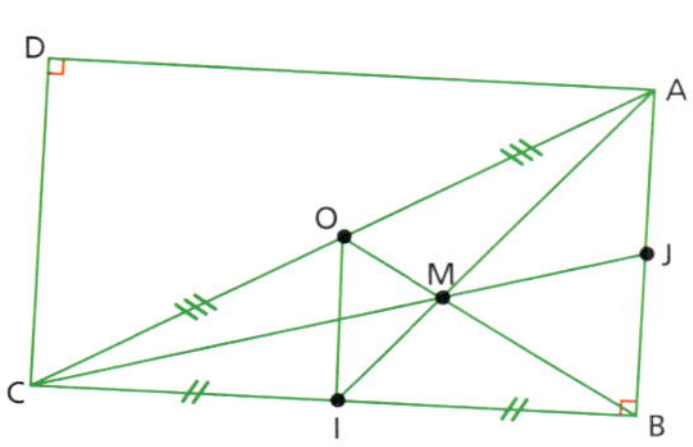

(OI) et (AB) sont parallèles.	J est le milieu de [AB].	A, B, C et D sont sur un même cercle.	ABCD est un rectangle.
B est le symétrique de C par rapport à I.	B est le symétrique de C par rapport à (OI).	$OI = \frac{1}{2}AB$	$\widehat{MOA} = \widehat{MBI}$

4 Dans le désordre

Soit un parallélogramme ABCD de centre O et T le symétrique de A par rapport à B.
La droite (TO) coupe (BC) en L. (AL) coupe (TC) en K.
On veut montrer que K est le milieu de [TC].
Le raisonnement est donné dans le désordre.
Réécrire cette démonstration dans l'ordre logique du raisonnement.

- Donc (CB) est une médiane de ACT.
- ABCD est un parallélogramme, donc O est le milieu de [AC].
- Donc B est le milieu de [AT].
- (AL) est donc la troisième médiane de ACB.
- Donc K est le milieu de [TC].
- Les médianes (TO) et (CB) se coupent en L.
- Donc (TO) est une médiane de ATC.
- T est le symétrique de A par rapport à B.
- Donc L est le centre de gravité de ACT.
- Donc (AL) coupe [TC] en son milieu.

5 Propriété du cours

Démontrer la propriété caractéristique de la médiatrice d'un segment, c'est-à-dire :
« Soit Δ la médiatrice de [AB].
Si M est sur Δ, alors MA = MB. »

6 Avec deux cercles

Soit deux cercles $\mathscr{C}$ et $\mathscr{C}'$ de centres respectifs O et O′ distants de 4 cm. Les cercles sont sécants en A et B. Les points C et D sont diamétralement opposés à A, respectivement sur $\mathscr{C}$ et $\mathscr{C}'$.

a. Montrer que (OO′) est la médiatrice de [AB].

b. Montrer que les points C, B et D sont alignés.

c. En déduire la mesure du segment [CD].

7 Deux symétries axiales

Soit deux droites (d) et (d′) perpendiculaires en K, et soit M un point quelconque du plan.
N est le symétrique de M par rapport à (d) et P est le symétrique de N par rapport à (d′).
Montrer que K est le milieu de [MP].

8 Avec la trigonométrie

Soit EFG un triangle isocèle en E.
Montrer que les deux hauteurs issues de F et de G sont de même mesure.

POUR VOUS AIDER

On peut exprimer le cosinus des angles et se souvenir que les deux angles de la base d'un triangle isocèle sont égaux.

26 Calculs dans un repère du plan

L'ESSENTIEL

Coordonnées dans un repère du plan

- Deux axes de même origine O et munis d'une unité de graduation sur chaque axe forment un **repère du plan**.
Un tel repère est noté (O ; I, J).

- Un repère **orthonormé** est un repère tel que le triangle OIJ est rectangle isocèle en O (ici OI = 1 et OJ = 1).

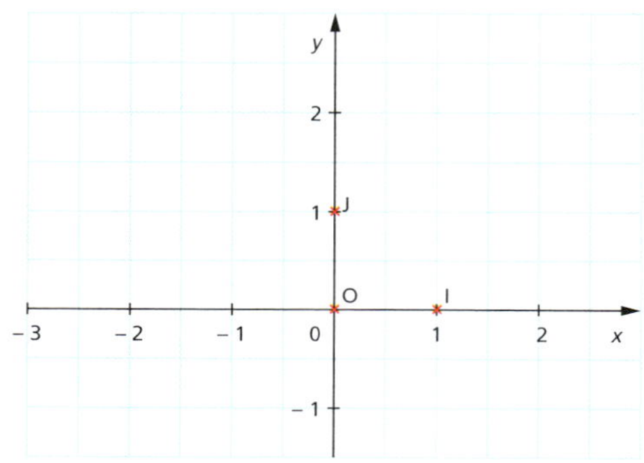

- Chaque point du plan est alors repéré par deux nombres appelés **coordonnées**.
La droite (OI) est l'axe des **abscisses** et la droite (OJ) est l'axe des **ordonnées**.

INFO

Il existe des repères dont les axes ne sont pas perpendiculaires, ils sont peu utilisés au lycée. En revanche, il faut être vigilant aux unités, le repère n'étant pas toujours normé.

Exemple

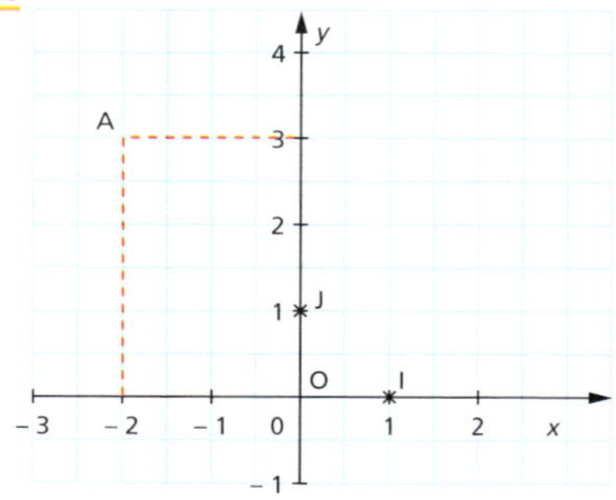

L'abscisse de A est $x_A = -2$, l'ordonnée de A est $y_A = 3$. On note A(–2 ; 3).
On lit : « A a pour coordonnées –2 et 3 ».

Calculs dans un repère

Soit (O ; I, J) un repère orthonormé du plan.
Soit $A(x_A\,;y_A)$ et $B(x_B\,;y_B)$ deux points de ce plan.

- **Longueur d'un segment**
La distance AB est égale à :

$$\sqrt{(x_B - x_A)^2 + (y_B - y_A)^2}$$

- **Coordonnées du milieu d'un segment**
Soit M le milieu du segment [AB]. On a :

$$x_M = \frac{x_A + x_B}{2} \quad \text{et} \quad y_M = \frac{y_A + y_B}{2}$$

ATTENTION !

Les coordonnées du milieu sont une moyenne, on additionne les coordonnées.

LA MÉTHODE

Montrer qu'un triangle est rectangle

Étape 1 On calcule les carrés des longueurs des trois côtés en utilisant la formule du cours ci-dessus.
Étape 2 On compare le plus grand des nombres trouvés avec la somme des deux autres.
Étape 3 On conclut en utilisant la réciproque du théorème de Pythagore ou sa contraposée.

Exemple

Soit trois points A(0 ; 8), B(4 ; 0) et C(12 ; 3). Le triangle ABC est-il rectangle ?
Étape 1 On a :
$AB^2 = (4 - 0)^2 + (0 - 8)^2 = 16 + 64 = 80$
$AC^2 = (12 - 0)^2 + (3 - 8)^2 = 144 + 25 = 169$
$BC^2 = (12 - 4)^2 + (3 - 0)^2 = 64 + 9 = 73$.
Étape 2 On a : $AB^2 + BC^2 = 153$ et $AC^2 = 169$.
Étape 3 $AB^2 + BC^2 \neq AC^2$, donc, d'après la contraposée du théorème de Pythagore, le triangle ABC n'est pas rectangle.

Montrer qu'un quadrilatère est un parallélogramme en utilisant les milieux des diagonales

Étape 1 On calcule les coordonnées du milieu de chaque diagonale.
Étape 2 On compare les résultats : si ce sont les mêmes, alors les diagonales du quadrilatère ont le même milieu, c'est donc un parallélogramme.

Exemple

Soit quatre points A(1 ; 2), B(6 ; 0), C(3 ; –3) et D(–2 ; –1).
Montrer que ABCD est un parallélogramme.

Étape 1 Soit M le milieu de [AC]. Les coordonnées de M sont :

$$x_M = \frac{x_A + x_C}{2} = \frac{1+3}{2} = 2 \quad \text{et} \quad y_M = \frac{y_A + y_C}{2} = \frac{2-3}{2} = -\frac{1}{2}.$$

Soit N le milieu de [BD]. Les coordonnées de N sont :

$$x_N = \frac{x_B + x_D}{2} = \frac{6-2}{2} = 2 \quad \text{et} \quad y_N = \frac{y_B + y_D}{2} = \frac{0-1}{2} = -\frac{1}{2}.$$

Étape 2 Les points M et N ont les mêmes coordonnées, ils sont donc confondus.
Les diagonales [AC] et [BD] du quadrilatère ABCD ont le même milieu, c'est donc un parallélogramme.

S'ENTRAÎNER

1 QUIZ **Compléter les phrases suivantes en calculant de tête.**

a. Le milieu de 3 et 6 est ……
b. 0,5 est le milieu de –5 et ……
c. 9 est le milieu de 3 et ……
d. Le milieu de –3 et 8 est ……
e. Le milieu de 2,5 et 7,5 est ……
f. 7 est le milieu de 10,5 et ……

2 Des opposés

a. Dans un repère du plan, que peut-on dire de deux points ayant la même abscisse mais des ordonnées opposées ?
b. Que peut-on dire de deux points ayant la même ordonnée mais des abscisses opposées ?
c. Que peut-on dire de deux points ayant leurs abscisses et leurs ordonnées opposées ?

3 Trouver le repère

a. Connaissant les coordonnées des points A(–3 ; 1) et B(–1 ; –2), donner les coordonnées de E et F.

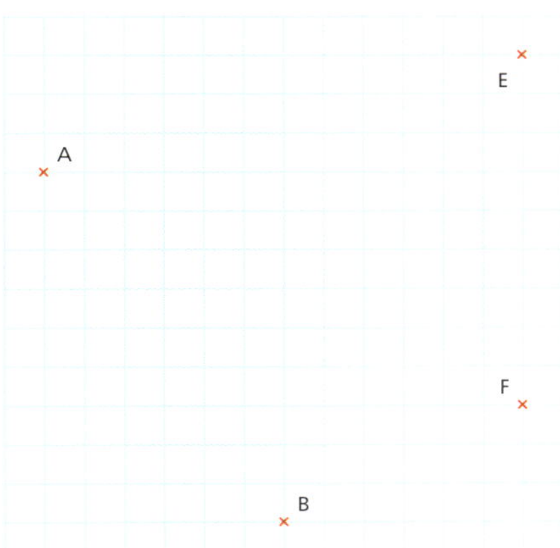

b. Calculer les coordonnées du milieu L de [AB].
c. Calculer AB.

4 Symétrique

Dans un repère orthonormé (O ; I, J), on donne les points P(5 ; 1) et R(–2 ; 6).
Trouver les coordonnées du symétrique R′ de R par rapport au point P.

5 Parallélogramme

Dans un repère orthonormé (O ; I, J), on donne les points B(1 ; 2), L(2 ; –3), E(– 4 ; 0) et U(–5 ; 5).
a. Faire une figure.
b. Montrer que BLEU est un parallélogramme.
c. BLEU est-il un losange ?

6 Parallélogramme incomplet

Dans un repère orthonormé (O ; I, J), on donne les points E(2 ; –1), F(–2 ; 3) et G(–5 ; – 4).
Trouver les coordonnées du point H tel que EFGH soit un parallélogramme.

7 Triangle et cercle circonscrit

a. Dans un repère orthonormé (O ; I, J), placer les points A(–2 ; 3), B(5 ; 6) et C(1 ; – 4).
Déterminer la nature du triangle ABC.
b. Calculer l'aire du triangle ABC.
c. Calculer l'aire du disque formé par le cercle circonscrit au triangle ABC.

8 Carré

Dans un repère orthonormé (O ; I, J), on donne les points A(1 ; 3), B(2 ; –1), C(–2 ; –2) et D(–3 ; 2).
Montrer que ABCD est un carré.

9 Milieu et longueur

a. Dans un repère orthonormé (O ; I, J), placer les points R(5 ; 5), S(–3 ; 3) et T(1 ; –3).
b. Soit K le milieu de [RT] et H le milieu de [RS]. Donner, par lecture graphique, les coordonnées de H et K.
Calculer la longueur HK, et la comparer à TS.
c. Quel résultat vu au collège retrouve-t-on ici ?

MATHS

27 Vecteurs et translations

L'ESSENTIEL

Translation

● Soit A, B et C trois points du plan.
Dire que « le point D est l'image de C par la **translation** qui transforme A en B » est équivalent à dire que « ABDC est un **parallélogramme** ».

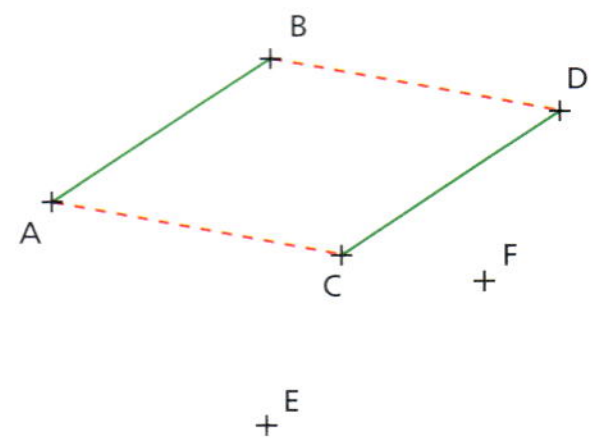

● De la même façon, F est l'image de E par cette translation. On dit que la translation ainsi définie est une **translation de vecteur $\overrightarrow{AB}$**. On peut aussi l'appeler translation de vecteur $\overrightarrow{CD}$ ou $\overrightarrow{EF}$.

● On dit que les vecteurs $\overrightarrow{AB}$, $\overrightarrow{CD}$ et $\overrightarrow{EF}$ sont égaux :
$\overrightarrow{AB} = \overrightarrow{CD} = \overrightarrow{EF} = \vec{u}$.

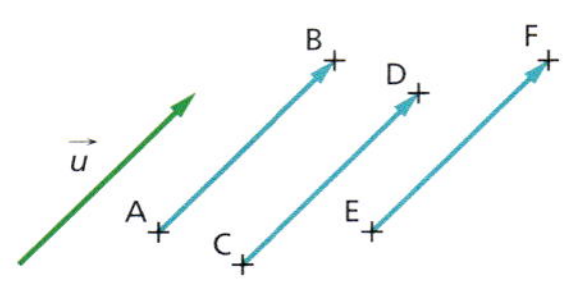

Vecteurs

● Deux vecteurs sont égaux s'ils ont la même **direction** (c'est-à-dire qu'ils sont portés par des droites parallèles), le même **sens** et la même longueur (que l'on appelle la **norme**).

● Chaque vecteur admet donc une infinité de représentants.

● Un vecteur a une **origine** et une **extrémité** : l'origine du vecteur $\overrightarrow{AB}$ est le point A, son extrémité est le point B.

Propriétés

● Dire que deux vecteurs $\overrightarrow{AB}$ et $\overrightarrow{CD}$ sont égaux équivaut à dire que [AD] et [BC] ont le même milieu.

● Dire que deux vecteurs $\overrightarrow{AB}$ et $\overrightarrow{BC}$ sont égaux équivaut à dire que B est le milieu de [AC].

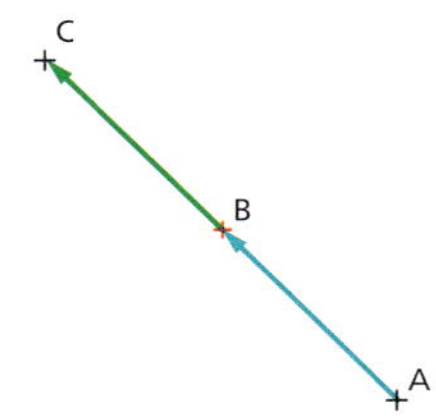

Cas particulier : $\overrightarrow{AA}$ est le **vecteur nul**. On écrit : $\overrightarrow{AA} = \vec{0}$.

LA MÉTHODE

Tracer un autre représentant d'un vecteur donné

Étape 1 On repère le point d'origine du nouveau vecteur.

Étape 2 Partant de cette origine, on reporte la norme du vecteur avec un compas.

Étape 3 Partant de l'extrémité du vecteur, on reporte la distance entre les deux origines.

Exemple

Tracer un représentant du vecteur $\vec{u}$.

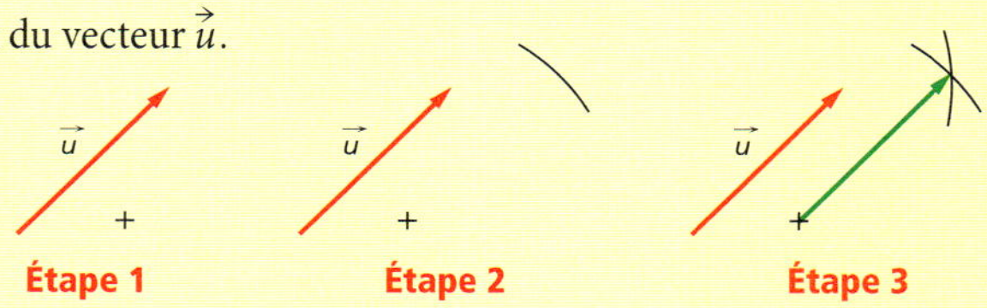

Démontrer qu'un quadrilatère est un parallélogramme

Étape 1 On repère quelle égalité de vecteurs l'on peut démontrer.

Étape 2 On traduit l'énoncé par des égalités de vecteurs afin d'obtenir l'égalité cherchée.

Exemple

ABCD et BCEF sont des parallélogrammes.
Démontrer que ADEF est un parallélogramme.

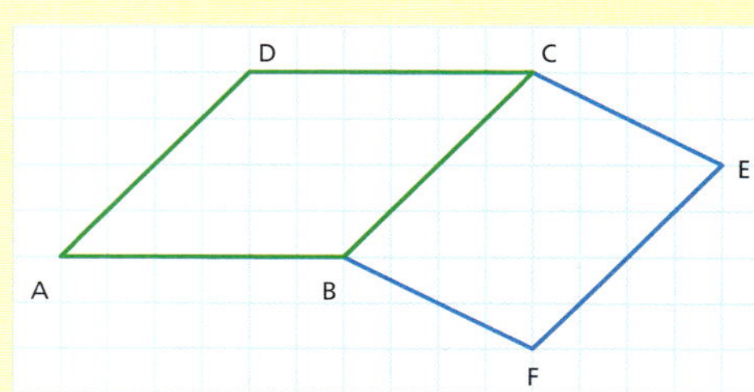

Étape 1 On veut montrer que ADEF est un parallélogramme.
On peut donc montrer, par exemple, que $\overrightarrow{AD} = \overrightarrow{FE}$.

Étape 2 ABCD est un parallélogramme, donc $\overrightarrow{AD} = \overrightarrow{BC}$.
BCEF est un parallélogramme, donc $\overrightarrow{BC} = \overrightarrow{FE}$.
On a $\overrightarrow{AD} = \overrightarrow{BC}$ et $\overrightarrow{BC} = \overrightarrow{FE}$, donc $\overrightarrow{AD} = \overrightarrow{FE}$.
Et $\overrightarrow{AD} = \overrightarrow{FE}$ permet de conclure que ADEF est un parallélogramme.

S'ENTRAÎNER

1 QUIZ

Cocher parmi les deux propositions celle qui convient.

1. ABC est isocèle en A. ⇔ ☐ **a.** AB = AC ☐ **b.** $\overrightarrow{AB} = \overrightarrow{AC}$.

2. ABCD est un parallélogramme. ⇔ ☐ **a.** AB = DC ☐ **b.** $\overrightarrow{AB} = \overrightarrow{DC}$.

3. M est le milieu de [AB]. ⇔ ☐ **a.** AM = MB ☐ **b.** $\overrightarrow{AM} = \overrightarrow{MB}$.

4. M appartient à la médiatrice de [AB]. ⇔ ☐ **a.** AM = MB ☐ **b.** $\overrightarrow{AM} = \overrightarrow{MB}$.

2 Translation de points

a. Sur la figure suivante, la translation qui transforme M en P transforme A en B. Placer B.

b. Construire le point C, image de P par la translation de vecteur $\overrightarrow{BM}$.

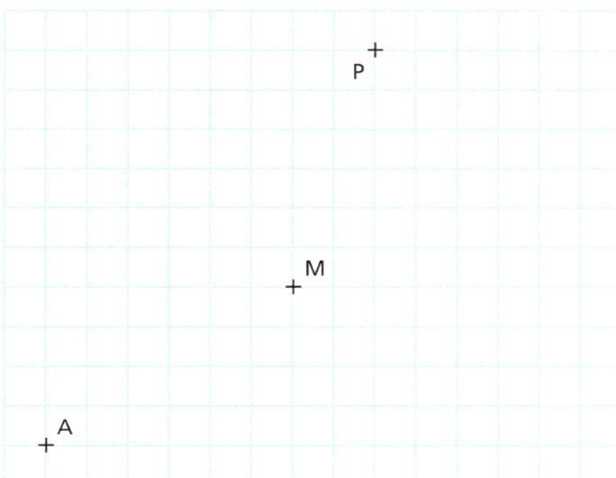

POUR VOUS AIDER

Attention ! Le sens de la flèche (donc du déplacement) est primordial. $\overrightarrow{AB} \neq \overrightarrow{BA}$

3 Rectangles

Dans la figure suivante ABCD et DCEF sont des rectangles de mêmes dimensions.

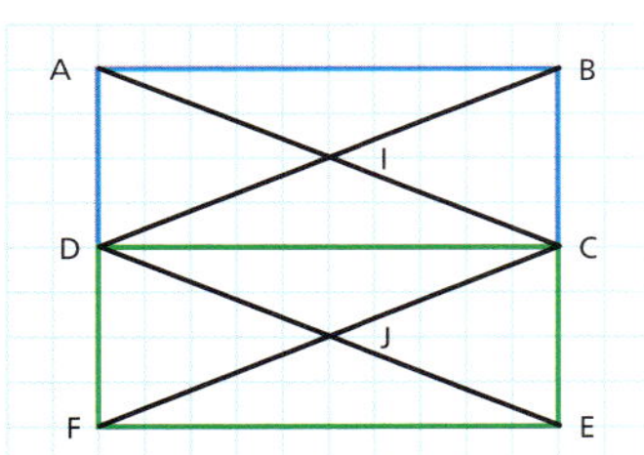

a. Compléter les égalités.

$\overrightarrow{DI} = \overrightarrow{\ldots B}$ $\overrightarrow{AI} = \overrightarrow{J\ldots}$

$\overrightarrow{A\ldots} = \overrightarrow{CE}$ $\overrightarrow{J\ldots} = \overrightarrow{BI}$.

b. Citer les vecteurs égaux au vecteur $\overrightarrow{AB}$.

c. Citer les vecteurs égaux au vecteur $\overrightarrow{EC}$.

d. Citer les vecteurs égaux au vecteur $\overrightarrow{DI}$.

4 Dans l'ordre

On donne l'égalité suivante : $\overrightarrow{AB} = \overrightarrow{RP}$.

Parmi les quadrilatères suivants, lesquels sont un parallélogramme ?

a. ABRP **b.** ABPR **c.** ARBP **d.** ARPB

5 Tracé de vecteur

Dans chacun des cas, tracer le représentant d'origine O du vecteur $\vec{u}$.

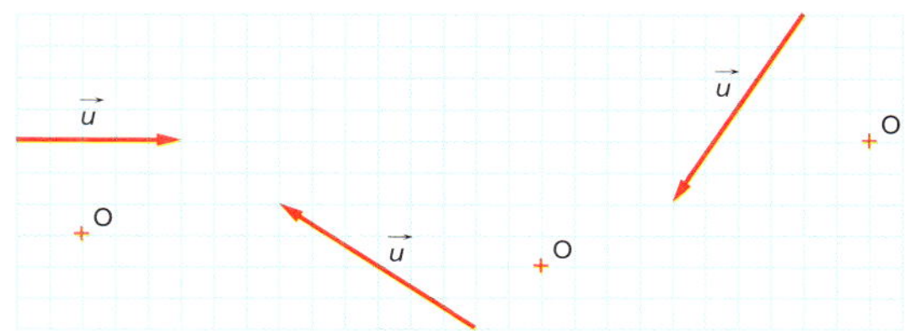

6 Vrai ou faux ?

1. Dire si les implications suivantes sont vraies ou fausses.

a. $\overrightarrow{AB} = \overrightarrow{DC} \Rightarrow$ ABCD est un losange.

b. $\overrightarrow{AB} = \overrightarrow{DC} \Rightarrow$ ABCD est un trapèze.

c. IA = IB ⇒ I est le milieu de [AB].

d. $\overrightarrow{AB} = \overrightarrow{DC} \Rightarrow AB = DC$.

e. ABCD est un rectangle ⇒ AC = BD.

2. Écrire la réciproque de chaque proposition et dire si elle est vraie ou fausse.

7 Du triangle au parallélogramme

Soit un triangle ABC et I le point tel que $\overrightarrow{AI} = \overrightarrow{IB}$.

Soit E le symétrique de C par rapport à I.

Montrer que AEBC est un parallélogramme.

8 Milieu

ABCD et DBCE sont des parallélogrammes.

On souhaite démontrer que D est le milieu de [AE].

Compléter les phrases suivantes :

ABCD est un ...., donc $\overrightarrow{AD}$ = ...

D'autre part, DBCE est un ...., donc $\overrightarrow{DE}$ =.........

On a $\overrightarrow{AD}$ = ... et $\overrightarrow{DE}$ = ..., donc $\overrightarrow{AD}$ = ...

Conclusion : $\overrightarrow{AD}$ = ..., donc D est le milieu de [AE].

9 Milieu et longueur

Soit ABCD un parallélogramme.

Le point E est tel que $\overrightarrow{AC} = \overrightarrow{BE}$.

Démontrer que C est le milieu de [DE].

POUR VOUS AIDER

Commencez toujours par faire un schéma pour visualiser les données.

28 Opérations sur les vecteurs

L'ESSENTIEL

Multiplication d'un vecteur par un nombre

Soit $\overrightarrow{AB}$ un vecteur et k un nombre réel.

Le vecteur $k\overrightarrow{AB}$ et le vecteur $\overrightarrow{AB}$ ont la **même direction**.

- **Si $k > 0$**

Les vecteurs $\overrightarrow{AB}$ et $k\overrightarrow{AB}$ ont le **même sens**.

La norme (c'est-à-dire la longueur) du vecteur $k\overrightarrow{AB}$ est égale à kAB.

- **Si $k < 0$**

Les vecteurs $\overrightarrow{AB}$ et $k\overrightarrow{AB}$ sont de **sens contraires**.

La norme du vecteur $k\overrightarrow{AB}$ est égale à $-k$AB.

Exemple

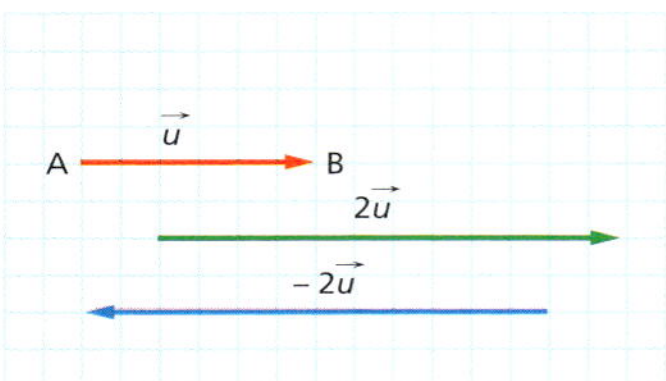

Remarque : $-k\overrightarrow{AB} = k\overrightarrow{BA}$.

Somme de vecteurs

- Soit un point F image de E par la translation de vecteur $\vec{u}$, et un point G image de F par la translation de vecteur $\vec{v}$. La translation qui transforme E en G est la translation de vecteur $\vec{u} + \vec{v}$.

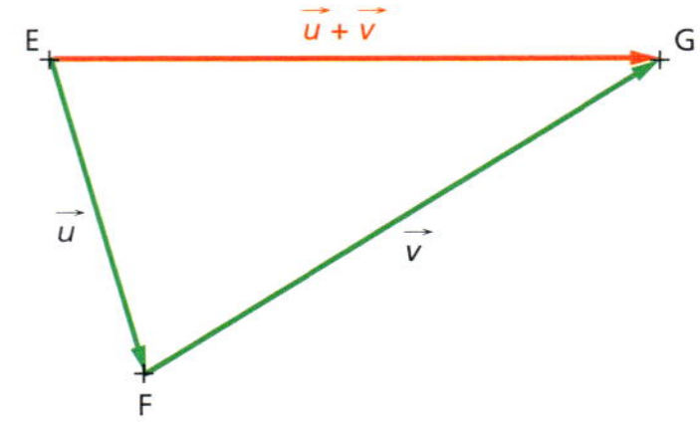

- La somme de deux vecteurs résulte de l'enchaînement de deux translations. On obtient donc la relation suivante, appelée **relation de Chasles** : $\overrightarrow{EF} + \overrightarrow{FG} = \overrightarrow{EG}$

Propriétés de la somme de vecteurs

La somme de vecteurs a toutes les propriétés de la somme de nombres, en particulier : $\vec{u} + \vec{v} = \vec{v} + \vec{u}$.

LA MÉTHODE

Construire une somme de deux vecteurs

Étape 1 Si les vecteurs ne sont pas bout à bout, on en déplace un de telle sorte que son origine se trouve à l'extrémité de l'autre.

Étape 2 On trace le vecteur somme : son origine est l'origine du premier vecteur, son extrémité est l'extrémité du second vecteur.

Exemple

Tracer le vecteur $\vec{u} + \vec{v}$ de la figure ci-dessous.

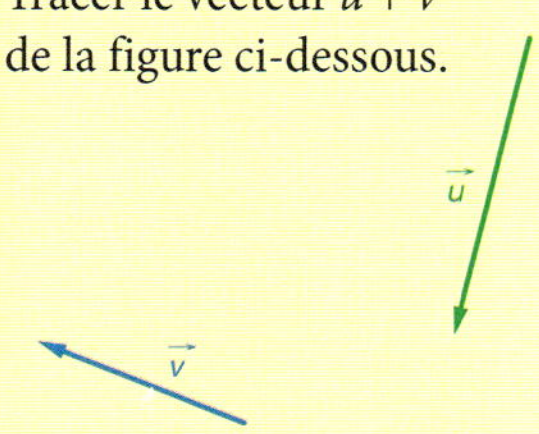

Étape 1 On déplace $\vec{v}$.

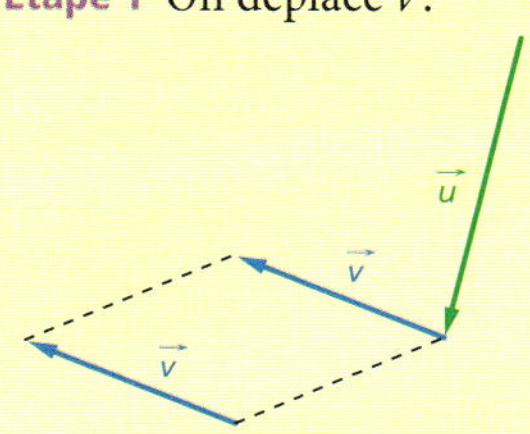

Étape 2 On trace le vecteur somme.

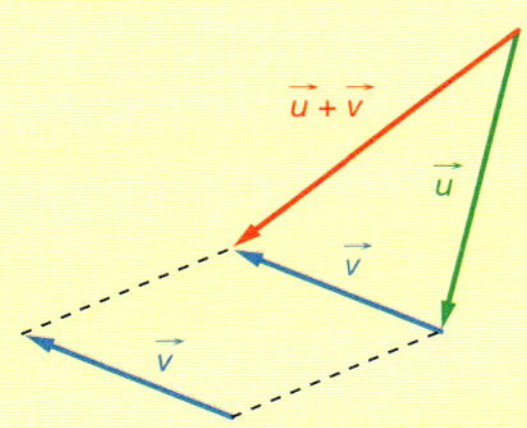

Simplifier une somme de vecteurs

Étape 1 On remplace certains vecteurs par des vecteurs qui leur sont égaux.

Étape 2 On utilise la relation de Chasles pour simplifier chaque somme de vecteurs.

Exemple

ABCD est un rectangle de centre E.

On pose $\vec{u} = 2\overrightarrow{AE} + \overrightarrow{DA}$ et $\vec{v} = -\frac{1}{2}\overrightarrow{AC} + \overrightarrow{BE}$.

Simplifier les écritures de $\vec{u}$ et de $\vec{v}$.

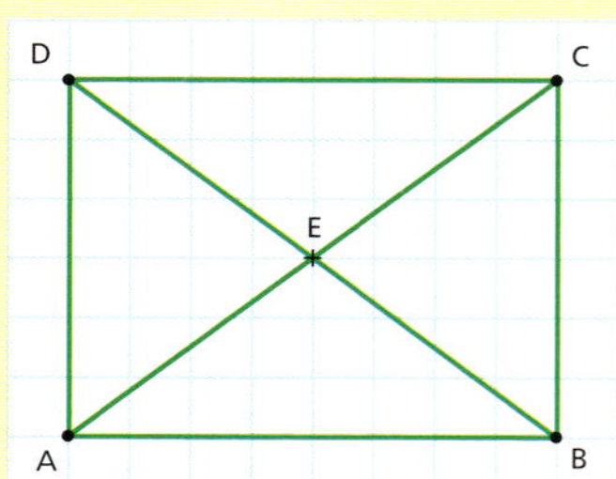

Étape 1 $\vec{u} = \overrightarrow{AC} + \overrightarrow{DA} = \overrightarrow{AC} + \overrightarrow{CB}$ et $\vec{v} = \frac{1}{2}\overrightarrow{CA} + \overrightarrow{BE} = \overrightarrow{CE} + \overrightarrow{BE} = \overrightarrow{CE} + \overrightarrow{ED}$.

Étape 2 $\vec{u} = \overrightarrow{AC} + \overrightarrow{CB} = \overrightarrow{AB}$ et $\vec{v} = \overrightarrow{CE} + \overrightarrow{ED} = \overrightarrow{CD}$.

Utiliser la relation de Chasles pour démontrer une égalité de vecteurs

Étape 1 On choisit de partir d'un des membres de l'égalité à démontrer.

Étape 2 On utilise la relation de Chasles pour arriver à l'autre membre de l'égalité.

Exemple

Soit un triangle ABC. I est le milieu de [AC] et J est le milieu de [CB].

Démontrer que $\overrightarrow{AB} = 2\overrightarrow{IJ}$.

Étape 1 On part de $\overrightarrow{AB}$.

Étape 2 On utilise la relation de Chasles : $\overrightarrow{AB} = \overrightarrow{AI} + \overrightarrow{IJ} + \overrightarrow{JB} = \frac{1}{2}\overrightarrow{AC} + \overrightarrow{IJ} + \frac{1}{2}\overrightarrow{CB} = \frac{1}{2}(\overrightarrow{AC} + \overrightarrow{CB}) + \overrightarrow{IJ} = \frac{1}{2}\overrightarrow{AB} + \overrightarrow{IJ}$.

On obtient $\overrightarrow{AB} = \frac{1}{2}\overrightarrow{AB} + \overrightarrow{IJ}$, soit $\overrightarrow{AB} - \frac{1}{2}\overrightarrow{AB} = \overrightarrow{IJ}$,

d'où $\frac{1}{2}\overrightarrow{AB} = \overrightarrow{IJ}$ donc $\overrightarrow{AB} = 2\overrightarrow{IJ}$.

S'ENTRAÎNER

1 QUIZ

Parmi ces multiples du vecteur $\vec{u}$, cocher ceux dont la norme (c'est-à-dire la longueur) est plus grande que celle de $\vec{u}$.

☐ **a.** $\frac{3}{2}\vec{u}$ ☐ **b.** $-5\vec{u}$ ☐ **c.** $\frac{3}{4}\vec{u}$ ☐ **d.** $-\frac{15}{7}\vec{u}$ ☐ **e.** $-\frac{2}{3}\vec{u}$

2 **Tracés de vecteurs**

Dans chacun des cas, tracer le vecteur $\frac{3}{2}\vec{u}$ puis $-2\vec{u}$.

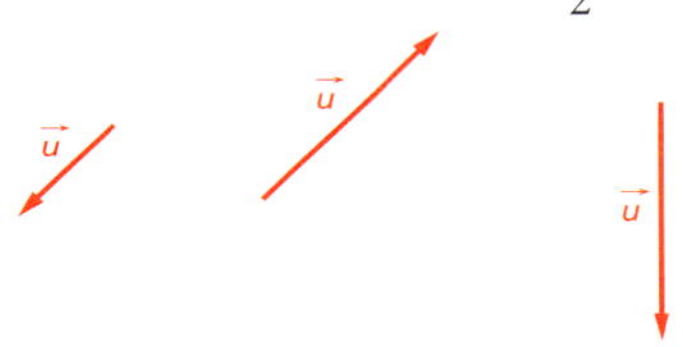

3 **Sommes de vecteurs**

Dans chacun des cas, tracer $\vec{u} + \vec{v}$.

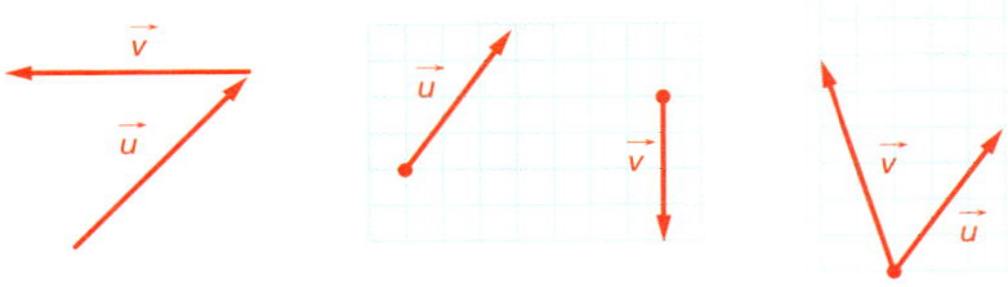

4 **Origine A**

Tracer le vecteur $\vec{u} + \vec{v}$ d'origine A.

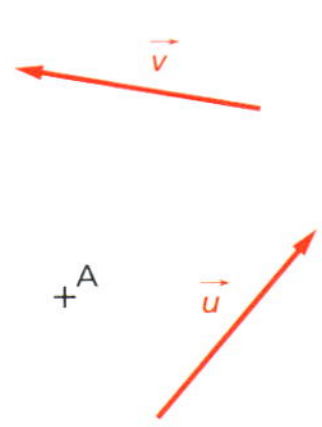

5 **Différence de vecteurs**

Tracer le vecteur $\frac{5}{2}\vec{v} - 2\vec{u}$.

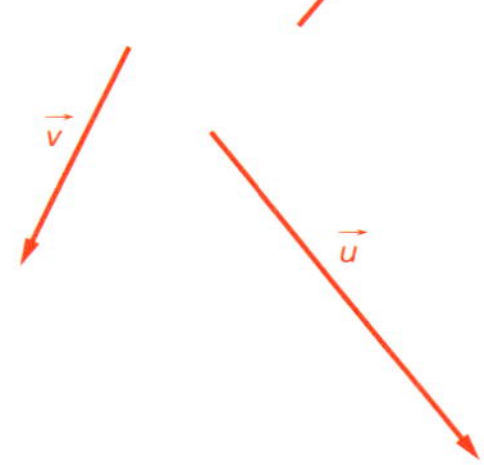

POUR VOUS AIDER

$\frac{5}{2}\vec{v}$ peut être considéré comme la moitié de $5\vec{v}$ ou comme $2{,}5\vec{v}$. De plus, $\vec{u} - \vec{v} = \vec{u} + (-\vec{v})$.

6 **Des carrés**

Dans la figure ci-dessous, AEOF, EBHO, FOGD et OHCG sont des carrés.

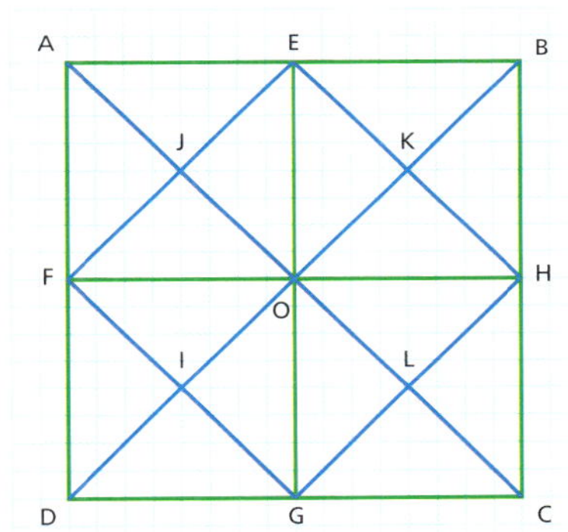

1. Compléter les égalités :

a. $\overrightarrow{AE} + \overrightarrow{OH} = \overrightarrow{...H}$ **b.** $\overrightarrow{FJ} + \overrightarrow{OL} = \overrightarrow{G...}$

c. $\overrightarrow{KO} + \overrightarrow{JO} = \overrightarrow{O...}$ **d.** $\overrightarrow{LH} + \overrightarrow{OJ} + \overrightarrow{BK} = \overrightarrow{...F}$

2. Compléter les égalités afin d'obtenir un seul vecteur.

a. $2\overrightarrow{AE} + \overrightarrow{HC} =$ .... **b.** $3\overrightarrow{DI} + \overrightarrow{EK} =$ ....

c. $-2\overrightarrow{OF} + \overrightarrow{CH} =$ .... **d.** $\overrightarrow{DG} - 2\overrightarrow{KH} =$ ....

7 **Milieu**

Dans la figure suivante, I, J, K et L sont les milieux respectifs des segments [MN], [MP], [PO] et [NO].

a. Démontrer que $\overrightarrow{NP} = 2\overrightarrow{IJ}$.

b. Démontrer que $\overrightarrow{NP} = 2\overrightarrow{LK}$.

c. Déduire des questions précédentes que IJKL est un parallélogramme.

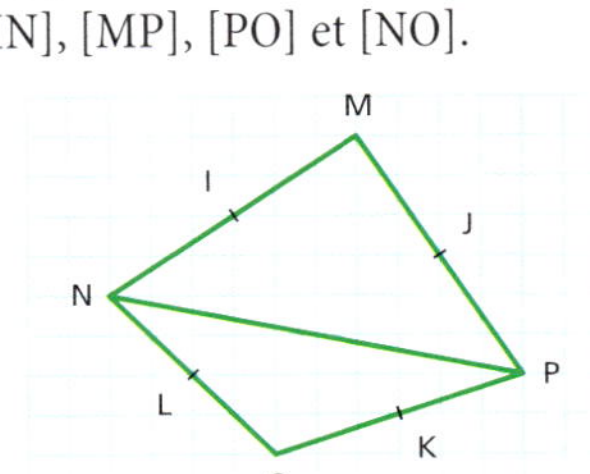

29 Vecteurs dans un repère

L'ESSENTIEL

Coordonnées de vecteurs

- Un repère (O ; I, J) peut être nommé également $(O;\vec{i},\vec{j})$ en posant $\overrightarrow{OI} = \vec{i}$ et $\overrightarrow{OJ} = \vec{j}$.

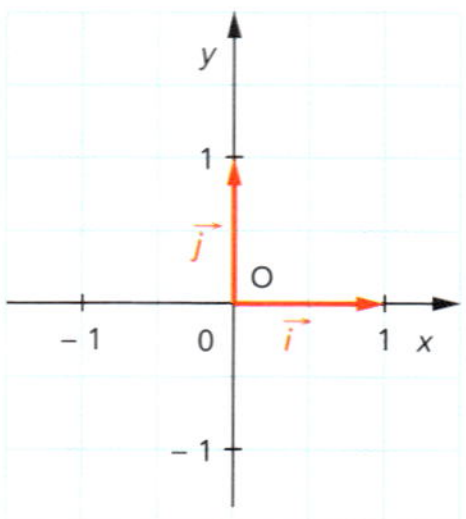

- Les coordonnées d'un vecteur $\vec{u}$ dans un repère $(O;\vec{i},\vec{j})$ sont les nombres x et y tels que :

$$\vec{u} = x\vec{i} + y\vec{j}$$

On note $\vec{u}\begin{pmatrix} x \\ y \end{pmatrix}$.

Exemple

On a $\vec{u} = 3\vec{i} - 2\vec{j}$.

Les coordonnées de $\vec{u}$ sont donc $\vec{u}\begin{pmatrix} 3 \\ -2 \end{pmatrix}$.

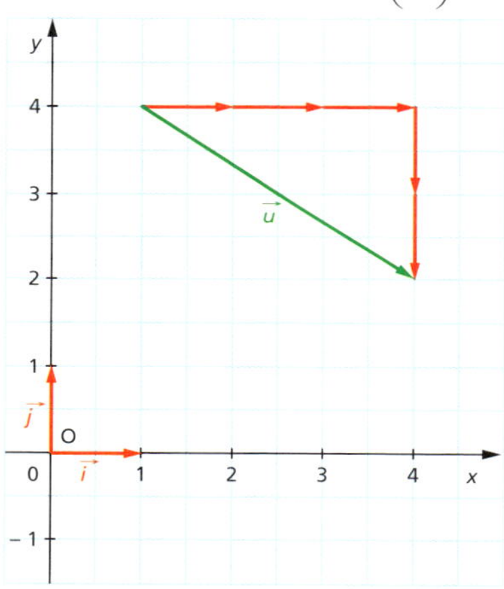

Calcul des coordonnées d'un vecteur

Soit deux points $A(x_A ; y_A)$ et $B(x_B ; y_B)$.

Les coordonnées du vecteur $\overrightarrow{AB}$ sont : $\overrightarrow{AB}\begin{pmatrix} x_B - x_A \\ y_B - y_A \end{pmatrix}$

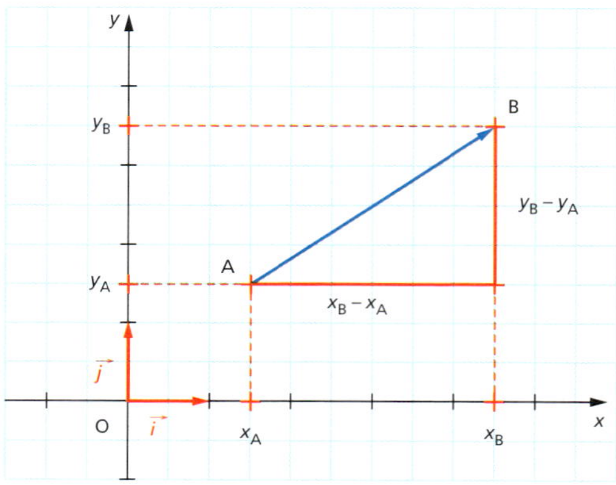

Remarque : Les coordonnées du vecteur $\overrightarrow{AB}$ représentent un déplacement. Elles indiquent le nombre d'unités pour aller de A vers B « horizontalement » puis « verticalement ».

Propriétés

- Dire que deux vecteurs sont égaux équivaut à dire qu'ils ont les mêmes coordonnées.
- Soit $\vec{u}\begin{pmatrix} x \\ y \end{pmatrix}$ un vecteur et k un nombre réel.

Les coordonnées du vecteur $k\vec{u}$ sont $k\vec{u}\begin{pmatrix} kx \\ ky \end{pmatrix}$.

- Soit $\vec{u}\begin{pmatrix} x \\ y \end{pmatrix}$ et $\vec{v}\begin{pmatrix} x' \\ y' \end{pmatrix}$ deux vecteurs.

Les coordonnées du vecteur $\vec{u}+\vec{v}$ sont $\vec{u}+\vec{v}\begin{pmatrix} x+x' \\ y+y' \end{pmatrix}$.

LA MÉTHODE

Montrer qu'un quadrilatère est un parallélogramme

Étape 1 On calcule les coordonnées de deux vecteurs correspondant aux côtés opposés du quadrilatère.

Étape 2 On compare les résultats obtenus et on conclut : si les coordonnées sont égales, les vecteurs sont égaux et on a un parallélogramme.

Exemple

Dans un repère $(O;\vec{i},\vec{j})$, on donne quatre points A(–2 ; 2), B(2 ; 4), C(5 ; 3) et D(1 ; 1).
Démontrer que ABCD est un parallélogramme.

Étape 1 On calcule les coordonnées des vecteurs $\overrightarrow{AB}$ et $\overrightarrow{DC}$:

$$\overrightarrow{AB}\begin{pmatrix} x_B - x_A \\ y_B - y_A \end{pmatrix} \Leftrightarrow \overrightarrow{AB}\begin{pmatrix} 2-(-2) \\ 4-2 \end{pmatrix} \Leftrightarrow \overrightarrow{AB}\begin{pmatrix} 4 \\ 2 \end{pmatrix} \quad \text{et} \quad \overrightarrow{DC}\begin{pmatrix} x_C - x_D \\ y_C - y_D \end{pmatrix} \Leftrightarrow \overrightarrow{DC}\begin{pmatrix} 5-1 \\ 3-1 \end{pmatrix} \Leftrightarrow \overrightarrow{DC}\begin{pmatrix} 4 \\ 2 \end{pmatrix}.$$

Étape 2 Les vecteurs $\overrightarrow{AB}$ et $\overrightarrow{DC}$ ont les mêmes coordonnées, ils sont donc égaux.
Le quadrilatère ABCD est donc un parallélogramme.

1 QUIZ

Calculer mentalement les coordonnées des vecteurs suivants.

Dans un repère $(O\,;\vec{i},\vec{j})$, on donne les points M(1 ; –4), T(1 ; –2) et A(3 ; 7).

a. $\overrightarrow{MA}$ **b.** $\overrightarrow{AT}$ **c.** $\overrightarrow{TM}$ **d.** $\overrightarrow{OT}$ **e.** $\overrightarrow{MO}$

2 Graphiquement

a. Lire graphiquement les coordonnées des vecteurs $\vec{u}$, $\vec{v}$, $\vec{w}$ et $\vec{t}$.

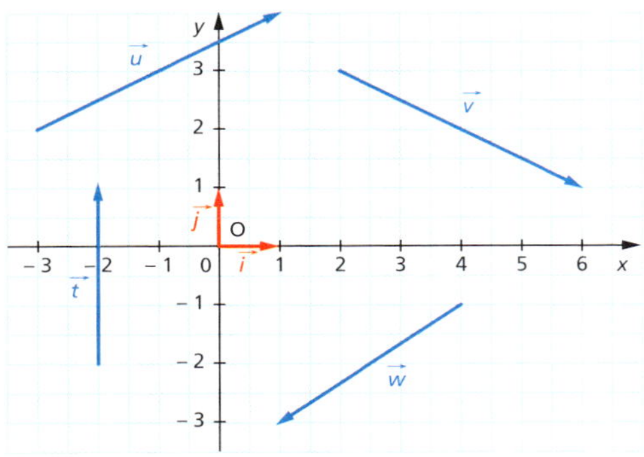

b. Tracer, sur ce graphique, un représentant de chacun des vecteurs $\vec{a}\begin{pmatrix}0\\-1\end{pmatrix}$; $\vec{b}\begin{pmatrix}-2\\0\end{pmatrix}$; $\vec{c}\begin{pmatrix}-3\\1\end{pmatrix}$.

3 Par le calcul

Dans un repère $(O\,;\vec{i},\vec{j})$, on donne deux vecteurs $\vec{u}\begin{pmatrix}4\\5\end{pmatrix}$ et $\vec{v}\begin{pmatrix}-2\\3\end{pmatrix}$. Calculer les coordonnées des vecteurs :

$\vec{u}+\vec{v}$; $\vec{u}-\vec{v}$; $-4\vec{u}$ et $2\vec{u}-3\vec{v}$.

4 À partir des points

Dans un repère $(O\,;\vec{i},\vec{j})$, on donne trois points A(2 ; –1), B(4 ; 3) et C(–2 ; 4).

a. Calculer les coordonnées des vecteurs $\overrightarrow{AB}$; $\overrightarrow{AC}$ et $\overrightarrow{BC}$.

b. Déterminer les coordonnées du vecteur $\vec{w}$ tel que $\vec{w}=\overrightarrow{AB}+\overrightarrow{AC}$.

c. On pose $\vec{w}=\overrightarrow{AD}$. En déduire les coordonnées du point D.

5 Construction

Sur le graphique ci-dessous, on a placé les points A(– 4 ; –2,5), B(4 ; –2,5), C(6,5 ; 2,5), D(–1,5 ; 2,5), E(8 ; –5) et R(–8 ; 4).

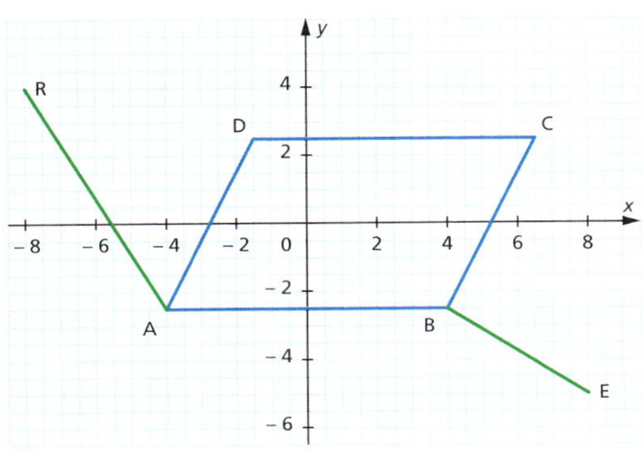

a. Démontrer que le quadrilatère ABCD est un parallélogramme.

b. On souhaite connaître les coordonnées du point F tel que CBEF est un parallélogramme (on ne pourra pas placer F sur la figure). Compléter la démonstration suivante :

• CBEF est un parallélogramme, donc $\overrightarrow{B\ldots}=\overrightarrow{\ldots\ldots}$.
On note x et y les coordonnées de F.

• Les vecteurs $\overrightarrow{B\ldots}$ et $\overrightarrow{\ldots\ldots}$ sont égaux, ils ont donc les mêmes ....

• $\overrightarrow{B\ldots}\begin{pmatrix}x_{\ldots}-x_B\\y_{\ldots}-y_B\end{pmatrix}\Leftrightarrow\overrightarrow{B\ldots}\begin{pmatrix}\ldots\ldots\ldots\\\ldots\ldots\ldots\end{pmatrix}\Leftrightarrow\overrightarrow{B\ldots}\begin{pmatrix}\ldots\ldots\\\ldots\ldots\end{pmatrix}$.

• $\overrightarrow{\ldots\ldots}\begin{pmatrix}x-x_{\ldots}\\y-y_{\ldots}\end{pmatrix}\Leftrightarrow\overrightarrow{\ldots\ldots}\begin{pmatrix}x-\ldots\\y\ldots\ldots\end{pmatrix}$.

• Les coordonnées de $\overrightarrow{B\ldots}$ et de $\overrightarrow{\ldots\ldots}$ sont égales.
Donc $x-\ldots=\ldots$ et $y+\ldots=\ldots$.
On en déduit $x=\ldots$ et $y=\ldots$

c. Déterminer les coordonnées du point S tel que RADS soit un parallélogramme.

6 Un point G

Soit trois points A, B, et C dans un repère orthonormé tels que A(5 ; 1), B(–2 ; 3) et C(1 ; –2).
Déterminer les coordonnées du point G tel que $3\overrightarrow{GA}-2\overrightarrow{GB}+\overrightarrow{GC}=\vec{0}$.

7 Centre de gravité

Dans le repère $(O\,;\vec{i},\vec{j})$ ci-dessous,
A a pour coordonnées (–3 ; 1), B(4 ; 2) et C(2 ; –3).
I est le milieu de [BC] et J le milieu de [AB].

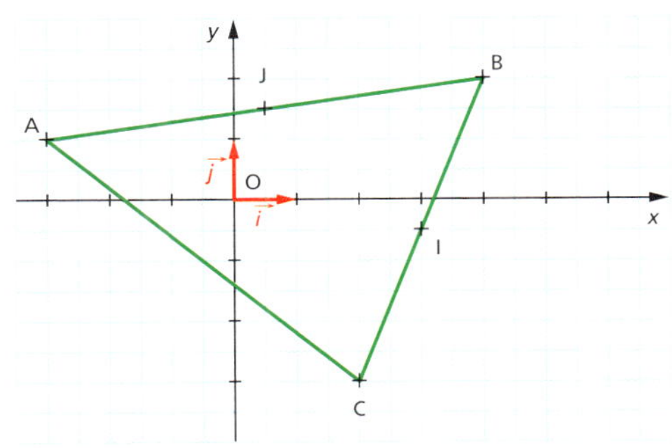

a. Déterminer les coordonnées de I puis de $\overrightarrow{AI}$.

b. Déterminer les coordonnées de G tel que $\overrightarrow{AG}=\dfrac{2}{3}\overrightarrow{AI}$.

c. Déterminer les coordonnées de J puis de $\overrightarrow{CJ}$.

d. Déterminer les coordonnées de G′ tel que $\overrightarrow{CG'}=\dfrac{2}{3}\overrightarrow{CJ}$.
Que constate-t-on ?

30 Vecteurs colinéaires

L'ESSENTIEL

Définition

Deux vecteurs $\vec{u}$ et $\vec{v}$ sont **colinéaires** si et seulement si il existe un nombre k tel que $\vec{u} = k\vec{v}$.

Exemple

$\frac{3}{2}\vec{u}$; $5\vec{u}$; $-\vec{u}$ sont des vecteurs colinéaires à $\vec{u}$.
Ils sont aussi colinéaires entre eux.

Propriétés

- Deux vecteurs $\overrightarrow{AB}$ et $\overrightarrow{CD}$ sont colinéaires si et seulement si les droites (AB) et (CD) sont **parallèles**.
- Deux vecteurs $\overrightarrow{AB}$ et $\overrightarrow{AC}$ sont colinéaires si et seulement si les points A, B et C sont **alignés**.

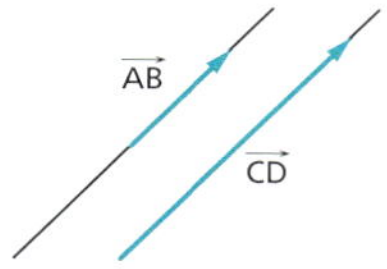

Dans un repère

Dire que deux vecteurs $\vec{u}$ et $\vec{v}$ de coordonnées $\vec{u}\begin{pmatrix}x\\y\end{pmatrix}$ et $\vec{v}\begin{pmatrix}x'\\y'\end{pmatrix}$ sont colinéaires équivaut à dire que les coordonnées de $\vec{u}$ et $\vec{v}$ sont **proportionnelles** de coefficient k, soit $\begin{cases}x = kx'\\y = ky'\end{cases}$.

On a donc la relation $xy' = x'y$. On dit que les **produits en croix des coordonnées** sont égaux.

Exemple

Soit deux vecteurs $\vec{u}\begin{pmatrix}2\\5\end{pmatrix}$ et $\vec{v}\begin{pmatrix}3\\7{,}5\end{pmatrix}$.
En faisant les produit en croix, on obtient :
$2 \times 7{,}5 = 15$ et $5 \times 3 = 15$.
Les produits en croix sont égaux.
Les vecteurs $\vec{u}\begin{pmatrix}2\\5\end{pmatrix}$ et $\vec{v}\begin{pmatrix}3\\7{,}5\end{pmatrix}$ sont donc colinéaires.
On peut aussi écrire la relation $1{,}5\,\vec{u} = \vec{v}$.

LA MÉTHODE

Dans un repère, montrer que deux droites sont parallèles

Étape 1 On calcule les coordonnées de deux vecteurs qui peuvent être égaux.
Étape 2 On cherche une proportionnalité des coordonnées en utilisant la définition ou les propriétés.

Exemple

Dans un repère du plan, on donne quatre points A(3 ; –2), B(5 ; 2), C(0,5 ; 2) et D(4 ; 9).
Démontrer que les droites (AB) et (CD) sont parallèles.

Étape 1 On calcule les coordonnées des vecteurs $\overrightarrow{AB}$ et $\overrightarrow{CD}$:

$$\overrightarrow{AB}\begin{pmatrix}x_B - x_A\\y_B - y_A\end{pmatrix} \Leftrightarrow \overrightarrow{AB}\begin{pmatrix}5-3\\2-(-2)\end{pmatrix} \Leftrightarrow \overrightarrow{AB}\begin{pmatrix}2\\4\end{pmatrix} \text{ et } \overrightarrow{CD}\begin{pmatrix}x_D - x_C\\y_D - y_C\end{pmatrix} \Leftrightarrow \overrightarrow{CD}\begin{pmatrix}4-0{,}5\\9-2\end{pmatrix} \Leftrightarrow \overrightarrow{CD}\begin{pmatrix}3{,}5\\7\end{pmatrix}.$$

Étape 2 On utilise les produits en croix : $7 \times 2 = 14$ et $4 \times 3{,}5 = 14$.
Les produits en croix sont égaux. Les vecteurs $\overrightarrow{AB}$ et $\overrightarrow{CD}$ sont alors colinéaires, donc les droites (AB) et (CD) sont parallèles.

Dans un repère, montrer que trois points sont alignés

Étape 1 On calcule les coordonnées de deux vecteurs formés par les points A, B et C. Par exemple, $\overrightarrow{AB}$ et $\overrightarrow{AC}$.
Étape 2 On montre que les vecteurs $\overrightarrow{AB}$ et $\overrightarrow{AC}$ sont colinéaires en utilisant la définition ou les propriétés.

Exemple

Dans un repère du plan, on donne trois points A(–2 ; 1), B(3 ; 3) et C(7 ; 4,6).
Démontrer que A, B et C sont alignés.

Étape 1 On calcule les coordonnées des vecteurs $\overrightarrow{AB}$ et $\overrightarrow{AC}$:

$$\overrightarrow{AB}\begin{pmatrix}x_B - x_A\\y_B - y_A\end{pmatrix} \Leftrightarrow \overrightarrow{AB}\begin{pmatrix}3-(-2)\\3-1\end{pmatrix} \Leftrightarrow \overrightarrow{AB}\begin{pmatrix}5\\2\end{pmatrix}$$

$$\text{et } \overrightarrow{AC}\begin{pmatrix}x_C - x_A\\y_C - y_A\end{pmatrix} \Leftrightarrow \overrightarrow{AC}\begin{pmatrix}7-(-2)\\4{,}6-1\end{pmatrix} \Leftrightarrow \overrightarrow{AC}\begin{pmatrix}9\\3{,}6\end{pmatrix}.$$

Étape 2 On utilise les produits en croix : $9 \times 2 = 18$ et $5 \times 3{,}6 = 18$. Les produits en croix sont égaux.
Les vecteurs $\overrightarrow{AB}$ et $\overrightarrow{AC}$ sont colinéaires, donc les points A, B et C sont alignés.

S'ENTRAÎNER

1 QUIZ

Compléter les tableaux de proportionnalité suivants.

a.

1	4
4	

b.

	4
3	5

c.

3	
5	8

d.

3	4
	8

e.

−3	4
2	

2 Vrai ou faux ?

a. Si $\overrightarrow{AB} = \overrightarrow{CD}$, alors $\overrightarrow{AB}$ et $\overrightarrow{CD}$ sont colinéaires. V ☐ F ☐

b. Si $\overrightarrow{AB}$ et $\overrightarrow{CD}$ sont colinéaires, alors $\overrightarrow{AB} = \overrightarrow{CD}$. V ☐ F ☐

c. Si ABCD est un parallélogramme, alors $\overrightarrow{AB}$ et $\overrightarrow{CD}$ sont colinéaires. V ☐ F ☐

d. Si $\overrightarrow{AB}$ et $\overrightarrow{CD}$ sont colinéaires, alors ABCD est un parallélogramme. V ☐ F ☐

e. Si $\overrightarrow{AB}$ et $\overrightarrow{CD}$ sont colinéaires, alors ABCD est un trapèze. V ☐ F ☐

f. Deux vecteurs colinéaires et de même norme sont égaux ou opposés. V ☐ F ☐

g. Si quatre points E, F, G et H sont alignés, alors $\overrightarrow{EF}$ et $\overrightarrow{GH}$ sont colinéaires. V ☐ F ☐

h. Si les vecteurs $\overrightarrow{EF}$ et $\overrightarrow{GH}$ sont colinéaires, alors E, F, G et H sont alignés. V ☐ F ☐

3 Vecteurs égaux ou colinéaires

Sur la figure suivante :

a. donner tous les vecteurs égaux à $\overrightarrow{EI}$;

b. donner tous les vecteurs colinéaires à $\overrightarrow{IL}$.

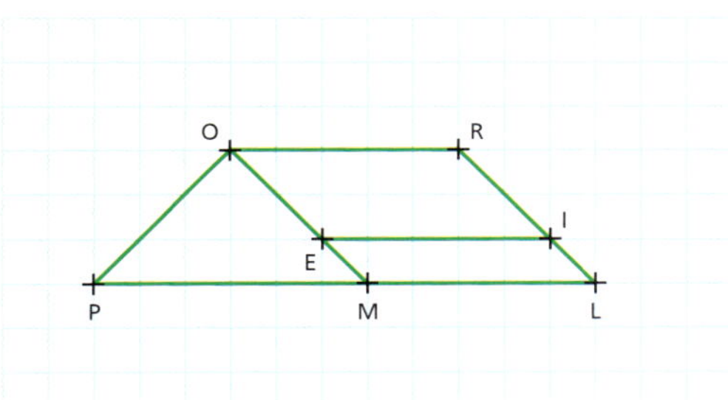

4 Démonstration

Dans un triangle ABC, on donne les points I et J définis par :

$\overrightarrow{AI} = \frac{1}{3}\overrightarrow{AB}$ et $\overrightarrow{AJ} = 3\overrightarrow{AC}$.

On souhaite montrer que (BJ) et (IC) sont parallèles. Compléter la démonstration.

$\overrightarrow{BJ} = \overrightarrow{B\ldots} + \overrightarrow{A\ldots}$

Or $\overrightarrow{AI} = \frac{1}{3}\overrightarrow{AB}$, d'où $\overrightarrow{AB} = \ldots\overrightarrow{AI}$. Donc $\overrightarrow{BA} = \ldots\ldots$.

On en déduit :

$\overrightarrow{BJ} = 3\overrightarrow{\ldots\ldots} + 3\overrightarrow{\ldots\ldots} = 3(\ldots\ldots\ldots)$.

Soit : $\overrightarrow{BJ} = 3\ldots\ldots$

Les vecteurs .... sont donc colinéaires.

On en conclut que ....

5 Vecteurs colinéaires

Dans chaque cas, dire si les vecteurs $\vec{u}$ et $\vec{v}$ sont colinéaires.

a. $\vec{u}\begin{pmatrix}3\\-5\end{pmatrix}$ et $\vec{v}\begin{pmatrix}-9\\15\end{pmatrix}$ **b.** $\vec{u}\begin{pmatrix}4\\3\end{pmatrix}$ et $\vec{v}\begin{pmatrix}16\\9\end{pmatrix}$

c. $\vec{u}\begin{pmatrix}6\\18\end{pmatrix}$ et $\vec{v}\begin{pmatrix}4\\12\end{pmatrix}$ **d.** $\vec{u}\begin{pmatrix}\sqrt{2}+1\\0{,}2\end{pmatrix}$ et $\vec{v}\begin{pmatrix}5\\\sqrt{2}-1\end{pmatrix}$

6 Avec une inconnue

Donner, dans chaque cas, la valeur de x pour que les vecteurs $\vec{u}$ et $\vec{v}$ soient colinéaires.

a. $\vec{u}\begin{pmatrix}3\\-2\end{pmatrix}$ et $\vec{v}\begin{pmatrix}9\\x\end{pmatrix}$ **b.** $\vec{u}\begin{pmatrix}4\\x\end{pmatrix}$ et $\vec{v}\begin{pmatrix}16\\12\end{pmatrix}$

c. $\vec{u}\begin{pmatrix}x\\-3\end{pmatrix}$ et $\vec{v}\begin{pmatrix}4\\12\end{pmatrix}$ **d.** $\vec{u}\begin{pmatrix}\sqrt{3}\\2\end{pmatrix}$ et $\vec{v}\begin{pmatrix}x\\2\sqrt{3}\end{pmatrix}$

7 Trapèze ou non ?

Dans le repère ci-dessous, on donne les points V(−1 ; −3), E(9 ; 3), R(7 ; 8) et T(1 ; 4).

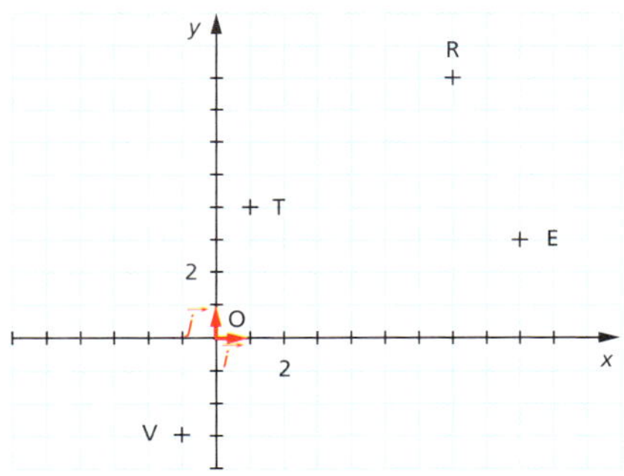

a. Le quadrilatère VERT est-il un trapèze ? Le démontrer.

b. Calculer l'ordonnée du point U d'abscisse – 5 tel que le quadrilatère VETU soit un trapèze (il y a deux possibilités !).

8 Abscisse et ordonnée

Dans un repère, on définit les points : A(−2 ; 1), B(3 ; 3), C(7 ; 4,6), D(−1 ; −3) et E(3 ; −1,4).

a. Démontrer que les droites (AB) et (DE) sont parallèles.

b. Démontrer que les points A, B et C sont alignés.

c. Soit M le point d'intersection entre la droite (AB) et l'axe des abscisses. Calculer l'abscisse du point M.

d. Soit N le point d'intersection entre la droite (DE) et l'axe des ordonnées. Calculer l'ordonnée du point N.

9 Algorithme

Écrire un algorithme qui demande les coordonnées de deux vecteurs $\vec{u}$ et $\vec{v}$ et qui vérifie si ces deux vecteurs sont colinéaires ou non.

31 Équation de droite : étude graphique

L'ESSENTIEL

On se place dans un repère (O ; I, J) du plan.

Forme des équations de droite

● Une équation de droite est une relation qui lie les abscisses et les ordonnées des points de la droite.

● Toute droite du plan **parallèle** à l'axe des ordonnées a une équation de la forme $x = a$ avec a réel.

Exemple

La droite représentée ici a pour équation $x = 3$.

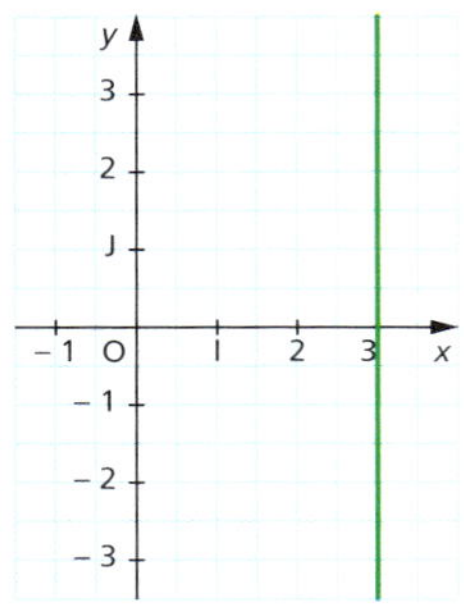

● Toute droite du plan **non parallèle** à l'axe des ordonnées a une équation de la forme $y = mx + p$, avec m et p deux nombres réels.

Équation et représentation graphique

● Toute droite d'équation $y = mx + p$ est la représentation graphique d'une fonction affine telle que $f(x) = mx + p$.

● m est le **coefficient directeur** de la droite.

››› Si $m > 0$, alors f est croissante : la droite « monte ».
››› Si $m < 0$, alors f est décroissante : la droite « descend ».
››› Si $m = 0$, f est constante : la droite est parallèle à l'axe des abscisses.

● Si l'on considère les coordonnées de deux points de cette droite, on a :

$$m = \frac{\text{différence des ordonnées}}{\text{différence des abscisses}} = \frac{\Delta y}{\Delta x}$$

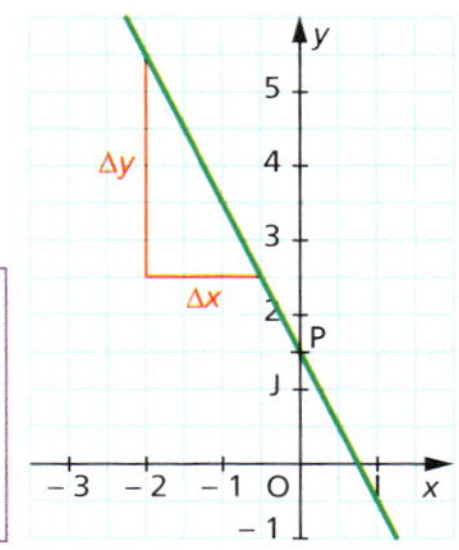

● p est l'ordonnée du point P d'abscisse 0 : il est égal à $f(0)$.

● **Propriété**

Deux droites non parallèles à l'axe des ordonnées sont parallèles entre elles si et seulement si elles ont le même coefficient directeur.

LA MÉTHODE

Déterminer graphiquement l'équation d'une droite d non parallèle à l'axe des ordonnées

Étape 1 On détermine p, l'**ordonnée à l'origine de la droite d** : p est l'ordonnée du point d'intersection entre d et l'axe des ordonnées.

Étape 2 On détermine le signe de m, le **coefficient directeur de d** :
si la fonction associée à d est croissante, m est positif ; si la fonction est décroissante, m est négatif.

Étape 3 On choisit deux points A et B de la droite d tels que $y_A > y_B$ et dont on lit facilement les coordonnées.
On construit un triangle rectangle ABC dont l'hypoténuse est [AB].
On en déduit m, sachant que $m = +\frac{AC}{BC}$ ou $m = -\frac{AC}{BC}$.

Exemple Déterminer graphiquement l'équation de la droite d.

Étape 1 L'ordonnée de E, point d'intersection de d avec l'axe des ordonnées, est 2. Donc $p = 2$.

Étape 2 La fonction associée à d est décroissante. Donc m est négatif.

Étape 3 $m = -\frac{AC}{BC} = -\frac{1}{2}$.

L'équation de d est $y = -\frac{1}{2}x + 2$

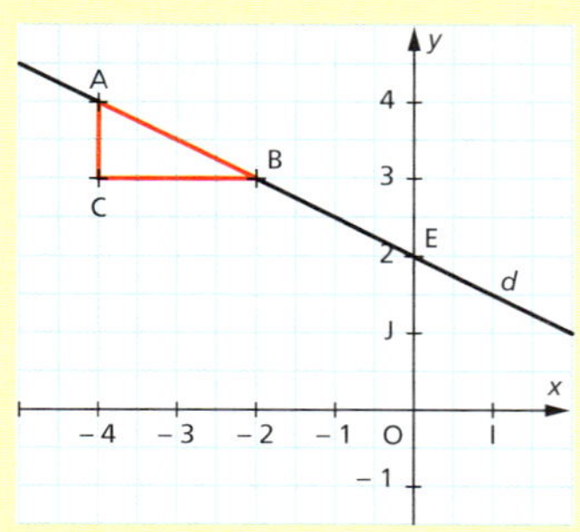

Tracer une droite connaissant son équation

Étape 1 Si la droite a pour équation $x = a$, on trace la droite parallèle à l'axe des ordonnées passant par le point de coordonnées $(a ; 0)$. Sinon, l'équation de la droite est de la forme $y = mx + p$: on placera alors au moins deux points quelconques de la droite.

Étape 2 On choisit deux valeurs de x correspondant à deux points A et B.

Étape 3 On complète le tableau ci-contre en calculant les ordonnées des nombres choisis, et on place les points A et B.
Puis on trace la droite passant par A et B.

x	x_A	x_B
y	$mx_A + p$	$mx_B + p$

Exemple

Tracer la droite d'équation $y = 0{,}5x + 1$.

Étape 1 L'équation de la droite est de la forme $y = mx + p$.

Étape 2 On choisit deux valeurs de x, par exemple 0 et 4, correspondant aux abscisses de deux points A et B.

Étape 3 On place les points correspondant au tableau suivant dans le repère.

x	0	4
y	$0{,}5 \times 0 + 1 = 1$	$0{,}5 \times 4 + 1 = 3$

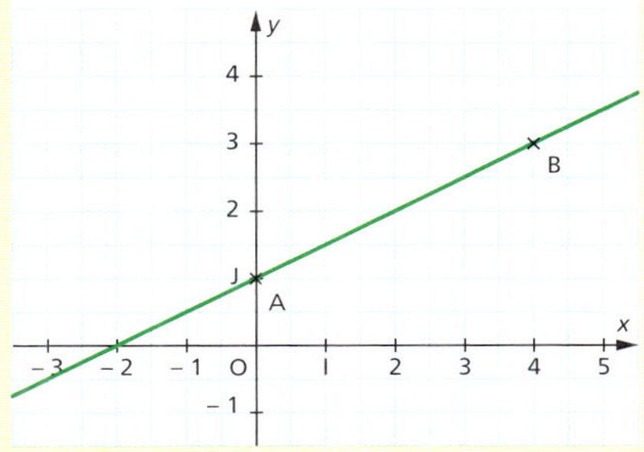

S'ENTRAÎNER

1 QUIZ

En considérant l'unité u, lire le coefficient directeur des droites ci-dessous.

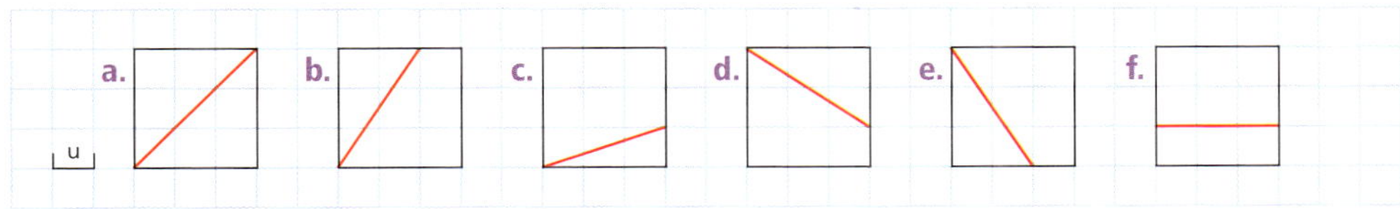

2 Équations réduites

1. Chacune des égalité suivantes correspond à une équation de droite. Les écrire sous la forme $y = ax + b$.

a. $2y = 5x$ **b.** $2x + y = -3$

c. $3x - 5y = 2$ **d.** $-4x + 6y = 12$

e. $-x - 4y = 4$

2. Donner le coefficient directeur de chaque droite.

POUR VOUS AIDER

On cherche à isoler y d'un côté de l'égalité.

3 Différentes équations

1. Parmi les équations suivantes, lesquelles ne sont pas des équations de droite ?

a. $3x = 5y$ **b.** $3xy = 4$

c. $y = 3x^2 + 2x + 5$ **d.** $y = \dfrac{3x - 4}{\sqrt{2}}$

2. Parmi les équations suivantes, lesquelles représentent une même droite ?

a. $y = -\dfrac{2}{3}x + 2$ **b.** $\dfrac{x}{3} + \dfrac{y}{2} = 1$

c. $2x + 3y = 6$ **d.** $x = -\dfrac{3}{2}y + 3$

3. Parmi les équations suivantes, lesquelles représentent des droites parallèles ?

a. $y = -\dfrac{2}{3}x + 1$

b. $2y = 3x$

c. $10y - 15x + 4 = 0$

d. $5 - 6x - 9y = 0$

e. $3y + 2x = 4$

f. $y = \dfrac{3}{2}x + 1$

4 Graphiquement

Lire les équations des droites d_1, d_2, d_3, d_4, d_5 et d_6 sur le graphique.

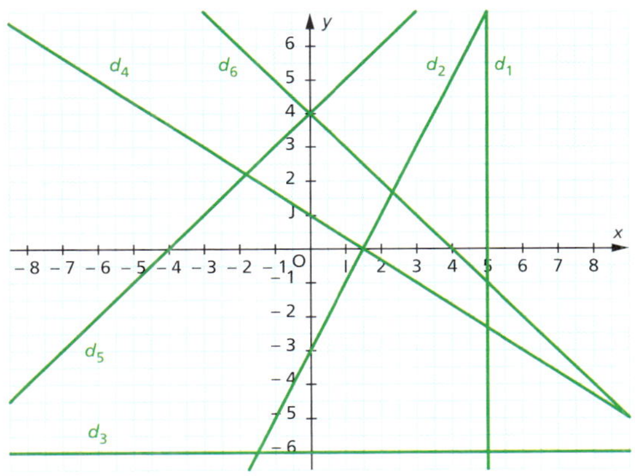

5 Représentations graphiques

Tracer, dans un repère, les droites dont on connaît le coefficient directeur m et l'ordonnée à l'origine p.

a. $m = 2$ et $p = -1$ **b.** $m = -1{,}5$ et $p = 1{,}5$

c. $m = 0$ et $p = -3$ **d.** $m = \dfrac{1}{3}$ et $p = 3$

6 Lecture graphique

a. Tracer la droite passant par le point M(1 ; –2) et d'ordonnée à l'origine 3. Lire graphiquement son coefficient directeur.

b. Tracer la droite passant par le point P(–2 ; 1) et de coefficient directeur $\dfrac{1}{2}$. Lire graphiquement son ordonnée à l'origine.

7 Équations de droites

Dans un repère, tracer les droites suivantes.

$d_1 : x = 2$ $d_2 : y = -3$ $d_3 : y = -0{,}5x + 3$

$d_4 : y = 2x - 3$ $d_5 : y = \dfrac{2}{3}x - 1$

32 Équation de droite : étude algébrique

L'ESSENTIEL

Étude algébrique

- Un point appartient à une droite si ses coordonnées vérifient l'équation de la droite.
- Par deux points ne passe qu'une seule droite.

On peut donc déterminer l'équation d'une droite si on connaît les coordonnées de deux points. Ces calculs sont similaires à ceux effectués pour déterminer une fonction affine (voir le chapitre 14).

Coefficient directeur d'une droite

Dans un repère (O ; I, J) du plan, on donne $A(x_A\,;y_A)$ et $B(x_B\,;y_B)$, deux points tels que $x_A \neq x_B$. Cela signifie que la droite (AB) n'est pas parallèle à l'axe des ordonnées. Soit m le coefficient directeur de la droite (AB).

On a :

$$m = \frac{y_B - y_A}{x_B - x_A} = \frac{y_A - y_B}{x_A - x_B}$$

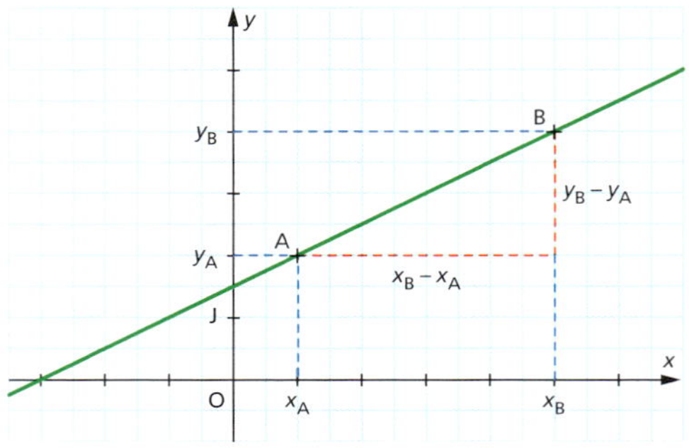

LA MÉTHODE

Vérifier qu'un point appartient à une droite

Étape 1 Vérifier si la droite a pour équation $x = a$. Dans ce cas, un point lui appartient si son abscisse est égale à a. Sinon, la droite a pour équation $y = mx + p$.
Étape 2 Dans l'expression $mx + p$, on remplace x par l'abscisse du point donné.
Étape 3 Si la valeur trouvée est égale à l'ordonnée du point, alors ce point appartient à la droite. Sinon, il n'appartient pas à la droite.

Exemple

Dans un repère (O ; I, J) du plan, le point A(10 ; 45) appartient-il à la droite d'équation $y = 4x + 5$?
Étape 1 L'équation de la droite est de la forme $y = mx + p$.
Étape 2 On remplace x par x_A dans l'équation de la droite. On calcule donc $4x_A + 5$:
$4x_A + 5 = 4 \times 10 + 5 = 45$.
Étape 3 On a bien $4x_A + 5 = y_A$. Donc A appartient à la droite d'équation $y = 4x + 5$.

Déterminer l'équation d'une droite connaissant deux points de la droite

Étape 1 On calcule le coefficient directeur m de la droite (s'il existe) en utilisant la formule du cours.
Étape 2 On cherche le nombre p : on remplace les coordonnées d'un des points de la droite dans l'égalité $y = mx + p$.

Exemple

Dans un repère (O ; I, J) du plan, on donne deux points A(2 ; 2) et B(6 ; 4).
Déterminer l'équation de la droite (AB).
Étape 1 On calcule le coefficient directeur m de (AB) :

$$m = \frac{y_B - y_A}{x_B - x_A} = \frac{4-2}{6-2} = \frac{1}{2}.$$

Étape 2 Dans l'équation $y = mx + p$, on remplace x et y par les coordonnées de A par exemple :
$y_A = mx_A + p$, soit $2 = 0{,}5 \times 2 + p$. D'où $2 = 1 + p$ et donc $p = 2 - 1 = 1$.
L'équation de (AB) est $y = 0{,}5x + 1$.

Déterminer les coordonnées du point d'intersection de deux droites d_1 et d_2 non parallèles

Soit d_1 et d_2 deux droites d'équations respectives : $y = mx + p$ et $y = m'x + p'$.
Étape 1 Pour trouver l'abscisse x du point d'intersection, on résout l'équation $mx + p = m'x + p'$.
Étape 2 Pour trouver l'ordonnée y du point d'intersection, on remplace la solution de l'équation précédente dans l'une des équations de droite.

►

Exemple

Soit d_1 la droite d'équation $y = 2x + 3$ et d_2 la droite d'équation $y = -0{,}5x + 6$.
Déterminer les coordonnées du point d'intersection des deux droites d_1 et d_2.

Étape 1 On résout l'équation $2x + 3 = -0{,}5x + 6$.

$$2x + 3 = -0{,}5x + 6 \Leftrightarrow 2{,}5x = 3 \Leftrightarrow x = \frac{3}{2{,}5} = \frac{6}{5} = 1{,}2.$$

Étape 2 On remplace x par 1,2 dans l'équation de d_1 par exemple : $y = 2 \times 1{,}2 + 3 = 5{,}4$.
Les coordonnées du point d'intersection des deux droites d_1 et d_2 sont donc (1,2 ; 5,4).

S'ENTRAÎNER

1 QUIZ

Vrai ou faux ? Cocher la case qui convient.

Soit d la droite d'équation $y = -2x + 3$.

- **a.** $A(0 ; 3) \in d$. V ☐ F ☐
- **b.** $B(4 ; 4) \in d$. V ☐ F ☐
- **c.** $C(10 ; -17) \in d$. V ☐ F ☐
- **d.** $D(-2 ; 7) \notin d$. V ☐ F ☐
- **e.** $E(-10 ; 24) \notin d$. V ☐ F ☐
- **f.** $F(0{,}5 ; 2) \notin d$. V ☐ F ☐

2 Coefficient directeur

a. Donner le coefficient directeur de toutes les droites passant par deux points parmi les quatre suivants : G(5 ; 3), L(4 ; 3), B(–1 ; 0), F(4 ; 1).

b. Pourquoi la droite (FL) n'a-t-elle pas de coefficient directeur ?

3 Sur la droite

Soit d l'ensemble des points $M(x ; y)$ du plan tels que $6x - 2y = 5$.

a. Montrer que d est une droite.

b. Déterminer le point de d d'abscisse 2, puis le point de d d'ordonnée 3.

4 Une droite, des équations

Soit d la droite de coefficient directeur $\frac{1}{3}$ et d'ordonnée à l'origine 2. Parmi les équations suivantes, indiquer celles qui sont une équation de d.

a. $3x + y = 2$

b. $x = 3y - 6$

c. $\frac{1}{6}x - \frac{1}{2}y = -1$

d. $6y - 2x = 12$

5 Points alignés ?

Déterminer, à l'aide des coefficients directeurs, si les points de chaque série sont alignés.

a. A(3 ; 3), B(0 ; 6) et C(6 ; 0)

b. A(2 ; 3), B(–3 ; –5) et C(–2 ; –3)

POUR VOUS AIDER

Vous pouvez aussi vérifier que les points sont alignés en utilisant des vecteurs colinéaires (voir chapitre 30).

6 Équations de droites

a. Déterminer une équation de la droite d qui passe par P(3 ; –1) et de coefficient directeur –2.

b. Déterminer une équation de la droite d' qui passe par R(4 ; 1) et d'ordonnée à l'origine –3.

c. Déterminer une équation de la droite d'' qui passe par Q(2 ; 3) et qui est parallèle à la droite d.

7 Par le calcul

a. On donne les points A(3 ; 3) et B(–4,5 ; 0). Déterminer par le calcul l'équation de la droite (AB).

b. On donne les points C(–6 ; 4) et D(–1 ; –2).
Déterminer par le calcul l'équation de la droite (CD).

c. Soit E le point d'intersection des droites (AB) et (CD).
Déterminer par le calcul les coordonnées de E.

d. Le point M(100 ; 41,8) appartient-il à la droite (AB) ?

e. Déterminer l'équation de la médiane issue de A du triangle ADC.

8 Système

Résoudre graphiquement, puis algébriquement, le système suivant : $\begin{cases} x + y = 2 \\ 6x - 3y = -12. \end{cases}$

9 Positions relatives

a. Déterminer graphiquement les positions relatives des deux droites d et d' tracées ci-dessous.

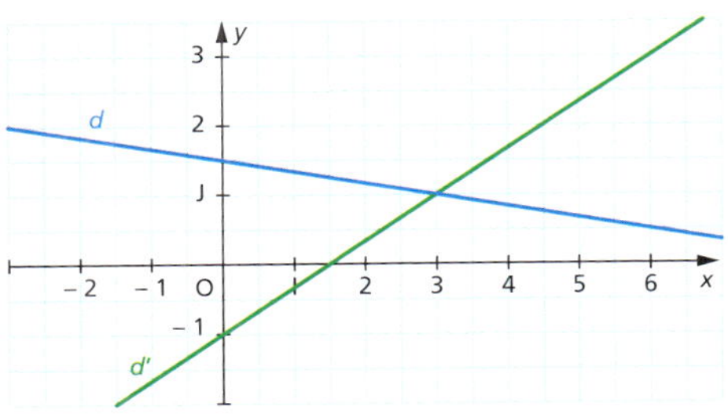

b. Après avoir donné les équations des droites par lecture graphique, vérifier les résultats du **a.** par le calcul.

10 Algorithme

Soit (D) et (D') deux droites d'équations respectives : $y = ax + b$ et $y = a'x + b'$.

a. Montrer que, si $a \neq a'$, la solution de l'équation $ax + b = a'x + b$ d'inconnue x' est : $\frac{b' - b}{a - a'}$.

b. Écrire un algorithme qui demande les valeurs de a, b, a' et b' et qui donne les coordonnées de l'éventuel point d'intersection entre (D) et (D').

33 Droites et plans dans l'espace

L'ESSENTIEL

MATHS

Propriétés de base dans l'espace

- Par trois points A, B et C non alignés passe un **unique plan** (ABC) (figure **a**).
- Deux droites sécantes permettent de définir un plan (figure **b**).
- Si deux points distincts A et B appartiennent à un plan $\mathcal{P}$, alors la droite (AB) est incluse dans $\mathcal{P}$, c'est-à-dire que tous les points de la droite (AB) appartiennent à $\mathcal{P}$ (figure **c**).

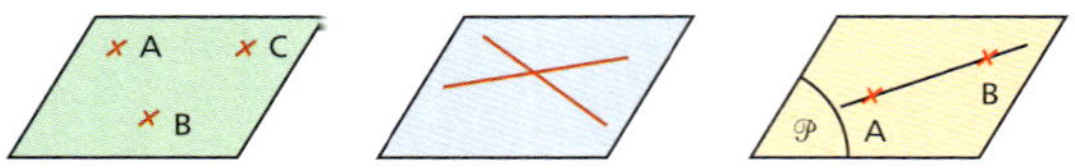

Figure a Figure b Figure c

Droites et points coplanaires

- Des objets (points, droites…) sont **coplanaires** s'ils appartiennent à un même plan.
- Lorsque tous les points et droites d'une figure sont coplanaires, les propriétés de géométrie vues au collège (Théorèmes de Thalès, de Pythagore, etc.) s'appliquent dans le plan dans lequel la figure est incluse.

Exemple Dans le pavé droit ci-dessous, les points A, B, C et F ne sont pas coplanaires et les droites (DH) et (BC) ne sont pas coplanaires.

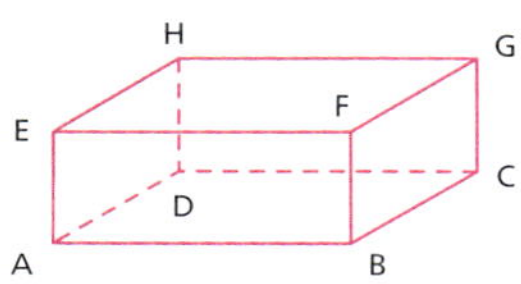

- **Droites parallèles**
  - Deux droites de l'espace sont **parallèles** si elles sont coplanaires et non sécantes.
  - Deux droites parallèles à une même troisième sont parallèles.

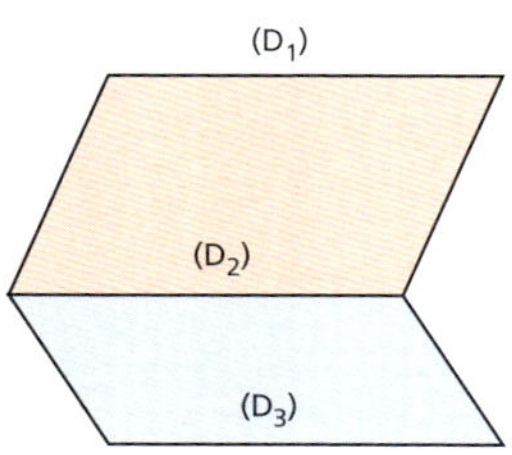

Remarque : Si deux droites de l'espace sont coplanaires alors elles sont sécantes ou parallèles. Si elles ne sont pas coplanaires, elles ne sont ni parallèles ni sécantes.

- Un plan peut être défini par deux droites parallèles distinctes ou par deux droites sécantes de l'espace.

ATTENTION !

Deux droites de l'espace non parallèles ne sont pas nécessairement sécantes.
Par exemple, dans le pavé droit de l'exemple précédent, les droites (DH) et (BC) ne sont pas parallèles et ne sont pas sécantes.

Positions relatives d'une droite et d'un plan

- Soit (D) une droite et $\mathcal{P}$ un plan de l'espace. La droite (D) peut être incluse dans $\mathcal{P}$ (figure **d**), parallèle à $\mathcal{P}$ (figure **e**) ou sécante à $\mathcal{P}$ (figure **f**).

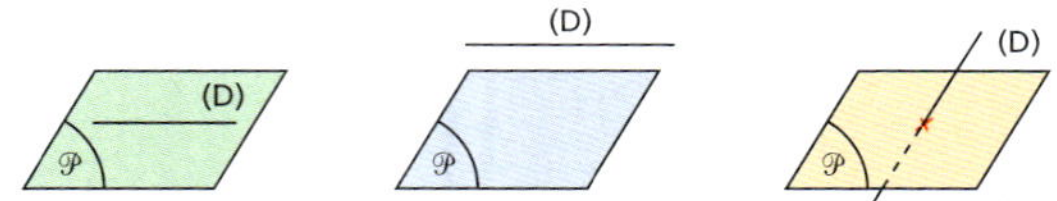

Figure d Figure e Figure f

- Si une droite (D) est parallèle à une droite (Δ) incluse dans un plan $\mathcal{P}$, alors (D) est parallèle à $\mathcal{P}$.

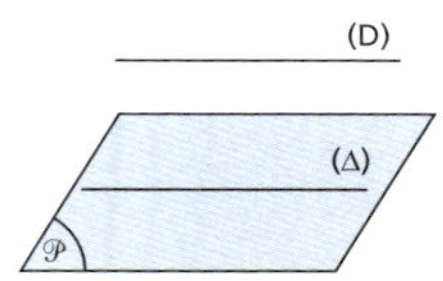

- Soit deux droites d'un plan $\mathcal{P}$ sécantes en A.
Si une droite (D) est perpendiculaire (en A) à ces deux droites, on dit qu'elle est perpendiculaire au plan $\mathcal{P}$.
(D) est alors perpendiculaire à toutes les droites de $\mathcal{P}$ passant par A.

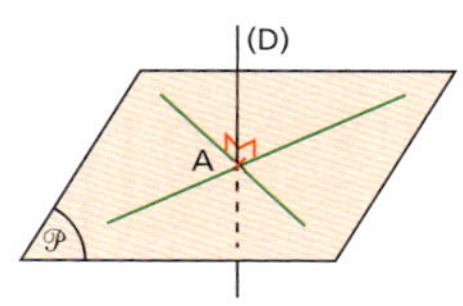

Positions relatives de deux plans

- Deux plans $\mathcal{P}$ et $\mathcal{Q}$ peuvent être **parallèles** (ils n'ont aucun point en commun) ou **sécants** (leur intersection est une droite).
- Si deux droites sécantes d'un plan sont parallèles à un autre plan, alors ces deux plans sont parallèles.

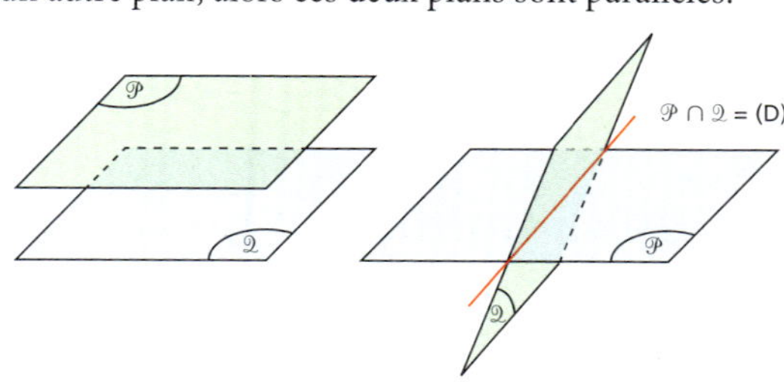

LA MÉTHODE

Démontrer qu'une droite (D) est parallèle à un plan $\mathscr{P}$

On montre que (D) est parallèle à une droite incluse dans $\mathscr{P}$.

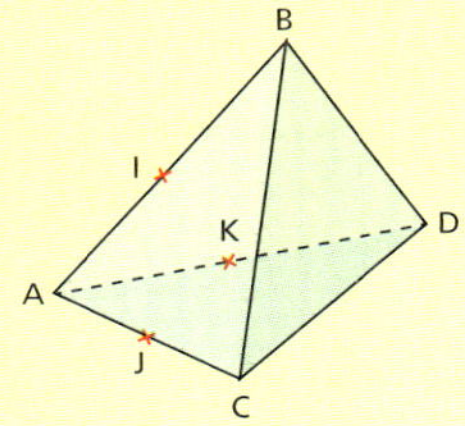

Exemple Dans le tétraèdre suivant, I est le milieu de [AB], J est le milieu de [AC] et K est le milieu de [AD].
Démontrons que (IJ) est parallèle à (BCD) :
I est le milieu de [AB] et J est le milieu de [AC] donc, d'après la propriété des droites des milieux, (IJ) est parallèle à (BC).
(IJ)//(BC) et (BC) est une droite incluse dans (BCD) donc (IJ) est parallèle au plan (BCD).

S'ENTRAÎNER

1 QUIZ

Vrai ou faux ? Cocher la case qui convient.

a. Par trois points alignés ne passe qu'un seul plan.	V ☐	F ☐
b. Deux droites coplanaires sont confondues, parallèles ou sécantes.	V ☐	F ☐
c. Deux droites qui ne sont pas sécantes sont parallèles.	V ☐	F ☐
d. Une droite parallèle à un plan est parallèle à toutes les droites de ce plan.	V ☐	F ☐

2 **Lecture de figures**

Observer les figures (un tétraèdre, un pavé droit), puis répondre.

1. Les droites suivantes sont-elles sécantes ?
a. (EF) et (AB)
b. (EF) et (BC)
c. (EF) et (AC)
d. (SB) et (AC)

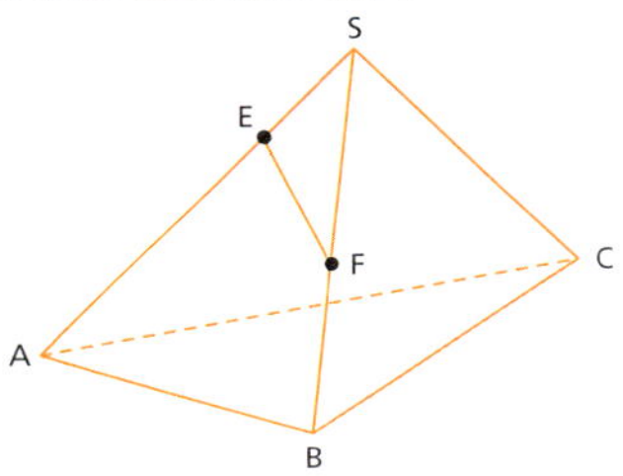

2.

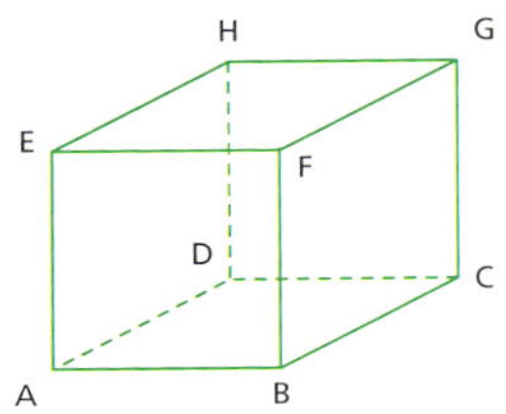

a. Les droites (AF) et (HC) sont-elles coplanaires ?
b. (AB) et (HG) sont-elles parallèles ?
c. (EH) est-elle parallèle au plan (BCG) ?
d. (EH) est-elle parallèle au plan (DCG) ?

3 **QCM**

Dans la pyramide ci-contre, (EO) est perpendiculaire à (DB) et (AC).
Cocher la bonne réponse.

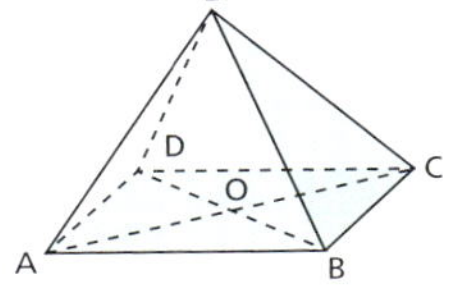

a. (EO) est perpendiculaire à :
☐ (BCD) ☐ (DC) ☐ (EDB)
b. L'intersection des plans (AEB) et (BEC) est :
☐ Le point E ☐ La droite (AC) ☐ La droite (BE)
c. L'intersection des plans (ACE) et (BDE) est :
☐ Le point O ☐ La droite (EO) ☐ La droite (BD)
d. Soit (Δ) une droite incluse dans (ABC) passant par O.
(Δ) est forcément perpendiculaire à :
☐ (AC) ☐ (DC) ☐ (EO)

4 **Droites parallèles**

ABCDEFGH est un pavé droit.

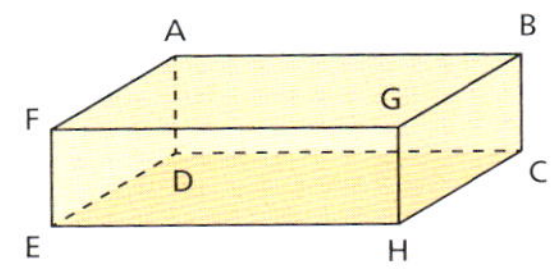

a. Démontrer que (HB) est parallèle à (AEF).
b. Démontrer que (AB) est parallèle à (EH).
c. Démontrer que (HB) est parallèle à (EA).

5 **Vers la 1re S**

Dans le cube ci-dessous, I, J et K sont les milieux respectifs de [AE], [GC] et [FB].

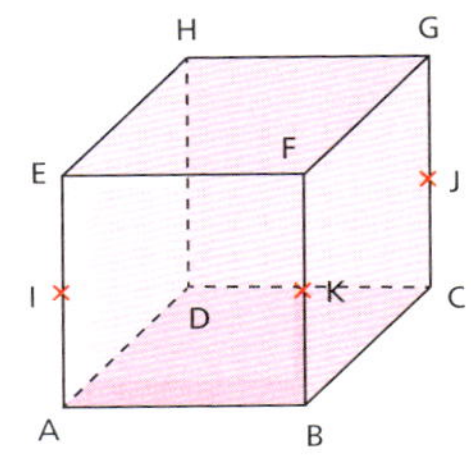

On souhaite démontrer que BJHI est un parallélogramme.
Compléter la démonstration ci-dessous :
$\overrightarrow{IK} = \overrightarrow{EF}$ et $\overrightarrow{EF} = \overrightarrow{HG}$ donc......
$\overrightarrow{IK} = \overrightarrow{HG}$ donc IHGK est un......
IHGK est un parallélogramme donc $\overrightarrow{IH} =$ ......
De plus, $\overrightarrow{BK} = \overrightarrow{JG}$ donc BKGJ est un......
BKGJ est un parallélogramme donc $\overrightarrow{BJ} =$ ......
$\overrightarrow{IH} = \overrightarrow{KG}$ et $\overrightarrow{BJ} = \overrightarrow{KG}$ donc......
$\overrightarrow{IH} = \overrightarrow{BJ}$ donc......

34 Solides usuels

MATHS

L'ESSENTIEL

Solides « droits »

● **Prisme droit et cylindre**

››› Un prisme droit est un solide constitué de deux faces de base polygonales **superposables et parallèles**, reliées par des faces latérales **rectangulaires** (**a**, **b** et **c**).

››› Si les bases sont des disques, la face latérale n'est constituée que d'**un seul rectangle** : c'est un cylindre (**d**).

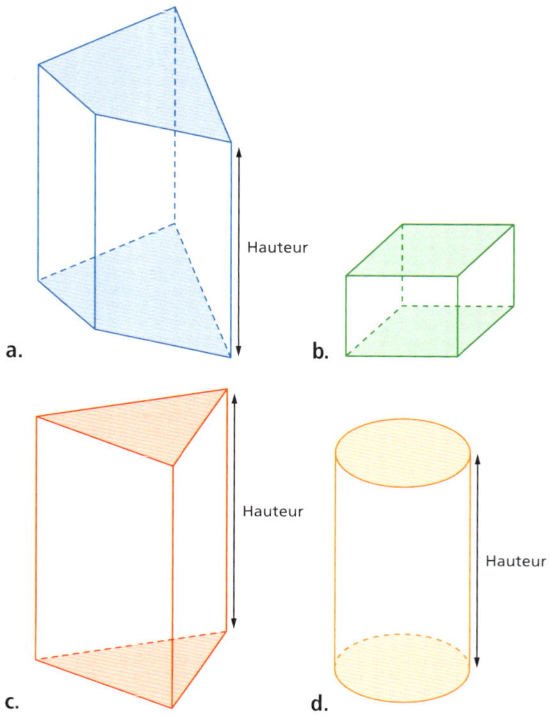

● **Cas particulier**

Les **pavés droits**, ou parallélépipèdes rectangles (**b**), sont des prismes droits. Les cubes sont des pavés droits.

● **Volume**

Le volume $\mathcal{V}$ d'un prisme droit ou d'un cylindre est donné par :

$$\mathcal{V} = \text{aire de base} \times \text{hauteur}$$

Solides « pointus »

● **Pyramide et cône**

››› Une pyramide est un solide constitué d'une face polygonale, dont chaque sommet est relié à un seul point (**e**, **f** et **g**). Ce point est le **sommet** de la pyramide, le polygone est appelé la **base**. Les faces latérales sont donc des **triangles**.

››› Si la base est un disque, on obtient un cône (**h**).

››› La hauteur du solide est le segment qui relie perpendiculairement le sommet à la base.

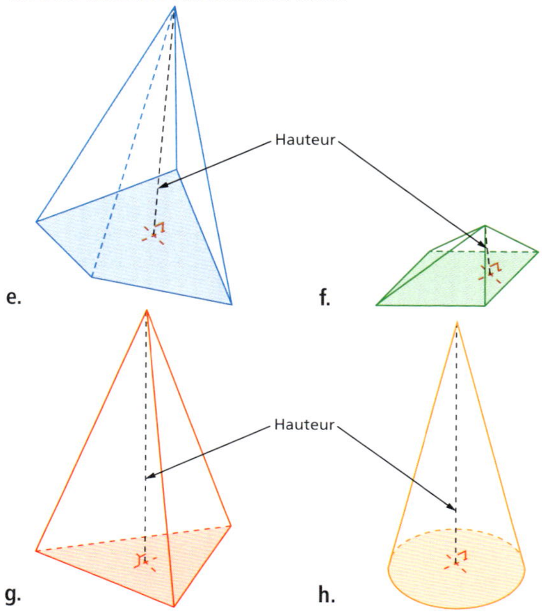

● **Cas particulier**

Une pyramide à base triangulaire est constituée de quatre triangles : c'est un **tétraèdre** (**g**).

● **Volume**

À base égale et à hauteur égale, une pyramide (ou un cône) a un volume $\mathcal{V}$ trois fois plus petit que le prisme (ou le cylindre) :

$$\mathcal{V} = \frac{\text{aire de base} \times \text{hauteur}}{3}$$

LA MÉTHODE

Calculer le volume d'un solide formé de solides usuels

Étape 1 On repère de quel assemblage de solides il s'agit.

Étape 2 On repère une base dont on peut calculer l'aire, ainsi qu'une hauteur connue ou que l'on peut calculer.

Étape 3 On effectue les calculs en additionnant éventuellement les différents volumes.

Exemple Calculer le volume du solide ci-contre.

Étape 1 Le solide est formé d'un prisme droit à base triangulaire (ABCGEF) et d'une pyramide (ABCD) particulière : un tétraèdre.

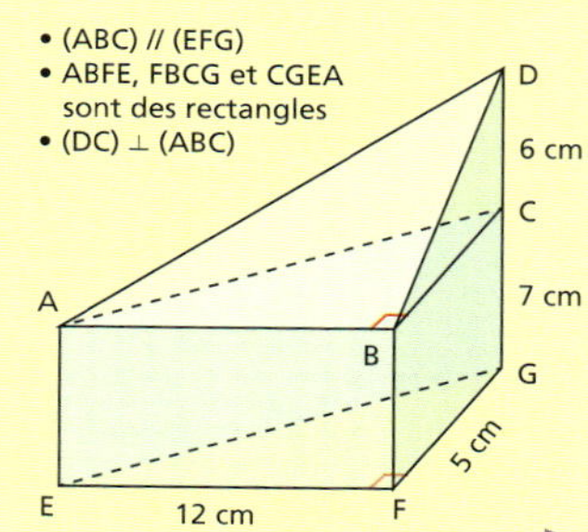

Étape 2 La base de la pyramide est le triangle ABC rectangle en B. Une hauteur du prisme est le segment [CG].

Étape 3 Le volume $\mathcal{V}$ de la pyramide est donné par

$$\mathcal{V} = \frac{\text{aire de la base} \times \text{hauteur}}{3} = \frac{\frac{12 \times 5}{2} \times 6}{3} = \frac{30 \times 6}{3} = 60 \text{ cm}^3.$$

Le volume $\mathcal{V}'$ du prisme est donné par : $\mathcal{V}' = \text{aire de la base} \times \text{hauteur} = \frac{5 \times 12}{2} \times 7 = 30 \times 7 = 210 \text{ cm}^3$.

Le volume total du solide est donc : $\mathcal{V}'' = \mathcal{V} + \mathcal{V}' = 60 + 210 = 270 \text{ cm}^3$.

S'ENTRAÎNER

1 QUIZ

Relier l'aire de chaque figure à la valeur correspondante.

- $25\pi \text{cm}^2$
- 24 cm^2
- 25 cm^2
- $\frac{49\sqrt{3}}{4} \text{ cm}^2$
- 6 cm^2

- aire d'un carré de côté 5 cm
- aire d'un triangle rectangle dont les côtés mesurent 6 cm, 8 cm et 10 cm
- aire d'un disque de rayon 5 cm
- aire d'un rectangle de côtés 2 cm et 30 mm
- aire d'un triangle équilatéral de côté 7 cm et de hauteur $\frac{7\sqrt{3}}{2}$ cm

2 Perspectives

Voici des solides dessinés en perspective cavalière. Les classer en deux catégories : pyramides ou prismes droits.

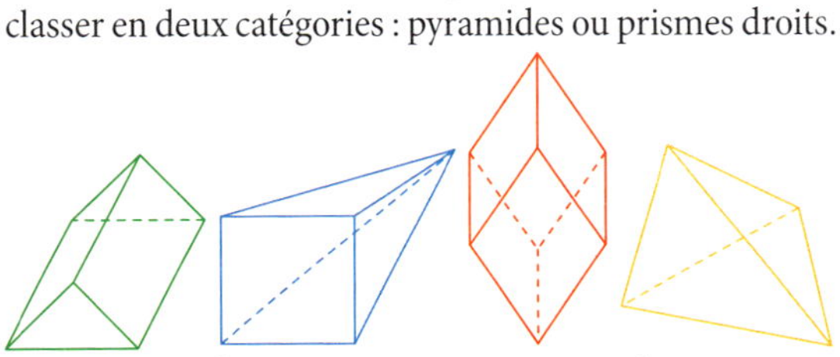

a. b. c. d.

3 Patrons

1. Chacun de ces dessins peut-il représenter un patron de prisme ?

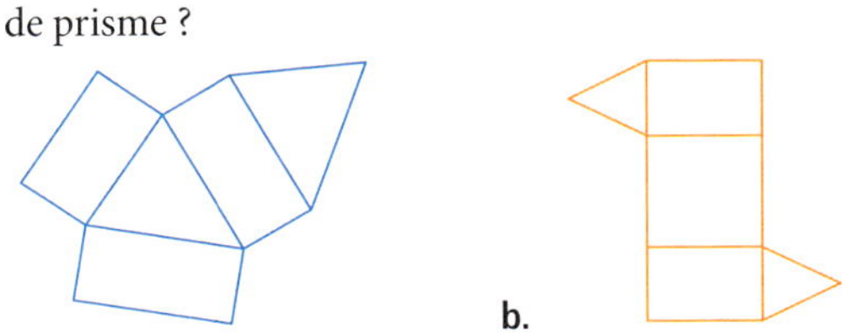

a. b.

2. Chacun de ces dessins peut-il représenter un patron de pyramide ?

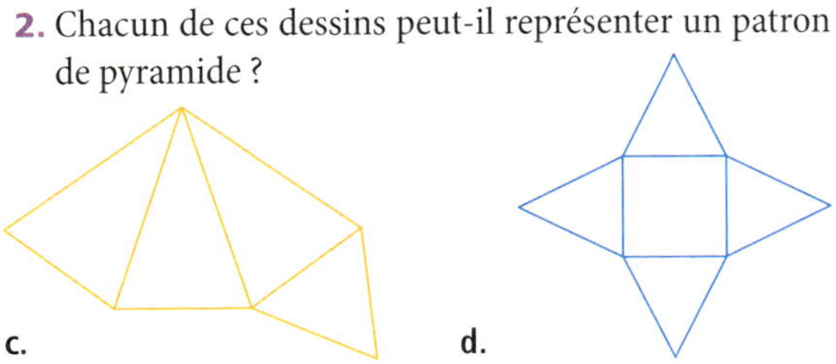

c. d.

4 À imaginer

En repliant ce patron les droites (AB) et (EF) seront-elles sécantes ? parallèles ?

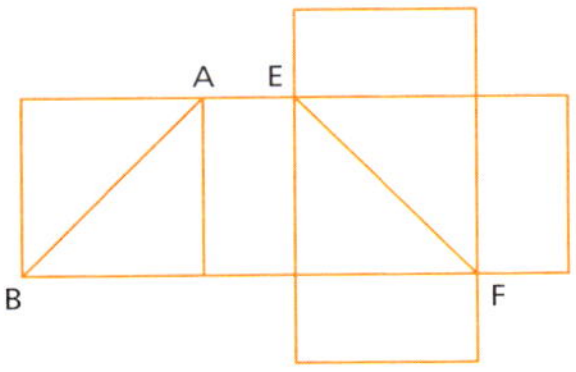

5 Volumes

a. Calculer le volume du réservoir ci-contre sachant que $R = 15$ m, $H = 40$ m et $h = 6$ m.

b. Donner une valeur approchée de sa capacité en hectolitres.

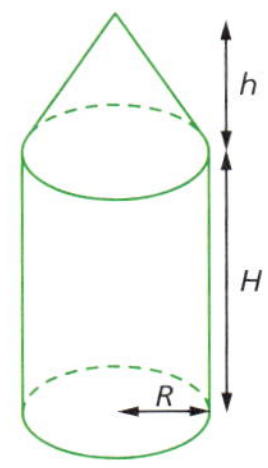

6 Sans la hauteur

Calculer la hauteur d'une pyramide dont la base est un carré de 4 cm de côté, sachant que son volume est 150 cm^3.

7 Un tétraèdre

Calculer le volume du tétraèdre inclus dans le cube d'arête 3 cm.

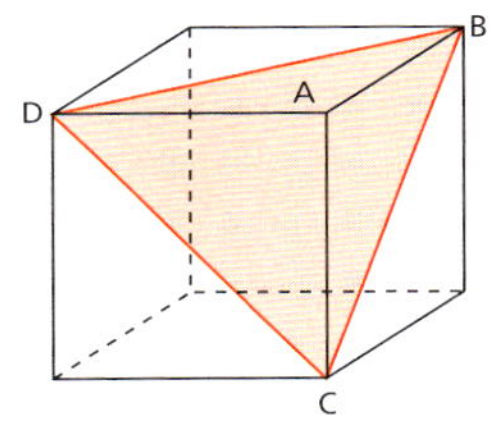

8 En passant par le volume

Calculer le volume du solide ABDC.

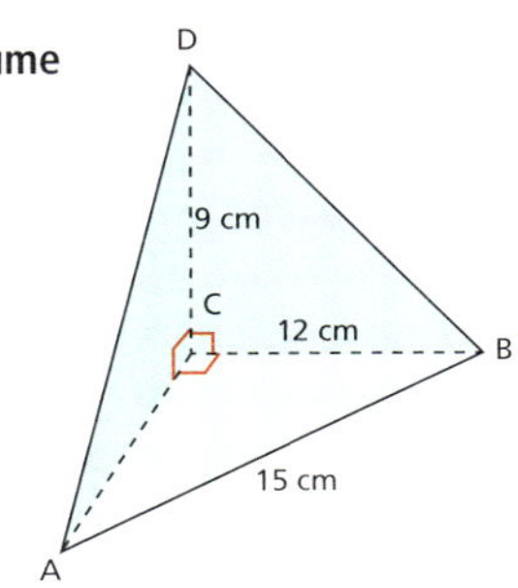

9 Avec une fonction

Soit une pyramide dont la base est un carré de côté x, et de hauteur 75 cm.

a. Exprimer le volume $\mathcal{V}$ de la pyramide en fonction de x.

b. Quel est le sens de variation de la fonction $\mathcal{V}(x)$?

c. Quelle doit être la valeur de x pour que le volume soit de 2 500 cm^3 ?

Histoire-Géographie

Paul de Limbourg, « Le mois d'Août », miniature extraite de *Les très riches heures du Duc de Berry*, XVe siècle, musée Condé, Chantilly

Date

Histoire

Géographie

1 Les Européens dans le peuplement de la Terre de l'Antiquité au XIXe siècle

L'ESSENTIEL

L'Europe, un grand foyer de peuplement

● Bien avant de partir à la conquête du monde, l'Europe a été conquise par des tribus de chasseurs nomades. Les historiens estiment la population européenne, il y a 10 000 ans, à **quelques centaines de milliers** de personnes sur les 10 millions d'habitants que comptait la planète.

● L'**agriculture**, apparue en Mésopotamie, se répand peu à peu et la population européenne se sédentarise. Les civilisations minoenne en Crète et mycénienne en Grèce connaissent l'écriture. **La population européenne augmente** : à la fin de l'Antiquité, elle est estimée à 43 millions, soit environ 18 % de la population mondiale.

● À partir du VIe siècle av. J.-C., les Celtes conquièrent l'Europe occidentale. Les langues indo-européennes se généralisent en Europe. **L'écriture favorise le commerce.** Les Grecs puis les Romains se lancent à la conquête du monde (colonies grecques sur le pourtour méditerranéen, conquêtes d'Alexandre le Grand en Perse et en Égypte).

Des périodes de croissance et de repli

● Au **Moyen Âge**, les périodes de croissance démographique, favorisées par les défrichements et les progrès agricoles (XIe-XIIIe s.), alternent avec les périodes de repli dues aux épidémies, guerres et famines. Ainsi, l'Europe perd 30 millions d'habitants au XIVe siècle à cause de la guerre de Cent Ans et surtout de la **peste noire de 1348**. Elle ne retrouve sa population de 1300 (environ 60 millions d'habitants) qu'au XVIe siècle.

● À la fin du XVe siècle et au XVIe siècle, des navigateurs européens (Colomb, Vasco de Gama, etc.) partent à la conquête du monde. Leurs voyages suscitent de **premières migrations** d'Européens. Vers 1650, sur 515 millions d'habitants dans le monde, 103 sont des Européens, dont quelques milliers installés hors d'Europe.

● **L'équilibre démographique est fragile.** Les naissances sont nombreuses mais la mortalité, particulièrement la mortalité infantile, est élevée (40 ‰). L'espérance de vie est d'environ 45 ans pour les hommes, 40 ans pour les femmes.

La transition démographique

● Vers 1750, il y aurait eu environ 720 millions d'habitants dans le monde, dont 140 millions d'Européens.

● Amorcée au XVIIIe siècle en France et en Angleterre, la **transition démographique** concerne tous les pays européens au XIXe siècle. L'amélioration de l'hygiène et de l'alimentation, la découverte de vaccins, les progrès de l'agriculture contribuent à la chute du taux de mortalité tandis que le taux de natalité reste élevé.

● La population européenne double entre 1800 et 1900 : elle passe de 190 millions d'habitants (**20 % de la population mondiale**) à 420 millions (**25 %**). Une nouvelle vague de **migrations** est engagée par les Européens.

MOTS CLÉS

Population : ensemble des individus vivant dans un espace.
Peuplement : répartition de la population sur cet espace.
Transition démographique : cf. chapitre 14.

LA MÉTHODE

Comparer des cartes à différentes périodes

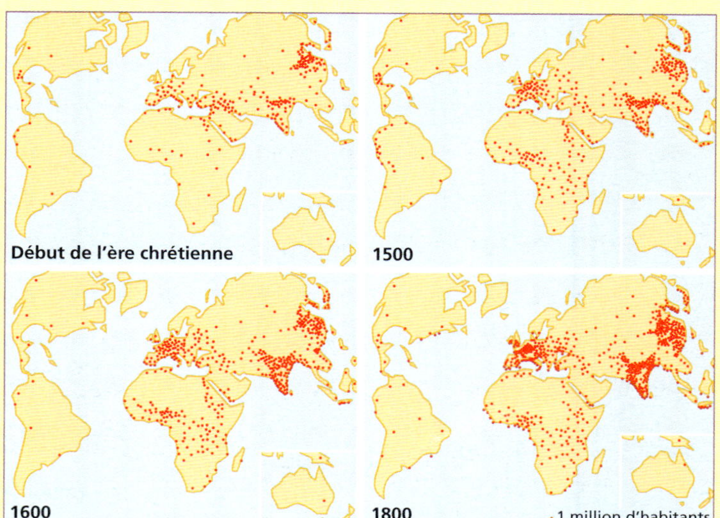

Source : R. Brunet (dir.), *Géographie universelle*, « Mondes nouveaux », Belin/Reclus, 1990.

Le peuplement de la Terre sur deux millénaires

▶

Cet ensemble de cartes montre l'évolution du peuplement de la Terre à quatre époques différentes.

1. J'analyse les cartes. Les quatre cartes montrent la permanence de trois foyers de peuplement : la Chine, l'Inde et l'Europe. L'Afrique subsaharienne, au peuplement très sporadique au début de l'ère chrétienne, connaît une augmentation progressive, contrairement au continent américain, à la Sibérie ou à l'Australie qui semblent presque toujours aussi vides d'hommes.

2. J'explique. L'homme s'est installé d'abord dans les grandes vallées et dans les régions au climat favorable à l'agriculture. La stabilité politique et la présence d'États puissants contribuent également à l'amélioration des conditions de vie et à une augmentation continue de la population.

3. Je conclus. L'évolution du peuplement est liée non seulement aux conditions naturelles mais aussi aux structures politiques.

S'ENTRAÎNER

1 QUIZ

Cochez la case qui convient.

a. Au cours du XIVe siècle, la population européenne :
- ☐ augmente de 30 millions d'habitants.
- ☐ diminue de 30 millions d'habitants.

b. Avec l'adoption de l'agriculture, le mode de vie des populations européennes change :
- ☐ elles deviennent nomades.
- ☐ elles deviennent sédentaires.

c. Les premières vagues migratoires partant d'Europe datent du :
- ☐ XVIe siècle.
- ☐ XVIIIe siècle.

d. Il y a 10 000 ans, la France comptait entre :
- ☐ 2 et 5 millions d'habitants.
- ☐ 20 000 et 50 000 habitants.

2 La peste se propage

Disparue d'Occident après le VIe siècle, la peste (du latin *pestis*, « fléau ») ressurgit durant l'année 1347. Elle aurait pris naissance en Asie centrale. [...] L'épidémie éclate en 1338. La peste va suivre les routes du grand commerce, vers les comptoirs génois de Crimée. En 1347, celui de Caffa est assiégé par les Tartares (Mongols) dont l'armée, atteinte par la peste, est décimée. Ils imaginent alors de réduire les Génois par la maladie en faisant catapulter dans la place des cadavres de pestiférés. La maladie pénètre dans la ville. Et les galères génoises emportent dans leurs flancs les germes mortels. En juillet 1347, à la première escale des galères, Constantinople est touchée. En [...] novembre elles abordent Marseille. [...] Les villes deviennent de nouveaux foyers d'où la peste se répand rapidement suivant les axes de communication. L'année 1348 est la plus terrible. [...] La « peste noire » ou « Grande Peste » gagne l'ensemble de l'Europe occidentale de 1348 à 1357. [...] Seules quelques régions situées à l'écart des routes, comme les zones montagneuses, ont pu être épargnées [...]. On estime que l'Europe perdit alors plus du tiers de sa population.

▷ J. Marseille, « Peste, guerre et famine : les grands malheurs », *L'Histoire*, n° 239, janvier 2000, p. 45.

a. Pour quelles raisons la peste a-t-elle pu se propager aussi facilement ?
b. Comment les Tartares ont-ils anéanti les Génois ?
c. Quelle fut la principale conséquence de l'épidémie ?

3 L'évolution démographique de la France de 1740 à 1815

a. D'après le graphique, de combien d'habitants la population française augmente-t-elle entre 1740 et 1815 ?
b. À quel stade de la transition démographique se situe la France de la seconde moitié du XVIIIe siècle ?
c. Quelle est la particularité de l'accroissement naturel vers 1747, 1779, 1794, et entre 1802 et 1805 ? Expliquez votre réponse.
d. Pourquoi le prix du blé augmente-t-il en 1770 ? Comment cela se traduit-il sur la courbe de mortalité ? Quel lien faites-vous entre le prix du blé et la mortalité ? Justifiez votre réponse.

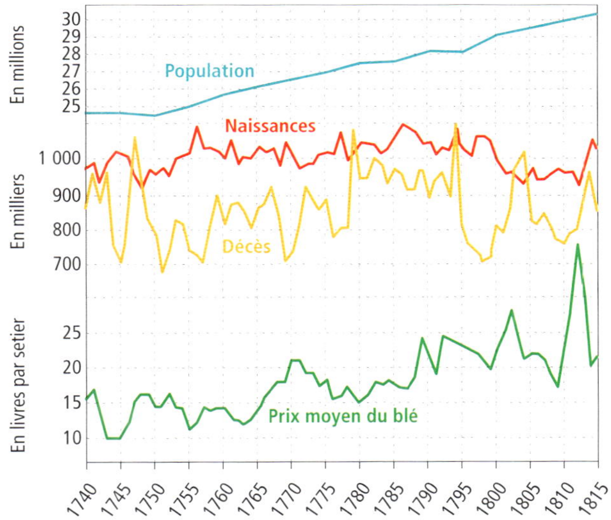

Évolution de la population et du prix du blé en France entre 1740 et 1815

Repères chronologiques :
- 1740-1748 : guerre de succession d'Autriche
- 1756-1763 : guerre de Sept Ans
- 1770-1771 : crise des grains. Leur commerce est réglementé.
- 1775-1783 : engagement français dans la guerre d'indépendance des États-Unis
- 1789-1815 : Révolution, guerres et campagnes napoléoniennes

2 L'émigration d'Européens vers d'autres continents (XIXe s.)

L'ESSENTIEL

Le XIXe siècle est marqué par deux faits majeurs qui bouleversent les sociétés européennes : la **révolution des transports**, grâce à la machine à vapeur, et la **révolution industrielle**. Dans un contexte de forte poussée démographique (cf. chapitre 1), deux types de migrations se superposent alors : l'exode rural des campagnes vers les villes et l'émigration vers les pays neufs comme le Canada et les États-Unis.

Industrialisation et exode rural

- L'**industrialisation**, progressive au début du XIXe siècle, s'accélère brutalement à partir de 1860. L'exploitation massive du charbon, la motorisation, l'utilisation de l'électricité et du pétrole, l'essor de la chimie transforment l'industrie qui a besoin de **beaucoup de main-d'œuvre**.
- Dans les campagnes, la **mécanisation** bouleverse les modes de production. L'agriculture a de moins en moins besoin de bras. L'**exode rural** s'amplifie, favorisé par la révolution des transports. Les villes connaissent un essor sans précédent, mais les conditions de vie sont loin d'y être idéales pour tous. Les crises qui jalonnent le siècle débouchent sur des vagues d'émigration.

Les crises favorisent l'émigration

- L'essor économique n'est pas linéaire. C'est une succession de **phases d'expansion et de récession**.
- Si les traditionnelles crises de subsistance, comme la **Grande Famine** en Irlande (1846-1849), existent toujours, des crises d'un genre nouveau apparaissent : les crises financières.
- À la suite des krachs boursiers de Vienne et de Berlin (1873), l'Europe connaît une **grave dépression** qui dure jusqu'en 1896 et encourage beaucoup d'hommes jeunes à aller tenter leur chance au Canada, aux États-Unis, en Argentine, au Brésil, en Afrique ou en Australie pour échapper à la misère. Ils s'installent d'abord dans les **villes côtières**, puis peu à peu à l'intérieur des terres.

L'attrait du continent américain

- De 1815 à 1914, environ **50 millions d'Européens** quittent leur pays d'origine. Plus de la moitié s'installe aux États-Unis.
- Pour **encadrer cet afflux de population**, les autorités fédérales établissent dès 1864 un contrôle : elles obligent les immigrants à subir une visite médicale, à avoir 10 dollars en poche et une adresse d'accueil dans le pays.

MOTS CLÉS

Mouvement migratoire : déplacement volontaire de populations. On distingue l'**émigration** (départ vers un autre pays) et l'**immigration** (arrivée dans un autre pays).
Pays neuf : nom donné par les Européens aux pays d'Amérique et d'Océanie ayant un faible peuplement autochtone.

LA MÉTHODE

Interpréter un graphique

Un histogramme est un graphique qui montre une évolution. Il faut donc regarder avec attention les dates limites considérées.

1. J'analyse les données. Le document indique le nombre d'Irlandais (en milliers) ayant émigré aux États-Unis entre 1830 et 1860. Modeste au début, cette émigration connaît une soudaine accélération après 1846 et son paroxysme en 1851, année où plus de 200 000 Irlandais sont partis. Ensuite, l'émigration continue sur un rythme ralenti, mais plus important qu'en 1830.

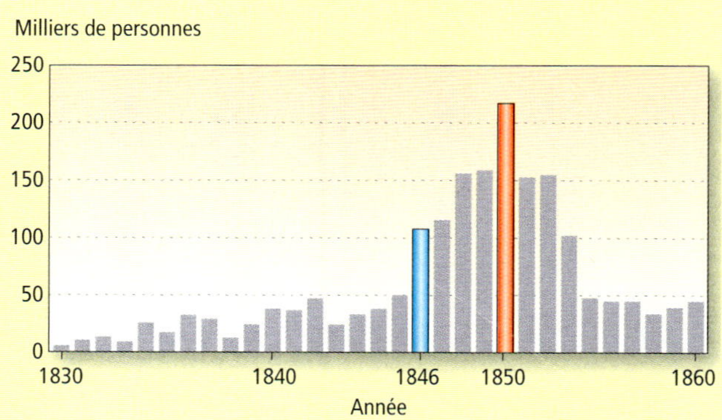

L'émigration irlandaise aux États-Unis (1830-1860)

2. J'explique. 1846 est une année catastrophique pour l'agriculture irlandaise. Le mildiou ravage 40 % de la production de pomme de terre (base de l'alimentation) et la rouille s'attaque aux céréales, au seigle en particulier. Les récoltes sont anéanties. De surcroît, l'hiver 1846-1847 est des plus rigoureux. La mortalité augmente considérablement. Environ un million de paysans pauvres sont expulsés de leur ferme. En dix ans, deux millions de personnes, soit le quart de la population totale de l'île, quittent l'Irlande en direction des États-Unis principalement.

3. Je conclus. Les conséquences de cette émigration sont importantes. En 1911, l'Irlande a perdu la moitié de sa population par rapport à 1846. De surcroît, la crise agricole favorise le renouveau du nationalisme irlandais.

S'ENTRAÎNER

1 QUIZ

Vrai ou faux ? Cochez la case qui convient.

a. L'industrialisation favorise l'exode rural. V ☐ F ☐
b. Un krach boursier dynamise l'économie. V ☐ F ☐
c. Au cours du XIXe siècle, 5 millions d'Européens s'installent aux États-Unis. V ☐ F ☐
d. L'immigration est le départ de populations vers un autre pays. V ☐ F ☐

2 L'émigration européenne au XIXe siècle

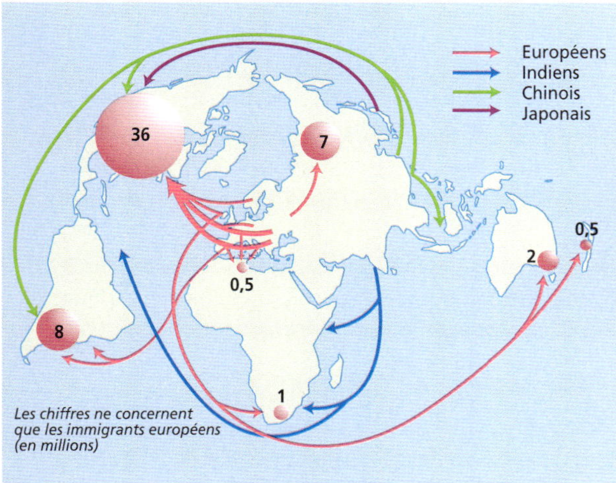

Doc. 1 Les principaux flux migratoires dans le monde au XIXe siècle

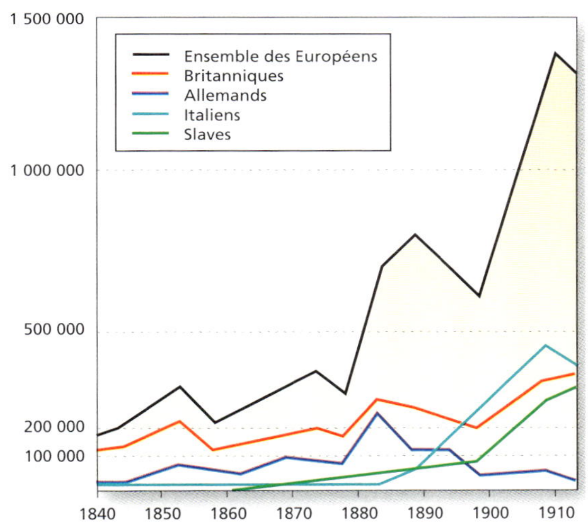

Doc. 2 Origine des migrants européens au XIXe siècle

a. Quel est le continent le plus attractif au XIXe s. ? Justifiez.

b. Quel pays d'Europe fournit le plus de migrants à la fin du siècle ? Pourquoi ?

POUR VOUS AIDER

Le doc. 1 montre les flux migratoires de toutes origines mais les nombres d'immigrants indiqués ne concernent que ceux d'origine européenne.

3 Le départ des Italiens vers les États-Unis

Les Émigrants, Angiolo Tommasi, 1895, Galleria nazionale d'arte moderna, Rome.

a. Analysez la composition de la population sur le quai.

b. Dans quel état d'esprit semble-t-elle ?

c. Que remarquez-vous en ce qui concerne les bagages ?

4 L'accueil des émigrants aux États-Unis

L'oncle Sam, nouveau Noé, accueille sur son arche les émigrants européens. Caricature de John Keppler parue dans *Puck Magazine*, avril 1880.

À gauche de la porte : *Free education, free land, free speech, free ballot, free lunch* (Éducation gratuite, terres gratuites, liberté de parole, scrutin libre, repas gratuit).

Sur le panneau : *No oppressive taxes, no expensive kings, no compulsory military service, no knouts or dungeons* (Pas d'impôts oppressifs, pas de rois coûteux, pas de service militaire obligatoire, ni fouets, ni donjons).

a. Qu'est-ce qu'une caricature ?

b. Qui est l'oncle Sam ? Pourquoi est-il comparé à Noé ?

c. Les émigrants donnent-ils la même impression que sur le tableau de Tommasi (exercice 3) ?

d. Que promet l'oncle Sam aux nouveaux arrivants ?

3 Être citoyen à Athènes (v^{e}-ive s. av. J.-C.)

L'ESSENTIEL

La cité, État indépendant, est apparue en Grèce dès le VIIIe siècle av. J.-C. Athènes, au Ve siècle, invente la démocratie. La vie politique est l'affaire des citoyens.

Vers la démocratie

- Au VIe siècle, **Solon** publie un code de lois applicable à tous et donne à tous les Athéniens la possibilité de participer aux réunions de l'**Ecclésia**, l'assemblée du peuple. C'est le début de l'égalité politique.
- En 508 av. J.-C., **Clisthène** modèle l'organisation de l'Attique. Les citoyens portent le nom de leur **dème** (village), où ils doivent se faire inscrire pour pouvoir participer à la vie politique.

Les citoyens athéniens : une minorité

- À peine **1/10 de la population** a le statut de citoyen. Pour être citoyen, il faut :
  - être un garçon né d'un père citoyen et d'une mère fille de citoyen (loi de **Périclès**, 451 av. J.-C.). Mais un non-Athénien peut obtenir la citoyenneté à condition que le vote secret de 6 000 Athéniens lui soit favorable ;
  - être inscrit au dème à 18 ans ;
  - suivre une formation militaire de deux ans (l'éphébie).
- Les citoyens sont appelés à servir l'armée tout au long de leur vie et doivent respecter les rites de la cité. Les **femmes de citoyens** sont associées aux fêtes religieuses. En regroupant l'ensemble de la population, les fêtes des **Panathénées** confortent le sentiment d'appartenance à la cité.
- L'Ecclésia peut condamner à dix ans d'exil un citoyen soupçonné de mettre la démocratie en danger (c'est l'**ostracisme**).

Une égalité relative

- Les citoyens sont théoriquement égaux devant la loi : c'est l'**isonomie** (lois de Solon, 594-593 av. J.-C.). Cependant, la **distinction entre citoyens riches et pauvres** demeure importante.
- Seuls les riches, qui ne travaillent pas, peuvent s'occuper de politique. Cependant, l'institution du **misthos** (indemnité versée aux citoyens qui occupent une magistrature puis aux citoyens qui assistent aux réunions de l'Ecclésia) par Périclès permet d'associer les plus pauvres à la gestion de la cité.
- Les citoyens riches doivent financer les dépenses communes ou **liturgies** (spectacle, équipement d'une trière, réparation d'un édifice public…).

La démocratie en débat

- À Athènes, **démocratie, religion et théâtre** sont très liés. La création intellectuelle a pour but de faire réfléchir le citoyen à son rôle dans la cité.
- À la fin du Ve siècle, la démocratie est vivement critiquée par les **écrivains** (ex. : Aristophane). Ils reprochent aux hommes politiques, formés à l'art du discours par les sophistes, d'être des **démagogues**, et aux magistrats d'être corrompus. Ces critiques seront reprises au IVe siècle par les **philosophes** (Platon, Aristote).
- La démocratie est fragile. Oligarchie et tyrannie la menacent.

MOTS CLÉS

Cité : dans la Grèce antique, petit État indépendant organisé autour d'une ville.
Démocratie : régime dans lequel le peuple exerce le pouvoir, de façon directe ou à travers des représentants élus (*demos* = le peuple ; *kratos* = le pouvoir).

LA MÉTHODE

Rédiger l'introduction d'une étude de document

Un extrait de discours

Périclès prend la parole lors des funérailles des soldats morts au cours de la première année de la guerre du Péloponnèse.

Notre Constitution politique n'a rien à envier aux lois qui régissent nos voisins ; loin d'imiter les autres, nous donnons l'exemple. […] chez nous, l'État est administré dans l'intérêt de la masse […] notre régime a pris le nom de démocratie. […] l'égalité est assurée à tous par les lois, […] en ce qui concerne la participation à la vie publique, chacun obtient la considération en raison de son mérite […] nul n'est gêné par la pauvreté et l'obscurité de sa condition sociale s'il peut rendre des services à la cité. La liberté est notre règle dans le gouvernement de la République […] c'est par nous-mêmes que nous décidons des affaires […] pour nous la parole n'est pas nuisible à l'action, ce qui l'est, c'est de ne pas se renseigner par la parole avant de se lancer dans l'action […] en un mot, je l'affirme, notre cité dans son ensemble est l'école de la Grèce.

▷ D'après Thucydide, *Histoire de la guerre du Péloponnèse*, © Les Belles Lettres, coll. « Guillaume Budé ».

1. Je procède à deux lectures du texte. La première me donne une idée du (ou des) thème(s) abordé(s). La seconde se fait crayon en main. Je surligne et j'annote car, dans l'introduction, doivent figurer : la nature et la date du document, le nom de l'auteur et ce qui, de sa vie, peut éclairer la compréhension du document, le contexte, le public visé et les idées abordées. Ces annotations me seront utiles pour ensuite dégager le plan.

2. Je procède à une analyse « pense-bête ».

Périclès : stratège de 443 à 429 av. J.-C.

Péloponnèse : guerre de 431 à 404 av. J.-C., qui oppose Athènes à Sparte.

Athènes : première démocratie. Elle s'est lancée dans une politique impériale très active, cause de guerres.

Thucydide : né en 460 et mort en 395 av. J.-C. (donc contemporain de Périclès). Il occupe un poste de stratège et participe à la guerre du Péloponnèse.

3. Je rédige (introduction possible). Il s'agit d'un extrait de l'*Histoire de la guerre du Péloponnèse*, écrite par Thucydide. L'auteur, qui vécut de 460 à 395 av. J.-C., occupa un poste de stratège et participa à cette guerre qui opposa Athènes à Sparte. Dans cet extrait, Thucydide fait œuvre d'historien en rapportant les propos tenus par Périclès, stratège mort en 429 av. J.-C., lors des funérailles des premières victimes de la guerre. Périclès défend l'idée de démocratie instituée par Athènes et vante la supériorité athénienne. Athènes doit montrer l'exemple, fût-ce au prix de la guerre.

S'ENTRAÎNER

1 Aristophane critique la démocratie

PRAXAGORA – Qui demande la parole ?
LA SECONDE FEMME – Moi.
PRAXAGORA – Prends la couronne et que la chance soit avec toi. […]
LA SECONDE FEMME – Je parle avant de boire ? […]
PRAXAGORA – Tu crois qu'ils boivent ?
LA SECONDE FEMME – Et comment, par Artémis, et du bon encore ! C'est pourquoi si on réfléchit bien, tous les décrets ont l'air d'avoir été pris par des gens ivres et déments. […] En plus, ils s'injurient comme des ivrognes, et les archers doivent parfois en expulser quelques-uns.
PRAXAGORA – Je parlerai donc à mon tour, après avoir pris cette couronne. Je m'adresse d'abord aux dieux pour qu'ils favorisent notre entreprise. J'appartiens comme vous à cette terre, et je m'afflige de voir si mal menées les affaires de la cité. Car je la vois toujours choisir ses dirigeants parmi les plus mauvais, et s'il en est un bon pendant un jour, il devient mauvais pendant dix. […] Vous êtes, Ô peuple, la cause de tous ces maux. Car recevant en salaire l'argent de l'État, chacun de vous ne pense qu'à son intérêt particulier et à ce qu'il gagnera. Et les affaires de la cité comme Esimos sont boiteuses. Mais si vous m'écoutez, le salut est encore possible. Il vous faut abandonner le gouvernement de la cité aux femmes. Nous en faisons bien déjà les tutrices et les trésorières de nos maisons.

▷ Aristophane, *Assemblée des Femmes*, 392 av. J.-C.

a. Quelles sont les principales critiques adressées à la démocratie ?

b. La situation imaginée par Aristophane paraît-elle possible ?

2 Citoyens et non-citoyens

Dix stratèges (premiers magistrats)
commandent l'armée et sont rééligibles.
Appartiennent aux grandes familles.

↑ *Élit pour un an*

L'assemblée des citoyens, l'Ecclésia,
réunit tous les citoyens de plus de 18 ans
(inscrits au dème familial, parents athéniens)
4 fois par an, vote les lois, signe paix et guerre.

← *Tire au sort* : **Le tribunal, l'Héliée,**
(6 000 citoyens)
rend la justice.

→ *Tire au sort* : **Le Conseil, la Boulé,**
(500 membres)
prépare les lois,
contrôle
les magistrats.

Les non-citoyens ne participent pas à la vie politique.

Les femmes et enfants de citoyens
sont libres mais n'ont aucun droit politique.
Environ 150 000.

Les métèques
étrangers libres résidents,
paient des impôts,
participent à la défense,
participent aux fêtes,
n'ont aucun droit politique,
peuvent obtenir la citoyenneté.

Les esclaves
appartiennent à un propriétaire,
peuvent être vendus,
n'ont aucun droit.
Entre 100 000 et 200 000.

a. Quelles catégories sociales ne sont pas considérées comme faisant partie des citoyens ?

b. Parmi les non-citoyens, les métèques ont un statut particulier. Pourquoi ? Quels métiers exercent-ils le plus souvent ?

c. En quoi le régime athénien est-il une démocratie ?

d. En quoi ce régime n'est-il pas pleinement démocratique ?

4 Devenir citoyen dans l'Empire romain (Ier-IIIe s.)

L'ESSENTIEL

À Rome, on peut être libre sans être citoyen. La citoyenneté est considérée comme un **privilège**, accordé progressivement à tous les peuples de l'Empire.

Être citoyen : des droits et des devoirs

- Les **citoyens** de plein exercice vivent sous le régime du **droit romain**. Ils bénéficient de droits et doivent remplir certains devoirs politiques et militaires. Depuis le Ier siècle av. J.-C., la citoyenneté romaine a été étendue à toute l'Italie. Dans le reste de l'Empire, les habitants des cités sont soumis au **droit latin**, droit romain « incomplet », ou à leurs propres lois (pérégrins).
- Le citoyen jouit de deux sortes de droits :
  – **politiques** : droit de vote, droit d'être élu, de participer aux sacerdoces, d'interjeter appel au peuple dans un procès criminel, de faire appel à l'empereur ;
  – **civils** : droit d'être propriétaire de sa maison, de faire un testament, de signer un acte de mariage.

  En contrepartie, il doit se faire recenser, accomplir le service militaire, participer aux guerres, payer le tribut (impôt) et participer au **culte de la cité**.
- La citoyenneté romaine n'est pas définitive. On peut **renoncer à la citoyenneté** volontairement ou en devenant citoyen d'une cité indépendante. Celui qui s'est soustrait au cens (impôt), au service militaire ou n'a pas respecté le droit de ses semblables peut **être déchu** de sa citoyenneté. La déchéance peut être partielle ou totale, ce qui équivaut à devenir esclave.

La citoyenneté étendue à la Gaule…

- En 48 apr. J.-C., le conseil des trois Gaules demande à l'empereur Claude le **droit de cité complet** qui donnerait aux notables la possibilité de siéger au Sénat romain et de suivre une carrière de magistrat.
- Par un discours prononcé au Sénat romain et transcrit sur une plaque de bronze connue sous le nom de **tables claudiennes**, l'empereur octroie ce droit de cité dans un premier temps aux Éduens. Par la suite, la citoyenneté romaine est élargie aux autres peuples de la Gaule.

… puis à tout l'Empire

- Jusqu'en 212, il faut, pour devenir citoyen romain, parler latin, être fils d'affranchi ou pérégrin bénéficiaire de la *civitatis donatio* (droit de cité). La citoyenneté peut être acquise à titre individuel ou collectif. En application de l'**édit de Caracalla (212)**, tout homme libre qui habite l'Empire est déclaré citoyen.
- On note une différence importante avec Athènes : les **femmes** ont accès à la citoyenneté. Elles n'ont ni le droit de vote ni accès à la magistrature, mais elles peuvent témoigner au tribunal, hériter et recevoir un éloge funèbre.

MOTS CLÉS

Pérégrin : homme libre vivant dans une cité de l'Empire, mais ne bénéficiant pas du statut de citoyen romain.
Barbare : dans l'Antiquité, personne qui n'appartient pas à la civilisation grecque ou romaine.

LA MÉTHODE

Lire une carte historique

L'Empire romain à la fin du IIe siècle

HISTOIRE GÉOGRAPHIE

Une carte historique a pour but de faire comprendre un événement (le front d'une guerre) ou une évolution (recul d'une armée), une situation politique (carte des résultats d'élections), etc.

1. J'analyse la carte. D'après son titre, la carte nous montre l'étendue de l'Empire romain à la fin du IIe siècle, donc avant la signature de l'édit de Caracalla. À cette époque, l'Empire a atteint son extension maximale. Il a intégré une multitude de peuples dont les statuts sont très divers.

La carte met en évidence trois points majeurs : l'étendue considérable de l'Empire à la fin du IIe siècle ; l'emplacement des camps de légionnaires le long des frontières terrestres (limes) ; l'importance du réseau routier doublé d'un important réseau maritime. La légende précise que toutes les régions n'ont pas le même statut.

2. J'explique. En 27 av. J.-C., Octave, devenu empereur sous le nom d'Auguste, met fin aux guerres civiles. Ses successeurs conquièrent de nouveaux territoires et consolident les frontières (limes). La *Pax Romana* assure deux siècles de paix intérieure à l'Empire. L'Empire est divisé en provinces dirigées par un gouverneur. Environ 90 000 km de routes permettent le déplacement des troupes et la transmission des ordres de Rome. Le ravitaillement des provinces est assuré autant par voie terrestre que par voie maritime. Cependant, les craintes d'une attaque par certains peuples « barbares » expliquent la présence de légions le long des frontières un peu fragiles. Les légionnaires diffusent ainsi la civilisation romaine.

3. Je conclus. L'organisation de l'Empire favorisait la romanisation des territoires les plus éloignés de Rome.

S'ENTRAÎNER

1 QUIZ

Trouvez et corrigez les sept erreurs contenues dans ce texte.

Dans l'Empire, un homme libre est citoyen romain et ne peut renoncer à sa citoyenneté. Tous les habitants de l'Empire sont soumis au droit romain et il n'est pas indispensable de parler latin pour devenir citoyen. Ce droit est inscrit dans le bronze des tables claudiennes qui transcrivent le discours prononcé par Auguste. En 272, l'édit de Caracalla donne la citoyenneté à tout homme qui habite l'Empire.

2 La romanisation de la Bretagne

Connaissant le caractère des gens du pays et sachant [...] qu'on obtiendrait peu de résultats avec la force si les injustices venaient ensuite, [le gouverneur Agricola] résolut d'extirper les causes des guerres. Il adoucit le recouvrement des prestations en blé et la levée des impôts, en en répartissant équitablement la charge et en supprimant des pratiques inspirées par l'appât du gain qui révoltaient plus que l'impôt lui-même. Pour habituer à la paix et à la tranquillité dans les plaisirs de la vie, ces hommes dispersés et sauvages et par conséquent toujours prêts à la guerre, il exhortait les particuliers et aidait les collectivités à construire des temples, des forums, des maisons ; il félicitait ceux qui s'empressaient, réprimandait ceux qui tardaient : aussi l'émulation remplaçait la contrainte. D'autre part, il faisait initier aux belles lettres les fils des chefs en affectant de préférer les dons naturels des Bretons aux talents acquis des Gaulois, si bien qu'après avoir dédaigné naguère la langue de Rome, ils se passionnèrent pour son éloquence. [...] Ils mirent même un point d'honneur à adopter notre habillement et le port de la toge se répandit. [...] on se laissa tenter par les séductions de nos vices ; on connut les portiques, les bains, le raffinement des banquets. Dans leur inexpérience ils appelaient cela « civilisation » alors que c'était un aspect de la servitude.

▷ Tacite, *Vie d'Agricola*, XIX et XXI,

a. Qui était Tacite ?

b. Dans quels domaines de la vie quotidienne la romanisation s'exerce-t-elle ?

c. Comment le gouverneur s'assure-t-il la paix sociale ?

d. Qu'exprime la dernière phrase ? Comment Tacite juge-t-il les méthodes de romanisation ?

3 La citoyenneté étendue à tout l'Empire

Voilà pourquoi j'estime pouvoir accomplir de manière si magnifique et si digne des dieux un acte qui convienne à leur majesté, en ralliant à leur culte, comme Romains, autant de fois de dizaines de milliers de fidèles qu'il en viendra chaque fois se joindre à mes hommes. Je donne donc à tous ceux qui habitent l'Empire le droit de cité romaine, étant entendu que personne ne se trouvera hors du cadre des cités, excepté les déditices. Il se doit en effet que la multitude soit non seulement associée aux charges qui pèsent sur tous, mais qu'elle soit désormais aussi englobée dans la victoire. Et le présent édit augmentera la majesté du peuple romain : il est conforme à celle-ci que d'autres puissent être admis à cette même dignité que celle dont les Romains bénéficient depuis toujours.

▷ Édit de Caracalla (212)

a. Quels avantages l'empereur Caracalla voit-il à la signature de cet édit ?

b. L'édit de Caracalla a-t-il renforcé le sentiment d'être citoyen romain ?

POUR VOUS AIDER

D'après le document, l'extension de la citoyenneté à tout l'Empire présente trois types d'avantages.

5 La chrétienté médiévale (XIe-XIIIe s.)

L'ESSENTIEL

À l'époque médiévale, les Occidentaux ont le sentiment d'appartenir à une même communauté : celle des chrétiens. Les prêtres sont les intermédiaires entre Dieu et les hommes, et la religion rythme la vie.

L'omniprésence de la religion

- Dans chaque paroisse, les maisons sont regroupées autour de l'église et de son cimetière. Les cloches rythment la vie quotidienne (mâtines, angélus) et annoncent les événements (glas, tocsin). Les **fêtes religieuses**, elles, rythment l'année (Pâques, Ascension, Noël...).
- Le clergé encadre les fidèles et les conseille. Il instaure le **sacrement** de mariage (XIIe s.) et la confession des péchés au moins une fois par an (XIIIe s).
- L'Église recueille les miséreux, assure des rudiments d'instruction et soigne les malades. Elle protège tous ceux qui sont poursuivis, grâce au **droit d'asile** dont bénéficient monastères et églises.
- À partir de l'an mille, **pèlerinages** et cultes des reliques se multiplient. L'art **roman** (XIe s.) puis l'art **gothique** (XIIIe s.) témoignent de la foi profonde de la population. Au cœur des villes, la construction des cathédrales donne lieu à des chantiers titanesques.

La toute-puissance de l'Église

- L'Église forme une institution hiérarchisée : à sa tête, le pape, qui siège à Rome ; puis, les évêques qui administrent leur diocèse ; à sa base, les curés qui dirigent leur paroisse.
- Les clercs sont divisés entre membres du **clergé régulier** (moines et abbés vivant dans un monastère ou une abbaye selon des règles strictes) et du **clergé séculier** (vivant dans le siècle, donc au contact des fidèles).
- L'Église est riche. Elle lève la **dîme** : cet impôt, payé par les paysans, représente en général le dixième des récoltes. Elle possède d'immenses terres. Les abbayes de Cluny (fondée en 909) et Cîteaux (fondée en 1098) créent des réseaux de monastères dans toute l'Europe.
- Au Xe siècle, l'Église initie le mouvement de la **paix de Dieu**. Pour mettre fin aux exactions commises par les seigneurs, elle réunit des assemblées et fait jurer la paix à la population. Ce mouvement, populaire à l'origine, reçoit le soutien du roi Robert le Pieux. En 1027, le concile de Toulouges impose la **trêve de Dieu**, c'est-à-dire la suspension des combats à certaines périodes de l'année, Noël en particulier.
- L'Église combat les **hérésies**, la sorcellerie et les fêtes païennes. Elle encourage les **croisades** pour protéger les lieux saints de Jérusalem : huit sont lancées entre 1095 et 1291. La *Reconquista* refoule les musulmans d'Espagne.

MOTS CLÉS

Dogme : principe fondamental d'une religion, qui ne doit pas être contesté.
Hérésie : contestation des dogmes de l'Église.
Croisade : expédition militaire lancée par la papauté.

LA MÉTHODE

Analyser une sculpture

Le tympan de la cathédrale de Bourges

1. Je définis le tympan. Il s'agit de l'espace en forme de triangle curviligne qui se trouve au-dessus du linteau surmontant le portail d'une église.

2. Je situe la cathédrale de Bourges. Construite entre la fin du XIIe siècle et la fin du XIIIe siècle, elle est de style gothique.

3. J'analyse la sculpture. Il s'agit d'une œuvre magistrale qui s'organise sur trois plans. Sur le plan inférieur, les artistes ont représenté la résurrection des morts. Ces derniers sont nus et soulèvent leur pierre tombale. Au-dessus, la frise représente le Jugement dernier. Saint Michel pèse les âmes. À sa droite, Abraham recueille les âmes des élus dans un linge. Ils seront accueillis au Paradis, symbolisé par un vieillard assis, saint Pierre. À la gauche de saint Michel, les damnés sont poussés vers un chaudron chauffé par les flammes qui s'échappent de la bouche d'un dragon.

4. Je conclus. Une telle œuvre souligne la richesse de l'Église et la foi profonde de la population. Celle-ci craignait d'aller en enfer et n'hésitait pas à faire des dons pour gagner le paradis.

1 QUIZ

Reliez les dates aux événements associés.

909 ○	○ première croisade
1095 ○	○ fondation de l'abbaye de Cîteaux
1098 ○	○ croisade contre les cathares
1209 ○	○ fondation de l'abbaye de Cluny

2 Un sermon de Bernard de Clairvaux

Il me semble que la sagesse que je veux ajouter à l'obéissance et à la patience peut se diviser en trois […]. En effet, il faut de la justice dans l'intention, de la gaieté dans l'action, de l'humilité dans les pensées intimes […]. Nous sommes heureux, non point si nous souffrons quelque chose, mais si nous le souffrons pour la justice. Il faut éviter la faiblesse d'âme et la tristesse dans tout ce que nous avons à faire ou à souffrir […]. Ce qu'il faut éviter plus que tout, c'est l'orgueil ; car quiconque a des pensées orgueilleuses, ce qu'il fait et ce qu'il souffre ne sort qu'à la vanité […]. Il est important à l'homme de savoir qu'il est homme, pour être prêt à obéir au commandement de Dieu, et à souffrir ses fléaux ; et aussi, puisqu'il ne peut ici bas éviter entièrement ni le travail, ni la douleur, pour s'appliquer désormais à supporter l'un et l'autre, de telle sorte qu'ils se changent pour lui en une nourriture salutaire. En effet, il est dit « l'homme patient vaut mieux que l'homme fort » (Prov. XVI, 32). C'est la désobéissance qui a causé la mort dans le monde. L'expérience est là pour nous tous, car tous nous ne sommes sujets à la mort qu'à cause d'elle. Quant à l'impatience, elle est la perte de l'âme, selon ce mot du Seigneur : « C'est par votre patience que vous posséderez vos âmes » (Luc. XXI, 19). Il en est de même de la sagesse dont je vous ai parlé, elle n'est pas moins nécessaire que les deux autres au salut, car ce n'est pas seulement par leur désobéissance, ou par leur impatience, que ceux à qui l'obéissance ou la patience a fait défaut ont péri, mais c'est aussi par leur folie, que ceux qui n'ont point eu de sagesse se sont perdus.

▷ Bernard de Clairvaux, deuxième sermon, « De l'obéissance, de la patience et de la sagesse ».

a. Dans un dictionnaire ou une encyclopédie, cherchez qui est Bernard de Clairvaux.
b. Qu'est-ce qu'un sermon ?
c. Quelles sont, d'après Bernard de Clairvaux, les qualités essentielles que l'homme doit posséder pour vivre en harmonie avec lui-même ?
d. Que doit redouter l'homme ?

3 La fondation d'un ordre monastique

Honorius III approuve la règle des Frères mineurs, fresque de Giotto à la basilique Saint-François à Assise (Italie).

a. Qui étaient les Frères mineurs ?
b. Pourquoi, sur la fresque, sont-ils agenouillés ?
c. Analysez les tenues vestimentaires des personnages.
d. Pourquoi saint François présente-t-il des règles de vie au pape ?

POUR VOUS AIDER

Cherchez qui est saint François d'Assise et de quel ordre monastique il est le fondateur.

4 Le plan de l'abbaye de Fontenay

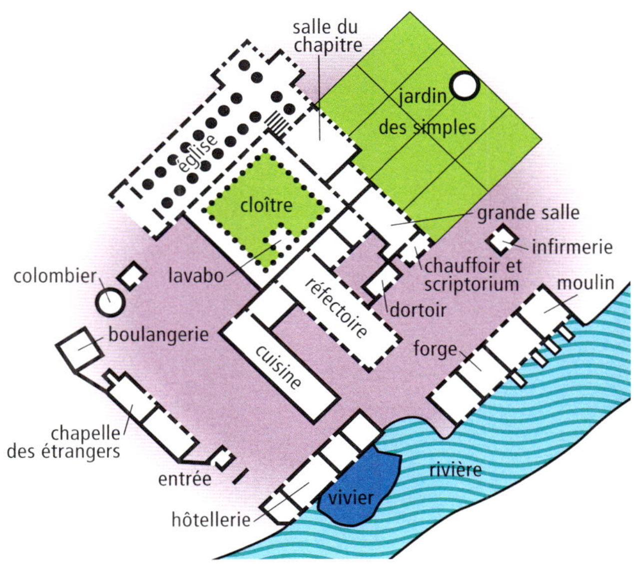

a. Analysez l'organisation de l'abbaye.
b. Les abbés de Fontenay étaient-ils coupés du monde ?
c. Comment se déroulait la journée d'un abbé ?

6 Sociétés et cultures rurales (XIe-XIIIe s.)

L'ESSENTIEL

Entre le XIe et le XIIIe siècle, les villages se développent. Les populations, essentiellement paysannes, se regroupent autour du château fort. La seigneurie, ecclésiastique ou laïque, s'organise et se modernise.

La seigneurie

- Le seigneur possède des droits sur des terres (**seigneurie foncière**). La villa (ou domaine) comprend deux parties : la **réserve** (exploitée directement par le propriétaire) et les **tenures** (terrains concédés aux paysans). Chaque villa peut quasiment vivre en **autarcie**, car outre les paysans, des artisans sont présents sur le domaine.
- Le seigneur exerce aussi des droits sur les paysans (**seigneurie banale**). Il a un pouvoir, le **ban**, par lequel il protège les paysans. En échange, il leur impose la **taille** (impôt), les **banalités** (obligation de se servir du four, du moulin… contre paiement), les **corvées** (travail gratuit sur la réserve) et le **champart** (impôt en nature sur une partie de la récolte). Il juge les différends entre paysans et peut infliger des amendes.

Vilains et serfs

- Les **vilains** (ou paysans libres) doivent deux jours de travail sur la réserve. Les **alleutiers**, propriétaires de leurs terres, restent rares.
- Les **serfs** appartiennent au seigneur qui peut les vendre ou les donner. Ils assurent généralement trois jours de travail sur la réserve et doivent s'acquitter de taxes spécifiques : le **chevage**, la **mainmorte** (pour pouvoir hériter) et le **formariage** (pour pouvoir se marier hors de la seigneurie).
- Tous les paysans, quel que soit leur statut, paient la **dîme** au clergé (voir chapitre 5).

Des transformations importantes mais une vie difficile

- À partir du XIe siècle, les progrès techniques (charrue à soc de fer, herse, collier rigide, emploi du cheval plutôt que du bœuf, moulin à eau et à vent, assolement triennal) favorisent de **meilleurs rendements**.
- La population augmente, ce qui encourage les **défrichements** et transforme le paysage rural en Europe. Au XIIe siècle, en France, le servage disparaît (**chartes d'affranchissement**).
- Malgré tout, la vie des paysans reste précaire. L'alimentation, à base de céréales, est carencée. La fréquence des guerres, famines et disettes favorise un sentiment d'insécurité, et provoque des **jacqueries** (révoltes).
- Le paysan vit au rythme du soleil, des lunaisons et des saisons mais aussi des **fêtes calendaires** (Noël, Carnaval, Pâques…), qui réunissent toute la communauté villageoise.

MOTS CLÉS

Autarcie : fait de vivre replié sur soi, en produisant tout ce qui est indispensable à la vie.
Charte d'affranchissement : document par lequel un seigneur accorde à ses serfs le statut de paysans libres, généralement contre paiement.
Défrichement : abattage des forêts et des espaces boisés pour les rendre propres à la culture.

LA MÉTHODE

Analyser une reconstitution

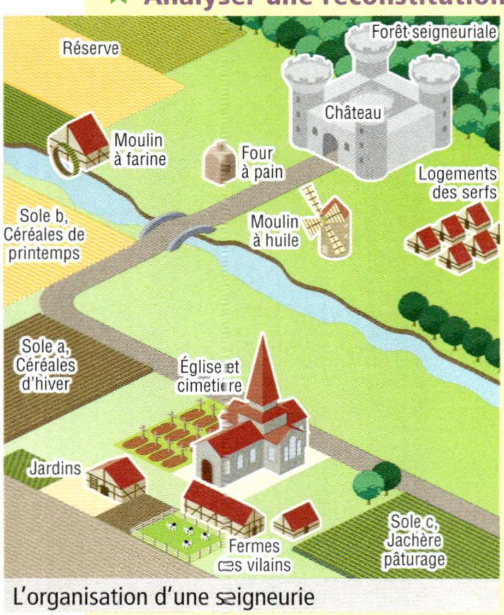

L'organisation d'une seigneurie

Une reconstitution est un document réalisé par des historiens ou des ethnologues à partir de documents historiques ou de témoignages. Il permet de comprendre l'organisation d'une structure. Dans une seigneurie, selon le relief et la qualité des terrains, il pouvait y avoir différentes dispositions des tenures et de la réserve. Les terres seigneuriales étaient le plus souvent d'un seul tenant.

1. J'explique l'organisation de cette seigneurie. La forêt seigneuriale (ou domaniale) est le domaine de chasse du seigneur. Le gibier constitue la partie carnée de l'alimentation. En outre, la forêt fournit le bois de chauffage. Les paysans vivent dans un hameau. Les maisons sont regroupées autour de l'église et de son cimetière, pour se placer sous la protection de Dieu. Les tenures sont divisées en trois soles. Pour éviter l'épuisement des sols, les paysans procèdent à une rotation des cultures (assolement triennal) : une année sur trois, une sole reste en jachère et on y pratique la vaine pâture.

2. Je conclus. Il y a séparation nette entre les terres de la réserve et les tenures.

S'ENTRAÎNER

1 QUIZ **Reliez chaque mot ou expression à sa définition.**

disette	révolte de paysans
ban	rotation des cultures sur trois ans
dîme	partie du domaine mise en valeur par les paysans
tenure	impôt payé par les paysans au clergé
jacquerie	paysan propriétaire de sa terre
alleutier	paysan non libre
assolement triennal	pouvoir par lequel le seigneur protège ses gens
serf	manque de nourriture

2 **Le budget de la seigneurie de Bras (Normandie, XIIe s.)**

Recettes de la seigneurie : 572 livres

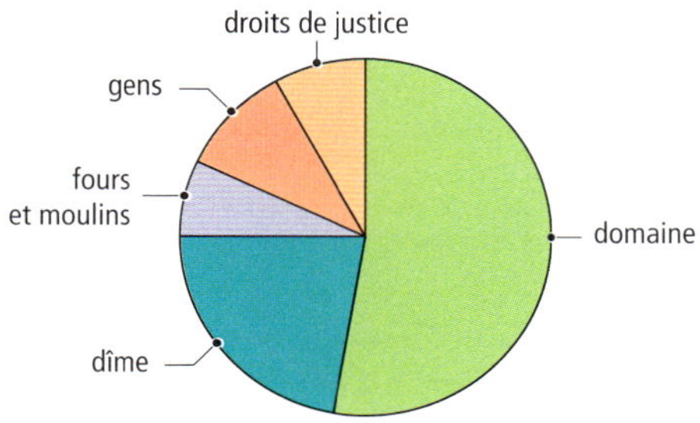

Doc. 1 Recettes

Dépenses de la seigneurie : 452 livres

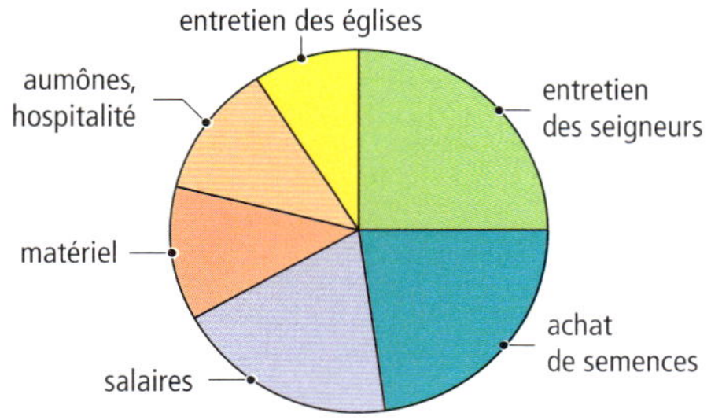

Doc. 2 Dépenses

a. Comment qualifieriez-vous la gestion de cette seigneurie ?
b. Quelle est la principale source de recettes ?
c. Que représente l'entretien du domaine dans les dépenses ?

3 **Une révolte de vilains**

Le Roman de Rou, écrit par l'Anglais Robert Wace, retrace une révolte de vilains.

Nous allons prêter serment de nous défendre nous et nos biens. Et s'ils veulent nous guerroyer, nous avons trente ou quarante paysans habiles et combattants contre un chevalier. Aux seigneurs il en cuira si trente forts à bras se réunissent pour les prendre, à coups de massue et de pieux, de flèches, de bâtons, d'épieux et de haches. Ainsi nous pourrons aller aux bois prendre les arbres de notre choix et prendre le gibier.

La révolte est durement réprimée par Raoul, duc de Normandie.

Raoul s'emporta tellement qu'il n'y eut aucun jugement. À plusieurs il fit ôter les dents et fit empaler les autres. Il leur fit arracher les yeux, couper les poings, rôtir les jambes ; puis les fit brûler vivants ou jeter dans le plomb fondu. Les vilains se tinrent tranquilles et renoncèrent à ce qu'ils avaient entrepris.

▷ Robert Wace, *Le Roman de Rou*, vers 1160.

a. Pourquoi les vilains sont-ils révoltés ?
b. Quelle est, pensent-ils, leur supériorité ?
c. Pourquoi la révolte n'a-t-elle pas réussi ?
d. Quelle est la réaction de Raoul de Normandie ?

POUR VOUS AIDER

Question a. Les « bois » correspondent ici à la forêt seigneuriale.

4 **Un vilain reçoit un manse**

Le chanoine Étienne de Chaumont a donné un manse à Étienne Guichard.

Bon paysan qui doit en service :
– à Pâques un agneau,
– à la fenaison, six pièces de monnaie,
– à la moisson, un repas et un setier d'avoine,
– aux vendanges, 12 deniers,
– à Noël, 12 deniers, trois pains, un demi-setier de vin,
– à carême entrant, un chapon,
– à la mi-carême, six pièces de monnaie.
Étienne a affirmé cette charte et l'a fait affirmer.

▷ Cartulaire de Saint-Vincent de Mâcon, fin du XIe siècle.

a. Qu'est-ce qu'un manse ?
b. À quelle redevance échappe Étienne Guichard ?
c. Analysez les impôts auxquels il est soumis.
d. Pour quelle raison les chanoines lui ont-ils donné cette terre ?

POUR VOUS AIDER

Question c. Observez comment les impôts sont répartis durant l'année.

7 La féodalité (XIe-XIIIe s.)

L'ESSENTIEL

Des liens d'homme à homme

- Effrayées par la **violence** ambiante, les populations se recommandent à leur seigneur, qui leur assure protection et justice. En contrepartie, le seigneur exige obéissance, impôts et corvées. Il arme les paysans et recrute des soldats. À partir du Xe siècle, en échange d'un **fief**, les soldats-vassaux maintiennent l'ordre sur le domaine.
- L'**hommage vassalique** est un lien d'homme à homme. Il répond à des rites précis : l'hommage (à genoux, le vassal se soumet), le serment (le vassal jure fidélité sur les reliques) et l'investiture du fief (le suzerain remet le fief à son vassal). Chaque vassal essaie de regrouper autour de lui des vassaux de rang inférieur, ce qui lui assure des revenus suffisants pour assumer la lourde charge de chevalier. Pour agrandir son domaine, un vassal peut avoir plusieurs suzerains. À l'un d'eux, il prête un serment spécial et devient son **homme lige**.
- Ces liens créent **des droits et des devoirs réciproques** : aide militaire, financière et conseil de la part du vassal ; protection et revenus (par l'octroi du fief) de la part du suzerain. Ces liens sont rompus en cas de **félonie** (trahison) ou de décès.
- Très vite, les fiefs deviennent **héréditaires**. C'est ainsi que se constitue la noblesse. Toutefois, le système féodal décline à partir du XIIIe siècle, lorsque le pouvoir royal commence à affirmer son autorité.

Un idéal chevaleresque

- La société féodale s'organise en **trois ordres**, définis ainsi au XIe siècle : « La maison de Dieu est divisée en trois : les uns prient, les autres combattent, les autres enfin travaillent. »
- Le chevalier a une mission : **défendre Dieu et les petites gens**. Il passe sa vie à s'entraîner au combat (revêtu d'une armure de plus en plus lourde), au tournoi (il se mesure aux autres seigneurs) et à la chasse (pour exercer son courage).
- Après avoir été damoiseau, valet et écuyer, le jeune noble devient finalement chevalier par la cérémonie de l'**adoubement**.
- Les **chansons de geste** vantent les mérites des valeureux chevaliers (*La Chanson de Roland*). Dans les cours seigneuriales, un nouveau mode de relation homme-femme apparaît : l'**amour courtois**.

MOTS CLÉS

Féodalité : au sens restreint, le système féodal désigne les relations qui existent entre les nobles. Plus largement, cette expression recouvre l'organisation de l'ensemble de la société médiévale.
Adoubement : cérémonie par laquelle le jeune noble devient chevalier.

LA MÉTHODE

Analyser un sceau

Sceau du duc Alain Fergent. Reconstitution par Dom Morice. Inscription en latin : « Alain, duc de Bretagne ».

1. Je définis ce qu'est un sceau. Au Moyen Âge, un sceau servait de signature. C'était un moyen d'authentification d'un acte ou d'un ordre et un gage qu'il n'avait pas été lu par d'autres que son destinataire. C'était une marque de reconnaissance. Comme le blason, le sceau porte les symboles peints, gravés ou dessinés, propres à une famille.
2. J'identifie le possesseur du sceau. Alain Fergent devient le duc Alain IV de Bretagne à la mort de son père, en 1084. Il a la lourde tâche de rétablir son autorité dans le duché. Il participe à la première croisade et, à la fin de sa vie, s'intéresse beaucoup aux questions spirituelles. On retrouve ces éléments sur son sceau.
3. J'analyse le sceau. Il est simple, circulaire, à bord denté. Il représente l'effigie équestre du duc. Arborant un port altier, le duc est représenté en tenue de gentilhomme (et non de chevalier). La bride du cheval est lâche, l'animal avance au trot. Le duc porte à la main une épée surmontée de la croix des croisés. Il semble sûr de lui.

S'ENTRAÎNER

1 QUIZ

Reliez les mots ou expressions à leur définition.

amour courtois ○	○ cérémonie par laquelle l'écuyer devient chevalier
félonie ○	○ système organisant la société médiévale
adoubement ○	○ trahison d'un vassal à l'égard de son suzerain
féodalité ○	○ nouveau mode de relation entre homme et femme

2 Un combat de chevaliers

Gravure issue d'un manuscrit du XIIe siècle

a. De quel type de combat s'agit-il ?
b. Quel est l'intérêt d'y participer pour un chevalier ?

3 Les dix commandements du chevalier

– Tu seras chrétien.
– Tu protégeras l'Église.
– Tu auras le respect de toutes les faiblesses et tu t'en constitueras le défenseur.
– Tu aimeras le pays où tu es né.
– Tu ne reculeras pas devant l'ennemi.
– Tu feras aux infidèles une guerre sans trêve et sans merci.
– Tu t'acquitteras exactement de tes devoirs féodaux, s'ils ne sont pas contraires à la loi de Dieu.
– Tu ne mentiras point et seras fidèle à la parole donnée.
– Tu seras libéral et feras largesse à tous.
– Tu seras, partout et toujours, le champion du Droit et du Bien contre l'injustice et le Mal.

a. Quelles sont les qualités du chevalier ?
b. Pourquoi ce code d'honneur a-t-il été établi ?

4 L'amour courtois

Valve de miroir

a. D'après cette valve de miroir, de quelle nature sont les rapports homme-femme ?
b. Qu'est-ce que l'amour courtois ?
c. Dans quelle œuvre du XIIe siècle l'idéal de l'amour courtois est-il exposé ?

5 L'investiture du fief

La vassalité définie par Dudon de Saint-Quentin

La terre que vous me réclamez, je ne puis vous la donner ; mais tout ce que je possède en fait de biens mobiliers je vous le distribuerai volontiers : brassards et baudriers, cuirasses et heaumes et jambières ; chevaux, haches d'armes et de très belles épées… vous jouirez dans ma demeure de ma bienveillance.

▷ Dudon de Saint-Quentin (chroniqueur normand du XIe siècle).

Reconstitution d'une scène d'hommage (gauche) et d'investiture (droite) au XIIe siècle

a. Les scènes représentées ci-dessus sont-elles issues d'un tableau médiéval ?
b. Étudiez les attitudes du suzerain et de son vassal dans cette reconstitution. Justifiez-les.
c. Selon Dudon de Saint-Quentin, la vassalité se traduit-elle obligatoirement par la remise de terres ?
Le vassal est-il perdant lorsqu'il ne reçoit que des biens mobiliers ?

POUR VOUS AIDER

Question b. Décryptez le sens symbolique de ces attitudes.

HISTOIRE GÉOGRAPHIE

8 Sociétés et cultures urbaines (XIe-XIIIe s.)

L'ESSENTIEL

Au Moyen Âge, les villes sont encore peu nombreuses. L'essor du commerce, de l'artisanat et des activités financières favorise leur développement. La société urbaine se structure peu à peu.

L'essor du commerce

- Au XIIe siècle, les **échanges** deviennent plus faciles :
  – il y a moins de guerres (les marchands achètent des sauf-conduits aux seigneurs) ;
  – les routes sont mieux entretenues (péages) ;
  – la navigation maritime est plus sûre (gouvernail) ;
  – les villes marchandes créent des **monnaies** d'or et d'argent (florin, ducat, écu, livre sterling), bientôt supplantées par des monnaies royales à la valeur reconnue par tous.
- L'**artisanat** rural assure les productions courantes tandis qu'en ville, se développe l'artisanat de luxe. Certaines villes (Troyes, Provins) vivent au rythme des **foires** qui rassemblent des marchands venus de toute l'Europe.

Le renouveau urbain

- Des villes très actives à l'époque romaine et abandonnées au moment des invasions retrouvent leur lustre. D'autres naissent autour d'un château, d'une abbaye, d'un pont ou par la volonté d'un seigneur. Elles occupent soit une situation de carrefour (Lyon), soit un site particulier (port, gué…). Un **bourg neuf** se développe hors des remparts ; on construit d'autres enceintes ; la ville s'étend.
- Mitoyennes et construites autour de l'église, les maisons sont en bois ou en torchis ; les ruelles en terre battue sont sales. **Incendies et épidémies** se propagent facilement. Les premiers travaux d'**urbanisme** sont engagés au XIIIe siècle.

Une société urbaine hiérarchisée

- Les artisans sont majoritaires et regroupés par quartier ou par rue, selon leur spécialité. Les **maîtres** possèdent la boutique, emploient valets et **apprentis**. Le plus souvent la boutique se transmet de père en fils.
- Les **corporations** édictent le règlement propre à chaque métier, fixent les prix, limitent la concurrence, défendent les consommateurs et désignent des jurés qui vérifient le respect des textes et décisions.
- Les riches marchands font travailler les ouvriers à domicile. Parfois, ils les réunissent dans une **fabrique**.

Une autonomie croissante

- Au cours du XIIe siècle, les **bourgeois** entendent se dégager de la tutelle des pouvoirs seigneuriaux ou ecclésiastiques : ils s'organisent en **communes** et obtiennent des **chartes** qui reconnaissent leur indépendance.
- Le plus souvent, on construit un **hôtel de ville**, surmonté, dans le Nord, d'un beffroi.

MOTS CLÉS

Corporation : ensemble des membres d'un même métier.
Bourgeois : habitants du bourg, donc d'une ville, par opposition aux paysans.
Commune : regroupement de bourgeois qui bénéficient du droit de se gouverner eux-mêmes.

LA MÉTHODE

Mettre en parallèle un plan de ville et un texte

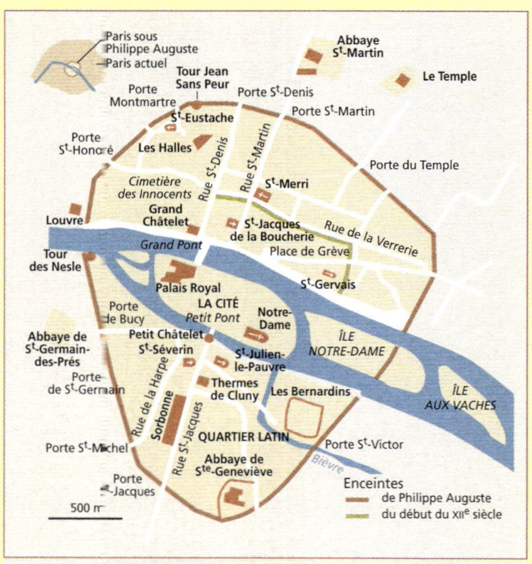

Paris aux XIIe-XIIIe siècles

Les travaux à Paris à la fin du XIIe siècle

[En 1183, Philippe Auguste fit construire] deux grandes maisons vulgairement appelées des halles, pour que tous les marchands pussent venir par les mauvais temps y vendre leurs marchandises sans craindre la pluie, et les mettre en sûreté, pendant la nuit, contre les surprises et les vols. […] Un jour [en 1186], le roi se mit par hasard à une fenêtre de son palais […] Or, il arriva que des charrettes qui passaient, remuèrent tant la boue et les immondices dont la rue était pleine qu'une puanteur insupportable en sortit. Le roi quitta la fenêtre, le cœur défaillant. […] Il ordonna que tous les quartiers et les rues de Paris fussent pavés de pierres dures et solides.

▷ Rigord (chronique du XIIe siècle), *Histoire de Philippe Auguste*, édition de Guizot, 1825.

1. Je lis et j'annote les deux documents. Le plan de Paris indique les limites de la ville sous le règne de Philippe Auguste (1180-1223) et donne des indications sur les activités (halles, rue de la Verrerie, Quartier latin). Le texte insiste sur la nature et les raisons des travaux engagés par Philippe Auguste. Je surligne en mauve les activités, en vert les travaux, en jaune les raisons de ces aménagements.
2. J'analyse les documents. Le plan montre que, au cours du XIIe siècle, la ville de Paris s'est considérablement étendue. Sur la rive droite, elle est sortie de ses remparts. Sur la rive gauche, elle a réinvesti un espace déjà prisé des Romains. Treize portes ferment les remparts de la ville, ce qui garantit la sécurité aux habitants et aux nombreux marchands qui fréquentent les halles. À l'ouest, le trafic sur la Seine est surveillé par des postes de guet et par le Louvre, un donjon fortifié construit en même temps que les remparts. Sur la rive droite se trouvent les activités artisanales (rue de la Verrerie) et marchandes. Les halles sont le point de rencontre de trois routes, qui mettent la ville en relation respectivement avec l'Angleterre et la Belgique, avec la Bourgogne, Lyon et la Méditerranée, et avec l'Allemagne. Par la Seine, le commerce fluvial est très actif. Au sud, le Quartier latin est le quartier des étudiants. Robert de Sorbon y crée, en 1253, la Sorbonne, établissement destiné alors aux étudiants pauvres.
3. Je conclus. La ville, très active, s'enrichit, ce qui permet à Philippe Auguste d'engager les premiers travaux d'assainissement par le pavage des rues.

S'ENTRAÎNER

1 QUIZ

Vrai ou faux ? Cochez la case qui convient.

a. Les foires rassemblent les marchands régulièrement, une ou deux fois par an. V ☐ F ☐
b. Le bourgeois est un homme riche. V ☐ F ☐
c. Une charte communale fixe le règlement que les habitants doivent respecter. V ☐ F ☐

2 **Les grands axes commerciaux aux XIIe-XIIIe siècles**

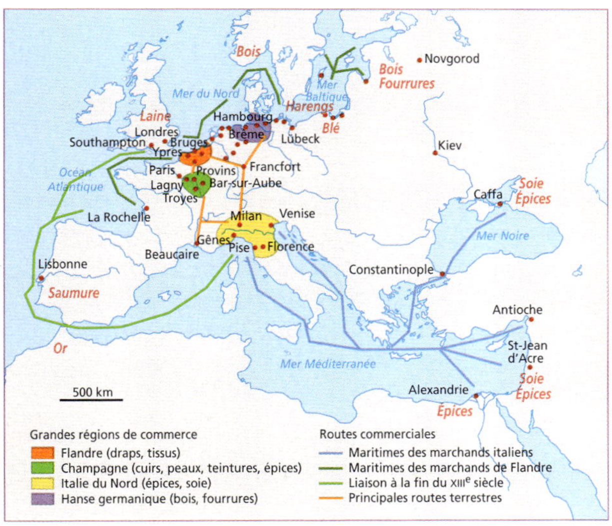

a. Quels sont les grands pôles du commerce européen ?
b. Comment se développent les villes de foire en Champagne ?

3 **Bruges : une ville drapante de Flandre**

À l'aide des documents proposés ci-contre et de la carte de l'exercice précédent, expliquez comment Bruges devient une ville drapante de renommée internationale.

POUR VOUS AIDER

Commencez par décrire la situation de Bruges et par expliquer en quoi elle est favorable au développement de la ville et de son commerce.

Aux origines de Bruges (IXe siècle)

Pour les besoins et les nécessités de ceux de la forteresse, commencèrent à affluer devant la porte, auprès de la sortie du château, des négociants, c'est-à-dire des marchands d'articles coûteux, ensuite des taverniers, ensuite des hôteliers pour la nourriture et le gîte de ceux qui poursuivaient des affaires avec le seigneur souventes fois présent, de ceux qui construisaient des maisons et préparaient des auberges pour les personnes non admises à l'intérieur de la place. Leur formule était « allons au pont ». Les habitants s'y accoururent de telle sorte que bientôt naquit une ville importante qui jusqu'à aujourd'hui conserve son nom vulgaire de pont, car Brugghe signifie pont en langue vulgaire [en flamand].

▷ Jean Lelong, chroniqueur de saint Bertin, fin du XIIe siècle.

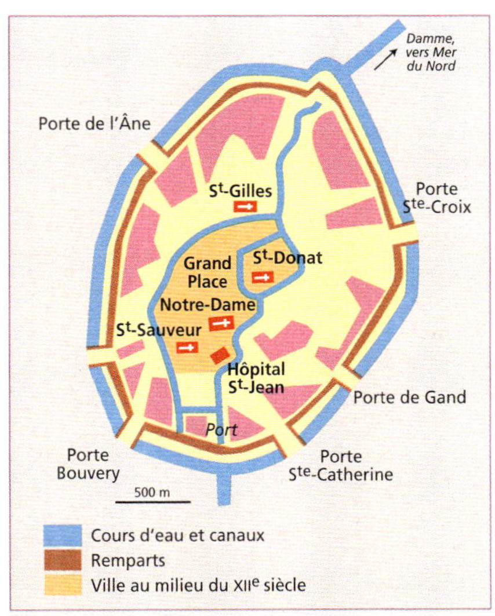

Bruges au XIIIe siècle

9 L'élargissement du monde (XVe-XVIe s.)

L'ESSENTIEL

Au cours des XVe et XVIe siècles, les Européens partent à la découverte du monde, l'Empire ottoman s'impose en Méditerranée et les Chinois atteignent les côtes africaines. Les grands voyages favorisent le brassage des cultures et certaines villes carrefours deviennent particulièrement actives.

Les Européens et la découverte d'autres territoires

- L'avancée des Turcs en Europe inquiète l'Occident chrétien. Or, les récits de voyages (Marco Polo) laissent à penser qu'il est possible d'établir des liens avec les souverains d'**Afrique** et d'**Extrême-Orient**. Le pape, qui voit là l'occasion de convertir d'autres peuples, encourage les navigateurs.

- Bateaux et matériel de navigation plus fiables, cartes plus précises conduisent les Européens le long des côtes atlantiques de l'Afrique (premiers **comptoirs** portugais). Bartolomé Dias double le cap de Bonne-Espérance (1488) ouvrant ainsi la route des Indes à **Vasco de Gama** (1498). **Christophe Colomb** découvre le continent américain (1492).

- Les comptoirs ont une seule raison d'être : le commerce (épices, thé, soie, porcelaine en Asie ; fourrures en Amérique du Nord ; canne à sucre, tabac, café, indigo en Amérique du Sud). Le **commerce triangulaire** se met en place au XVIe siècle. L'Europe s'enrichit et réalise une véritable révolution économique (banque, commerce) et sociale (montée de la bourgeoisie).

De Constantinople à Istanbul

- Autrefois appelée **Byzance**, la ville, colonie grecque dès le règne d'Alexandre le Grand, devint la capitale de l'Empire romain d'Orient sous Constantin (d'où son nom de **Constantinople**). La « deuxième Rome » est un centre politique et une ville d'art et de culture placée à la rencontre de multiples influences. Sa prise par les troupes ottomanes du sultan Mehmet II en **1453** et le sac de la ville par les vainqueurs marque la fin d'une histoire qui a duré douze siècles.

- En 1453, elle devient **Istanbul** (Stambul désignant la vieille ville, la péninsule historique) et la **capitale d'un Empire ottoman en pleine expansion**. Le sultan, Soliman le Magnifique, monté sur le trône en 1520, s'engage au nom de l'islam dans une vaste politique de conquêtes territoriales progresse dans les Balkans et contrôle la Méditerranée orientale ainsi que l'Afrique du Nord. En 1529, son armée campe devant Vienne. Il entretient de bonnes relations avec Charles Quint et signe, en 1536, un traité de commerce avec le roi de France, François Ier.

- L'Empire ottoman est **cosmopolite**. Si la majorité de sa population est musulmane, les chrétiens y sont très nombreux, et les Juifs, expulsés de la péninsule ibérique à la fin du XVe siècle, y sont accueillis.

- Cependant, le vaste empire connaît des difficultés intérieures. De plus, en 1571, la flotte ottomane est anéantie à **Lépante** par les troupes coalisées de l'Espagne, de Venise et des États du pape. À cette époque déjà, à la suite des grandes expéditions maritimes, l'Europe regarde de plus en plus vers les Amériques et l'Afrique. Le commerce en Méditerranée s'affaiblit. C'est le point de départ du déclin de l'Empire ottoman.

Pékin, capitale de l'Empire du milieu

- Pékin (en chinois Beijing) est le point de passage obligé des marchands se rendant depuis la Mandchourie vers les principaux centres économiques de l'Empire chinois. L'histoire de la ville est une succession de phases brillantes et de périodes de repli. Les relations étant conflictuelles avec les Mandchous, la **dynastie Ming** lui préfère Nankin dans un premier temps. Il faut attendre 1421 et le retour de la paix pour que la ville joue le **rôle de capitale**.

- Après avoir mené plusieurs expéditions qui ont conduit la « flotte des Trésors » jusqu'aux côtes d'Afrique orientale et leur ont ouvert de vastes perspectives, au cours du XVe siècle, **les Chinois se détournent de la mer** et abandonnent définitivement Nankin au profit de Pékin. Peu peuplée, celle-ci profite de sa situation sur la route des céréales (province de Huailai) et de la houille (province de Zhaitang).

- La province s'enrichit. La **Cité interdite** et le Temple du ciel sont construits. La porcelaine, l'orfèvrerie, la dinanderie, le textile font l'objet d'un **important commerce vers l'Europe**.

MOTS CLÉS

Comptoir : enclave portuaire européenne dans un pays étranger.
Commerce triangulaire : circuit d'échanges maritimes entre l'Europe (pacotilles), l'Afrique (esclaves) et l'Amérique (produits tropicaux).

LA MÉTHODE

Analyser une porcelaine

1. Je replace l'objet dans son contexte. La porcelaine, qui a différents usages, est particulièrement prisée dans les familles aisées aux XVe et XVIe siècles. Elle fait l'objet d'un important commerce entre la Chine et l'Europe.

2. J'analyse. La porcelaine présentée n'a que deux teintes, le bleu et le blanc, ce qui est caractéristique des porcelaines chinoises de l'époque Ming. La couleur bleue est fournie par l'oxyde de cobalt en provenance du Moyen-Orient jusqu'à ce que l'on en découvre en Chine. Mais le cobalt chinois, contenant un peu de manganèse, ne donne pas le même ton de bleu. Les potiers chinois ont pris l'habitude de mélanger les deux sortes de cobalt, donnant aux porcelaines de l'époque Ming des caractéristiques uniques.

3. Je conclus. Malgré un déclin certain dû à l'essor du commerce avec l'Amérique, les relations commerciales de la Chine avec l'Occident ne sont pas rompues.

Assiette en porcelaine de l'époque Ming

S'ENTRAÎNER

1 QUIZ

Reliez le navigateur à sa découverte.

Pedro Álvares Cabral ○	○ Philippines (1521)
Vasco de Gama ○	○ Brésil (1500)
Christophe Colomb ○	○ Inde (1498)
Fernand de Magellan ○	○ Bahamas (1492)

2 Séville : un grand port européen

Séville au XVe siècle

a. Que montre ce tableau ?

b. Pourquoi Séville s'est-elle développée plutôt que Cadix, située sur la côte ? Quelles sont les activités de Séville ?

POUR VOUS AIDER

Observez une carte de l'Espagne. Séville est un port fluvial, situé à 80 km de la mer sur le Guadalquivir.

3 La Chine des Ming

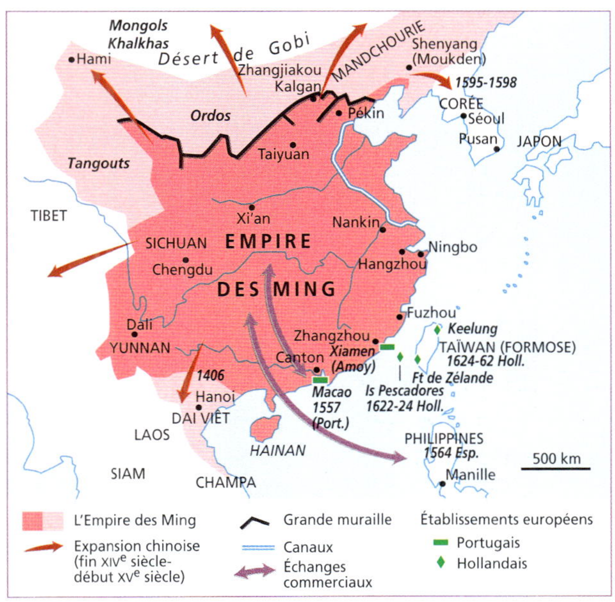

Le choix de Pékin, ville des steppes du Nord, comme capitale, a-t-il influencé le commerce chinois ? Justifiez votre réponse à partir de la carte ci-dessus.

10 Les hommes de la Renaissance (XVe-XVIe s.) Un nouvel esprit scientifique (XVIe-XVIIIe s.)

L'ESSENTIEL

De nouveaux horizons intellectuels et artistiques (XVe-XVIe s.)

- La mise au point de l'**imprimerie** vers 1450 (Gutenberg) permet une diffusion plus rapide des idées et une meilleure alphabétisation des populations. Les **érudits** (Érasme) se tournent vers les apports de l'Antiquité. Ils placent l'Homme au centre de leurs préoccupations (**humanisme**). Cependant, en exaltant l'individu, les humanistes favorisent le développement de sentiments de puissance, de gloire, de fortune qui n'excluent pas violence et hypocrisie (Machiavel).

- L'Église est de plus en plus critiquée. En remettant en question des pratiques et certains dogmes, Luther et Calvin provoquent la **Réforme**. La division qui s'installe entre croyants favorise le fanatisme religieux. En France, dans les années 1560, éclatent les sanglantes **guerres de religion** (massacre de la Saint-Barthélemy en 1572) auxquelles l'édit de Nantes (1598) met fin. À cette époque, beaucoup de protestants quittent le royaume.

- Une nouvelle conception de l'art apparaît en Italie au XVe siècle (*Quattrocento*) et se répand dans le reste de l'Europe. Les **artistes de la Renaissance** veulent exprimer une idée et non une apparence, jouent avec les volumes et les surfaces, la perspective qui détermine le point de fuite, l'ombre et la lumière. Soutenus par des **mécènes**, ils représentent des scènes de la vie quotidienne et brossent des portraits (Titien). L'architecture s'inspire de l'Antiquité (colonne, symétrie, arc, coupole) et privilégie l'harmonie fondée sur les proportions. Les urbanistes redécouvrent l'architecte romain Vitruve (Ier siècle av. J.-C.).

- À partir de la fin du XVIe siècle, l'**art baroque**, plus exubérant, se met au service de la Contre-Réforme engagée par l'Église catholique pour restaurer son influence.

Un nouvel esprit scientifique et technique (XVIe-XVIIIe s.)

- Avec les travaux de Vésale au XVIe siècle ou de Harvey au XVIIe, le **corps humain** devient objet d'études rationnelles. En algèbre, Viète (XVIe siècle) fonde le **calcul littéral**. Dans *Des révolutions de orbes célestes* (1543), Copernic défend l'**héliocentrisme** et, au début du XVIIe siècle, l'astronomie est bouleversée par les observations que réalise Galilée grâce à sa lunette astronomique et par la découverte des lois du mouvement planétaire (Kepler).

- Aux XVIIe-XVIIIe siècles, les savants multiplient les expériences (Toricelli, Pascal, Lavoisier) et constituent une **communauté** pour partager les résultats de leurs recherches (sociétés savantes, académies, premiers périodiques scientifiques). Le nouvel esprit scientifique se diffuse à un public plus large (traduction en français par Madame du Châtelet des *Principia*, initialement écrits en latin par Newton).

- Au cours du XVIIIe siècle, la **révolution technique** s'accélère et contribue au développement économique de l'Europe. La navette volante (Kay, 1733) transforme l'industrie textile. La mise au point de la fonte au coke (Darby, 1735) permet la fabrication de rail pour les wagonnets dans les mines ; celle de l'acier (Huntsman, 1740) rend possible la production de machines-outils. Watt perfectionne la machine à vapeur (1769).

MOTS CLÉS

Humanisme : courant de pensée fondé sur le retour aux textes antiques et la place centrale accordée à l'Homme.
Réforme : mouvement de renouveau du christianisme apparu au XVIe siècle, et marqué notamment par la rupture avec le pape et un rapport plus personnel à Dieu.

LA MÉTHODE

Commenter un dessin anatomique

1. Je replace le dessin dans son contexte. Il s'agit d'un dessin qui illustre *De humani corporis fabrica* (« La fabrique du corps humain ») rédigé par André Vésale en 1543. Jusqu'à la publication de ce traité d'anatomie, l'Église interdisait l'autopsie.
2. J'analyse. Cette planche dessinée souligne la minutie de la dissection. Le dessinateur a assisté à l'autopsie et reproduit fidèlement ce qu'il a vu tout en donnant au squelette une pose quelque peu allégorique. Le dessin décrit bien la cage thoracique et le système musculaire mais il fait abstraction des viscères et ne montre pas l'ensemble du squelette.
3. Je conclus. Au XVIe siècle, la médecine s'affranchit des interdits de l'Église et fait des progrès fulgurants.

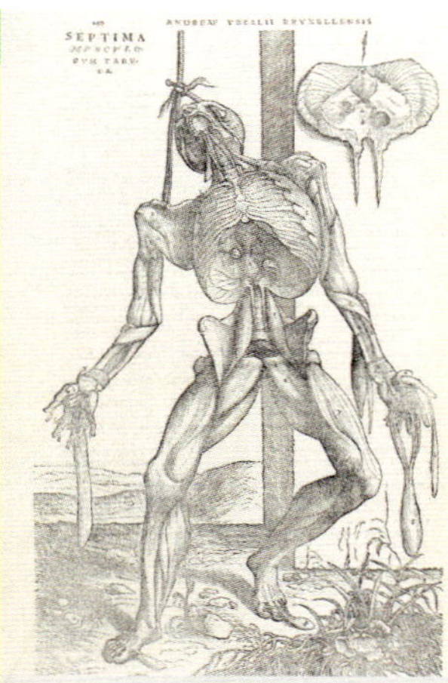

Planche dessinée par Jan Van Calcar pour le traité *De humani corporis fabrica* de Vésale (1543).

QUIZ

1 De qui s'agit-il ?

Copernic ○	○ Il est l'auteur du *Prince*.
Martin Luther ○	○ Il peint de nombreux portraits.
Michel Ange ○	○ Il affirme que le Soleil est au centre du monde.
Machiavel ○	○ Il observe la Lune grâce à sa lunette astronomique.
Galilée ○	○ Il perfectionne la machine à vapeur.
Titien ○	○ Il découvre les lois du mouvement planétaire.
Watt ○	○ Il peint la voûte de la chapelle Sixtine à Rome.
Kepler ○	○ Il est l'un des initiateurs de la Réforme.

2 Luther proteste contre les indulgences

Luther écrit à l'archevêque de Brandebourg après avoir découvert que le dominicain Tetzel vend des indulgences.

[...] Vénérable Père en Christ, illustre Prince [...]. Que Votre Grandeur, me pardonne, si moi, le plus vil des hommes, j'ai la témérité de Lui écrire. [...] Les Indulgences Papales sont colportées dans le pays sous le Nom de Votre Grandeur pour la construction de Saint-Pierre. [...] Je déplore les fausses idées que ces prédicateurs répandent partout. Ces malheureuses âmes se figurent que, si elles achètent des lettres d'indulgences, elles sont sûres de leur salut. [...] C'est ainsi que les âmes confiées à vos soins [...] apprennent à marcher vers la mort. [...] C'est pourquoi je ne puis me taire plus longtemps. [...] Votre Grandeur pourra prendre connaissance de mes thèses ci-jointes. Elle verra combien la doctrine des Indulgences est discutable.

Quelques indulgences

– L'absolution pour celui qui a tué son père, sa mère, son frère, sa sœur, sa femme, ou quelque autre parent ou allié, laïque néanmoins, est taxée à cinq carlins.
– L'absolution pour un laïque présent qui a tué un abbé ou un autre ecclésiastique inférieur à l'évêque, est taxée à sept, à huit ou à neuf carlins.
– L'absolution pour un mari qui frappe sa femme de manière qu'il en survienne un avortement ou une couche avant terme, est taxée à huit carlins.
– Le père, la mère, ou quelque autre parent qui aura étouffé un enfant, paiera pour chaque meurtre quatre tournois, un ducat, huit carlins.
– La permission de manger des laitages dans les temps défendus coûte, pour une seule personne, six tournois.

Note : carlin, tournoi et ducat étaient des monnaies d'or et d'argent.

a. Qu'est-ce qu'une indulgence ?
b. Pourquoi Luther s'insurge-t-il contre cette pratique ?
c. Quelles seront pour Luther les conséquences de sa démarche ?

POUR VOUS AIDER

Question b. Pour Luther, seul Dieu peut donner l'absolution (pardonner ses péchés) à un pénitent.

3 Un nouvel esprit scientifique

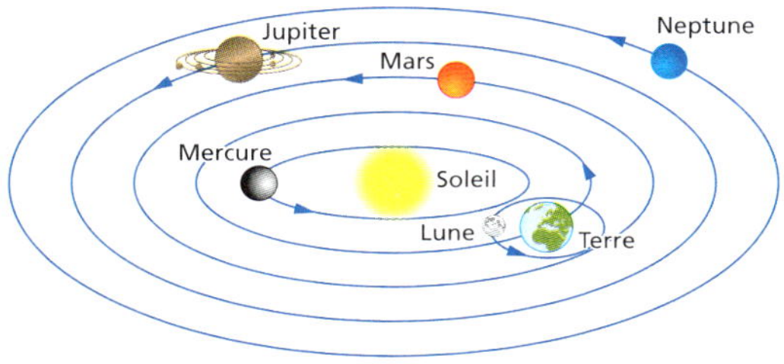

Le système héliocentrique de Copernic, complété par Galilée

Lavoisier écrit au secrétaire de l'Académie des sciences, le 18 novembre 1772.

Il y a environ huit jours que j'ai découvert que le soufre en brûlant, loin de perdre de son poids, en acquérait au contraire [...] abstraction faite de l'humidité de l'air. Il en est de même du phosphore. [...] Cette découverte que j'ai constatée par des expériences que je considère comme décisives, m'a fait penser que ce qui s'observait dans la combustion du soufre et du phosphore pouvait bien avoir lieu à l'égard de tous les corps qui acquièrent du poids par la combustion et la calcination et je me suis persuadé que l'augmentation de poids des chaux métalliques tenait à la même cause.

a. En quoi la nouvelle carte du ciel défendue par Galilée bouleverse-t-elle les vieilles croyances ?
b. Quel est l'objectif de la lettre de Lavoisier ci-dessus ?
c. Définissez le nouvel esprit scientifique qui prend son essor du XVIe au XVIIIe siècle.

POUR VOUS AIDER

Question a. D'après le système géocentrique défendu par l'Église, la Terre occupe le centre de l'Univers.

HISTOIRE GÉOGRAPHIE

11 La Révolution française : l'affirmation d'un nouvel univers politique

L'ESSENTIEL

Au cours du siècle des Lumières, des difficultés sociales, économiques et politiques s'accumulent en France. Toutes les tentatives de réforme échouent. Les milieux « éclairés » aspirent au changement. Ces tensions mènent à la Révolution de 1789.

Les précédents anglais et américain

- L'Angleterre a fait l'expérience de la république (1649-1658), a rétabli la monarchie (Charles II) et est devenue une **monarchie parlementaire** (*Bill of Rights*) en 1688. Dès 1679, elle adopte l'*Habeas Corpus Act*, texte qui empêche les arrestations arbitraires.
- De leur côté, avec l'appui de Français (La Fayette), les États-Unis proclament leur indépendance (1776), se dotent d'une **Constitution républicaine** (1787) et s'imposent comme un modèle pour les Français éclairés.

De nouvelles façons de penser

- Les **philosophes des Lumières** contestent la monarchie absolue et la division de la société d'Ancien Régime en trois ordres. Les idées nouvelles de liberté, de tolérance (Voltaire), d'égalité (Rousseau) et de séparation des pouvoirs (Montesquieu) se répandent.
- La société évolue sous l'effet des progrès enregistrés par l'agriculture et des innovations techniques. La bourgeoisie se détache de plus en plus de la religion. La censure gêne la diffusion des valeurs des Lumières (***Encyclopédie*** de Diderot et d'Alembert) mais académies, clubs, salons, cafés et bibliothèques favorisent la formation d'un nouvel état d'esprit.

Une crise multiple à la veille de la Révolution

- En France, la crise **économique** est double : agricole (hausse des prix) et industrielle (concurrence britannique).
- La crise **sociale** s'amplifie et les écarts se creusent.
- La crise **financière** est latente depuis Louis XIV : les caisses de l'État sont vides. Turgot, Necker, Calonne, ministres de Louis XVI, tentent vainement de faire des réformes.
- La crise **politique** découle de la crise financière. L'absolutisme est remis en cause. Le roi convoque les **états généraux** pour le 5 mai 1789.

L'échec de la monarchie constitutionnelle

- Après l'ouverture des états généraux, le roi refuse d'accorder le vote par tête (et non par ordre). Déçus, les députés du tiers état et quelques nobles éclairés font sécession, jurent de doter la France d'une Constitution (serment du Jeu de paume, 20 juin) et forment une **Assemblée nationale constituante**. Le roi fait placer des troupes autour de Paris. Le peuple se soulève (prise de la Bastille, 14 juillet). Les privilèges sont abolis (nuit du 4 août).
- La Constitution de 1791 institue une **monarchie constitutionnelle**. Elle consacre la séparation des pouvoirs, en laissant un droit de veto suspensif au roi, et adopte le principe d'une seule chambre et un système électoral censitaire. Le roi refuse et s'enfuit. Arrêté à Varennes, il est ramené à Paris, suspendu provisoirement de ses fonctions puis, sous la pression, il prête serment de fidélité à la Constitution (14 septembre 1791).
- Le 10 août 1792, le peuple parisien renverse la monarchie (prise des Tuileries), qui est abolie le 21 septembre. La **République** est proclamée, le calendrier révolutionnaire institué et une nouvelle Constitution rédigée. Louis XVI est exécuté le 21 janvier 1793.

La difficile mise en place de la République

- Les difficultés s'aggravent (émeutes de la faim, guerre contre l'Autriche). La République est menacée. Robespierre établit un **régime de terreur** (loi des suspects).
- Mais les républicains sont divisés. Robespierre est arrêté et exécuté. Le **Directoire** (1795-1799) ne réussit pas à stabiliser le régime. Rentré d'Égypte, le général Bonaparte est nommé commandant en chef des troupes de Paris.

Le Consulat et le début de l'Empire

- Bonaparte s'empare du pouvoir par le **coup d'État du 18 Brumaire an VIII** (9 novembre 1799), prend le titre de Premier consul, et rédige une nouvelle Constitution qui garantit les principes de la Révolution tout en mettant fin à celle-ci. Le **Consulat** renforce le pouvoir, engage des réformes économiques, ramène le calme intérieur.
- Le 2 décembre 1804, Bonaparte devient **empereur des Français** sous le nom de Napoléon Ier.

MOTS CLÉS

Monarchie parlementaire : régime politique dans lequel les pouvoirs du souverain sont limités par le Parlement, qui vote les lois.
République : régime politique dans lequel le chef de l'État est élu.

LA MÉTHODE

Utiliser une chronologie dans une composition

Sujet : La Ire République de 1792 à 1794

21 septembre 1792 : royauté abolie
6 novembre 1792 : victoire de Jemmapes — Autrichiens battus par Dumouriez
21 janvier 1793 : exécution de Louis XVI
24 février 1793 : levée de 300 000 hommes
10 mars 1793 : révolte en Vendée — Tribunal révolutionnaire
6 avril 1793 : création du Comité de salut public
31 mai 1793 : chute des Girondins
Juin 1793 : révoltes multiples
Convention girondine

Août à octobre 1793 : révoltes fédéralistes brisées
5 septembre 1793 : lois sur les suspects. Début de la Terreur
6 septembre 1793 : contre-offensive militaire française contre les coalisés
Mars-avril 1794 : arrestation et exécution des « Enragés » et des « Indulgents »
10 juin 1794 : grande Terreur
26 juin 1794 : victoire de Fleurus
26-27 juillet (9 Thermidor) 1794 : arrestation et exécution de Robespierre et de ses amis
Convention montagnarde

1. J'analyse l'intitulé du sujet avant d'exploiter la chronologie. L'intitulé suppose une analyse de la situation intérieure et extérieure de la France. Néanmoins, tout ce qui est indiqué n'est pas nécessairement utile au devoir, et il se peut que des événements importants aient été omis ; je les ajoute (orange).

2. Je détermine les grandes parties de mon devoir. Je surligne en vert les difficultés intérieures, en rouge les événements militaires, en bleu les grandes étapes de la vie politique. Je peux ainsi délimiter par une accolade les grandes périodes et indiquer leur nom (violet).

S'ENTRAÎNER

1 QUIZ

Complétez chaque phrase.

L'*Habeas Corpus*… ○	○ … consacre l'abolition des privilèges.
La nuit du 4 août… ○	○ … limite les pouvoirs du souverain ou du chef de l'État.
La Constitution… ○	○ … met fin aux arrestations arbitraires.

2 Une gravure satirique

« J'ai écarté les cœurs, il a les piques, je suis capot. »
BnF, département des estampes.

a. Qui sont les deux personnages ?
b. À quoi les reconnaissez-vous ?
c. Datez cette gravure. Justifiez.

3 L'organigramme de la Constitution de l'an III

a. Analysez l'organisation des institutions sous le Directoire.
b. Cette Constitution établit-elle une démocratie ?

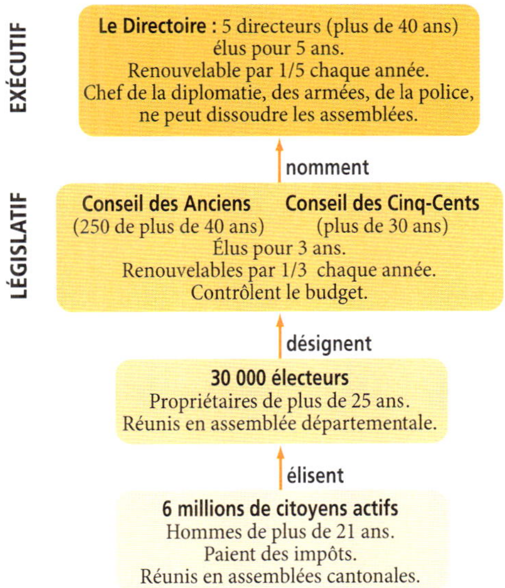

Un million de citoyens passifs (hommes qui ne paient pas d'impôts) et les femmes sont exclus de la vie politique.

POUR VOUS AIDER

La Constitution de l'an III, rédigée par les Thermidoriens après la chute de Robespierre, est promulguée le 22 août 1795 et adoptée en septembre. Elle fonde le Directoire.

12 Libertés et nations en France et en Europe (première moitié du XIXe s.)

L'ESSENTIEL

Les progrès des idées libérales

- Les idées libérales se diffusent en se réclamant des grands principes de la Révolution française. Sur le modèle britannique, le **parlementarisme** s'étend peu à peu. Une **opinion publique** se développe, grâce à une plus grande liberté de presse dans certains États.
- Le mouvement d'abolition de la traite et de l'esclavage est le premier grand combat à dimension internationale pour la **défense des droits de l'Homme**. L'esclavage est aboli en 1833 par le Royaume-Uni et en 1848 par la France.
- Les économistes prônent la libre entreprise et défendent l'idée d'un **État « libéral »** protégeant la propriété et respectant le jeu du marché. Cette conception est adoptée par plusieurs États européens. Cependant, ces États interviennent indirectement dans l'économie en légiférant sur le travail des enfants (1833 au Royaume-Uni ; 1841 en France) ou en autorisant les associations ouvrières.
- Le **protectionnisme** adopté jusque-là par presque tous les pays entrave le commerce international. Les partisans du **libre-échange** mènent une campagne active (Richard Cobden au Royaume-Uni) et triomphent (1846 au Royaume-Uni ; 1860 en France).

Le réveil des nationalismes

- Napoléon Ier a favorisé la diffusion des acquis de la Révolution. Les romantiques (Goethe) cherchent l'inspiration dans le passé glorieux des États, ce qui encourage l'essor du **sentiment national**.
- Les pays constituant la **Sainte-Alliance** (Autriche, Prusse et Russie), qui ont battu Napoléon et dominent l'Europe issue du congrès de Vienne (1815), défendent le **principe de la monarchie absolue**, en intervenant au besoin quand elle paraît menacée.
- Les idées libérales sont reprises par la plupart des **mouvements nationaux** qui luttent contre ces monarchies. En 1830, la Grèce et la Belgique acquièrent l'indépendance. En Italie, en Allemagne et dans l'empire d'Autriche, les patriotes revendiquent la constitution d'États indépendants.

Le printemps des peuples (1848)

- En France, Louis-Philippe est renversé en février 1848 et la **IIe République** est instaurée. C'est, sur fond de difficultés économiques, le point de départ dans toute l'Europe d'une **série de révolutions** qui mêlent aspirations politiques, sociales et nationales. Ce « printemps des peuples » débouche sur la rédaction de constitutions (Autriche, États allemands), la mise en place d'un régime parlementaire (Hongrie), voire l'institution du suffrage universel masculin (France).
- Dès la fin de l'année 1848, la plupart de ces avancées sont abolies ou vidées de leur substance par les **souverains**, qui réagissent de façon très violente. Néanmoins, cela n'anéantit pas les mouvements nationaux, qui vont se reconstruire et aboutir à l'unification de l'Allemagne et de l'Italie deux décennies plus tard.

MOTS CLÉS

Libéralisme : doctrine politique et économique fondée sur le principe de la liberté individuelle.
Révolution : renversement, en général par la force, d'un régime politique.
Sentiment national : sentiment d'appartenir à une communauté partageant la même langue, la même culture et la même histoire.

LA MÉTHODE

Construire le plan d'une composition : « Les mouvements nationaux en Europe de 1815 à 1848 »

Une composition est une démonstration. Il faut prendre le temps de la réflexion avant de la rédiger.

1. J'analyse chaque mot du sujet pour bien comprendre le sujet et éviter le hors-sujet. Mouvements nationaux : droit des peuples à disposer d'eux-mêmes ; nationalités sous tutelle étrangère (Serbes, Grecs, Belges, Polonais, etc.) ; idée d'unité nationale (Allemagne, Italie).

2. Je dégage la problématique. Ici, les relations entre une volonté de changement et un pouvoir conservateur.

3. Je construis le plan. Je note mes idées pêle-mêle au brouillon pour ne pas risquer d'oublier un nom, une date, un événement. Je classe ensuite mes connaissances et rédige une phrase complète pour chaque partie, correspondant à l'idée essentielle qu'elle traite. Il s'agit ici d'un sujet évolutif.

(I) En 1815, le congrès de Vienne redessine la carte de l'Europe et rétablit l'absolutisme.

(a) Une nouvelle carte qui ne tient pas compte des aspirations nationales : Pologne éclatée, Belgique sous ►

tutelle des Pays-Bas, Italie divisée en huit États dont certains dominés par l'Autriche, retour aux frontières de 1789 pour la France.
(b) Maintien d'un idéal révolutionnaire malgré la répression. Rêves d'unité en Allemagne (pangermanisme) et en Italie (*Risorgimento*) soutenus par les romantiques mais pouvoir quasi absolu qui réprime tout mouvement et censure les publications.
(c) La révolution industrielle favorise la grogne : urbanisation, difficultés sociales…

(II) Les premiers soulèvements connaissent un destin variable.
(a) Réussite en Grèce et en Belgique.
(b) Mais échec en Pologne.

(III) En 1848, l'Europe s'embrase, c'est le « printemps des peuples ».
(a) Les raisons sont multiples.
(b) La crise s'exporte rapidement.
(c) La répression est partout très violente.

S'ENTRAÎNER

1 QUIZ

Reliez les dates aux événements associés.

1815 ○	○ abolition de l'esclavage au Royaume-Uni
1830 ○	○ congrès de Vienne
1833 ○	○ abolition de l'esclavage en France
1848 ○	○ indépendance de la Grèce

2 **Les Balkans en 1850**

La « poudrière balkanique » est une expression souvent employée.
En vous appuyant sur le texte et sur la carte, dites si elle vous semble fondée.

Le nationalisme slave

Elle est là, devant mes yeux mouillés de larmes, cette terre, berceau jadis, aujourd'hui tombeau de mon peuple. Mais il est pire que le temps l'homme qui […] a fait peser sur ton col, ô Slave, sa verge de fer ; il est pire que les guerres sauvages, que la foudre, que le feu lorsqu'il dirige sa rage aveugle contre tes frères. […] De l'Elbe infidèle aux flots dévorants de la Baltique, la voix harmonieuse des vaillants Slaves retentissait naguère. Elle est muette aujourd'hui. […] Rougis, jalouse Germanie, voisine de la Slavie ! Ce sont tes mains qui ont commis cet attentat. Jamais ennemi n'a fait couler autant de sang que ta main n'en a versé pour détruire le Slave. Celui-là seul qui est digne de la liberté sait respecter la liberté d'autrui…

▷ Jan Kollar, *La Fille de Slava*, 1824-1852.

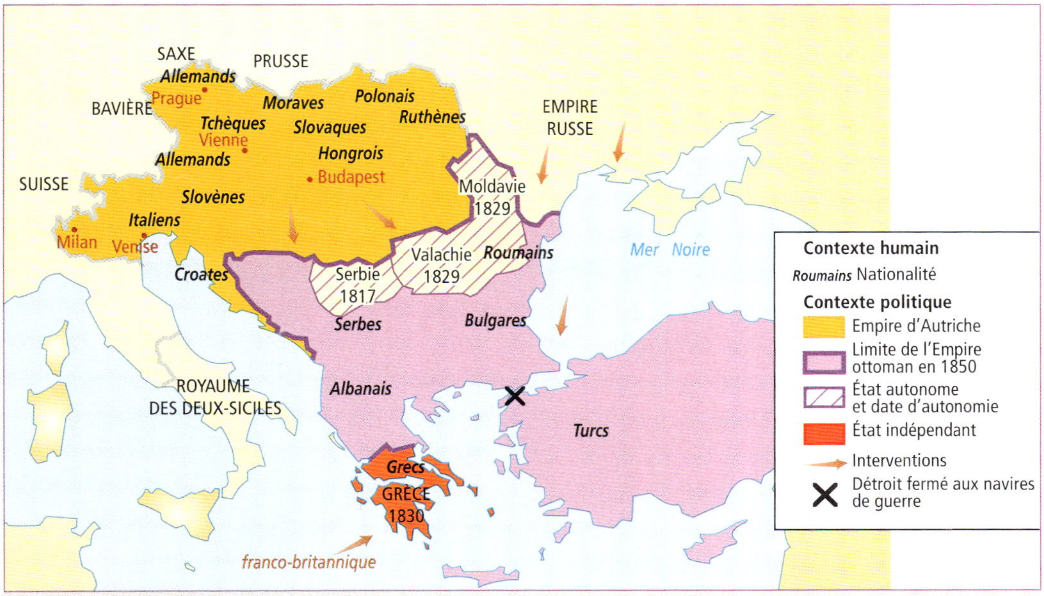

Les Balkans en 1850, une mosaïque de peuples

13 Qu'est-ce que le développement durable ?

L'ESSENTIEL

Depuis une trentaine d'années, l'environnement est devenu une des préoccupations majeures des pays industrialisés.

Qu'est-ce que le développement durable ?

- En 1972 les chefs de gouvernement des pays industrialisés se réunissent à Stockholm pour évoquer l'équilibre environnemental de la planète.
- En 1987, l'expression « développement durable » naît officiellement avec la définition qu'en donne Gro Harlem Brundtland, Premier ministre de la Norvège : c'est **« un developpement qui s'efforce de répondre aux besoins du présent, sans compromettre la capacité des générations futures à répondre aux leurs »**.
- Production et consommation doivent permettre à tous les habitants de la planète de satisfaire leurs besoins fondamentaux dans un environnement préservé. Cela suppose d'être attentif à diverses thématiques (climat, traitement des déchets, survie des espèces, etc.) et met en relief l'opposition pays développés/pays en développement (PED).

Les principes du développement durable

Le développement durable n'est pas un concept théorique. Il concerne les domaines économique, social et environnemental en s'appuyant sur cinq idées majeures :
- la **solidarité** spatiale et entre les générations ;
- la **responsabilité** de chacun, quelles que soient sa fonction et sa place dans la société ;
- la **diversité** imposée par les conditions locales (climat, nature des sols, traditions) ;
- la **participation** de chacun ;
- le **principe de précaution**.

Il en découle une exploitation des ressources, des modes de production et de consommation réfléchis.

Une coopération internationale étroite

Reposant sur les **échanges** économiques, financiers, scientifiques, culturels, industriels et médicaux dont le but est de réduire les inégalités existant entre pays riches et PED, le développement durable est l'un des enjeux majeurs de la coopération. Or, la mondialisation des échanges au cours de ces dernières décennies a bouleversé les rapports de force entre États.

Les États tentent de trouver des solutions

Sommets et conférences essayent d'imposer des règles de protection de la nature, en particulier la lutte contre les gaz à effet de serre.

- Lors du **sommet de la Terre à Rio de Janeiro (1992)**, les représentants de 172 pays rédigent des **Agendas 21**.
- Le **protocole de Kyoto (1997)**, entré en vigueur en février 2005, concerne le réchauffement climatique. 38 pays industrialisés s'engagent à réduire leurs émissions de gaz à effet de serre (– 5,2 % en 2012 par rapport à 1990).
- Les participants du **sommet de Johannesburg (2002)** s'accordent à dire que le développement durable induit un changement de comportement de tous : particuliers, industriels et collectivités nationales ou régionales.
- 190 États sont représentés au **sommet de Copenhague (2009)** qui s'achève par la signature d'un « cadre de travail ». Ce n'est pas ce que chacun espérait mais « c'est un début fondateur » affirme Ban Ki-Moon, secrétaire général de l'ONU.
- En 2012, 188 États réunis à Rio de Janeiro pour la **conférence Rio + 20** décident de s'engager sur la voie d'une économie verte, d'éliminer la pauvreté et d'assurer une croissance économique durable préservant le bon fonctionnement des écosystèmes.

MOTS CLÉS

Agenda 21 : programme d'actions à appliquer (à l'échelle mondiale, nationale, locale) pour mettre en œuvre le développement durable.

Gaz à effet de serre : gaz qui absorbent les infrarouges émis par la surface de la Terre. Ils contribuent à l'effet de serre et au réchauffement climatique. Les principaux sont la vapeur d'eau (70 % de l'effet de serre), le dioxyde de carbone (CO_2) et le méthane.

LA MÉTHODE

Lire un histogramme

Un histogramme est un graphique qui permet d'analyser une évolution.

1. Je présente. L'histogramme (p. 171) met en évidence l'évolution des émissions de CO_2 entre 1990 et 2012 dans quelques grands ensembles géographiques.

2. Je constate. L'émission globale de CO_2 a augmenté entre 1990 et 2006 mais elle tend à diminuer depuis. Cependant l'évolution est différente d'un espace à l'autre. L'Union européenne, les États-Unis et la Russie ont diminué leurs émissions. Le Canada, le Japon, l'Amérique latine, la Corée du Sud et l'Afrique ont connu une augmentation limitée ou une stagnation. À l'inverse, l'Inde, le Moyen-Orient et surtout la Chine ont accru leurs émissions de CO_2 ; en 2012, la Chine a émis autant de CO_2 que les États-Unis et l'Inde réunis.

3. J'explique. Les États-Unis, le Canada et l'UE appartiennent à la Triade, groupe des pays les plus riches et les plus industrialisés. Leurs activités industrielles traditionnelles (métallurgie, sidérurgie, etc.), génératrices de CO_2, sont actuellement en difficulté mais leur niveau de vie (nombre d'automobiles, etc.) contribue à maintenir les émissions de CO_2 à un niveau élevé.
La Chine et l'Inde attirent les délocalisations grâce à une main-d'œuvre moins chère et développent leur propre secteur industriel. Par ailleurs, la crise qui sévit depuis 2008 affecte plus particulièrement les vieux pays industrialisés. La Chine a connu ces dernières années un taux annuel de croissance proche de 10 % alors que les pays de la Triade affichaient des taux de 2 à 3 %.
Entre les deux, la Corée du Sud et les pays d'Amérique latine ont surtout développé des industries « propres » de la troisième révolution industrielle, ce qui explique leurs émissions limitées de CO_2. La faible émission de CO_2 par le continent africain est liée à la faiblesse de l'industrialisation et au niveau de vie très bas de la population.

4. Je conclus. La Chine et les États-Unis (pays qui n'a pas signé les accords de Kyoto) sont les États les plus pollueurs. Lors du sommet de Copenhague, ils ont fait cause commune face aux autres pays.

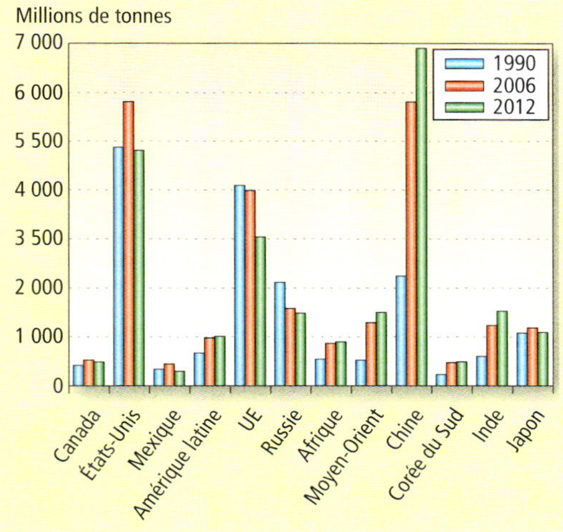

Les émissions de CO_2 entre 1990 et 2012

S'ENTRAÎNER

1 QUIZ

Vrai ou faux ? Cochez la case qui convient.

- **a.** La Chine émet moins de CO_2 que les États-Unis. V ☐ F ☐
- **b.** L'Union européenne baisse régulièrement ses émissions de CO_2. V ☐ F ☐
- **c.** Tous les États appliquent le protocole de Tokyo. V ☐ F ☐
- **d.** Les Agendas 21 comptent 21 pages. V ☐ F ☐
- **e.** La part des transports dans les émissions de CO_2 est plus forte en 2013 qu'en 1990. V ☐ F ☐

2 La signature du protocole de Kyoto

Lors de la signature du protocole de Kyoto en 1997, 38 pays se sont engagés à réduire leurs émissions de gaz à effet de serre de 5,2 % en 2012 par rapport à 1990. Les États-Unis n'ont pas ratifié le protocole ; le Canada s'en est retiré en 2012. Il est entré en vigueur le 16 février 2005 car il a fallu attendre que la Russie le ratifie.
L'Union européenne s'est engagée à diminuer ses émissions de gaz à effet de serre de 8 %, le Japon de 6 %. Les pays en développement (Chine, Brésil, Inde, Indonésie) n'ont pas fixé d'objectifs mais ont promis de faire l'inventaire de leurs émissions de gaz.

a. Quelles sont les faiblesses du protocole de Kyoto ?
b. Les engagements pris ont-ils été respectés ? Aidez-vous de l'histogramme ci-dessus pour répondre.

3 Part des émissions de gaz à effet de serre selon les secteurs d'activité

a. Relevez les secteurs dont la part dans les émissions de gaz à effet de serre a augmenté entre 1990 et 2013.
b. Relevez les secteurs dont la part dans les émissions de gaz à effet de serre a reculé.
Justifiez vos réponses.

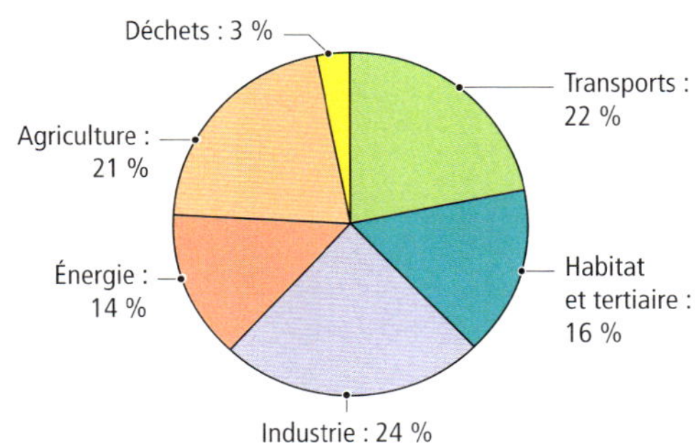

En 1990

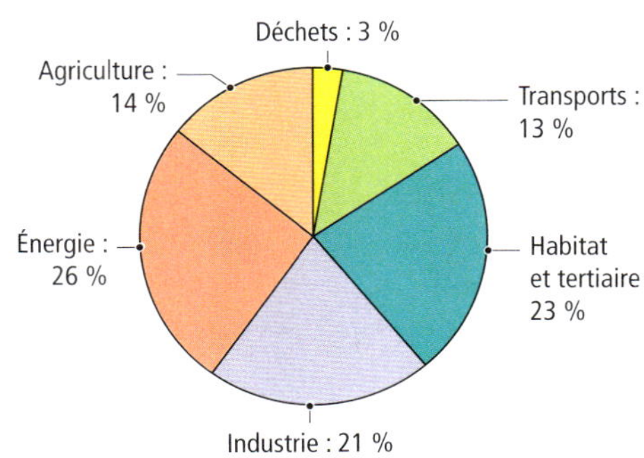

En 2013

14 Les enjeux du développement durable

L'ESSENTIEL

Besoins et ressources pour 9 milliards d'humains en 2050

- Aujourd'hui, 870 millions d'hommes souffrent de la faim, 1,2 milliard n'ont pas accès à l'eau potable, et 2 milliards ne sont pas raccordés à un réseau électrique.
- Or, la population mondiale ne cesse d'**augmenter** : de **7,2 milliards d'hommes aujourd'hui**, elle devrait selon l'ONU passer à 9 milliards en 2050. Nourrir cette population tout en préservant les écosystèmes, garantir des soins à tous, faire face au vieillissement des populations, disposer d'une eau de qualité en quantité suffisante, constituent donc d'immenses défis à relever.
- Cependant, l'augmentation de la population varie selon les pays. Dans les **pays riches**, la population vieillit, les systèmes de protection sociale sont menacés et le renouvellement des générations n'est pas garanti. Dans les **PED**, la jeunesse de la population entraîne une augmentation rapide du nombre d'habitants. Or, ces pays n'ont souvent pas les moyens de faire face en termes de scolarisation, d'emplois, de conditions sanitaires.

Un développement inégal à toutes les échelles

- En effet, tous les États ne bénéficient pas des mêmes atouts, et les **inégalités** entre eux sont nombreuses : développement économique, niveau sanitaire et scolaire, mortalité infantile et féminine, espérance de vie, etc.
- Ainsi, au Swaziland, l'un des États les plus pauvres de la planète, l'**espérance de vie** est de 31,8 ans pour les hommes et de 32,6 ans pour les femmes, contre respectivement 78,7 ans et 85 ans en France (2013). Ces inégalités résultent de **multiples facteurs** (instabilité politique interne, situation géographique, poids de l'histoire).
- Mais les inégalités existent également **à l'intérieur des États**. Certaines régions sont plus favorisées que d'autres (économiquement, climatiquement). On note des différences entre les villes et les campagnes, et entre quartiers dans les grandes villes (centre-ville, banlieues, etc.).
- Pour comparer les États, l'ONU a défini plusieurs **indicateurs**. Le RNB (revenu national brut) et le PIB (produit intérieur brut) mesurent la quantité de richesses produites, mais ne rendent pas compte des conditions de vie des populations. C'est pourquoi l'ONU a mis au point l'**IDH (indice de développement humain)**, l'IPH (indice de pauvreté humaine) et l'IPM (indice de pauvreté multidimensionnelle), qui prennent en compte le bien-être et la qualité de vie des populations.

MOTS CLÉS

Développement : processus d'amélioration des conditions de vie d'une population.
RNB (revenu national brut) : somme du PIB et des revenus liés aux activités exercées hors du territoire.
IDH (indice de développement humain) : indicateur qui combine le RNB/habitant, l'espérance de vie et la durée de scolarisation.

LA MÉTHODE

Analyser la courbe de la transition démographique

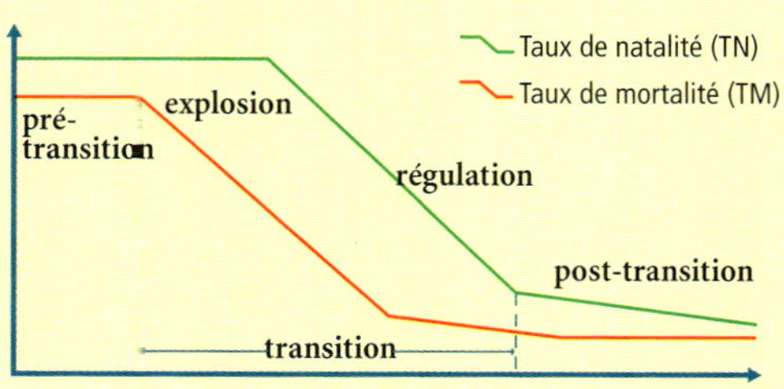

Ce graphique montre l'évolution de la démographie sur plusieurs décennies ou siècles. Il indique que toute population passe par plusieurs étapes.

Phase de pré-transition. Elle est marquée par une natalité et une mortalité (notamment infantile et maternelle) élevées, et une espérance de vie faible. Cette situation, que plus aucun pays ne connaît aujourd'hui, s'accompagne d'un niveau de vie bas et d'une production agricole insuffisante.

Phase 1 : explosion. Au début de la transition démographique, des progrès agricoles durables, marqués par une amélioration des rendements, font reculer la mortalité et accroissent l'espérance de vie. Mais la natalité reste forte. C'est la situation des pays les moins avancés (PMA).

Phase 2 : régulation. L'augmentation du niveau de vie entraîne une baisse lente de la natalité car la population est jeune. Le nombre des naissances reste donc élevé malgré une baisse du nombre d'enfants par femme. La population commence à vieillir. Cette situation concerne les pays émergents.

Phase post-transitionnelle. TN et TM sont faibles, l'espérance de vie est élevée, ce qui s'accompagne d'un vieillissement de la population. Cette situation est celle des vieux pays industriels et des pays les plus riches (Europe de l'Ouest, États-Unis, Japon) ; dans certains d'entre eux, le TM est supérieur au TN, ce qui est grave. À noter que certains auteurs subdivisent la phase « transition » en transition amorcée, engagée, avancée et achevée.

S'ENTRAÎNER

1 QUIZ

Reliez chaque terme à sa définition.

Nombre d'habitants supérieur aux ressources disponibles ○	○ taux de mortalité infantile
Pourcentage de décès d'enfants de moins d'un an ○	○ IDH
Âge qu'un enfant peut espérer atteindre lors de sa naissance ○	○ exode rural
Indicateur mesurant le niveau de développement d'un État ○	○ espérance de vie
Départ de la campagne vers la ville ○	○ surpopulation

2 Étudier la pyramide des âges

Voici deux pyramides des âges : celle des pays les moins avancés (PMA) et celle des pays développés.

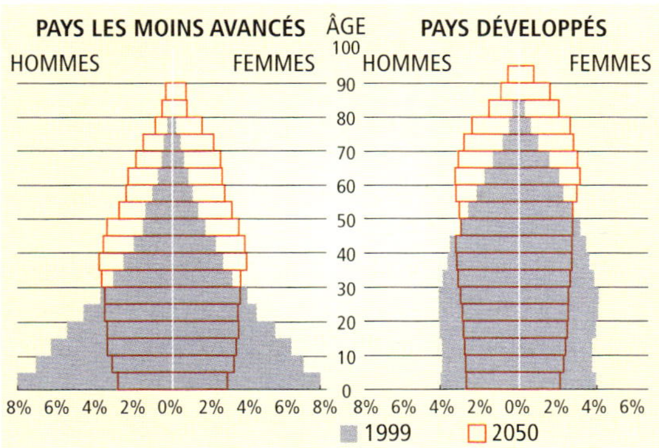

a. Rappelez la définition d'une pyramide des âges.

b. À partir des pyramides, calculez le pourcentage de population de moins de 20 ans en 1999 et en 2050 pour les PMA et les pays développés. Calculez de la même façon le pourcentage des plus de 60 ans.

c. En 1999 et en 2050, à quelle étape du graphique de la transition démographique situez-vous les PMA ? les pays développés ?

d. Rédigez un paragraphe montrant et expliquant l'évolution de la population mondiale d'ici 2050, telle qu'on peut l'imaginer aujourd'hui.

3 Production agricole et démographie en Asie et en Afrique

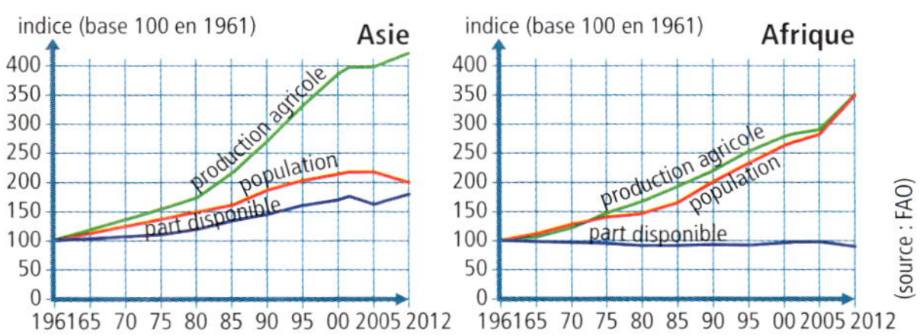

a. Comment évolue la population en Asie, en Afrique ?

b. Comment évolue la production agricole en Asie, en Afrique ?

c. Comment évolue la part disponible pour les populations ?

4 L'indice de développement humain (2012)

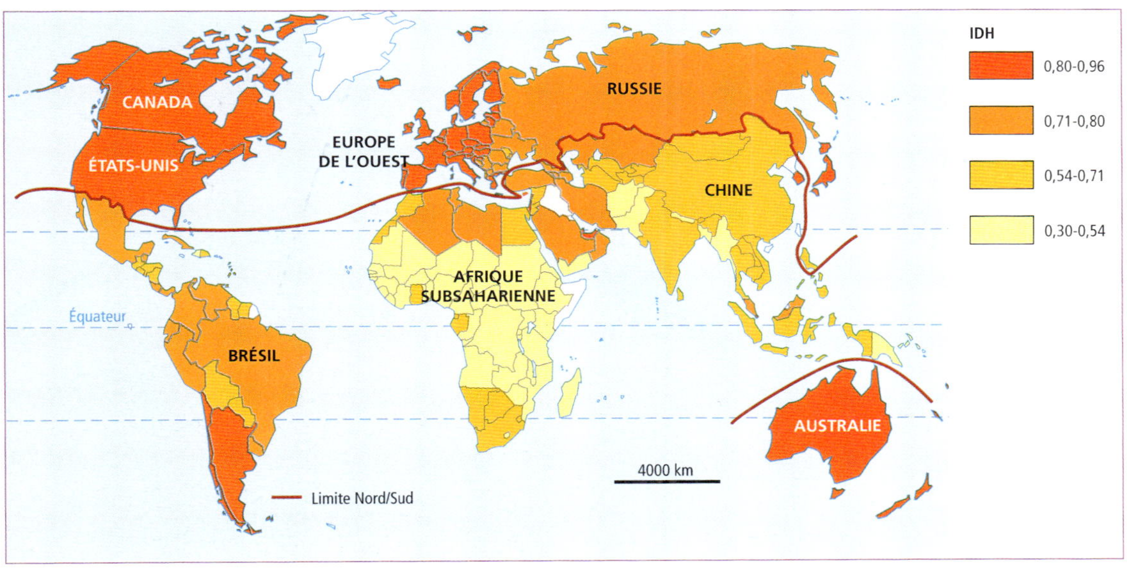

a. Rappelez la définition de l'IDH.

b. Où se situent les pays les moins développés sur la carte ci-dessus ?

c. Quel lien faites-vous entre cette carte et les émissions de CO_2 (voir « La méthode » p. 170-171) ?

15 Nourrir les hommes, un enjeu mondial

L'ESSENTIEL

Il faut aujourd'hui nourrir 7,2 milliards d'hommes sur la planète. **870 millions d'individus**, essentiellement dans les PED, souffrent de sous-alimentation (moins de 2 200 kilocalories par jour).

Population et demande croissante de nourriture

● Malgré la forte augmentation de la population mondiale depuis plus d'un demi-siècle (3 milliards d'habitants en 1960, 7,2 milliards en 2013), les hommes souffrant de la faim sont aujourd'hui moins nombreux (12,5 % de la population, contre 50 % en 1947). En outre, **l'augmentation de la population s'est ralentie** à mesure que l'élévation du niveau de vie a engagé de nombreux États sur la voie de la transition démographique.

● Aujourd'hui, 61 % de la population mondiale dispose de plus de 2 800 kcal./j., grâce à une **augmentation continue de la production agricole** : la production de céréales augmente régulièrement (1 655 Mt en 2007, 2 500 Mt en 2013, soit + 50 %), la consommation de viande a doublé depuis 1980 et a été multipliée par 6 depuis 1950. Cependant, le cours des denrées augmente, ce qui les rend inabordables pour les populations des PED.

La persistance de la sous-alimentation

● En 2013, 1,8 milliard de personnes ont bénéficié d'une aide alimentaire, et 9 Mt de céréales ont été expédiées dans les pays en situation précaire. Les risques de famine subsistent, liés à des **guerres** ou à des **tensions politiques**, plus qu'à une production ou une commercialisation intérieures insuffisantes.

● Près des deux tiers des populations sous-alimentées vivent en **Asie**. En Inde, elles représentent 18 % de la population, et 12 % en Chine.

Une modernisation inégale de l'agriculture

● Malgré les modernisations des dernières décennies, l'agriculture reste tributaire des conditions naturelles (sol, relief, climat) et du poids des traditions (organisation économique et sociale). Dans les PED, 60 % des habitants sont des agriculteurs qui pratiquent une **agriculture vivrière traditionnelle** aux côtés d'une **agriculture commerciale** de plantation, élément essentiel des exportations. Dans les pays industrialisés, l'**agrobusiness** l'emporte.

● Les **révolutions vertes**, qui avaient donné à la Chine et à l'Inde l'autosuffisance alimentaire, ne répondent plus aux besoins d'aujourd'hui. Des millions de personnes n'ont pas les moyens d'acheter les productions ni les semences, et encore moins le matériel agricole. Les paysans sont trop nombreux sur des terres aux rendements insuffisants. Ils **migrent** vers la ville qui s'étend au détriment de la campagne.

MOTS CLÉS

Sous-alimentation (ou sous-nutrition) : fait de disposer d'une quantité insuffisante de nourriture.
Malnutrition : alimentation carencée (manque de certains nutriments) mais qui peut être en quantité suffisante.
Agrobusiness : agriculture liée aux industries agroalimentaires.

LA MÉTHODE

Analyser une photographie

Une exploitation d'agriculture intensive dans le Guangxi (Chine)

1. Je présente le document. Il s'agit d'une photographie qui montre l'utilisation de l'espace agricole dans la région du Guangxi, dans le sud de la Chine.

2. J'analyse la photo. Au premier plan, on remarque une rizière relativement vaste. Elle occupe un fond plat facilement irrigable. Les parcelles sont de taille moyenne ; on note que l'une d'elles est en eau et repiquée en riz. Derrière cette parcelle, l'habitat est disséminé sur le flanc de la montagne.

3. J'explique. Nous sommes dans une région marquée par la mousson, ce vent saisonnier qui apporte des pluies diluviennes. La vallée est large, régulièrement inondée. L'eau dépose des limons, ce qui explique la fertilité des sols et l'importance des récoltes. Il s'agit d'une agriculture intensive qui demande une main-d'œuvre nombreuse et utilise des moyens ancestraux comme le bœuf. La production est principalement destinée à la consommation locale.

4. Je conclus. Cette photographie met en évidence l'un des aspects de l'agriculture intensive dans le monde.

S'ENTRAÎNER

1 QUIZ

Cochez la case qui convient.

a. Dans le monde, 870 millions de personnes sont : ☐ suralimentées. ☐ sous-alimentées.

b. En 2013, l'aide alimentaire a concerné : ☐ 180 millions de personnes. ☐ 1,8 milliard de personnes.

c. La famine : ☐ favorise l'exode rural. ☐ freine l'exode rural.

d. Dans les PED, 60 % des agriculteurs pratiquent : ☐ l'agrobusiness. ☐ l'agriculture vivrière.

2 La sous-alimentation dans le monde

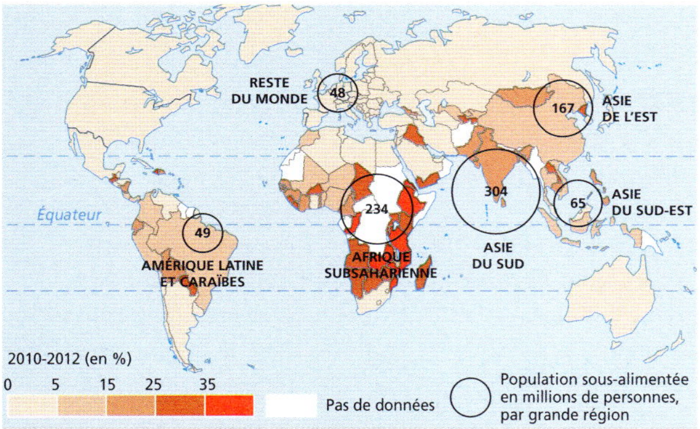

Part de personnes sous-alimentées par pays, par rapport à la population totale

a. Dans quels pays y a-t-il sous-alimentation ?

b. Où vivent les populations les plus frappées ?

c. Quelles conséquences a la sous-alimentation ?

d. Pouvez-vous expliquer cette situation ?

3 La production de blé

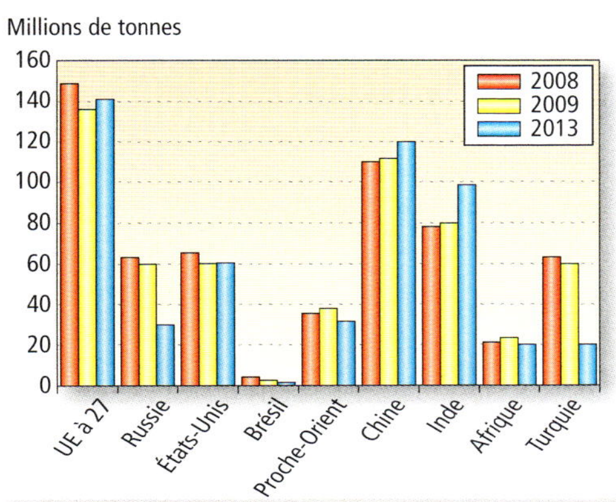

Production de blé dans le monde. Source : FAO.

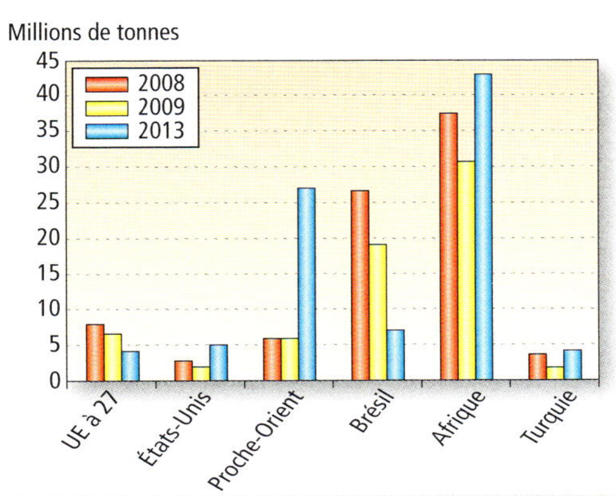

Importation de blé dans le monde. Source : FAO.

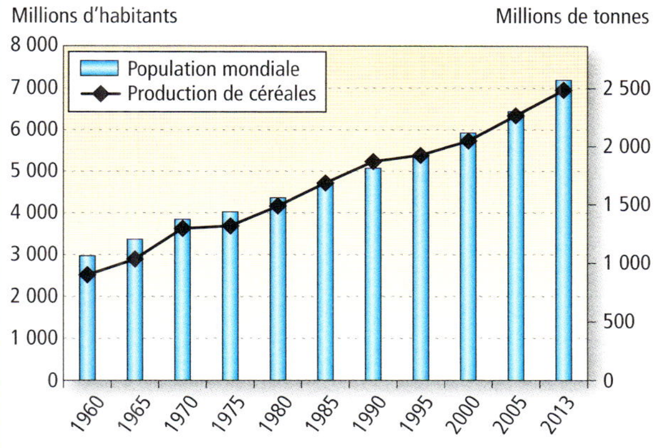

Production de céréales et population mondiale. Source : FAO.

a. Quels sont les principaux producteurs de blé dans le monde ? les principaux importateurs ?

b. Comment expliquez-vous l'importance de la Chine et de l'Inde ?

c. Que constatez-vous à propos de la Turquie et des États-Unis ?

d. Quelle est la situation de l'Afrique ? Comment évolue-t-elle ? Pouvez-vous expliquer cette situation ?

e. Quelle conclusion serait-on tenté de tirer en ne considérant que le graphique « Production de céréales et population mondiale » ? Qu'en déduisez-vous ?

4 Une agriculture intégrée à l'agrobusiness : la culture du soja dans le Mato Grosso

a. Rappelez la définition de l'agrobusiness.

b. Où se trouve le Mato Grosso ?

c. Observez la photo ci-dessus. S'agit-il du même type d'agriculture que sur la photo de la page précédente ? Quelles principales différences relevez-vous ?

16 Nourrir les hommes, quelles solutions ?

L'ESSENTIEL

La volonté d'assurer la sécurité alimentaire des populations, tout en préservant l'environnement, amène à repenser les manières de pratiquer l'agriculture.

Le défi de la sécurité alimentaire

- Malnutrition et sous-nutrition préoccupent la **FAO** (Organisation des Nations unies pour l'alimentation et l'agriculture) qui, dès 1998, a mis en place un programme spécial pour les pays les plus pauvres, visant à développer productivité et production.
- En 2009, le Sommet mondial de l'alimentation fixait un objectif : réduire de moitié, d'ici 2015, le nombre de personnes souffrant de sous-alimentation chronique, grâce à sept engagements pour une **sécurité alimentaire** durable. Entre 2009 et 2013, le nombre de personnes sous-alimentées est passé de 1 milliard à 870 millions : l'amélioration est donc réelle, mais l'objectif ne sera pas atteint.
- Pour nourrir leur population, les pays développés ont favorisé une **agriculture intensive** (ou productiviste) produisant de grandes quantités souvent au détriment de la qualité. Depuis les années 1960, plusieurs PED (Inde et Chine notamment) ont réalisé une **« révolution verte »** qui s'est traduite par la mécanisation, le développement de l'irrigation, l'introduction d'engrais, de pesticides et de semences à haut rendement.
- Aujourd'hui, certains États (États-Unis, Inde, Brésil) sèment des **OGM** qui résistent aux parasites et aux sécheresses. Mais ceux-ci ne font pas l'unanimité (ils pourraient avoir des conséquences néfastes sur la santé).

Vers une agriculture durable ou raisonnée

- Partout, la consommation de viande et de céréales augmente. L'uniformisation des habitudes alimentaires est très nette dans les pays riches, plus lente dans les PED. Ces **changements de régime alimentaire** se répercutent sur la demande mondiale et donc sur la **production**.
- L'augmentation indispensable de la production doit cependant préserver l'environnement. Un tel enjeu suppose de réduire le **coût carbone** des produits alimentaires par le respect des conditions naturelles locales, une meilleure maîtrise de l'irrigation, le recours à des techniques de fertilisation naturelle, etc. Il s'agit donc d'encourager l'agriculture raisonnée, **l'agriculture biologique** (1 % des terres cultivées dans le monde) et le **commerce équitable**, sans pour autant revenir à des méthodes archaïques. En France, après le Grenelle de l'environnement (2007), une nouvelle certification environnementale a été élaborée.
- Les **modes de consommation** sont également à revoir : manger des produits de saison, produits localement, réduire la consommation de viande, limiter le gaspillage, etc.

MOTS CLÉS

Sécurité alimentaire : fait de disposer d'une nourriture saine, nutritive et en quantité suffisante.
Agriculture raisonnée : adapte les productions aux conditions locales et limite l'utilisation des produits chimiques.
OGM (organisme génétiquement modifié) : organisme obtenu par introduction d'un ou plusieurs gènes d'une autre espèce dans son patrimoine génétique.

LA MÉTHODE

Lire un texte officiel

Le référentiel porte sur le respect de l'environnement, la maîtrise des risques sanitaires, la santé et la sécurité au travail et le bien-être des animaux. Ses exigences concernent notamment :
– la mise en œuvre d'un système d'enregistrement et de suivi des opérations effectuées et des produits utilisés pour les besoins des cultures et des animaux ;
– la maîtrise des intrants agricoles ainsi que des effluents et des déchets produits par l'exploitation [...] ;
– l'équilibre de la fertilisation des cultures ;
– la mise en œuvre de pratiques culturales permettant la préservation des sols et limitant les risques de pollution ;
– la participation à une gestion économe et équilibrée des ressources en eau. [...].

▷ Décret du 25 avril 2002 publié au *Journal officiel* du 28 avril 2002, p. 7748, relatif à la qualification des exploitations agricoles au titre de l'agriculture raisonnée

1. J'analyse. Il s'agit d'un décret, donc d'un texte qui doit être appliqué. Il date du 25 avril 2002 mais n'a été publié au *Journal officiel* que le 28. Sa publication le rend applicable immédiatement. Il concerne l'agriculture française et fixe les conditions à remplir pour qu'une exploitation puisse se prévaloir de l'appellation « agriculture raisonnée ».

2. Je conclus. Ce texte insiste sur le respect de l'environnement par l'emploi de techniques appropriées et sur la traçabilité des produits, qu'ils soient végétaux ou animaux. Il définit donc les termes de l'agriculture raisonnée en France.

S'ENTRAÎNER

1 QUIZ

Vrai ou faux ? Cochez la case qui convient.

a. Tous les États ont adopté les OGM dans leur agriculture. V ☐ F ☐
b. Le nombre de personnes sous-alimentées diminue. V ☐ F ☐
c. L'agriculture n'a aucune incidence sur la production de gaz à effet de serre. V ☐ F ☐
d. L'agriculture raisonnée est adaptée au terroir. V ☐ F ☐

2 L'insécurité alimentaire en Somalie

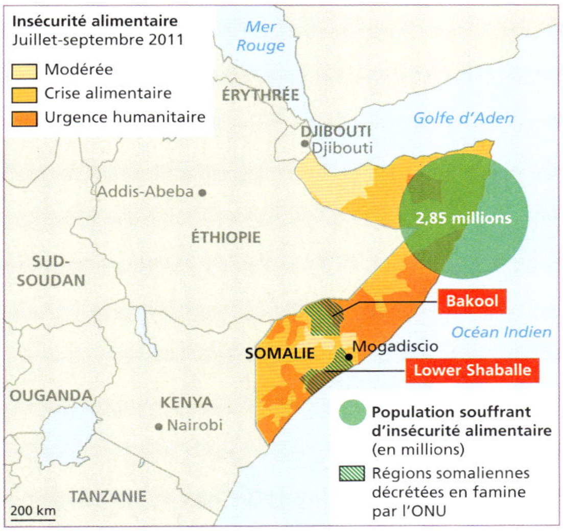

Source : ONU, Bureau de coordination des affaires humanitaires.

Données (source : ONU, 2012)
- Population : 10,2 millions d'hab.
- Espérance de vie : 51 ans
- Taux de mortalité infantile : 101,9 ‰
- Ration alimentaire quotidienne : 1 696 kcal./hab.
- Terres arables : 1,6 % du territoire
- Part de la population ayant accès à l'eau courante : 30 %
- 10,5 % de la population émigre chaque année (famine, conflits locaux, instabilité politique…).

a. Rappelez la définition de la famine.
b. Que signifie l'expression « insécurité alimentaire » ?
c. Quel pourcentage de la population somalienne souffre d'insécurité alimentaire ?
d. Quelles données de la carte et de la liste ci-dessus montrent la gravité de la situation ?
e. Comment expliquez-vous la situation de la Somalie ?

3 Le commerce mondial des produits agricoles

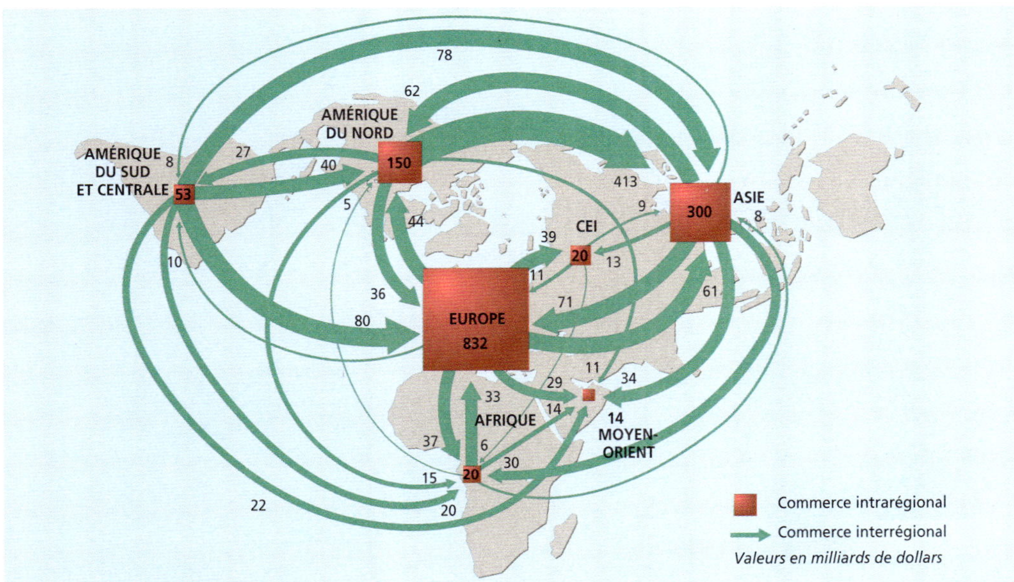

Les exportations de produits agricoles et alimentaires en 2010

a. Quelle est la particularité de l'Europe ?
b. Analysez le commerce de produits agricoles en Amérique du Nord.
c. Comment expliquez-vous la faiblesse des échanges intrarégionaux en Afrique, dans la CEI et au Moyen-Orient ?
d. Comment se situe le continent africain ?

17 L'eau, une ressource convoitée

L'ESSENTIEL

Selon l'ONU, une « crise de l'eau » pourrait toucher la moitié de la population mondiale en 2030.

Une ressource mal répartie

● Les domaines climatiques sont multiples, marqués par **l'inégalité et l'irrégularité des précipitations**. Ainsi, l'Islande dispose de 660 000 m^3 d'eau par hab./an mais Djibouti seulement de 19 m^3 par hab./an, la moyenne mondiale se situant entre 6 000 et 8 000 m^3. Neuf pays se partagent 45 % des ressources en eau.

● En général, l'eau est prélevée dans les **cours d'eau** ou les **nappes phréatiques**. Certains États (Libye, Arabie Saoudite, États du golfe Persique) ont recours aux nappes profondes (se reconstituant difficilement) et aux eaux fossiles (ne se reconstituant pas). D'autres obtiennent l'eau douce par **dessalement** de l'eau de mer ou dérivent des systèmes fluviaux.

Des inégalités d'accès à l'eau

● La **consommation domestique** est liée au niveau de vie et au confort. Un Français utilise 150 litres d'eau par jour, un Africain moins de 10 litres.

● Environ 1,1 milliard de personnes ne sont **pas raccordées à un réseau d'eau courante**. Elles se trouvent en majorité dans les PED. C'est le cas de 42 % de la population d'Afrique subsaharienne.

● Les objectifs du Millénaire pour le développement de l'ONU fixent le doublement du nombre d'habitants ayant accès à l'eau potable pour 2015. Au sommet de la Terre de Johannesburg (2002), a été affirmée la volonté de réduire de moitié le nombre de personnes n'ayant pas accès au système d'assainissement des eaux usées ; coût estimé : 300 milliards de dollars.

Une consommation croissante au risque de la pénurie ?

● La consommation d'eau douce a été **multipliée par 7** depuis le début du XXe siècle. L'**agriculture** consomme 70 % de l'eau de la planète et ses besoins devraient augmenter de 20 % d'ici 2025. L'**industrie** en utilise 20 % et sa consommation devrait augmenter de 50 % d'ici 2025. Le reste sert à la consommation domestique.

● En 1970, les **quantités d'eau douce disponibles** étaient d'environ 13 000 m^3 par hab./an. En 2014, il n'y aurait plus que 6 500 m^3 par hab./an et les experts estiment qu'on en sera à 5 000 m^3 en 2025. Plusieurs États sont déjà en dessous du seuil de pénurie absolue (500 m^3 par hab./an) et 1,4 milliard d'habitants connaissent une pénurie relative (entre 500 et 1 000 m^3 par an).

MOTS CLÉS

Eau douce : eau provenant des nappes phréatiques, des lacs, des rivières et des précipitations.
Eau potable : eau propre à la consommation humaine.
Assainissement : collecte, traitement et évacuation des déchets, en particulier des eaux usées afin d'éviter la propagation de maladies.

LA MÉTHODE

Lire une carte thématique

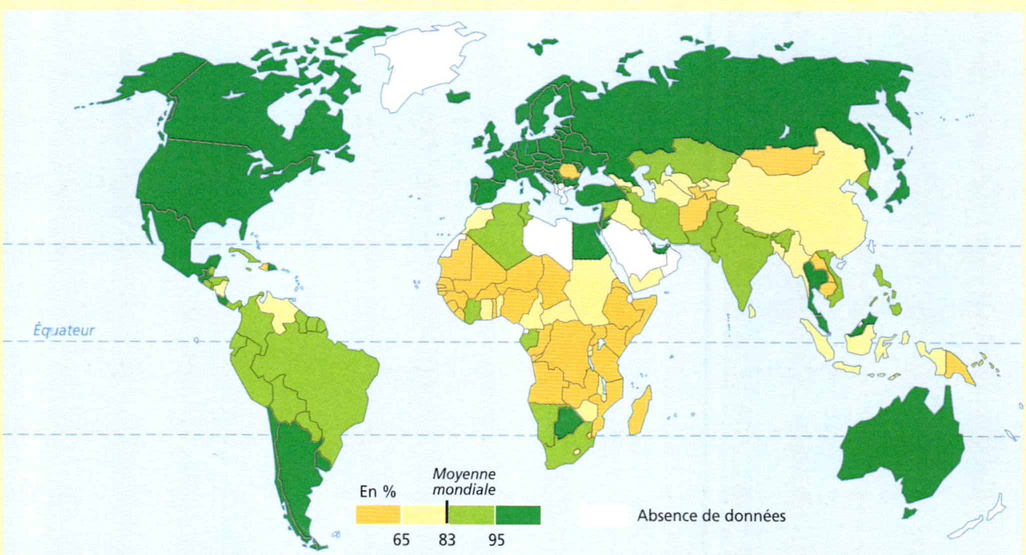

Part de la population ayant accès à l'eau potable dans chaque pays

Une carte thématique ne traite que d'un seul thème. Par le jeu des couleurs, elle permet de situer les États (régions, villes) les uns par rapport aux autres. Ici, il est question de l'accès des populations du monde à l'eau potable.

1. J'analyse la carte. Elle montre de profondes inégalités entre les continents et, à l'intérieur des continents, entre les pays. Les pays riches et industrialisés ont un accès satisfaisant à l'eau potable, contrairement à l'Afrique subsaharienne et à une partie de l'Asie.

2. J'explique. Tous les PED n'ont pas les moyens de s'équiper en infrastructures nécessaires. Pourtant, ils disposent parfois de gros complexes hydrographiques (Chine, Brésil, Afrique équatoriale) ou de fortes précipitations (Asie des moussons). Mais, pour certains d'entre eux (pays sahariens, Arabie), l'eau manque en raison du climat désertique : pluies très faibles et irrégulières d'une année sur l'autre, cours d'eau temporaires (oueds). Cependant, à l'intérieur de chaque pays, il existe des différences (ex. : désert du Nevada aux États-Unis).

3. Je conclus. L'eau potable est une richesse mal répartie à la surface de la planète.

S'ENTRAÎNER

1 QUIZ

Vrai ou faux ? Cochez la case qui convient.

a. Les ressources en eau sont réparties de façon homogène sur la Terre. V ☐ F ☐

b. Seule une faible quantité d'eau douce provient du dessalement de l'eau de mer. V ☐ F ☐

c. L'agriculture est l'activité qui consomme le plus d'eau douce. V ☐ F ☐

d. Un Africain consomme en moyenne 10 fois plus d'eau qu'un Français. V ☐ F ☐

2 Répartition des ressources en eau dans le monde

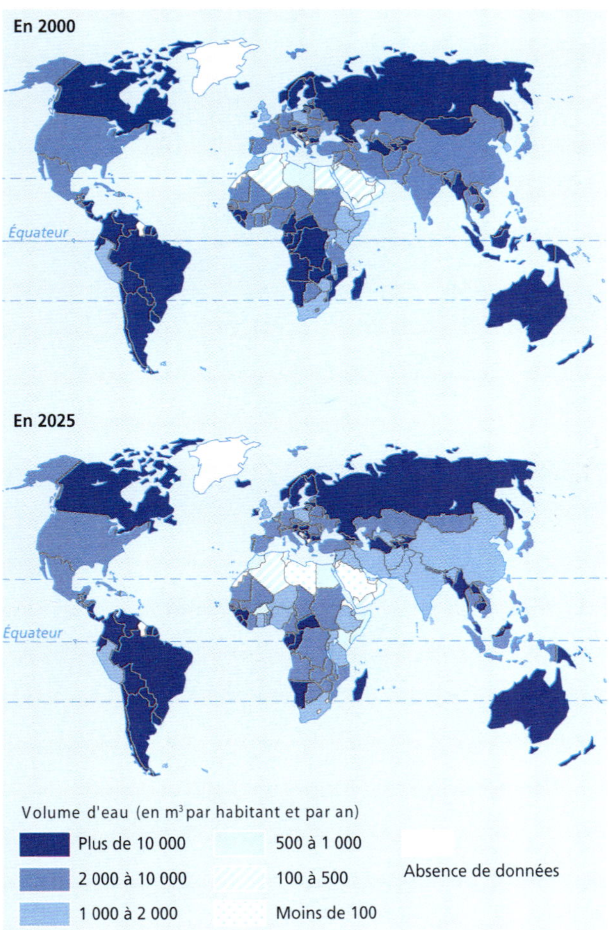

a. Plusieurs régions disposent de plus de 10 000 m^3 par habitant. Pourquoi ?

b. Comment la situation risque-t-elle d'évoluer en 2025 ?

c. Les réserves en eau sont-elles synonymes d'accès à l'eau potable ? Comparez la carte de « La méthode » page précédente et celle de l'année 2000 ci-dessus.

3 Des risques de pénurie

Divers rapports établis par l'ONU, le Fonds monétaire international et la Banque mondiale soulignent les faits suivants :

– aux États-Unis, la nappe d'Ogallala (qui s'étend du Dakota du Sud au Texas), l'une des plus grandes réserves d'eau du monde, se vide huit fois plus vite qu'elle ne se remplit. En cause, les 200 000 puits qui y pompent l'eau pour irriguer 3 millions d'hectares ;

– l'eau pompée pour alimenter Mexico (25 millions d'habitants) dépasse de plus de 50 % les capacités de renouvellement de la nappe phréatique ;

– pour développer la culture du coton en Asie centrale, Staline a fait détourner les eaux du Syr Daria et de l'Amou Daria qui alimentent la mer d'Aral. Celle-ci a perdu 70 % de sa surface depuis 1960 ;

– chaque année depuis 2000, les prélèvements dans le Jourdain provoquent une baisse d'un mètre du niveau de la mer Morte ;

– le fleuve Jaune sert à l'irrigation du vaste bassin céréalier de la Chine. La partie aval de son cours est à sec 200 jours par an ;

– le lac Tchad a perdu 80 % de sa superficie.

a. Quelle est, d'après le texte, la principale cause de la baisse des réserves en eau ?

b. Pourquoi le rétrécissement de la mer d'Aral, de la mer Morte et du lac Tchad est-il préoccupant ?

c. Pourquoi Mexico n'a-t-elle plus assez de réserves en eau ?

POUR VOUS AIDER

Questions b et c. À l'aide d'un atlas, situez les deux mers, le lac et la ville cités, puis déterminez leurs caractéristiques (climat, relief).

18 L'eau, un enjeu d'avenir

L'ESSENTIEL

En 2050, 50 % de l'humanité devrait manquer d'eau.

L'eau, source de conflits

● En 1995, Ismaël Serageldin, vice-président de la Banque mondiale, déclarait : « Les guerres du XXIe siècle auront l'eau pour enjeu. »

● Dans les PED, l'eau sert d'abord à l'agriculture (plus de 85 % en Afrique et en Asie). Dans les pays industrialisés, elle sert surtout à l'industrie (45 % aux États-Unis, 80 % en Allemagne, 62 % en Russie, 50 % en France). Or, deux tiers des grands fleuves du monde traversent plusieurs États et 263 bassins fluviaux sont **transfrontaliers**. La construction d'un barrage en amont peut mettre en péril l'activité du pays voisin qui est à l'aval. Les **tensions** relatives à la gestion de l'eau concernent tous les continents.

● La **qualité de l'eau** est au cœur des problèmes de santé publique que connaissent les PED : 1,2 milliard d'hommes n'ont pas accès à l'eau potable, et l'OMS estime entre 3 et 5 millions (dont 1,5 million d'enfants) le nombre de personnes qui meurent chaque année d'une maladie liée à l'eau insalubre. Cela est dû aux rejets polluants d'origine domestique, agricole et industrielle, à l'absence de réseaux d'assainissement, mais aussi à la salinisation des sols, à la présence de germes pathogènes ou encore à des eaux de pluie impropres.

Quelle gestion durable pour l'eau ?

● Partout, l'eau est **gaspillée** (canalisations vétustes, fuites, irrigation gravitaire, gaspillage domestique).

● Quelques mesures simples permettraient pourtant d'en **préserver** une grande partie : récupération des eaux de pluie, irrigation par aspersion, adaptation des cultures aux conditions climatiques, etc.

● Beaucoup de **nappes phréatiques** ne sont guère exploitées et la FAO recommande de développer les pompages. Cependant, ils risquent de tarir les sources locales et, dans beaucoup de PED, les moyens manquent pour identifier les nappes facilement exploitables.

Vers un commerce de l'eau ?

● En 1997, l'ONU a adopté une convention définissant la notion de bassin de drainage international qui inclut les eaux de surface et les eaux souterraines. Chaque État riverain dispose d'une part « raisonnable et équitable » des eaux du bassin. Mais, pour que cette convention entre en application, il faut que les 35 États signataires la ratifient : la Russie ne l'a pas fait.

● Or, dans bien des endroits, l'eau est devenue une **marchandise** qui fait l'objet d'un commerce comme n'importe quel produit, ce qui soulève polémiques et tensions.

MOTS CLÉS

Bassin versant : espace délimité par la ligne de partage des eaux.
Bassin fluvial : ensemble constitué par un fleuve et ses affluents.
Nappe phréatique : masse d'eau emprisonnée dans le sous-sol.

LA MÉTHODE

Lire une image satellite

Image satellite du sud de Riyad (Arabie Saoudite)

Une image satellite (ou satellitale) n'est pas une photographie ; c'est une composition réalisée à partir des données fournies par un satellite, Spot le plus souvent ou Landsat, qui enregistre des ondes. Les couleurs ne correspondent donc pas à la réalité. Le rouge correspond à la végétation : plus il est soutenu plus elle est dense. Un sol à nu apparaîtra bleu ou gris clair s'il s'agit de roches, ocre s'il s'agit de sable. Un espace bâti sera gris plus ou moins foncé selon la densité de l'habitat et une rivière ou un étang formeront des taches très sombres.

1. Je localise l'image. En Arabie Saoudite, au sud de Riyad, la capitale. Un espace majoritairement désertique.

2. J'analyse l'image. Des cercles rouges signalent des espaces cultivés par irrigation. Le choix de la forme circulaire évite le gaspillage de l'eau. Les différences de rouges laissent supposer des cultures céréalières différentes ; des voies permettent d'y accéder. L'habitat originel est assez groupé et au milieu des champs, sans doute donc autour des points d'eau.

►

Aujourd'hui, il s'étale vers l'est ; le tracé visible d'oueds au nord-est prouve que l'eau ici n'est pas très loin de la surface, alors qu'à l'est le désert de sable l'emporte mais semble en voie de « colonisation ».

3. Je conclus. C'est un espace désertique mais les autorités puisent l'eau des nappes. Depuis de nombreuses années, les Saoudiens rêvent de « faire reverdir le désert ».

S'ENTRAÎNER

1 QUIZ

Reliez chaque mot à sa définition.

bassin de drainage ○	○ eau consommable par l'homme
eau potable ○	○ réserve d'eau dans le sous-sol
nappe phréatique ○	○ eaux de surface et eaux souterraines

2 L'eau en Tunisie : ressources, besoins et aménagements

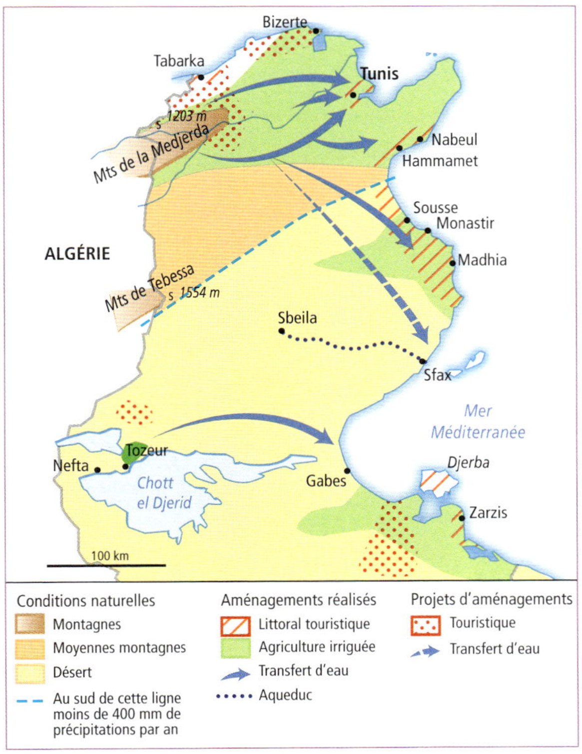

a. Inventoriez, en précisant leur localisation, les espaces climatiques et les formes de reliefs.
b. Quelles activités la Tunisie a-t-elle développées ?
c. Comment assure-t-elle ce développement ?
d. Quels sont les projets de mise en valeur de l'espace ?
e. Quels sont les risques encourus ?
f. Rédigez une introduction et une conclusion à l'analyse de cette carte.

POUR VOUS AIDER

Question f. L'introduction doit présenter la situation actuelle, tandis que la conclusion souligne les risques encourus à l'avenir.

3 L'eau, un enjeu politique au Proche-Orient

En 1964, Israël a réalisé un aqueduc pompant les eaux du lac de Tibériade. Or, trois rivières qui viennent de Syrie et du Liban alimentent ce lac. En 1967, Israël détruit le barrage construit par la Syrie sur l'une des rivières. Cette même année, l'État hébreu gagne la guerre des Six-Jours et reprend le contrôle des nappes phréatiques de Cisjordanie et du Golan.

a. Quelles sont les sources de l'alimentation en eau ?
b. Quelle particularité présentent les cours d'eau ?
c. Quelle est la particularité du Jourdain ?
d. Quelle est la principale utilisation de l'eau ?
e. En quoi la construction de barrages peut-elle nuire à la vie des populations qui vivent en aval ?
f. La gestion de l'eau peut-elle être à l'origine d'un conflit ?

HISTOIRE GÉOGRAPHIE

19 L'enjeu énergétique

L'ESSENTIEL

Dans le monde, près de 2 milliards de personnes n'ont pas l'électricité. L'OCDE prévoit une augmentation des besoins en énergie de 60 % d'ici 2030.

Des sources d'énergie variées

- La production mondiale d'énergie est de l'ordre de 12 milliards de tonnes équivalent pétrole (TEP). 80 % sont des **énergies primaires ou fossiles** (pétrole, gaz naturel, charbon), dont les réserves sont limitées. Dans les PED, 30 % de l'énergie provient du charbon de bois, des résidus agricoles et des excréments. L'énergie **nucléaire** produite à partir de l'uranium, matière première épuisable, sert surtout à produire de l'électricité.
- Biomasse, énergie hydraulique, éolienne, solaire et géothermique sont des **énergies renouvelables**, en principe inépuisables. Elles assurent environ 20 % de la production mondiale d'électricité.

Impacts environnementaux et géopolitiques

- Les centrales thermiques qui fonctionnent à partir du charbon et la combustion du pétrole, notamment, sont à l'origine d'une grande partie des **émanations de CO_2**, l'un des gaz à effet de serre responsables du **réchauffement climatique**. Les champs d'éoliennes provoquent des nuisances sonores. Les barrages hydroélectriques modifient les écosystèmes et les activités agricoles, et assèchent des sources.
- Le **pétrole** a un rôle économique et géopolitique stratégique. Il a été à l'origine de deux crises graves (1974, 1979) et est l'un des enjeux des conflits que connaît le Moyen-Orient depuis plusieurs décennies.
- Les **barrages** construits sur des cours d'eau internationaux sont également à l'origine de tensions plus ou moins larvées entre États voisins.

Limiter la consommation

- La consommation énergétique **ne cesse d'augmenter** sous l'effet de l'élévation du niveau de vie et de l'industrialisation des pays émergents. En 2008, la consommation d'un Européen s'élève à environ 6 000 watts, celle d'un Américain à environ 12 000 watts. En 2030, les deux tiers de la demande proviendront des PED.
- Des mesures telles que les **Agendas 21** ou la **loi sur la transition énergétique** en France en 2015 visent à maîtriser la consommation et à favoriser les énergies renouvelables. Des campagnes de sensibilisation, de chasse au gaspillage domestique, de modernisation des industries et des logements sont menées.

MOTS CLÉS

Énergie fossile : énergie produite à partir de roches nées de la fossilisation des êtres vivants.
TEP (tonne équivalent pétrole) : unité de mesure de l'énergie correspondant à l'énergie produite par 1 t de pétrole brut.

LA MÉTHODE

Lire une carte

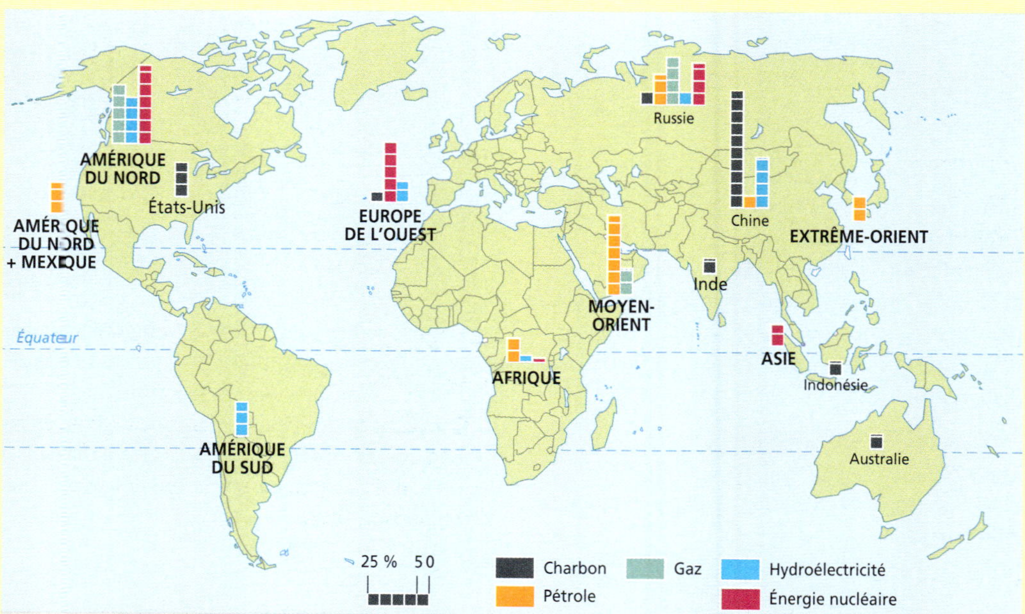

Les grandes zones de production d'énergie dans le monde en 2013, en % de la production mondiale

1. **J'observe.** Quelle que soit l'énergie retenue, je constate que :

››› L'Afrique est absente des grands producteurs. Ses grands complexes fluviaux ne lui permettent de produire que 3 % de l'hydroélectricité de la planète. Elle produit très peu de charbon et de pétrole.

››› Les sources d'énergie sont inégalement réparties. Amérique du Nord et Russie sont les mieux pourvues. Elles disposent, en grande quantité, de toutes les sources d'énergie ; l'Asie et surtout la Chine sont également bien pourvues. Le grand barrage des Trois-Gorges devrait encore accroître la production d'hydroélectricité chinoise.

2. **J'explique.** La présence de sources d'énergie répond à des critères géologiques précis. Le pétrole ne se forme que dans un bassin sédimentaire qui a été recouvert par la mer. L'extraction et la transformation des sources d'énergie, fossiles ou non, demandent du matériel sophistiqué. Certains États (pays africains) ne peuvent pas exploiter leurs richesses qui sont alors exploitées par des compagnies étrangères. Tous les gisements ne sont pas encore exploités. Ainsi, l'Amérique du Sud disposerait de 22 % des réserves mondiales de pétrole alors que l'Amérique du Nord n'en aurait que 1,6 %.

3. **Je conclus.** Seule l'Amérique du Nord et la Russie disposent de toutes les sources d'énergie. L'Afrique est particulièrement dépourvue, tandis que le Moyen-Orient est tributaire du pétrole.

S'ENTRAÎNER

1 QUIZ

En vous aidant de la carte page précédente, reliez chaque source d'énergie au pays ou à la région qui en est le premier producteur mondial.

charbon ○	
pétrole ○	○ Amérique du Nord et Mexique
nucléaire ○	○ Moyen-Orient
hydroélectricité ○	○ Chine
gaz ○	

2 Part des différentes sources d'énergie dans la consommation totale mondiale

Consommation énergétique mondiale

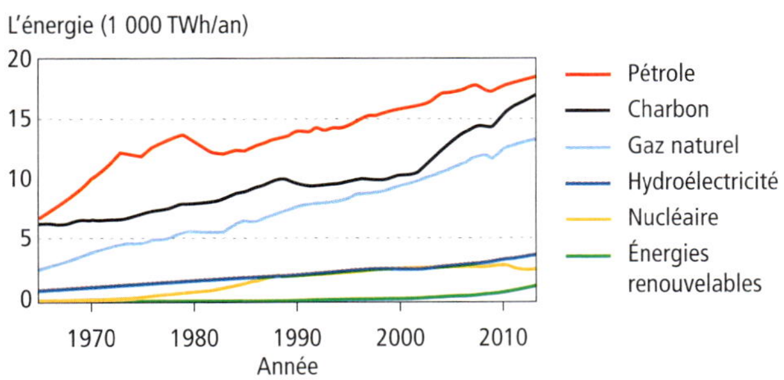

a. Comment a évolué la consommation depuis 1965 ?

b. Que constatez-vous depuis 2005 environ ?

3 Évolution de la consommation d'électricité (en TWh)

a. Complétez le tableau en indiquant pour chaque pays le pourcentage d'évolution entre 2006 et 2012.

Pays	2006	2012	évolution en %
Chine	2 675	4 433	
Inde	558	835	
États-Unis	4 052	4 127	
Canada	547	566	
Allemagne	591	579	
France	479	476	
Russie	872	927	
Brésil	390	480	
Mexique	209	249	

b. Quels sont les quatre pays dont la consommation d'électricité a le plus augmenté ? Quel est leur point commun ?

c. Quels sont ceux qui ont connu l'évolution la plus modeste ? Que remarquez-vous pour la France et l'Allemagne ?

4 Le Caucase, une région stratégique pour les hydrocarbures

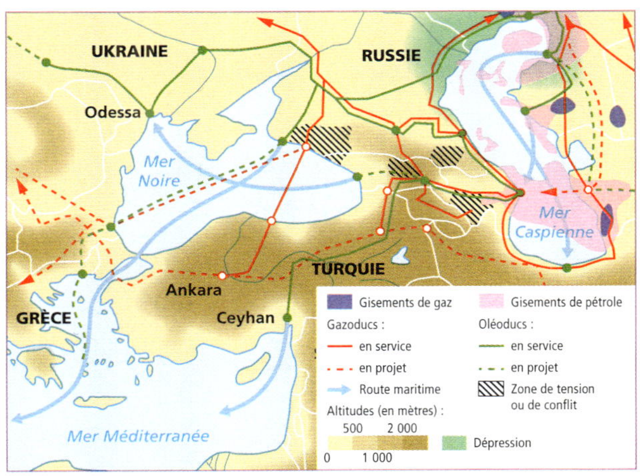

Source : La Documentation française.

a. Quelles sont les sources d'énergie exploitées par les États du Caucase ?

b. Pourquoi le Caucase est-il considéré comme une région stratégique ?

20 Villes et développement durable

L'ESSENTIEL

Près de 53 % des habitants de la planète vivent aujourd'hui en ville (30 % en 1930).

Un monde de plus en urbain

● Aujourd'hui, la **croissance urbaine** concerne surtout les **PED**. Dans les pays développés, où le taux d'urbanisation dépasse 75 %, la croissance urbaine est faible.

● La ville attire parce qu'elle concentre tous les **pouvoirs** : politique, économique, financier, intellectuel. Cependant, les espaces urbains sont très variés et présentent d'importantes **inégalités** (revenus, transports) entre centre-ville, banlieues et zones périurbaines.

Croissance urbaine et mobilités

● Dans les pays développés, l'évolution de l'économie, l'abandon des centres-villes par les classes moyennes dans les années 1970 ont contribué à la mise en place de politiques visant à reconvertir les friches industrielles et à réhabiliter les centres-villes où, dans les années 1990, s'est amorcé un phénomène de **« gentryfication »**. En Europe, les grands ensembles construits en banlieue dans l'après-guerre font l'objet de restructurations.

● Dans les PED, la ville se développe souvent de façon anarchique, autant sous l'effet de mouvements migratoires (**exode rural**) que par excédent naturel. Les périphéries sont occupées par des **bidonvilles** (appelés favelas au Brésil, *bustees* en Inde), tandis que le centre, encore très peuplé, se taudifie.

● **Les villes s'étirent** de plus en plus : d'ici 2030, l'espace urbain mondial sera multiplié par trois (+ 1,2 million de km²). Cela allonge les temps de transport, aggrave les difficultés de circulation et favorise la **pollution** de l'air. La mise en place de **transports en commun**, essentielle, reste encore peu avancée dans bien des PED.

Aménager des « villes durables » ?

● Toutes les villes sont confrontées de manière plus ou moins grave aux **mêmes problèmes** : ravitaillement en eau potable, traitement des eaux usées, gestion des déchets, circulation, pollution, bruit… L'étalement urbain, notamment pour les quartiers informels, se fait aujourd'hui souvent sur des zones exposées à des risques naturels (inondation, glissement de terrain, etc.).

● La notion de ville durable tente de répondre à ces défis en conciliant les aspects économiques, sociaux et environnementaux. Elle se veut « une ville à portée de main, une ville dense, une ville mixte permettant l'accès à pied aux services de proximité regroupés en quartier ». La rédaction d'**Agendas 21 locaux** et la construction d'**écoquartiers** vont dans cette direction.

MOTS CLÉS

Gentryfication : installation de populations aisées dans un quartier jusque-là pauvre.
Écoquartier : quartier dont les aménagements respectent les principes du développement durable.

LA MÉTHODE

Comparer deux schémas

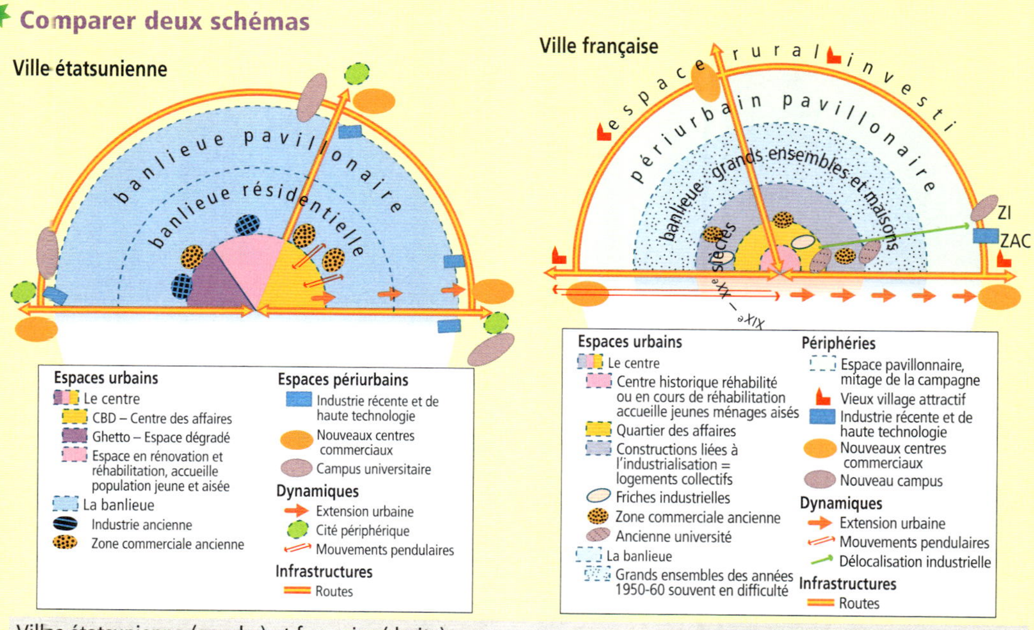

Villes étatsunienne (gauche) et française (droite)

1. Je construis un tableau récapitulatif (ci-contre) pour mettre en évidence points communs et différences.

2. Je rédige. Les différences dans l'organisation de l'espace urbain en France et aux États-Unis sont liées essentiellement à l'histoire : les villes américaines sont pour la plupart nées au XIXe siècle, tandis que les villes françaises remontent parfois jusqu'à l'époque romaine.
Cependant, dans les deux pays, les villes se sont lancées dans des programmes de réhabilitation des centres qui avaient été fuis par les classes moyennes et aisées. Autre point commun : l'étalement des villes, qui allonge les temps de trajet et aggrave la pollution.
Mais la réhabilitation des centres-villes, qui attirent de plus en plus les jeunes couples recherchant la proximité des services, répond à la volonté d'aménager des « villes durables ».

3. Je conclus. Malgré des héritages différents et une organisation spatiale distincte, les villes de France et des États-Unis se trouvent confrontées aux mêmes défis, auxquels elles apportent des réponses souvent comparables.

	États-Unis	France
Éléments du paysage urbain		
Centre historique	Absent	Oui
Quartier des affaires	Au centre (CBD)	Délocalisé en périphérie
Quartiers d'habitation	Organisation concentrique et sociale	Organisation temporelle (les plus anciens au centre)
Espaces en réhabilitation	Entre CBD et banlieue résidentielle	Banlieues de grands ensembles et centres-villes
Friches industrielles	En centre-ville	Entre centre-ville et banlieue
Équipements, aménagements		
Université	En périphérie	Anciennes facultés au centre, nouvelles en périphérie
Zone commerciale récente	En périphérie	En périphérie
Zone industrielle récente	En périphérie	Délocalisée en périphérie

S'ENTRAÎNER

1 QUIZ

Reliez chaque expression à la phrase qui convient.

croissance urbaine ○	○ En Europe, elle remonte souvent à l'époque romaine.
bidonvilles ○	○ En Europe, ils ont été construits après la 2de Guerre mondiale.
ville ○	○ Elle est faible dans les pays développés.
grands ensembles ○	○ Dans les PED, ils occupent la périphérie.

2 Inégalités sociospatiales à São Paulo

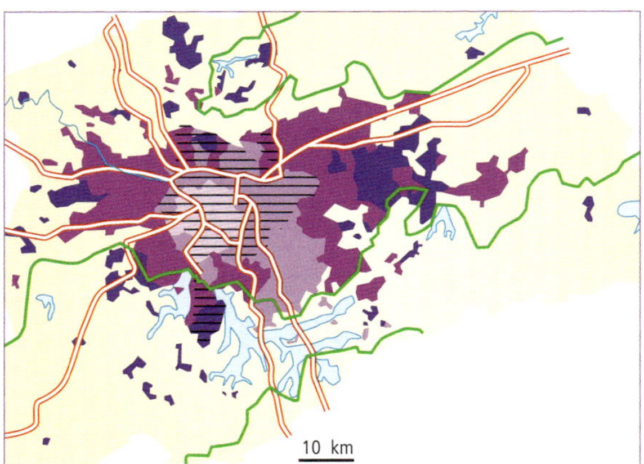

a. Dans quelle partie de la ville vivent les populations les plus aisées ?

b. Tous les quartiers bénéficient-ils des mêmes conditions sanitaires ?

c. Que pouvez-vous dire du réseau de communication ?

3 L'organisation de l'espace urbain à Lyon

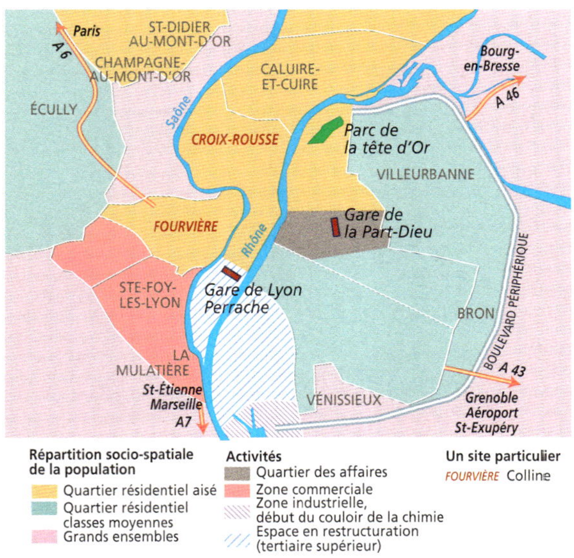

a. Quel est le site de Lyon ?

b. Quelles sont les conséquences pour l'organisation de la ville ?

c. Comparez l'occupation de l'espace à Lyon et São Paulo (voir exercice précédent).

21 Les mondes arctiques, une « nouvelle frontière »

L'ESSENTIEL

Cinq États – États-Unis, Canada, Russie, Norvège, Danemark (avec le Groenland) – sont riverains de l'océan Arctique. Cette zone stratégique très riche en ressources énergétiques suscite rivalités et convoitises.

Un milieu contraignant en voie d'intégration

- L'**hiver** s'étire sur 9 mois et la nuit polaire dure 6 mois près du pôle Nord. On note toutefois une grande variété de conditions climatiques.
- Courants marins (Gulf Stream) et courants atmosphériques réchauffent l'océan. Mais la neige et la glace renvoient 80 % de la lumière vers l'atmosphère. Une partie de l'Arctique reste gelée toute l'année. Le pâle soleil estival ne fait fondre que la partie superficielle de la couche de glace qui se reconstitue chaque année. Toutefois, **l'Arctique perd environ 10 % de sa couche de glace tous les dix ans** depuis 1980.
- Au cours du XXe siècle, les deux guerres mondiales et la guerre froide (États-Unis et URSS sont riverains) ont contribué à la **militarisation** de l'Arctique.
- La fonte des glaces et l'allongement de la période navigable font aujourd'hui potentiellement de l'océan Arctique un **nouvel axe maritime** essentiel, à la croisée de l'Europe, de l'Amérique du Nord et de l'Asie.

Des tensions entre les États riverains

- Le Canada et le Danemark se disputent l'île de Hans. Le **passage du Nord-Ouest**, qui devrait être navigable d'ici 2050, est au cœur d'un contentieux entre le Canada et les États-Unis. La **Russie**, quant à elle, a planté son drapeau à 4 000 m de profondeur sous le pôle Nord et demandé une extension de son domaine maritime.
- À l'aspect commercial, s'ajoutent la possession et l'extraction de **richesses minières** dont les 150 000 Inuits ne veulent pas être exclus.

Un enjeu pour les équilibres mondiaux ?

- **Un enjeu stratégique.** Les États riverains entretiennent des bases militaires, telle la base radar de Thulé, l'un des centres du bouclier antimissile des États-Unis.
- **Un enjeu territorial.** Les contentieux sont nombreux sur la détermination des limites des eaux territoriales, notamment à cause des richesses minières et pétrolières.
- **Un enjeu économique.** L'Arctique renfermerait le quart des réserves en hydrocarbures de la planète et d'importants gisements de charbon. En cas de fonte des glaces, la bataille pour les ressources halieutiques (pêche) risque d'être rude.
- **Un enjeu environnemental.** La pollution de l'Arctique est multiple et importante (métaux lourds, hydrocarbures…). Le changement climatique bouleverse l'environnement arctique : fonte des glaces, relèvement du niveau des mers, etc.
- **Un enjeu scientifique.** L'Arctique attire des scientifiques du monde entier. Les carottages dans la banquise permettent de comprendre l'évolution du climat.

MOTS CLÉS

Banquise : couche de glace flottant sur une étendue d'eau. Elle peut être pérenne ou saisonnière.
Frontière : limite entre deux États. Désigne aussi un « front pionnier », c'est-à-dire un espace à mettre en valeur.
Inuits : population autochtone vivant au nord du Canada et au Groenland.

LA MÉTHODE

Lire une image satellite

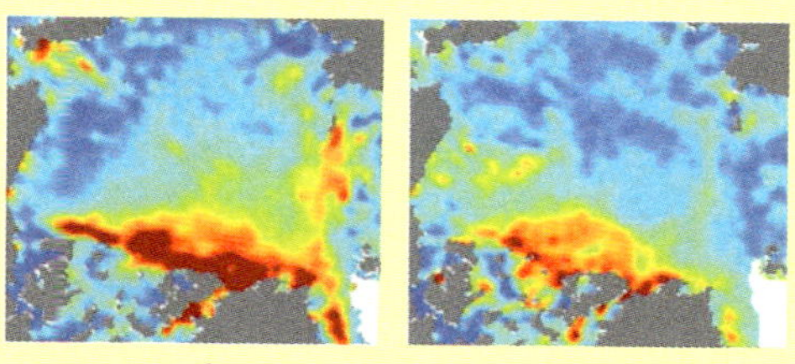

Épaisseur de la couche de glace en Arctique

Une image satellite n'est pas une photo : c'est une construction réalisée grâce à un satellite qui enregistre le rayonnement émis ou réfléchi par la Terre. Le rayonnement dépend de la couleur du couvert végétal, de la nature du sol, de son humidité, des constructions. Les couleurs enregistrées ne correspondent donc pas aux couleurs réelles.

1. **Je présente le document.** Ces images ont été réalisées par le satellite Ice Sat en 2004 et 2008.
2. **J'analyse.** Elles montrent que, en cinq ans, les glaces les plus épaisses (en rouge) ont pratiquement disparu, alors que les glaces les plus minces (en bleu foncé) se sont étendues. La couverture de glace s'est amincie de 40 %, ce qui veut dire que, d'une année sur l'autre, l'Arctique ne reconstitue plus son matériel glaciaire. Plusieurs raisons peuvent être avancées : le réchauffement climatique, l'action des courants, les activités humaines, la navigation.
3. **Je conclus.** Toutefois, l'évolution de la couche de glace ne semble pas linéaire. Ainsi, entre 2012 et 2013, par exemple, la banquise s'est renforcée.

S'ENTRAÎNER

1 QUIZ

Vrai ou faux ? Cochez la case qui convient.

a. L'océan Arctique est bordé par six États. V ☐ F ☐
b. L'Arctique renfermerait la moitié des réserves en hydrocarbures mondiales. V ☐ F ☐
c. Les scientifiques pourront comprendre l'évolution du climat grâce à l'Arctique. V ☐ F ☐
d. L'Arctique perd environ 10 % de sa couche de glace tous les dix ans. V ☐ F ☐

2 La pollution dans l'espace arctique

Jacky Bonnemains (JB), président de l'association Robin des bois, répond à Gaëlle Dupont (GD).

GD : On compte 2 750 sites pollués dans la zone.
JB : C'est un nombre anormalement élevé par rapport à la densité de population sur place qui est très faible.

GD : Les Inuits du Groenland et du Canada présentent des taux de mercure et de PCB* dans le sang parmi les plus élevés du monde. Cette contamination est en général attribuée au régime alimentaire des populations autochtones, qui se nourrissent de mammifères marins dans la graisse desquels les polluants organiques persistants s'accumulent.
JB : La contamination d'origine locale pourrait également être importante.

GD : Les sites pollués se situent en bordure de l'océan, des lacs et des fleuves.
JB : Ce sont des abcès environnementaux et des voies de transfert des polluants vers les eaux douces et marines.

GD : Une menace accrue par le réchauffement climatique.
JB : On a longtemps considéré le gel comme un mode de confinement des substances toxiques contenues dans les déchets. Mais ils pourraient être remobilisés par la fonte du permafrost.

Les écologistes rêvent d'un statut protecteur comparable à celui de l'Antarctique, signé en 1959, qui interdit tant les activités militaires que l'exploitation des ressources minérales. Mais les États concernés y sont hostiles car les projets d'exploitation sont légion. Au Canada, un consortium international espère exploiter les champs de gaz qu'il faudra relier aux réseaux existants par 1 200 km de pipelines.

* Les PCB sont des produits chimiques organiques chlorés. L'un des plus connus est le pyralène.

▷ D'après Gaëlle Dupont, « L'Arctique est souillé par une multitude de pollutions », *Le Monde*, 2 janvier 2010.

a. En quoi l'environnement de l'Arctique est-il à la fois unique et fragile ?
b. En quoi l'Arctique est-il un enjeu pour les équilibres environnementaux mondiaux ?
c. Pourquoi les écologistes souhaitent-ils pour l'Arctique un statut identique à celui de l'Antarctique ?

POUR VOUS AIDER

Question a. L'Arctique est unique pour des raisons liées à la fois à son climat, à ses ressources et à sa situation géographique.

3 La position stratégique de l'Arctique

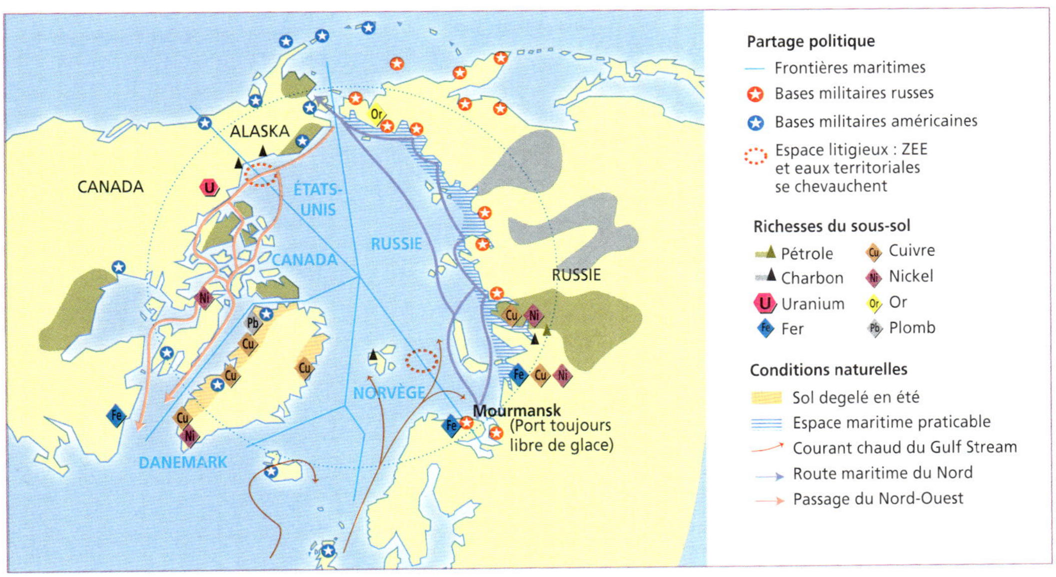

a. Comment appelle-t-on le type de projection utilisé pour cette carte ?
b. En vous appuyant sur la carte, justifiez la convoitise dont l'Arctique fait l'objet.
c. D'après la carte et le texte de l'exercice précédent, rédigez un paragraphe répondant à la question : « L'Arctique : un enjeu ? »

22 Les littoraux, des espaces convoités

L'ESSENTIEL

Le littoral est un milieu à l'équilibre très instable et la ligne de rivage a beaucoup varié au fil des temps géologiques. Les zones littorales sont convoitées et menacées.

Un milieu original et fragile

- **Interface** entre les milieux continentaux et maritimes, les littoraux sont de plus en plus attractifs. Or, leur équilibre peut être rompu naturellement sous l'action des courants, marées, vagues et tempêtes, qui modifient le trait de côte.
- Divers **aménagements** ont été réalisés (aéroport, gare, autoroute). Des ports (commerce, pêche, plaisance) ont été construits mais empiètent sur le domaine maritime.
- Ces constructions sont parfois la cause de **perturbations** très graves dans l'équilibre du milieu : paysage dégradé, pollution, aggravation de l'érosion, surexploitation de l'espace, disparition d'écosystèmes (ex. : récifs coralliens), courants de surface perturbés.

Concentration des hommes et des activités

- 20 % des habitants de la planète vivent à moins de 15 km de la mer. La **mondialisation** de l'économie favorise les littoraux, surtout lorsqu'ils disposent d'un arrière-pays dynamique (Europe du Nord-Ouest, nord-est des États-Unis, Japon). Des zones industrialo-portuaires (ZIP) sont construites. Le tourisme se développe notamment sur les côtes sableuses et les îles tropicales.
- Selon la réglementation internationale, les États côtiers disposent d'une **zone économique exclusive (ZEE)** de 200 miles marins (370,4 km) au-delà de leurs côtes. Dans cette zone, chaque pays est libre d'explorer, d'exploiter, de commercialiser, de préserver et de gérer les ressources marines, sous-marines et du sous-sol.
- Lorsqu'il n'est pas possible de délimiter des ZEE (comme en Méditerranée), des zones de droit (droit de pêche) ou de devoir (protection de l'environnement) sont définies.

Quels aménagements durables ?

- En France, la **loi Littoral** de 1986 fixe des règles en matière de construction sur les côtes. Un Conseil national du littoral est né en 2006. En Europe, des directives concernent la pêche, la sécurité maritime et une stratégie marine commune.
- Partout, on essaie de fixer les plages menacées grâce à des **épis** et des **brise-lames**. Mais ils perturbent la circulation de surface. On tente de retenir les dunes soit par des barrières soit par des plantations.

MOTS CLÉS

Littoral : zone composée de la plage et de la bande de terre qui bénéficie des embruns marins.
Interface : zone de contact et d'échange entre deux espaces complémentaires (ex. : terre et mer).

LA MÉTHODE

Réaliser un croquis : « Les littoraux, des espaces attractifs »

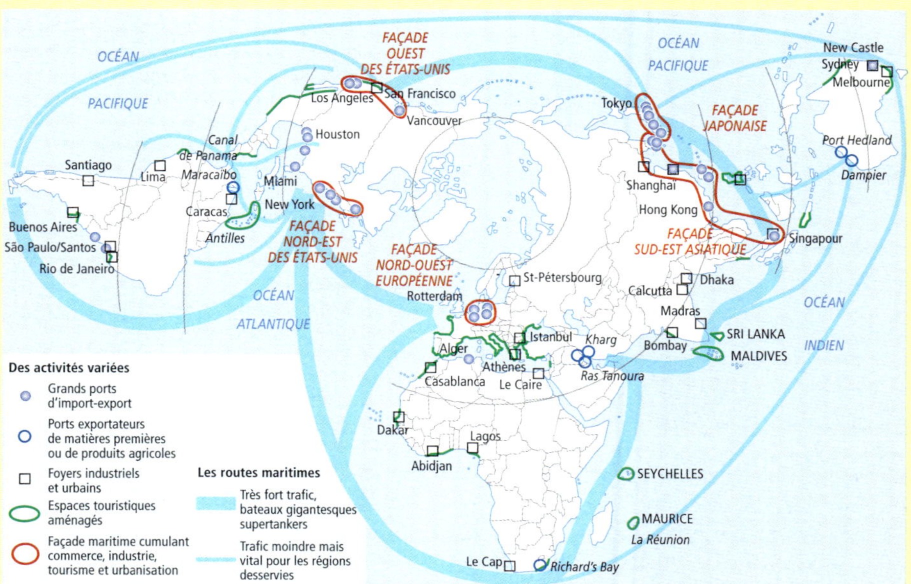

Les littoraux, des espaces attractifs

Que le croquis accompagne une composition ou qu'il se suffise à lui-même, il doit être clair, lisible et démonstratif.

1. **Je reformule le sujet.** Pourquoi les littoraux sont-ils attractifs ? Les raisons : activités commerciales, industrielles, touristiques.

2. **Je choisis le ou les systèmes de représentation.** L'adjectif « attractifs » suppose des mouvements, donc l'utilisation de flèches. Le nom « espaces » exige de délimiter des secteurs. Les diverses activités appellent des figurés ponctuels.

3. **Je choisis les figurés au brouillon** pour m'assurer de la lisibilité de la carte. Je n'oublie ni la légende organisée, ni le titre.

S'ENTRAÎNER

1 QUIZ

Trouvez et corrigez les cinq erreurs contenues dans ce texte.

Les marées ont peu d'impact sur le littoral. Elles sédimentent le rivage par la puissance des vagues et l'érodent en lui apportant tout ce qu'elles charrient. Épis et brise-lames permettent de fixer les plages et de régulariser la circulation de surface des courants marins. Par les aménagements, qu'il opère, l'homme stabilise le littoral.

2 L'impact du tourisme sur l'aménagement du littoral aux Maldives

L'archipel des Maldives compte environ 1 200 îles, dont 68 aménagées pour des touristes qui viennent du monde entier. Elles sont constituées de corail et se trouvent « à fleur d'eau », l'altitude ne dépassant pas 4 mètres.

Aujourd'hui Malé, la capitale des Maldives, se répand sur plusieurs îles naturelles ou artificielles. La plus célèbre est Hulhule, l'île-aéroport, constituée de deux îles réunies en 1968 pour rallonger la piste d'aviation. Elle a dû aussi être élargie pour construire un terminal pour hydravions et des immeubles de bureaux. C'est la seule porte d'entrée d'un flux touristique sans cesse croissant.

L'ouest de Malé, Viligili, est l'île dortoir de la capitale. Des îles très petites ont des affectations très précises… Funadhoo est couverte de réservoirs de carburant. Récemment, la croissance de l'agglomération a conduit les autorités à créer deux îles artificielles, Thilafushi, appelée l'île-poubelle parce qu'elle reçoit par bateaux les ordures ménagères de Malé et des îles-hôtels. Hulhumalé, créée en 1999 entre l'aéroport et le Club Med, doit permettre… d'installer des infrastructures portuaires et des entrepôts.

▷ D'après J.-C. Gay, « Malé, une capitale multi-insulaire », *Mappemonde*, n° 59, 2000, DR.

a. Quelle est la particularité de certaines îles constituant les Maldives ?

b. Quels aménagements a-t-on réalisés pour faciliter le tourisme ?

3 Les conséquences de l'urbanisation littorale en Arabie Saoudite

Sur les rives de la mer Rouge, Djeddah a vu sa population passer de 50 000 habitants en 1950 à plus d'un million aujourd'hui. De 1971 à 1980, le nombre de voitures a été multiplié par 20, ce qui a engendré des problèmes de circulation et de stationnement. Ils ont été résolus par la construction de routes et de parkings gagnés sur le front de mer par remblayage sur des récifs (coralliens) frangeants. Ces travaux ont entraîné une destruction irréversible des récifs coralliens sur un linéaire côtier de 20 km et une dégradation très sérieuse sur 80 km. La croissance de la ville se fait vers une belle baie au milieu hydrologique favorable à la vie récifale. Elle se trouve être aujourd'hui, avec ses marinas et ses plages, la principale aire de loisirs. Les aménagements et les activités humaines ont des effets désastreux sur le milieu naturel. Le corail a été tué par la sédimentation liée aux travaux et par la pollution due à l'aboutissement d'un gros canal d'eaux usées. Il est trop tard pour envisager une parade.

▷ D'après R. Paskoff, *Les Littoraux*, © Armand Colin, 2010.

a. Quelles conséquences le développement de Djeddah a-t-il eues sur l'environnement littoral ?

b. Peut-on sauver les récifs coralliens ?

4 Le littoral, un espace essentiel pour le Japon

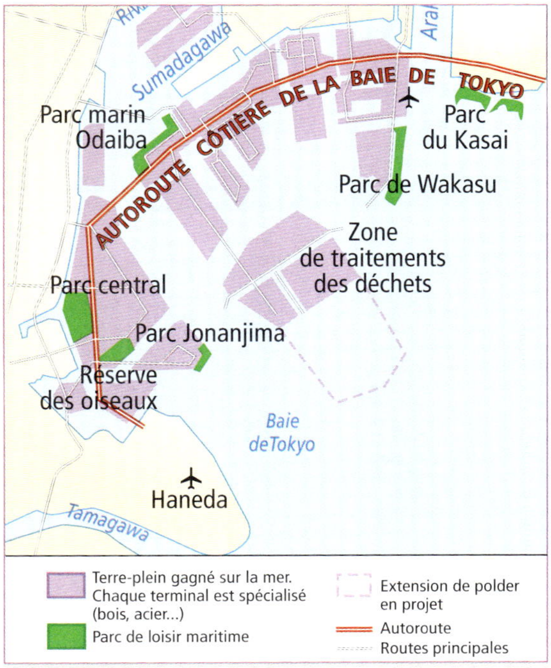

Le port de Tokyo

a. Quel est l'intérêt du littoral pour les Japonais ? Comment l'expliquez-vous ?

b. Comment appelle-t-on un espace gagné sur la mer ?

c. Quelle conclusion dégagez-vous à la lecture de ce croquis et des textes des deux exercices précédents ?

23 Les espaces exposés aux risques

L'ESSENTIEL

Plus de 200 millions de personnes ont été touchées par des risques naturels ou technologiques depuis 1990.

La multiplicité des risques

● Il existe de nombreux **aléas** d'origine naturelle : séismes, cyclones, tempêtes, volcans, inondations, tsunamis ou sécheresses. En 2013, 880 catastrophes naturelles dans le monde ont fait 20 000 morts (selon l'ONU, il y a **catastrophe** quand il y a plus de 30 morts). Mais la notion de risque inclut également les risques épidémiologiques (épidémies), industriels, technologiques ou environnementaux.

● Activités, échanges, déplacements facilités et de plus en plus éloignés favorisent la diffusion des risques sanitaires (sida, grippe aviaire, H1N1, etc.) et créent de **nouveaux risques** (gaz à effet de serre, marée noire, pollution des nappes phréatiques, etc.).

L'inégale vulnérabilité des sociétés

● En fonction principalement de leur niveau de développement, les sociétés subissent plus ou moins fortement les effets d'un même risque. Ainsi, **85 % des victimes** de catastrophes naturelles **vivent dans les PED**, qui manquent de politiques de prévention et d'infrastructures adaptées.

● L'augmentation de la population et l'urbanisation amènent l'homme à **s'installer dans des zones exposées** : le long d'un cours d'eau, au pied d'un volcan ou sur le littoral dans les pays de mousson.

● Dans les anciennes républiques soviétiques, la construction de complexes industriels gigantesques (pollution durable des sols), l'agriculture collectiviste (monoculture) et le détournement de fleuves à des fins d'irrigation (risque accru de sécheresse) ont créé des **espaces particulièrement vulnérables**.

Quelles réponses face aux risques ?

● Pluies acides ou nuages toxiques ne connaissent pas les frontières : la gestion des risques ne peut donc être qu'**internationale**. Des **réglementations** de plus en plus draconiennes ont été adoptées : convention de Londres sur la prévention de la pollution des mers par immersion des déchets (1975), directives européennes **Seveso** contre les risques industriels majeurs (1982), convention internationale sur la sûreté nucléaire (1994), gestion des déchets radioactifs sous l'égide d'Euratom (1997). Elles sont cependant surtout appliquées dans les pays riches.

● En 2000, l'ONU a abandonné l'expression « risques naturels » car **l'homme a toujours une part de responsabilité** sur les conséquences des catastrophes naturelles. Elle a mis en place des instruments internationaux de protection de l'homme et de l'environnement, une aide aux victimes, une alerte rapide et un indice de risque de catastrophe.

MOTS CLÉS

Aléa : phénomène plus ou moins probable dans un espace donné.
Risque : aléa susceptible de frapper une société.
Vulnérabilité : capacité d'une société à faire face à un risque.

LA MÉTHODE

Comprendre la vulnérabilité d'un espace

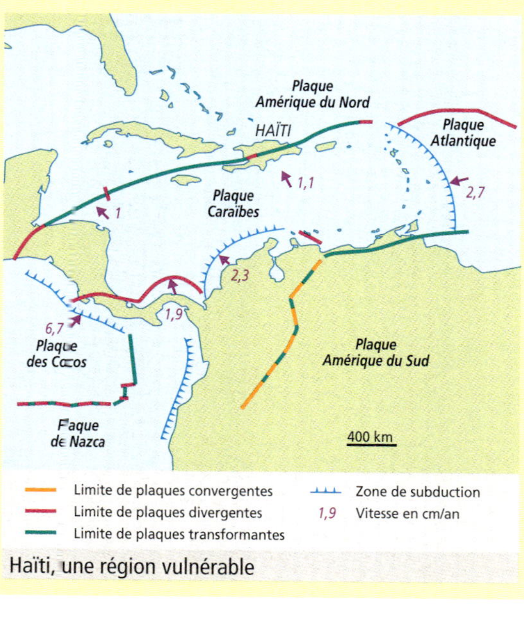

Haïti, une région vulnérable

1. J'observe. La plaque des Caraïbes est comprimée par cinq plaques lithosphériques (ou tectoniques) au comportement différent : elles se rapprochent (plaques convergentes), s'éloignent (plaques divergentes) ou glissent l'une contre l'autre (plaques transformantes).

2. J'explique. La limite entre chacune de ces plaques est une succession de divergences et de convergences. Le mouvement des plaques est inégal ; celle des Caraïbes est la plus lente : elle est limitée à l'est et à l'ouest par des fosses de subduction, et glisse le long de la plaque américaine. Haïti, en particulier Port-au-Prince, se situe sur la faille qui limite les deux plaques. Le 12 janvier 2010, cette faille s'est rompue sur une cinquantaine de kilomètres, provoquant un tremblement de terre qui a fait 300 000 morts.

3. Je conclus. Haïti se situant sur une zone particulièrement instable de l'écorce terrestre, les risques de séisme sont très importants.

S'ENTRAÎNER

1 QUIZ

Reliez le mot ou l'expression à sa définition.

risque naturel ○	○ phénomène brutal occasionnant de graves dommages
Seveso ○	○ menace de dommages liée à des aléas climatiques, sismiques, etc.
norme parasismique ○	○ directive européenne visant à répertorier les sites industriels dangereux
catastrophe ○	○ ensemble de règles à respecter pour la construction dans les zones sismiques

2 Un glissement de terrain en Suisse

Le village de Gondo, dans le Valais, a été partiellement détruit par un glissement de terrain consécutif à des pluies torrentielles en octobre 2000.

a. Quelle raison peut-on avancer pour expliquer ce glissement de terrain ? Justifiez votre réponse.

b. D'après la photographie, quelles ont été les conséquences ?

3 Le drame de la mer d'Aral

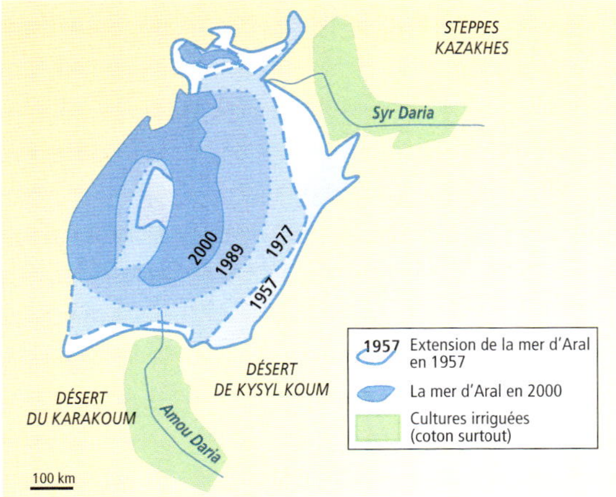

2005

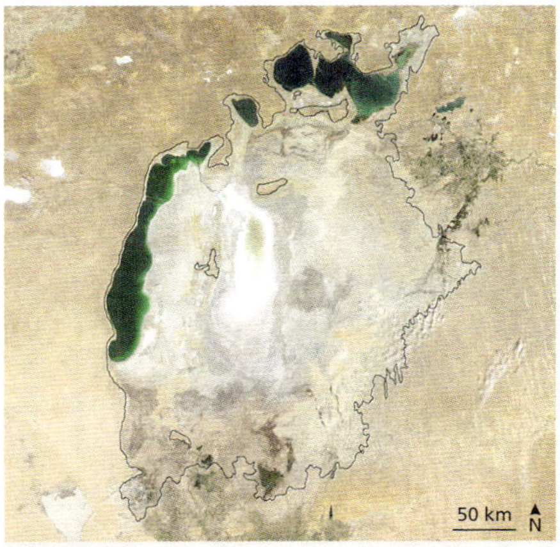

2009

a. Comment a évolué la mer d'Aral depuis 1957 ? Comment le repère-t-on sur les images satellites ?

b. Comment expliquez-vous l'assèchement de cette mer ?

c. Quelles sont les conséquences de cet assèchement ?

d. S'agit-il d'une catastrophe naturelle au sens strict ?

Physique-Chimie

Des podcasts de révision audio sur
www.hatier-entrainement.com

Date

1 Les thèmes du programme de physique-chimie

L'ESSENTIEL

Thème 1 : la santé

Si, au cours du XXe siècle, l'espérance de vie a presque doublé (de 45 ans en 1900 à 79 ans en 2000), cela est dû en grande partie aux progrès de la médecine. Les sciences physiques et chimiques ont largement contribué à rendre la médecine plus efficace pour diagnostiquer et pour traiter les maladies.

- Les **électrocardiogrammes** et les **électroencéphalogrammes** sont des enregistrements de signaux électriques, dont l'analyse nécessite une connaissance des signaux périodiques et de leurs caractéristiques.
- L'**échographie** et la **radiographie** utilisent des ondes pour sonder l'intérieur du corps humain : ondes sonores et ondes électromagnétiques.
- L'**extraction** des substances chimiques de leur milieu naturel et la **synthèse** de nouvelles espèces chimiques en laboratoire ont permis l'élaboration de médicaments, permettant de traiter de plus en plus de maladies.

Thème 2 : la pratique du sport

Les sciences physiques et chimiques ont grandement contribué à l'amélioration de la pratique du sport.

- L'**étude du mouvement** au cours de l'activité sportive grâce à des techniques développées par des physiciens (chronophotographie, enregistrement et analyse vidéo des mouvements) a permis aux sportifs d'améliorer leurs performances dans des domaines aussi divers que la course à pied, le lancer de poids ou le saut en longueur.
- L'**étude de la pression**, grandeur bien connue des physiciens, a permis de comprendre pourquoi les performances sportives dans les domaines des sauts et des lancers sont améliorées en altitude et d'expliquer les effets de la profondeur ressentis au cours des plongées sous-marines.
- La chimie, par l'**étude des effets thermiques** liés aux transformations chimiques, a amélioré la connaissance des besoins et des réponses de l'organisme au cours d'une pratique sportive. La fabrication de matériaux et de vêtements de plus en plus performants, ainsi que la lutte contre le dopage, sont aussi l'apanage du chimiste d'aujourd'hui.

Thème 3 : l'Univers

L'observation des astres a permis à l'homme de se faire une représentation de l'Univers à grande échelle : le Système solaire, les exoplanètes, les étoiles, la Galaxie, les amas de galaxies…

- Cette recherche s'est accompagnée de la construction de **dispositifs de mesure du temps** de plus en plus précis, s'appuyant sur l'étude de quelques phénomènes astronomiques périodiques (mouvement de la Lune autour de la Terre, comètes, etc.).
- La cohésion de notre Système solaire est expliquée par la **gravitation universelle** qui permet de rendre compte des mouvements des planètes autour du Soleil et de tous les objets qui s'y trouvent (astéroïdes, comètes, satellites naturels…).
- L'**analyse de la lumière** nous provenant des étoiles nous renseigne sur le passé de notre Univers et nous donne des informations sur leur température et leur composition.
- Dans les étoiles se forment les éléments chimiques : la chimie permet de comprendre la **structure et la composition de la matière** qui nous entoure et qui constitue notre Univers.

Exprimer une grandeur issue de la mesure

- **La notation scientifique**

Un nombre exprimé en notation scientifique s'écrit de la façon suivante : $N = A \times 10^n$, où :
– A est un nombre décimal supérieur ou égal à 1 et strictement inférieur à 10 ;
– n est un entier relatif (positif, négatif ou nul).

- **Les chiffres significatifs**

Il s'agit du nombre de chiffres utilisés pour écrire le coefficient A en notation scientifique.

Exemples

notation décimale	notation scientifique	nombre de chiffres significatifs
124,500	$1{,}24500 \times 10^2$	6
0,0002560	$2{,}560 \times 10^{-4}$	4
0,002	2×10^{-3}	1

ATTENTION !
Le chiffre zéro est significatif quand il est placé à droite du nombre : on doit le conserver dans l'écriture du nombre en notation scientifique.

- **Précision d'une mesure**

Une mesure est d'autant plus précise que le nombre de ses chiffres significatifs est grand.

Exemple

Mesure d'une longueur avec différents instruments de mesure.

instrument	longueur mesurée (cm)	précision de la mesure	nombre de chiffres significatifs
mètre-ruban	6	centimètre	1
double décimètre	6,0	dixième de centimètre	2
pied à coulisse	6,04	centième de centimètre	3

PHYSIQUE CHIMIE

LA MÉTHODE

Trouver l'ordre de grandeur d'une mesure

- L'ordre de grandeur d'un nombre est égal à la puissance de 10 la plus proche de ce nombre. L'ordre de grandeur présente un intérêt pour exprimer soit des nombres très grands (comme en astronomie), soit des nombres très petits (comme en physique atomique).

- Pour trouver l'ordre de grandeur d'un nombre, il faut d'abord **écrire ce nombre en notation scientifique** :

$$N = A \times 10^n.$$

– Si le coefficient A est strictement inférieur à cinq, il faut **arrondir à la puissance de dix inférieure** (soit 10^n).
– Si le coefficient A est supérieur ou égal à cinq, il faut **arrondir à la puissance de dix supérieure** (soit 10^{n+1}).

Exemple

nombre	notation scientifique	ordre de grandeur
124 000	$1{,}24000 \times 10^5$	10^5
8 546	$8{,}546 \times 10^3$	10^4
0,0352	$3{,}52 \times 10^{-2}$	10^{-2}
0,00050	$5{,}0 \times 10^{-4}$	10^{-3}

- **Application**
Le diamètre du Soleil est environ égal à 1 400 000 km. Son ordre de grandeur est donc égal à 10^6 km, soit un million de kilomètres.

S'ENTRAÎNER

1 QUIZ **Vrai ou faux ? Cocher la case qui convient.**

a. Le nombre 2 005,060 possède 3 chiffres significatifs. V ☐ F ☐
b. Le résultat de l'opération $36{,}0 \times 0{,}2240$ doit posséder 3 chiffres significatifs. V ☐ F ☐
c. La longueur $L = 245{,}26$ µm convertie en mètres est égale à $2{,}4526 \times 10^{-4}$ m. V ☐ F ☐
d. La longueur $L_1 = 0{,}785$ mm est plus grande que la longueur $L_2 = 1\ 224$ µm. V ☐ F ☐

2 Exprimer une grandeur numérique

Compléter le tableau suivant.

notation décimale en mètres	notation scientifique en mètres	expression dans une autre unité	ordre de grandeur en mètres	nombre de chiffres significatifs
635 050		… Mm		
0,000000009		… nm		
	$6{,}010 \times 10^3$	… km		
		19,05 µm		

3 Mesure du rayon d'une planète

Voici les mesures du rayon de la planète Mercure effectuées par différentes équipes d'astronomes :

équipe	rayon en mètres
1	$R_1 = 4{,}8 \times 10^6$ m
2	$R_2 = 4{,}88 \times 10^6$ m
3	$R_3 = 4{,}880 \times 10^6$ m

1. Combien de chiffres significatifs possède chaque valeur du rayon de Mercure ?
2. Quelle est la mesure la plus précise ?
3. Calculer la surface de Mercure (assimilable à une sphère) pour chacune des valeurs du rayon.
On donne la formule permettant de calculer la surface S d'une sphère en fonction de son rayon R :

$$S = 4 \times \pi \times R^2$$

POUR VOUS AIDER
Le résultat d'un calcul doit être exprimé avec le même nombre de chiffres significatifs que la donnée la moins précise.

4 Étude d'une course à pied

Le record du monde d'une course à pied en athlétisme est de 1 min 41 s.

1. Calculer la valeur de la durée Δt de la course en secondes.
2. Calculer la distance d parcourue en mètres, sachant que la vitesse de l'athlète était de $7{,}92\ \text{m}\cdot\text{s}^{-1}$.
3. Quel est, en mètres, l'ordre de grandeur de cette distance ?

5 Le carbone dans les médicaments

La plupart des médicaments contiennent l'atome de carbone, de symbole C. Celui-ci possède 12 nucléons dans son noyau et 6 électrons localisés autour du noyau.

1. Calculer la masse du noyau m_C de l'atome de carbone.
2. Calculer la masse totale m_{te} des électrons.
3. Calculer la masse M_a de l'atome de carbone. Que peut-on remarquer ?
4. Quelle est l'ordre de grandeur de la masse de cet atome ?

Données :
masse d'un nucléon : $m_n = 1{,}67 \times 10^{-27}$ kg ;
masse d'un électron : $m_e = 9{,}1 \times 10^{-31}$ kg.

SANTÉ

2 Analyse de signaux périodiques pour réaliser un diagnostic médical

L'ESSENTIEL

Caractéristiques d'un phénomène périodique

● Un phénomène est périodique s'il se répète **identique à lui-même à intervalles de temps réguliers**. Chaque intervalle de temps est appelé **période**, notée T, et s'exprime en **secondes (s)**.

● La **fréquence** F est égale au nombre de périodes contenues dans une seconde. Elle est égale à **l'inverse de la période**. Son unité est le **hertz (Hz)**.

$$F = \frac{1}{T}$$

fréquence F en hertz et période T en secondes.

Analyse d'un électrocardiogramme

● Des courants électriques très faibles circulent à travers le cœur et sont responsables de l'activité musculaire cardiaque. L'électrocardiographie permet de mesurer **l'activité électrique du cœur** grâce à des électrodes branchées sur des points précis du corps (fig. 1).

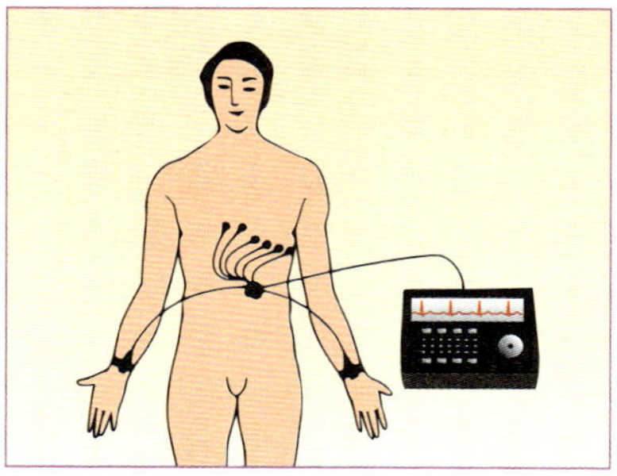

Fig. 1

● Un **électrocardiogramme** est la représentation graphique de l'activité électrique du cœur (fig. 2).

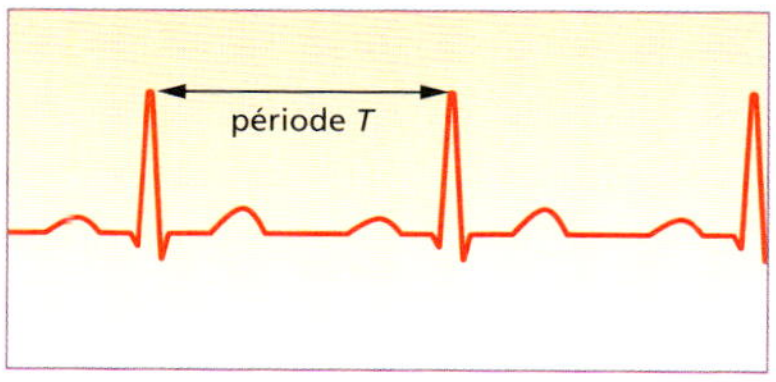

Fig. 2

Cet électrocardiogramme est une **fonction périodique du temps**. On peut déterminer la période T de l'activité cardiaque à partir de l'enregistrement : il s'agit de la durée séparant deux pics successifs (fig. 2).

Pour obtenir ensuite la fréquence cardiaque $F_{\text{cardiaque}}$ qui est égale au nombre de battements du cœur par minute, on réalise le calcul suivant :

$$F_{\text{cardiaque}} = \frac{60}{T}$$ où la période T est exprimée en secondes.

INFO

L'électrocardiographie permet de surveiller l'activité cardiaque et de détecter notamment les troubles du rythme cardiaque ou de prévenir un infarctus du myocarde.

Analyse d'un électroencéphalogramme

● Pour mesurer l'activité électrique du cerveau, on utilise des électrodes placées sur le cuir chevelu.

On obtient alors un **électroencéphalogramme** (fig. 3).

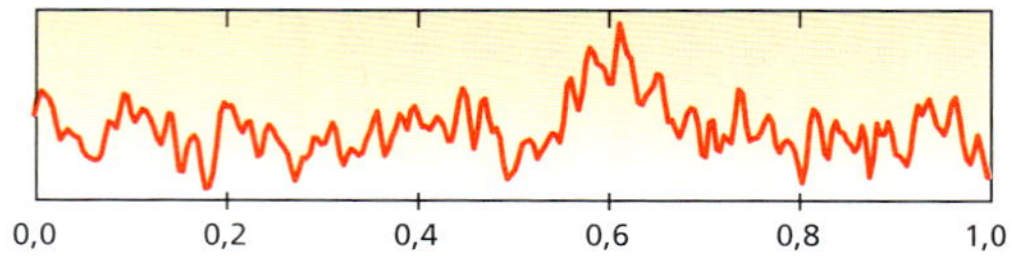

Fig. 3 Enregistrement sur une durée d'une seconde

● Sur ce tracé, on peut identifier différents rythmes cérébraux, caractérisés par leurs fréquences et leurs amplitudes (exprimées en microvolts), qui correspondent à des états psychologiques ou neurologiques différents.

Exemples Quand on est apaisé, l'intervalle de fréquences de notre rythme cérébral est [8 Hz ; 12 Hz] et son amplitude est comprise entre 25 µV et 100 µV. On nomme ce rythme **alpha**.

Quand on est anxieux, le rythme cérébral correspond au rythme **bêta** dont l'intervalle de fréquences est [13 Hz ; 30 Hz] et l'amplitude [5 µV ; 15 µV].

INFO

L'électroencéphalographie est indiquée pour diagnostiquer et étudier l'épilepsie et les troubles du sommeil, de la vigilance ou de la conscience.

L'oscilloscope

● C'est un appareil de mesure destiné à visualiser sur un écran l'**évolution de la tension électrique** mesurée par des électrodes (fig. 4).

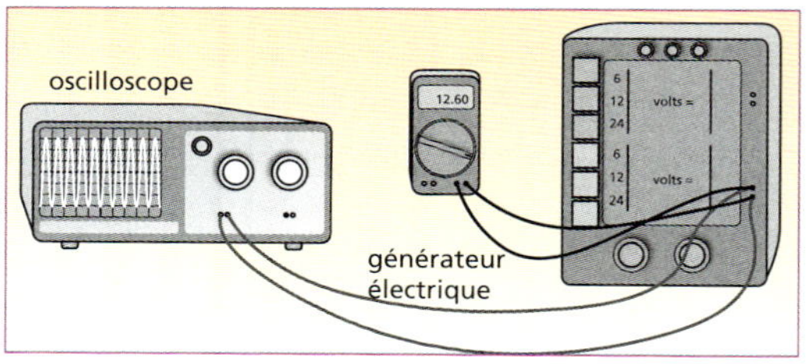

Fig. 4

● Sur l'écran de l'oscilloscope (fig. 5) sont définis :
- un axe horizontal qui correspond à l'axe des temps ;
- un axe vertical qui correspond à l'axe des tensions.

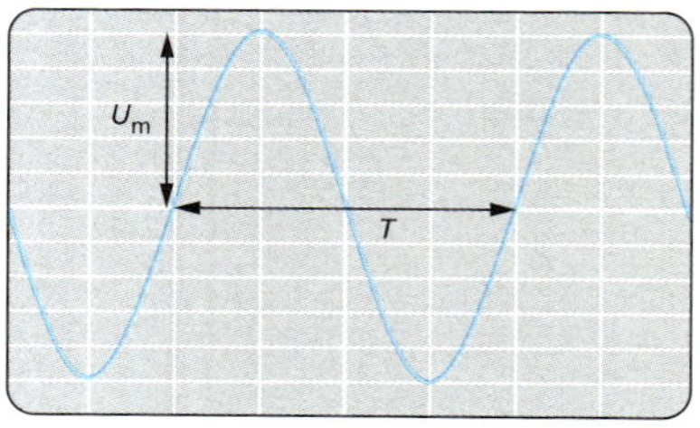

Fig. 5

La tension électrique périodique qui s'affiche sur l'écran peut être caractérisée par sa **période T** exprimée en secondes et son **amplitude U_m** exprimée en volts (fig. 5).

PHYSIQUE CHIMIE

LA MÉTHODE

Déterminer les caractéristiques d'un signal périodique

- On réalise la mesure d'une tension électrique délivrée par un générateur à l'aide d'un oscilloscope.
On obtient alors l'oscillogramme ci-dessous (fig. 6).

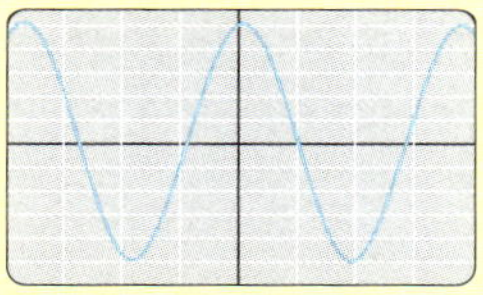

Fig. 6

- L'écran est subdivisé en carreaux appelés divisions. Chaque division est équivalente à un intervalle de temps sur l'axe horizontal et à une tension électrique sur l'axe vertical. L'axe horizontal est choisi comme **origine des tensions** : un point placé sur cet axe correspond à une tension nulle.
- La valeur d'une division nous est donnée par :
– la **durée de balayage** notée S_t et qui s'exprime en **ms/div** ou **µs/div** pour le temps ;
– la **sensibilité verticale** notée S_V et qui s'exprime en **V/div** ou **mV/div** pour les tensions.

- **Pour mesurer un intervalle de temps Δt** : on compte le nombre n de divisions correspondantes à l'horizontale, puis on multiplie ce nombre par la durée de balayage.

$$\Delta t = S_t \times n$$

- **Pour mesurer une tension U** : on compte le nombre m de divisions correspondantes à la verticale, puis on multiplie ce nombre par la sensibilité verticale.

$$U = S_V \times m$$

Application

Les réglages de l'oscilloscope sont les suivants :
$S_t = 2{,}0$ ms/div et $S_V = 1{,}0$ V/div
La mesure sur l'oscillogramme nous donne :
– à l'horizontale : avec $n = 4{,}0$ div,
on a $T = 2{,}0 \times 4{,}0 = 8{,}0$ ms :
c'est la période du signal électrique ;
– à la verticale : $m = 5{,}0$ div, donc $U = 1{,}0 \times 5{,}0 = 5{,}0$ V :
c'est l'amplitude du signal électrique.

PHYSIQUE CHIMIE

S'ENTRAÎNER

1 QUIZ

Vrai ou faux ? Cocher la case qui convient.

a. Une fréquence de 50 Hz correspond à 50 périodes par seconde. V ☐ F ☐
b. Un signal de fréquence égal à 100 Hz possède une période égale à 0,10 s. V ☐ F ☐
c. Un signal dont la période est égale à 2,00 ms a une fréquence égale à 500 Hz. V ☐ F ☐
d. La période correspondant à 4,0 divisions sur un oscillogramme dont la sensibilité horizontale est 2,0 ms/div, est égale à 2,0 ms. V ☐ F ☐

2 **Analyse d'un électrocardiogramme**

L'étude de l'électrocardiogramme d'une personne au repos permet de déterminer une période T_1 égale à 0,85 s.

1. Calculer la fréquence F_1 exprimée en hertz.
2. Calculer la fréquence cardiaque $F_{cardiaque\ 1}$ des battements du cœur.
3. On soumet cette même personne à un test d'effort. La nouvelle fréquence cardiaque $F_{cardiaque\ 2}$ s'élève alors à 90 battements par minute.
a. Comparer les fréquences cardiaques au repos et au cours de l'effort.
b. Calculer la fréquence F_2 (en Hz), puis la période T_2 (en s).
c. Comparer les périodes au repos et au cours de l'effort.

POUR VOUS AIDER

Plus une fréquence est élevée, plus la période associée est petite.

3 **Les rythmes cérébraux du cerveau**

On réalise un électroencéphalogramme et on rentre les résultats dans un tableau. Malheureusement, une erreur de manipulation a effacé certaines données.

Compléter le tableau en remplissant les cases effacées.

rythme cérébral	T (s)	F (Hz)	U (µV)	U (V)
alpha		10		$1{,}00 \times 10^{-4}$
	$5{,}0 \times 10^{-2}$		10	
	$1{,}1 \times 10^{-1}$			$5{,}0 \times 10^{-5}$
bêta		15	8	

4 **Exploiter un oscillogramme**

Au cours d'une expérience d'un TP, un élève obtient l'oscillogramme suivant.

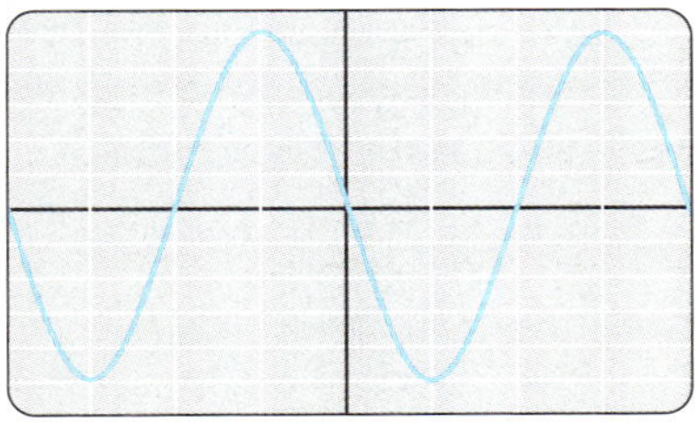

Les réglages de l'oscilloscope sont les suivants :
$S_t = 1{,}0$ ms/div et $S_V = 10$ mV/div.

1. Déterminer l'amplitude du signal électrique en volts (V).
2. Déterminer la période T en secondes (s).
3. Calculer la fréquence F en hertz (Hz).

3 Méthodes physiques pour explorer le corps humain

L'ESSENTIEL

Les ondes électromagnétiques

● Les ondes électromagnétiques sont des **vibrations électriques et magnétiques** qui se propagent de proche en proche. Elles sont utilisées dans le domaine de l'imagerie médicale pour obtenir des représentations de l'intérieur du corps humain (organes, squelette, circulation sanguine, etc.).

MOT CLÉ

L'**imagerie médicale** est l'ensemble des techniques d'exploration qui permet de visualiser l'intérieur du corps humain et d'obtenir des renseignements sur le métabolisme ou la physiologie.

● Ces ondes ont la propriété d'être **périodiques** dans le temps. Chaque onde est caractérisée par une **fréquence**. En fonction de cette fréquence, on a affaire à différents types d'ondes électromagnétiques dont l'application médicale est différente.

type d'onde	ordre de grandeur de la fréquence	technique d'imagerie médicale	parties du corps étudiées
lumière	10^{14} Hz	fibroscopie	bronches, estomac
rayon X	entre 10^{16} Hz et 10^{18} Hz	radiographie X	os, articulations
rayon γ	entre 10^{19} Hz et 10^{21} Hz	gammagraphie	poumons, crâne, abdomen

● La **lumière** est une onde électromagnétique dont la fréquence associée est comprise dans l'intervalle suivant : $[3,75 \times 10^{14}$ Hz ; $7,5 \times 10^{14}$ Hz$]$.
La lumière se propage dans le vide et dans les milieux transparents (air, verre, eau, etc.) **en ligne droite**.
Sa **vitesse dans le vide,** notée c, est égale à :

$$c = 3,0 \times 10^8 \text{ m}\cdot\text{s}^{-1}$$

Remarque 1 : cette vitesse est aussi celle dans l'air.
Remarque 2 : toutes les ondes électromagnétiques se déplacent à la même vitesse que la lumière.

Les ondes sonores

Les ondes sonores sont des **vibrations de la matière** qui se propagent de proche en proche. En fonction de leur fréquence *F*, on distingue trois types d'onde :
- les infrasons (0 Hz < *F* < 20 Hz) ;
- les sons (20 Hz < *F* < 20 000 Hz) ;
- les ultrasons (*F* > 20 000 Hz).

La vitesse dans l'air à 20 °C des ondes sonores (ou ultrasonores) est de l'ordre de **340 m·s^{-1}**.

Propriétés des ondes

Avec la lumière, nous allons illustrer deux propriétés communes à toutes les ondes, qu'elles soient électromagnétiques ou sonores.

● **La réflexion des ondes**
Lorsqu'une onde arrive sur un obstacle qu'elle ne peut traverser (plaque métallisée pour la lumière, tissus mous et os pour les ultrasons), celle-ci est réfléchie (fig. 1) : elle repart dans son milieu de propagation avec un changement de direction.

Fig. 1 Réflexion

● **La réfraction des ondes**
Lorsqu'une onde arrive sur la surface de séparation de deux milieux différents de propagation (passage de l'air à l'eau pour la lumière, par exemple), celle-ci change de direction de propagation lors du passage d'un milieu à l'autre (fig. 2).

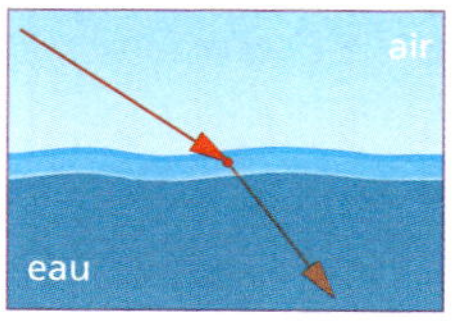

Fig. 2 Réfraction

Applications médicales

● **La radiographie X**
Des rayons X sont envoyés sur la partie du corps étudiée. Les tissus mous, tels que la peau, la graisse ou les muscles laissent passer ces rayons tandis que d'autres tissus tels que les os peuvent les stopper. On obtient alors une image où apparaissent en noir les tissus mous et en blanc les os. Cette technique permet ainsi d'obtenir des images du squelette.

● **L'échographie**
Des ultrasons sont envoyés dans la zone du corps que l'on veut visualiser. Ceux-ci sont plus ou moins réfléchis en fonction des obstacles qu'ils rencontrent : on enregistre les échos qui sont des signatures de ces obstacles. Sur l'image enregistrée, les tissus du corps apparaissent d'une couleur allant du blanc au noir en fonction des échos des ultrasons.

tissus	liquide simple	sang	os	placenta
couleur	noir	gris	blanc	blanc

Cette technique est très utilisée en obstétrique pour réaliser des vues des fœtus puis des bébés en formation dans le ventre de la mère.

PHYSIQUE CHIMIE

LA MÉTHODE

Comprendre le principe de l'échographie

- On peut visualiser sur l'écran d'un oscilloscope le signal électrique délivré par un récepteur d'ondes ultrasonores lorsque celui-ci détecte des ultrasons. Le signal observé est **périodique** (fig. 3).
- Lorsque le récepteur ne reçoit pas d'ultrasons, le signal visualisé correspond à une **tension nulle** (fig. 4).

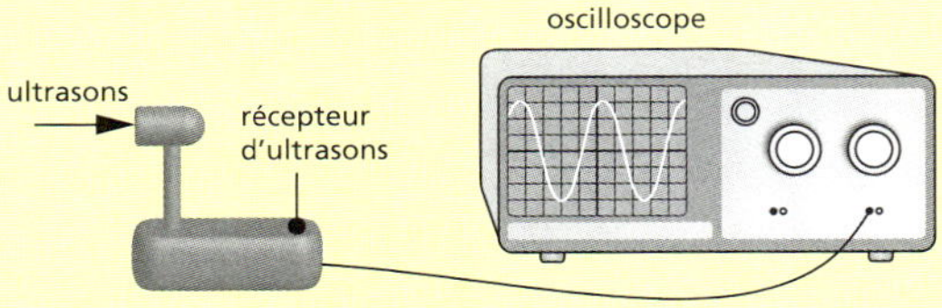

Fig. 3

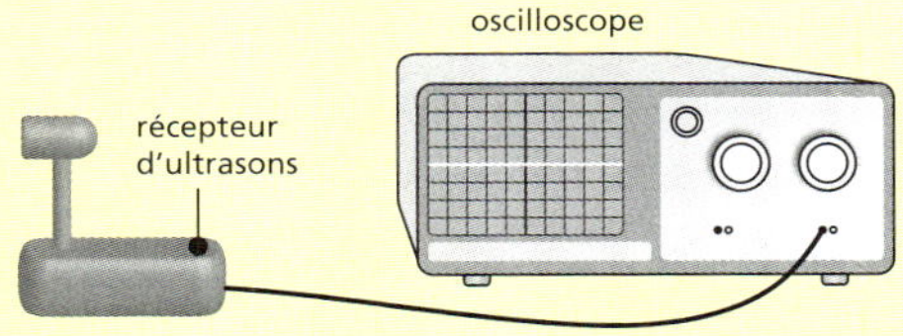

Fig. 4

- On réalise les deux expériences suivantes :

Expérience 1 :

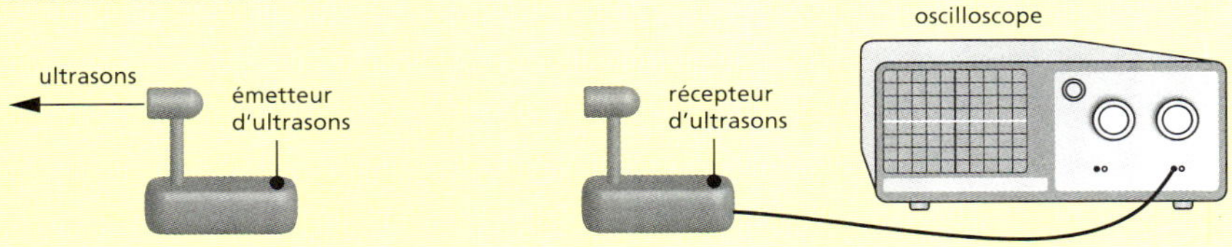

Expérience 2 :

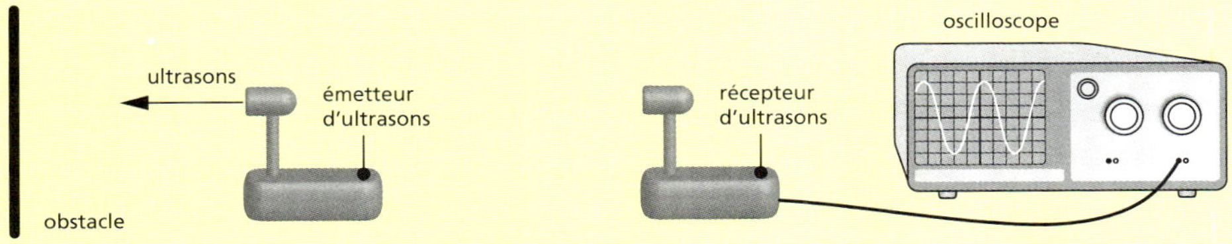

- On observe que dans l'expérience 2, le récepteur détecte des ultrasons. Il s'agit des ultrasons émis par l'émetteur et qui ont été réfléchis par l'obstacle. Le détecteur permet de visualiser un **écho ultrasonore**.

S'ENTRAÎNER

1 QUIZ

Vrai ou faux ? Cocher la case qui convient.

a. Les rayons X correspondent à des vibrations de la matière. V ☐ F ☐

b. Une vibration de la matière de fréquence égale à 50 Hz peut être une onde sonore. V ☐ F ☐

c. Les ultrasons ont des fréquences inférieures à celles des sons. V ☐ F ☐

d. La période des rayons X de fréquence égale à $2{,}0 \times 10^{16}$ Hz, vaut $5{,}0 \times 10^{-17}$ s. V ☐ F ☐

2 Étude d'une radio

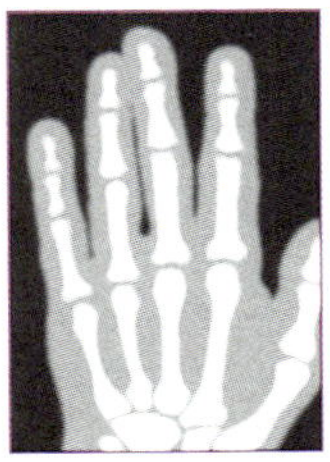

On réalise la radiographie X d'une main.

1. Qu'est-ce qui apparaît en blanc sur la radio ?

2. Calculer la période T en secondes des rayons X utilisés, sachant que leur fréquence F est égale à 9×10^{16} Hz.

3. On remplace la source de rayons X par une source lumineuse.

a. Quelle est la fréquence F d'une onde lumineuse de période T égale à $2{,}5 \times 10^{-15}$ s ?

b. Quelle image obtiendra-t-on ?

c. Comment peut-on expliquer la différence des images obtenues par les rayons X ou par la lumière ?

3 Sonde pour l'échographie

Un médecin échographiste a à sa disposition pour un usage courant, une sonde dont la fréquence est réglable entre les valeurs suivantes : 1,5 MHz à 4,5 MHz.

1. Calculer la plus grande des périodes T, exprimée en secondes, correspondant à cet intervalle de fréquences.

2. D'autres sondes sont à sa disposition, en fonction de l'usage qu'il doit en faire :

sonde	fréquence	précision du signal	zone visualisée
1	1,5 à 4,5 MHz	moyenne	organes profonds
2	5 MHz	bonne	organes peu profonds
3	7 MHz	très bonne	veines sous la peau

a. Quels sont les ultrasons qui pénètrent le plus profondément dans le corps humain ?

b. Est-il possible d'obtenir une image d'autant plus fine que l'organe est profond ?

c. Quel est l'ordre de grandeur en hertz de la fréquence de la sonde 3 ?

d. Sachant que la vitesse v des ultrasons dans les tissus humains est environ égale à $1{,}5 \times 10^{3}$ m·s^{-1}, calculer la durée de propagation pour un trajet de longueur L égale à 10 cm.

4 Étude du mouvement d'un solide

L'ESSENTIEL

Le sport, c'est le mouvement : sprinteurs ou coureurs de fond, lanceurs de poids ou de javelot... Des méthodes scientifiques permettent d'observer et d'analyser ces mouvements. Le but étant d'améliorer la pratique sportive que ce soit pour les compétiteurs (amélioration des performances) ou pour les amateurs (adaptation des efforts à la personne).

Cadre de l'étude

En règle générale, l'étude du mouvement d'un solide est difficile si on veut décrire le mouvement de toutes les parties du solide. Nous étudierons le mouvement des systèmes suivants :
- solides de très petites dimensions, assimilables à des points matériels ;
- points appartenant à des solides en mouvement ;
- solides dont tous les points constitutifs ont le même mouvement.

Caractéristiques du mouvement

● La **trajectoire** d'un système entre un état initial et un état final correspond au chemin suivi dans l'espace par le système entre les deux états. Elle est matérialisée par une courbe dans un espace à trois dimensions.

type de trajectoire	mouvement associé
portion de droite	mouvement rectiligne
portion de cercle	mouvement circulaire
courbe quelconque	mouvement curviligne

Exemples

Sur la figure 1, le mouvement du centre de la roue de la voiture en mouvement est rectiligne.

Sur la figure 2, le mouvement d'un point de l'hélice de l'éolienne est circulaire.

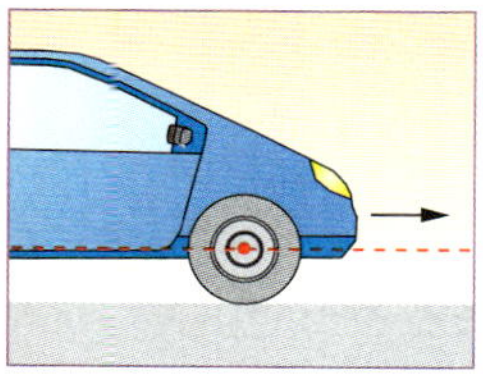
Fig. 1

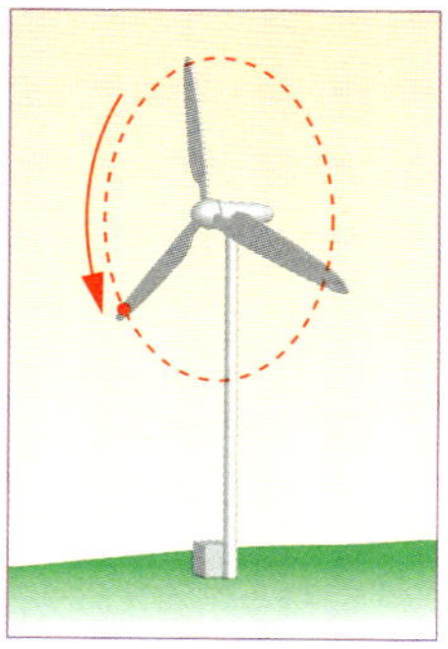
Fig. 2

● La **vitesse moyenne** v d'un système est égale au quotient de la distance d parcourue par l'intervalle de temps Δt correspondant à la durée du mouvement.

$$v = \frac{d}{\Delta t}$$

avec v en mètres par seconde ($m \cdot s^{-1}$), d en mètres (m) et Δt en secondes (s)

INFO

Une vitesse peut-être exprimée dans une unité plus adaptée. Par exemple :
– le kilomètre par heure (marcheurs, automobiles...) :
$1\ km \cdot h^{-1} = 1/3{,}6\ m \cdot s^{-1}$; $1\ m \cdot s^{-1} = 3{,}6\ km \cdot h^{-1}$
– le kilomètre par seconde (fusées, satellites, planètes...) :
$1\ km \cdot s^{-1} = 1 \times 10^3\ m \cdot s^{-1}$; $1\ m \cdot s^{-1} = 1 \times 10^{-3}\ km \cdot s^{-1}$

● La **vitesse instantanée** $v(t)$ d'un système est égale à la vitesse du système à un instant t. En fonction de l'évolution de la vitesse instantanée au cours du temps, on peut définir différents types de mouvements.

évolution de $v(t)$	mouvement associé
$v(t)$ augmente	mouvement accéléré
$v(t)$ diminue	mouvement décéléré
$v(t)$ est constante	mouvement uniforme

La relativité du mouvement

● L'étude d'un mouvement se fait toujours par rapport à un **référentiel**.
Un référentiel est un solide de référence. On se munit d'une horloge pour marquer le temps et d'un système d'axes permettant de repérer les positions dans l'espace.

● Le **référentiel terrestre** correspond au cas où la Terre est le solide de référence.

INFO

Il existe, pour un système en mouvement, un référentiel adapté à son étude :
– géocentrique pour l'étude du mouvement des satellites ;
– héliocentrique pour l'étude du mouvement des planètes.

● Pour **deux référentiels fixes** l'un par rapport à l'autre, le mouvement d'un solide est identique.

● Pour **deux référentiels en mouvement** l'un par rapport à l'autre, le mouvement d'un solide (trajectoire ou vitesse) est perçu différemment.

Exemple Un voyageur dans la voiture est fixe par rapport au référentiel voiture et en mouvement rectiligne par rapport au référentiel terrestre (fig. 3).

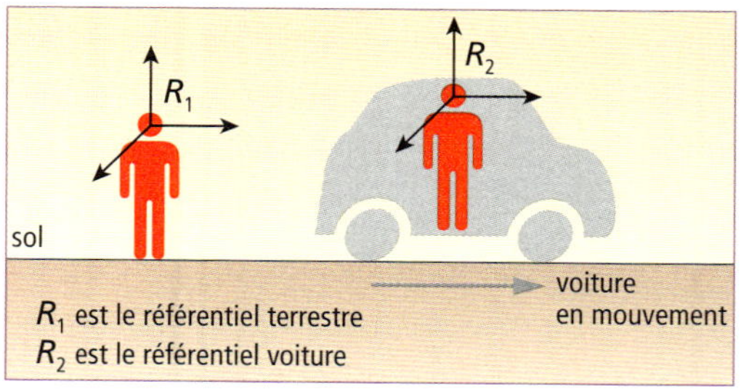

Fig. 3

PHYSIQUE CHIMIE

LA MÉTHODE

Étudier un mouvement à l'aide d'une chronophotographie

- La chronophotographie est une technique qui consiste à représenter les **positions d'un objet en mouvement** à différents instants sur une même photographie.
L'intervalle de temps entre deux positions successives est constant.

- La figure 4 représente la chronophotographie de la chute d'une balle dans l'air.
Grâce à un logiciel d'acquisition des données, on peut calculer la vitesse instantanée de la balle.

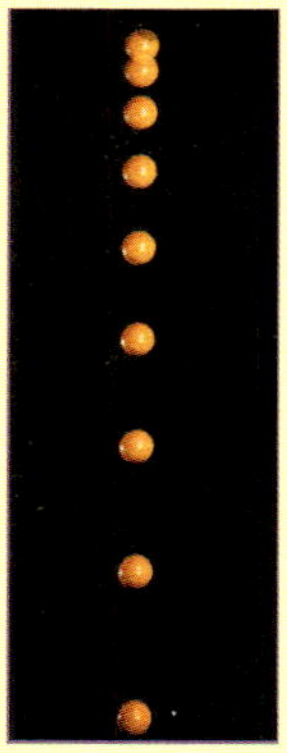

Fig. 4

L'évolution de la vitesse instantanée de la balle, notée $V(t)$, au cours du temps est donnée sur la figure 5.

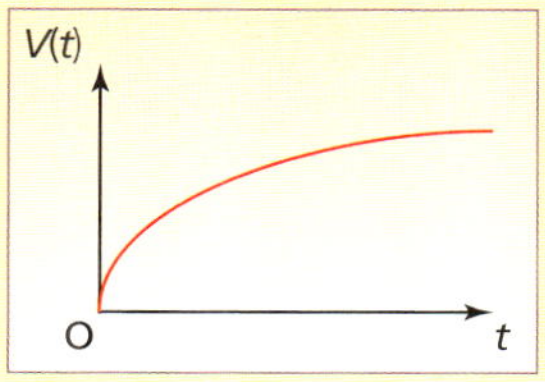

Fig. 5

Les deux enregistrements permettent de définir le mouvement de la balle.

- **Conclusion**
La trajectoire est une portion de droite et la vitesse instantanée augmente au cours du temps : c'est un mouvement rectiligne et accéléré.

S'ENTRAÎNER

1 QUIZ **Vrai ou faux ? Cocher la case qui convient.**

a. Une voiture en mouvement rectiligne et uniforme peut se trouver dans un tournant. V ☐ F ☐
b. Lors d'un freinage, un véhicule a un mouvement décéléré. V ☐ F ☐
c. Le mouvement d'un pilote d'une Formule 1 en mouvement est le même dans le référentiel terrestre et dans le référentiel lié à la voiture de course. V ☐ F ☐
d. La vitesse d'une voiture parcourant 100 km en 2,0 heures est égale à 50 km·h^{-1}. V ☐ F ☐

2 Caractéristiques du mouvement

Compléter le tableau suivant.

type de mouvement	trajectoire du solide	évolution de la vitesse au cours du temps
rectiligne accéléré		
rectiligne uniforme		
curviligne uniforme		
circulaire décéléré		

3 Référentiel terrestre ou non ?

1. Une voiture se déplaçant est-elle assimilable à un référentiel terrestre ?
2. Qu'en est-il d'un ascenseur qui descend ?

4 Étude de la chronophotographie d'une balle

On filme une balle en mouvement sur un plan incliné avec une caméra placée au-dessus du plan incliné (fig. 1).

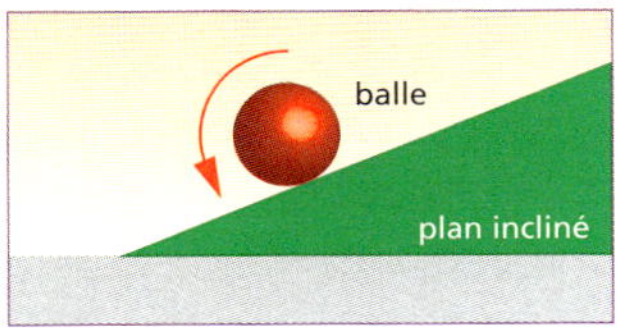

Fig. 1

On réalise alors la chronophotographie du centre de cette balle en mouvement (fig. 2). L'intervalle de temps, noté Δt, entre deux positions successives est égal à 0,1 s.

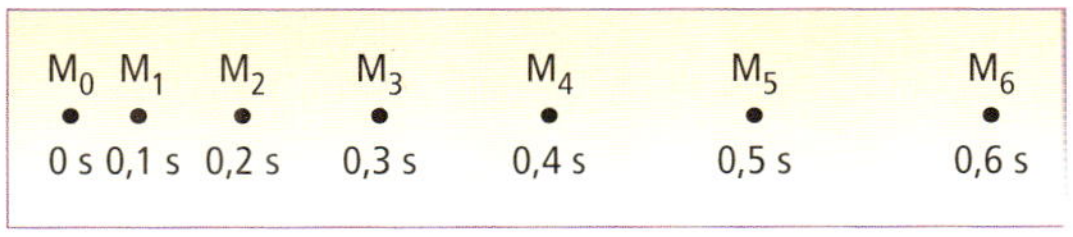

Fig. 2

On représente aussi l'évolution de la vitesse instantanée de la balle, notée $V(t)$, au cours du temps (fig. 3).

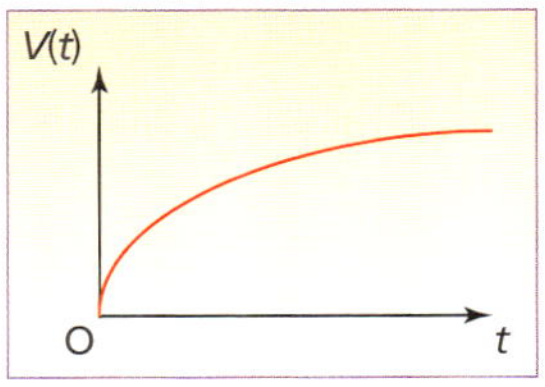

Fig. 3

1. Indiquer les caractéristiques du mouvement du centre de la balle en vous aidant des figures 1 et 2.
2. Sans les calculer, comparer les vitesses moyennes du centre de la balle entre M_0 et M_3 d'une part, et entre M_3 et M_6 d'autre part. Ce résultat est-il en accord avec la réponse à la question 1 ?

POUR VOUS AIDER

Pour évaluer la vitesse moyenne v d'un système se déplaçant en ligne droite entre deux points A et B pendant une durée Δt, on calcule : $v = \frac{AB}{\Delta t}$ où AB est la distance entre A et B.

5 Mouvements et forces

L'ESSENTIEL

Lors du démarrage d'un sprinter de 100 m ou lors du lancer d'un projectile initialement immobile (javelot, poids...), des forces doivent être appliquées à ces systèmes afin qu'ils puissent être mis en mouvement.

Les forces

● Une force est une **action exercée sur un solide** qui est caractérisée par :
- son point d'application ;
- sa direction ;
- son sens ;
- son intensité, qui s'exprime en **newtons (N)**.

● Une force est représentée par un segment fléché appelé **vecteur force** (fig. 1).

Exemple

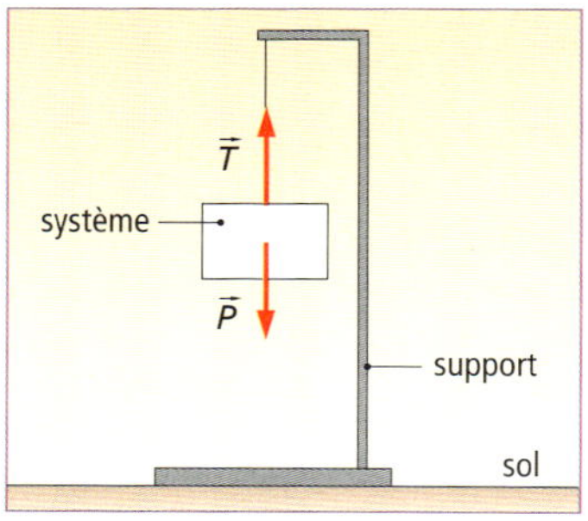

Fig. 1

vecteur force	nom
$\vec{P}$	poids du système
$\vec{T}$	tension exercée par le fil

Les effets d'une force

● Une force appliquée à un système peut avoir différents effets :
- mettre en mouvement le système initialement au repos ;
- modifier le mouvement d'un système (sa trajectoire et/ou sa vitesse instantanée) ;
- mettre au repos un système en mouvement ;
- déformer un système.

● Les trois premiers effets dépendent de la masse du système : pour une intensité de force fixée, l'effet est d'autant plus faible que la masse du système est grande.

Le principe d'inertie

● **Énoncé du principe**

Tout système sur lequel aucune force ne s'exerce, ou dont toutes les forces appliquées se compensent, persiste dans son état de repos ou de mouvement rectiligne uniforme.

● **Conditions d'application du principe**

Ce principe est uniquement valable dans certains référentiels qui sont qualifiés de galiléens. La Terre, pour les mouvements de courtes durées, est un **référentiel galiléen**.

Étude de la chute libre d'un corps

● On lâche depuis une hauteur h une bille. Sa vitesse initiale (à l'instant $t = 0$ s) est nulle : $v = 0$ m·s^{-1}. On représente sur la figure 2 les positions successives du centre de la bille au cours de la chute.

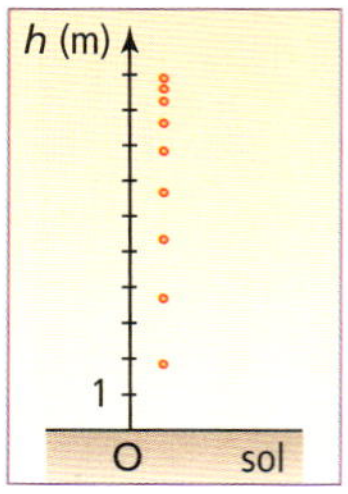

Fig. 2

● Le mouvement observé dans le référentiel terrestre est rectiligne et accéléré.
Les deux forces agissant sur la bille sont : le poids de la bille et la force de frottement de l'air.

● D'après le **principe d'inertie**, on en déduit que **les deux forces ne se compensent pas**.

PERSONNAGE CLÉ

Galilée (1564-1642) : astronome et physicien italien. C'est l'un des fondateurs de la mécanique moderne : loi de la chute des corps, expériences de la descente d'un corps le long d'un plan incliné. Il est le premier à formuler le principe d'inertie.

Étude d'un saut en parachute et effet de la force de frottement de l'air

● Le saut en parachute est aujourd'hui un sport reconnu. Au cours de la première partie du saut où le parachutiste n'ouvre pas son parachute, on observe deux phases dans le mouvement :
- une première phase où le mouvement est rectiligne et accéléré.
- une seconde phase où le mouvement est rectiligne et uniforme.

Au cours de ces deux phases, les deux forces appliquées sont le poids du parachutiste et la force de frottement de l'air.

● Grâce à l'étude précédente, on sait déjà que les deux forces appliquées au cours de la première phase ne se compensent pas. C'est pour cela que la vitesse augmente.

● Pour la deuxième phase, le **principe d'inertie** nous indique que les deux forces, **le poids et la force de frottement de l'air doivent se compenser.**

● **Conclusion** : sachant que le poids reste constant, on en déduit que la force de frottement de l'air doit varier au cours de la chute. L'augmentation de la force de frottement de l'air permet au bout d'un certain temps de compenser le poids et donc de limiter la vitesse.

LA MÉTHODE

Étudier le lancement d'un projectile

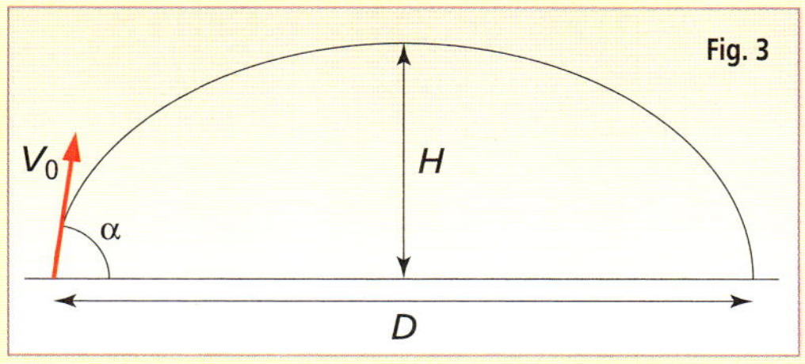

Fig. 3

Afin d'améliorer les performances d'un athlète lanceur de marteau, on étudie à l'aide d'un logiciel le lancer du marteau : on s'intéresse à la trajectoire d'un point particulier du marteau.

● Les caractéristiques du lancer sont au nombre de deux : la valeur de la vitesse instantanée V_0 à l'instant initial et l'angle α que fait la direction du lancer avec l'horizontale, appelé angle de tir. La trajectoire du point est une courbe particulière appelée **parabole**. On note H la hauteur maximale atteinte par le projectile au cours de sa trajectoire, et D la distance entre le point d'impact sur le sol et le point de lancement (fig. 3).
À l'aide d'un logiciel de simulation, on peut étudier l'influence sur H et D des deux paramètres V_0 et α.

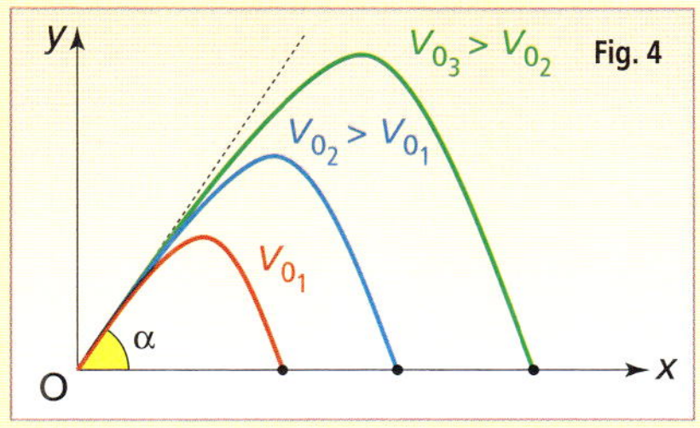

Fig. 4

● **Influence de la vitesse initiale sur la trajectoire parabolique (fig. 4).**
Conclusion : la hauteur H et la distance D sont des fonctions croissantes de la vitesse initiale V_0.

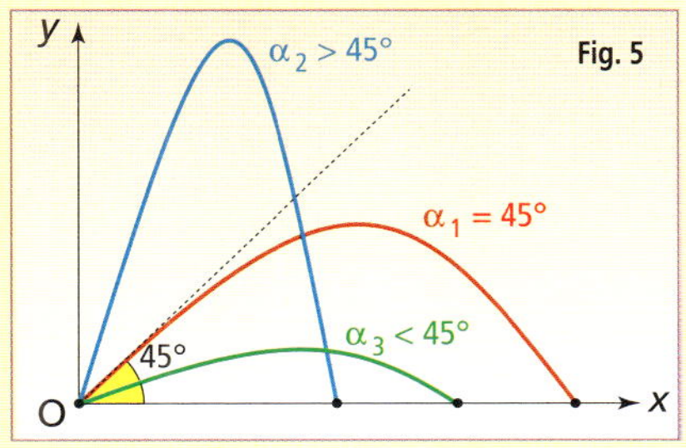

Fig. 5

● **Influence de l'angle de tir sur la trajectoire parabolique (fig. 5).**
Conclusion : la hauteur H est une fonction croissante de l'angle de tir α. La distance D est maximale lorsque l'angle de tir vaut 45°.

● **Conclusion générale :** afin d'améliorer ses performances, le lanceur de marteau doit effectuer ses lancers avec un angle de tir le plus proche possible de 45° et donner une vitesse initiale au marteau la plus grande possible.

S'ENTRAÎNER

1 QUIZ

Vrai ou faux ? Cocher la case qui convient.

a. Si une balle en chute libre est uniquement soumise à son poids, alors son mouvement est rectiligne et uniforme. V ☐ F ☐

b. Lors du freinage d'un véhicule, les forces appliquées se compensent. V ☐ F ☐

c. Le mouvement d'une Formule 1 est rectiligne uniforme seulement si les forces appliquées se compensent. V ☐ F ☐

d. La vitesse d'une voiture parcourant une ligne droite passe de 50 $km \cdot h^{-1}$ à 60 $km \cdot h^{-1}$. Sur cette portion de route, les forces appliquées à la voiture ne se compensent pas. V ☐ F ☐

2 Le mouvement d'un palet de hockey sur glace

On enregistre la chronophotographie du mouvement d'un point particulier d'un palet lancé sur la surface d'une patinoire qui n'exerce aucun frottement. L'intervalle de temps entre deux positions successives du palet est égal à 120 ms.

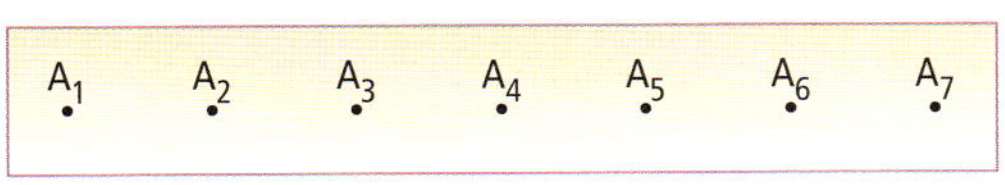

L'étude du mouvement se fait dans le référentiel terrestre supposé galiléen.

1. Quel est le type de mouvement observé ?

2. Calculer la vitesse du palet en mètres par seconde, sachant que la distance entre A_1 et A_7 est égale à 10,0 cm.

3. Identifier toutes les forces appliquées au système « palet ».

4. Donner l'expression de la résultante des forces appliquées au système « palet », notée $\overrightarrow{R_{forces}}$, égale à la somme vectorielle de toutes les forces appliquées au système.

5. Quelle doit être la valeur de la résultante des forces appliquées au système « palet » ? Justifier la réponse.

3 Étude de la chute libre d'une balle de tennis

Lors de la chute libre d'une balle de tennis, la vitesse instantanée a pour expression : $v(t) = 10 \times t$ avec v en mètres par seconde et t en secondes.

1. Calculer la vitesse de la balle au bout de 0,5 s, puis de 1,5 s.

2. Comment évolue la vitesse au cours du temps ?

3. Les forces appliquées sur la balle se compensent-elles ?

4. La hauteur de chute h (distance parcourue par la balle au cours de sa chute) est égale à : $h(t) = 5 \times t^2$
avec h en mètres et t en secondes.
Calculer la hauteur parcourue par la balle sachant que la durée totale de la chute est égale à 1,6 s.

6 Les effets de la pression

L'ESSENTIEL

La pression est une grandeur physique qui joue un grand rôle dans les effets de l'altitude sur les performances sportives et également dans les phénomènes physiologiques intervenant dans la plongée sous-marine.

Les unités de pression

Dans le système international, l'unité légale de pression est le **pascal (Pa)**. On utilise souvent en météorologie un multiple de cette unité : l'hectopascal.

$$1 \text{ hPa} = 1 \times 10^2 \text{ Pa}$$

Une unité usuelle est encore utilisée : le bar.

$$1 \text{ bar} = 1 \times 10^5 \text{ Pa}$$

Définition de la pression d'un gaz ou d'un liquide

- La pression est la **force exercée par le gaz ou le liquide sur les parois du récipient** par unité de surface.
- Considérons un liquide ou un gaz exerçant une force F sur une paroi de surface S, la pression P est définie par la relation :

$$P = \frac{F}{S}$$

P en pascals (Pa) ; F en newtons (N) ;
S en mètres carrés (m²).

Performances sportives en altitude et rôle de la pression

- L'air se raréfiant au fur et à mesure que l'altitude augmente, il y a moins de molécules par unité de volume et donc moins de chocs : **la pression est une fonction décroissante de l'altitude**.

altitude (km)	0	1	2	10
pression (hPa)	1 013	900	794	265

- La conséquence de la diminution de la pression est **une résistance à l'air plus faible**. Cette résistance à l'air joue un grand rôle dans les courses de vitesse à pied (jusqu'à 200 m), dans le saut en longueur ou dans les courses cyclistes car elle limite la pénétration dans l'air et donc modifie la vitesse. Les performances dans ces sports sont améliorées lorsque l'altitude augmente.

Pression dans un liquide au repos et influence de la profondeur

- La pression dans un liquide est une fonction croissante de la profondeur. Les valeurs numériques sont données pour l'eau.

profondeur (m)	0	3	10	20	40
pression (bar)	1,0	1,3	2,0	3,0	5,0

Calculons la différence de pression ΔP entre deux points du liquide (ici de l'eau) dont la différence de profondeur est égale à Δh.

Δh (m)	3	7	10	20	30	40
ΔP (bar)	0,3	0,7	1,0	2,0	3,0	4,0
$\Delta P/\Delta h$ (bar·m⁻¹)	0,1	0,1	0,1	0,1	0,1	0,1

Conclusion : la différence de pression entre deux points d'un liquide est proportionnelle à la différence de profondeur entre les deux points.

INFO

La relation mathématique entre les deux différences est la suivante : $\Delta P = k \times \Delta h$
avec ΔP en pascals (Pa), Δh en mètres (m) et $k = 9\ 800$ unités SI pour l'eau.

Dissolution d'un gaz dans un liquide : l'exemple du diazote dissous dans le sang

On détermine pour le diazote gazeux, **la quantité maximale de gaz que l'on peut dissoudre** dans un litre de sang (à 37 °C) en fonction de la pression.

pression (bar)	1,0	2,0	3,0
quantité maximale de diazote dissous (mol)	$5{,}6 \times 10^{-4}$	$1{,}1 \times 10^{-3}$	$1{,}7 \times 10^{-3}$

On remarque que cette quantité est une **fonction croissante de la pression**.
Conclusion : la quantité maximale de gaz dissous dans un volume donné de liquide augmente avec la pression.

Effet de la pression en plongée sous-marine

- Lors de la remontée en fin de plongée, le plongeur se trouve soumis à une **pression qui diminue**. Le diazote dissous dans le sang repasse à l'état gazeux, du fait de la diminution de la quantité maximale que peut dissoudre le sang.
- Si la remontée est trop rapide, le diazote gazeux n'a pas le temps d'être évacué par les poumons et des **bulles de gaz** de volume de plus en plus important se forment dans les **vaisseaux sanguins**. Ces bulles peuvent alors bloquer l'irrigation sanguine du cerveau ou des organes vitaux. Le plongeur s'expose alors à un accident grave.
- Pour éviter de tels accidents, les plongeurs effectuent au cours de leur remontée des **paliers de décompression** : le plongeur reste pendant une certaine durée (de quelques minutes à plus d'une heure) à une profondeur constante afin de laisser le temps à son organisme d'éliminer le diazote gazeux formé au cours de la remontée.

LA MÉTHODE

Mesurer la différence de pression dans un liquide

● On plonge dans une grande éprouvette remplie d'eau la sonde d'un capteur de pression. Ce capteur est un **manomètre** à affichage numérique qui mesure des pressions relatives : il s'agit de la différence de pression ΔP entre le point où la pression est mesurée et un point de référence (placé à la surface du liquide).

● Cette sonde est solidaire d'une règle graduée qui permet d'indiquer à quelle profondeur h se trouve l'extrémité de la sonde (fig. 3).

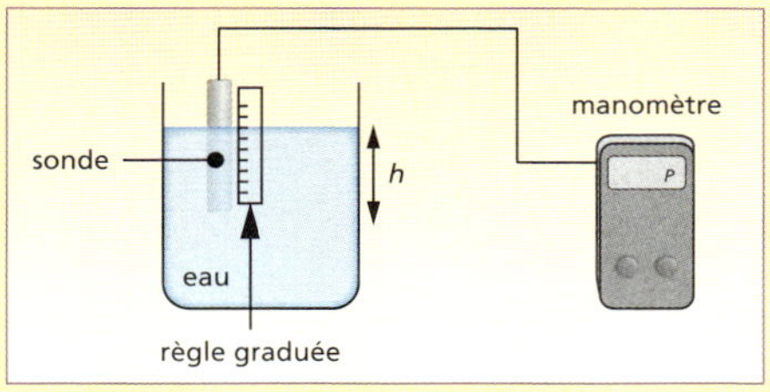

Fig. 3

● Pour différentes profondeurs h (exprimées en centimètres), on relève la différence de pression ΔP mesurée par le manomètre (exprimée en hectopascals).

h (cm)	1,0	2,0	3,0	4,0	5,0	6,0	8,0	10,0
ΔP (hPa)	0,97	2,02	2,91	4,08	4,95	5,96	7,80	9,80

● On trace l'évolution de la différence de pression en fonction de la profondeur (fig. 4).

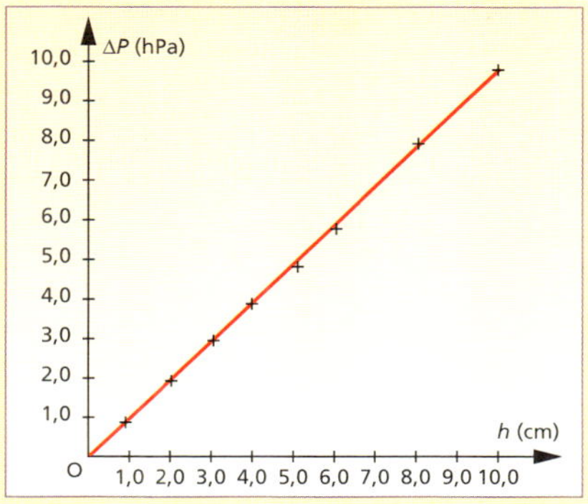

Fig. 4

On constate que l'on obtient une portion de droite passant par l'origine.

● La profondeur h s'identifie avec la différence de profondeur Δh entre la surface de l'eau et le point où la mesure de la différence de pression a été effectuée.

● Le graphique nous montre que la différence de pression entre un point à la surface de l'eau et un point sous l'eau est **proportionnelle** à la différence de profondeur entre les deux points.

S'ENTRAÎNER

1 QUIZ

Vrai ou faux ? Cocher la case qui convient.

a. Lorsque la force F s'exerçant sur une paroi de surface S augmente, la pression P exercée diminue. V ☐ F ☐

b. La surface de la coque d'un sous-marin soumise à une force de $2{,}0 \times 10^8$ N et à une pression égale à $2{,}0 \times 10^5$ Pa est égale à 1 000 m^2. V ☐ F ☐

c. Pour augmenter les performances sportives d'un cycliste, on peut aller en altitude. V ☐ F ☐

2 Relation entre force et pression d'un gaz

La pression d'un gaz dans un récipient est égale à 3,00 bar.

1. Sachant que 1 bar = 10^5 Pa, calculer la force exercée par le gaz sur une surface de 10 cm^2 du récipient.

2. Quelle doit être la pression du gaz pour que cette force soit égale à 200 N ?

3. Quelle est l'origine de la pression du gaz ?

3 La plongée sous-marine

En descendant vers les profondeurs, un plongeur est soumis à des pressions de plus en plus importantes.

profondeur (m)	0	20	30	50	
pression (bar)	1,0	3,0	4,0		7,0

1. Au cours d'une descente de 10 m, quelle est la variation de pression ?

2. Compléter le tableau précédent.

3. À quelle force exercée sur 1,0 cm^2 de peau est soumis le plongeur lorsqu'il est à une profondeur de 30 m ?

4. Quelles précautions doit prendre le plongeur lors de sa remontée à la surface ?

5. Quel gaz représente un danger pour le plongeur ?

6. Comment varie la quantité maximale de ce gaz dissous dans le sang lors de la remontée vers la surface ?

4 Exploit aux Jeux olympiques

Aux Jeux olympiques de Mexico en 1968, l'athlète américain Bob Beamon a pulvérisé le record du monde de saut en longueur (8,90 m). Ce record a tenu 23 ans avant de tomber (8,95 m en 1991 par Mike Powell).

1. Rechercher l'altitude de la ville de Mexico.

2. Comment expliquer un tel record ?

3. La pression à Mexico est $P = 7{,}7 \times 10^2$ hPa. Calculer la force de pression agissant sur une surface de 1,0 m^2.

4. Pour améliorer son record, Bob Beamon aurait-il dû aller concourir à Lima au Pérou (80 m d'altitude) ou à La Paz en Bolivie (3 660 m d'altitude) ?

5. À La Paz, la force F qui s'exerce sur une surface de 0,5 m^2 est égale à $3{,}2 \times 10^4$ N. Calculer la pression P qui règne à La Paz.

PHYSIQUE CHIMIE

7 La pression dans un gaz

L'ESSENTIEL

Description microscopique des gaz

Au niveau microscopique, un gaz est un **état dispersé et désordonné**. Les **molécules** constituant le gaz sont très éloignées les unes des autres, en **mouvement permanent** rebondissent sur les parois et s'entrechoquent (fig. 1).

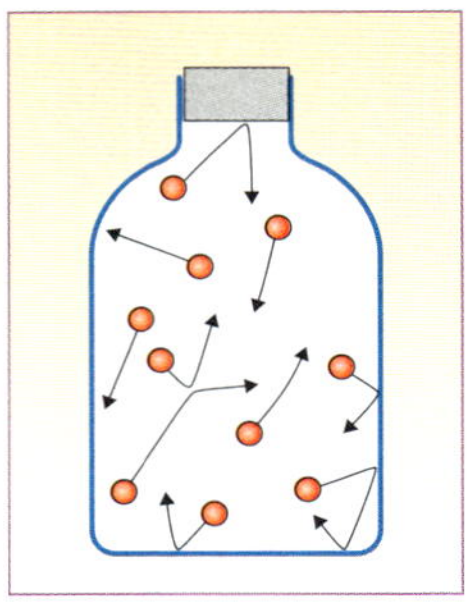

Fig. 1

Origine de la pression dans un gaz

● Les molécules du gaz rebondissent sur les parois du récipient (fig. 1). À chaque rebond, la molécule exerce une force sur la paroi. La résultante de toutes les forces exercées par les chocs des molécules est égale à la force F exercée sur la paroi par le gaz.

● **Conclusion :** l'origine de la pression dans un gaz est la **multitude des chocs des molécules sur la paroi.**

Description macroscopique d'un gaz

À notre échelle (appelée échelle macroscopique), on utilise des grandeurs macroscopiques pour décrire un gaz :

- la **quantité de matière** contenue dans l'échantillon gazeux. On la note n et elle a pour unité la **mole (mol)** ;
- la **pression du gaz :** il s'agit de la force exercée par le gaz sur les parois du récipient par unité de surface. On la note P et elle s'exprime en **pascals (Pa)** ;
- le **volume du gaz :** il s'agit de l'espace occupé par le gaz. On le note V et il s'exprime en **mètres cubes (m^3)** ;
- la **température du gaz** est une grandeur directement reliée à l'agitation thermique des molécules : la température est une fonction croissante de la vitesse d'agitation des molécules du gaz. On la note t et elle s'exprime en **degrés Celsius (°C)**.

Remarque : l'unité légale de température est le **kelvin (K)**. C'est l'unité de l'échelle de température absolue qui est reliée à l'échelle des degrés Celsius par la relation :

$$\boxed{T = t + 273{,}15}$$

T en kelvins (K) ; t en degrés Celsius (°C).

Volume occupé par un gaz

Considérons différents gaz pris dans les mêmes conditions de température et de pression (t = 20 °C ; $P = 1 \times 10^5$ Pa) et contenant la même quantité de matière $n = 2{,}0$ mol.
On mesure leurs volumes, exprimés en litres.

nature du gaz	dioxygène O_2	dioxyde de carbone CO_2	méthane CH_4	hélium He
volume occupé (L)	49,1	49,0	49,0	49,2

● **Conclusion :** à pression et à température données, une quantité de gaz donnée occupe un volume qui ne dépend pas de la nature du gaz.

● **Conséquence :** le volume molaire des gaz V_m est indépendant de la nature du gaz, il ne dépend que de la température et de la pression.

Exemples

$t = 0$ °C et $P = 1{,}0 \times 10^5$ Pa : $V_m = 22{,}4$ L·mol^{-1}
$t = 25$ °C et $P = 1{,}0 \times 10^5$ Pa : $V_m = 24{,}5$ L·mol^{-1}

La loi de Boyle-Mariotte

● Pour un échantillon de gaz donné, à température fixée, on fait varier le volume V occupé et on mesure la pression exercée par le gaz.

volume occupé (m^3)	3,0	1,5	1,0	0,5
pression exercée (Pa)	$1{,}0 \times 10^5$	$2{,}0 \times 10^5$	$3{,}0 \times 10^5$	$6{,}0 \times 10^5$

On constate que le produit $P \times V$ est une constante :
$P \times V = 3{,}0 \times 10^5$ Pa·m^3
Ce résultat est généralisable à tous les gaz. L'expérience montre que le produit $P \times V$ dépend de la température du gaz.

● **Énoncé de la loi de Boyle-Mariotte**
À température constante, le produit $\boldsymbol{P \times V}$ d'un échantillon de gaz est une **constante.**

Le modèle du gaz parfait (pour aller plus loin)

Loi des gaz parfaits

$$\boxed{P \times V = n \times R \times T}$$

P en pascals (Pa) ; V en mètres cubes (m^3) ;
n en moles (mol) ; T en kelvins (K) ;
R est la constante des gaz parfaits :
$R = 8{,}31$ J·K^{-1}·mol^{-1}.

MOT CLÉ
Un **gaz** est dit **parfait** si les molécules qui le constituent sont totalement indépendantes les unes des autres, c'est-à-dire si elles n'interagissent pas entre elles à distance.

PHYSIQUE CHIMIE

LA MÉTHODE

Vérifier la loi de Boyle-Mariotte

- On enferme de l'air dans une seringue, puis on mesure, pour différents volumes V imposés par la seringue, la pression P (fig. 1).

Fig. 1

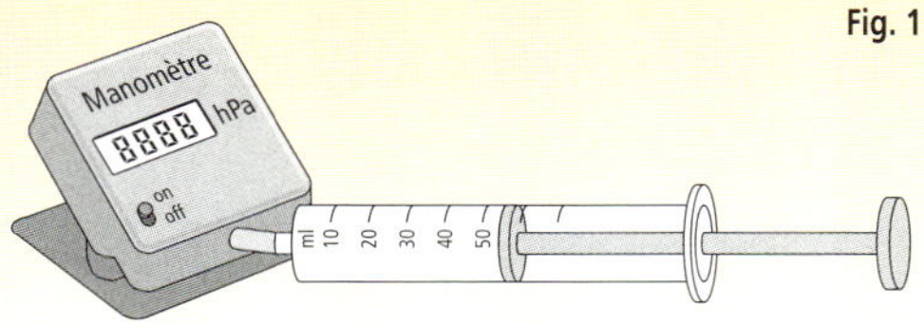

V (cm³)	24,0	26,0	28,0	30,0	32,0
P (Pa)	$1{,}25 \times 10^5$	$1{,}15 \times 10^5$	$1{,}07 \times 10^5$	$1{,}0 \times 10^5$	$9{,}4 \times 10^4$

La température est constante et égale à celle de la pièce : $t = 20$ °C. La quantité de matière n_{air} contenue dans la seringue est constante au cours de l'opération.

- On montre que le produit $P \times V$ est constant (aux incertitudes de mesure près) :

$P \times V$ (Pa·m³)	3,00	2,99	2,99	3,00	3,01

Ce résultat constitue bien la **loi de Boyle-Mariotte** : à température constante, le produit $P \times V$ d'un échantillon de gaz est une constante.

- On peut déterminer, grâce à la **loi des gaz parfaits**, la quantité d'air enfermée dans la seringue.

$$n_{air} = \frac{P \times V}{R \times T}$$

$P = 1{,}0 \times 10^5$ Pa ; $V = 30{,}0 \times 10^{-6}$ m³ ; $T = 293{,}15$ K ; $R = 8{,}31$ J·K⁻¹·mol⁻¹.

Application numérique : $n_{air} = 1{,}2 \times 10^{-3}$ mol.

S'ENTRAÎNER

1 QUIZ

Vrai ou faux ? Cocher la case qui convient.

a. Une température de 10 °C correspond à 293,15 K. V ☐ F ☐

b. Pour une température de 20 °C et une pression de 1 bar, une quantité de 10,0 mol de dioxyde de carbone occupe un volume de 0,2 m³ et la même quantité de dioxygène occupe un volume de 0,4 m³. V ☐ F ☐

c. Pour un échantillon de gaz fixé, une diminution de son volume entraîne une augmentation de sa pression. V ☐ F ☐

d. Si la pression d'un gaz double, alors son volume est divisé par 2. V ☐ F ☐

2 Volume d'air et capacités sportives

Afin de mesurer la capacité de la cage thoracique de trois sportifs, on relève le volume d'air expiré par chacun, lors d'une expiration profonde.

sportif	1	2	3
volume en litres (L)	1,7	1,2	1,5

La pression P est égale $1{,}0 \times 10^5$ Pa et la température t est égale à 20 °C.

1. Calculer le produit $P \times V$ en Pa·m³ pour les trois mesures.
2. Comparer les valeurs obtenues dans la question **1**. Ce résultat contredit-il la loi de Boyle-Mariotte ?
3. Que se passera-t-il pour les trois volumes si on double la pression P de l'air expiré, en maintenant la température à 20 °C ?

3 La pression dans un ballon de football

On considère un ballon de football officiel contenant un volume d'air égal à 5,4 L sous une pression égale à 0,80 bar.

1. Calculer la pression en pascals, sachant que $1{,}0$ bar $= 1{,}0 \times 10^5$ Pa, puis calculer le produit $P \times V$ en Pa·L.
2. Calculer la force exercée par l'air contenu dans le ballon sur une surface égale à 1,0 cm².
3. Quel volume, exprimé en litres, occuperait l'air du ballon si la pression était égale à 2,4 bar ?
4. Quelle serait la pression de l'air enfermé dans le ballon si on réduisait son volume à $V = 2{,}7$ L ?

4 Fiche technique d'un ballon de Futsal

Un technicien de la FIFA réalise différents tests sur un ballon de Futsal (football en salle). Il complète alors une fiche technique. Malencontreusement, cette fiche est partiellement effacée. Compléter ce tableau.

volume (L)	4,4		4,0	4,4	
pression (bar)		0,63			0,70
$P \times V$ (bar·L)	2,6			2,8	
température (°C)	20	20	20	40	40

POUR VOUS AIDER

Lorsque le produit de deux grandeurs est une constante, on peut trouver par le calcul l'une des grandeurs si l'on connaît les valeurs de l'autre grandeur et de la constante. La formule $X \times Y = C$, où Y et C sont connues, permet de trouver $X = \frac{C}{Y}$.

8 Description de l'Univers

L'ESSENTIEL

La structure à grande échelle

● Le Système solaire est constitué d'une **étoile** (le Soleil) autour de laquelle gravitent huit **planètes** (dont la Terre) et un ensemble de petits corps tels que les **planètes naines** (comme Pluton) et les **astéroïdes** (fig. 1). L'étendue spatiale du Système solaire est de l'ordre de 10^{10} km.

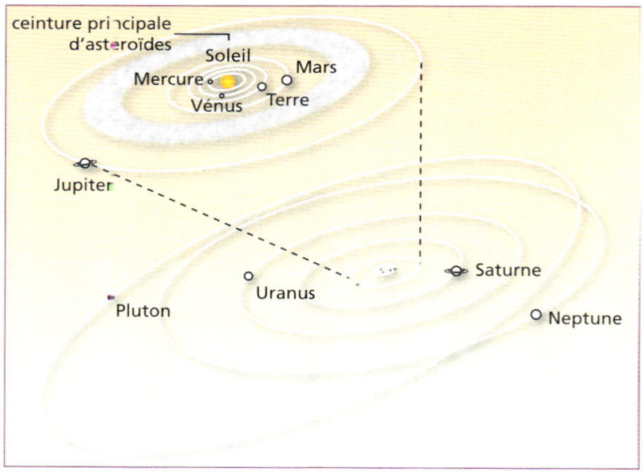

Fig. 1 Système solaire

● Ce système appartient à une **galaxie**, appelée la **Voie lactée** (fig. 2), qui est un regroupement de plusieurs milliards d'étoiles, dont l'extension est estimée à 10^{18} km.

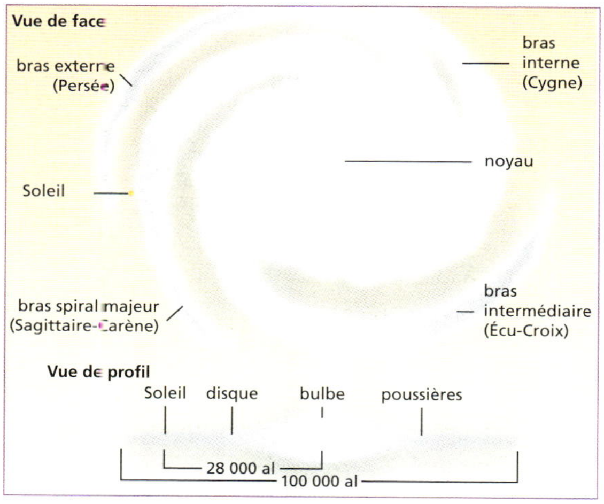

Fig. 2 Voie lactée

● Les galaxies elles-mêmes se regroupent en amas de galaxies. L'espace constituant l'Univers est essentiellement constitué de vide (absence de matière). À grande échelle, la structure de l'Univers est **lacunaire**.

La structure à petite échelle

● La matière universelle est constituée de petits grains de matière appelés **atomes**. Ces atomes sont assimilables à des petites sphères de diamètre de l'ordre de 10^{-10} m. À l'intérieur de chaque atome, on trouve un **noyau** sphérique dont l'ordre de grandeur du diamètre est de 10^{-15} m, très petit devant les dimensions de l'atome. Autour du noyau, sont localisés les **électrons** de taille inférieure au noyau.

● L'atome est donc lui aussi essentiellement constitué de vide : à petite échelle, la structure de l'Univers est également **lacunaire**.

La propagation de la lumière

Dans l'Univers, la lumière est celle qui transporte l'**information**. C'est grâce à elle que nous pouvons connaître l'Univers qui nous entoure.

● Dans un milieu transparent, homogène et isotrope, la lumière se propage en **ligne droite**.

● La **vitesse de la lumière dans le vide**, notée c, est numériquement égale à :

$$c = 2{,}99792458 \times 10^8 \text{ m}\cdot\text{s}^{-1}$$

Une valeur approchée souvent utilisée est :

$$\boxed{c = 3{,}00 \times 10^8 \text{ m}\cdot\text{s}^{-1}}$$

ATTENTION !
Aucun objet ou phénomène dans l'Univers ne peut se déplacer à une vitesse supérieure à celle de la lumière dans le vide.

Rappel : la vitesse c est égale au rapport de la distance d parcourue sur le temps Δt mis pour parcourir cette distance.

$$\boxed{c = \frac{d}{\Delta t}}$$

avec c en mètres par seconde ($\text{m}\cdot\text{s}^{-1}$), d en mètres (m) et Δt en secondes (s).

L'année de lumière

● L'année de lumière (al) est égale à la **distance parcourue par la lumière pendant une année**. Cette unité de distance est particulièrement adaptée pour exprimer les distances qui nous séparent des étoiles.

● Correspondance entre le mètre et l'année-lumière :

$$\boxed{1 \text{ al} = 9{,}46 \times 10^{15} \text{ m}}$$

● Plus une étoile est éloignée et plus sa lumière qui nous parvient aujourd'hui a été émise depuis longtemps dans le passé. En astronomie, **voir loin c'est voir dans le passé**.

objet céleste	distance (m)	distance (al)	durée de la propagation de la lumière (en années)
étoile Proxima du Centaure	$4{,}1 \times 10^{16}$	4,3	4,3
étoile de la constellation du Cygne	$9{,}5 \times 10^{16}$	10	10

LA MÉTHODE

Mesurer la distance Terre-Lune par la méthode de l'écho laser

- On envoie depuis une station située aux États-Unis, une impulsion laser en direction de la Lune. La lumière est réfléchie par des miroirs disposés à la surface de la Lune lors des missions Apollo 11 à 17 entre 1969 et 1972 (fig. 3).

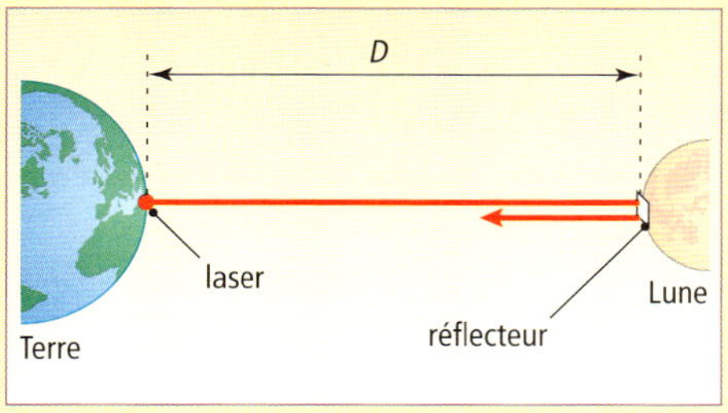

Fig. 3

- On mesure l'intervalle de temps Δt entre l'émission et la réception sur Terre du signal, ce qui correspond à un aller-retour entre la Terre et la Lune :

$$\Delta t = 2{,}65 \text{ s}$$

- La distance qu'a parcourue la lumière pendant la durée Δt est égale à celle d'un aller-retour entre la surface de la Terre et celle de la Lune : $d_{AR} = 2 \times D$ où D est la distance entre les surfaces des deux astres.
- On applique la formule du calcul d'une vitesse à la lumière ayant réalisé l'aller-retour entre la Terre et la Lune :

$$c = \frac{d_{AR}}{\Delta t} = \frac{2 \times D}{\Delta t}$$

On en déduit l'expression de la distance D entre les surfaces de la Terre et de la Lune :

$$\boxed{D = \frac{c \times \Delta t}{2}}$$

avec c (vitesse de la lumière) en mètres par seconde ($m \cdot s^{-1}$), D en mètres (m) et Δt en secondes (s).

Application numérique : $c = 3{,}00 \times 10^8 \text{ m}\cdot\text{s}^{-1}$ et $\Delta t = 2{,}65$ s. On obtient : $D = 3{,}98 \times 10^8$ m (environ 400 000 km).

S'ENTRAÎNER

1 QUIZ

Vrai ou faux ? Cocher la case qui convient.

a. Une année de lumière correspond à une unité de temps. V ☐ F ☐

b. Dans un futur lointain, on sera capable de construire des sondes spatiales qui dépasseront la vitesse de la lumière. V ☐ F ☐

c. L'observation de la lumière des étoiles aujourd'hui nous permet de voir dans le passé. V ☐ F ☐

d. Si la distance qui nous sépare d'une étoile est deux fois plus grande que celle qui nous sépare d'une autre étoile, alors la lumière émise par la première mettra deux fois plus de temps pour nous parvenir que celle de la seconde. V ☐ F ☐

2 Étoile et année de lumière

Une étoile de la Voie lactée est située à une distance d égale à $5{,}03 \times 10^{15}$ km du Soleil.

1. Calculer le temps en secondes mis par la lumière pour nous parvenir de l'étoile.

2. Calculer la distance d en années de lumière.

3. Quelle serait la distance, exprimée en mètres, d'une autre étoile située à 15 al ?

4. On a reçu en 2010 la lumière d'une étoile située à 40 années de lumière. À quelle date cette lumière a-t-elle été émise par l'étoile ?

3 Voyage vers Uranus

Une sonde spatiale est lancée depuis la Terre en direction d'Uranus. La vitesse moyenne de la sonde au cours du voyage est égale à $29{,}8 \text{ km}\cdot\text{s}^{-1}$.

POUR VOUS AIDER

Dans cet exercice, il faut connaître et appliquer les règles de conversion suivantes :
1 jour = 24 h ; 1 h = 60 min ; 1 min = 60 s.
1 km = 1×10^3 m ; 1 m = 1×10^{-3} km.

1. Calculer le nombre de secondes compris dans une année, sachant qu'une année contient 365,25 jours.

2. Calculer la distance parcourue en kilomètres, sachant que la sonde met cinq ans pour parvenir jusqu'à Uranus.

3. Quel temps en secondes mettra cette sonde pour parvenir à Pluton, qui est distante de la Terre de $5{,}75 \times 10^{12}$ m ?

4 Sonde en orbite autour de Jupiter

Une sonde spatiale est en orbite autour de la planète Jupiter. Un ingénieur de la NASA envoie vers la sonde un ordre qui est transporté à la vitesse de la lumière. Dès réception du message, la sonde envoie un message retour en direction de la Terre, lui aussi transporté à la vitesse de la lumière.

1. Quel intervalle de temps en secondes s'est écoulé entre l'émission du message sur Terre et la réception du message retour sur Terre, si l'on néglige le temps mis par la sonde pour répondre au message ?

2. Pourra-t-on un jour réduire cet intervalle de temps ?

Données : On considère que le Soleil, la Terre et Jupiter sont alignés.
Distance Soleil-Jupiter : $d_{S-J} = 5{,}20$ UA ;
distance Soleil-Terre : $d_{S-T} = 1{,}00$ UA ;
unité astronomique (UA) : 1 UA = $1{,}50 \times 10^8$ km.

9 Les phénomènes astronomiques

L'ESSENTIEL

Les phénomènes astronomiques périodiques

● La rotation de la Terre autour de l'axe des pôles est responsable de l'**alternance du jour et de la nuit** (fig. 1). Le jour solaire est la durée séparant deux passages successifs du Soleil à sa position la plus haute.

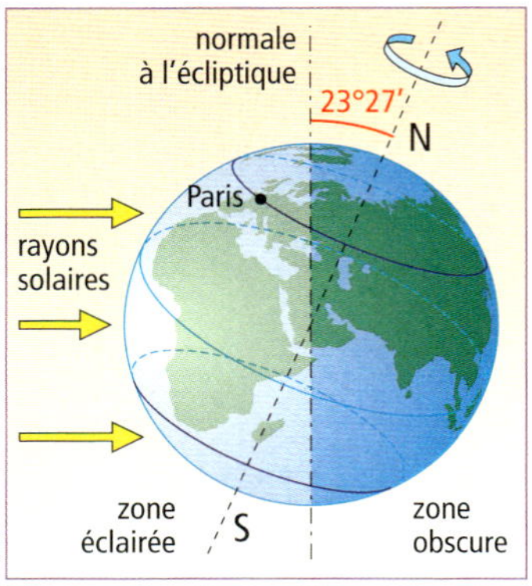

Fig. 1 Alternance du jour et de la nuit

● L'**alternance des saisons** est due à la rotation de la Terre autour du Soleil et à l'inclinaison de son axe des pôles sur le plan de sa trajectoire appelé **écliptique** (fig. 2). Un tour complet dure une année solaire.

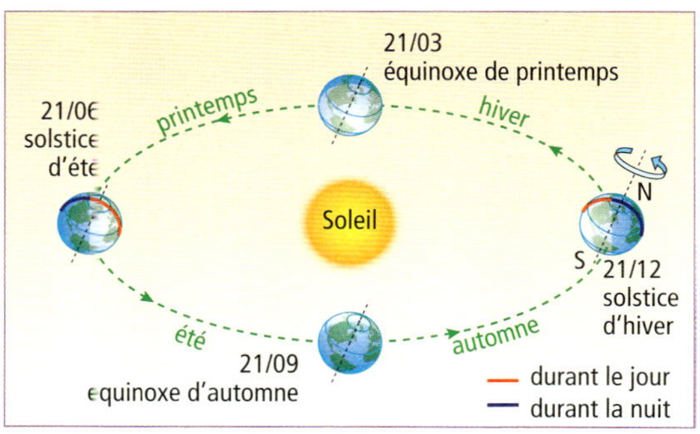

Fig. 2 Alternance des saisons

● La rotation de la Lune autour de la Terre est responsable des **phases de la Lune** (fig. 3). La **lunaison**, qui correspond à un tour complet autour de la Terre, est égale à 29,5 jours.

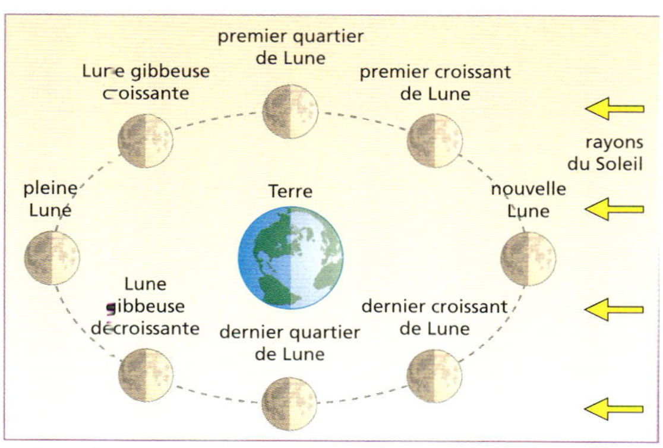

Fig. 3 Phases de la Lune

Caractéristiques d'un phénomène périodique

● Un phénomène est périodique s'il se répète **identique à lui-même à intervalles de temps réguliers**. Chaque intervalle de temps est appelé **période** et s'exprime en **secondes (s)**.

● La **fréquence** est égale au **nombre de périodes par seconde**. Elle est égale à l'inverse de la période. Son unité est le **hertz (Hz)**.

$$F = \frac{1}{T}$$

F en hertz (Hz) ; T en secondes (s).

INFO

Les multiples du hertz pour exprimer la fréquence sont :
– le kilohertz (kHz) : 1 kHz = 1×10^3 Hz ;
– le mégahertz (MHz) : 1 MHz = 1×10^6 Hz ;
– le gigahertz (GHz) : 1 GHz = 1×10^9 Hz.

● **Les unités de temps**

En fonction de la valeur de la période, on peut choisir des unités adaptées.

1 an = 365,25 j	1 j = 24 h	1 h = 60 min	1 min = 60 s

On peut exprimer l'année, le jour et l'heure en secondes :
1 h = 60 × 60 = 3 600 s ;
1 j = 24 × 60 × 60 = 86 400 s ;
1 an = 365,25 × 24 × 60 × 60 = $3{,}1558 \times 10^7$ s.

Mesure du temps

● **Sabliers et clepsydres**

La mesure du temps peut se faire à partir d'un écoulement régulier de sable ou d'eau (fig. 4).

Fig. 4 Clepsydre

● **Cadran solaire et gnomon**

Le parcours régulier de l'ombre d'un stylet sur un cadran permet aussi de mesurer le temps (fig. 5).

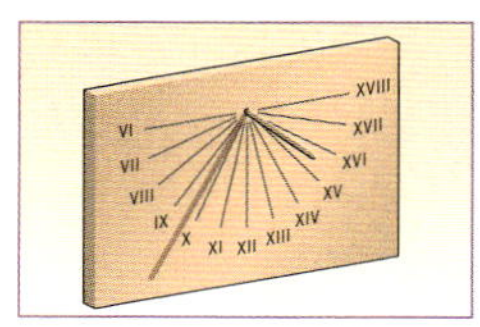

Fig. 5 Cadran solaire

● **Horloge mécanique**

Les aiguilles marquant le temps sur un cadran sont entraînées par un mouvement régulier de balancier, qui est un pendule pesant.

● **Horloge à quartz**

Les vibrations d'un cristal (appelé quartz) provoquent des oscillations électriques dont la fréquence est stable. Ces vibrations, associées à un dispositif muni d'un petit moteur, peuvent être utilisées pour mettre en mouvement les aiguilles d'une montre.

● **Horloge atomique**

C'est un appareil délivrant un signal périodique très stable, qui permet d'être utilisé comme base de temps : il mesure un temps très précis et très stable (la dérive est de l'ordre d'une seconde sur quelques millions d'années).

LA MÉTHODE

Mesurer la période d'un pendule pesant

● On utilise les pendules pesants dans des appareils de mesure du temps, tels que les horloges à balanciers. Dans ces dispositifs, le pendule a un mouvement périodique dont la période est égale à une seconde. On peut, dans le cadre d'une expérience, reproduire un pendule pesant et mesurer la période de ses oscillations.

● Un pendule pesant est constitué d'un fil assez long (de longueur connue notée L), fixé à un support à l'une de ses extrémités et à une bille de petite dimension (de masse connue notée m) à l'autre (fig. 6). Sur une courte durée, le mouvement du pendule est périodique : la durée d'un aller-retour (appelé **oscillation**) est constante.

Fig. 6

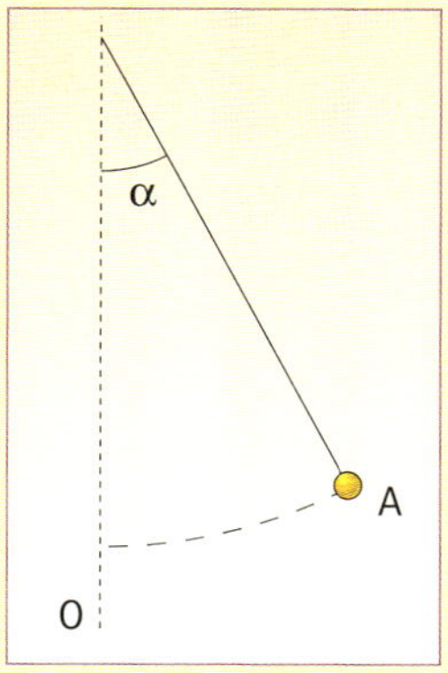

Fig. 7

● **Détermination de la période**

1. Écarter la bille de sa position de repos. On repère l'angle α de lâcher de la bille (fig. 7).
2. On lâche la bille sans vitesse initiale et on mesure avec un chronomètre l'intervalle de temps Δt correspondant à 10 oscillations.
3. Pour calculer la période T, on divise l'intervalle de temps mesuré par le nombre d'oscillations. $\boxed{T = \dfrac{\Delta t}{10}}$

● **Conclusions**

1. La période ne dépend pas de la valeur de α pour des angles petits (inférieur ou égal à 10°).
2. La période ne dépend pas de la masse de la bille.
3. La période varie comme la racine carrée de la longueur du fil :

$\boxed{T = a \times \sqrt{L}}$ avec a constant.

PHYSIQUE CHIMIE

S'ENTRAÎNER

1 QUIZ

Vrai ou faux ? Cocher la case qui convient.

a. La rotation de la Lune autour de la Terre est un phénomène périodique. V ☐ F ☐

b. On compte 100 périodes dans une seconde pour un phénomène périodique de fréquence 200 Hz. V ☐ F ☐

c. La fréquence d'un phénomène périodique de période égale à 0,20 s est égale à 5,0 Hz. V ☐ F ☐

d. Si on triple la fréquence d'un phénomène périodique, alors la période est divisée par 3. V ☐ F ☐

2 Étude du pendule d'une horloge

Afin de modéliser le mouvement de balancier du pendule d'une horloge, on réalise un pendule simple avec un fil de longueur L égale à 50,0 cm et une bille de masse égale à 100 g.

La formule de la période d'un pendule est la suivante :

$$T = 2\pi\sqrt{\frac{L}{g}}$$

avec T en secondes, L en mètres et $g = 9{,}80\ \text{N}\cdot\text{kg}^{-1}$.

1. Calculer la période du pendule à l'aide de la formule.
2. Pour mesurer par l'expérience cette période, on dispose d'un chronomètre. On écarte le pendule de sa position d'équilibre et on le lâche. On le laisse osciller pendant un certain nombre d'aller-retour et on mesure l'intervalle de temps correspondant.

a. On mesure cet intervalle pour 10 oscillations et on obtient : $\Delta t = 14{,}6$ s. Calculer la période T.

b. L'erreur absolue sur la mesure de la période T est égale à $\Delta T = 0{,}6$ s. La valeur réelle de T est comprise dans l'intervalle : $T_{\text{mini}} < T_{\text{réelle}} < T_{\text{maxi}}$
avec $T_{\text{mini}} = T - \Delta T$ et $T_{\text{maxi}} = T + \Delta T$.
Trouver l'encadrement de la période.

c. Le résultat précédent permet-il de rendre compatible la valeur issue de la mesure et celle calculée à partir de la formule ?

3 Étude comparée de deux oscillateurs

On réalise deux oscillateurs :
– oscillateur 1 : pendule simple avec un fil de longueur L et une bille de masse m ;
– oscillateur 2 : ressort vertical accroché à un support et au bout duquel on suspend une bille de masse m.
On mesure la période des oscillations pour les deux systèmes en faisant varier la masse de la bille.

Oscillateur 1 :

m (g)	50	100	150	200
T (s)	0,55	0,54	0,55	0,55

Oscillateur 2 :

m (g)	50	100	150	200
T (s)	0,55	0,77	0,95	1,1

1. Attribuer à chacun des oscillateurs la bonne formule de sa période.

$$(1)\ T = 2\pi\sqrt{\frac{m}{k}} \quad \text{et} \quad (2)\ T = 2\pi\sqrt{\frac{L}{g}}$$

2. Calculer la période de l'oscillateur 2 pour les caractéristiques suivantes : $m = 100$ g et $k = 6{,}65$ USI.

10 Émission et absorption de la lumière

L'ESSENTIEL

Décomposition de la lumière

● Un **prisme** permet de disperser la lumière blanche (lumière visible) : celle-ci est décomposée en toutes ses composantes colorées (fig. 1).
La figure colorée obtenue sur un écran s'appelle le **spectre** de la lumière (fig. 2).

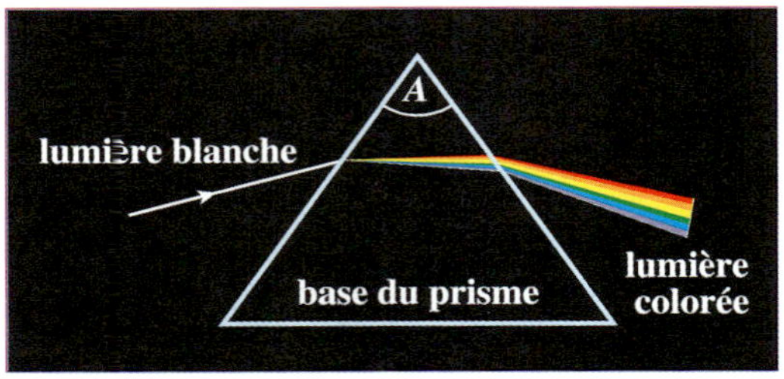

Fig. 1 Spectre de la lumière

Fig. 2

● Chaque composante colorée de la lumière blanche est appelée **radiation**.

MOTS CLÉS

Une lumière **monochromatique** est constituée d'une seule radiation.
Une lumière **polychromatique** est constituée de plusieurs radiations.

● Une radiation est caractérisée par la donnée d'une grandeur exprimée en mètres : la **longueur d'onde**.
Dans le vide, les longueurs d'onde des radiations de la **lumière blanche** sont comprises entre 400 nm (radiation violette) et 800 nm (radiation rouge).
Les longueurs d'onde supérieures à 800 nm (jusqu'à 1 mm) correspondent au rayonnement **infrarouge (IR)**.
Les longueurs d'onde inférieures à 400 nm (jusqu'à 10 nm) correspondent au rayonnement **ultraviolet (UV)**.

Émission de lumière

● **Les spectres continus d'origine thermique**
Le spectre de la lumière émise par un **corps solide ou liquide porté à haute température** est un spectre continu, qui est d'autant plus riche en radiations bleues que la température de la source est grande (fig. 3).

température de la source	spectre	couleur de la lumière émise
$t = 1\,000$ °C		rouge
$t = 2\,000$ °C		blanche

Fig. 3 Spectres continus

● **Les spectres de raies**
Un **gaz sous faible pression et porté à haute température** possède un spectre avec quelques raies lumineuses correspondant aux radiations émises par la source (fig. 4). Ces radiations sont caractéristiques des atomes ou des ions présents dans le gaz.

source	spectre
lampe à vapeur de mercure	
lampe à vapeur de sodium	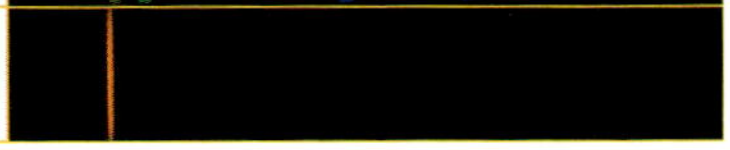

Fig. 4 Spectres de raies

Absorption de la lumière

● Le spectre d'une lumière blanche ayant traversé un gaz possède des **raies noires** sur un **fond coloré**. Ces raies correspondent aux radiations absorbées par certains atomes ou ions présents dans le gaz et le fond coloré correspond aux radiations qui n'ont pas été absorbées (fig. 5).

élément chimique contenu dans le gaz	spectre
mercure	
sodium	

Fig. 5 Spectres de raies d'absorption

● En comparant les spectres d'émission et d'absorption des gaz, on en déduit qu'un atome ou un ion est uniquement capable d'absorber les radiations qu'il peut émettre.

● **La composition chimique du Soleil**
La surface du Soleil émet un rayonnement (dont le spectre est continu) résultant de l'énergie produite au centre du Soleil. Ce rayonnement traverse la photosphère qui produit un **spectre de raies d'absorption**.
L'analyse de ce rayonnement a permis de connaître la composition chimique du Soleil. Les éléments les plus abondants sont donnés dans le tableau ci-dessous avec leurs abondances exprimées en pourcentage de masse.

hydrogène 78,4 %	hélium 19,8 %	oxygène 0,8 %	
carbone 0,3 %	azote 0,2 %	néon 0,2 %	nickel 0,2 %
fer 0,04 %	silicium 0,04 %	soufre 0,04 %	

INFO

Cette composition est celle que l'on retrouve dans la plupart des étoiles.

PHYSIQUE CHIMIE

LA MÉTHODE

Analyser la lumière provenant des étoiles

● L'analyse de la lumière provenant d'une étoile nous permet de déterminer la température de sa surface et la composition chimique de son atmosphère.

● Le spectre de la lumière solaire (fig. 6) présente une émission continue principalement entre 400 nm et 700 nm. Il apparaît également des raies noires qui correspondent à des radiations absorbées : le Soleil possède une couche externe gazeuse contenant des atomes et des ions ; c'est son **atmosphère**.

Fig. 6

● Ces raies sont caractéristiques des entités chimiques et, en les comparant à celles produites en laboratoire, on peut **identifier les éléments chimiques présents** dans l'atmosphère solaire.

● En analysant le fond continu du spectre d'une étoile, on peut **déterminer sa température de surface**.

● L'étendue de ce spectre est d'autant plus grande du côté des radiations bleues que la température est élevée (fig. 7).

spectre d'émission continu	température à la surface de l'étoile
	de 1 000 °C à 2 000 °C
	de 2 000 °C à 9 000 °C

Fig. 7

● En conséquence, les étoiles émettant une lumière rouge ont une température de surface inférieure à celle émettant une lumière bleue (fig. 8).

Fig. 8

S'ENTRAÎNER

1 QUIZ

Vrai ou faux ? Cocher la case qui convient.

a. Une radiation de longueur d'onde égale à 540 nm est visible. V ☐ F ☐

b. La longueur d'onde d'un rayonnement infrarouge est inférieure à celle d'un rayonnement visible. V ☐ F ☐

c. Le spectre de la lumière émise par une étoile est un spectre continu. V ☐ F ☐

d. Une étoile de couleur bleue est moins chaude qu'une étoile de couleur rouge. V ☐ F ☐

2 Domaines de longueurs d'onde

Indiquer si les longueurs d'onde suivantes sont celles de radiations appartenant au domaine du visible, de l'infrarouge ou de l'ultraviolet.

1. 978 nm **2.** 350 nm **3.** $5{,}00 \times 10^{-7}$ m
4. 30 µm **5.** $2{,}0 \times 10^{-7}$ m

3 Lampe à vapeur de mercure

1. Le spectre d'une lampe au mercure est constitué d'une série de raies lumineuses. Quel est le type de source de lumière ?

2. Lors d'une expérience, on réalise un spectre continu entrecoupé de quelques raies noires. Comment a-t-on obtenu un tel spectre ?

3. L'expérience précédente a été réalisée avec de la vapeur de mercure portée à haute température. Que peut-on dire si on compare les raies lumineuses de la question **1** et les raies noires de la question **2** ?

4 Lumière émise par une lampe à incandescence

On réalise le spectre du filament d'une lampe à incandescence.

1. Quel système permet de réaliser un spectre ?

2. Quel type de spectre observe-t-on ?

3. On étudie le spectre du filament à une température $t_1 = 800$ °C et à une température $t_2 = 1\,800$ °C.

a. Quelles sont les différences observées au niveau de la lumière émise ?

b. Qu'observe-t-on de différent pour les deux spectres ?

5 Lumière émise par une étoile

Le spectre de la lumière émise par une étoile de la Voie lactée est le suivant :

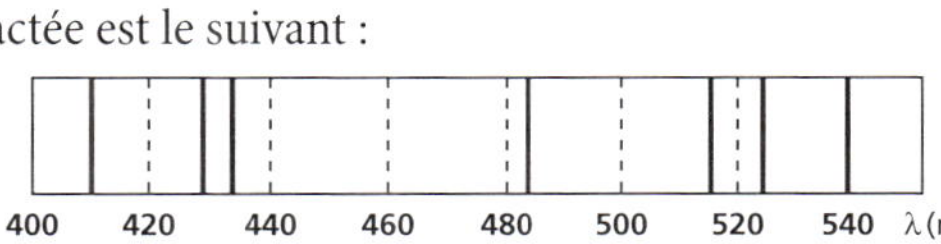

On sait que la présence d'hydrogène se manifeste par des raies d'émission de longueurs d'onde de 410 nm, 434 nm et 486 nm. L'hélium correspond à des raies de longueur d'onde de 403 nm, 414 nm et 447 nm ; le fer à 431 nm, 517 nm et 527 nm ; et le calcium à une raie d'émission de longueurs d'onde de 423 nm.

1. Est-ce que l'étoile possède une atmosphère ?

2. Quels sont les éléments chimiques identifiables ?

3. Y a-t-il d'autres éléments chimiques ?

4. Cette étoile émet une lumière qui tend vers le bleu. Choisir sa température de surface parmi les valeurs suivantes : 1 000 °C, 1 400 °C, 8 000 °C.

11 La réfraction de la lumière

L'ESSENTIEL

Le phénomène de réfraction de la lumière

À la traversée de deux milieux transparents, la lumière **change de direction de propagation** : c'est le phénomène de réfraction de la lumière (fig. 1).

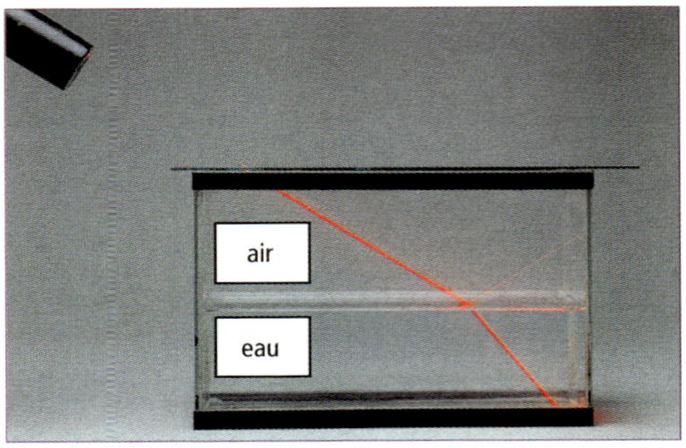

Fig. 1

Indice de réfraction d'un milieu transparent

À chaque milieu transparent est attachée une grandeur appelée **indice de réfraction** du milieu, défini par la relation suivante :

$$n = \frac{c}{v}$$

c est la vitesse de la lumière dans le vide ($m \cdot s^{-1}$) ;
v est la vitesse de la lumière dans le milieu transparent ($m \cdot s^{-1}$) n est l'indice de réfraction (sans unité).

ATTENTION !

La vitesse de la lumière dans le vide étant toujours supérieure à celle dans un milieu transparent, l'indice de réfraction est toujours supérieur à 1.

Exemples

milieu	indice	vitesse ($m \cdot s^{-1}$)
vide	1,00	$3,00 \times 10^8$
air	1,00	$3,00 \times 10^8$
eau	1,33	$2,26 \times 10^8$
diamant	2,43	$1,23 \times 10^8$

Lois de Snell-Descartes

Le phénomène de réfraction obéit aux **deux lois de Snell-Descartes**.

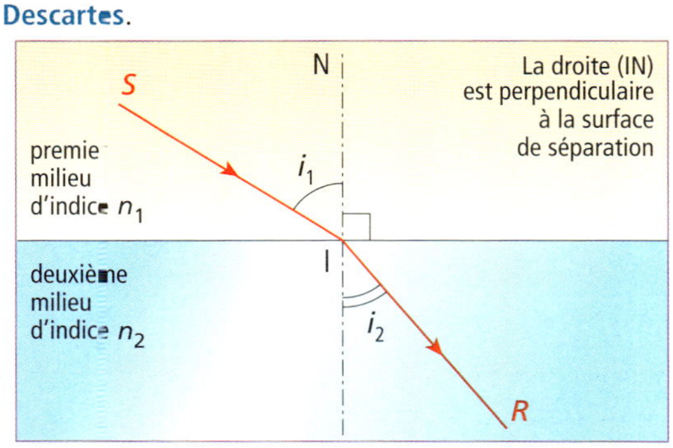

Fig. 2

● **Première loi**

Le rayon réfracté R est contenu dans le plan d'incidence qui est le plan défini par la perpendiculaire à la surface de séparation entre les deux milieux et le rayon incident S (fig. 2).

● **Seconde loi**

$$n_1 \sin(i_1) = n_2 \sin(i_2)$$

n_1 : indice de réfraction du milieu 1 ;
n_2 : indice de réfraction du milieu 2 ;
i_1 : angle d'incidence (angle entre le rayon incident S dans le milieu 1 et la perpendiculaire) ;
i_2 : angle de réfraction (angle entre le rayon réfracté R dans le milieu 2 et la perpendiculaire).

Interprétation de la dispersion de la lumière par le prisme

● Lors de son passage dans le prisme, la lumière change de direction à chaque changement de milieu transparent : air-verre, puis verre-air (fig. 3). Il s'agit du phénomène de **réfraction** de la lumière.

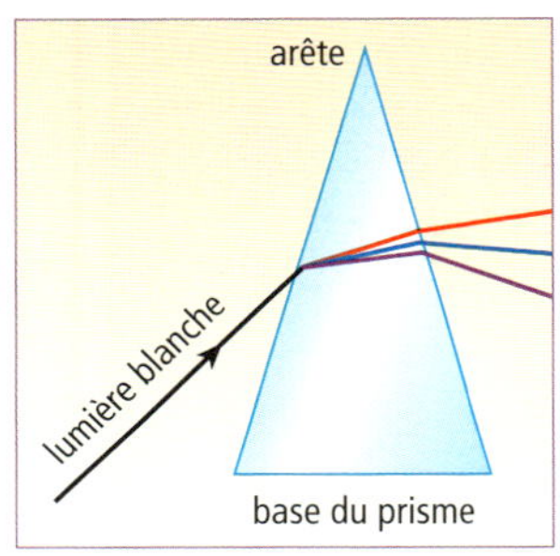

Fig. 3

● On constate que les radiations rouges sont moins déviées que les bleues par rapport à la direction initiale de la lumière blanche.

● L'indice de réfraction des radiations rouge et bleue dans le verre n'est pas le même ; il dépend de la longueur d'onde de la radiation :
– $n_2 = 1,680$ pour une radiation bleue de longueur d'onde 470 nm ;
– $n_2 = 1,596$ pour une radiation rouge de longueur d'onde 740 nm.
En conséquence, pour un même angle d'incidence, l'angle de réfraction ne sera pas le même pour les deux radiations : elles n'auront plus la même direction de propagation après réfraction.

● **Conclusion**

Des radiations de couleurs différentes seront déviées différemment par le prisme car **l'indice de réfraction dépend de la longueur d'onde**. Le prisme est un système dispersif pour la lumière blanche.

LA MÉTHODE

Étudier la réfraction et déterminer un indice de réfraction

- On réalise un étroit faisceau de lumière qui est dirigé sur la face plane d'un bloc de verre. On peut mesurer l'angle d'incidence et celui de réfraction grâce à une échelle circulaire graduée en degrés (fig. 4).
- On réalise pour différents angles d'incidence la mesure de l'angle de réfraction.

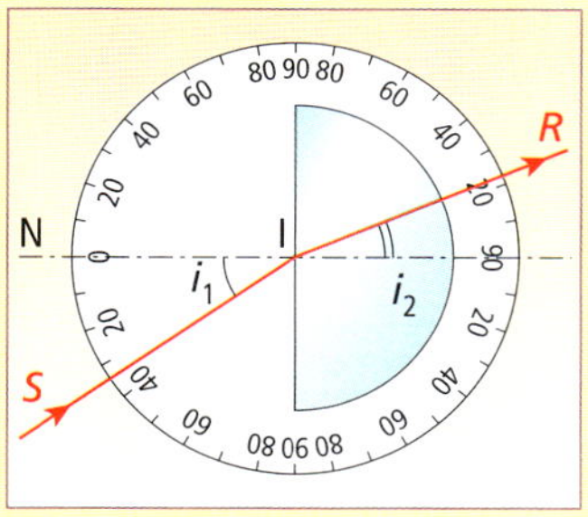

Fig. 4

- On trace le graphique du sinus de l'angle de réfraction en fonction du sinus de l'angle d'incidence.

Il s'agit d'une portion de droite passant par l'origine ; ceci démontre la proportionnalité entre les deux sinus (fig. 5).

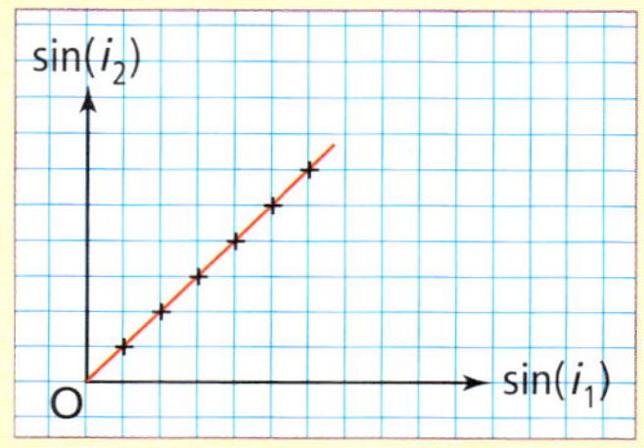

Fig. 5

- Le coefficient directeur A de la droite permet de déterminer l'indice de réfraction du matériau transparent constituant le bloc. D'après la seconde loi de Snell-Descartes : $\sin(i_2) = \left(\frac{n_1}{n_2}\right) \sin(i_1) = A \sin(i_1)$

On en déduit par identification : $n_2 = \frac{n_1}{A}$

avec n_1 indice de l'air (qui vaut un).

S'ENTRAÎNER

1 QUIZ

Vrai ou faux ? Cocher la case qui convient.

a. Une lumière est diffractée lorsqu'elle passe d'un milieu transparent à un autre. V ☐ F ☐

b. Si le passage d'un milieu transparent à un autre s'effectue sans changement de direction de la lumière, cela signifie que les indices des deux milieux sont identiques. V ☐ F ☐

c. L'indice d'un milieu transparent peut-être égal à 0,5. V ☐ F ☐

d. La vitesse de la lumière dans un milieu transparent d'indice égal à 2 est deux fois plus petite que celle dans le vide. V ☐ F ☐

2 Passage de la lumière de l'eau dans le verre

Un rayon de lumière arrive sur la surface de séparation entre l'eau dans laquelle il se propage et le verre avec un angle d'incidence i.

1. Calculer l'angle de réfraction r si i est égal à 20°.
2. Calculer l'angle de réfraction si i est égal à 0°. Qu'observe-t-on dans un tel cas ?
3. Pour quelle valeur de l'angle d'incidence obtiendra-t-on un angle de réfraction maximal ?
4. Calculer l'angle de réfraction maximal.

Données : n(eau) = 1,33 ; n(verre) = 1,50 .

3 Exploitation d'un TP sur la réfraction

À l'aide du dispositif expérimental de « La méthode », on réalise la mesure de l'angle de réfraction pour différents angles d'incidence.

angle d'incidence (degrés)	0	20	30	40	50
angle de réfraction (degrés)	0	13	19	25	30

1. Tracer sur une feuille de papier millimétré la courbe du sinus de l'angle de réfraction en fonction du sinus de l'angle d'incidence.
2. Trouver le coefficient directeur de la droite.
3. En utilisant la seconde loi de Snell-Descartes, calculer l'indice du matériau transparent, sachant que l'indice de l'air est pris égal à un (n_1 = 1,00).

4 Réfraction de la lumière au cours de la traversée d'un prisme

Un rayon de lumière arrive sur la surface de séparation entre l'air (d'indice n_1 = 1,000) dans lequel il se propage et le verre d'un prisme (d'indice n_2), avec un angle d'incidence i_1 = 30°.

1. L'angle de réfraction i_2 dans le verre étant égal à 18° pour une radiation monochromatique, calculer l'indice n_2 du verre.
2. L'indice de réfraction du verre du prisme dépend de la longueur d'onde de la radiation :
   - n_2 = 1,596 pour une radiation rouge de longueur d'onde 740 nm ;
   - n_2 = 1,680 pour une radiation bleue de longueur d'onde 470 nm.

a. Calculer les angles de réfraction r_{rouge} et r_{bleu} des deux radiations pour un angle d'incidence i_1 = 35,0°.

b. À l'aide du résultat précédent, expliquer pourquoi un prisme peut disperser la lumière blanche.

PHYSIQUE CHIMIE

12 La gravitation universelle

L'ESSENTIEL

La loi de la gravitation universelle

● **Position du problème**

Deux corps de masses respectives m_1 et m_2 exercent l'un sur l'autre des forces attractives appelées **forces gravitationnelles**. Ces forces ont une intensité commune F qui dépend de chacune des deux masses.

● **Loi de Newton**

Dans le cas où les corps sont sphériques, avec une répartition sphérique des masses, l'intensité F vaut :

$$F = G \times \frac{m_1 \times m_2}{d^2}$$

avec F en **newtons (N)** ;
G la **constante de la gravitation universelle** :
$G = 6{,}67 \times 10^{-11}$ USI (unité du système international) ;
m_1 et m_2 les masses des deux corps en kilogrammes (kg) ;
d la distance entre les centres des deux corps en mètres (m).

Exemple

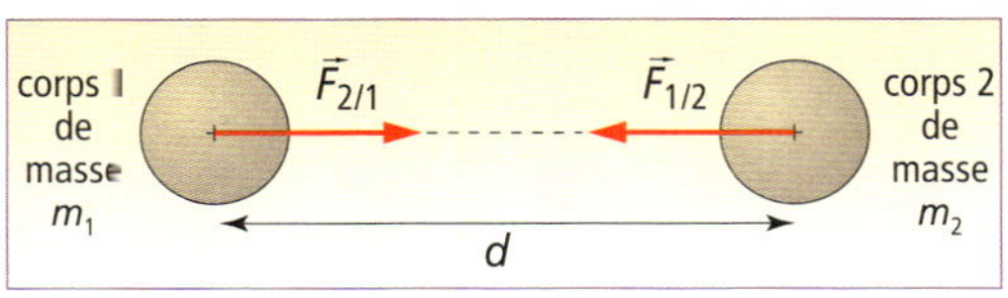

Fig. 1

$\vec{F}_{1/2}$ est la force gravitationnelle exercée par le corps 1 sur le corps 2 ; $\vec{F}_{2/1}$ est la force gravitationnelle exercée par le corps 2 sur le corps 1.

La pesanteur terrestre

● Le **poids P** sur la Terre d'un objet de masse m vaut :

$$P = m \times g_T$$

L'intensité du poids P a pour unité le newton (N) ;
m est la masse en kilogrammes (kg) ;
g_T est **l'intensité de la pesanteur terrestre** en newtons par kilogramme ($N \cdot kg^{-1}$).

CHIFFRE CLÉ

Valeur moyenne de g_T à la surface de la Terre :
$g_T = 9{,}8\ N \cdot kg^{-1}$.

● Le poids d'un objet O à la surface de la Terre peut être assimilé à la force gravitationnelle exercée par la Terre sur l'objet.

$$P = F_{T/O} = G \times \frac{m \times M_T}{R_T^2}$$

m est la masse de l'objet en kilogrammes.
M_T est la masse de la Terre en kilogrammes :

$$M_T = 5{,}98 \times 10^{24}\ kg$$

R_T est le rayon de la Terre en mètres :

$$R_T = 6{,}38 \times 10^6\ m$$

● On en déduit l'expression de l'intensité de la pesanteur et sa valeur numérique :

$$g_T = G \times \frac{M_T}{R_T^2} = 9{,}80\ N \cdot kg^{-1}$$

● **Cas d'un objet situé à une altitude h**

L'intensité de la pesanteur a alors pour expression :

$$g_T = G \times \frac{M_T}{(R_T + h)^2}$$

L'altitude h intervenant au dénominateur, on en déduit que l'intensité de la pesanteur est une fonction décroissante de h.

altitude h (m)	0	5 000	10 000
intensité de la pesanteur g_T ($N \cdot kg^{-1}$)	9,80	9,78	9,77

Conclusion : le poids d'un objet est d'autant plus faible que l'altitude de cet objet est grande.

Comparaison du poids d'un objet sur la Lune et sur la Terre

● Intensités de la pesanteur :
– sur la Lune : $g_L = 1{,}6\ N \cdot kg^{-1}$;
– sur la Terre : $g_T = 9{,}8\ N \cdot kg^{-1}$.

● Considérons un objet de masse m et exprimons son poids sur la Terre et sur la Lune :
– sur la Lune : $P_L = m \times g_L$;
– sur la Terre : $P_T = m \times g_T$.

● Comparons ces deux poids :

$$\frac{P_T}{P_L} = \frac{m \times g_T}{m \times g_L} = \frac{g_T}{g_L} = \frac{9{,}8}{1{,}6} = 6{,}1$$

Conclusion : le poids d'un objet sur la Terre est 6 fois plus élevé que sur la Lune.

Mouvement d'un corps qui n'est soumis à aucune force gravitationnelle

La sonde Voyager 1, envoyée par la NASA en 1977 pour explorer le Système solaire, s'est ensuite enfoncée dans l'espace.
Loin de tout corps massif, cette sonde peut être considérée comme n'étant soumise à aucune force. Or, un corps qui n'est soumis à aucune force a le même mouvement que s'il est soumis à des forces qui se compensent. En conséquence, d'après le **principe d'inertie**, le mouvement de cette sonde est **rectiligne et uniforme**.

LA MÉTHODE

Analyser le mouvement de la Lune autour de la Terre

● L'étude de ce mouvement se fait dans le **référentiel géocentrique** : le solide de référence est la Terre privée de son mouvement de rotation autour de l'axe des pôles (fig. 2). On le considère comme étant galiléen.

● **Application du principe d'inertie**
Le mouvement du centre de la Lune dans le référentiel géocentrique est circulaire et uniforme (fig. 3), car la trajectoire est un cercle centré sur le centre de la Terre et la vitesse est constante au cours du temps.
D'après le principe d'inertie, le mouvement n'étant pas rectiligne uniforme, la Lune est soumise à au moins une force qui n'est pas compensée : c'est la force d'attraction gravitationnelle exercée par la Terre sur la Lune.

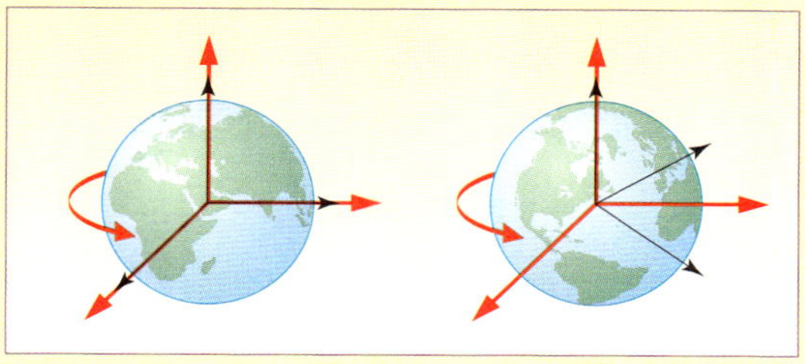

Fig. 2

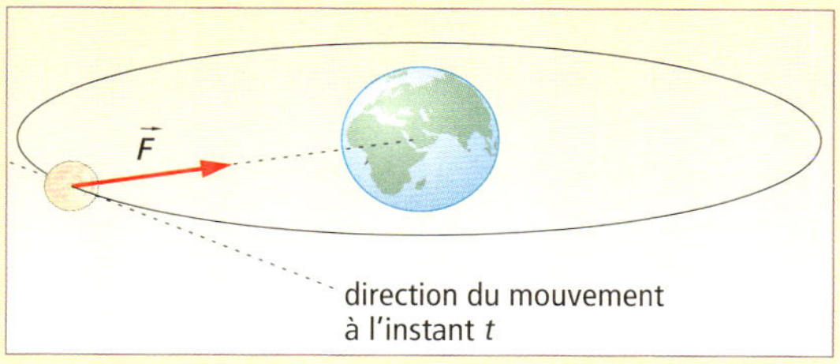

Fig. 3

S'ENTRAÎNER

1 QUIZ

Vrai ou faux ? Cocher la bonne réponse.

a. Le poids d'un objet est le même au niveau de la mer ou au sommet d'une montagne.	V ☐	F ☐
b. La masse d'un objet ne dépend pas du lieu où il se trouve sur la Terre.	V ☐	F ☐
c. La masse d'un astronaute est différente sur la Terre et sur la Lune.	V ☐	F ☐
d. Le poids d'un astronaute dépend de la planète où il se trouve.	V ☐	F ☐

2 Le système Terre-Lune

La trajectoire du centre de la Lune autour de la Terre est un cercle de rayon égal à R_0.

1. Calculer la force gravitationnelle exercée par la Terre sur la Lune.

2. Calculer la force gravitationnelle exercée par la Lune sur la Terre.

3. Représenter ces deux forces sur un schéma.

Données :
$M_T = 5{,}98 \times 10^{24}$ kg ; $M_L = 7{,}34 \times 10^{22}$ kg ;
$R_0 = 3{,}84 \times 10^5$ km ; $G = 6{,}67 \times 10^{-11}$ USI.

POUR VOUS AIDER

Règles de calcul sur les puissances de 10 :

$10^a \times 10^b = 10^{a+b}$; $\dfrac{10^a}{10^b} = 10^{a-b}$; $(10^a)^b = 10^{a \times b}$

3 Poids d'un objet

1. Calculer la masse d'un objet dont le poids terrestre est égal à 980 N.

2. Comment varie le poids en fonction de l'altitude ? Justifier la réponse.

3. Quel est le poids sur la Terre d'un objet dont le poids lunaire est égal à 500 N ?

Données :
$g_T = 9{,}8$ N·kg^{-1} ; $g_L = 1{,}6$ N·kg^{-1}.

4 Poids et planètes

1. Calculer le poids d'un système de masse m égale à 50 kg à la surface de la Terre.

2. Calculer l'intensité de la force de gravitation exercée sur ce même objet. Que remarque-t-on ?

3. Calculer le rayon R d'une planète de même masse que la Terre, sur laquelle le poids du système serait égal au dixième de son poids terrestre.

Données :
$M_T = 5{,}98 \times 10^{24}$ kg ; $R_T = 6{,}38 \times 10^3$ km ;
$g_T = 9{,}8$ N·kg^{-1} ; $G = 6{,}67 \times 10^{-11}$ USI.

5 Mouvement d'un satellite

Un satellite de masse $m = 800$ kg gravite autour de la Terre à une altitude h de 36 800 km.

1. Calculer la distance d séparant ce satellite du centre de la Terre sachant que le rayon terrestre R_T est égal à 6 380 km.

2. Calculer la force gravitationnelle exercée par la Terre sur ce satellite.

3. Comment évoluerait cette force si ce satellite était placé sur une orbite plus lointaine ?

Données : $M_T = 5{,}98 \times 10^{24}$ kg ; $G = 6{,}67 \times 10^{-11}$ USI.

POUR VOUS AIDER

Rappelez-vous que la distance s'exprime en mètres et la masse en kilogrammes. Pensez à convertir si nécessaire.

13 Identification des espèces chimiques

L'ESSENTIEL

Corps purs et mélanges

● Un corps pur est constitué d'**une seule espèce chimique**, tandis qu'un mélange est constitué de **plusieurs espèces chimiques**.

substance	composition en espèces chimiques	type de corps
eau déminéralisée	eau	corps pur
eau salée	eau chlorure de sodium	mélange
mine de crayon	graphite (carbone)	corps pur
air	dioxygène diazote	mélange

● À une espèce chimique correspond une **formule chimique**.

espèce chimique	formule
eau	H_2O
chlorure de sodium	NaCl
graphite	C
dioxygène	O_2
diazote	N_2

Les dangers liés aux espèces chimiques

Lorsqu'un chimiste désire utiliser un produit chimique, celui-ci doit connaître les dangers liés à son utilisation.

Exemples Pictogrammes de dangers

F – Facilement inflammable F+ – Extrêmement inflammable	O – Comburant	Xi – Irritant Xn – nocif

T – Toxique T+ – Très toxique	**C – Corrosif**	**N – Dangereux pour l'environnement**

Caractéristiques physiques d'une espèce chimique

Les caractéristiques physiques permettent d'identifier une espèce chimique : on dit qu'elles constituent la carte d'identité de l'espèce chimique.

● **Les températures de changement d'état**

Un échantillon de corps pur possède des températures de changement d'état qui lui sont propres. Sa température reste constante au cours du changement d'état (fig. 1). On définit la **température de vaporisation θ_{vap}** (passage de l'état liquide à l'état gazeux) et la **température de fusion θ_{fus}** (passage de l'état solide à l'état liquide) exprimées en degrés Celsius (°C).

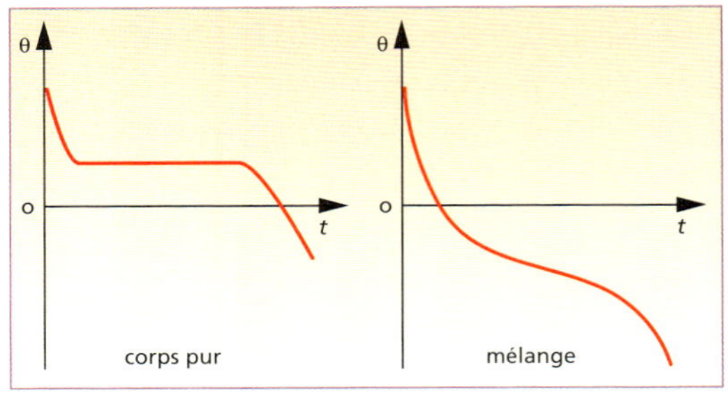

Fig. 1 Évolution de la température θ lors d'un changement d'état

● **La masse volumique**

La masse volumique d'une espèce chimique, notée ρ, est égale au rapport de la masse m de l'échantillon de corps pur sur son volume V.

$$\rho = \frac{m}{V}$$

ρ : masse volumique en $kg \cdot m^{-3}$;
m : masse en kg ;
V : volume en m^3.

Autres unités utilisées : kilogramme par litre ($kg \cdot L^{-1}$) ; gramme par litre ($g \cdot L^{-1}$).

● **La densité**

La densité d'une espèce chimique, notée d, par rapport à une espèce de référence est définie par la relation suivante :

$$d = \frac{\text{masse d'un volume de l'espèce chimique}}{\text{masse d'un même volume de l'espèce de référence}}$$

ATTENTION !
La densité est **sans unité** car les deux masses sont exprimées dans la même unité : le kilogramme.

Si les espèces sont liquides, la référence est l'eau.
Si les espèces sont gazeuses, la référence est l'air.
On peut calculer la densité à l'aide des masses volumiques.

$$d = \frac{\rho\ (\text{espèce chimique})}{\rho\ (\text{espèce de référence})}$$

ρ (eau) = 1 000 $g \cdot L^{-1}$;
ρ (air) = 1,29 $g \cdot L^{-1}$.

● **La solubilité**

La solubilité d'une espèce chimique dans un solvant, notée s, est égale à la masse maximale de l'espèce que l'on peut dissoudre dans un litre du solvant. Cette solubilité s'exprime en kilogrammes par litre ($kg \cdot L^{-1}$) ou plus fréquemment en grammes par litre ($g \cdot L^{-1}$).
Elle dépend, pour une espèce chimique donnée, du solvant et de la température.
La solution obtenue est appelée **solution saturée** : on ne peut plus y dissoudre une quantité supplémentaire de soluté.

LA MÉTHODE

Extraire une espèce chimique par solvant

On peut extraire le diiode en solution dans l'eau, en utilisant comme solvant extracteur le cyclohexane. Ceci est possible car la solubilité du diiode dans le cyclohexane est supérieure à celle dans l'eau.

solvant	eau	cyclohexane
solubilité du diiode à 25 °C ($g \cdot L^{-1}$)	0,34	28

● **Étape 1 :** on introduit dans une ampoule à décanter une solution aqueuse de diiode et du cyclohexane. Le cyclohexane étant de densité plus faible que l'eau, on le retrouve dans la phase supérieure.

● **Étape 2 :** on agite l'ampoule à décanter en prenant bien soin de dégazer régulièrement afin d'éviter les phénomènes de surpression ou de dépression.

● **Étape 3 :** le diiode étant plus soluble dans le cyclohexane que dans l'eau, celui-ci passe dans la phase organique et colore celle-ci en violet.

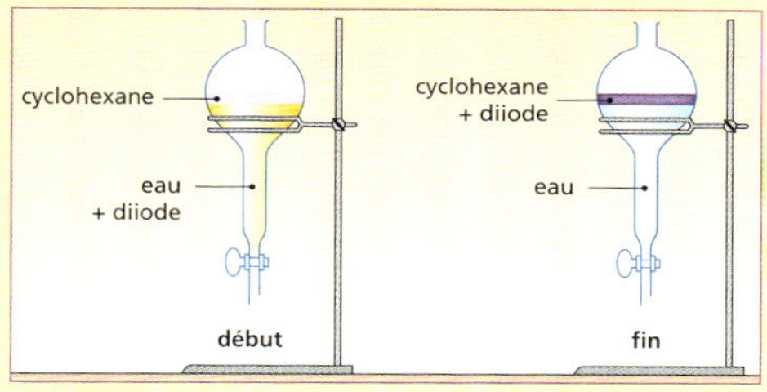

● **Étape 4 :** on sépare les deux phases.

● **Étape 5 :** on évapore le cyclohexane et on récupère les cristaux de diiode.

S'ENTRAÎNER

1 QUIZ

Vrai ou faux ? Cocher la case qui convient.

a. Un mélange de deux liquides non miscibles est constitué d'une seule phase. V ☐ F ☐

b. Un condenseur à eau permet de vaporiser des espèces chimiques liquides. V ☐ F ☐

c. Après extraction avec une ampoule à décanter, on trouve plus de sel dans un volume d'eau (solubilité égale à 330 $g \cdot L^{-1}$) que dans le même volume d'éthanol (solubilité égale à 14 $g \cdot L^{-1}$). V ☐ F ☐

2 **Extraction du limonène par hydrodistillation**

1. Légender le montage d'hydrodistillation.

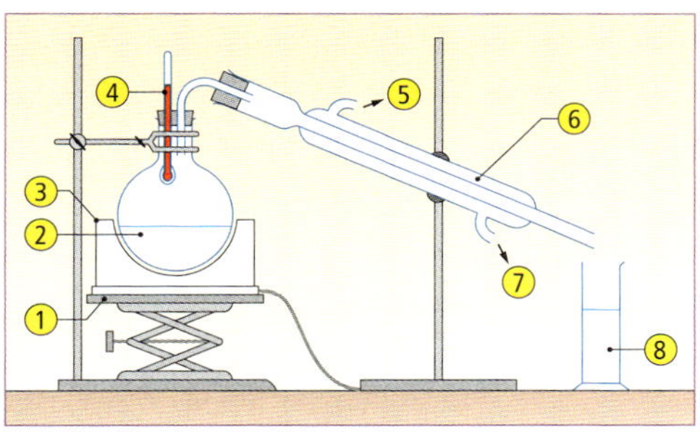

2. Quel est le rôle du condenseur à eau ?

3. Quel est le rôle de la vapeur d'eau ?

4. Le constituant principal de l'huile essentielle est le limonène dont les constantes physiques sont les suivantes :

θ_{fusion} (°C)	$\theta_{ébullition}$ (°C)	*d* (densité par rapport à l'eau)	solubilité dans l'eau
– 95 °C	176 °C	0,842	très peu soluble

a. Justifier l'état physique de l'huile essentielle.

b. Combien de phases possède le distillat ?

c. Dans quelle phase se trouve l'huile essentielle ?

5. Pour identifier les constituants principaux de cette huile, on réalise une chromatographie (figure ci-contre).

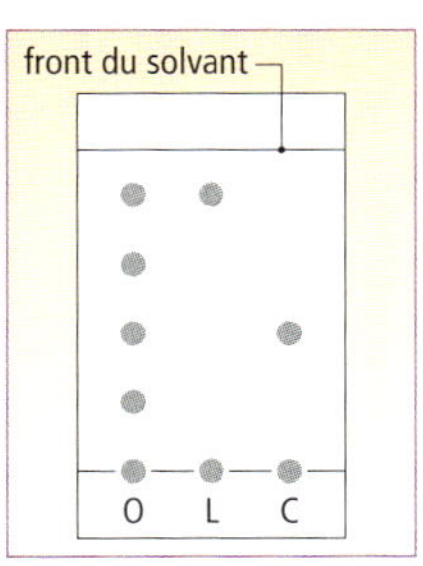

Les dépôts L et C sont ceux du limonène et du citral, espèces chimiques de référence. Le dépôt O est celui de l'huile essentielle.

a. L'huile essentielle est-elle un mélange ?

b. Identifier deux des espèces chimiques présentes dans l'huile essentielle.

3 **Étude comparée de deux médicaments antipyrétiques**

Le paracétamol est une espèce chimique active, qui a pour effet d'abaisser la température corporelle (propriété antipyrétique) et d'agir comme anti-douleur.

Cette espèce chimique n'existe pas dans la nature et doit être synthétisée en laboratoire. On réalise au cours d'un TP de chimie cette synthèse.

On désire ensuite identifier le principe actif contenu dans deux médicaments antipyrétiques. On dissout dans de l'eau ces deux médicaments et on réalise leur chromatographie (figure ci-contre) avec comme espèce chimique de référence le paracétamol synthétisé auparavant.

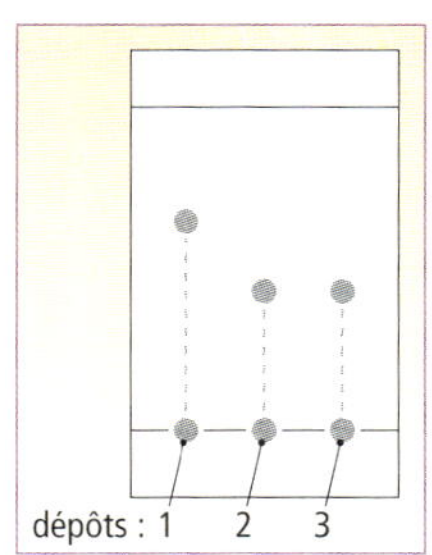

Dépôt 1	Dépôt 2	Dépôt 3
médicament 1	médicament 2	paracétamol

Quel est le médicament qui contient du paracétamol ?

15 Structure de l'atome et notion d'élément chimique

L'ESSENTIEL

Le modèle de l'atome

- L'atome est assimilable à une sphère dont le diamètre est de l'ordre de 10^{-10} m. Il est constitué d'**un noyau chargé positivement** (sphère de diamètre de l'ordre de 10^{-15} m), autour duquel sont localisés **des électrons**.
- Un électron est une particule élémentaire de **charge électrique élémentaire négative** notée **– e**, qui vaut $-1{,}6 \times 10^{-19}$ C (l'unité de la charge électrique est le coulomb de symbole C), et dont la masse est égale à $9{,}1 \times 10^{-31}$ kg.

Le noyau de l'atome

- Le noyau de l'atome est composé de deux sortes de particules : les **protons** et les **neutrons**. Ces deux particules sont appelées des **nucléons**. Les caractéristiques de ces particules sont consignées dans le tableau suivant :

particule	masse (kg)	charge électrique (C)
neutron	$1{,}67 \times 10^{-27}$	0
proton	$1{,}67 \times 10^{-27}$	$e = 1{,}6 \times 10^{-19}$

Remarque : le neutron est électriquement neutre alors que le proton porte une charge électrique positive, égale à l'opposé de celle de l'électron.

- Le nombre de protons est appelé **numéro atomique** ou nombre de charge. Il est noté Z. Le nombre de neutrons est noté N ; le nombre total de nucléons A.
On a ainsi la relation : $A = Z + N$.
- Un noyau se représente par le **symbole de l'atome et les nombres A et Z** qui le caractérisent.
Représentation du noyau d'un atome de symbole X, de nombre de nucléons A et de numéro atomique Z : ${}^{A}_{Z}X$

Les propriétés de l'atome

- L'atome est **électriquement neutre** : la charge électrique portée par le noyau est égale à l'opposé de la charge électrique portée par l'ensemble des électrons de l'atome. En conséquence, le nombre de protons dans le noyau est égal au nombre d'électrons autour du noyau.
- L'essentiel de la masse de l'atome est concentré dans son noyau. La masse du proton est très grande devant celle de l'électron.

$$\frac{m(\text{proton})}{m(\text{électron})} = 1\,836$$

- L'atome a une **structure lacunaire**, il est essentiellement constitué de vide. Le diamètre de l'atome est très grand devant celui du noyau.

$$\frac{D(\text{atome})}{D(\text{noyau})} = 10^5$$

Le cortège électronique

- Pour les atomes dont le numéro atomique est inférieur à 18, les électrons se répartissent entre trois **couches électroniques** notées K, L et M. Chaque couche peut contenir un nombre limité d'électrons :

couche	K	L	M
nombre maximal d'électrons	2	8	18

Si une couche contient le nombre maximal d'électrons qu'elle peut contenir, elle est dite **saturée**.

- Les règles de remplissage des couches :
  - la première couche à se remplir est la couche K ;
  - la couche L commence à se remplir seulement lorsque la couche K est saturée ;
  - la couche M commence à se remplir seulement lorsque la couche L est saturée.
- La **structure électronique** d'un atome est notée :
$(K)^x\,(L)^y\,(M)^z$
où x, y et z sont les nombres d'électrons portés par chacune des trois couches, la dernière étant appelée **couche électronique externe** ou **couche de valence**.

Exemples

atome	numéro atomique	nombre d'électrons	structure électronique
hydrogène : H	1	1	$(K)^1$
hélium : He	2	2	$(K)^2$
lithium : Li	3	3	$(K)^2\,(L)^1$
néon : Ne	10	10	$(K)^2\,(L)^8$
magnésium : Mg	12	12	$(K)^2\,(L)^8\,(M)^2$

Les éléments chimiques

- Un élément chimique est l'ensemble des atomes et des ions possédant dans leur noyau le même nombre de protons, c'est-à-dire ayant le même numéro atomique Z. On lui associe un symbole :

élément	hydrogène	carbone	azote	oxygène	chlore
numéro atomique	1	6	7	8	17
symbole	H	C	N	O	Cl

- **Au cours d'une réaction chimique, les éléments chimiques sont conservés** : on retrouve les mêmes éléments dans les réactifs avant réaction et dans les produits après réaction.

PERSONNAGE CLÉ

Ernest Rutherford (1871-1937) est considéré comme le fondateur de la physique nucléaire : on lui doit la découverte du noyau de l'atome et des avancées sur la compréhension du phénomène de désintégration radioactive. Il reçut le prix Nobel de chimie en 1908.

LA MÉTHODE

Montrer la conservation des éléments chimiques au cours d'une réaction chimique

On trouve l'élément cuivre sous diverses formes : pur dans sa forme métallique (solide de couleur rouge), combiné dans l'oxyde de cuivre (poudre de couleur noire), en solution dans une solution de sulfate de cuivre (liquide de couleur bleue), sous forme de précipité d'hydroxyde de cuivre II (précipité bleu)...

Expérience 1

On chauffe une lame de cuivre à la flamme d'un bec Bunsen. On observe la formation d'un dépôt de couleur noire à la surface de la plaque.

Interprétation

Le dioxygène de l'air a réagi avec le cuivre pour former de l'oxyde de cuivre. La réaction peut s'écrire de façon symbolique (**équation-bilan**) : $2\ Cu + O_2 \rightarrow 2\ CuO$

On montre ainsi que les éléments oxygène et cuivre sont conservés au cours de la réaction.

Expérience 2

On introduit dans un tube à essais contenant une solution de sulfate de cuivre (qui contient des ions cuivre II, Cu^{2+}) quelques gouttes d'une solution d'hydroxyde de sodium (contenant des ions HO^-). On observe la formation d'un précipité de couleur bleue (solide en suspension dans le liquide).

Interprétation

Les ions hydroxydes ont réagi avec les ions cuivre II pour former le précipité d'hydroxyde de cuivre II. Soit l'équation-bilan de la réaction :

$$Cu^{2+} + 2\ HO^- \rightarrow Cu(HO)_2$$

Comme dans l'expérience 1, les éléments oxygène et cuivre sont conservés au cours de la réaction.

S'ENTRAÎNER

1 QUIZ

Vrai ou faux ? Cocher la case qui convient.

a. Le noyau de carbone 14 a pour symbole $^{14}_{6}C$ car il possède 6 protons et 8 neutrons. V ☐ F ☐

b. La structure électronique de l'atome de bore ($Z = 5$) est $(K)^2(L)^4$. V ☐ F ☐

c. La couche électronique externe de l'atome de néon ($Z = 10$) possède 8 électrons. V ☐ F ☐

2 La composition des atomes

Déterminer la composition en protons, neutrons et électrons des atomes suivants :

atome	béryllium	carbone	sodium
symbole de l'atome	Be	C	Na
symbole du noyau	$^{8}_{4}Be$	$^{12}_{6}C$	$^{23}_{11}Na$
atome	phosphore	chlore	cuivre
symbole de l'atome	P	Cl	Cu
symbole du noyau	$^{31}_{15}P$	$^{35}_{17}Cl$	$^{65}_{29}Cu$

3 Structure électronique des atomes

Donner la structure électronique des atomes suivants : $C(Z=6)$; $N(Z=7)$; $Na(Z=11)$; $Si(Z=14)$; $Cl(Z=17)$; $Ar(Z=18)$.

4 Étude de l'atome d'azote

Un atome d'azote N a un numéro atomique Z égal à 7 et un nombre de masse A égal à 14.

1. Donner la composition de son noyau, ainsi que sa représentation symbolique.
2. Calculer la masse totale des électrons en kilogrammes.
3. Calculer la masse du noyau en kilogrammes.
4. Comparer ces deux masses. Quelle approximation peut-on faire pour le calcul de la masse de l'atome ?

Données : masse d'un électron : $m_e = 9{,}1 \times 10^{-31}$ kg ; masse d'un nucléon : $m_n = 1{,}67 \times 10^{-27}$ kg.

5 Réaction entre l'oxyde de cuivre et le carbone

La réaction entre l'oxyde de cuivre CuO et le carbone C produit un gaz qui trouble l'eau de chaux et un métal de couleur rouge.

1. Donner les éléments chimiques présents dans les réactifs de la réaction.
2. Quels sont les éléments chimiques constituant les produits de la réaction ?
3. Identifier le gaz produit en donnant son nom et sa formule.
4. Sachant que le métal formé est constitué d'un seul élément chimique, trouver cet élément.

6 La molécule d'eau

Une molécule d'eau est constituée d'un atome d'oxygène O et de deux atomes d'hydrogène H.

1. Donner les structures électroniques de l'atome d'hydrogène et de l'atome d'oxygène.
2. Combien d'électrons possède la couche externe de l'atome d'oxygène ?
3. Calculer la masse d'une molécule d'eau en grammes.
4. Calculer le nombre de molécules d'eau contenues dans une goutte de volume V égal à 5×10^{-5} L.

Données : $Z(H) = 1$; $A(H) = 1$;
$Z(O) = 8$; $A(O) = 16$;
masse d'un nucléon : $m_n = 1{,}67 \times 10^{-27}$ kg ;
masse volumique de l'eau : $\mu_{eau} = 1{,}0\ kg \cdot L^{-1}$.

16 La classification périodique des éléments chimiques

L'ESSENTIEL

Un peu d'histoire des sciences

● À la fin du XIXe siècle, un savant russe, **Dmitri Mendeleïev,** entreprit de classer tous les éléments chimiques connus à cette époque. Il élabora un tableau de classification qui, compte tenu des critères qu'il avait choisis, comportait des cases vides. Il s'agissait d'éléments chimiques qui n'avaient pas encore été découverts mais dont Mendeleïev prévoyait déjà les propriétés chimiques grâce à son tableau. Ces éléments furent découverts quelques années plus tard, ce qui assura une grande notoriété à sa classification.

● Aujourd'hui cette classification, connue sous le nom de **tableau périodique des éléments,** est utilisée pour classer tous les éléments chimiques connus à ce jour.

Les atomes isotopes

Des atomes ou des ions sont dits isotopes s'ils possèdent **le même nombre de protons et un nombre de neutrons différent.** Cela implique que leurs noyaux ont un numéro atomique *Z* commun et des nombres de nucléons *A* différents.

Les isotopes appartiennent à un même élément chimique.

Exemple

Dans la nature, le carbone ($Z = 6$) peut être du carbone 12, du carbone 13 ou du carbone 14. Les caractéristiques des noyaux associés à chacun des isotopes du carbone sont les suivantes :

isotope du carbone	numéro atomique *Z*	nombre *A*	nombre de neutrons
carbone 12	12	12	6
carbone 13	12	13	7
carbone 14	12	14	8

La classification

La classification périodique des éléments est composée de **18 colonnes** et de **7 lignes appelées périodes.** Au sein de la classification, les éléments chimiques sont **classés par numéro atomique croissant.** Une nouvelle période commence à chaque fois qu'une couche électronique commence à se remplir (fig. 1 en pied de page).

ATTENTION !

En Seconde, on se limitera aux éléments chimiques de numéro atomique inférieur ou égal à 18, ce qui constitue les trois premières lignes de la classification.

Les familles d'éléments chimiques

Tous les éléments appartenant à une même colonne constituent une famille d'éléments chimiques. Les éléments d'une même famille possèdent une couche électronique externe identique, c'est-à-dire que ces couches possèdent le **même nombre d'électrons périphériques.** Cette structure externe commune confère des **propriétés chimiques analogues** aux éléments d'une même famille.

Exemple

colonne	famille	premiers représentants	nombre d'électrons sur la couche externe
1	alcalins	lithium (Li), sodium (Na)	1
2	alcalino-terreux	béryllium (Be), magnésium (Mg)	2
17	halogènes	fluor (F), chlore (Cl)	7

Colonnes → / ← Périodes	1	2	3	4	5	6	7	8	9	10	11	12	13	14	15	16	17	18
1	H (1)																	He (2)
2	Li (3)	Be (4)											B (5)	C (6)	N (7)	O (8)	F (9)	Ne (10)
3	Na (11)	Mg (12)											Al (13)	Si (14)	P (15)	S (16)	Cl (17)	Ar (18)
4	K (19)	Ca (20)	Sc (21)	Ti (22)	V (23)	Cr (24)	Mn (25)	Fe (26)	Co (27)	Ni (28)	Cu (29)	Zn (30)	Ga (31)	Ge (32)	As (33)	Se (34)	Br (35)	Kr (36)

non-métaux — métaux — gaz nobles

Fig. 1 Les quatre premières lignes de la classification

Les structures électroniques des atomes des éléments de la première colonne sont :
1re ligne : hydrogène (H) : $(K)^1$: c'est le début du remplissage de la couche K
2e ligne : lithium (Li) : $(K)^2$ $(L)^1$: c'est le début du remplissage de la couche L
3e ligne : sodium (Na) : $(K)^2$ $(L)^8$ $(M)^1$: c'est le début du remplissage de la couche M
4e ligne : potassium (K) : $(K)^2$ $(L)^8$ $(M)^8$ $(N)^1$: c'est le début du remplissage de la couche N

LA MÉTHODE

Étudier une famille d'éléments chimiques

● La famille des halogènes est constituée des éléments de la 17e colonne. Ses principaux représentants sont : le fluor (F), le chlore (Cl), le brome (Br) et l'iode (I).

élément	structure électronique
fluor	$(K)^2\ (L)^7$
chlore	$(K)^2\ (L)^8\ (M)^7$
brome	$(K)^2\ (L)^8\ (M)^{18}\ (N)^7$
iode	$(K)^2\ (L)^8\ (M)^{18}\ (N)^{18}\ (O)^7$

La couche électronique externe de tous ces atomes possède sept électrons.

● **Expérience**

Dans un tube à essais (fig. 2), on rajoute à un réactif contenant des ions halogénures (chlorure : Cl^-, bromure : Br^-, iodure : I^-) quelques gouttes de nitrate d'argent (solution contenant des ions argent Ag^+).

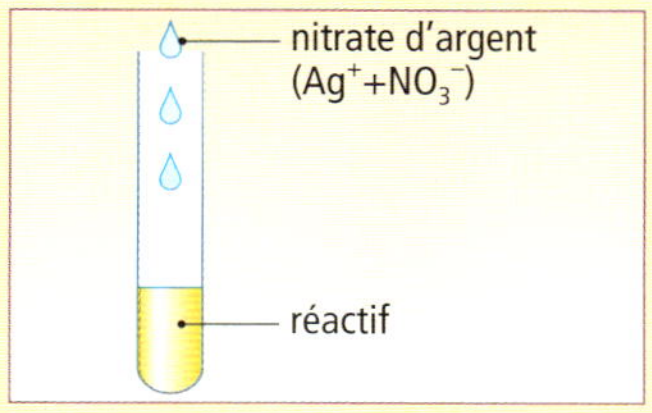

Fig. 2

réactif	observation	équation-bilan
chlorure de potassium	formation d'un précipité blanc de chlorure d'argent	$Ag^+ + Cl^- \rightarrow AgCl$
bromure de potassium	formation d'un précipité blanc de bromure d'argent	$Ag^+ + Br^- \rightarrow AgBr$
iodure de potassium	formation d'un précipité jaune d'iodure d'argent	$Ag^+ + I^- \rightarrow AgI$

● **Conclusion**

Les ions halogénures réagissent tous de la même façon avec les ions argent. Il s'agit donc d'une propriété chimique commune aux halogènes.

S'ENTRAÎNER

1 QUIZ

Vrai ou faux ? Cocher la case qui convient.

a. Les atomes de chlore et de fluor appartiennent à la même colonne de la classification car leurs structures électroniques respectives sont $(K)^2(L)^8(M)^7$ et $(K)^2(L)^7$. V ☐ F ☐

b. Les atomes de sodium et d'aluminium appartiennent à la même ligne de la classification car leurs structures électroniques respectives sont $(K)^2(L)^8(M)^1$ et $(K)^2(L)^8(M)^3$. V ☐ F ☐

c. Une nouvelle ligne dans la classification débute avec une nouvelle couche à remplir. V ☐ F ☐

d. La couche électronique externe de l'atome d'oxygène ($Z = 8$) est saturée. V ☐ F ☐

2 À propos des éléments chimiques

1. Quel est l'élément de la famille des halogènes dont la couche externe est la couche L ?

2. À quelle famille appartient l'élément chimique de numéro atomique 11 ?

3. Quelle famille correspond aux atomes dont la couche externe possède deux électrons ?

3 La famille du phosphore

L'élément chimique de numéro atomique 15 est le phosphore. Le noyau d'un atome de phosphore possède 16 neutrons.

1. Trouver la période et la colonne de cet élément.

2. Quel est le nombre A du noyau de phosphore ?

3. Parmi les éléments suivants, trouver ceux qui appartiennent à la même famille que le phosphore :
hydrogène H($Z = 1$) ;
bore B($Z = 5$) ;
azote N($Z = 7$) ;
silicium Si($Z = 14$) ;
chlore Cl($Z = 17$) ;
arsenic As($Z = 33$).

4. Combien d'électrons se trouvent sur la couche externe des atomes des éléments de la famille du phosphore ?

4 Propriétés des familles d'éléments chimiques

1. Le carbone C et le silicium Si appartiennent à la même famille d'éléments chimiques. On trouve l'élément carbone dans les espèces chimiques suivantes : CH_4(méthane), CO_2(dioxyde de carbone).
Trouver des formules d'espèces chimiques dans lesquelles on retrouve l'élément silicium.

2. Le corps simple formé à partir du fluor est le difluor F_2 et celui formé à partir du sodium est le sodium Na.
Trouver les formules des corps simples formés à partir du chlore Cl($Z = 17$) et du potassium K($Z = 19$).

5 Atomes isotopes

1. Donner la définition de deux atomes ou ions isotopes.

2. Trouver parmi les atomes définis par leur couple (Z ; A) dans la liste suivante, ceux qui sont isotopes de l'atome de cuivre, cet atome ayant pour numéro atomique 29 et pour nombre de nucléons 63.
(14 ; 29) ; (3 ; 6) ; (15 ; 29) ; (26 ; 53) ; (12 ; 24) ; (29 ; 61) ; (6 ; 14) ; (28 ; 63) ; (29 ; 60) ; (30 ; 63).

3. Calculer le nombre d'atomes de cuivre contenus dans un échantillon métallique de cuivre (cuivre pur Cu) de masse égale à 3 mg.

Donnée : masse d'un nucléon : $m_n = 1{,}67 \times 10^{-27}$ kg.

17 La stabilité des édifices chimiques

L'ESSENTIEL

Pourquoi les molécules d'eau des océans, les ions du sel de mer cristallisé, les molécules constituant l'air sont-ils stables depuis plusieurs milliards d'années ? À cette question, une réponse peut être apportée en s'intéressant à la structure électronique des différentes entités.

La famille des gaz nobles

- Les gaz nobles constituent la **famille d'éléments chimiques** occupant la **18e colonne de la classification périodique**.

Ce sont des espèces chimiques à l'état gazeux dans les conditions normales de température et de pression ($t = 20$ °C ; $p = 1$ bar). Leurs particules constitutives sont des atomes : les gaz nobles ont une structure atomique.

- Ils ont la particularité de ne pas réagir avec d'autres espèces chimiques ; ils ont une **grande stabilité chimique**.

Étudions la répartition électronique de leurs atomes.

nom	symbole	Z	répartition électronique	nombre d'électrons périphériques
hélium	He	2	$(K)^2$	2
néon	Ne	10	$(K)^2(L)^8$	8
argon	Ar	18	$(K)^2(L)^8(M)^8$	8

L'hélium a une structure électronique en **duet** : deux électrons sur la couche externe K.

Le néon et l'argon ont une structure électronique en **octet** : huit électrons sur la couche externe L ou M.

C'est leur structure électronique en duet ou en octet qui confère aux gaz nobles leur grande stabilité chimique.

La règle du duet et de l'octet

Les atomes cèdent, captent ou mettent en commun des électrons de leur couche externe avec d'autres atomes afin d'acquérir la structure électronique stable en duet ou en octet.

Les ions monoatomiques

Un ion monoatomique est un atome qui a perdu ou gagné un ou plusieurs électrons.

- S'il y a **gain d'électrons**, l'ion est chargé négativement : c'est un **anion**.

Formule générale d'un anion : Y^{n-}

où Y est le symbole de l'élément chimique et n est le nombre d'électrons gagnés par l'atome.

- S'il y a **perte d'électrons**, l'ion est chargé positivement : c'est un **cation**.

Formule générale d'un cation : X^{n+}

où X est le symbole de l'élément chimique et n est le nombre d'électrons perdus par l'atome.

- La charge électrique portée par un ion peut s'exprimer en **unités de charge élémentaire** qui est égale à la valeur absolue de celle portée par l'électron. On la note $+ e$.

Dans le système international d'unités, l'unité de la charge électrique est le coulomb de symbole C. La charge élémentaire est égale à : $e = 1{,}6 \times 10^{-19}$ C.

ion	symbole	charge q (unité de charge élémentaire)	charge q (C)
lithium	Li^+	$q = + e$	$q = 1{,}6 \times 10^{-19}$ C
sodium	Na^+	$q = + e$	$q = 1{,}6 \times 10^{-19}$ C
chlorure	Cl^-	$q = - e$	$q = - 1{,}6 \times 10^{-19}$ C
aluminium	Al^{3+}	$q = + 3e$	$q = 3 \times 1{,}6 \times 10^{-19} = 4{,}8 \times 10^{-19}$ C
oxygène	O^{2-}	$q = - 2e$	$q = - 2 \times 1{,}6 \times 10^{-19} = - 3{,}2 \times 10^{-19}$ C

- Déterminons la structure électronique des cinq ions précédents.

ion	symbole	numéro atomique de l'élément chimique
lithium	Li^+	3
sodium	Na^+	11
chlorure	Cl^-	17
aluminium	Al^{3+}	13
oxygène	O^{2-}	8

ion	nombre d'électrons perdus ou gagnés	nombre total d'électrons	répartition électronique
lithium	1 perdu	2	$(K)^2$
sodium	1 perdu	10	$(K)^2 (L)^8$
chlorure	1 gagné	18	$(K)^2 (L)^8 (M)^8$
aluminium	3 perdus	10	$(K)^2 (L)^8$
oxygène	2 gagnés	10	$(K)^2 (L)^8$

Par la perte ou le gain d'électrons, les ions acquièrent une structure électronique en duet ou en octet.

La stabilité des molécules (pour aller plus loin)

Dans un édifice moléculaire, les atomes partagent certains de leurs électrons de leur couche externe avec d'autres atomes afin d'obtenir la structure électronique stable en duet ou en octet.

Exemple La molécule d'eau H_2O

atome	H	O
Z	1	8
répartition électronique	$(K)^1$	$(K)^2(L)^6$
nombre d'électrons partagés = nombre de liaisons réalisées	1	2
structure électronique obtenue	duet	octet

Dans la molécule d'eau, l'atome d'oxygène réalise deux liaisons simples : une avec chacun des atomes d'hydrogène.

LA MÉTHODE

Identifier quelques ions monoatomiques

● La présence de certains ions en solution peut être révélée grâce à des réactions chimiques particulières dans lesquelles l'ion à identifier est un des réactifs. Ces réactions sont appelées **tests d'identification ou de reconnaissance des ions.**

Dans ces réactions, le produit de la réaction est le plus souvent un **précipité** : il s'agit d'un solide en suspension dans le liquide où a lieu la réaction.

● **Le protocole opératoire**

La solution 1 est une solution ionique contenant l'ion à identifier.

La solution 2 est une solution ionique contenant un ion qui réagit avec l'ion à identifier : on l'appelle l'ion réactif.

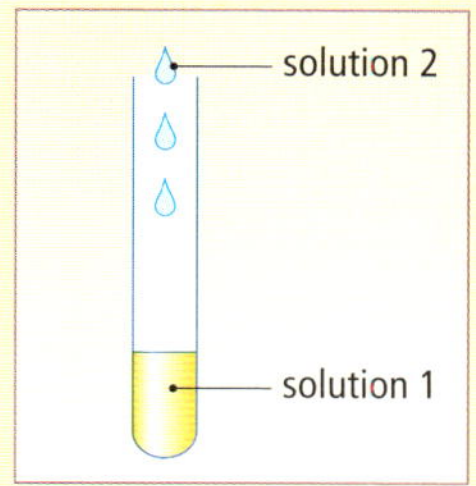

Fig. 1

Les ions présents qui ne participent pas à la réaction sont appelés ions spectateurs.

cation à identifier	ion réactif	observations	équation-bilan
argent Ag^+	chlorure Cl^-	précipité blanc qui noircit à la lumière	$Ag^+ + Cl^- \rightarrow AgCl$
cuivre II Cu^{2+}	hydroxyde OH^-	précipité bleu	$Cu^{2+} + 2\ OH^- \rightarrow Cu(OH)_2$
fer II Fe^{2+}	hydroxyde OH^-	précipité vert	$Fe^{2+} + 2\ OH^- \rightarrow Fe(OH)_2$
aluminium Al^{3+}	hydroxyde OH^-	précipité blanc	$Al^{3+} + 3\ OH^- \rightarrow Al(OH)_3$

S'ENTRAÎNER

1 QUIZ

Vrai ou faux ? Cocher la case qui convient.

a. L'atome de magnésium Mg possède une structure électronique stable en duet : $(K)^2(L)^8(M)^2$. V ☐ F ☐

b. L'atome d'argon est stable car sa structure électronique est $(K)^2(L)^8(M)^8$. V ☐ F ☐

c. À partir d'un atome de sodium, de structure électronique $(K)^2(L)^8(M)^1$, on peut obtenir un ion sodium Na^-. V ☐ F ☐

d. Le nombre d'électrons de l'ion bore B^{3+} est égal à 8, sachant que le numéro atomique du bore est $Z = 5$. V ☐ F ☐

2 Composition des ions monoatomiques

Compléter le tableau suivant :

formule de l'ion	Na^+	Mg^{2+}	Al^{3+}	Cl^-
symbole du noyau	$^{23}_{11}Na$	$^{25}_{12}Mg$	$^{26}_{13}Al$	$^{35}_{17}Cl$
nombre de protons				
nombre de neutrons				
nombre d'électrons				

3 Structure électronique des ions monoatomiques

Déterminer la structure électronique des ions suivants, puis les regrouper en fonction des familles d'éléments chimiques auxquelles ils appartiennent.

$Mg^{2+}(Z = 12)$; $F^-(Z = 9)$; $Be^{2+}(Z = 4)$; $Cl^-(Z = 17)$.

4 À la recherche d'un ion inconnu

La structure électronique d'un atome est $(K)^2\ (L)^8\ (M)^6$.

1. Trouver la place de l'élément correspondant dans la classification périodique. Donner son symbole chimique et son nom.

2. Combien d'électrons possède cet atome ?

3. Donner le numéro atomique de l'élément chimique.

4. Trouver l'ion monoatomique que peut donner cet atome : donner sa formule et sa structure électronique.

5 Étude de l'ion magnésium

L'ion magnésium a pour formule Mg^{2+}.

1. Exprimer la charge de l'ion en unités de charge élémentaire.

2. Calculer la charge en coulombs.

3. Combien d'électrons ont été perdus ou gagnés par l'atome de magnésium pour obtenir l'ion magnésium ?

4. L'oxyde de magnésium MgO est un solide ionique constitué d'ions magnésium et d'ions oxyde. Le solide étant électriquement neutre, trouver la formule de l'ion oxyde.

6 Réaction chimique faisant intervenir des ions

La réaction entre les ions hydrogène H^+ et le sulfure de fer FeS produit un gaz de formule H_2S et un ion monoatomique dont la charge est égale à $+\ 2e$.

1. En utilisant la loi de conservation des éléments chimiques au cours d'une réaction, trouver l'élément constituant cet ion.

2. Déterminer la formule de l'ion.

3. Trouver la structure électronique de l'ion H^+.

4. Le sulfure de fer est constitué d'un assemblage d'ions fer Fe^{2+} et d'ions sulfure S^{2-}. Le numéro atomique du fer est égal à 26 et celui du soufre est égal à 16.
Trouver le nombre d'électrons de l'ion sulfure, puis déterminer sa structure électronique.

18 Les molécules

L'ESSENTIEL

Description d'une molécule

Une molécule est un **assemblage de plusieurs atomes**. Ces atomes forment au sein de la molécule des liaisons chimiques qui assurent la stabilité de l'édifice moléculaire.

Les modèles moléculaires

● Il s'agit de la représentation d'une molécule par un assemblage de boules colorées représentant les atomes constitutifs, chaque couleur étant associée à un élément chimique. On représente les liaisons par des tubes entre les boules (fig. 1).

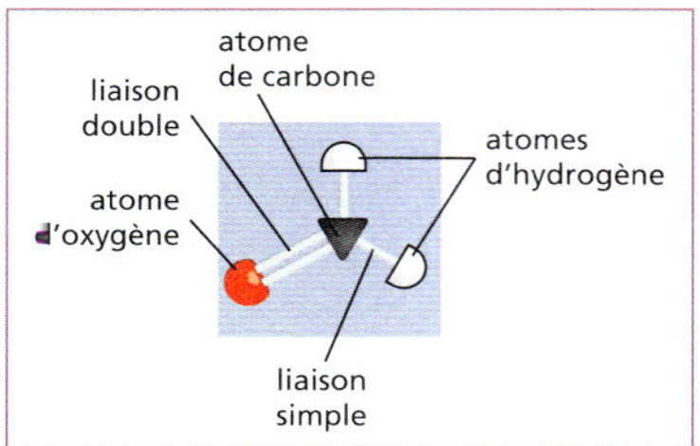

Fig. 1

élément chimique	hydrogène	carbone	azote	oxygène	chlore
couleur associée	blanc	noir	bleu	rouge	vert

● Deux atomes peuvent former entre eux des liaisons simples, doubles ou triples, qui seront chacune représentées par un nombre de tubes équivalent (1, 2 ou 3). **Un modèle moléculaire permet de comprendre la géométrie dans l'espace d'une molécule.**

La formule brute d'une molécule

Une formule brute représente les **différents types d'atomes** constituant la molécule, ainsi que **leur nombre**.

Exemple

molécule	dioxygène	ammoniac	éthanol
formule brute	O_2	NH_3	C_2H_6O
composition	2 atomes d'oxygène	1 atome d'azote 3 atomes d'hydrogène	2 atomes de carbone 6 atomes d'hydrogène 1 atome d'oxygène

La formule développée d'une molécule

Les atomes d'une molécule réalisent des liaisons simple, double ou triple avec d'autres atomes.
La formule développée d'une molécule fait apparaître **les atomes et les liaisons entre eux**.

● **Conventions de représentation**

- Un atome est représenté par son symbole.
- Une liaison simple est représentée par un trait entre les symboles des deux atomes liés.
- Une liaison double est représentée par deux traits entre les symboles des deux atomes liés.
- Une liaison triple est représentée par trois traits entre les symboles des deux atomes liés.

Exemple

molécule	**formule brute**	**formule développée**
eau	H_2O	H—O—H
chlorure d'hydrogène	HCl	H—Cl
dioxyde de carbone	CO_2	O═C═O
méthane	CH_4	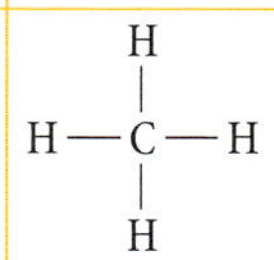
éthane	C_2H_6	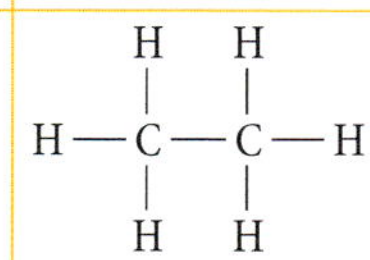
éthylène	C_2H_4	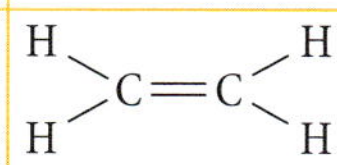

Formule semi-développée d'une molécule

On obtient la formule semi-développée d'une molécule à partir de sa formule développée en supprimant la représentation des liaisons avec les atomes d'hydrogène. On représente leur symbole à côté de l'atome auquel ils sont liés avec leur nombre en indice.

Exemple Le méthoxyméthane

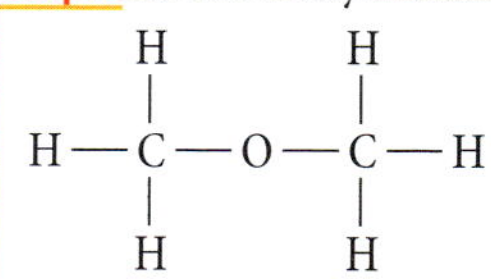

formule développée

$CH_3—O—CH_3$

formule semi-développée

Isomérie

Deux molécules sont **isomères** si elles ont la **même formule brute et des formules développées différentes** (c'est-à-dire des structures différentes).

Exemple L'éthanol et le méthoxyméthane sont deux espèces chimiques différentes possédant la même formule brute C_2H_6O. Les deux molécules sont isomères.

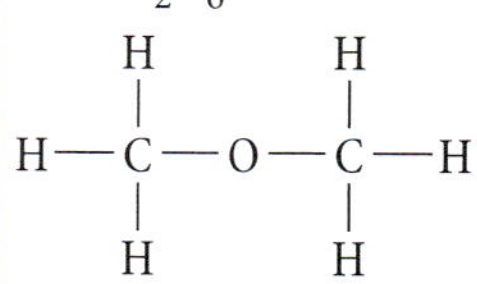

méthoxyméthane
(famille des éthers-oxydes)

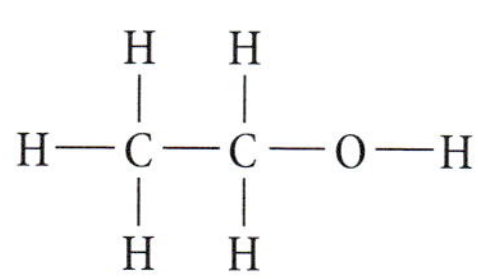

éthanol
(famille des alcools)

LA MÉTHODE

Représenter des formules de molécules et identifier des groupes caractéristiques

Représentation d'une formule développée ou semi-développée à partir d'un modèle moléculaire

modèle moléculaire	formule développée	formule semi-développée
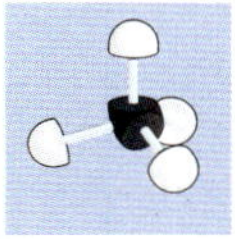	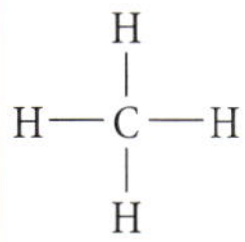	CH_4
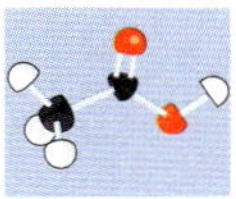	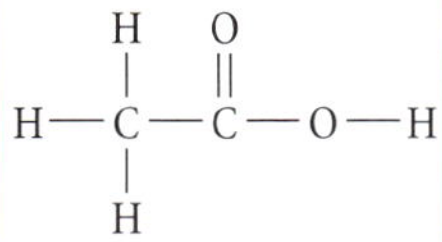	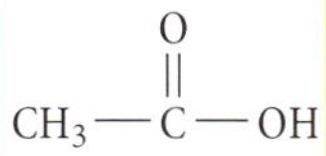
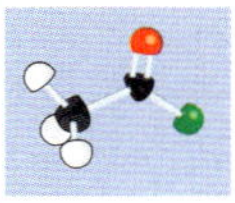	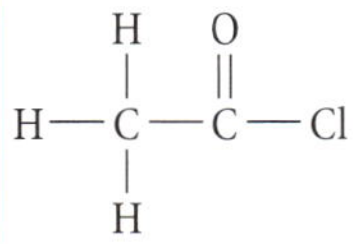	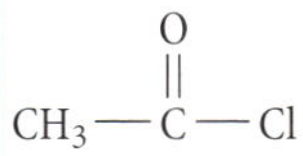

Identifier des groupes caractéristiques

Un groupe caractéristique est un groupe d'atomes qui donne des propriétés spécifiques aux molécules qui le possèdent.

nom du groupe	chloro	amino	hydroxyle	carbonyle	carboxyle
groupe d'atomes	—Cl	$—NH_2$	—OH	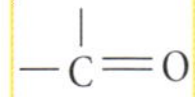	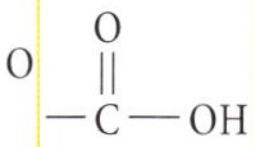

Remarque (pour aller plus loin)

En étudiant les formules des différentes molécules, on note que chaque atome réalise un même nombre de liaisons quelle que soit la molécule envisagée.

atome	hydrogène	carbone	oxygène	azote	chlore
nombre de liaisons	1	4	2	3	1

S'ENTRAÎNER

1 Vrai ou faux ? Cocher la case qui convient.

QUIZ

a. La molécule de formule brute $C_3H_8O_2$ possède plus d'atomes de carbone que d'atomes d'oxygène. V ☐ F ☐

b. La formule $CH_3–CH_2–CH_3$ est une formule développée. V ☐ F ☐

c. Les molécules de formule $CH_3–S–CH_3$ et $CH_3–CH_2–SH$ sont des isomères. V ☐ F ☐

d. Les molécules de formule O=C=O et $H_2C=CH_2$ possèdent des liaisons doubles. V ☐ F ☐

2 Étude d'un modèle moléculaire

Le schéma ci-contre représente le modèle moléculaire d'une molécule de méthanal.

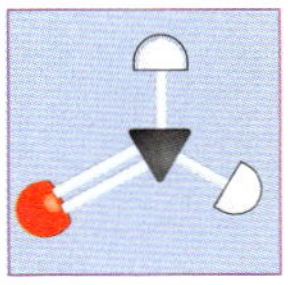

1. Trouver la formule développée puis la formule semi-développée de cette molécule.
2. Quel groupe caractéristique possède-t-elle ?

3 La molécule d'ammoniac

Le modèle moléculaire de la molécule d'ammoniac est donné ci-contre.

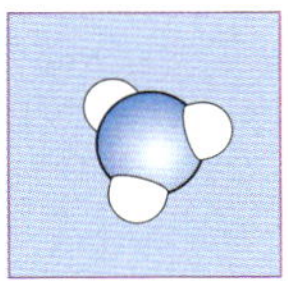

1. Trouver la formule développée de cette molécule.
2. Écrire la formule semi-développée.
3. En déduire la formule brute.

4 Recherche des isomères

1. Trouver les formules développées des deux isomères de formule brute C_4H_{10}.
2. Écrire les formules semi-développées de ces deux molécules.

POUR VOUS AIDER

La recherche des isomères d'une molécule organique (qui contient l'élément carbone) se fait en cherchant les différentes combinaisons possibles avec les atomes de carbone sans se soucier des atomes d'hydrogène.

5 Isomères ou pas ?

On considère les formules développées des deux molécules suivantes :

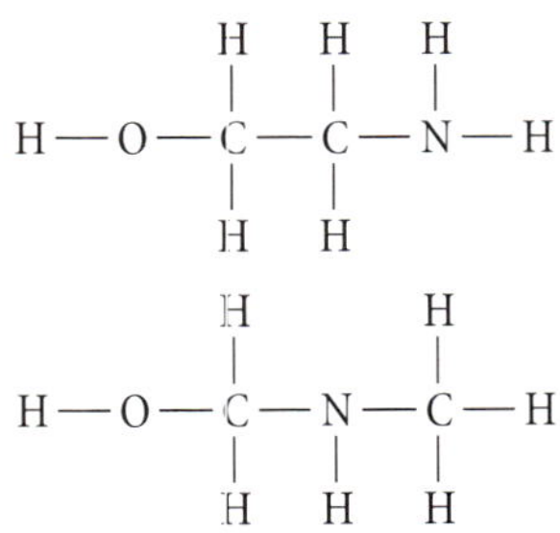

1. Trouver les formules semi-développées de ces molécules.
2. Trouver les formules brutes de ces molécules.
3. Comment qualifie-t-on ces molécules ?
4. Trouver un troisième isomère ne possédant pas de liaison entre les atomes d'azote et d'oxygène. Donner sa formule développée.

19 Les bases de la chimie quantitative

L'ESSENTIEL

Les échantillons de matière manipulés par le chimiste contiennent un très grand nombre de particules : plusieurs milliards de milliards. Pour rendre compte du nombre gigantesque de particules contenues dans un échantillon de matière, les chimistes ont défini une grandeur adaptée à notre échelle : **la quantité de matière**.

L'unité de quantité de matière : la mole

● La quantité de matière n d'un échantillon est une grandeur directement proportionnelle au nombre N de particules constituant l'échantillon. L'unité de quantité de matière est la mole de symbole **mol**.

● La relation entre le nombre N de particules et le nombre n de moles est la suivante :

$$\boxed{N = n \times N_A}$$

n est en moles (mol). N n'a pas d'unité.
N_A est la **constante d'Avogadro** exprimée en mol^{-1}. Elle donne le nombre de particules présentes par mole d'échantillon : $\mathbf{N_A = 6{,}02 \times 10^{23}\ mol^{-1}}$. Une mole de particules (atome, molécule, ion, électron…) contient $6{,}02 \times 10^{23}$ particules.

Relation quantité de matière-masse

● La **masse molaire** d'un atome est égale à la masse d'une mole de ses atomes. Son unité est le **gramme par mole ($g\cdot mol^{-1}$)**.

atome	masse molaire
hydrogène	$M_H = 1{,}0\ g\cdot mol^{-1}$
carbone	$M_C = 12{,}0\ g\cdot mol^{-1}$
sodium	$M_{Na} = 23{,}0\ g\cdot mol^{-1}$
chlore	$M_{Cl} = 35{,}5\ g\cdot mol^{-1}$

● La masse molaire d'un ion monoatomique est égale à la masse molaire de l'atome associé, car on peut négliger la masse des électrons perdus ou gagnés.

Exemples Masse molaire de l'ion sodium Na+ :
$M_{Na+} = M_{Na} = 23{,}0\ g\cdot mol^{-1}$
Masse molaire de l'ion chlorure Cl^- :
$M_{Cl-} = M_C = 35{,}5\ g\cdot mol^{-1}$

● La masse molaire d'une molécule est égale à la somme des masses molaires des atomes constitutifs de la molécule.

Exemple Masse molaire du méthane CH_4 :
$M_{CH4} = M_C + 4\,M_H = 12{,}0 + 4 \times 1{,}0 = 16{,}0\ g\cdot mol^{-1}$

● La relation entre la masse m d'un échantillon de matière de masse molaire M et la quantité de matière n est la suivante :

$$\boxed{m = n \times M}$$

m : masse en grammes ; n : quantité de matière en moles ; M : masse molaire en grammes par mole.

Relation quantité de matière – volume

Le **volume molaire** d'une espèce chimique est égal au volume occupé par une mole d'entités de cette espèce chimique.
Son unité est le **litre par mole ($L\cdot mol^{-1}$)**.
La relation entre le volume V d'un échantillon de matière de volume molaire V_m et la quantité de matière n est égale à :

$$\boxed{V = n \times V_m}$$

V : volume en litres ; n : quantité de matière en moles ; V_m : volume molaire en litres par mole.

Le cas particulier des gaz

● **Loi d'Avogadro-Ampère :** des échantillons de gaz différents pris dans les mêmes conditions de température et de pression, et contenant la même quantité de matière, occupent des volumes égaux.

● **Conséquence importante :** à température et pression fixées, le volume molaire est le même pour tous les gaz.

Exemples
$V_m = 24{,}0\ L\cdot mol^{-1}$ ($t = 20$ °C ; $p = 1$ bar)
$V_m = 22{,}4\ L\cdot mol^{-1}$ ($t = 0$ °C ; $p = 1$ bar)

Prélever une quantité de matière n d'une espèce chimique donnée

● **Espèce chimique solide de masse molaire M**
On calcule la masse correspondante : $m = n \times M$.
On prélève la masse calculée à l'aide d'une balance.

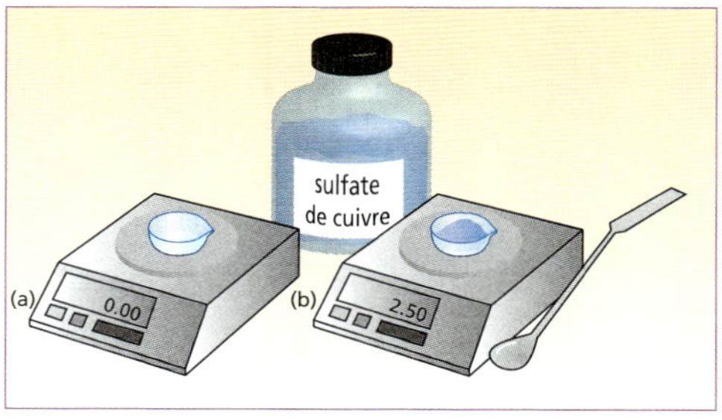

● **Espèce chimique liquide de masse volumique μ et de masse molaire M**

On calcule le volume correspondant : $V = n \times \dfrac{M}{\mu}$.

On prélève le volume calculé à l'aide d'une verrerie graduée.

● **Espèce chimique gazeuse de volume molaire V_m**
On calcule le volume correspondant : $V = n \times V_m$.
On prélève le volume calculé à l'aide de récipients gradués adaptés.

LA MÉTHODE

Déterminer la quantité de matière contenue dans un échantillon

On désire déterminer la quantité d'eau $n(H_2O)$ (nombre de moles) correspondant à un échantillon d'eau pure de volume V égal à 10 mL, puis en déduire le volume molaire de l'eau liquide.

- Verser un volume suffisant de liquide dans un **bécher.**
- Prélever à l'aide d'une **pipette jaugée** le volume V de 10 mL d'eau liquide (fig. 1 et 2).

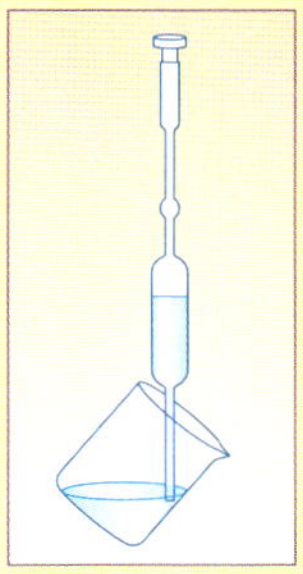

Fig. 1 Prélèvement du volume désiré

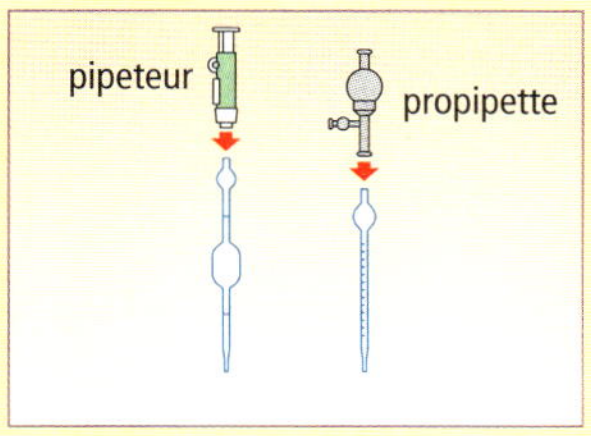

Fig. 2 Pipette jaugée ou graduée

- Verser le volume prélevé dans un récipient sec (bécher par exemple) préalablement pesé, et mesurer la masse $m(H_2O)$ du liquide (fig. 3).

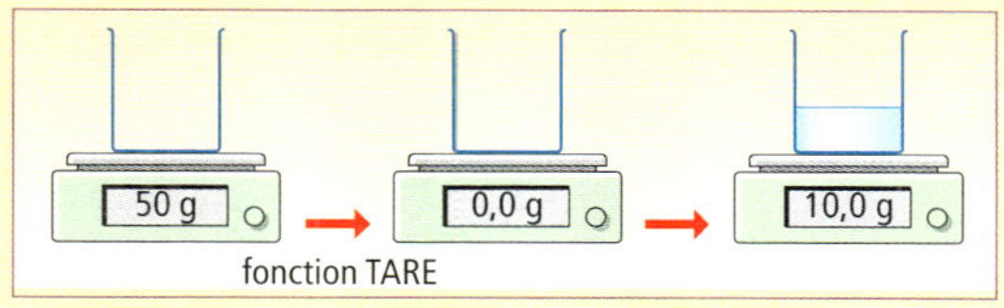

Fig. 3 Mesure de la masse

La mesure nous donne : $m(H_2O) = 10{,}0$ g.

- Calculer la masse molaire de l'eau $M(H_2O)$ (données : $M_H = 1{,}0\ g{\cdot}mol^{-1}$; $M_O = 16{,}0\ g{\cdot}mol^{-1}$).
$M(H_2O) = 2\,M_H + M_O = 2 \times 1{,}0 + 16{,}0 = 18{,}0\ g{\cdot}mol^{-1}$.
- Calculer la quantité de matière $n(H_2O)$ contenue dans l'échantillon.

$$n(H_2O) = \frac{m(H_2O)}{M(H_2O)}$$

Application numérique : $n(H_2O) = \dfrac{10{,}0}{18{,}0} = 0{,}555$ mol

- Calculer le volume molaire $V_m(H_2O)$ de l'eau liquide.

$$V_m(H_2O) = \frac{V(H_2O)}{n(H_2O)} = \frac{10{,}0}{0{,}555} = 18{,}0\ mL{\cdot}mol^{-1}$$

S'ENTRAÎNER

1 QUIZ

Vrai ou faux ? Cocher la case qui convient.

a. La molécule de formule brute C_2H_6 (avec $M_C = 12{,}0\ g{\cdot}mol^{-1}$ et $M_H = 1{,}0\ g{\cdot}mol^{-1}$) a une masse molaire égale à $30{,}0\ g{\cdot}mol^{-1}$. V ☐ F ☐

b. La masse d'une quantité de carbone ($M_C = 12{,}0\ g{\cdot}mol^{-1}$) valant 10,0 mol est égale à 120 g. V ☐ F ☐

c. Le volume d'une quantité donnée de gaz est d'autant plus grand que le volume molaire est petit. V ☐ F ☐

d. À quantités égales et pour les mêmes conditions de température et de pression, deux échantillons gazeux occupent un volume qui dépend de leurs compositions chimiques. V ☐ F ☐

2 Calcul de masses molaires

Calculer les masses molaires des entités chimiques suivantes :

nom	butane	ion hydrogène	ion sulfate
formule	C_4H_{10}	H^+	SO_4^{2-}

nom	saccharose	sulfate de cuivre hydraté
formule	$C_{12}H_{22}O_{11}$	$CuSO_4, 5\,H_2O$

Données : $M_C = 12{,}0\ g{\cdot}mol^{-1}$;
$M_H = 1{,}0\ g{\cdot}mol^{-1}$; $M_O = 16{,}0\ g{\cdot}mol^{-1}$;
$M_{Cu} = 63{,}5\ g{\cdot}mol^{-1}$; $M_S = 32{,}1\ g{\cdot}mol^{-1}$.

3 Étude d'un échantillon de carbone

Sachant que 120,0 g de carbone C représentent 10,0 moles de carbone, calculer :

1. la masse molaire du carbone ;

2. le nombre d'atomes de carbone contenus dans l'échantillon ;

3. la masse d'un atome de carbone.

4 Échantillon de dioxyde de carbone gazeux

Un récipient contient du dioxyde de carbone gazeux sous une pression égale à 1 bar et une température égale à 20 °C. Son volume est égal à 10,0 L.

1. Calculer le nombre de moles dans l'échantillon.

2. Quel devrait être le volume du récipient si le dioxyde de carbone était porté à une température de 150 °C ?

3. Calculer le volume molaire à 0 °C et pour une pression de 1 bar, sachant que dans ces conditions l'échantillon de dioxyde de carbone occupe un volume égal à 9,35 L.

Données :
volume molaire à $t = 20$ °C et $p = 1$ bar :
$V_m = 24{,}0\ L{\cdot}mol^{-1}$;
volume molaire à $t = 150$ °C et $p = 1$ bar :
$V_m = 35{,}0\ L{\cdot}mol^{-1}$.

20 Les solutions aqueuses

L'ESSENTIEL

Description d'une solution

- On prépare une solution en dissolvant dans un liquide une espèce chimique. Le liquide est appelé le **solvant** et l'espèce chimique dissoute le **soluté**. Si l'eau est le solvant, la solution est une **solution aqueuse**.

- Une espèce chimique est dite **soluble** dans un solvant si elle peut y être dissoute. Dans le cas contraire, on dit qu'elle est **insoluble**.

La concentration molaire

Une solution contenant un soluté est caractérisée par son volume V et la quantité de matière n de soluté dissous exprimée en moles. On définit pour le soluté sa concentration molaire C dans la solution comme le rapport de la quantité de matière sur le volume de la solution.

$$C = \frac{n}{V}$$

n est la quantité de matière en moles (mol) et V le volume de la solution en litres (L). La concentration molaire C a donc pour unité la **mole par litre ($mol \cdot L^{-1}$)**.

La concentration massique

Elle est égale à la masse de soluté dissous (exprimée en grammes) par litre de solution.

$$C_m = \frac{m}{V}$$

m est la masse en grammes (g) et V le volume en litres (L). C_m est en **grammes par litre ($g \cdot L^{-1}$)**.

Préparation d'une solution par dissolution

La préparation d'une solution de concentration C et de volume V s'effectue en plusieurs étapes.

- Calcul du nombre n de moles de soluté à dissoudre dans la solution :

$$n = C \times V$$

avec n en moles (mol), V en litres (L), C en moles par litre ($mol \cdot L^{-1}$).

- Détermination de la masse m de soluté à utiliser pour préparer la solution.

$$m = n \times M$$

avec n en moles (mol), m en grammes (g), M en grammes par mole ($g \cdot mol^{-1}$).
M est la masse molaire du soluté.

- Récupération de la masse calculée dans une capsule à l'aide d'une spatule (fig. 1).

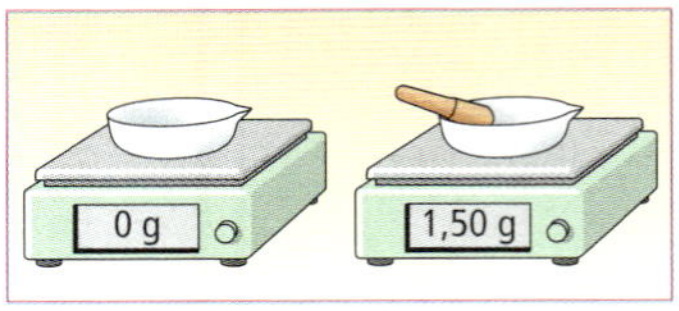

Fig. 1

- Dissolution du soluté dans un peu d'eau pure (fig. 2).

Fig. 2

- Transvasement de la solution dans une fiole jaugée de volume V (fig. 3) et ajout de l'eau jusqu'au trait de jauge (fig. 4).

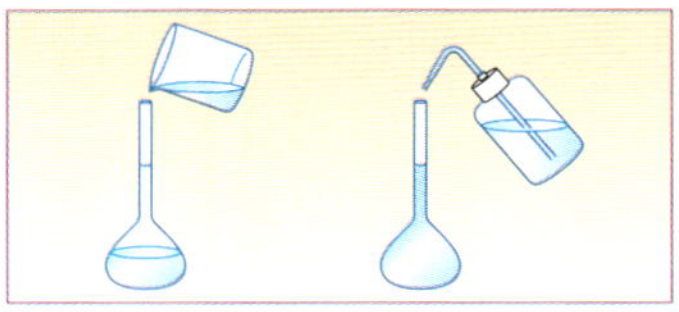

Fig. 3

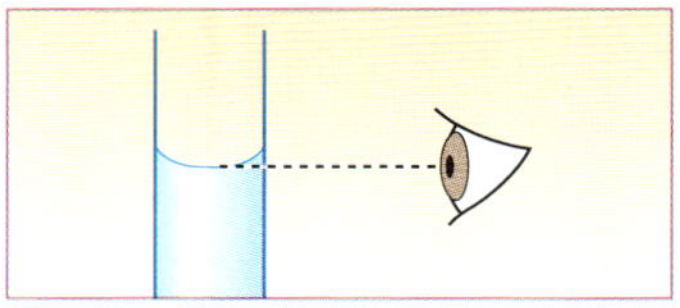

Fig. 4 Pour éviter des erreurs de parallaxe, il faut placer son œil au niveau du trait de jauge

La solubilité

La solubilité est égale à la concentration maximale (molaire ou massique) d'un soluté dans une solution.

MOT CLÉ

Lorsque la concentration est égale à la solubilité, la solution est dite **saturée** en soluté : on ne peut plus y dissoudre une quantité supplémentaire de soluté.

Exemple À 20 °C, la solubilité du chlorure de sodium dans l'eau est égale à 6,15 $mol \cdot L^{-1}$.
La solubilité dépend de la température de la solution.

température de la solution aqueuse (°C)	20	80
solubilité du chlorure de sodium NaCl dans l'eau ($g \cdot L^{-1}$)	360	384

LA MÉTHODE

Préparer une solution par dilution

À partir d'une solution aqueuse de sulfate de cuivre (solution mère, de concentration $C_0 = 0{,}30\ \text{mol·L}^{-1}$), on prépare une nouvelle solution (solution fille) de concentration C_1 égale à $0{,}18\ \text{mol·L}^{-1}$ et de volume V_1 égal à 50 mL.

- On détermine le volume V_0 de la solution mère à utiliser pour préparer la solution fille.

La quantité de matière n_0 de soluté prélevé dans la solution mère est celle que l'on retrouve dans la solution fille notée n_1.

$$n_0 = n_1 \qquad C_0 \times V_0 = C_1 \times V_1 \qquad V_0 = \frac{C_1 \times V_1}{C_0}$$

Les concentrations sont en moles par litre et les volumes en litres.

Application numérique : $V_0 = 30 \times 10^{-3}\ \text{L}$

- On prépare la solution fille :

1. on prélève à l'aide d'une pipette graduée le volume V_0 de solution mère nécessaire (fig. 5) ;
2. on introduit le liquide prélevé dans une fiole jaugée (fig. 6) ;
3. on complète jusqu'au trait de jauge avec de l'eau distillée (fig. 7 et 8).

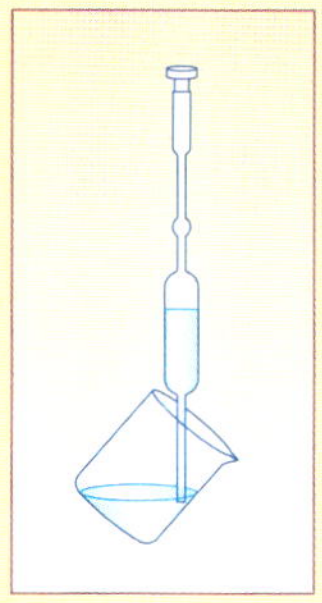

Fig. 5

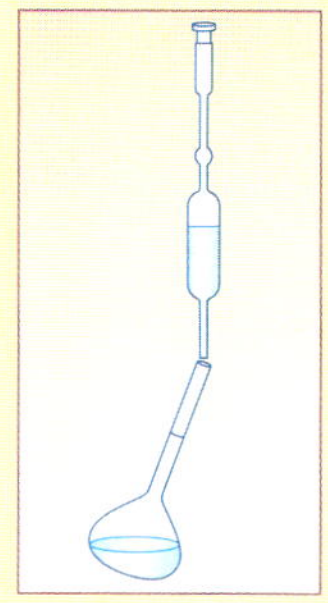

Fig. 6

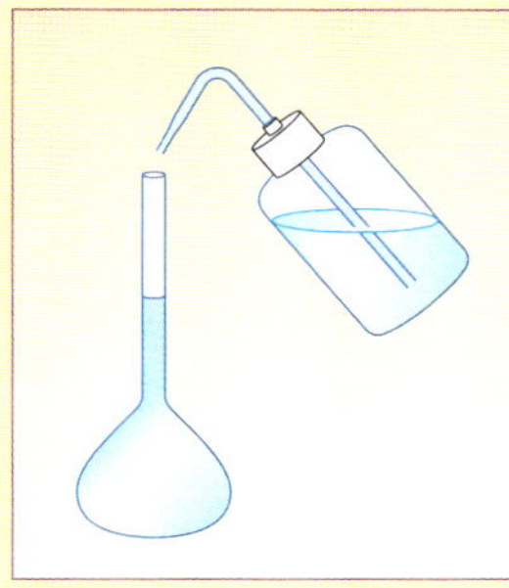

Fig. 7

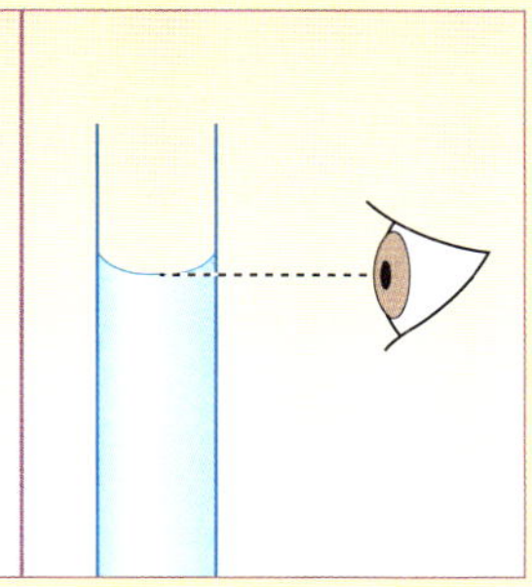

Fig. 8

S'ENTRAÎNER

1 QUIZ

Vrai ou faux ? Cocher la case qui convient.

a. La concentration d'une espèce chimique augmente si, à volume constant, on augmente la quantité de matière dissoute. V ☐ F ☐

b. Une solution de volume V égal à 3,0 L et de concentration $C = 0{,}10\ \text{mol·L}^{-1}$ contient $n = 0{,}30$ mol d'espèce chimique dissoute. V ☐ F ☐

c. La concentration massique C_m d'une espèce chimique dans une solution s'obtient en divisant la masse de la solution par le volume de la solution. V ☐ F ☐

d. La solubilité du sel dans l'eau est égale à $330\ \text{g·L}^{-1}$. On peut donc dissoudre dans un litre d'eau une masse de sel égale à 500 g. V ☐ F ☐

2 Préparation d'une solution de saccharose

On se propose de préparer une solution de saccharose de volume V égal à 200 mL et de concentration molaire C égale à $3{,}0 \times 10^{-5}\ \text{mol·L}^{-1}$.

La solution se fera par dissolution de saccharose solide de formule $C_{12}H_{22}O_{11}$.

1. Calculer la masse m de soluté à utiliser pour préparer la solution.
2. On peut dissoudre au maximum 4,0 kg de saccharose dans 2,0 L d'eau.

a. Calculer la solubilité C_S du saccharose en g·L^{-1}.

b. On laisse s'évaporer une solution de concentration massique C_m égale à $1\,000\ \text{g·L}^{-1}$ et de volume V égal à 100 mL. À partir de quel volume V' obtiendra-t-on une solution saturée en saccharose ?

Données : $M_C = 12{,}0\ \text{g·mol}^{-1}$; $M_O = 16{,}0\ \text{g·mol}^{-1}$; $M_H = 1{,}0\ \text{g·mol}^{-1}$.

3 L'eau de mer

1. Un échantillon d'eau de mer contient 90 grammes de chlorure de sodium pour un volume égal à 3,0 litres. Calculer la concentration massique correspondante.
2. Quelle masse de chlorure de sodium contient un litre de solution de chlorure de sodium saturée ?
3. On dissout 1 200 grammes dans trois litres d'eau. Calculer la masse de chlorure de sodium non dissous.
4. La concentration molaire C d'un échantillon d'eau de mer est égale à $3{,}0\ \text{mol·L}^{-1}$. Calculer la masse de chlorure de sodium qui a été dissoute dans un volume $V = 2{,}0$ L.

Données :

solubilité du chlorure de sodium : $C_S = 360\ \text{g·L}^{-1}$;
$M_{Na} = 23{,}0\ \text{g·mol}^{-1}$; $M_{Cl} = 35{,}5\ \text{g·mol}^{-1}$.

21 La réaction chimique

L'ESSENTIEL

Les transformations chimiques

● Une transformation chimique a lieu lorsque des espèces chimiques initialement présentes disparaissent (les **réactifs**) et de nouvelles espèces chimiques apparaissent (les **produits**).

● Un **système chimique** est constitué par l'ensemble des espèces chimiques présentes dans le milieu réactionnel : les réactifs n'ayant pas encore réagi, les produits formés et les autres espèces chimiques présentes qui ne participent pas à la réaction.

Exemple

Transformation chimique à l'intérieur d'un tube à essais : on ajoute de la soude (qui contient des ions sodium Na+ et des ions hydroxydes HO^-) à une solution aqueuse de sulfate de cuivre (qui contient des ions cuivre II Cu^{2+} et des ions sulfates SO_4^{2-}) (fig. 1).

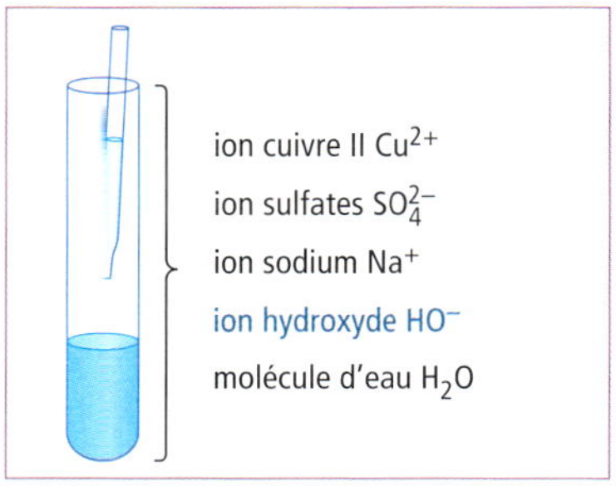

Fig. 1 Système chimique au début

Tous les ions hydroxydes introduits réagissent avec les ions cuivre II pour former un précipité bleu d'hydroxyde de cuivre $Cu(OH)_2$ (fig. 2).

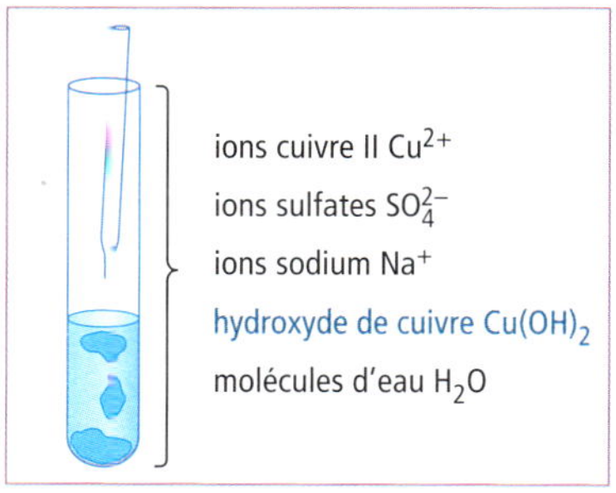

Fig. 2 Système chimique à la fin

● Pour décrire **l'état d'un système chimique**, il faut préciser :
– les différentes espèces présentes ;
– leur état physique : solide (s), liquide (l), gazeux (g) ou en solution aqueuse (aq) ;
– leur quantité de matière ;
– la température, notée t (exprimée en °C), et la pression p (exprimée en pascals Pa).

Définition de la réaction chimique

Lorsque le système chimique se limite aux réactifs et aux produits, la transformation chimique est appelée réaction chimique.

Exemple Pour la transformation précédente, le système chimique se réduit à :

système chimique au début	système chimique à la fin
ions cuivre II Cu^{2+} ions hydroxydes HO^-	ions cuivre II Cu^{2+} hydroxyde de cuivre $Cu(OH)_2$

Équation-bilan

● L'équation-bilan indique dans quelles proportions les quantités de matière des réactifs disparaissent et les quantités de matière des produits sont formées.

● **Lois de conservation** au cours d'une réaction chimique :
1. les éléments chimiques sont conservés ;
2. les quantités de matière associées à chaque élément chimique sont conservées ;
3. la charge électrique totale portée par les réactifs est égale à la charge électrique totale portée par les produits.

● Les **coefficients stœchiométriques** sont les coefficients numériques placés devant les formules des réactifs et des produits. Ils indiquent dans quelles proportions les réactifs disparaissent et les produits sont formés.

● **Ajuster une équation-bilan** consiste à trouver les coefficients stœchiométriques qui permettent de respecter les lois de conservation.

Exemple

équation-bilan	interprétation
$2\,CuO + C \rightarrow 2\,Cu + CO_2$ (s) (s) (s) (s)	deux moles d'oxyde du cuivre CuO réagissent avec une mole de carbone C pour former deux moles de cuivre Cu et une mole de dioxyde de carbone CO_2
$3\,Fe + 2\,O_2 \rightarrow Fe_3O_4$ (s) (g) (s)	trois moles de fer Fe réagissent avec deux moles de dioxygène O_2 pour former une mole d'oxyde de fer Fe_3O_4
$Cu^{2+} + 2\,OH^- \rightarrow Cu(OH)_2$ (aq) (aq) (s)	une mole d'ions cuivre II Cu^{2+} réagit avec deux moles d'ions hydroxydes OH^- pour former une mole d'hydroxyde de cuivre $Cu(OH)_2$

PHYSIQUE CHIMIE

LA MÉTHODE

Étudier une transformation chimique et mettre en évidence son effet thermique

- Le carbone brûle dans l'air : il s'agit d'une réaction de combustion entre le carbone et le dioxygène de l'air. Pour rendre l'expérience plus spectaculaire, on réalise la réaction dans un récipient contenant du dioxygène pur. Après l'expérience, on réalise deux tests.

- **Test à l'eau de chaux**
L'eau de chaux introduite dans le flacon se trouble. On en déduit qu'il y a du dioxyde de carbone après la réaction.

- **Test de la bûchette enflammée**
On plonge une bûchette incandescente dans le flacon. Elle s'éteint immédiatement, ce qui signifie que tout le dioxygène a disparu (dans le cas contraire le dioxygène présent aurait ravivé la flamme). On peut alors déterminer la composition du système chimique avant et après réaction (fig. 3 et 4).

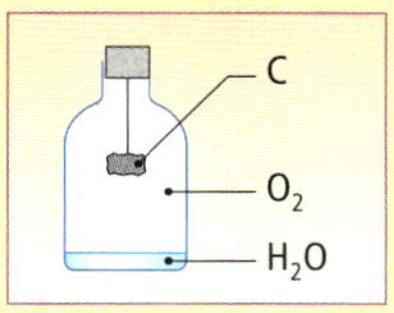

Fig. 3 Système chimique au début : atomes de carbone C ; molécules de dioxygène O_2

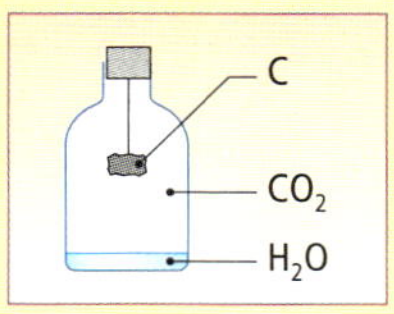

Fig. 4 Système chimique à la fin : atomes de carbone C ; molécules de dioxyde de carbone CO_2

- **Effet thermique de la transformation**
On enregistre l'évolution de la température au cours de la transformation à l'aide d'une sonde de température couplée à un système informatisé d'acquisition des données (fig. 5).

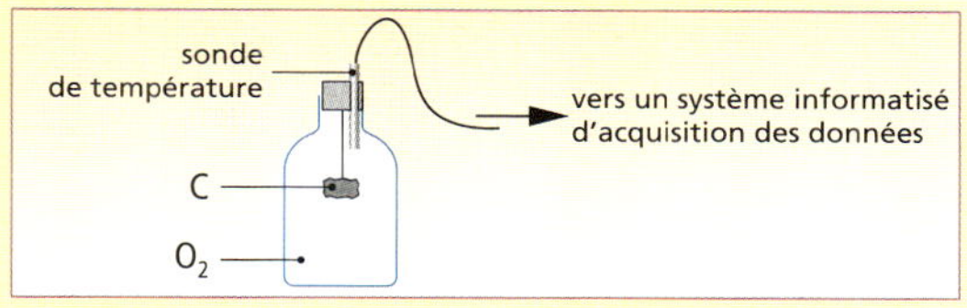

Fig. 5

L'évolution de la température en fonction du temps (fig. 6) nous montre que le système chimique s'échauffe au cours de la transformation : il y a eu un dégagement d'énergie thermique.

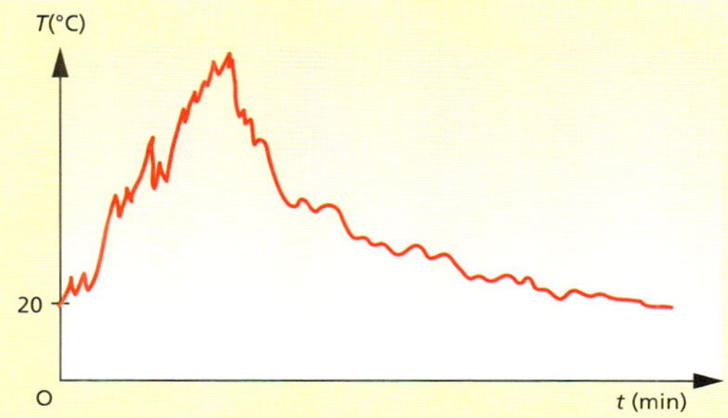

Fig. 6

S'ENTRAÎNER

1 Transformation chimique ou non ?

Pour chaque cas, dire s'il s'agit d'une transformation chimique ou non.

1. Mettre en poudre du saccharose (sucre de canne).
2. Faire bouillir de l'eau liquide.
3. Allumer une bougie.
4. Réaliser la chromatographie d'un colorant.
5. Brûler un papier.
6. Déboucher une canalisation à l'aide d'un déboucheur liquide à la soude.

2 Ajuster des équations-bilans

Ajuster les équations-bilans suivantes.

$C_6H_{12}O_6 + O_2 \rightarrow CO_2 + H_2O$

$C_6H_6 + HNO_3 \rightarrow C_6H_3N_3O_6 + H_2O$

$FeCl_3 + MgO \rightarrow Fe_2O_3 + MgCl_2$

$Pb^{2+} + I^- \rightarrow PbI_4^{2-}$

$C_4H_{10} + O_2 \rightarrow CO_2 + H_2O$

$Fe + O_2 \rightarrow Fe_2O_3$

3 Identifier les réactifs et les produits

Dans son état initial, un système chimique est constitué de méthane, de dioxygène et de diazote. À l'état final, on constate que le système est constitué d'eau, de dioxyde de carbone, de dioxygène en plus petite quantité et de diazote en même quantité.

1. Identifier les produits de la transformation.
2. Quels sont les réactifs pour cette transformation ?
3. Quelle espèce chimique ne participe pas à la transformation chimique ?

4 Le test à l'eau de chaux

Le test à l'eau de chaux permet d'identifier la présence de dioxyde de carbone gazeux : il se forme dans l'eau de chaux un précipité blanc (trouble de l'eau de chaux).

1. S'agit-il d'une transformation chimique ?
2. Le dioxyde de carbone gazeux, lors de sa dissolution dans l'eau, produit des ions hydrogénocarbonates HCO_3^- et des ions hydrogènes H^+.
Écrire l'équation-bilan de cette réaction.

22 Détermination de la concentration d'une espèce chimique

L'ESSENTIEL

Pourquoi déterminer une concentration ?

Les analyses sanguines et d'urines permettent d'établir un **diagnostic** sur l'état de santé d'un patient, mais aussi, dans le cadre de la **lutte antidopage** dans le sport de compétition, de détecter la présence de substances dopantes chez certains sportifs. Au cours de ces analyses, on détermine les concentrations (molaires ou massiques) de certaines espèces chimiques et **on les compare à des valeurs de référence** (fig. 1).

espèces chimiques	concentrations trouvées	valeurs de référence (VR)
URÉE *urease CINE 37°*	0,32 g/l	(VR : 0,17 à 0,54)
ACIDE URIQUE *uricase point final 37°*	55 mg/l	(VR : 40 à 60)
CHOLESTÉROL TOTAL *détermination enzymatique point final 37 °C*	**2,83 g/l**	(VR : 1,40 à 2,00)

Fig. 1 Extrait d'une analyse sanguine

Les résultats qui sont en dehors de l'intervalle toléré sont écrits en gras.

Doser une espèce chimique

Doser une espèce chimique consiste à déterminer par l'expérience la concentration inconnue de l'espèce. Il existe différentes méthodes de dosage à la disposition du chimiste.

> **ATTENTION !**
> Cette méthode s'applique uniquement lorsque l'espèce chimique à doser donne une coloration à la solution.

● **La préparation de l'échelle de teintes**
On réalise plusieurs solutions aqueuses de la même espèce colorée et de concentrations différentes (fig. 2).

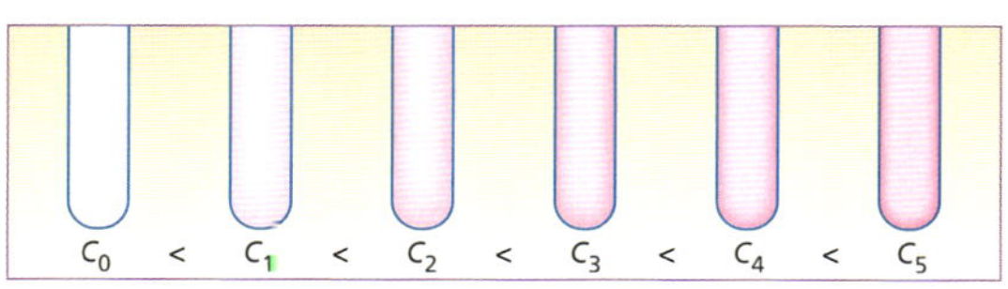

Fig. 2

La couleur de la solution est d'autant plus intense que la concentration de l'espèce chimique colorée est grande. L'ensemble des solutions colorées de concentrations connues constitue une échelle de teintes.

● **La méthode de dosage**
On met dans un tube à essais une solution colorée de concentration inconnue C et on compare sa couleur avec celles des solutions d'une échelle de teintes déjà préparée. On recherche alors les deux solutions de l'échelle de teintes dont les intensités de coloration encadrent celle de concentration inconnue (fig. 3).

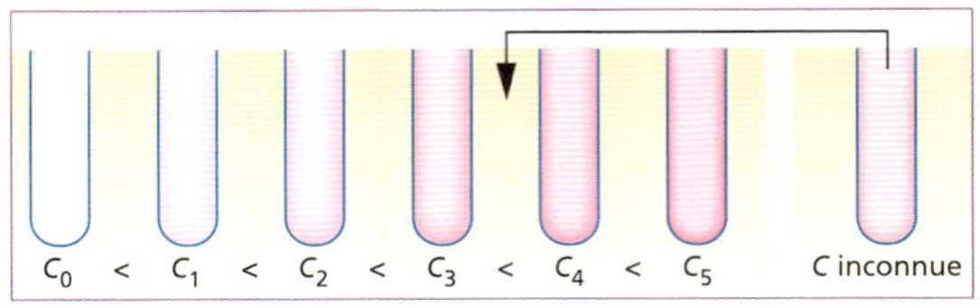

Fig. 3

On en déduit un encadrement de la concentration C inconnue : $C_3 < C < C_4$

Dosage par la méthode des comparaisons

● **Le principe**
On réalise deux expériences où l'on fait réagir l'espèce chimique avec une même quantité connue de réactif. Dans la première expérience, on utilise une solution de concentration C_0 connue de l'espèce chimique. Dans la deuxième expérience, on utilise une solution de concentration C inconnue de l'espèce chimique. On verse dans les deux cas un volume de solution permettant d'avoir le même résultat (un changement de couleur par exemple).

● **Le protocole expérimental**

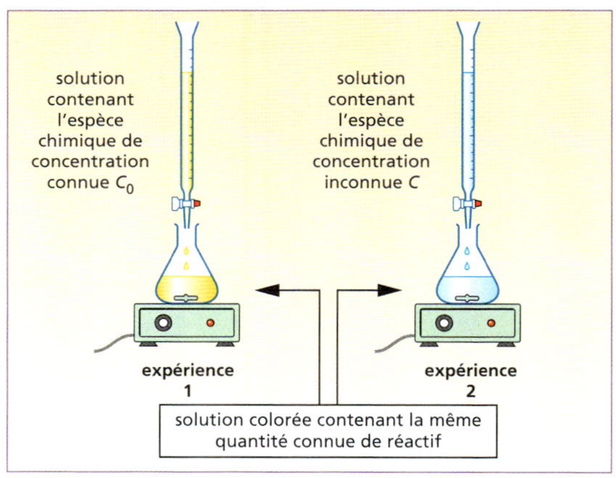

Fig. 4

Dans la première expérience, on verse un volume V_0 pour obtenir un changement de couleur. Dans la seconde, on verse un volume V pour obtenir le même effet (fig. 4).

● **Calcul de la concentration inconnue**
On réalise un tableau de proportionnalité :

volume versé	V_0	V
concentration de l'espèce chimique	C_0	C

On calcule la concentration inconnue C :

$$C = \frac{C_0 \times V}{V_0}$$

LA MÉTHODE

Trouver la masse d'une espèce active présente dans un médicament à partir des résultats d'un dosage

● L'aspirine, ou acide acétylsalicylique, est une espèce chimique aux propriétés antipyrétique, analgésique et anti-inflammatoire. On se propose de trouver la masse d'aspirine contenue dans un comprimé vendu dans le commerce et de la comparer aux indications de la notice du médicament.
On broie un comprimé d'aspirine dans un volume d'eau égal à 200 mL et on détermine la concentration massique *C* en aspirine grâce à un dosage par la méthode des comparaisons.

● **Remarques préliminaires**

– Le bleu de bromothymol (BBT) est une espèce chimique qui peut donner deux couleurs différentes en solution aqueuse : jaune ou bleu.

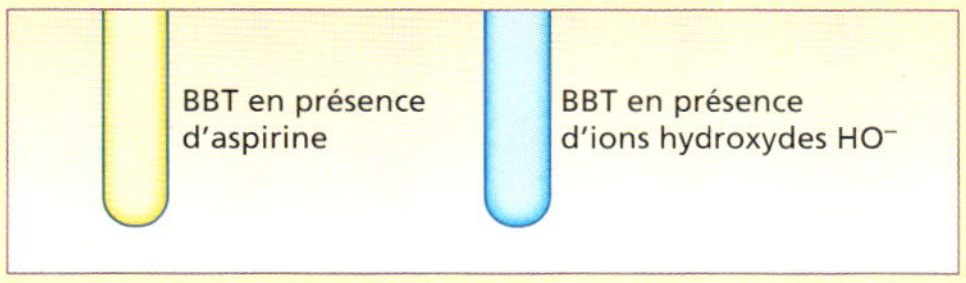

– Les ions hydroxydes réagissent avec l'aspirine selon la réaction d'équation-bilan suivante :

$$HO^- + C_9H_8O_4 \rightarrow H_2O + C_9H_7O_4^-$$

● **Le dosage**

On prépare deux béchers contenant chacun le même volume d'une solution aqueuse d'hydroxyde de sodium. On y ajoute quelques gouttes de BBT : les solutions contenues dans les deux béchers prennent une couleur bleue car elles contiennent des ions hydroxydes.

Expérience 1 : à l'aide d'une burette graduée, on verse dans le premier bécher une solution aqueuse d'aspirine de concentration C_0 connue et égale à 2,5 g·L⁻¹. On s'arrête de verser lorsque la couleur de la solution dans le bécher passe du bleu au jaune. On note le volume V_0 versé : $V_0 = 10{,}0$ mL.

Expérience 2 : à l'aide d'une burette graduée, on verse dans le deuxième bécher la solution aqueuse d'aspirine de concentration *C* inconnue préparée à partir du comprimé. On s'arrête de verser lorsque la couleur de la solution dans le bécher passe également du bleu au jaune. On note le volume *V* versé : $V = 20{,}2$ mL.

● **Calcul de la concentration massique**

La formule de proportionnalité (voir « L'essentiel ») donne : $C = \dfrac{C_0 \times V}{V_0} = \dfrac{2{,}5 \times 20{,}2}{10{,}0} = 5{,}1\ \text{g} \cdot \text{L}^{-1}$

● **Calcul de la masse d'aspirine dans le comprimé**

On applique la formule de la concentration massique, sachant que le comprimé a été dissous dans 200 mL :

$m(\text{aspirine}) = C \times V(\text{solution}) = 5{,}1 \times 0{,}200 = 1{,}0$

● **Comparaison avec la notice**

Sur la notice, on peut lire la composition du comprimé. Il est indiqué que chaque comprimé contient $m' = 1\,000$ mg d'acide acétylsalicylique (ou aspirine). Après conversion en grammes de m', on peut constater que la masse d'aspirine trouvée grâce au dosage est égale à celle annoncée par le fabricant du médicament : $m' = m(\text{aspirine}) = 1{,}0$ g.

S'ENTRAÎNER

1 QUIZ

Vrai ou faux ? Cocher la case qui convient.

a. Doser une solution, c'est trouver la composition chimique de cette solution. V ☐ F ☐

b. Dans une échelle de teintes, l'intensité de la couleur des solutions diminue lorsque la concentration de l'espèce colorée augmente. V ☐ F ☐

2 **Analyse de sang**

Un technicien réalise le dosage de l'acide urique dans le sang. Il trouve une masse *m* égale à 5,0 mg dans 100 mL de sang. Les valeurs de référence (VR) pour un adulte en bonne santé sont : VR : 40 à 60 (en milligrammes par litre).

1. Calculer la concentration massique d'acide urique dans le sang en mg·L⁻¹.
2. Est-ce que le sang analysé présente une anomalie ?
3. Quelle est la concentration massique maximale tolérée ? En déduire la masse maximale *m* d'acide urique dans un litre de sang, exprimée en grammes.
4. Calculer la quantité d'acide urique exprimée en moles que l'on peut trouver au maximum dans un litre de sang, sachant que la masse molaire *M* de l'acide urique est égale à 170,9 g·mol⁻¹.

3 **Dosage par comparaison de l'aspirine**

On réalise le dosage par comparaison d'une solution obtenue en dissolvant la poudre d'un sachet d'aspirine dans un volume d'eau égal à 100 mL. Les résultats du dosage sont donnés dans le tableau suivant :

volume versé (mL)	6,0	3,0
concentration de l'aspirine (g·L⁻¹)	5,0	*C*

1. Calculer la concentration massique *C* de l'aspirine.
2. Calculer la masse *m* d'aspirine dans le sachet, en grammes, puis en milligrammes.
3. À l'aide du tableau, choisir l'indication que l'on pourrait signaler sur le sachet :

indication sur le sachet	Aspirine 250 mg	Aspirine 500 mg	Aspirine 1 000 mg

SVT

Des podcasts de révision audio sur
www.hatier-entrainement.com

Date

La Terre : une planète habitée

Des enjeux planétaires : énergie et sol

Le corps humain et la santé

1 Structure cellulaire et composition chimique

L'ESSENTIEL

La cellule, unité de structure des êtres vivants

● Composition du milieu intracellulaire

››› Toute cellule est limitée par une membrane qui la sépare de son environnement. Chez les organismes pluricellulaires, cet environnement est appelé milieu intérieur (sang, lymphe, par exemple).
La membrane cellulaire sépare ainsi deux milieux de composition différente : le milieu intracellulaire et le milieu extracellulaire (ou milieu intérieur).

››› La composition du milieu intracellulaire présente les mêmes caractéristiques chez tous les êtres vivants. On y trouve toujours les mêmes substances : de l'eau, des ions minéraux et des **matières organiques** qui appartiennent à **quatre grandes catégories** : les **acides nucléiques**, les **protéines**, les **lipides** et les **glucides (doc. 1)**.

> **CHIFFRE CLÉ**
> L'eau représente environ 70 % de la masse d'une cellule.

››› Les acides nucléiques, les protéines et certains glucides forment parfois de très grosses molécules **(macromolécules)** constituées par l'enchaînement de petites molécules de base. Les protéines, par exemple, sont constituées par l'assemblage d'un grand nombre d'acides aminés **(doc. 1)**.

> **CHIFFRE CLÉ**
> Il existe 20 sortes d'acides aminés que l'on retrouve dans toutes les protéines de tous les êtres vivants.

››› L'existence de ces macromolécules est une caractéristique des êtres vivants. L'unité chimique des êtres vivants est un indice de leur parenté.

● Composition des matières vivante et minérale

››› Les éléments constitutifs des molécules des êtres vivants existent dans le monde minéral, non vivant. Le document 2 illustre la différence de composition atomique entre les êtres vivants et le monde minéral.
Les éléments carbone (C), hydrogène (H), oxygène (O) et azote (N) représentent plus de 97 % des atomes présents dans la matière des êtres vivants. Ces atomes ne se trouvent pas à l'état libre chez les êtres vivants, mais incorporés dans des molécules (O et H dans l'eau et les molécules organiques, C dans les molécules organiques, et N dans les protéines et les acides nucléiques).

››› Globalement, le monde vivant puise la matière dont il a besoin pour élaborer sa propre matière dans le monde minéral, mais de façon très sélective. Par exemple, le silicium, très abondant dans le monde minéral, n'existe qu'à l'état de traces chez les êtres vivants ; c'est l'inverse pour le carbone **(doc. 2)**. En dehors des ions simples, comme les ions Na^+ ou K^+, les éléments prélevés par le monde vivant sont contenus dans des molécules comme H_2O, CO_2 ou des ions complexes comme NO_3^-.

La diversité des cellules

● Les cellules **eucaryotes** se caractérisent par l'existence d'un **noyau** limité par une membrane nucléaire et renfermant des **chromosomes**.

● Dans les cellules **procaryotes** (bactéries), il n'y a **pas de noyau** : les **chromosomes** baignent directement dans le cytoplasme.

● Dans toutes les cellules eucaryotes, on observe au microscope électronique des **organites**, par exemple les mitochondries qui sont le siège de la respiration cellulaire. En revanche, il n'y a pas d'organites dans les cellules procaryotes.

● Certaines **cellules végétales** possèdent des **chloroplastes**, organites qui contiennent des pigments chlorophylliens (chlorophylle).

● Au sein d'un organisme pluricellulaire, il existe différents types de cellules, chacun étant spécialisé (cellules musculaires, cellules nerveuses…).

● Malgré cette diversité, la remarquable similitude structurale des cellules eucaryotes laisse penser que **les Eucaryotes sont plus étroitement apparentés entre eux qu'avec les Procaryotes**.

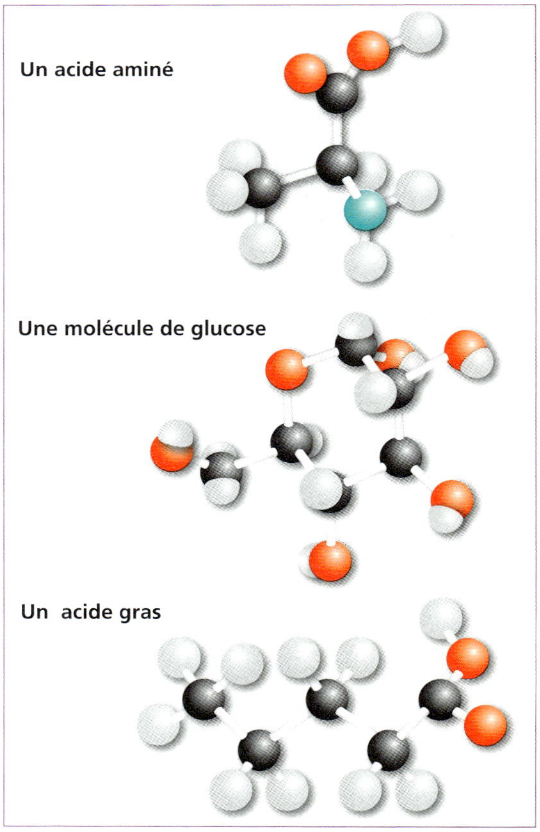

Doc. 1. Quelques molécules caractéristiques des êtres vivants. En noir le carbone, en blanc l'hydrogène, en rouge l'oxygène et en bleu l'azote.

SVT

LE DOCUMENT CLÉ

La composition du monde vivant comparée à celle du monde minéral

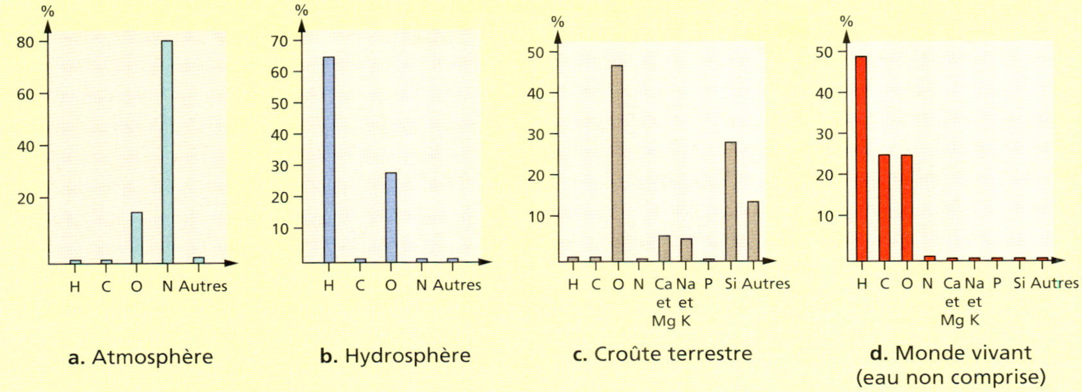

Doc. 2. Composition chimique de l'atmosphère (a), de l'hydrosphère (b), de la croûte terrestre (c) et du monde vivant (d).

L'abondance de chaque élément est exprimée en pourcentage du nombre total d'atomes. Les atomes d'hydrogène, par exemple, représentent près de 50 % des atomes d'un organisme vivant et environ 1 % de la croûte terrestre.

S'ENTRAÎNER

1 QUIZ

Cocher l'affirmation exacte.

L'azote :

- ☐ **a.** est un élément présent dans toutes les molécules organiques.
- ☐ **b.** ne se trouve que dans les molécules des êtres vivants.
- ☐ **c.** est moins abondant que le carbone dans la matière vivante.
- ☐ **d.** ne se trouve qu'à l'état gazeux dans le monde non vivant.

2 **L'unité et la diversité cellulaire**

a. Tirer des documents 3, 4 et 5 les arguments permettant de classer chacune des cellules dans le groupe des Eucaryotes ou dans celui des Procaryotes.

b. Comment interpréter l'unité structurale des Eucaryotes ?

c. Citer un organite qui n'est pas commun à toutes les cellules eucaryotes.

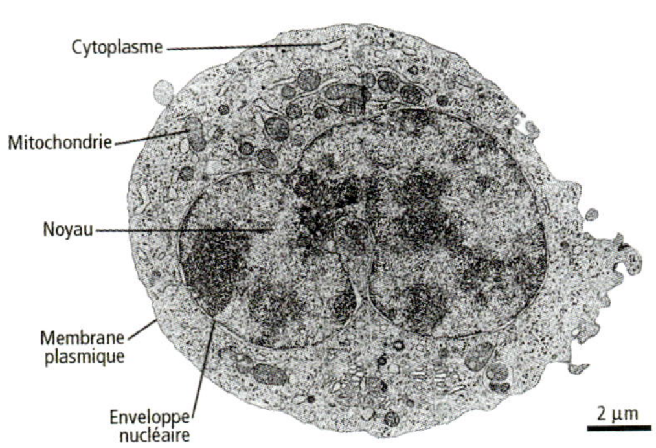

Doc. 3.

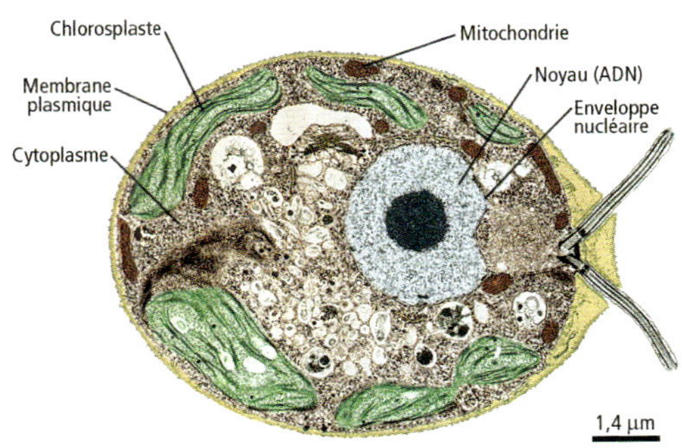

Doc. 4.

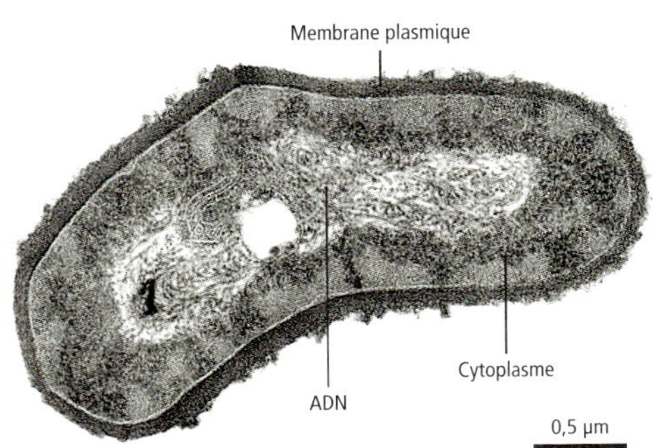

Doc. 5.

SVT

2 L'ADN, support de l'information génétique

L'ESSENTIEL

L'ADN et la parenté de tous les êtres vivants

● **Le support de l'information génétique**

››› Au sein de toute cellule, procaryote ou eucaryote, il existe un **programme génétique**, ensemble des instructions qui dirigent toutes les activités de la cellule, notamment la synthèse de ses propres matières organiques à partir des éléments puisés dans le milieu extérieur.

››› Aussi bien chez les **Procaryotes** que chez les **Eucaryotes, l'acide désoxyribonucléique (ADN) est le support matériel de l'information génétique**. Chez les Eucaryotes, l'ADN est un constituant des **chromosomes** situés dans le noyau ; il n'y a qu'une molécule d'ADN par chromosome.

● **La structure de l'ADN**

››› **La molécule d'ADN (doc. 1)** est formée de deux brins constitués chacun d'une **chaîne de nucléotides**.

››› Un nucléotide est constitué d'un groupement phosphate associé à un sucre (le désoxyribose), lui-même associé à une base azotée.

››› Les deux chaînes de nucléotides, maintenues ensemble par des liaisons au niveau de leurs bases azotées, forment une double hélice.

››› Pour chacun des nucléotides, la base azotée peut être soit l'**adénine** (A), soit la **thymine** (T), soit la **cytosine** (C), soit la **guanine** (G). Adénine et thymine d'une part, cytosine et guanine d'autre part, ne peuvent s'associer que l'une avec l'autre. Les deux brins d'ADN sont dits complémentaires.

● **Les gènes**

››› Chez tous les êtres vivants, chaque instruction du programme génétique constitue **un gène**. Un gène est un fragment d'ADN de quelques centaines ou quelques milliers de nucléotides.

››› **Chaque instruction est codée par la séquence des nucléotides d'un gène.** Des gènes différents ont des séquences de nucléotides différentes.

››› Tous les êtres vivants partagent des gènes communs dirigeant les activités vitales fondamentales.

ADN et biodiversité

● Tous les individus d'une même espèce ont les mêmes gènes, mais un même gène peut se présenter sous des formes différentes appelées **allèles**. Deux allèles d'un même gène **(doc. 2)** possèdent deux **séquences de nucléotides voisines** (à plus de 99 %). Ils ne diffèrent que par un seul ou par un petit nombre de nucléotides. Mais cette différence peut modifier l'expression du caractère codé.

ATTENTION !

Ne pas confondre gènes différents et allèles d'un gène. Des gènes différents occupent des positions (locus) différentes sur la molécule d'ADN alors que les allèles d'un gène occupent le même locus.

● Une espèce A peut posséder des gènes que ne possède pas une espèce B.

● La **transgenèse** consiste à introduire un gène responsable d'une instruction propre à une espèce (par exemple, le gène de l'hormone de croissance humaine) dans une cellule d'une autre espèce qui ne possède pas cette information. On peut ainsi introduire un gène humain dans une bactérie. La cellule qui reçoit le gène devient capable d'exprimer le caractère présent chez l'espèce donneuse : dans l'exemple choisi, la bactérie receveuse va fabriquer de l'hormone de croissance humaine. La transgenèse est toujours réalisée au niveau cellulaire, mais le caractère recherché peut n'apparaître qu'au niveau de l'organisme issu de la cellule transgénique.

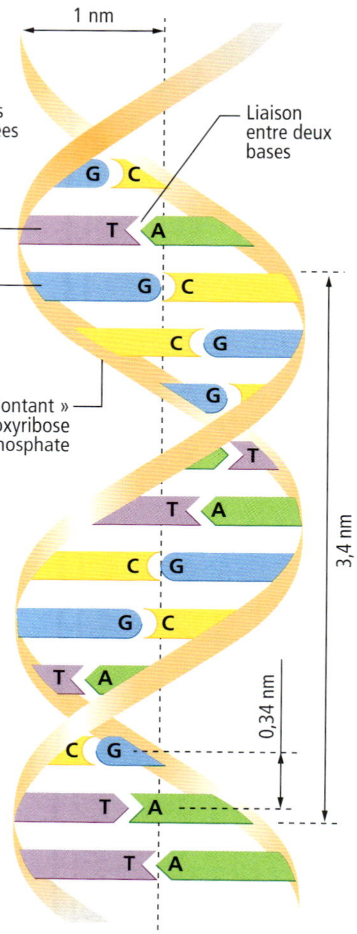

Doc. 1. La molécule d'ADN (fragment).
nm = nanomètre = 10^{-9} m.

ATTENTION !

Par simplification, une séquence d'ADN est souvent donnée sous la forme d'un seul brin, l'autre étant complémentaire. Par convention, on utilise la première lettre de chaque base (A, T, G, C) pour désigner les nucléotides.

SVT

LE DOCUMENT CLÉ

Deux allèles d'un même gène

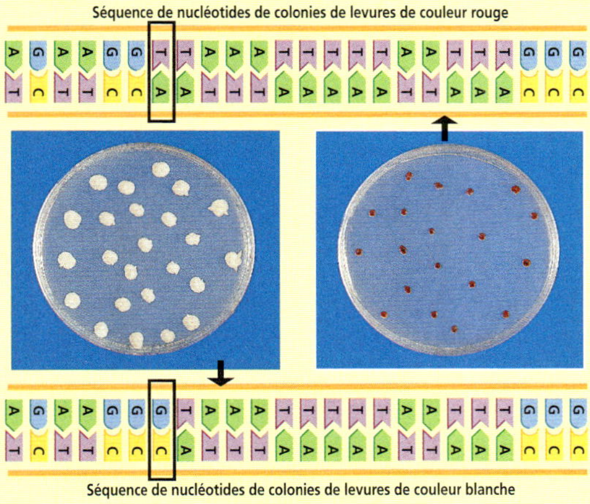

Le gène représenté intervient dans la couleur des colonies de levures.
Noter la très grande similitude des séquences de nucléotides des deux allèles : ils ne diffèrent que par une paire de nucléotides (encadré) et c'est cette différence minime qui est responsable de la différence de couleur.

Doc. 2. Fragments d'ADN appartenant à deux allèles d'un même gène.

S'ENTRAÎNER

1 QUIZ

Cocher l'affirmation exacte.

Une molécule d'ADN :

- ☐ **a.** est formée de deux brins identiques enroulés en hélice.
- ☐ **b.** possède des molécules de thymine et d'adénine en quantité égale.
- ☐ **c.** est le support d'un seul gène.
- ☐ **d.** est constituée de deux brins unis par des liaisons entre les sucres des nucléotides de ces deux brins.

2 Expériences de transgenèse

••• L'insuline, hormone produite par le pancréas et utilisée dans le diabète, fut une des premières substances à être produite industriellement par des micro-organismes. Le gène humain responsable de la synthèse de l'insuline a été introduit dans le génome de **bactéries** qui, en se multipliant, ont donné naissance à de très nombreuses bactéries capables de synthétiser des molécules d'insuline identiques à celles de l'insuline humaine.

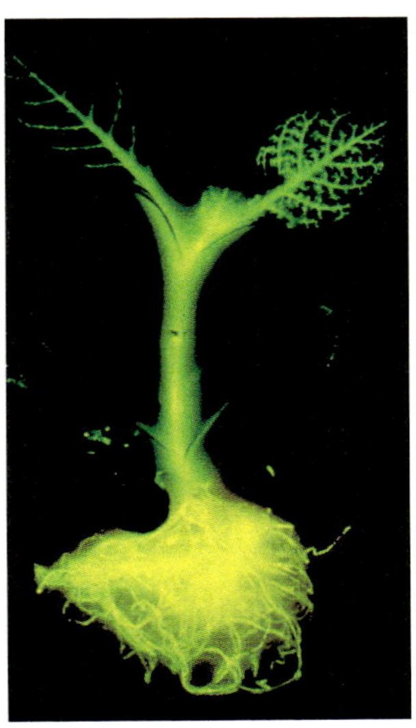

Doc. 3.

••• Le plant de **tabac** (doc. 3) a été obtenu en transférant un fragment d'ADN de luciole (Insecte) dirigeant la synthèse d'une protéine permettant l'émission de signaux lumineux. Le fragment d'ADN a été introduit dans une cellule de tabac à partir de laquelle s'est développé le plant présenté.

a. Comment expliquer que le plant de tabac soit entièrement phosphorescent ?

b. En quoi ces expériences montrent-elles que, chez les Eucaryotes comme chez les Procaryotes, l'ADN est le support de l'information génétique ?

3 Gènes ou allèles ?

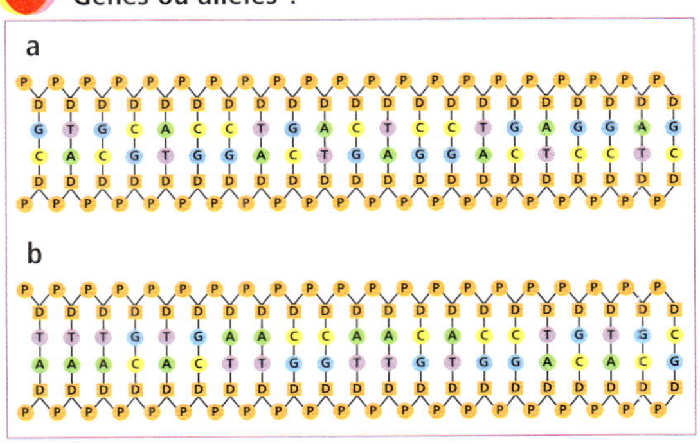

Doc. 4.

Tirer du document 4 les informations permettant de déterminer s'il s'agit de deux gènes différents ou de deux allèles d'un même gène.

POUR VOUS AIDER

Pensez à l'importance du nombre de différences entre les deux séquences.

SVT

3 Le métabolisme cellulaire

L'ESSENTIEL

Les aspects communs du métabolisme cellulaire

La cellule est un **système ouvert** : pour vivre, elle doit **échanger de l'énergie et de la matière** avec son environnement :
– l'énergie prélevée dans l'environnement est nécessaire à toutes les activités cellulaires ;
– la matière prélevée dans l'environnement est utilisée pour la synthèse de toutes les molécules organiques nécessaires à la vie de la cellule.
Les réactions chimiques permettant l'utilisation de l'énergie et les synthèses sont **dirigées par les gènes**.

MOTS CLÉS

Anabolisme : ensemble des réactions de synthèse accomplies par la cellule.
Catabolisme : ensemble des réactions de dégradation, source d'énergie pour la cellule.
Métabolisme : ensemble des réactions d'anabolisme et de catabolisme.

Des métabolismes différents

● **Les cellules chlorophylliennes sont autotrophes.** Elles fabriquent leur matière organique à partir de matières minérales puisées dans le milieu :

$$H_2O + CO_2 \rightarrow \text{matière organique} + O_2$$

● Ces réactions de synthèse nécessitent de **l'énergie**. Cette énergie est l'énergie lumineuse captée par les pigments chlorophylliens.

● **Les cellules non chlorophylliennes sont hétérotrophes.** Elles ont besoin de prélever des **nutriments organiques** (acides aminés, glucose…) pour synthétiser leur propre matière organique. Ces nutriments organiques proviennent directement ou indirectement des matières organiques synthétisées par les cellules autotrophes chlorophylliennes.

L'influence de l'environnement sur le métabolisme

Les levures de bière sont des organismes unicellulaires hétérotrophes. Elles utilisent le glucose de leur milieu de vie comme source d'énergie.

››› Si **le milieu de vie est bien oxygéné (doc. 1), les levures respirent**, elles oxydent le glucose :

$$\text{glucose} + O_2 \rightarrow CO_2 + H_2O + \text{énergie utilisable par la cellule}$$

››› Si **le milieu est dépourvu de dioxygène**, les levures prélèvent toujours le glucose, mais le dégradent par **fermentation** en produisant de l'alcool (éthanol) et du dioxyde de carbone. La réaction libère de l'énergie utilisée pour la vie cellulaire :

$$\text{glucose} \rightarrow \text{alcool} + CO_2 + \text{énergie}$$

Cet aspect du métabolisme des levures, respirer ou fermenter, dépend donc des **conditions du milieu** (présence ou absence de dioxygène).

INFO

Certaines cellules de notre corps ne peuvent que respirer (cellules nerveuses), d'autres peuvent respirer et/ou fermenter (muscles et fermentation lactique).

L'influence du programme génétique sur le métabolisme

Certaines levures mutantes fermentent aussi bien en milieu oxygéné **(doc. 2)** qu'en milieu non oxygéné : elles sont génétiquement incapables de respirer.
Cet aspect du métabolisme des levures dépend donc de leur **programme génétique**.

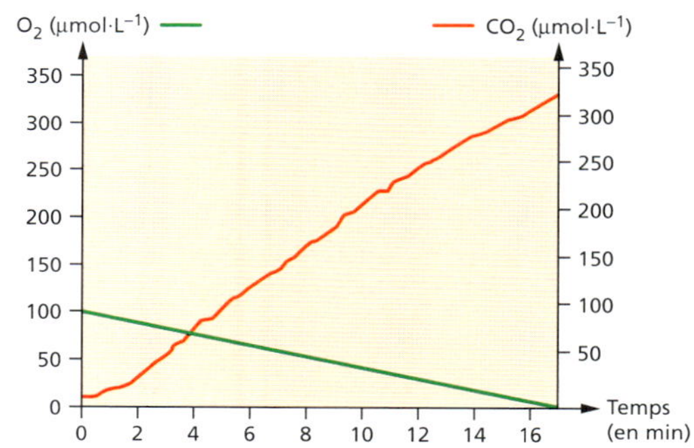

Doc. 1. Levures A cultivées en milieu oxygéné.
En outre, la concentration en glucose diminue dans le milieu.

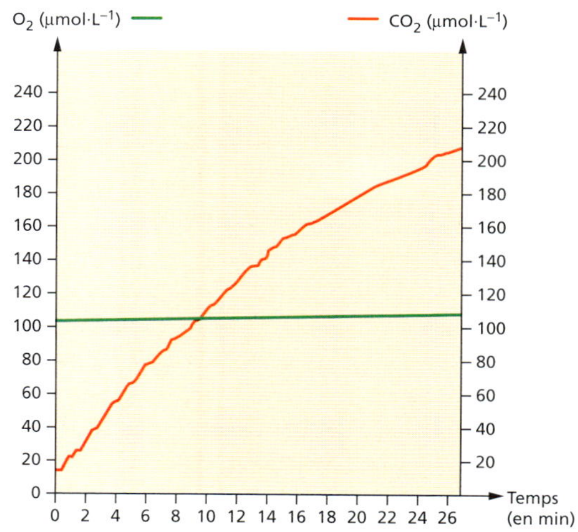

Doc. 2. Levures B cultivées en milieu oxygéné.
En outre, la concentration en glucose diminue dans le milieu.

SVT

LE DOCUMENT CLÉ

Les relations entre le monde minéral et le monde vivant

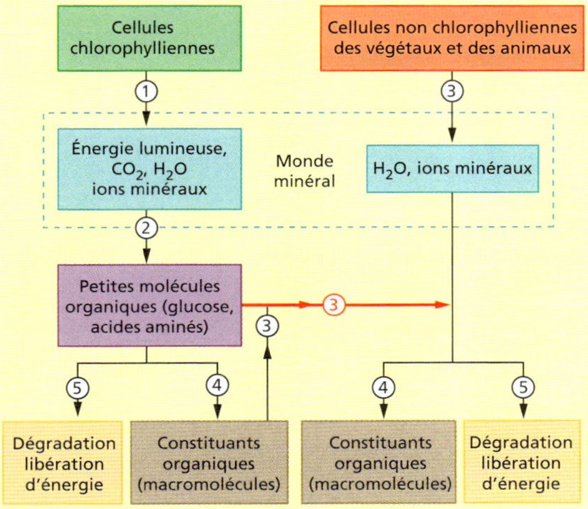

Doc. 3.

1. Les cellules chlorophylliennes prélèvent du CO_2, de l'eau et des ions minéraux et captent l'énergie lumineuse.
2. Les cellules chlorophylliennes font la synthèse de petites molécules organiques (**photosynthèse**).
3. Les cellules hétérotrophes prélèvent de l'eau, des ions minéraux et de petites molécules organiques ; celles-ci proviennent d'un transfert des cellules chlorophylliennes aux cellules non chlorophylliennes du végétal et aux cellules animales après ingestion et digestion.
4. À partir des petites molécules organiques, toutes les cellules effectuent la synthèse de leurs molécules complexes (macromolécules).
5. Une partie des molécules est dégradée, cette dégradation fournit l'énergie nécessaire à la vie cellulaire.
Toutes ces réactions sont sous le contrôle de l'information génétique.

S'ENTRAÎNER

1 QUIZ

Cocher l'affirmation exacte.

- ☐ **a.** Les molécules organiques sont uniquement source d'énergie pour les cellules.
- ☐ **b.** Elles peuvent être synthétisées par tous les êtres vivants à partir de nutriments minéraux.
- ☐ **c.** Elles sont dégradées par toutes les cellules uniquement par respiration.
- ☐ **d.** Elles sont dégradées par des réactions chimiques gouvernées par les gènes de la cellule.

2 Métabolisme et environnement (1)

Dans une enceinte A (doc. 4) contenant une solution de glucose, on introduit des levures, êtres vivants unicellulaires. Dans une enceinte B ne contenant qu'une solution de glucose, sans levure, les concentrations en glucose, O_2 et CO_2 gardent les mêmes valeurs au cours du temps.

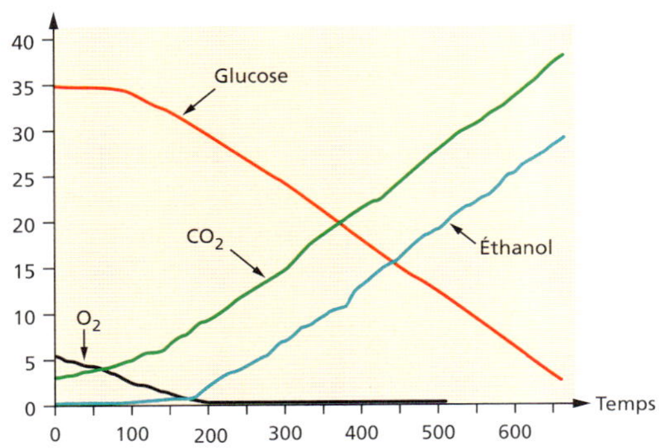

Doc. 4.

a. On dit que la cellule échange de la matière et de l'énergie avec son environnement. Tirer du document 4 les informations étayant cette affirmation.
b. On dit que le métabolisme dépend des conditions du milieu de vie. Tirer des résultats observés dans l'enceinte B les informations étayant cette affirmation.

POUR VOUS AIDER

Question a. N'oubliez pas que le glucose consommé est, par dégradation, source d'énergie pour les cellules.

3 Métabolisme et environnement (2)

Le glycogène est une forme de glucose stocké en réserve dans les cellules du foie. Chez un individu ayant jeûné pendant 24 heures, la teneur en glycogène du foie est de 15 g ; après un repas riche en glucides, elle est de 80 g ; s'il jeûne à nouveau 24 heures, elle retombera à environ 15 g. Montrer que le métabolisme des cellules hépatiques dépend de leur environnement.

4 Métabolisme, programme génétique et environnement

Deux souches de levures de la même espèce, ade1 et ade2, sont cultivées dans un milieu pauvre en adénine. Les levures se multiplient et donnent des colonies de couleur blanche pour ade1 (doc. 5b), de couleur rouge pour ade2 (doc. 5a). Si on cultive les deux souches sur un milieu très riche en adénine, les souches ade2 et ade1 donnent toutes les deux des colonies de couleur blanche.

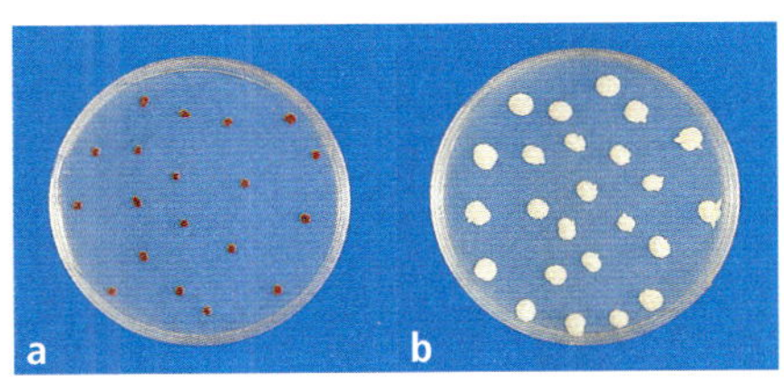

Doc. 5.

Montrer que les caractéristiques (ici la couleur) de la levure dépendent à la fois de son programme génétique et de son environnement.

4 Les relations de parenté

L'ESSENTIEL

L'origine commune des êtres vivants

● La **cellule**, unité de structure commune à tous les êtres vivants (chap. 1), est caractérisée par l'existence en son sein d'un **programme génétique**. Ce dernier renferme, sous forme de gènes, toutes les informations codant les réactions du métabolisme cellulaire, ce qui permet donc aux cellules de synthétiser leurs propres molécules à partir de la matière qu'elles puisent dans le milieu (chap. 3).

● Chez toutes les cellules de tous les êtres vivants, l'ADN est le support du programme génétique. L'information est codée par la **séquence des nucléotides** constitutifs de l'ADN (chap. 2).

● Ces caractéristiques, partagées par tous les êtres vivants, témoignent de leur **origine commune (doc. 1)**.

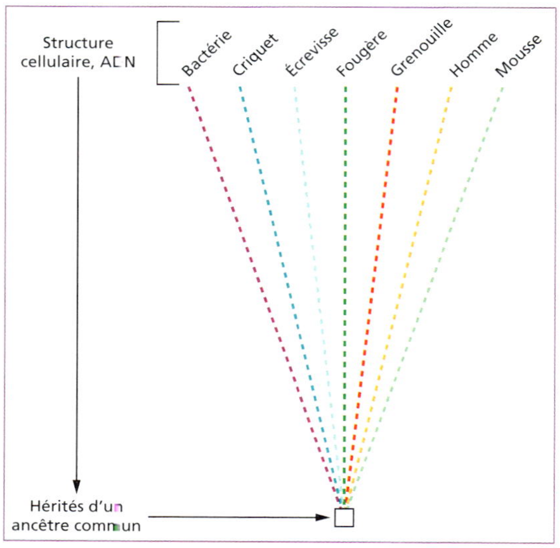

Doc. 1. Une origine commune à tous les êtres vivants.

ATTENTION !

Le document 1 ne renseigne pas sur le degré de parenté des divers groupes. Si on considère d'autres caractères comme la présence d'un noyau cellulaire limité par une enveloppe, tous les organismes cités, les bactéries mises à part, sont plus étroitement apparentés entre eux (ce sont des Eucaryotes) qu'avec la bactérie (qui est un Procaryote).

L'organisation des Vertébrés

● Tous les Vertébrés présentent un axe **antéro-postérieur** et une polarité **dorso-ventrale**.

● L'axe antéro-postérieur est défini par trois parties : la tête, le tronc et la queue. Dans le **squelette**, caractéristique des Vertébrés, cet axe antéro-postérieur est marqué par un crâne, situé en avant, et par une colonne vertébrale constituée de **vertèbres** différenciées d'avant en arrière.

● La polarité dorso-ventrale est surtout marquée par la **position dorsale des centres nerveux**, moelle épinière et encéphale.

● Cette organisation en deux axes, antéro-postérieur et dorso-ventral, définit la droite et la gauche de l'animal (**symétrie bilatérale**). Certains organes (cœur, foie…) sont en position asymétrique ; d'autres (poumons, reins…) sont disposés de façon symétrique.

Des caractéristiques héritées d'ancêtres communs

● Certaines de ces caractéristiques (squelette, vertèbres, système nerveux dorsal) sont **communes et exclusives aux Vertébrés** ; elles témoignent d'une parenté plus étroite entre eux qu'avec tout autre organisme. Cela signifie qu'ils ont hérité ces caractéristiques d'un ancêtre commun **(doc. 2, 5)** qui les possédait lui-même. À partir de cet ancêtre commun et au cours de leur histoire, des innovations ont eu lieu et sont à l'origine de la diversité actuelle des Vertébrés.

● D'autres caractéristiques, comme les axes antéro-postérieur et dorso-ventral qui définissent une symétrie bilatérale, sont propres aux **Bilatériens**, groupe auquel appartiennent les Vertébrés, ainsi que les Mollusques, les Insectes, etc. Tous les organismes qui présentent cette **symétrie bilatérale** l'ont hérité d'un ancêtre commun **(doc. 2, 4)** qui n'est pas celui des êtres vivants ne possédant pas cette symétrie, comme les Végétaux.

Les innovations génétiques et la biodiversité actuelle

● Les caractéristiques des ancêtres communs indiqués sur l'arbre phylogénétique **(doc. 2)** montrent qu'il y a eu au cours de l'histoire de la vie des **innovations génétiques** et que **la biodiversité actuelle est le résultat de l'histoire évolutive** du monde vivant. Toutes les lignées ont connu des innovations génétiques.

● Les **fossiles** témoignent de ce renouvellement constant des espèces au cours de l'histoire de la vie, chacune d'elles ayant une durée de vie limitée.

● Il est **impossible d'affirmer qu'une espèce fossile est l'ancêtre d'une espèce actuelle**. On peut simplement dire avec quelles espèces actuelles cette espèce fossile est la plus étroitement apparentée.

Remarque : Il est tentant de dire qu'une espèce est plus évoluée qu'une autre et que l'espèce humaine est la plus évoluée de toutes les espèces. Cela est une erreur car tout est fonction des caractères considérés : une bactérie qui vit dans des eaux à 110 °C et se nourrit uniquement de matières minérales, est, si on considère sa résistance aux températures très élevées et son métabolisme, plus évoluée que l'espèce humaine.

LE DOCUMENT CLÉ

Ce que partagent les ancêtres communs

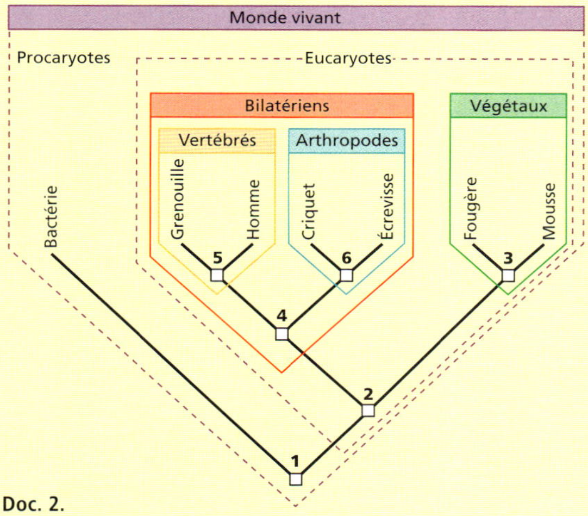

Doc. 2.

L'arbre phylogénétique du vivant (doc. 2) révèle l'origine commune de tous les êtres vivants et leurs relations de parenté. Les numéros indiquent les caractères des ancêtres communs (successifs) aux groupes des diverses branches.

1. Cellules, ADN : ces « caractères » sont communs à tous les êtres vivants, Procaryotes et Eucaryotes.

2. Cellules, ADN, **noyau**, **organites cellulaires**.

3. Cellules, ADN, noyau, organites cellulaires, **chlorophylle**.

4. Cellules, ADN, noyau, organites cellulaires, **polarité antéro-postérieure**.

5. Cellules, ADN, noyau, organites cellulaires, polarité antéro-postérieure, **vertèbres**.

6. Cellules, ADN, noyau, organites cellulaires, polarité antéro-postérieure, **carapace et appendices articulées**.

Le document 2 traduit à la fois l'origine commune de tous les êtres vivants (Procaryotes et Eucaryotes) et leur plus ou moins grande parenté. Par exemple, les Vertébrés, qui sont étroitement apparentés, ont en commun de nombreux caractères : vertèbres, organisation antéro-postérieure et dorso-ventrale, squelette, structure cellulaire, noyau, ADN. Un Vertébré et une bactérie sont apparentés de façon beaucoup plus éloignée que les Vertébrés entre eux : ils n'ont en commun que la structure cellulaire, un matériel génétique constitué d'ADN et certains gènes fondamentaux pour la vie cellulaire, alors que les Vertébrés possèdent en plus des caractères qui leur sont propres.

S'ENTRAÎNER

1 QUIZ

Cocher l'affirmation exacte.

Le Chimpanzé :

- ☐ **a.** n'a pas d'ancêtre commun avec la Langoustine.
- ☐ **b.** est, après l'espèce humaine, la plus évoluée de toutes les espèces.
- ☐ **c.** a des caractéristiques acquises toutes en même temps au cours de l'histoire du monde vivant.
- ☐ **d.** a un ancêtre commun avec la Sardine plus récent que celui qu'il possède avec le Criquet.

2 **Vertébré primitif ou ancêtre commun ?**

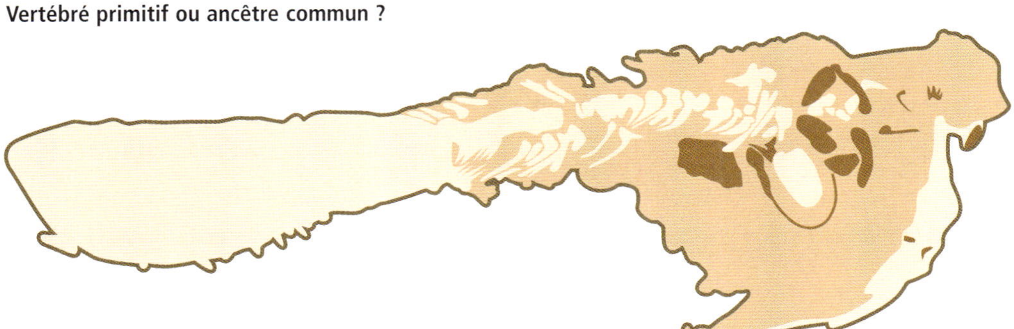

Doc. 3. Fossile d'un animal, *Materpiscis*, qui vivait il y a environ 380 millions d'années.

a. Trouver des arguments permettant de savoir si *Materpiscis* est plus étroitement apparenté au Criquet ou à l'Homme.

POUR VOUS AIDER

Utilisez le document clé pour distinguer les caractères propres aux groupes auxquels appartiennent l'Homme d'une part, et le Criquet d'autre part.

b. Refaire rapidement l'arbre phylogénétique (doc. 2) et situer *Materpiscis* sur cet arbre.

c. Faire une hypothèse sur l'âge de l'ancêtre commun à tous les Vertébrés.

5 Les mécanismes de l'évolution

L'ESSENTIEL

L'évolution se traduit par l'apparition de nouvelles espèces à partir d'espèces préexistantes. Darwin a introduit cette idée dans *De l'origine des espèces* **(doc. 1)**.

MOT CLÉ

Espèce : ensemble d'individus potentiellement capables de se reproduire entre eux et dont les descendants sont eux-mêmes féconds.

L'évolution des populations d'une espèce

● Au cours de la formation des cellules reproductrices d'un organisme, des mutations, c'est-à-dire des changements dans la séquence de nucléotides de certains gènes, peuvent se produire conduisant à de nouveaux allèles. Si les cellules reproductrices qui portent une de ces **innovations génétiques** sont impliquées dans la reproduction au sein de l'espèce, les descendants qui possèdent cette innovation génétique pourront manifester des caractéristiques nouvelles. Les innovations peuvent se répandre ou non dans les populations de l'espèce au fil des générations successives.

ATTENTION !

Les populations d'une espèce changent durant la survie de l'espèce.

● **Le devenir des innovations génétiques**

Deux mécanismes interviennent dans le devenir de ces innovations : sélection naturelle et dérive génétique.

››› La **sélection naturelle** est **positive** lorsque les individus porteurs de l'innovation ont, dans des conditions de milieu données, une probabilité plus grande de participer à la reproduction de l'espèce que les individus qui n'en sont pas porteurs. En conséquence, la fréquence de l'innovation augmente dans la population concernée jusqu'à se généraliser. En revanche, la sélection naturelle est **négative** si les individus porteurs de l'innovation possèdent moins de chance de devenir adulte et de contribuer à la reproduction de l'espèce.

››› La **dérive génétique** : une innovation génétique peut se répandre dans une population de **faible effectif** de **façon aléatoire** sans que la sélection naturelle intervienne. Par dérive génétique, une innovation génétique peut disparaître ou se fixer dans la population.

La spéciation ou naissance d'une espèce

● La spéciation peut intervenir dans une **petite population** séparée et isolée de la population initiale par dérive génétique seule. Les innovations apparues et répandues dans la petite population sont telles que les individus de cette population ne peuvent plus se reproduire avec les individus de la population initiale : une nouvelle espèce est née.

● La spéciation peut intervenir lorsque deux **populations importantes** d'une espèce sont placées dans des conditions de vie différentes et sont donc soumises à des pressions sélectives différentes. **Des innovations différentes vont être sélectionnées** dans les deux populations, ce qui peut aboutir, au bout d'un certain nombre de générations, à ce que les deux populations soient dans l'incapacité de se reproduire entre elles. Elles constituent alors deux espèces différentes, il y a eu spéciation.

MOT CLÉ

Barrières d'isolement reproductif : mécanismes qui empêchent les individus d'une espèce de se reproduire avec les individus d'une autre espèce. Par exemple, chez les oiseaux, les chants des mâles d'une espèce n'attirent pas les femelles appartenant à d'autres espèces.

● Une **crise biologique** se traduit par la disparition d'un grand nombre d'espèces appartenant à des groupes différents, aussi bien en milieu marin qu'en milieu continental. Les facteurs responsables de la crise font que les conditions de milieu sont modifiées pour les populations des espèces ayant survécu à la crise. Certaines populations, peu nombreuses, occupent des niches limitées, ce qui favorise la formation de nouvelles espèces par dérive génétique. Le changement des conditions de vie favorise la spéciation par sélection naturelle.

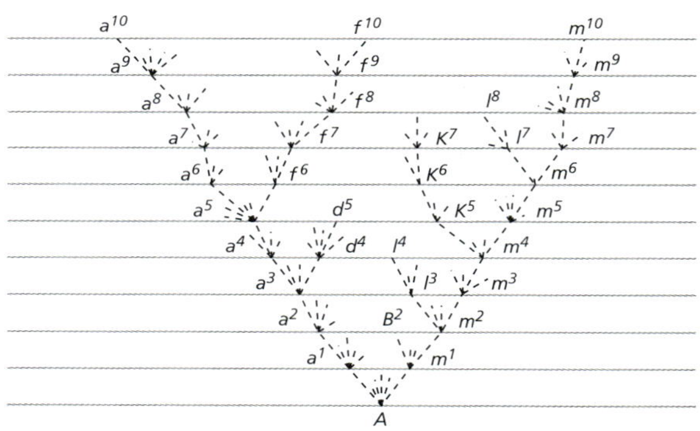

L'intervalle entre deux lignes horizontales représente 1 000 générations. Au bout de 10 000 générations, nous supposons que l'espèce *A* a donné naissance à trois formes, a^{10}, f^{10}, m^{10}, qui, ayant divergé par leurs caractères dans les générations successives, ont fini par différer notablement. Si ces modifications sont minimes, ces trois formes sont des variétés ; si elles sont plus importantes ces trois formes peuvent être des espèces.
Le tableau montre ainsi par quel degré les différences minimes qui distinguent les variétés peuvent, en augmentant, acquérir l'importance qui caractérise les espèces. C'est ainsi, je pense, que les nouvelles espèces se forment…

▷ D'après Charles DARWIN, *De l'origine des espèces*, 1859

Doc. 1. Schéma imaginé par Darwin pour illustrer la théorie de l'évolution et le commentaire qu'il en fait.

SVT

LE DOCUMENT CLÉ

Les mécanismes de l'évolution

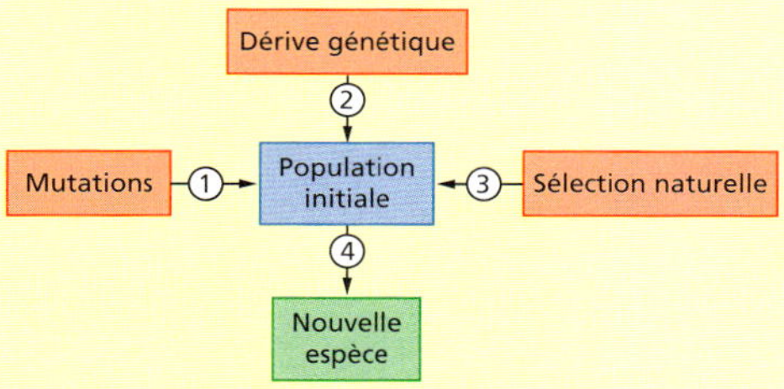

Doc. 2.

1. Les mutations introduisent des innovations génétiques chez certains individus de la population initiale.

2. La dérive génétique peut contribuer à répandre et fixer des innovations génétiques dans la population initiale, si celle-ci voit ses effectifs diminuer, ou dans une petite population qui s'isole de la population initiale.

3. La sélection naturelle contribue à répandre et fixer des innovations génétiques si ces dernières confèrent un avantage reproductif aux individus qui en sont porteurs.

4. Certaines innovations génétiques fixées dans la population par dérive génétique et/ou par sélection naturelle peuvent conduire à une nouvelle espèce si elles contribuent à créer un isolement reproductif.

S'ENTRAÎNER

1 QUIZ

Cocher l'affirmation exacte.

Une mutation :

- ☐ **a.** est un phénomène qui affecte l'organisme dans son ensemble.
- ☐ **b.** entraîne toujours une évolution de l'espèce concernée.
- ☐ **c.** est un phénomène qui engendre un nouvel allèle à partir d'un allèle préexistant.
- ☐ **d.** confère toujours un avantage à l'organisme qui la possède.

2 Les moustiques languedociens

Pour limiter les populations de moustiques de l'espèce *Culex pipiens* dans la région de Montpellier, on a répandu, à partir de la fin des années 1960, des insecticides organophosphorés dans un rayon de 20 km à partir du bord de mer. En 1970, toutes les larves de moustiques mouraient sous l'action de l'insecticide à une concentration de 1 mg/L. Le document 3 montre les résultats d'une étude menée en 2002. Il indique le pourcentage de larves de moustiques, prélevées en des lieux plus ou moins éloignés du bord de la mer, ayant survécu à une concentration d'insecticide de 1 mg/L.

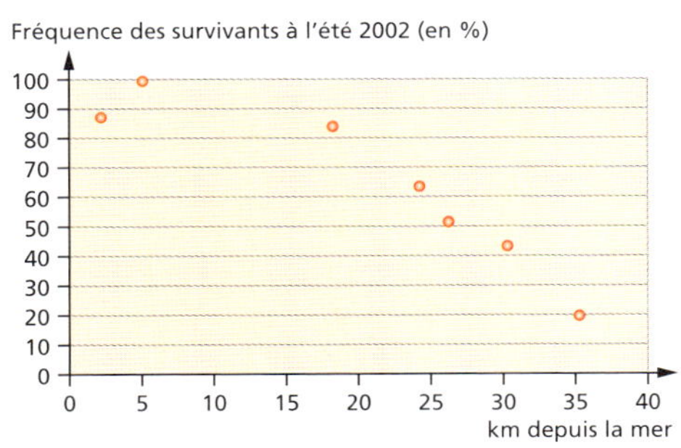

Doc. 3.

Toutes les larves de moustiques fabriquent une enzyme, l'estérase, capable d'empêcher l'action de l'insecticide, mais les larves capables de survivre à l'action de l'insecticide en fabriquent beaucoup plus que les autres larves.

a. À partir des informations tirées du graphique, indiquer la zone où il y a eu un net changement dans les caractéristiques de la population de moustiques.

b. À partir des informations fournies et de vos connaissances sur les mécanismes de l'évolution des espèces, expliquer ce changement.

3 Les moustiques londoniens

À Londres, des chercheurs ont constaté que les moustiques vivant dans les tunnels du métro, bien que semblables morphologiquement aux moustiques vivant en surface, avaient une physiologie et des comportements différents. Ils piquaient préférentiellement les mammifères (rats, souris et humains), alors que ceux de la surface avaient une préférence pour les oiseaux. Les moustiques souterrains étaient actifs toute l'année, alors que ceux de la surface hibernaient en hiver. Enfin, les moustiques du métro se reproduisent en milieu confiné contrairement à ceux de la surface pour lesquels un milieu ouvert est indispensable. Les caractéristiques des moustiques du métro sont héréditaires.

Des essais de croisement entre moustiques de surface et moustiques souterrains se sont révélés négatifs.

L'analyse génétique a montré de nettes différences dans la fréquence des allèles entre moustiques du métro et ceux de la surface. En outre, les moustiques du métro sont génétiquement différenciés en fonction des lignes de métro, bien que capables de se reproduire entre eux. Les chercheurs supposent que les moustiques du métro ont pour origine des moustiques de la surface ayant été piégés au début de la construction du métro (à partir de 1860).

a. À partir des informations fournies, extraire celle qui justifie qu'une spéciation a eu lieu au cours de l'histoire évolutive des moustiques du métro.

b. Extraire un argument laissant penser que la dérive génétique a joué un rôle dans cette histoire évolutive.

c. En pensant aux conditions qui règnent dans le métro, indiquer si la sélection naturelle a pu jouer un rôle.

6 Les conditions de la vie : une particularité de la Terre ?

L'ESSENTIEL

La Terre abrite une **vie très diversifiée**. On n'a en revanche mis en évidence, jusqu'ici, aucune trace de vie actuelle ou passée sur les autres planètes.

Les particularités de la Terre au sein du Système solaire

- Le Système solaire est constitué d'un ensemble de corps qui subissent l'attraction de leur étoile, le Soleil. Les planètes les plus proches du Soleil (Mercure, Vénus, Terre et Mars), dites **telluriques**, sont relativement petites, denses et leur surface est solide **(doc. 1)**.
- Les particularités physiques de la Terre sont :
  – une **température** moyenne de 15 °C (Mercure et Vénus sont beaucoup plus chaudes ; Mars plus froide) ;
  – une **atmosphère** assez dense (celle de Vénus est nettement plus dense ; celle de Mars est moins dense) avec du dioxygène et du diazote en abondance ;
  – une **masse** très supérieure à celles de Mercure et Mars ;
  – la présence d'**eau liquide**.

Pourquoi ces particularités ?

- L'**énergie des radiations solaires** est la seule source importante d'énergie qui chauffe la surface d'une planète. L'énergie reçue par une planète étant inversement proportionnelle au carré de sa distance au Soleil, la température de surface des planètes est d'autant plus basse que cette distance est grande.
- L'**effet de serre**, dû à certains gaz de l'atmosphère (dioxyde de carbone, vapeur d'eau...), joue aussi un rôle important en échauffant la surface de la planète. Sans lui, la température moyenne de la Terre serait inférieure de 33 °C environ à ce qu'elle est : 14 °C (chap. 7).
- La masse d'une planète détermine sa capacité à **conserver une atmosphère** (les molécules gazeuses sont retenues par gravité). La Terre plus massive que Mars a retenu une atmosphère plus dense tandis que Mercure (faible masse et température élevée) n'a plus d'atmosphère.
- L'état de l'eau à la surface d'une planète dépend essentiellement de deux facteurs : la **pression** et la **température de l'atmosphère** (**doc. 2**). La pression de l'atmosphère terrestre et l'éventail de températures font que l'eau peut se trouver à l'état solide et à l'état liquide. L'évaporation fait qu'elle existe aussi à l'état gazeux.

Les conditions de la vie

- La présence d'**eau liquide** et des différents **gaz atmosphériques** (dioxygène, dioxyde de carbone, ozone, vapeur d'eau) est nécessaire à la vie de très nombreux organismes terrestres (animaux, végétaux et bactéries) actuels.
- Si certaines de ces conditions ne sont pas indispensables à la vie (en particulier le dioxygène), d'autres le sont : l'eau liquide, une source minérale de carbone et une source d'énergie. On définit ainsi la **zone d'habitabilité** d'un système stellaire, et donc du Système solaire, comme la zone de l'espace où se trouvent réunies les conditions de température et de pression permettant à l'eau d'être à l'état liquide **en surface**.

Deux évolutions successives dans l'histoire de la vie

- La Terre s'est formée il y a **4,55 milliards d'années**. Elle connaît d'abord une **évolution biochimique**. Des molécules caractéristiques du vivant (lipides membranaires, protéines, acides nucléiques) se forment à partir de matériaux du monde minéral. Des mécanismes, encore mal connus, aboutissent à des structures limitées par une membrane, possédant un matériel génétique capable de s'autoreproduire, et ayant un métabolisme permettant leur croissance et leur reproduction. C'est le **problème de l'origine de la vie**.
- La Terre connaît ensuite une **évolution biologique** à partir des premiers organismes, qui conduit à la diversité actuelle. Les premières formes de vie fossile datent de **3,5 milliards d'années**. Ce sont des cyanobactéries, bactéries capables de photosynthèse, laquelle s'accompagne d'une production de dioxygène.

IDÉE CLÉ

Le dioxygène atmosphérique a pour origine l'activité photosynthétique des organismes chlorophylliens.

- L'évolution biochimique a eu lieu sur **une planète bien différente** de la Terre actuelle, avec notamment une atmosphère dépourvue de dioxygène et très riche en dioxyde de carbone. Toutefois l'eau liquide et donc un milieu océanique devaient exister dès 4,2 milliards d'années, condition indispensable à la vie.

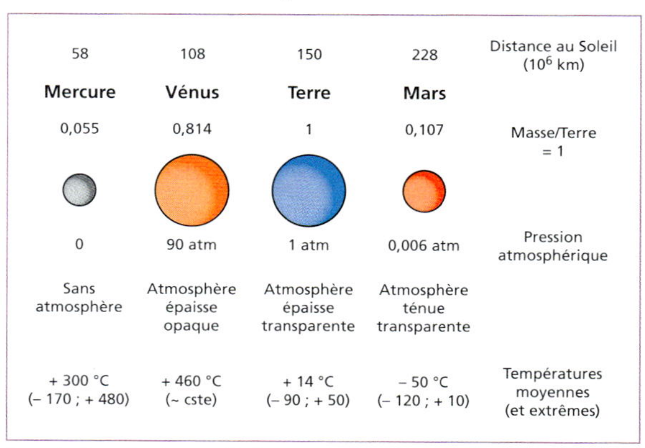

Doc. 1. Les planètes telluriques (ou rocheuses).
Ces planètes diffèrent par leur masse, leur atmosphère (pression et composition), leur température de surface, la présence ou non d'une hydrosphère. Les pressions atmosphériques et les masses relatives sont indiquées par référence à celle de la Terre, prise comme unité.

LE DOCUMENT CLÉ

Diagramme des états de l'eau en fonction de la température et de la pression

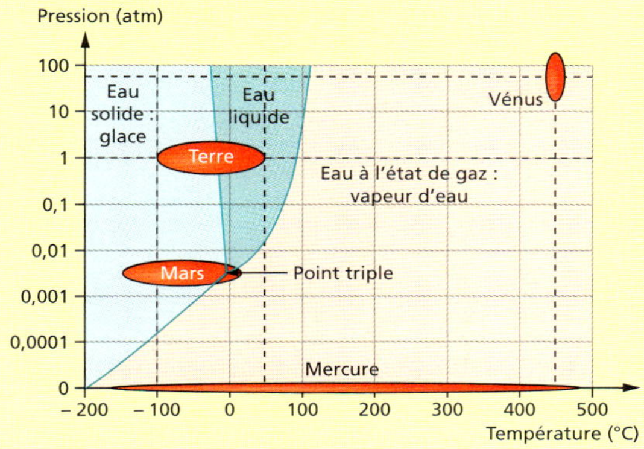

Doc. 2.

Sous le **point triple**, l'eau ne peut pas exister à l'état liquide. Ce point est atteint lorsque la pression atmosphérique est de 0,006 atmosphère et la température très voisine de 0 °C.

››› La pression sur **Mars** est de cet ordre (0,006 atmosphère) et la température moyenne nettement plus basse, ce qui fait que l'eau ne peut pas exister à l'état liquide à la surface de cette planète.

››› La température de **Vénus** est telle que même avec une pression atmosphérique de 90 atmosphères, l'eau ne peut se trouver qu'à l'état gazeux.

››› Sur **Mercure**, la pression atmosphérique pratiquement nulle et la température élevée font que le peu d'eau présent ne peut être qu'à l'état gazeux.

S'ENTRAÎNER

1 QUIZ

Cocher l'affirmation exacte.

Parmi les conditions nécessaires à la vie :

- ☐ **a.** La présence de dioxygène dans l'atmosphère est indispensable.
- ☐ **b.** L'eau doit se trouver sous ses trois états : liquide, solide et gazeux.
- ☐ **c.** L'énergie solaire est absolument nécessaire.
- ☐ **d.** Une source de carbone est indispensable.

2 Les planètes telluriques

Associer à chaque élément de la liste B un ou plusieurs éléments de la liste A.

Liste A

a. Mercure **b.** Vénus **c.** Terre **d.** Mars

Liste B

1. a une atmosphère qui contient du dioxyde de carbone.
2. a une atmosphère qui contient du dioxygène en abondance.
3. n'a pas d'atmosphère.
4. a une atmosphère dont la pression est très faible.
5. possède de l'eau à l'état solide.
6. possède de l'eau uniquement à l'état solide et gazeux.
7. possède de l'eau uniquement à l'état gazeux.
8. présente de très grandes variations de température entre le jour et la nuit.
9. a une température moyenne supérieure à 400 °C.
10. est de toutes les planètes du système solaire celle qui reçoit l'énergie solaire la plus forte.
11. a une masse insuffisante pour retenir une atmosphère dense.
12. a ou a eu des conditions nécessaires à la vie.

3 La zone d'habitabilité dans l'espace autour d'une étoile

Le graphique (doc. 3) indique la zone d'habitabilité du Système solaire vue par les astronomes.

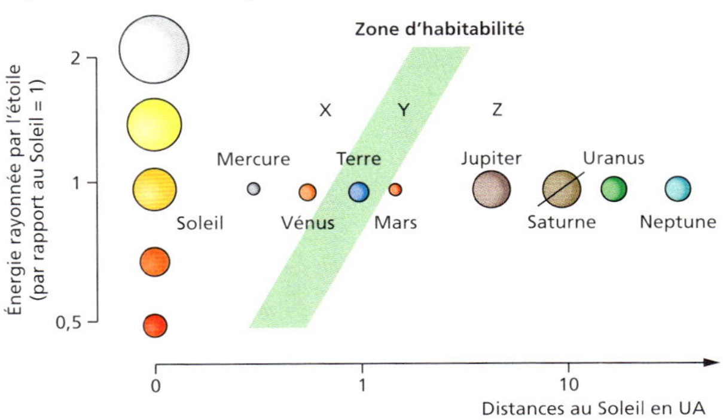

Doc. 3. L'unité astronomique (UA) correspond à la distance Terre-Soleil (1 UA = 149 597 870 700 m).

a. Indiquer l'état ou les états de l'eau en X, Y et Z.

b. Proposer une explication pour l'aspect incliné de la zone d'habitabilité sur ce graphique.

c. Imaginer que Mars ait une atmosphère aussi dense que Vénus ou bien que Vénus ait une atmosphère comme celle de Mars actuelle. Quelles en seraient les conséquences sur les températures de surface de ces planètes ?

7 L'énergie solaire et l'Homme

L'ESSENTIEL

Énergie solaire et température moyenne de la Terre

- La température au centre de la Terre est supérieure à 5 000 °C, alors que la température moyenne en surface est de 15 °C. Il existe un flux de chaleur de l'intérieur vers la surface du globe, mais ce flux est négligeable par rapport à l'énergie des radiations solaires reçues par la Terre. Cette énergie est la seule énergie d'origine externe qui chauffe la surface de la planète **(doc. 1)**.

Doc. 1.

- L'énergie solaire reçue par une planète du Système solaire est **inversement proportionnelle au carré de la distance au Soleil** (distance Soleil-Terre : 150×10^6 km). La position de la Terre par rapport au Soleil est telle que, si elle n'avait pas d'atmosphère entraînant un effet de serre, sa température moyenne serait de – 18 °C.

- **L'effet de serre**

››› Comme tout corps ayant une température supérieure à celle du zéro absolu (– 273 °C), la Terre émet un rayonnement, qui dépend de la température. Le Soleil, qui est très chaud, émet un rayonnement en partie constitué de radiations visibles. **La Terre**, qui n'est pas très chaude (15 °C), **émet un rayonnement infrarouge non visible**.

››› Certains gaz de l'**atmosphère** (CO_2, H_2O...), transparents aux radiations visibles du Soleil, absorbent le rayonnement infrarouge émis par la Terre. L'atmosphère ainsi chauffée émet à son tour **un rayonnement infrarouge vers l'espace, mais aussi vers la Terre**. Ce rayonnement infrarouge atmosphérique est absorbé par la surface terrestre. Ces échanges radiatifs entre la surface de la Terre et l'atmosphère sont à l'origine de l'effet de serre.

››› La Terre reçoit un **double apport énergétique** : celui du rayonnement solaire et celui du rayonnement infrarouge émis par l'atmosphère. Ce dernier élève la température de surface d'environ 33 °C par rapport à ce qu'elle serait en l'absence d'atmosphère, donc sans effet de serre (**+ 15 °C au lieu de – 18 °C**).

Transformation naturelle de l'énergie solaire sur Terre

IDÉE CLÉ

L'énergie ne peut être ni créée, ni détruite mais seulement transformée d'une forme en une autre.

- L'énergie solaire est inégalement reçue à la surface du globe terrestre : les régions polaires sont déficitaires par rapport aux régions équatoriales et tropicales. Ce déséquilibre énergétique est à l'origine des courants atmosphériques et océaniques qui redistribuent la chaleur des zones excédentaires vers les zones déficitaires. L'**énergie des vents et des courants marins** a donc pour origine l'énergie solaire.

- L'énergie solaire entretient le **cycle de l'eau** : évaporation de l'eau des océans, condensation sous forme d'eau liquide qui s'écoule sur les continents. **Une partie de l'énergie solaire** est transformée en **énergie potentielle**, celle de l'eau tombée sur les reliefs ; du fait de l'écoulement vers la mer (gravité), cette énergie est transformée en **énergie cinétique**.

MOT CLÉ

Énergie cinétique : énergie que possède un système du fait de son mouvement et qui varie avec sa vitesse. L'eau au pied d'une chute possède de l'énergie cinétique ; en haut de la chute, l'énergie est potentielle.

- La **biomasse** représente une source possible d'énergie qui, elle aussi, a pour origine l'énergie solaire (voir page 254).

Les énergies renouvelables d'origine solaire utilisables par l'Homme

Directement ou indirectement, l'Homme peut utiliser l'énergie solaire en exploitant une source d'énergie renouvelable :

››› **directement**, en captant l'énergie solaire grâce aux panneaux solaires thermiques (énergie solaire transformée en chaleur) et photovoltaïques (énergie solaire transformée en électricité).

››› **indirectement** :

– en convertissant l'énergie cinétique des vents en énergie électrique, grâce aux éoliennes ;

– en convertissant l'énergie cinétique des cours d'eau en électricité grâce aux centrales hydroélectriques ;

– en convertissant l'énergie de la biomasse en énergie calorifique (bois utilisé comme combustible).

MOT CLÉ

Énergie renouvelable : énergie qui se reconstitue au moins aussi rapidement qu'elle est consommée. Elle peut être considérée comme inépuisable à l'échelle humaine.

SVT

LE DOCUMENT CLÉ

Le potentiel mondial des énergies renouvelables

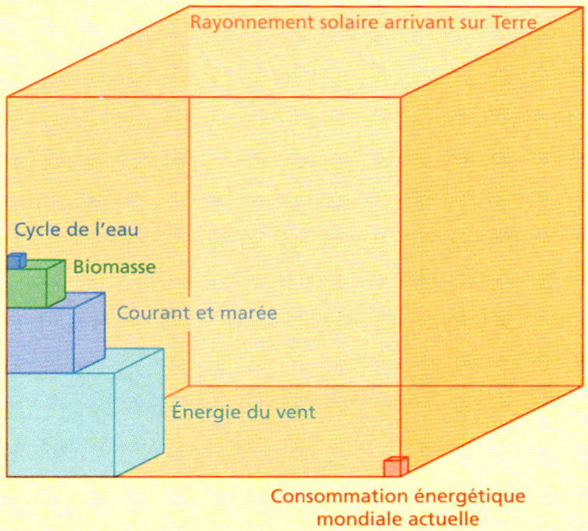

Doc. 2.

● À gauche : les cubes empilés matérialisent l'apport possible des énergies renouvelables à la consommation d'énergie par l'Homme. Il est net qu'elles ne représentent qu'une part réduite de l'énergie solaire reçue par la Terre et convertie naturellement en énergie cinétique de l'eau, des vents ou autres. Elles représentent un réservoir potentiel d'énergie à condition d'être utilisées efficacement.

● À droite : le cube symbolisant la consommation énergétique mondiale actuelle peut être comparé à ces sources potentielles d'énergie et à l'énergie solaire reçue : une année de consommation mondiale d'énergie représente moins d'une heure de soleil (moins de 10 heures si le rendement de conversion de l'énergie solaire en énergie utilisable est de l'ordre de 10 %).

S'ENTRAÎNER

1 QUIZ

Cocher l'affirmation exacte.

Les énergies renouvelables :

☐ **a.** sont uniquement d'origine solaire.
☐ **b.** nécessitent que leur consommation soit, naturellement, au moins compensée par leur reconstitution.
☐ **c.** ont une utilisation qui s'accompagne toujours d'un rejet de CO_2 dans l'atmosphère.
☐ **d.** même exploitées complètement, seraient insuffisantes pour couvrir les besoins énergétiques de l'humanité.

2 Énergie dépensée et énergies renouvelables

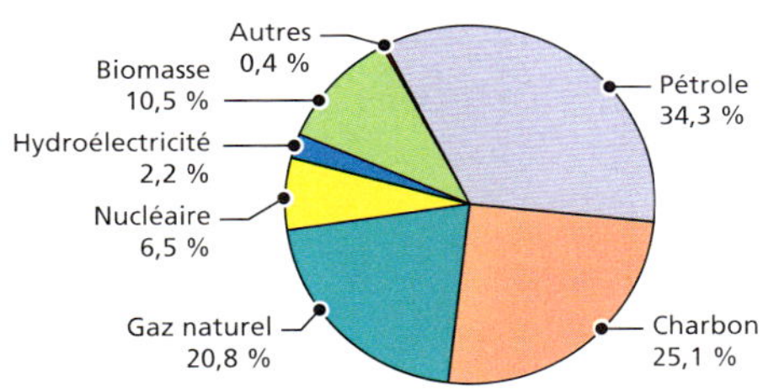

Doc. 3. Les sources d'énergie actuellement utilisées par l'Homme.

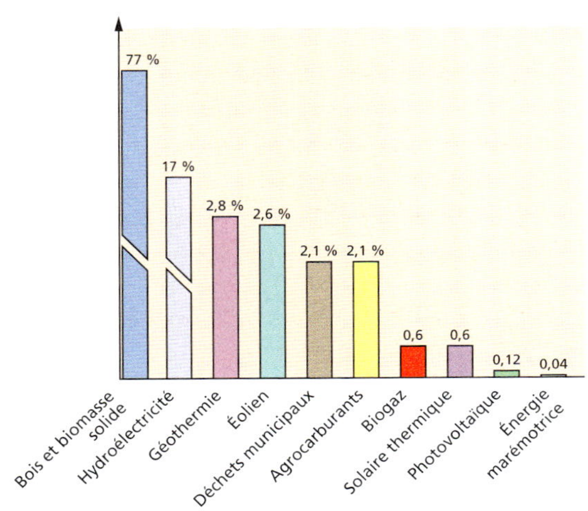

Doc. 4. Les sources d'énergies renouvelables actuellement utilisées par l'Homme.

a. En confrontant les documents 3 et 4, préciser quelles sont les formes d'énergie regroupées dans le document 3 sous le vocable « Autres ».

b. Lors de son discours d'investiture, Barack Obama a déclaré : « *Nous dompterons le soleil, le vent et le sol pour faire avancer nos automobiles et tourner nos usines…* »
Que signifie cette phrase dans le contexte de votre réponse à la première question et des documents 3 et 4 ?

3 Les barrages et l'énergie hydroélectrique

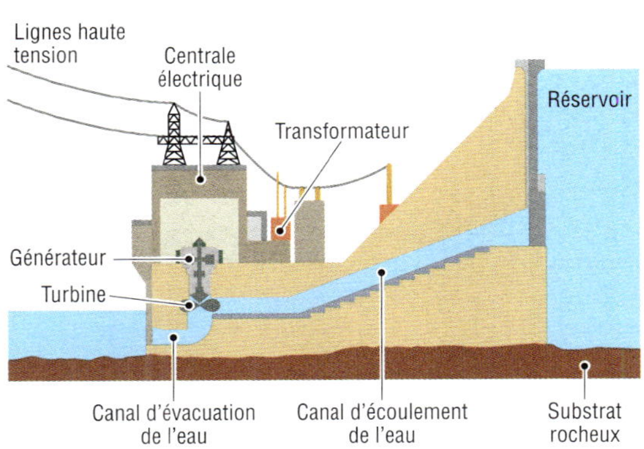

Doc. 5. Fonctionnement d'un barrage.

En quoi un barrage représente-t-il une source d'énergie et pourquoi parle-t-on d'énergie renouvelable ?

8 L'énergie solaire et le monde vivant

L'ESSENTIEL

Fonctionnement d'un écosystème

● **La production primaire**

››› Un écosystème est un ensemble réunissant **une communauté d'êtres vivants** (biocénose) **et son environnement** géologique, pédologique et atmosphérique (biotope). Tous les éléments constitutifs d'un écosystème ont des relations d'interdépendance.

››› Dans tout écosystème, les **végétaux chlorophylliens** sont les seuls **organismes autotrophes**, c'est-à-dire les seuls capables de fabriquer leurs propres molécules organiques à partir de molécules minérales (eau, ions minéraux, dioxyde de carbone). Ce sont les premiers producteurs de molécules organiques ou **producteurs primaires**. Ces réactions de synthèse sont dites photosynthétiques, car elles utilisent l'**énergie lumineuse** captée par les pigments chlorophylliens.

››› Le bilan global de la **photosynthèse**, en prenant pour exemple la synthèse d'une molécule de glucose, est :

$$6\,CO_2 + 6\,H_2O \rightarrow \underset{\text{Glucose}}{C_6H_{12}O_6} + 6\,O_2$$

Par la photosynthèse, une partie de l'énergie solaire reçue par les végétaux est convertie en énergie chimique des molécules organiques synthétisées.

IDÉE CLÉ

La photosynthèse assure l'entrée de l'énergie dans le monde vivant. Les végétaux verts sont des transformateurs d'énergie : énergie solaire ⟶ énergie chimique.

● **La production secondaire**

››› Dans tout écosystème fonctionnent des réseaux alimentaires dans lesquels des **organismes hétérotrophes** se nourrissent de matières organiques provenant des autres êtres vivants. Ils consomment soit des végétaux (consommateurs primaires), soit des animaux (consommateurs secondaires) pour fabriquer leur propre matière organique : ce sont des producteurs secondaires.

››› Les matières organiques des animaux et des végétaux morts sont utilisées de la même façon par les **organismes décomposeurs du sol** (bactéries du sol, champignons… qui sont donc des producteurs secondaires).

MOTS CLÉS

Autotrophes : producteurs primaires qui synthétisent la matière organique à partir de la matière minérale.
Hétérotrophes : producteurs secondaires qui synthétisent la matière organique à partir de la matière organique alimentaire.

● Autotrophes et hétérotrophes utilisent une partie des matières organiques comme source d'énergie pour assurer les différentes activités des cellules.

Ce sont les réactions de la **respiration cellulaire** (et, dans certains cas, de la fermentation) qui permettent cette utilisation de l'énergie de la matière organique. Par exemple :

$$C_6H_{12}O_6 + 6\,O_2 \rightarrow 6\,CO_2 + 6\,H_2O + \text{énergie utilisable} + \text{chaleur}$$

● Ainsi, **globalement, dans un écosystème, il y a un recyclage incessant de la matière :**

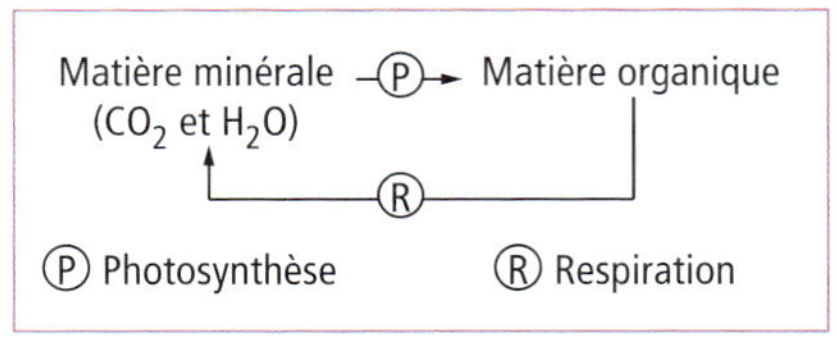

Il y a bien un recyclage de la matière mais pas de recyclage de l'énergie.

IDÉE CLÉ

Le fonctionnement de l'écosystème dépend de l'entrée de l'énergie solaire dans le monde vivant.

Les agrosystèmes, des écosystèmes créés par l'Homme

● **L'Homme est un élément des écosystèmes comme les autres.** L'Homme est un hétérotrophe qui satisfait ses besoins alimentaires avec les matières organiques fabriquées par d'autres êtres vivants.

● Au Néolithique (il y a environ 10 000 ans), l'Homme, jusqu'alors cueilleur-chasseur nomade, se sédentarise et développe **l'agriculture et l'élevage**. Il privilégie alors (sélection) la culture de certaines plantes pour leur richesse en matière de réserve (blé, maïs…) et améliore sans cesse les rendements : il a ainsi **remplacé des écosystèmes par des agrosystèmes**.

● Contrairement aux écosystèmes naturels, l'agrosystème est un système où la partie des végétaux consommés par l'Homme est **récoltée**, quitte l'agrosystème et n'est donc **pas recyclée sur place**. En outre, la recherche de rendements élevés conduit à utiliser de l'eau en abondance (ressource fragile, voir chap. 10) et des herbicides, insecticides et engrais (nitrates) sources de pollution des sols et des nappes phréatiques.

● Des techniques d'**agriculture biologique** ou **raisonnée** peuvent contribuer à limiter les effets pervers des cultures intensives.

● Actuellement, pour trouver de nouvelles sources d'énergie, on fait appel à des agrosystèmes dont l'objectif n'est pas de fournir des aliments, mais des produits, les **biocarburants** : éthanol (à partir de blé, maïs…), Diester (à partir de colza, tournesol…).

LE DOCUMENT CLÉ

Le fonctionnement d'un écosystème

● Les végétaux chlorophylliens sont autotrophes et sont les premiers producteurs de molécules organiques : ce sont des producteurs primaires.

● Les animaux et les champignons sont hétérotrophes. Ils produisent leurs molécules organiques en utilisant celles qu'ils prélèvent chez d'autres êtres vivants, végétaux (Herbivores) ou animaux (Carnivores) : ce sont des producteurs secondaires également appelés consommateurs.

● Il y a transfert de molécules organiques des producteurs primaires vers les producteurs secondaires. Une partie de cette matière organique ingérée n'est pas digérée et seule une partie de ce qui est digéré sert à la production secondaire. Le reste est oxydé lors de la respiration des cellules pour satisfaire leurs besoins énergétiques ; le carbone est rejeté dans l'atmosphère sous forme de CO_2.

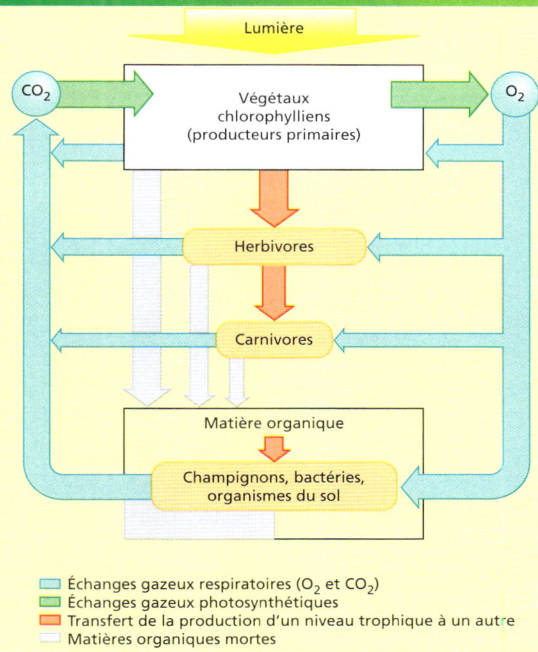

Doc. 1.

S'ENTRAÎNER

1 QUIZ

Associer à chacun des éléments de la liste de gauche un ou plusieurs éléments de la liste de droite.

1. CO_2 ○
2. Homme ○
3. recyclage ○
4. énergie chimique ○
5. autotrophie ○
6. O_2 ○

○ **a.** est un nutriment pour les végétaux chlorophylliens.
○ **b.** est incomplet dans un agrosystème.
○ **c.** est consommé par les êtres vivants pour convertir l'énergie chimique des molécules organiques en énergie utilisable.
○ **d.** est une propriété des producteurs primaires.
○ **e.** est un organisme hétérotrophe.
○ **f.** est rejeté par les végétaux chlorophylliens.
○ **g.** provient de la transformation de l'énergie solaire.

2 **Les biocarburants**

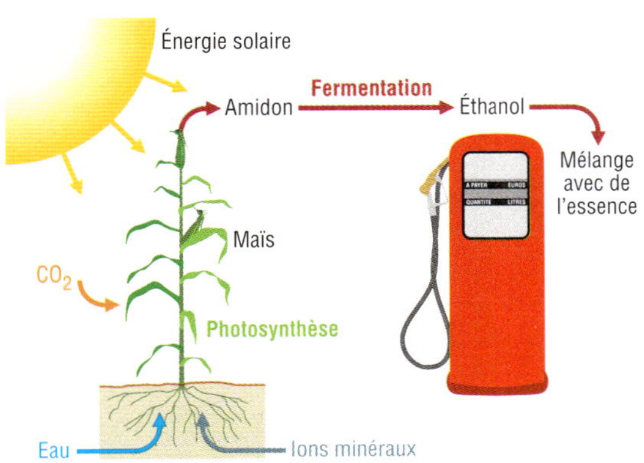

Doc. 2. La fabrication de l'éthanol à partir du maïs et son utilisation comme biocarburant.

Ce procédé d'obtention d'éthanol nécessite le transport de la production végétale jusqu'aux usines où se réalise la fermentation. Il faut l'équivalent énergétique de 760 litres d'éthanol pour en produire 1 000 litres (d'après une étude de l'Inra). On a calculé qu'il faudrait cultiver 23 % du territoire français avec des champs de céréales pour obtenir l'éthanol permettant de remplacer l'intégralité du pétrole utilisé pour les transports (en admettant l'existence de voitures pouvant utiliser ce seul carburant).

a. À partir des données du document 2 et des informations fournies, argumenter sur l'affirmation que les biocarburants représentent une forme d'énergie renouvelable.

b. Calculer le rendement de la production d'éthanol (énergie obtenue par rapport à l'énergie dépensée par l'Homme pour l'obtenir).

c. En considérant l'ensemble des étapes de la production du biocarburant jusqu'à son utilisation, indiquer si cette source d'énergie contribue à rejeter ou prélever du CO_2 dans l'atmosphère. Comparer avec l'utilisation de l'essence.

POUR VOUS AIDER

Question a. Relisez la définition d'énergie renouvelable (page 252).

Question c. Notez que les résidus non utilisés des plantes servent à l'alimentation des animaux d'élevage.

SVT

9 La fossilisation de l'énergie solaire

L'ESSENTIEL

Les roches combustibles

● La présence de restes végétaux identifiables dans les terrains houillers, de molécules organiques complexes (proches de la chlorophylle, par exemple) voisines de celles qui existent chez les êtres vivants, dans les pétroles bruts, indiquent que **les combustibles fossiles (charbons, pétroles…) proviennent de la matière organique des êtres vivants**. L'énergie chimique des molécules organiques à l'origine des roches combustibles provient, directement ou indirectement, de l'**énergie solaire**.

IDÉE CLÉ

On dit parfois que l'énergie des combustibles fossiles est de l'énergie solaire fossilisée. C'est également une forme de stockage du carbone du CO_2 atmosphérique.

● Pour donner naissance à des roches combustibles, les molécules du vivant doivent subir des **transformations**. Elles sont envisagées ici à partir de la genèse des pétroles qui illustre les mécanismes de ces transformations.

Des molécules organiques aux hydrocarbures

● Les roches associées aux gisements pétrolifères se sont déposées en milieu marin ; elles indiquent que les pétroles se sont formés dans des **bassins sédimentaires** (situés, par exemple, en bordure des continents).

● Les **matières organiques** à l'origine du pétrole proviennent essentiellement du plancton végétal (phytoplancton). Le plancton est formé d'une multitude d'animaux et de végétaux de petite taille (inférieure au cm) flottant dans les eaux de surface (0 à 100 m).

● Pour devenir pétrole, une partie de la matière organique doit **échapper au recyclage** assuré par les bactéries aérobies vivant dans les eaux marines oxygénées de surface. La partie non recyclée tombe au fond de la mer et se mêle aux sédiments minéraux (argiles, calcaires…). Si le milieu est peu oxygéné, la matière organique est soumise à l'action de **bactéries anaérobies** (qui vivent sans oxygène) qui la transforment en **kérogène**.

MOT CLÉ

Kérogène : ensemble de molécules organiques ; il imbibe le sédiment minéral qui deviendra la roche mère du pétrole.

● Pour que le kérogène se transforme en pétrole, il faut que le **bassin sédimentaire** soit **subsident**, c'est-à-dire qu'il s'enfonce au fur et à mesure du dépôt des sédiments.

● Le sédiment imbibé de kérogène (la roche mère) est ainsi entraîné à des profondeurs de plus en plus grandes **(doc. 1)**. C'est entre 2 et 5 km de profondeur, à une température comprise entre 60 °C et 150 °C, que les réactions chimiques, subies par les grosses molécules de kérogène, engendrent des **hydrocarbures liquides (pétrole brut) et du gaz**.

● Si la roche mère est à plus de 4 km de profondeur, les hydrocarbures liquides deviennent des hydrocarbures gazeux, en particulier du méthane.

● Les hydrocarbures liquides, et *a fortiori* gazeux, ont une faible densité. Ils tendent à remonter vers la surface et donc à **quitter la roche mère**. Si, au cours de leur remontée, ils rencontrent un **piège**, leur migration s'interrompt. Un piège comprend : une roche réservoir, poreuse (grès, par exemple), dans laquelle s'accumule le pétrole, une couverture constituée de roches imperméables (argile, par exemple) et une structure géologique qui favorise le piégeage du pétrole dans la roche réservoir (par exemple, une structure anticlinale, une faille, un dôme de sel…).

● Le principe de la **formation du charbon** est le même. Mais la matière organique initiale provient de végétaux terrestres ; le kérogène a donc une composition différente de celui du pétrole et sa transformation sous l'action de la chaleur conduit à **un résidu carboné abondant**, accompagné d'une production de gaz, sans passer par la formation d'hydrocarbures liquides.

● Les conditions nécessaires à la formation des roches combustibles sont donc **nombreuses**. C'est pourquoi les gisements sont localisés **dans des régions bien précises où l'histoire géologique**, le plus souvent liée à la tectonique des plaques, **a réuni ces conditions**.

Une énergie non renouvelable

Pétrole, charbon et gaz sont les principales sources d'énergie utilisées par l'Homme. La formation d'un gisement de roche combustible nécessite des dizaines de millions d'années : **l'énergie des hydrocarbures n'est donc pas renouvelable à l'échelle humaine**.

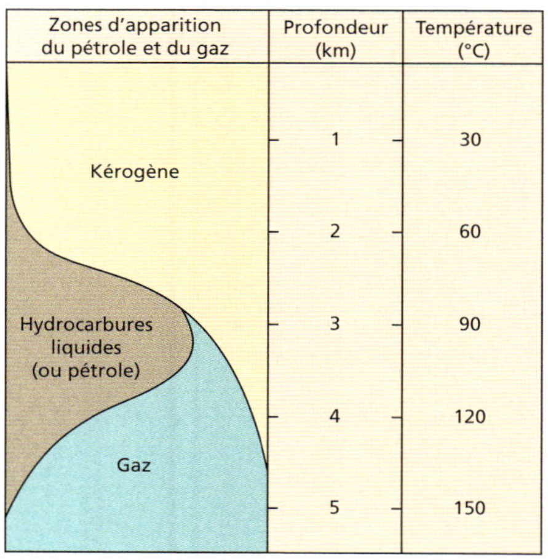

Doc. 1. Formation des hydrocarbures liquides et gazeux.

SVT

LE DOCUMENT CLÉ

L'utilisation des combustibles fossiles et son impact sur le cycle du carbone

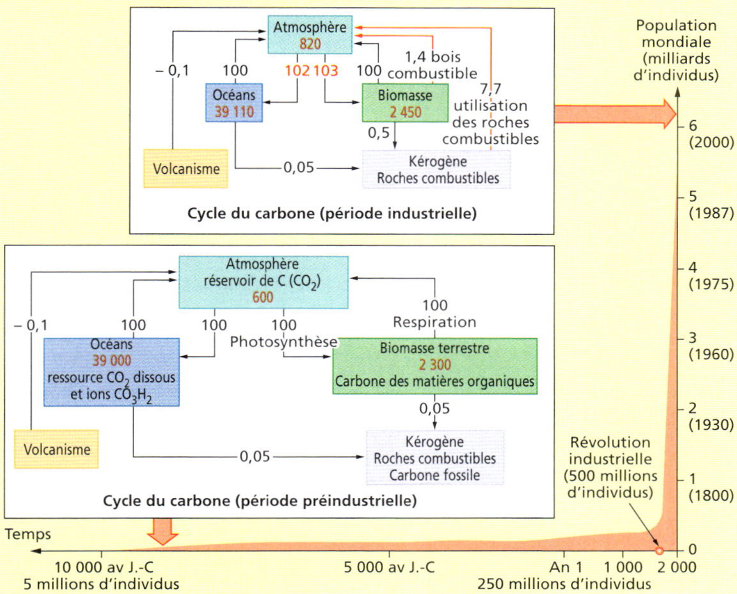

- Les masses de carbone contenues dans chaque réservoir et les transferts (annuels) d'un réservoir à l'autre sont exprimés en gigatonnes (une gigatonne = 10^9 tonnes).
- L'exploitation intensive des roches combustibles libère **rapidement et massivement** dans l'atmosphère une grande quantité de CO_2 fossilisé depuis des millions d'années. Le cycle du carbone qui existait à l'ère préindustrielle, et qui faisait que depuis 10 000 ans la teneur en CO_2 de l'atmosphère restait à peu près constante, est modifié par cette brusque libération de dioxyde de carbone.

Doc. 2.

S'ENTRAÎNER

1 QUIZ

Cocher l'affirmation exacte.

Les combustibles fossiles :

- ☐ **a.** se forment en une centaine d'années ou moins.
- ☐ **b.** se forment complètement à la surface du fond des bassins sédimentaires.
- ☐ **c.** résultent de l'énergie solaire transformée en énergie chimique par les producteurs primaires du passé.
- ☐ **d.** sont exploités par l'Homme sans répercussions sur l'effet de serre.

2 Atmosphère et dioxyde de carbone

Exploiter les informations tirées des documents 3 et 4.

a. Dégager ce qu'elles confirment en ce qui concerne l'évolution globale de la concentration du CO_2 atmosphérique entre les années 1960 et 2005.

b. Indiquer quelles sont les variations du CO_2 atmosphérique au cours d'une année et les expliquer.

c. Sachant que 2,1 GT de carbone sous forme de CO_2 entraînent, compte tenu du volume total de l'atmosphère, une augmentation de 1 ppmv, calculer (en ppmv) grâce au document 4 l'augmentation de la teneur en carbone de l'atmosphère entre 1960 et 2005.

d. En tenant compte du résultat, et en faisant référence au document 3, quelle devrait être la teneur en CO_2 de l'atmosphère en 2005 ?

e. Comparer avec la valeur réellement mesurée (doc. 3) et proposer une explication concernant cette différence en tenant compte du document 2.

POUR VOUS AIDER

Question b. Pensez aux variations de la photosynthèse en fonction de l'éclairement pour expliquer les variations annuelles.

Question e. Établissez si tout le CO_2 rejeté par l'utilisation des combustibles fossiles se retrouve dans l'atmosphère.

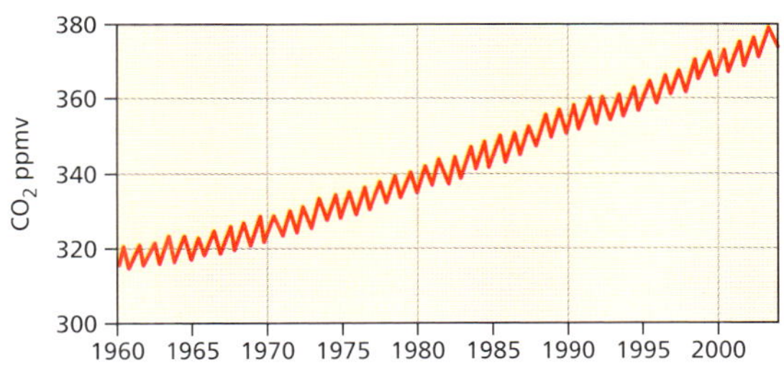

Doc. 3. Évolution de la teneur en CO_2 de l'atmosphère de 1960 à 2005 à la station de Mauna Loa (Hawaï). Elle est exprimée en partie par million en volume (ppmv) : 300 ppmv = 0,03 %.

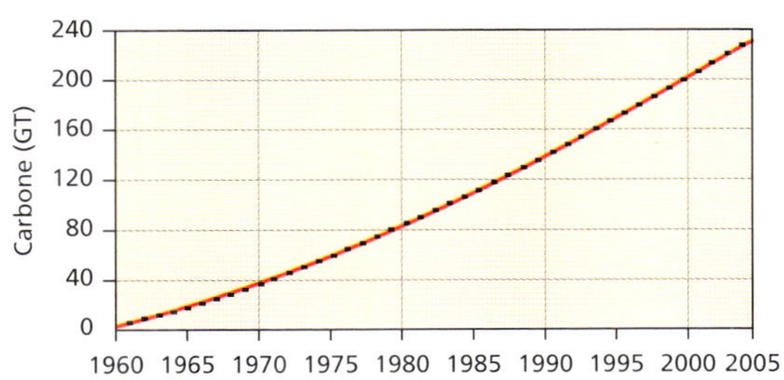

Doc. 4. Masse de carbone exprimée en gigatonnes (GT) rejetée sous forme de CO_2 par combustion des énergies fossiles de 1960 à 2005 (courbe cumulative : par exemple, en 1970, 40 gigatonnes avaient été libérées depuis 1960).

10 L'agriculture et l'eau

L'ESSENTIEL

Importance des prélèvements agricoles

● Les prélèvements d'eau par l'Homme peuvent être regroupés en trois ensembles : agricoles (irrigation), domestiques et industriels **(doc. 3)**. Dans toutes les régions du monde, sauf l'Europe et l'Amérique du Nord, **les prélèvements agricoles sont de loin les plus importants**. Globalement, à l'échelle mondiale, 70 % de l'eau prélevée par l'humanité l'est pour l'irrigation des terres agricoles.

IDÉE CLÉ

Constituant majeur des végétaux, l'eau est également un nutriment utilisé au cours de la photosynthèse.

● En outre, alors que pour les prélèvements industriels et domestiques l'eau prélevée et utilisée est rendue en majorité au réservoir d'où on l'a extraite, ce n'est pas le cas pour les prélèvements agricoles. Au moins 50 % de l'eau prélevée est évaporée ou transpirée par les plantes, et passe donc dans l'atmosphère. **On dit qu'elle est consommée**.

CHIFFRE CLÉ

93 % de l'eau consommée par l'humanité l'est par l'agriculture.

● Vu les accroissements prévus de la population mondiale et donc des besoins en ressources alimentaires, le prélèvement d'eau pour les activités agricoles devrait encore croître. Le problème des ressources disponibles est donc majeur ; pour le comprendre, une vue d'ensemble du **cycle de l'eau (doc. 1)** est nécessaire.

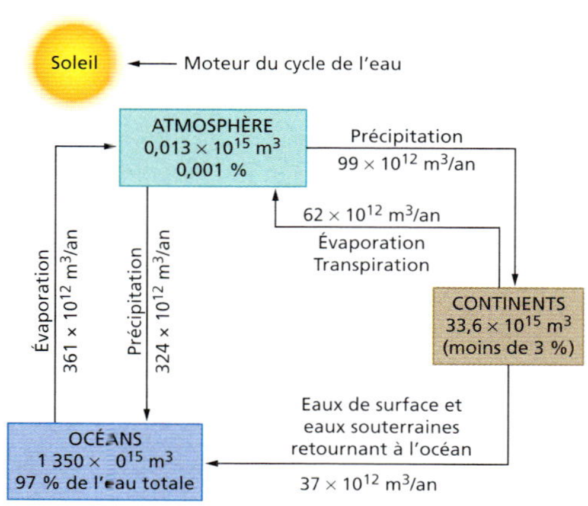

Doc. 1. Cycle de l'eau. Données sur les réservoirs et les flux d'eau annuels entre réservoirs.

Cycle de l'eau et ressources disponibles

● Au niveau des océans, il y a plus d'eau qui s'évapore que d'eau qui précipite. Sur les continents, les précipitations sont plus abondantes que l'évapotranspiration. Par l'intermédiaire de l'atmosphère, il y a donc un transfert d'eau des océans vers les continents : c'est **le renouvellement de l'eau continentale**.

● La seule eau exploitable par l'Homme est l'**eau douce** située sur les continents **(doc. 2)**, soit 3 % du volume total de l'eau présente sur Terre. Comme les deux tiers de cette eau douce sont gelés, seul 1 % de l'eau terrestre totale est utilisable par l'Homme : **l'eau est une ressource présente en quantité limitée**.

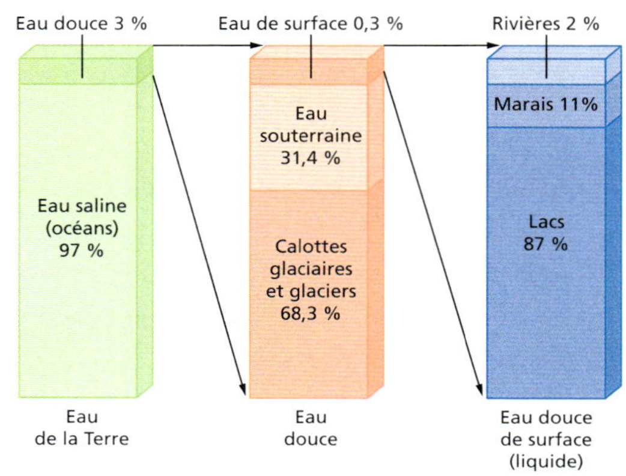

Doc. 2. Répartition de l'eau sur Terre.

● L'eau des réservoirs naturels est certes renouvelée chaque année (37 000 km^3 par an, **doc. 1**) mais dans de nombreuses régions du monde, la consommation d'eau par l'Homme dépasse le renouvellement de la ressource de sorte que **le stock disponible s'amenuise**. Les seuils correspondant à ce qu'il est possible de prélever au milieu naturel sont dépassés dans de nombreux lieux. En Chine, par exemple, où 52 % des terres irriguées le sont par des prélèvements dans les eaux souterraines, le niveau des nappes a baissé de 50 mètres dans certains cas au cours de ces 30 dernières années.

Une inégale répartition de l'eau disponible

L'eau douce est répartie de manière très inégale sur notre globe : 31 % des terres de la planète ont un **bilan hydrique** négatif, c'est-à-dire que l'évaporation l'emporte sur les précipitations ; toutes les autres régions ont un bilan annuel positif plus ou moins important, même si les rythmes saisonniers sont très différents. En cas de déficit saisonnier, les pays au bilan hydrique positif peuvent avoir recours de façon temporaire à leurs réserves ; au contraire dans les pays au bilan hydrique annuel déficitaire, le recours aux réserves ne peut conduire qu'à leur épuisement à plus ou moins long terme.

LE DOCUMENT CLÉ

Les enjeux de la gestion de l'eau

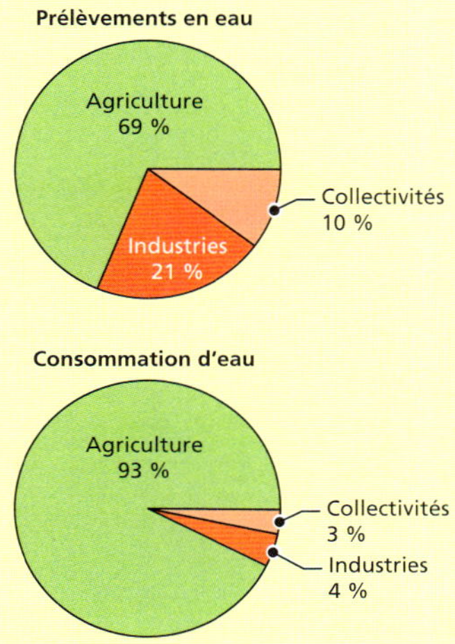

Doc. 3.

● La différence entre prélèvement et consommation d'eau est due au fait que, lors des usages collectifs et industriels, la majeure partie de l'eau est restituée au réservoir où on l'a prélevée, **elle n'est pas consommée**, alors que dans les usages agricoles au moins 50 % de l'eau s'évapore et n'est donc pas restituée au réservoir d'origine, **elle est consommée**.

● Les données traduisent l'importance de la gestion de l'eau pour que l'agriculture puisse satisfaire les besoins alimentaires d'une population mondiale en expansion.

● Une bonne gestion des terres peut diminuer la quantité d'eau nécessaire pour produire les récoltes. Cette gestion repose notamment sur une diminution des pertes d'eau par évaporation (eau consommée).

S'ENTRAÎNER

1 QUIZ

Cocher l'affirmation exacte.

L'eau :

- ☐ **a.** est une ressource non renouvelable.
- ☐ **b.** est, à l'échelle mondiale, prélevée essentiellement pour couvrir les besoins en eau potable.
- ☐ **c.** est transférée des océans aux continents par l'intermédiaire de l'atmosphère.
- ☐ **d.** prélevée pour l'irrigation, est totalement non consommée.
- ☐ **e.** douce, utilisable par l'Homme, représente 90 % des stocks d'eau sur Terre.

2 **Arrosage de cultures**

Certaines cultures (le maïs, par exemple) exigent un arrosage très abondant.

a. Préciser quel est le rapport entre l'eau utilisée pour l'arrosage et celle des océans.

b. Quels sont les devenirs possibles de l'eau déversée sur le champ ?

c. En quoi cet arrosage peut-il perturber le cycle local de l'eau ?

3 **Utilisation de l'eau par l'Homme**

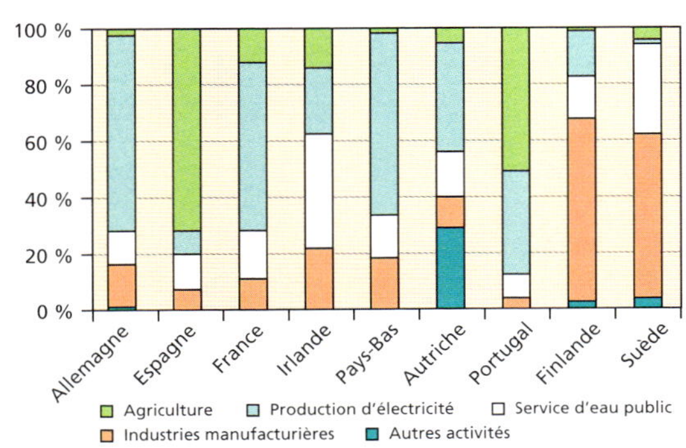

Doc. 4. Répartition du prélèvement d'eau entre les différents secteurs économiques dans 9 pays européens.

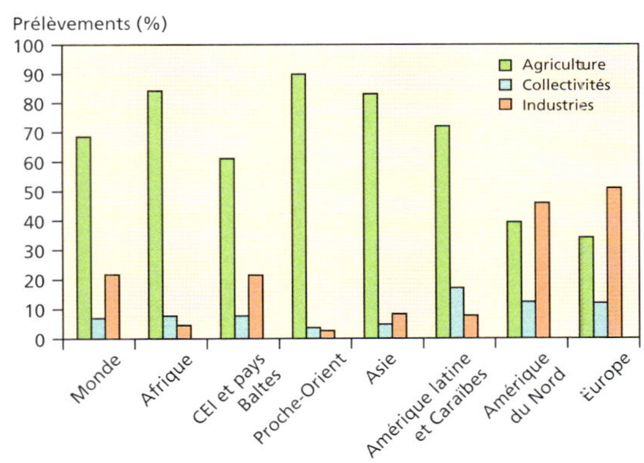

Doc. 5. Importance des prélèvements en eau par région et par secteur d'activité.

a. Quel est le secteur qui prélève la plus grande quantité d'eau dans le monde ?

b. Comparer l'importance des divers types de prélèvements en Europe.

POUR VOUS AIDER

Question b. Dégagez les idées générales et ne vous lancez surtout pas dans une étude détaillée du prélèvement pour chaque pays.

SVT

11 La formation et la gestion des sols

L'ESSENTIEL

Le sol est **un écosystème** (il rassemble donc une biocénose dans un biotope, voir page 254) **à l'interface de l'atmosphère et de la lithosphère**.

Histoire d'un sol en pays granitique

Tout sol a une histoire que l'on peut suivre depuis la roche mère de laquelle il va naître. Prenons l'exemple d'un sol en pays granitique.

- **Phase 1 : l'altération de la roche**

››› Le **granit** est une roche formée par l'imbrication de trois types de minéraux : **quartz, feldspath et mica**. Lorsque de l'eau chargée de CO_2, donc acide, s'introduit par les fissures d'un massif granitique, elle altère les cristaux de mica et de feldspath : on parle d'**hydrolyse** (décomposition par l'eau). Cette hydrolyse se traduit par la libération d'ions solubles (Na^+, K^+...) et la formation de nouveaux minéraux : **les minéraux argileux**.

››› Le granit au départ cohérent est ainsi transformé en une roche meuble, un sable très grossier : **l'arène granitique**.

- **Phase 2 : l'incorporation de la matière organique**

››› L'arène granitique est ensuite peu à peu **colonisée par des êtres vivants** (végétaux, bactéries et animaux des sols...). La matière organique issue de ces végétaux et animaux morts se transforme alors sous l'action de bactéries et donne l'**humus**.

››› Cet humus s'associe aux argiles pour donner un complexe argilo-humique caractéristique des sols.

- **Phase 3 : transferts de matière et formation des horizons**

Un sol est en perpétuelle évolution sous l'action de l'eau, des animaux et des végétaux. Il se structure en « horizons », régions caractéristiques plus ou moins bien délimitées : sous la litière (horizon 0), l'horizon A, ou horizon argilo-humique, est le plus actif.

- Un sol est constitué de matières minérales, de matières organiques mortes (humus) et d'un nombre considérable et diversifié d'espèces vivantes. On peut dire que **la plus grande partie de la biosphère terrestre vit dans le sol** et non au-dessus. Le sol est ainsi considéré comme l'épiderme vivant de la Terre.

Les fonctions du sol

- **Les sols productifs**, c'est-à-dire supportant des forêts, des prairies, des pâturages ou des cultures, **ne représentent qu'un peu plus de 20 % des sols de la planète (doc. 1)**.

- **Si le sol ne peut exister sans la vie, la vie ne peut exister sans le sol.** Le sol a un rôle biologique fondamental. Il supporte les végétaux et permet la production primaire (voir page 254) grâce à l'eau et aux sels minéraux qu'il renferme. Les êtres vivants du sol, notamment les bactéries, en se nourrissant des matières organiques mortes, assurent la minéralisation de cette matière.

> **IDÉE CLÉ**
> Le sol est indispensable au recyclage de la matière.

- Le sol est un compartiment essentiel du **cycle de l'eau**. Réservoir et filtre, il en entretient la qualité et la quantité. Il constitue une réserve d'eau pour les plantes, pour les nappes phréatiques et les cours d'eau.

Fragilité et dégradation du sol

- **Le sol peut disparaître** sous l'effet de l'érosion, en particulier si la végétation qu'il porte disparaît (surpâturage, déforestation...).

- **Le sol est vulnérable** : des pratiques agricoles inadaptées peuvent entraîner son appauvrissement biologique, organique et minéral ; sa compaction par des engins modifie sa porosité et donc sa capacité à retenir l'eau (le ruissellement est favorisé) ; des pollutions diverses et une urbanisation croissante constituent d'autres menaces directes.

> **INFO**
> Dans un agrosystème, le sol s'appauvrit par suite de l'exportation (récolte) de la production végétale, au moins en partie. L'apport d'engrais organiques (fumier) peut compenser cet appauvrissement.

- On estime qu'environ **35 % des sols productifs** (20 % des sols de la planète) **sont ainsi dégradés ou en voie de dégradation**.

- Il est donc plus que nécessaire de préserver les sols intacts, car la dégradation d'un sol est infiniment plus rapide que sa formation : **le sol est une ressource non renouvelable à l'échelle humaine** et doit donc être géré avec beaucoup de précaution.

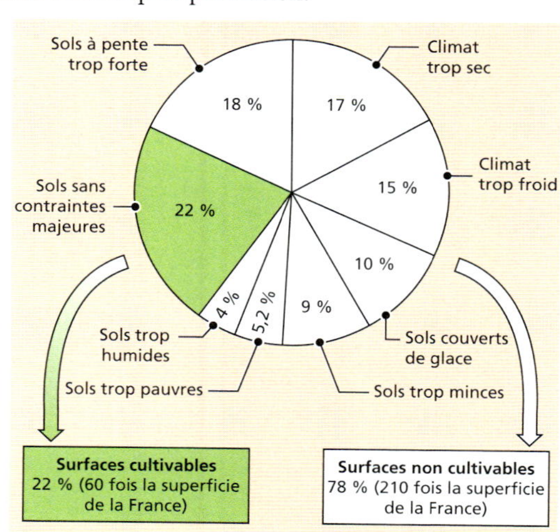

Doc. 1. Les ressources mondiales en sols.

LE DOCUMENT CLÉ

La formation d'un sol

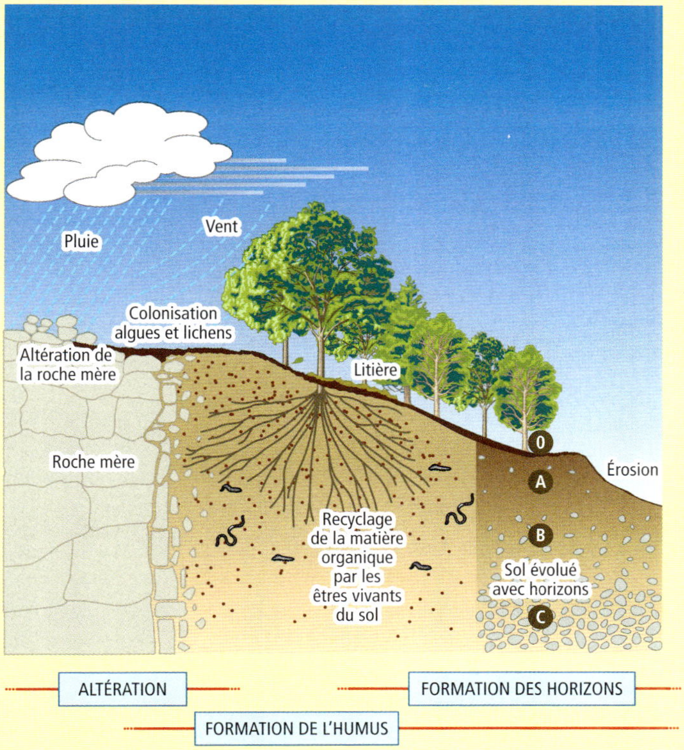

Doc. 2.

1. La formation d'un sol commence avec **l'altération de la roche mère** sous l'action de facteurs physiques (gel, vent...), chimiques (eaux plus ou moins acides) et biologiques : colonisation par des plantes pionnières (lichens, algues...) qui apportent la première matière organique tout en participant à la désagrégation de la roche mère. Les végétaux à tiges et racines vont s'installer à leur tour et contribuent à l'évolution du sol par apport de matières organiques mortes (litière) et par l'action mécanique des racines.
2. La deuxième étape est caractérisée par la minéralisation de la matière organique et la **formation de l'humus**.
3. Sous l'action des eaux d'infiltration, **des horizons apparaissent**.

S'ENTRAÎNER

1 QUIZ **Cocher l'affirmation exacte.**

Le sol :

- ☐ **a.** est une ressource renouvelable.
- ☐ **b.** doit permettre la respiration et la nutrition des végétaux.
- ☐ **c.** n'est constitué que de matières minérales issues de la dégradation de la roche mère.
- ☐ **d.** n'intervient pas dans le recyclage de la matière dans l'écosystème.

2 **Un sol vivant**

Doc. 3.

Deux fragments de papier filtre sont déposés dans deux boîtes de Pétri (A et B) et humidifiés. Dans la boîte A, on dépose de la terre non stérilisée et dans la boîte B, de la terre stérilisée. On place les boîtes à l'étuve à 30 °C en maintenant l'humidité.

Au bout d'un mois, le papier filtre de la boîte A présente l'aspect visible dans le document 3, à gauche, alors que celui de la boîte B est dans l'état visible à droite.
Expliquer.

POUR VOUS AIDER

La cellulose, constituant du papier filtre est une matière organique. La stérilisation conduit à la destruction des micro-organismes du sol.

3 **Sol de pâturage contre sol de forêt**

Des chercheurs ont prélevé dans un pâturage dégradé un cube de sol compacté de 20 cm de côté et l'ont enfoui dans une forêt ; à sa place, ils ont placé un cube de même taille du sol de la forêt. Quelques mois plus tard, le sol de pâturage placé en forêt était redevenu poreux, comme le sol forestier dans lequel il avait été placé. Par contre, dans le pâturage, l'échantillon de sol forestier s'était tassé et avait perdu en grande partie sa porosité.
Expliquer.

12 Consommation de dioxygène et de nutriments au cours de l'effort

L'ESSENTIEL

Les nutriments, source d'énergie

- Les **nutriments organiques** sont la **source de l'énergie** permettant les diverses activités cellulaires. Ils proviennent de la **digestion** des glucides, des lipides et des protides.
- L'énergie tirée des nutriments organiques n'est **pas directement utilisable**. Elle le devient à la suite des réactions de respiration **(doc. 1)**, qui sont des réactions d'oxydation.
- Les nutriments organiques sont **oxydés grâce au dioxygène** :

$$C_6H_{12}O_6 + 6\ O_2 \rightarrow 6\ CO_2 + 6\ H_2O$$

INFO

La molécule de glucose ($C_6H_{12}O_6$) constitue une énergie potentielle non directement utilisable ; son oxydation fournit en partie de l'énergie utilisable pour la vie cellulaire et en partie de la chaleur, non utilisable donc dissipée.

- L'énergie provenant de l'oxydation des nutriments permet la **contraction** des cellules musculaires.
- Toute augmentation de l'activité physique d'un organisme nécessite une **consommation accrue** de dioxygène et de nutriments **(doc. 1b)**.

Les variations de la consommation de dioxygène. La VO_2 max

- L'organisme ne possède que de très faibles réserves en dioxygène ; c'est pourquoi il doit en **prélever sans cesse dans le milieu extérieur**. Le dioxygène prélevé est **entièrement consommé** par les cellules de l'organisme et n'est pas mis en réserve.
- Comme il n'y a pas de mise en réserve, le **volume de dioxygène (VO_2)** prélevé dans le milieu extérieur correspond à la consommation de dioxygène par les cellules de l'organisme, c'est-à-dire la quantité utilisée dans les réactions d'oxydation cellulaire.
- La consommation de dioxygène augmente avec l'intensité de l'effort. Elle est d'environ 0,250 L/min au repos et peut atteindre de 3 à 5 L/min selon les individus. Le volume maximum pouvant être prélevé est **la VO_2 max : le volume maximum de dioxygène consommé au cours de l'effort**. Un effort aérobie est un effort où toute l'énergie des nutriments est exploitée grâce à des réactions nécessitant du dioxygène.

CHIFFRE CLÉ

Au cours d'un exercice intense, la VO_2 max est, selon les individus, **12 à 20 fois supérieure** à la VO_2 au repos.

- On définit également :
  - la **VMA** (vitesse maximale aérobie), exprimée en km/h, qui représente la vitesse de déplacement d'un sujet lorsqu'il atteint sa VO_2 max ;
  - la **PMA** (puissance maximale aérobie), exprimée en watts, qui mesure la puissance développée par un individu lorsqu'il atteint sa VO_2 max (ou sa VMA).

Les réserves de l'organisme en nutriments (réserves énergétiques)

- Il existe dans les muscles, le foie et le tissu adipeux des **réserves de matières organiques** (glycogène dans les muscles et le foie, lipides dans le tissu adipeux) qui sont donc des **sources d'énergie**.
- Ces réserves sont mobilisées lors d'une activité physique. Le glycogène est source de glucose et les lipides d'acides gras. Le glucose provenant du glycogène musculaire et hépatique ainsi que les acides gras sont consommés par les cellules musculaires afin de satisfaire leurs besoins énergétiques.
- Au cours d'efforts intenses où la consommation d'O_2 est proche de la VO_2 max, c'est le glucose qui est essentiellement utilisé. En revanche, au cours d'exercices d'intensité moyenne (50 % de la VO_2 max), lipides et glucose sont utilisés à part égale et l'oxydation des lipides devient même plus importante avec la durée de l'exercice. L'activité physique sous forme d'exercices d'intensité modérée et d'assez longue durée (30 minutes et plus) permet donc une **utilisation des réserves graisseuses** de l'organisme et contribue à éviter l'obésité.

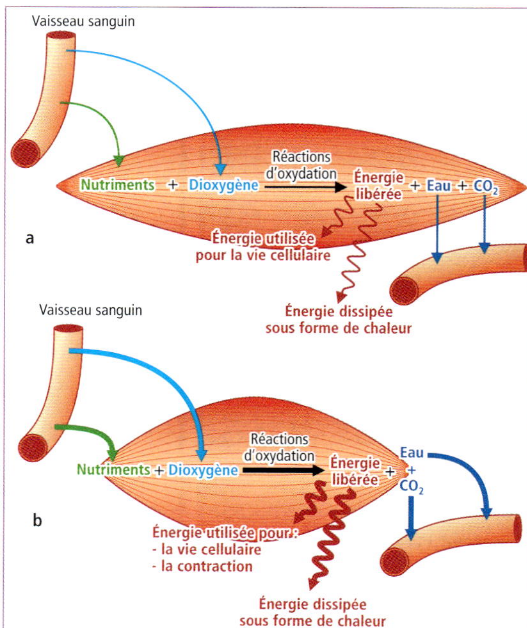

L'épaisseur des flèches traduit une augmentation des oxydations cellulaires.

Doc. 1. Réactions chimiques et conversion de l'énergie dans une cellule musculaire au repos (a) et en contraction (b).

LE DOCUMENT CLÉ

L'exercice physique et ses aspects énergétiques

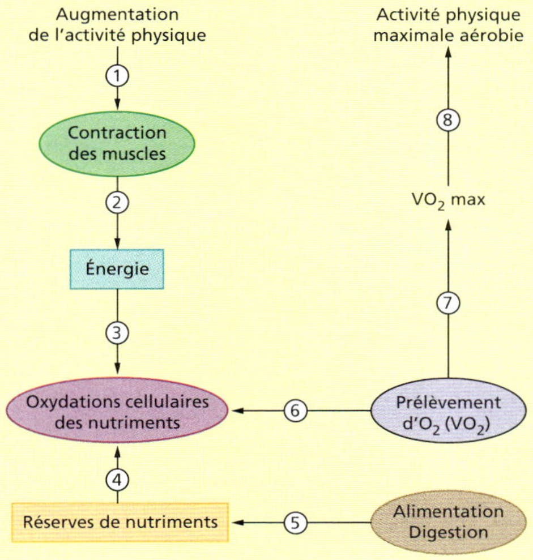

Doc. 2.

1. L'exercice physique implique une contraction des muscles squelettiques.
2. La contraction des muscles exige un apport supplémentaire d'énergie.
3. L'énergie nécessaire provient de l'augmentation de l'oxydation des nutriments dans les cellules musculaires.
4. Les nutriments sont obtenus à partir des réserves des muscles, du foie, du tissu adipeux.
5. Les réserves proviennent de l'alimentation après digestion (apport discontinu).
6. Prélèvement augmenté de dioxygène dans le milieu extérieur.
7. Ce prélèvement peut atteindre un maximum (VO_2 max).
8. La VO_2 max traduit l'effort maximal aérobie.

S'ENTRAÎNER

1 QUIZ **Cocher l'affirmation exacte.**

La consommation de dioxygène par l'organisme :

- ☐ **a.** n'a lieu qu'en cas d'effort.
- ☐ **b.** ne se produit que dans les muscles.
- ☐ **c.** augmente de deux fois au maximum lors d'un effort intense.
- ☐ **d.** est égale au prélèvement de dioxygène par l'organisme dans le milieu extérieur.

2 **Performance et VO_2 max**

À partir du document 3, établir la relation existant entre la performance et la VO_2 max. Conclure.

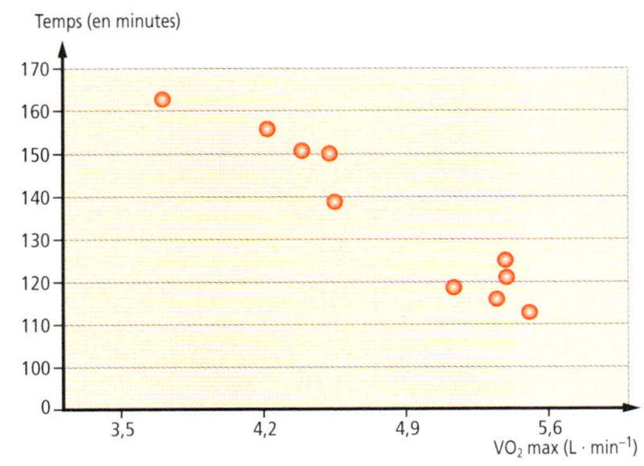

Doc. 3. Performances obtenues chez différents athlètes ayant réalisé une course de 30 km. Chaque point correspond à un individu.

3 **Le prélèvement d'O_2 et de glucose par le muscle**

a. Quelles informations tirez-vous des graphes du document 4 en ce qui concerne le prélèvement d'O_2 (**a**) et de glucose (**b**) par les muscles en fonction de l'intensité de l'effort ?

b. D'où proviennent le dioxygène et le glucose prélevés par les muscles ?

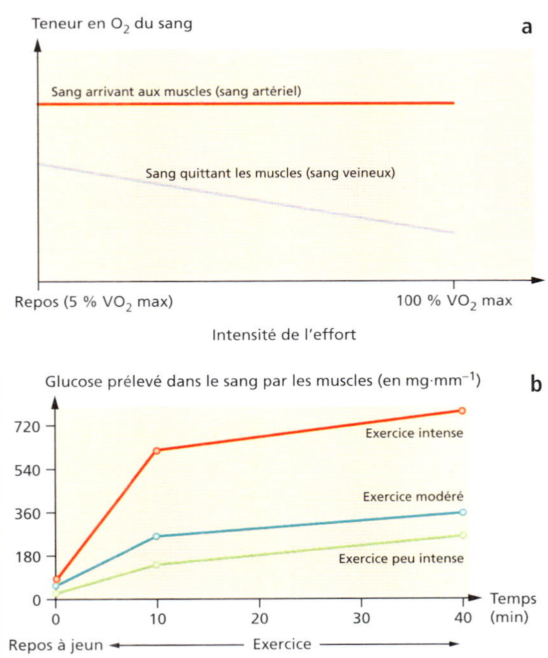

Doc. 4.

13 Couplage cardio-ventilatoire au repos

L'ESSENTIEL

Le débit cardiaque

- Le **cœur** est un organe creux dont les parois musculaires se contractent et se décontractent rythmiquement, entraînant ainsi la circulation du sang.
- Les cavités cardiaques se remplissent de sang au cours de la diastole générale ; l'éjection du sang dans les artères s'effectue au cours de la systole ventriculaire. La systole auriculaire ne fait qu'achever le remplissage des ventricules durant la diastole.
- L'**ondée systolique** (ou volume d'éjection systolique = VES) est le volume de sang éjecté par un ventricule à chaque systole. Il est identique pour le ventricule droit (sang éjecté dans l'artère pulmonaire) et le ventricule gauche (sang éjecté dans l'aorte).
- Le **débit cardiaque** est la quantité de sang éjecté par chaque ventricule en une minute : c'est le produit de la fréquence cardiaque (nombre de battements du cœur par minute) par le volume d'éjection systolique.

Le débit ventilatoire et la saturation du sang en dioxygène au niveau des poumons

- Le **débit ventilatoire** (exprimé en L/min) correspond au produit de la fréquence respiratoire (nombre de mouvements respiratoires – inspiration ou expiration – par minute) par le volume d'air ventilé (volume d'air entrant ou sortant des poumons à chaque mouvement respiratoire).
- Les mouvements respiratoires ont pour effet de renouveler l'air alvéolaire de sorte que la teneur en dioxygène de cet air reste constante. Cette teneur en O_2 de l'air alvéolaire (ou, plus rigoureusement, la pression en O_2 de cet air) est telle que les molécules d'oxygène de l'air passent dans le sang qui traverse les poumons, et cela jusqu'à saturation, à 100 % des capacités de transport du sang : 200 mL de dioxygène par litre de sang. C'est le **couplage cardio-ventilatoire (doc. 1)**.

L'organisation fonctionnelle de la circulation

- Les deux circulations, générale et pulmonaire, s'effectuent en **série**.
- Sur la circulation générale, l'irrigation des différents organes, se fait en **parallèle**. La disposition en série des deux circulations fait que tout le sang qui part du cœur gauche vers les organes est saturé en O_2 et la disposition en parallèle fait que tous les organes reçoivent du sang saturé, non appauvri par la traversée d'autres organes.

ATTENTION !

On ne définit pas une artère ou une veine en fonction de la richesse en dioxygène du sang qu'elle transporte mais en fonction du sens de circulation : les artères éloignent le sang du cœur, les veines le ramènent vers celui-ci.

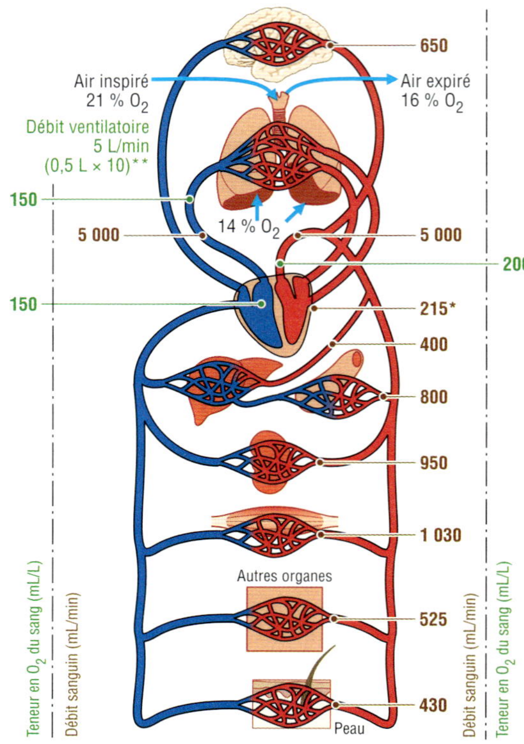

Doc. 1. Couplage cardio-ventilatoire au repos.

INFO

Les échanges gazeux entre les cellules et le sang se font au niveau des capillaires.

Les facteurs dont dépend le prélèvement de dioxygène

- Le volume d'O_2 prélevé dans l'air alvéolaire par le sang en 1 minute est égal au débit cardiaque multiplié par la différence de la teneur en O_2 entre le sang de l'artère pulmonaire et celui des veines pulmonaires.
- À partir des données du document 1, le volume de dioxygène prélevé en 1 minute est égal à :
5 000 mL/min × (200 – 150) mL/L
= 5 L/min × 50 mL/L = 250 mL/min.
- C'est aussi la consommation de dioxygène par l'ensemble des organes en 1 minute. Il faut bien saisir que plus le prélèvement d'O_2 par les organes est grand, plus le prélèvement d'O_2 par le sang au niveau des poumons est important.
- Le prélèvement de dioxygène dans l'air dépend donc du **débit cardiaque** et de la **consommation d'O_2 par les organes**.

SVT

LE DOCUMENT CLÉ

Le cycle cardiaque

- Le cycle cardiaque comprend trois phases principales. Pour un cœur ayant une fréquence de 75 battements par minute : une contraction des oreillettes (systole auriculaire = 0,1 s), une contraction des ventricules (systole ventriculaire = 0,3 s) et un relâchement général (diastole = 0,4 s).

- Le volume de sang contenu dans chaque ventricule est maximal à la fin de la systole auriculaire et minimal à la fin de la systole ventriculaire. Il faut bien noter que 80 % du remplissage ventriculaire s'effectue pendant la diastole générale.

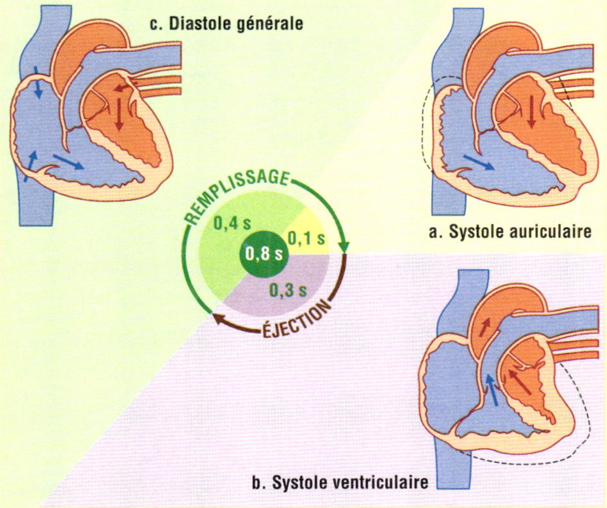

Doc. 2.

S'ENTRAÎNER

1 QUIZ

Cocher l'affirmation exacte.

Les artères :

- ☐ **a.** transportent toujours du sang saturé en dioxygène.
- ☐ **b.** constituent le lieu où se font les échanges gazeux entre les cellules et le sang.
- ☐ **c.** de la circulation générale sont disposées en série.
- ☐ **d.** reçoivent le sang éjecté par les ventricules.

2 Le cycle cardiaque

Établir une correspondance entre les deux séries de données en vous aidant du document 2.

Première série

1. oreillette droite
2. oreillette gauche
3. ventricule droit
4. ventricule gauche
5. valvules auriculo-ventriculaires
6. valvules artérielles

Deuxième série

- **a.** empêche le sang de refluer des ventricules dans les oreillettes.
- **b.** éjecte le sang dans l'artère pulmonaire.
- **c.** empêche le sang de refluer des artères dans les ventricules.
- **d.** reçoit le sang des veines pulmonaires.
- **e.** éjecte le sang dans l'artère aorte.
- **f.** reçoit le sang des veines caves.
- **g.** se remplit de sang au cours de la diastole générale.
- **h.** achève le remplissage du ventricule en se contractant.

3 Le cycle cardiaque (suite)

Analyser avec soin le document 3.

- **a.** Situer sur le schéma la systole auriculaire.
- **b.** Calculer les volumes d'éjection systolique droit et gauche.
- **c.** Situer sur le schéma le moment où les valvules artérielles sont fermées et celui où elles s'ouvrent.
- **d.** Reprendre la question **c** pour les valvules auriculo-ventriculaires.

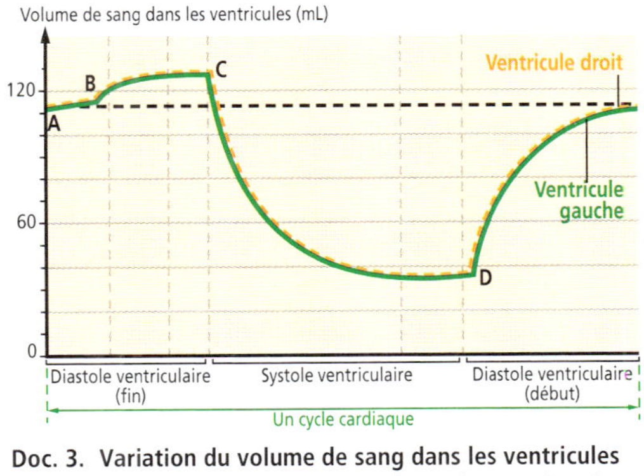

Doc. 3. Variation du volume de sang dans les ventricules au cours d'un cycle cardiaque. Le volume de sang éjecté à chaque cycle est le « volume d'éjection systolique ».

4 Prélèvement et consommation de dioxygène

- **a.** À l'aide du document 1, calculer le prélèvement d'O_2 par minute à partir des données concernant le débit ventilatoire, la teneur en O_2 de l'air inspiré et de l'air expiré.
- **b.** Calculer la consommation d'O_2 par l'ensemble des organes et comparer avec le résultat obtenu en **a**.
- **c.** Faire une hypothèse sur les modifications qui pourraient permettre d'apporter davantage de dioxygène aux muscles au cours de l'effort.

14 Couplage cardio-ventilatoire au cours de l'effort

L'ESSENTIEL

Importance de la variation du débit ventilatoire

● Lors d'un **effort maximal**, le prélèvement de dioxygène dans le sang par les muscles en activité augmente considérablement. La **teneur en O_2 du sang qui retourne aux poumons** est nettement **plus faible qu'au repos** (20 mL/L contre 150 mL/L).

INFO

Le dioxygène est essentiellement transporté par les globules rouges (hématies).

● Lors d'un effort maximal, le **sang sortant des poumons est toujours saturé en O_2**. Pour un litre de sang traversant les poumons, **le prélèvement d'O_2 est considérablement augmenté** : 180 mL/L (200 – 20) au lieu de 50 mL/L (200 – 150).

ATTENTION !

Pour bien comprendre les calculs effectués, bien repérer sur le document 1 de ce chapitre 14, les indications 20 et 200 (en vert) et sur le document 1 du chapitre 13 les indications 150 et 200 (en vert).

● Le point important est donc le suivant : au cours de l'activité physique et jusqu'à une intensité maximale, le sang qui quitte les poumons est toujours aussi riche en dioxygène qu'au repos, bien que le sang qui arrive par les artères pulmonaires soit beaucoup plus pauvre. Cela n'est possible que parce que **la composition de l'air alvéolaire reste la même** qu'au repos malgré l'augmentation du prélèvement. Cette constance de la composition de l'air alvéolaire est assurée par l'**augmentation du débit ventilatoire** qui permet un renouvellement plus rapide de l'air alvéolaire.

Importance de la variation du débit cardiaque

La fréquence cardiaque passe de 70 au repos à 200 battements par minute au cours d'un effort maximal. Le volume d'éjection systolique passe de 70 à 120 mL/min. Le **débit cardiaque augmente** : d'environ 5 L/min (70×70), il passe à 24 L/min (200×120).
Comme au repos, les débits cardiaques droit et gauche sont identiques au cours de l'effort.

La VO_2 max

● Le prélèvement d'O_2 au cours de l'effort, et donc **l'apport d'O_2 aux organes, augmente** : il passe d'environ 0,250 L/min (chap. 13) au repos à 4,3 L/min ($24 \times 0{,}180$) au cours d'un effort d'intensité maximale. Cette valeur de 4,3 litres d'O_2 consommés à la minute correspond au VO_2 max de l'individu considéré.

● La VO_2 max est atteinte lorsque le débit cardiaque est à son maximum et lorsque les muscles ne peuvent pas prélever davantage de dioxygène dans le sang.

Importance de l'irrigation en parallèle des organes

● Par rapport à la situation au repos (**doc. 1**, chap. 13) il y a, lors de l'effort, **des changements de répartition du débit cardiaque aux divers organes (doc. 1)**. Ce changement de débit est rendu possible grâce à **l'organisation en parallèle** du système circulatoire. Les muscles actifs reçoivent 85 % du débit cardiaque total, le tissu cardiaque 4 %. Le prélèvement supplémentaire de dioxygène bénéficie ainsi essentiellement aux muscles actifs et au cœur (organes impliqués dans le mouvement).

● **Les changements dans les fonctionnements circulatoire et ventilatoire sont coordonnés, d'où le terme de couplage.**

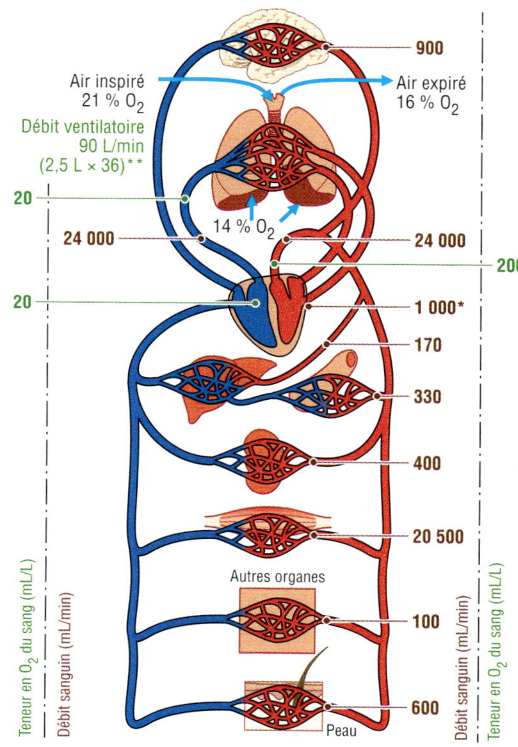

* Irrigation du muscle cardiaque
** Volume courant × fréquence ventilatoire

Doc. 1. Couplage cardio-ventilatoire au cours de l'effort.

ATTENTION !

Bien situer l'artère pulmonaire et les veines pulmonaires (au nombre de quatre et non de deux comme figuré sur le doc. 1 par souci de clarté).

SVT

LE DOCUMENT CLÉ

La distribution du débit cardiaque au repos et lors d'un effort physique

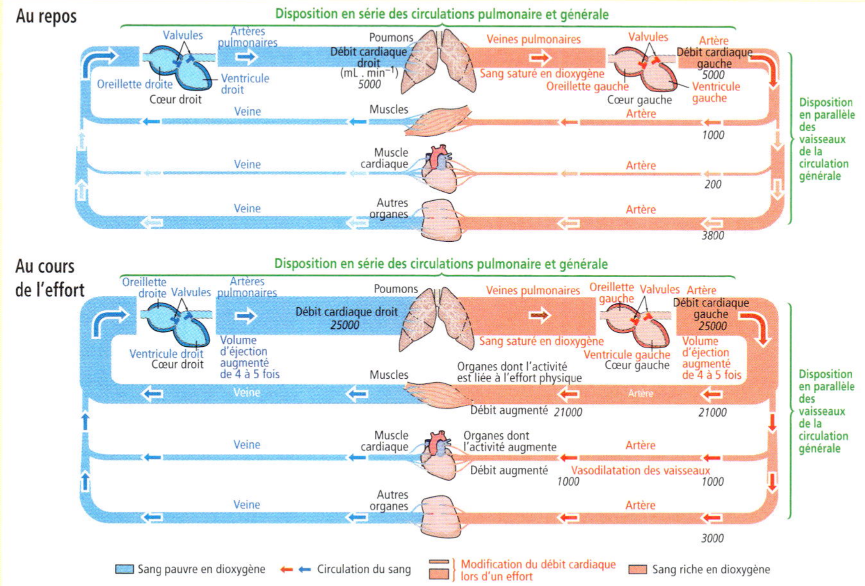

Doc. 2.

La disposition en série des circulations générale et pulmonaire et celle en parallèle des différents organes font que le prélèvement supplémentaire de dioxygène au niveau des poumons profite uniquement aux muscles en activité et au muscle cardiaque. (*Remarque :* pour rendre bien lisible la disposition en série des circulations pulmonaire et générale, on a artificiellement dissocié le cœur droit du cœur gauche.)

S'ENTRAÎNER

1 QUIZ

Cocher l'affirmation exacte.

- ☐ **a.** Le débit cardiaque du cœur gauche est supérieur à celui du cœur droit.
- ☐ **b.** Le débit cardiaque augmente en même temps que le débit ventilatoire au cours d'un effort.
- ☐ **c.** Il augmente au cours d'un effort grâce uniquement à l'élévation de la fréquence cardiaque.
- ☐ **d.** Il est le seul facteur dont l'augmentation est responsable d'un apport supplémentaire de dioxygène aux muscles au cours d'un effort.
- ☐ **e.** Il est réparti de la même façon entre les organes, au repos ou au cours d'un effort.

2 Débit cardiaque et effets de l'exercice

On a mesuré le devenir du volume ventriculaire (donc la valeur de l'éjection systolique = VES) chez le même individu au repos (doc. 3a) et durant un exercice (doc. 3b).

a. Calculer le débit cardiaque (L/min) au repos.

b. Calculer le débit cardiaque de la même personne durant l'exercice.

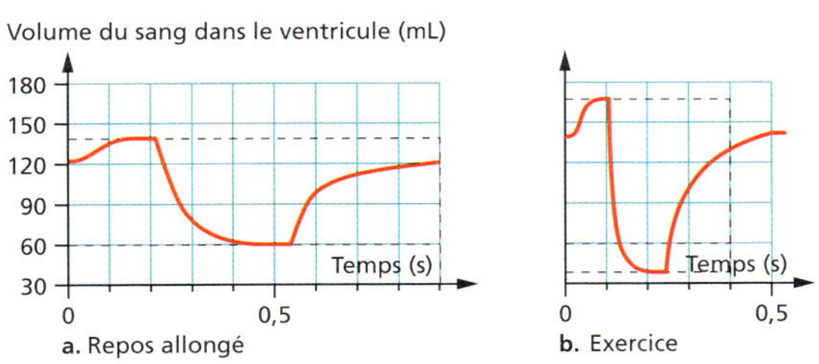

Doc. 3. Volume du sang dans le ventricule au cours de la révolution cardiaque : effets de l'exercice.

3 Débit cardiaque et effets de l'entraînement

On a mesuré le volume ventriculaire au cours de l'exercice maximal aérobie chez un individu sédentaire (doc. 4a) et chez un athlète entraîné (doc. 4b).

a. Quelle est la différence importante qui existe entre les activités cardiaques des deux individus ?

b. Après avoir calculé les débits cardiaques des deux individus au cours de l'effort, proposer une explication au fait que l'athlète entraîné peut effectuer un effort plus intense que le sédentaire.

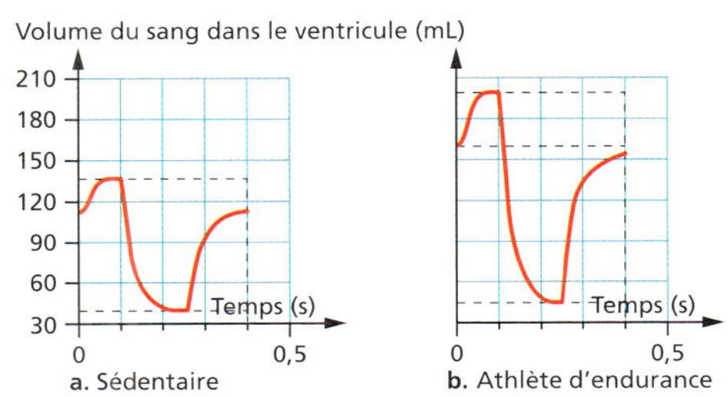

Doc. 4. Volume du sang dans le ventricule au cours de l'exercice maximal aérobie.

SVT

15 Pression artérielle et activité cardiaque

L'ESSENTIEL

La pression artérielle et le cycle cardiaque

- La pression artérielle est la **force** par unité de surface exercée par le sang sur la paroi interne des **grosses artères** (comme l'artère brachiale du bras et l'artère radiale du poignet où est le plus souvent mesurée la pression artérielle ou tension). Elle est, le plus souvent, exprimée en centimètres ou millimètres de mercure (cm/Hg ou mm/Hg).

- La mesure de la pression artérielle s'écrit au moyen de **deux nombres** (par exemple, 13-8 cm/Hg). Ils indiquent que la pression artérielle varie entre deux valeurs : une pression artérielle maximale (13) et une pression artérielle minimale (8).

- Cette variation entre deux valeurs de pression est liée à l'activité cardiaque **(doc. 1)** :
– la pression maximale, atteinte durant la contraction du ventricule gauche (systole ventriculaire) ;
– la pression minimale, atteinte à la fin du relâchement ventriculaire (diastole).

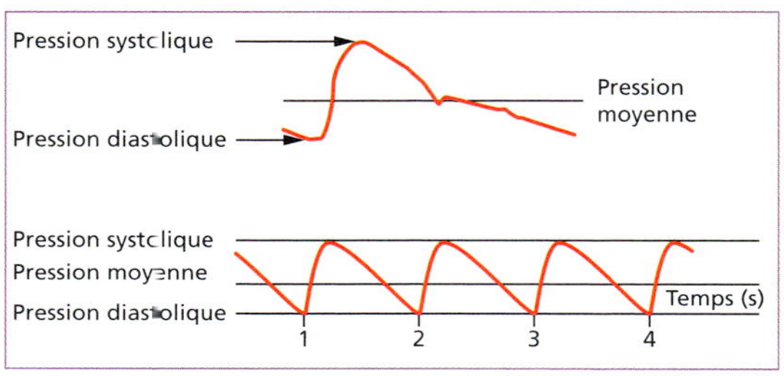

Doc. 1. Variations de la pression artérielle au cours du cycle cardiaque.

- La pression artérielle est indispensable à la bonne irrigation et par conséquent à l'apport de dioxygène et de nutriments aux organes. **Trop élevée**, elle peut provoquer des lésions dans les vaisseaux ; **trop faible**, elle peut entraîner des syncopes en raison d'une irrigation insuffisante du cerveau.

Existence d'un système de régulation de la pression artérielle

- Malgré des causes diverses de variation (changements de position du corps, hémorragie…), la pression artérielle moyenne se maintient dans des limites étroites. Il existe en effet un système qui s'oppose aux variations de pression trop importantes, un **système de régulation de la pression artérielle**.

- La pression artérielle dépend de **l'activité cardiaque**. C'est pourquoi l'activité cardiaque fait partie du système de régulation de la pression artérielle. Si la pression artérielle devient trop faible, une augmentation de l'activité cardiaque peut contribuer à rétablir sa valeur fonctionnelle (et inversement, en cas de hausse de la pression artérielle).

Le contrôle de l'activité cardiaque

- Le cœur, **en dehors de toute stimulation par le système nerveux**, se contracte de façon rythmique : on parle d'**automatisme cardiaque**. La fréquence cardiaque est **contrôlée** par des messages nerveux qui modifient l'automatisme cardiaque.

- Le cœur reçoit une double innervation **(doc. 2)** :
– parasympathique, par des nerfs en relation avec le bulbe rachidien (**nerfs parasympathiques** ou **nerfs vagues**) ;
– sympathique, par des nerfs issus de la moelle épinière (**nerfs sympathiques**).

> **MOT CLÉ**
> Les nerfs parasympathiques et sympathiques sont des nerfs **efférents**, c'est-à-dire qu'ils véhiculent des messages depuis un centre nerveux vers un organe effecteur (ici le cœur).

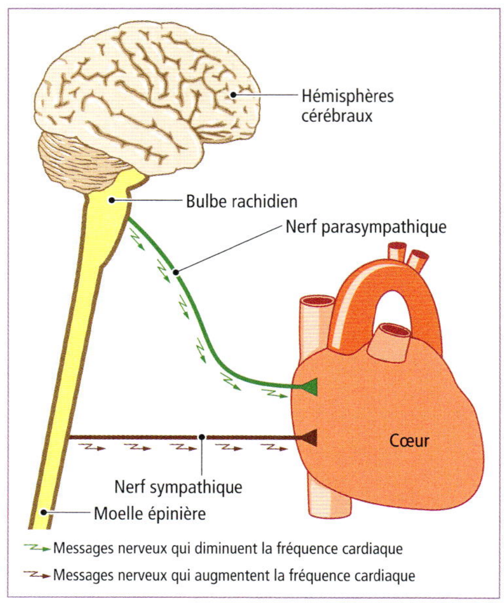

Doc. 2. L'innervation du cœur.

- La fréquence automatique du cœur est modifiée par deux types de messages nerveux : les messages nerveux **parasympathiques ralentissent** le cœur ; les messages nerveux **sympathiques l'accélèrent**.

- **Au repos**, l'activité des nerfs parasympathiques l'emporte sur celle des nerfs sympathiques et la fréquence cardiaque s'installe à **60 à 70 battements/minute** environ, c'est-à-dire bien en dessous de la fréquence cardiaque automatique (environ 100 battements/minute).

- Toute **modification des messages nerveux** cardiaques a des **répercussions sur la pression artérielle**. Par exemple, si les messages nerveux parasympathiques sont plus intenses, le cœur bat plus lentement et la pression artérielle diminue (et inversement).

LE DOCUMENT CLÉ

La régulation de la pression artérielle

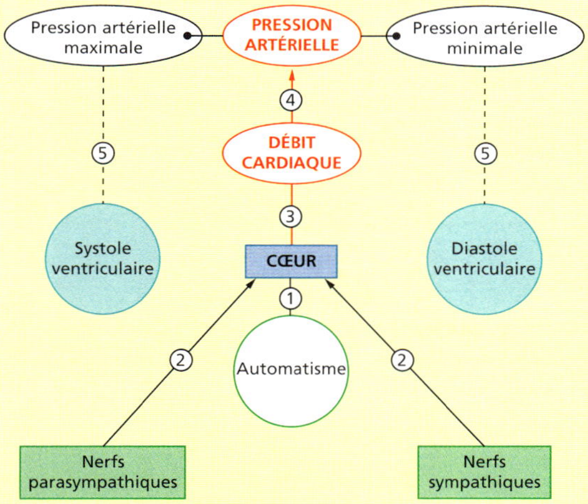

Doc. 3.

1. Le cœur se contracte de façon rythmique : on parle d'automatisme cardiaque.
2. Les messages nerveux acheminés par les nerfs parasympathiques ralentissent le cœur. Les messages nerveux acheminés par les nerfs sympathiques accélèrent le cœur.
3. L'activité du cœur est traduite par le débit cardiaque.
4. Le débit cardiaque détermine la valeur de la pression artérielle.
5. La pression maximale est atteinte au moment de la systole ventriculaire ; la pression minimale au moment de la diastole ventriculaire.

S'ENTRAÎNER

1 QUIZ

Cocher l'affirmation exacte.

La fréquence cardiaque :

- ☐ **a.** est, au repos, uniquement déterminée par l'automatisme cardiaque.
- ☐ **b.** est augmentée sous l'action des nerfs parasympathiques.
- ☐ **c.** en cas d'augmentation, entraîne une augmentation de l'intervalle de temps entre pression artérielle maximale et pression artérielle minimale.
- ☐ **d.** en agissant sur le débit cardiaque a une action sur la pression artérielle.

2 Variations de fréquence cardiaque

a. À l'aide du document 4, expliquer la différence de fréquence cardiaque au repos chez l'individu témoin et chez l'individu greffé (chez l'individu greffé, le cœur n'a plus d'innervation).

b. Montrer que le système nerveux joue un rôle important dans les changements de l'activité cardiaque au cours de l'effort.

c. Trouver un argument montrant que la fréquence cardiaque ne dépend pas uniquement de l'activité des nerfs cardiaques.

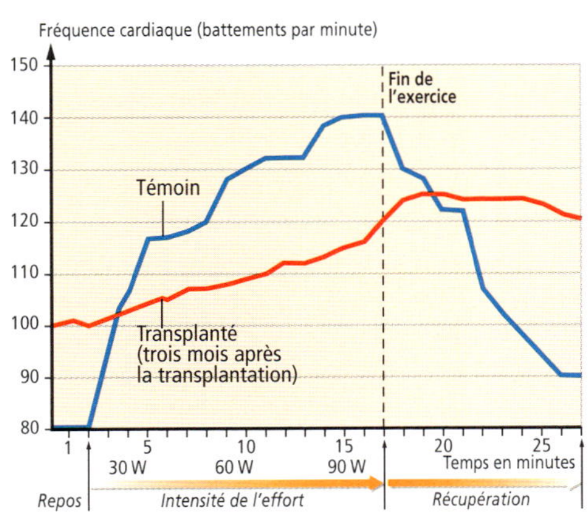

Doc. 4. Comparaison des fréquences cardiaques. Chez un individu témoin sédentaire, non greffé, et chez un individu greffé du cœur, trois mois après la transplantation.

3 Activité de deux types de nerfs

a. À l'aide du document 5, comparer l'évolution de l'activité des nerfs parasympathiques et sympathiques cardiaques en fonction de l'intensité de l'effort.

b. Pour une intensité de 90 % de VO_2 max, indiquer les effets des nerfs parasympathiques et sympathiques sur la fréquence cardiaque.

c. Imaginer quelle peut être la fréquence cardiaque pour un effort d'intensité égale à 50 % de VO_2 max.

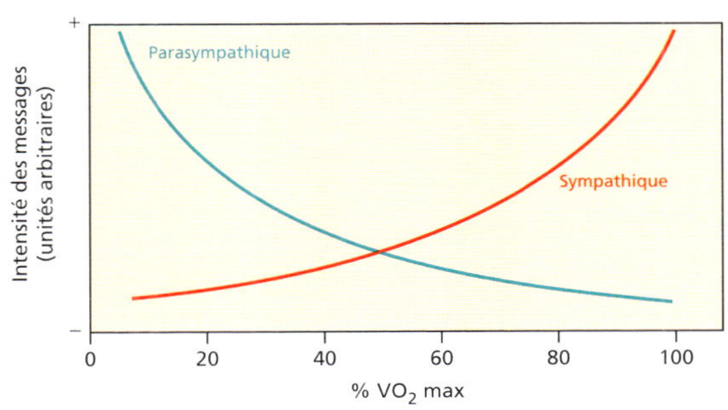

Doc. 5. Actions du système sympathique et du système parasympathique sur la fréquence cardiaque au cours de l'exercice musculaire.

POUR VOUS AIDER

Question a. Le pourcentage de VO_2 max renseigne sur l'intensité de l'effort.

SVT

16 La régulation de la pression artérielle

L'ESSENTIEL

Le problème à résoudre

- La pression artérielle moyenne se **maintient dans une fourchette** et se rétablit rapidement lorsqu'un événement accidentel la modifie (hémorragie, par exemple).
- Il existe un système de régulation de la pression artérielle ; le cœur, et notamment sa fréquence, participe à cette régulation.
- Comment une **baisse de la pression artérielle** entraîne-t-elle une **augmentation de la fréquence cardiaque** qui, à son tour, s'oppose à cette baisse (et inversement) ?

Les capteurs de la pression artérielle

- Situés dans la paroi artérielle de la crosse aortique et du sinus carotidien **(doc. 1)**, des capteurs sensibles aux variations de la pression artérielle (**barorécepteurs**) émettent des messages nerveux dont l'intensité augmente avec l'augmentation de la pression.

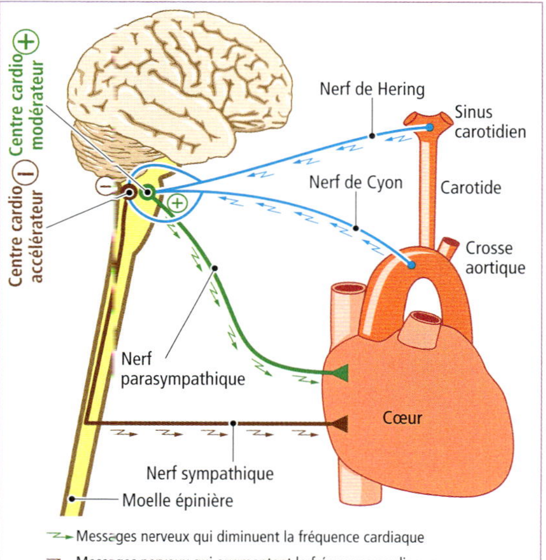

Doc. 1. Les capteurs de la pression artérielle et les nerfs qui en sont issus. Le signe « + » signifie que les messages véhiculés par les nerfs de Hering et de Cyon **stimulent** le centre cardiomodérateur. Le signe « – » indique que ces messages **inhibent** l'activité du centre cardioaccélérateur.

- Les messages nerveux nés au niveau des capteurs sont acheminés vers les centres nerveux bulbaires par les nerfs de Cyon et de Hering. Ces messages qualifiés d'afférents (car se propageant vers les centres nerveux) sont **émis en permanence**. Ils ont une **action excitatrice sur le centre nerveux bulbaire cardiomodérateur** d'où partent les nerfs parasympathiques et une **action inhibitrice sur le centre cardioaccélérateur** d'où partent les messages finalement acheminés par les nerfs sympathiques cardiaques.

Les éléments du système de régulation

Le système de régulation de la pression artérielle comprend donc 5 éléments :
– des capteurs qui détectent les variations de la pression artérielle (barorécepteurs) ;
– des nerfs afférents (Hering et Cyon) ;
– des centres nerveux bulbaires cardioaccélérateur et cardiomodérateur ;
– des nerfs efférents : nerfs parasympathiques et sympathiques cardiaques ;
– le cœur, organe effecteur qui, par ses changements d'activité en fonction des messages qu'il reçoit, contribue au rétablissement de la pression artérielle en cas de variations de celle-ci : il diminue sa fréquence lors d'une augmentation de la pression artérielle et l'augmente lors d'une baisse de la pression.

Le fonctionnement de la boucle de régulation lors d'une baisse de la pression artérielle

- En cas d'hémorragie, la diminution du volume sanguin entraîne une baisse de la pression artérielle. La baisse est détectée par les barorécepteurs artériels et l'**intensité des messages nerveux** émis par ces capteurs **diminue**.
- La baisse de l'intensité des messages afférents entraîne :
– une **diminution** des messages efférents véhiculés par les nerfs parasympathiques ;
– une **augmentation** de l'intensité des messages efférents conduits par les nerfs sympathiques.
- Le résultat est une **augmentation de la fréquence cardiaque**, ce qui contribue à rétablir la pression artérielle : ainsi se ferme la boucle de régulation. Cette augmentation correspond à la levée du frein (inhibition) exercé par les nerfs de Hering et de Cyon sur le centre cardioaccélérateur.

La pression artérielle durant l'effort

Au cours d'un effort, il y a augmentation modérée de la pression artérielle moyenne (la pression minimale – diastolique – ne change pas, c'est la pression systolique qui augmente). Il faut bien saisir que l'augmentation de la fréquence cardiaque au cours d'un effort n'a pas pour cause le fonctionnement de la boucle réflexe (elle trouve son origine dans l'action du cortex cérébral sur les centres nerveux bulbaires). *A priori*, on pourrait penser que le système de régulation de la pression artérielle s'oppose à l'augmentation de la fréquence cardiaque. Ce n'est pourtant pas le cas, car le fonctionnement des capteurs de la pression artérielle est modifié au cours de l'effort : ils sont moins sensibles. Ils ne s'opposent pas à l'augmentation nécessaire de la fréquence cardiaque, mais évitent que la pression devienne trop élevée.

LE DOCUMENT CLÉ

La boucle de régulation de la pression artérielle

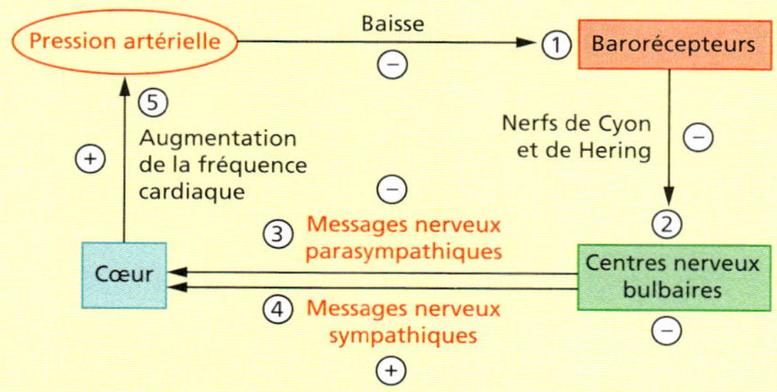

Doc. 2.

1. Une baisse de pression artérielle est captée par les barorécepteurs.
2. Les barorécepteurs modifient leurs messages vers les centres bulbaires. Le centre cardiomodérateur est freiné alors que le centre cardioaccélérateur est stimulé.
3. L'intensité des messages nerveux parasympathiques vers le cœur diminue.
4. L'intensité des messages sympathiques vers le cœur augmente.
5. L'augmentation de la fréquence cardiaque entraîne le rétablissement de la pression artérielle.

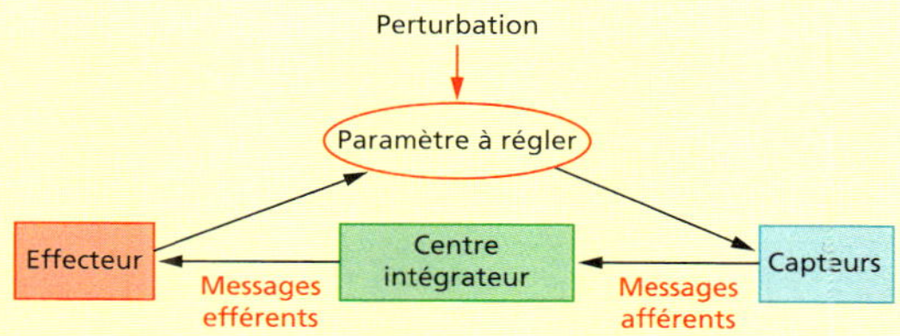

Doc. 3. **Généralisation.**

S'ENTRAÎNER

1 QUIZ

Associer à chacun des éléments de la liste de gauche un ou plusieurs éléments de la liste de droite.

1. Nerf efférent du baroréflexe.
2. Nerf afférent du baroréflexe.
3. Cœur.
4. Nerfs qui ralentissent le cœur.
5. Nerfs qui accélèrent le cœur.
6. Reçoit des messages et en réémet.

a. centre nerveux
b. organe effecteur dans le baroréflexe
c. nerfs parasympathiques
d. nerfs sympathiques
e. nerf de Hering

2 Relations entre messages afférents, messages efférents et effecteurs

On enregistre simultanément (doc. 4) pendant deux révolutions cardiaques :
– la pression artérielle dans l'artère carotide (a) ;
– l'activité d'une fibre du nerf de Hering (b) ;
– l'activité d'une fibre du nerf pneumogastrique (c).
Le message nerveux est constitué par une suite de signaux de nature électrique qui peuvent être enregistrés. Chaque signal apparaît sous la forme d'un trait vertical. Dans les trois situations A, B, C, on note les effets sur la fréquence cardiaque.

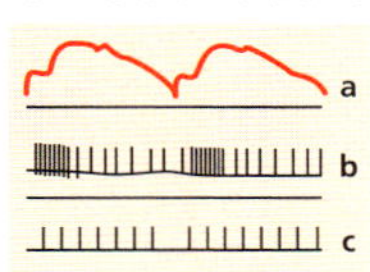

A. Pression artérielle normale - fréquence cardiaque normale.

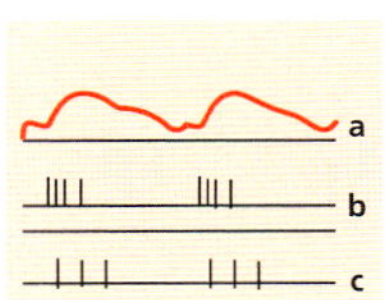

B. Pression artérielle inférieure à la normale - augmentation de la fréquence cardiaque.

C. Pression artérielle supérieure à la normale - diminution de la fréquence cardiaque.

Doc. 4.

a. Extraire de la situation A les données qui montrent que les nerfs de Hering véhiculent des informations sur la valeur de la pression artérielle. Montrer que cela est confirmé dans les situations B et C.

b. Tirer des documents les informations qui confirment que l'activité des nerfs parasympathiques est dépendante de celle des nerfs de Cyon et de Hering.

c. Expliquer comment la section, soit des nerfs de Hering et de Cyon, soit des nerfs pneumogastriques, entraîne une accélération du cœur chez l'animal au repos.

3 Les éléments de la boucle de régulation

On enregistre (doc. 5) la pression artérielle et la fréquence cardiaque au cours d'une manœuvre dite de Valsalva qui affecte la pression artérielle.

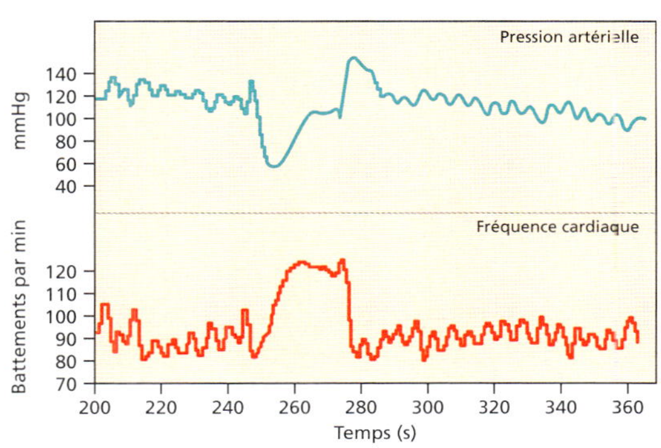

Doc. 5. Pression artérielle et fréquence cardiaque suite à la manœuvre de Valsalva.

Montrer qu'il existe une régulation de la pression artérielle et qu'un changement de la fréquence cardiaque est en jeu dans cette régulation. Résumer la succession des phénomènes en jeu.

17 Muscles et articulations

L'ESSENTIEL

La mécanique musculaire

● Os, muscles et articulations travaillent ensemble au cours de la réalisation des mouvements. Ceux-ci sont très variés, mais la plupart font intervenir un **système de levier (doc. 1)**.

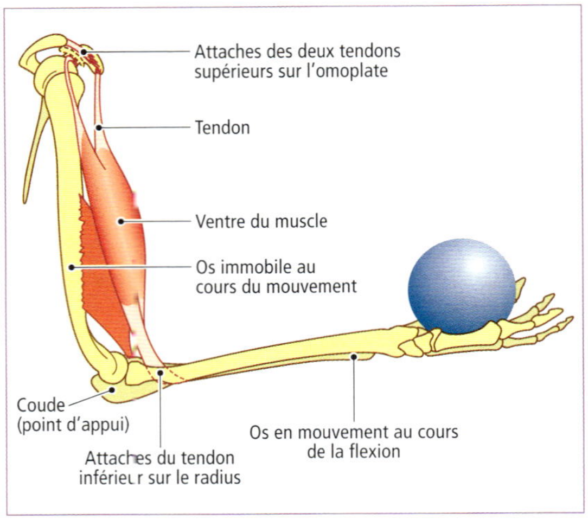

Doc. 1. Flexion de l'avant-bras. Dans le mouvement envisagé, le levier est représenté par les os de l'avant-bras ; l'articulation du coude est le point d'appui ; le muscle est à l'origine de la force qui permet le mouvement.

> **ATTENTION !**
> Les tendons supérieur et inférieur d'un muscle ne s'attachent pas sur le même os : l'un d'eux s'attache sur l'os mobile au cours d'un mouvement et l'autre sur l'os fixe au cours de ce même mouvement.

● La partie charnue du muscle (ventre) est reliée aux os par l'intermédiaire des **tendons**. L'un s'attache sur l'os mobile (os de l'avant-bras dans l'exemple étudié), l'autre sur l'os immobile (omoplate). La propriété fondamentale du muscle est de **se contracter** sous l'action du système nerveux. En se contractant, le muscle se **raccourcit** et exerce une force sur l'os mobile.

Le claquage et la structure du muscle

● Le claquage d'un muscle se produit au cours d'une activité physique intense. Il se traduit par une douleur aiguë, localisée, associée à l'incapacité de poursuivre l'activité. Le claquage est dû à la **rupture d'un certain nombre de fibres musculaires**. Celles-ci sont des cellules géantes, de 10 à 100 micromètres de diamètre, qui peuvent atteindre une vingtaine de centimètres de longueur dans les muscles assurant les mouvements des membres. Ces fibres sont les éléments contractiles des muscles.

● Les fibres musculaires sont enveloppées et maintenues ensemble **(doc. 2)** par un tissu conjonctif très vascularisé. Ce tissu est constitué de cellules séparées les unes des autres par un matériau intercellulaire riche en fibres conjonctives (ne pas confondre avec les fibres musculaires : les fibres du tissu conjonctif ne sont pas des cellules). Ce tissu conjonctif se prolonge au niveau des tendons très riches en fibres conjonctives.

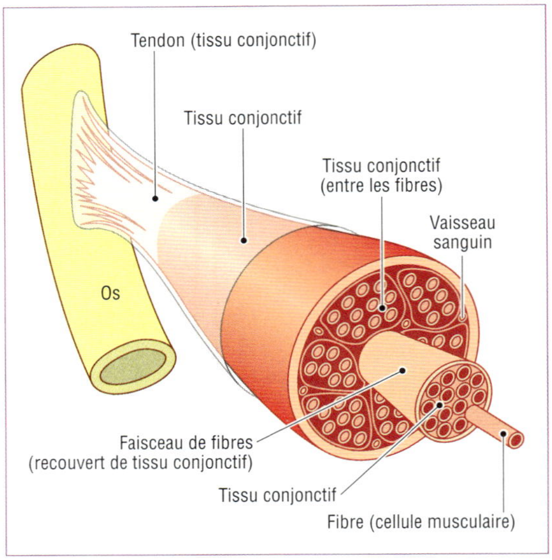

Doc. 2. Muscle (coupe).

● Le claquage s'accompagne d'une lésion de vaisseaux sanguins, donc d'un épanchement de sang à l'intérieur du muscle (**hématome**). Pour limiter l'hématome, il faut : arrêter immédiatement l'activité, appliquer un pansement compressif, de la glace ; surtout ne pas masser le muscle ni appliquer une pommade chauffante.

● Dans les jours qui suivent le claquage, il y a dégénérescence des fibres musculaires rompues. Leurs débris sont ingérés par les cellules phagocytaires de l'organisme. De petites cellules, associées aux cellules musculaires, se développent alors pour engendrer de nouvelles fibres musculaires. Des exercices appropriés chez le kinésithérapeute favorisent la **cicatrisation**.

Les accidents tendineux et les entorses

● Les **accidents tendineux** sont des traumatismes affectant les fibres conjonctives du tendon : inflammations (tendinites), rupture partielle ou totale. La rupture totale nécessite une intervention chirurgicale.

● Les os en jeu dans une articulation sont maintenus en place par des **ligaments** (à ne pas confondre avec les tendons). Les ligaments sont aussi un tissu conjonctif, qui est riche en fibres de collagène et en fibres élastiques. À la suite d'un accident, il peut y avoir un étirement des ligaments, voire une rupture de certains d'entre eux, accompagnée de lésions de vaisseaux sanguins et de libération du liquide situé dans la cavité articulaire. C'est l'**entorse** marquée par un gonflement de l'articulation.

LE DOCUMENT CLÉ

Les accidents musculo-articulaires les plus fréquents

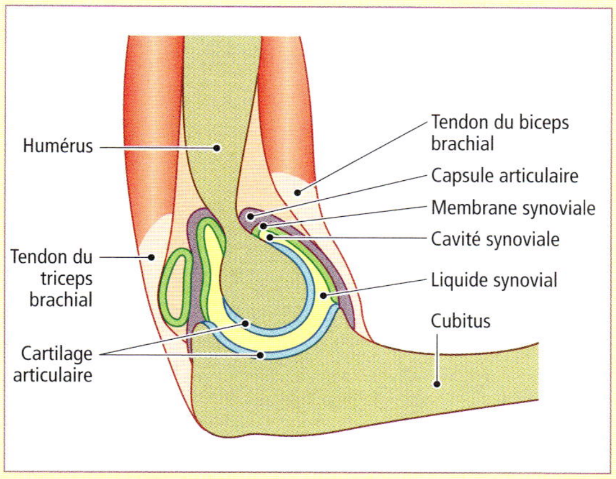

Doc. 3. Coupe sagittale médiane de l'articulation du coude droit.

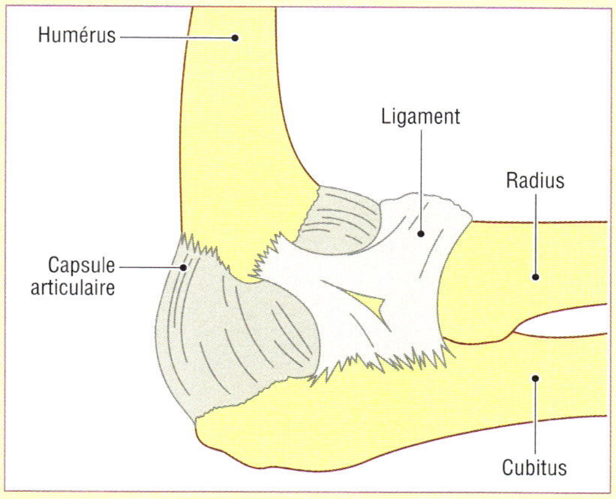

Doc. 4. Vue latérale de l'articulation du coude droit.

- **Entorse :** étirement, voire rupture des ligaments.
- **Rupture tendineuse :** rupture des fibres conjonctives du tendon.
- **Tendinite :** douleur lors des mouvements.
- **Claquage :** rupture de fibres musculaires en regard du ventre du muscle.
- **Élongation :** étirement ou déchirure d'un très petit nombre de fibres musculaires.

S'ENTRAÎNER

1 QUIZ

Cocher l'affirmation exacte.

Les fibres musculaires :

- ☐ **a.** sont de très petites cellules musculaires.
- ☐ **b.** se prolongent dans les tendons.
- ☐ **c.** se déchirent au cours d'une entorse.
- ☐ **d.** sont les éléments contractiles du muscle.
- ☐ **e.** se contractent sous l'action de messages nerveux afférents.

2 **Le mollet**

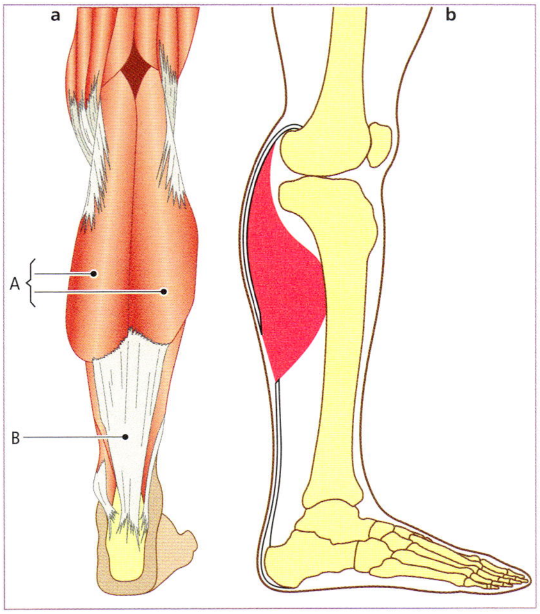

Doc. 5. Le muscle du mollet (gastrocnémien). a. Sur sa face postérieure. **b.** Localisation schématique du muscle du mollet.

a. Indiquer ce que représentent les régions A et B sur le document 5a et les éléments qui constituent chacune d'elles.

b. En s'aidant du document 5, indiquer quel mouvement devient impossible en cas de rupture de l'élément B.

c. En cas d'accident musculaire douloureux et brutal intéressant la région basse du mollet, on cherche à savoir si c'est l'élément A qui est atteint ou si c'est l'élément B. Le médecin empoigne le mollet et le pince nettement : il n'y a pas de mouvement du pied en réponse à cette manipulation.
Que peut-on en déduire ?

POUR VOUS AIDER

Constatez sur vous-même le résultat de la contraction des muscles du mollet.

Anglais

Des podcasts de révision audio sur
www.hatier-entrainement.com

Date

Points clés de grammaire

Vers le bac

Quelques repères de civilisation

1 Le groupe nominal

L'ESSENTIEL

Articles définis et indéfinis

● **Règles générales**

Pour savoir si un groupe nominal doit être précédé d'un article, il faut se poser deux questions :

– Le nom représente-t-il quelque chose de **dénombrable** (que l'on peut compter : *1 hand, 2 legs*) ou d'**indénombrable** (que l'on ne peut pas compter : *beauty, intelligence*) ?

– Est-il **indéterminé** (on parle de quelque chose en général : *hands, courage*) ou **déterminé** (on précise ce dont on parle : *the courage of these people*) ?

La réponse à ces questions se résume dans le tableau ci-dessous.

Dénombrable				Indénombrable	
Indéterminé		Déterminé		Indéterminé	Déterminé
sing.	plur.	sing.	plur.		
a/an	Ø	*the*	*the*	Ø	*the*

● **Cas particuliers**

On emploie **obligatoirement *the*** devant :

– quelque chose d'unique

The Sun rises in the East.

– une espèce (sauf l'espèce humaine)

The dog is Ø man's best friend.

– une institution ;

The Press is often called the fourth estate.

– une invention (exception : *Ø television*)

The car was invented in the 19th century.

– un instrument de musique

He plays the guitar.

– les adjectifs substantivés (toujours au pluriel)

He gives his money to the poor (aux pauvres).

ATTENTION !

L'adjectif substantivé reste au singulier en anglais mais est traduit en français par un pluriel.

On n'emploie **pas d'article** (sauf quand il y a détermination, bien sûr) devant :

– les noms propres, même accompagnés d'un terme générique :

Queen Elizabeth, Lake Ontario, Victoria Station

– les sports et jeux :

He plays rugby and chess.

● **La phonétique**

La phonétique a des **conséquences sur l'emploi ou la prononciation de certains articles**. Devant une **consonne** phonétique (y compris le [ju] de *university* et le [w] de *one*), employer *a* ou prononcer *the* [ðə] :

a university ; the [ðə] *university.*

Devant une **voyelle** phonétique (y compris les rares *h* muets comme *hour*), employer *an* ou prononcer *the* [ðiː] :

an animal ; the [ðiː] *animal.*

La place de l'adjectif

● **Adjectifs épithètes**

Contrairement au français, l'épithète **précède le nom**.

I have a very nice aunt.

● **Adjectifs attributs**

L'attribut **se place après le verbe**.

He is tired. I feel good.

Il en est de même quand l'adjectif est attribut d'un pronom relatif (exprimé ou non).

Get me the man (who is) responsible for this stupid decision. Appelez-moi la personne (qui est) responsable de cette décision idiote.

● **Adjectifs apposés**

L'adjectif apposé **se place après le groupe nominal.**

Poor Jack, tired and dirty, fell asleep on the chair.

NB : L'adjectif se place toujours après *someone, somebody* ou *something.*

I've got something new for you.

L'ordre des adjectifs

● On va **du plus subjectif au moins subjectif.**

my nice old Granny

(*nice* relève du subjectif, *old* de l'objectif)

my wonderful, interesting, intelligent girlfriend

(*wonderful* résume tout de cette personne, qui est intéressante parce qu'elle est intelligente).

● Dans une description détaillée, respecter l'ordre suivant : **taille**, **âge**, **couleur**, **origine**, **composition.**

a large old dark English wooden box

fascinating good old English grammar…

Les adjectifs composés

● Pour décrire **un aspect ou un état.**

Adjectif + nom + *-ed*

a kind-hearted boy (un garçon qui a bon cœur)

Nom + participe passé

home-made jam (de la confiture faite maison)

Adverbe + participe passé

a well-bred boy (un garçon bien élevé)

● Pour décrire **une action**, le dernier élément de l'adjectif composé sera en *-ing.*

Nom + forme en V-*ing*

English-speaking people (les anglophones)

Adjectif + forme en V-*ing*

a sad-looking child (un enfant à l'air triste)

Adverbe + forme en V-*ing*

this ever-laughing young child (ce jeune enfant qui rit tout le temps)

● Pour préciser le sens d'un adjectif simple.

Nom + adjectif

I'm sea-sick. J'ai le mal de mer.

ANGLAIS

LES EXPRESSIONS CLÉS

Pour exprimer une impression, une opinion

- *I feel that…* : Je sens que…
- *I have a feeling that…* : J'ai l'impression que…
- *I believe that…* : Je crois que…
- *I trust that…* : J'espère / je suppose que…
- *As far as I'm concerned…* : En ce qui me concerne…
- *To my mind / In my view,…* : À mon avis,…
- *According to him/her,…* : Selon lui/elle,…
- *I can't help thinking that…* : Je ne peux pas m'empêcher de penser que…
- *I'm convinced that…* : Je suis convaincu(e) que…

S'ENTRAÎNER

1 QUIZ

Cocher le déterminant qui convient.

1. I love … way he talks.	☐ **a.** the	☐ **b.** a
2. She loves … orange juice.	☐ **a.** the	☐ **b.** Ø
3. She left … hour ago.	☐ **a.** a	☐ **b.** an
4. There are … rats in the kitchen.	☐ **a.** a	☐ **b.** Ø

2 Dans le texte suivant, retrouver les déterminants qui ont été effacés (*a/an*, *the*, ou *Ø*).

One night–it was on ….. twentieth of March, 1888–I was returning from ….. journey to ….. patient, when my way led me through ….. Baker Street. As I passed ….. well-remembered door, I was seized with ….. desire to see Holmes again. He was going up and down ….. room. He was at ….. work again. I rang ….. bell and was shown up to ….. chamber which before had been in part my own. With ….. inviting eye, he waved me to ….. armchair. He gave me ….. piece of thick, pink-tinted notepaper which had been lying open on ….. table. "It came by ….. last post," said he.
(Adapted from *A Scandal in Bohemia*, Sir Arthur Conan Doyle.)

POUR VOUS AIDER

to be seized with : être saisi par – *the bell* : la sonnette – *my own* : la mienne – *to wave* : faire signe

3 Remettre les adjectifs dans le bon ordre.

1. When Evelyn appeared, she was wearing a/an (silk; red; knee-length; original) …… dress.

2. Her aunt, a/an (old; bad-tempered; bossy; English) …… lady, made a (nasty; biased) …… remark about this dress, which made (long-legged; blonde; slim) …… Evelyn look really gorgeous.

4 Reformuler en utilisant des adjectifs composés.

1. She had a dress as red as brick. → ……

2. It's my daughter, she is three months old. → ……

3. It is a story which breaks the heart. → ……

4. This factory is controlled by computers. → ……

5 Compléter cette grille.

Across:

2. Humans should not be judged by its colour

3. Very unpleasant

5. To change the colour of one's hair

6. Measured in pounds or kilos

7. Who thinks only of himself

Down:

1. Not objective

2. Easily frightened of other people

4. Generally quite expensive

6 Associer chaque phrase à la bonne traduction.

1. J'ai le sentiment qu'il ne viendra pas.

2. Je suis convaincu qu'elle va oublier.

3. Je ne peux m'empêcher de penser qu'il est là.

4. Je suppose qu'il dit la vérité.

a. I can't help thinking… **b.** I feel…

c. I trust… **d.** I'm convinced…

VOCABULAIRE

Décrire une personne

- the **fea**tures : *les traits*
- the skin : *la peau*
- the com**ple**xion : *le teint*
- **tan**ned : *bronzé*
- the weight /weɪt/ : *le poids*
- the height /haɪt/ : *la taille*
- the size /saɪz/ : *la taille (vêtement)*
- **av**erage /ˈævərɪdʒ/ : *moyen*
- **gor**geous : *magnifique*
- **ea**ger : *enthousiaste*
- ef**fi**cient : *efficace*
- reliable /rɪˈlaɪəbəl/ : *fiable*
- **sen**sible : *sensé*
- **sen**sitive : *sensible*
- shy : *timide*
- **anx**ious : *inquiet*
- **awk**ward : *maladroit*
- **ab**sent-**min**ded : *distrait*
- **nar**row-**min**ded/**o**pen-**min**ded : *à l'esprit étroit/large*
- **pre**judiced : *qui a des préjugés*
- **bi**ased /baɪəst/ : *partial*
- **stub**born : *têtu*
- **bos**sy : *autoritaire*
- **nas**ty : *désagréable, méchant*
- **sel**fish : *égoïste*

2 L'expression de la quantité La comparaison

L'ESSENTIEL

Quantifieurs

Il servent à exprimer la quantité.

● ***Much / many, (a) little / (a) few***

Bien distinguer indénombrables et dénombrables :

	Indénombrable	**Dénombrable**
beaucoup	*much water*	*many cars*
(un) peu	*(a) little money*	*(a) few dollars*

● ***Some / any / no***

Leur emploi varie selon le type de phrase.

››› **Phrases affirmatives**

Some s'emploie dans la plupart des cas.

I have some money. J'ai de l'argent.

Any s'emploie dans le sens de « n'importe quel ».

If you have any idea...
Si tu as une quelconque idée...

››› **Phrases interrogatives**

Some implique plutôt l'attente d'une réponse positive.

Will you have some more tea? Tu reprendras du thé ?

Any indique qu'on n'a pas d'idée préconçue sur la réponse, ou que l'on s'attend à une réponse négative.

Any more questions? D'autres questions ?

››› **Phrases négatives**

On emploie *no* ou *not any*.

I have ***no*** *idea / I* ***don't*** *have* ***any*** *idea.*

● ***Each / every***

Ils se traduisent tous deux par « chaque » ou « chacun »,

››› ***Each*** individualise les éléments, comme « chacun ».

I'll speak to each (of you) individually.
Je m'entretiendrai avec chacun d'entre vous.

››› ***Every*** (et ses composés *everybody, everyone, everything*) globalise les éléments, comme « tous les... ».

Every student in this class (= All the students) has passed their exam.
Tous les élèves de la classe ont réussi leur examen.

NB : Après *every student*, le verbe *has* est au singulier mais l'adjectif possessif *their* est au pluriel car on ne précise pas le sexe des personnes concernées.

Les degrés de comparaison

● **Rappel**

Il existe deux types d'adjectifs : **courts** (une syllabe ou deux syllabes finissant en *-y*) et **longs** (les autres).

		Long	**Court**
Comparatif	supériorité	*more* + adj. + *than*	adj.*-er* + *than*
	infériorité	*less* + adj. + *than*	
	égalité	*as* + adj. + *as*	
Superlatif	supériorité	*the most* + adj.	*the* + adj.*-est*
	infériorité	*the least* + adj.	

››› Pour comparer plusieurs éléments, on met l'adjectif au **comparatif**.

Her marks are better than Tom's.
Ses notes sont meilleures que celles de Tom.

››› Pour comparer un élément à un ensemble (le plus..., le moins...), on utilise le **superlatif**.

He's the best singer in the world.
C'est le meilleur chanteur au monde.

ATTENTION !
Pas de superlatif s'il n'y a que deux éléments :
I'll buy the longer of these two dresses.
J'achèterai la plus longue de ces deux robes.

● **Adjectifs irréguliers**

good → better → the best
bad → worse → the worst
far → farther/further → the farthest/the furthest

● **L'accroissement progressif**

On utilise : comparatif + *and* + comparatif.

She is getting ***more and more*** *intelligent.*
Elle devient de plus en plus intelligente.
*She is happ****ier and*** *happ****ier****.*
Elle est de plus en plus heureuse.

● **L'accroissement parallèle**

The + comparatif, *the* + comparatif.

The richer *he is,* ***the less generous*** *he is.*
Plus il est riche, moins il est généreux.

LES EXPRESSIONS CLÉS

Pour suggérer, faire une proposition

››› ***Shall we*** *go to the movies?*
››› ***Let's*** *go to the opera,* ***shall we****?*
››› ***We could*** *go to a concert.*
››› ***I suggest*** *we book seats now.*
››› ***What about*** *going to the cinema?*
Et si on allait au cinéma ?
››› ***How about*** *watching a film?*
››› ***Why not*** *buy tickets for next week's show?*
››› ***What if*** *we went to the theatre?*
››› ***If I were you I would*** *book in advance.*
››› ***It's*** *(about / high)* ***time*** *we book****ed*** *the seats for next week's performance.* Il est (grand) temps de réserver des places... (Attention à bien employer le prétérit dit « modal » après *it's time*.)

1 QUIZ **Cocher la bonne option.**

1. I have too … work to do. ☐ a. much ☐ b. many
2. … more sugar in your tea? ☐ a. Some ☐ b. Any
3. He is the … man in the world. ☐ a. happyest ☐ b. happiest ☐ c. most happy
4. At 10 you are … mature than at 20. ☐ a. more ☐ b. less
5. My results are getting … ☐ a. the better ☐ b. the worse the better ☐ c. better and better

2 Mettre les adjectifs au comparatif ou au superlatif.

1. This boy is …… (brilliant) student in the school. Everybody is jealous of him.
2. Lucy is always crying. She is …… (sensitive) than her sister Olivia, but Olivia is …… (selfish): she is always thinking about herself.
3. My uncle is open-minded, he is …… (prejudiced) man I know!
4. Tom and Ann look alike: Tom is …… (stubborn) Ann, really.
5. There are three brothers in this family. John is …… (old) and Peter …… (young). But Sam is definitely …… (smart) of them all!
6. The climate is …… (warm) in London than in Glasgow.
7. I have two sisters. Jane is the …… (mature).

POUR VOUS AIDER

3. *to be prejudiced* : avoir des préjugés – **4.** *stubborn* : têtu – **7.** Attention, 2 éléments !

3 Dans les phrases suivantes, souligner les quantifieurs puis les associer à leur valeur. Traduire ensuite les phrases.

1. The book contained some of her favourite stories.
2. That moment was more pleasant than any she had ever experienced.
3. Do you know any boss that might find me a job?
4. She never had any objection to his projects.

a. « n'importe lequel » ; **b.** quantité positive ;
c. phrase négative, quantité négative ;
d. quantité inconnue.

4 Faire des suggestions en utilisant les amorces proposées.

1. John is 18 and hasn't registered to vote yet. → "*John, it's* ……"
2. You don't know what to do this week-end, but you haven't seen your uncle for ages. → "*What* ……"
3. You want to watch a programme about American political parties tonight on TV → "*Let* ……"
4. You're planning your next summer holidays. → "*Why not* ……"
5. You think that your friend should buy more modern clothes. → "*If* ……"

5 Compléter la grille à l'aide du vocabulaire en bas de page.

Across:
1. Action of acquiring and using goods
3. To try to get something at a lower price
4. This book is ____ £10
6. It is too expensive, I can't ____ to buy it
8. Another word for commerce

Down:
1. The person who buys something
2. To buy
5. This qualifies our society based on 1. across
7. A place where you find lots of shops

VOCABULAIRE

Le commerce, l'argent

- trade : *commerce*
- con**sump**tion /kən'sʌmpʃn/ : *la consommation*
- a con**su**mer /kən'sju:mə/ : *un consommateur*
- a **cus**tomer /'kʌstəmə/ : *un client*
- to **pur**chase /'pɜ:tʃɪs/ : *acheter*
- a **pur**chase : *un achat*
- to af**ford** : *avoir les moyens de*
- a **bar**gain /'bɑ:gɪn/ : *une affaire*
- to **bar**gain : *marchander*
- a sale /'seɪl/ : *une vente, une solde*
- on sale : *en vente*
- to be worth /'wɜ:θ/ : *valoir*
- a **shop**keeper : *un petit commerçant*
- a de**part**ment store : *un grand magasin*
- a **re**tail store : *un magasin de détail*
- a mall /'mɔ:l/ : *un centre commercial*
- the cash desk : *la caisse*
- a **cash**ier : *un caissier*
- a **slot**-**machine** : *un distributeur automatique*
- a **dis**count : *une remise*
- the **re**fund /'ri:fʌnd/ : *le remboursement*
- a corpo**ra**tion / a firm : *une société*

3 Le choix des temps

L'ESSENTIEL

Le passé

Il n'y a **pas d'équivalence** entre les temps du passé français et anglais.

● ***Present perfect***

››› **Forme simple (*have* + participe passé)**

Il s'agit d'un **passé indéterminé** : ce qui compte, c'est que l'événement a eu lieu, et non les circonstances de cet événement.

*Someone **has taken** my watch!* Quelqu'un a pris ma montre ! (Peu importe qui, quand, comment, ou pourquoi. Ce qui compte, c'est que je n'ai plus de montre.)

***Have** you **finished** your work?*

Le *present perfect* décrit, entre autres, une action **commencée** dans le passé et **qui continue** dans le présent.

*I haven't seen him **since** 12.* Je ne l'ai pas vu depuis midi.

*I have **just** seen him.* Je viens de le voir.

*I have known him **for** 3 years.* Cela fait 3 ans que je le connais.

››› **Forme continue (*be* + *V-ing*)**

On s'intéresse à la **durée** ou au **déroulement** de l'action qui continue au moment où on parle.

*We **have been** walk**ing** for 3 hours.*

Cela fait 3 heures qu'on marche (on est fatigués !).

● **Prétérit**

››› **Forme simple (-*ed*, sauf irréguliers)**

Les **circonstances** de l'action (heure, date, lieu) sont importantes. C'est le plus souvent le **temps du récit**.

*Where **did** you **buy** this coat?*

Où as-tu acheté ce manteau ?

*I **saw** him at 2 o'clock / 4 hours ago.*

Je l'ai vu à 14 h / il y a 4 heures.

*We walk**ed** for 3 hours, from 1 to 4.*

Nous avons marché pendant 3 heures, de 13 h à 16 h.

››› **Forme continue (*be* + *V-ing*)**

On insiste sur le **déroulement** de l'action à un moment donné du passé.

*He **was** leav**ing** the house when the fire started.*

Il était en train de sortir de la maison quand l'incendie a éclaté.

● ***Pluperfect***

››› **Forme simple (*had* + participe passé)**

On situe une action **avant un moment passé de référence**.

*He **had** just **left** when the fire started.*

Il venait de partir quand l'incendie éclata.

››› **Forme continue (*be* + *V-ing*)**

On s'intéresse à la **durée** ou au **déroulement** de l'action qui se produisait au moment dont on parle.

*We **had been** walk**ing** for 3 hours when the fire started.*

Il marchait depuis 3 heures quand l'incendie démarra.

Le présent

● **Règle générale**

››› **Forme simple**

L'action est **répétitive**.

*I **visit** a museum every weekend.*

Je visite un musée tous les week-ends.

››› **Forme continue (*be* + *V-ing*)**

L'action est **en cours**.

*Listen! He**'s** talk**ing** about his family.*

Écoute ! Il parle / est en train de parler de sa famille.

● **Cas particuliers**

››› Le présent en *be* + *V-ing* permet d'ajouter une nuance d'**irritation** ou de **reproche** à une action habituelle.

*He **is** always cutt**ing** in!*

Il n'arrête pas de m'interrompre !

››› Le présent simple peut décrire une action en cours pour insister sur sa **brièveté**.

*I **switch** off the TV: someone is ringing at the door.*

Je coupe la télé : quelqu'un sonne à la porte.

L'avenir

Il n'y a **pas de forme grammaticale propre** au futur. Il faut donc choisir parmi différentes formes, selon la manière dont on envisage l'événement.

››› ***To be about to***

Événement **imminent**.

*The train **is about to** start.*

Le train est sur le point de partir.

››› **Présent en *be* + *V-ing***

Événement **décidé**, si sûr que c'est comme si c'était fait.

*Tonight, I **am** tak**ing** Jim to the theatre.*

Ce soir, j'emmène Jim au théâtre.

››› **Présent simple**

Événement **très sûr**, mais décision moins personnelle.

*On Monday I **meet** my new manager.*

Lundi, je vois / dois voir mon nouveau directeur.

››› ***To be going to***

Événement **planifié** ou **très prévisible**.

*He **is** not **going to** like my new dress.*

Il ne va sûrement pas aimer ma nouvelle robe.

››› ***To be to***

Événement **incontournable** et **organisé par autrui**.

*My exam **is to** take place next June.*

Mon examen est en / programmé pour juin prochain.

››› ***Will / shall***

Événement **certain** ou **décidé**.

*You **will** meet Jim at my birthday party.*

Tu rencontreras Jim lors de ma soirée d'anniversaire.

*Ann is in town? I **will / shall** invite her, then.*

Anne est en ville ? Alors je vais l'inviter.

LES EXPRESSIONS CLÉS

Pour situer des événements

- *formerly, in the past* : jadis
- *A.D. / B.C.* : avant/après Jésus-Christ
- *in the 1950s* : dans les années 1950
- *previously* : auparavant
- *the previous week* : la semaine précédente
- *nowadays* : de nos jours
- *currently* : actuellement
- *the next week* : la semaine suivante
- *sooner or later* : tôt ou tard
- *from now on* : à partir de maintenant
- *in 10 years' time* : dans 10 ans
- *not yet* : pas encore (+ *present perfect* ou *pluperfect*)

S'ENTRAÎNER

1 QUIZ **Cocher le temps qui convient.**

1. I can see Jack. He … across the street. ☐ **a.** is walking ☐ **b.** walked ☐ **c.** walks
2. I … Jane for ten years now. ☐ **a.** have been knowing ☐ **b.** have known ☐ **c.** know
3. I … Britain two years ago. ☐ **a.** had visited ☐ **b.** have visited ☐ **c.** visited

2 Dans ces phrases adaptées des premières lignes de *The Razor's Edge* de Somerset Maugham, justifier le choix du temps grâce aux propositions.

1. *I have never begun a novel with more hesitation.*
2. *Death ends all things (…), but marriage finishes it very properly too.*
3. *Many years ago I wrote a novel called "The Moon and Sixpence".*
4. *In the present book I have attempted to do nothing of the kind. I have invented nothing.*
5. *The man I am writing about is not famous.*

a. L'auteur fait référence à ce qu'il a écrit dans le passé.
b. L'auteur fait le bilan de son expérience en tant qu'écrivain.
c. L'auteur exprime une vérité générale.
d. L'auteur se décrit comme en train d'écrire le livre.
e. L'auteur parle de son livre comme s'il était déjà écrit.

3 Parmi les marqueurs de temps proposés pour chacune des phrases suivantes, barrer ceux qui ne conviennent pas.

1. They will start performing the play *next week / last week / in two days' time*.
2. The Saxons invaded Great Britain *from now on / afterwards / in the 6th century A.D. / after the Romans*.
3. *In the 1920s / Formerly / In ten years' time / In the next century*, people didn't use to have a lot of comfort.
4. She refused. *Later / Last week / Previously*, she thought it over and regretted that decision.

4 Mettre le verbe entre parenthèses à la forme qui convient.

1. Look! This statue …… (remind) me of a museum I …… (visit) when I …… (be) in Canada a few years ago.
2. In 2002, she …… (think) of moving to Washington D.C. the following year, but she still …… (live) in New Orleans.
3. I …… (not / know) why John …… (not / make) up his mind yet.
4. Tom always …… (feel) nostalgic when he …… (remember) his youth in Ohio. He …… (not / have) much comfort, but it …… (not / matter).
5. In the fifties, I …… (travel) to India. I …… (never / be) abroad before.

POUR VOUS AIDER

1. *Remind* n'est pas une action proprement dite. – **3.** *Cf.* « Les expressions clés ». – **5.** Situez bien les deux actions l'une par rapport à l'autre.

5 Compléter avec les expressions clés ou le vocabulaire proposés sur cette page.

Last week I went to Hastings, the site of a battle that …… 1066 …… when William the Conqueror invaded Britain. In the …… shop I bought a small history book to keep a …… of this visit. The …… week I had visited the Tower of London, built by William, whose …… is still present …… …… I will always …… how important this king was.

VOCABULAIRE

Mémoire et histoire

- a de**ca**de /dɪˈkeɪd/ : *une décennie*
- a **ten**-day **pe**riod : *une décade*
- to oc**cur** / to **hap**pen / to take place : *se produire*
- to date back to : *remonter à, dater de*
- a **me**mory / a re**mem**brance : *un souvenir*
- a souve**nir** : *un souvenir (objet)*
- to re**mem**ber / to re**call** : *se souvenir*
- to re**mind** /rɪˈmaɪnd/ someone of something : *rappeler quelque chose à quelqu'un*
- to pay **tri**bute to : *rendre hommage à*
- a war me**mo**rial : *un monument aux morts*
- a **le**gacy : *un héritage*
- to in**her**it : *hériter*
- a **sta**tesman : *un homme d'état*
- a **so**vereign : *un souverain*

4 Le passif

L'ESSENTIEL

Le passif

- Il se construit avec **l'auxiliaire *be* suivi du participe passé** et, éventuellement, **du complément d'agent introduit par *by***.

  The house was bought by a friend of mine.
  La maison a été achetée par un de mes amis.

NB : Si le verbe est régulier, son participe passé se forme en ajoutant *-ed* à la fin. Sinon, il peut être trouvé dans la 3ᵉ colonne d'un tableau de verbes irréguliers.

- Plus frequent qu'en français, son rôle principal est de **mettre l'accent sur celui qui subit l'action**.

  She was immediately taken care of.
  On s'est immédiatement occupé d'elle.

Nuance entre *Jane* **was** *invited by Jim* et *Jim invited Jane* : dans le premier cas, c'est Jane qui compte le plus aux yeux de la personne qui parle.

- Le complément d'agent (introduit par *by*) n'est mentionné que s'il est important.

  A suspect ***is being*** *questioned.*
  On est en train d'interroger un suspect.

L'auteur de l'action n'est pas mentionné s'il apparaît évident (ici, c'est évident que c'est la police qui l'interroge) ou inconnu. C'est pourquoi on utilise fréquemment en français « on… » dans ces cas-là.

ATTENTION !

La construction passive ne doit pas séparer le verbe de la préposition qui peut l'accompagner à la voix active.
He was laughed at by all the crowd.
La foule s'est moquée de lui.

Constructions particulières

- Impossible à traduire mot à mot, le **double passif** s'emploie avec des verbes indiquant une relation d'une personne à une autre (*give, offer, tell, teach…*), verbes qui admettent tous deux compléments.

  Someone **told** *me a strange story.*
  1 2

Les deux compléments peuvent devenir sujet de la phrase passive :

  1: I *was told a strange story.* (plus courant en anglais)
  2: A strange story *was told to me.*

La première forme met en lumière la personne concernée. Cette nuance n'est pas facile à rendre en français.

- Pour rapporter des faits, le **passif impersonnel** suit les mêmes verbes et mêmes règles que le style indirect et se construit de deux manières :

  It was said that *he was very rich.*
  He was said to *be very rich.* (plus courant)
  On disait qu'il était très riche.
  He was supposed to *have seen her the day before;*
  On supposait qu'il l'avait rencontrée la veille.
  He was mentioned to *have left the country.*
  On racontait qu'il avait quitté le pays.

En français, le conditionnel peut traduire cette structure :

  The suspect is believed to have left the country.
  Le suspect aurait quitté le pays.

Traduction de « on… »

On a vu que le passif sert souvent à traduire « on » notamment quand on ignore qui a fait l'action. Mais ce n'est pas la seule façon.

- Si « on » est une façon familière de dire **« nous »**, on utilisera : ***we***.

  We are having a test tomorrow.
  On a un contrôle demain.

- Si « on » désigne **autrui**, on utilisera : ***you***.

  In the US, if you work hard, you can make a lot of money.
  Aux États-Unis, si on travaille dur, on peut gagner beaucoup d'argent.

- Si « on » est **général**, comme pour les proverbes ou dans un dictionnaire, on utilisera : ***one***.

  One should never laugh at someone else.
  On ne devrait jamais se moquer des autres.

LES EXPRESSIONS CLÉS

Pour situer dans l'espace

- *between* : entre
- *next to / near* : près de
- *in front of* : devant
- *behind* /bɪˈhaɪnd/ : derrière
- *in the foreground* /ˈfɔːgraʊnd/ : au premier plan
- *in the background* : à l'arrière-plan
- *on the left/right* : à gauche/droite
- *at the top/bottom* : en haut/bas
- *in the top left-hand corner* : en haut à gauche
- *in the bottom right-hand corner* : en bas à droite
- *in the middle* : au milieu
- *in the distance* : au loin
- *nearby* /ˈnɪəbaɪ/: aux alentours
- *a caption* : une légende (d'image)

1 QUIZ

Compléter les formes au passif en cochant la bonne fin de phrase.

1. She has finished the book.
→ The book… ☐ **a.** …has finished. ☐ **b.** …has been finished. ☐ **c.** …has been finishing.

2. They are eating cupcakes.
→ The cupcakes… ☐ **a.** …is eating. ☐ **b.** …are eaten. ☐ **c.** …are being eaten.

3. My sister will take care of this.
→ This… ☐ **a.** …is taken care of. ☐ **b.** …will be taken care of. ☐ **c.** …will taken care.

4. She didn't send the letter.
→ The letter… ☐ **a.** …wasn't sent. ☐ **b.** …didn't be sent. ☐ **c.** …didn't sent.

2 **Identifier les phrases au passif parmi les phrases suivantes.**

1. She created a wonderful perfume with varied fragrances.
2. She hasn't been very well lately.
3. She wasn't supposed to answer.
4. They haven't been asked about their intentions.
5. Will they be accused of murder?
6. She passed by without a word.
7. They must have been designed for younger women.
8. I haven't decided yet.
9. She is said to be very clever.

3 **Dans l'exercice 2 transformer au passif, quand c'est possible, les phrases identifiées comme étant à l'actif.**

4 **Transformer les phrases suivantes au passif.**

1. The police has arrested the suspect.
2. The baby-sitter is looking after John's daughters.
3. Why did they perform such an outrageous play?
4. People think the 'Mona Lisa' is the greatest masterpiece of all times.
5. Can you rehearse the play next week?
6. They haven't given the lecture.
7. People suspect them of stealing money.

POUR VOUS AIDER

Il est inutile d'ajouter *by* + complément d'agent lorsque cela n'apporte pas d'information importante.

5 **Traduire les phrases suivantes.**

1. I was told not to say anything concerning this new advert.
2. The secretary was given a bonus.
3. Hogarth is said to be the most famous engraver of the 18th century.
4. She was offered a trip to Jamaica.
5. They were considered to be the most interesting.
6. You will be given a reward.
7. They were asked to give their names and addresses.

6 **Exprimer autrement, en utilisant l'amorce.**

1. People say she is very clever. → She…
2. They were lent books about Merlin the Wizard. → Books about…
3. They suppose that Louise lives there. → Louise…
4. They denied him what he wanted. → He…
5. I gave them sweets for Halloween. → They…
6. People think he is still working in a restaurant. → He…

7 **Trouver dans le vocabulaire en bas de page les mots qui correspondent à ces définitions.**

1. A sport group
2. An organisation in charge of helping people
3. To give a part of what one has
4. Pleasant to be with
5. A party
6. Someone you know
7. To participate to

VOCABULAIRE

Relations sociales

- a link / a bond : *un lien*
- an acquaintance /ə'kweɪntəns/ : *une relation*
- a schoolfellow : *un camarade de classe*
- a team : *une équipe*
- a community : *une communauté*
- a charity /'tʃærɪti/ : *une organisation caritative*
- to belong to : *appartenir à*
- to be on speaking terms : *s'adresser la parole*
- to take part in : *prendre part à*
- to carry something out : *accomplir quelque chose*
- to share : *partager*
- companionable : *agréable en société*
- a bore : *un raseur*
- a social evening : *une soirée entre amis*
- to entertain /ɛntə'teɪn/ : *divertir*
- to feel lonely : *se sentir seul*

5 La modalité

L'ESSENTIEL

Auxiliaires modaux et équivalents

● La **modalité** consiste à exprimer l'état d'esprit de celui qui parle. Il utilise pour cela une série d'**auxiliaires dits « modaux »**, qui précèdent le verbe et ont un certain nombre de points communs :
– jamais suivis ni précédés de *to* ;
– jamais précédés d'un autre auxiliaire ;
– à la forme interrogative, il y a simplement inversion du sujet et de l'auxiliaire ;
– pas de *-s* à la troisième personne du singulier.

● L'auxiliaire est choisi en **fonction de ce que l'on veut exprimer**, par exemple :

Incapacité : *I can't swim.* Je ne sais pas nager.
Demande de permission : *May I go?* Puis-je partir ?

● **Un auxiliaire, plusieurs modalités** :

I must go (obligation). Il faut que je parte.
He isn't here today, he must be ill (certitude).
Il est absent aujourd'hui, il doit être malade.

● **Une modalité, plusieurs auxiliaires** :

You can't / mustn't / may not go (interdiction).
Tu n'as pas le droit de partir.

● Des **équivalents** les remplacent quand ils ne peuvent pas prendre telle ou telle forme.

You'll have to apologise. Il faudra que tu t'excuses (futur).
I'd like you to be able to come.
J'aimerais que tu puisses venir (infinitif).

Emplois

● **Capacité**

››› Modal : ***can*** (***could*** au passé)

I can't open the window.
Je n'arrive pas à ouvrir la fenêtre.

››› Équivalent : ***to be able to***

I'm sure you'll be able to do these exercises.
Je suis sûr que tu arriveras à faire ces exercices.

● **Obligation, nécessité**

››› Modal : ***must***

You must tell me the truth, now!
Maintenant tu dois me dire la vérité !

››› Équivalent : ***to have to***

I had to take the bus yesterday: my car had broken down...
J'ai dû prendre le bus, hier, ma voiture était en panne...
... and I'll have to take it tomorrow too.
... et il faudra que je le prenne demain aussi.
You don't have to come if you don't want to.
Tu n'es pas obligé de venir si tu ne veux pas.

ATTENTION !
Au présent, utiliser *not to have to* ou *needn't* pour dire que quelque chose n'est pas obligatoire. Surtout pas *mustn't*, qui exprime seulement l'interdiction !

● **Permission**

››› Modaux : ***can, could, may***

The bell has rung, can we go now?
La cloche a sonné, on peut sortir maintenant ?
When I was young I could stay up late every night.
Quand j'étais jeune, j'avais le droit de me coucher tard tous les soirs.
May I open the window, Sir?
Puis-je ouvrir la fenêtre, Monsieur ?

ATTENTION !
Dans une demande de permission, *could*, et *may* encore plus, sont d'un niveau plus soutenu que *can*.

››› Équivalent : ***to be allowed to***

You'll be allowed to stay up late tonight.
Tu auras le droit de te coucher tard ce soir.

● **Interdiction**

››› Modaux : ***can't*** (***couldn't*** au passé), ***mustn't***, ***may not*** (plutôt utilisé dans les règlements)

You can't say that! Tu ne peux pas dire ça !
You mustn't speak to him! Je t'interdis de lui parler !
Alcohol may not be consumed by persons under 21.
Consommation d'alcool interdite avant 21 ans.

››› Équivalent : ***not to be allowed to*** ou ***to be forbidden to***

My children won't be allowed to watch TV all day.
J'interdirai à mes enfants de regarder la télé toute la journée.

● **Conseil, reproche**

››› Modaux : ***can***, ***could***, ***should*** / ***shouldn't***

If you're in trouble, you can call this number.
En cas de problème, vous pouvez appeler ce numéro.
You should be working! Tu devrais être en train de travailler !
You could at least have apologised!
Tu aurais au moins pu t'excuser !

››› Utilisez ***could / should + have + participe passé*** pour reprocher une action passée.

● **Certitude**

››› Modaux classés **du plus au moins certain** : *must, should (≠ shouldn't), can (≠ can't), could (≠ couldn't), may (≠ may not), might (≠ might not)*

He's missing; he must be ill...
Il est absent ; il doit être malade...
... or he may have missed his train.
...ou peut-être a-t-il raté son train.

ATTENTION !
Mustn't n'exprime jamais une modalité de certitude.

››› La structure **modal + *have* + participe passé** exprime une certitude par rapport à un événement passé.

LES EXPRESSIONS CLÉS

Pour dire si l'on juge un événement probable ou pas

- *He's **bound to** succeed.* (il ne peut pas ne pas…)
- *He's **likely to** be working.* (il y a de fortes chances)
- *He **must have** finished.* (c'est assez certain)
- *He **should** be on his way.* (c'est ce qui devrait être en train de se produire)
- ***It looks as if** he's not finished yet.* (on dirait que…)
- ***Perhaps/maybe** the train is late.* (peut-être)
- *He **can have** missed his train.* (c'est possible)
- *He **could have** missed his train.* (ce n'est pas impossible)
- *The bus **may have been** delayed.* (on n'en est pas sûr)
- *He **might** come to see us.* (on n'en est pas sûr du tout)
- ***I doubt whether** he knows the place.* (on a des doutes)
- *He **can't be** working on this project!* (c'est impossible)

S'ENTRAÎNER

1 QUIZ

Cocher la bonne option.

1. We … spend the weekend in Scotland if the weather is fine.
☐ **a.** can ☐ **b.** might ☐ **c.** must

2. He … read the book, he had been told about it before.
☐ **a.** didn't have to ☐ **b.** had to ☐ **c.** should

3. Oh, Fred! You … come over! The party would be nothing without you!
☐ **a.** could ☐ **b.** may ☐ **c.** must

2 Souligner les expressions de la modalité puis identifier la modalité exprimée.

1. In the past, you didn't have to be skilled to find a job easily.
2. After the 1930s, people could go on strike when something was wrong.
3. She is likely to be fired soon.
4. Applicants must provide a résumé.
5. He can't have resigned without finding another job first!

3 Reformuler à l'aide d'auxiliaires modaux.

1. I advise you to apply for this job.
2. They don't have to dismiss him: he will resign.
3. I want them to stop this strike.
4. Don't get into the chairman's office.

4 Reformuler les phrases en utilisant l'amorce proposée et un modal, un équivalent ou une expression clé.

1. It is very likely that he is working. → He…
2. Maybe he has finished his dinner. → He…
3. He is not reading. This is impossible. → He…
4. At this time, I think they are back home. → They…

5 Observer l'image et compléter les phrases avec des auxiliaires modaux ou des formes équivalentes.

1. The photo …… (take) in the 21st century.
2. It …… (be) an early twentieth-century black-and-white picture.
3. It …… people …… (work) hard at the time.
4. This …… (be) a factory at the turn of the century.
5. This picture …… (represent) working conditions in assembly lines.
6. Unskilled workers …… (find) jobs quite easily.
7. You …… (think) twice before you resign; this was particularly true at the time!

VOCABULAIRE

Le monde du travail

- a **fac**tory : *une usine*
- an as**sem**bly line : *une chaîne d'assemblage*
- a **com**pany / a firm : *une entreprise*
- an em**ploy**ee /ɪm'plɔɪiː/ : *un employé*
- an em**ploy**er /ɪm'plɔɪə/ : *un employeur*
- the **chair**man : *le P.-D.G.*
- to run a business : *diriger une entreprise*
- the **sa**lary / wages : *le salaire*
- a rise : *une augmentation*
- skilled /ɪ/ : *qualifié*
- to work part / full-time : *travailler à temps partiel / complet*
- a worka**ho**lic : *un bourreau de travail*
- a **ré**sumé /'rezjumeɪ/, a C.V. /'siː'viː/ : *un C.V.*
- to ap**ply** for /ə'plaɪ/ : *poser sa candidature*
- unem**ployed** / **job**less : *sans emploi*
- to re**sign** /rɪ'zaɪn/ : *démissionner*
- to go on strike /straɪk/ : *faire grève*

ANGLAIS

6 Le style indirect

L'ESSENTIEL

Le style indirect, ou discours rapporté, sert comme son nom l'indique à **rapporter les paroles** de quelqu'un.

*"**I agree**" "What is he saying?" "He's saying (that) **he agrees**."*
« Je suis d'accord. » « Qu'est-ce qu'il dit ? » « Il dit qu'il est d'accord. »

Si l'on rapporte des paroles qui viennent d'être dites, c'est simple, mais il faut faire attention à la **concordance des temps** quand on rapporte des **paroles prononcées dans le passé**.

La concordance des temps

- Le **présent** est remplacé par le prétérit.
  *"She works hard." → I said that she work**ed** hard.*
- Le **prétérit** est remplacé par le *pluperfect*.
  *"She worked hard." → I said that she **had** work**ed** hard.*
- Le ***pluperfect*** ne change pas de temps.
  *"She had worked hard." → I said that she **had** work**ed** hard.*
- Les **auxiliaires** suivent la même règle.

will → would *may* (certitude) → *might*
can → could *must → had to* (obligation)

*"She will work hard." → He said that she **would** work hard.*
*"Can she work hard?" → He asked if she **could** work hard.*
*"She may come." → He believed she **might** come.*
*"I must work harder." → She admitted she **had to** work harder.*

ATTENTION !
N'oubliez pas de **transformer tous les verbes** de la phrase.
She may come when she has finished.
Elle pourra venir quand elle aura fini.
→ *He thought she might come when she had finished.*
Il pensa(it) qu'elle pourrait venir quand elle aurait fini.

- Mais il est des **cas où la règle de la concordance des temps n'a pas lieu d'être observée.**

››› Si la situation décrite par les paroles qu'on rapporte est encore vraie au moment où on parle.

*(I said) he **has been** working for hours.*
(J'ai dit que) ça fait des heures qu'il travaille. (Il travaille toujours au moment où on parle.)

››› Avec les formes invariables construites avec une base verbale, telles que *would, should, ought to, had better, might, used to, could, must* (probabilité).

*(I said) **he used to live** here when he was young.*
(J'ai dit qu') il vivait ici quand il était jeune.
*(I said) she **should** get down to work.*
(J'ai dit qu') elle devrait se mettre au travail.
*(I told him that) they **must** be late.*
(J'ai dit qu') ils devaient être en retard.

Les marqueurs de temps

Les marqueurs de temps doivent aussi être adaptés.
yesterday → the day before
the following day → the day after
last week → the week before
tomorrow → the next day
the next day → the day after

Les verbes introducteurs

Les verbes qui introduisent le discours rapporté peuvent être très variés.

He said (that)… Il dit que…
He told me (that)… Il m'a dit que…
He asked (me) if… Il m'a demandé si…
He answered (that)… Il a répondu que…
He asserted (that)… Il affirma que…

LES EXPRESSIONS CLÉS

Pour exprimer son accord, son désaccord ou son indifférence

- **Accord**

››› *I suppose so.*
››› *I approve **of** this decision.*
››› *I have no objection to this.*
››› *I should say so.* Je suis bien d'accord.
››› *You've got a point here.* Vous marquez un point.
››› *I couldn't agree more.*
››› *Quite so!* Tout à fait !
››› *How true!*
››› *Why not?*

- **Désaccord**

››› *I disapprove **of** inviting him.*
››› *I disagree with you on this.*
››› *I object to their coming.* (Observer au passage l'emploi de l'adjectif possessif devant le verbe en *-ing*.)
››› *Wouldn't it be better to find something else?*
››› *How dare you say that!* Comment oses-tu !
››› *Nonsense!*
››› *Rubbish!* Mon œil !

- **Indifférence**

››› *It doesn't matter.* Ça n'a pas d'importance.
››› *I don't mind.* Ça m'est égal.
››› *I couldn't care less!* Je m'en moque totalement !

ANGLAIS

S'ENTRAÎNER

1 QUIZ

Relier les débuts et les fins de phrases.

1. He says…
2. He wonders…
3. He asked…
4. I told him…
5. I promised…

a. …how much she had paid for her new car.
b. …that he is going to buy a new car.
c. …that I was going to buy a new car.
d. …that I would buy a new car.
e. …why she has bought a new car.

2 **Transformer ce texte au discours indirect.**

1. "Have you seen Louisa recently?" Tom asked Peter.

2. "No, I haven't," Peter answered. "But I'm not surprised. I know that she had planned to spend her holidays in Greece."

3. "Do you know when she is supposed to come back?" Tom asked.

4. "I think she will be back in two or three days' time," Peter replied. "But you can call her on her cell phone if what you have to tell her is really important!"

5. He added: "She might get angry if you call her while she is sleeping on the beach."

6. And he remembered: "Last year, during her holiday in Africa, she wouldn't answer any calls."

7. "Quite her usual self", Tom replied.

8. "You have a point here", Peter admitted.

9. Tom asserted: "When she comes back, she will have to explain about her silence"

10. "She never will", Peter concluded.

POUR VOUS AIDER

N'oubliez pas de transformer **tous** les verbes.

3 **Choisir la réponse la plus appropriée en fonction des indications données.**

1. I believe the government must fight against unemployment. *(vous êtes d'accord)*
☐ **a.** I couldn't agree more.
☐ **b.** I disagree with you.

2. I maintain there should be more respect in our society. *(vous êtes d'accord)*
☐ **a.** Quite true.
☐ **b.** Rubbish!

3. I don't think going out tonight is such a good idea! *(vous n'y voyez pas d'inconvénient)*
☐ **a.** I have no objection to it.
☐ **b.** You've got a point here.

4. I would like us to see this exhibition tomorrow. *(vous n'y voyez pas d'inconvénient)*
☐ **a.** I approve of this decision.
☐ **b.** Why not!

5. You should listen to his advice. It's always good. *(vous n'êtes pas du tout d'accord)*
☐ **a.** Nonsense!
☐ **b.** I don't mind.

4 **Trouver dans le vocabulaire ci-dessous des équivalents aux définitions suivantes.**

1. Someone who has done something forbidden
2. The moment when people vote
3. The orientation decided by a government or political party
4. The place where people vote
5. When a tribunal decides someone's punishment
6. When people are asked what they think
7. When people sit in a tribunal
8. What we are as soon as we earn money
9. "God save the Queen"
10. How you feel when you have done something wrong

VOCABULAIRE

Politique et institutions

- the **nat**ional **an**them /ˈænθəm/ : *l'hymne national*
- an M.P. (Member of **Par**liament) : *un député*
- Mr **Speak**er : *le président de la Chambre des communes*
- the P.M. (Prime **Mi**nister) : *le Premier ministre*
- **Con**gress /ˈkɒŋgres/ : *le Congrès américain* (= Senate + House of Representatives)
- a **Con**gressman : *un député (US)*
- the Inaugu**ra**tion : *l'investiture du Président (US)*
- a **gen**eral **elec**tion : *une élection législative*
- an o**pin**ion poll /ˈpəʊl/ : *un sondage*
- a **poll**ing **sta**tion : *un bureau de vote*
- the **bal**lot /ˈbælət/ : *le scrutin*
- **pol**itics /ˈpɒlɪtɪks/ : *la politique*
- a **pol**icy /ˈpɒlɪsi/ : *une action politique, une ligne politique*
- a law : *une loi*
- the **wel**fare state /ˈwɛlfɛə/ : *l'État-providence*
- a **ci**vil **serv**ant /ˈsɜːvnt/ : *un fonctionnaire*
- a **tax**payer : *un contribuable*
- the town **coun**cil : *le conseil municipal*
- a **tri**al /ˈtraɪəl/ : *un procès*
- to charge s.o. with sth : *inculper de*
- to plead **guil**ty : *plaider coupable*
- a **cul**prit /ˈkʌlprɪt/ : *un coupable*
- to **sen**tence : *condamner*

7 L'interrogation

L'ESSENTIEL

Les phrases interrogatives

Il y a deux types de phrases interrogatives, qui impliquent une intonation différente : **les questions fermées** (réponse attendue : « oui » ou « non ») et **les questions ouvertes**, qui attendent une réponse circonstanciée.

● ***Yes/no questions***

››› On peut y répondre par **oui** ou **non** (en français, la question commence souvent par "est-ce que"). L'ordre est le suivant : **auxiliaire + sujet + verbe**

Did they say anything?
Ont-ils dit quelque chose ?

››› Les modaux sont des auxiliaires. On les mettra donc en tête de question.

Can they read?
Est-ce qu'ils savent lire ?

NB : Pour traduire en anglais une question qui commence par « Est-ce que… ? », pensez donc tout simplement à inverser l'auxiliaire et le sujet.

››› L'intonation de ces questions est toujours **montante**.

● ***Wh- questions***

››› Ce sont des questions ouvertes, introduites par un pronom interrogatif. L'ordre est le suivant :
pronom interrogatif + auxiliaire + sujet + verbe

How long are they supposed to stay?
Combien de temps sont-ils supposés rester ?

››› L'intonation de ces questions est toujours **descendante**.

Les mots interrogatifs

● **Les pronoms et adjectifs interrogatifs**

››› ***What?*** Quoi ? Quel (choix large) ?

What is that crazy idea? Quelle est cette idée farfelue ?
What animal barks? Quel animal aboie ?

››› ***Which?*** Lequel ? Quel (choix restreint) ?

Which of these women is your wife?
Laquelle de ces femmes est ton épouse ?
Which shirt will you buy, the red one or the blue one?
Quelle chemise vas-tu acheter, la rouge ou la bleue ?

››› ***Who?*** Qui ?

Who do you think you are? Pour qui te prends-tu ?

Si *who* est sujet de la phrase, la structure est : ***who* + verbe**

Who has finished packing their luggage?
Qui a fini de boucler ses valises ?

ATTENTION !

Dans le langage soutenu, si « qui » est complément, et en particulier s'il est associé à une préposition, on peut employer *whom* /huːm/ à la place de *who*.
Whom is he thinking of? À qui pense-t-il ?

››› ***Whose* + nom de l'objet possédé ?** À qui ?

Whose car is this? À qui est cette voiture ?
(Noter l'ordre des mots en français et en anglais.)

››› ***When?*** Quand ?

When will he leave me alone?
Quand me laissera-t-il tranquille ?

››› ***Where?*** Où ?

Where is she coming from? D'où vient-elle ?

››› ***Why?*** Pourquoi ?

Why are you late? Pourquoi es-tu en retard ?

››› ***How?*** Comment ?

How did he manage to pass his exam?
Comment s'est-il débrouillé pour réussir à son examen ?

● ***How* + adjectif/adverbe**

How peut être combiné à un adjectif, un adverbe ou même un quantifieur pour former certaines questions.

››› *How long?* Combien de temps ? / Quelle longueur ?

How long have you been waiting?
Tu attends depuis combien de temps ?
How long will it take to repair my car?
Ça prendra combien de temps pour réparer ma voiture ?
How long is the river Thames?
Quelle est la longueur de la Tamise ?

››› *How far?* À quelle distance ?

››› *How deep?* De quelle profondeur ?

››› *How wide?* De quelle largeur ?

››› *How often?* Avec quelle fréquence, tous les combien ?

››› *How much* (+ indénombrable)? *How many* (+ dénombrable)? Combien ?

How much cake does he have?
Il a pris quelle quantité de gâteau ?
How many friends has she invited?
Elle a invité combien d'amis ?

NB : *How much* (tout seul)? Combien (d'argent) ?

How much do I owe you? Je vous dois combien ?

Place des prépositions

Dans les **phrases interrogatives**, elles se placent **en fin de groupe verbal**.

Who is he talking to so rudely?
À qui parle-t-il si grossièrement ?

Les phrases interro-négatives

En général, la négation se met juste après l'auxiliaire :

Didn't *you notice anything?* N'as-tu rien remarqué ?
Shouldn't *you be working?*
Tu ne devrais pas être au travail ?
Aren't *you tired?* Tu n'es pas fatigué ? (attention à la prononciation de "aren't" : /aːnt/)
What job ***wouldn't*** *you like to do?*
Quel métier n'aimerais-tu pas faire ?

LES EXPRESSIONS CLÉS

Pour exprimer une condition ou une restriction

- *if* : si
- *unless* : à moins que
- *as long as* : tant que
- *provided (that)* : à condition que
- *given (that)* : étant donné que
- *even if* : même si
- *to some extent* : dans une certaine mesure
- *depending on* : selon
- *in a way* : d'une certaine manière
- *at any rate* : en tous cas
- *so to speak* : pour ainsi dire

S'ENTRAÎNER

1 QUIZ **Cocher le mot interrogatif qui convient.**

	a.	b.	c.
1. … is she writing? A poem.	☐ **a.** Who	☐ **b.** What	☐ **c.** Which
2. … was she born? In Boston.	☐ **a.** Where	☐ **b.** When	☐ **c.** Who
3. … did she come here? By train.	☐ **a.** Who	☐ **b.** Why	☐ **c.** How
4. … children left yesterday? 24.	☐ **a.** How much	☐ **b.** How many	☐ **c.** How
5. … did she live there? For about two years.	☐ **a.** When	☐ **b.** Where	☐ **c.** How long

2 **Remettre dans l'ordre les mots suivants afin de faire des questions correctes.**

1. up – singing – why – you – give – did – ?
2. she – choose – which – did – one – ?
3. far – London – Liverpool – how – is – from – ?
4. they – about – what – talking – are – ?
5. with – who – she – work – can – ?
6. she – is – angry – how – ?
7. who – come – you – with – will – ?
8. fast – run – can – how – you – ?

3 **Poser des questions pour trouver le renseignement manquant.**

1. She doesn't like …
2. She lived there for … years.
3. There were … students absent yesterday.
4. She is arguing with …
5. This bag is my …'s.
6. … wrote "Hamlet".
7. Shakespeare wrote ….
8. He visits his grand-mother … a week.

4 **Compléter avec le vocabulaire proposé en bas de page.**

We'll never forget our …… tour around Britain! We first arrived late at Heathrow airport: our …… was …… as we weren't on the organisers' list when we …… the plane. At Heathrow a …… took the group to a small hotel in Richmond where we were supposed to be …… but all our …… had been left at the airport! Later, on a …… to Windsor, we got lost in the town and had to come back on our own. We wanted to take a traditional black …… but the …… was too high and hitch-…… was the only way! Fortunately a nice British …… took us in his car!

5 **Compléter les phrases avec le mot de liaison qui convient pour exprimer une condition ou une restriction :**

even if – unless – provided – given

1. He will not obey …… you threaten (= *menacer*) him.
2. …… your results at the test, I suggest you change your career plans.
3. He will call you back …… you give him your phone number.
4. She refused to come, …… all her family was there.

VOCABULAIRE

Voyages et moyens de transport

- to **tra**vel : *voyager*
- a trip : *un (petit) voyage, une excursion*
- a **jour**ney /ˈdʒɜːni/ : *un voyage*
- a **pack**age tour : *un voyage organisé*
- **lug**gage (attention jamais de s) : *les bagages*
- to pack one's bags : *faire ses bagages*
- the de**par**ture : *le départ*
- the ar**ri**val /əˈraɪvl/ : *l'arrivée*
- a gap year : *une année sabbatique*
- to get on a car, bus, coach, plane… : *monter en voiture, en car, en avion…*
- to board, to go on board : *monter à bord*
- to be de**lay**ed : *avoir du retard*
- to be ac**co**modated : *être logé*
- the **rail**roads/**rail**ways : *les chemins de fer*
- to sail /seɪl/ : *naviguer*
- a flight /flaɪt/ : *un vol*
- the fare /fɛə/ : *le prix (du ticket)*
- a **mo**torist : *un automobiliste*
- a cab : *un taxi*
- a coach : *un car*
- to break down : *tomber en panne*
- **hitch**-hiking /ˈhɪtʃhaɪkɪŋ/ : *l'auto-stop*

ANGLAIS

8 Les propositions relatives

L'ESSENTIEL

Les relatives déterminatives

Elles déterminent le nom qu'elles qualifient (l'antécédent) et sont **indispensables** à la compréhension de la phrase.

● **Si l'antécédent est une personne**

›› **Pronom relatif sujet**

Les relatives sont introduites par ***who***, en position de sujet.

*The girl **who** lives in this house is a student at Oxford.*
La fille qui vit dans cette maison est étudiante à Oxford.

›› **Pronom relatif complément**

Les relatives sont introduites par ***whom*** ou ***that***, mais le relatif déterminatif complément peut être omis.

*The man (**whom** / **that**) you just met is my father.*
L'homme que tu viens de rencontrer est mon père.

● **Si l'antécédent n'est pas une personne**

›› On emploie ***which*** ou ***that***, en position de sujet ou de complément.

*The house **which** stands in front of you is mine.*
La maison qui se dresse devant vous m'appartient.
*This is the horse (**which** / **that**) I've bought.*
Voici le cheval que j'ai acheté.

›› ***What*** s'utilise aussi dans le sens de *the thing which*.

*I agree with **what** you say.*
Je suis d'accord avec ce que tu dis.

● **Autres formulations**

›› On peut omettre le pronom relatif et l'auxiliaire dans le cas d'une forme en *be* + V-*ing* ou d'un passif.

There was a man (who was) sitting under the tree.
Il y avait un homme assis sous l'arbre.
All the luggage (that will be) found unattended will be destroyed.
Tous les bagages non surveillés seront détruits.

›› Il faut employer *that* au lieu de *who* / *which* après *all*, *the first*, *the only* ou un superlatif :

*He is the most interesting man (**that**) I have ever met:*
*I agree with all (**that**) he says.*
*You are the only person **that** can make me laugh.*

Les relatives non déterminatives

● Précédées d'une virgule, elles apportent un complément d'information et ne sont **pas indispensables** à la compréhension de la phrase.

*That girl, **who** lives next door, is a student at Oxford.*
Cette fille, qui habite à côté, est étudiante à Oxford.
*This man, **whom** you met at my party, is my father.*
Cet homme, que tu as rencontré à ma soirée, est mon père.

> **ATTENTION !**
> 1. On ne peut pas employer *that* dans une non-déterminative.
> 2. Le relatif non déterminatif complément ne peut pas être omis.

● La relative non déterminative peut être introduite par *which*, qui reprend toute la proposition précédente.

*She agreed, **which** was quite unusual.*
Elle a été d'accord, ce qui était tout à fait inhabituel.

Le relatif *whose*

On emploie le relatif ***whose*** pour exprimer la **possession**, quel que soit l'antécédent, dans les déterminatives et non déterminatives.

Here is a man whose life is an example to us all.
Voici un homme dont la vie est un exemple pour nous tous.

> **ATTENTION !**
> « Dont » se traduit par *whose* seulement quand il réfère à la possession, ce qui n'est pas toujours le cas en français : *The man I told you about...* L'homme dont je t'ai parlé...

Les relatifs *where* et *when*

Where et *when* peuvent être employés comme relatifs quand leur antécédent est **un lieu** (*where*) **ou un moment donné** (*when*).

England is the country where I was born.
L'Angleterre est le pays où je suis né.
10 o'clock. It is the moment when I get to work.
10 heures. C'est l'heure où j'arrive au travail.

LES EXPRESSIONS CLÉS

Pour exprimer un conseil ou un regret

● **Le conseil**

›› *You **should** mind what you say.*
Tu devrais faire attention à ce que tu dis.

›› *You **ought to** be more generous with people.* Tu devrais être plus généreux avec les gens (*ought to* : devoir moral).

›› *You **shouldn't** be so careless.*
Tu ne devrais pas être si négligent.

›› *You'**d better** do as I say.*
Tu ferais mieux de faire comme je dis.

● **Le regret, le souhait, le reproche**

›› *I **wish** you **liked** my cooking.* Je regrette que tu n'aimes pas ma cuisine (ici, *liked* n'a pas de sens passé).

›› *I wish you had called me before.*
Je regrette que tu ne m'aies pas appelé avant.

›› *You **should have** called me before.*
Tu aurais dû m'appeler avant.

›› ***I'd rather** you **hadn't** bought this car.*
J'aurais préféré que tu n'achètes pas cette voiture.

ANGLAIS

S'ENTRAÎNER

1 QUIZ

Relier les éléments afin de composer des phrases cohérentes.

1. All ○	○ **A.** who ○	○ **a.** house I was staying at.
2. Here is a book ○	○ **B.** whom ○	○ **b.** I have read so many times.
3. Mr Smith is a man ○	○ **C.** whose ○	○ **c.** I know, I learnt it in books.
4. This is the girl ○	○ **D.** which ○	○ **d.** I'm going to marry.
5. These are the people ○	○ **E.** that ○	○ **e.** knows lots of important people.

2 **Compléter avec le pronom relatif qui convient. Souligner les relatives non déterminatives.**

1. The man …… you met yesterday is a Congressman.
2. The woman …… you are talking about is a lawyer in a famous law firm.
3. This is the guy …… office is located in the City.
4. She wasn't chosen as a Prime Minister, …… was a surprise.
5. This senator, …… had never seen any public execution, was shocked.
6. I don't understand …… he is talking about.
7. This is the only law …… I have ever disobeyed.
8. She told me about a film …… she had seen recently, …… producer is not famous.
9. Here is the most moving speech …… I have ever heard.
10. Here is the M.P. …… husband might become Prime Minister one day.

3 **Compléter à l'aide de *what*, *which* ou *that*.**

1. Put on …… you like, but be careful, it is cold.
2. Yes, this morning the temperature is below zero, …… surprised everyone.
3. …… pleases me is that the sky is blue.
4. Bright sunshine and blue sky, here is all …… I like.
5. But …… I like best is staying in bed.
6. You are always a little lazy, …… is a shame!
7. I don't care …… you think.

POUR VOUS AIDER

Souvenez-vous que *what* n'a pas d'antécédent et équivaut à *the thing which.*

4 **Traduire.**

1. Le jour où il a été élu, il a remercié ses amis.
2. C'est l'amie dont je te parlais hier.
3. Ce bâtiment, qui est au cœur de Londres, est en réalité une cathédrale.
4. J'ai oublié ce que je devais te dire, ce qui est inquiétant.
5. J'ai oublié le livre que je devais prendre.
6. C'est l'ami dont les enfants vont à l'école avec les miens.
7. C'était l'époque où la vie était facile.
8. L'homme dont je te parle et dont les parents sont très riches, vit de l'autre côté de la rue.

5 **Formuler un conseil ou un regret correspondant aux situations suivantes.**

1. Tom has had a bad mark at his maths test because he hasn't worked enough.
2. Your best friend is lighting a cigarette just in front of you.
3. You have just hurt someone you like because you were tired.
4. You haven't been invited to your best friend's wedding party.

6 **Le texte ci-dessous est assez maladroit. L'améliorer à l'aide du vocabulaire en bas de page.**

I live in a high building in the centre of the city. In the area where I live there is the office where I work, so unlike people who live around the city I don't use trains and buses. But I also have a nice and comfortable cottage in the country. One day I'll leave my flat and take all my things to my cottage: what you can see from my cottage is so nice, with beautiful small roads, fields for different sorts of farm animals.

VOCABULAIRE

L'environnement urbain et rural

- a de**ta**ched house /dɪ'tætʃt/ : *une maison individuelle*
- a **ter**raced house /'tɛrəst/ : *une maison alignée (mitoyenne)*
- a flat/an a**part**ment : *un appartement*
- a block of flats : *un immeuble*
- a **to**wer : *une tour*
- a **sa**ttelite dish : *une parabole*
- a **neigh**bourhood /'neɪbəʳhʊd/ : *un quartier*
- a **town-dwe**ller /taʊn'dwɛlə/ : *un citadin*
- **down**town : *le centre-ville*
- the **su**burb(s) /'sʌbɜ:b(z)/ : *la banlieue*
- a sub**ur**banite /sə'bɜ:bənaɪt/ : *un banlieusard*
- a com**mu**ter /kə'mju:tə/ : *un banlieusard (usager des transports en commun)*
- a **cross**roads : *un carrefour*
- to move : *déménager*
- the **land**scape : *le paysage*
- the **coun**try(side) /'kʌntri/ : *la campagne*
- a lane : *un chemin*
- a **me**adow /'mɛdəʊ/ : *un pré, une prairie*
- a bush : *un buisson*
- a hedge : *une haie*
- a **spe**cies /'spi:ʃiz/ (invar.) : *une espèce*

ANGLAIS

9 Les subordonnées circonstancielles

L'ESSENTIEL

Une proposition subordonnée circonstancielle dépend d'une proposition principale et donne des indications sur les circonstances d'un événement.

Les subordonnées de temps

● **Actions simultanées**

She was phoning ***when*** *I opened the door.*
Elle était au téléphone quand j'ai ouvert la porte.
As *I was phoning, he decided to leave.*
Comme j'étais au téléphone, il décida de partir.
While *he was tidying his room, I hoovered.*
Pendant qu'il rangeait sa chambre, j'ai passé l'aspirateur.

ATTENTION !
Quand la proposition principale est au futur en anglais, la subordonnée reste au présent, contrairement au français.
I will do it when I am 18.
Je le ferai quand j'aurai 18 ans.

● **Actions consécutives**

He left ***as soon as*** *he could.*
Il partit dès qu'il put.
He couldn't do that ***before/after*** *she had changed her mind.*
Il ne put faire cela avant/après qu'elle eut changé d'avis.

Les subordonnées de cause

Comme leur nom l'indique, elles donnent la cause, la raison d'une action.

I did it ***because*** *I wanted to.*
Je l'ai fait parce que je voulais le faire.
I didn't go ***since*** *I was not supposed to.*
Je n'y suis pas allé, puisque je n'étais pas censé y aller.

NB : On peut aussi utiliser une forme *V-ing* pour exprimer la cause.

The weather being bad, we came back home.
Comme il faisait mauvais, nous sommes revenus à la maison.

Les subordonnées de conséquence

Elles donnent des indications sur les conséquences, le résultat d'une action.

››› ***such*** **+ GN +** ***that***
He is ***such*** *a nice husband* ***that*** *she could never leave him.*
C'est un si bon mari qu'elle ne pourrait jamais le quitter.

››› ***so*** **+ adjectif +** ***that***
This town is ***so*** *pleasant* ***that*** *I'd love to live here.*
Cette ville est si agréable que j'adorerais y vivre.

Les subordonnées de but

››› ***to*** **+ verbe**
She changed her mind ***to*** *please him.*
Elle a changé d'avis pour lui faire plaisir.

ATTENTION !
Ne pas traduire « pour » par *for* quand il précède un verbe !

››› ***so that*** **+ proposition** (généralement avec un modal)
She said nothing ***so that*** *he couldn't know what she was thinking.* Elle ne dit rien afin qu'il ne puisse pas savoir ce qu'elle pensait.

Les subordonnées de concession

On les utilise pour concéder ou accorder un point.

The global temperature has increased ***although*** *it's difficult to be aware of it in everyday life.*
La température de la planète a augmenté, bien qu'il soit difficile de s'en rendre compte dans la vie de tous les jours.
I knew they disagreed ***even if*** */* ***even though*** *they said nothing.* Je savais qu'ils n'étaient pas d'accord même s'ils ne disaient rien.

Les subordonnées de condition

Elles servent à exprimer une condition, une hypothèse.

If *I could, I would do it* (conditionnel dans la principale).
Si je pouvais, je le ferais.
I won't do it ***unless*** *you ask me to.*
Je ne le ferai pas sauf si tu me demandes de le faire.

LES EXPRESSIONS CLÉS

Pour exprimer une cause, une conséquence, un but

››› *due to / because of* : à cause de
››› *thanks to* : grâce à
››› *since* : puisque
››› *all the more… as* : d'autant plus… que
››› *that's (the reason) why…* : c'est la raison pour laquelle…
››› *so / therefore* : donc
››› *consequently* : par conséquent
››› *hence* : d'où
››› *the main goal is…* : le but principal est…
››› *in order to / so as to* : afin de (+ V)
››› *I mean/intend to* : j'ai l'intention de

ANGLAIS

1 QUIZ

Cocher le mot de liaison le plus logique.

1. I will finish it … I have the time. ☐ a. because ☐ b. when
2. I would never go there … they paid me. ☐ a. even if ☐ b. since
3. Mr Jones left the house … he could. ☐ a. although ☐ b. as soon as
4. … she decided to stay, I decided to stay too. ☐ a. As ☐ b. Unless
5. … they were working, she had time to do read. ☐ a. Before ☐ b. While
6. … you ask her to stop that, I'm sure she will. ☐ a. If ☐ b. Because

2 Faire correspondre le début de la phrase avec sa fin.

1. Global warming is …
2. The situation won't change…
3. Nuclear plants create nuclear waste,…
4. Last summer's drought occurred…
5. Because of the drought …
6. Biodiversity is threatened …
7. You wouldn't find so much garbage in dumps …

a. … that's why we must find another source of energy.
b. … because of the heat wave we had.
c. … unless we do something.
d. … due to the hole in the ozone layer.
e. … because some species are slaughtered.
f. … if people recycled.
g. … the land is barren.

3 Compléter avec le vocabulaire proposé en bas de page.

Man's negative impact on the … does not date back to present times. In the 19th century, birds called dodos were … and the … went extinct. Since then … have polluted coasts, heat … have caused …, lands have become … and turned into deserts. We can help by using … petrol to limit the hole in the … . Putting … in … for recycling is another way for everybody to help in the preservation of nature.

4 Compléter avec le subordonnant qui convient le mieux dans la liste.

if – even if – unless – so that – while – as soon as – although

1. … I heard he had had an accident, I drove to the hospital.
2. I could not forgive her, … she apologized ten times.
3. … you were quarrelling, I made up my mind: I'm leaving.
4. I will not intervene … they cannot reproach me for interfering in their lives.
5. … he had been there several times, he recognized nothing.
6. They wouldn't have said anything … they had known!
7. He will not change his mind … she uses the right words.

POUR VOUS AIDER

2. *to apologize* : s'excuser – **3.** *to quarrel* : se bagarrer – **4.** *to interfere with* : se mêler de – **5.** *several* : plusieurs

5 Compléter les phrases suivantes logiquement en utilisant les « expressions clés ».

1. I am sure they haven't been listening. … I know I'll have to repeat all that I've just said.
2. She was unable to answer … her absence the day before.
3. You are pulling my leg! …, you will get a detention.
4. He is interested in all that concerns wildlife. … his remark about endangered exotic species.

POUR VOUS AIDER

3. *to pull someone's leg* : se moquer de quelqu'un – *to get a detention* : avoir une heure de colle.

VOCABULAIRE

Nature et environnement

- the Earth /ɜːθ/ : *la Terre*
- an **ear**thquake : *un tremblement de terre*
- defores**ta**tion : *la déforestation*
- **gar**bage /'gɑːbɪdʒ/ (attention, jamais de s) : *les ordures*
- a dump : *une déchetterie*
- an oil spill : *une marée noire*
- the **o**zone **la**yer /'leɪə/ : *la couche d'ozone*
- the **green**house ef**fect** : *l'effet de serre*
- **glo**bal **war**ming : *le réchauffement de la planète*
- a heat wave : *une vague de chaleur*
- drought /draʊt/ : *la sécheresse*
- **bar**ren /'bærən/ : *aride*
- lead-free /lɛd/ : *sans plomb*
- a **nu**clear plant : *une centrale nucléaire*
- **nu**clear waste : *les déchets nucléaires*
- GMOs : *les OGM*
- to **threat**en /'θrɛtn/ : *menacer*
- a threat /θrɛt/ : *une menace*
- to **slaugh**ter /'slɔːtə/ : *massacrer*
- en**dan**gered /-deɪn-/ : *en danger*
- to go ex**tinct** : *être en voie d'extinction*
- **wild**life /'waɪldlaɪf/ : *la faune*
- a **spe**cies /'spiːʃiːz/ (toujours un s) : *une espèce*

10 Compréhension écrite (1re lecture)

L'ESSENTIEL

Pour aborder un texte écrit inconnu, il ne faut pas se bloquer sur tel ou tel mot ou passage que l'on ne comprend pas. Une approche **méthodique et graduelle** permet de se l'approprier et d'en comprendre au moins les grandes lignes sans recours perpétuel et fastidieux au dictionnaire. La première étape de cette approche est la **compréhension globale** du texte.

Observer d'abord le contexte

Regarder le document avant de le lire, pour **chercher des indices** de ce qui peut aider à l'identifier.

- Généralement, les **références** indiquées à la fin du document permettent d'en déterminer le type et de déduire ou d'anticiper son contenu.
- Dans le cas d'un **article de presse**, le nom du journal ou du magazine peut en indiquer la nationalité *(The New York Times)* ou la spécialité *(The Scientist, The Economist)*. À noter : *Time* est un magazine américain, *The Times* un quotidien britannique.
- Dans le cas d'un **livre**, le **titre** ou le nom de **l'auteur** peuvent fournir des informations : on sait à quoi s'attendre devant une page d'Agatha Christie ou de Stephen King. Les **illustrations** éventuelles autour du texte dans votre manuel peuvent vous aider.

Lire le texte

- **Première lecture**

Ne pas chercher à tout comprendre, mais vérifier si le texte correspond à ce qui a été anticipé.

MÉTHODE

Une démarche systématique et efficace consiste à chercher un élément de réponse à ces six questions :
Who? What? When? Where? How? Why?

- **Deuxième lecture**

Chercher l'**idée principale de chaque paragraphe**, utiliser les mots de liaison (*cf.* chapitres 7, 9 et 12) pour déterminer l'**articulation logique** du texte.

Application

> It was a town of red brick, or of brick that would have been red if the smoke and ashes had allowed it; but as matters stood it was a town of unnatural red and black like the painted face of a savage. It was a town of machinery and tall chimneys, out of which interminable serpents of smoke trailed themselves for ever and ever. It had a black canal in it, and a river that ran purple with ill-smelling dye, and vast piles of buildings full of windows where the piston of a steam-engine worked monotonously up and down like the head of an elephant in a state of melancholy madness. It contained several large streets all very like one another, inhabited by people equally like one another, who all went in and out at the same hours, to do the same work and to whom every day was the same as yesterday and tomorrow.

▷ Charles Dickens, *Hard Times.*

- **Indices**

››› L'auteur : Charles Dickens est un écrivain britannique du XIXe siècle, qui dépeint et critique la révolution industrielle en Grande-Bretagne.
››› **Where?** *A town of red brick, a black canal, a river.*
››› **Who?** *People equally like one another.*
››› **When?** *19th century (Dickens).*
››› **What?** *Smoke, machinery, tall chimneys.*
››› **How?** *Unnatural red and black, monotonously, the same hours, the same work, like the painted face of a savage, like the head of an elephant in a state of melancholy madness.*
On remarque que ce lexique est associé à la noirceur, la tristesse, l'obscurité, la monotonie.
››› **Why?** Description d'une ville industrielle.

- **Articulation logique**

Articulation entre les phrases ou paragraphes : *but, and* et phrases simplement juxtaposées.

- **Premières conclusions**

Il s'agit d'un texte descriptif extrait d'un roman du XIXe siècle, qui décrit l'aspect sinistre d'une ville industrielle. (Si on connaît les thèmes d'écriture de Charles Dickens, on peut largement anticiper cette conclusion juste à partir du nom de l'auteur.)

LES EXPRESSIONS CLÉS

Pour présenter un document ou une image

››› *This is an extract* **from**...
››› *Here we have a passage* **from**...
››› ... *a newspaper article / a novel* (roman) */ a short story* (nouvelle) */ a play* (pièce) */ a film script / a tale* (conte) */ an advertisement* (publicité)...
››› *It is a novel* **by** *Charles Dickens.*
››› *The scene takes place / is set in...*
››› *The passage is about ... / deals with...*
››› *The topic* (sujet, thème) *is* ...
››› *The author raises* (soulève) *the problem of...*
››› *The novelist / artist wants to show that...*
››› *His / her goal* (but) *is to criticize...*
››› *The main idea is to point out that* ... (faire remarquer que...)
››› *The advert targets* (cible)...
››› *It aims at* (a pour but de) *denouncing*...

S'ENTRAÎNER

1 QUIZ

Faire correspondre chaque début de phrase à la fin qui convient.

1. The scene is set…	○	○	**a.** …an American magazine.
2. The passage deals with…	○	○	**b.** …children.
3. *Time* is…	○	○	**c.** …by Tennessee Williams.
4. The advert targets…	○	○	**d.** …in Ohio, USA.
5. This play was written…	○	○	**e.** …the consequences of segregation in the United States.

2 **Déterminer, éventuellement à l'aide de recherches sur Internet, la nationalité de chacun des organes de presse ci-dessous et les sujets traités.**

1. *The Daily Telegraph*
2. *The Guardian*
3. *The Financial Times*
4. *The Washington Post*
5. *The Wall Street Journal*
6. *National Geographic*
7. *The Belfast Telegraph*
8. *The Mirror*
9. *The Sun*
10. *The Magazine*

3 **Imaginer de quoi parlent les articles de journaux ayant les titres suivants.**

1. "Forever young."
2. "Five years for headmistress who stole £500,000 from school."
3. "Parsonage is recreated for Brontë film."
4. "Runaway girl back with family after couple found in car."
5. "Over 65s promised Tory Tax cuts."
6. "TUC day of action over pensions."

4 **Lire ce texte et repérer des éléments de réponse aux questions *Who?, What?, When? Where?, How?, Why?***

When Caroline Meeber boarded the afternoon train for Chicago, her total outfit consisted of a small trunk, a cheap imitation alligator-skin satchel, a small lunch in a paper box, and a yellow leather snap purse, containing her ticket, a scrap of paper with her sister's address in Van Buren Street, and four dollars in money. It was in August, 1889. She was eighteen years of age, bright, timid, and full of the illusions of ignorance and youth. Whatever touch of regret at parting characterised her thoughts, it was certainly not for advantages now being given up. A gush of tears at her mother's farewell kiss, a touch in her throat when the cars clacked by the flour mill where her father worked by the day, a pathetic sigh as the familiar green environs of the village passed in review, and the threads which bound her so lightly to girlhood and home were irretrievably broken.

▷ Theodore Dreiser, *Sister Carrie*, 1900.

POUR VOUS AIDER

the outfit : l'équipement – *a trunk* : une malle – *a purse* : un porte-monnaie – *tears* : des larmes – *a sigh* : un soupir – *a thread* : un fil

5 **Répondre maintenant aux questions de compréhension globale sur le texte ci-dessus.**

1. What sort of document is it?
☐ **a.** A newspaper article
☐ **b.** An extract from a novel
☐ **c.** A poem

2. In what country does the scene take place? (Justify quoting from the text.)

3. When does this passage take place?
a. Time of the day: …… **b.** Date: ……

4. How many characters are mentioned? ……

5. Give the main character's…
a. Surname: …… **b.** First name: …… **c.** Age: ……
d. Exact location at the beginning of the extract (and justify quoting from the text): ……

6. What is her relationship with the other characters? ……

7. Choose a possible title for this extract.
☐ **a.** "First job" ☐ **b.** "Leaving home"
☐ **c.** "A family quarrel" ☐ **d.** "Coming of age"
☐ **e.** "Meeting one's family"

VOCABULAIRE

Parler d'un texte

- an extr**act** / an excerpt /'ɛksɜːpt/ : *un extrait*
- a **no**vel : *un roman*
- a short **sto**ry : *une nouvelle*
- a **fai**ry tale : *un conte de fées*
- a play : *une pièce de théâtre*
- a **play**wright /'pleɪraɪt/ : *un dramaturge*
- a **cha**racter : *un personnage*
- the plot : *l'intrigue*
- **po**etry /'pəʊɪtri/ : *la poésie*
- a **jour**nal /'dʒɜːnl/ : *une revue*
- a **news**paper : *un journal*
- a **head**line : *un gros titre*
- a **tab**loid : *un journal à sensation*
- the **gut**ter press /'gʌtə/ : *la presse de caniveau*
- a phrase /'freɪz/ : *une expression*
- a **key**word : *un mot-clé*
- to quote : *citer*
- a quo**ta**tion : *un citation*

ANGLAIS

11 Compréhension écrite (2e lecture)

L'ESSENTIEL

Une fois qu'on a une vision globale du texte, on peut aborder plus facilement sa **compréhension détaillée**. Tout en sachant qu'on ne peut pas comprendre tous les mots sans aide, il faut essayer d'approcher au plus près le sens des mots inconnus.

Déduire le sens des mots inconnus

● Mots transparents

La première étape consiste à rechercher les **mots « transparents »**, ceux qui ressemblent au français. Se méfier toutefois des **faux-amis** en vérifiant que le sens de chaque mot transparent est cohérent avec le sujet du texte ou du paragraphe.

● Inférence

Il faut essayer ensuite **d'approcher le sens des mots inconnus**, en analysant leur environnement ou leur formation.

››› Déterminer leur **nature** (nom, verbe, adjectif, adverbe…) en observant celle des autres mots connus de la phrase : quand on a repéré le verbe, par exemple, on peut déterminer son sujet, ses compléments.

››› Analyser leur **formation** : y a-t-il un préfixe ? un suffixe ? le mot mystérieux fait-il partie d'un mot composé ?…

> **MÉTHODE**
>
> Prêter attention aux suffixes rencontrés et mémoriser à quelle catégorie grammaticale ils sont associés : *-ness* permet de construire des noms (*happiness*), *-ful* des adjectifs (*beautiful*), *-ly* des adverbes (*slowly*), etc.

››› Chercher **dans le voisinage** des mots dont le sens est connu, et qui peuvent leur être associés.

Application

Reprenons le texte de Charles Dickens (page 294).

> It was a town of red brick, or of brick that would have been red if the smoke and ashes had allowed it; but as matters stood it was a town of unnatural red and black like the painted face of a savage. It was a town of machinery and tall chimneys, out of which interminable serpents of smoke trailed themselves for ever and ever. It had a black canal in it, and a river that ran purple with ill-smelling dye, and vast piles of buildings full of windows where the piston of a steam-engine worked monotonously up and down like the head of an elephant in a state of melancholy madness. It contained several large streets all very like one another, inhabited by people equally like one another, who all went in and out at the same hours, to do the same work and to whom every day was the same as yesterday and tomorrow.

● Repérage des mots transparents

››› **Mots transparents du texte :** *brick, unnatural, machinery, chimneys, interminable serpents, canal, vast piles, purple* (pourpre), *piston, monotonously, elephant, melancholy, contained, equally, inhabited.*

On y repère des mots qui peuvent être regroupés par champs lexicaux : *machinery, chimneys* d'une part, *monotonously, melancholy* d'autre part.

››› Mais on y remarque aussi **un faux-ami :** *inhabited*, qui veut dire « habité » – d'ailleurs le sens de « inhabité » est absurde puisque le mot est suivi de *by people.*

● Exemples d'inférence

Dans le cas du texte de Dickens, on peut déduire, avec un peu d'astuce, le sens de quelques mots difficiles.

Ne pas oublier le **contexte culturel** : vous avez déduit (page 294) que le texte de Dickens décrivait une ville industrielle au XIXe siècle. Les champs lexicaux centrés sur l'usine, le paysage urbain industriel ont de fortes chances d'être présents.

››› ***Ashes*** est un nom (il est sujet de *had allowed*) au pluriel, associé à *smoke*. Ce qu'il désigne donne une couleur noire à la brique rouge. On peut en déduire qu'il s'agit très probablement de cendres.

››› ***Ill-smelling dye*** est groupe nominal (car introduit par une préposition, *with*). Le premier élément est un adjectif composé. *Smell* veut dire « sentir » et *ill* est associé au mal, à la maladie : *ill-smelling* a donc le sens de « qui sent mauvais ». *Dye* est un nom. Ce qu'il désigne colore la rivière en violet *(purple)*. Quelque chose qui sent mauvais et colore la rivière ne peut être qu'un élément polluant : il s'agit sans doute de teinture.

››› ***Steam-engine*** est un nom composé, sujet de *worked*. Cet objet possède un piston, c'est donc un moteur, une machine. À vapeur (*steam*) puisqu'on est au XIXe siècle.

››› ***Madness*** est un nom, puisqu'il est précédé de *of*. Puisqu'il se termine par le suffixe *-ness*, il est construit à partir de l'adjectif *mad* (fou). Il s'agit donc de folie.

● Conclusion

Cette découverte plus affinée du texte permet une analyse plus approfondie : un certain nombre de **comparaisons** (la fumée comparée à des serpents, la machine comparée à un éléphant fou) ou d'**effets de style** (répétition de *the same*) confirment bien qu'il s'agit d'une critique de la société industrielle par l'intermédiaire de la description d'une ville polluée par des teintureries, et où les habitants mènent une vie monotone et sans personnalité.

> **MÉTHODE**
>
> L'utilisation du dictionnaire sera peut-être nécessaire, en dernier recours : dans ce cas, bien lire tous les sens proposés ainsi que les exemples, pour éviter les faux-sens.

ANGLAIS

LES EXPRESSIONS CLÉS

Pour donner son avis sur un texte

C'est en effet la phase finale de l'étude d'un texte : il sera souvent demandé une opinion personnelle à son sujet.

- *The idea is original ≠ commonplace.*
- *The passage falls* (se divise) *into three parts.*
- *A thrilling* (passionnant) *≠ boring story.*
- *The characters are hollow* (creux).
- *The writer's tone is derogatory* (péjoratif) *≠ appreciative.*
- *The writer gives accurate* (précis, exact), *relevant* (pertinent) / *irrelevant* (hors de propos) / *objective ≠ biased arguments.*
- *The plot* (intrigue) *is brilliant ≠ dull* (terne).

S'ENTRAÎNER

1 QUIZ

Cocher la catégorie grammaticale correspondant au mot souligné.

1. She came in cautiously.	☐ **a.** nom	☐ **b.** adjectif	☐ **c.** adverbe
2. Stop shuffling your feet when you walk!	☐ **a.** adverbe	☐ **b.** adjectif	☐ **c.** verbe
3. He felt hopeful at once.	☐ **a.** verbe	☐ **b.** adjectif	☐ **c.** adverbe
4. His craziness will drive me mad.	☐ **a.** nom	☐ **b.** adjectif	☐ **c.** adverbe
5. You could ramble there for ages.	☐ **a.** nom	☐ **b.** adjectif	☐ **c.** verbe

2 **Déduire le vocabulaire.**

When Caroline Meeber boarded the afternoon train for Chicago, her total outfit consisted of a small trunk, a cheap imitation alligator-skin satchel, a small lunch in a paper box, and a yellow leather snap purse, containing her ticket, a scrap of paper with her sister's address in Van Buren Street, and four dollars in money. It was in August, 1889. She was eighteen years of age, bright, timid, and full of the illusions of ignorance and youth. Whatever touch of regret at parting characterised her thoughts, it was certainly not for advantages now being given up. A gush of tears at her mother's farewell kiss, a touch in her throat when the cars clacked by the flour mill where her father worked by the day, a pathetic sigh as the familiar green environs of the village passed in review, and the threads which bound her so lightly to girlhood and home were irretrievably broken.

▷ Theodore Dreiser, *Sister Carrie*, 1900.

1. Souligner les quatre objets qu'emporte le personnage principal.
2. Qu'y a-t-il dans l'objet appelé *purse* (l. 4) ? Quel est donc le nom français de cet objet ?
3. Déduire ce que veut dire *outfit* (l. 2).
4. Observer la composition de *girlhood* (l. 15) pour lui trouver un sens. (Ne connaissez-vous pas un mot composé de la même manière ?)
5. Dans la dernière phrase, souligner quatre mots ou expressions exprimant les sentiments du personnage principal. Qu'en déduire de son état d'esprit ?
6. Quelle est la nature de *bound* (l. 14) ? Dans le dictionnaire, quelle rubrique associée à ce mot est ici concernée ?
7. Une fois le sens de *bound* trouvé, déduire le sens de *threads* (l. 14).
8. Déduire le sens de *parting* (l. 8).

POUR VOUS AIDER

On comprend que Caroline quitte la maison de ses parents : elle part à Chicago pour changer de vie.

3 **Répondre maintenant aux questions de compréhension détaillée.**

1. Is she rich or poor? Justify your answer quoting from the text.
2. Right or wrong? Justify.
  a. Caroline is going to Chicago.
  b. She did not cry when she said 'goodbye' to her mother.
  c. Caroline's father is unemployed.
  d. Caroline is very experienced.
  e. This crucial moment corresponds to the end of a period of her life.

4 **Compléter ce bref résumé avec des mots du texte.**

… a …-year-old girl, is going to leave her … and her … to go and live with her … in … (city).

VOCABULAIRE

Relations parents / enfants

- to trust (sb) : *faire confiance (à qn)*
- trust, **con**fidence : *la confiance*
- to o**bey** (sb) /ə'beɪ/ : *obéir (à qn)*
- o**be**dient /ə'biːdɪənt/ : *obéissant*
- a **teen**ager : *un adolescent*
- to con**fide** to /kən'faɪd/ : *se confier à*
- to scold /'skəʊld/ : *gronder*
- to get a**long** : *bien s'entendre*
- to be at odds : *être en conflit*
- a single-**par**ent **fam**ily : *une famille monoparentale*
- to run a**way** from home : *faire une fugue*
- under**stand**ing : *la compréhension*
- a role **mo**del : *un modèle*
- to set an / the ex**am**ple : *donner l'exemple*

12 Expression écrite

L'ESSENTIEL

Rédiger et organiser

Avant tout, quel que soit le sujet, noter au brouillon des idées et le vocabulaire utilisable.

Expression écrite d'invention

- **Journal intime** (*diary*) : mettre la date et écrire comme si l'on adressait au journal, comme à un ami.
- **Lettre** : commencer par *dear…* (cher…), et finir avec les formules de politesse qui conviennent (*Best regards* si l'on ne connaît pas la personne, *Love* si c'est un ami…).

Expression écrite argumentative

Organiser les idées sous forme de plan, pour faire ressortir la logique de l'argumentation.

- **Structure** : réserver un paragraphe pour l'introduction et un pour la conclusion.
- **Clarté** : exprimer une idée par paragraphe et faire apparaître les transitions à l'aide de mots de liaison.
- **Cohérence** : veiller à la cohérence des temps.
- **Relecture** : se relire en faisant attention aux mots oubliés, à l'orthographe, et aux fautes de grammaire.

Application

Voici l'exemple d'une expression écrite répondant à la question : *Why do people like detective stories?* L'idée directrice de chaque paragraphe est surlignée en rose, les éléments de liaison en bleu.

> Since the 19th century, detective stories have evolved and become a major genre in fiction. Even popular detectives such as Sherlock Holmes have evolved in order to fit their time. From the traditional representation of Holmes, to his modern film adaptations – as performed by Robert Downey Jr for instance – a noticeable change has occurred, in order to match modern audiences' expectations.
>
> First of all, we may say that detective stories have always been popular because they are thrilling: it is captivating to follow the investigation in order to find out who the culprit is, to try and find clues, to wonder about a suspect's motives or alibi… That's why a lot of people enjoy reading whodunits, or watching TV series. American series use this trend – for instance, Cold Case or NCIS.
>
> Yet, some people do not like detective stories because they find them dull and monotonous. It is especially true in series, where the detective investigations always follows the same techniques pattern. As a consequence, the use of scientific techniques to solve mysteries, for example, has played an important part in the recent evolutions of the genre.
>
> To conclude, this genre has evolved a great deal recently, so that some stories can hardly be classified as such. The limits of the genre are blurred, which may give a new lease of life to this type of fiction. As far as I'm concerned, I'm very fond of them, particularly of NCIS.

VOCABULAIRE

the culprit : le coupable – *clues* : les indices – *a whodunit* : un polar – *blurred* : flou.

- L'**introduction** se réfère à l'histoire des *detective stories*, ce qui ajoute un élément culturel.
- La **première partie** (thèse) montre ce qui peut attirer dans les histoires policières, en établissant un lien avec les séries américaines actuelles, très populaires, et en citant des exemples, tandis que la **deuxième partie** (antithèse) mentionne le côté démodé et répétitif de certaines histoires, qui peut déplaire.
- La **conclusion** débouche sur un sujet plus vaste : l'évolution de ce genre littéraire.

LES EXPRESSIONS CLÉS

Pour articuler les idées de façon logique à l'aide de mots ou d'expressions de liaison

Pour faire une énumération
- *to begin with… / first of all…*
- *next… / then…*
- *finally… / eventually…* (attention, faux-ami !)

Pour exprimer une concession
- *however… / yet… / still…* (pourtant)
- *nevertheless…* (néanmoins)
- *despite / in spite of* (malgré)
- *even if…* (même si) / *although…* (bien que)

Pour reformuler une idée
- *in other words,… / … or rather…* (ou plutôt)
- *that is…* (c'est-à-dire)

Pour renchérir
- *what's more… / besides… / furthermore / moreover…*

Pour faire une digression
- *by the way… / incidentally…* (à propos)

Pour introduire une opposition
- *on the contrary… / instead of (+ V-ing)* (au lieu de)
- *on the one hand… on the other hand…*
- *whereas…* (alors que)

Pour résumer ou synthétiser
- *in a word,… / all in all,… / in short,… / in brief,…*

Pour conclure
- *to conclude,… / as a conclusion*

S'ENTRAÎNER

1 QUIZ

Relier chaque mot extrait du vocabulaire ci-dessous à la phrase qui lui correspond.

1. an architect ○	○ **a.** It's a painting that has become famous thanks to its perfection.
2. a play ○	○ **b.** It has to be rehearsed several times before being performed.
3. a concert hall ○	○ **c.** His job is to design buildings.
4. a masterpiece ○	○ **d.** This is where a band can perform pieces.

2 **Dans le début d'article suivant, souligner l'information clé de chaque paragraphe puis compléter le texte en utilisant un des mots de liaison proposés.**

then – first of all – eventually

Protesters throw royal security into disarray

A security review was launched last night after a campaigner dressed as Batman managed to climb the Buckingham Palace facade and held a five-hour protest beside the royal balcony. Ministers, senior police officers and royal security officials were under pressure to explain how Jason Hatch, a member of the group Fathers4Justice, was able to penetrate palace security measures with such apparent ease.

...... Mr Hatch, 32, who claims he is denied access to two of his children, and a fellow activist, Dave Pyke, who was dressed as Batman's friend, Robin, went up the 7.5 metre (25ft) walls of the palace using a ladder after climbing over a one-metre fence yesterday afternoon.

...... , while other members of the campaign group caused a diversion at the front of the palace, the pair climbed up the ladder at a corner of the building.

......, Mr Pyke came down when he was challenged by armed officers but Mr Hatch managed to get round to the front of the building.

▷ S. Morris and S. Laville, "Protesters throw royal security into disarray" *The Guardian*, Sept. 14th, 2004, © Guardian News and Media Ltd 2004.

3 **Remettre les trois derniers paragraphes de l'article dans l'ordre, en soulignant à chaque fois les indices qui vous ont aidé(e).**

1. Fathers4Justice last night decided to go ahead with more protests. Mr Hatch was spending the night at a police station in central London, while the Queen asked to be kept informed of developments.

2. The incident also has echoes of the security problem which allowed Michael Fagan to reach the Queen's bedroom in 1982.

3. The incident is a blow to the authorities, coming as it does after a series of breaches involving the royal family and at a time when the terrorist threat means security measures should be at their tightest.

4 **Compléter les phrases suivantes en utilisant le mot de liaison qui convient parmi les propositions suivantes (un mot par phrase).**

furthermore – besides – as to – on the other hand – nevertheless – instead – next

1. I won't go to India this year. ......, I will discover Japan.

2. Tom felt upset. He had never lived in a town. ......, he didn't know anyone here in New York.

3. She has a cottage in the country. ......, she owns a flat in Manchester.

4. I don't like him. ......, I will invite him to the party if you absolutely want me to.

5. Both Tom and Lucy work downtown. Tom works in a bank in Oxford Street. ...... Lucy, she runs a shop in Penny Lane.

6. First I will buy an apartment in the neighbourhood. ......, I will try to find a job.

7. I am a country person and I would love to live in the countryside. ......, I know that there are more jobs in a city.

VOCABULAIRE

La création artistique

- a work of art : *une œuvre d'art*
- a **mas**terpiece : *un chef d'œuvre*
- an oil **paint**ing : *une peinture à l'huile*
- a **land**scape : *un paysage*
- a **draw**ing /'drɔːɪŋ/ : *un dessin*
- a sketch : *une esquisse*
- **fa**shion : *la mode*
- **fa**shionable /'fæʃnəbl/ : *à la mode*
- an ad**ver**tisement /əd'vɜːtɪsmənt/ : *une publicité*
- a brand : *une marque*
- a **bill**board /'bɪlbɔːd/ : *un panneau publicitaire*
- a **mu**ral /'mjʊərəl/ : *une fresque murale*
- to per**form** a piece : *jouer un morceau*
- a band : *un groupe*
- a **con**cert hall : *une salle de concert*
- a choir /kwaɪə/ : *une chorale*
- the **ly**rics : *les paroles (d'une chanson)*
- the tune : *la mélodie*
- **dra**ma : *le théâtre*
- to re**hearse** /rɪ'hɜːs/ : *répéter (une pièce)*
- a play : *une pièce de théâtre*
- an **ar**chitect /'ɑːkɪtɛkt/ : *un architecte*
- to de**sign** : *faire les plans de*
- a bridge : *un pont*
- a **pa**lace : *un château*
- a **sky**scraper : *un gratte-ciel*

ANGLAIS

13 Compréhension orale

L'ESSENTIEL

Comprendre son interlocuteur est essentiel lorsqu'on visite un pays anglophone. Lors de l'épreuve du bac, la compréhension orale est évaluée au moyen d'un document tiré d'une situation réelle.

Comprendre l'essentiel

Le contexte

››› **Anticiper le contenu** du document grâce aux « indications périphériques » : titre du document, type (interview, conférence…), bruits de fond, thème étudié en classe, etc.

››› Ne pas se laisser décontenancer si la compréhension s'annonce difficile, si les bruits de fond sont gênants ou si les locuteurs ont un accent : chercher **qui** peuvent être les locuteurs (sexe, âge…), que traduit **leur ton** (en colère, enjoué…), etc.

L'accentuation et l'intonation

››› Se concentrer sur la compréhension des **mots clés**, qui sont davantage **accentués**, et souvent porteurs de sens. Ce sont en général les **mots lexicaux**, et non les mots grammaticaux.

> *I'm looking for the <u>book</u> that I put on the <u>table</u> a few minutes ago.*

››› Le **schéma intonatif** est aussi une indication : il est généralement descendant en fin de phrase, mais une montée peut indiquer une liste non-exhaustive ou encore une question à laquelle on répond par oui ou non.

L'inférence

››› Essayer de **déduire le sens** des phrases à partir des éléments que vous avez. Par exemple, si vous avez repéré certains marqueurs temporels qui se réfèrent au passé (*yesterday, ago…*), attendez-vous à trouver des verbes au prétérit (*spent* ou *passed*, plutôt que *spend* ou *pass*).

››› Ces indices sont précieux, car certains **mots grammaticaux** sont très peu perceptibles mais peuvent changer radicalement le sens d'une phrase. Ainsi *'ll* (contraction de *will*, auxiliaire du futur) et *'d* (contraction de *would*, marque du conditionnel), ou encore la négation contractée *n't*.

Affiner la compréhension

Les mots transparents et les noms propres

››› De très nombreux mots en anglais sont transparents par rapport au français : ils s'écrivent de la même façon ou presque (*nature, calamity, stereotype…*). Mais en anglais, l'**accentuation** peut les rendre plus difficiles à identifier. Il est donc important de savoir quelle syllabe porte l'accent dans un mot.

››› De même la **prononciation des noms propres**, personnes ou lieux, peut être assez différente en français et en anglais. Par exemple, Greenwich, où passe le célèbre méridien, se prononce /'grɛnɪtʃ/.

Les mots accentués dans une phrase

Selon que l'on fait porter l'accent sur tel ou tel mot, une même phrase peut prendre **un sens différent**.

> ***I'm** going to write to Jenny* (c'est moi qui vais écrire à Jenny).
> *I'm going to **write** to Jenny* (je vais écrire, et non pas parler, à Jenny).
> *I'm going to write to **Jenny*** (c'est à Jenny que je vais écrire).

Application

● Recherchez sur Internet « 6 Minute English BBC », et choisissez le programme *Star signs* du 17 juillet 2014. Dans le bloc « Downloads », cliquez sur « Audio » et interrompez votre écoute à « *…today's theme* » (00:46).

● Il s'agit d'une discussion entre deux hommes dans une émission de radio. Après avoir donné leur nom (Rob et Neil), ils donnent une indication sur eux-mêmes qu'il sera plus facile de comprendre grâce aux éléments suivants.

››› Le **titre** du document, *Star signs*, littéralement, « les signes des étoiles ».

››› Des **mots clés** comme *personality*, et une liste d'adjectifs dont certains sont transparents (*independent, observant, adaptable*) et qui décrivent ce qu'ils sont « supposés/censés être » (*supposed to be*, prononcé deux fois) ; et à la fin de l'écoute, le mot clé *astrologists/astrology*.

Ces éléments permettent de **déduire par inférence** que les indications données par les deux interlocuteurs sont leur signe astrologique, respectivement *Gemini* (Gémeaux) et *Virgo* (Vierge).

LES EXPRESSIONS CLÉS

Pour parler de ses projets, de ses intentions

››› ***I am going to** read all these books.*

››› ***I mean to / I have in mind to** finish this tomorrow* (j'ai l'intention de).

››› ***I'm planning to** visit Ireland next year* (j'envisage de).

››› ***I expect / want you to** come* (j'attends de vous que).

››› *I bought this book **for him to read** (it).*
J'ai acheté ce livre pour qu'il le lise.

››› *I bought this book **in order to / so as to*** (afin de / pour) *improve my English.*

››› *I'm doing all these exercises **so that*** (afin de) *I can practise my English.*

››› ***I am not obeying** these orders!*
Il n'est pas question que j'obéisse à ces ordres !

S'ENTRAÎNER

1 QUIZ

Cocher le mot à accentuer dans la phrases suivante pour donner le sens indiqué.

I don't want him to fly to Japan!

1. C'est hors de question !	☐ **a.** *don't*	☐ **b.** *fly*	☐ **c.** *Japan*
2. Pas en avion, plutôt en bateau !	☐ **a.** *don't*	☐ **b.** *him*	☐ **c.** *fly*
3. Pas lui, mais elle, pourquoi pas.	☐ **a.** *want*	☐ **b.** *him*	☐ **c.** *Japan*
4. Pas au Japon, mais au Pérou, d'accord.	☐ **a.** *don't*	☐ **b.** *him*	☐ **c.** *Japan*

2 **Écouter le document sur les signes astrologiques (voir « Application » page précédente) de 00:40 à 01:00. Compléter les phrases extraites du script avec des mots transparents et dire à quels mots français ils ressemblent.**

"Well, these … we've … are … on what … say, and … is today's ….
… are people who say that they can find out about your … and maybe your … by … the … of stars and … the day you were born.
It's …, many …, the scientists who study the stars and …, don't believe it's true."

3 **À partir de l'extrait précédent, indiquer si les phrases suivantes sont correctes (*right*) ou non (*wrong*).**

1. Astrologists think they can predict the future.
2. Astronomers agree with astrologists.
3. Some celebrities think astrology is serious.
4. People born under the sign of Virgo aren't said to be precise.
5. The person speaking agrees with that statement about Virgo's precision.

4 **Les mots en gras portent l'accentuation de phrase. Faire correspondre chacune à son sens implicite.**

1. **Mrs Hutchinson** was Tom's employer…
2. Mrs Hutchinson was **Tom's** employer…
3. Mrs Hutchinson was Tom's **employer**…
4. Mrs Hutchinson **was** Tom's employer…
5. **Mrs** Hutchinson was Tom's employer…

a. …not her colleague.
b. …not Mrs Parkins.
c. …not John's.
d. …not Mr.
e. …but she is no more.

5 **Compléter cette grille avec des mots extraits du vocabulaire en bas de page.**

Across:
1. This exercise
4. It is not work
6. A computer you can easily take away
7. The base of an integrated circuit
8. You use it to type in words on your computer
9. A control that does not use a wire

Down:
1. Defines a wireless phone
2. What you hear on the radio
3. Action of processing numeric data
5. Numeric computer document

6 **Cocher les phrases pouvant être dites dans le contexte donné.**

1. On a l'intention de s'excuser.
☐ **a.** *I mean to apologise.*
☐ **b.** *I expect to apologise.*

2. On s'attend à ce que quelqu'un vienne.
☐ **a.** *I expect him to come.*
☐ **b.** *I want him to come.*

3. On veut que quelqu'un obéisse.
☐ **a.** *I want that he obeys.*
☐ **b.** *I want him to obey.*

4. Il n'est pas question que l'on parte.
☐ **a.** *I'm not leaving!*
☐ **b.** *I'm not going to leave.*

VOCABULAIRE

Technologie et loisirs

- a chip /'tʃɪp/ : *une puce*
- a wire /'waɪə/ : *un fil métallique*
- **wi**reless : *sans fil*
- a cell phone : *un téléphone mobile*
- a **dig**ital **cam**era : *un appareil photo numérique*
- a **cam**corder : *un caméscope*
- a **broad**cast /'brɔːdkɑːst/ : *une émission*
- a re**mote** con**trol** /rɪ'məʊt kən'trəʊl/ : *une télécommande*
- com**put**ing : *l'informatique*
- a **lap**top (computer) : *un (ordinateur) portable*
- a **key**board : *un clavier*
- a screen : *un écran*
- a file : *un fichier*
- a word pro**cess**or : *un traitement de texte*
- a com**put**er game : *un jeu informatique*
- **cross**words : *les mots croisés*
- to spend time + V-ing : *passer du temps à faire quelque chose*
- **lei**sure /'leʒə/ : *les loisirs*
- enter**tain**ment /ˌentə'teɪnmənt/ : *le(s) divertissement(s)*

ANGLAIS

14 Expression orale

L'ESSENTIEL

La prise de parole en continu

C'est le type de compétence évaluée lors d'une **présentation d'exposé**, d'un **récit**, ou d'une **description de documents** (particulièrement d'images). Vous disposez généralement d'un temps de préparation en amont.

● Pendant la préparation

››› **Prendre des notes et les organiser**, sous forme de développement pour une description ou une analyse de document, dans l'ordre chronologique avec des marqueurs temporels pour un récit.

››› **Vérifier la prononciation** des mots difficiles dans un dictionnaire (certains dictionnaires en ligne donnent la prononciation audio des mots)

››› Penser à la **correction grammaticale** (s'il s'agit d'un récit au passé, bien utiliser le prétérit ; ne pas oublier le *s* de la 3e personne du singulier, etc.).

● Lors du passage à l'oral

Faire apparaître la structure de la présentation en utilisant des expressions qui permettront aux auditeurs de se repérer (*in my first part, I will deal with…*). Lors d'un exposé, on peut noter au tableau les noms propres, les mots ou dates clés.

La prise de parole en interaction

La prise de parole en interaction a lieu lorsque **plusieurs locuteurs** interagissent (question, mise au point à la fin d'un exposé ou d'un examen, dialogue imaginaire dans un jeu de rôles, etc).

››› En phase d'entraînement, **ne pas rédiger le dialogue** mais se mettre d'accord avec son partenaire sur les rôles de chacun, et noter une sorte de plan du dialogue. **Réemployer ce qui vient d'être vu** en cours concernant les structures, le lexique…

››› Si un mot manque, on peut utiliser des ***gap-fillers*** (*well…, I mean…*, etc.) ou rechercher un équivalent.

››› **Réfléchir** avant de prendre son tour de parole, quitte à l'indiquer (*let me think…*). Il est important dans cette phase d'expression, non seulement de **s'exprimer**, mais aussi de **réagir** à ce qui vient d'être dit. En cela, les expressions d'accord ou de désaccord peuvent être particulièrement utiles (voir chapitre 6).

L'intonation

L'intonation est la manière dont on « chante » la phrase, elle permet d'être mieux compris et influe sur le sens.

ATTENTION !

Il ne faut pas se contenter de lire des phrases toutes rédigées ! Est évaluée la capacité à s'exprimer avec un support minimum. D'où la nécessité de mettre le ton…

● En fin de phrase

Dans la majorité des cas, on descend régulièrement jusqu'à la dernière syllabe accentuée de la phrase. Là, il faut décider s'il faut monter ou descendre.

››› L'intonation est **descendante** à la fin des phrases affirmatives et impératives, ainsi qu'à la fin des questions ouvertes (réponse autre que oui ou non).

He let me use his moped.
Il m'a laissé utiliser son cyclomoteur.
When did he let you ride his moped?

››› Elle est **montante** à la fin des *yes/no questions*, et elle donne aux exclamatives une nuance de surprise.

Did he let you ride his moped?
He didn't let me ride his moped!

● Dans les *tags*

››› Elle est **montante** si le tag est équivalent à « n'est-ce pas ? » et exprime une interrogation (= vraie question)

She looks happy, doesn't she?
Elle a l'air heureuse, tu ne crois pas ?

Elle est **descendante** si ce tag exprime simplement l'attente d'un accord (= fausse question).

Nice weather, isn't it? Il fait beau, hein ?

››› Il en est de même pour le tag de surprise : elle est **montante** si on est vraiment surpris (= vraie question):

"He's late!" "Oh, is he?"
« Il est en retard ! » « C'est pas vrai ! »

Elle est **descendante** si on fait semblant d'être surpris, ou pour montrer de l'indifférence (= fausse question).

"He's late!" "Oh, is he?" « Il est en retard ! » « Tiens donc ! »

››› Elle est **montante** pour exprimer un ordre ou un conseil à l'impératif.

Tidy your room, will you? Range ta chambre, veux-tu ?

LES EXPRESSIONS CLÉS

Pour garder et donner les tours de parole

››› *I mean…* Je veux dire
››› *You know / you see / well…* Ben…
››› *You see what I mean?* Suis-je clair ?
››› *Pardon? / What was that again?* Pardon ?
››› *Could you say that again, please?* Tu peux répéter ?
››› *I didn't get it / your point.* Je n'ai pas compris.
››› *Over to you.* À toi.
››› *Mind you…* Remarquez…
››› *Sorry to interrupt you, but…* Désolé de vous interrompre, mais…
››› *My point is…* Ce que je veux dire, c'est que…
››› *Let me think…* Laisse-moi réfléchir

1 QUIZ **Trouver la phrase qui correspond le mieux à l'intention du locuteur.**

1. Donner la parole à son interlocuteur. ○
2. Intervenir dans une conversation déjà engagée. ○
3. Vérifier que votre interlocuteur vous a compris. ○
4. Clarifier un point. ○
5. Indiquer que l'on n'a pas compris un argument. ○
6. Demander un peu de temps pour rassembler ses idées. ○

○ **a.** I mean, this is very important to me.
○ **b.** I didn't get your point.
○ **c.** Over to you now!
○ **d.** Do you see what I mean?
○ **e.** Let me think…
○ **f.** Sorry to interrupt you, but I have to disagree on this.

2 **Cocher l'intonation de fin de phrase qui convient.**

1. I am deeply concerned about this issue. ↗ ☐ ↘ ☐
2. Why did she say that? ↗ ☐ ↘ ☐
3. I think he's mad, don't you? ↗ ☐ ↘ ☐
4. Oh! This present is beautiful, isn't it? ↗ ☐ ↘ ☐
5. Would you like to go to Japan? ↗ ☐ ↘ ☐

3 **Observer les phrases suivantes et l'intonation de fin de phrase indiquée par une flèche. Après avoir pratiqué l'intonation de ces phrases, compléter les phrases a. et b.**

She has invited Tom, Liz, Mike… ↗
What a killjoy you are! ↘
Give me this book immediately! ↘
I don't think you should spend so much time playing on your computer. ↘
Don't touch it! ↘
She has bought a wireless telephone. ↘

a. Les ordres, les déclarations (positives et négatives) et les exclamations ont une intonation…

b. Les phrases inachevées, les énumérations ont une intonation…

4 **Quelle intonation de fin de phrase (↘ ou ↗) note-t-on pour les questions suivantes ?**

1. Why don't you buy a laptop computer?
2. Did she change the chip?
3. Have you got a camcorder?
4. Who has changed the screen configuration?
5. How did you do that?

5 **Compléter le texte en choisissant l'une des deux options proposées, puis réorganiser le paragraphe de description dans un ordre logique.**

1. It represents a family of *illegals / immigrants* seen from the back.
2. This document is *a photograph / a painting*.
3. To conclude, this family is yearning to get there, like all the immigrants who've crossed *the frontier / the border*.
4. We guess they must be dreaming of becoming *refugees / citizens* in the USA, and of *going from rags to riches / being uprooted*, in order to live the American Dream.
5. They must be standing on a ship's deck staring at *the Statue of Liberty / Ellis Island*, which symbolises *hope / the customs*.

VOCABULAIRE

Émigration et immigration

- the **na**tive **coun**try : *le pays d'origine*
- a **na**tive : *un indigène, quelqu'un né dans le pays*
- the roots : *les racines*
- **up**rooted : *déraciné*
- to yearn /ˈjɜːn/ : *aspirer à*
- to become **in**tegrated : *s'intégrer*
- to go from rags (*haillons*) to riches : *passer de la misère à la richesse*
- to be **home**sick : *avoir le mal du pays*
- a refu**gee** /ˌrɛfjuːˈdʒiː/ : *un réfugié*
- il**le**gals : *les clandestins*
- un**do**cumented : *sans papier*
- a **smug**gler /ˈsmʌɡlə/ : *un passeur*
- the **bor**der : *la frontière*
- the **cus**toms /ˈkʌstəmz/ : *la douane*
- a **ci**tizen : *un citoyen*
- **ci**tizenship : *la citoyenneté*

15 The United Kingdom: historical landmarks

L'ESSENTIEL

The United Kingdom & Ireland

The invaders

● Sites such as **Stonehenge** show that Britain had always been inhabited, mostly by the Celts, until the island was invaded by Julius Caesar in 55 BC. The Romans left undeniable traces of their passage – **Hadrian's wall** separating England from Scotland, Bath…

● **The Anglo-Saxons** started invading the country in the 6th century and resisted the Viking raids that followed in the 9th century (**the Vikings** settled mostly in the North and founded, among others, the town of Dublin which is now the capital of Eire); however, they did not manage to oppose **the Normans** led by **William the Conqueror**, who invaded the country in 1066 after the battle of Hastings.

A troubled era

● Early British monarchy is embodied by **Henry VIII** (1509-1547), who founded the Church of England after the Roman Catholic Church refused his divorce, by **Mary Tudor** (1553-1558), known as "Bloody Mary", and by **Elizabeth I** (1558-1603) under whose reign William Shakespeare wrote some of the world's most famous plays.

● The middle of the 17th century was troubled by a **conflict** between King Charles I (1625-1649) and Parliament, which ended with the king's death, and the first and last dictatorship of the country, Oliver Cromwell's Republic (1649-1658). Monarchy was eventually restored in 1660.

ATTENTION !

Les noms des souverains se disent en utilisant les nombres ordinaux, et non cardinaux comme en français : Henry VIII se dit *Henry the eighth*, Elizabeth I, *Elizabeth the first*, etc.

The birth and fall of an empire

● The 19th century, marked by the long reign of **Queen Victoria** (1837-1901) and often referred to as "the Victorian era", is a time of invention, territorial expansion, as well as industrialisation and poverty. The map below shows how large the empire was at the beginning of the 20th century.

● But this century was that of decolonisation. However, most former colonies were integrated into the **Commonwealth** when they became independent. It now includes 53 countries, among which the United Kingdom, Canada, Australia, Belize, India and aims at promoting peace and educational, economic development.

VOCABULAIRE

to manage to : arriver à – *to embody* : incarner – *to restore* : restaurer, ramener – *former* : ancien(ne) – *to aim at* : viser à – *to promote* : promouvoir

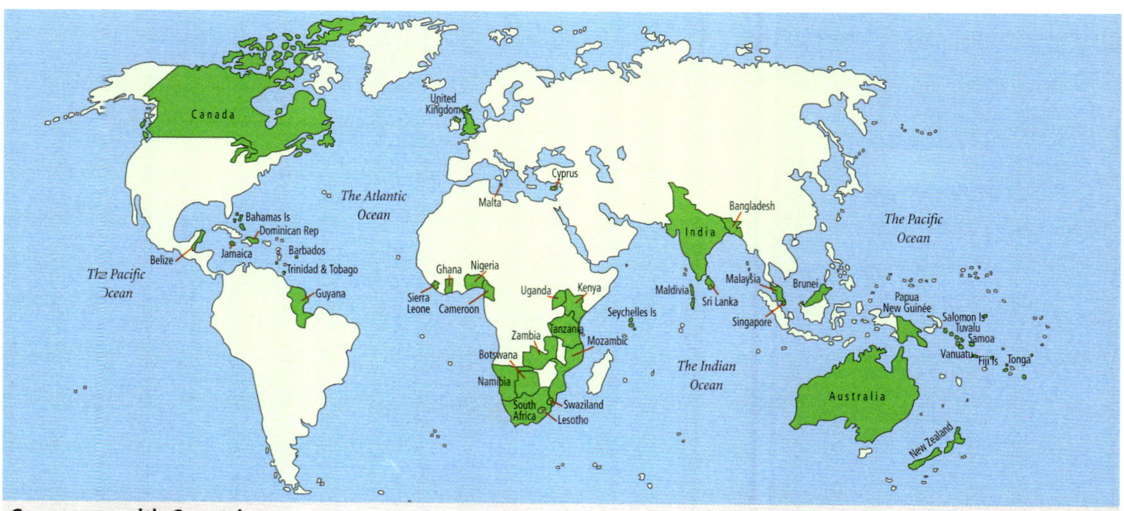

Commonwealth Countries

1 QUIZ

Right or wrong?

1. Dublin is the capital of Northern Ireland. R ☐ W ☐
2. Canada is part of the Commonwealth. R ☐ W ☐
3. Shakespeare lived under Queen Victoria's reign. R ☐ W ☐
4. The Victorian era took place in the 19th century. R ☐ W ☐
5. There are 63 countries in the Commonwealth. R ☐ W ☐
6. The Republic of Ireland is also called Eire. R ☐ W ☐
7. Eire is part of the United Kingdom. R ☐ W ☐
8. William the Conqueror was the chief of the Vikings. R ☐ W ☐

2 Lire « L'essentiel » puis répondre aux questions.

1. How many countries are there in the Commonwealth?
2. Who founded Dublin?
3. What was the name of Britain's dictator in 1655?
4. What invader arrived in 1066?
5. Who gave her name to the 19th century in Britain?

3 Compléter ce texte avec les mots proposés.

Britain – Braveheart – Eire – IRA – Ulster – Catholics – Ireland.

Wales signed the Act of Union with England in 1536. Scotland was claimed by the British King during the 13th century, which gave way to a rebellion led by William Wallace (known as "……"). Scottish sovereignty came back with King Robert the Bruce. In 1707, however, it officially became part of the kingdom of Great ……
Northern Ireland was invaded as early as in the 12th century. Several rebellions took place as the Irish, who were ……, were executed, transported or starved; gradually the population in …… (Northern Ireland) was replaced by protestants and in 1801, …… became officially part of what was then called "the United Kingdom" until 1921, when a strong rebellion made the British government partition Ireland and give its independence to Southern Ireland. Since then, in Northern Ireland, which is still under British control, the Irish Republican Army (……), made of Catholics, still rebels to get Ulster's independence but is opposed to by the Ulster Defence Army and the British government, who want the country to remain British. Will Ulster ever join ……?

4 Assigner les dates suivantes aux événements qui leur correspondent.

a. *July, 1st, 1690* – **b.** *1845* – **c.** *March, 17th* – **d.** *January, 1922* – **e.** *Sunday, 30th, January, 1972*

1. Saint Patrick's Day, Eire's National Day.
2. Great Potato Blight and Famine in Ireland: millions of Irishmen starved or emigrated to the USA.
3. 14 men were shot during a march for the independence of Ulster on what was called "Bloody Sunday".
4. Victory of William of Orange at the Battle of the Boyne commemorated by the (Protestant) Orange Order.
5. Eire became independent from the United Kingdom but 6 counties remained British (Ulster).

5 Faire correspondre les lettres de la carte avec leur appellation.

Great Britain – The British Isles – Wales – England – Eire – The United Kingdom – Scotland – Northern Ireland.

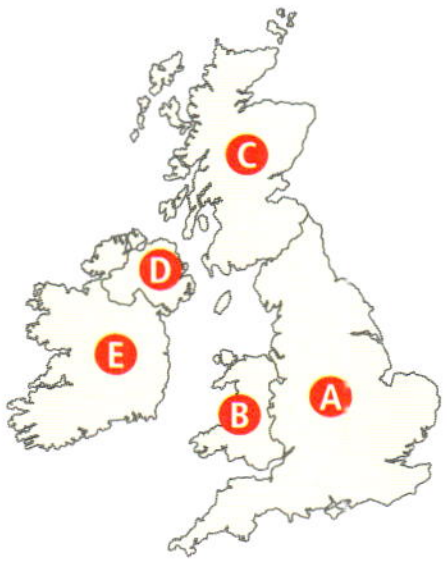

A: …… B: ……

C: …… D: ……

E: …… A+B+C: ……

A+B+C+D: …… A+B+C+D+E: ……

6 Tester ses connaissances. Comment fonctionne le système politique britannique ?

1. The head of the state is…
   - ☐ **a.** the King/Queen
   - ☐ **b.** the President
   - ☐ **c.** the Prime Minister
2. The person in charge of the executive power is…
   - ☐ **a.** the King/Queen
   - ☐ **b.** the President
   - ☐ **c.** the Prime Minister
3. The two major political parties are…
   - ☐ **a.** the Conservatives (Tories) and the Labour Party
   - ☐ **b.** the Republicans and the Democrats
4. The UK Parliament consists of…
   - ☐ **a.** the House of Lords and the House of Commons
   - ☐ **b.** Congress and the Senate
5. The Houses of Parliament are located next to…
   - ☐ **a.** Big Ben
   - ☐ **b.** Piccadilly Circus
6. The name of the Royal Residence in London is…
   - ☐ **a.** Windsor
   - ☐ **b.** Buckingham Palace
7. The TUC is the…
   - ☐ **a.** Transunion Canada
   - ☐ **b.** Trade Union Congress

POUR ALLER PLUS LOIN

www.bbc.co.uk/history/british
www.bbc.com/news/uk

ANGLAIS

16 The United States: historical landmarks

L'ESSENTIEL

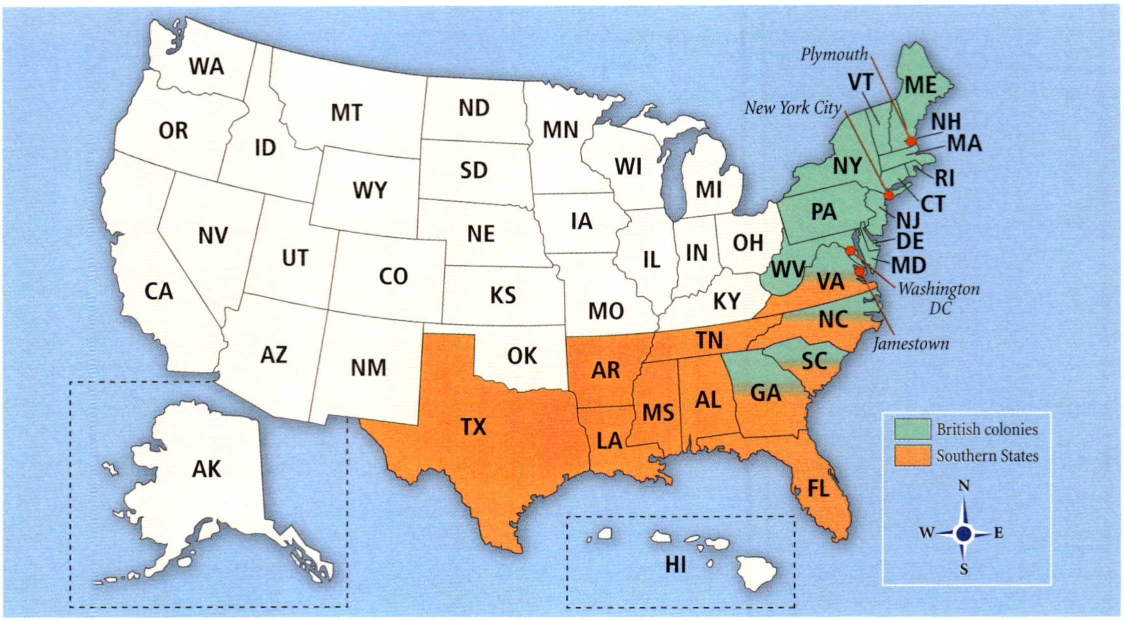

The origins

- Northern America was inhabited as early as in 10,000 BC by **Native Americans** (also called American Indians).
- The first Europeans who set foot on the continent were the **Vikings** around 1,000 AD, although **Christopher Columbus** is traditionnally thought to have discovered the continent in 1492.
- The first British town ever founded in North America is Jamestown, Virginia (1607). In 1620, the **Pilgrim Fathers**, fleeing Britain on board of the *Mayflower* to find religious freedom in this "Promised Land", founded the town of **Plymouth**, Virginia. One year later, in their first Thanksgiving, they thanked God for keeping them alive in that hard environment.

A new country

The 13 British colonies (in green on the map, East of the Proclamation line) declared their **independence** from Britain on July, 4th, 1776, after conflicts with Britain over taxation and parliamentary representation. After winning the Independence War led by George Washington, they gradually expanded westward by acquiring new territories, until 1959, when Hawaii was the 50th State to join the US.

The Civil War

- **The first African slaves** were brought to the US as early as in the 1660s, but slavery gradually became a major political and economic issue, as the South considered a free work force as necessary to sustain its economy.
- In 1860, after the election of abolitionist president Abraham Lincoln, 11 southern states (in orange on the map) decided to become independent and form a Confederation. This started the **Civil War** which ended in 1865 with the victory of the North and the abolition of slavery.

Native Americans

Except for the very early days of colonization, there had always been **warfare** against Native Americans, but the major territorial expansion of the Frontier in the second half of the 19th century made conflicts even harder. Massacres took place, such as in **Wounded Knee** in 1890, and the whole war ended with the creation of Indian reservations.

A nation of immigrants

- The USA has always attracted immigrants, looking for **political** and **religious freedom** as well as **economic opportunities** (the Gold Rush in the 1850s). The Famine in Ireland in the 1840s and industrialisation were major causes for emigration.
- To control the overflow of immigrants, the Americans set up **immigration centres** such as Ellis Island in New York, which was open from 1892 to 1954; but in the early 20th century, new laws established immigration quotas. Now a "Green Card" is necessary for foreigners to live and work in America.

VOCABULAIRE

Native Americans : les Amérindiens – *to set up* : installer – *a settlement* : une colonie – *a pilgrim* : un pèlerin – *Thanksgiving* : action de grâce fêtée le 4e jeudi de novembre aux USA – *westward* : en direction de l'ouest – *slavery* : l'esclavage – *the Civil War* : la guerre de Sécession – *a reservation* : une réserve – *the Gold Rush* : la ruée vers l'or

ANGLAIS

S'ENTRAÎNER

1 QUIZ

Right or wrong?

1. Christopher Columbus was the 1st European to set foot in America. R ☐ W ☐
2. "Native Americans" refers to the *Mayflower* people. R ☐ W ☐
3. The Proclamation Line set up the western limit of the original British colonies. R ☐ W ☐
4. The Confederation gathered eleven southern states. R ☐ W ☐
5. Christopher Columbus brought the first slaves to the USA. R ☐ W ☐
6. The end of slavery was the work of Abraham Lincoln. R ☐ W ☐
7. Settlers declared war to the Native Americans as soon as they set foot in America. R ☐ W ☐
8. Indian reservations were created as early as the first settlements. R ☐ W ☐
9. Everybody can now migrate to the USA to find a job there. R ☐ W ☐

2 **Lire « L'essentiel » et compléter.**

1. The document now required to live in the US is ……
2. The first Thanksgiving was celebrated in ……
3. During the Civil War, the …… was in favour of slavery, whereas the …… was against it.
4. Independence Day is celebrated on ……
5. The capital city of the US is ……

3 **Faire correspondre les amendements à la Constitution américaine et leur contenu.**

1. First Amendment (1791)
2. Second Amendment (1791)
3. Thirteenth Amendment (1865)
4. Eighteenth Amendment (1919)
5. Nineteenth Amendment (1920)

a. Drinking alcohol is forbidden (Prohibition).
b. Freedom of speech is guaranteed.
c. Women can vote.
d. People can carry guns.
e. Slavery is abolished.

4 **Plus de la moitié des États américains tirent leur nom d'un mot indien. Retrouver certains de ces États dont voici les abréviations.**

UT: …… OH: ……

MI: …… IA: ……

CO: …… IL: ……

5 **Associer les mots suivants à New York ou Washington.**

5th Avenue – the Capitol – Manhattan – the Bronx – the White House – Ellis Island – Lincoln Memorial – the Potomac – the Statue of Liberty – Broadway

1. New York City: ……
2. Washington, DC: ……

6 **Compléter le texte avec les propositions suivantes.**

arrested – led – rights – speech – influenced – abolished – assassinated – movement – launched – black – South

Although slavery had been …… in 1865, equality of …… did not exist between blacks and whites, particularly in the …… In 1955, the Civil Rights …… was …… after an elderly …… lady called Rosa Parks was …… for refusing to give her bus seat to a white man. The Movement was mostly …… by Martin Luther King, a black clergyman, who delivered his famous "I Have a Dream" …… in 1963, but was …… in 1968. Other movements, such as the Black Panthers, strongly …… by Malcolm X's ideas, also started in the 1960s.

7 **Faire correspondre le début de chaque phrase à sa fin.**

1. *A Nation of immigrants*…
2. John F. Kennedy…
3. Life at the time of the Frontier…
4. "The New Frontier" that Kennedy defined…
5. Klondike…

a. …was characterized by a spirit of conquest, and associated with guns, cow-boys and Indians.
b. …is a book by John F. Kennedy asserting that the Americans are all descendants of immigrants.
c. …is the conquest of space – and the Moon.
d. …was a Democrat president and was assassinated in 1963 in Dallas, Texas.
e. …is famous for the Gold Rush that took place there around 1850.

POUR ALLER PLUS LOIN

www.nationsonline.org/oneworld/united_states.htm
www.britannica.com
www.americanhistoryusa.com

Espagnol

Des podcasts de révision audio sur
www.hatier-entrainement.com

Date

Points clés de grammaire

Quelques repères de civilisation

1 La prononciation et l'accentuation

L'ESSENTIEL

Prononciation

Les voyelles

- ***e*** est fermé et se prononce toujours « é » ; le ***e*** muet n'existe pas.
- ***u*** se prononce toujours « ou » et jamais comme dans le français « rue ». On l'entend toujours dans les groupes ***au***, ***eu***, ***iu*** : *agua, Reus, miura*. En revanche, on ne l'entend pas dans les groupes ***que*** et ***gue*** (*albaricoque, azogue*), sauf dans quelques mots comportant un tréma, comme *cigüeña*.

Les consonnes

- ***b*** et ***v*** se prononcent, **en pratique**, **presque** de la même façon, c'est-à-dire comme le « b » français.
- ***c*** se prononce « k » devant ***a***, ***o***, ***u*** et comme le « th » [θ] anglais, devant ***e*** et ***i***.
- ***g*** est dur devant ***a***, ***o***, ***u*** : *agachar, Gomera, agua* ; il se prononce dans la gorge (son guttural de la *jota*) devant ***e*** et ***i*** : *genial, Giralda* ; on l'entend dans ***gn***, comme dans le français « agnostique » : *indignarse*.
- ***h*** est muet et jamais aspiré : *hierro, higo, hincha*.
- ***j*** (*jota*) est toujours guttural : *jarabe, caja*.
- ***r*** en début de mot, est roulé comme un ***r*** double : *rama, derramar, carro*. Il est moins appuyé entre deux voyelles : *caro*, ou en fin de mot : *mar*.
- ***t*** est toujours dur, même entre deux voyelles, c'est-à-dire jamais comme dans le mot « locomotion » mais toujours comme dans « Tatiana » : *patio, sitio*.
- ***z*** a toujours la valeur du « th » anglais [θ], on met le bout de la langue entre les dents : *Zara, zona*.

Les trois lettres supplémentaires

- ***ch*** se prononce [tch] comme dans « tchèque » : *chicharra*.
- ***ñ*** se prononce « gn », comme dans le français « grogner » : *mañana*.
- ***ll*** peut avoir des variantes, mais se rapproche globalement du son « l » du français « lieu » ou « pallier » : *paella, llover, llenar*.

Accent tonique

En espagnol l'accentuation des mots répond à des règles très précises, ce qui la rend facile à déterminer.

- Les mots qui se terminent par **une voyelle, un *n* ou un *s*** sont accentués sur l'avant-dernière syllabe : *mano* (main), *perra* (chienne), *cantan* (ils chantent).
- Les mots qui se terminent par **une consonne** (autre que *n* ou *s*) sont accentués sur la dernière : *azahar* (fleur d'oranger), *saber* (savoir), *boreal* (boréal).
- Toute accentuation irrégulière est signalée par un accent écrit : *azúcar* (sucre), *almíbar* (sirop), *refrán* (dicton).

Accent écrit

- Il permet de distinguer :
  - des mots semblables qui n'ont pas la même fonction : *si* (condition) ≠ *sí* (affirmation), *solo* (seul) ≠ *sólo* (seulement) ;
  - les pronoms relatifs et les mots interrogatifs : *que* (quoi, que) ≠ *qué* (quoi ? que ?), *donde* (où) ≠ *dónde* (où ?) ;
  - les adjectifs et les pronoms démonstratifs : *aquel* (ce) ≠ *aquél* (celui-ci).
- Lorsque deux voyelles se suivent, l'accent écrit les sépare :
  - *ia* forme une syllabe : *terapia* ;
  - *ía* en forme deux : *sequía*.

ATTENTION !

Un accent peut tout changer ! Parfois, seul un accent distingue des mots qui ont un sens très différent : *el Papa* (le Pape), *Papá* (Papa) ; *la sabana* (la savane), *la sábana* (le drap).

LES EXPRESSIONS CLÉS

Pour animer un dialogue

- ***Ya, ya, vale**, nos vemos mañana.*
  Oui, oui, d'accord, on se voit demain.
- ***Ya lo tengo**, ahora me acuerdo muy bien.*
  Ça y est, j'y suis, maintenant je m'en souviens bien.
- ***¡Ya lo sé!** Me lo has dicho cien veces.*
  Mais je le sais bien, tu me l'as dit cent fois !
- ***Pues**, no sé qué decirte.*
  Eh bien, je ne sais pas quoi te dire.
- ***A ver** lo que podríamos hacer esta tarde.*
  Euh, voyons ce que l'on pourrait faire cet après-midi.
- *¿**Te apetece** ir al Prado? ¿Qué te parece?*
  Tu as envie d'aller au Prado ? Qu'en penses-tu ?
- ***¡Eso sí que** es una buena idea!*
  Ça, c'est une bonne idée !
- ***¿Verdad que sí?***
  N'est-ce pas ?
- ***¡Será** posible!*
  Mais ce n'est pas possible !
- ***¡Hombre!** No lo tomes así.* (à un homme ou à une femme)
  ***¡Mujer!** No lo tomes así.* (à une femme)
  Mais enfin, ne le prends pas comme ça !

S'ENTRAÎNER

1 QUIZ

Cocher la forme qui convient.

1. ¿Y … qué sabes?	☐ **a.** tú	☐ **b.** tu
2. No sé … vive.	☐ **a.** donde	☐ **b.** dónde
3. No quiero este vestido, quiero …	☐ **a.** ese	☐ **b.** ése
4. ¿Hay una carta para …?	☐ **a.** mí	☐ **b.** mi

2 **Dans les mots qui suivent, souligner la voyelle accentuée.**

gato – cuidadosamente – coche – marroquí – Antequera – está – rosal – élite – bodegón – gorriones – llaman – Amenábar – esta – añil – perdiz – Manzanares – cachorro – Guadalquivir – raja – rosaleda – Macarena – Retiro – callejuela – noviazgo – desgraciadamente – espiral

3 **Souligner toutes les syllabes accentuées dans les phrases suivantes.**

1. Ayer hacía un tiempo espléndido así que fuimos a la playa de Málaga con María, Javier, Eugenio, José, sus hijos y su hermana política y lo pasamos muy bien.
2. Sus padres eran famosos campeones de esquí pero él es aficionado al fútbol y sueña con jugar en el Real Madrid.
3. Estaba impaciente de visitar el Museo del Prado para admirar los cuadros de Velázquez y Zurbarán. Quedó muy impresionado por las obras de Goya, y no puede olvidar a ese perro negro de la Quinta del Sordo. Pero reconoce que el *Guernica* de Picasso, en el Reina Sofía le dio escalofríos, aunque lo había estudiado en clase y pensaba conocerlo bien.

4 **Prononcer les mots suivants.**

naranja – berenjena – pájaro – Guadalajara – Jarama – ramaje – Jorge – Ramón – jamón – rojo – jarro – raro – rollo – llorar – muchachas – lluvia – vino – cueva – vivir – dedicado – bebido – corcovado – zozobrar – zarza – zorro – sosos – sinsabores

POUR VOUS AIDER

Rouler le ***r*** n'est pas toujours facile et immédiat. Le ***[l]*** est le son qui s'en rapproche le plus : il ne reste plus qu'à faire vibrer la langue.
À ne pas confondre avec la jota ***[j]***, qui est gutturale.

5 **Prononcer les phrases suivantes.**

1. El perro de San Roque no tiene rabo porque Ramón Ramírez se lo ha robado.
2. Tres tristes tigres tragan trigo en un trigal.
3. Al zapatero zurdo de Zaragoza le gusta la zarzuela de su socio Zacarías.

6 **Rétablir les accents dans le texte suivant raconté au passé.**

Anoche, cuando llegue a casa, note algo raro en el piso. Eche una mirada y me di cuenta de que la habitacion de Angela estaba ordenada. ¿Que le habra pasado? pense. Ojala no este enferma. Entonces, cuando volvio del colegio fue lo primero que le pregunte y le dije: "Hola, hija mia, ¿que tal? ¿Que ocurre? ¿Asi que has arreglado el cuarto?" Pues, si, me contesto, ha venido Jose a trabajar a casa esta tarde porque habia perdido un curso y yo no queria que tuviera un choque."

7 **Rétablir les accents.**

Por aqui, por aca,
A Cordoba se va.
Quiero ir por aqui
A cortar alheli (= *giroflée*).
Quiero ir por aca,
A tocar maraca.

8 **Rétablir les accents.**

1. Estaba impaciente de viajar por la sabana para ver un leon.
2. El Papa hizo un viaje a Santiago.
3. ¿Te apetece una raja de melon con jamon?
4. He puesto las sabanas en la lavadora.
5. Los Papas viven en Roma.
6. Sus papas vuelven de Roma.
7. Cuenta que un raja se enamoro de su abuela.
8. Su papa acaba de regalar un libro a Santiago.

VOCABULAIRE

La famille

- los padres : *les parents*
- el hijo : *le fils*
- los hijos : *les enfants*
- los abuelos : *les grands-parents*
- el nieto : *le petit-fils*
- un pariente : *un membre de la famille*
- el hermano : *le frère*
- el sobrino : *le neveu*
- los tíos : *les oncles*
- los primos : *les cousins*
- casarse : *se marier*
- la pareja : *le couple*
- los novios : *les fiancés, les mariés (le jour du mariage)*
- los recién casados : *les jeunes mariés*
- la boda : *le mariage (cérémonie)*
- el matrimonio : *le mariage, le ménage*
- divorciarse : *divorcer*
- el suegro (el padre político) : *le beau-père*
- el padrastro : *le beau-père (remariage)*
- el yerno : *le gendre*
- la nuera : *la bru, la belle-fille*
- la hermanastra : *la demi-sœur*
- el viudo : *le veuf*

2 Le groupe nominal

L'ESSENTIEL

Le genre des noms

- En général, les mots se terminant par **o** sont masculins et ceux se terminant par **a** sont féminins. Mais on dit : *la mano* (la main), *el problema* (le problème).
- Certains mots changent de sens selon le genre : *la frente* (le front, partie du visage) ≠ *el frente* (le front, en parlant d'une guerre).
- Tous les mots en **-or** sont masculins : *el calor* (la chaleur), *el dolor* (la douleur)… **sauf** *la flor* (la fleur), *la coliflor* (le chou-fleur), *la labor* (le travail), *la sor* (« la sœur », la religieuse).
- Les noms de fleuves, de montagnes, de mers, de voitures sont masculins : *el Garona, los Pirineos, el Mediterráneo, un Renault.*
- Sont féminins les noms qui se terminent en **-dad** et **-tad** : *libertad* (liberté), *verdad* (vérité) ; en **-ción**, **-sión**, **-zón** : *canción* (chanson), *pasión* (passion), *razón* (raison) mais <u>*el*</u> *corazón* (le cœur) ; en **-triz** : *actriz* (actrice) ; en **-ez** : *palidez* (pâleur) mais <u>*el*</u> *pez* (le poisson) ; en **-tud** : *actitud* (attitude).
- De nombreux mots n'ont pas le même genre dans les deux langues : *la nariz* (le nez), *la sangre* (le sang), *la leche* (le lait).

La formation du féminin

- **Le féminin des noms**

››› Les noms qui se terminent par **o** le changent en **a**.
››› Les noms qui se terminent par **e** le changent généralement en **a** (mais *el/la cantante*).
››› Les noms qui se terminent par une consonne ajoutent un **a** : *director, directora.*

- **Le féminin des adjectifs**

››› Les adjectifs en **-o** le changent en **a** : *un vestido rojo* (une robe rouge), *una camiseta roja* (un T-shirt rouge).
››› Les autres ne changent pas : *un problema difícil* (un problème difficile), *una tarea difícil* (un travail difficile) sauf :
– les adjectifs de nationalité (*portugués → portuguesa, catalán → catalana*) ;
– les adjectifs qui se terminent par **-dor**, **-sor**, **-tor**, **-ón**, **-án**, **-ín**, **-ote**, **-ete** : *encantadora* (charmante), *comilona* (gloutonne), *parlanchina* (bavarde).

La formation du pluriel

- **Pluriel en -*s***

››› Mots terminés par une voyelle non accentuée :
el gato negro → los gatos negros.
››› Mots terminés par **a**, **e**, **o**, **u** accentué : *marajás, chalés, menús.* Mais attention : *tabú → tabues…*

- **Pluriel en -*es***

››› Mots terminés par un ***i*** accentué, en général :
alhelí (giroflée) → *alhelíes, Iraní* (iranien) → *iraníes.*
››› Mots terminés par une consonne sauf **s** ou **y** :
el buey (le bœuf) → *los bueyes.*
Si la syllabe finale porte un accent, il disparaît au pluriel :
la canción (la chanson) → *las canciones.*

- **Autres cas**

››› Les mots terminés par un **s** sont invariables s'ils ne sont pas accentués sur la dernière syllabe :
el lunes (le lundi) → *los lunes.*
Si la dernière syllabe est accentuée, ils prennent **-es** :
el autobús → los autobuses.
››› Les mots terminés par un **z** ont le pluriel en **-ces** :
el lápiz (le crayon) → *los lápices,*
la imperatriz (l'impératrice) → *las imperatrices.*

ATTENTION !
Dans quelques mots l'accent se déplace au pluriel :
carácter → caracteres, régimen → regímenes, espécimen → especímenes.

ESPAGNOL

LES EXPRESSIONS CLÉS

Pour téléphoner

››› *¿Puedo llamar por teléfono?*
Je peux passer un coup de fil ?

››› *¿Puedo utilizar tu móvil?*
Je peux me servir de ton portable ?

››› *Aquí centralita. Le pongo con la extensión.*
Ici le standard. Je vous passe le poste.

››› *Quisiera hablar con Pablo Ruiz.*
Je voudrais parler à Pablo Ruiz.

››› *No cuelgue, por favor.*
Ne raccrochez pas.

››› *Hola, soy Juan. No puedo venir esta tarde, llámame en cuanto tengas este mensaje.*
Salut, c'est Juan. Je ne peux pas venir ce soir, appelle-moi dès que tu auras ce message.

››› *¡Oiga!* (quand on appelle) Allo !
¡Diga! (quand on décroche) Allo !
››› *Quisiera llamar a cobro revertido.*
Je voudrais appeler en PCV.

S'ENTRAÎNER

1 QUIZ

Cocher l'article qui convient.

1. Fue a visitar los castillos … Loira.	☐ **a.** de la	☐ **b.** del
2. A Pablo le encanta … leche.	☐ **a.** el	☐ **b.** la
3. … dolor fue insoportable.	☐ **a.** La	☐ **b.** El
4. … Garona pasa por Burdeos.	☐ **a.** El	☐ **b.** La
5. Se compró … Ferrari de colección.	☐ **a.** una	☐ **b.** un

2 **Compléter avec l'article adéquat.**

1. Me gusta … coliflor al gratén.
2. … Seat 600 de los años 60 tuvo mucho éxito.
3. … flor preferida de Ana es el gardenia.
4. Le es difícil soportar … calor.
5. Recibió la pelota en … nariz.
6. Por … mar corren … liebres, por … monte … sardinas.
7. … Sena da mucho encanto a París.
8. Suele ir a esquiar en Baqueira, en … Pirineos.
9. Sus padres se van en barco por … Mediterráneo.
10. Su abuelo murió en … frente, durante la guerra.

3 **Mettre au féminin les groupes nominaux suivants.**

1. el actor inglés
2. el estudiante francés
3. un profesor interesante
4. el peluquero amable
5. un cliente desagradable
6. el emperador chino
7. el hijo menor
8. el cantante famoso
9. el Rey español
10. el dependiente cansado
11. el niño ingenuo
12. el conductor imprudente
13. el Príncipe joven
14. sus amigos madrileños
15. el padre de Vicente
16. el director artístico
17. el escritor alemán
18. el médico simpático

4 **Mettre au pluriel.**

1. la Comunidad Autónoma
2. el gato montés
3. el carácter difícil
4. una joven feliz
5. el régimen dictatorial
6. una imagen atroz
7. un turista parlanchín
8. una mujer iraní
9. el campeón alemán
10. el olivar andaluz
11. un espécimen frágil
12. el lunes triste
13. una acción fantástica
14. el crimen impune
15. el rey inglés
16. un menú barato
17. una luz deslumbrante
18. el lápiz azul
19. una ciudad espectacular
20. el mar gris
21. la actriz ágil
22. el león feroz
23. una capital occidental
24. una imperatriz cruel

5 **Accorder en nombre et en genre les mots entre parenthèses.**

– Tengo una noticia … (interesante) que contarte. Elvira Camps es la … (nuevo novio) de Pedro Gutiérrez.
– No veo quién es …
– Es una … (chico) de Cuarto B, … (rubio), con ojos … (azul), gafas … (enorme). Suele llevar una mochila … (verde), vaqueros … (destrozado)
– ¡Ahora sí veo de quién estás hablando! ¡Pero es … (feo) y … (presumido)!
– Estoy totalmente de acuerdo contigo. El pobre Pedro es un … (idiota).

POUR VOUS AIDER

N'oubliez pas que le changement de genre ou de nombre peut entraîner un déplacement ou une suppression de l'accent écrit.

VOCABULAIRE

Les caractéristiques physiques

- guapo ≠ feo : *beau ≠ laid*
- alto ≠ bajo : *grand ≠ petit*
- gordo ≠ delgado : *gros ≠ mince*
- la estatura : *la taille*
- el tipo = la silueta : *la silhouette*
- engordar : *grossir*
- adelgazar : *maigrir*
- el pelo, los cabellos : *les cheveux*
- corto ≠ largo : *court ≠ long*
- rizado ≠ lacio : *frisé ≠ raide*
- el flequillo : *la frange*
- moreno : *brun*
- rubio : *blond*
- pelirrojo : *roux*
- negro : *noir*
- los ojos : *les yeux*
- las gafas : *les lunettes*
- la frente : *le front*
- la nariz : *le nez*
- la boca : *la bouche*
- los labios : *les lèvres*
- la barbilla : *le menton*

3 Les pronoms personnels

L'ESSENTIEL

Les pronoms

Sujet	Complément	
	après préposition	sans préposition
yo	*mí*	*me*
tú	*ti*	*te*
él, ella *Usted* (politesse) *ello* (neutre)	*él, ella* *Usted* (politesse) *ello* (neutre) *sí* (réfléchi)	*le, lo, la* *le* (indirect) *se* (réfléchi)
nosotros, nosotras	*nosotros, nosotras*	*nos*
vosotros, vosotras	*vosotros, vosotras*	*os*
ellos, ellas *Ustedes* (politesse)	*ellos, ellas* *Ustedes* (politesse) *sí* (réfléchi)	*les, los, las* *les* (indirect) *se* (réfléchi)

Le pronom sujet

Dans l'usage courant, la forme verbale suffit à déterminer le pronom sujet. Le fait de l'exprimer a donc un effet d'insistance : *come* (il mange), ***él** come* (**lui**, il mange).

La forme de politesse

- La forme de politesse *Usted* correspond à la troisième personne du singulier car elle est la contraction de *Vuestra Merced* (Votre Grâce), et *Ustedes* à la troisième personne du pluriel (*Vuestras Mercedes*).
- *Vosotros*, « tutoiement pluriel », correspond à la deuxième personne du pluriel.

Les erreurs à éviter

- *Mí* porte un accent pour le distinguer du possessif *mi* (mon).

> **ATTENTION !**
> *Ti* ne porte pas d'accent car il n'y a pas de confusion possible avec le possessif *tu* (ton).

- Les pronoms *mí, ti* et *sí* se combinent avec la préposition *con* sous cette forme : *conmigo, contigo, consigo* (lorsque le pronom est réfléchi).

  No voy con él. Je ne vais pas avec lui.
  Mais : *Él viene conmigo.* Il vient avec moi.
  No estoy de acuerdo contigo.
  Je ne suis pas d'accord avec toi.
  No las tenía todas consigo. Il n'était pas très rassuré.

- Le complément d'objet indirect *me* se place toujours après *te* ou *se* : *se me ocurre* (cela me vient à l'esprit).
Si les deux pronoms correspondent à la troisième personne, *le* complément indirect se transforme en *se* et se place en premier : *se lo enseña* (il le lui montre), *se las describe* (il les lui décrit).

L'enclise

- On nomme ainsi le fait de placer les pronoms à la fin d'une forme verbale. L'enclise est **obligatoire** à l'infinitif, à l'impératif et au gérondif : *sentarse, escríbele, hablándole.*
- Il peut y avoir deux pronoms dits *enclitiques* qui se suivent mais un seul ordre possible, le réfléchi en premier : *ocurrírsele, tráemelo, describiéndoselo.*

LES EXPRESSIONS CLÉS

Pour organiser son argumentation

- ***Primero** (en primer lugar), tengo que explicar el título.*
D'abord, je dois expliquer le titre.
- ***Ahora bien**, el autor quiere convencernos de que…*
Or, l'auteur veut nous convaincre que cela…
- ***Sin embargo** (no obstante), no comparto esta opinión.*
Cependant, je ne partage pas cette opinion.
- ***Entonces**, nos damos cuenta de que el héroe…*
Alors, nous nous rendons compte que le héros…
- *Es conmovedor **pues** se trata de una historia verdadera.*
C'est émouvant car il s'agit d'une histoire vraie.
- *Pienso **luego** soy.* Je pense donc je suis.
- *Lo sabemos **puesto que** (ya que) está indicado en el capítulo precedente.* Nous le savons puisque c'est indiqué dans le chapitre précédent.
- ***A pesar de** todos los argumentos no estoy convencido/a.*
Malgré tous les arguments, je ne suis pas convaincu/e.
- ***Con todo**, me interesó mucho.*
Malgré tout, cela m'a beaucoup intéressé.
- ***Se puede notar** que el tono se vuelve lírico.*
On peut remarquer que le ton devient lyrique.
- ***No cabe duda** de que es un testimonio valioso.*
Il n'y a aucun doute que c'est un témoignage précieux.
- ***Al fin y al cabo**, el autor no propone solución.*
En fin de compte, l'auteur ne propose pas de solution.
- ***En resumidas cuentas**, ¿no te gustó la historia?*
En résumé, tu n'as pas aimé l'histoire ?
- ***A modo de conclusión**, diré que no es su mejor obra.*
En conclusion, je dirai que ce n'est pas sa meilleure œuvre.

S'ENTRAÎNER

QUIZ

1 **Relier les pronoms et les formes verbales correspondantes.**

yo ○	○ leías
vosotros ○	○ escribieron
Usted ○	○ comerá
tú ○	○ recibís
Ustedes ○	○ quepo

2 **Remettre les mots dans l'ordre.**

1. ¿mí / por qué / dices / me / a / lo?
2. os / yo / contaré / lo
3. te / hemos / no / pedido / lo
4. a / se / digo / lo / yo / Usted
5. gana / lo / vosotros / la / os / hacéis / da / que
6. ¿enseñará / lo / me / Usted?
7. las / se / él / da
8. ¿conmigo / por qué / vienes / tú / no?
9. dio / lo / nos / Anselmo
10. ¿prestas / las / a / me / mí?

3 **Compléter par le pronom qui convient.**

1. Vosotros … divertís.
2. Ustedes … van.
3. Nosotros no … damos cuenta.
4. Yo … duermo.
5. Tú … aburres.

4 **Donner une autre construction en pratiquant l'enclise.**

1. ¿No te quieres sentar?
2. No se lo puedo preguntar.
3. ¿Me lo puedes prestar?
4. Te lo quiso explicar.
5. No te lo podemos dar.

5 **Traduire.**

1. Je le lui explique. – **2.** Tu viens avec moi au cinéma. – **3.** Monsieur, il vous le demande. – **4.** Mes enfants, je vous l'envoie. – **5.** Il ne veut pas te le dire. – **6.** Tu pars avec lui ? – **7.** Elle la lui prête. – **8.** Il le lui répète. – **9.** Il l'a emporté avec lui. – **10.** Vous venez à Madrid avec nous, Monsieur ?

6 **Réviser la conjugaison des verbes réguliers puis mettre les verbes entre parenthèses au temps indiqué.**

1. Présent
a. Vosotros … (escribir) a vuestra abuela.
b. Ustedes … (comer) en casa de Luis.
c. Yo … (tocar) violín.

2. Imparfait
a. Nosotros … (subir) hasta el castillo.
b. Usted … (bailar) bien.

3. Futur
a. Vosotros … (hablar) portugués.
b. Ustedes … (recorrer) la ciudad.

4. Conditionnel
a. ¿Ella … (creer) lo que dices?
b. Usted … (ayudar) a su nieto.
c. Vosotros … (vivir) en el campo.

5. Passé simple
a. Usted … (vender) su coche.
b. Ellos … (vivir) en el pueblo.

6. Subjonctif présent
a. Es necesario que Usted … (desayunar).
b. Es imposible que nosotros … (recibir) a tanta gente.

7. Subjonctif imparfait
a. No quería que tú … (beber) otra cerveza.
b. Era una buena idea que vosotros … (pasear).
c. ¿Sería posible que Usted … (recibir) a Juan?

8. Impératif (à la personne indiquée)
a. Usted se sienta en un sillón.
b. Me lo dices hoy.
c. Me lo escribís rápido.

POUR VOUS AIDER

Soyez vigilant, les formes verbales portant un accent écrit varient suivant les personnes et les temps.

VOCABULAIRE

L'éducation

- el instituto : *le lycée*
- el aula : *la salle de cours*
- el patio de recreo : *la cour (de récréation)*
- la pizarra : *le tableau*
- pasar la lista : *faire l'appel*
- pirarse una clase : *sécher un cours*
- la asignatura : *la matière*
- las mates : *les maths*
- el empollón : *l'élève bûcheur*
- sacar una buena nota : *obtenir une bonne note*
- estar pegado : *sécher sur un sujet*
- la chuleta : *l'antisèche*
- el bachillerato : *le bac*
- aprobar : *réussir*
- matricularse : *s'inscrire*
- la carrera de Derecho : *les études de droit*
- la licenciatura : *la licence*
- la salida : *le débouché*

4 La conjugaison : diphtongaison et affaiblissement

L'ESSENTIEL

La diphtongaison

● Certains verbes « diphtonguent », c'est-à-dire que sous le poids de l'accent tonique, la voyelle du radical, **o** ou **e**, devient **ue** ou **ie**.

● Les temps concernés se limitent donc au présent de l'indicatif et du subjonctif, et par conséquent à l'impératif, puisque, pour les autres temps, l'accent tonique ne tombe pas sur le radical. Très logiquement, les deux premières personnes du pluriel, qui ont une syllabe de plus, ne sont pas affectées par ce phénomène.

● **Exemples**

››› *volver* (o → **ue**)

Indicatif présent	*vuelvo, vuelves, vuelve, volvemos, volvéis, vuelven*
Subjonctif présent	*vuelva, vuelvas, vuelva, volvamos, volváis, vuelvan*
Impératif	*vuelve, vuelva, volvamos, volved, vuelvan*

››› *cerrar* (e → **ie**)

Indicatif présent	*cierro, cierras, cierra, cerramos, cerráis, cierran*
Subjonctif présent	*cierre, cierres, cierre, cerremos, cerréis, cierren*
Impératif	*cierra, cierre, cerremos, cerrad, cierren*

L'affaiblissement

● Une autre catégorie de verbes « s'affaiblissent », c'est-à-dire que le **e** du radical, lorsqu'il est voyelle tonique, se transforme en ***i***.

● Les temps concernés sont le présent de l'indicatif (sauf aux deux premières personnes du pluriel) et du subjonctif, l'impératif (sauf forme *vosotros*), le passé simple (à la 3e personne du singulier et du pluriel) et le subjonctif imparfait (à toutes les personnes puisqu'il dérive de la 3e personne du pluriel du passé simple), et le gérondif.

● Le « verbe type » est ***pedir***.

Indicatif présent	*pido, pides, pide, pedimos, pedís, piden*
Subjonctif présent	*pida, pidas, pida, pidamos, pidáis, pidan*
Impératif	*pide, pida, pidamos, pedid, pidan*
Passé simple	*pedí, pediste, pidió, pedimos, pedisteis, pidieron*
Subjonctif imparfait	*pidiera, pidieras, pidiera, pidiéramos, pidierais, pidieran*
Gérondif	*pidiendo*

Diphtongaison + affaiblissement

● D'autres verbes, ayant un **e** au radical, suivi de ***r*** ou ***nt***, cumulent les deux phénomènes. Les temps concernés sont le présent de l'indicatif et du subjonctif, l'impératif, le passé simple, le subjonctif imparfait, et le gérondif.

● Le « verbe type » est ***sentir***.

Indicatif présent	*siento, sientes, siente, sentimos, sentís, sienten*
Subjonctif présent	*sienta, sientas, sienta, sintamos, sintáis, sientan*
Impératif	*siente, sienta, sintamos, sentid, sientan*
Passé simple	*sentí, sentiste, sintió, sentimos, sentisteis, sintieron*
Subjonctif imparfait	*sintiera, sintieras, sintiera, sintiéramos, sintierais, sintieran*
Gérondif	*sintiendo*

REMARQUE

Seuls deux verbes ayant un ***o*** au radical ont cette particularité : *dormir* et *morir*.

LES EXPRESSIONS CLÉS

Pour exprimer la condition, la conséquence

››› *Si pudiéramos… lo haríamos.*
Si nous pouvions…, nous le ferions.

››› *Si por lo menos te gustara…* Si au moins tu aimais…

››› *con tal de que :* à condition que

››› *a no ser que :* à moins que

››› ***De no ser*** *tan caro el espectáculo, iría contigo.*
Si le spectacle n'était pas si cher, j'irais avec toi.

››› ***Tal y como está la cosa****, creo que…*
Étant donné la situation, je crois que…

››› *por consiguiente :* par conséquent

››› *de tal modo que :* si bien que

››› ***Aun cuando supiera*** *jugar al ajedrez, no te lo enseñaría.*
Quand bien même je saurais jouer aux échecs, je ne te l'apprendrais pas.

››› *Terminó el partido* ***como si tal cosa****.*
Il a terminé le match comme si de rien n'était.

S'ENTRAÎNER

1 QUIZ

Relier les formes verbales avec le pronom correspondant.

yo	volviste
Usted	siguieron
nosotros	saqué
Ustedes	asintió
tú	durmamos

2 Diphtongaison : conjuguer les verbes entre parenthèses à l'indicatif présent.

1. Mañana, … (empezar) la clase de castellano.
2. Paquito … (volver) del Colegio a las seis.
3. Nosotros … (almorzar) a las dos.
4. Usted … (jugar) al tenis.
5. Tú … (acordarse) de tus amigos de Sevilla.
6. Hoy … (llover) mucho.
7. Yo … (comenzar) a estudiar portugués.
8. Vosotros … (resolver) el problema.
9. Ustedes … (cerrar) la puerta.
10. El policía … (detener) al automovilista.

POUR VOUS AIDER

N'oubliez pas que les deux premières personnes du pluriel ne diphtonguent jamais.

3 Affaiblissement : conjuguer les verbes entre parenthèses à l'indicatif présent.

1. El campeón … (conseguir) otro triunfo.
2. El policía … (pedir) la documentación.
3. Yo … (elegir) el vestido rojo.
4. Vosotros … (vestirse) con vaqueros.
5. La tormenta … (impedir) el aterrizaje.
6. Yo … (corregir) una tarea.
7. El turista … (seguir) el camino indicado.
8. El perro … (perseguir) al gato.
9. Yo … (seguir) las indicaciones.
10. Tú … (medir) las cortinas.

4 Affaiblissement + diphtongaison : conjuguer les verbes entre parenthèses aux temps indiqués.

1. Ayer, Luis … (sentirse) mal. *(passé simple)*
2. Era necesario que los niños … (dormir). *(subj. imparfait)*
3. Los obreros … (adherir) al sindicato. *(passé simple)*
4. Este perro no … (morder). *(présent)*
5. Nuestros huéspedes quieren que nos … (sentir) bien. *(subj. présent)*
6. ¡No quieren que nos … (morir) de hambre! *(subj. présent)*
7. ¡Cuidado! no quiero que vosotros … (herir) a vuestros compañeros. *(subj. présent)*
8. Me extrañaría que tus padres … (asentir). *(subj. imparfait)*
9. Su deseo era que vosotros os … (divertir) durante las vacaciones. *(subj. imparfait)*
10. Ustedes … (preferir) irse. *(passé simple)*

5 Conjuguer les verbes entre parenthèses à l'indicatif présent et compléter les phrases avec les mots suivants :
partido – peli – discoteca – naipes – tenis – bailar

Hoy, yo no … (jugar) al … porque no me … (sentir) bien y además, … (llover). Así, … (poder) seguir en la televisión el … de Rafa Nadal, en el Abierto de los EE.UU. Cada vez, … (jugar) mejor y espero que va a ganar. Después, si … (tú – querer), … (nosotros – poder) salir por ahí o ir a … en una … que acaba de abrir. Paco … (decir) que es estupenda y que la gente … (divertirse) mucho. También, nos … (sugerir) que vayamos a su casa a jugar a los …

VOCABULAIRE

Les loisirs

- descansar, darse un respiro : *se reposer, souffler*
- el ocio : *le loisir*
- ir de copas : *aller prendre un verre*
- ir de juerga : *aller faire la fête*
- ver una peli : *voir un film*
- bailar : *danser*
- la tertulia : *la réunion*
- divertirse : *s'amuser*
- ir a los toros : *aller voir une corrida*
- la plaza de toros : *les arènes*
- el Rastro : *le Marché aux Puces*
- tomar el sol : *prendre le soleil*
- darse un chapuzón : *piquer une tête*
- jugar al tenis : *jouer au tennis*
- la cancha : *le court*
- el estadio : *le stade*
- la pelota : *la balle*
- montar a caballo : *faire du cheval*
- el senderismo : *la randonnée*
- pescar con caña : *pêcher à la ligne*
- jugar a los naipes : *jouer aux cartes*
- la baraja : *jeu de cartes espagnol*
- jugar con dos barajas : *miser sur les deux tableaux*
- el ajedrez : *les échecs*
- el rompecabezas : *le puzzle*
- el crucigrama : *les mots-croisés*

5 Ser / Estar

L'ESSENTIEL

Ces deux auxiliaires ont des emplois différents et bien spécifiques. En particulier, devant un adjectif, l'emploi de l'un ou de l'autre change ou nuance le sens.

Ser

On emploie **toujours *ser*** dans les cas suivants.

- Devant un **nom** :
  Su madre es actriz, su padre es músico.
  Sa mère est actrice, son père musicien.
- Devant un **pronom** :
  – *¿Eres tú Jaime? – Sí, soy yo.*
  – C'est toi, Jaime ? – Oui, c'est moi.
  ¿Quiénes son estas personas? Qui sont ces personnes ?
- Devant un **nombre défini ou indéfini** :
  Son las cinco. Il est cinq heures.
  Son pocos los que lo admiten. Il y en a peu qui l'admettent.
- Pour indiquer la **matière** :
  Esta mesa es de caoba. Cette table est en acajou.
- Pour indiquer l'**appartenance** :
  La bici es de Pablo. Le vélo est à Pablo.
- Avec un participe passé, pour former la **voie passive** :
  El niño fue herido por un compañero.
  L'enfant a été blessé par un camarade.
  La puerta fue abierta por el cerrajero.
  La porte a été ouverte par le serrurier.
- Devant un adjectif, pour indiquer une **caractéristique essentielle** :
  Ella es rubia pero su hermano es moreno.
  Elle est blonde mais son frère est brun.
  Esta película es conmovedora. Ce film est émouvant.
  Su yerno es colombiano. Son gendre est colombien.

ATTENTION !

On emploie toujours *ser* pour traduire « c'est ». Lorsque vous avez un doute, vous pouvez reformuler la phrase :
Este futbolista ¿es? / ¿está? famoso. → Es un futbolista famoso.

Estar

On emploie **toujours *estar*** dans les cas suivants.

- Devant un **complément** de **lieu**, de **temps** :
  Alberto está de vacaciones. Alberto est en vacances.
  Está en Perú. Il est au Pérou.
- Devant un adjectif, pour désigner une **situation passagère**, accidentelle :
  El cielo está nublado. Le ciel est nuageux.
- Avec un participe passé, pour indiquer le **résultat d'une action** :
  El niño está herido. L'enfant est blessé.
- Avec le gérondif, pour préciser qu'une **action est en train de se produire** :
  El perro está ladrando. Le chien est en train d'aboyer.

Ser et/ou estar

- Certains adjectifs peuvent être employés avec ***ser*** ou ***estar*** mais avec un sens différent.

	ser	*estar*
alto	être grand	être en hauteur
bueno	être bon	être en bonne santé
malo	être méchant	être malade
grave	c'est grave *(es grave)*	être très malade
listo	être intelligent	être prêt

- Parfois, l'emploi de ***ser*** ou ***estar*** nuance la pensée.

	ser	*estar*
ciego	être aveugle (infirmité)	ne pas vouloir voir
moreno	être brun (teint, cheveux)	être bronzé
sordo	être sourd (infirmité)	ne pas vouloir entendre
loco	être fou (maladie)	être fou (sens figuré)

Es loco, está en un hospital. Il est fou, il est à l'hôpital.
Pero ¿estás loca? Mais tu es folle ?

LES EXPRESSIONS CLÉS

Pour exprimer son accord / son désaccord

- *Yo estoy de acuerdo contigo pero sé que Juan no comparte esta opinión.* Moi, je suis d'accord avec toi mais je sais que Juan ne partage pas cette opinion.
- *¡Claro, cada uno su punto de vista!*
  Bien sûr ! chacun son point de vue !
- *Para mí, esta mujer es estupenda.*
  De mon point de vue, cette femme est formidable.
- *No cabe duda de que es muy comprensiva.*
  Il n'y a aucun doute, elle est très compréhensive.
- *Confieso que…* Je reconnais que…
- *No me atreví a contradecirle.* Je n'ai pas osé le contredire.
- *Más vale…* Il vaut mieux…
- *Debe de ser un malentendido.*
  Ce doit être un malentendu.
- *¡En absoluto!* Pas du tout !
- *¿Verdad? No te parece que…*
  N'est-ce pas ? Tu ne trouves pas que… ?

QUIZ

1 **Choisir la situation qui convient.**

1. Ana está lista: ☐ a. ha hecho su maleta. ☐ b. siempre tiene buenas notas.
2. Pedro es moreno: ☐ a. tiene el pelo negro. ☐ b. acaba de pasar un mes en la playa.
3. Mi hermano no es vivo: ☐ a. no comprende nada. ☐ b. ha muerto.
4. María está mala: ☐ a. me hizo daño. ☐ b. tiene fiebre.
5. Su marido está sordo: ☐ a. no quiere escucharla. ☐ b. no oye nada.

2 **Dans le texte suivant choisir la forme qui convient.**

Mila *es/está* de mal humor, hoy *es/está* un mal día. *Es/está* la mejor amiga de Loli y, por primera vez, no *son/están* de acuerdo. Aún más, *es/está* enfadada con ella. *Es/está* que Loli se portó bastante mal. La semana pasada, Loli *fue/estuvo* enferma y no pudo venir a clase. *Fue/estuvo* en la cama tres días y como *son/están* vecinas, Mila *era/estaba* la persona mejor indicada para prestarle los apuntes. *Son/están* acostumbradas a trabajar juntas, así que *era/estaba* lo normal. Pero Loli sacó una nota pésima, lo que no *es/está* su costumbre y como *era/estaba* humillada y furiosa, le dijo que *era/estaba* culpa suya, que sus apuntes no *eran/estaban* claros, que su letra *era/estaba* difícil de leer. Así que Mila *es/está* triste y decepcionada y se dice que *es/está* increíble lo ingrata que *es/está* Loli.

POUR VOUS AIDER

Devant un adjectif, *estar* correspond à un état passager et *ser* à une caractéristique.

3 **Compléter les phrases suivantes avec *ser* ou *estar*.**

1. Sus padres … artistas; … de Sevilla pero hoy … en Chile.
2. Yo … inquieta. ¿Has visto lo cansada que … Elena?
3. – ¿De dónde … Ustedes? – … de Francia pero … aquí de vacaciones.
4. Su coche … muy elegante pero … averiado.
5. El viaje ha … maravilloso, … un buen recuerdo.
6. Tienes frío porque las ventanas … abiertas, … increíble, si … en verano!
7. Ya no puedo más, … agotada, … demasiado lejos.

4 **Compléter le texte suivant.**

Diego y Vanesa … muy contentos: hoy … el primer día de vacaciones y por fin, van a poder … relajados. Además, el tiempo … maravilloso y sus amigos Juan y Teresa de la Vega les … pidiendo que se reúnan con ellos en su casa de campo. Ya … el año pasado y … la mar de bien. La casa … situada en un pueblo y no … muy lejos del mar así que … posible bañarse cada día. Luis … un buen tenista y … agradable jugar con él. Teresa … una mujer estupenda: … periodista y escritora. Actualmente, … escribiendo una novela policiaca y Vanesa … impaciente de saber quién … el asesino. Pero, quizás su amiga no … de acuerdo para revelárselo. ¡O … posible que todavía el fin no … decidido!

5 **Décrire cette photo d'un marché indien en employant *ser* ou *estar*.**

A primera vista, los niños … dos.
El niño del primer plano … vestido con vaqueros.
Las frutas a la venta … repartidas arriba de las cajas.
Las sombrillas … abiertas y … de varios colores.
Las personas que venden … mujeres.
Algunas … vestidas con ropa tradicional.

VOCABULAIRE

Le caractère

- el carácter : *le caractère*
- la bondad # la maldad : *la bonté # la méchanceté*
- la crueldad : *la cruauté*
- la amabilidad : *l'amabilité*
- el encanto : *le charme*
- cariñoso : *affectueux*
- displicente (antipático) : *désagréable*
- latoso : *pénible*
- gracioso : *drôle*
- extraño : *bizarre*
- torpe : *maladroit*
- alegre # triste : *joyeux # triste*
- fuerte # débil : *fort # faible*
- trabajador # perezoso = holgazán : *travailleur # paresseux*
- grosero # bien educado : *grossier # mal élevé*
- comprensivo # intolerante : *compréhensif # intolerant*
- ingenuo # desconfiado : *naïf # méfiant*
- astuto (inteligente, listo) # tonto (estúpido) : *intelligent # sot*
- humilde # orgulloso : *modeste # orgueilleux*
- presumido : *vaniteux*
- apático # dinámico : *apathique # dynamique*

ESPAGNOL

6 Traduction de « on » L'apocope

L'ESSENTIEL

La traduction de « on »

Le pronom « on » n'existant pas en espagnol, on a recours à plusieurs tournures différentes pour le rendre, suivant les cas.

- **on = nous** → première personne du pluriel.
  Estamos cansados, vamos a dormir.
  Nous sommes fatigués, nous allons dormir.
  On est fatigué, on va dormir.

- **on = je** (le locuteur est concerné) → **uno, una**.
  Una corre todo el día, una no para ni un minuto.
  On n'arrête pas de courir, on n'arrête pas une minute.
  Uno tiene demasiado trabajo, uno no gana bastante.
  On a trop de travail, on ne gagne pas assez.

- **on = sujet collectif indéterminé** (les gens, la légende) → troisième personne du pluriel.
  Dicen que la Reina era muy guapa.
  On dit que la reine était très belle.
  Cuentan que aquel año, el invierno fue terrible.
  On raconte que cette année-là, l'hiver a été terrible.

- **on = ordre général** → ***se*** + troisième personne du singulier ou du pluriel.
  Se vende casa.
  Maison à vendre.
  Se compran sellos.
  On achète des timbres.

ATTENTION !

Lorsque le complément est une personne déterminée, on emploie la préposition ***a***.
*Se aprecia **al** portero.*
On apprécie le concierge.
Se busca un portero.
On cherche un concierge.

L'apocope

C'est le phénomène qui consiste en la perte de la voyelle ou de la syllabe finale.

- *Uno, veintiuno, alguno, ninguno, primero, tercero, bueno, malo* perdent le ***o*** final **devant** un nom masculin singulier.
  El tercer hombre (le troisième homme),
  mais *un hombre bueno* (un homme bon).

- *Cualquiera* perd le ***a*** devant un nom singulier, masculin ou féminin.
  Le llama a cualquier hora.
  Il l'appelle à n'importe quelle heure.

- *Grande* devient ***gran*** devant un nom singulier masculin ou féminin.
  Fue un gran hombre. Ce fut un grand homme.
  Es una gran aventura. C'est une grande aventure.

- *Ciento* devient ***cien*** lorsqu'il est multiplicateur.
  Tebas, la ciudad de las cien puertas.
  Thèbes, la ville aux cent portes.

- *Santo* devient ***san*** devant un nom de saint sauf devant : *Domingo, Tomás, Tomé, Toribio.*
  Vive en San Francisco y pasa las vacaciones en Santo Domingo.
  Il vit à San Francisco et il passe ses vacances à Saint Domingue.

- *Tanto* et *cuanto* deviennent ***tan*** et ***cuan*** devant un adjectif ou un adverbe.
  ¿Por qué estás tan alegre? Pourquoi es-tu aussi gai ?
  ¡Cuán rápido corre el tiempo! Comme le temps passe vite !

- *Recientemente* se réduit à ***recién*** devant un participe passé.
  ¡Qué conmovedor es un recién nacido!
  Comme un nouveau-né est émouvant!

LES EXPRESSIONS CLÉS

Pour exprimer la probabilité, faire une hypothèse

››› ***A lo mejor*** *nos vemos en Zaragoza.* (+ ind.)
Peut-être nous verrons-nous à Saragosse.

››› ***Es posible que*** *Paco nos espere en la estación.*
Il se peut que Paco nous attende à la gare.

››› ***Quizás*** *Elena le acompañe.* (+ subj.)
Peut-être qu'Elena l'accompagnera.

››› ***Tal vez*** *el avión no pueda aterrizar por el mal tiempo.*
Peut-être que l'avion ne pourra pas atterrir à cause du mauvais temps.

››› ***Pongamos que*** *hay niebla.*
Supposons qu'il y ait du brouillard.

››› ***Puede ser que*** *el avión llegue con retraso.*
Il se peut que l'avion ait du retard.

››› ***Debe de ser*** *un viaje un poco largo.*
Ça doit être un voyage un peu long.

››› ***Me pregunto si*** *vale la pena visitar este pueblo.*
Je me demande si ça vaut la peine de visiter ce village.

››› ***No creo que*** *sea peligroso.*
Je ne crois pas que ce soit dangereux.

››› ***A qué no*** *sabes cómo se llama esta región.*
Je parie que tu ne sais pas comment s'appelle cette région.

››› ***Será*** *estupendo ver los Andes desde el avión.*
Ça doit être formidable de voir les Andes depuis l'avion.

S'ENTRAÎNER

QUIZ

1 **Cocher la forme qui convient.**

1. Hoy, hace … tiempo.	☐ **a.** mal	☐ **b.** malo
2. Tú eres como … Tomás.	☐ **a.** Santo	☐ **b.** San
3. Es la … vez que lo veo.	☐ **a.** primer	☐ **b.** primera
4. No le diste un … ejemplo.	☐ **a.** bueno	☐ **b.** buen
5. No quiere comer … cosa.	☐ **a.** cualquier	☐ **b.** cualquiera

2 **Donner une tournure équivalente adaptée à chaque cas pour traduire « on ».**

1. Tengo mucho trabajo.
2. La agencia vende una casa.
3. La leyenda dice que un rosal brotó de la tumba.
4. Estoy harta : tengo demasiadas cosas que preparar.
5. Este país tiene fama de ser muy hermoso.
6. La opinión pública pensaba que el Rey era culpable.
7. El paso está prohibido.
8. Los empleados de la agencia fijan carteles.

3 **Traduire.**

1. Qu'est-ce qu'on mange ce soir ?
2. On dit que c'est un climat très agréable.
3. On ne pense pas que ce soit la meilleure solution.
4. Après les vacances, on se sent mieux.
5. On raconte que c'est un accident.
6. On ira vous voir la semaine prochaine.
7. On a beaucoup aimé le Chili.
8. Après deux heures de piscine, on est fatiguée.
9. On ne sait pas exactement de quoi est mort Napoléon.
10. Quelquefois, on se demande comment on résiste.

POUR VOUS AIDER

Posez-vous la question de savoir si **on** = je, nous ou ils.

4 **Compléter les phrases avec la forme adéquate.**

1. No sé cómo la soporta. Es un … varón *(santo)*.
2. Hoy es el … *(primero)* día de vacaciones.
3. Cada tarde, miraban los escaparates de la … *(grande)* Vía.
4. Te lo repito por … *(tercero)* vez.
5. Fueron a Pamplona por la … *(santo)* Fermín.
6. ¡Cuidado! El perro muerde, es … *(malo)*.
7. Lo compré por … *(ciento)* euros.
8. Ya sabes que puedes venir … *(cualquiera)* día.
9. Luis es un … *(bueno)* chico.
10. El cuadro representa a … *(santo)* Sebastián.

5 **Compléter le texte en mettant les mots entre parenthèses à la forme adéquate.**

¡Qué suerte! Tenemos un … *(bueno)* asiento en el … *(primero)* vagón del tren y hay poca gente así que estamos tranquilos. Es la … *(primero)* vez que Luisito viaja en tren conmigo y para él es un … *(grande)* día. Se siente un chico … *(grande)*. Le ofrecí el billete por su … *(santo)* ya que hoy es la … *(santo)* Luis. Creo que fue una … *(bueno)* idea, porque el niño parece muy contento. Su hermano mayor lo estaba también pues quería organizar una … *(grande)* fiesta en casa con los amigos del Colegio y de … *(ninguno)* manera necesitaba a Luisito.

6 **Traduire.**

C'est notre premier voyage en Amérique latine. On est fous de joie. Tu te rends compte ! C'est un grand événement ! On prend un avion qui a un bon horaire. On voyage toute la nuit et on arrive en pleine forme à Buenos Aires. Dès le premier jour, on pourra visiter la ville. Le troisième jour, on nous emmène à Colonia, en Uruguay. Pour y aller, on peut prendre un bateau, plus ou moins rapide. Je préfère un lent, on profite mieux du paysage.

VOCABULAIRE

Les voyages

- la estación : *la gare*
- el andén : *le quai*
- la taquilla/ventanilla : *le guichet*
- el billete : *le billet*
- el revisor : *le contrôleur*
- la litera : *la couchette*
- los trenes de cercanías : *les trains de banlieue*
- el autobús : *le bus*
- el barco : *le bateau*
- el coche : *la voiture*
- el lleno : *le plein*
- la autovía : *la route à quatre voies*
- la autopista : *l'autoroute*
- la velocidad : *la vitesse*
- el peaje : *le péage*
- el aeropuerto : *l'aéroport*
- la tarjeta de embarque : *la carte d'embarquement*
- la tripulación : *l'équipage*
- la azafata : *l'hôtesse*
- abrocharse el cinturón : *boucler sa ceinture*
- despegar : *décoller*
- aterrizar : *atterrir*

7 Les tournures affectives La négation

L'ESSENTIEL

Les tournures affectives

En espagnol, on distingue « aimer d'amour et d'affection » (*amar*, *querer*), et « apprécier » (*gustar*).

● Le verbe **gustar** correspond à ce qui plaît, à ce qu'on apprécie. Attention à la construction.

››› Ce que l'on aime est le sujet inversé, singulier ou pluriel, du verbe qui ne s'emploie **qu'à la 3e personne**.

Te gusta bailar.
Tu aimes danser.
Le gustan los mariscos.
Il aime les fruits de mer.
Nos gusta el mar.
Nous aimons la mer.
¿Te gustaron los dulces?
As-tu aimé les gâteaux ?

››› La personne concernée est indiquée par les pronoms *me, te, le, nos, os, les*. Pour insister, on précisera *a mí, a ti, a él, a ella, a Usted, a nosotros, a vosotros, a ellos, a ellas, a Ustedes*.

¿A Ustedes les gusta esta obra de Dalí?
Vous, vous aimez cette œuvre de Dalí ?

● D'autres verbes se construisent comme *gustar* : *doler* (faire mal), *sentar* (aller), *saber* (avoir goût), *constar* (être sûr) *apetecer* (faire envie).

Me duele la espalda.
J'ai mal au dos.
Estos vaqueros te sientan bien.
Ces jeans te vont bien.
Esta carne me sabe mal.
Je n'apprécie pas le goût de cette viande.
Le consta que tiene razón.
Il est sûr d'avoir raison.
No me apetece nada.
Je n'en ai pas du tout envie.

ATTENTION !
Les verbes transitifs ***amar*** et ***querer*** sont réservés aux sentiments.
Ama a su mujer, quiere mucho a sus sobrinos.
Il aime sa femme, il aime beaucoup ses neveux.

La négation

● ***No*** = « ne… pas » : se place devant le verbe.

–¿No vienes con nosotros? –No, no voy.
– Tu ne viens pas avec nous ? – Non, je n'y vais pas.

● Avec ***nunca # siempre*** (jamais # toujours), ***nada # algo*** (rien # quelque chose), ***nadie # alguien*** (personne # quelqu'un) et ***tampoco # también*** (non plus # aussi), deux constructions sont possibles :

››› sans *no* s'ils sont placés avant le verbe ;

››› avec *no* s'ils sont placés après le verbe.

Nunca lo encontré. / No lo encontré nunca.
Je ne l'ai jamais rencontré.
Nadie ha venido. / No ha venido nadie.
Personne n'est venu.
Tampoco la conocían. / No la conocían tampoco.
Ils ne la connaissaient pas non plus.

La restriction

Ni siquiera (même pas)

Ni siquiera vino a verla.
Il n'est même pas venu la voir.
Ni siquiera le llamó antes de marcharse.
Elle ne l'a même pas appelé avant de partir.

On peut également trouver ces deux autres constructions :

Ni vino a verla siquiera. Ni le llamó siquiera.
Ni vino a verla. Ni le llamó.

LES EXPRESSIONS CLÉS

Pour faire des courses

››› *¿A cuánto está el kilo de fresas?*
Combien vaut le kilo de fraises ?

››› *Póngame medio kilo de higos, por favor.*
Mettez-moi 500 grammes de figues, s'il vous plaît.

››› *¿Cuánto vale este vestido?, no veo el precio.*
Combien vaut cette robe ? Je ne vois pas le prix.

››› *¿Dónde se encuentran los probadores?*
Où se trouvent les cabines d'essayage ?

››› *Estos vaqueros no me sientan.*
Ce jean ne me va pas.

››› *¿Se queda Usted con el vestido?*
Vous prenez la robe ?

››› *¿En qué planta se encuentra la librería?*
À quel étage se trouve la librairie ?

››› *¿Dónde están las cajas?*
Où sont les caisses ?

››› *¿Cuánto le debo?*
Combien vous dois-je ?

››› *¿Usted paga con tarjeta o en efectivo?*
Vous payez par carte ou en liquide ?

››› *Lo siento, no tengo suelto.*
Je regrette, je n'ai pas de monnaie.

››› *¿Le atienden?*
On s'occupe de vous ?

1 QUIZ Cocher la forme qui convient.

1. ¿Compras …? ☐ a. alguien ☐ b. algo
2. No necesito … ☐ a. nada ☐ b. ninguno
3. Usted habla inglés, él … ☐ a. también ☐ b. tampoco
4. No estuve … allí. ☐ a. nunca ☐ b. nada
5. Yo no conozco a Luis, tú … ☐ a. también ☐ b. tampoco

2 Reconstituer les phrases à partir des mots suivants.

1. peli / a / gusta / no / le / la / ella
2. huesos / perros / los / les / a / gustan / los
3. el / interesó / a / alumnos / los / les / poema
4. a / nietos / con / estar / encanta / Usted / sus / le
5. campeón / dedos / le / tenis / dolían / los / al / de
6. ellos / toca / convidarnos / a / les
7. sus / Ustedes / con / viajar / a / les / encanta / hijos
8. sienta / no / este / te / vestido
9. en / nos / que / no / estaba / consta / casa
10. vosotros / apetecen / a / helados / os
11. ti / sientan / no / colores / te / a / estos
12. los / ¿ / Usted / a / duelen / pies / ? / le / no

3 Modifier les phrases en employant la forme d'insistance.

1. No nos gusta este chiste.
2. ¿Te gusta esta novela?
3. Os encantaba esa playa.
4. ¿Le duele la cabeza, Señora?
5. ¿Les gusta este cuadro, Señores?
6. Me encanta Barcelona.
7. ¿Te duelen las manos?
8. ¿Os apetece una paella?
9. ¿Te consta que es su primo?
10. Le toca intervenir, Señora.
11. ¿No les gustó la película?
12. Nos encantó la visita al museo.
13. Me duele dejarlo solo.
14. Nos toca hoy.

4 Traduire.

1. Elles adorent ce peintre.
2. Tu as mal au dos ?
3. Vous, Monsieur, vous n'avez pas aimé le film ?
4. Moi, j'avais trop mal aux pieds.
5. C'est à ton tour de payer.
6. Nous, nous adorons nous promener dans ce quartier.
7. Mes enfants, vous aimez monter à cheval ?
8. C'est à moi de le lui dire.

POUR VOUS AIDER

Le pronom français n'est plus le sujet dans la phrase espagnole !

5 Compléter logiquement la phrase pour exprimer la négation.

1. ¿Quieres algo? No, no quiero …
2. ¿Ha venido alguien? No, no ha venido …
3. Usted no bebe vino. Yo …
4. ¿Habéis visto a Pablo? No, no hemos visto a …
5. A ti no te gusta la corrida. A mí …
6. ¿Te sigue doliendo la cabeza? No, … me duele.
7. ¿Habéis comido algo? No, no hemos comido …
8. ¿Quién te lo dijo? No me lo dijo …

6 Traduire en donnant deux constructions.

1. Ils ne nous appellent même pas.
2. Nous ne les connaissons même pas.
3. Elle ne me dit même pas bonjour.
4. Paco n'a même pas essayé d'apprendre le poème.
5. Je ne l'ai même pas vu.

VOCABULAIRE

Dans les magasins

- la tienda : *la boutique*
- el almacén : *le grand magasin*
- el supermercado : *le supermarché*
- el cesto : *le panier*
- el carrito de la compra : *le caddie*
- la bolsa : *le sac*
- el cliente : *le client*
- el dependiente : *le vendeur*
- la sección : *le rayon*
- el número : *la pointure*
- la talla : *la taille*
- la ropa : *les vêtements*
- la perfumería : *la parfumerie*
- las joyas : *les bijoux*
- los complementos : *les accessoires*
- los electrodomésticos : *les appareils électroménagers*
- los artículos de viaje : *les articles de voyage*
- caro/barato : *cher/bon marché*
- el descuento : *le rabais*
- de oferta : *en promotion*
- las rebajas : *les soldes*
- gratis : *gratuit*
- de segunda mano : *d'occasion*
- la devolución : *le remboursement*

8 Les démonstratifs Comparatif et superlatif

L'ESSENTIEL

Les adjectifs démonstratifs

● *Este, estos, esta, estas.*

Ce démonstratif correspond à une **proximité** de personne, de lieu, de temps : « je », « nous », « ici », « maintenant ».

En ***esta*** *casa pasan cosas raras.*
Dans cette maison [la maison où nous sommes], il se passe des choses bizarres.
Nos vemos ***esta*** *semana.*
Nous nous voyons cette semaine [la semaine en cours].

● *Ese, esos, esa, esas*

››› Ce démonstratif correspond à une **moindre proximité** : « toi », « là ».

Dame ***ese*** *libro que está* ***allí****, en el estante.*
Donne-moi ce livre qui est là-bas. [un peu plus loin]
Mais : *Toma* ***este*** *libro que está* ***aquí****.* [ici, près de moi]

››› Il peut également revêtir une **nuance péjorative**.

Ese *individuo me robó cien euros.*
Ce sale individu m'a volé cent euros.

● *Aquel, aquellos, aquella, aquellas.*

››› Ce démontratif marque l'**éloignement** dans le temps et l'espace : « eux », « en ce temps-là ».

En ***aquella*** *época eran muy felices.*
À cette époque-là, ils étaient très heureux.

››› Il peut avoir une valeur **laudative**.

Aquel *hombre fue un héroe.*
Cet homme [ce grand homme] fut un héros.

Les pronoms démonstratifs

● On les distingue par un accent : *éste, éstos, ésta, éstas, ése, ésos, ésa, ésas, aquél, aquéllos, aquélla, aquéllas.*

Esta camiseta me gusta más que ésta (ésa).
Je préfère ce tee-shirt à celui-ci (celui-là).

● Chaque démonstratif a une forme neutre qui ne porte pas d'accent : *esto, eso, aquello.*

Esto me parece bueno. Cela me semble bien.
Aquello le fastidiaba. Cela l'ennuyait.

● Traduction de « **celui**, **celle de** » et « **celui**, **celle qui** » : le démonstratif français est remplacé par un article défini : *el/la de* et *el/la que.*

el de su amigo (celui de son ami)
los que ha pedido (ceux qu'il a commandés).

Le comparatif

● Le comparatif de supériorité : ***más…que*** (plus que).

Juan es más alto que Pablo.
Juan est plus grand que Pablo.

● Le comparatif d'infériorité : ***menos que*** (moins que).

Paco es menos trabajador que Luis.
Paco est moins travailleur que Luis.

> **ATTENTION !**
> Il existe également les comparatifs issus du latin : *mayor* (plus grand), *menor* (plus petit), *peor* (pire), *mejor* (meilleur).

● Le comparatif d'égalité : ***tan…como*** (aussi que).

Elena es ***tan*** *elegante* ***como*** *Luisa.*
Elena est aussi élégante que Luisa.

Le superlatif

Le **suffixe *-ísimo*** est ajouté à l'adjectif s'il se termine par une consonne (*dificilísimo*) ou se substitue à la voyelle finale si l'adjectif se termine par une voyelle (*severísimo*). Cela peut entraîner des modifications orthographiques : *rico* → *riquísimo*, *infeliz* → *infelicísimo*.

Les compléments de comparaison

● Après un superlatif absolu : *el/la… más… que…* on emploie l'**indicatif**, et **on ne répète pas l'article**.

Es el hombre más simpático que ***conozco****.*
C'est l'homme le plus sympathique que je connaisse.

● Après une comparaison suivie d'un verbe : *más…* ***de lo que****…* le « ne » français ne se traduit pas :

Es mucho más fácil ***de lo que*** *piensas.*
C'est beaucoup plus facile que tu ne le penses.

LES EXPRESSIONS CLÉS

Pour demander une information

››› *Por favor, ¿me podría indicar…?*
S'il vous plaît, pourriez-vous m'indiquer… ?

››› *Qué significa este rótulo?*
Que signifie ce panneau ?

››› *¿Dónde puedo encontrar… ?*
Où puis-je trouver… ?

››› *Quisiera saber…* Je voudrais savoir…

››› *¿Dónde está la parada de autobús?*
Où se trouve l'arrêt de bus ?

››› *¿Dónde puedo comprar sellos?*
Où puis-je acheter des timbres ?

››› *¿Cómo se va a la estación?*
Comment va-t-on à la gare ?

››› *Muchas gracias, es Usted muy amable.*
Merci beaucoup, vous êtes très aimable.

››› *¿Podría repetir más despacio?*
Pourriez-vous répéter plus lentement ?

S'ENTRAÎNER

1 QUIZ

Choisir le démonstratif qui convient.

1. … hombre fue un gran novelista.	☐ **a.** Aquel	☐ **b.** Ese
2. A … mujer, no la soporto.	☐ **a.** esa	☐ **b.** aquella
3. Estamos la mar de bien en … hotel.	☐ **a.** aquel	☐ **b.** este
4. … idiota me las pagará.	☐ **a.** Aquel	☐ **b.** Ese
5. La he visto … mañana.	☐ **a.** esta	☐ **b.** esa

2 Compléter les phrases avec le bon démonstratif.

1. En … tiempo, todo le parecía fácil.
2. ¿Adónde vais …verano?
3. No quiero que … niño mal educado venga a casa.
4. … paella está riquísima.
5. ¿A qué hora nos vemos … noche?
6. ¿No te parecía estúpida … mujer?
7. … poeta dejó una obra inmensa.
8. No quiero pensar en … mal recuerdo.
9. … espectáculo fue inolvidable.
10. … es la primera vez que la encuentro.

3 Mettre les adjectifs au superlatif.

1. Susana estaba muy elegante.
2. Francisco parece muy triste.
3. Dicen que su madre es muy rica.
4. El viaje nos pareció muy largo.
5. El examen fue muy fácil.
6. Su perro es enorme y muy voraz.
7. María es muy guapa.
8. Es una pareja muy feliz.
9. Era un actor muy famoso.
10. Esta película es muy mala.

4 Établir un lien de supériorité.

1. Su jardín / grande / el nuestro
2. Su acento / malo / el tuyo
3. Este castillo / hermoso / el otro
4. Toma eso: es / bueno / para la salud
5. Su madre / severa / su padre

POUR VOUS AIDER

Souvenez-vous : « que » se traduit par *como* !

5 Établir un lien d'égalité.

1. Me gustó / Chile / Argentina
2. Son unos comilones: come / Alberto / Eugenio
3. Me interesó / su teatro / su poesía
4. Paco / moreno / su madre
5. Su hija / alta / él

6 Établir un lien d'infériorité.

1. Este coche / rápido / el otro
2. Esta casa / grande / la de antes
3. Su hermano / simpático / ella
4. Hoy, el tiempo / agradable / ayer
5. La vida allá / cara / en Francia

7 Compléter le texte avec les mots suivants :

naranjos – almacenes – oriental – baños – puente – casco – plaza – peatonal – azahares (fleur d'oranger) *– torre – barrio – patios*

Lorca cantaba: "Sevilla es una torre llena de arqueros finos" y un refrán dice: "Quien no ha visto Sevilla, no ha visto maravilla". Pasearse por el … antiguo, tomar una copa cerca de la … de Santa Cruz y admirar los preciosos azulejos de los …, visitar la Casa de Pilatos, subir a la torre de la Giralda o dar una vuelta por el Parque María Luisa es un puro encanto. ¡Qué agradable resulta andar a lo largo del Guadalquivir con la … del Oro que nos recuerda el esplandor del pasado! ¡O cruzarlo por el elegante … de la Barqueta! ¡Qué agradable respirar los … e ir descubriendo esta magnífica arquitectura … en medio de los …! Y ¡qué pintoresco es el … de Triana! Si uno está cansado puede pasar un momento divino en unos … árabes dignos de las Mil y una noches. Y, claro, si uno es adicto a las compras, en la zona …, encontrará todos los … o tiendas que necesite. ¿Qué más se puede desear?

VOCABULAIRE

L'environnement urbain

- el casco antiguo : *la partie ancienne*
- la Plaza Mayor : *la place principale*
- la iglesia : *l'église*
- el campanario : *le clocher*
- el Ayuntamiento : *la mairie*
- la plaza de toros : *les arènes*
- el barrio : *le quartier*
- la manzana : *le pâté de maisons*
- el rascacielos : *le gratte-ciel*
- el suburbio, las afueras : *la banlieue*
- la avenida : *l'avenue*
- la callejuela : *la ruelle*
- el callejón sin salida : *l'impasse*
- la encrucijada : *le carrefour*
- el semáforo : *le feu tricolore*
- el peatón : *le piéton*
- la acera : *le trottoir*
- la zona peatonal : *la rue piétonne*
- el paso de cebra : *le passage piéton*
- la parada de autobús : *l'arrêt de bus*

9 Traduction de « dont » Les prépositions

L'ESSENTIEL

La traduction de « dont »

- Avec la préposition **de** = complément d'un verbe : **del cual / de la cual / de los cuales / de las cuales**

  *Los estudiantes **de los cuales** os hablo son rusos.*
  Les étudiants dont je vous parle sont russes.

- Après un chiffre = **de los cuales**

  *Tienen tres hijos, **dos de los cuales** viven en Chile.*
  Ils ont trois enfants, dont deux vivent au Chili.

- Avec un complément de nom : **cuyo, cuya, cuyos, cuya**. Il s'accorde en genre et en nombre avec le nom qui suit. On ne met **jamais d'article** entre *cuyo* et le nom qu'il détermine.

  *El chico **cuyos** padres son actores es mi amigo.*
  Le garçon dont les parents sont acteurs est mon ami.

Préposition *a*

- On l'emploie toujours **après un verbe de mouvement**.

  *Vamos **a** España.* Nous allons en Espagne.
  *Va **al** colegio.* Il va au collège.

On la répète donc deux fois s'il y a futur proche.

  *Van **a** ir **a** la estación.* Ils vont aller à la gare.

- Elle précède toujours un **complément direct de personne** déterminée.

  *¿Conoce Usted **a** mi secretaria?*
  Vous connaissez ma secrétaire ?

Mais on dira :

  Se busca secretaria. (indéterminé)
  On cherche une secrétaire.

Cet usage peut s'étendre à un animal familier, à un pays non précédé de l'article, à une chose personnifiée.

  *¿Quién saca **al** perro?* Qui sort le chien ?

Préposition *de*

- **Appartenance**

  *El móvil es **de** Juan.* Le portable est à Juan.

- **Aspect caractéristique** d'une personne ou d'une chose

  *Es una chica **de** pelo rubio.*
  C'est une fille aux cheveux blonds.

- **Origine**

  *Pablo es **de** Bogotá.* Pablo est de Bogota.

- **Usage**

  *Su madre tiene una máquina **de** coser.*
  Sa mère possède une machine à coudre.

- **Matière**

  *¿Es **de** oro tu anillo?* Ta bague est en or ?

- **Activité** ou **état** dans des expressions comme : *ir **de** compras* (aller faire les courses), *estar **de** vacaciones* (être en vacances), *estar **de** viaje* (être en voyage).

ATTENTION !

La préposition « de » ne se traduit pas :
– dans les tournures impersonnelles ;
Es fácil criticar. C'est facile **de** critiquer.
Me es imposible decírtelo.
Ça m'est impossible **de** te le dire.
– après des verbes à construction directe comme *decidir*, *prohibir*...
Decidió marcharse. Il a decidé **de** partir.

Préposition *por*

- **Cause**

  *Aceptaste **por** cobardía.* Tu as accepté par lâcheté.

- **Prix**

  *¿Lo comprasteis **por** diez mil euros?*
  Vous l'avez acheté pour dix mille euros?

- **Lieu de passage**

  *La Vuelta pasó **por** Segovia.*
  Le Tour d'Espagne est passé par Ségovie.

- **Lieu avec déplacement**

  *Nos encanta pasear **por** Córdoba.*
  Nous adorons nous promener dans Cordoue.

- **Durée**

  *Vinieron **por** una semana.* Ils sont venus une semaine.

- **Date, époque**

  *¿Vendréis a casa **por** Navidad?*
  Vous viendrez à la maison pour Noël ?

- **Complément d'agent**

  *El alumno fue ayudado **por** el profesor.*
  L'élève a été aidé par le professeur.

- **But et cause réunis, sentiment**

  *Lo hice **por** ti / **por** amor.* Je l'ai fait pour toi / par amour.

Préposition *para*

- **But**

  *Trabajó mucho **para** aprobar.*
  Il a beaucoup travaillé pour réussir.

- **Direction**

  *Íbamos **para** Santiago de Compostela.*
  Nous allions vers Saint-Jacques-de-Compostelle.

- **Attribution**

  *Toma, esto es **para** ti.* Tiens, ceci est pour toi.

- **Délai**

  *El comentario es **para** la semana que viene.*
  Le commentaire est pour la semaine prochaine.

- **Point de vue**

  ***Para** Usted ¿es su mejor película?*
  Pour vous, c'est son meilleur film ?

LES EXPRESSIONS CLÉS

Pour construire les verbes à prépositions

Voici quelques exemples.
- *pensar **en*** : penser à
- *soñar **con*** : rêver de
- *inspirarse **en*** : s'inspirer de
- *comparar **con*** : comparer à
- *bastar **con*** : suffire de
- *amenazar **con*** : menacer de
- *gustar **de*** : apprécier
- *saber **a*** : avoir goût de
- *oler **a*** : sentir
- *entender nada **de*** : ne rien comprendre à
- *acabar **con*** : finir par
- *vacilar **en*** : hésiter à
- *tener miedo **a*** : avoir peur de

S'ENTRAÎNER

1 QUIZ **Choisir la réponse qui convient.**

1. Iván quiere a …	☐ **a.** una bici	☐ **b.** su hermano
2. Visitamos a …	☐ **a.** Leopoldo	☐ **b.** una iglesia
3. La madre mira a …	☐ **a.** su jardín	☐ **b.** su hijo
4. Vosotros buscáis a …	☐ **a.** la respuesta	☐ **b.** vuestro nieto
5. Ustedes encuentran a …	☐ **a.** un amigo	☐ **b.** la respuesta

2 **Compléter les phrases avec les prépositions *con*, *en*, *de* ou *a*.**

1. ¿Por qué comparar … Pedro … su hermano?
2. El autor se inspiró … un hecho real.
3. Es una pena pero él nunca entendió nada … música.
4. El ladrón los amenazó … una pistola … plástico.
5. La paella sabía … quemado.
6. Ustedes fueron los últimos … contestar.
7. Él no vaciló … denunciar … su mujer.
8. Creo que la bici es … Paula.
9. Cristóbal Colón soñó … una nueva ruta para ir … Indias.
10. Siempre supo contentarse … lo que tenía.

3 **Choisir entre *por* et *para*.**

1. Toma, es un disco … vosotros.
2. … mí, es su mejor novela.
3. Iremos … Semana Santa.
4. Dimos un paseo … la playa.
5. El mes que viene, me marcho … Colombia.
6. Tienen que redactarlo … la semana que viene.
7. Hicieron muchos esfuerzos … sus hijos.
8. Lo dejaron … cien mil euros.

POUR VOUS AIDER

On emploie *por* quand l'objet d'une action est également le but et le moteur.
Se sacrificó por su familia.
Il s'est sacrifié pour sa famille.

4 **Traduire.**

1. Qui attends-tu ? J'attends mon frère.
2. Ils sont fous de leurs petits-enfants.
3. Elle n'a pas hésité à le défendre.
4. En quoi te déguises-tu ?
5. Sa voiture sentait le tabac.
6. Cette bague n'est pas en or.
7. À qui est ce portable ?
8. Il a été le premier à répondre.

5 **Placer les prépositions *en*, *de*, *a* ou *para*.**

Atapuerca

El Museo de la Evolución Humana acaba … abrir en Burgos. En efecto, … Atapuerca, cerca … Burgos (Castilla y León), existen yacimientos declarados Patrimonio … la Humanidad donde se llevaron … cabo estudios arqueológicos muy importantes … el conocimiento de nuestros antepasados. Entre los restos más notables es … señalar un cráneo y una cadera.

6 **Traduire.**

1. Voici Diego, le garçon dont je t'ai parlé.
2. Il est monté dans une voiture dont les vitres étaient noires.
3. Nous sommes vingt-cinq élèves en classe, dont deux viennent du Chili.
4. C'est drôle, elle a eu quatre enfants dont deux sont roux.

VOCABULAIRE

La télévision

- la pantalla : *l'écran*
- el televisor : *le poste de télévision*
- el telemando : *la télécommande*
- el canal : *la chaîne*
- el documental : *le documentaire*
- el reportaje : *le reportage*
- el serial : *le feuilleton, la série*
- el Telediario : *le journal télévisé*
- el locutor : *le présentateur*
- el anuncio : *la publicité*

10 Les formes de l'action – « Devenir » – Raconter au passé

L'ESSENTIEL

Les formes de l'action

- **L'action récente** : *acabar de*

  El avión acaba de aterrizar. L'avion vient d'atterrir.

- **L'action tentée** : *tratar de, intentar, procurar*

  El turista trató de explicar que se lo habían robado todo.
  Le touriste essaya d'expliquer qu'on lui avait tout volé.

- **L'action manquée** (faillir) : *por poco*

  Por poco el anciano se cayó en medio de la calzada.
  Le vieillard faillit tomber au milieu de la chaussée.

- **L'action réussie** : *conseguir, lograr*

  No sé cómo conseguiste callarte.
  Je ne sais pas comment tu as réussi à te taire.

- **L'action reitérée** : *volver a*

  El perro vuelve a ladrar. Le chien aboie à nouveau.

Dans quelques cas, on utilise le préfixe *re-* (*reeducar, reproducir, reeditar)* ou les adverbes *de nuevo* ou *otra vez.*

Creo que voy a leer otra vez esta novela.
Je crois que je vais relire ce roman.

- **L'action habituelle** : *soler*

  Solemos veranear en Sitges.
  Nous avons l'habitude de passer l'été à Sitges.

La traduction de « devenir »

- **Transformation passagère et rapide** : *volverse, ponerse*

  ponerse pálido : pâlir
  volverse loco de dolor : devenir fou de douleur

- **Transformation profonde ou voulue** : *hacerse convertirse*

  hacerse monje : se faire moine
  convertirse en hielo : geler

- **Transformation** qui suppose **un effort et un aboutissement** : *llegar a ser, venir a ser, acabar por ser*

  Al cabo de diez años llegó a ser el director.
  Au bout de dix ans, il est devenu directeur.

Raconter au passé

Pour raconter au passé, l'espagnol emploie :

››› **L'imparfait** : comme en français (histoire, action passée, habitude dans le passé).

Solíamos ir a Vigo.
Nous avions l'habitude d'aller à Vigo.
El abuelo nos cantaba canciones antiguas.
Notre grand-père nous chantait de vieilles chansons.

››› **Le passé composé** : lorsque l'action se situe à une période récente et que les effets se font encore sentir.

Esta mañana, he encontrado a Nacho.
Ce matin, j'ai rencontré Nacho.
Este siglo se ha hundido en la crisis.
Ce siècle s'est enfoncé dans la crise.

(Noter que cet emploi a tendance à s'étendre.)

››› **Le passé simple** (*pretérito*) : dès que l'on se réfère à un passé révolu (action terminée dans le passé).

Anoche, vino Jaime.
Hier soir, Jaime est venu.
Cuba obtuvo su independencia en 1898.
Cuba a obtenu son indépendance en 1898.

ATTENTION !

Le passé simple est beaucoup plus fréquent en espagnol. En français, on le traduira donc souvent par un passé composé, comme dans les exemples ci-dessus.

LES EXPRESSIONS CLÉS

Pour se présenter et faire la fête

››› *Hola, ¿qué tal estás?*
Salut, comment vas-tu ?

››› *¿Qué tal está Usted?*
Comment allez-vous ?

››› *¡Cuánto tiempo sin verte!*
Il y a longtemps que je ne t'ai pas vu !

››› *¿Qué es de tu vida?*
Que deviens-tu ?

››› *Te presento a Teresa.*
Je te présente Teresa.

››› *Me alegro de conocerle.*
Je suis heureux de vous connaître.

››› *Encantado/Encantada, tanto gusto. – El gusto es mío.*
Enchanté !/Enchantée ! – Moi de même.

››› *Hemos organizado una fiesta de despedida.*
Nous avons organisé une fête d'adieu.

››› *Gracias por tu parte de boda, ¡enhorabuena!*
Merci pour ton faire-part de mariage, félicitations !

››› *Celebramos el cumpleaños de Pablito.*
Nous fêtons l'anniversaire de Pablito.

››› *¡Felicidades!*
Joyeux anniversaire !

››› *¡Qué lo paséis bien!*
Amusez-vous bien !

››› *Da recuerdos a tus padres de mi parte.*
Salue tes parents de ma part.

S'ENTRAÎNER

1 QUIZ

Choisir la forme qui convient.

1. Gracias a sus esfuerzos, … un cantante famoso. ☐ a. llegó a ser ☐ b. se puso
2. Con el calor, el helado … líquido. ☐ a. se volvió ☐ b. llegó a ser
3. Después de una semana en la playa, … morena. ☐ a. se hizo ☐ b. se puso

2 Transformer les phrases suivantes de manière à exprimer l'habitude.

1. Va a la escuela en autobús.
2. Comen a las diez de la noche.
3. Te acuestas muy tarde.
4. Escucháis con mucha atención.
5. Usted vuelve a casa a las seis.

3 Transformer les phrases de manière à exprimer la répétition.

1. Ustedes llaman al médico.
2. Juegas al tenis.
3. Se siente en buena forma.
4. Me mudo de casa.

4 Compléter par le verbe adéquat pour exprimer la transformation.

1. Cuando Elena le contó lo que había pasado, Eduardo … colorado de cólera.
2. De joven, era obrero y sin embargo … Primer Ministro.
3. Cuando su amo salía sin él, el perro … triste.
4. Con este invento, el ingeniero … rico.
5. ¡Había llovido tanto que la cancha de tenis … en un lodazal (= *bourbier*)!
6. Al ver que sus compañeros se burlaban de él, Jaime … mudo.
7. Nunca hubiéramos creído que ella … una escritora famosa.
8. Cuando tuvo veinte años … budista.

5 Remplacer *hoy* par *la semana pasada*.

Hoy viene Joaquín. ¡Cuánto me alegro! Ya lleva un año en Argentina y tendremos un montón de cosas que contarnos. Espero que no habrá atascos (= *embouteillages*), a esas horas, nunca se sabe. Tengo que llamar a Susana, a ver si le apetece venir conmigo. Joaquín estará contento de verla. No me acuerdo dónde he puesto el móvil. ¡Qué cabeza la mía! Está debajo de la almohada (= *oreiller*), lo de siempre… Pero no funciona, se ha quedado sin batería.

6 Mettre au passé ce résumé de la vie de Federico García Lorca.

Federico García Lorca nace en 1898. Lorca es el apellido de su madre. Es un buen pianista y es también dotado para el dibujo. En 1919, viene a Madrid a vivir en la Residencia de Estudiantes donde entabla amistad con el cineasta Luis Buñuel y el pintor Salvador Dalí. En 1929 hace un viaje a Nueva York. En Julio de 1936, estalla la Guerra Civil. Lorca, a pesar de los consejos de unos amigos, quiere volver a Granada. Le detienen y muere fusilado, en Agosto, a los 38 años, dejando una obra magnífica.

7 Traduire.

1. Après l'hiver, le jardin est devenu un bourbier.
2. Enfin, il est devenu président de la République !
3. Quand il comprit ce qui se passait, il devint très pâle.
4. Malgré l'avis de sa famille, il devint curé.
5. Petit à petit, elle devint célèbre dans la ville.
6. Malgré la crise, ils sont devenus riches.
7. As-tu remarqué comme elle est devenue maigre ?
8. Il s'est tellement entraîné qu'il est devenu champion.

VOCABULAIRE

L'environnement rural

- la casa de campo : *la maison de campagne*
- la finca : *la propriété, la ferme*
- el amo : *le propriétaire*
- la ganadería de toros de lidia : *l'élevage de taureaux de combat*
- el ganado : *le bétail*
- las aves de corral : *la basse-cour*
- el conejo : *le lapin*
- el zorro : *le renard*
- la cigüeña : *la cigogne*
- el gallo, la gallina : *le coq, la poule*
- las ovejas : *les brebis*
- el cordero : *l'agneau*
- el ternero : *le veau*
- el cerdo : *le cochon*
- el prado : *le pré*
- el pasto : *le pâturage*
- el monte : *la montagne*
- la pendiente : *la côte, la pente*
- el puerto : *le col*
- la carretera : *la route*
- el sendero : *le sentier*
- el matorral : *le buisson*
- el bosque : *le bois*
- el olivar : *l'oliveraie*
- la vid : *la vigne*
- el eucalipto : *l'eucalyptus*
- el arroz : *le riz*
- el centeno : *le seigle*
- el trigo : *le blé*

11 Concordance des temps et style indirect

L'ESSENTIEL

La concordance des temps

● On appelle concordance des temps le fait de faire **correspondre logiquement le temps de la proposition principale avec celui de la subordonnée** : un présent, un passé composé, un futur ou un impératif appellent un subjonctif présent, un temps passé, un subjonctif imparfait.

*Me **pide** que me **detenga**.*
Il me demande de m'arrêter.
*Me **pidió** que me **detuviera**.*
Il m'a demandé de m'arrêter.

ATTENTION !
Au contraire du français qui n'utilise plus beaucoup le subjonctif imparfait, l'espagnol applique strictement la concordance des temps.

● **Tableaux de la concordance**

››› **Subordonnée au subjonctif présent**

Proposition principale	Exemple
Présent	*Quiero que **vengas**.* Je veux que tu viennes.
Passé composé	*Me ha dicho que le **espere**.* Il m'a dit de l'attendre.
Futur	*Te llamaré cuando lo **sepa**.* Je t'appellerai quand je le saurai.
Impératif	*Ven cuando **puedas**.* Viens quand tu pourras.

››› **Subordonnée au subjonctif imparfait**

Proposition principale	Exemple
Imparfait	*Quería que la **acompañara**.* Il voulait qu'elle l'accompagne.
Passé simple	*Le dije que **saliera**.* Je lui ai dit de sortir.
Conditionnel	*Quisiera que lo **comprase**.* Je voudrais qu'il l'achète.
Plus-que-parfait	*Le había pedido que le **escribiera**.* Il lui avait demandé de lui écrire.
Conditionnel passé	*Me habría gustado que **volviera**.* J'aurais aimé qu'elle revienne.

Le discours indirect

● On appelle discours indirect le fait de **rapporter dans une subordonnée des propos exprimés au style direct**, ce qui implique un certain nombre de changements dans la phrase : verbe, pronoms compléments, possessifs.

Me voy y te llamo en cuanto haya hablado con mi hijo.
Je pars et je t'appellerai dès que j'aurai parlé à mon fils.
→ *Dice que **se va** y que **le llamará** en cuanto haya hablado con **su** hijo.*
Il dit qu'il part et qu'il l'appellera dès qu'il aura parlé à son fils.

● En français, **les verbes d'ordre, de volonté, de conseil** entraînent souvent la construction « de » + infinitif, alors qu'en espagnol ils sont **suivis de *que* + subjonctif** :

Je lui dis de venir. Il lui conseille de réfléchir.
Le digo que venga. Le aconseja que reflexione.

On applique donc la concordance des temps dans les subordonnées qui dépendent de ce type de verbes.

››› **Verbe déclaratif au présent**

***Dame tu** número de teléfono, **te llamaré**.*
Donne-moi ton numéro de téléphone, je t'appellerai.
→ ***Le dice** que **le dé su** número de teléfono y **le llamará**.*
Il lui dit de lui donner son numéro de téléphone et il l'appellera.

››› **Verbe déclaratif au passé**

*Le **dijo** que le **diera** su número y le **llamaría**.*
Il lui dit de lui donner son numéro et il l'appellerait.

ATTENTION !
Il convient de bien préciser le sens de « dire » : ordre ou simple déclaration.
Te digo que hables. Je te dis de parler.
Te digo que son las cinco. Je te dis qu'il est cinq heures.

Le subjonctif dans la subordonnée de temps

Lorsque le verbe de la principale est au futur ou à l'impératif, le verbe de la subordonnée introduite par ***cuando*** est au subjonctif présent.

*Me lo dirás **cuando** lo **sepas**.*
Tu me le diras quand tu le sauras.
*Venga Usted **cuando quiera**.*
Venez quand vous voudrez.

LES EXPRESSIONS CLÉS

Pour suggérer, conseiller

››› *Quisiera visitar la fábrica.* Je voudrais visiter l'usine.

››› *Te propongo ir de compras.*
Je te propose d'aller faire des courses.

››› *A ver si te apetece ir a la piscina.*
Voyons si ça te dit d'aller à la piscine.

››› *¿Qué te parece si cenamos?* Et si on dînait ?

››› *Te aconsejo/sugiero que lo pienses bien.*
Je te conseille/suggère de bien y réfléchir.

››› *Me ha pedido que le vuelva a llamar.*
Il m'a demandé de le rappeler.

››› *Yo que tú.* Si j'étais toi…

1 QUIZ

Choisir la forme qui convient.

1. No quiero que te …	☐ **a.** quedes	☐ **b.** quedas	☐ **c.** quedaras
2. Nos pidió que nos …	☐ **a.** vamos	☐ **b.** fuéramos	☐ **c.** vayamos
3. Exigimos que lo …	☐ **a.** decís	☐ **b.** decíais	☐ **c.** digáis
4. Me dijo que lo …	☐ **a.** olvide	☐ **b.** olvidara	☐ **c.** olvido

2 **Compléter les phrases avec les verbes suivants :** *vinieras – ganara – invitaran – durmieran – abriéramos – se fuera – supierais.*

1. No era una buena solución que Usted … solo.
2. Me extrañaría que no lo …
3. Le parecía imposible que no le …
4. Nosotros preferíamos que no …
5. Era preferible que Ustedes … en el hotel.
6. No pensaba posible que … su equipo.
7. El aduanero exigió que … las maletas.

3 **Transposer ces phrases à l'imparfait.**

1. No me parece que valga la pena.
2. Es preciso que lo sepa el maestro.
3. Deseo que tengas un trabajo interesante.
4. Más vale que olvides eso.
5. Prefieren que él no vaya allí.
6. Está muy orgulloso de que su hijo sea un empollón.
7. Es extraño que no te llamen.
8. No es menester que lo compres.
9. ¿No es increíble que lo hayáis olvidado?
10. Es preferible que lo traigan mañana.

4 **Mettre au passé simple ces ordres indirects.**

1. El director pide al empleado que venga a verle.
2. Quiere que su hija sea abogada.
3. Desean que los niños se acuesten temprano.
4. Exigimos que nos conteste.
5. El profesor aconseja a los alumnos que estudien más.
6. Usted no quiere que él le ayude.
7. El médico le aconseja que descanse.
8. No quieren que los periodistas investiguen.
9. No te aconsejo que insistas.
10. Usted les pide que le atiendan.

5 **Donner la forme directe de ces ordres indirects.**

1. No te aconsejo que lo repitas.
2. Quiere que te vayas.
3. Os piden que volváis.
4. Nos aconsejan que durmamos.
5. Quieren que Ustedes se detengan.
6. Exijo que me lo devuelvas.
7. No desea que le llames.
8. No quiero que Usted se preocupe.

POUR VOUS AIDER

L'enclise entraîne souvent l'ajout d'un accent écrit sur la voyelle accentuée.

6 **Traduire.**

1. Je voudrais que tu lises ce roman.
2. Il fallait que je te le dise.
3. Nous aimerions qu'il vienne dîner.
4. Elles lui dirent qu'il était trop tard.
5. Je lui ai conseillé de s'amuser.

7 **Transformer les phrases en utilisant le style indirect.**

1. Su padre le pide: "Ven acá y tráeme tu tarea".
2. El profesor aconsejó a los alumnos: "Callaos y concentraos".
3. El médico pidió al enfermo: "Tosa y diga treinta y tres".
4. Pablo dice a su hermano: "Cállate y déjame en paz".
5. La madre ordenó a sus hijos: "No volváis tarde y no despertéis a vuestro hermanito".
6. El portero sugirió a los inquilinos: "Apaguen la luz del pasillo y cierren la puerta".
7. El director dijo a la secretaria: "Descuelgue y diga que no estoy".
8. La azafata exigió: "Quédense sentados y abróchense los cinturones".

VOCABULAIRE

Le monde du travail

- trabajar : *travailler*
- el curro : *le boulot*
- un trabajillo : *un petit boulot*
- el maestro : *l'instituteur*
- la enfermera : *l'infirmière*
- el cirujano : *le chirurgien*
- el abogado : *l'avocat*
- el empresario : *le chef d'entreprise*
- el ejecutivo : *le cadre supérieur*
- la azafata : *l'hôtesse de l'air*
- el obrero : *l'ouvrier*
- el sector : *le secteur, le domaine*
- reclutar : *embaucher*
- despedir : *licencier*
- el sindicato : *le syndicat*
- la huelga : *la grève*
- el salario, el sueldo : *le salaire*
- el paro : *le chômage*
- la jubilación : *la retraite* (cessation d'activité)
- la pensión : *la retraite* (l'argent que l'on reçoit)

12 Historia de España

L'ESSENTIEL

De los orígenes hasta hoy

● **Las invasiones**

››› Los primeros habitantes de España son los **Íberos**, y con los Celtas, forman la base de la población. Conquistados por los Romanos, adoptan su lengua y sus leyes.

››› Pero lo que va a marcar profundamente el país es la invasión árabe en 711. **Córdoba** es la capital del califato y el centro de una civilización brillante donde conviven tres religiones: musulmana, cristiana, judía.

● **La Reconquista**

La ocupación dura hasta 1492 (**la Reconquista**). Es también el año del **descubrimiento de América** por Cristóbal Colón, bajo la protección de los **Reyes Católicos**, Isabel de Castilla y Fernando de Aragón. Por otra parte, durante su reinado, se instaura el Tribunal de la Inquisición que ejerce persecuciones religiosas y organiza ejecuciones públicas, llamadas autos de fe. Un clima de intolerancia y de miedo se dessarrolla, y en 1492, un decreto expulsa a los Judíos.

● **Del siglo XVI al siglo XIX**

››› **El siglo XVI**, con Carlos I, más conocido como **Carlos Quinto**, y su hijo **Felipe II**, es un siglo de esplendor llamado **Siglo de Oro** que corresponde a la formación de un inmenso imperio y a una producción artística excepcional. Pero al final del siglo siguiente empieza la decadencia.

››› **En 1700**, se extingue la dinastía de los Habsburgos: a raíz de la Guerra de Sucesión, con Felipe V, nieto de Luis XIV, empieza la **dinastía de los Borbones** que sigue reinando hoy en día. Carlos III, déspota ilustrado, marca el **siglo XVIII por sus reformas**.

››› La invasión del país por Napoleón, en 1808, inmortalizada por **Goya** (*2 de mayo*) y los conflictos del siglo XIX hunden España en la pobreza.

● **El siglo XX**

El país, conoce un siglo XX agitado: disturbios, un cambio de régimen con la **proclamación de la República en 1931**, y sobre todo la **Guerra Civil** (1936-1939), que acarrea la dictadura del general **Francisco Franco**. Impone, hasta su muerte en 1975, un régimen de censura y represión, austero, católico, militar y patriarcal.

CULTURE

El cuadro *Guernica* fue pedido a Picasso por el gobierno republicano para el pabellón español de la Exposición Internacional de París, después del bombardeo de la ciudad vasca por la aviación alemana durante la Guerra Civil (el 26 de Abril de 1937). Se volvió el símbolo de los horrores de la barbarie. Desde 1981, se encuentra en el Museo de Arte Moderno de Madrid, el Reina Sofía.

La España contemporánea

España ha conocido transformaciones espectaculares desde el fin del franquismo.

● **Una joven democracia**

››› La **Constitución de 1978**, establece una **monarquía parlamentaria**, con un rey (Felipe VI desde 2014), dirigida por un Primer Ministro elegido, que es Jefe del Gobierno.

››› El Estado español está formado por 17 comunidades autónomas. El país entró en la Unión Europea en 1986.

CULTURE

La "movida" : movimiento de reivindicación de libertad a todos los niveles, que se desarrolló, esencialmente, en las grandes ciudades y del cual se destacaron artistas como Pedro Almodóvar.

● **Un país moderno…**

››› **En 1992**, millones de turistas vienen a ver la Exposición Universal de Sevilla, los Juegos Olímpicos de Barcelona y Madrid, capital cultural de Europa. Descubren entonces un país muy dinámico. Las autopistas se multiplican, la red del AVE se va extendiendo, la moda española y el cine se exportan y artistas conquistan Hollywood.

››› Las mujeres cuentan entre las más diplomadas de Europa, reivindican su sitio en la sociedad y desempeñan un papel muy visible en política. España va adoptando leyes sociales vanguardistas respecto al matrimonio, por ejemplo.

● **… que tiene sus problemas**

Unos problemas, sin embargo, siguen preocupantes: el del **separatismo vasco** (ETA), la cuestión del **Estatuto catalán**, el paro, que, con la crisis de 2010, alcanza un 20%. España carece de industrias y la agricultura se enfrenta a un clima contrastado.

S'ENTRAÎNER

1 QUIZ **Cocher la réponse qui convient.**

1. Córdoba fue capital del califato en… ☐ **a.** 629 ☐ **b.** 929 ☐ **c.** 1529
2. Los Reyes Católicos reunieron las coronas de… ☐ **a.** Aragón y Castilla ☐ **b.** Aragón y Cataluña ☐ **c.** Castilla y León
3. El hijo de Carlos V fue… ☐ **a.** Carlos VI ☐ **b.** Felipe II ☐ **c.** Felipe VI

2 Quiz d'histoire (on peut s'aider d'Internet !)

1. Gibraltar significa:
a. ☐ el monte de Tarik
b. ☐ el río de Tarik
c. ☐ la costa de Tarik.

2. Las cuevas de Altamira se encuentran:
a. ☐ en Andalucía
b. ☐ en Extremadura
c. ☐ en Cantabria.

3. Córdoba se llamaba la ciudad de:
a. ☐ las dos religiones
b. ☐ las tres religiones
c. ☐ las tres filosofías.

4. Un califa es:
a. ☐ un estado
b. ☐ un jefe militar y religioso
c. ☐ un país.

5. Boabdil fue el último rey de:
a. ☐ Sevilla
b. ☐ Córdoba
c. ☐ Granada.

6. La Alhambra es:
a. ☐ un palacio granadino
b. ☐ una mezquita cordobesa
c. ☐ una catedral sevillana.

7. Carlos Quinto luchó contra el rey francés:
a. ☐ Luis XIII **b.** ☐ Enrique IV **c.** ☐ Francisco I.

8. Velázquez pintó:
a. ☐ *Las Manitas*
b. ☐ *Las Monadas*
c. ☐ *Las Meninas*.

9. Goya pintó:
a. ☐ *El 1° de Mayo*
b. ☐ *El 2 de Junio*
c. ☐ *El 2 de Mayo*.

3 Quiz de géographie

1. Madrid se encuentra a … metros de altura:
a. ☐ 400 **b.** ☐ 600 **c.** ☐ 900.

2. El refrán que lo caracteriza es:
"… meses de invierno, … meses de infierno".
a. ☐ dos / diez **b.** ☐ tres / nueve **c.** ☐ cuatro / ocho

3. La región de Valencia produce:
a. ☐ trigo **b.** ☐ arroz **c.** ☐ centeno.

4. Por eso su especialidad es:
a. ☐ la tortilla **b.** ☐ la fabada **c.** ☐ la paella.

5. Santiago de Compostela se encuentra en:
a. ☐ País Vasco **b.** ☐ Galicia **c.** ☐ Asturias.

6. El Guggenheim es un museo de:
a. ☐ Bilbao **b.** ☐ San Sebastián **c.** ☐ Guernica.

4 Placer ces villes sur la carte.

Cáceres – Ciudad Real – Burgos – Zaragoza – Bilbao – Málaga – Alicante – Pontevedra – Tarragona – Santander – Segovia

VOCABULAIRE

Les institutions politiques

- las Cortes : *l'Assemblée*
- los diputados : *les députés*
- el consejo de ministros : *le conseil des ministres*
- una papeleta de voto : *un bulletin de vote*
- de izquierdas # de derechas : *de gauche # de droite*
- la monarquía parlamentaria : *la monarchie parlementaire*
- el jefe del Gobierno : *le chef du gouvernement*
- la Moncloa : *résidence du chef du gouvernement (→ le gouvernement)*
- la Corte : *la Cour*
- los Reyes : *le couple royal*
- el Príncipe/la Princesa de Asturias : *l'aîné(e) du roi (héritier/ère du trône)*
- el Infante/la Infanta : *le fils/la fille du roi (non héritiers)*
- la Carta Magna = la Constitución : *la Constitution*
- las CC.OO, las Comunidades Autónomas : *les Communautés Autonomes*
- la democracia : *la démocratie*
- la dictadura : *la dictature*

ESPAGNOL

13 Historia de América

L'ESSENTIEL

Antes de la conquista

● Las civilizaciones precolombianas

››› Numerosos pueblos vivieron en América Central y del Norte (actuales países del istmo) y dejaron vestigios de civilizaciones muy ricas: **los Aztecas**, **los Mayas**, **los Olmecas**.

››› En el actual Perú vivían **los Incas**: su capital Cuzco o el Machu Picchu nos dan pruebas de su genio arquitectural.

● El Descubrimiento

››› El 12 de Octubre de **1492**, la primera expedición de **Cristóbal Colón**, patrocinada por los Reyes Católicos, llega a la isla de Guanahaní (actuales Bahamas) que nombra San Salvador antes de descubrir Cuba e Hispaniola.

››› Durante su tercer y último viaje, Cristóbal Colón **llega a las costas de América Central**. Muere en 1506, decepcionado, sin haberse dado cuenta de que había descubierto un nuevo continente.

De la Conquista a la independencia

● La Conquista

››› El conquistador **Hernán Cortés** llegó a México en 1519 y venció al último jefe azteca (Moctezuma) en 1521. **La Conquista**, con la superioridad de las armas de fuego y los caballos, resulta relativamente fácil y acarreó un verdadero genocidio.

››› **Pizarro**, ayudado por Almagro, fue el conquistador de Perú en 1533. Los Españoles hicieron expediciones para encontrar la tierra mítica de "**El Dorado**".

››› De América, los conquistadores trajeron cacao, tabaco, tomates, maíz, patatas, etc.

● La colonización

Los Españoles **imponen su lengua, su religión y sus leyes**. Se implementó la "**encomienda**": se suponía que el "encomendero" protegía y evangelizaba a los Indios pero este sistema hará de ellos verdaderos esclavos. Un fraile dominicano, Bartolomé de las Casas, denunció los abusos que sufrían (**Controversia de Valladolid**, 1550).

● La independencia

Entre 1810 y 1898, todos los países obtienen su independencia. Los "**criollos**" siguen las ideas de los "**libertadores**" como Simón Bolívar.

Los altibajos de las democracias

● El siglo XX, un siglo agitado

››› Durante el siglo XX, **se multiplican las guerras civiles** (Colombia, Salvador, Guatemala...) **y las dictaduras** (Pinochet en Chile, Perón y Videla en Argentina, Porfirio Díaz en México...).

››› Hoy, en muchos países (México, Colombia), reina una gran violencia causada por las **pandillas narcotraficantes**.

● Dos ejemplos: Cuba y Argentina

››› En Cuba, en 1959, **Fidel Castro**, rodeado de guerrilleros (como Ernesto "Che" Guevara), elimina al dictador Batista. Ayudado económicamente por la URSS, impuso un gobierno comunista que provocó **el embargo de los EE. UU.**

››› Argentina era un país rico, pero **el deterioro de la economía** provocó movimientos sociales y se sucedieron gobiernos militares. Durante **la Guerra Sucia** (1976-1983), muchos crímenes fueron cometidos ("desapariciones", raptos de bebés, ...) y mucha gente se exilió.

● La situación de los Indios

Despreciados y humillados durante siglos, hoy **reivindican sus derechos y su cultura**. **Evo Morales**, de origen aymara, es presidente de Bolivia desde 2006.

CULTURE

Numerosos escritores y artistas hispano-americanos ocupan un lugar importante en las Artes y varios obtuvieron el Premio Nobel de Literatura: Gabriela Mistral y Pablo Neruda (Chile), Gabriel García Márquez (Colombia), Mario Vargas Llosa (Perú)...

S'ENTRAÎNER

1 QUIZ

Cocher la bonne réponse.

1. Nazca evoca: a. ☐ unas batallas b. ☐ unas diosas c. ☐ unas líneas
2. El Machu Picchu se encuentra en: a. ☐ Bolivia b. ☐ Chile c. ☐ Perú
3. Tenochtitlan fue fundada por: a. ☐ los Aztecas b. ☐ los Zapotecas c. ☐ los Mayas
4. Los antiguos Mexicanos temían que no volviera: a. ☐ la luna b. ☐ el sol c. ☐ el viento
5. La bebida sagrada de los aztecas era: a. ☐ el té b. ☐ el chocolate c. ☐ el café

2 **Compléter le texte par les mots suivants :** *favorables – descubriendo – Cartagineses – agotada – millares – origen – rindieron – nombrar.*

Nombrar al Nuevo Mundo

Cuando los Europeos llegaron al Nuevo Mundo, quisieron … los lugares que iban …, lo que representó … de nombres por encontrar. A veces, utilizaron palabras indias (*Texas* significa "Bienvenidos", *Yucatán* "No entiendo"), otras veces … homenaje a los soberanos (*La Fernandina*, *Isabelina*, *La Española*) o a santos: *Santiago de Chile*. Otros nombres están relacionados con acontecimientos: *Buenos Aires* recuerda vientos … que permitieron que barcos pudieran zarpar (= *appareiller*). A menudo, … la imaginación volvieron a dar nombres de su tierra de … : *Venezuela*, pequeña Venecia, *Nueva Granada* (región de Colombia). *Cartagena de las Indias*, en Colombia, recuerda la Cartagena española, ya bautizada así por los …, en recuerdo de su propia capital, Cártago. Pasó igual con los anglosajones: de ahí *New York* y *New Jersey*, por ejemplo.

3 **Où peut-on trouver ces sites géographiques ?**

1. Popocatépetl ○
2. Estrecho de Magallanes ○
3. Lago Titicaca ○
4. Perito Moreno ○
5. Aconcagua ○
6. Iguazú ○
7. Río de la Plata ○
8. Desierto de Atacama ○

○ a. Chile
○ b. Argentina
○ c. México
○ d. Bolivia

4 **D'où sont originaires ces personnes célèbres ?**

1. Pancho Villa ○
2. Evita Perón ○
3. Rigoberta Menchú ○
4. Salvador Allende ○
5. El subcomandante Marcos ○
6. Che Guevara ○
7. Bolívar ○
8. Gabriela Mistral ○
9. Emiliano Zapata ○
10. Fidel Castro ○
11. Pablo Neruda ○
12. Quino ○

○ a. Cuba
○ b. Guatemala
○ c. Argentina
○ d. Chile
○ e. México
○ f. Venezuela

5 **Relier chaque ville à son pays.**

1. Callao ○
2. Colonia ○
3. Ushuaia ○
4. Cancún ○
5. Concepción ○
6. Guayaquil ○
7. Cartagena de las Indias ○
8. San José ○
9. Asunción ○
10. Caracas ○
11. La Paz ○
12. Tikal ○

○ a. México
○ b. Costa Rica
○ c. Uruguay
○ d. Paraguay
○ e. Chile
○ f. Argentina
○ g. Perú
○ h. Ecuador
○ i. Bolivia
○ j. Guatemala
○ k. Colombia
○ l. Venezuela

VOCABULAIRE

Le Nouveau Monde

- el Descubrimiento : *la découverte de l'Amérique*
- las pirámides : *les pyramides*
- la Conquista : *la conquête de l'Amérique*
- bautizar : *baptiser*
- alfabetizar : *alphabétiser*
- la colonización : *la colonisation*
- una hacienda : *une grande propriété*
- el virrey : *le vice-roi*
- explotar : *exploiter*
- la esclavitud : *l'esclavage*
- un cimarrón : *un esclave en fuite*
- los indígenas : *les indigènes*
- un indio : *un indien*
- un mestizo : *un métis (d'indien)*
- un mulato : *un mulâtre*
- un zambo : *un métis noir/indien*
- un criollo : *un descendant d'espagnol*
- huir : *fuir*
- liberar : *libérer*
- un libertador : *un libérateur (Indépendance)*
- un golpe de Estado : *un coup d'État*
- un caudillo : *un dictateur*

Vers la 1re

Des podcasts de révision audio sur
www.hatier-entrainement.com

FOCUS ORIENTATION

Comment bien choisir ma première ?

Par Brigitte Prot, psychopédagogue, spécialiste de la motivation et de l'orientation

Choisir votre projet professionnel dès la seconde, sachant que vous enchaînerez plusieurs métiers au cours de votre vie, cela n'a rien d'évident ! L'essentiel est de choisir au mieux la première étape, « votre » première. Or, difficile de s'y retrouver dans les choix d'orientation, alors que les voies et les passerelles se multiplient. L'année de seconde est le moment de réfléchir à votre projet… Voici des clés pour « piloter » un itinéraire qui vous ressemble, loin des avenirs prémâchés… Objectif : réaliser votre potentiel.

Quelles sont les différentes séries en première ?

● Pourquoi entend-on partout qu'il vaut mieux faire une 1re S ?

▸▸ Le mieux est de **choisir la filière la plus adaptée à soi !** Ceci dit, les lycéens sans projet, avec des résultats qui le permettent, font de la 1re S le point de départ d'un parcours largement ouvert. « On peut tout faire avec un bac S. », dit Lorenn. Et en effet, cette série ouvre à toutes les orientations.

▸▸ Réputée exigeante quant aux habitudes de travail, elle permet également aux lycéens de gagner en autonomie en s'appropriant méthodes et stratégies d'apprentissage, donc de **se préparer aux études supérieures**. Attention, il arrive que certains lycéens, entrés en 1re S sans véritable goût pour les matières scientifiques, rencontrent des difficultés et soient démotivés par les 10 heures de maths et de sciences par semaine (16 heures en terminale). Il est cependant possible de changer de voie à la fin d'une 1re S et de rejoindre la série ES en terminale.

● Si je choisis une 1re ES, quelles études supérieures pourrais-je faire ?

▸▸ L'**université** offre aux bacheliers ES des formations en AES (administration économique et sociale), droit, économie ou sociologie.

▸▸ Les **IUT** (instituts universitaires de technologie) et les **STS** (sections de techniciens supérieurs) proposent des études professionnalisantes en deux ans, qui permettent de préciser son projet puis d'intégrer éventuellement – après l'obtention d'un DUT ou d'un BTS – un cycle d'études conduisant à un diplôme bac + 5, à l'université ou dans une école de commerce. Les domaines concernés sont essentiellement : le commerce, la gestion, la comptabilité, le marketing et la communication.

▸▸ Les **écoles de commerce** (hors grandes écoles) et les **IEP** (instituts d'études politiques – Sciences Po) accueillent les bacheliers ES sur concours. Les **classes préparatoires aux grandes écoles** (CPGE), économiques et commerciales, constituent un choix intéressant mais exigeant. Elles mènent au bout de deux ans, en cas de succès au concours, dans une grande école de « management ».

▸▸ D'**autres filières** sont ouvertes aux bacheliers S, avec, pour certaines, la nécessité d'un rattrapage dans certaines matières (domaines artistique, littéraire, sportif, paramédical…).

● Et si je choisis une 1re L ?

▸▸ À l'**université**, les bacheliers L suivent essentiellement des formations en lettres, langues, histoire, géographie, sociologie, droit ou AES.

▸▸ Après un bac L, il est aussi possible d'opter pour un cycle court de deux ans dans un **IUT** ou une **STS** (dans les domaines suivants : commerce international, communication, marketing, audiovisuel), et de poursuivre éventuellement par des études à l'université ou dans une école de commerce.

▸▸ Si vous avez un bon niveau dans toutes les matières et si vous êtes prêt(e) à vous investir, vous pourrez viser une **classe préparatoire littéraire**. Les concours d'entrée aux ENS (écoles normales supérieures) sont très sélectifs mais il existe de nombreuses passerelles pour vous rediriger, au bout de deux ans, vers une école de commerce, un IEP ou encore l'université.

▸▸ Vous pourrez également essayer d'intégrer un **IEP** en première année (en passant un concours à la fin de l'année de terminale), une **école spécialisée** en langues, culture ou art (ISIT pour l'interprétariat et la traduction, école du Louvre…), ou une école de journalisme.

▸▸ D'**autres filières** s'ouvrent aux bacheliers L avec, pour certaines, la nécessité d'un rattrapage dans certaines matières (domaines sportif, paramédical…).

● Quel est l'intérêt d'intégrer une série technologique ?

▸▸ Une série technologique n'est **pas une « voie de garage »**, surtout aujourd'hui, avec la multiplication des passerelles et des voies dans l'enseignement supérieur. Cependant, le choix d'une série technologique sans projet personnel n'a aucun sens.

▸▸▸ Ces séries se répartissent par domaines d'activité : l'industrie, la gestion, la santé, le social... L'enseignement technologique (par opposition aux enseignements dits généraux) y est privilégié, notamment par des études de cas. C'est un type d'enseignement qui articule **théorie et pratique**, et promeut une **dynamique de projet**. Trois mots le résument : action, concret et équipe.

▸▸▸ Le choix d'une telle filière doit donc correspondre à **votre profil** de lycéen ou de lycéenne : votre motivation dans les apprentissages se développe-t-elle à partir de situations concrètes ? Le travail autour d'un projet vous convient-il ?

DEMANDEZ LE PROGRAMME

Les disciplines et leur volume horaire par semaine dans chaque série générale

Pour les **séries technologiques**, consultez :
eduscol.education.fr/cid46476/presentation.html

Disciplines obligatoires (Bulletin officiel de l'Éducation nationale n° 4 du 24 janvier 2013)		
1re S	• Langues vivantes 1 et 2	4 h 30
	• Français	4 h
	• Mathématiques	4 h
	• Physique-Chimie	3 h
	• Sciences de la vie et de la Terre (SVT)	3 h
	• Histoire-Géographie	2 h 30
	• Éducation physique et sportive (EPS)	2 h
	• Éducation civique, juridique et sociale	1/2 h
1re ES	• Sciences économiques et sociales (SES)	5 h
	• Langues vivantes 1 et 2	4 h 30
	• Français	4 h
	• Histoire-Géographie	4 h
	• Mathématiques	3 h
	• Éducation physique et sportive (EPS)	2 h
	• Sciences	1 h 30
	• Éducation civique, juridique et sociale	1/2 h
1re L	• Langues vivantes 1 et 2	4 h 30
	• Français	4 h
	• Histoire-Géographie	4 h
	• Littérature	2 h
	• Littérature étrangère en langue étrangère	2 h
	• Éducation physique et sportive (EPS)	2 h
	• Sciences	1 h 30
	• Éducation civique, juridique et sociale	1/2 h
	• Au choix :	
	– langue vivante 3 ;	3 h
	– approfondissement en langue vivante 1 ou 2 ;	3 h
	– langues et cultures de l'Antiquité (latin ou grec) ;	3 h
	– mathématiques ;	3 h
	– arts ;	5 h
	– arts du cirque.	8 h
Disciplines facultatives (2 au maximum)		
1re S, ES, L	• Éducation physique et sportive	3 h
	• Arts au choix : arts plastiques ; cinéma-audiovisuel ; danse ; histoire des arts ; musique ; théâtre.	3 h
	• Langues et cultures de l'Antiquité : latin ou grec	3 h
	• Langue vivante 3	3 h

NB : Pour toutes les séries générales, l'emploi du temps hebdomadaire inclut également 1 heure de TPE (travaux personnels encadrés) et 2 heures d'accompagnement personnalisé (soutien, approfondissement, aide à l'orientation).

Quelles sont les différentes séries technologiques proposées ?

▸▸ Cinq séries se préparent dans des lycées technologiques : **STMG**, sciences de la gestion et du management ; **ST2S**, sciences et technologies de la santé et du social ; **STI2D**, sciences et technologies de l'industrie et du développement durable ; **STL**, sciences et technologies de laboratoire et **STD2A**, sciences et technologies du design et des arts appliqués.

▸▸ Trois autres séries se préparent dans des lycées spécifiques : **STAV**, sciences et technologie de l'agronomie et du vivant (lycée agricole) ; **hôtellerie**, métiers de l'hôtellerie et de la restauration (lycée hôtelier) et **TMD**, techniques de la musique et de la danse (conservatoire).

▸▸ Vous trouverez des informations détaillées sur les sites listés dans la rubrique « Restez connecté » ci-après.

Comment me déterminer ?

Est-il important d'avoir déjà un projet professionnel ?

▸▸ En seconde, il n'est pas nécessaire d'avoir défini un projet professionnel, mais vous devez **réfléchir à un projet de vie** qui vous corresponde : lié à des rêves, des envies, des aspirations déjà présents en vous. Les identifier suppose de chercher à se connaître : « Qui suis-je aujourd'hui ? » ; « Qu'est-ce que j'imagine comme avenir pour moi ? Voyager ? Travailler plutôt seul(e) ? avec d'autres ? » ; « Quels domaines d'activité ou professions me tentent ? » ; « Lesquels me motivent le moins ? »...

▸▸ Votre projet personnel s'appuie sur des centres d'intérêt, des compétences, une attirance vers des domaines d'activité. Le construire suppose une **démarche progressive sur trois années** : la seconde vous conduit à choisir une filière ; la première et la terminale, des études supérieures en lien avec un domaine professionnel qui vous motive. « L'orientation, ça se mûrit ! », dit Allan.

Faut-il plutôt raisonner en fonction de ses goûts pour les différentes matières ?

▸▸ C'est **un élément parmi d'autres** qui permet d'orienter son choix. Il faut aussi prendre en compte ses résultats, son niveau, sa méthodologie et son degré d'autonomie dans chaque matière. Benjie, passionné d'histoire, rêve d'intégrer un IEP mais comme il ne fournit aucun travail personnel, il prend le risque de voir son vœu invalidé pour une 1re ES. Mettre son goût pour la matière en cohérence avec ses résultats lui permettrait d'y accéder.

▸▸ Prenez également en compte **vos centres d'intérêt et vos compétences** dans des domaines extérieurs au lycée.

Puis-je choisir une 1re S si je suis « mauvais(e) en maths » ?

▸▸ Personne n'est « mauvais en maths ». En revanche, des lycéen(ne)s peuvent rencontrer des difficultés dans cette matière. Pour y voir plus clair, efforcez-vous d'en **repérer l'origine** : manque d'intérêt pour la discipline ou de travail personnel ? difficultés de compréhension, de logique, de méthodologie ou de formulation d'un raisonnement ? lacunes accumulées au collège ou en seconde ?

▸▸ Beaucoup d'élèves commencent à réussir en mathématiques lorsqu'ils se mettent à... les travailler ! Ensuite, un minimum de **motivation** dans cette matière est indispensable pour réussir une 1re S.

Quelle série choisir si je n'ai aucune idée, avec des résultats moyens ?

▸▸ D'abord, vos résultats sont-ils vraiment moyens dans toutes les matières ? C'est une situation rare... Généralement, au moins **une ou deux matières dominent** et attestent d'un intérêt. Interrogez-vous : « Quelles sont mes trois matières préférées ? celles dans lesquelles j'ai plaisir à travailler ? celles où j'ai envie de progresser ? celles où je suis très autonome ? celles où je m'exprime régulièrement à l'oral ? »

▸▸ Ensuite, demandez-vous quels sont les domaines d'activité à « oublier », puis ceux qui vous font rêver, et ceux dans lesquels vous vous verriez bien dans dix ans. Pour cela, recueillez des informations sur toutes les séries, leurs débouchés et les compétences requises (voir la rubrique « Restez connecté » ci-après). À partir de là, effectuez un tri et choisissez la série adéquate parmi celles retenues, grâce à une grille en deux colonnes : « **avantages** » et « **inconvénients** ».

Quelles sont les étapes importantes au cours de ma seconde ?

À partir de quand dois-je me poser la question du choix de ma première ?

▸▸ Dès **décembre**, en fonction de vos résultats au premier trimestre. L'analyse du bulletin, avec les moyennes et appréciations, permet de repérer vos points forts, vos réussites et les points à améliorer. Se définit alors le type de travail à fournir pour progresser au deuxième trimestre, avec des objectifs précis. C'est le moment de vous mettre en situation de réussir au mieux votre année de seconde, pour avoir le choix de votre série en première et construire progressivement votre orientation.

▸▸▸ Évitez le pire : aboutir en juin à un **choix par défaut**, qui ne dépendrait que de vos notes… À partir de janvier, c'est parti !

● Comment puis-je avancer dans l'élaboration de mon projet professionnel ?

▸▸▸ En seconde, voici les **trois principales étapes** :

1. En décembre, après l'analyse du bulletin du premier trimestre, **recueillez des informations** sur les différentes séries. Rencontrez des professionnels et des étudiants pour en mesurer les enjeux (débouchés, métiers…) et des lycéens pour les questionner sur la réalité de chaque série (rythme de travail, programme et volume horaire hebdomadaire dans les différentes matières – voir la rubrique « Demandez le programme » ci-avant).

2. Le conseil de classe du deuxième trimestre est décisif pour la suite, puisqu'il est associé au recueil des vœux. En mars-avril, faites le point, puis **effectuez un tri pour aboutir à un premier choix**, qui prenne en compte les résultats et le niveau atteint au deuxième trimestre.

3. Enfin, en mai, avant le dernier conseil de classe, **prenez la décision finale**, sur la base des résultats de l'année. Avec une clé : ne mettez la barre ni trop haut, ni trop bas. Pour cela, renseignez-vous sur l'épreuve du bac (matières, coefficients et types d'épreuves) et demandez aux adultes proches un accompagnement. Le cas échéant, effectuez un bilan d'orientation auprès de professionnels.

● À quel moment recueille-t-on nos vœux et quand a-t-on la réponse définitive ?

▸▸▸ Les vœux ou « demande d'orientation et d'affectation » sont exprimés une première fois avant le conseil de classe du deuxième trimestre, puis confirmés **fin mai**.

▸▸▸ La réponse définitive est donnée après le **dernier conseil de classe**.

RESTEZ CONNECTÉ

Pour préciser votre projet professionnel

En plus des conseillers d'orientation psychologues que vous pouvez rencontrer dans votre établissement, voici des ressources pour construire votre projet.

- **L'Onisep** (Organisme national d'information sur les enseignements et les professions)
www.onisep.fr ou **www.monorientationenligne.fr**
Ressources nationales et régionales par académie. Guide d'orientation actualisé à télécharger. Rubriques « Ma voie » et « Construire son projet ». Dates de portes ouvertes et forums.
- **L'Étudiant** **www.letudiant.fr**
Par secteur d'activité, des informations actualisées et précises sur les filières, études, formations et passerelles. Guides par domaine d'activité, études, métiers et professions. Propositions de coaching.
- Les **CIO** (centres d'information et d'orientation) **www.ac-[ville académique concernée].fr**
Service public avec des conseillers d'orientation psychologues. Dans chaque académie, plusieurs CIO proposent un accueil individualisé, des logiciels d'aide à l'orientation, et un fonds documentaire sur les enseignements et les professions.
- Le **CIDJ** (Centre d'information et de documentation jeunesse)
www.cidj.com 101, quai Branly à Paris
Informations et conseils sur les études, formations et métiers.
- Le **CIDE** (Centre d'information et de documentation sur l'enseignement privé)
www.cide.fr 84, boulevard Saint-Michel à Paris
Des conseillers reçoivent individuellement pour répondre aux questions relatives aux cursus d'études.
- **Éduscol**
www.eduscol.education.fr rubrique « Personnalisation des parcours » puis « Orientation »
Portail des professionnels de l'éducation. Des informations susceptibles de vous intéresser sur les démarches d'orientation et de construction de projet.
- **Le Canal des métiers** **www.lecanaldesmetiers.tv**
Plus de mille vidéos, classées par grands secteurs professionnels et métiers.
- **Ton avenir** **www.tonavenir.net**
Orientation scolaire personnalisée.
- **Professionnels de l'orientation, coaches, consultants** pour des bilans, des parcours et un accompagnement personnalisés. Par exemple : **www.brigitte-prot.fr**

TEST BILAN en Français

Date : ....

ROMAN ET NOUVELLE

1 Le rythme du récit
Quel procédé est utilisé dans cette phrase ?
Pendant un demi-siècle, les bourgeoises de Pont-l'Évêque envièrent à Mme Aubain sa servante Félicité. (Flaubert)

☐ **a.** une scène ☐ **b.** un sommaire
☐ **c.** une ellipse

2 Le récit réaliste
Ces écrivains appartiennent-ils au mouvement réaliste ?

	VRAI	FAUX
a. Balzac	☐	☐
b. Hugo	☐	☐
c. Flaubert	☐	☐

3 Le roman naturaliste
Qui sont les Rougon-Macquart ?

☐ **a.** des romanciers naturalistes
☐ **b.** des savants du XIXe siècle
☐ **c.** des personnages de Zola

4 Un auteur du XIXe siècle
Qu'a écrit Maupassant ?

☐ **a.** des romans réalistes
☐ **b.** des nouvelles fantastiques
☐ **c.** des poèmes romantiques

TRAGÉDIE ET COMÉDIE

5 La pièce de théâtre
Comment nomme-t-on la ou les premières scènes d'une pièce ?

☐ **a.** l'intrigue ☐ **b.** l'introduction ☐ **c.** l'exposition

6 Les répliques
Le personnage est forcément seul sur scène lorsqu'il prononce :

☐ **a.** un aparté
☐ **b.** un monologue
☐ **c.** une tirade

7 La tragédie classique
Racine a écrit :

☐ **a.** *Le Cid*
☐ **b.** *Andromaque*
☐ **c.** *Le Misanthrope*

8 La comédie classique
Quels sont les buts de la comédie classique ?

☐ **a.** divertir ☐ **b.** émouvoir ☐ **c.** instruire

LA POÉSIE

9 La versification
Quel procédé est utilisé dans cet alexandrin ?
Le violon frémit comme un cœur qu'on afflige. (Baudelaire)

☐ **a.** un rejet
☐ **b.** une diérèse
☐ **c.** une allitération

10 Le romantisme
Le chef de file du mouvement romantique est :

☐ **a.** Théodore de Banville
☐ **b.** Victor Hugo
☐ **c.** Charles Baudelaire

11 Les poètes symbolistes
Quels poètes appartiennent au mouvement symboliste ?

☐ **a.** Paul Verlaine
☐ **b.** Stéphane Mallarmé
☐ **c.** Jules Laforgue

12 Le surréalisme
De quand date le *Manifeste surréaliste* ?

☐ **a.** 1904 ☐ **b.** 1924 ☐ **c.** 1944

L'ARGUMENTATION

13 L'argumentation
En littérature, l'argumentation :

	VRAI	FAUX
a. est une pratique ancienne	☐	☐
b. n'apparaît qu'au XXe siècle	☐	☐
c. peut apparaître dans tous les genres littéraires	☐	☐

14 Les écrits argumentatifs
Un récit bref et fictif comportant une leçon s'appelle :

☐ **a.** un essai ☐ **b.** une satire ☐ **c.** un apologue

15 Faire partager un jugement
Le discours prononcé à la mort d'une célébrité s'appelle :

☐ **a.** un éloge funèbre
☐ **b.** un pamphlet funèbre
☐ **c.** une oraison funèbre

16 Un écrivain des Lumières
Voltaire est l'auteur de :

☐ **a.** *Candide ou l'Optimisme*
☐ **b.** *Zadig ou la Destinée*
☐ **c.** *Émile, ou De l'éducation*

LANGUE ET STYLE

17 La situation d'énonciation

La finesse du paysan l'emporta sur la finesse de l'homme riche, qui n'en a pas besoin pour vivre. (Stendhal)

	VRAI	FAUX
a. L'énoncé comporte un présent de vérité générale.	☐	☐
b. L'énoncé fait référence à la situation d'énonciation.	☐	☐
c. L'énoncé contient un modalisateur : *riche*.	☐	☐

18 Le statut du narrateur

Dans un récit à la troisième personne :

	VRAI	FAUX
a. le narrateur est un personnage	☐	☐
b. le narrateur peut intervenir à la première personne	☐	☐
c. l'usage du point de vue interne est possible	☐	☐

19 La progression d'un texte

Cécile fit alors la connaissance de Valmont, ce séducteur qui devait la perdre.

	VRAI	FAUX
a. Cet énoncé comporte une reprise nominale.	☐	☐
b. Cet énoncé comporte une reprise pronominale.	☐	☐
c. Cet énoncé comporte un connecteur logique.	☐	☐

20 La phrase complexe

La coordination relie :

☐ **a.** une proposition principale et une subordonnée
☐ **b.** deux propositions de même nature
☐ **c.** une proposition principale et une indépendante

21 L'accord du participe passé

Le participe passé employé avec l'auxiliaire *avoir* :

	VRAI	FAUX
a. ne s'accorde jamais avec le sujet	☐	☐
b. s'accorde avec le sujet si celui-ci est précédé d'un COD	☐	☐
c. s'accorde avec le COD si celui-ci précède le verbe	☐	☐

22 La formation des mots

Quels sont les mots formés par composition ?

☐ **a.** vinaigre ☐ **b.** délibération ☐ **c.** gendarme

23 Les figures de style

	VRAI	FAUX
a. La périphrase permet d'atténuer une réalité brutale.	☐	☐
b. L'antiphrase est une figure de l'ironie.	☐	☐
c. L'oxymore est une figure d'opposition.	☐	☐

24 Les registres

Le registre épique cherche à provoquer :

☐ **a.** l'admiration
☐ **b.** l'amusement
☐ **c.** le doute

VERS LE BAC

25 La lecture analytique

Dans l'introduction, il est nécessaire de :

	VRAI	FAUX
a. rappeler le nom de l'auteur	☐	☐
b. annoncer le plan de l'exposé	☐	☐
c. donner son avis sur le texte	☐	☐

26 Le brouillon

Dans le brouillon d'un commentaire littéraire :

☐ **a.** l'introduction et la conclusion sont rédigées
☐ **b.** les grandes parties sont rédigées
☐ **c.** rien n'est rédigé

27 Le commentaire littéraire

Rédiger un commentaire littéraire, c'est procéder à :

	VRAI	FAUX
a. une analyse linéaire du texte	☐	☐
b. une analyse thématique du texte	☐	☐
c. un développement argumenté	☐	☐

28 Le sujet de dissertation

Que demande ce sujet ?

Les romanciers sont-ils selon vous des illusionnistes ?

☐ **a.** illustrer un propos
☐ **b.** confronter plusieurs points de vue
☐ **c.** formuler des hypothèses

29 Le plan de la dissertation

Quelle est la première étape de l'élaboration du plan ?

☐ **a.** construire le plan détaillé
☐ **b.** chercher des arguments et des exemples
☐ **c.** classer des arguments

30 L'écrit d'invention

Quels types de travaux pouvez-vous être amené à rédiger ?

☐ **a.** un apologue
☐ **b.** une suite de texte
☐ **c.** un pastiche

CORRIGÉS

1. b **2.** a et c sont vraies. **3.** c **4.** a et b. Ses romans les plus connus sont *Une vie*, *Pierre et Jean* et *Bel-Ami*. *Le Horla* est sa plus célèbre nouvelle fantastique. **5.** c **6.** b **7.** b **8.** a et c **9.** b. Le mot *violon* se prononce : vi/o/lon. **10.** b **11.** a, b et c **12.** b **13.** a et c sont vraies. **14.** c **15.** c. L'oraison funèbre est une forme particulière d'éloge. **16.** a et b. *Émile, ou De l'éducation* est un ouvrage de Rousseau. **17.** a est vraie. **18.** b et c sont vraies. **19.** a (*ce séducteur*) et b (*la*) sont vraies. **20.** b **21.** a et c sont vraies. **22.** a (*vin aigre*) et c (*gens d'armes*). **23.** b et c sont vraies. **24.** a **25.** a et b sont vraies. **26.** a **27.** b et c sont vraies. **28.** b **29.** b. Puis, dans l'ordre, c et a. **30.** a, b et c

en Français

En classe de première, selon la série choisie, vous n'aurez pas le même nombre d'heures de cours de français par semaine. Mais quelle que soit votre série, vous aurez à la fin de l'année une épreuve écrite et une épreuve orale. Ce sont les épreuves anticipées de français (EAF), qui comptent pour l'obtention du bac en fin de terminale.

Le français en première
(toutes séries)

Quelle différence entre le programme de seconde et celui de première ?

▸▸▸ Vous suivrez au minimum **4 heures** de français par semaine en première, soit le même horaire qu'en seconde, où les objets d'étude abordés ont mis l'accent sur l'acquisition de repères culturels et littéraires, et l'analyse des grands genres littéraires. Dans la continuité de cet enseignement, le programme mené en classe de première cherche à mettre en évidence certaines **évolutions historiques des genres littéraires**.

▸▸▸ Vous étudierez **quatre objets d'étude communs** à toutes les séries : l'étude du genre narratif et du genre théâtral s'étendra du XVIIe siècle à nos jours ; le genre poétique sera abordé depuis le Moyen Âge jusqu'à aujourd'hui ; enfin vous étudierez l'argumentation depuis le XVIe siècle jusqu'à notre époque. Chaque genre est envisagé selon un angle, une thématique précise (voir la rubrique « Demandez le programme » ci-après).

Quelles sont les particularités du français en 1re L ?

▸▸▸ Aux 4 heures communes à toutes les séries s'ajoutent **2 heures d'étude spécifique** pour l'enseignement de littérature. Le coefficient des EAF est plus important pour cette série (coefficient 5) que pour les autres (coefficient 4).

▸▸▸ En 1re L, vous aborderez **deux objets d'étude supplémentaires** : la prise en compte d'un espace culturel européen et le travail sur les réécritures. La période d'étude n'est plus associée à un genre mais à une perspective d'approfondissement (voir la rubrique « Demandez le programme » ci-après).

Comment bien démarrer l'année en français ?

▸▸▸ Matière d'examen en première, le français nécessitera un **travail personnel et régulier** tout au long de l'année. En plus des lectures que l'on vous demandera d'effectuer, la **méthode** de travail est essentielle. Relisez vos cours, rédigez des fiches de synthèse pour chaque extrait étudié, résumez les œuvres lues intégralement.

▸▸▸ Pensez également à construire une frise chronologique, du Moyen Âge à nos jours, qui fera apparaître les principaux mouvements littéraires et les auteurs étudiés ; en affichant cette frise dans votre espace de travail, vous pourrez mémoriser facilement ces informations et être à même de **situer clairement un auteur dans son siècle et son mouvement**.

RESTEZ CONNECTÉ

Des œuvres contemporaines pour développer sa sensibilité

- Par leurs messages multiples, les œuvres littéraires stimulent l'**imaginaire**, la **créativité** et le **sens critique**. Elles offrent de nombreuses correspondances avec d'autres formes d'art : les représentations théâtrales bien sûr, mais aussi le cinéma, la musique, la photo, la peinture… Prendre conscience de ces rapports vous permet d'élaborer des réflexions et des jugements plus sûrs.
- Multipliez les occasions d'**exprimer** et de **transmettre votre sensibilité**, en privilégiant :
  - les sorties au cinéma et au théâtre ;
  - la pratique d'exercices d'improvisation ou de jeux de rôles ;
  - l'écriture de textes personnels ou chansons ;
  - la lecture d'œuvres disponibles en bibliothèque ou en ligne.
- Plusieurs **prix littéraires** sont décernés chaque année, notamment le Goncourt des lycéens : un roman est choisi et récompensé par un jury composé uniquement de lycéens ; vous pouvez lire ces romans primés. Et, pour développer vos qualités d'expression, vous pouvez même tenter de faire partie de ce jury…

▸▸ Entraînez-vous, dès le début de l'année, aux différents exercices qui vous seront proposés le jour de chacune des épreuves du bac, de manière à être à l'aise avec la méthode que chacun d'eux requiert. Soyez **curieux** de l'actualité littéraire (voir la rubrique « Restez connecté » ci-après), exercez votre **jugement critique** sur toutes les œuvres que vous serez amené(e) à étudier, entraînez-vous à **vous exprimer** avec rigueur et clarté.

Se préparer aux épreuves anticipées du bac

● En quoi consiste l'épreuve écrite de français ? Comment s'y préparer ?

▸▸ L'épreuve écrite, d'une durée de **4 heures**, possède un coefficient 3 en série L, 2 pour les autres séries. Elle est notée sur 20 points. Les sujets prennent appui sur un ensemble de textes (**corpus**), comprenant éventuellement un document iconographique. Ce corpus s'inscrit dans le cadre d'un ou de plusieurs objets d'étude du programme de première.

▸▸ **Une ou deux questions** portant sur ce corpus peuvent vous être proposées. Vous devrez, le plus souvent, établir des relations entre les différents documents, montrer leurs points communs et leurs différences. Vos réponses seront soigneusement rédigées. Ne passez pas plus d'une heure sur cette première partie, car elle rapporte peu de points.

▸▸ La partie principale de l'épreuve est consacrée à un travail d'écriture, lié à la totalité ou à une partie des textes du corpus. Vous devrez choisir entre un **commentaire**, une **dissertation** ou une **écriture d'invention**.
Le commentaire littéraire porte sur un des textes du corpus.
Pour la dissertation, vous devrez défendre une thèse portant sur un problème littéraire, en vous appuyant sur le corpus, les textes étudiés en classe et votre culture personnelle.
Si vous choisissez l'écriture d'invention, vous devrez écrire un texte en lien avec le corpus et en fonction de certaines consignes explicites.
Quel que soit le sujet choisi, prévoyez quelques minutes pour relire votre copie : **la maîtrise de la langue et de l'expression est essentielle**.

● En quoi consiste l'épreuve orale de français ? Comment s'y préparer ?

▸▸ L'épreuve orale, d'une durée totale de **50 minutes**, est affectée d'un coefficient 2. Elle se déroule en plusieurs temps : la préparation ; l'explication de texte ; l'entretien avec l'examinateur. Une manière efficace de vous préparer à cet oral est de vous filmer lorsque vous vous y entraînez : vous vous rendrez compte rapidement des défauts à corriger.

▸▸ La première partie de l'épreuve, notée sur 10, est une **explication** sur un texte étudié en cours. L'examinateur vous posera une question ; vous aurez 30 minutes pour préparer votre réponse, au brouillon. Lors de votre prestation orale, qui doit durer 10 minutes, vous vous appuierez sur vos notes ; mais il ne faudra en aucun cas lire une explication totalement rédigée. Ce sera l'occasion de montrer votre maîtrise de l'expression orale.

▸▸ La deuxième partie de l'épreuve, notée également sur 10, est un **entretien** de 10 minutes, au cours duquel vous devrez montrer votre aptitude au dialogue sur un sujet littéraire. Pensez à faire preuve de dynamisme et à regarder votre interlocuteur. On peut vous demander d'établir des correspondances avec d'autres travaux effectués dans l'année ou d'élargir la réflexion à d'autres textes ou à d'autres arts. N'hésitez pas à tirer parti de vos lectures et activités personnelles.

DEMANDEZ LE PROGRAMME

Français

Première séries générales et technologiques
(Bulletin officiel de l'Éducation nationale n° 9 du 30 septembre 2010)

Quatre objets d'étude communs à toutes les séries	• Le personnage de roman, du XVIIe siècle à nos jours • Le texte théâtral et sa représentation, du XVIIe siècle à nos jours • Écriture poétique et quête du sens, du Moyen Âge à nos jours • La question de l'Homme dans les genres de l'argumentation du XVIe siècle à nos jours
Deux objets d'étude spécifiques pour l'enseignement de littérature en 1re L	• Vers un espace culturel européen : Renaissance et humanisme • Les réécritures, du XVIIe siècle jusqu'à nos jours

TEST BILAN
en Maths

Date : ....

CALCULS ET ALGORITHMIQUE

1 Puissance
2^{-4} est égal à :

☐ a. – 16 ☐ b. 0,0002 ☐ c. 0,0625

2 Développement
Un développement de $2x(3x + 1) - (3 - 2x)^2$ est :

☐ a. $4x^2 - 14x - 9$ ☐ b. $2x^2 + 14x - 9$
☐ c. $12x^2 - 10x - 9$

3 Factorisation
Une factorisation de $x^3 - 4x$ est :

☐ a. $x(x - 4)^2$ ☐ b. $(x + 2)(x - 2)x$
☐ c. $(x - 2)(x^2 + 2x)$

4 Degré d'une expression
Parmi les expressions suivantes, laquelle est du premier degré ?

☐ a. $(2x + 3)(4x + 5)$ ☐ b. $(x + 1)^2 + (x - 2)^2$
☐ c. $(x + 1)^2 - (x - 2)^2$

ÉQUATIONS ET INÉQUATIONS

5 Équation linéaire
L'équation $3x = 0$ admet :

☐ a. 3 comme solution.
☐ b. –3 comme solution.
☐ c. 0 comme solution.

6 Équation du premier degré
L'équation $2x + 1 = 4 - 5x$ est équivalente à :

☐ a. $-7x = 3$ ☐ b. $x = \frac{7}{3}$ ☐ c. $7x - 3 = 0$

7 Équation du second degré
L'équation $(x + 2)(x + 1) = (x + 2)(2x + 5)$ est équivalente à :

☐ a. $x + 1 = 2x + 5$
☐ b. $(x + 2)(x + 4) = 0$
☐ c. $7x - 3 = 0$

8 Degré 4
Soit l'équation $x^4 = x^2$.

☐ a. Pour la résoudre, je peux simplifier par x^2.
☐ b. –1 et 1 sont les deux solutions de cette équation.
☐ c. Pour la résoudre, je dois factoriser $x^4 - x^2$.

9 Inéquation du premier degré
Soit l'inéquation $-2x - 3 < 3 + 4x$.

☐ a. 0 est solution de cette inéquation.
☐ b. $S =]-1\,;+\infty[$
☐ c. $S =]-\infty\,;-1[$

10 Inéquation du second degré
Soit l'inéquation $(x + 1)(2x + 4) > 0$.

☐ a. Cela revient à dire que $x > -1$ ou $2x > -4$.
☐ b. $S =]-2\,;-1[$
☐ c. $S =]-\infty\,;-2[\cup]-1\,;+\infty[$

FONCTIONS

11 Carré et inverse
Si $a < b < 0$, alors :

☐ a. $a^2 < b^2$ ☐ b. $\frac{1}{a} < \frac{1}{b}$ ☐ c. $a^2 > b^2$

12 Sens de variation
Soit une fonction f décroissante sur $[5\,;7]$. Alors :

☐ a. $f(5) < f(7)$
☐ b. $f(6) > f(5)$
☐ c. $f(6) > f(7)$

13 Images
Soit une fonction f telle que $f(x) = 3 + \frac{1}{x}$.

☐ a. $f(3) = 1$ ☐ b. $f(0) = 4$ ☐ c. $f(1) = 4$

14 Fonction affine
Soit une fonction f telle que $f(x) = -\frac{x}{2}$.

☐ a. f est linéaire.
☐ b. f est décroissante.
☐ c. La représentation graphique de f est une droite.

15 Point sur une courbe
Le point P(–1 ; 2) appartient à la courbe représentative de la fonction :

☐ a. $f : x \mapsto x^2$
☐ b. $g : x \mapsto 3 - x$
☐ c. $h : x \mapsto 3 + x$

16 Parabole
La fonction $f : x \mapsto 4 - x^2$:

☐ a. admet un minimum.
☐ b. est strictement décroissante.
☐ c. admet un maximum.

17 Fonction homographique
La fonction $f : x \mapsto \frac{4 - x}{x + 3}$:

☐ a. a une valeur interdite.
☐ b. a une représentation graphique qui est une parabole.
☐ c. admet un maximum.

18 **Fonction du second degré**
La représentation graphique de la fonction $f : x \mapsto (x-3)(x+2)$:
☐ **a.** a deux points d'intersection avec l'axe des abscisses.
☐ **b.** est une parabole.
☐ **c.** admet un maximum.

STATISTIQUES ET PROBABILITÉS

19 **Pourcentage**
Sur 450 lapins d'un élevage, 9 sont blancs. La proportion de lapins blancs de l'élevage est :
☐ **a.** 5 % ☐ **b.** 2 % ☐ **c.** 9 %

20 **Moyenne**
Soit une série statistique (1 ; x ; 3 ; 5) de moyenne 5. Alors :
☐ **a.** $x = 11$
☐ **b.** Si on double chacune des valeurs de la série, la nouvelle moyenne sera de 10.
☐ **c.** La fréquence de la valeur 1 est 0,2.

21 **Probabilité**
Soit A et B deux événements tels que $P(\text{A}) = 0{,}2$; $P(\text{A} \cup \text{B}) = 0{,}3$; $P(\overline{\text{B}}) = 0{,}7$. Alors :
☐ **a.** $P(\text{A} \cap \text{B}) = 0{,}5$
☐ **b.** L'événement $\overline{\text{A} \cup \text{B}}$ peut s'énoncer « aucun des événements A et B n'est réalisé ».
☐ **c.** $P(\overline{\text{A}}) = 0{,}8$

22 **Calcul avec un dé**
On lance un dé cubique à six faces deux fois de suite. Quelle est la probabilité d'obtenir deux chiffres différents ?
☐ **a.** $\frac{5}{6}$ ☐ **b.** $\frac{1}{2}$ ☐ **c.** $\frac{6}{36}$

VERS LA PREMIÈRE S

23 **Racine carrée**
$(1-\sqrt{7})^2$ est égal à :
☐ **a.** $8 - 2\sqrt{7}$ ☐ **b.** $2\sqrt{7}$ ☐ **c.** 6

24 **Quotients**
L'expression $\frac{4}{x} + \frac{1}{x-2}$ est égale à :
☐ **a.** $\frac{3}{x-2}$ ☐ **b.** $\frac{4x-7}{x(x-2)}$ ☐ **c.** $\frac{5x-8}{x^2-2x}$

25 **Avec des racines**
L'expression $\frac{\sqrt{x}}{x}$ est égale à :
☐ **a.** $\frac{x}{x^2}$ ☐ **b.** $\frac{1}{\sqrt{x}}$ ☐ **c.** $\frac{\sqrt{x}-1}{x-1}$

26 **Implication, équivalence**
Quelles propositions sont vraies ?
☐ **a.** ABC est équilatéral $\Rightarrow$ ABC est isocèle
☐ **b.** $x < 6 \Rightarrow x^2 < 36$
☐ **c.** $xy > 0 \Leftrightarrow x > 0$ et $y > 0$

27 **Équations de droites**
Les droites d'équation $4x + 2y = 0$ et $y = -2x + 4$:
☐ **a.** sont sécantes. ☐ **b.** sont parallèles.
☐ **c.** sont confondues.

28 **Vecteurs**
Si $\overrightarrow{AB}$ et $\overrightarrow{CD}$ sont deux vecteurs colinéaires, alors :
☐ **a.** $\overrightarrow{AB} = \overrightarrow{CD}$
☐ **b.** AB = CD
☐ **c.** Leurs coordonnées sont proportionnelles.

29 **Trigonométrie**
Soit un angle dont la mesure en radian est $-\frac{\pi}{6}$, alors il admet également pour mesure :
☐ **a.** $\frac{11\pi}{6}$ ☐ **b.** $\frac{13\pi}{6}$ ☐ **c.** $\frac{29\pi}{6}$

30 **Sinus et cosinus**
Si on a à la fois $\sin\alpha = 0{,}6$ et $\cos\alpha = 0{,}4$, alors :
☐ **a.** $\alpha \approx 36{,}9°$
☐ **b.** $\alpha \approx 66{,}4°$
☐ **c.** On ne peut pas avoir ces deux valeurs simultanément.

31 **Équation-quotient**
Soit l'équation $\frac{3x+1}{4-2x} = 0$.
☐ **a.** Les deux solutions sont 2 et $-\frac{1}{3}$.
☐ **b.** Résoudre cette équation revient à résoudre $3x + 1 = 0$.
☐ **c.** Elle a les mêmes solutions que l'équation $(3x+1)(4-2x) = 0$.

32 **Inéquation-quotient**
Soit l'inéquation $\frac{3x+1}{4-2x} > 0$.
☐ **a.** Les solutions sont $\left]-\frac{1}{3} ; 2\right[$.
☐ **b.** Résoudre cette inéquation revient à résoudre $3x + 1 > 0$ ou $4 - 2x > 0$.
☐ **c.** Elle a les mêmes solutions que l'inéquation $(3x+1)(4-2x) > 0$.

CORRIGÉS

1. c **2.** b **3.** b et c **4.** c **5.** c **6.** c **7.** b. Ne pas simplifier par $(x + 2)$ mais factoriser la différence. **8.** c. 1 et −1 ne sont pas les seules solutions de cette équation, 0 est aussi une solution. **9.** a et b **10.** c. Il faut faire un tableau de signes. **11.** c. La fonction carrée est décroissante sur l'intervalle $]-\infty ; 0[$. **12.** c **13.** c. L'image de 0 n'existe pas. **14.** a, b et c **15.** c. Il faut remplacer x par −1 dans chaque expression. **16.** c **17.** a **18.** a et b **19.** b **20.** a et b **21.** b et c **22.** a. On peut faire un tableau à double entrée, il y a 6 « doubles » sur les 36 résultats possibles. **23.** a **24.** c **25.** b **26.** a. Les réciproques ne sont pas vraies. **27.** b. Ces deux droites ont le même coefficient directeur. **28.** c **29.** a **30.** c. La relation $\sin^2 x + \cos^2 x = 1$ doit toujours être vraie, ce qui n'est pas le cas ici. **31.** b. Attention, le dénominateur ne doit pas être nul. **32.** a et c. Il faut faire un tableau de signes, qui est le même que celui du produit.

L'ANNÉE PROCHAINE
en Maths

Les maths sont enseignées dans presque toutes les séries de première. Cet enseignement permet de s'entraîner au raisonnement logique, utile dans toutes les autres matières, et d'acquérir des outils indispensables à la mise en œuvre des techniques scientifiques.

Les maths en séries générales et technologiques

Quoi de neuf en 1re S ?

▸▸ En 1re S, vous aurez **4 heures** de maths par semaine ; en terminale S, 6 heures au minimum par semaine (8 heures si vous choisissez la spécialité maths). S'orienter vers la série S suppose donc d'être prêt à consacrer du temps à cette matière..

▸▸ Les maths sont un enseignement fondamental, qui sert de base aux raisonnements dans les autres matières scientifiques, en particulier en physique. Le coefficient des maths au bac série S est important (7 au minimum ; 9 si vous choisissez la spécialité maths). Un minimum de **motivation** dans cette matière est donc indispensable pour réussir une 1re S et au-delà.

▸▸ Le programme de maths en 1re S est riche (voir la rubrique « Demandez le programme » ci-après). Vous poursuivrez l'étude des **fonctions** : les bases du calcul littéral, étudiées en seconde, devront donc être bien acquises. Vous appliquerez cette étude à des problèmes d'optimisation (c'est-à-dire la recherche d'extremum), en particulier en géométrie.

▸▸ La partie **géométrie** est propre à la série S, avec notamment un chapitre sur les vecteurs et un sur la trigonométrie, dans le prolongement du programme de seconde.

▸▸ Vous poursuivrez également l'étude des **probabilités**, chapitre qui sera plus important qu'en seconde, et encore plus développé en terminale.

Et en 1re ES ?

▸▸ Vous aurez **3 heures** de maths par semaine, soit une heure de moins qu'en français et en histoire-géo. C'est cependant une matière importante, avec un coefficient minimum de 5 au bac (plus qu'en français, autant qu'en histoire-géo) ou 7 si vous choisissez la spécialité maths.

▸▸ L'étude des **fonctions** occupe une part importante du programme (voir la rubrique « Demandez le programme » ci-après). Elle peut être appliquée à des cas concrets, en particulier en économie pour la recherche d'un bénéfice maximum, ou pour minimiser un coût de production.

▸▸ Une place importante est réservée aux calculs de **probabilités**, un chapitre qui n'est que brièvement abordé en seconde.

Et en 1re L ?

▸▸ Les maths font partie des enseignements obligatoires au choix en 1re L. Si vous choisissez cet enseignement, vous y consacrerez **3 heures** par semaine (4 heures hebdomadaires en terminale, avec un coefficient 4 au bac).

RESTEZ CONNECTÉ

Des énigmes et des jeux pour stimuler son esprit

- Gardez l'esprit ouvert à la **culture scientifique**, en lisant des revues dont le niveau est abordable dès le collège, mais qui restent toujours pertinentes au lycée : *Cosinus*, *Tangente*…
- À la **télévision**, des émissions de vulgarisation scientifique telles que X:enius (Arte) ou E=M6 (M6) ne parlent pas uniquement ni spécifiquement de maths, mais les utilisent en application à des phénomènes physiques.
- À la **radio**, « La tête au carré » sur France Inter traite du monde et de l'actualité scientifique en général, parfois de maths… Vous pouvez retrouver les émissions précédemment diffusées sur : **www.franceinter.fr/emission-la-tete-au-carre**
- N'hésitez pas à développer votre esprit logique grâce à des **livres de jeux mathématiques et d'énigmes**, par exemple dans la collection *Oh, les Sciences !* (éditions Dunod).
- Si vous aimez la compétition, vous pouvez vous inscrire à des **concours mathématiques** comme Le Kangourou des maths : **www.mathkang.org**

▸▸▸ En 1re L, le programme est le **même qu'en 1re ES** (voir la rubrique « Demandez le programme » ci-après).

Qu'en est-il des séries technologiques ?

▸▸▸ En fonction de la série que vous choisirez, vous consacrerez **3 ou 4 heures** par semaine aux maths (2 à 4 heures hebdomadaires en terminale, avec un coefficient 2 à 4 au bac).

▸▸▸ Si vous choisissez une **série STI2D, STL ou STD2A**, le programme de maths est assez conséquent, ce qui nécessite d'avoir un niveau correct en seconde.

▸▸▸ Pour les **autres séries technologiques**, le programme est plus léger mais les notions abordées sont néanmoins importantes en vue d'études supérieures. Il ne faut donc pas pour autant négliger les maths.

Bien démarrer l'année et se préparer au bac

Comment bien démarrer l'année en maths ?

▸▸▸ L'**entraînement régulier** est la clé de la réussite en maths. Comme en sport, plus on pratique, meilleures sont les performances. Vous devez donc faire régulièrement les exercices préconisés par votre enseignant, voire des exercices supplémentaires si vous jugez qu'une compétence n'est pas acquise, ou si vous visez de très bonnes notes (par exemple, pour les élèves de série S souhaitant intégrer une classe préparatoire scientifique).

▸▸▸ Quand vous avez fini un chapitre, « ne tournez pas la page », car **les connaissances s'enchaînent** jusqu'en terminale. En début d'année, n'hésitez pas à reprendre les exercices de seconde pour vous assurer que vous maîtrisez les bases !

Comment se préparer à l'épreuve du bac dès la première ?

▸▸▸ En terminale séries générales, l'épreuve du bac est composée de 4 exercices indépendants, portant sur les différentes parties du programme. Vous risquez donc d'être interrogé(e) sur presque **tous les chapitres** étudiés en première et en terminale. Conclusion : ne faites l'impasse sur aucun chapitre de première. Dès le début de l'année, il faut systématiquement reprendre vos cours (apprendre les formules et les méthodes est indispensable) et faire de nombreux exercices d'application.

▸▸▸ En terminale séries technologiques, l'épreuve du bac est composée de 3 à 5 exercices indépendants, couvrant les grandes parties du programme. Comme dans les filières générales, il y a fort à parier que vous serez interrogé(e) sur la majorité des thèmes abordés en première et en terminale. Par conséquent, vous devrez vous exercer dès le début de la première afin d'**assimiler l'ensemble du programme**.

DEMANDEZ LE PROGRAMME

Mathématiques

Première série S (Bulletin officiel de l'Éducation nationale n° 9 du 30 septembre 2010)	
Algèbre et analyse	• Second degré • Étude de fonctions : généralités et dérivation • Suites numériques
Géométrie	• Géométrie plane • Trigonométrie • Géométrie vectorielle : produit scalaire dans le plan
Statistiques et probabilités	• Statistique descriptive, analyse de données • Probabilités • Échantillonnage
Première séries ES et L (Bulletin officiel de l'Éducation nationale n° 9 du 30 septembre 2010)	
Algèbre et analyse	• Second degré • Étude de fonctions : généralités et dérivation • Pourcentages • Suites numériques
Statistiques et probabilités	• Statistique descriptive, analyse de données • Probabilités, loi binomiale • Échantillonnage

TEST BILAN

en Histoire-Géographie

Date : ....

HISTOIRE

1 La population de l'Europe
Au XVIIIe siècle, l'augmentation de la population européenne s'explique notamment par :
- ☐ a. l'évolution des techniques agricoles
- ☐ b. la découverte de nouvelles terres
- ☐ c. les épidémies

2 Le citoyen athénien
Pour être citoyen athénien, il faut :
- ☐ a. être inscrit au dème
- ☐ b. être un garçon, fils de père citoyen et de mère fille de métèque
- ☐ c. suivre une formation militaire

3 La démocratie athénienne

	VRAI	FAUX
a. L'Ecclésia élit les stratèges.	☐	☐
b. Les membres de la Boulê sont élus.	☐	☐
c. Le métèque participe à la défense du pays.	☐	☐

4 Le citoyen romain
L'édit de Caracalla a été signé en :
☐ a. 212 avant J.-C. ☐ b. 212 après J.-C. ☐ c. 1212

5 Le rôle de l'Église au Moyen Âge
Le rôle social de l'Église se manifeste par :
- ☐ a. l'accueil des miséreux, l'instruction des enfants, le soin aux malades
- ☐ b. le droit d'asile dont toute personne peut bénéficier dans une église ou un monastère
- ☐ c. le soutien aux hérésies, à la sorcellerie et aux fêtes païennes

6 La société rurale du XIe au XIIIe siècle
L'alleu désigne :
- ☐ a. un impôt payé par les paysans
- ☐ b. la terre possédée par un paysan indépendant de tout seigneur
- ☐ c. une technique agricole

7 La société urbaine du XIe au XIIIe siècle

	VRAI	FAUX
a. Dans les villes médiévales, les artisans sont peu nombreux.	☐	☐
b. Les corporations fixent les prix et le règlement particulier à chaque métier.	☐	☐
c. Un bourgeois est l'habitant d'un bourg.	☐	☐

8 L'élargissement du monde
Byzance prend le nom d'Istanbul en :
☐ a. 1453 ☐ b. 1543 ☐ c. 1571

9 L'humanisme
Au XVIe siècle, les érudits :
- ☐ a. s'intéressent à l'Antiquité
- ☐ b. mettent l'homme au centre de leurs travaux
- ☐ c. favorisent le développement de nouvelles idées

10 La Révolution française : les précédents

	VRAI	FAUX
a. L'Angleterre est une monarchie parlementaire depuis 1788.	☐	☐
b. Les États-Unis deviennent indépendants en 1787.	☐	☐
c. L'*Habeas Corpus* est adopté en Angleterre en 1679.	☐	☐

11 La Révolution française : les origines

	VRAI	FAUX
a. Les philosophes des Lumières développent les idées de liberté, de tolérance et d'égalité.	☐	☐
b. Dans les années 1780, la France traverse une crise économique, sociale et financière.	☐	☐
c. Le pouvoir royal se renforce.	☐	☐

12 La Révolution française : les événements
La prise de la Bastille a lieu le :
- ☐ a. 8 mai 1789
- ☐ b. 14 juillet 1789
- ☐ c. 21 janvier 1793

13 Le Directoire et le Consulat

	VRAI	FAUX
a. Le Directoire compte 5 Directeurs élus pour 5 ans.	☐	☐
b. Bonaparte devient Premier consul par le coup d'État du 18 frimaire an VIII.	☐	☐
c. Napoléon Ier est couronné empereur le 2 décembre 1802.	☐	☐

14 Libertés et nations en Europe
À la veille des révolutions de 1848 :
- ☐ a. les partisans du protectionnisme triomphent en Angleterre
- ☐ b. les idées de la Révolution française ont gagné toute l'Europe
- ☐ c. les monarques autrichien, prussien et russe sont des libéraux

15 Le « printemps des peuples » en France
Le roi de France Louis-Philippe est renversé en :
☐ a. juillet 1830 ☐ b. février 1848 ☐ c. juin 1848

GÉOGRAPHIE

16 Le développement durable
Le développement durable a pour objectif(s) :
- ☐ **a.** d'assurer nos besoins et ceux des générations futures
- ☐ **b.** de préserver la planète
- ☐ **c.** de favoriser les pays dits riches

17 Les enjeux du développement durable
Quels défis le développement durable doit-il notamment relever ?
- ☐ **a.** maintenir la domination économique de la Triade
- ☐ **b.** satisfaire les besoins alimentaires de l'humanité
- ☐ **c.** réduire le taux de mortalité infantile dans les PED

18 Les politiques de développement durable
Qu'est-ce que les Agendas 21 ?
- ☐ **a.** un programme de rencontres entre chefs d'État des 21 pays les plus riches
- ☐ **b.** des recueils de mesures à prendre pour mettre en œuvre le développement durable
- ☐ **c.** des recueils de 21 mesures économiques

19 Nourrir les hommes, un enjeu mondial

	VRAI	FAUX
a. Le nombre de personnes sous-alimentées diminue.	☐	☐
b. La sous-alimentation est une alimentation carencée.	☐	☐
c. Environ 60 % des agriculteurs des PED pratiquent une agriculture vivrière.	☐	☐

20 Vers une agriculture durable
L'agriculture raisonnée se fonde sur :
- ☐ **a.** le respect des conditions locales de sols et de climats
- ☐ **b.** l'utilisation des OGM
- ☐ **c.** l'irrigation massive

21 L'eau, une ressource mal répartie
Dans le monde, le nombre de personnes n'ayant pas accès à l'eau potable s'élève à :
- ☐ **a.** 1,2 million
- ☐ **b.** 12 millions
- ☐ **c.** 1,2 milliard

22 L'eau, un enjeu

	VRAI	FAUX
a. 3 à 5 millions de personnes meurent chaque année de maladies liées à l'eau.	☐	☐
b. Les deux tiers des grands fleuves sont transfrontaliers.	☐	☐
c. La construction d'un barrage peut ruiner l'activité des espaces en aval.	☐	☐

23 Les sources d'énergie
Laquelle de ces énergies n'est pas fossile ?
- ☐ **a.** le charbon ☐ **b.** la biomasse
- ☐ **c.** le gaz naturel

24 L'enjeu énergétique

	VRAI	FAUX
a. Le pétrole est source de tensions entre États.	☐	☐
b. Les barrages hydroélectriques modifient les écosystèmes.	☐	☐
c. Les besoins en énergie baisseront d'ici 2030.	☐	☐

25 La population urbaine
Aujourd'hui, le pourcentage de population urbaine dans le monde est d'environ :
☐ **a.** 43 % ☐ **b.** 53 % ☐ **c.** 63 %

26 Villes et développement durable
L'exode rural contribue au développement :
- ☐ **a.** des villes des pays industrialisés
- ☐ **b.** des banlieues des pays industrialisés
- ☐ **c.** des villes des PED

27 L'Arctique, un espace convoité
Lequel de ces pays a planté son drapeau sous le pôle Nord ?
☐ **a.** Le Canada ☐ **b.** Les États-Unis ☐ **c.** La Russie

28 Les littoraux, des espaces attractifs
Quel pourcentage de la population mondiale vit à moins de 15 km de la mer ?
☐ **a.** 10 % ☐ **b.** 20 % ☐ **c.** 30 %

29 Les littoraux, un milieu menacé
Les littoraux sont menacés par :
- ☐ **a.** les courants, les marées, les vagues et les tempêtes
- ☐ **b.** les plantations qui retiennent les dunes
- ☐ **c.** les zones industrialo-portuaires et le tourisme

30 Les espaces exposés aux risques

	VRAI	FAUX
a. En 2013, les catastrophes naturelles ont fait 200 millions de morts.	☐	☐
b. 85 % des victimes de catastrophes naturelles vivent dans un pays industrialisé.	☐	☐
c. Les risques peuvent être naturels, industriels, environnementaux ou épidémiologiques.	☐	☐

CORRIGÉS

1. a **2.** a et c. La mère doit aussi être fille de citoyen. **3.** a et c sont vraies. Mais le métèque ne participe pas à la vie politique. **4.** b **5.** a et b **6.** b **7.** b et c sont vraies. **8.** a **9.** a, b et c **10.** c est vraie. **11.** a et b sont vraies. Le pouvoir royal est remis en cause et le roi convoque les états généraux pour le 5 mai 1789. **12.** b **13.** a est vraie. Bonaparte devient Premier consul par le coup d'État du 18 brumaire an VIII, puis est couronné empereur le 2 décembre 1804. **14.** b **15.** b **16.** a et b **17.** b et c **18.** b **19.** a et c sont vraies. On est passé de 1 milliard de personnes souffrant de la faim en 2005 à 870 millions en 2013. **20.** a **21.** c **22.** a, b et c sont vraies. **23.** b **24.** a et b sont vraies. **25.** b **26.** c **27.** c **28.** b **29.** a et c **30.** c est vraie. Les catastrophes naturelles ont fait 20 000 morts en 2013, et 2 millions depuis 1990.

en Histoire-Géographie et SES

En fonction de votre série en classe de première, vous suivrez plus ou moins d'heures de cours d'histoire-géo par semaine. Si vous entrez en 1re ES, les SES vont devenir votre matière principale. Les programmes de ces deux matières sont certes copieux mais vous proposent aussi des clés de lecture du monde contemporain.

L'histoire-géo en première (toutes séries)

Quoi de neuf en 1re L et 1re ES ?

▸▸▸ **4 heures** par semaine sont consacrées à l'histoire-géo, soit une heure de plus qu'en seconde et le même horaire hebdomadaire que pour le français en première.

▸▸▸ Après l'évocation, en seconde, de diverses questions historiques à des échelles spatiales variées et sur une large période, qui s'étend de l'Antiquité au XIXe siècle, le programme d'histoire portera en première sur le **XXe siècle** et le **début du XXIe siècle** à l'échelle du **monde** puis à celle de la **France**.

▸▸▸ En géographie, vous étudierez les **espaces français et européen** (voir la rubrique « Demandez le programme » ci-après).

Et en 1re S ?

▸▸▸ Le nombre d'heures par semaine consacré à l'histoire-géo en première S est de **2 heures et demie**.

▸▸▸ Le programme d'histoire-géo en 1re S porte sur la même période et sur les mêmes espaces que celui des séries L et ES mais est un peu « **allégé** » pour tenir compte de cet horaire hebdomadaire réduit (voir la rubrique « Demandez le programme » ci-après).

Comment bien démarrer l'année en histoire-géo ?

▸▸▸ Quelle que soit la série, le programme d'histoire-géo est dense. Il est conseillé de **réviser régulièrement** et ceci dès la rentrée car les chapitres étudiés vont se succéder à un rythme soutenu.

▸▸▸ Ne vous contentez cependant pas de relire vos notes de cours mais prenez le temps de **cultiver votre curiosité** (voir la rubrique « Restez connecté » ci-après).

Comment se préparer à l'épreuve du bac dès la première ?

▸▸▸ Il faut commencer dès la première à vous préparer à l'épreuve qui aura lieu en fin de terminale.

▸▸▸ Cette épreuve met en œuvre trois types d'exercice : la **composition** et l'**analyse de document(s)** en histoire et géographie, et le **croquis** en géographie. Au cours de l'année de première, votre professeur d'histoire-géo vous initiera progressivement aux méthodes propres à chaque type d'exercice.

RESTEZ CONNECTÉ

Des clés pour comprendre l'actualité

- L'histoire-géo et les SES vous donnent des clés pour comprendre de nombreux sujets d'actualité (les conflits et les crises internationales, les débats politiques nationaux…) et pour prendre du recul par rapport aux discours médiatiques. En retour, s'intéresser à l'actualité permet de **donner du sens** aux questions abordées en classe dans ces deux matières et donc de **mieux mémoriser** vos cours.
- Pour suivre et analyser l'actualité, variez les sources :
  - la **télévision**, notamment les chaînes d'information continue (France 24…) ;
  - la **radio** (France Info, Radio France International…) ;
  - les **journaux** (*Le Monde, Le Figaro*…), disponibles au CDI ou en ligne ;
  - les blogs, les forums…
- Vous pouvez aussi consulter des **magazines** dédiés à l'histoire (*L'Histoire*…) ou aux questions économiques et sociales (*Alternatives économiques*…), ou bien suivre une **émission de télévision** comme *Le Dessous des cartes* (sur Arte ou **ddc.arte.tv**).

Les SES en première série ES

Quoi de neuf en 1re ES ?

Simple enseignement d'exploration en seconde, les sciences économiques et sociales (SES) deviennent la matière principale en 1re ES : **5 heures** par semaine y sont consacrées.

Vous approfondirez certaines notions déjà étudiées en seconde, comme la production et le marché, et découvrirez de **nombreuses notions nouvelles**, comme la déviance (voir la rubrique « Demandez le programme » ci-après).

Comment bien démarrer l'année en SES ?

Le volume de travail attendu des élèves en SES est proportionnel au volume de connaissances à acquérir. Prenez dès le départ de **bonnes habitudes** : relire vos notes le soir après les cours, réaliser des fiches de synthèse pour chaque chapitre étudié, reprendre les corrigés des évaluations…

Les SES offrent des outils pour analyser certains **grands enjeux du monde contemporain**. Il est donc recommandé de suivre régulièrement l'actualité afin de mieux appréhender ces enjeux (voir la rubrique « Restez connecté » ci-avant).

Comment se préparer à l'épreuve du bac dès la première ?

Pour préparer l'épreuve qui aura lieu en terminale, vous devrez maîtriser les **méthodes** des différents exercices : étude d'un document, construction d'un raisonnement, élaboration d'un plan…

Travaillez également les savoir-faire quantitatifs (calculer un taux de variation, lire et interpréter un tableau à double entrée…), indispensables pour **exploiter les documents statistiques**.

DEMANDEZ LE PROGRAMME

Histoire-Géographie

Première séries L et ES (Bulletin officiel de l'Éducation nationale n° 46 du 13 décembre 2012)

Histoire Questions pour comprendre le XXe siècle	• Croissance économique, mondialisation et mutations des sociétés depuis le milieu du XIXe siècle • La guerre au XXe siècle • Le siècle des totalitarismes • Colonisation et décolonisation • Les Français et la République
Géographie France et Europe : dynamiques des territoires dans la mondialisation	• Comprendre les territoires de proximité • Aménager et développer le territoire français • L'UE : dynamiques de développement des territoires • La France et l'Europe dans le monde

Première série S (Bulletin officiel de l'Éducation nationale n° 8 du 21 février 2013)

Histoire Questions pour comprendre le XXe siècle	• Croissance économique et mondialisation depuis le milieu du XIXe siècle • La guerre et les régimes totalitaires au XXe siècle • La République française face aux enjeux du XXe siècle
Géographie France et Europe : dynamiques des territoires dans la mondialisation	• Comprendre les territoires de proximité • Aménager et développer le territoire français • L'UE et la France dans le monde

Sciences économiques et sociales

Première série ES (Bulletin officiel de l'Éducation nationale n° 21 du 23 mai 2013)

Science économique	• Les grandes questions que se posent les économistes • La production dans l'entreprise • La coordination par le marché • La monnaie et le financement • Régulations et déséquilibres macroéconomiques
Sociologie générale et sociologie politique	• Les processus de socialisation et la construction des identités sociales • Groupes et réseaux sociaux • Contrôle social et déviance • Ordre politique et légitimation
Regards croisés	• Entreprise, institution, organisation • Action publique et régulation

TEST BILAN

en Physique-Chimie

Date : ....

PHYSIQUE

1 La Lune, satellite de la Terre

La Terre exerce une force gravitationnelle sur la Lune, qui :

- ☐ **a.** dépend de la distance entre la Terre et la Lune.
- ☐ **b.** ne dépend pas de la masse de la Lune.
- ☐ **c.** dépend de la masse de la Terre.

2 La chute d'une pomme

Lorsqu'une pomme tombe en chute verticale, elle est soumise à deux forces : son poids et la force de frottement de l'air. Son mouvement est accéléré car :

- ☐ **a.** le poids et la force de frottement de l'air se compensent.
- ☐ **b.** le poids est plus grand que la force de frottement de l'air.
- ☐ **c.** sa trajectoire est une droite verticale.

3 L'expérience de Newton

Newton a été le premier à réaliser une expérience où la lumière blanche était décomposée en toutes ses composantes colorées grâce à un prisme en verre.

- ☐ **a.** Il a obtenu sur un écran le spectre d'absorption de la source de lumière blanche.
- ☐ **b.** La lumière a subi une double réfraction lors de la traversée du prisme.
- ☐ **c.** Il a démontré que la lumière blanche est polychromatique.

4 Une étoile si proche et si lointaine à la fois

L'étoile la plus proche du Soleil est Proxima du Centaure, située à environ quatre années-lumière de nous.

- ☐ **a.** L'année-lumière est une unité de temps.
- ☐ **b.** La lumière émise en 2015 sera reçue sur Terre en 2019.
- ☐ **c.** Plus une étoile est éloignée de nous, plus la lumière reçue aujourd'hui nous renseigne sur le passé de l'Univers.

5 Les battements du cœur

Un électrocardiogramme permet d'enregistrer les battements du cœur pendant une durée fixée, ce qui permet d'obtenir au final la fréquence cardiaque. On enregistre 160 battements pendant deux minutes.

	VRAI	FAUX
a. La fréquence cardiaque est de 80 battements par minute.	☐	☐
b. L'enregistrement est une fonction périodique du temps.	☐	☐
c. Le nombre de périodes enregistrées pendant une minute est de 80.	☐	☐

6 Un cycliste

Un cycliste se déplace avec un mouvement rectiligne uniforme par rapport à un observateur au bord de la route.

- ☐ **a.** Le référentiel terrestre est celui par rapport auquel on étudie le mouvement.
- ☐ **b.** Les forces qui s'appliquent sur le cycliste ne se compensent pas.
- ☐ **c.** Pour modifier son mouvement, il est nécessaire qu'une nouvelle force lui soit appliquée.

7 La Terre et ses mouvements

La Terre se déplace à vitesse constante le long de sa trajectoire circulaire autour du Soleil.

- ☐ **a.** Son mouvement est circulaire et accéléré dans le référentiel héliocentrique.
- ☐ **b.** Son mouvement est circulaire et uniforme dans le référentiel terrestre.
- ☐ **c.** Son mouvement est circulaire et uniforme dans le référentiel héliocentrique.

CHIMIE

8 La structure de l'atome de chlore

Un noyau d'un atome de chlore a un numéro atomique $Z = 17$ et un nombre de masse $A = 35$.

	VRAI	FAUX
a. Il y a 17 électrons dans l'atome.	☐	☐
b. On trouve 35 nucléons dans le noyau.	☐	☐
c. Le noyau contient 35 neutrons.	☐	☐

9 Préparation d'une solution médicale

Une infirmière prépare une solution aqueuse de glucose en dissolvant 18,0 g de glucose (ce qui correspond à 0,100 mole de glucose) dans de l'eau pour préparer 0,500 L de solution.

- ☐ **a.** L'eau est le soluté et le glucose est le solvant.
- ☐ **b.** La concentration massique en glucose est égale à $36{,}0\ g \cdot L^{-1}$.
- ☐ **c.** La concentration molaire en glucose est égale à $0{,}0500\ mol \cdot L^{-1}$.

10 L'atome d'oxygène et son ion

L'atome d'oxygène dont le numéro atomique est $Z = 8$ peut donner l'ion de formule O^{2-}.

- ☐ **a.** L'atome d'oxygène est stable.
- ☐ **b.** Sa structure électronique est $(K)^2(L)^6$.
- ☐ **c.** L'ion oxygène est stable car il a une structure électronique en octet.

11 Les lois de conservation

Au cours d'une réaction chimique, il y a :

- ☐ **a.** conservation des atomes.
- ☐ **b.** non-conservation des noyaux.
- ☐ **c.** conservation des éléments chimiques.

12 Le sel marin

Dans le sel marin, on trouve des ions tels que l'ion chlorure Cl^-, l'ion sodium Na^+ ou l'ion iodure I^-.

☐ **a.** Les ions chlorure et iodure sont des anions.

☐ **b.** L'ion sodium est un atome de sodium qui a gagné un électron.

☐ **c.** L'ion chlorure est un atome de chlore ayant gagné un électron.

13 Les molécules

L'éthanol a pour formule semi-développée $CH_3–CH_2–OH$ tandis que celle du méthoxyméthane est $CH_3–O–CH_3$.

	VRAI	FAUX
a. La formule brute de l'éthanol est C_3H_5O.	☐	☐
b. La formule brute du méthoxyméthane est C_2H_6O.	☐	☐
c. Les deux molécules sont des isomères.	☐	☐

14 Extraction du diiode

On désire extraire du diiode dissout dans l'eau à l'aide d'un autre solvant.

	VRAI	FAUX
a. Le diiode doit être plus soluble dans le solvant que dans l'eau.	☐	☐
b. Le solvant doit être miscible à l'eau.	☐	☐
c. L'expérience d'extraction se fait dans une ampoule à décanter.	☐	☐

VERS LA PREMIÈRE S

15 Bilan de matière d'une réaction chimique

L'oxydation du glucose $C_6H_{12}O_6$ par le dioxygène O_2 dans une cellule produit du dioxyde de carbone CO_2 et de l'eau H_2O.

	VRAI	FAUX
a. L'équation-bilan s'écrit : $C_6H_{12}O_6 + 6O_2 \rightarrow 6CO_2 + 6H_2O$	☐	☐
b. Une mole de glucose consommée produit 5 moles de dioxyde de carbone et 5 moles d'eau.	☐	☐
c. Il faut 6 moles de dioxygène pour consommer une mole de glucose.	☐	☐

16 Analyse de la lumière d'une étoile

On réalise depuis un observatoire spatial en orbite autour de la Terre, le spectre d'émission d'une étoile. On obtient un spectre coloré continu comportant des raies noires.

☐ **a.** Les raies noires correspondent aux radiations émises par certains atomes présents dans l'atmosphère de l'étoile.

☐ **b.** Le spectre coloré continu nous indique que l'étoile est un corps à très haute température.

☐ **c.** Les raies noires nous renseignent sur la composition chimique de l'atmosphère de l'étoile.

17 L'élément magnésium

Le magnésium Mg a pour numéro atomique $Z = 12$.

☐ **a.** La structure électronique de l'atome de magnésium est $(K)^2(L)^8(M)^3$.

☐ **b.** L'atome de magnésium peut donner l'ion Mg^{2+}.

☐ **c.** L'ion magnésium a une structure électronique en octet.

18 Dose d'un médicament

La formulation d'un médicament est à 5,0 mg d'un principe actif qui est une molécule dont la masse molaire vaut 250 g · mol^{-1}.

	VRAI	FAUX
a. On trouve 0,02 mol de principe actif dans une dose.	☐	☐
b. On trouve $2{,}0 \times 10^{-5}$ mol de principe actif dans une dose.	☐	☐
c. Une prise de $6{,}0 \times 10^{-5}$ mol de principe actif correspond à 15,0 mg.	☐	☐

19 Étude d'un audiogramme

Un audiogramme nous fournit une courbe sinusoïdale dont la période T est égale à $6{,}6 \times 10^{-2}$ ms.

	VRAI	FAUX
a. La fréquence associée au signal enregistré est égale à 15 Hz.	☐	☐
b. Le signal enregistré appartient au domaine des sons.	☐	☐
c. Il y a environ $1{,}5 \times 10^4$ périodes du signal dans une seconde.	☐	☐

20 Action du Soleil sur la Terre

On veut calculer la force gravitationnelle exercée par le Soleil ($M_S = 2{,}0 \times 10^{30}$ kg) sur la Terre ($M_T = 6{,}0 \times 10^{24}$ kg) qui est distante du Soleil de $1{,}50 \times 10^8$ km. On donne la constante de la gravitation universelle $G = 6{,}67 \times 10^{-11}$ USI.

☐ **a.** La force gravitationnelle est une force attractive.

☐ **b.** La force gravitationnelle est égale à $3{,}5 \times 10^{22}$ N.

☐ **c.** La force gravitationnelle est égale à $3{,}5 \times 10^{28}$ N.

21 Une pomme qui voyage…

Une pomme de masse $m = 200$ g est pesée sur la Terre ($g_T = 9{,}8$ N · kg^{-1}) puis sur la Lune ($g_L = 1{,}6$ N · kg^{-1}).

	VRAI	FAUX
a. Son poids sur la Terre est égal à $2{,}0 \times 10^3$ N.	☐	☐
b. Son poids sur la Lune est égal à 0,32 N.	☐	☐
c. La masse est la même sur la Lune et sur la Terre.	☐	☐

CORRIGÉS

1. a et c **2.** b **3.** b et c **4.** b et c **5.** a, b et c sont vraies. **6.** a et c **7.** c **8.** a et b sont vraies. **9.** b **10.** b et c **11.** a et c **12.** a et c **13.** b et c sont vraies. **14.** a et c sont vraies. **15.** a et c sont vraies. **16.** b et c **17.** b et c **18.** b et c sont vraies. **19.** b et c sont vraies. **20.** a et b **21.** b et c sont vraies.

TEST BILAN
en SVT

Date : ....

LA TERRE : UNE PLANÈTE HABITÉE

1 Un système stellaire
La zone d'habitabilité autour d'une étoile est :
- ☐ **a.** une zone où la vie est possible.
- ☐ **b.** une zone où la vie est présente.
- ☐ **c.** une zone où l'eau se trouve à l'état liquide.

2 Les cellules
Les cellules eucaryotes :
- ☐ **a.** possèdent de l'ADN contrairement aux cellules procaryotes.
- ☐ **b.** possèdent toutes des chloroplastes.
- ☐ **c.** échangent de l'énergie et de la matière avec leur milieu de vie.

3 La respiration cellulaire
Les transformations chimiques lors de la respiration cellulaire :
- ☐ **a.** font partie de l'anabolisme.
- ☐ **b.** n'existent pas chez les cellules végétales.
- ☐ **c.** sont les mêmes chez toutes les cellules.

4 L'ADN
Une molécule d'ADN :
- ☐ **a.** est formée des mêmes constituants chez la mouche et chez l'homme.
- ☐ **b.** se transmet de parents à descendants en restant toujours identique.
- ☐ **c.** est présente en plusieurs exemplaires au sein d'un chromosome.

5 Les allèles
Un allèle d'un gène :
- ☐ **a.** a toujours le même nombre de nucléotides que les autres allèles de ce gène.
- ☐ **b.** occupe le même locus que les autres allèles de ce gène.
- ☐ **c.** est toujours présent en un seul exemplaire chez un individu.

6 La biodiversité
La biodiversité actuelle :
- ☐ **a.** est le résultat de l'évolution.
- ☐ **b.** implique que les espèces n'ont aucun gène en commun.
- ☐ **c.** est uniquement une diversité des espèces.

ÉNERGIE ET SOL

7 Métabolisme des végétaux
Les végétaux chlorophylliens :
- ☐ **a.** sont des organismes dont toutes les cellules sont autotrophes.
- ☐ **b.** sont à la base des réseaux alimentaires.
- ☐ **c.** n'ont pas besoin d'une source d'énergie car ils ne se déplacent pas.

8 Les sources d'énergie
L'énergie solaire :
- ☐ **a.** est transformée en énergie chimique par les végétaux chlorophylliens.
- ☐ **b.** est indirectement exploitée par les hétérotrophes.
- ☐ **c.** est indirectement utilisée par les décomposeurs d'un écosystème.

9 Les combustibles fossiles
Les pétroles :
- ☐ **a.** se forment dans des bassins océaniques où la production primaire est faible.
- ☐ **b.** se forment dans des bassins océaniques aux eaux bien oxygénées.
- ☐ **c.** ont des atomes de carbone ayant pour origine le dioxyde de carbone.

10 Les agrosystèmes, source d'énergie
Un agrocarburant :
- ☐ **a.** est obtenu à partir de la biomasse élaborée par un agrosystème.
- ☐ **b.** a une production qui ne nécessite que de l'énergie solaire.
- ☐ **c.** constitue une source d'énergie renouvelable.

11 Le fonctionnement d'un écosystème
La production primaire d'un écosystème :
- ☐ **a.** est influencée par les êtres vivants du sol.
- ☐ **b.** dépend de la porosité du sol.
- ☐ **c.** est affectée par la nature de la roche mère du sol.

12 Le cycle du carbone
La teneur actuelle de l'atmosphère en dioxyde de carbone :
- ☐ **a.** dépend des échanges gazeux photosynthétiques et respiratoires des êtres vivants.
- ☐ **b.** est augmentée par l'utilisation des combustibles fossiles.
- ☐ **c.** est plus élevée qu'au début de l'histoire de la Terre.

LE CORPS HUMAIN ET LA SANTÉ

13 Le fonctionnement cardiaque

Lors de la diastole :

- ☐ **a.** la pression artérielle maximale est atteinte.
- ☐ **b.** le ventricule gauche n'éjecte plus de sang dans l'aorte.
- ☐ **c.** les valvules auriculo-ventriculaires sont ouvertes.

14 L'activité cardiaque

Le muscle cardiaque :

- ☐ **a.** se contracte uniquement en réponse aux messages nerveux qu'il reçoit.
- ☐ **b.** reçoit une double innervation, l'une excitatrice et l'autre inhibitrice.
- ☐ **c.** se contracte à la fréquence d'une contraction par minute.

15 L'artère pulmonaire

Le sang transporté par l'artère pulmonaire :

- ☐ **a.** véhicule toujours la même quantité de dioxygène.
- ☐ **b.** est plus riche en dioxygène que celui transporté par les veines pulmonaires.
- ☐ **c.** est plus riche en dioxyde de carbone que celui véhiculé par les veines pulmonaires.

16 Le débit cardiaque

Le volume d'éjection systolique :

- ☐ **a.** est différent pour le ventricule droit et le ventricule gauche.
- ☐ **b.** est un élément important du débit cardiaque.
- ☐ **c.** augmente au cours d'un effort.

17 La régulation de la pression artérielle

Toute augmentation de la pression artérielle :

- ☐ **a.** déclenche un réflexe dont le centre nerveux est le bulbe rachidien.
- ☐ **b.** est détectée par des capteurs situés au niveau du cœur.
- ☐ **c.** entraîne une baisse de la fréquence cardiaque.

18 Les traumatismes musculaires

Les accidents musculaires :

- ☐ **a.** ne se produisent qu'au niveau du ventre du muscle.
- ☐ **b.** n'affectent que les fibres musculaires.
- ☐ **c.** ont un risque diminué de se produire suite à un échauffement progressif.

VERS LA PREMIÈRE S

19 Les nucléotides

Un nucléotide à adénine :

- ☐ **a.** ne se trouve qu'en un seul exemplaire dans la séquence d'un gène.
- ☐ **b.** est associé à un nucléotide à guanine dans une molécule d'ADN.
- ☐ **c.** est formé par de l'adénine associée à un désoxyribose, lui-même lié à un groupement phosphate.

20 Allèles et évolution

Un nouvel allèle :

- ☐ **a.** se répand dans une population uniquement sous l'action de la sélection naturelle.
- ☐ **b.** apparaît dans une population pour adapter les organismes à un nouvel environnement.
- ☐ **c.** peut apparaître dans une cellule somatique et donc être sans impact évolutif.

21 Les liens de parenté

Les membres antérieurs de l'Homme :

- ☐ **a.** sont homologues de l'aile (membre antérieur) d'un Oiseau.
- ☐ **b.** sont hérités d'un ancêtre commun à l'Homme, au Lézard et à la Grenouille.
- ☐ **c.** montrent que l'Homme est plus apparenté au Lézard qu'à la Grenouille.

22 L'activité nerveuse

Au cours d'un réflexe :

- ☐ **a.** des récepteurs-capteurs détectent la variation du stimulus.
- ☐ **b.** un centre nerveux reçoit des messages nerveux afférents et émet des messages nerveux efférents.
- ☐ **c.** un ou plusieurs effecteur(s) réagi(ssen)t aux messages efférents reçus.

23 Le métabolisme

Une souche A de levure a besoin d'un apport d'adénine pour fabriquer son ADN alors qu'une souche B n'en a pas besoin.

- ☐ **a.** Ces deux souches peuvent toutes les deux effectuer la synthèse de l'adénine.
- ☐ **b.** Ces deux souches présentent des différences dans leur programme génétique.
- ☐ **c.** L'une des souches peut provenir de l'autre par mutation.

24 Les roches combustibles

La transformation de l'énergie solaire en énergie chimique des combustibles fossiles implique :

- ☐ **a.** des organismes chlorophylliens.
- ☐ **b.** l'action de la température.
- ☐ **c.** des mécanismes qui n'existent plus actuellement.

CORRIGÉS

1. a et c. Les conditions permettent la vie (possible) mais celle-ci n'est pas obligatoirement présente. **2.** c. Toute cellule possède de l'ADN. **3.** c. Les cellules végétales respirent. **4.** a. Des mutations existent d'une génération à l'autre. **5.** b **6.** a. Des différences existent entre les individus d'une même espèce. **7.** b. Les cellules des racines sont hétérotrophes. **8.** a, b et c **9.** c **10.** a et c. Ses dépenses énergétiques sont liées à la culture et au transport. **11.** a, b et c **12.** a et b. L'atmosphère initiale de la Terre était très riche en CO_2. **13.** b et c **14.** b. L'automatisme cardiaque correspond à 60 ou 70 pulsations/min. **15.** c **16.** b et c **17.** a et c **18.** c. Pensez aux tendons. **19.** c **20.** c. Pensez à la dérive génétique. **21.** a et b **22.** a, b et c **23.** b et c **24.** a et b. Les mécanismes existent bien mais, pour produire des roches combustibles, des millions d'années sont nécessaires.

en Sciences (séries ES et L)

En 1re ES et 1re L, l'enseignement de sciences consiste à étudier différents thèmes par l'approche croisée de la chimie, de la physique, et des sciences de la vie et de la Terre. En fin d'année de première, comme pour le français, elle donne lieu à une épreuve anticipée, qui compte pour l'obtention du bac en fin de terminale.

Les sciences en première séries ES et L

● Comment l'enseignement de sciences est-il organisé ?

►►► Cet enseignement se déroule sur un horaire d'**une heure et demie** par semaine, partagé entre les sciences physiques et chimiques (SPC) et les sciences de la vie et de la Terre (SVT). En 1re ES et 1re L, les connaissances et les compétences à acquérir sont nettement plus « légères » qu'en seconde. Vous ferez en effet peu de calculs, et les études mises en œuvre en sciences seront essentiellement basées sur l'analyse et la synthèse de documents scientifiques.

►►► Le programme est organisé en **quatre thèmes** : deux **communs** aux SVT et aux SPC (« Représentation visuelle » et « Nourrir l'humanité ») et deux **spécifiques** à chacune des matières (« Féminin/masculin » pour les SVT et « Le défi énergétique » pour les SPC).

►►► Les deux premiers thèmes, communs, sont découpés ainsi :

– thème « Représentation visuelle » : l'œil et la formation des images (SPC), la transmission de l'œil au cerveau (SVT), les arts et les couleurs (SPC), la perception (SVT) ;

– thème « Nourrir l'humanité » : l'agriculture durable (SVT), l'analyse de la qualité de l'eau et des sols (SPC), la conservation des aliments et la santé alimentaire (SVT et SPC).

►►► Pour les deux autres thèmes, spécifiques, voir la rubrique « Demandez le programme » ci-après.

● Comment bien démarrer l'année en sciences ?

►►► Au cours de l'année, **travaillez de manière régulière** : relisez votre cours le soir même et la veille du cours suivant ; n'attendez pas le dernier moment pour réaliser les exercices demandés. Pensez également à faire des fiches qui vous serviront lors des révisions du bac au mois de juin.

►►► Prenez l'habitude d'**associer les cours de SVT et de SPC** au sein d'une même connaissance et de ne pas négliger l'une des deux matières au profit de l'autre. Vous aurez en effet à combiner ces deux matières lors de l'épreuve du bac.

►►► Tenez-vous au courant de l'actualité afin de faire le **lien entre des sujets de société et votre cours**, et ainsi rendre son contenu plus concret (voir la rubrique « Restez connecté » ci-après).

RESTEZ CONNECTÉ

Une culture scientifique pour comprendre le quotidien et les questions de société

• L'étude des grands thèmes (la santé, la pratique du sport, la biodiversité, le sol un patrimoine durable, l'énergie…) des programmes de physique-chimie et de SVT, en seconde, et de sciences, en 1re L et 1re ES, a pour objectif l'acquisition par les élèves de notions essentielles, qui permettent de comprendre de nombreux problèmes de société (développement durable…) et d'adopter une **attitude critique** vis-à-vis de la façon dont les médias en rendent compte.

• Il est possible d'enrichir les informations fournies par ces enseignements scientifiques en suivant l'**actualité** sur les sujets au programme. Par exemple, vous pouvez lire des articles du supplément « Science et médecine », publié chaque semaine dans *Le Monde*, ou d'autres articles de ce journal traitant de l'actualité scientifique, disponibles sur : **www.lemonde.fr**

Se préparer à l'épreuve anticipée du bac

En quoi consiste l'épreuve anticipée du bac ?

L'épreuve, dont la durée est d'une heure et demie, est notée sur 20. Elle comprend **trois parties**. Chaque partie concerne un thème du programme différent.

La **partie 1** (sur 8 points) porte sur l'un des deux thèmes communs aux SVT et aux SPC : « Représentation visuelle » ou « Nourrir l'humanité ». L'évaluation porte sur les acquis de ces deux matières, sans que soit précisé ce qui se rapporte à chacune d'entre elles. Le sujet s'appuie sur 1 à 3 document(s) se rapportant à des questions de société, des problématiques de santé ou de développement durable, ou sur les avantages et limites des avancées scientifiques et technologiques. L'exploitation de ce(s) document(s) prend souvent la forme d'un **commentaire rédigé**.

La **partie 2** (sur 6 points) porte soit sur le thème spécifique aux SPC (« Le défi énergétique »), soit sur le thème commun aux SVT et aux SPC qui n'a pas fait l'objet de la question de la première partie. Les questions portent uniquement sur les SPC. Ce sont des **questions courtes** ou des **QCM** (avec au moins une affirmation juste), reposant souvent sur des documents.

La **partie 3** (sur 6 points) porte soit sur le thème spécifique aux SVT (« Féminin/masculin »), soit sur le thème commun aux deux disciplines qui n'a pas fait l'objet de la question de la première partie. Les questions portent uniquement sur les SVT. Ce sont, comme pour la partie 2, des **questions courtes** ou des **QCM**, reposant souvent sur des documents.

Comment se préparer à l'épreuve anticipée du bac ?

Globalement, l'épreuve repose sur l'**exploitation de documents divers** : textes, graphiques, schémas, photos, souvent non étudiés en classe. Un point important est donc de s'entraîner, dès la classe de seconde, à extraire d'un document des informations pertinentes par rapport à une question posée. L'exploitation de ces informations exige assez souvent la **connaissance des notions essentielles** du programme.

L'exploitation des documents graphiques et numériques fait appel à des **notions de maths** sur les fonctions, que vous aurez étudiées en seconde : entraînez-vous à faire le transfert d'une discipline à une autre.

La première partie de l'épreuve du bac est souvent un commentaire organisé à partir des documents fournis. Cela se rapproche de l'épreuve de français mais cette fois, à partir de documents scientifiques. Comme en français, exercez-vous à **établir des liens** entre les informations extraites des documents de façon à construire un texte organisé aboutissant à un jugement argumenté par rapport à la question posée. Les parties 2 et 3 sont souvent des QCM. Aussi, prenez l'habitude de **faire les QCM** des ouvrages que vous utilisez pour réviser : c'est un excellent entraînement !

DEMANDEZ LE PROGRAMME

Sciences

Première séries ES et L (Bulletin officiel de l'Éducation nationale n° 9 du 30 septembre 2010)

Représentation visuelle thème commun aux SPC et aux SVT	• De l'œil au cerveau • La chimie de la perception
Nourrir l'humanité thème commun aux SPC et aux SVT	• Vers une agriculture durable au niveau de la planète • Qualité et innocuité des aliments : le contenu de nos assiettes
Féminin/masculin thème propre aux SVT	• Prendre en charge de façon conjointe et responsable sa vie sexuelle • Devenir homme ou femme • Vivre sa sexualité
Le défi énergétique thème propre aux SPC	• Activités humaines et besoins en énergie • Utilisation des ressources énergétiques disponibles • Optimisation de la gestion et de l'utilisation de l'énergie

L'ANNÉE PROCHAINE

en Physique-Chimie et SVT (série S)

Dans l'emploi du temps des élèves de 1re S, le même nombre d'heures – 3 heures par semaine – est consacré à l'enseignement de la physique-chimie et à celui des SVT, ce qui place ces deux disciplines juste derrière le français et les maths – 4 heures par semaine.

La physique-chimie en première S

Quoi de neuf en 1re S ?

▸▸▸ Même si le volume horaire hebdomadaire est identique à celui de la classe de seconde – **3 heures** par semaine – les connaissances et les compétences à acquérir étant plus difficiles et nombreuses en 1re S, il faut s'attendre à un rythme beaucoup plus soutenu.

▸▸▸ Le programme s'articule autour de trois grands thèmes, qui reprennent les étapes de la démarche scientifique : **observer** (« Couleurs et images »), **comprendre** (« Lois et modèles ») et **agir** (« Défis du XXIe siècle »). Chaque thème est composé de chapitres portant sur divers domaines de physique ou de chimie (voir la rubrique « Demandez le programme » ci-après).

Comment bien démarrer l'année en physique-chimie ?

▸▸▸ Vous pouvez au préalable préparer des fiches au sujet des notions vues en seconde sur lesquelles le cours de 1re S va s'appuyer.

Les principaux thèmes à revoir sont :

– la **lumière** : propagation rectiligne, composition de la lumière blanche, spectres d'émission et d'absorption, longueur d'onde des radiations lumineuses ;

– la **structure de la matière** : structure de l'atome et du noyau, répartition électronique, obtention d'ions monoatomiques, règle du duet et de l'octet, représentation des molécules (développée et semi-développée) ;

– la **chimie en laboratoire** : la mole, relation entre masse et quantité de matière, masse molaire, concentrations molaire et massique, préparation d'une solution ;

– la **réaction chimique** : équation-bilan, réactifs et produits, lois de conservation.

▸▸▸ Travaillez de manière rationnelle : relisez votre cours le soir même et la veille du cours suivant ; n'attendez pas le dernier moment pour réaliser les exercices demandés ; faites des fiches qui vous serviront pour réviser efficacement avant les contrôles. Pour vous aider à réaliser ces fiches et enrichir votre cours, n'hésitez pas à faire des **recherches complémentaires** (voir la rubrique « Restez connecté » ci-après).

Comment se préparer à l'épreuve du bac dès la première ?

▸▸▸ La réalisation de **fiches de révision**, tout au long de votre année de première, vous permettra de disposer d'une vue synthétique sur l'ensemble

RESTEZ CONNECTÉ

Des pistes pour explorer l'univers scientifique

- Pour suivre et analyser l'actualité, vous pouvez consulter des **revues scientifiques de vulgarisation** comme *Science et vie junior*, *Science et vie*, *Science et avenir*, et bien qu'elles soient un peu plus ardues *La Recherche* et *Pour la science*.
- Les **sites Internet** des instituts de recherche sont à votre disposition : CERN (Centre européen de physique des particules), ESA (European Spatial Agency), NASA (National Aeronautics and Space Administration), CEA (Commissariat à l'énergie atomique)... Vous pouvez aussi rechercher sur Internet des sites de vulgarisation scientifique, comme : **www.futura-sciences.com**
- Certaines émissions de **radio** sont particulièrement enrichissantes, comme « Sur les épaules de Darwin » de Jean-Claude Ameisen chaque semaine sur France Inter : **www.franceinter.fr/emission-sur-les-epaules-de-darwin**
- De nombreux **musées** ou **espaces culturels** traitent de sujets scientifiques comme le Palais de la découverte, la Cité des sciences et de l'industrie ou bien la Galerie de l'évolution du Muséum national d'histoire naturelle en région parisienne, la Cité de l'espace à Toulouse ou encore Vulcania dans le Puy-de-Dôme. Recherchez également les espaces labellisés CCSTI (centres de culture scientifique, technique et industrielle) à proximité de chez vous sur : **www.ccsti.fr**

des notions du programme. Vous pourrez ainsi les retravailler pendant les vacances d'été et bien préparer votre entrée en terminale S.

▸▸ Faites les **exercices de synthèse** proposés dans votre manuel : ils constituent souvent un « pont » entre la première et la terminale.

Les SVT en première série S

● Quoi de neuf en 1re S ?

▸▸ Vous retrouverez en première les **trois grands thèmes** qui structuraient le programme de seconde : « La Terre dans l'Univers, la vie et l'évolution du vivant », « Enjeux planétaires contemporains » et « Corps humain et santé ».

▸▸ Certains des sous-thèmes, comme le patrimoine génétique, sont dans le **prolongement de la classe de seconde**. D'autres, comme ceux qui ont trait à la tectonique des plaques, sont **propres à la 1re S** (voir la rubrique « Demandez le programme » ci-après).

● Comment bien démarrer l'année en SVT ?

▸▸ Le sous-thème « Variation génétique et santé » est souvent abordé en début d'année ; il est donc conseillé de **revoir des notions vues en seconde** : la structure de l'ADN, les gènes et allèles, la mutation… De même, quand vous aborderez le sous-thème « Nourrir l'humanité », il vous faudra revoir la photosynthèse et les caractéristiques générales des agrosystèmes.

▸▸ Faites des **QCM** pour vous remettre en tête l'essentiel de ce que vous venez d'étudier avant d'aborder un nouveau cours.

● Comment se préparer à l'épreuve du bac dès la première ?

▸▸ Dès la classe de première, vous devez acquérir les méthodes qui vous permettront de réussir l'épreuve de SVT. Votre professeur vous proposera des exercices d'évaluation conformes à la nature des questions du bac, c'est-à-dire :

– une question de type I, souvent un **exposé organisé de connaissances** sur un sujet bien délimité, accompagné parfois d'un **QCM** axé sur les connaissances (de manière plus rare, uniquement un QCM portant sur une assez large partie du programme) ;

– une première question de type II, qui repose sur un petit nombre de documents et prend souvent la forme d'un **QCM** visant à vérifier votre aptitude à **extraire des informations** et à les confronter aux propositions du QCM ;

– une seconde question de type II, où il vous est demandé de **résoudre un problème scientifique** à partir d'un dossier de 3 documents.

▸▸ Il faut donc vous entraîner à communiquer vos connaissances dans un langage scientifiquement correct, à les utiliser pour avoir un **jugement critique** vis-à-vis des propositions d'un QCM, à extraire et **organiser les informations** de documents de diverses natures (texte, graphique, schéma, photo, tableau de données).

DEMANDEZ LE PROGRAMME

Physique-Chimie

Première série S (Bulletin officiel de l'Éducation nationale n° 9 du 30 septembre 2010)

Observer Couleurs et images	• Couleur, vision et image • Sources de lumière colorée • Matières colorées
Comprendre Lois et modèles	• Cohésion et transformations de la matière • Champs et forces • Formes et principe de conservation de l'énergie
Agir Défis du XXIe siècle	• Convertir l'énergie et économiser les ressources • Synthétiser des molécules et fabriquer de nouveaux matériaux • Créer et innover

Sciences de la vie et de la Terre

Première série S (Bulletin officiel de l'Éducation nationale n° 9 du 30 septembre 2010)

La Terre dans l'Univers, la vie et l'évolution du vivant	• Expression, stabilité et variation du patrimoine génétique • La tectonique des plaques : l'histoire d'un modèle
Enjeux planétaires contemporains	• Tectonique des plaques et géologie appliquée • Nourrir l'humanité
Corps humain et santé	• Féminin, masculin • Variation génétique et santé • De l'œil au cerveau : quelques aspects de la vision

TEST BILAN

en Anglais

Date : ....

GRAMMAIRE

1 Les temps du présent

Traduire : *Il ne travaille pas régulièrement.*

- ☐ **a.** He doesn't work regularly.
- ☐ **b.** He isn't working regularly.
- ☐ **c.** He works not regularly.

2 Prétérit ou *present perfect* ?

Traduire : *Elle a déjà visité ce musée l'an dernier.*

- ☐ **a.** She already visited that museum last year.
- ☐ **b.** She has already visited that museum last year.
- ☐ **c.** She have already visited that museum the last year.

3 Les temps du passé

Traduire : *Hier, il n'a pas rencontré sa sœur comme prévu.*

- ☐ **a.** Yesterday, he hasn't met his sister as expected.
- ☐ **b.** Yesterday, he didn't meet his sister as expected.
- ☐ **c.** Yesterday, he wasn't meet his sister as expected.

4 La forme interrogative au prétérit

Traduire : *Pourquoi est-ce qu'il a pleuré ?*

- ☐ **a.** Why he cried?
- ☐ **b.** Why was he cried?
- ☐ **c.** Why did he cry?

5 La modalité au présent

Traduire : *Tu n'es pas obligé de venir si tu ne veux pas.*

- ☐ **a.** You don't have to come if you don't want to.
- ☐ **b.** You mustn't come if you don't want.
- ☐ **c.** You may not come if you don't want.

6 La modalité au passé

Traduire : *Il se peut qu'elle lui ait dit de ne pas venir.*

- ☐ **a.** She may tell him not to come.
- ☐ **b.** It may she told him not to come.
- ☐ **c.** She may have told him not to come.

7 Les pronoms relatifs

Traduire : *Le travail que j'aimerais avoir n'existe pas.*

- ☐ **a.** The job who I would have doesn't exist.
- ☐ **b.** The job that I would like to have doesn't exist.
- ☐ **c.** The job whose I would like to have doesn't exist.

8 Le passif

Traduire : *Elle sera arrêtée (par la police) si elle continue.*

- ☐ **a.** She will arrest if she continues.
- ☐ **b.** She is arrested if she continues.
- ☐ **c.** She'll be arrested if she continues.

9 Le double passif

Traduire : *On lui a posé beaucoup de questions.*

- ☐ **a.** We him asked many questions.
- ☐ **b.** He was asked a lot of questions.
- ☐ **c.** He has asked lots of questions.

10 Les propositions infinitives

Traduire : *Il veut qu'elle lui obéisse.*

- ☐ **a.** He wants she obey him.
- ☐ **b.** He wants her to obey him.
- ☐ **c.** He wants that she obeys him.

11 L'accroissement parallèle

Traduire : *Plus il est timide, plus elle en profite.*

- ☐ **a.** More he is shy, more she takes advantage of it.
- ☐ **b.** The more he is shy, the more she takes advantage of it.
- ☐ **c.** The shier he is, the more she takes advantage of it.

12 L'expression du but

Traduire : *Il travaille pour gagner de l'argent.*

- ☐ **a.** He works to earn money.
- ☐ **b.** He works for to earn money.
- ☐ **c.** He works for earn money.

13 L'expression du regret

Traduire : *J'aurais aimé que tu ne lui téléphones pas si vite.*

- ☐ **a.** I wish you didn't call him so fast.
- ☐ **b.** I wish you hadn't called him so soon.
- ☐ **c.** I would have liked that you didn't call him so quickly.

14 Faire une suggestion

Quelle(s) phrase(s) utiliser pour suggérer une sortie ?

- ☐ **a.** What if we went out tonight?
- ☐ **b.** I mean to go to the restaurant.
- ☐ **c.** Let's go to the cinema, shall we?

15 La probabilité

Quelle(s) phrase(s) utiliser pour dire qu'il est probable que John soit en train de travailler ?

- ☐ **a.** John may be working.
- ☐ **b.** John is likely to be working.
- ☐ **c.** John can work.

16 L'expression de la condition

Quelle(s) phrase(s) utiliser pour dire qu'on ira à une fête à condition que Liz ne soit pas là ?

- ☐ **a.** I'll go to the party while Liz isn't there.
- ☐ **b.** I'll go to the party provided Liz isn't there.
- ☐ **c.** I won't go to the party unless Liz isn't there.
- ☐ **d.** I will go to the party unless Liz isn't there.

VERS LE BAC

17 *"Quote"*
Que devez-vous faire ? *"Quote the text to justify that the narrator is impatient."*
- ☐ **a.** Relever des passages du texte sans les commenter.
- ☐ **b.** Expliquer pourquoi le narrateur est impatient.
- ☐ **c.** Citer le texte entre guillemets avec les numéros de ligne.

18 *"Deduce the meaning"*
Que devez-vous faire ? *"Can you deduce the meaning of 'thrilled' (l. 19) using the context?"*
- ☐ **a.** Chercher la traduction du mot « thrilled » dans un dictionnaire.
- ☐ **b.** Trouver un équivalent de « thrilled » dans le texte.
- ☐ **c.** Utiliser le contexte pour déduire logiquement le sens du mot « thrilled ».

19 *"Related"*
Que devez-vous faire ?
"How are the two main characters related?"
- ☐ **a.** Trouver le lien entre les personnages (amis…).
- ☐ **b.** Dire si les personnages sont présents ou juste mentionnés.
- ☐ **c.** Probablement utiliser le génitif (*'s*).

20 *"When"*
Que devez-vous faire ?
"When is the scene set exactly? Justify from the text."
- ☐ **a.** Dire quand l'histoire se déroule.
- ☐ **b.** Dire quand le texte a été écrit.
- ☐ **c.** Citer le texte pour justifier ma réponse.

21 Opposer deux arguments
Que pouvez-vous dire pour opposer deux arguments sur les voyages à l'étranger ?
- ☐ **a.** On the one hand, it's true that travel broadens the mind. But on the other hand, it can be risky.
- ☐ **b.** Travel broadens the mind. Besides, it can be dangerous sometimes.
- ☐ **c.** Some people think that travel broadens the mind, whereas others believe there is too much danger in travelling.

22 Exprimer une conséquence logique
Que pouvez-vous dire pour exprimer une conséquence du fait que Bill a beaucoup voyagé ?
- ☐ **a.** He has travelled a lot. Consequently, he knows a lot of things about many countries.
- ☐ **b.** Since he has travelled a lot, he knows about a lot of different cultures.
- ☐ **c.** He has travelled a lot. Nevertheless, he has a lot of knowledge about foreign countries.

23 Donner un exemple
Que pouvez-vous dire pour introduire un exemple de pays où vous souhaiteriez voyager ?
- ☐ **a.** By example, I would like to go to Canada one day.
- ☐ **b.** For instance, I would love to tour the USA.
- ☐ **c.** For example, I would like to go to India some time.

24 Reformuler une idée
Que pouvez-vous dire pour reformuler une idée ?
- ☐ **a.** In other words, I can't really choose either of them.
- ☐ **b.** That's why I can't choose either.
- ☐ **c.** What I mean is, I can't choose either of them, honestly.

25 Donner son opinion
Que pouvez-vous dire pour donner votre point de vue personnel ?
- ☐ **a.** I mean, this is not very clear.
- ☐ **b.** To my mind, this is a major issue nowadays.
- ☐ **c.** As far as I'm concerned, I can't see the point in making such a decision.

26 Synthétiser
Que pouvez-vous dire pour synthétiser vos arguments ?
- ☐ **a.** By the way, I am not tempted to leave my home country one day.
- ☐ **b.** In brief, I would love to travel the world later.
- ☐ **c.** All in all, I would travel more if I could.

CIVILISATION

27 The USA
When was slavery abolished in the USA?
- ☐ **a.** In 1865, after the Civil War.
- ☐ **b.** In 1930, during the Prohibition.
- ☐ **c.** In 1965, thanks to Martin Luther King.

28 South Africa
Which South African leader fought against Apartheid, a system of segregation?
- ☐ **a.** Martin Luther King
- ☐ **b.** Malcolm X
- ☐ **c.** Nelson Mandela

29 Bollywood
Which English-speaking country is famous for its film industry?
☐ **a.** India ☐ **b.** Australia ☐ **c.** Canada

30 The United Kingdom
What is the political regime in the UK?
- ☐ **a.** absolute monarchy
- ☐ **b.** parliamentary monarchy
- ☐ **c.** direct democracy

CORRIGÉS

1. a **2.** a **3.** b **4.** c **5.** a **6.** c **7.** b **8.** c **9.** b **10.** b **11.** c **12.** a **13.** b **14.** a et c **15.** a et b **16.** b et c **17.** a et c **18.** c **19.** a et c. On aura en effet souvent besoin du génitif pour exprimer les liens entre les personnages : *John's sister*… **20.** a et c **21.** a et c **22.** a et b **23.** b et c **24.** a et c **25.** b et c **26.** c **27.** a **28.** c **29.** a **30.** b

TEST BILAN
en Espagnol

Date : ....

GRAMMAIRE

1 L'accentuation
No sé qué camisa elegir. Creo que voy a comprar…
- ☐ **a.** ésta.
- ☐ **b.** está.
- ☐ **c.** esta.

2 Le genre
Pablo puede pasarse el tiempo estudiando:
- ☐ **a.** las planetas y las cometas.
- ☐ **b.** las planetas y los cometas.
- ☐ **c.** los planetas y los cometas.

3 Le vouvoiement
Buenos días, ¿qué tal … Ustedes?
- ☐ **a.** estáis
- ☐ **b.** están
- ☐ **c.** está

4 L'enclise
Traduire :
Est-ce que tu accepterais de me l'apporter ?
- ☐ **a.** ¿Aceptarías traérmelo?
- ☐ **b.** ¿Aceptarías me lo traer?
- ☐ **c.** ¿Me aceptarías traerlo?

5 Le passé simple
Traduire :
En la voyant, il se sentit mal.
- ☐ **a.** Al verla se sentó mal.
- ☐ **b.** Al verla se sienta mal.
- ☐ **c.** Al verla se sintió mal.

6 L'impératif
Traduire :
Maintenant, mes enfants, mettez-vous au travail.
- ☐ **a.** Ahora, niños, pónganse al trabajo.
- ☐ **b.** Ahora, niños, poneos al trabajo.
- ☐ **c.** Ahora, niños, póngase al trabajo.

7 *Ser* et *estar*
Traduire :
María est une fille très gaie mais aujourd'hui elle est triste et fatiguée.
- ☐ **a.** María está una chica muy alegre pero hoy está triste y cansada.
- ☐ **b.** María es una chica muy alegre pero hoy es triste y cansada.
- ☐ **c.** María es una chica muy alegre pero hoy está triste y cansada.

8 Traduction de « on »
On dit que la vue depuis le sommet est magnifique.
→ … que la vista desde la cima es magnífica.
- ☐ **a.** Decimos
- ☐ **b.** Dicen
- ☐ **c.** Han dicho

9 L'apocope
No se podía adivinar a … vista.
- ☐ **a.** primera
- ☐ **b.** prima
- ☐ **c.** primer

10 Traduction du verbe « aimer »
Pablo ne va pas se promener parce qu'il n'aime pas la pluie.
→ Pablo no va a pasear porque …
- ☐ **a.** no quiere la lluvia.
- ☐ **b.** no ama la lluvia.
- ☐ **c.** no le gusta la lluvia.

11 La négation
No supo qué contestar y yo …
- ☐ **a.** también.
- ☐ **b.** tampoco.
- ☐ **c.** tan solo.

12 Les démonstratifs
Ce fut merveilleux. Je n'oublierai jamais ce jour-là.
→ Fue maravilloso, nunca olvidaré …
- ☐ **a.** aquel día.
- ☐ **b.** este día.
- ☐ **c.** ese día.

13 Le comparatif d'égalité
Su gato es tan cariñoso … su perro.
- ☐ **a.** que
- ☐ **b.** cuanto
- ☐ **c.** como

14 Le comparatif de supériorité
Traduire :
Elle est beaucoup plus intelligente qu'elle n'en a l'air.
- ☐ **a.** Es mucho más inteligente que lo parece.
- ☐ **b.** Es mucho más inteligente de lo que parece.
- ☐ **c.** Es mucho más inteligente que lo que parece.

15 Le superlatif
Traduire :
C'est la plage la plus tranquille que je connaisse.
- ☐ **a.** Es la playa más tranquila que conozco.
- ☐ **b.** Es la playa más tranquila que conozca.
- ☐ **c.** Es la playa más tranquila que conociera.

16 *Por et para*

	POR	PARA
a. Haría cuanto pudiera … él.	☐	☐
b. Este niño se desvive … su madre.	☐	☐
c. Mira, hay una carta … ti.	☐	☐

17 *Con et de*

	CON	DE
a. Sabe contentarse … poco.	☐	☐
b. La amenazó … denunciarla.	☐	☐
c. Cuelga el cuadro … un clavo.	☐	☐

18 Traduction de « dont »
La lionne a eu deux petits, dont un est blanc.

→ La leona tuvo dos cachorros, …
- ☐ **a.** cuyo uno es blanco.
- ☐ **b.** de los que uno es blanco.
- ☐ **c.** uno de los cuales es blanco.

19 L'emploi de *cuyo*
Traduire :
C'est le peintre dont il nous a parlé.
- ☐ **a.** Es el pintor del cuyo nos habló.
- ☐ **b.** Es el pintor de quien nos habló.
- ☐ **c.** Es el pintor cuyo nos habló.

20 Traduction de « devenir »
Traduire :
Grâce à son travail, il est devenu célèbre.
- ☐ **a.** Gracias a su trabajo, se convirtió famoso.
- ☐ **b.** Gracias a su trabajo, se puso famoso.
- ☐ **c.** Gracias a su trabajo, se volvió famoso.

21 Les temps du passé
El año pasado Pablo y Elena …
- ☐ **a.** se casan.
- ☐ **b.** se casaron.
- ☐ **c.** se han casado.

22 La concordance des temps
Elena me había llamado para que … al cine.
- ☐ **a.** fuéramos
- ☐ **b.** íbamos
- ☐ **c.** vayamos

23 Le discours indirect
Le dijo que le … el diccionario.
- ☐ **a.** devuelva
- ☐ **b.** devolviera
- ☐ **c.** devolvía

24 Les subordonnées de temps
La encontrarás cuando …
- ☐ **a.** vienes.
- ☐ **b.** vengas.
- ☐ **c.** vendrás.

25 Les subordonnées de condition
Si vienes conmigo te … unas botas.
- ☐ **a.** compraré
- ☐ **b.** comprara
- ☐ **c.** compraría

26 L'emploi de *como si*
La mira como si … un fantasma.
- ☐ **a.** es
- ☐ **b.** era
- ☐ **c.** fuera

CIVILISATION

27 España: el califato
La capital del califato fue:
- ☐ **a.** Sevilla
- ☐ **b.** Córdoba
- ☐ **c.** Granada

28 España: la dictadura franquista
El general Franco murió en:
- ☐ **a.** 1968
- ☐ **b.** 1975
- ☐ **c.** 1980

29 España: las artes
La invasión de Napoleón fue pintada por:
- ☐ **a.** Goya
- ☐ **b.** el Greco
- ☐ **c.** Velázquez

30 América Latina: la época precolombina
Los Incas vivían en:
- ☐ **a.** Guatemala
- ☐ **b.** México
- ☐ **c.** Perú

31 América Latina: las independencias
Simón Bolívar fue:
- ☐ **a.** un conquistador
- ☐ **b.** un explorador
- ☐ **c.** un libertador

32 América Latina: las artes
Diego Rivera fue:
- ☐ **a.** un pintor mexicano
- ☐ **b.** un escritor colombiano
- ☐ **c.** un cineasta argentino

CORRIGÉS

1. a **2.** c **3.** b **4.** a **5.** c **6.** b **7.** c **8.** b **9.** a **10.** c **11.** b **12.** a **13.** c **14.** b **15.** a **16.** *por* dans les phrases **a** et **b**, *para* dans la phrase **c** **17.** *con* dans les phrases **a** et **b**, *de* dans la phrase **c** **18.** c **19.** b **20.** c **21.** b **22.** a **23.** b **24.** b **25.** a **26.** c **27.** b **28.** b **29.** a **30.** c **31.** c **32.** a

en Anglais et Espagnol

Quelles que soient les langues vivantes étudiées, le programme de première demeure le même, et s'articule autour de quatre notions qui resteront identiques en terminale, mais seront abordées sous un angle différent. Dans toutes les séries (hormis en série L, où subsistent quelques spécificités), les épreuves du bac seront semblables.

Les langues vivantes en première (toutes séries)

Quoi de neuf en première ?

▸▸▸ Vous aurez en moyenne **deux heures et demie** de cours par semaine. Certains établissements peuvent mettre en place des groupes de langue, afin de réduire les effectifs en classe.

▸▸▸ De plus, en **série L**, vous suivrez un cours de « Littérature étrangère en langue étrangère », qui correspondra à **2 heures** d'enseignement hebdomadaire en première et à une heure et demie en terminale. S'y ajoute éventuellement le cours de « Langue vivante approfondie » (enseignement obligatoire au choix), que vous étudierez **3 heures** par semaine en plus des cours de tronc commun.

Comment bien démarrer l'année en langues ?

▸▸▸ Travaillez régulièrement, et révisez votre cours en essayant, par exemple, de reformuler ce qui a été travaillé à l'oral. N'hésitez pas à faire des fiches et à prendre en note ce qui concerne la **prononciation** des mots difficiles.

▸▸▸ Pour exprimer vos idées de la façon la plus précise possible, vous devez constituer une liste de **mots de liaison**. Ces mots vous permettront d'organiser votre propos et de complexifier votre expression, afin de développer votre opinion de façon intéressante et articulée (c'est ce que l'on attend de vous en première et en terminale).

Se préparer à l'épreuve du bac en langues

Quel est le niveau de compétence visé en fin de terminale générale et technologique ?

▸▸▸ L'objectif est de réussir à valider le **niveau B1 en LV2**, et le **niveau B2 en LV1** ; ces niveaux sont définis par le Cadre européen commun de référence en langues (CECRL).

▸▸▸ Le tableau de la rubrique « Demandez le programme » ci-après récapitule ce qui est attendu d'un élève aux niveaux B1 et B2, afin de progresser dans les **cinq compétences**.

En quoi consiste l'épreuve du bac en langues ?

▸▸▸ L'épreuve comprend deux parties : une partie orale et une partie écrite. Hormis en série L, où l'expression orale peut avoir un plus fort coefficient en fonction des options choisies mais où il n'y a pas d'épreuve de compréhension orale, vous serez évalué(e) au bac sur les compétences suivantes (chaque partie comptant pour un quart de la note) :

RESTEZ CONNECTÉ

Des ressources pour progresser en langues

• Utilisez **tous les médias** à votre disposition : la télévision (chaînes étrangères) ; des magazines et des livres bilingues ou unilingues (disponibles au CDI de votre lycée) ; Internet (**www.audio-lingua.eu** pour la compréhension orale…).

• En **Anglais**, certains magazines, la plupart disponibles en ligne, offrent une vision globale de la société et de l'actualité (*Time* par exemple). Vous pouvez aussi consulter des vidéos ou des podcasts (*BBC*, *CNN*, mais aussi *The Guardian*). Certains sites Internet sont directement destinés aux personnes apprenant une langue étrangère, comme **www.bbc.co.uk/learningenglish** ou **www.elllo.org**.

• En **Espagnol**, il est aisé de suivre l'actualité en ligne en consultant quelques journaux espagnols tels que *El País*, *ABC*, *El Mundo*, *La Vanguardia*, *El Periódico*… Pour l'Amérique hispanique, le choix est très étendu. Citons, par exemple, *La Nación* et *Clarín* pour l'Argentine ou *Jornada* et *Proceso* pour le Mexique. Vous pouvez aussi regarder des reportages sur **www.rtve.es** et écouter des documents sonores sur les sites de l'UNED (Universidad Nacional de Educación a Distancia) et de l'AFPE (Association française des professeurs d'espagnol).

– **compréhension orale** : cette compétence est évaluée en cours d'année, dans votre établissement, sur un document audio (ou vidéo) d'une minute trente secondes (sauf série L). À partir de ce document, et après trois écoutes, vous devrez rédiger un compte-rendu en français restituant le maximum d'informations comprises ;
– **expression orale** : l'épreuve se déroule en fin d'année dans votre établissement (sauf série L). Vous devrez présenter une des quatre notions du programme (voir la rubrique « Demandez le programme » ci-après) en vous appuyant parfois sur des documents présentés ou sur la liste de documents étudiés en classe. S'en suivra une courte conversation avec votre examinateur ;
– **compréhension écrite** : lors de l'épreuve écrite du bac, vous devrez analyser puis comparer deux textes en rapport avec une des quatre notions du programme ;
– **expression écrite** : lors de l'épreuve écrite du bac, vous devrez rédiger un récit d'invention ou une expression argumentative, en rapport avec les deux textes de compréhension écrite.

▸▸ Quelle que soit la langue que vous étudiez, l'épreuve demeure la même, mais en **LV2**, les textes seront *a priori* plus simples et le barème tiendra compte du niveau attendu. Avant de choisir en terminale quelle langue vous prendrez en LV1 et en LV2, pensez à regarder les annales (par exemple *Annabac*) pour évaluer ce niveau.

Comment se préparer à l'épreuve du bac dès la première ?

▸▸ Commencez à constituer dès le début de l'année des **fiches de vocabulaire par thème** selon les quatre notions du programme (ce seront les mêmes en terminale). Ce lexique thématique vous sera utile lors de l'examen final, que ce soit en expression orale (vous tomberez forcément sur une notion) ou en expression écrite.

▸▸ Entraînez-vous dans toutes les compétences qui seront évaluées, notamment en **compréhension orale**. Écoutez régulièrement des documents audio ou regardez des vidéos (voir la rubrique « Restez connecté » ci-avant).

DEMANDEZ LE PROGRAMME

Les niveaux B1 et B2 du CECRL

	B1 à valider en terminale LV2 (niveau visé en fin de 2de en LV1 et LV2)	**B2** à valider en terminale LV1
Compréhension orale	Comprendre les points essentiels d'un énoncé dans un langage clair et standard	Comprendre des discours assez longs et suivre une argumentation
Compréhension écrite	Comprendre des textes rédigés dans une langue courante, ou des lettres	Comprendre des articles, des rapports ou des textes littéraires, et identifier le point de vue de l'auteur
Prise de parole en interaction	Faire face à la majorité des situations rencontrées en voyage et vous exprimer sur des sujets de la vie quotidienne	Communiquer avec spontanéité et aisance, défendre vos opinions
Prise de parole en continu	Raconter une expérience, un récit ou d'autres choses à votre sujet	Détailler vos centres d'intérêts et développer votre opinion sur un point d'actualité
Expression écrite	Écrire une lettre ou un texte simple sur vos centres d'intérêt	Écrire un texte pour argumenter ou donner un point de vue

Les notions du programme en langues vivantes

Voici des exemples de traitement des quatre notions du programme, liées au thème général « **Gestes fondateurs et mondes en mouvement** ».

Cycle terminal du lycée général et technologique (Bulletin officiel de l'Éducation nationale n° 9 du 30 septembre 2010)	
Mythes et héros	• En anglais : *9/11: firemen, the new heroes; The Arthurian myth…* • En espagnol : *Don Quijote; Carlos Gardel y el tango; El mundo de Quino…*
Espaces et échanges	• En anglais : *Hispanic immigration in the USA; Gap years…* • En espagnol : *El narcotráfico en México; El desarrollo de Inditex…*
Lieux et formes du pouvoir	• En anglais : *The 4th Estate (le 4e pouvoir); The Civil Rights Movement…* • En espagnol : *Las dictaduras; Los mapuches; Cataluña y la Independencia…*
L'idée de progrès	• En anglais : *Space conquest in the USA; Science vs. Superstition (Darwin)…* • En espagnol : *Picasso y Guernica; Los jóvenes frente a la crisis…*

FRANÇAIS

Chapitre 1, page 9

1 Réponse **a**.

2 **a.** La première phrase montre le désir d'entrer directement dans le vif de l'intrigue : le texte semble s'ouvrir sur l'élément perturbateur et non sur la situation initiale attendue pour présenter le cadre et les personnages.

b. Le texte donne néanmoins des informations sur ces derniers : le narrateur est le personnage principal.

c. On apprend indirectement qu'il est *lui aussi* carabin (étudiant en médecine) ; le langage utilisé (formules populaires et syntaxe orale) nous renseigne sur son milieu social.

3 **a.** Le récit-cadre est le fait d'un narrateur-témoin qui raconte à la première personne : c'est donc un double du lecteur, qui apporte une caution de véracité au récit qui va suivre.

b. Ce récit enchâssé sera vraisemblablement lui aussi à la première personne, puisque le premier narrateur dit l'avoir écrit tel qu'il a été raconté, sans rien qui ne soit de lui

4 **a.** Le narrateur s'adresse explicitement au lecteur, pour souligner sa toute-puissance : c'est lui qui choisit de raconter ou de ne pas raconter, de donner des informations ou de les refuser. Il traite le lecteur avec une certaine désinvolture, en répondant par des insolences aux questions que celui-ci peut raisonnablement se poser.

b. L'histoire des deux personnages, Jacques et son maître, fonctionne déjà comme un récit enchâssé à l'intérieur du dialogue entre le narrateur et son lecteur ; Jacques à son tour raconte quelque chose au sujet de son capitaine (2e récit enchâssé), lequel racontait aussi quelque chose (3e récit enchâssé). Même si ces récits ne sont pas développés, la multiplication des instances narratives souligne l'artifice du procédé.

5 **a.** Le temps de référence est le présent de l'énonciation *(je rêve)* : le narrateur, condamné à mort, écrit en effet son journal intime. L'emploi du passé composé *(j'ai fermé, j'ai mis, j'ai tâché)* s'explique par la valeur d'accompli que ce temps remplit au regard du présent.

b. Le deuxième paragraphe présente un retour en arrière (analepse) : le narrateur évoque ses *souvenirs d'enfance*.

c. Mais ce bouleversement de l'ordre chronologique n'est pas marqué par des changements de temps : le présent *(je me revois)* et le passé composé *(ont coulé)* sont toujours utilisés, intégrant parfaitement le retour en arrière à la narration.

6 **a.** Le portrait du personnage est fait selon un point de vue interne : le lecteur ne sait pas que le reflet aperçu est celui de Duroy avant que lui-même ne s'en aperçoive. Notations physiques et morales sont mêlées dans le premier paragraphe. Le deuxième est centré sur des considérations psychologiques.

b. Ce passage dresse le portrait d'un personnage pauvre, qui en a honte, qui aspire à mieux et qui a certainement les moyens d'y arriver. On insiste sur sa vanité. Le personnage, en quête de réussite, de richesse et de reconnaissance sociale, arrivera à concrétiser ses aspirations.

7 **a.** L'incipit présente le portrait d'un nouvel élève, par la bouche d'un narrateur-témoin qui n'interviendra plus aussi directement dans la suite du roman. Parce qu'il est présenté dès le début, on suppose qu'il s'agit d'un personnage clé (le futur époux de Madame Bovary, personnage qui donne son titre au roman).

b. Le portrait est construit selon l'ordre suivant : apparence générale, physionomie, habillement des épaules aux pieds.

c. La narration à la première personne suppose un point de vue interne ; quelques notations semblent pourtant proches de l'omniscience, comme *un gars de la campagne* ou *poignets rouges habitués à être nus*.

Chapitre 2, page 11

1 Réponse **c**.

2 **Extrait a.** *Pendant quinze jours* : sommaire.

Extrait b. *Le lendemain* : ellipse, on passe sous silence ce qui s'est passé pendant la nuit (et il s'agit de la nuit de noces).

Extrait c. *Tout l'été* : sommaire.

3 **Extrait a.** Il s'agit d'un sommaire qui présente une énumération et un verbe au passé simple ; on résume en quelques lignes des événements qui ont mis du temps à se dérouler.

Extrait b. L'expression *Deux mois s'étaient écoulés* indique qu'il y a une ellipse : on ne dit rien sur ces deux mois. Le plus-que-parfait *avait espérée* renvoie à l'époque antérieure à ces deux mois.

Extrait c. L'indication *un soir* marque la particularité de l'épisode : il s'agit d'une scène. Les verbes sont au passé simple et à l'imparfait (narration), puis au présent (dialogue).

Extrait d. L'indication *Une heure et demie plus tard* et le passage au passé simple mettent en évidence une ellipse. D'après le contexte, l'événement passé sous silence est facile à deviner : il ne s'agit pas de taire quelque chose sans importance mais au contraire d'attirer l'attention sur ce qui est survenu. Pendant ce laps de temps, le personnage principal a fait de la femme qu'il reçoit sa maîtresse.

4 L'ellipse se manifeste par la présence de l'indicateur temporel *trois semaines après*. Le sommaire se placera juste avant et résumera ce qui s'est passé pendant ces trois semaines, en utilisant, au choix, l'imparfait ou le passé simple.

5 **a.** Le temps principalement employé est le passé simple. On trouve également un imparfait *(il fallait)*, un conditionnel présent *(elle payerait)* et un plus-que-parfait *(ils avaient restitué)*. On sait, grâce à l'indication temporelle de la fin du texte, que la vie décrite dans les deux premiers paragraphes a duré dix ans.

b. Il s'agit d'un sommaire, qui présente une série de verbes au passé simple pour accélérer le rythme du récit.

c. À titre d'exemple, voici comment Maupassant introduit la fin de la nouvelle.

> Or, un dimanche, comme elle était allée faire un tour aux Champs-Élysées pour se délasser des besognes de la semaine, elle aperçut tout à coup une femme qui promenait un enfant. C'était Mme Forestier, toujours jeune, toujours belle, toujours séduisante.
> Mme Loisel se sentit émue. Allait-elle lui parler ? Oui, certes. Et maintenant qu'elle avait payé, elle lui dirait tout. Pourquoi pas ?
> Elle s'approcha. [...]
> – Tu te rappelles bien cette rivière de diamants que tu m'as prêtée pour aller à la fête du Ministère.
> – Oui. Eh bien ?
> – Eh bien, je l'ai perdue.
> – Comment ! Puisque tu me l'as rapportée.
> – Je t'en ai rapporté une autre toute pareille. Et voilà dix ans que nous la payons. Tu comprends que ça n'était pas aisé pour nous, qui n'avions rien... Enfin c'est fini, et je suis rudement contente.
> Mme Forestier s'était arrêtée.
> – Tu dis que tu as acheté une rivière de diamants pour remplacer la mienne ?
> – Oui. Tu ne t'en étais pas aperçue, hein ! Elles étaient bien pareilles.
> Et elle souriait d'une joie orgueilleuse et naïve.
> Mme Forestier, fort émue, lui prit les deux mains.
> – Oh ! Ma pauvre Mathilde ! Mais la mienne était fausse. Elle valait au plus cinq cents francs !...
>
> ▷ Guy de Maupassant, *La Parure*, 1884.

Chapitre 3, page 13

1 Réponse **b**.

2 **a.** La description concerne l'apparence extérieure d'une maison. L'ancrage géographique *(midi de la France)* s'accompagne de notations concrètes et péjoratives (*mal bâtie, toit vermoulu, vitrage vermoulu*, etc.).

b. Le mot *Ours* renvoie non seulement au caractère hargneux et désagréable du personnage, mais aussi à l'univers de l'imprimerie.

c. La description de la maison établit une correspondance avec la mentalité de celui qui l'habite, caractérisé par sa *crasse avarice*.

3 **a.** La scène s'inscrit dans un milieu rural, où paysans et notables *(messieurs en habit noir)* sont réunis. La description de cet épisode renvoie une image fidèle de la société du XIXe siècle. L'extrait relève donc du mouvement réaliste.

b. Cependant le narrateur n'est pas totalement objectif. La dernière phrase exprime un parti pris évident : le narrateur formule un jugement sévère sur la société qui permet une telle exploitation des êtres humains.

4 Le narrateur n'apparaît pas directement. La description de la salle suit la progression du regard du personnage qui pénètre à l'intérieur, mais le point de vue adopté est omniscient. La scène se déroule dans un univers campagnard *(aux champs)*. Les mouches qui se noient dans les verres sales, les gouttes de sueur sur le dos d'Emma, inscrivent la scène dans un quotidien prosaïque (commun, voire vulgaire), dépourvu de raffinement : le passage présente donc les caractéristiques du mouvement réaliste.

5 **a.** Cette conception du réalisme repose sur une opposition entre la vie et l'art : faire vrai ne veut pas dire retranscrire le vrai, la réalité.

b. Le romancier, selon Maupassant, doit choisir certains éléments, travailler la composition, hiérarchiser les événements, pour donner l'illusion du vrai.

c. La première et la dernière phrase sont des paradoxes (idées qui vont à l'encontre de l'opinion commune), au service de la conception de Maupassant, pour qui « réaliste » ne veut pas dire « qui recopie le réel ».

Chapitre 4, page 15

1 Réponse **b**.

2 **a.** La description est organisée selon le point de vue des deux femmes à la fenêtre. La vision des parties de plaisir qu'elles imaginent leur fait envie.

b. Le début du passage se caractérise par des notations objectives ; la subjectivité qui suit et dévalorise la scène *(satisfaction imbécile, hurlées stupides)* peut traduire la pensée des personnages (style indirect libre) ou être le fait d'un narrateur qui prend parti, qui ne s'efface pas derrière ses personnages.

3 **a.** Les thèmes développés sont opposés. **1.** La nuit, le froid, l'obscurité, une voix. **2.** Une matinée, la chaleur, la lumière, des voix chuchotantes.

b. Les révoltes ouvrières à venir sont assimilées à des graines, à des pousses qui vont bientôt sortir de terre. La puissance du monde ouvrier est ainsi en germe, comme l'indique le titre.

c. La fin du texte, porteuse d'espoirs et de combats, s'inscrit dans le registre épique. On peut parler d'élan visionnaire, puisque les attentes mentionnées se réaliseront.

4 Quelle que soit la thèse défendue, on veillera à rattacher précisément arguments et exemples à l'idée directrice. Pour appuyer le point de vue choisi, on pourra avancer les idées suivantes :

– **La vocation sociale de la littérature** : événements historiques et productions littéraires sont liés (exemple : Zola) ; l'écrivain a un rôle de guide ou de révélateur à jouer (exemples : les écrivains romantiques, la littérature engagée) ; beaucoup d'écrits veulent réformer l'homme (exemples : Hugo, Bossuet).

– **La littérature sans utilité sociale** : l'art est au-dessus des contingences historiques (exemple : les parnassiens) ; l'écriture transfigure le monde, le recrée et ne se situe pas dans le domaine de la réalité (exemple : les limites du réalisme).

Chapitre 5, page 17

1 Réponse **b**.

2 **Document 1.** L'extrait relève du registre fantastique (mention de l'étrangeté, de la peur ; narration à la première personne ; incertitude sur sa santé mentale).

Document 2. Il ne s'agit pas du registre fantastique. La transformation en insecte est acceptée comme telle, par le biais d'un narrateur extérieur au récit et omniscient, qui ne met pas en doute la réalité de la métamorphose : *Ce n'était pas un rêve*.

3 **a.** La scène se situe dans un cimetière par une nuit sans lune. Le décor est parfaitement adapté au registre fantastique et met en place une atmosphère trouble et inquiétante.

b. L'angoisse est traduite par la répétition du mot *tombes*, les phrases courtes et nominales, l'usage de phrases exclamatives et interrogatives, l'expression de l'incertitude *(confus, innommable, impénétrable, mystérieuse)*. La narration à la première personne permet d'insister sur la perception individuelle de la scène.

4 Les termes *charme* et *impressions* sont ambigus. La volonté du comte de faire revivre sa femme a un témoin, le domestique Raymond, qui vit également le phénomène. Le narrateur est extérieur à l'histoire, mais une confusion s'établit dans le deuxième paragraphe : on ne sait s'il s'agit des propos du narrateur ou des pensées de Raymond (style indirect libre). Cette imprécision renforce l'ambiguïté, tout comme le choix de l'italique pour le mot *naturel*, pour qualifier ce qui est au contraire surnaturel.

5 La suite du récit doit proposer une explication rationnelle à la présence des cheveux sur la veste du narrateur ; mais elle doit laisser planer l'incertitude : le narrateur aura du mal à trancher et doutera toujours de ses perceptions.

Chapitre 6, page 19

1 Lucile : comédie – Gros-René : farce – Jules César : tragédie

2 *Le Jeu de l'amour et du hasard* : comédie • *Alexandre le Grand* : tragédie • *Ubu cocu* : farce • *Cléopâtre captive* : tragédie • *Le Dindon* : comédie • *La Farce du cuvier* : farce • *Le Malade imaginaire* : comédie • *On ne badine pas avec l'amour* : comédie • *César* : tragédie • *Le Mariage de Figaro* : comédie.

3 **Document 1.** Tragédie (forme d'expression noble, personnage historique : César).

Document 2. Comédie (thématique de l'amour et du mariage).

Document 3. Farce (déclaration inepte et action grotesque).

4 **a.** Il s'agit de l'exposition, qui a pour but de présenter, par la bouche de Sganarelle, le personnage principal : Dom Juan.

b. Sganarelle, son valet, est le mieux placé pour en parler, puisqu'il connaît son maître dans l'intimité.

c. On apprend que Dom Juan est un séducteur éhonté qui n'hésite pas à contracter le mariage pour parvenir à ses fins, et qu'il se rend sans doute coupable d'autres agissements répréhensibles *(ce n'est là qu'une ébauche du personnage)*. Ses conquêtes et sa moralité seront sans doute le sujet de l'intrigue.

5 **a.** Cette dernière scène de la pièce présente l'ultime étape du dénouement : Dom Juan meurt, frappé par la foudre divine et englouti par la terre. Il est ainsi puni pour ses méfaits, c'est une fin conforme à la morale.

b. Il s'agit d'un dénouement surnaturel et artificiel, annoncé par la statue qui parle.

c. Sganarelle prend la parole en dernier, pour énoncer la morale de la pièce *(tout le monde est content)* et se lamenter sur son sort ; son intervention fait écho au début de la pièce et contrebalance la mort tragique de Dom Juan par des propos comiques (le désespoir devant ses gages envolés).

Chapitre 7, page 21

1 **1.** Réponse **b** – **2.** Réponse **c**.

2 **a.** Il s'agit d'apartés (réflexions que les personnages s'adressent à eux-mêmes). Le parallèle établi entre les deux personnages crée un effet comique.

b. Les répliques de George Dandin révèlent au public sa surprise et une certaine inquiétude.

3 **a.** Il s'agit d'un monologue très fameux car Harpagon, après avoir interpellé des individus imaginaires, s'adresse à lui-même, jusqu'à se considérer comme un autre *(Arrête)*. Il s'adresse ensuite à son argent *(on m'a privé de toi)*.

b. Il viole ensuite l'illusion théâtrale en s'adressant très explicitement au public, dont il commente les réactions *(Ils me regardent tous et se mettent à rire)*.

c. Le but de cette scène comique est de faire rire le spectateur devant la paranoïa du personnage et la transgression de la frontière entre l'intrigue fictive et la réalité de la représentation. Elle ridiculise le type de l'avare.

4 **a.** Arlequin est le valet de Dorante.

b. La domination sociale du maître se manifeste par le tutoiement, le recours à l'injure, la menace de coups et l'impatience devant les discours tenus par son valet.

c. Non, car Arlequin emploie un registre soutenu et fait preuve de calme et d'ingéniosité face aux exclamations de Dorante : usage de phrases injonctives (impératif), utilisation de connecteurs logiques structurant son discours.

d. C'est Arlequin qui conduit le dialogue : même si Dorante affirme qu'il ne veut pas l'écouter, il n'interrompt pourtant pas l'échange.

e. Arlequin a un temps de parole plus important ; socialement inférieur, il s'assure cependant la maîtrise de l'échange, et obtient de son maître la permission de révéler son identité à sa maîtresse avant que Dorante n'apprenne la supercherie à son père.

Chapitre 8, page 23

1 Réponse **c**.

2 Les intrigues **a** et **c** appartiennent à des tragédies.

3 La mort d'Hippolyte, très violente, est racontée par Théramène : elle ne peut avoir lieu sur scène, cela irait à l'encontre de la règle des bienséances.

4 **a.** Rodrigue est partagé entre son amour (pour Chimène) et le souci de son honneur (venger son père) ; ce dilemme est traduit par la figure de l'antithèse qui souligne l'opposition entre ces deux impératifs.

b. Les vers comptent un nombre pair de syllabes (de 6 à 12) ; aux rimes embrassées succèdent des rimes plates puis des rimes croisées : la tirade présente donc une extrême variation de vers et de rimes, à l'image de l'agitation désordonnée qui s'empare du personnage.

c. Cette scène permet d'exposer clairement le dilemme de Rodrigue sur lequel repose la pièce : en détaillant les tourments qui assaillent le personnage, elle lui donne de l'épaisseur.

5 **a.** Thisbé s'adresse au début et à la fin de sa tirade à Pyrame, notamment par des phrases injonctives. Quand elle se parle à elle-même, les phrases exclamatives ou interrogatives l'emportent, pour témoigner de son désespoir devant la mort de son amant.

b. Cette tirade s'inscrit dans le registre pathétique : l'expression de la plainte *(ô…)* et de la désolation (antithèse entre la vie et la mort, lexique de la peine) doit émouvoir le lecteur.

c. On peut parler d'ironie tragique, puisque la mort supposée de Thisbé entraîne la mort de Pyrame, qui entraînera à son tour la mort réelle de Thisbé : même en ayant échappé au lion, la mort était inévitable.

d. Cet extrait rappelle la mort de Roméo et Juliette qui, suite à un malentendu, se suicident tour à tour.

Chapitre 9, page 25

1 Réponse **c**.

2 **a.** Comédie : critique de la vanité de la bourgeoisie.

b. Vaudeville.

c. Vaudeville, avec certainement une critique de la bureaucratie.

d. Comédie.

3 **a.** Arnolphe explique sa conception de l'épouse idéale.

b. Il emploie le passé simple pour expliquer comment il a fait élever une enfant selon ses principes jusqu'à ce qu'elle soit en âge de se marier. Pour Arnolphe, la femme idéale est soumise et ignorante.

c. Il a au minimum le double de l'âge de la jeune femme et s'apparente donc à la figure du vieillard amoureux et despotique. Le désir d'imposer sa volonté se traduit par des formules comme *ma mode, qui tienne tout de moi, ma politique.*

4 **a.** Orgon ne réagit pas aux informations données par Dorine et la relance sans cesse sur Tartuffe. La communication n'est pas réelle et les répétitions des interventions d'Orgon, en traduisant son obsession, prêtent à rire.

b. Tartuffe apparaît comme un individu attaché aux plaisirs terrestres, peu délicat vis-à-vis des malaises de son hôtesse : ce portrait n'est guère en accord avec la dévotion qui est censée le caractériser. Orgon apparaît aveuglé et totalement sous la dépendance de Tartuffe, vers qui va toute sa compassion, alors même que sa femme, fort légitimement, la réclame.

c. L'ironie de Dorine se traduit par le soin qu'elle met à recentrer le dialogue sur la maîtresse de maison (contre le désir évident d'Orgon), par son insistance à mentionner l'appétit et la bonne santé de Tartuffe, et par l'emploi par antiphrase de l'adverbe *dévotement.* Tout à son idée fixe, Orgon n'y est pas sensible, contrairement au public.

Chapitre 10, page 27

1 **Texte de Sénèque**

a. Le chœur prend brièvement la parole pour annoncer la mort de Jocaste, puis une longue tirade d'Œdipe clôt la pièce. Il s'adresse successivement à Apollon, à lui-même, aux Thébains, et aux fléaux qu'il a introduit dans la cité, mais jamais au chœur. Artisan de son malheur, c'est lui qui est chargé de récapituler ses crimes et de dire son impuissance.

b. L'avenir d'Œdipe, aveugle et condamné à l'exil, est fait de faiblesses et d'impuissances *(pas mal assuré, main incertaine, sombre nuit, sol glissant).* Le destin tragique du personnage est par ailleurs souligné par l'omniprésence de la mort *(meurtre, doublement parricide, tué, crime, mort, mourantes, mort…).* Le tragique enfin s'exprime encore par le faible espoir que le personnage énonce *(j'emporte avec moi tous les germes de mort),* et que le spectateur sait sans objet : la malédiction familiale frappera aussi ses descendants.

Texte de Cocteau

a. Le dialogue permet à un personnage de faire son apparition dans ce dénouement : le fantôme de Jocaste. La mort (et par elle le tragique) est donc incarnée, et elle a pour objectif de guider Œdipe *(c'est ta mère qui vient à ton aide…),* préfigurant de peu le rôle d'Antigone, leur fille. L'impuissance d'Œdipe est ainsi soulignée par ce retour à l'état de dépendance, mais l'horreur des crimes s'efface devant le soutien maternel.

b. Le tragique ici est adouci par la dernière réplique de l'extrait : Jocaste invite à reconsidérer le caractère funeste des actions inéluctables : *si tu savais comme elles ont peu d'importance.*

2 Voici une partie de la réponse que donne l'auteur dans la suite de sa postface.

> Ce que suggère peut-être l'*Iliade*, c'est qu'aucun pacifisme, aujourd'hui, ne doit oublier, ou nier cette beauté [de la guerre] : faire comme si elle n'avait jamais existé. Dire et enseigner que la guerre est un enfer, et s'arrêter là, est un mensonge dangereux. Aussi atroce que cela paraisse, il est nécessaire de se rappeler que la guerre est un enfer, oui : mais beau. […] Aussi la tâche d'un vrai pacifisme, aujourd'hui, devrait être non tant de diaboliser la guerre à l'extrême, que de comprendre que c'est uniquement quand nous serons capables d'une autre beauté que nous pourrons nous passer de celle que la guerre depuis toujours nous offre. Construire une autre beauté, c'est peut-être la seule voie vers une paix vraie.
>
> ▷ Alessandro Barrico, *Homère, Iliade*, 2004, © Albin Michel.

Chapitre 11, page 29

1 Réponse **a**.

2 **Extrait a.** 12 (alexandrin)/8 (octosyllabe)/12/12/10 (décasyllabe).

Extrait b. 4/4 (diérèse sur *vi/olons*)/3/4/4/3.

Extrait c. Un quatrain composé d'alexandrins. Versification classique.

3 **a.** Je fais souvent ce rêve étrange et pénétrant : effet mélodique.

b. Tout m'afflige et me nuit et conspire à me nuire : l'assonance en –i met en valeur les termes qui disent la souffrance.

c. Jadis, si je me souviens bien, ma vie était un festin, où s'ouvraient tous les cœurs, où tous les vins coulaient : effet mélodique, renforcé par le rythme ample et régulier (nombre de syllabes dans chaque segment de la phrase : 2, 6, 7, 6, 6).

d. Sous le pont Mirabeau coule la Seine / Et nos amours / Faut-il qu'il m'en souvienne : l'allitération en –l rappelle le son de l'eau.

4 **a.** Ce sonnet (deux quatrains suivis de deux tercets) en décasyllabes est construit sur la figure de l'antithèse : *vis/meurs ; brûle/noie ; chaud/froidure ; molle/dure ; ennuis/joie ; ris/larmoie ; plaisir/tourment ; s'en va/dure ; sèche/verdoie ; douleur/hors de peine ; mon désiré heur/mon premier malheur.*

b. Le bonheur, du côté de la vie, s'oppose au champ lexical de la peine, du côté de la mort. Le poème parle de l'Amour qui fait passer l'âme d'un extrême à l'autre.

c. Le début du sonnet développe l'antithèse, tandis que les deux tercets en expliquent la signification.

5 **a.** Le poème est composé de quatre quatrains de vers de six syllabes (hexasyllabes). Tous les vers riment à l'intérieur de chaque strophe, sauf le deuxième, isolé (schéma : *abaa*). L'alternance de rimes féminines et masculines est respectée.

b. La première strophe présente deux figures importantes : un néologisme (invention d'un mot ou d'une expression) avec l'emploi d'une tournure impersonnelle pour le verbe *pleurer*, et une comparaison dont les sonorités lui font écho, « comme il pleut sur la ville ».

c. L'allitération dominante est le son « p » qui imite et répercute le son de la pluie.

Chapitre 12, page 31

1 Réponse **c**.

2 **a.** Le poète a pour fonction de guider le peuple, qui doit l'écouter.

b. Seul le poète sait distinguer la lumière de l'espoir et les promesses futures dans la nuit (l'ignorance et l'injustice du monde).

c. Le poète s'adresse à tous et il a une fonction sacrée, car il est l'interlocuteur privilégié de Dieu : c'est un prophète.

3 **a.** Le poème évoque l'automne, saison associée à la mélancolie devant la mort des choses ou des êtres.

b. La nature reflète les sentiments de l'homme, tel un ami privilégié, comme le montre la personnification des deux derniers vers de la 3e strophe, avec les termes *ami, sourire, lèvres.*

4 **a.** Le poète s'adresse non à un individu en particulier, mais au genre humain, qu'il met en garde : il ne faut pas placer l'homme au centre de l'univers et imaginer que la nature et le monde qui l'entourent ne sont que des instruments à sa disposition.

b. Chaque parcelle de l'univers, végétale ou minérale, porte des traces de la divinité.

c. Le poète utilise le sonnet. Il multiplie les phrases exclamatives et les adresses directes, dans un souci d'expressivité, pour marquer et convaincre son destinataire.

5 **a.** Au premier plan, des cadavres jonchent le sol ; au second, une troupe de combattants est menée par une femme tenant le drapeau français ; on aperçoit derrière le gros de la foule, et enfin, au fond, des édifices émergeant de la fumée.

b. La lumière descend du haut du tableau pour inonder la femme et le drapeau au centre. La femme est ici une allégorie de la Liberté, qui guide le peuple.

c. Le tableau fait référence aux Trois Glorieuses, trois jours pendant lesquels le peuple se rendit maître de Paris et obtint l'abdication du roi Charles X en 1830. La question sociale, au cœur du tableau, l'inscrit dans le mouvement romantique, qui voulait réunir l'art et l'histoire.

Chapitre 13, page 33

1 Réponses **a** et **e**.

2 **a.** Le poète est comparé à un sculpteur *(statuaire)* dont la tâche se caractérise par l'effort *(lutte)* et la rigueur ; il doit travailler des matériaux nobles et ne rien entreprendre sans un besoin impérieux et une concentration intense *(repousse l'argile… quand flotte ailleurs l'esprit).*

b. Le destinataire, sous les traits du sculpteur, est le poète ; ce texte fonctionne donc comme un manifeste, puisqu'il explique la démarche de l'artiste.

3 **a.** Le contre-rejet *les tribuns* au premier vers introduit le champ lexical de l'armée *(centurions, carnage, soldats, archers, flèches, blessures…)* ; le combat se situe dans l'Antiquité.

b. Le premier quatrain mentionne l'ouïe *(voix)* et l'odorat *(humaient, parfums).*

c. La forme du sonnet se prête à une évocation puissante du sujet : les deux quatrains décrivent une scène de carnage et mettent en place une atmosphère ; les deux tercets recentrent la scène sur la vision grandiose et colorée de l'Imperator.

4 **a.** Les rimes sont riches puisqu'elles présentent au minimum trois sons communs. Les sonorités à la rime sont reprises à l'intérieur des vers (Telles, que les autres sauteurs / Se consumaient en luttes vaines.).

b. Dans cette strophe en octosyllabes, la technique des rimes devient une épreuve de l'art ; le poète est un funambule du langage, qui multiplie les acrobaties et les prouesses verbales.

5 Le paragraphe doit énoncer une idée (argument), présenter des explications et enfin illustrer l'argument par des exemples.

6 Ce texte, publié en préface, a une visée argumentative claire et fait véritablement fonction de manifeste : il explicite les principes que revendiquent un certain nombre d'écrivains proches de l'auteur.

La thèse défendue est la suivante : la beauté, c'est-à-dire l'art, a une très haute utilité qui ne doit rien aux besoins immédiats.

Le premier paragraphe précise que si la beauté n'est pas indispensable à la vie, elle est essentielle : on ne saurait s'en passer. Dans les deuxième et troisième paragraphes, l'auteur feint d'adopter le point de vue des « utilitaires », pour mieux insister sur l'absurdité de leur théorie. La dernière partie affirme que la beauté n'a de sens que par son inutilité, et s'oppose ainsi fortement à l'image des *latrines,* évidemment du côté du besoin et de la laideur.

Chapitre 14, page 35

1 Ordre : **b**, **c**, **a**.

2 Le vers 1 présente une métaphore qui travestit *l'âme* (comparé) en *paysage* (comparant). Ce qui est abstrait devient ainsi visible et digne d'intérêt *(choisi).* Cette métaphore est ensuite développée, puisque le reste du poème évoque une scène de bal nocturne et masqué qui se déroule dans ce paysage.

On note par ailleurs un certain nombre de procédés qui soulignent l'importance que revêt la musique dans ce poème :
– le champ lexical de la musique *(jouant du luth, chantant, mode mineur, chanson)* très présent,
– l'allitération en « m » de la première strophe qui évoque le fredonnement de la musique,
– le rythme extrêmement régulier des décasyllabes de la deuxième strophe (4 syllabes/6 syllabes),
– des répétitions de groupes entiers entre les vers 8 et 9, et 11 et 12, montrant un rythme qui s'amplifie.

3 Les deux quatrains et les deux tercets renvoient à la forme du sonnet, mais d'un sonnet dévoyé. Les vers en effet ne comptent que deux syllabes, se réduisant parfois à un mot. Les rimes communes aux deux quatrains renvoient à un schéma de rimes embrassées, mais dédoublées ; dans les tercets, les vers riment, mais par groupe de trois.

Le premier quatrain évoque le rapport à la femme ; le deuxième, empreint de notations picturales et musicales, semble faire référence à l'activité créatrice du poète, blâmé par les autres. Les deux tercets voient surgir le personnage d'un fou, qui s'efface avant de réapparaître au dernier vers, au travers du mot *coucou.* Les connotations enfantines et ludiques du terme contredisent le caractère grave du début *(âme, mortels),* mais proposent une impasse (le point final, auquel renvoie aussi le titre de la complainte), plutôt qu'une alternative heureuse. Il s'agit bien d'une « complainte », chanson populaire évoquant tristesses et malheurs.

4 **a.** Dans son « Art poétique », Verlaine prescrit plusieurs commandements. Le poète doit :

– chercher à écrire un vers musical,
– utiliser un vers comptant un nombre impair de syllabes,
– ne pas chercher la précision,
– ne pas travailler la forme à outrance.

b. La forme du poème répond à ces objectifs. Verlaine emploie ainsi :
– des vers de 9 syllabes, peu fréquents, aux rythmes variés (4/5 ou 3/6 ou 2/4/5),
– le lexique de la légèreté et de l'évanescence *(soluble dans l'air, sans rien qui pèse, la chose envolée, éparse au vent),*
– les métaphores des deux derniers quatrains, qui pour définir le vers le placent dans le domaine de l'impression (contre la précision de la poésie parnassienne).

Ainsi, dans ce poème, Verlaine énonce les préceptes subtils de la *chanson grise,* et les illustre en même temps.

5 À partir de 1867, Claude Monet décide de se consacrer entièrement à la peinture en plein air. De là, un intérêt pour la lumière : on note ainsi la multiplication des taches de lumière éparses. La fugacité tient à la dilution des formes : les contours en effet sont estompés, et les objets se mélangent. L'accumulation des touches colorées tend aussi à rendre ces impressions qui commandent notre regard. Les reflets de l'eau permettent alors d'amplifier ces différentes techniques.

Chapitre 15, page 37

1 Réponse **c**.

2 L'image du cercle est très présente dans le poème : par le lexique dans la première strophe *(courbe, tour, rond, auréole)* et par les assonances en « ou » répercutant la courbe dans les suivantes : *jour, mousse, sourire, courant, sources, couleurs, couvée, jour, tout, coule.*

Les trois quintils sont constitués de vers comptant un nombre pair de syllabes. Alexandrins, octosyllabes et décasyllabes alternent dans la première strophe. Ailleurs, on ne trouve que des décasyllabes. La régularité du rythme est renforcée par la symétrie entre le premier et le dernier vers : la figure du chiasme *(tes yeux/mon cœur – mon sang/leurs regards)* dit la circularité du poème.

Les figures principales sont les métaphores utilisées pour les yeux (les paupières, les cils, leur forme), comme *les roseaux, les ailes, les bateaux.* Ces images mobilisent les éléments de la nature (*feuilles* et *mousse* pour la terre, *rosée* et *mer*, *vent* et *ciel*, *lumière* pour le feu) ainsi que les sens *(vu, parfumés, bruits, douceur).* La femme devient alors une divinité *(auréole, lumière, astres)* qui préside à la naissance *(berceau, couvée, aurores)* du poète.

3 **a.** La phrase qui rythme le texte, *J'ai tant rêvé de toi*, revient quatre fois à l'initiale d'un paragraphe, c'est-à-dire toujours à une place importante. Elle nous aide à comprendre l'image de l'amour donné dans ce texte, un amour rêvé plus qu'un amour réel et incarné. Il s'agit d'exprimer l'amour, mais également la fuite et l'angoisse (*ombre, fantôme*) devant la réalité concrète de cet amour. Ce sont alors le rêve et l'imagination qui sont aimés et désirés par le poète.

b. En plus de la virtuosité verbale du poète, on retrouve donc quelques thèmes chers au surréalisme, tels que la femme aimée, et le rêve comme clé pour comprendre le monde.

c. Ce petit récit onirique et autonome, à la langue et à la structure riches en images, semble répondre à la définition du poème en prose. La phrase centrale du texte *Ô balances sentimentales* s'inscrit bien elle aussi dans une tradition poétique, par l'emploi de la particule vocative *ô*.

4 **a.** On peut considérer que les productions obtenues par le procédé du cadavre exquis se limitent à un jeu, ou au contraire y voir l'expression ultime de l'inconscient collectif. Les surréalistes eux-mêmes ont d'abord considéré ces pratiques uniquement comme un divertissement, avant d'y découvrir ce qu'il y avait d'enrichissant sous le rapport de la connaissance. Reste que les phrases construisent des associations inédites faisant appel, de manière ludique, à l'imagination, et correspondent ainsi à une certaine définition de la poésie.

5 Ce tableau nous montre au premier plan un homme en buste, de dos, contemplant un miroir. Sur une tablette, devant le miroir, un livre est posé : *Les Aventures d'Arthur Gordon Pym*, d'Edgar Poe. La représentation serait de type réaliste si le reflet n'était pas mensonger : au lieu de découvrir l'homme de face, c'est à nouveau son dos qui est répliqué.

L'intérêt pour l'énigme, le fantastique, la folie, le rejet des apparences, la tentation de l'inconscient, sont autant de thèmes chers au surréalisme que l'on retrouve dans ce tableau.

Le titre du tableau, *La Reproduction interdite*, peut signifier que croire à la réalité du reflet est une illusion, à prohiber. Cette mise en abyme (nous regardons un homme de dos, qui se regarde de dos, près d'un livre dans lequel un personnage s'évanouira devant le reflet de son visage dans un miroir) semble alors une invitation à rechercher en chacun, toujours plus profondément, la face cachée.

6 Voici comment André Breton continue :

> Il est assez difficile de se prononcer sur le cas de la phrase suivante ; elle participe sans doute de notre activité consciente et de l'autre, si l'on admet que le fait d'avoir écrit la première entraîne un minimum de perception. Peu doit vous importer, d'ailleurs ; c'est en cela que réside, pour la plus grande part, l'intérêt du jeu surréaliste.
>
> ▷ André Breton, *Manifeste du surréalisme*, 1924, © Pauvert, département de la Librairie Arthème Fayard 1962 et 1979.

Chapitre 16, page 39

1 **1.** Argument – **2.** Exemple – **3.** Thèse.

2 **Thème** : la peine de mort.

Thèse du texte 1 : il faut maintenir et appliquer la peine de mort.

Thèse du texte 2 : une démocratie ne doit pas souffrir le maintien de la peine de mort.

3 **a. Thème** : la fidélité amoureuse.
Thèse défendue : la fidélité est à bannir, car elle est injuste (la priorité l'emporte sur la qualité), elle fait renoncer au monde (*être mort dès sa jeunesse*), elle n'est que vanité ridicule et faux honneur.
Thèse réfutée : la fidélité est indispensable en amour.

b. Pour donner de la force à son argumentation, Dom Juan procède par généralisation : *on, nos cœurs,* phrases à valeur de maximes.

c. Son discours mime un dialogue (question / réponse), et chaque phrase est construite en trois temps (*Tu veux qu'on…, qu'on…, qu'on… / La belle chose de…, de…, et de… / la constance…, toutes…, et l'avantage…*).

4 **a.** Les personnages discutent autour du thème suivant : le véritable amour peut-il survenir plusieurs fois dans une vie ? La thèse défendue par les hommes est que l'amour peut toucher plusieurs fois le même être ; pour les femmes, en revanche, cela ne peut arriver qu'une fois. Le connecteur *bien que* matérialise cette opposition.

b. Le narrateur semble soutenir l'opinion masculine, puisqu'il appuie la validité de leur thèse (*cette manière de voir* n'est *pas contestable*).

c. Les exemples ne sont pas détaillés.

5 **a.** Dans ce passage, où le narrateur évoque son expérience de soldat lors de la première guerre mondiale, la thèse vise à dénoncer l'atrocité de la guerre.

b. L'essentiel du passage concerne les impressions individuelles du narrateur, mais quelques phrases au présent de vérité générale s'intercalent. Ces considérations, souvent marquées par l'emploi d'un « on » à valeur généralisante, veulent donner une résonance plus large aux propos du personnage : son expérience personnelle l'amène à découvrir des vérités qui dépassent son propre cas.

c. Certaines constructions de phrases et certains termes relèvent d'un niveau de langue familier (*dépucelé, la vache, crétin…*). Par l'usage de ces tournures, le narrateur apparaît donc comme un personnage populaire : c'est par sa bouche et avec ses tournures familières que la réalité de la guerre peut être dite, et non par les discours patriotiques ou pompeux sur l'héroïsme et le courage que l'on entend souvent, et qui ne sont que *des mots*.

Chapitre 17, page 41

1 Réponse **c**.

2 **a.** Thèse : il faut borner l'instruction des femmes aux emplois auxquels elles sont destinées. Objection anticipée soulignée par le connecteur d'opposition *mais* : une femme curieuse trouvera cette instruction très limitée.

b. Les arguments sont présentés dans le premier paragraphe grâce à une question, qui introduit une énumération qui se veut complète ; les liens logiques explicites *(donc, mais)* ou implicites (les deux-points, le point-virgule) montrent que le locuteur cherche à convaincre son lecteur par une argumentation rigoureuse.

3 **a.** L'énonciateur reproche à son destinataire sa cruauté. Il cherche à l'émouvoir, en faisant appel à sa pitié et à sa compassion.

b. Le point-virgule annonce une énumération (lien d'addition ou de renchérissement).

c. Le locuteur cherche donc à persuader plus qu'à convaincre, comme le montrent l'emploi de tournures interrogatives et exclamatives, le champ lexical de la souffrance *(malheureux, souffrances, inquiétude, douleurs)* et celui de l'amour *(sentiments, cœur, amour, sensible, plaisir)*.

4 **a.** L'émetteur cherche à convaincre son interlocuteur que la femme n'est pas l'égale de l'homme, en ce sens qu'elle n'a pas la même mission ni les mêmes qualités. Elle n'a accès ni à l'art ni à la politique. Sa fonction est de permettre à l'homme de créer, par le biais du désir qu'elle suscite en lui.

b. Le discours est structuré par des connecteurs (*Mais, C'est pourquoi,* etc.), et repose sur un parallèle entre l'homme et la femme, souligné par le recours à l'italique.

c. Le statut de la femme ne semble guère susceptible d'évoluer : si le discours peut sembler prudent *(<u>généralement</u> peu accessible, <u>semblent</u> impossibles)*, ces réserves sont aussitôt contredites par des affirmations sans nuance *(il y faut, toute œuvre)*.

5 Le passage a pour thème l'association de la féminité et de la passivité.

Le connecteur d'opposition *mais* souligne que cette passivité est imposée par l'environnement extérieur. Les exemples du garçon et de la fille sont séparés encore une fois par un connecteur d'opposition *(Au contraire)*. L'explication concernant l'éducation de la femme est marquée par l'emploi du *on* : ce pronom renvoie aux *éducateurs* et à la *société* précédemment cités. À la multitude indivisible du *on* s'oppose alors l'unicité de *la femme*. Cet exposé se veut objectif : nulle inscription de l'énonciateur dans le texte. En renonçant à l'emploi d'un « je » ou d'un « nous » qui réunirait les femmes, c'est évidemment à l'ensemble de la population que l'auteur s'adresse.

Chapitre 18, page 43

1 Réponse **c**.

2 Célimène dresse le portrait de Timante qui, selon elle, cherche à faire des mystères de la moindre banalité. Célimène ridiculise le personnage pour amuser son auditoire en forçant le trait *(tout mystère, toujours, tout ce qu'il débite, sans cesse, tout à l'oreille)*. En creux se dessine le portrait de Célimène, dont la verve comique révèle une certaine finesse d'esprit, en même temps qu'un penchant accusé pour la médisance.

3 La Bruyère dresse le portrait d'un type : le « pauvre », comme le montre le nom imaginaire choisi, ainsi que la dernière phrase. Syntaxiquement, les propositions s'enchaînent sans mot de liaison, uniquement par des signes de ponctuation. L'énumération, sans nuance, est proche de la caricature. Ce portrait a une visée satirique et dénonce les travers d'une société qui oblige le pauvre à adopter ce comportement.

4 **a.** L'orateur blâme ici le mauvais riche (type), c'est-à-dire le noble qui laisse mourir les pauvres à sa porte et qui n'est guidé que par l'avidité. Ce sermon fut prononcé devant le roi et sa cour, donc devant les personnes susceptibles de produire les mauvais comportements dénoncés. Bossuet veut obtenir de la noblesse qu'elle cesse d'être guidée par le désir d'abondance, afin qu'elle donne un peu à ceux qui en ont besoin.

b. Avant de désigner les miséreux, le mot *pauvres* est employé pour qualifier les passions qui guident l'âme du mauvais riche *(pauvres impudents et insatiables)* : la misère spirituelle est ainsi soulignée.

c. On ne peut parler de satire pour ce texte : en effet, la vocation morale du sermon ne s'appuie pas sur la dénonciation des ridicules et ne cherche pas à provoquer le rire.

Chapitre 19, page 45

1 Réponse **a**.

2 Ce portrait en situation dénonce l'hypocrisie, à travers le personnage du faux dévot. Ses actions, sobrement décrites, ne sont dictées que par son environnement, et n'existeront que s'il y a quelqu'un pour les remarquer. Elles ne révèlent donc aucun engagement profond. Ce défaut n'est pas traité à la légère, car l'exemple donné prend appui sur le comportement religieux, qui présuppose un engagement sincère et une foi authentique.

Cette critique s'accompagne d'un traitement burlesque, et relève en cela de la satire. Le personnage décrit est porté aux excès qui le ridiculisent *(pousse des élans et des soupirs, fait plus de bruit qu'eux)*, et semble dupe de son propre comportement : la dernière phrase de l'extrait nous montre ainsi un hypocrite qui ne s'intéresse qu'à sa propre personne et arrive à se leurrer lui-même sur ses motivations. Cette virulente caricature rappelle évidemment le *Tartuffe* de Molière.

3 **a.** De ce texte, se dégage l'image de la femme infidèle. Le destinataire de ce portrait, désigné par la deuxième personne, est un homme sur le point de se marier. En lui présentant les dangers auxquels il s'expose, le texte relève du genre délibératif : il s'agit de dissuader cet homme de prendre une épouse.

b. Le début du texte est construit sur le principe des interrogations rhétoriques : la réponse à ces questions est évidente et n'a donc pas besoin d'être donnée. La métaphore de la *chute* (dans le libertinage et la vie licencieuse) est présente par l'image du *précipice*, puis par celle de l'eau : le *fleuve* (inspiré de la carte du Tendre, chère aux Précieuses) où la femme prendra plaisir à *naviguer* ne lui permettra plus de revenir aux terres vertueuses de l'honneur, *île escarpée et sans bords*.

c. La progression narrative est très claire. Aux interrogations, succèdent deux connecteurs temporels, *d'abord* et *puis* qui montrent l'enchaînement implacable des faits : la suite de l'extrait présente *avant deux ans* la déchéance totale de l'épouse.

4 Ne pouvant atteindre les raisins qu'il convoite, le renard fait mine de les dédaigner. La fable se termine sur une pointe, et non sur une morale clairement exprimée. L'idée est néanmoins perceptible : il faut se résigner devant l'impossible et ne pas se lamenter.

Le premier vers souligne la personnification du renard en s'interrogeant sur son identité. La suite de la fable, en montrant le désir de paraître à son avantage du personnage, le rapproche du Gascon, selon les proverbes de l'époque.

Chapitre 20, page 47

1 Réponse c.

2 **a.** Si tout homme naît avec les mêmes penchants, ces penchants font que, de fait, dans la société, l'inégalité est réelle, voire nécessaire. Elle naît des besoins de l'homme et conduit au partage des tâches.

b. Voltaire privilégie ici une **argumentation directe**. Le recours à la généralité *(tout homme, les hommes, le genre humain)* et les nombreux connecteurs logiques *(par conséquent, car certainement, et, donc)* révèlent clairement la volonté de **convaincre**.

c. La dernière phrase de l'extrait est un **paradoxe** (idée contraire à la logique ou à la norme) : l'égalité est à la fois un droit naturel (*chaque homme, dans le fond de son cœur, a droit de se croire entièrement égal aux autres hommes*, écrit-il dans la suite de l'article), et une utopie, un désir impossible à réaliser, car tout homme *doit faire son devoir*, qu'il soit cuisinier ou cardinal, ou bien *toute société humaine est pervertie*.

3 **Document 1.** L'ouvrage de Rousseau s'adresse implicitement aux lecteurs masculins, et s'attache dans cet extrait à expliquer la manière dont une femme doit être instruite et les qualités que l'on doit s'attacher à cultiver en elle. La thèse du passage est la suivante : la femme doit être douce et obéissante envers son mari. Le *Ciel* est invoqué (argument d'autorité) pour expliquer que le comportement des femmes doit être en accord avec leur nature.

Document 2. Le texte d'Olympe de Gouges s'adresse explicitement aux femmes qui n'ont pas profité au même titre que les hommes de l'avènement de la raison et de la disparition des privilèges. La thèse est une exhortation à l'action : les femmes doivent travailler à convaincre les hommes qu'elles sont leurs égales. La référence à *l'Être suprême* sert alors à réunir les hommes et les femmes.

Les deux textes sont diamétralement opposés quant à leur conception des femmes et de leur rôle. Le second, sans apporter de réponses point par point au premier, refuse la notion d'infériorité naturelle des femmes, et s'appuie sur la raison et la philosophie, plus que sur le Ciel, pour convaincre les hommes, et notamment les philosophes.

4 Ce texte montre les écarts entre les textes sacrés (*le livre*, la Bible), la doctrine et la pratique des sacrements. Encore une fois, le baptême (ou l'entrée en religion) n'est pas traité sous l'angle d'un engagement de la foi, mais sous celui d'un simple usage civil, et donc critiquable.

La **critique** des Européens est sensible par la mention de la dispute (débat) : le Huron, pourtant plein de bon sens et de droiture, est capable de reconnaître son erreur, contrairement à la plupart des hommes. Aucun argument valable ni raisonnable ne lui a pourtant été soumis *(n'était plus à la mode)* : c'est toute la base du baptême, rationnelle ou symbolique, qui est discréditée.

La bonne Kerkabon, qui s'est révélée être la tante de l'Ingénu, s'intéresse toujours de trop près à son vigoureux neveu. La raison de cet intérêt évoquée par le narrateur (et qu'on pourrait prêter à la Kerkabon), la pure *bonté d'âme*, n'est pas mentionnée pour être crue, mais pour **faire sourire le lecteur**.

Chapitre 21, page 49

1 Réponse **a**.

2 La situation d'énonciation n'est pas précisée. L'énonciateur n'apparaît pas clairement dans son discours ; le récepteur non plus. Le message a été écrit dans le but de renseigner, de donner des informations : c'est un texte explicatif.

3 **Document 1.** Texte descriptif : imparfait, adjectifs qualificatifs *(brouillées, mouillés, plombé, déprimante, vénéneuse, douteux…)*, expansions du nom *(poussée par le vent qu'on entendait hululer, de la fenêtre sans rideaux)*, comparaison *(comme l'emblème d'une lamentable reddition)*.

La subjectivité est marquée par le vocabulaire évaluatif et l'emploi du *je*.

Document 2. Discours argumentatif : défense d'une thèse (le roman policier est un genre qui a ses propres caractéristiques), présence du connecteur *mais*. La subjectivité est marquée par le vocabulaire évaluatif *(exemplaires, usées…)*.

4 **a.** Premier paragraphe : énoncé qui ne fait pas référence à la situation d'énonciation (aucune marque de l'émetteur ou du récepteur). Deuxième paragraphe : énoncé qui fait référence à la situation d'énonciation *(Vous voyez […] que je suis)*.

Diderot ne se contente pas d'interrompre la narration pour prendre le lecteur à témoin ; il souligne la toute-puissance de l'auteur *(il ne tiendrait qu'à moi)* et l'usage rocambolesque et artificiel qu'en font certains *(qu'il est facile de faire des contes)*.

b. L'histoire doit être prise comme telle, et non comme reflet de la réalité ; l'interruption de la narration introduit une distance ironique envers la crédulité du lecteur. Le premier paragraphe raconte une suite d'actions (dominante narrative avec notations descriptives : *C'était l'après-dînée : il faisait un temps lourd*) ; le deuxième explique les ficelles de l'écrivain (dominante explicative). Le refus de croire à l'illusion romanesque serait donc la thèse implicite.

Chapitre 22, page 51

1 Réponse **b**.

2 **a.** Point de vue externe : le narrateur observe la scène, telle une caméra posée dans un coin.

b. Point de vue interne : la scène est perçue à travers les yeux du personnage.

c. Point de vue omniscient : le narrateur connaît le passé du personnage, ses pensées ; il en sait plus que le personnage (propos sur le chat).

3 **Document 1.** Le narrateur s'intéresse aux pensées d'Anna ; l'arrivée même de l'homme est décrite par ses yeux. Il s'agit d'une narration au point de vue interne : les pensées rapportées et le style indirect libre permettent de pénétrer l'intériorité du personnage.

Document 2. Le narrateur n'indique les pensées d'aucun personnage. Le texte repose sur l'utilisation d'un point de vue externe : tel un observateur extérieur, le narrateur ignore beaucoup de choses et fait des hypothèses *(Rien n'a dû être tenté, probablement)*.

4 Cette scène est racontée à travers l'expérience qu'en fait Fabrice, le personnage principal. Le narrateur utilise un point de vue interne, dans le but de rendre le lecteur sensible à la lecture partielle qu'a Fabrice de l'événement : il ne s'agit pas de décrire l'ensemble de la bataille mais de donner une image de la perception confuse qu'en a le personnage. La complicité entre le narrateur et le lecteur se manifeste par les marques de première personne employées : *Nous avouerons*, et surtout *notre héros*, dont l'emploi ironique est souligné par le narrateur *(fort humain)*.

5 **a.** Le texte adopte le point de vue de Sarah (point de vue interne) : toute la scène est racontée selon ses sentiments à elle.

b. Exemple de point de vue interne de l'homme. *Elle se précipita sur lui. Quelle audace ! voilà maintenant qu'elle se cramponnait à sa veste. Il n'avait pas l'habitude d'être ainsi harponné par des femmes en mal d'aventure…*

c. Exemple de point de vue externe. *La jeune fille tourne l'angle de la rue et regarde un individu qui s'approche. Il ne semble pas la reconnaître. Elle, en revanche, s'accroche à ses vêtements et ne veut visiblement pas qu'il s'en aille. Après un temps d'hésitation, elle se met à lui parler…*

Chapitre 23, page 53

1 Réponse **d**.

2 **a.** Texte narratif avec des passages descriptifs.

b. La fable a une visée argumentative : la morale, implicite, peut se lire dans les paroles finales de l'âne épargné.

3 Le connecteur *avant que* au début de l'extrait introduit le récit d'actions que le héros a été dans l'impossibilité de faire. Le second connecteur *alors* explicite la situation dans laquelle il se trouve : solitude, obscurité et silence l'environnent et l'empêchent d'agir. Le connecteur *quand* met en évidence une ellipse narrative : on ne dit rien de ce qui s'est passé entre l'incarcération du soir et le lever du soleil, car rien n'a changé, confirmant l'impuissance du héros.

4 **a.** La description est organisée par de nombreux connecteurs : *au-dessus de sa tête* introduit la description du ciel, *devant lui* celle de la mer, *derrière lui* celle de la forteresse dont le prisonnier vient de s'échapper.

b. Tous les espaces qui environnent le personnage sont mentionnés, et dans les mêmes termes : le ciel est noir, la mer est sombre, la prison encore plus noire et plus sombre. L'impression créée est celle d'un environnement effrayant et dangereux, comme le confirment les termes *tempétueux, mugissante, bouillonner, tempête, fantôme menaçant, proie,* ainsi que la personnification de la prison, *ce géant de granit*. Cette absence d'ouverture, d'échappatoire, est confirmée par la faible lueur du falot, *sur la roche la plus haute,* qui éclaire les deux ombres des gardiens de la prison. Cette dernière indication spatiale, bien loin d'introduire l'espoir d'un sauvetage pour le personnage, le maintient de force au sein de cet univers particulièrement hostile.

5 **a.** Le jeune homme est désigné par les mots suivants : *jeune paysan, il, petit paysan, pauvre créature.*

b. Les mots utilisés pour désigner le jeune homme apportent des informations nouvelles sur la perception progressive qu'a de lui Mme de Rênal.

Chapitre 24, page 55

1 **1.** Réponse **b** – **2.** Réponse **b**.

2 **1.** Un homme *aux vêtements démodés* nous intriguait. **2.** C'est à ce moment que l'arbitre siffla la fin du match, *qui avait été décidément bien riche en surprises.* **3.** Non, répondit-il, *apeuré par la menace sous-entendue*, il n'en est pas question. **4.** Marine attendait là, *bien tranquillement.*

3 **1.** Je ne suis pas certaine de vouloir que l'on *se revoie.* **2.** Les policiers souhaitaient que quelqu'un *se confiât.* **3.** Je ne pense pas qu'elle *réussira/réussisse.* **4.** Le plaignant avait espéré que les magistrats *seraient convaincus* par ses arguments. **5.** La morale voulait que l'homme *reconnût* ses torts. **6.** Il affirme que nous *partirons.*

Dans la phrase 3, on a le choix du mode (car il s'agit d'un verbe déclaratif ou d'opinion employé à la forme négative) : l'indicatif indique une plus grande certitude que le subjonctif.

D'une manière générale, on trouve le subjonctif dans les conjonctives en *que* après les verbes exprimant un ordre, une volonté, un doute, un sentiment, un souhait, un regret.

4 La deuxième version du premier vers de « Sensation » répond à une intention claire : briser l'expression lexicalisée (passée dans le langage courant) des *beaux soirs d'été*. Il s'agit d'enfreindre l'usage courant en plaçant l'épithète brève après le nom, de sorte que les deux expansions se suivent. Cela crée alors des effets de rythme (*soirs, bleus,* et la deuxième syllabe d'*été* sont accentués) que ne permettait pas la première version.

5 **a.** Cette phrase comporte treize propositions, indépendantes, principales, conjonctives et relatives. Quand elles sont de même nature, elles sont reliées par juxtaposition (virgule ou point-virgule).

b. Les parallélismes de construction sont nombreux et créent un rythme binaire : *toi seule nous.../toi seule nous. . ; si l'homme... tu sais.../si l'homme... tu sais... ; qu'il est... en tant que.../(qu'il est)... en tant que.* Ce rythme binaire n'est pas ornemental : il repose sur la conception du monde du prédicateur, qui oppose *ces deux vérités*, l'existence mortelle et l'éternité spirituelle de l'homme.

Si les groupes de mots construits de la même manière comptent à peu près le même nombre de syllabes (donnant régularité et majesté au discours), les deux derniers prennent plus d'ampleur (8 et 11 syllabes) que ceux qui les précèdent (5 et 4), montrant ainsi à quel pôle il faut accorder le plus d'attention.

Chapitre 25, page 57

1 Réponse **c**.

2 Verbes au subjonctif présent : *rende, voie, fasse, puissiez.*

3 Lorsqu'elle est **entrée**, elle a **fermé** la porte à clef. Ainsi **protégée** par le solide battant de chêne, elle s'est **dirigée** vers le miroir, s'est **souri** à elle-même, avant de commencer sa toilette. Elle s'est **lavé** les cheveux. Mais cette belle activité a **pris** fin très vite : elle s'est **perdue** dans ses pensées, et petit à petit, s'est **blottie** dans le coin encombré de linge. Peu après, se reprenant, elle s'est **avancée** vers la baignoire, qu'elle a **vidée** en pensant à autre chose. C'est alors qu'elle s'est **évanouie**, sans faire un bruit.

4 *J'ai vu* : passé composé, valeur d'accompli.

Il était, la prison était, on entendait, les forçats étaient, Bicêtre semblait, j'écoutais : imparfait, valeur descriptive et arrière-plan du récit.

Un geôlier passa, je me hasardai : passé simple, actions de premier plan.

C'était : imparfait, concordance des temps au discours indirect avec un verbe introducteur au passé.

Me répondit-il : passé simple, action unique et de premier plan.

On veut, c'est, on ferre : présent de l'énonciation.

Qui doivent partir : périphrase verbale au présent à valeur de futur proche.

Voulez-vous : présent de l'énonciation.

Cela vous amusera : futur, postériorité par rapport au moment de l'énonciation.

C'était : imparfait, arrière-plan du récit.

Qu'il fût : subjonctif imparfait, jugement de l'énonciateur.

J'acceptai : passé simple, action unique et de premier plan.

Remarque : il n'est pas rare qu'un verbe recouvre plusieurs valeurs à la fois du temps auquel il est employé.

Chapitre 26, page 59

1 Réponse **b**.

2 L'auteur joue sur le champ sémantique de nombreux termes. Chaque mot est à comprendre d'abord dans son sens culinaire, puis dans un autre sens, sur lequel se base l'enchaînement des propositions.

On doit procéder avec l'*andouillon* (un petit boyau rempli des tripes de l'animal) comme avec un être vivant (personne niaise), dont on devrait, malgré ses cris, enlever la peau *(écorcherez).*

Suit un jeu sémantique sur le verbe *larder*, qui signifie à la fois introduire de petits morceaux de lards dans une viande et entrecouper, ici de pinces de homards, lesquelles sont *revenues* (au sens culinaire, mises dans du beurre assez chaud) *à toute bride* (au sens propre, revenues à toute vitesse au lieu où elles étaient). *Pousser le feu* (au sens culinaire, augmenter la température) est ce qui permettra de gagner un peu de place (sens premier de « déplacer »).

La suite de la recette dépasse les jeux sur le champ sémantique puisque l'andouillon, tel un instrument de musique s'exprime *(émet un son grave)*, et que la mention invraisemblable de la *spatule de platine* (métal précieux) s'explique par proximité phonique. Enfin, le passage se clôt par un jeu sur le champ sémantique du verbe *graisser*, confirmant l'absurde puisque le moule ne prend aucune part à la recette.

3 Le champ lexical de la maladie *(ulcères, corps, sang, consultation, chevet, malade, maladie)* est utilisé pour parler des souffrances du peuple. Il sert à dénoncer l'indifférence des dirigeants devant les malheurs de la population.

4 **a.** Les mots en gras appartiennent au champ lexical de la lumière, utilisé pour dire le pouvoir du livre.

b. Il s'agit ici d'une métaphore filée (métaphore qui se poursuit sur plusieurs phrases) qui assimile le texte à la lumière, tandis que le narrateur, tel un « moustique », est attiré par elle.

5 Le champ lexical de l'argent est particulièrement développé : *avarice, pauvreté, fortune, intérêt, matérielle, avide, prix.* Il est utilisé pour commenter la pingrerie particulière de l'imprimeur. L'originalité de ce champ lexical réside dans l'utilisation que le narrateur en fait pour qualifier des choses abstraites : l'intelligence est ainsi matérielle et avide.

6 **a.** Le poème développe le champ lexical de la vieillesse : *très vieux, vieilles gens, vin vieux, vieilles vieilleries, flétries* et *grand-mère.*

b. La répétition du radical *vieux* sous différentes formes inverse la valeur habituelle du terme. Traditionnellement connoté de manière négative (décrépi, délabré, usé), le vieux est ici valorisé.

7 La première saison évoquée est l'automne, associé à la mélancolie et la fin, par l'utilisation des champs lexicaux du dépérissement *(atone, monotone, jaunissant)* et des regrets *(souvenir, rêvant).* L'autre saison est le printemps, évoqué de manière implicite à la fin du poème. La connotation de cette saison est ici l'idée de naissance et de bonheur (champ lexical développé par *premières, premier,* et *fleurs, parfumées, charmant*). On découvre ici une correspondance entre le cycle des saisons et le cycle de l'amour. La magie des commencements et la nostalgie du passé sont deux thèmes déjà présents dans le titre du poème, qui signifie en anglais « jamais plus ».

Chapitre 27, page 61

1 **a.** Métonymie (l'écrivain pour le livre). **b.** Métonymie (la route pour la voiture). **c.** Métaphore filée de la chevelure en océan. **d.** Périphrase pour le soleil. **e.** Comparaison. **f.** Personnification (le verbe « dormir » appliqué aux étoiles).

2 **a.** Antithèse qui oppose le devoir *(père, honneur, noble et dure contrainte, gloire)* à l'amour *(maîtresse, amour, aimable tyrannie, plaisirs).*

b. Oxymore qui relie l'adjectif *obscure* au nom *clarté*, et qui développe le champ lexical de la lumière (continué par *étoiles*).

c. Oxymore qui relie le participe présent *assourdissant* au nom *silence* ; les deux termes appartiennent au champ lexical du bruit.

d. Antithèse entre la vie et la mort, développée par une autre antithèse entre le feu *(brûle)* et l'eau *(noie).*

3 Anaphore : *Ces doux êtres/Ces filles* ;

ou *Ils s'en vont/Ils vont.*

Personnification : La fièvre *maigrit* les enfants.

Parallélisme : *Jamais on ne s'arrête/jamais on ne joue.*

Périphrase : *Ces doux êtres pensifs* pour désigner les enfants.

Métaphore filée : l'usine qui devient *prison* et *bagne* ; la machine qui devient un *monstre*, qui *mâche.*

Antithèse : *Innocents/dans un bagne* ; et *anges/dans un enfer.*

Toutes les figures contribuent à dénoncer l'insupportable exploitation dont sont victimes les enfants.

4 On retrouve plusieurs figures de construction :
– un parallélisme au troisième vers,
– une répétition avec une légère variation dans les première et troisième strophes,
– deux chiasmes dans l'avant-dernière strophe.

Qu'il était **bleu**, **le ciel**, et **grand**, **l'espoir** !

L'espoir a fui, **vaincu**, vers **le ciel noir**.

Un premier chiasme : *bleu, le ciel*, repris par *le ciel noir.* Un deuxième chiasme encadré par le premier : *grand, l'espoir*, repris par *l'espoir, vaincu.*

Les deux chiasmes présentent une évolution : du positif (*bleu, grand*) au négatif (*vaincu, noir*). Toutes ces figures soulignent la disparition d'un passé heureux au profit d'un présent funeste et lugubre.

Chapitre 28, page 63

1 Réponse **c.**

2 **Document 1.** Registre lyrique pour ce poème : l'énonciateur évoque ses états d'âme, ses sentiments.

Document 2. Registre tragique pour cet extrait de théâtre : le destin des hommes est soumis à la fatalité (ici la volonté des dieux).

Document 3. Registre didactique pour cet écrit argumentatif : le locuteur veut expliquer quelque chose.

3 **a.** La scène se situe peu avant minuit *(onze heures, Les bougies).* Le narrateur est retenu par la crainte de ne pas être cru *(l'on me prendrait pour un fou).*

b. Aucune tentative d'explication n'est donnée à ces événements. Le passage relève donc du registre fantastique.

4 Pour émouvoir le lecteur, il faut insister sur le chagrin du narrateur et ne pas hésiter à employer des tournures exclamatives pour témoigner de la force des sentiments. L'idée présente dans la dernière phrase est alors absolument impossible à garder.

Chapitre 29, page 65

1 *Le spectacle était épouvantable et charmant* : 2e partie – *C'était un étrange gamin fée* : 1re partie – *On le visait sans cesse, on le manquait toujours* : 1re partie.

2 Maupassant, écrivain du XIXe siècle, est connu pour ses romans et ses nouvelles. *Le Horla* est une nouvelle qui relève du registre fantastique.

3 **Situer l'extrait.** En publiant en 1887 *Le Horla*, Maupassant donne la pleine mesure de son talent dans l'écriture fantastique.

Reformuler la question. La lecture d'une page de ce récit permet d'explorer les enjeux de la nouvelle, et de comprendre comment la forme d'écriture choisie favorise l'exploitation du registre fantastique.

Annoncer le plan. Après avoir étudié la figure du narrateur, nous nous intéresserons à la progression dramatique du récit, pour examiner dans un dernier temps sa tonalité fantastique.

4 Exemple de relevé pour la première partie :
– un « je » à la fois sujet (énonciateur) et objet (ne parle que de lui) du discours : marques multiples de la première personne ;
– un « je » qui cherche à voir (lexique de la vue : *voyait, vis, image, voyais, regardais…*) ;
– un « je » impuissant : *je faillis tomber, je n'osais, je n'osais, il m'échapperait.*

5 **I.** Un autoportrait honnête.

II. Une entreprise humble.

III. Le poids des institutions.

6 L'introduction reprendra la présentation des *Misérables* et précisera qu'il s'agit du portrait de la Thénardier, femme terrible qui, avec son mari, a recueilli Cosette et la malmène.

Proposition de plan :

I. Un personnage terrible : elle est forte, puissante (elle fait tout) et de carrure impressionnante (énumération) : elle fait peur, c'est presque un homme *(barbe)*. C'est la figure d'un ogre.

II. Un personnage ridicule : elle est disproportionnée face à Cosette (un *éléphant*) et caricaturée. L'alliance de *donzelle* et *poissarde* contribue à rendre ridicule ce personnage de *foire*.

III. La fonction du portrait : c'est une rupture dans la narration. La généralisation du *on* a pour but d'unir narrateur et lecteurs. Il s'agit de réveiller en eux l'indignation devant le mal (l'ogre est l'opposant dans le conte), et peut-être d'indiquer que, comme souvent dans les contes, le bien sera victorieux.

Chapitre 30, page 67

1 Réponse **c**.

2 Ce poème est consacré à l'évocation d'un souvenir : il relève du registre lyrique (ou plus spécifiquement élégiaque : la plainte et le regret de quelque chose) ; le nom de l'auteur nous indique que ce poème, dont le thème majeur est la mélancolie, est à replacer dans le mouvement romantique.

3 **Problématique** : montrer comment le bonheur présent est concurrencé par le souvenir.

(Situation du texte) En publiant *Madame Bovary* en 1857, Flaubert fait scandale : on lui reproche d'avoir donné trop de réalité à des scènes montrant l'émoi et les désirs de son héroïne. Mais l'écriture de Flaubert ne se résume pas à des ambitions réalistes, comme le montre cet extrait où Emma assiste à un bal qui l'émerveille (elle aura l'honneur d'être la cavalière préférée d'un séduisant vicomte). **(Problématique)** L'âme romanesque d'Emma devrait se satisfaire pleinement de ce qu'elle est en train de vivre ; et pourtant le souvenir de son existence ordinaire ressurgit. **(Annonce du plan)** Après avoir étudié la manière dont s'exprime le plaisir ressenti par Emma, nous nous intéresserons à l'irruption d'une autre réalité : celle du souvenir.

4 **Introduction.** Dès 1870, Rimbaud a montré son esprit novateur dans l'exercice de la poésie : s'il maîtrise parfaitement tous les codes de la poésie classique, il sait aussi les détourner. C'est cette dernière entreprise qui semble à l'œuvre dans ce sonnet intitulé *Vénus Anadyomène*, lequel, sous couvert de reprendre une image antique et traditionnelle (Vénus sortant des flots), en propose une vision dégradée. Ce poème peut alors être lu comme une parodie, dans la mesure où il imite un modèle pour le tourner en dérision. C'est ce que nous montrerons en étudiant la description de la femme, puis les effets que Rimbaud tire de la forme même du sonnet.

I. La description de la femme

A. La lourdeur des formes (tout ce qui évoque un aspect gras, large ou inélégant)

B. Les essais de dissimulation (la femme cherche à maquiller certaines dégradations : *pommadés, déficits, ravaudés*)

C. Un corps repoussant (l'odeur, l'oxymore *belle hideusement*, la singularité d'un tel corps qui en fait presque un phénomène, un monstre)

II. L'exploitation des contraintes formelles

A. Le choix du sonnet (forme distinguée et représentative de la poésie française)

B. La composition (les quatrains consacrés à l'émergence de la baignoire/les tercets qui évoquent les détails *qu'il faut voir à la loupe*)

C. Les rejets et les contre-rejets (effets d'attente, de grossissement, de chute)

Conclusion. Le cadre traditionnel du sonnet est utilisé pour caricaturer le corps féminin ; on est très loin de la représentation classique de Vénus sortant des flots ou de la femme à sa toilette. La force de cet écrit réside autant dans la thématique choisie que dans la forme utilisée pour la traiter. Rimbaud continuera à détourner le sonnet pour traiter de thèmes scabreux, comme le montre un certain poème fort célèbre consacré au dernier terme de notre texte.

Chapitre 31, page 69

1 Réponse **a**.

2 **a.** Une affirmation à prouver.

b. Deux points de vue à confronter.

c. Une citation à discuter.

3 **a.** Les aspects comiques ont-ils pour unique but de provoquer le rire, ou poursuivent-ils un objectif plus sérieux, comme celui de réformer la société ?

b. Pourquoi peut-on dire qu'une mise en scène révèle toujours une interprétation particulière d'une pièce ?

c. Le théâtre est-il, ou non, le reflet de la réalité ?

4 **Ouverture** : « Dans le monde […] littéraire. »

Reprise de la citation : « Le dramaturge […] théâtre. »

Reformulation de la problématique : « Quelles […] littéraires ? »

Annonce du plan : « Nous […] au texte ? »

5 L'introduction prendra soin d'amener le sujet par des considérations générales, de reprendre la citation, de formuler la problématique (citation à discuter : le terme de langage suffit-il ou non à résumer le théâtre ?) et enfin d'annoncer le plan.

La conclusion reprendra rapidement les grandes étapes de l'argumentation, avant de terminer par la réponse que vous donnez à la problématique initiale (ex. : si on ne réduit pas le mot « langage » au sens de texte, on peut dire qu'au théâtre tout est langage : on parle ainsi de langage gestuel et visuel).

6 Le sujet demande de discuter une affirmation ; la problématique pourrait être : le tragique peut-il s'exprimer ailleurs que dans la tragédie ?

I. La tragédie comme lieu d'expression privilégié du registre tragique
A. La détermination des rôles
B. L'intrigue resserrée sur l'enfermement des personnages
C. Les effets provoqués chez le spectateur

II. Le registre tragique dans d'autres formes théâtrales et dans d'autres genres que le théâtre
A. Le tragique dans les comédies ou autres pièces de théâtre
B. Le tragique dans le récit
C. Le tragique au service d'une argumentation

7 **Sujet 1. Problématique :** on étudiera le plaisir que le spectateur ressent à l'exposé de la tristesse majestueuse, qui constitue un des ressorts de la tragédie classique.

Plan analytique

I. La notion de tristesse majestueuse comme emblématique de la tragédie classique

II. L'association de la tristesse et du plaisir

III. Le plaisir comme enjeu essentiel de la tragédie

Sujet 2. Problématique : on peut se demander si les règles de l'écriture théâtrale et les conditions de représentation n'ont d'utilité que dans la mesure où elles amènent une réflexion sur l'homme et le pouvoir.

Plan dialectique

I. Tout, au théâtre, est une réflexion sur les rapports de l'homme et du pouvoir

II. Le théâtre ne se réduit pas à cette dimension

III. Certains genres théâtraux sont plus aptes que d'autres à l'étude des relations entre l'homme et le pouvoir

Sujet 3. La citation est extraite d'un passage consacré à Molière, tiré du livre intitulé *Morales du grand siècle*.

Problématique : un auteur comique, parce qu'il veut obtenir l'approbation de son public, ne fait-il qu'une critique raisonnable et conventionnelle de la société ?

Plan analytique

I. Le théâtre comique comme mise en scène des « pensées de tout le monde »

II. Le théâtre comique au service d'idées novatrices et parfois dérangeantes

III. Le spectacle qu'est le théâtre peut exercer une action morale

Chapitre 32, page 71

1 Réponse **c**.

2 **a.** Le texte sera écrit en prose et prendra la forme d'une lettre : date, lieu et signature de l'émetteur doivent apparaître, ainsi que des formules d'adresse et d'adieu ; le récepteur sera présent par des marques de deuxième personne du pluriel. Plus que didactique, le registre est polémique : il s'agit d'entrer vivement dans le débat. La stratégie à adopter est celle de la persuasion.

b. Il s'agit d'un récit à visée argumentative. Le texte sera écrit en vers ou en prose. Il comprendra de préférence une première partie narrative (le récit proprement dit), suivie d'une seconde plus didactique (la moralité), formulée de manière à retenir l'attention du lecteur.

3 Le texte doit prendre la forme d'un article : cette forme assez libre doit néanmoins présenter un titre et des intertitres.

L'article rappellera les faits et présentera une opinion personnelle. Il s'agit de discréditer le poème : l'écriture s'apparentera à un pamphlet et s'inscrira dans le registre polémique. Les termes employés seront violents, la langue précise et concrète, de manière à capter l'attention et à emporter l'adhésion.

4 L'article respectera les contraintes d'écriture du genre (inscription de l'émetteur et du récepteur, composition) ; la démarche argumentative cherchera à défendre l'existence d'une littérature engagée. Le registre didactique sera utilisé pour démontrer la validité de cette thèse. Il faudra s'appuyer sur le poème mentionné dans le sujet pour y puiser des idées ou des formules caractéristiques du poète.

5 La formulation du sujet indique que le locuteur doit s'impliquer dans son discours et que l'écriture doit s'inscrire dans le registre pathétique. L'argumentation prendra appui sur le fait exposé par Voltaire, avant d'en tirer des considérations plus générales sur l'abrogation de la peine de mort. À titre d'exemple, voici comment Voltaire continue l'analyse du cas de la jeune fille exécutée, et remet en question sa culpabilité :

> Mais parce qu'un enfant est mort, faut-il absolument faire mourir la mère ? Elle ne l'avait pas tué ; elle se flattait que quelque passant prendrait pitié de cette créature innocente ; elle pouvait même être dans le dessein d'aller retrouver son enfant, et de lui faire donner les secours nécessaires. Ce sentiment est si naturel qu'on doit le présumer dans le cœur d'une mère. La loi est positive contre la fille dans la province dont je parle ; mais cette loi n'est-elle pas injuste, inhumaine, pernicieuse ? Injuste parce qu'elle n'a pas distingué entre celle qui tue son enfant et celle qui l'abandonne ; inhumaine, en ce qu'elle fait périr cruellement une infortunée à qui on ne peut reprocher que sa faiblesse et son empressement à cacher son malheur ; pernicieuse en ce qu'elle ravit à la société une citoyenne qui devait donner des sujets à l'État, dans une province où l'on se plaint de la dépopulation.
>
> ▷ VOLTAIRE, *Commentaire sur l'ouvrage* Des délits et des peines, 1766.

Chapitre 33, page 73

1 une affiche de film : explicative – une caricature politique : argumentative – un tableau impressionniste : expressive.

2 **La déformation des traits et des proportions.** Le tout petit corps sous la grosse tête souligne la particularité du personnage : c'est un intellectuel. Le front est démesuré par rapport au reste de la personne. La caricature dénonce en Victor Hugo la forte tête aux ambitions démesurées.

Le cadrage. L'absence du décor souligne la position centrale du personnage, juché sur ses livres. L'écriture a permis à Hugo de se hisser à une place prestigieuse au sein de la vie française.

L'angle de vue. Le regard du spectateur vers le personnage se fait du bas vers le haut : c'est une légère contre-plongée, qui souligne la position autoritaire de l'écrivain, qui veut par ses écrits et ses discours changer et réformer la société française.

Le type d'argumentation. Hugo a représenté en son temps une sommité littéraire ainsi qu'un engagement politique fort (lors de la Seconde République par exemple) au service d'idées importantes : la défense des faibles et des miséreux, l'abolition de la peine de mort. L'hommage (la reconnaissance de la grandeur du personnage) et la satire (le caractère démesuré de ses ambitions) peuvent se lire dans cette caricature, qui invite à désacraliser les grands auteurs, à les faire tomber de leur piédestal.

3 **a.** Le poème de Rimbaud et le tableau de Millais offrent une représentation du personnage d'Ophélie dans le calme de la mort. Rimbaud insiste sur le contraste entre la pâleur du personnage et l'obscurité du fleuve. Le motif de la chanson, présent chez Shakespeare, réapparaît. Millais choisit également de représenter Ophélie flottant sur l'eau.

b. Les couleurs assez sombres mettent en valeur le visage pâle du personnage et les fleurs blanches utilisées pour tresser des couronnes. La bouche et les yeux sont ouverts, les paumes offertes : la mort a figé le personnage dans une pose qui n'évoque pas la sérénité de la mort, mais la surprise, l'angoisse, l'interrogation ou la douleur.

c. Le tableau a une fonction expressive et esthétique. Il ne se contente pas d'illustrer un texte, il le réinterprète avec les moyens qui lui sont propres : le mouvement semble indiquer que le courant entraîne le personnage vers l'obscurité la plus profonde.

MATHÉMATIQUES

Chapitre 1, page 77

1 **a.** Vrai ; **b.** Faux ; **c.** Vrai ; **d.** Faux.

2

Encadrement	Représentation sur l'axe des réels	Notation intervalle
$3 \leqslant x \leqslant 7$	3 7	$x \in [3\,;7]$
$x \leqslant -2$	−2	$x \in [-2\,;+\infty[$
$x < 3$	3	$x \in]-\infty\,;3[$
$x > 5$	5	$x \in]5\,;+\infty[$
$x < 0$	0	$x \in]-\infty\,;0[$
$-1 < x < 1$	−1 1	$x \in]-1\,;1[$

3 **a.** $0 \notin A$; **b.** $0 \in B$; **c.** $-2 \in A$; **d.** $2 \in C$; **e.** $2 \notin D$; **f.** $\sqrt{2} \notin A$; **g.** $\sqrt{2} \in B$; **h.** $\sqrt{2} \in C$.

4 **a.** $X \cap Y = \varnothing$; **b.** $X \cup Y = \{-4\,;-2\,;-1\,;3\}$; **c.** $X \cap Z = \varnothing$; **d.** $Y \cap Z = \{3\}$.

5 $Q \cap R = [-2\,;-1]$; $Q \cup R = [-4\,;3]$; $Q \cap S = \varnothing$; $R \cap S = \{3\}$.

6 $E \cup G = \{4\,;5\,;6\,;7\,;8\}$; $E \cap G = \{6\}$; $D \cup F =]-\infty\,;+\infty[= \mathbb{R}$; $D \cap F = [4\,;5[$; $F \cap G = \{6\,;7\,;8\}$; $D \cap G = \varnothing$.

7 **a.** $[2;3] \subset [0;4]$; **b.** $[2;3] \not\subset]2;4]$; **c.** $\{2;4;6\} \not\subset \{4;6;8\}$; **d.** $\{2\} \not\subset \{1;3\}$ **e.** $\{2\,;3\} \subset [0\,;4]$; **f.** $\{2\,;3\} \subset [2\,;4]$; **g.** $\{2\,;3\} \not\subset [2{,}5\,;4]$; **h.** $\{2\,;3\} \subset]1\,;4]$.

8 **a.** $H = \{4\,;5\,;6\,;7\,;8\,;9\}$; **b.** $I = [4\,;10[$; **c.** $J =]-\infty\,;6] \cup [12\,;+\infty[$.

9 $K \cap M = \{2\,;4\,;6\,;8\,;10\}$; $L \cap M = \{1\,;3\,;5\,;7\,;9\}$; $N \cap K = \{0\,;2\,;4\,;6\}$; $N \cap L = \{1\,;3\,;5\}$; $N \cap M = \{1\,;2\,;3\,;4\,;5\,;6\}$; $N \cap P = [1\,;2] \cup [4\,;6]$.

10 $B \cup C = A$; $B \cap C = \varnothing$; $E \cup F = D$; $E \cap D = E$; $F \cap D = F$; $E \cap F = \varnothing$; $D \cap C = F$; $D \cap B = E$.

Chapitre 2, page 79

1 **Réponse c.** Puisque les bactéries se divisent en deux toutes les minutes, leur nombre double chaque minute. Il y avait donc 100 000 bactéries à 11 h 59.

2 **a.** Non.

b. On ne peut pas répondre.

c. On ne peut pas répondre.

3 **1. a.** Réciproque : Si $x^2 = 25$, alors $x = 5$.

b. La réciproque est fausse. On peut avoir $x^2 = 25$ avec $x = -5$.

c. Contraposée : Si $x^2 \neq 25$, alors $x \neq 5$.

2. a. Réciproque : Si $a = -12$, alors $a + 5 = -7$.

b. La réciproque est vraie.

c. Contraposée : Si $a \neq -12$, alors $a + 5 \neq -7$.

3. a. Réciproque : Si (AB) // (CD), alors ABCD est un parallélogramme.

b. La réciproque est fausse.

Exemple :

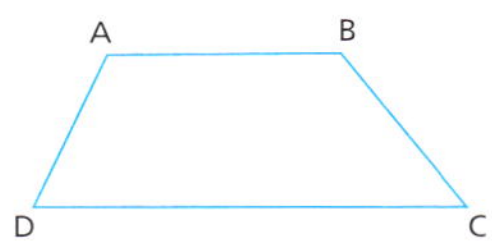

On a bien (AB) // (CD), mais ABCD n'est pas un parallélogramme.

c. Contraposée : Si (AB) et (CD) sont sécantes, alors ABCD n'est pas un parallélogramme.

4. a. Réciproque : Si (AB) et (CD) sont sécantes, alors [AB] et [CD] sont sécants.

b. La réciproque est fausse.

Exemple :

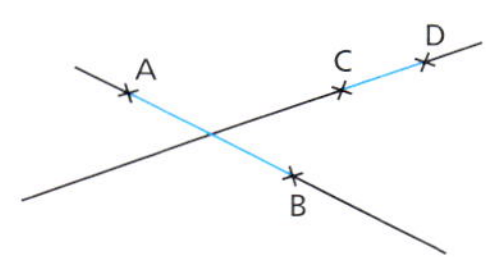

(AB) et (CD) sont sécantes, mais pas [AB] et [CD].

c. Contraposée : Si (AB) // (CD), alors [AB] // [CD].

4 **1. a.** Exemple : 48 est un multiple de 24, et il est aussi multiple de 6 et de 4.

$48 = 24 \times 2 = 6 \times 4 \times 2$, donc $48 = 12 \times 4$ et $48 = 8 \times 6$.

b. Contre-exemple de la réciproque : 12 est un multiple de 6 et de 4, mais il n'est pas un multiple de 24.

2. a. Exemple :

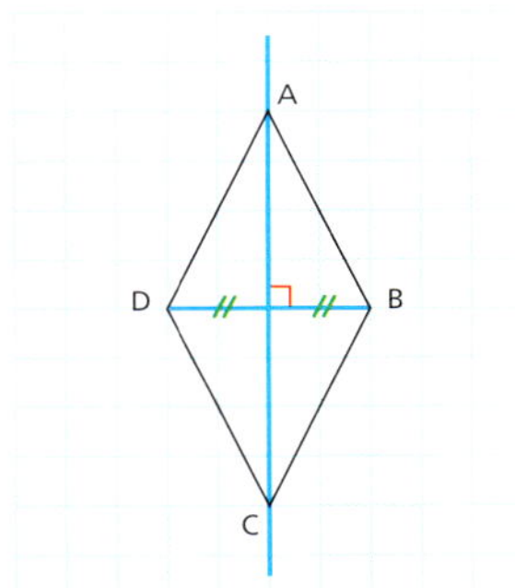

CORRIGÉS

b. Contre-exemple de la réciproque :

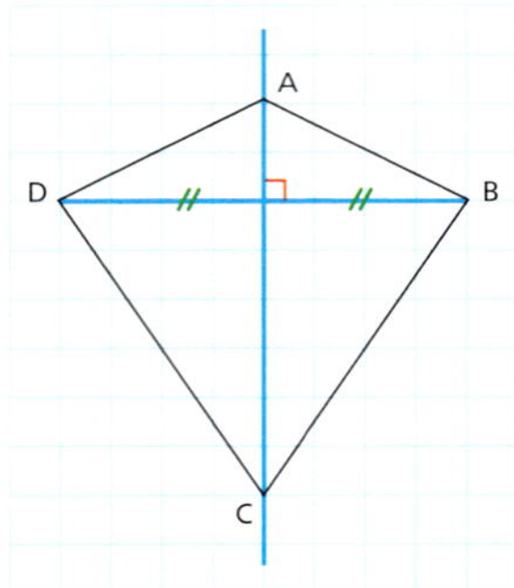

3. a. Exemple : 10 et 15 sont des multiples de 5.

$10 + 15 = 25$ est aussi un multiple de 5.

En effet, $10 = 5 \times 2$ et $15 = 5 \times 3$.

$10 + 15 = (5 \times 2) + (5 \times 3) = 5 \times (2 + 3)$.

b. Contre-exemple de la réciproque : 18 est un multiple de 9.

Or $18 = 17 + 1$, mais ni 17 ni 1 ne sont des multiples de 9.

5 **a.** $A + 5 = -2 \Leftrightarrow A = -7$.

b. $a = 0$ et $b = 0 \Rightarrow ab = 0$ (on peut avoir $ab = 0$ avec $a = 0$ et $b = 3$, par exemple).

c. $a = 0$ ou $b = 0 \Leftrightarrow ab = 0$.

d. a et b sont positifs. $\Rightarrow ab$ est positif (on peut avoir ab positif avec a et b tous deux négatifs).

6 **a.** Proposition fausse : il existe (au moins) un nombre pour lequel elle est fausse, par exemple 3.

b. Proposition vraie.

c. Proposition vraie. Par exemple, si $x = -5$ et $y = -4$.

d. Proposition fausse : si le parallélogramme a uniquement deux côtés opposés égaux, ce n'est pas un losange. Il faut qu'il ait deux côtés consécutifs égaux.

e. Proposition vraie. Par exemple, si $x = 15$, alors $x^2 < 350$.

7 **a.** $a = 2$ **et** $b = 3 \Rightarrow a^2 + b^2 = 13$.

b. $(a - 2)(a + 4) = 0 \Rightarrow a = 2$ **ou** $a = -4$.

c. $ab < 0 \Rightarrow (a < 0$ **et** $b > 0)$ **ou** $(a > 0$ **et** $b < 0)$.

d. $a > 0$ **et** $b > 0 \Rightarrow ab > 0$.

e. $a \in E \cup F \Rightarrow a \in E$ **ou** $a \in F$.

f. $a \in E \cap F \Rightarrow a \in E$ **et** $a \in F$.

8 **a.** $x < 2$ ou $x \geqslant 3$.

b. $x \geqslant 1$ et $x < 2$.

c. $x < -1$ ou $x > 1$.

9 La contraposée de cette proposition est : « Si x est pair, alors x^2 est pair. »

Démontrons cette affirmation.

Si x est pair, il est divisible par 2. Donc il peut s'écrire $x = 2n$.

Et son carré s'écrit alors : $x^2 = (2n)^2 = 4n^2 = 2\,(2n^2)$.

Ce nombre est divisible par 2, il est donc pair.

La contraposée est vraie, donc la proposition est vraie.

Chapitre 3, page 81

1 L'algorithme demande d'abord d'effectuer une multiplication par -5, puis d'additionner 1.

a. Faux.
Si on entre la valeur 0, alors $-5 \times 0 = 0$ et $0 + 1 = 1$.

b. Vrai.
Si on entre la valeur 0,2, alors on obtient successivement -1, puis 0.

c. Vrai.
Si on entre la valeur -1, alors on obtient successivement 5, puis 6.

d. Faux.
Si on entre la valeur 1, alors on obtient successivement -5, puis -4.

e. Faux.
Cet algorithme correspond au calcul de $-5x + 1$.

2

Variables :
a, b
Début algorithme
Lire a
b prend la valeur $a - \frac{30}{100} \times a$
Afficher b
Fin algorithme

3 **a.**

Variables :
s, i
Début algorithme
s prend la valeur 2
Pour i allant de 2 à 20
  s prend la valeur $s + 2^i$
Fin Pour
Afficher s
Fin algorithme

b.

Variables :
s, i, x, n
Début algorithme
Lire x
Lire n
s prend la valeur x
Pour i allant de 2 à n
  s prend la valeur $s + x^i$
Fin Pour
Afficher s
Fin algorithme

4

```
Variables :
a, b
Début algorithme
Si a ⩽ 50 alors
    b prend la valeur a × 0,15
    Afficher b
Sinon
    b prend la valeur
    50 × 0,15 + (a − 50) × 0,1
    Afficher b
Fin Si
Fin algorithme
```

5 Dans l'algorithme suivant p_i représente le prix initial, p le pourcentage de baisse et p_f le prix final.

```
Variables :
p_i, p, p_f
Lire p_i
Lire p
p_f prend la valeur p_i − (p/100) × p_i
Afficher p_f.
Fin algorithme
```

6

```
Variable :
n
Début algorithme
n prend la valeur 0
Tant que n^4 < 6 250
    n prend la valeur n + 1
Fin Tant que
Afficher n
Fin algorithme
```

Chapitre 4, page 83

1 **a.** Somme. **b.** Produit. **c.** Somme.

2 **a.** Degré 0. **b.** Degré 1.
c. Degré 2. **d.** Degré 4.

3 **a.** $(3x+1)(4x+2) = 12x^2 + 6x + 4x + 2$
b. $(3x-1)(4x+2) = 12x^2 + 6x - 4x - 2$
c. $(3x+1)(-4x+2) = -12x^2 + 6x - 4x + 2$
d. $(3x+1)(-4x-2) = -12x^2 - 6x - 4x - 2$
e. $(-3x-1)(-4x+2) = 12x^2 - 6x + 4x - 2$
f. $(3x-1)(-4x-2) = -12x^2 - 6x + 4x + 2$

4 $A = 9x^2 - 6x + 1$
Pour B, on utilise la formule (5) : $B = 25 - 4x^2$
$C = 9 + 24x + 16x^2$
$D = -6 + 12x$
$E = 4x^2 + x$
$F = 6x^2 - 10x$

5 $A = -15x^2 + 7x + 4$
$B = -16x^2 - 24x - 8$
$C = -2x^2 + 5x + 3$
$D = x^2 - 8x + 16 - (9x^2 + 12x + 4)$
$D = -8x^2 - 20x + 12$
$E = 2x^2\sqrt{2} + 2x - x(\sqrt{2})^2 - \sqrt{2} = 2x^2\sqrt{2} - \sqrt{2}$
$F = 2 + 3 + 2\sqrt{2\times 3} = 5 + 2\sqrt{6}$

6 $$\frac{(a+b)^2-(a-b)^2}{ab} = \frac{a^2+2ab+b^2-(a^2-2ab+b^2)}{ab} = \frac{2ab+2ab}{ab} = \frac{4ab}{ab} = 4$$

7 Pour n entier strictement positif, le plus grand côté de ce triangle est celui de longueur C.
En effet, $2n(n+1)+1 > 2n(n+1) > 2n+1$
$C^2 = (2n(n+1)+1)^2 = (2n^2+2n+1)^2$
$C^2 = (2n^2+2n+1)(2n^2+2n+1)$
$C^2 = 4n^4 + 4n^3 + 2n^2 + 4n^3 + 4n^2 + 2n + 2n^2 + 2n + 1$
$C^2 = 4n^4 + 8n^3 + 8n^2 + 4n + 1$
La somme des carrés des deux autres côtés est :
$A^2 + B^2 = (2n+1)^2 + (2n(n+1))^2$
$A^2 + B^2 = 4n^2 + 4n + 1 + 4n^4 + 8n^3 + 4n^2$
$A^2 + B^2 = 4n^4 + 8n^3 + 8n^2 + 4n + 1$
On a $C^2 = A^2 + B^2$
Le carré du plus grand côté est donc égal à la somme des carrés des deux autres côtés. D'après la réciproque du théorème de Pythagore, le triangle est rectangle.

8 $A = x(6x-7)$
$B = (2x-7)(2x+7)$
$C = x^2(3x^2 - 2x + 1)$
D ne se factorise pas : il s'agit d'une somme de deux carrés.
$E = (2x+5+6)(2x+5-6) = (2x+11)(2x-1)$
$F = (x+2)(3x-1+5-x) = (x+2)(2x+4)$

9 **a.** $49 - (2x+5)^2 = (7-(2x+5))(7+(2x+5))$
$= (2-2x)(12+2x)$
b. $(5x-2)(4x+5) - 3(5x-2) - (5x-2)^2$
$= (5x-2)((4x+5) - 3 - (5x-2))$
$= (5x-2)(4-x)$
c. $(x-3)^2 - (2x+4)^2$
$= ((x-3)-(2x+4))((x-3)+(2x+4))$
$= (-x-7)(3x+1)$
d. $(3-4x)(x+2) + (4x-3)(3x+1)$
$= (3-4x)(x+2) - (3-4x)(3x+1)$
$= (3-4x)[(x+2)-(3x+1)]$
$= (3-4x)(1-2x)$

e. $(6-4x)(2x-3)+(3-2x)(5+x)$
$=2(3-2x)(2x-3)+(3-2x)(5+x)$
$=(3-2x)[2(2x-3)+(5+x)]$
$=(3-2x)[4x-6+5+x]=(3-2x)(5x-1)$

f. $x^2-1+(2x+5)(x-1)-3x+3+x-1$
$=(x-1)(x+1)+(2x+5)(x-1)-3(x-1)+(x-1)$
$=(x-1)[(x+1)+(2x+5)-3+1]$
$=(x-1)(3x+4)$

10 **a.** Pour factoriser A et B, on utilise la formule (5) :
$A=(a+b+c+a-b-c)(a+b+c-a+b+c)$
$A=(2a)(2b+2c)$
Pour B, on obtient :
$B=(a+b-c-a+b-c)(a+b-c+a-b+c)$
$B=(2a)(2b-2c)$
b. $C=A+B=2a\,(2b+2c)+2a\,(2b-2c)$
$C=2a\,(2b+2c+2b-2c)$
$C=2a\,(4b)=8ab$

11 **a.** Pour démontrer l'égalité, on part ici de la seconde expression que l'on développe pour arriver à la première : $(x-3)^2-4=x^2-6x+9-4=x^2-6x+5$
b. Maintenant, on peut factoriser puisque A se présente sous la forme a^2-b^2 :
$A=(x-3)^2-4=(x-3-2)(x-3+2)$
$=(x-5)(x-1)$
c. $(3x+4)^2-25=9x^2+24x+16-25$
$=9x^2+24x-9$
d. $(3x+4)^2-25=(3x+4)^2-5^2$
$=(3x+4-5)(3x+4+5)$
$=(3x-1)(3x+9)$

Chapitre 5, page 85

1 **a.** Non ; **b.** Oui ; **c.** Non ; **d.** Non.

2 **a.** $3x+1=5 \Leftrightarrow 3x=5-1=4 \Leftrightarrow x=\frac{4}{3}$
$S=\left\{\frac{4}{3}\right\}$.

b. $2-5x=6 \Leftrightarrow -5x=4 \Leftrightarrow x=-\frac{4}{5}$
$S=\left\{-\frac{4}{5}\right\}$.

c. $7x+1=2x+5 \Leftrightarrow 7x-2x=5-1$
$\Leftrightarrow 5x=4 \Leftrightarrow x=\frac{4}{5}$
$S=\left\{\frac{4}{5}\right\}$.

d. $12+9x=5x+1 \Leftrightarrow 9x-5x=1-12$
$\Leftrightarrow 4x=-11 \Leftrightarrow x=-\frac{11}{4}$
$S=\left\{-\frac{11}{4}\right\}$.

3 **a.** On développe le membre de gauche :
$2(-3x+2)=-4x+5 \Leftrightarrow -6x+4=-4x+5$
$\Leftrightarrow -2x=5-4$
$\Leftrightarrow x=-\frac{1}{2}\times 1=-\frac{1}{2}$
$S=\left\{-\frac{1}{2}\right\}$.

b. $x-\frac{2}{5}x=-3-5 \Leftrightarrow \frac{5}{5}x-\frac{2}{5}x=-8$
$\Leftrightarrow \frac{3}{5}x=-8$
$\Leftrightarrow x=\frac{-8}{\frac{3}{5}}=-8\times\frac{5}{3}$
$\Leftrightarrow x=-\frac{40}{3}$
$S=\left\{-\frac{40}{3}\right\}$.

c. Pour isoler x, on va le mettre en facteur :
$3x+\sqrt{2}=x\sqrt{2}+3 \Leftrightarrow 3x-x\sqrt{2}=3-\sqrt{2}$
$\Leftrightarrow x(3-\sqrt{2})=3-\sqrt{2}$
$\Leftrightarrow x=\frac{3-\sqrt{2}}{3-\sqrt{2}}=1$
$S=\{1\}$.

d. Les dénominateurs sont égaux. On les « élimine » en multipliant chaque membre de l'égalité par 2 :
$\frac{3x+5}{2}=\frac{\frac{1}{3}x+1}{2} \Leftrightarrow 3x+5=\frac{1}{3}x+1$
$\Leftrightarrow 3x-\frac{1}{3}x=1-5$
$\Leftrightarrow \frac{9}{3}x-\frac{1}{3}x=-4 \Leftrightarrow \frac{8}{3}x=-4$
$\Leftrightarrow x=-4\times\frac{3}{8}=-\frac{3}{2}$
$S=\left\{-\frac{3}{2}\right\}$.

4 **a.** Aire de AMH $=\frac{\text{AH}\times\text{HM}}{2}=\frac{6x}{2}=3x$
Aire de BMK $=\frac{\text{BK}\times\text{KM}}{2}=\frac{8(10-x)}{2}$
$=4(10-x)=40-4x$
On est donc amené à résoudre l'équation :
$3x=40-4x \Leftrightarrow 7x=40 \Leftrightarrow x=\frac{40}{7}$

b. $\text{AM}^2=\text{AH}^2+\text{HM}^2=x^2+36$
$\text{BM}^2=\text{BK}^2+\text{KM}^2=(10-x)^2+64$
$\text{AM}=\text{BM} \Leftrightarrow \text{AM}^2=\text{BM}^2$
$\Leftrightarrow x^2+36=100-20x+x^2+64$
$\Leftrightarrow 20x=128 \Leftrightarrow x=\frac{32}{5}=6{,}4$

Si $x=6{,}4$ cm, alors AM = BM.

5 **a.**

x	$-\infty$		$\frac{3}{2}$		$+\infty$
Signe de $2x-3$		$-$	0	$+$	

b.

x	$-\infty$		3		$+\infty$
Signe de $6-2x$		$+$	0	$-$	

c.

x	$-\infty$		$-\frac{4}{5}$		$+\infty$
Signe de $4+5x$		$-$	0	$+$	

d.

x	$-\infty$		0		$+\infty$
Signe de $-x$		$+$	0	$-$	

e.

x	$-\infty$		12		$+\infty$
Signe de $4-\frac{x}{3}$		$+$	0	$-$	

f.

x	$-\infty$		0		$+\infty$
Signe de x		$-$	0	$+$	

6 **a.** $-3x+1>7 \Leftrightarrow -3x>6$

$\Leftrightarrow x<\frac{6}{-3}$

$\Leftrightarrow x<-2$

$S=\left]-\infty\,;-2\right[$

b. $x-1\leqslant 4x+2 \Leftrightarrow -3x\leqslant 3$

$\Leftrightarrow x\geqslant -1$

$S=\left[-1\,;+\infty\right[$.

c. $-2(4x-5)<4x+6 \Leftrightarrow -8x+10<4x+6$

$\Leftrightarrow -8x-4x<6-10$

$\Leftrightarrow -12x<-4$

$\Leftrightarrow x>\frac{-4}{-12}$

D'où : $x>\frac{1}{3}$.

$S=\left]\frac{1}{3}\,;+\infty\right[$.

d. $\frac{2}{3}x+5\geqslant -4x+\frac{5}{2} \Leftrightarrow \frac{2}{3}x+4x\geqslant -5+\frac{5}{2}$

$\Leftrightarrow \frac{2}{3}x+\frac{12}{3}x\geqslant \frac{-10}{2}+\frac{5}{2}$

$\Leftrightarrow \frac{14}{3}x\geqslant \frac{-5}{2}$

$\Leftrightarrow x\geqslant \frac{-5}{2}\times\frac{3}{14} \Leftrightarrow x\geqslant -\frac{15}{28}$

$S=\left[-\frac{15}{28}\,;+\infty\right[$.

7 Soit $AE=x$. La longueur AB correspond donc à $3x$.

La longueur bleue est égale à $12x$ et la longueur rouge à $6x+12$.

Pour que les deux enfants parcourent la même longueur, on doit donc avoir :

$6x+12=12x$

$\Leftrightarrow 6x=12$

$\Leftrightarrow x=2$

AB doit donc mesurer 6 m pour que les distances parcourues soient les mêmes.

Chapitre 6, page 87

1 Réponses **b**, **d** et **e**. Les équations $(x+1)(x+2)=0$, $x(2x-1)=0$ et $(x+1)^2=0$ sont des équations produits nuls. Les solutions sont respectivement $\{-1\,;-2\}$; $\left\{0\,;\frac{1}{2}\right\}$; $\{-1\}$.

2 **a.** $(4x-2)(2x+3)=0 \Leftrightarrow 4x-2=0$ ou $2x+3=0$

$\Leftrightarrow x=\frac{2}{4}$ ou $x=-\frac{3}{2}$

$S=\left\{\frac{1}{2}\,;-\frac{3}{2}\right\}$.

b. $x(-2x-3)=0 \Leftrightarrow x=0$ ou $-2x-3=0$

$\Leftrightarrow x=0$ ou $x=-\frac{3}{2}$

$S=\left\{0\,;-\frac{3}{2}\right\}$.

c. $x^2+5x=0 \Leftrightarrow x(x+5)=0$

$\Leftrightarrow x=0$ ou $x+5=0$

$\Leftrightarrow x=0$ ou $x=-5$

$S=\{0\,;-5\}$.

d. $x^2=25 \Leftrightarrow x^2-25=0 \Leftrightarrow x^2-5^2=0$

$\Leftrightarrow (x-5)(x+5)=0$

$\Leftrightarrow x-5=0$ ou $x+5=0$

$\Leftrightarrow x=5$ ou $x=-5$

$S=\{-5\,;5\}$.

e. Cette équation n'admet aucune solution. D'après les relations du chapitre 4, x^2+2 ne se factorise pas. D'autre part, l'équation $x^2+2=0$ est équivalente à $x^2=-2$. Or, un carré est toujours positif. Donc $S=\varnothing$

f. $(x+2)^2 = 0 \Leftrightarrow (x+2)(x+2) = 0 \Leftrightarrow x = -2$

$S = \{-2\}$.

g. $x^2 = 0 \Rightarrow x \times x = 0 \Leftrightarrow x = 0$

$S = \{0\}$.

3 **a.** $(2x+1)^2 = (4x+3)^2$

$\Leftrightarrow (2x+1)^2 - (4x+3)^2 = 0$

$\Leftrightarrow [(2x+1)+(4x+3)][(2x+1)-(4x+3)] = 0$

$\Leftrightarrow (2x+1+4x+3)(2x+1-4x-3) = 0$

$\Leftrightarrow (6x+4)(-2x-2) = 0$

$\Leftrightarrow 6x+4 = 0$ ou $-2x-2 = 0$

$\Leftrightarrow x = -\dfrac{2}{3}$ ou $x = -1$

$S = \left\{-\dfrac{2}{3} ; -1\right\}$.

b. $x^2 + 6x = -9 \Leftrightarrow x^2 + 6x + 9 = 0$

On reconnaît le développement de $(a+b)^2$ avec $a = x$ et $b = 3$. On est donc amené à résoudre l'équation $(x+3)^2 = 0$.

$(x+3)^2 = 0 \Leftrightarrow (x+3)(x+3) = 0$

$\Leftrightarrow x+3 = 0 \Leftrightarrow x = -3$

$S = \{-3\}$.

c. $16x^2 = 81 \Leftrightarrow 16x^2 - 81 = 0 \Leftrightarrow (4x)^2 - 9^2 = 0$

$\Leftrightarrow (4x+9)(4x-9) = 0$

$\Leftrightarrow 4x+9 = 0$ ou $4x-9 = 0$

$\Leftrightarrow x = -\dfrac{9}{4}$ ou $x = \dfrac{9}{4}$.

$S = \left\{-\dfrac{9}{4} ; \dfrac{9}{4}\right\}$.

d. $(2x-1)^2 = (3x-2)(2x-1)$

$\Leftrightarrow (2x-1)^2 - (3x-2)(2x-1) = 0$

$\Leftrightarrow (2x-1)(2x-1) - (3x-2)(2x-1) = 0$

$\Leftrightarrow (2x-1)[(2x-1)-(3x-2)] = 0$

$\Leftrightarrow (2x-1)(2x-1-3x+2) = 0$

$\Leftrightarrow (2x-1)(-x+1) = 0$

$\Leftrightarrow 2x-1 = 0$ ou $-x+1 = 0$

$\Leftrightarrow x = \dfrac{1}{2}$ ou $x = 1$

$S = \left\{\dfrac{1}{2} ; 1\right\}$.

4 **a.** (BD) et (EA) sont perpendiculaires à (AC), donc (EA) et (BD) sont parallèles.

D'après le théorème de Thalès, appliqué aux droites parallèles (EA) et (BD), on a :

$\dfrac{BD}{EA} = \dfrac{DC}{EC} = \dfrac{BC}{AC} \Leftrightarrow \dfrac{BD}{8} = \dfrac{DC}{EC} = \dfrac{x}{10}$

D'où $BD = \dfrac{8x}{10} = 0{,}8x$.

b. Aire de BCD $= \dfrac{BD \times BC}{2} = \dfrac{0{,}8x \times x}{2}$

$= \dfrac{0{,}8x^2}{2} = 0{,}4x^2$

Pour calculer l'aire de ABDE, on peut utiliser la formule de l'aire du trapèze, ou écrire :

aire de ABDE = aire de AEC – aire de BDC

- Première méthode, avec l'aire du trapèze :

$$\text{Aire de ABDE} = \frac{(AE + BD) \times AB}{2}$$
$$= \frac{(8 + 0{,}8x)(10 - x)}{2}$$
$$= \frac{80 - 8x + 8x - 0{,}8x^2}{2}$$
$$= \frac{-0{,}8x^2 + 80}{2}$$
$$= \frac{2(-0{,}4x^2 + 40)}{2}$$
$$= -0{,}4x^2 + 40$$

- Deuxième méthode :

aire de ABDE = aire de AEC – aire de BDC

$$= \frac{AC \times AE}{2} - 0{,}4x^2 = \frac{10 \times 8}{2} - 0{,}4x^2$$
$$= 40 - 0{,}4x^2 = -0{,}4x^2 + 40$$

c. On est amené à résoudre l'équation $0{,}4x^2 = 40 - 0{,}4x^2$.

$0{,}4x^2 = 40 - 0{,}4x^2 \Leftrightarrow 0{,}4x^2 + 0{,}4x^2 = 40$

$\Leftrightarrow 0{,}8x^2 = 40$

$\Leftrightarrow x^2 = \dfrac{40}{0{,}8} = 50$

$\Leftrightarrow x^2 - 50 = 0$

$\Leftrightarrow x = -\sqrt{50}$ ou $x = \sqrt{50}$

Comme x représente une longueur, il ne peut pas être négatif. Les aires de BCD et de BDEA sont donc égales si $x = \sqrt{50}$ cm.

5 Claire a divisé par x, ce qu'il ne faut pas faire (car x peut être nul). Il faut mettre x en facteur ; ce qui donne $x(x-3)^2 = 0$.

$S = \{0 ; 3\}$.

6 L'élève a confondu x^3 et $3x$.

Mais comme son résultat est exact, on en déduit que $x^3 = 3x$. Or :

$x^3 = 3x \Leftrightarrow x^3 - 3x = 0$

$\Leftrightarrow x(x^2 - 3) = 0$

$\Leftrightarrow x(x - \sqrt{3})(x + \sqrt{3}) = 0$

Les solutions sont donc 0, $\sqrt{3}$ et $-\sqrt{3}$.

On peut le vérifier, par exemple, avec $\sqrt{3}$:

$(\sqrt{3})^3 = \sqrt{3} \times (\sqrt{3})^2 = 3\sqrt{3}$.

7 **1.** $(x-1)(x+3) = x^2 + 3x - x - 3$

$= x^2 + 2x - 3$

$= A(x)$

$(x+1)^2 - 4 = x^2 + 2x + 1 - 4$

$= x^2 + 2x - 3 = A(x)$

2. a. $A(x) = 0 \Leftrightarrow (x-1)(x+3) = 0$

$\Leftrightarrow x-1=0$ ou $x+3=0$

$\Leftrightarrow x=1$ ou $x=-3$

$S = \{1;-3\}$

b. $A(x) = -4 \Leftrightarrow (x+1)^2 - 4 = -4$

$\Leftrightarrow (x+1)^2 = 0$

$\Leftrightarrow x+1=0$

$\Leftrightarrow x=-1$

$S = \{-1\}$

c. $A(x) = -3 \Leftrightarrow x^2+2x-3 = -3$

$\Leftrightarrow x^2+2x = 0$

$\Leftrightarrow x(x+2) = 0$

$\Leftrightarrow x=0$ ou $x+2=0$

$\Leftrightarrow x=0$ ou $x=-2$

$S = \{0;-2\}$

8 **a.** $x^2 - 2x - 8 = (x-1)^2 - 1 - 8 = (x-1)^2 - 9$

$= (x-1-3)(x-1+3) = (x-4)(x+2)$

D'où $x^2 - 2x - 8 = 0 \Leftrightarrow (x-4)(x+2) = 0$

$S = \{-2;4\}$.

b. $x^2+6x-7=0 \Leftrightarrow (x^2+6x+9)-9-7=0$

$\Leftrightarrow (x+3)^2 - 16 = 0$

$\Leftrightarrow (x+3-4)(x+3+4) = 0$

$\Leftrightarrow (x-1)(x+7) = 0$

$S = \{1;-7\}$.

9 $x^2 - 4x + 5 \geqslant 1 \Leftrightarrow x^2 - 4x + 5 - 1 \geqslant 0$

$\Leftrightarrow x^2 - 4x + 4 \geqslant 0$

$\Leftrightarrow (x-2)^2 \geqslant 0$;

ce qui est toujours vrai.

Donc quel que soit x réel, on a toujours $x^2 - 4x + 5 \geqslant 1$.

10 Le programme de calcul correspond à $(x+3)^2 - 4$.

Donc $(x+3)^2 - 4 = 0 \Leftrightarrow (x+3-2)(x+3+2) = 0$

$\Leftrightarrow (x+1)(x+5) = 0$

a doit donc prendre la valeur -1 ou 5 pour afficher 0 en sortie.

Chapitre 7, page 89

1 Réponses **a**, **b**, **c**, **d**, **e**, **g**, **h**. On peut conclure sur le signe d'un produit mais, pour une somme, cela dépend des cas.

Ainsi : $P_1 \times P_2$ est positif ; $P_1 + P_2$ est positif ; $N_1 \times N_2$ est positif ; $N_1 + N_2$ est négatif ; $P_1 \times N_1$ est négatif ; $P_1 \times P_2 \times N_1$ est négatif ; $P_1 \times N_1 \times N_2$ est positif.

En revanche, on ne peut pas connaître le signe de $P_1 + N_1$ ni de $P_1 + P_2 + N_1$.

2 **a.**

x	$-\infty$		-1		2		$+\infty$
Signe de $3+3x$		$-$	0	$+$	|	$+$	
Signe de $-2x+4$		$+$	|	$+$	0	$-$	
Signe de $(3+3x)(-2x+4)$		$-$	0	$+$	0	$-$	

b.

x	$-\infty$		-2		-1		$+\infty$
Signe de $3+3x$		$-$	|	$-$	0	$+$	
Signe de $2x+4$		$-$	0	$+$	|	$+$	
Signe de $(3+3x)(2x+4)$		$+$	0	$-$	0	$+$	

c.

x	$-\infty$		0		2		$+\infty$
Signe de $-x$		$+$	0	$-$	|	$-$	
Signe de $-2x+4$		$+$	|	$+$	0	$-$	
Signe de $-x(-2x+4)$		$+$	0	$-$	0	$+$	

d.

x	$-\infty$		-12		2		$+\infty$
Signe de $4+\frac{x}{3}$		$-$	0	$+$	|	$+$	
Signe de $-2x+4$		$+$	|	$+$	0	$-$	
Signe de $\left(4+\frac{x}{3}\right)(-2x+4)$		$-$	0	$+$	0	$-$	

3 **a.** $4x^2 \leqslant 12x \Leftrightarrow 4x^2 - 12x \leqslant 0 \Leftrightarrow x(4x-12) \leqslant 0$

On fait le tableau de signes de $x(4x-12)$.

x	$-\infty$		0		3		$+\infty$
Signe de x		$-$	0	$+$	|	$+$	
Signe de $4x-12$		$-$	|	$-$	0	$+$	
Signe de $x(4x-12)$		$+$	0	$-$	0	$+$	

$S = [0;3]$.

b. $(2x+1)^2 > 9 \Leftrightarrow (2x+1)^2 - 9 > 0$

$\Leftrightarrow (2x+1)^2 - 3^2 > 0$

$\Leftrightarrow (2x+1+3)(2x+1-3) > 0$

$\Leftrightarrow (2x+4)(2x-2) > 0$

On fait le tableau de signes de $(2x+4)(2x-2)$.

x	$-\infty$		-2		1		$+\infty$
Signe de $2x+4$		$-$	0	$+$		$+$	
Signe de $2x-2$		$-$		$-$	0	$+$	
Signe de $(2x+4)(2x-2)$		$+$	0	$-$	0	$+$	

$S =]-\infty ; -2[\cup]1 ; +\infty[$.

c. $(x+1)(-x+5) < (2x+2)$

$\Leftrightarrow (x+1)(-x+5) < 2(x+1)$

$\Leftrightarrow (x+1)(-x+5) - 2(x+1) < 0$

$\Leftrightarrow (x+1)(-x+5-2) < 0$

$\Leftrightarrow (x+1)(-x+3) < 0$

On fait le tableau de signes de $(x+1)(-x+3)$.

x	$-\infty$		-1		3		$+\infty$
Signe de $x+1$		$-$	0	$+$		$+$	
Signe de $-x+3$		$+$		$+$	0	$-$	
Signe de $(-x+3)(x+1)$		$-$	0	$+$	0	$-$	

$S =]-\infty ; -1[\cup]3 ; +\infty[$.

4 On cherche les nombres x tels que $3x > x^2$.

$3x > x^2 \Leftrightarrow 3x - x^2 > 0$

$\Leftrightarrow x(3-x) > 0$

On fait le tableau de signes de $x(3-x)$.

x	$-\infty$		0		3		$+\infty$
Signe de x		$-$	0	$+$		$+$	
Signe de $3-x$		$+$		$+$	0	$-$	
Signe de $x(3-x)$		$-$	0	$+$	0	$-$	

$S =]0 ; 3[$.

Les nombres dont le triple est strictement supérieur au carré sont tous les nombres de l'intervalle $]0 ; 3[$.

5 $A(x) = (4-x^2)(3x+2)$

$= (2^2 - x^2)(3x+2)$

$= (2-x)(2+x)(3x+2)$

On fait le tableau de signes de $(2-x)(2+x)(3x+2)$.

x	$-\infty$		-2		$-\frac{2}{3}$		2		$+\infty$
Signe de $2-x$		$+$		$+$		$+$	0	$-$	
Signe de $2+x$		$-$	0	$+$		$+$		$+$	
Signe de $3x+2$		$-$		$-$	0	$+$		$+$	
Signe de $(2-x)(2+x)(3x+2)$		$+$	0	$-$	0	$+$	0	$-$	

Conclusion : $A(x) = 0$ si $x = -2, x = -\frac{2}{3}$ ou $x = 2$;

$A(x) > 0$ si $x \in]-\infty ; -2[\cup \left]-\frac{2}{3} ; 2\right[$;

$A(x) < 0$ si $x \in \left]-2 ; -\frac{2}{3}\right[\cup]2 ; +\infty[$.

6 On peut faire le tableau de signes des deux expressions $x^2 - 4 \leqslant 0$ et $2x - 1 \geqslant 0$, en remarquant que $x^2 - 4 = (x+2)(x-2)$.

x	$-\infty$		-2		$\frac{1}{2}$		2		$+\infty$
Signe de $x-2$		$-$		$-$		$-$	0	$+$	
Signe de $x+2$		$-$	0	$+$		$+$		$+$	
Signe de x^2-4		$+$	0	$-$		$-$	0	$+$	
Signe de $2x-1$		$-$		$-$	0	$+$		$+$	

Pour avoir $x^2 - 4 \leqslant 0$ et $2x - 1 \geqslant 0$, il faut que $x \in \left[\frac{1}{2} ; 2\right]$.

7 **a.** $\mathcal{A} = EC \times GC = (8-x)(6-x)$

$\mathcal{A}' =$ aire de ABCD $- \mathcal{A}$

$= 48 - (8-x)(6-x)$

b. $(x-12)(x-2) = x^2 - 2x - 12x + 24$

$= x^2 - 14x + 24$

c. $x^2 - 14x + 24 \geqslant 0 \Leftrightarrow (x-12)(x-2) \geqslant 0$

x	$-\infty$		2		12		$+\infty$
Signe de $x-12$		$-$		$-$	0	$+$	
Signe de $x-2$		$-$	0	$+$		$+$	
Signe de $(x-12)(x-2)$		$+$	0	$-$	0	$+$	

$S =]-\infty ; 2] \cup [12 ; +\infty[$.

d. $\mathcal{A} \geqslant \mathcal{A}' \Leftrightarrow (8-x)(6-x) \geqslant 48 - (8-x)(6-x)$

$\Leftrightarrow 48 - 14x + x^2 \geqslant 48 - 48 + 14x - x^2$

$\Leftrightarrow 2x^2 - 28x + 48 \geqslant 0 \Leftrightarrow x^2 - 14x + 24 \geqslant 0$

Or d'après l'énoncé, $x \in [0 ; 6]$.

Donc, si $x \in [0 ; 2]$, alors $\mathcal{A} \geqslant \mathcal{A}'$.

Chapitre 8, page 91

1 $\frac{1}{5}+\frac{1}{6}=\frac{11}{30}$; $\frac{2}{3}+2=\frac{8}{3}$; $\frac{5}{4}+\frac{1}{2}=\frac{7}{4}$; $\frac{1}{3}-1=-\frac{2}{3}$;
$5\times\frac{2}{6}=\frac{10}{6}$; $13\times\frac{4}{13}=4$

2 **a.** $\frac{5}{6}=\frac{35}{42}$ **b.** $\frac{12}{20}=\frac{3}{5}$
c. $\frac{6x}{4}=\frac{12x}{8}$ **d.** $\frac{3}{x}=\frac{3x}{x^2}$
e. $\frac{4}{x+1}=\frac{4(x-1)}{x^2-1}$ **f.** $\frac{x+3}{4}=\frac{2x^2+6x}{8x}$
g. $\frac{3}{x-5}=\frac{3(x+5)}{x^2-25}$ **h.** $\frac{x^2}{2x}=\frac{x}{2}$
i. $\frac{2(x+6)}{4}=\frac{x+6}{2}$ **j.** $\frac{x(2x+6)}{2x^2}=\frac{2x+6}{2x}=\frac{x+3}{x}$

3

Expressions	Dénominateur commun	La première fraction devient …	La deuxième fraction devient …
$\frac{2}{x}$ et $\frac{3}{2x-3}$	$x(2x-3)$	$\frac{2}{x}=\frac{2(2x-3)}{x(2x-3)}$	$\frac{3}{2x-3}=\frac{3x}{x(2x-3)}$
$\frac{2}{x}$ et $\frac{3}{4}$	$4x$	$\frac{2}{x}=\frac{8}{4x}$	$\frac{3}{4}=\frac{3x}{4x}$
$\frac{2x+1}{x^2}$ et $\frac{5}{3x^3}$	$3x^3$	$\frac{2x+1}{x^2}=\frac{3x(2x+1)}{3x^3}$	$\frac{5}{3x^3}$
$\frac{4}{x+1}$ et $\frac{5}{3x+3}$	$3x+3$	$\frac{4}{x+1}=\frac{12}{3x+3}$	$\frac{5}{3x+3}$

4 $A=\frac{5}{x}+\frac{2}{3x}=\frac{15}{3x}+\frac{2}{3x}=\frac{17}{3x}$

$B=\frac{5}{8x}-\frac{7}{6x}=\frac{15}{24x}-\frac{28}{24x}=-\frac{13}{24x}$

$C=\frac{5}{x^2-1}+\frac{6}{x+1}=\frac{5}{x^2-1}+\frac{6(x-1)}{x^2-1}=\frac{6x-1}{x^2-1}$

$$D=\frac{4x+1}{2x-1}-\frac{2-3x}{5x+2}$$
$$=\frac{(4x+1)(5x+2)}{(2x-1)(5x+2)}-\frac{(2-3x)(2x-1)}{(5x+2)(2x-1)}$$
$$=\frac{20x^2+13x+2}{(2x-1)(5x+2)}-\frac{-6x^2+7x-2}{(2x-1)(5x+2)}$$
$$=\frac{20x^2+13x+2+6x^2-7x+2}{(2x-1)(5x+2)}=\frac{26x^2+6x+4}{(2x-1)(5x+2)}$$

$E=\frac{5x+1}{x^2}+\frac{3}{2x}=\frac{2(5x+1)}{2x^2}+\frac{3x}{2x^2}=\frac{13x+2}{2x^2}$

5 **a.** $\frac{x}{6}=\frac{5}{2} \Leftrightarrow 2x=30 \Leftrightarrow x=\frac{30}{2}=15$

$S=\{15\}$.

b. Valeurs interdites : $2x+3=0 \Leftrightarrow x=-\frac{3}{2}$.

$-\frac{3}{2}$ est la valeur interdite.

$\frac{4x-1}{2x+3}=0 \Leftrightarrow 4x-1=0 \Leftrightarrow x=\frac{1}{4}$

$S=\left\{\frac{1}{4}\right\}$.

c. $x+3=0 \Leftrightarrow x=-3$. -3 est la valeur interdite.

$\frac{x^2-9}{x+3}=0 \Leftrightarrow x^2-9=0 \Leftrightarrow x^2-3^2=0$

$\Leftrightarrow (x-3)(x+3)=0 \Leftrightarrow x=3$ ou $x=-3$.

-3 étant la valeur interdite, on a $S=\{3\}$.

d. 0 est la valeur interdite.

$\frac{x}{2}=\frac{8}{x} \Leftrightarrow x^2=16 \Leftrightarrow x^2-16=0 \Leftrightarrow x^2-4^2=0$

$\Leftrightarrow (x-4)(x+4)=0 \Leftrightarrow x-4=0$ ou $x+4=0$

$\Leftrightarrow x=4$ ou $x=-4$

$S=\{-4\,;4\}$.

e. 0 est la valeur interdite.

$\frac{3x+1}{2x}=4 \Leftrightarrow \frac{3x+1}{2x}=\frac{4}{1} \Leftrightarrow 8x=3x+1$

$\Leftrightarrow 5x=1 \Leftrightarrow x=\frac{1}{5}$

$S=\left\{\frac{1}{5}\right\}$.

6 **a.** $\frac{2x+3}{5}=\frac{2}{3} \Leftrightarrow 3(2x+3)=2\times5 \Leftrightarrow 6x+9=10$

$\Leftrightarrow 6x=10-9 \Leftrightarrow 6x=1 \Leftrightarrow x=\frac{1}{6}$

$S=\left\{\frac{1}{6}\right\}$.

b. $\frac{2x+5}{3}-\frac{x-1}{2}=3 \Leftrightarrow \frac{4x+10}{6}-\frac{3x-3}{6}=3$

$\Leftrightarrow \frac{4x+10-(3x-3)}{6}=3$

$\Leftrightarrow \frac{4x+10-3x+3}{6}=3$

$\Leftrightarrow \frac{x+13}{6}=3$

On peut utiliser la règle des produits en croix $\left(\text{avec } 3=\frac{3}{1}\right)$, ou on multiplie les deux membres de l'égalité par 6. Ce qui donne $x+13=18$.

$S=\{5\}$.

c. 0 est la valeur interdite. On multiplie les deux membres de l'égalité par x, ce qui donne :

$x^2+1=2x \Leftrightarrow x^2-2x+1=0$.

x^2-2x+1 est le développement de $(x-1)^2$. On est donc ramené à résoudre l'équation $(x-1)^2=0$.

$(x-1)^2=0 \Leftrightarrow (x-1)(x-1)=0 \Leftrightarrow x-1=0 \Leftrightarrow x=1$

$S=\{1\}$.

d. Les valeurs interdites sont telles que $x^2+2=0$, soit $x^2=-2$. Or un carré ne peut être négatif. On ne peut donc pas avoir $x^2=-2$. Aucune valeur n'est interdite.

On multiplie les deux membres de l'égalité par x^2+2 :

$\frac{3x}{x^2+2}=\frac{4}{x^2+2} \Leftrightarrow 3x=4$

$\Leftrightarrow x=\frac{4}{3}$

$S=\left\{\frac{4}{3}\right\}$.

e. 0 est la valeur interdite.

On peut multiplier les deux membres de l'égalité par x, on obtient alors $3x^2 - 6x = 0$.

$3x^2 - 6x = 0 \Leftrightarrow x(3x-6) = 0$

$\Leftrightarrow x = 0 \quad \text{ou} \quad 3x - 6 = 0$

$\Leftrightarrow x = 0 \quad \text{ou} \quad x = 2$

0 est une valeur interdite, donc $S = \{2\}$.

f. On cherche les valeurs interdites :

$x - 3 = 0 \Leftrightarrow x = 3$

Et $x^2 - 9 = 0 \Leftrightarrow x^2 - 3^2 = 0 \Leftrightarrow (x-3)(x+3) = 0$

$\Leftrightarrow x - 3 = 0 \quad \text{ou} \quad x + 3 = 0$

$\Leftrightarrow x = 3 \quad \text{ou} \quad x = -3$

3 et -3 sont donc les valeurs interdites.

On applique maintenant la règle des produits en croix :

$\frac{1}{x-3} = \frac{1}{x^2-9} \Leftrightarrow x^2 - 9 = x - 3$

$\Leftrightarrow (x^2 - 3^2) = x - 3$

$\Leftrightarrow (x-3)(x+3) = x - 3$

$\Leftrightarrow (x-3)(x+3) - (x-3) = 0$

$\Leftrightarrow (x-3)(x+3-1) = 0$

$\Leftrightarrow (x-3)(x+2) = 0$

$\Leftrightarrow x - 3 = 0 \quad \text{ou} \quad x + 2 = 0$

$\Leftrightarrow x = 3 \quad \text{ou} \quad x = -2$

3 étant une valeur interdite, on a $S = \{-2\}$.

Chapitre 9, page 93

1 **a.** $\frac{N_1 P_1}{P_2}$ négatif ;

b. $\frac{P_2 N_1 N_2 P_1}{P_3 N_3}$ négatif ;

c. $\frac{(N_1)^{12} P_1}{(P_2)^{14}(N_2)^5}$ négatif ;

d. $\frac{N_1}{P_1} \times \frac{P_2}{N_2}$ positif.

2 **a.**

x	$-\infty$		-2		$\frac{1}{2}$		$+\infty$
Signe de $4x-2$		$-$		$-$	0	$+$	
Signe de $-2-x$		$+$	0	$-$		$-$	
Signe de $\frac{4x-2}{-2-x}$		$-$	‖	$+$	0	$-$	

b.

x	$-\infty$		-2		$\frac{1}{2}$		$+\infty$
Signe de $4x-2$		$-$		$-$	0	$+$	
Signe de $-2-x$		$+$	0	$-$		$-$	
Signe de $\frac{-2-x}{4x-2}$		$-$	0	$+$	‖	$-$	

c.

x	$-\infty$		-3		8		$+\infty$
Signe de $x+3$		$-$	0	$+$		$+$	
Signe de $\frac{1}{2}x-4$		$-$		$-$	0	$+$	
Signe de $\frac{x+3}{\frac{1}{2}x-4}$		$+$	0	$-$	‖	$+$	

d.

x	$-\infty$		0		$\frac{9}{2}$		$+\infty$
Signe de $3-\frac{2}{3}x$		$+$		$+$	0	$-$	
Signe de $5x$		$-$	0	$+$		$+$	
Signe de $\frac{5x}{3-\frac{2}{3}x}$		$-$	0	$+$	‖	$-$	

3 **a.** $\frac{-2x-4}{3x+5} - 1 < 0$

$\Leftrightarrow \frac{-2x-4}{3x+5} - \frac{1}{1} < 0 \Leftrightarrow \frac{-2x-4}{3x+5} - \frac{3x+5}{3x+5} < 0$

$\Leftrightarrow \frac{-2x-4-(3x+5)}{3x+5} < 0 \Leftrightarrow \frac{-5x-9}{3x+5} < 0$

Résoudre l'inéquation $\frac{-2x-4}{3x+5} < 1$ est donc équivalent à résoudre l'inéquation $\frac{-5x-9}{3x+5} < 0$.

On est donc amené à faire le tableau de signes de $\frac{-5x-9}{3x+5}$.

x	$-\infty$		$-\frac{9}{5}$		$-\frac{5}{3}$		$+\infty$
Signe de $-5x-9$		$+$	0	$-$		$-$	
Signe de $3x+5$		$-$		$-$	0	$+$	
Signe de $\frac{-5x-9}{3x+5}$		$-$	0	$+$	‖	$-$	

$S = \left]-\infty ; -\frac{9}{5}\right[\cup \left]-\frac{5}{3} ; +\infty\right[$.

Remarques

- Le numérateur est égal à 0 si $x = -\frac{9}{5}$.
D'où le 0 de la dernière ligne.
- $-\frac{5}{3}$ est la valeur interdite, d'où la double barre de la dernière ligne.

b. $\frac{4x - x^2}{2x-8} - 2 \leqslant 0 \Leftrightarrow \frac{4x-x^2}{2x-8} - \frac{2}{1} \leqslant 0$

$$\Leftrightarrow \frac{4x-x^2}{2x-8} - \frac{2(2x-8)}{2x-8} \leqslant 0$$

$$\Leftrightarrow \frac{4x-x^2-2(2x-8)}{2x-8} \leqslant 0$$

$$\Leftrightarrow \frac{4x-x^2-4x+16}{2x-8} \leqslant 0$$

$$\Leftrightarrow \frac{16-x^2}{2x-8} \leqslant 0.$$

On cherche à factoriser le numérateur afin d'obtenir un produit d'expressions du premier degré :

$\frac{4^2 - x^2}{2x-8} \leqslant 0 \Leftrightarrow \frac{(4-x)(4+x)}{2x-8} \leqslant 0.$

Résoudre l'inéquation $\frac{4x-x^2}{2x-8} \leqslant 2$ est équivalent à résoudre l'inéquation $\frac{(4-x)(4+x)}{2x-8} \leqslant 0.$

On est donc amené à faire le tableau de signes de $\frac{(4-x)(4+x)}{2x-8}$.

x	$-\infty$		-4		4		$+\infty$
Signe de $4-x$		$+$		$+$	0	$-$	
Signe de $4+x$		$-$	0	$+$		$+$	
Signe de $2x-8$		$-$		$-$	0	$+$	
Signe de $\frac{(4-x)(4+x)}{2x-8}$		$+$	0	$-$	‖	$-$	

4 est donc la valeur interdite.

On regarde dans le tableau quand on a $\frac{(4-x)(4+x)}{2x-8} \leqslant 0.$

On conclut : $S = [-4\,;4[\cup]4\,;+\infty[$.

4 On cherche les nombres x tels que $\frac{1}{x} < 2$.

$\frac{1}{x} - 2 < 0 \Leftrightarrow \frac{1}{x} - \frac{2}{1} < 0 \Leftrightarrow \frac{1}{x} - \frac{2x}{x} < 0$

$$\Leftrightarrow \frac{1-2x}{x} < 0$$

Résoudre l'inéquation $\frac{1}{x} < 2$ est équivalent à résoudre l'inéquation $\frac{1-2x}{x} < 0$.

On fait le tableau de signes de $\frac{1-2x}{x}$ et on regarde quand on a $\frac{1-2x}{x} < 0$.

x	$-\infty$		0		$\frac{1}{2}$		$+\infty$
Signe de $1-2x$		$+$		$+$	0	$-$	
Signe de x		$-$	0	$+$		$+$	
Signe de $\frac{1-2x}{x}$		$-$	‖	$+$	0	$-$	

D'où $S =]-\infty\,;0[\cup\left]\frac{1}{2};+\infty\right[$.

Les nombres dont l'inverse est inférieur à 2 sont tous les nombres de l'intervalle $]-\infty\,;0[\cup\left]\frac{1}{2};+\infty\right[$.

5 On factorise le numérateur afin d'obtenir un produit d'expressions du premier degré :

$A(x) = \frac{x(1-x)}{2x+3}$.

On fait le tableau de signes de $\frac{x(1-x)}{2x+3}$.

x	$-\infty$		$-\frac{3}{2}$		0		1		$+\infty$
Signe de x		$-$		$-$	0	$+$		$+$	
Signe de $1-x$		$+$		$+$		$+$	0	$-$	
Signe de $2x+3$		$-$	0	$+$		$+$		$+$	
Signe de $\frac{x(1-x)}{2x+3}$		$+$	‖	$-$	0	$+$	0	$-$	

On en conclut :

$A(x) = 0$ si $x = 0$ ou $x = 1$;

$A(x) < 0$ si $x \in \left]-\frac{3}{2};0\right[\cup]1\,;+\infty[$;

$A(x) > 0$ si $x \in \left]-\infty;-\frac{3}{2}\right[\cup]0\,;1[$.

Chapitre 10, page 95

1 **1. b.** $f(0) = \frac{1}{2}$ **2. b.** $g(0) = 3$ **3. c.** $u(0) = 1$

4. a. $h(0) = 0$

2 À la 1re étape, on obtient $3x$.

2e étape : on obtient $3x + 1$

3e étape : on obtient $(3x+1)^2 - 5$

D'où $R(x) = (3x+1)^2 - 5$.

3 L'image de 7 par ***f*** est **6**.

Un antécédent de 6 par *f* est **7**.

5 est **l'image** de **3** par ***f***.

3 est un **antécédent** de **5** par ***f***.

4 **a.** On a $D = VT$ donc : $\frac{D}{T} = \frac{VT}{T}$.

D'où $\frac{D}{T} = V$ et $V = \frac{D}{T}$.

b. On a $D = VT$ donc : $\frac{D}{V} = \frac{VT}{V}$ donc $\frac{D}{V} = T$ et $T = \frac{D}{V}$.

5 **a.** $f(2) = 2 \times 2^3 - 4 \times 2^2 - 4 \times 2 + 1$

$= 2 \times 8 - 4 \times 4 - 8 + 1 = -7$

L'image de 2 par f est -7.

b. $f(2) = 2 \times (-2)^3 - 4 \times (-2)^2 - 4 \times (-2) + 1$

$= 2 \times (-8) - 4 \times 4 + 8 + 1 = -16 - 16 + 9$

$= -32 + 9 = -23$

L'image de -2 par f est -23.

c. $f(0) = 2 \times 0^3 - 4 \times 0^2 - 4 \times 0 + 1 = 1$

L'image de 0 par f est 1.

d.

x	2	−2	0
***f*(*x*)**	−7	−23	1

6 **a.** On résout l'équation $f(x) = 8$

$\frac{2x + 7}{5} = 8 \Leftrightarrow 2x + 7 = 40$

$\Leftrightarrow x = \frac{40 - 7}{2} = \frac{33}{2}$

$\frac{33}{2}$ est l'antécédent de 8 par f.

b. On résout l'équation $g(x) = 5$

$g(x) = 5 \Leftrightarrow 2x^2 + 3 = 5$

$\Leftrightarrow 2x^2 + 3 - 5 = 0$

$\Leftrightarrow 2x^2 - 2 = 0$

$\Leftrightarrow 2(x^2 - 1) = 0$

$\Leftrightarrow x^2 - 1 = 0$

$\Leftrightarrow x^2 - 1^2 = 0$

$\Leftrightarrow (x + 1)(x - 1) = 0$

$\Leftrightarrow x = 1$ ou $x = -1$

Donc les antécédents de 5 par g sont 1 et -1.

7

x	3	5	0	1
***f*(*x*)**	4	3	−2	0

8 **a.** E ∈ [BC] donc $x \in [0\ ;\ 10]$.

b. (EF) et (AB) sont perpendiculaires à (BC) donc (EF) et (AB) sont parallèles.

(EF)//(AB) donc d'après le théorème de Thalès on a :

$\frac{EC}{BC} = \frac{EF}{AB} = \frac{CF}{CA}$

Donc : $\frac{x}{10} = \frac{EF}{8}$ donc $EF = \frac{8x}{10} = 0{,}8x$

c. $f(x) = \frac{EF \times EC}{2} = \frac{0{,}8x \times x}{2} = 0{,}4x^2$

d. $g(x) = \text{Aire de ABC} - f(x) = \frac{AB \times BC}{2} - 0{,}4x^2$

$= \frac{10 \times 8}{2} - 0{,}4x^2 = 40 - 0{,}4x^2$.

e. $f(x) = g(x) \Leftrightarrow 0{,}4x^2 = 40 - 0{,}4x^2$

$\Leftrightarrow 0{,}8x^2 = 40$

$\Leftrightarrow x^2 = \frac{40}{0{,}8} = 50$

$\Leftrightarrow x = -\sqrt{50}$ ou $x = \sqrt{50}$

Comme x doit être comprise entre 0 et 10, on a une seule solution : $x = \sqrt{50}$.

9 On entre l'expression de g dans la calculatrice en n'oubliant pas les parenthèses autour de $(x + 2)$.

Pour les quatre premières valeurs (calculs d'images), on obtient directement les résultats. Pour les quatre dernières valeurs (calculs d'antécédents), il faut tâtonner en naviguant dans le tableur.

Pour la dernière colonne, -2 est la seule valeur interdite.

Le tableur nous donne les valeurs suivantes :

x	1	2	3	4	2,58	**10**	**13**	**−14**	**−2**
***g*(*x*)**	**−20**	**−15**	**−12**	**−10**	**−13,1**	−5	−4	5	erreur

Chapitre 11, page 97

1 **a.** 3 est une abscisse.

b. 3 est un antécédent.

c. 5 est l'image de 3.

2 **a.** L'ensemble de définition $\mathcal{D}_f$ de f est $\mathcal{D}_f = [-6\ ;\ 8]$.

b. L'image de -6 par f est -2.

L'image de 3 par f est 3.

L'image de 0 par f est 1.

c. Les antécédents de 0 par f sont -1 et 7.

Les antécédents de 1 par f sont 0 ; 6 et 8.

4 n'a pas d'antécédent par f.

d.

x	−6		−1		7		8
Signe de $f(x)$		−	0	+	0	+	

3 **a.** D'après la courbe, les antécédents de 2 par f sont -2, 0 et 2.

b. Pour le vérifier, on résout l'équation $f(x) = 2$:

$-x^3 + 4x + 2 = 2 \Leftrightarrow -x^3 + 4x = 0$

$\Leftrightarrow x(-x^2 + 4) = 0$

$\Leftrightarrow x(4 - x^2) = 0$

$\Leftrightarrow x(2^2 - x^2) = 0$

$\Leftrightarrow x(2 - x)(2 + x) = 0$

$\Leftrightarrow x = 0$ ou $2 - x = 0$ ou $2 + x = 0$

$\Leftrightarrow x = 0$ ou $x = 2$ ou $x = -2$

Les antécédents de 2 par f sont donc bien 0 ; 2 et -2.

4 **1. a.** S = {–1 ; – 0,5 ; 2}

b. S = [–2 ; –1[∪]– 0,5 ; 2[

c. S = [–2 ; –1] ∪ [– 0,5 ; 2]

d. S =]–1 ; – 0,5[∪]2 ; 2,5]

e. S = [–1 ; – 0,5] ∪ [2 ; 2,5]

2. a. Faux : $x = -2$ est un contre-exemple.

b. Vrai.

c. Vrai.

d. Vrai, la courbe traverse trois fois l'axe des abscisses.

e. Faux, l'antécédent de 3 est compris entre –2 et –1.

f. Vrai.

g. Faux, –1 a trois antécédents (un positif et deux négatifs).

3. a. Si $x \in [-2 ; -1]$, alors $f(x) \in [-1,5 ; 4,5]$

b. Si $x \in]0 ; 2]$, alors $f(x) \in [-1,5 ; 1,5]$.

Attention, ici il faut chercher la valeur maximale et la valeur minimale de f sur tout l'intervalle]0 ; 2]. Les seules images de 0 et de 2 ne suffisent pas.

5 **a.** $f(0) = 0^2 + 2 \times 0 + 1 = 1$; $f(0) \neq 3$ donc $A(0;3) \notin \mathscr{C}_f$.

b. On utilise la même méthode pour vérifier que $B(-1;0) \in \mathscr{C}_f$.

c. $C(-2;-7) \notin \mathscr{C}_f$.

d. $D(1;0) \notin \mathscr{C}_f$.

Chapitre 12, page 99

1 **Réponses b et c.** Les inégalités $f(-5) < f(3)$ et $f(4) < 0$ sont vraies.

2 **a.** L'intervalle de définition de f est $\mathscr{D}_f = [-2 ; 2]$.

b. Le tableau de variation est :

x	–2		–1		1		2
Variations de f	3	↘	–1	↗	3	↘	–1

3 **a.** $f(1) > -6$. **b.** $f(1) < 4$. **c.** $f(4) > -6$. **d.** $f(4) < 7$. **e.** On ne peut pas savoir. **f.** $f(1) < f(6)$. **g.** On ne peut pas savoir. **h.** $f(5,5) > f(-1)$.

4 **a.** En intégrant la donnée supplémentaire, le tableau de variation peut aussi être représenté comme suit.

x	1		2		3		5
Variations de f	–4	↗	0	↗	5	↘	2

D'où : $f(1,5) < 0$; $f(2,5) > 0$; $f(4) > 0$.

b. $f(x) > 0$ si $x \in]2 ; 5]$.

c. $f(x) < 0$ si $x \in [1 ; 2[$.

d. On a donc :

$f(x) < 0$ si $x \in [1 ; 2[$;

$f(x) = 0$ si $x = 2$;

$f(x) > 0$ si $x \in]2 ; 5]$.

D'où le tableau de signes de f.

x	1		2		5
Signe de f		–	0	+	

5 Les renseignements **3.** et **5.** indiquent que 3 est le maximum de u sur [0 ; 2]. Comme 3 est l'image de 1, on en déduit que u est décroissante après la valeur 1.

x	– 2		– 1		1		2
Variations de u		↘	0	↗	3	↘	

Chapitre 13, page 101

1 **a.** $\mathscr{C}_f$ est au-dessus de $\mathscr{C}_g$ sur un intervalle I signifie $f(x) - g(x) > 0$ pour $x \in I$.

b. Pour trouver les abscisses des points d'intersection de $\mathscr{C}_f$ et $\mathscr{C}_g$, on résout $f(x) = g(x)$.

2 **a.** $f(-1,5) > g(-1,5)$ $f(-1) = g(-1)$

$f(-0,5) < g(-0,5)$ $f(1) < g(1)$

$f(2) = g(2)$ $f(3) > g(3)$

b. S =]–1 ; 2[

3 **a.** S = {–1,5 ; 2}

b. S =]–1,5 ; 2[

c. S =]–∞ ; –1,5] ∪ [2 ; +∞[

d. $\mathscr{C}_f$ est au-dessus de $\mathscr{C}_g$ sur]–∞ ; –1,5[∪]2 ; +∞[.
$\mathscr{C}_f$ est en dessous de $\mathscr{C}_g$ sur]–1,5 ; 2[.

4 **a.** S = {–2 ; –1 ; 1}

b. S =]–2 ; –1[∪]1 ; 1,5]

c. S = [–2,5 ; –2] ∪ [–1 ; 1]

d. $\mathscr{C}_f$ est au-dessus de $\mathscr{C}_g$ sur [–2,5 ; –2[∪]–1 ; 1[.
$\mathscr{C}_f$ est en dessous de $\mathscr{C}_g$ sur]–2 ; –1[∪]1 ; 1,5].

5 **a.** On résout l'équation $f(x) = g(x)$.

$-x^2 + 2x + 1 = x^2 + 6x + 1$

$\Leftrightarrow -x^2 + 2x + 1 - (x^2 + 6x + 1) = 0$

$\Leftrightarrow -x^2 + 2x + 1 - x^2 - 6x - 1 = 0$

$\Leftrightarrow -2x^2 - 4x = 0$

$\Leftrightarrow x(-2x - 4) = 0$

$\Leftrightarrow x = 0 \text{ ou } -2x - 4 = 0$

$\Leftrightarrow x = 0 \text{ ou } x = \dfrac{4}{-2} = -2$

Les abscisses des points d'intersection de $\mathscr{C}_f$ et $\mathscr{C}_g$ sont 0 et –2.

Il reste à calculer les ordonnées de ces points.

On utilise $f(x)$ ou $g(x)$: $g(0) = 0^2 + 6 \times 0 + 1 = 1$

et $g(-2) = (-2)^2 + 6 \times (-2) + 1 = -7$.

Les coordonnées des points d'intersection de $\mathscr{C}_f$ et $\mathscr{C}_g$ sont (0 ; 1) et (–2 ; –7).

b. $f(x) - g(x) = -x^2 + 2x + 1 - (x^2 + 6x + 1)$
$= -2x^2 - 4x = x(-2x - 4)$

On étudie le signe de $x(-2x - 4)$:

$-2x - 4 = 0 \Leftrightarrow x = -2$

x	$-\infty$		-2		0		$+\infty$
Signe de x		$-$		$-$	0	$+$	
Signe de $-2x - 4$		$+$	0	$-$		$-$	
Signe de $f(x) - g(x)$		$-$	0	$+$	0	$-$	

$f(x) - g(x) > 0$ sur $]-2\,;0[$, donc $f(x) > g(x)$ sur $]-2\,;0[$. La courbe $\mathscr{C}_f$ est donc au-dessus de la courbe $\mathscr{C}_g$ sur $]-2\,;0[$. $\mathscr{C}_f$ est en dessous de $\mathscr{C}_g$ sur $]-\infty\,;-2[\cup]0\,;+\infty[$.

6 **a.** Pour montrer que $f(x) - g(x) = (x+1)(x^2 - 9)$, on développe et on réduit séparément chaque membre de l'égalité.

$f(x) - g(x) = x^3 - 9x - (-x^2 + 9) = x^3 - 9x + x^2 - 9$
$= x^3 + x^2 - 9x - 9$

Par ailleurs :

$(x+1)(x^2 - 9) = x^3 - 9x + x^2 - 9 = x^3 + x^2 - 9x - 9$

On a bien : $f(x) - g(x) = (x+1)(x^2 - 9)$.

b. On résout l'équation $f(x) = g(x)$:

$f(x) = g(x) \Leftrightarrow f(x) - g(x) = 0$
$\Leftrightarrow (x+1)(x^2 - 9) = 0$
$\Leftrightarrow (x+1)(x^2 - 3^2) = 0$
$\Leftrightarrow (x+1)(x-3)(x+3) = 0$
$\Leftrightarrow x + 1 = 0$ ou $x - 3 = 0$ ou $x + 3 = 0$
$\Leftrightarrow x = -1$ ou $x = 3$ ou $x = -3$

Les abscisses des points d'intersection de $\mathscr{C}_f$ et $\mathscr{C}_g$ sont -1, 3 et -3.

On calcule les ordonnées de ces points.

$g(-1) = -(-1)^2 + 9 = -1 + 9 = 8$

$g(3) = -3^2 + 9 = -9 + 9 = 0$

$g(-3) = -(-3)^2 + 9 = -9 + 9 = 0$

Les coordonnées des points d'intersection de $\mathscr{C}_f$ et $\mathscr{C}_g$ sont donc $(-1\,;8)$, $(3\,;0)$ et $(-3\,;0)$.

c. $f(x) - g(x) = (x+1)(x^2 - 9) = (x+1)(x-3)(x+3)$.

On étudie le signe de $f(x) - g(x)$:

$x + 3 = 0 \Leftrightarrow x = -3$
$x - 3 = 0 \Leftrightarrow x = 3$
$x + 1 = 0 \Leftrightarrow x = -1$

x	$-\infty$		-3		-1		3		$+\infty$
Signe de $x+1$		$-$		$-$	0	$+$		$+$	
Signe de $x+3$		$-$	0	$+$		$+$		$+$	
Signe de $x-3$		$-$		$-$		$-$	0	$+$	
Signe de $f(x) - g(x)$		$-$	0	$+$	0	$-$	0	$+$	

$f(x) - g(x) > 0$ sur $]-3\,;-1[\cup]3\,;+\infty[$,

soit $f(x) > g(x)$ sur $]-3\,;-1[\cup]3\,;+\infty[$.

Donc, la courbe $\mathscr{C}_f$ est au-dessus de la courbe $\mathscr{C}_g$ sur $]-3\,;-1[\cup]3\,;+\infty[$.

$\mathscr{C}_f$ est en dessous de $\mathscr{C}_g$ sur $]-\infty\,;-3[\cup]-1\,;3[$.

Chapitre 14, page 103

1 La fonction k est linéaire.

Les fonctions f, g, w sont affines.

Puisque les fonctions linéaires sont aussi affines, k est affine et linéaire.

2 u est linéaire, $u(x)$ s'écrit donc sous la forme : $u(x) = ax$.

On a : $u(5) = 15$ donc $5a = 15$ et $a = \dfrac{15}{5} = 3$.

On a ainsi $u(x) = 3x$.

On passe de la première ligne à la deuxième en multipliant par 3 et de la deuxième à la première ligne en divisant par 3. On obtient donc le tableau suivant.

x	0	5	**12**
u(x)	**0**	15	36

3 Si f est affine, alors elle peut s'écrire : $f(x) = ax + b$.

On a $f(0) = 5$ donc $f(0) = a \times 0 + b = 5$, on obtient $b = 5$.

$f(2) = 10$ donc $f(2) = a \times 2 + b = 2a + 5 = 10$.

On résout l'équation $2a + 5 = 10$ pour trouver a :

$2a + 5 = 10 \Leftrightarrow 2a = 10 - 5 = 5 \Leftrightarrow a = \dfrac{5}{2} = 2{,}5$.

$f(x)$ serait ainsi égale à : $f(x) = 2{,}5x + 5$.

Vérifions si $f(4) = 15$. On a : $f(4) = 2{,}5 \times 4 + 5 = 15$.

f peut être une fonction affine.

4 $h(x) = (2x - 1)^2 + 2(x + 5)(3 - 2x)$
$= 4x^2 - 4x + 1 + 2(3x - 2x^2 + 15 - 10x)$
$= 4x^2 - 4x + 1 + 6x - 4x^2 + 30 - 20x$
$= -18x + 31$

h est donc affine.

5 **a.** $f : x \mapsto f(x) = 5x + 2$

Cette fonction est affine. Son coefficient est 5, positif.

f est donc croissante.

b. $f : x \mapsto f(x) = 6 - 4x$

Cette fonction peut s'écrire : $-4x + 6$, elle est donc affine. Son coefficient est -4, négatif.

f est décroissante.

c. $f : x \mapsto f(x) = \dfrac{1}{x}$

Cette fonction n'est pas affine, car x est ici au dénominateur.

d. $f : x \mapsto f(x) = \dfrac{x - 1}{3}$

Cette fonction peut s'écrire $\dfrac{1}{3}x - \dfrac{1}{3}$. Elle est donc affine, de coefficient $\dfrac{1}{3}$, positif.

f est croissante.

e. $f : x \mapsto f(x) = \dfrac{2 - x}{-2}$

Cette fonction peut s'écrire $\dfrac{1}{2}x - 1$. Elle est donc affine, de coefficient $\dfrac{1}{2}$, positif.

f est croissante.

f. $f : x \mapsto f(x) = \dfrac{x}{-\sqrt{2}}$

Cette fonction est affine, de coefficient $\dfrac{-1}{\sqrt{2}}$, négatif. f est décroissante.

6 La fonction f s'écrit $f(x) = ax + b$,

avec $a = \dfrac{f(-2) - f(6)}{-2 - 6} = \dfrac{1 - 5}{-2 - 6} = \dfrac{1}{2}$.

En remplaçant a par $\dfrac{1}{2}$, on obtient $f(x) = \dfrac{1}{2}x + b$.

On a $f(6) = 5 \Leftrightarrow \dfrac{1}{2} \times 6 + b = 5 \Leftrightarrow b = 2$

On a donc $f(x) = \dfrac{1}{2}x + 2$.

7 **a.** « x est le côté d'un carré et y le périmètre de ce carré » se traduit par $y = 4x$.

C'est donc une fonction affine (et linéaire).

b. « x est le côté d'un carré et y l'aire de ce carré » se traduit par $y = x^2$.

Ce n'est pas une fonction affine.

c. Le cours du dollar par rapport à l'euro n'est autre qu'un coefficient de proportionnalité entre l'euro et le dollar. Il varie, mais la fonction sera de toutes façons linéaire, donc affine.

d. Il n'existe aucun moyen de relier le poids et la taille d'un adulte par une relation mathématique.

8 Soit $p(x)$ le prix de la course et x la distance. Les deux grandeurs sont reliées par une fonction affine :

$p(x)$ = prix au kilomètre × nombre de kilomètres + forfait.

Le prix au kilomètre est donné par le coefficient a :

$a = \dfrac{41 - 35}{18 - 15} = 2$.

Le prix au kilomètre est donc de 2 €.

Le coefficient b correspond au forfait. On a

$p(15) = 2 \times 15 + b = 35$, d'où $b = 35 - 30 = 5$.

Le forfait est donc de 5 € par course.

Le prix d'une course en fonction de la distance est donc donné par $p(x) = 2x + 5$.

9

Détermination d'une fonction affine

Variables :
  a, b, x, y, x', y', n, d nombres
Entrée
  Saisir x, y, x', y'
Traitement
  n prend la valeur $y - y'$
  d prend la valeur $x - x'$
  a prend la valeur $\dfrac{n}{d}$
  b prend la valeur $y - a \times x$
Fin
  Afficher a
  Afficher b

Chapitre 15, page 105

1 **a.** 9 ; **b.** 4 ; **c.** 1 ; **d.** 0,25 ; **e.** 0,01 ; **f.** 10^{10} ; **g.** 10^4 ; **h.** 10^{-8}

2 **a.** On a $-\dfrac{4}{7} < -\dfrac{2}{7}$ et ces nombres sont négatifs. La fonction carré étant décroissante sur $]-\infty ; 0]$, on conclut : $\left(-\dfrac{4}{7}\right)^2 > \left(-\dfrac{2}{7}\right)^2$.

b. On a $-\pi > -3\pi$ et ces nombres sont négatifs. La fonction carré étant décroissante sur $]-\infty ; 0]$, on conclut : $(-\pi)^2 < (-3\pi)^2$.

c. On a $\dfrac{5}{\pi} > \dfrac{4}{\pi}$ et ces nombres sont positifs. La fonction carré étant croissante sur $[0 ; +\infty[$, on conclut : $\left(\dfrac{5}{\pi}\right)^2 > \left(\dfrac{4}{\pi}\right)^2$.

3 **a.** Comme $1 < x < 3$, on est sur $[0 ; +\infty[$. La fonction carré est croissante, donc $1^2 < x^2 < 3^2$, soit : $1 < x^2 < 9$.

b. Comme $-2 > x > -4$, on est sur $]-\infty ; 0]$. La fonction carré est décroissante, donc $(-2)^2 < x^2 < (-4)^2$, soit : $4 < x^2 < 16$.

c. $x \in [-1 ; 0] \Leftrightarrow -1 \leqslant x \leqslant 0$, on est sur $]-\infty ; 0]$.

La fonction carré est décroissante, donc $(-1)^2 \geqslant x^2 \geqslant 0$, soit $x^2 \in [0 ; 1]$.

4 On range d'abord les nombres donnés dans l'ordre croissant :

$0{,}125 < 0{,}2 < \dfrac{1}{4} < \dfrac{5}{3} < 13{,}5$.

Ces nombres sont positifs : comme la fonction carré est croissante sur $[0 ; +\infty[$, les carrés de ces nombres sont rangés dans le même ordre. On a donc :

$0{,}125^2 < 0{,}2^2 < \left(\dfrac{1}{4}\right)^2 < \left(\dfrac{5}{3}\right)^2 < 13{,}5^2$.

5 On a $x < y < z < t < 0$, on est donc sur l'intervalle $]-\infty ; 0]$.

La fonction carré est décroissante sur cet intervalle, les carrés de ces nombres sont donc rangés dans le sens inverse. On a donc $0 < t^2 < z^2 < y^2 < x^2$.

6 **a.** La fonction carré étant décroissante sur $]-\infty ; 0]$:

$x < y < 0 \Leftrightarrow x^2 > y^2 > 0$.

En multipliant par 3, on obtient $3x^2 > 3y^2$.

Et en ajoutant -2, on a : $3x^2 - 2 > 3y^2 - 2$.

b. La fonction carré étant croissante sur $[0 ; +\infty[$:

$a > b > 0 \Leftrightarrow a^2 > b^2 > 0$

$a^2 > b^2 \Leftrightarrow 5a^2 > 5b^2 \Leftrightarrow 5a^2 - 4 > 5b^2 - 4$

$\Leftrightarrow \dfrac{5a^2 - 4}{7} > \dfrac{5b^2 - 4}{7}$

7 **a.**

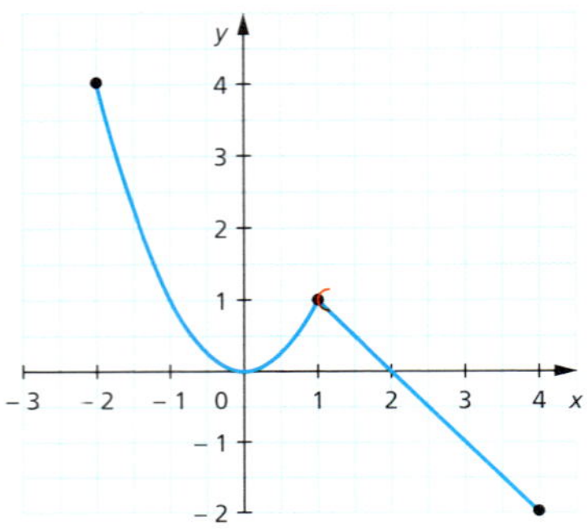

b. $v(x) = -x$ si $x \in [-3\,;0]$;

$v(x) = x^2$ si $x \in]0\,;1]$;

$v(x) = 1$ si $x \in]1\,;2]$.

On note que les crochets des intervalles peuvent être inversés en 0 et en 1.

8 **a.**

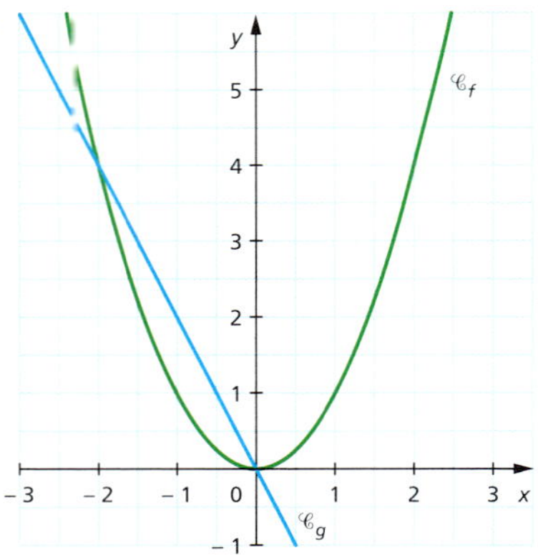

b. Graphiquement, les points d'intersection des deux courbes sont les points de coordonnées (0 ; 0) et (−2 ; 4).

Sur [−2 ; 0], la courbe de g est au-dessus de celle de f.

Sur $]-\infty\,; -2] \cup [0\,; +\infty[$, la courbe de g est en dessous de la courbe de f.

c. Pour trouver les points d'intersection, on résout $f(x) = g(x)$, soit :

$x^2 = -2x \Leftrightarrow x^2 + 2x = 0 \Leftrightarrow x(x+2) = 0$
$\Leftrightarrow x = 0$ ou $x = -2$.

Les abscisses des deux points d'intersection sont bien 0 et −2.

Pour trouver leurs ordonnées, on calcule les images par f ou par g de 0 et de −2. On obtient bien 0 et 4.

Pour étudier les positions relatives des courbes, il faut étudier le signe de $f(x) - g(x)$, c'est-à-dire de $x(x+2)$. D'où le tableau de signes :

x	$-\infty$		-2		0		$+\infty$
Signe de x		$-$		$-$	0	$+$	
Signe de $x+2$		$-$	0	$+$		$+$	
Signe de $x(x+2)$		$+$	0	$-$	0	$+$	

Sur $]-2\,;0[$, $f(x) - g(x) < 0$.

La courbe de g est au-dessus de la courbe de f.

Sur $]-\infty\,; -2[\cup]0\,; +\infty[$, $f(x) - g(x) > 0$. La courbe de g est en dessous de la courbe de f.

9 Soit $a < b < 0$. La fonction carré étant décroissante sur $]-\infty\,;0]$, on a $a^2 > b^2 > 0$. D'où :

$-5a^2 < -5b^2 \Leftrightarrow -5a^2 + 1 < -5b^2 + 1$
$\Leftrightarrow u(a) < u(b)$.

La fonction u est donc strictement croissante sur $]-\infty\,;0]$.

10

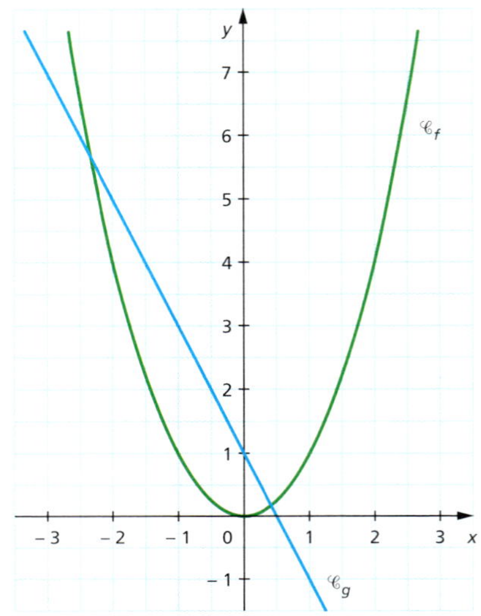

D'après le graphique, la courbe représentative de g est au-dessus de celle de f sur $]-2{,}3\,;0{,}4[$.

Donc $f(x) < g(x)$ sur ce même intervalle, soit $f(x) - g(x) < 0$ sur $]-2{,}3\,;0{,}4[$.

Donc $S =]-2{,}3\,;0{,}4[$.

La précision de cette résolution est bien sûr insuffisante. La résolution algébrique exacte sera étudiée en classe de Première.

11 **a.** $1 < x^2 < 4$.

b. $0 < x^2 < 4$.

c. $0 < x^2 < 4$: si x varie entre −1 et 2, la valeur minimale de x^2 est atteinte en 0, elle correspond à 0.

12 $u(-x) = x^2 - x + 1 \neq u(x)$, donc u n'est pas paire.

$v(-x) = 1 - (-x)^2 = 1 - x^2 = v(x)$, donc v est paire.

$t(-x) = \dfrac{1}{3(-x)^2 - 2} = \dfrac{1}{3x^2 - 2} = t(x)$, donc t est paire.

$h(-x) = \dfrac{2 - x}{-3x - 1} \neq h(x)$, donc h n'est pas paire.

Chapitre 16, page 107

1

Nombre	$-\dfrac{2}{5}$	$\dfrac{1}{3}$	-3	0,5	10^5
Inverse	$-\dfrac{5}{2}$	3	$-\dfrac{1}{3}$	2	10^{-5}

Nombre	10^{-5}	-2^3	2^{-3}	-2^{-3}
Inverse	10^5	$-2^{-3} = -\dfrac{1}{8}$	$2^3 = 8$	$-2^3 = -8$

2 **a.** On a $7 < 8$, d'où $\frac{1}{7} > \frac{1}{8}$. Donc $-\frac{1}{7} < -\frac{1}{8}$.

b. On a $\pi < 2\pi$, donc $\frac{1}{\pi} > \frac{1}{2\pi}$.

c. On a $\sqrt{3} > \sqrt{2}$, donc $\frac{1}{\sqrt{3}} < \frac{1}{\sqrt{2}}$.

3 **a.** $1 < x < 3 \Leftrightarrow \frac{1}{3} < \frac{1}{x} < 1$.

b. $-2 > x > -4 \Leftrightarrow -\frac{1}{2} < \frac{1}{x} < -\frac{1}{4}$.

c. $x \in [-3 ; -1] \Leftrightarrow -3 \leqslant x \leqslant -1 \Leftrightarrow -1 \leqslant \frac{1}{x} \leqslant -\frac{1}{3}$.

4 On range d'abord les nombres donnés dans l'ordre croissant : $0{,}125 < 0{,}2 < \frac{1}{4} < \frac{5}{3} < 13{,}5$.

Ces nombres sont positifs : comme la fonction inverse est décroissante sur $[0 ; +\infty[$, les inverses de ces nombres sont rangés dans l'ordre inverse. On a donc :

$\frac{1}{13{,}5} < \frac{3}{5} < 4 < \frac{1}{0{,}2} < \frac{1}{0{,}125}$.

5 **a.** D'après l'énoncé, on a $2 < x < y$.

On prend l'opposé, ou on multiplie par -1, et on obtient :

$2 < x < y \Leftrightarrow -2 > -x > -y$

On ajoute 2 :

$\Leftrightarrow 0 > 2 - x > 2 - y$

La fonction inverse est décroissante, d'où :

$\frac{1}{2-x} < \frac{1}{2-y}$

On multiplie par -5, nombre négatif, et on obtient :

$-\frac{5}{2-x} > -\frac{5}{2-y}$

b. D'après l'énoncé, on a $a > b > 0$.

La fonction carré étant croissante sur cet intervalle, on en déduit :

$a > b > 0 \Leftrightarrow a^2 > b^2 > 0$

On ajoute 7 :

$\Leftrightarrow 7 + a^2 > 7 + b^2 > 7$

On prend l'inverse :

$\Leftrightarrow \frac{1}{7+a^2} < \frac{1}{7+b^2}$

On multiplie par 5, nombre positif, et on obtient :

$\Leftrightarrow \frac{5}{7+a^2} < \frac{5}{7+b^2}$

6 Soit $3 < a < b$.

D'où : $-3 > -a > -b \Leftrightarrow 0 > 3 - a > 3 - b$

$\Leftrightarrow \frac{1}{3-a} < \frac{1}{3-b}$

$\Leftrightarrow u(a) < u(b)$.

On a démontré que si $a < b$, alors $u(a) < u(b)$.

Donc la fonction u est croissante sur $]3 ; +\infty[$.

7 **a.** $\frac{1}{3} < \frac{1}{x} < \frac{1}{2}$

b. $-1 < \frac{1}{x} < -\frac{1}{2}$

c. $\frac{1}{x} < -\frac{1}{2}$

d. $\frac{1}{x} > \frac{1}{2}$ ou $\frac{1}{x} < -\frac{1}{2}$.

8 **a.**

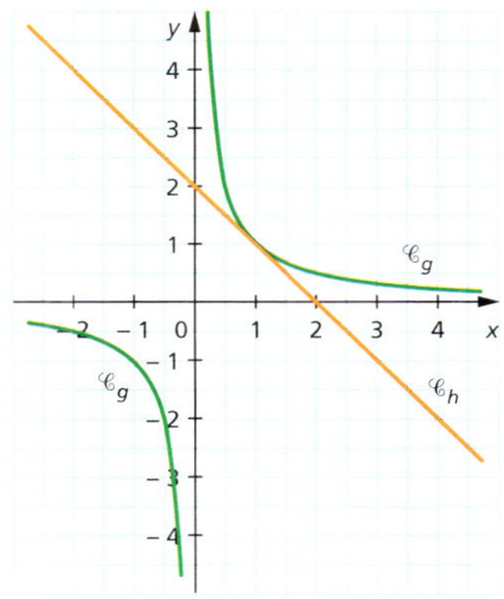

b. Graphiquement, la courbe représentative de g est en dessous de la droite sur $]-\infty ; 0[$ et au-dessus de la droite sur $]0 ; +\infty[$. Les deux courbes semblent se couper au point de coordonnées $(1 ; 1)$.

c. Pour trouver les points d'intersection par le calcul, on résout $g(x) = h(x)$, soit :

$\frac{1}{x} = (2 - x) \Leftrightarrow 1 = x(2 - x)$

$\Leftrightarrow x^2 - 2x + 1 = 0 \Leftrightarrow (x - 1)^2 = 0$

Cette équation admet une seule solution : $x = 1$.

Il ne reste qu'à calculer l'image de 1 :

$h(1) = 2 - 1 = 1$. Les deux courbes se coupent bien au point de coordonnées $(1 ; 1)$.

Pour étudier les positions relatives des deux courbes, il faut étudier le signe de $g(x) - h(x)$ (voir le chapitre 13) :

$g(x) - h(x) = \frac{1}{x} - (2 - x) = \frac{1 - x(2-x)}{x}$

$= \frac{x^2 - 2x + 1}{x} = \frac{(x-1)^2}{x}$.

Le numérateur est un carré, il est donc toujours positif.

Le signe de $g(x) - h(x)$ est donc le même que x :
sur $]-\infty ; 0[$, $g(x) - h(x) < 0$
et sur $]0 ; +\infty[$, $g(x) - h(x) \geqslant 0$.

La courbe représentative de g est donc bien en dessous de la droite sur $]-\infty ; 0[$ et au-dessus de la droite sur $]0 ; +\infty[$.

9 **a.** N est sur la courbe de la fonction inverse. Donc, si son abscisse est 2, son ordonnée est $\frac{1}{2}$.

De même, M a pour coordonnées $\left(\frac{1}{2} ; 2\right)$.

CORRIGÉS

Soit f la fonction affine dont la représentation est la droite (MN).

$f(x) = mx + p$, avec $m = \dfrac{2 - \frac{1}{2}}{\frac{1}{2} - 2} = -1$.

D'où $f(x) = -x + p$.

$2 = -\frac{1}{2} + p$, d'où $p = 2 + \frac{1}{2} = \frac{5}{2}$.

On a donc $f(x) = -x + \frac{5}{2}$.

b. X a pour ordonnée 0, on cherche donc l'antécédent de 0 :

$f(x) = -x + \frac{5}{2} = 0 \Leftrightarrow x = \frac{5}{2}$.

$X\left(\frac{5}{2}; 0\right)$

Y a pour abscisse 0, donc on cherche l'image de 0 :

$f(0) = -0 + \frac{5}{2} = \frac{5}{2}$

$Y\left(0; \frac{5}{2}\right)$

c. Le milieu de [MN] a pour coordonnées :

$\left(\dfrac{\frac{1}{2}+2}{2}; \dfrac{2+\frac{1}{2}}{2}\right) = \left(\frac{5}{4}; \frac{5}{4}\right)$.

Et le milieu de [XY] a pour coordonnées :

$\left(\dfrac{\frac{5}{2}+0}{2}; \dfrac{0-\frac{5}{2}}{2}\right) = \left(\frac{5}{4}; \frac{5}{4}\right)$.

10 **a.**

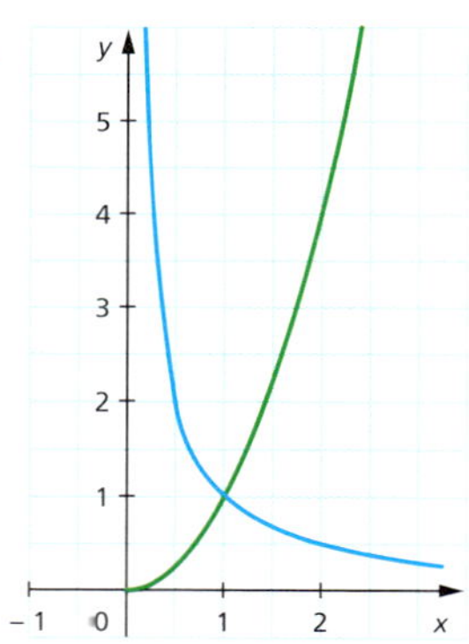

b. La courbe de la fonction inverse (bleue) est au-dessus de celle de la fonction carré (verte) sur]0 ; 1[.

Donc $\frac{1}{x} > x^2$ sur]0 ; 1[(et inversement sur]1 ; +∞[).

c. $0{,}12 \in]0\,;1[$, donc $\frac{1}{0{,}12} > 0{,}12^2$.

$\pi > 1$ donc $\frac{1}{\pi} < \pi^2$.

Chapitre 17, page 109

1 Réponses **b** et **d**. La fonction g peut être donnée par la relation $g(x) = \frac{6}{5}x^2 + \frac{1}{5}x - \frac{2}{5}$.

C'est donc une fonction polynôme du second degré.

La fonction h peut être donnée par la relation $h(x) = \frac{-x^3}{5x} + \frac{6x}{5x} = -\frac{1}{5}x^2 + \frac{6}{5}$ avec $x \neq 0$.

Cependant l'ensemble de définition de h est $\mathbb{R} \setminus \{0\}$, donc h ne peut pas être une fonction polynôme.

Les fonctions g et k sont donc les seules fonctions polynômes du second degré.

2 Variations de $x \mapsto f(x) = 4x^2 - 2x + 12$

x	$-\infty$	$\frac{1}{4}$	$+\infty$
Variations de f	↘	$\frac{47}{4}$	↗

Variations de $x \mapsto g(x) = 6x^2 + 8x - 1$

x	$-\infty$	$-\frac{2}{3}$	$+\infty$
Variations de g	↘	$-\frac{11}{3}$	↗

Variations de $x \mapsto h(x) = -x^2 - 2x$

x	$-\infty$	-1	$+\infty$
Variations de h	↗	1	↘

3 Le nombre -4 est une valeur interdite de la fonction g. Ce n'est donc pas l'expression de **b**, car la valeur interdite serait -1.

Avec les expressions de **a** et **c**, on calcule l'image de 0 :

a. $g(0) = \frac{2}{4}$;

c. $g(0) = \frac{8}{4} = 2$.

C'est donc la proposition **c** qui est la bonne.

4 Les deux fonctions décroissantes puis croissantes sont celles dont le coefficient de x^2 est positif. Ce sont donc les fonctions f et k qui correspondent aux courbes $\mathscr{C}_1$ et $\mathscr{C}_2$.

Pour les départager, on peut calculer des images de nombres, ou les abscisses des minimums.

Par exemple : $f(1) = 3 - 2 + 1 = 2$. La courbe $\mathscr{C}_1$ est donc celle de f, et la courbe $\mathscr{C}_2$ est celle de k.

Pour départager les deux autres, on va calculer par exemple l'image de 0 :

$g(0) = 0$.

La courbe $\mathscr{C}_4$ est donc celle de g et la courbe $\mathscr{C}_3$ est celle de h.

5 $f(0) = a \times 0^2 + b \times 0 + c = 0 + 0 + c = c$

On a : $f(0) = 3$ et $f(0) = c$ donc $c = 3$.

$f(1) = a \times 1^2 + b \times 1 + c = a + b + 3$

$f(1) = 5$ donc : $a + b + 3 = 5$ donc $a + b = 5 - 3 = 2$.

$f(-1) = a \times (-1)^2 + b \times (-1) + c = a - b + 3$

$f(-1) = 7$ donc : $a - b + 3 = 7$ et $a - b = 7 - 3 = 4$.

On est ainsi amené à résoudre le système d'équation suivant :

$$\begin{cases} a + b = 2 & L_1 \\ a - b = 4 & L_2 \end{cases}$$

On additionne L_1 et L_2, on obtient :

$a + b + (a - b) = 2 + 4$.

Donc $a + b + a - b = 6$ donc $2a = 6$ donc $a = \dfrac{6}{2} = 3$.

On remplace a par 3 dans L_1 : $3 + b = 2$ donc $b = 2 - 3 = -1$.

On a ainsi : $f(x) = 3x^2 - x + 3$.

6 **a.** D'une part : $u(2) = 4a + 4 - 1 = 4a + 3$.

D'autre part, $u(2) = 1$. Donc $4a = -2$, soit $a = -0{,}5$.

b.

x	$-\infty$	2	$+\infty$
$u(x)$	↗	1	↘

7 On calcule, par exemple, l'image de 0. On trouve : $u(0) = 1$ et $v(0) = -1$.

La courbe rouge est donc celle de u et la bleue est celle de v.

8 **a.** $g(0) = \dfrac{3}{d} = 1$, donc $d = 3$.

b. $h(0) = \dfrac{1}{d} = -1$, donc $d = -1$. On a $h(x) = \dfrac{3x+1}{cx-1}$.

Et : $h(1) = \dfrac{3+1}{c-1} \Leftrightarrow 2 = \dfrac{4}{c-1} \Leftrightarrow 2(c-1) = 4$

$\Leftrightarrow 2c - 2 = 4 \Leftrightarrow 2c = 6 \Leftrightarrow c = 3$.

9 **a.** $f(x) = \dfrac{2x-5}{x-1}$.

On doit avoir $x - 1 \neq 0$, donc l'ensemble de définition de f est $\mathcal{D}_f = \mathbb{R} \setminus \{1\}$.

b. $2 - \dfrac{3}{x-1} = \dfrac{2(x-1)}{x-1} - \dfrac{3}{x-1} = \dfrac{2x-2-3}{x-1} = \dfrac{2x-5}{x-1}$.

c. Soit deux nombres a et b de $]1 ; +\infty[$, tels que $a < b$:

$a < b \Leftrightarrow a - 1 < b - 1$

$\Leftrightarrow \dfrac{1}{a-1} > \dfrac{1}{b-1}$

$\Leftrightarrow -\dfrac{3}{a-1} < -\dfrac{3}{b-1}$

$\Leftrightarrow 2 - \dfrac{3}{a-1} < 2 - \dfrac{3}{b-1}$

On en déduit que $f(a) < f(b)$. La fonction f est donc croissante sur $]1 ; +\infty[$ (on peut faire la même démonstration sur $]-\infty ; 1[$).

10 **a.** $f(0) = 3$; $f(-2) = (-2)^2 + 2 \times (-2) + 3 = 3$.

b. $(x+1)^2 + 2 = x^2 + 2x + 1 + 2 = x^2 + 2x + 3 = f(x)$.

c. Pour trouver les antécédents de 2, il faut résoudre l'équation $f(x) = 2$.

Pour faire ce calcul, il faut choisir la seconde expression de $f(x)$:

$(x+1)^2 + 2 = 2 \Leftrightarrow (x+1)^2 = 0 \Leftrightarrow x + 1 = 0 \Leftrightarrow x = -1$.

L'antécédent de 2 est donc -1.

d. Pour déterminer les points d'intersection des deux courbes, il faut résoudre $f(x) = g(x)$, soit :

$x^2 + 2x + 3 = 3 \Leftrightarrow x^2 + 2x = 0 \Leftrightarrow x(x+2) = 0$

$\Leftrightarrow x = 0$ ou $x = -2$.

$f(0) = 3$ et $f(-2) = 3$. Les points d'intersection des deux courbes sont donc A$(-2 ; 3)$ et B$(0 ; 3)$.

e.

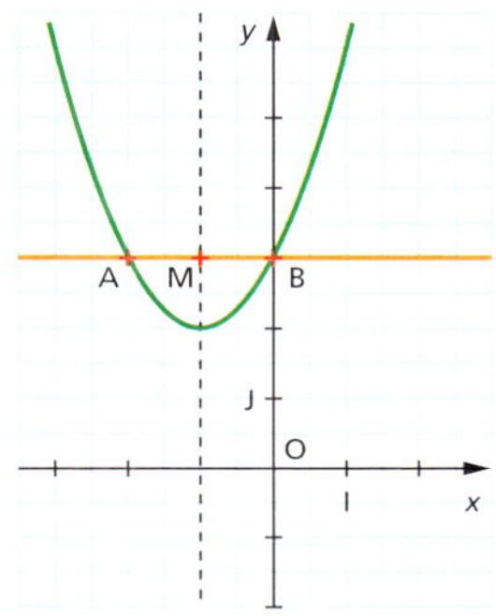

f. Soit M le milieu de [AB] : M a pour coordonnées $\left(\dfrac{0-2}{2} ; \dfrac{3+3}{2}\right)$, soit M$(-1 ; 3)$.

Or l'abscisse du minimum de f, par où passe l'axe de symétrie de la parabole, est $\dfrac{-2}{2} = -1$. C'est bien l'abscisse de M.

Donc le milieu de [AB] est sur l'axe de symétrie de la parabole.

Chapitre 18, page 111

1 **1.** **b.** 50 ; **2.** **a.** 100 ; **3.** **c.** 50 ; **4.** **b.** 50 ; **5.** **c.** 0,1 ; **6.** **a.** 40.

2 **a.** La moitié d'un ensemble représente **50 %** de cet ensemble.

b. Un quart d'un ensemble représente **25 %** de cet ensemble.

c. Trois quarts d'un ensemble représentent **75 %** de cet ensemble.

d. 6 élèves dans une classe de 30 représentent **20 %** de l'ensemble des élèves.

3 **a.** En additionnant les nombres de la deuxième colonne, on obtient 612,1.

Le nombre total de chambres louées en 2014 dans les hôtels de France est donc 612 100.

b. Le pourcentage de chambres louées dans les hôtels de trois étoiles et plus correspond à la fréquence de location de chambres dans les hôtels de trois étoiles, de quatre étoiles et quatre étoiles luxe.

$173{,}4 + 64{,}3 = 237{,}7$ et $\dfrac{237{,}7}{612{,}1} \approx 0{,}3883$.

La fréquence de location de chambres dans les hôtels de trois étoiles et plus est d'environ 39 %.

4 **a.**

Nombre de truites pêchées	Effectif
0	2
1	3
2	3
3	2
4	5
5	7
6	1
7	1
8	1

b.

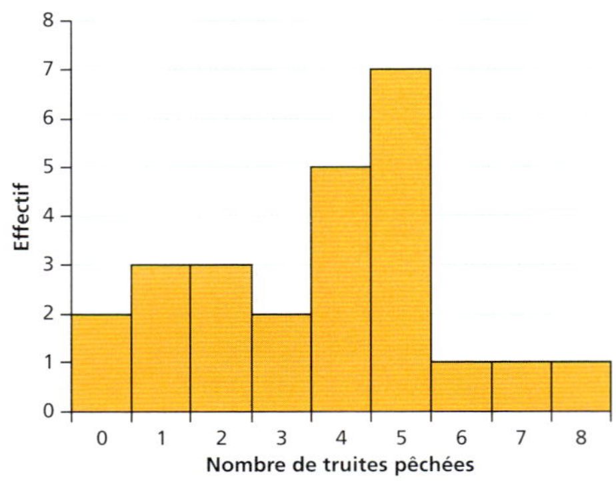

5 **a.** On calcule d'abord la somme totale : ici, elle est égale à 50.

Exemple de calcul pour la première ligne :

$\frac{3}{50} = \frac{x}{100}$, d'où $x = 6$, donc la réponse est 6 %.

Valeur	Effectif	Fréquences (en %)
20	3	**6**
23	5	**10**
26	24	**48**
28	14	**28**
35	4	**8**
Total	**50**	100

b. Exemple de calcul pour l'avant-dernière ligne :

$\frac{20}{100} = \frac{x}{20}$, d'où $x = 4$.

Valeur	Effectif	Fréquences (en %)
2	2	**10**
6	1	**5**
1	5	**25**
0	**8**	40
5	**4**	20
Total	20	**100**

6 Voici le tableau des effectifs cumulés croissants.

Année	Nombre de naissances (en milliers)	Effectif cumulé croissant
1950	858	858
1960	816	1 674
1970	848	2 522
1980	800	3 322
1990	762	4 084
1999	745	4 829
2000	775	5 604
2001	771	6 375
2002	762	7 137
2003	761	7 898
2004	768	8 666
2005	774	9 440
2006	797	10 237
2007	786	11 023
2008	801	11 824

a. Graphique représentant les effectifs

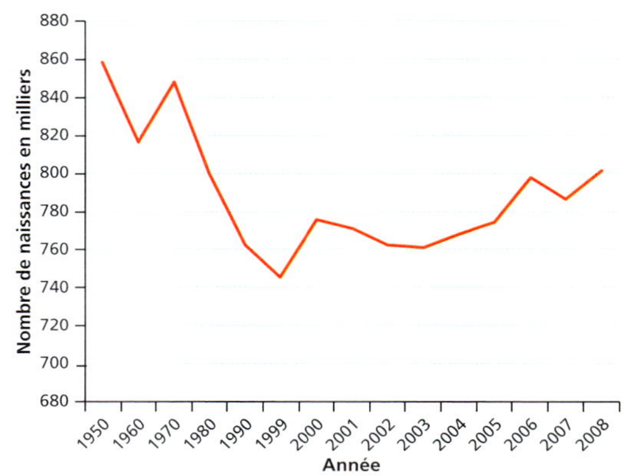

b. Le pourcentage de baisse correspond à :

$100 \times \frac{801 - 858}{858} \approx -6{,}64$

Le nombre de naissances annuel a baissé de 6,64 % environ entre 1950 et 2008.

7 **a.** Vrai. **b.** Vrai. **c.** Faux.
d. Vrai. **e.** Faux.

Chapitre 19, page 113

1 La somme des nombres est 65. Donc $M = \frac{65}{5} = 13$.
La valeur de la médiane M_e est 11.

2 Entre le premier et le troisième quartile d'une série statistique se trouvent 50 % de la population. Ici, la première partie de la phrase peut donc se traduire par $Q_1 = 10$ h et $Q_3 = 19$ h.

La seconde partie de la phrase donne la médiane : $M_e = 16$ h.

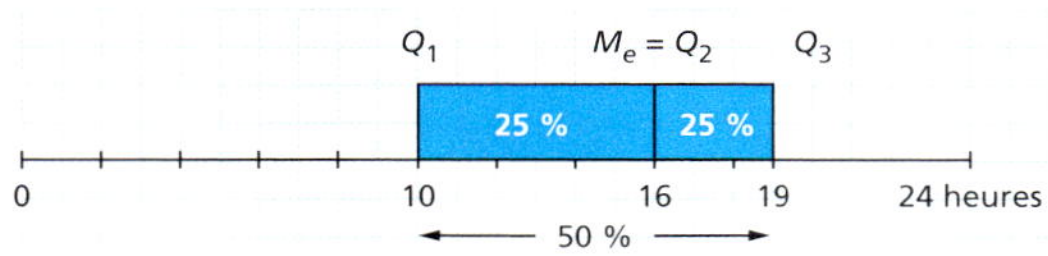

3 **a.** $M = \frac{20}{4} = 5$.

b. $M = \frac{2 + 10 + 12 + 9}{11} = \frac{33}{11} = 3$.

4 *Pour la série du club des Goélands*

Temps (en s)	Effectif	Effectifs cumulés
10,3	13	13
10,2	21	34
10,1	3	37
10,0	6	43
9,9	5	48
9,8	2	50

Les paramètres sont :

$M = 10{,}15$; $Q_1 = 10{,}3$; $M_e = 10{,}2$; $Q_3 = 10{,}0$.

Pour la série du club des Mouettes

Temps (en s)	Effectif	Effectifs cumulés
10,4	6	6
10,3	8	14
10,2	7	21
10,1	8	29
10,0	8	37
9,9	7	44
9,8	4	48
9,7	2	50

Calcul de la moyenne :

$$M = \frac{6 \times 10{,}4 + 8 \times 10{,}3 + 7 \times 10{,}2 + \ldots + 2 \times 9{,}7}{50} \approx 10{,}1.$$

Le quart de 50 est 12,5 ; le 13e coureur a la valeur 10,3 ; donc $Q_1 = 10{,}3$.

Le 25e coureur a aussi la valeur 10,1 ;
donc $M_e = Q_2 = 10{,}1$.

Les trois quarts de 50 sont 37,5 ; le 38e coureur a la valeur 9,9 ; donc $Q_3 = 9{,}9$.

Comparaison des paramètres des deux séries :

	Club « Les goélands »	Club « Les mouettes »
Moyenne	10,15	10,1
Q_1	10,3	10,3
Médiane	10,2	10,1
Q_3	10,0	9,9

Les deux séries ont sensiblement la même moyenne : on pourrait donc penser que les deux clubs se valent. Mais les quartiles indiquent une différence notable : pour le club « Les goélands », 50 % des coureurs ont une performance située entre 10,0 s et 10,3 s, tandis que pour l'autre club, 50 % de l'effectif a une performance située entre 9,9 s et 10,3 s.

En observant les tableaux, on voit immédiatement que les performances du deuxième club sont plus étalées. Mais dans le cas d'une étude statistique à grande échelle, avec des tableaux de plusieurs pages, le calcul des quartiles est très utile pour étudier des séries et éventuellement les comparer.

5 **a.** $\frac{5 + 8 + 6 + 12 + 14 + x}{6} = 10 \Leftrightarrow 45 + x = 60$
$\Leftrightarrow x = 15.$

b. $\frac{25 + 39 + 44 + x}{4} = x \Leftrightarrow 108 + x = 4x$
$\Leftrightarrow 3x = 108$
$\Leftrightarrow x = 36.$

6 **a.** On note N la somme de ses cinq premières notes.

On a alors $\frac{N}{5} = 10{,}5$, donc $N = 52{,}5$.

L'élève veut obtenir une nouvelle moyenne de 12,5 , sur un total de six tests.

Dans ce cas : $\frac{52{,}5 + x}{6} = 12{,}5 \Leftrightarrow 52{,}5 + x = 75$
$\Leftrightarrow x = 22{,}5.$

L'élève ne peut donc pas augmenter sa moyenne de deux points sur un seul test.

b. Si N est la somme des notes obtenues jusqu'à présent, et x le nombre de contrôles, on a $\frac{N}{x} = 12$. Donc $N = 12x$.

Au prochain contrôle, la somme des notes devient $N + 18$ et le nombre de contrôles devient $x + 1$. On a alors :

$\frac{N + 18}{x + 1} = 14 \Leftrightarrow \frac{12x + 18}{x + 1} = 14$
$\Leftrightarrow 12x + 18 = 14x + 14$
$\Leftrightarrow 2x = 4 \Leftrightarrow x = 2.$

Jusqu'à présent, il y a eu deux contrôles.

7 Chaque valeur augmentant de 100, la moyenne augmentera de 100 €, elle atteindra donc 1 850 €.

La médiane augmentera, elle aussi, de 100. Elle passera à 1 400 €.

8 **a.** Le nouveau tableau s'établit en calculant les nouvelles fréquences sur un total de 80 % au lieu de 100 %.

Pour le nouveau pourcentage, on peut faire un tableau de proportionnalité sachant que la nouvelle quantité de référence est $100 - 20 = 80$. Pour la valeur 3, par exemple, on a donc :

100	x
80	3

On fait le calcul : $\frac{3 \times 100}{80} = 3{,}75\,\%$.

Nombre de livres	Pourcentage sur 100 réponses	Pourcentage sur 80 réponses
moins de 2	24	30
2 à 4	20	25
5 à 8	28	35
9 à 12	5	6,25
13 à 15	3	3,75
Sans réponse	20	

b. Pour le calcul de la moyenne, les valeurs étant des intervalles, on prend le centre de chaque intervalle :

$$\frac{1 \times 30 + 3 \times 25 + 6{,}5 \times 35 + 10{,}5 \times 6{,}25 + 14 \times 3{,}75}{100} = 4{,}5.$$

Les élèves ont donc lu en moyenne 4,5 livres dans les douze derniers mois.

9 On remplace l'histogramme par un tableau.

Note	Effectif	Effectifs cumulés
4	1	1
7	2	3
8	3	6
9	2	8
10	3	11
11	5	16
12	7	23
13	1	24
15	1	25

a. Faux. La somme des effectifs est de 25.

b. Faux. 12 est la note qui a le plus grand effectif. La moyenne est $\frac{257}{25} = 10{,}28$.

c. Vrai. La médiane correspond à la note du 13ᵉ élève, c'est-à-dire 11. Ce qui signifie que 50 % des élèves ont une note supérieure ou égale à 11.

d. Faux. Le quartile Q_1 correspond à la note du 7ᵉ élève, c'est-à-dire 9. Donc 75 % des élèves ont plus de 9.

Chapitre 20, page 115

1 **1. c.** « On ne tire pas de cœur. »

2. b. « On tire un cœur ou une figure. »

3. a. « On tire un cœur et une figure. »

4. b. « On tire ni cœur ni figure. »

2 Le nombre total de familles de la série statistique est $64 + 161 + 70 + 48 + 22 + 32 + 3 = 400$.

Il y a donc 400 familles.

a. La fréquence des familles n'ayant pas d'enfant est $\frac{64}{400} = \frac{16}{100} = \frac{4}{25}$.

La fréquence des familles ayant un enfant est $\frac{161}{400}$.

La fréquence des familles ayant deux enfants est $\frac{70}{400} = \frac{7}{40}$.

La fréquence des familles ayant trois enfants est $\frac{48}{400} = \frac{12}{100} = \frac{3}{25}$.

La fréquence des familles ayant quatre enfants est $\frac{22}{400} = \frac{11}{200}$.

La fréquence des familles ayant cinq enfants est $\frac{32}{400} = \frac{16}{200} = \frac{2}{25}$.

La fréquence des familles ayant six enfants ou plus est $\frac{3}{400}$.

b. La somme des fréquences est :

$$\frac{64}{400} + \frac{161}{400} + \frac{70}{400} + \frac{48}{400} + \frac{22}{400} + \frac{32}{400} + \frac{3}{400} = \frac{400}{400} = 1.$$

Elle est donc égale à 1.

c. On calcule d'abord le nombre de familles qui ont moins de trois enfants :

$64 + 161 + 70 = 295$.

La fréquence des familles ayant moins de trois enfants est $\frac{295}{400} = \frac{59}{80}$.

d. On calcule le nombre de familles qui ont plus de deux enfants :

$48 + 22 + 32 + 3 = 105$.

La fréquence des familles ayant plus de deux enfants est $\frac{105}{400} = \frac{21}{80}$.

3 Il y a 6 possibilités : Adrien (A)-Basile (B)-Clara (C), ACB, BCA, BAC, CAB, CBA.

4 **a.** et **b.**

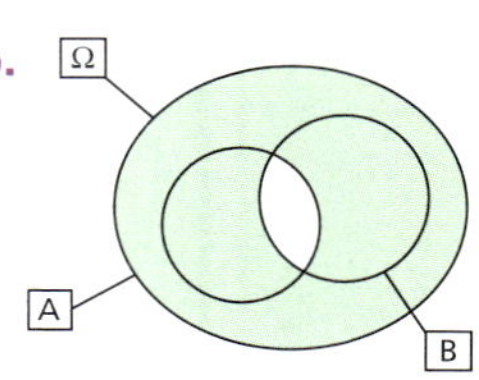

c. On remarque que les deux ensembles sont les mêmes.

5 **a.** $\overline{A}$: « la somme est impaire » ;

$\overline{B}$: « la somme est strictement inférieure à quatre » ;

$A \cup B$: « la somme est paire ou supérieure ou égale à quatre » ;

$A \cap B$: « la somme est paire et supérieure ou égale à quatre ».

b. $\overline{B} = \{(1 ; 1) ; (1 ; 2) ; (2 ; 1)\}$

$A \cup B = \{(1 ; 1) ; (1 ; 3) ; (1 ; 4) ; (1 ; 5) ; (1 ; 6) ; (2 ; 2) ; (2 ; 3) ; (2 ; 4) ; (2 ; 5) ; (2 ; 6) ; (3 ; 1) ; (3 ; 2) ; (3 ; 3) ; (3 ; 4) ; (3 ; 5) ; (3 ; 6) ; (4 ; 1) ; (4 ; 2) ; (4 ; 3) ; (4 ; 4) ; (4 ; 5) ; (4 ; 6) ; (5 ; 1) ; (5 ; 2) ; (5 ; 3) ; (5 ; 4) ; (5 ; 5) ; (5 ; 6) ; (6 ; 1) ; (6 ; 2) ; (6 ; 3) ; (6 ; 4) ; (6 ; 5) ; (6 ; 6)\}$

$A \cap B = \{(1 ; 3) ; (1 ; 5) ; (2 ; 2) ; (2 ; 4) ; (2 ; 6) ; (3 ; 1) ; (3 ; 3) ; (3 ; 5) ; (4 ; 2) ; (4 ; 4) ; (4 ; 6) ; (5 ; 1) ; (5 ; 3) ; (5 ; 5) ; (6 ; 2) ; (6 ; 4) ; (6 ; 6)\}$

6 **a.** On représente tous les résultats possibles à l'aide d'un arbre.

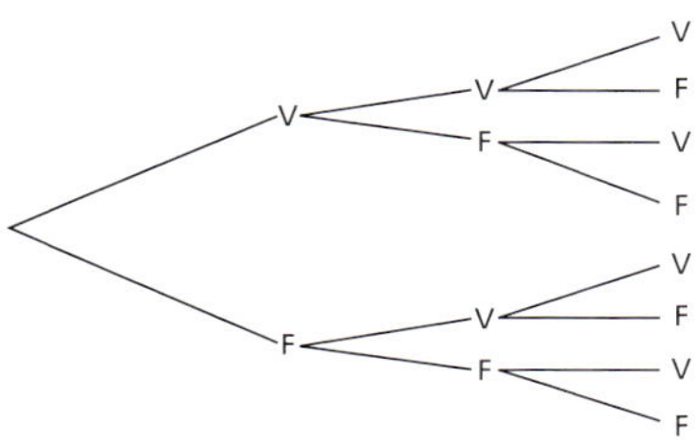

On compte donc huit réponses différentes à ce QCM.

b. S'il y a trois bonnes réponses, la note est de 9 points $(3 + 3 + 3)$.

S'il y a deux bonnes réponses et une réponse fausse, la note est de 4 points $(3 + 3 - 2)$.

S'il y a une bonne réponse et deux réponses fausses, la note est de -1 $(3 - 2 - 2)$.

S'il y a trois réponses fausses, la note est de -6 $(-2 - 2 - 2)$.

7 **a.**

Nombre d'objets	Avec le défaut B	Sans le défaut B	Total
Avec le défaut A	8	8	16
Sans le défaut A	4	180	184
Total	12	188	200

b. Avec le défaut A et le défaut B, la fréquence est $\frac{8}{200} = 0{,}04 = 4\,\%$.

Donc la fréquence de l'événement « l'objet a les deux défauts » est 4 %.

Chapitre 21, page 117

1 Réponses **c** et **d**. On a toujours $0 \leqslant p \leqslant 1$ donc les égalités $P(C) = -0{,}3$ et $P(D) = 2{,}3$ sont impossibles.

2 $P(\overline{A}) = 1 - P(A) = 1 - 0{,}4 = 0{,}6$

$$P(A \cup B) = P(A) + P(B) - P(A \cap B) = 0{,}4 + 0{,}7 - 0{,}3 = 1{,}1 - 0{,}3 = 0{,}8$$

3 **a.** Faux, généralement.

b. Vrai.

c. Vrai.

d. Faux : si $P(A) = 0{,}5$, alors $P(\overline{A}) = 0{,}5$.

e. Faux. Deux événements différents peuvent avoir la même probabilité.

f. Vrai.

g. Vrai. $P(\Omega) = 1$.

h. Vrai.

i. Vrai.

4
$$P(A \cup B) = \frac{\text{card}(A \cup B)}{\text{card}(\Omega)} = \frac{\text{card}(A) + \text{card}(B) - \text{card}(A \cap B)}{\text{card}(\Omega)} = \frac{\text{card}(A)}{\text{card}(\Omega)} + \frac{\text{card}(B)}{\text{card}(\Omega)} - \frac{\text{card}(A \cap B)}{\text{card}(\Omega)} = P(A) + P(B) - P(A \cap B).$$

5 **1.** Nombre total d'élèves qui prennent de la viande : 65 % de $900 = 0{,}65 \times 900 = 585$.

Nombre total d'élèves qui prennent des pâtes : 40 % de $900 = 0{,}4 \times 900 = 360$.

Nombre total d'élèves qui prennent du riz : 30 % de $900 = 0{,}3 \times 900 = 270$.

Nombre d'élèves qui prennent des pâtes et de la viande : $360 - 120 = 240$.

Nombre d'élèves qui prennent du poisson et du riz : $270 - 170 = 100$.

Nombre d'élèves qui prennent de la purée : $900 - (360 + 270) = 270$.

Nombre d'élèves qui prennent du poisson : $900 - 585 = 315$.

Nombre d'élèves qui prennent du poisson et de la purée : $315 - (100 + 120) = 95$.

Nombre d'élèves qui prennent de la viande et de la purée : $270 - 95 = 175$.

On obtient le tableau suivant.

	Viande	Poisson	Total
Purée	175	95	270
Pâtes	240	120	360
Riz	170	100	270
Total	585	315	900

2. a. On choisit un élève au hasard, il y a donc équiprobabilité.

$P(\mathrm{A}) = \dfrac{270}{900} = \dfrac{27}{90} = \dfrac{3}{10}.$

$P(\mathrm{B}) = \dfrac{585}{900} = \dfrac{117}{180} = \dfrac{13}{20}.$

b. $\overline{\mathrm{A}}$: « cet élève ne prend pas de purée ».

$\mathrm{A} \cap \mathrm{B}$: « cet élève prend de la purée et de la viande ».

$P(\overline{\mathrm{A}}) = 1 - P(\mathrm{A}) = 1 - \dfrac{3}{10} = \dfrac{7}{10}.$

$P(\mathrm{A} \cap \mathrm{B}) = \dfrac{175}{900} = \dfrac{35}{180} = \dfrac{7}{36}.$

c. $P(\mathrm{A} \cup \mathrm{B}) = P(\mathrm{A}) + P(\mathrm{B}) - P(\mathrm{A} \cap \mathrm{B})$

$= \dfrac{3}{10} + \dfrac{13}{20} - \dfrac{7}{36} = \dfrac{54}{180} + \dfrac{117}{180} - \dfrac{35}{180}$

$= \dfrac{136}{180} = \dfrac{68}{90} = \dfrac{34}{45}.$

d. On choisit un élève parmi les 315 qui prennent du poisson ; parmi ces élèves, 100 prennent du riz.

La probabilité qu'un élève qui prenne du poisson choisisse du riz est de $\dfrac{100}{315} = \dfrac{20}{63}.$

6 **a.** Le passage est aléatoire, donc on est en situation d'équiprobabilité.

Les prénoms Anne, Bertrand, Céline et Didier sont représentés par leurs initiales A, B, C et D.

L'arbre qui suit donne toutes les possibilités de passage. On en compte 24.

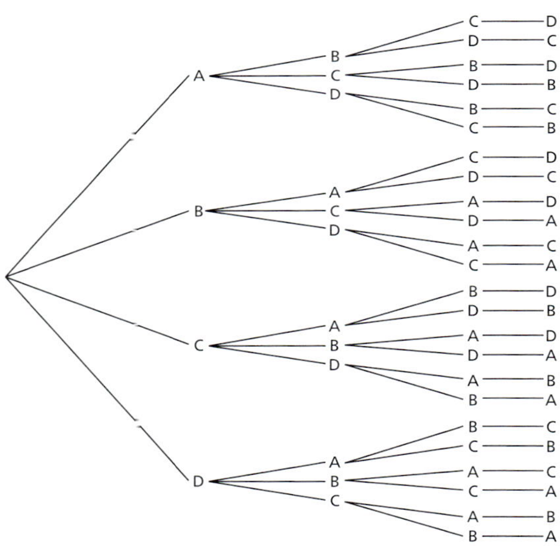

b. Il y a 18 passages possibles où Bertrand ne passe pas en premier.

La probabilité que Bertrand ne passe pas en premier est donc $\dfrac{18}{24}$, soit $\dfrac{3}{4}$.

c. Dans l'arbre, on compte 5 passages où Didier passe tout de suite après Anne. La probabilité que Didier passe tout de suite après Anne est donc $\dfrac{5}{24}$.

7 Le tirage se fait au hasard, on est donc en situation d'équiprobabilité.

Il y a quatre as, donc $P(\mathrm{A}) = \dfrac{4}{32} = \dfrac{1}{8}.$

Il y a quatre rois, donc $P(\mathrm{B}) = \dfrac{4}{32} = \dfrac{1}{8}.$

Il y a huit cœurs, donc $P(\mathrm{C}) = \dfrac{8}{32} = \dfrac{1}{4}.$

Il y a seize cartes rouges, donc $P(\mathrm{D}) = \dfrac{16}{32} = \dfrac{1}{2}.$

Il y a douze figures et quatre as, donc $P(\mathrm{E}) = \dfrac{16}{32} = \dfrac{1}{2}.$

Il y a un as de cœur, donc $P(\mathrm{A} \cap \mathrm{C}) = \dfrac{1}{32}.$

Il y a deux as rouges, donc $P(\mathrm{A} \cap \mathrm{D}) = \dfrac{2}{32} = \dfrac{1}{16}.$

Il y a deux as rouges et six figures rouges, donc

$P(\mathrm{D} \cap \mathrm{E}) = \dfrac{8}{32} = \dfrac{1}{4}.$

$P(\mathrm{A} \cup \mathrm{C}) = P(\mathrm{A}) + P(\mathrm{C}) - P(\mathrm{A} \cap \mathrm{C})$

$= \dfrac{1}{8} + \dfrac{1}{4} - \dfrac{1}{32} = \dfrac{4}{32} + \dfrac{8}{32} - \dfrac{1}{32} = \dfrac{11}{32}.$

Il y a deux as noirs et six figures noires, donc

$P(\mathrm{E} \cap \overline{\mathrm{D}}) = \dfrac{8}{32} = \dfrac{1}{4}.$

8 **a.** Onze élèves ne font ni sport ni musique.

Le nombre d'élèves qui font de la musique ou du sport est donc $\mathrm{card}(\mathrm{M} \cup \mathrm{S}) = 35 - 11 = 24$.

On a : $\mathrm{card}(\mathrm{M} \cup \mathrm{S}) = \mathrm{card}(\mathrm{M}) + \mathrm{card}(\mathrm{S}) - \mathrm{card}(\mathrm{M} \cap \mathrm{S})$.

Soit $24 = 10 + 18 - \mathrm{card}(\mathrm{M} \cap \mathrm{S})$,

donc $24 = 28 - \mathrm{card}(\mathrm{M} \cap \mathrm{S})$.

D'où $\mathrm{card}(\mathrm{M} \cap \mathrm{S}) = 28 - 24 = 4$.

Quatre élèves font à la fois du sport et de la musique.

b. $P(\mathrm{M} \cap \mathrm{S}) = \dfrac{4}{35}$

Remarque : on aurait pu utiliser la formule $P(\mathrm{M} \cap \mathrm{S}) = P(\mathrm{M}) + P(\mathrm{S}) - P(\mathrm{M} \cup \mathrm{S})$ pour calculer la probabilité.

Chapitre 22, page 119

1 **a.** 0,35 ; **b.** 0,3 ; **c.** $0{,}3 \leqslant f \leqslant 0{,}5$; **d.** $[0{,}2\,;0{,}4]$.

2 **a.** Si $n = 25$, alors $\sqrt{n} = \mathbf{5}$ et $\dfrac{1}{\sqrt{n}} = \mathbf{0{,}2}$.

$\left[f - \dfrac{1}{\sqrt{n}}\,; f + \dfrac{1}{\sqrt{n}}\right]$ a donc une amplitude de **0,4**.

b. Si $n = 100$, alors $\sqrt{n} = \mathbf{10}$ et $\dfrac{1}{\sqrt{n}} = \mathbf{0{,}1}$.

$\left[f - \dfrac{1}{\sqrt{n}}\,; f + \dfrac{1}{\sqrt{n}}\right]$ a donc une amplitude de **0,2**.

c. Si $n = 10\,000$, alors $\sqrt{n} = \mathbf{100}$ et $\dfrac{1}{\sqrt{n}} = \mathbf{0{,}01}$.

$\left[f - \dfrac{1}{\sqrt{n}}\,; f + \dfrac{1}{\sqrt{n}}\right]$ a donc une amplitude de **0,02**.

3 **a.** La population concernée sont les boîtes de Promax dans le laboratoire étudié.

b. Le caractère étudié est « le poids de la boîte ».

c. $p = \dfrac{100}{5000} = 0{,}02$

d. $n = 300$

e. $f = \dfrac{5}{300} \simeq 0{,}017$

4

```
Variables :
n, p, m, M
Début algorithme
    Lire n
    Lire p
    m prend la valeur p − 1/√n
    M prend la valeur p + 1/√n
    Afficher « l'intervalle de fluctuation est »
    Afficher m
    Afficher « ; »
    Afficher M
Fin algorithme
```

5 On a : $p = 0{,}39$; $f = \dfrac{100}{350} \simeq 0{,}286$ et $n = 350$,

et $I = \left[0{,}39 - \dfrac{1}{\sqrt{350}} ; 0{,}39 + \dfrac{1}{\sqrt{350}}\right] \simeq [0{,}337 ; 0{,}443]$.

$f \notin I$ donc on peut affirmer, avec un risque d'erreur de 5 %, que l'échantillon de ce lycée n'est pas représentatif de la population vis-à-vis du groupe sanguin.

6 La fréquence correspond à $f = \dfrac{350}{800} \simeq 0{,}4375$.

$I = \left[f - \dfrac{1}{\sqrt{800}} ; f + \dfrac{1}{\sqrt{800}}\right] \simeq [0{,}402 ; 0{,}472]$

Il y a entre 40,2 % et 47,2 % de grains d'orge dans l'ensemble des sacs, avec une confiance de 95 %, ce qui représente entre 201 kg et 236 kg d'orge. L'agriculteur ne respecte donc pas ses promesses…

7 L'intervalle de fluctuation au seuil de 95 % est

$\left[0{,}8 - \dfrac{1}{\sqrt{380}} ; 0{,}8 + \dfrac{1}{\sqrt{380}}\right] \simeq [0{,}749 ; 0{,}851]$

La fréquence $f = \dfrac{291}{380} \simeq 0{,}766$ est dans l'intervalle.

Les journalistes n'ont donc pas de raison de penser que l'affirmation du maire était fausse.

Chapitre 23, page 121

1 **a.** 30 représente $\dfrac{1}{12}$ de 360 ; 45 représente $\dfrac{1}{8}$ de 360 ; 180 représente la moitié de 360 ; 270 représente $\dfrac{3}{4}$ de 360.

b. $\dfrac{\pi}{3}$ représente $\dfrac{1}{6}$ de 2π ; $\dfrac{\pi}{2}$ représente $\dfrac{1}{4}$ de 2π ; $\dfrac{2\pi}{3}$ représente $\dfrac{1}{3}$ de 2π ; $\dfrac{\pi}{6}$ représente $\dfrac{1}{12}$ de 2π.

2

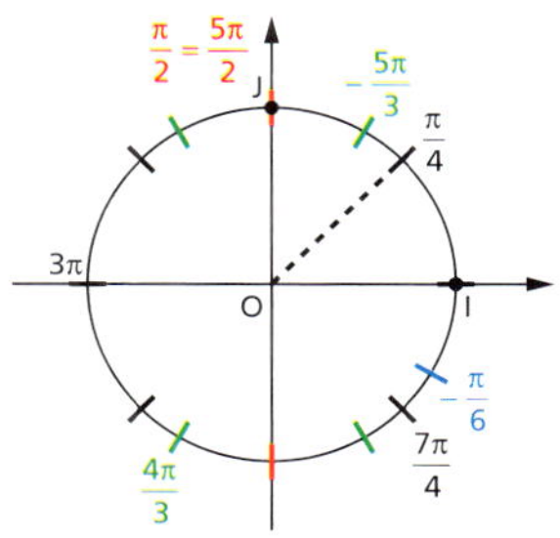

3 **a.** La somme des angles d'un triangle est 180°. Or les trois angles d'un triangle équilatéral sont égaux. Donc chaque angle d'un triangle équilatéral mesure 60°, ce qui correspond à une mesure en radian de $\dfrac{\pi}{3}$.

b. Les deux angles à la base d'un triangle isocèle sont égaux. Donc chaque angle à la base d'un triangle rectangle isocèle rectangle mesure 45°, ce qui correspond à une mesure en radian de $\dfrac{\pi}{4}$. L'angle droit a une mesure de $\dfrac{\pi}{2}$.

4 Pour remplir le tableau, on note :

- 18 est le dixième de 180, et 180° correspond à π, en radian. Donc on divise π par 10.
- $150 = 5 \times 30$, et 30° correspond à $\dfrac{\pi}{6}$, en radian. Donc on multiplie $\dfrac{\pi}{6}$ par 5.
- $\dfrac{\pi}{12} = \dfrac{1}{2} \times \dfrac{\pi}{6}$, donc on divise 30 par 2.
- $22{,}5 = \dfrac{45}{2}$, et 45° correspond à $\dfrac{\pi}{4}$, en radian. Donc on divise $\dfrac{\pi}{4}$ par 2.
- $\dfrac{4\pi}{3} = 4 \times \dfrac{\pi}{3}$, donc on multiplie 60 par 4.

Degré	18	150	**15**	22,5	**240**
Radian	$\dfrac{\pi}{10}$	$\dfrac{5\pi}{6}$	$\dfrac{\pi}{12}$	$\dfrac{\pi}{8}$	$\dfrac{4\pi}{3}$

5

1. a.

180°	36
π rad	x

$x = \frac{36\pi}{180} = \frac{\pi}{5}$, 36° correspond à $\frac{\pi}{5}$ rad.

b.

180°	108
π rad	x

$x = \frac{108 \times \pi}{180} = \frac{3\pi}{5}$,
108° correspond à $\frac{3\pi}{5}$ rad.

c.

180°	135
π rad	x

$x = \frac{135\pi}{180} = \frac{3\pi}{4}$,
135° correspond à $\frac{3\pi}{4}$ rad.

2. a.

180°	x
π rad	$\frac{2\pi}{5}$

$x = \frac{\frac{2\pi}{5} \times 180}{\pi} = 72$,
$\frac{2\pi}{5}$ rad correspond à 72°.

b.

180°	x
π rad	$\frac{5\pi}{8}$

$x = \frac{\frac{5\pi}{8} \times 180}{\pi} = 112{,}5$,
$\frac{5\pi}{8}$ rad correspond à 112,5°.

c.

180°	x
π rad	$\frac{3\pi}{10}$

$x = \frac{\frac{3\pi}{10} \times 180}{\pi} = 54$,
$\frac{3\pi}{10}$ rad correspond à 54°.

6 $\frac{15\pi}{2} = \frac{12\pi}{2} + \frac{3\pi}{2} = 6\pi + \frac{3\pi}{2}$.

La mesure en radian de $\frac{15\pi}{2}$ correspond donc à la même position pour le point M que $\frac{3\pi}{2}$.

Mais le point M aura « parcouru » 6π en plus, soit 3 × 2π. Or 2π correspond à un tour complet.

Donc 6π représente 3 tours complets et $\frac{15\pi}{2}$ représente 3 tours plus $\frac{3}{4}$ de tour $\left(\frac{3\pi}{2} = \frac{3}{4} \times 2\pi\right)$.

7 Si la mesure de l'arc $\overset{\frown}{MN}$ est 1, c'est aussi, par définition, la mesure en radian de l'angle $\widehat{MON}$.

En degré, cela donne : $\frac{1 \times 180}{\pi} \approx 57{,}3$.

8 **a.** et **b.**

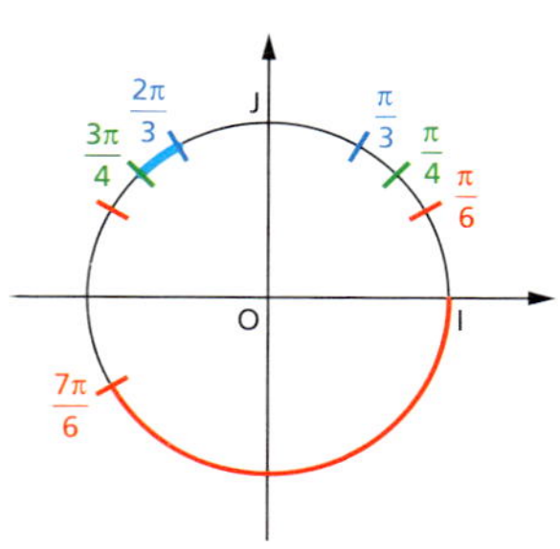

Chapitre 24, page 123

1 **1. a.** $-\frac{\sqrt{2}}{2}$; **2. c.** $\frac{\sqrt{3}}{2}$; **3. c.** -1.

2

$\cos\left(\frac{2\pi}{3}\right) = -\frac{1}{2}$ $\quad$ $\sin\left(\frac{5\pi}{3}\right) = -\frac{\sqrt{3}}{2}$

$\cos\left(\frac{7\pi}{6}\right) = -\frac{\sqrt{3}}{2}$ $\quad$ $\cos\left(\frac{3\pi}{4}\right) = -\frac{\sqrt{2}}{2}$

$\sin\left(\frac{5\pi}{6}\right) = \frac{1}{2}$ $\quad$ $\sin\left(\frac{3\pi}{2}\right) = -1$.

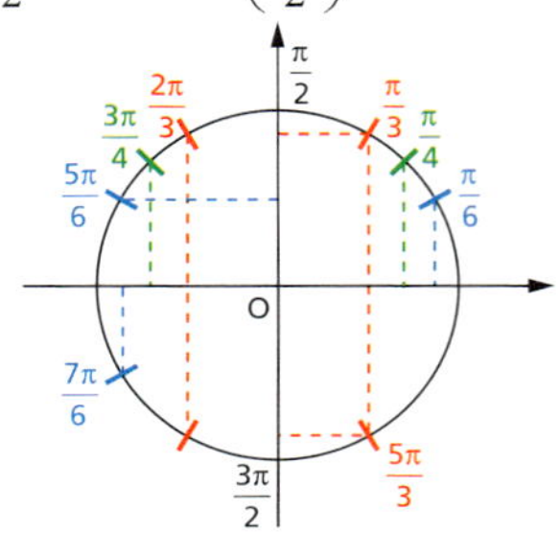

3 **a.** 2π représente un tour entier de cercle. Donc, s'il parcourt un tour de plus, le point M se retrouve au même emplacement : $\sin\left(\frac{\pi}{3} + 2\pi\right) = \sin\left(\frac{\pi}{3}\right)$.

D'où $\sin\left(\frac{\pi}{3} + 2\pi\right) = \frac{\sqrt{3}}{2}$.

b. $\sin\left(\frac{\pi}{3} + \pi\right) = \sin\left(\frac{4\pi}{3}\right) = -\frac{\sqrt{3}}{2}$.

Sur le cercle, on remarque que $\sin\left(\frac{\pi}{3} + \pi\right)$ est égal à l'opposé de $\sin\left(\frac{\pi}{3}\right)$.

c. $\cos\left(\frac{\pi}{4} + 2\pi\right) = \cos\left(\frac{\pi}{4}\right) = \frac{\sqrt{2}}{2}$.

d. $\cos\left(\frac{\pi}{4} + \pi\right) = \cos\left(\frac{5\pi}{4}\right) = -\frac{\sqrt{2}}{2}$.

Sur le cercle, on remarque que $\cos\left(\frac{\pi}{4} + \pi\right)$ est égal à l'opposé de $\cos\left(\frac{\pi}{4}\right)$.

4

Intervalle auquel appartient x	$\left[\frac{\pi}{2} ; \pi\right]$	$\left[\pi ; \frac{3\pi}{2}\right]$	$\left[\frac{3\pi}{2} ; 2\pi\right]$
$\sin x$	+	–	–
$\cos x$	–	–	+

5 **a.** Si $x \in \left[-\frac{\pi}{2} ; 0\right]$, alors $\sin x \leqslant 0$.

b. D'après la formule $(\cos\alpha)^2 + (\sin\alpha)^2 = 1$, on a :

$\left(\frac{3}{5}\right)^2 + (\sin x)^2 = 1$,

soit :

$(\sin x)^2 = 1 - \left(\frac{3}{5}\right)^2 = 1 - \frac{9}{25} = \frac{16}{25}$.

c. D'où $\sin x = \frac{4}{5}$ ou $\sin x = -\frac{4}{5}$.

Or on sait que $\sin x \leqslant 0$. La seule réponse est donc : $\sin x = -\frac{4}{5}$.

6 On a : $\frac{\pi}{12} \in \left[0 ; \frac{\pi}{2}\right]$, donc $\cos\left(\frac{\pi}{12}\right) \geqslant 0$.

D'après la propriété des carrés :

$$\left(\cos\left(\frac{\pi}{12}\right)\right)^2 = 1 - \left(\sin\left(\frac{\pi}{12}\right)\right)^2 = 1 - \left(\frac{\sqrt{6}-\sqrt{2}}{4}\right)^2$$

$$= 1 - \frac{6 - 2\sqrt{12} + 2}{16} = 1 - \frac{8 - 2\sqrt{12}}{16}$$

$$= \frac{8 + 2\sqrt{12}}{16} = \frac{2+\sqrt{3}}{4}$$

Or $\cos\left(\frac{\pi}{12}\right) \geqslant 0$, donc $\cos\left(\frac{\pi}{12}\right) = \frac{\sqrt{2+\sqrt{3}}}{2}$.

7 **a.** Si $\cos x = \frac{\sqrt{3}}{2}$, avec $0 \leqslant x \leqslant 2\pi$, alors les valeurs possibles de x sont $\frac{\pi}{6}$ et $\frac{11\pi}{6}$.

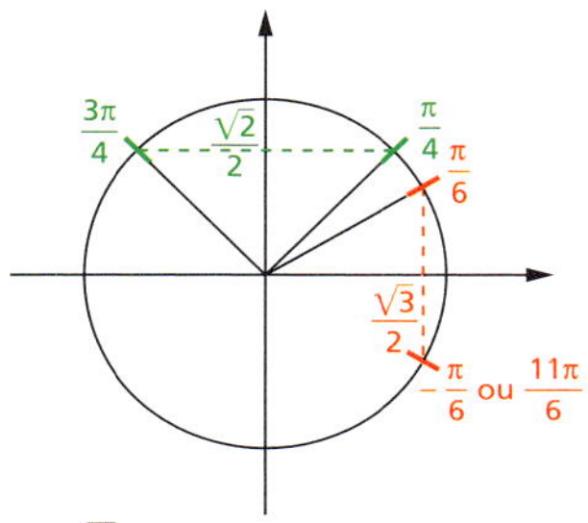

b. Si $\sin x = \frac{\sqrt{2}}{2}$, avec $0 \leqslant x \leqslant 2\pi$, alors les valeurs possibles de x sont $\frac{\pi}{4}$ et $\frac{3\pi}{4}$.

c. Si $\cos x \leqslant \frac{1}{2}$, avec $0 \leqslant x \leqslant 2\pi$, alors les valeurs possibles de x sont **comprises entre** $\frac{\pi}{3}$ et $\frac{5\pi}{3}$.

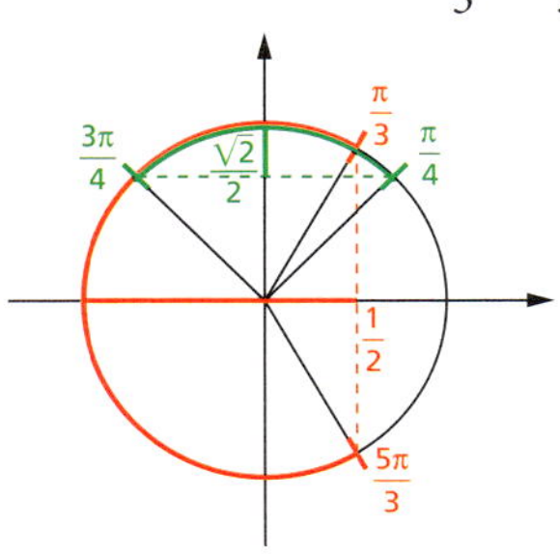

d. Si $\sin x > \frac{\sqrt{2}}{2}$, avec $0 \leqslant x \leqslant 2\pi$, alors les valeurs possibles de x sont **comprises entre** $\frac{\pi}{4}$ et $\frac{3\pi}{4}$.

8 $(\cos x + \sin x)^2 + (\cos x - \sin x)^2$

$= (\cos x)^2 + (\sin x)^2 + 2\sin x \cos x$

$\quad + (\cos x)^2 + (\sin x)^2 - 2\sin x \cos x$

$= 1 + 1 = 2$

9 **a.** On sait que dans un triangle rectangle, on a :

$\sin x = \frac{\text{côté opposé}}{\text{hypoténuse}}$ et $\cos x = \frac{\text{côté adjacent}}{\text{hypoténuse}}$.

Si on fait le quotient $\frac{\sin x}{\cos x}$, on obtient :

$$\frac{\text{côté opposé}}{\text{hypoténuse}} \times \frac{\text{hypoténuse}}{\text{côté adjacent}} = \frac{\text{côté opposé}}{\text{côté adjacent}} = \tan x.$$

b. $1 + (\tan x)^2 = 1 + \frac{(\sin x)^2}{(\cos x)^2}$

$$= \frac{(\cos x)^2 + (\sin x)^2}{(\cos x)^2} = \frac{1}{(\cos x)^2}$$

Chapitre 25, page 125

1 **a. Vrai** car OA = OB.

b. Vrai d'après Pythagore.

c. Faux, les diagonales ne se coupent pas forcément au milieu.

d. Vrai.

2 E est le centre du cercle circonscrit au triangle, F est le centre de gravité, et G l'orthocentre.

3 **a.** • $\frac{OP}{OR} = \frac{OT}{OA} = \frac{PT}{RA}$: **faux**, car les droites (PT) et (RA) ne sont pas parallèles.

• $\frac{OR}{OP} = \frac{OT}{OA} = \frac{RT}{PA}$: **vrai**, car les droites (RT) et (PA) sont parallèles.

• $\frac{IP}{PR} = \frac{PH}{PA} = \frac{RA}{IH}$: **faux** ; comme les droites (IH) et (RA) sont parallèles, les égalités sont $\frac{IP}{PR} = \frac{PH}{PA} = \frac{IH}{RA}$.

• $\frac{OI}{OR} = \frac{OT}{OA} = \frac{TI}{RA}$: **vrai**, car (IT) et (RA) sont parallèles.

• $\widehat{TIO} = \widehat{ORA}$: **vrai**, car les angles $\widehat{TIO}$ et $\widehat{ORA}$ sont alternes-internes et les droites (TI) et (RA) sont parallèles.

• POA est rectangle en O : **faux**, *a priori*.

• I est l'orthocentre de TPA : **faux**, si POA n'est pas rectangle, (PO) n'est pas une hauteur, donc I n'est pas l'orthocentre.

• I est le milieu de [TH] : **faux**.

b. • (OI) et (AB) sont parallèles : **vrai**. O est le milieu de [AC] et I est le milieu de [BC]. Donc, d'après le théorème des milieux, (OI) et (AB) sont parallèles.

• J est le milieu de [AB] : **vrai**, car dans le triangle ABC, les deux médianes (AI) et (BO) sont sécantes en M, qui est donc le centre de gravité de ABC. La droite (CJ) passant par M est donc la troisième médiane de ABC.

• A, B, C et D sont sur un même cercle : **vrai**, car les triangles ADC et ABC sont rectangles. Les points B et D sont donc sur le cercle de diamètre [AC].

- ABCD est un rectangle : **faux**, ABCD n'est pas forcément un rectangle. D peut être n'importe où sur le cercle de diamètre [AB], il n'est pas diamétralement opposé à B.
- B est le symétrique de C par rapport à I : **vrai**, car I est le milieu de [BC].
- B est le symétrique de C par rapport à (OI) : **vrai**, car (OI) est parallèle à (AB) et (AB) est perpendiculaire à (BC). Donc (OI) est perpendiculaire à (BC) en son milieu. C'est donc la médiatrice de [BC].
- $OI = \frac{1}{2}AB$: **vrai**, si l'on applique le théorème des milieux dans le triangle ABC.
- $\widehat{MOA} = \widehat{MBI}$: **faux**, ces angles sont alternes-internes, mais les droites (OA) et (IB) ne sont pas parallèles.

4 On travaille dans le triangle ACT. Le raisonnement dans le bon ordre est :

- ABCD est un parallélogramme, donc O est le milieu de [AC].
- Donc (TO) est une médiane de ATC.
- T est le symétrique de A par rapport à B.
- Donc B est le milieu de [AT].
- Donc (CB) est une médiane de ACT.
- Les médianes (TO) et (CB) se coupent en L.
- Donc L est le centre de gravité de ACT.
- (AL) est donc la troisième médiane de ACB.
- Donc (AL) coupe [TC] en son milieu.
- Donc K est le milieu de [TC].

5 Δ est la médiatrice de [AB], donc la droite Δ coupe [AB] en son milieu I.

Si M est sur Δ, alors (MI) est une médiane du triangle AMB

De plus, Δ est perpendiculaire à (AB). Donc la droite (MI) est aussi une hauteur du triangle AMB.

Δ est donc à la fois hauteur, médiane et médiatrice du triangle AMB. Le triangle AMB est donc isocèle en M. D'où MA = MB.

6 **a.** On utilise la propriété caractéristique de la médiatrice démontrée à l'exercice **5**.

O est le centre du cercle passant par A et B, donc AO = BO.

On en déduit que O appartient à la médiatrice de [AB].

De même, O′ est le centre du cercle passant par A et B, donc AO′ = BO′.

On en déduit que O′ appartient à la médiatrice de [AB].

Donc (OO′) est la médiatrice de [AB].

b. On utilise la mesure des angles.

B est sur le cercle de diamètre [AB], donc le triangle ABC est rectangle en B. Soit $\widehat{ABC} = 90°$.

B est sur le cercle de diamètre [AD], donc le triangle ABD est rectangle en B. Soit $\widehat{ABD} = 90°$.

L'angle $\widehat{CBD} = \widehat{ABC} + \widehat{ABD} = 90° + 90° = 180°$.

Donc les points C, B et D sont alignés.

c. On peut alors considérer le triangle ACD. Dans ce triangle, O est le milieu de [AC] et O′ est le milieu de [AD].

D'après le théorème des milieux, on en déduit que (OO′) et (CD) sont parallèles et que CD = 2 OO′.

Donc CD = 8 cm.

7 N est le symétrique de M par rapport à (d), donc (d) est la médiatrice de [MN]. (MN) est donc perpendiculaire à (d).

P est le symétrique de N par rapport à (d′), donc (d′) est la médiatrice de [PN]. (PN) est donc perpendiculaire à (d′).

(d) est perpendiculaire à (MN) et (d) est perpendiculaire à (d′). (d′) est donc parallèle à (MN).

D'autre part, (d′) est perpendiculaire à (PN), donc (MN) est perpendiculaire à (PN).

On en déduit que le triangle PNM est rectangle en N.

K est l'intersection des deux médiatrices, donc : KM = KN = KP.

Donc K est le centre du cercle circonscrit au triangle rectangle PMN.

On en déduit que K est le milieu de l'hypoténuse [PM].

8 Soit H le pied de la hauteur issue de G.

Dans le triangle FHG rectangle en H :

$\cos\widehat{FGH} = \frac{HG}{FG}$.

Soit H′ le pied de la hauteur issue de F.

Dans le triangle FH′G rectangle en H′ :

$\cos\widehat{GFH'} = \frac{H'F}{FG}$.

Or EFG est isocèle en E, donc ses angles à la base en F et G sont égaux. Donc : $\cos\widehat{GFH'} = \cos\widehat{FGH}$.

On a donc $\frac{HG}{FG} = \frac{H'F}{FG}$, soit : HG = H′F.

Chapitre 26, page 127

1 **a.** Le milieu de 3 et 6 est 4,5.

b. 0,5 est le milieu de –5 et 6.

c. 9 est le milieu de 3 et 15.

d. Le milieu de –3 et 8 est 2,5.

e. Le milieu de 2,5 et 7,5 est 5.

f. 7 est le milieu de 10,5 et 3,5.

2 **a.** Deux points ayant la même abscisse mais des ordonnées opposées sont symétriques par rapport à l'axe des abscisses.

b. Deux points ayant la même ordonnée mais des abscisses opposées sont symétriques par rapport à l'axe des ordonnées.

c. Deux points ayant leurs abscisses et leurs ordonnées opposées sont symétriques par rapport à l'origine du repère.

3 **a.**

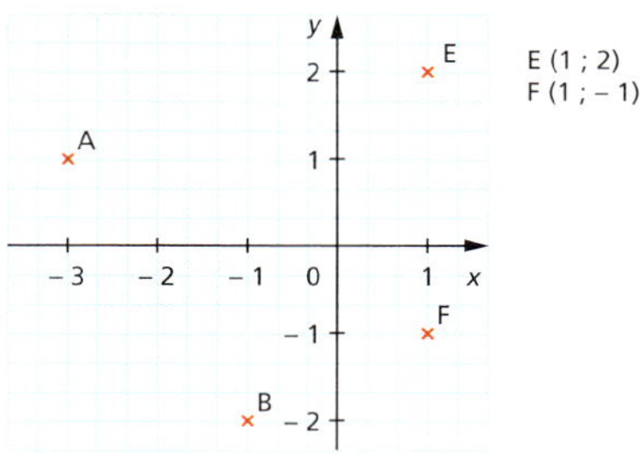

b. $x_L = \dfrac{x_A + x_B}{2} = \dfrac{-3-1}{2} = -2$

et $y_L = \dfrac{y_A + y_B}{2} = \dfrac{1-2}{2} = -\dfrac{1}{2}$

Le milieu L de [AB] a donc pour coordonnées -2 et $-\dfrac{1}{2}$.

c. $AB^2 = (-3+1)^2 + (1+2)^2 = 4 + 9 = 13$.

Donc $AB = \sqrt{13}$.

4 R′ est le symétrique de R par rapport à P si P est le milieu de [RR′].

On a donc :

$$x_P = \frac{x_R + x_{R'}}{2} \Leftrightarrow 5 = \frac{-2 + x_{R'}}{2}$$
$$\Leftrightarrow 10 = -2 + x_{R'} \Leftrightarrow x_{R'} = 12$$

et $$y_P = \frac{y_R + y_{R'}}{2} \Leftrightarrow 1 = \frac{6 + y_{R'}}{2}$$
$$\Leftrightarrow 2 = 6 + y_{R'} \Leftrightarrow y_{R'} = -4.$$

D'où R′(12 ; −4).

5 **a.**

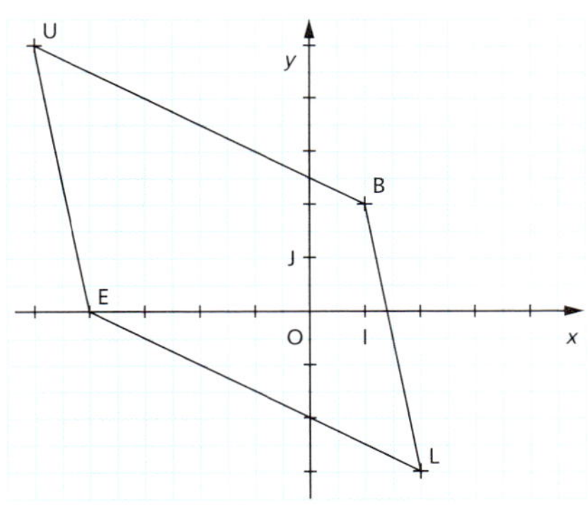

b. Soit M le milieu de [BE] :

$x_M = \dfrac{x_E + x_B}{2} = \dfrac{1-4}{2} = -\dfrac{3}{2}$

et $y_M = \dfrac{y_E + y_B}{2} = \dfrac{2+0}{2} = 1.$

M a pour coordonnées $\left(-\dfrac{3}{2} ; 1\right)$.

Soit N le milieu de [LU] : $x_N = \dfrac{x_L + x_U}{2} = \dfrac{2-5}{2} = -\dfrac{3}{2}$

et $y_N = \dfrac{y_L + y_U}{2} = \dfrac{-3+5}{2} = 1$

N a pour coordonnées $\left(-\dfrac{3}{2} ; 1\right)$.

M et N sont confondus. Les diagonales du quadrilatère BLEU ont donc le même milieu. On en conclut que BLEU est un parallélogramme.

c. $BL^2 = (2-1)^2 + (-3-2)^2 = 1 + 25 = 26$.

$LE^2 = (-4-2)^2 + (0+3)^2 = 36 + 9 = 45$.

Les longueurs BL et LE ne sont pas égales, donc BLEU n'est pas un losange.

6 EFGH est un parallélogramme si [EG] et [FH] ont le même milieu (une autre méthode est proposée au chapitre 27).

Soit M ce milieu. On a alors :

$$x_M = \frac{x_E + x_G}{2} = \frac{2-5}{2} = -\frac{3}{2}$$

et $$y_M = \frac{y_E + y_G}{2} = \frac{-1-4}{2} = -\frac{5}{2}.$$

M est aussi le milieu de [FH]. Donc :

$$x_M = \frac{x_F + x_H}{2} \Leftrightarrow -\frac{3}{2} = \frac{-2 + x_H}{2}$$
$$\Leftrightarrow -3 = -2 + x_H \Leftrightarrow x_H = -1$$

et $$y_M = \frac{y_F + y_H}{2} \Leftrightarrow -\frac{5}{2} = \frac{3 + y_H}{2}$$
$$\Leftrightarrow -5 = 3 + y_H \Leftrightarrow y_H = -8.$$

D'où H(−1 ; −8).

7 **a.**

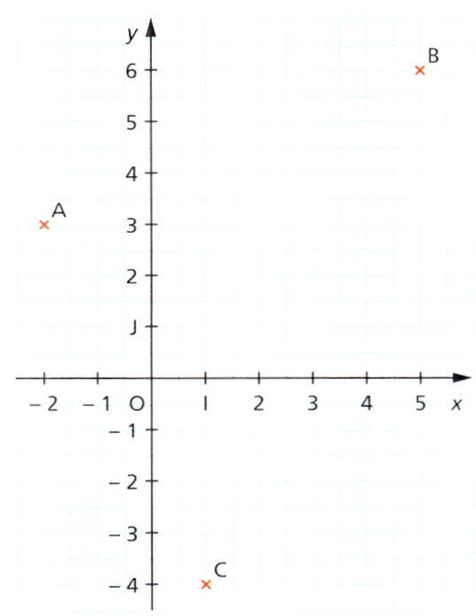

Pour déterminer la nature du triangle ABC, on calcule les carrés des distances :

$AB^2 = (5+2)^2 + (6-3)^2 = 49 + 9 = 58$

$BC^2 = (1-5)^2 + (-4-6)^2 = 16 + 100 = 116$

$AC^2 = (1+2)^2 + (-4-3)^2 = 9 + 49 = 58$

On a $AB^2 = AC^2$. Donc AB = AC. On en conclut que le triangle ABC est isocèle en A.

D'autre part, on a $AB^2 + AC^2 = BC^2$.

D'après la réciproque du théorème de Pythagore, le triangle ABC est aussi rectangle en A.

b. Aire de ABC $= \dfrac{AB \times AC}{2} = \dfrac{\sqrt{58} \times \sqrt{58}}{2} = \dfrac{58}{2} = 29.$

Remarque : L'énoncé ne précisant pas d'unité, les résultats sont donnés sans unité. On peut aussi préciser « 29 unités d'aire ».

c. Le triangle ABC est rectangle. Le centre de son cercle circonscrit est donc le milieu de l'hypoténuse [BC].

Son rayon est alors $\dfrac{1}{2}$ BC, soit $\dfrac{\sqrt{116}}{2} = \dfrac{2\sqrt{29}}{2} = \sqrt{29}$.

L'aire $\mathcal{S}$ d'un disque de rayon r est donnée par la formule : $\mathcal{S} = \pi r^2$. Ici, on a donc $\mathcal{S} = 29\pi$.

8 Pour montrer qu'un quadrilatère est un carré, on peut par exemple montrer que c'est un losange avec un angle droit. On calcule donc les mesures des côtés :

$AB^2 = (2 - 1)^2 + (-1 - 3)^2 = 1 + 16 = 17$

$BC^2 = (-2 - 2)^2 + (-2 + 1)^2 = 16 + 1 = 17$

$CD^2 = (-3 + 2)^2 + (2 + 2)^2 = 1 + 16 = 17$

$AD^2 = (-3 - 1)^2 + (2 - 3)^2 = 16 + 1 = 17$

$AB^2 = BC^2 = CD^2 = AD^2$.

Donc AB = BC = CD = AD. On en conclut que ABCD est un losange.

On montre alors que ce losange possède un angle droit. On calcule AC^2, puis $AB^2 + BC^2$:

$AC^2 = (-2 - 1)^2 + (-2 - 3)^2 = 9 + 25 = 34$

$AB^2 + BC^2 = 17 + 17 = 34$.

On a $AB^2 + BC^2 = AC^2$.

D'après la réciproque du théorème de Pythagore, on en conclut que ABC est rectangle en B.

Donc le quadrilatère ABCD est un carré.

9 **a.**

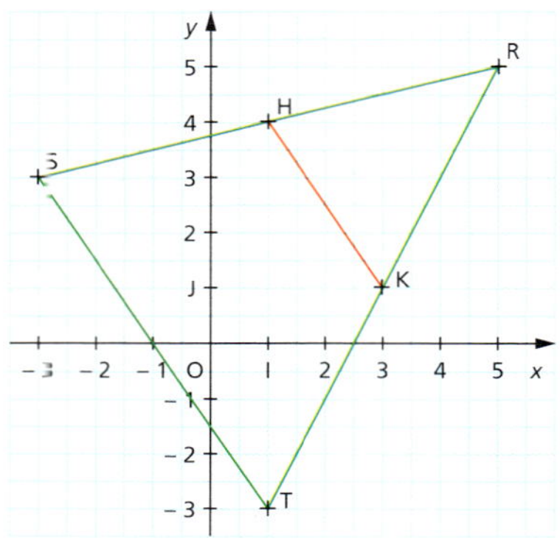

b. On lit H(1 ; 4) et K(3 ; 1).

On a $HK^2 = (3 - 1)^2 + (1 - 4)^2 = 4 + 9 = 13$.

D'où $HK = \sqrt{13}$.

D'autre part : $TS^2 = (-3 - 1)^2 + (3 + 3)^2 = 16 + 36 = 52$.

D'où $TS = \sqrt{52} = \sqrt{4 \times 13} = 2\sqrt{13}$.

On a donc 2 HK = TS.

c. Le résultat correspond à une partie du théorème des milieux.

Chapitre 27, page 129

1 **1.** ABC est isocèle en A ⇔ **a.** AB = AC.

2. ABCD est un parallélogramme ⇔ **b.** $\overrightarrow{AB} = \overrightarrow{DC}$.

3. M est le milieu de [AB] ⇔ **b.** $\overrightarrow{AM} = \overrightarrow{MB}$.

4. M appartient à la médiatrice de [AB] ⇔ **a.** AM = MB.

2 **a.** et **b.**

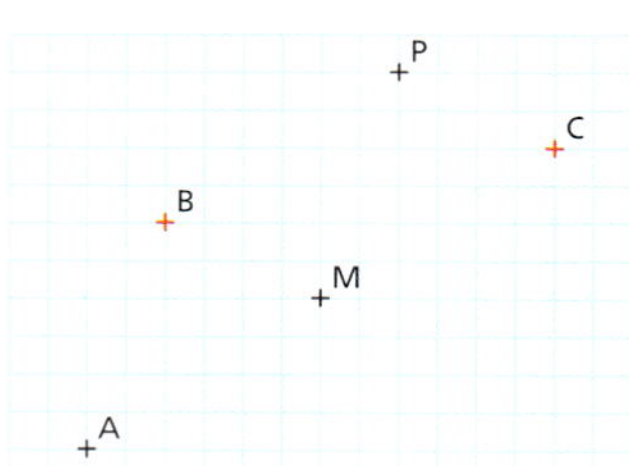

3 **a.** $\overrightarrow{DI} = \overrightarrow{IB}$ $\overrightarrow{AI} = \overrightarrow{JE}$

$\overrightarrow{AD} = \overrightarrow{CE}$ $\overrightarrow{JF} = \overrightarrow{BI}$

b. $\overrightarrow{AB} = \overrightarrow{EC} = \overrightarrow{FE}$

c. $\overrightarrow{EC} = \overrightarrow{CB} = \overrightarrow{DA} = \overrightarrow{FD} = \overrightarrow{JI}$

d. $\overrightarrow{DI} = \overrightarrow{IB} = \overrightarrow{FJ} = \overrightarrow{JC}$

4 **b.** et **d.** Les deux noms possibles du parallélogramme sont ABPR et ARPB.

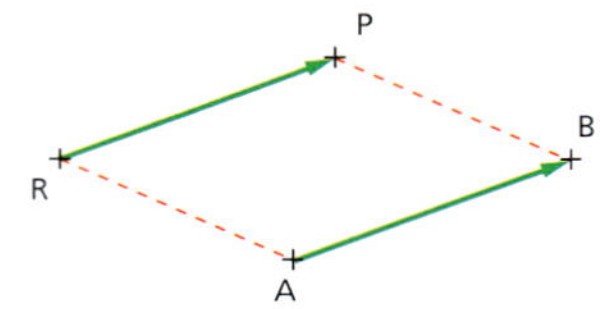

5

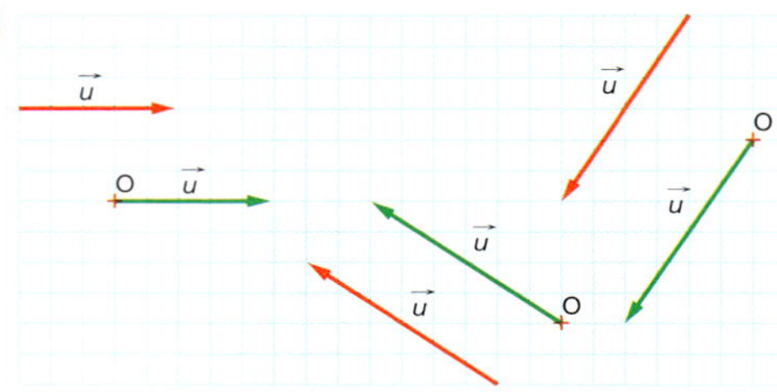

6 **1. a. Faux**, un parallélogramme n'est pas forcément un losange.

b. Vrai, un trapèze est un parallélogramme particulier.

c. Faux, I peut-être n'importe où sur la médiatrice de [AB].

d. Vrai.

e. Vrai, les diagonales d'un rectangle sont de même mesure.

2. a. Réciproque : ABCD est un losange ⇒ $\overrightarrow{AB} = \overrightarrow{DC}$.
Vrai, un losange est un parallélogramme particulier.

b. Réciproque : ABCD est un trapèze ⇒ $\overrightarrow{AB} = \overrightarrow{DC}$.
Faux, un trapèze n'est pas forcément un parallélogramme.

c. Réciproque : I est le milieu de [AB] ⇒ IA = IB.
Vrai.

d. Réciproque : AB = DC ⇒ $\overrightarrow{AB} = \overrightarrow{DC}$.
Faux, (AB) et (CD) ne sont pas forcément parallèles.

e. Réciproque : AC = BD ⇒ ABCD est un rectangle.
Faux, il faut que les diagonales se coupent en leur milieu.

7 $\overrightarrow{AI} = \overrightarrow{IB}$, donc I est le milieu de [AB].
E est le symétrique de C par rapport à I, donc I est le milieu de [EC].

Les segments [EC] et [AB] ont le même milieu I, donc le quadrilatère ACBE est un parallélogramme.

8 ABCD est un **parallélogramme**, donc $\overrightarrow{AD} = \overrightarrow{\mathbf{BC}}$.
D'autre part, DBCE est un **parallélogramme**, donc $\overrightarrow{DE} = \overrightarrow{\mathbf{BC}}$.

On a $\overrightarrow{AD} = \overrightarrow{\mathbf{BC}}$ et $\overrightarrow{DE} = \overrightarrow{\mathbf{BC}}$, donc $\overrightarrow{AD} = \overrightarrow{\mathbf{DE}}$.

Conclusion : $\overrightarrow{AD} = \overrightarrow{\mathbf{DE}}$, donc D est le milieu de [AE].

9 $\overrightarrow{AC} = \overrightarrow{BE}$, donc ACEB est un parallélogramme et $\overrightarrow{AB} = \overrightarrow{CE}$.

ABCD est un parallélogramme, donc $\overrightarrow{AB} = \overrightarrow{DC}$.

Puisque $\overrightarrow{AB} = \overrightarrow{CE}$ et $\overrightarrow{AB} = \overrightarrow{DC}$, alors $\overrightarrow{CE} = \overrightarrow{DC}$.

Donc C est le milieu de [DE].

Chapitre 28, page 131

1 Réponses **a**, **b** et **d**. Les vecteurs $\frac{3}{2}\vec{u}$; $-5\vec{u}$ et $-\frac{15}{7}\vec{u}$ sont plus grands que $\vec{u}$.

2

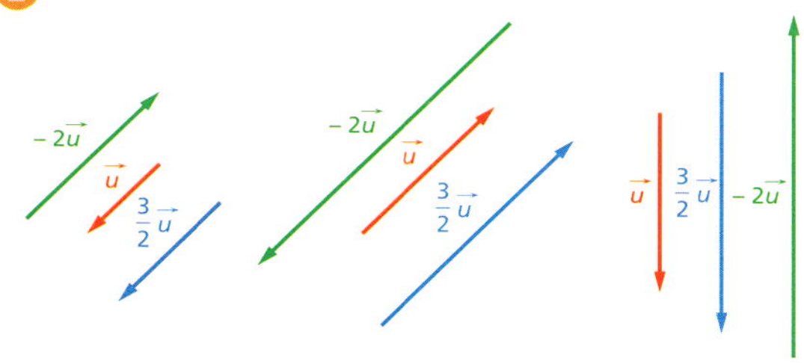

3

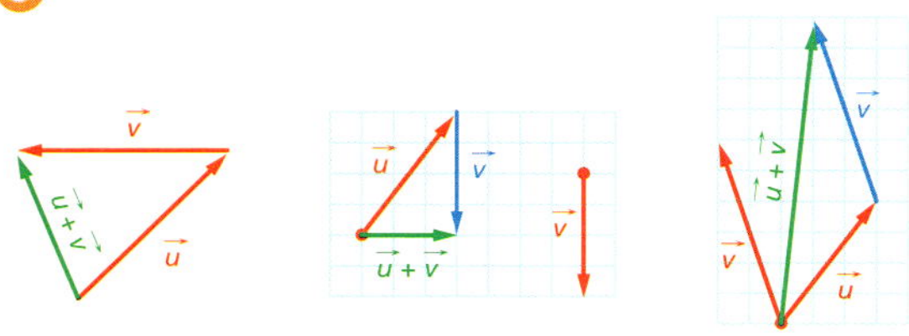

4

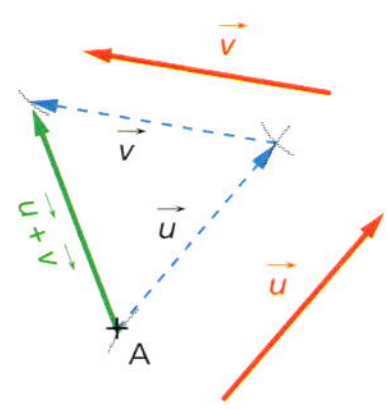

5

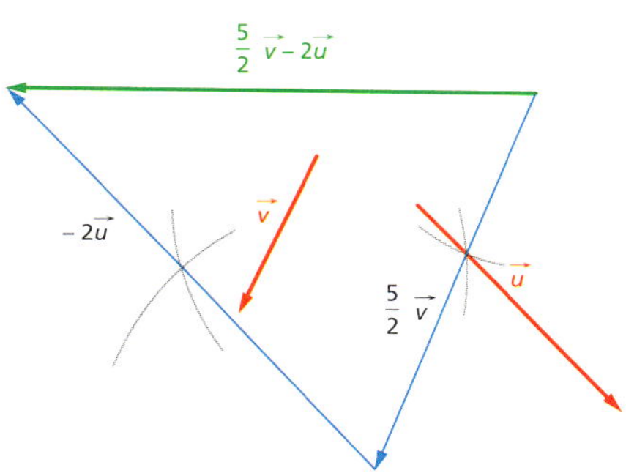

6 **1. a.** $\overrightarrow{AE}+\overrightarrow{OH}=\overrightarrow{\mathbf{FH}}$.

b. $\overrightarrow{FJ}+\overrightarrow{OL}=\overrightarrow{\mathbf{GC}}$.

c. $\overrightarrow{KO}+\overrightarrow{JO}=\overrightarrow{\mathbf{OG}}$.

d. $\overrightarrow{LH}+\overrightarrow{OJ}+\overrightarrow{BK}=\overrightarrow{\mathbf{IF}}$.

2. a. $2\overrightarrow{AE}+\overrightarrow{HC}=\overrightarrow{\mathbf{2FO}}+\overrightarrow{\mathbf{HC}}=\overrightarrow{\mathbf{FH}}+\overrightarrow{\mathbf{HC}}=\overrightarrow{\mathbf{FC}}$.

b. $3\overrightarrow{DI}+\overrightarrow{EK}=\overrightarrow{\mathbf{DK}}+\overrightarrow{\mathbf{KH}}=\overrightarrow{\mathbf{DH}}$.

c. $-2\overrightarrow{OF}+\overrightarrow{CH}=\overrightarrow{\mathbf{2FO}}+\overrightarrow{\mathbf{CH}}=\overrightarrow{\mathbf{FH}}+\overrightarrow{\mathbf{HB}}=\overrightarrow{\mathbf{FB}}$.

d. $\overrightarrow{DG}-2\overrightarrow{KH}=\overrightarrow{\mathbf{DG}}+\overrightarrow{\mathbf{2HK}}=\overrightarrow{\mathbf{OH}}+\overrightarrow{\mathbf{HE}}=\overrightarrow{\mathbf{OE}}$.

Ces réponses peuvent être remplacées par un vecteur équivalent.

7 **a.** $\overrightarrow{NP}=\overrightarrow{NM}+\overrightarrow{MP}=2\overrightarrow{IM}+2\overrightarrow{MJ}=2(\overrightarrow{IM}+\overrightarrow{MJ})=2\overrightarrow{IJ}$.

b. $\overrightarrow{NP}=\overrightarrow{NO}+\overrightarrow{OP}=2\overrightarrow{LO}+2\overrightarrow{OK}=2(\overrightarrow{LO}+\overrightarrow{OK})=2\overrightarrow{LK}$.

c. On a obtenu : $\overrightarrow{NP}=2\overrightarrow{IJ}$ et $\overrightarrow{NP}=2\overrightarrow{LK}$.

Donc $\overrightarrow{IJ}=\overrightarrow{LK}$. On en déduit que IJKL est un parallélogramme.

Chapitre 29, page 133

1 **a.** $\overrightarrow{MA}(2\,;11)$ **b.** $\overrightarrow{AT}(-2\,;-9)$ **c.** $\overrightarrow{TM}(0\,;-2)$

d. $\overrightarrow{OT}(1\,;-2)$ **e.** $\overrightarrow{MO}(-1\,;4)$

2 **a.** $\vec{u}\begin{pmatrix}4\\2\end{pmatrix}$; $\vec{v}\begin{pmatrix}4\\-2\end{pmatrix}$; $\vec{w}\begin{pmatrix}-3\\-2\end{pmatrix}$; $\vec{t}\begin{pmatrix}0\\3\end{pmatrix}$.

b.

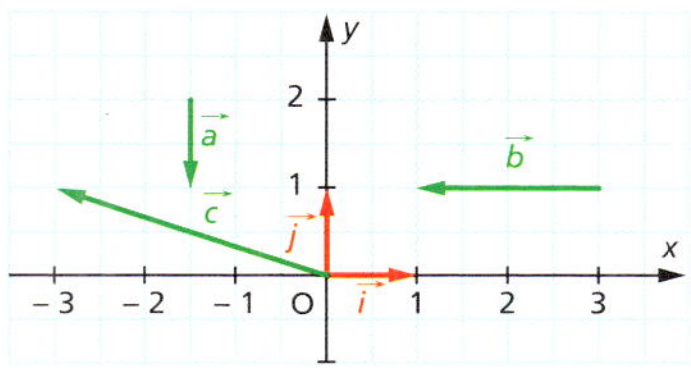

3 $\vec{u}+\vec{v}\begin{pmatrix}4-2\\5+3\end{pmatrix} \Leftrightarrow \vec{u}+\vec{v}\begin{pmatrix}2\\8\end{pmatrix}$

$\vec{u}-\vec{v}\begin{pmatrix}4+2\\5-3\end{pmatrix} \Leftrightarrow \vec{u}-\vec{v}\begin{pmatrix}6\\2\end{pmatrix}$

$-4\vec{u}\begin{pmatrix}-16\\-20\end{pmatrix}$

$2\vec{u}-3\vec{v}\begin{pmatrix}8+6\\10-9\end{pmatrix} \Leftrightarrow 2\vec{u}-3\vec{v}\begin{pmatrix}14\\1\end{pmatrix}$

4 **a.** $\overrightarrow{AB}\begin{pmatrix}4-2\\3+1\end{pmatrix} \Leftrightarrow \overrightarrow{AB}\begin{pmatrix}2\\4\end{pmatrix}$

$\overrightarrow{AC}\begin{pmatrix}-2-2\\4+1\end{pmatrix} \Leftrightarrow \overrightarrow{AC}\begin{pmatrix}-4\\5\end{pmatrix}$

$\overrightarrow{BC}\begin{pmatrix}-2-4\\4-3\end{pmatrix} \Leftrightarrow \overrightarrow{BC}\begin{pmatrix}-6\\1\end{pmatrix}$

b. $\vec{w}=\overrightarrow{AB}+\overrightarrow{AC} \Leftrightarrow \vec{w}\begin{pmatrix}2-4\\4+5\end{pmatrix} \Leftrightarrow \vec{w}\begin{pmatrix}-2\\9\end{pmatrix}$

c. Si D a pour coordonnées $(x\,;y)$, alors $\overrightarrow{AD}\begin{pmatrix}x-2\\y+1\end{pmatrix}$.

Or $\vec{w}=\overrightarrow{AD}$, donc $\begin{cases}x-2=-2\\y+1=9\end{cases}$.

On a donc $x=0$ et $y=8$.

D a pour coordonnées (0 ; 8).

5 **a.** Calculons les coordonnées des vecteurs $\overrightarrow{AB}$ et $\overrightarrow{DC}$:

$\overrightarrow{AB}\begin{pmatrix}4+4\\-2{,}5+2{,}5\end{pmatrix} \Leftrightarrow \overrightarrow{AB}\begin{pmatrix}8\\0\end{pmatrix}$

et $\overrightarrow{DC}\begin{pmatrix}6{,}5+1{,}5\\2{,}5-2{,}5\end{pmatrix} \Leftrightarrow \overrightarrow{DC}\begin{pmatrix}8\\0\end{pmatrix}$.

$\overrightarrow{AB}$ et $\overrightarrow{DC}$ ont les mêmes coordonnées, ils sont donc égaux et ABCD est un parallélogramme.

b. • CBEF est un parallélogramme, donc $\overrightarrow{BC} = \overrightarrow{\mathbf{EF}}$.

• Les vecteurs $\overrightarrow{BC}$ et $\overrightarrow{\mathbf{EF}}$ sont égaux, ils ont donc les mêmes **coordonnées**.

• $\overrightarrow{BC}\begin{pmatrix} x_C - x_B \\ y_C - y_B \end{pmatrix} \Leftrightarrow \overrightarrow{BC}\begin{pmatrix} 6,5-4 \\ 2,5+2,5 \end{pmatrix}$.

$\Leftrightarrow \overrightarrow{BC}\begin{pmatrix} 2,5 \\ 5 \end{pmatrix}$

• $\overrightarrow{\mathbf{EF}}\begin{pmatrix} x - x_E \\ y - y_E \end{pmatrix} \Leftrightarrow \overrightarrow{\mathbf{EF}}\begin{pmatrix} x-8 \\ y+5 \end{pmatrix}$.

• Les coordonnées de $\overrightarrow{BC}$ et de $\overrightarrow{\mathbf{EF}}$ sont égales.

Donc $x - 8 = 2,5$ et $y + 5 = 5$.

On en déduit : $x = 10,5$ et $y = 0$. **Donc F(10,5 ; 0).**

c. RADS est un parallélogramme. Donc $\overrightarrow{RA} = \overrightarrow{SD}$.

On suit le même raisonnement que dans **b**.

Soit x et y les coordonnées de S.

$\overrightarrow{RA}\begin{pmatrix} -4+8 \\ -2,5-4 \end{pmatrix} \Leftrightarrow \overrightarrow{RA}\begin{pmatrix} 4 \\ -6,5 \end{pmatrix}$ et $\overrightarrow{SD}\begin{pmatrix} -1,5-x \\ 2,5-y \end{pmatrix}$.

$\begin{cases} -1,5 - x = 4 \\ 2,5 - y = -6,5 \end{cases}$ donc S(– 5,5 ; 9).

6 Soit x et y les coordonnées de G. On a :

$\overrightarrow{GA}\begin{pmatrix} 5-x \\ 1-y \end{pmatrix}$, donc $3\overrightarrow{GA}\begin{pmatrix} 15-3x \\ 3-3y \end{pmatrix}$.

$\overrightarrow{GB}\begin{pmatrix} -2-x \\ 3-y \end{pmatrix}$, donc $-2\overrightarrow{GB}\begin{pmatrix} 4+2x \\ -6+2y \end{pmatrix}$.

$\overrightarrow{GC}\begin{pmatrix} 1-x \\ -2-y \end{pmatrix}$.

En faisant la somme, on trouve que le vecteur $3\overrightarrow{GA} - 2\overrightarrow{GB} + \overrightarrow{GC}$ a pour coordonnées $\begin{pmatrix} 20-2x \\ -5-2y \end{pmatrix}$.

Comme ce vecteur est égal au vecteur nul, ses coordonnées sont nulles. On a donc $20 - 2x = 0$ et $-5 - 2y = 0$, soit $x = 10$ et $y = -2,5$.

Les coordonnées de G sont donc G(10 ; –2,5).

7 **a.** $x_I = \dfrac{2+4}{2} = 3$ et $y_I = \dfrac{-3+2}{2} = -\dfrac{1}{2}$.

Donc on a $I\left(3 ; -\dfrac{1}{2}\right)$.

$\overrightarrow{AI}\begin{pmatrix} 3+3 \\ -\dfrac{1}{2}-1 \end{pmatrix} \Leftrightarrow \overrightarrow{AI}\begin{pmatrix} 6 \\ -\dfrac{3}{2} \end{pmatrix}$

b. $\dfrac{2}{3}\overrightarrow{AI}\begin{pmatrix} \dfrac{2}{3}\times 6 \\ \dfrac{2}{3}\times -\dfrac{3}{2} \end{pmatrix}$, donc $\dfrac{2}{3}\overrightarrow{AI}\begin{pmatrix} 4 \\ -1 \end{pmatrix}$ et $\overrightarrow{AG}\begin{pmatrix} x_G+3 \\ y_G-1 \end{pmatrix}$

$\overrightarrow{AG} = \dfrac{2}{3}\overrightarrow{AI} \Leftrightarrow \begin{cases} x_G + 3 = 4 \\ y_G - 1 = -1 \end{cases}$

On a donc $x_G = 1$ et $y_G = 0$.

c. $x_J = \dfrac{-3+4}{2} = \dfrac{1}{2}$ et $y_J = \dfrac{1+2}{2} = \dfrac{3}{2}$.

D'où $J\left(\dfrac{1}{2} ; \dfrac{3}{2}\right)$.

$\overrightarrow{CJ}\begin{pmatrix} \dfrac{1}{2}-2 \\ \dfrac{3}{2}+3 \end{pmatrix} \Leftrightarrow \overrightarrow{CJ}\begin{pmatrix} -\dfrac{3}{2} \\ \dfrac{9}{2} \end{pmatrix}$

d. $\dfrac{2}{3}\overrightarrow{CJ}\begin{pmatrix} \dfrac{2}{3}\times -\dfrac{3}{2} \\ \dfrac{2}{3}\times \dfrac{9}{2} \end{pmatrix}$, donc $\dfrac{2}{3}\overrightarrow{CJ}\begin{pmatrix} -1 \\ 3 \end{pmatrix}$ et $\overrightarrow{CG'}\begin{pmatrix} x_{G'}-2 \\ y_{G'}+3 \end{pmatrix}$.

$\overrightarrow{CG'} = \dfrac{2}{3}\overrightarrow{CJ} \Leftrightarrow \begin{cases} x_{G'} - 2 = -1 \\ y_{G'} + 3 = 3 \end{cases}$

On a donc $x_{G'} = 1$ et $y_{G'} = 0$.

Les points G et G′ sont donc confondus.

Chapitre 30, page 135

1 **a.** 16 ; **b.** 2,4 ; **c.** 4,8 ; **d.** 6 ; **e.** $-\dfrac{8}{3}$.

2 **a.** Vrai.

b. Faux, ces vecteurs ont la même direction, mais pas forcément la même norme.

c. Vrai.

d. Faux.

e. Vrai.

f. Vrai.

g. Vrai.

h. Faux, on sait seulement que les droites (EF) et (GH) sont parallèles.

3 **a.** $\overrightarrow{EI} = \overrightarrow{ML} = \overrightarrow{OR}$

b. $\overrightarrow{IL}$ est colinéaire à $\overrightarrow{RL}$, $\overrightarrow{OE}$, $\overrightarrow{OM}$, $\overrightarrow{EM}$, $\overrightarrow{RI}$, ainsi qu'aux opposés de ces vecteurs.

4 $\overrightarrow{BJ} = \overrightarrow{BA} + \overrightarrow{AJ}$.

Or $\overrightarrow{AI} = \dfrac{1}{3}\overrightarrow{AB}$, d'où $\overrightarrow{AB} = 3\overrightarrow{AI}$. Donc $\overrightarrow{BA} = \mathbf{3}\overrightarrow{\mathbf{IA}}$.

On en déduit : $\overrightarrow{BJ} = 3\overrightarrow{\mathbf{IA}} + 3\overrightarrow{\mathbf{AC}} = 3(\overrightarrow{\mathbf{IA}} + \overrightarrow{\mathbf{AC}})$

Soit $\overrightarrow{BJ} = 3\overrightarrow{\mathbf{IC}}$.

Les vecteurs $\overrightarrow{\mathbf{BJ}}$ et $\overrightarrow{\mathbf{IC}}$ sont donc colinéaires.

On en conclut que **les droites (BJ) et (IC) sont parallèles.**

5 **a.** On remarque que $-3\vec{u} = \vec{v}$. Donc $\vec{u}$ et $\vec{v}$ sont colinéaires.

b. $4 \times 4 = 16$ et $3 \times 4 = 12$. Les coordonnées ne sont pas proportionnelles. Les vecteurs $\vec{u}$ et $\vec{v}$ ne sont donc pas colinéaires.

c. On peut effectuer les produits en croix :

$6 \times 12 = 72$ et $4 \times 18 = 72$.

Les produits en croix sont égaux, donc $\vec{u}$ et $\vec{v}$ sont colinéaires.

d. On peut effectuer les produits en croix :

$(\sqrt{2}+1)(\sqrt{2}-1) = \sqrt{2^2} - 1 = 2 - 1 = 1$ et $0,2 \times 5 = 1$.

Les produits en croix sont égaux, donc $\vec{u}$ et $\vec{v}$ sont colinéaires.

6 **a.** $3\times3=9$ et $-2\times3=-6$. Donc $x=-6$.

b. $4\times4=16$ et $3\times4=12$. Donc $x=3$.

c. $-3\times(-4)=12$ et $-1\times(-4)=4$. Donc $x=-1$.

d. Les produits en croix doivent être égaux :
$\sqrt{3}\times2\sqrt{3}=6$. Donc $2x=6$, soit $x=3$.

7 **a.** Il faut vérifier si (TR) et (VE) sont parallèles, c'est-à-dire si $\overrightarrow{TR}$ et $\overrightarrow{VE}$ sont colinéaires.

$\overrightarrow{TR}\begin{pmatrix}7-1\\8-4\end{pmatrix} \Leftrightarrow \overrightarrow{TR}\begin{pmatrix}6\\4\end{pmatrix}$ et $\overrightarrow{VE}\begin{pmatrix}9+1\\3+3\end{pmatrix} \Leftrightarrow \overrightarrow{VE}\begin{pmatrix}10\\6\end{pmatrix}$.

Les produits en croix sont :
$6\times6=36$ et $10\times4=40$.

Ils ne sont pas égaux, donc les vecteurs $\overrightarrow{TR}$ et $\overrightarrow{VE}$ ne sont pas colinéaires. Le quadrilatère VERT n'est donc pas un trapèze.

b. Si VETU est un trapèze de bases [ET] et [UV] :
$\overrightarrow{TE}\begin{pmatrix}9-1\\3-4\end{pmatrix} \Leftrightarrow \overrightarrow{TE}\begin{pmatrix}8\\-1\end{pmatrix}$
et $\overrightarrow{UV}\begin{pmatrix}-1+5\\-3-y_U\end{pmatrix} \Leftrightarrow \overrightarrow{UV}\begin{pmatrix}4\\-3-y_U\end{pmatrix}$.

Ces deux vecteurs sont colinéaires si $8(-3-y_U)=-4$, ce qui donne $y_U=-\dfrac{5}{2}$. Donc U doit avoir pour coordonnées $\left(-5;-\dfrac{5}{2}\right)$.

Si VETU est un trapèze de bases [VE] et [UT] :
$\overrightarrow{VE}\begin{pmatrix}10\\6\end{pmatrix}$ et $\overrightarrow{UT}\begin{pmatrix}1+5\\4-y_U\end{pmatrix} \Leftrightarrow \overrightarrow{UT}\begin{pmatrix}6\\4-y_U\end{pmatrix}$.

Ces deux vecteurs sont colinéaires si $10(4-y_U)=36$, ce qui donne $4-y_U=\dfrac{36}{10}$, soit $y_U=\dfrac{2}{5}$. Donc U doit avoir pour coordonnées $\left(-5;\dfrac{2}{5}\right)$.

8 **a.** $\overrightarrow{AB}\begin{pmatrix}3+2\\3-1\end{pmatrix} \Leftrightarrow \overrightarrow{AB}\begin{pmatrix}5\\2\end{pmatrix}$
et $\overrightarrow{DE}\begin{pmatrix}3+1\\-1{,}4+3\end{pmatrix} \Leftrightarrow \overrightarrow{DE}\begin{pmatrix}4\\1{,}6\end{pmatrix}$.

On peut effectuer les produits en croix : $5\times1{,}6=8$ et $2\times4=8$.
Les produits en croix sont égaux, donc $\overrightarrow{AB}$ et $\overrightarrow{DE}$ sont colinéaires. Les droites (AB) et (DE) sont donc parallèles.

b. $\overrightarrow{AC}\begin{pmatrix}7+2\\4{,}6-1\end{pmatrix} \Leftrightarrow \overrightarrow{AC}\begin{pmatrix}9\\3{,}6\end{pmatrix}$ et $\overrightarrow{AB}\begin{pmatrix}5\\2\end{pmatrix}$.

On peut effectuer les produits en croix : $9\times2=18$ et $5\times3{,}6=18$.
Les produits en croix sont égaux. Donc $\overrightarrow{AB}$ et $\overrightarrow{AC}$ sont colinéaires et les points A, B et C sont alignés.

c. M est le point d'intersection entre la droite (AB) et l'axe des abscisses.

D'une part, M est sur (AB), donc A, M et B sont alignés.

D'autre part, M est sur l'axe des abscisses, donc l'ordonnée de M est égale à 0.

Soit x l'abscisse du point M.

A, M et B sont alignés, donc $\overrightarrow{AM}$ et $\overrightarrow{AB}$ sont colinéaires. On a :
$\overrightarrow{AM}\begin{pmatrix}x+2\\0-1\end{pmatrix} \Leftrightarrow \overrightarrow{AM}\begin{pmatrix}x+2\\-1\end{pmatrix}$ et $\overrightarrow{AB}\begin{pmatrix}5\\2\end{pmatrix}$.

Les produits en croix doivent être égaux :
$2(x+2)=-1\times5 \Leftrightarrow 2x+4=-5 \Leftrightarrow x=-\dfrac{9}{2}$.

Le point M a donc pour abscisse $-\dfrac{9}{2}$.

d. N est le point d'intersection entre la droite (DE) et l'axe des ordonnées.

D'une part, N est sur (DE), donc N, D et E sont alignés.

D'autre part, N est sur l'axe des ordonnées, donc l'abscisse de N est égale à 0.

Soit y l'ordonnée du point N.

N, D et E sont alignés, donc $\overrightarrow{DN}$ et $\overrightarrow{DE}$ sont colinéaires. On a :
$\overrightarrow{DN}\begin{pmatrix}0+1\\y+3\end{pmatrix} \Leftrightarrow \overrightarrow{DN}\begin{pmatrix}1\\y+3\end{pmatrix}$ et $\overrightarrow{DE}\begin{pmatrix}4\\1{,}6\end{pmatrix}$.

Les produits en croix doivent être égaux :
$4(y+3)=1\times1{,}6 \Leftrightarrow 4y+12=1{,}6$
$\Leftrightarrow y=-\dfrac{10{,}4}{4}=-2{,}6$.

Le point N a donc pour ordonnée $-2{,}6$.

9

```
Variables :
x_u, y_u, x_v, y_v
Lire x_u
Lire y_u
Lire x_v
Lire y_v
Début algorithme
   Si x_u × y_v − y_u × x_v = 0
      Afficher message : « Les vecteurs
      u et v sont colinéaires. »
   Fin si
   Si x_u × y_v − y_u × x_v ≠ 0.
      Afficher message : « Les vecteurs
      u et v ne sont pas colinéaires. »
   Fin si
Fin algorithme
```

Chapitre 31, page 137

1 **a.** 1 ; **b.** $\dfrac{3}{2}$; **c.** $\dfrac{1}{3}$; **d.** $-\dfrac{2}{3}$; **e.** $-\dfrac{3}{2}$; **f.** 0.

2 **1. a.** $2y=5x \Leftrightarrow y=\dfrac{5}{2}x$

b. $2x+y=-3 \Leftrightarrow y=-2x-3$

c. $3x-5y=2 \Leftrightarrow -5y=-3x+2 \Leftrightarrow y=\dfrac{3}{5}x-\dfrac{2}{5}$

d. $-4x+6y=12 \Leftrightarrow 6y=4x+12 \Leftrightarrow y=\dfrac{2}{3}x+2$

e. $-x-4y=4 \Leftrightarrow -4y=x+4 \Leftrightarrow y=-\dfrac{1}{4}x-1$

CORRIGÉS

2. a. Le coefficient directeur est $\frac{5}{2}$.

b. Le coefficient directeur est −2.

c. Le coefficient directeur est $\frac{3}{5}$.

d. Le coefficient directeur est $\frac{2}{3}$.

e. Le coefficient directeur est $-\frac{1}{4}$.

3 **1. a.** C'est l'équation d'une droite.

b. $3xy = 4$ peut s'écrire $y = \frac{4}{3x}$, c'est l'équation d'une hyperbole

c. $y = 3x^2 + 2x + 5$ est l'équation d'une parabole (voir le chapitre 17).

d. C'est l'équation d'une droite.

2. Les quatre équations sont équivalentes : elles représentent la même droite.

3. a. $y = -\frac{2}{3}x + 1$, **e.** $3y + 2x = 4$

et **d.** $5 - 6x - 9y = 0$ sont des équations de droite de coefficient directeur $-\frac{2}{3}$.

Ces trois équations sont donc des équations de droites parallèles entre elles.

f. $y = \frac{3}{2}x + 1$ **b.** $2y = 3x$ et **c.** $10y - 15x + 4 = 0$

sont des équations de droite de coefficient directeur $\frac{3}{2}$.

Ces trois équations sont donc des équations de droites parallèles entre elles.

4 $d_1 : x = 5$

$d_2 : y = 2x - 3$

$d_3 : y = -6$

$d_4 : y = -\frac{2}{3}x + 1$

$d_5 : y = x + 4$

$d_6 : y = -x + 4$.

5

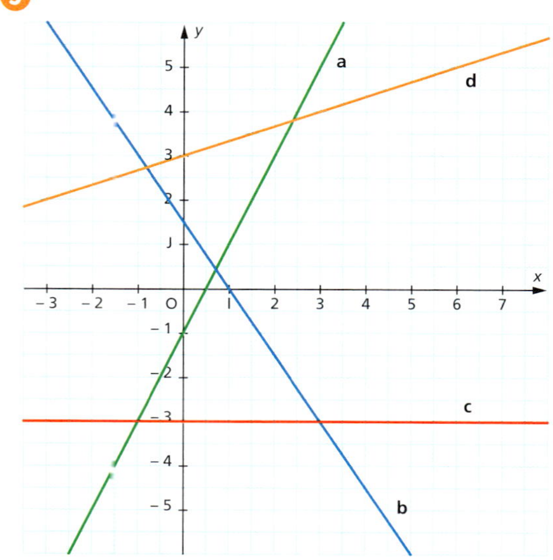

6

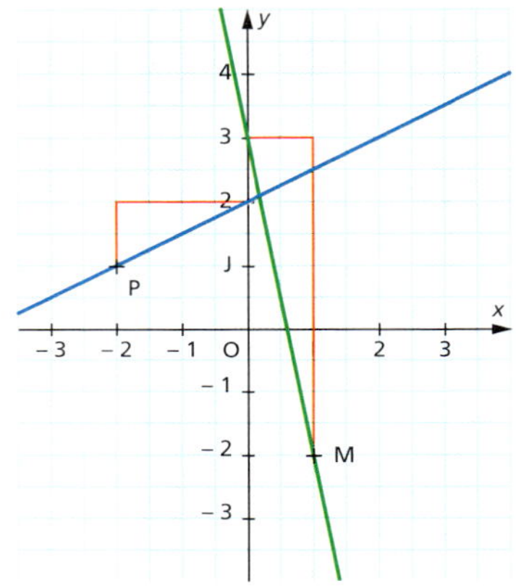

a. Le coefficient directeur de la droite est −5.

b. L'ordonnée à l'origine de la droite est 2.

7

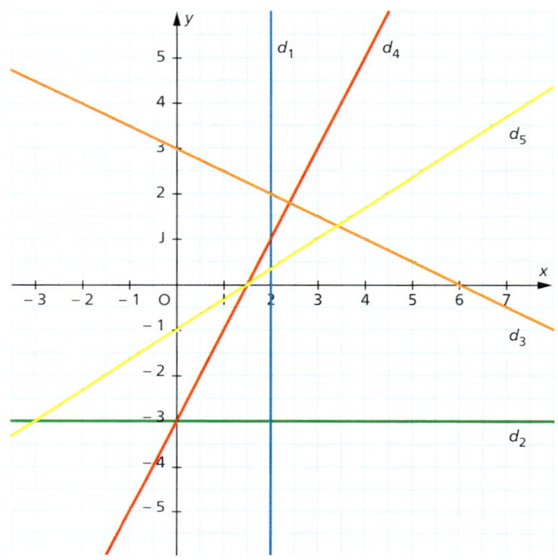

Chapitre 32, page 139

1 **a. Vrai.** $-2 \times 0 + 3 = 3$. Donc $A(0 ; 3) \in d$.

b. Faux. $-2 \times 4 + 3 = -5$. Donc $B(4 ; 4) \notin d$.

c. Vrai. $-2 \times 10 + 3 = -17$. Donc $C(10 ; -17) \in d$.

d. Faux. $-2 \times (-2) + 3 = 7$. Donc $D(-2 ; 7) \in d$.

e. Vrai. $-2 \times (-10) + 3 = 23$. Donc $E(-10 ; 24) \notin d$.

f. Faux. $-2 \times 0{,}5 + 3 = 2$. Donc $F(0{,}5 ; 2) \in d$.

2 **a.** (GL) a pour coefficient directeur $\frac{3-3}{5-4} = 0$.

(GB) a pour coefficient directeur $\frac{3-0}{5+1} = \frac{1}{2}$.

(GF) a pour coefficient directeur $\frac{3-1}{5-4} = 2$.

(BL) a pour coefficient directeur $\frac{3-0}{4+1} = \frac{3}{5}$.

(BF) a pour coefficient directeur $\frac{0-1}{-1-4} = \frac{1}{5}$.

On ne peut pas calculer le coefficient directeur de la droite (FL) car le dénominateur serait nul.

b. Les deux points F et L ont la même abscisse. Donc la droite (FL) est parallèle à l'axe des ordonnées. On en conclut que la droite (FL) n'a pas de coefficient directeur et que son équation est $x = 4$.

3 **a.** $6x - 2y = 5 \Leftrightarrow 2y = 6x - 5 \Leftrightarrow y = 3x - \frac{5}{2}$.

Cette équation est l'équation d'une droite. L'ensemble *d* est donc bien une droite.

b. Si $x = 2$, alors $y = 3 \times 2 - \frac{5}{2} = \frac{7}{2}$.

Le point d'abscisse 2 est donc le point de coordonnées $\left(2;\frac{7}{2}\right)$.

Si $y = 3$, alors $3x - \frac{5}{2} = 3$. D'où $3x = \frac{11}{2}$, et donc $x = \frac{11}{6}$.

Le point d'ordonnée 3 est donc le point de coordonnées $\left(\frac{11}{6};3\right)$.

4 La droite *d* a pour équation : $y = \frac{1}{3}x + 2$.

a. $3x + y = 2 \Leftrightarrow y = -3x + 2$. Cette équation n'est pas celle de *d*.

b. $x = 3y - 6 \Leftrightarrow y = \frac{1}{3}x + 2$. Cette équation est celle de *d*.

c. $\frac{1}{6}x - \frac{1}{2}y = -1 \Leftrightarrow \frac{1}{3}x - y = -2 \Leftrightarrow y = \frac{1}{3}x + 2$.

Cette équation est celle de *d*.

d. $6y - 2x = 12 \Leftrightarrow 6y = 2x + 12 \Leftrightarrow y = \frac{1}{3}x + 2$.

Cette équation est celle de *d*.

5 **a.** Aucun des points n'a la même abscisse ; donc on peut calculer le coefficient directeur *m*.

$m_{AB} = \frac{3-6}{3-0} = -1$ et $m_{AC} = \frac{3-0}{3-6} = -1$, donc les points A, B et C sont alignés.

b. $m_{AB} = \frac{3+5}{2+3} = \frac{8}{5} = 1{,}6$ et $m_{AC} = \frac{3+3}{2+2} = \frac{3}{2} = 1{,}5$, donc les points A, B et C ne sont pas alignés.

6 **a.** La droite *d* a pour coefficient directeur −2, son équation est donc de la forme :

$$y = -2x + p.$$

Pour calculer *p*, on remplace *x* et *y* respectivement par 3 et par −1 puisque la droite *d* passe par le point P(3 ; −1). Alors $-1 = -2 \times 3 + p$, soit $p = 5$.

$d : y = -2x + 5$.

b. La droite *d′* a pour ordonnée à l'origine −3, son équation est donc de la forme :

$$y = mx - 3.$$

Pour calculer *m*, on remplace *x* et *y* respectivement par 4 et 1 puisque la droite *d′* passe par le point R(4 ; 1) : $1 = 4m - 3$, soit $m = 1$.

$d' : y = x - 3$.

c. La droite *d″* est parallèle à la droite *d*. Elle a donc le même coefficient directeur. Son équation est de la forme : $y = -2x + p$.

Pour calculer *p*, on remplace *x* et *y* respectivement par 2 et 3 puisque la droite *d″* passe par le point Q(2 ; 3) : $3 = -2 \times 2 + p$, soit $p = 7$.

$d'' : y = -2x + 7$.

7 **a.** L'équation de la droite (AB) est de la forme : $y = mx + p$.

$m = \frac{3-0}{3+4{,}5} = \frac{3}{7{,}5} = 0{,}4$,

donc l'équation est de la forme : $y = 0{,}4x + p$.

Calcul de *p* : avec $x = 3$ et $y = 3$, on a $3 = 3 \times 0{,}4 + p$, d'où $p = 1{,}8$.

(AB) : $y = 0{,}4x + 1{,}8$.

b. L'équation de la droite (CD) est de la forme : $y = mx + p$.

$m = \frac{4+2}{-6+1} = -\frac{6}{5} = -1{,}2$,

donc l'équation est de la forme : $y = -1{,}2x + p$.

Calcul de *p* : avec $x = -6$ et $y = 4$, on a $4 = -1{,}2 \times (-6) + p$, d'où $p = -3{,}2$.

(CD) : $y = -1{,}2x - 3{,}2$.

c. Pour trouver les coordonnées de E, point d'intersection des deux droites, on cherche *x* tel que :

$0{,}4x + 1{,}8 = -1{,}2x - 3{,}2 \Leftrightarrow 1{,}6x = -5$

$$\Leftrightarrow x = -\frac{5}{1{,}6} = -\frac{50}{16}$$

$$\Leftrightarrow x = -\frac{25}{8} = -3{,}125.$$

L'ordonnée de E est :

$y = 0{,}4 \times (-3{,}125) + 1{,}8 = 0{,}55$.

E a pour coordonnées (−3,125 ; 0,55).

d. Si le point M(100 ; 41,8) appartient à la droite (AB), alors ses coordonnées vérifient l'équation de la droite.

Si $x = 100$:

$0{,}4 \times 100 + 1{,}8 = 41{,}8$.

Ce nombre est l'ordonnée de M, donc M ∈ (AB).

e. Soit I le milieu de [DC]. La médiane issue de A est la droite (AI).

Les coordonnées de I sont :

$x_I = \frac{x_D + x_C}{2} = \frac{-1-6}{2} = -3{,}5$ et

$y_I = \frac{y_D + y_C}{2} = \frac{-2+4}{2} = 1$. Donc I(−3,5 ; 1).

L'équation de la droite (AI) est de la forme : $y = mx + p$.

$m = \frac{3-1}{3+3{,}5} = \frac{2}{6{,}5} = \frac{20}{65} = \frac{4}{13}$, donc l'équation de (AI) s'écrit $y = \frac{4}{13}x + p$.

Calcul de *p* : comme (AI) passe par A(3 ; 3), si $x = 3$ et $y = 3$, alors :

$3 = 3 \times \frac{4}{13} + p$, d'où $p = \frac{27}{13}$.

(AI) : $y = \frac{4}{13}x + \frac{27}{13}$.

8 Pour résoudre graphiquement le système d'équations, on transforme les équations :

$$\begin{cases} x + y = 2 \\ 6x - 3y = -12 \end{cases} \Leftrightarrow \begin{cases} y = -x + 2 \\ y = 2x + 4 \end{cases}$$

On trace les deux droites ainsi définies en calculant quelques ordonnées de points.

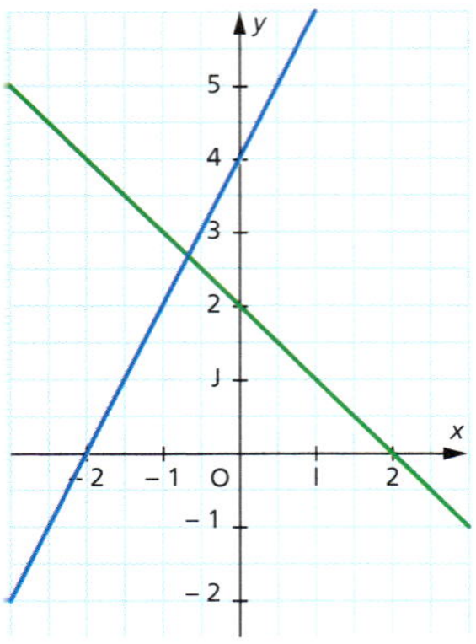

Le point d'intersection des deux droites a pour coordonnées environ (−0,6 ; 2,6). Ces lectures n'étant pas précises, on va le vérifier par le calcul.

Résolution algébrique :

$$-x + 2 = 2x + 4 \Leftrightarrow 3x = -2 \Leftrightarrow x = -\frac{2}{3}.$$

On remplace x par $-\frac{2}{3}$ dans la première équation :

$$y = \frac{2}{3} + 2 = \frac{8}{3}.$$

La solution du système est le couple $\left(-\frac{2}{3} ; \frac{8}{3}\right)$.

9 **a.** Sur $]-\infty ; 3[$, la droite d est au-dessus de d'.

Sur $]3 ; +\infty[$, la droite d est en dessous de la droite d'.

Le point d'intersection des deux droites est le point de coordonnées (3 ; 1).

b. L'équation de la droite d est $y = -\frac{1}{6}x + \frac{3}{2}$.

Celle de la droite d' est $y = \frac{2}{3}x - 1$.

La droite d est au-dessus de la droite d' quand $-\frac{1}{6}x + \frac{3}{2} > \frac{2}{3}x - 1$,

soit

$$-\frac{1}{6}x - \frac{2}{3}x > -1 - \frac{3}{2} \Leftrightarrow -\frac{5}{6}x > -\frac{5}{2} \Leftrightarrow x < -\frac{5}{2} \times -\frac{6}{5}$$

c'est-à-dire $x < 3$.

On retrouve bien les résultats lus graphiquement.

10 **a.**

$$\begin{aligned} ax + b = a'x + b' &\Leftrightarrow ax - a'x = b' - b \\ &\Leftrightarrow x(a - a') = b' - b \\ &\Leftrightarrow x = \frac{b' - b}{a - a'} \quad (\text{si } a \neq a') \end{aligned}$$

Si $a \neq a'$, la solution de l'équation d'inconnue x : $ax + b = a'x + b'$ est : $\frac{b' - b}{a - a'}$

b.

Variables :
a, b, a', b', x, y.
Début algorithme
Lire a
Lire b
Lire a'
Lire b'
  Si $a = a'$
    Afficher message : « Les droites (D) et (D′) sont parallèles »
  Fin si
  Si $a \neq a'$
    x prend la valeur $\frac{b' - b}{a - a'}$
    y prend la valeur $a \times x + b$
    Afficher message : « L'abscisse du point d'intersection entre (D) et (D′) est : »
    Afficher x
    Afficher message : « L'ordonnée du point d'intersection entre (D) et (D′) est : »
    Afficher y
  Fin si
Fin algorithme

Chapitre 33, page 141

1 **a. Faux** ; **b. Vrai** ; **c. Faux** ; **d. Faux**.

2 **1. a.** Oui ; **b.** Non ; **c.** Non ; **d.** Non.

2. a. Non ; **b.** Oui ; **c.** Oui ; **d.** Non.

3 **a.** (BCD) ; **b.** droite (BE) ; **c.** droite (EO) ; **d.** (EO).

4 **a.** ABCDEFGH est un pavé droit, donc les plans (AEF) et (GBC) sont parallèles.

(HB) est incluse dans (GBC), donc (HB) est parallèle à (AEF).

b. (AB)//(FG) et (FG)//(EH) donc (AB)//(EH).

c. Les droites (AB) et (EH) sont parallèles. Les points A, E, H et B définissent donc un plan.

Les droites (HB) et (AE) sont donc coplanaires, elles sont alors sécantes ou parallèles.

Elles sont incluses dans les plans (AEF) et (GBC) qui sont parallèles, donc elles ne peuvent pas être sécantes. Par conséquent, sachant qu'elles sont coplanaires, elles sont parallèles.

5 $\overrightarrow{IK} = \overrightarrow{EF}$ et $\overrightarrow{EF} = \overrightarrow{HG}$ donc $\overrightarrow{IK} = \overrightarrow{HG}$.

$\overrightarrow{IK} = \overrightarrow{HG}$ donc IHGK est un parallélogramme.

IHGK est un parallélogramme donc $\overrightarrow{IH} = \overrightarrow{KG}$.

De plus, $\overrightarrow{BK} = \overrightarrow{JG}$ donc BKGJ est un parallélogramme.

BKGJ est un parallélogramme donc $\overrightarrow{BJ} = \overrightarrow{KG}$.

$\overrightarrow{IH} = \overrightarrow{KG}$ et $\overrightarrow{BJ} = \overrightarrow{KG}$ donc $\overrightarrow{IH} = \overrightarrow{BJ}$.

$\overrightarrow{IH} = \overrightarrow{BJ}$ donc BJHI est un parallélogramme.

Chapitre 34, page 143

1 Aire du carré : 25 cm^2

Aire du triangle rectangle : 24 cm^2

Aire du disque : 25π cm^2

Aire du rectangle : 6 cm^2

Aire du triangle équilatéral : $\frac{49\sqrt{3}}{4}$

2 **a.** Prisme à base triangulaire. **b.** Pyramide à base carrée. **c.** Prisme à base losange. **d.** Pyramide à base triangulaire (tétraèdre).

3 **1. a.** Oui. **b.** Non, les longueurs du rectangle du centre doivent être égales aux côtés des triangles.

2. c. Oui. **d.** Oui.

4 Les deux faces carrées sont les bases du prisme : elles seront parallèles. Les droites (AB) et (EF) seront donc également parallèles.

5 **a.** Le volume est constitué de celui d'un cylindre et de celui d'un cône.

Dans le cylindre, on a la hauteur $H = 40$ m et le rayon $R = 15$ m. Le volume $\mathcal{V}$ du cylindre, en mètre cube, est :

$\mathcal{V}$ = aire de base × hauteur $= \pi \times 15^2 \times 40 = 9\,000\pi$.

Dans le cône, on a la hauteur $h = 6$ m et le rayon $R = 15$ m. Le volume $\mathcal{V}'$ du cône, en mètre cube, est :

$$\mathcal{V}' = \frac{\text{aire de base} \times \text{hauteur}}{3} = \frac{\pi \times 15^2 \times 6}{3} = 450\pi.$$

Le volume total, en mètre cube, est donc :

$\mathcal{V}'' = 9\,000\pi + 450\pi = 9\,450\pi$.

Le volume de ce solide est 9 450 π m^3.

b. $\mathcal{V}'' \approx 29\,688$ m^3, soit $\mathcal{V}'' \approx 29\,688\,000$ dm^3.

Or 1 L = 1 dm^3, donc $\mathcal{V}'' \approx 29\,688\,000$ L, c'est-à-dire $\mathcal{V}'' \approx 296\,880$ hL.

6 On a, en centimètre cube :

$$\mathcal{V} = \frac{\text{aire de base} \times \text{hauteur}}{3} = \frac{4^2 \times h}{3} = 150.$$

D'où $\frac{16h}{3} = 150 \Leftrightarrow 16h = 450 \Leftrightarrow h = \frac{450}{16} = 28{,}125$.

La hauteur de cette pyramide est 28,125 cm.

7 On peut considérer que la base de ce tétraèdre est un des trois triangles rectangles ADC, ABC ou ADB. Prenons ABC. Dans ce cas, la hauteur est [AD].

On a alors :

$$\mathcal{V} = \frac{\text{aire de base} \times \text{hauteur}}{3} = \frac{\frac{3 \times 3}{2} \times 3}{3} = 4{,}5.$$

Le volume est donc de 4,5 cm^3.

8 ABCD est une pyramide. ABC est une base de la pyramide et [DC] la hauteur correspondante.

Soit $\mathcal{V}$ le volume de ABCD. Alors :

$$\mathcal{V} = \frac{\text{aire de ABC} \times \text{DC}}{3}$$

Or, l'aire de ABC correspond à $\mathcal{A}_{\text{ABC}} = \frac{\text{AC} \times \text{CB}}{2}$.

Pour calculer AC, on applique le théorème de Pythagore dans le triangle ABC rectangle en C :

$AB^2 = AC^2 + BC^2$

$15^2 = AC^2 + 12^2$

$AC^2 = 15^2 - 12^2 = 225 - 144 = 81$

$AC = \sqrt{81} = 9$ cm

D'où $\mathcal{V} = \frac{\frac{9 \times 12}{2} \times 9}{3} = \frac{54 \times 9}{3} = 162$ cm^3.

9 **a.** $\mathcal{V}(x) = \frac{\text{aire de base} \times \text{hauteur}}{3}$

$= \frac{x^2 \times 75}{3} = 25x^2$.

b. La fonction $\mathcal{V}$ est de la forme $ax^2 + bx + c$. C'est une fonction polynôme du second degré.

Elle est décroissante jusque 0 ($b = 0$), puis croissante. Sur $[0\,;+\infty[$, elle est donc croissante.

c. On doit avoir $\mathcal{V}(x) = 2\,500$. Il faut donc résoudre l'équation $25x^2 = 2\,500$.

$25x^2 = 2\,500 \Leftrightarrow 25x^2 - 2\,500 = 0$

$\Leftrightarrow (5x - 50)(5x + 50) = 0$

Les deux solutions de cette équation sont 10 et −10.

On ne garde que la valeur positive, la valeur de x est donc : $x = 10$ cm.

HISTOIRE-GÉOGRAPHIE

Chapitre 1, p. 147

1 **a.** Au cours du XIVe siècle, la population européenne diminue de 30 millions d'habitants.

b. Avec l'adoption de l'agriculture, les populations européennes deviennent sédentaires.

c. Les premières vagues migratoires partant d'Europe datent du XVIe siècle.

d. Il y a 10 000 ans, la France comptait entre 20 000 et 50 000 habitants.

2 **a.** Parce qu'au milieu du XIVe siècle, le commerce est très actif en Occident. Les marchands font de nombreuses haltes dans les comptoirs et villes étapes. Les conditions d'hygiène sont rudimentaires. Les rats pullulent. Leur morsure transmet la maladie aux hommes. L'épidémie se répand rapidement dans les villes.

b. En jetant les cadavres de leurs soldats morts de la peste sur les Génois. Ils étaient assurés de contaminer la population.

c. La population européenne a diminué d'un tiers en quelques années.

3 **a.** La population augmente de 6 millions d'habitants.

b. La France est au début de sa transition démographique. En dehors des périodes de guerre, la mortalité baisse. La population augmente par accroissement naturel.

c. Il est négatif : la mortalité l'emporte sur la natalité. La population n'augmente pas. Cela correspond à des périodes de conflits : les hommes meurent au front, la production agricole est perturbée.

d. En 1770, le commerce des grains étant réglementé, ils sont plus rares et donc plus chers. Cela se traduit par une hausse de la mortalité. Le blé était la base de la nourriture. Quand les hommes étaient à la guerre, la production était moins importante et le prix augmentait.

Chapitre 2, p. 149

1 **a.** Vrai.

b. Faux, au contraire.

c. Faux, plus de 25 millions.

d. Faux, c'est l'arrivée dans un autre pays.

2 **a.** D'après le doc. 1, l'Amérique dans son ensemble, plus particulièrement l'Amérique du Nord, est le continent le plus attractif. C'est un continent vaste et très peu peuplé. Les migrants sont attirés aux États-Unis par la découverte de mines d'or en 1848. Puis ils exploiteront les mines de charbon des Appalaches et le pétrole du Texas. De plus, en arrivant sur la Côte est, ils trouvent des climats et des paysages identiques à ceux de l'Europe, ce qui facilite leur installation et encourage d'autres flux migratoires.

b. D'après le doc. 2, il s'agit de l'Italie, surtout l'Italie du Sud qui n'a aucune tradition industrielle, ni mines de fer ni mines de charbon. En outre, les conditions physiques (sols pauvres et grande sécheresse) et les structures agraires (latifundia) ne lui permettent pas de profiter de la révolution industrielle en cours. Les Italiens partent donc chercher fortune principalement aux États-Unis mais aussi en France.

3 **a.** Il y a beaucoup de jeunes femmes (une allaite son bébé, une autre est enceinte, une autre donne la main à un jeune enfant). Les hommes semblent un peu plus âgés. Ce sont des couples probablement venus d'Italie du Sud. L'unification du pays a creusé l'écart entre le Nord, riche et industrialisé, et le Sud, le Mezzogiorno, aux conditions de vie plus rudes et aux activités agricoles réduites.

b. Ces personnes semblent résignées. Les femmes sont pensives. Les hommes discutent. Sans doute essaient-ils de se convaincre qu'ils partent vers l'Eldorado.

c. Ils sont fort réduits car ceux qui partent sont, en général, les gens les plus démunis.

4 **a.** Une caricature est un dessin qui exagère un élément (caractéristique physique par exemple). Ici, les États-Unis apparaissent sous les traits d'un homme jovial et bedonnant, signe de prospérité.

b. Oncle Sam incarne les États-Unis. La comparaison avec Noé fait référence au Déluge biblique. Comme Noé, les États-Unis recueillent tout le monde.

c. Non. Ici, ils sont habillés comme s'ils se rendaient à une fête.

d. Il leur promet de ne pas être écrasés par les taxes et les impôts et de ne pas être enrôlés de force. Le mot « free » suppose aussi que les arrivants seront libres d'aller et venir ou d'entreprendre. Le texte anglais joue ainsi sur le double sens du mot « free » (libre/gratuit).

Chapitre 3, p. 151

1 **a.** Le manque de sérieux des responsables politiques qui s'adonnent volontiers à la boisson. L'incompétence des élus et leur vénalité.

b. Non, puisque les femmes n'avaient pas de droits politiques.

2 **a.** Les femmes et les enfants de citoyens, les métèques, les esclaves.

b. Les métèques ne sont pas considérés comme citoyens mais en ont certains attributs (participer aux fêtes et à la défense) et ils peuvent, sous certaines conditions, obtenir la citoyenneté. Ce sont en général des commerçants.

c. Tous les citoyens participent à la vie politique, c'est-à-dire aux décisions. Chaque citoyen peut être appelé à siéger au tribunal et au conseil puisque les membres de ces institutions sont tirés au sort. Les stratèges ne sont élus par l'ensemble des citoyens que pour un an.

d. Ce régime n'est pas pleinement démocratique parce que la plus grande partie de la population est exclue de la vie politique et que les postes essentiels (stratèges) sont réservés aux représentants des familles riches.

Chapitre 4, p. 153

1 Dans l'Empire, un homme libre **n'est pas obligatoirement** citoyen romain et **peut renoncer** à sa citoyenneté. Tous les habitants de l'Empire **ne** sont **pas** soumis au droit romain et **il est indispensable** de parler latin pour devenir citoyen. Ce droit est inscrit dans le bronze des tables claudiennes qui transcrivent le discours prononcé par **Claude (d'où claudiennes)**. En **212**, l'édit de Caracalla donne la citoyenneté à tout homme **libre** qui habite l'Empire.

2 **a.** Tacite (55-120) est un historien romain né en Gaule narbonnaise, sans doute à Vaison-la-Romaine. Issu d'une famille aisée, il exerce diverses fonctions, est légat de province en Gaule belgique et familier de l'empereur Trajan.

b. La religion (temple), l'instruction, la maîtrise du latin (éloquence), les modes de vie (bains, banquet).

c. En luttant contre toute forme d'abus de pouvoir (il adoucit les impôts, supprime les pots-de-vin), en favorisant l'émulation.

d. Des reproches. Tacite se place davantage sur un plan philosophique que politique.

3 **a.** L'édit de Caracalla présente plusieurs intérêts pour l'empereur :
– un intérêt religieux : toute la population de l'Empire se ralliera aux dieux romains ;
– un intérêt financier : tous les citoyens doivent payer l'impôt successoral (« charges qui pèsent sur tous »), qui s'élève à 20 % de la valeur des biens. Caracalla augmente ainsi considérablement les revenus de Rome ;
– un intérêt politique et psychologique : l'Empire romain dispose d'une armée colossale (« majesté du peuple romain ») et tous les combattants seront associés aux victoires, ciment de l'unité de l'Empire.

b. Non. Le fait de devoir payer plus d'impôts a découragé les nouveaux citoyens de s'engager dans l'armée.

Chapitre 5, p. 155

1 909 : fondation de l'abbaye de Cluny.
1095 : première croisade.
1098 : fondation de l'abbaye de Cîteaux.
1209 : croisade contre les cathares.

2 **a.** De son vrai nom Bernard de Fontaine (1090-1153), Bernard de Clairvaux est né près d'Alésia dans une famille de petite noblesse mais apparentée à de grandes maisons. Il appartient à l'ordre de Cîteaux. Il fonde l'abbaye de Clairvaux en 1115. Il est par bien des aspects un moine réformateur, mais se montre aussi très conservateur en rejetant les évolutions économiques, sociales et politiques que connaît le XIIe siècle. Très impliqué dans la vie religieuse, il est secrétaire du concile de Troyes (1129).

b. C'est un discours de prédication (depuis le concile Vatican II, on parle plutôt d'homélie). L'orateur explique les mystères de la foi et les préceptes de la vie chrétienne. Bernard de Clairvaux a laissé 84 sermons.

c. Sagesse, obéissance, patience, gaieté, justice, humilité.

d. Faiblesse d'âme, tristesse, orgueil, vanité.

3 **a.** L'ordre des Frères mineurs, fondé par saint François, est également connu sous le nom d'ordre des franciscains ou des cordeliers car ses membres portaient une corde en guise de ceinture à la taille.

b. En signe d'humilité, de soumission au pape représentant de Dieu sur terre.

c. Il y a un net contraste entre les riches tenues du pape et des prélats, et la robe de bure marron des Frères mineurs.

d. Il a établi les règles de vie de l'ordre qu'il vient de créer. Les premières datent de 1221 et imposent obéissance, chasteté et pauvreté. Celle de 1223 ajoute la stricte observance de l'Évangile.

4 **a.** Les bâtiments sont nettement individualisés. Il y a la partie exclusivement spirituelle (église, cloître, chapitre), où les abbés se retrouvent pour prier, la partie consacrée au travail (forge) car les moines, vivant en autarcie, devaient tout produire. L'infirmerie est à l'écart pour éviter tout risque de contagion. On note que les étrangers sont accueillis (hôtellerie), qu'ils peuvent prier dans une chapelle qui leur est réservée, mais qu'ils sont isolés des abbés. Les abbés disposent de terres qu'ils cultivent pour leurs besoins alimentaires et ils élèvent des pigeons (colombier).

b. Non, puisqu'ils recueillent les passants à qui ils assurent l'asile.

c. Elle était consacrée à la prière et au travail.

Chapitre 6, p. 157

1 Disette : manque de nourriture.
Ban : pouvoir par lequel le seigneur protège ses gens.
Dîme : impôt payé par les paysans au clergé.
Tenure : partie du domaine mise en valeur par les paysans.
Jacquerie : révolte de paysan.
Alleutier : paysan propriétaire de sa terre.
Assolement triennal : rotation des cultures sur trois ans.
Serf : paysan non libre.

2 **a.** Saine, puisque les recettes l'emportent sur les dépenses.

b. Le domaine, c'est-à-dire les récoltes et les bois.

c. L'entretien du domaine (matériel, salaires, achat de semences) représente plus de la moitié des dépenses.

3 **a.** Ils sont inquiets, ne se sentent pas en sécurité, craignent de perdre le peu qu'ils possèdent. Ensuite, ils veulent pouvoir accéder à la forêt seigneuriale pour deux raisons : chasser le gibier qui leur permettra d'améliorer l'ordinaire et se procurer le bois dont ils manquent pour leur cheminée qui leur sert autant à préparer les repas qu'à se chauffer.

b. Le nombre et la détermination.

c. La détermination ne suffit pas. Raoul de Normandie est responsable de la paix et de la justice sur sa seigneurie et manifestement son armée lui est soumise.

d. Raoul réagit par la violence et par des châtiments corporels très brutaux.

4 **a.** Une parcelle concédée à un paysan et suffisamment grande pour permettre de nourrir une famille.

b. La corvée, c'est-à-dire généralement deux jours de travail gratuit sur la réserve des chanoines, puisqu'il a le statut de vilain. Il pourra les consacrer à l'entretien de ses soles personnelles.

c. Les redevances sont très variées mais sont surtout financières. L'intérêt pour Guichard, c'est qu'elles sont étalées tout au long de l'année, ce qui lui permet d'avoir toujours un revenu.

d. C'est un « bon paysan », une expression qui traduit son ardeur au travail, sa fidélité et son dévouement à ses seigneurs.

Chapitre 7, p. 159

1 Amour courtois : nouveau mode de relation entre homme et femme.

Félonie : trahison d'un vassal à l'égard de son suzerain.

Adoubement : cérémonie par laquelle l'écuyer devient chevalier.

Féodalité : système organisant la société médiévale.

2 **a.** Un tournoi.

b. Ce n'est pas seulement une distraction mais un entraînement pour un véritable combat, une façon de se mesurer aux autres. C'est aussi l'occasion pour le chevalier de gagner de l'argent et d'impressionner celle qu'il veut séduire.

3 **a.** Loyauté, fidélité à Dieu et à son pays, courage, sagesse, générosité, franchise, défense de la justice.

b. Pour canaliser la violence guerrière. Au début, l'Église rejette les chevaliers en qui elle ne voit que des hommes violents, prêts à tout pour s'enrichir. Elle ne considère que ceux qui partent aux croisades. Puis la littérature (les chansons de geste) s'empare des hauts faits d'armes de certains chevaliers. La chevalerie prend de l'importance, devient une sorte de modèle et constitue un ordre qui se dote d'un code d'honneur.

4 **a.** Délicats, raffinés. Les gestes sont tendres, les sentiments exprimés avec mesure.

b. Cet amour entre nobles respecte les règles de la chevalerie, et donc une sorte de vassalité homme-femme. L'amour courtois est l'attitude qu'un homme bien élevé doit avoir en présence d'une dame de qualité. Il doit être prévenant, à l'affût des désirs de celle qu'il aime, lui être fidèle. C'est un amour sincère mais impossible.

c. Le *Roman de la Rose*.

5 **a.** Non, il s'agit de reconstitutions établies à partir de documents tels que la chronique de Dudon de Saint-Quentin.

b. Dans la première scène (hommage), le suzerain est assis sur une sorte de trône. Il domine son vassal, qui pose un genou au sol en signe d'humilité et d'allégeance. La main du suzerain posée sur l'épaule du vassal symbolise la protection qu'il lui assurera désormais.
Dans la seconde scène (investiture), le suzerain donne à son vassal une motte de terre, qui symbolise la remise du fief.

c. Parfois, pour éviter des rivalités guerrières entre vassaux, le suzerain remet des biens matériels. Le vassal n'est pas perdant car l'équipement d'un chevalier coûte extrêmement cher.

Chapitre 8, p. 161

1 **a.** Vrai. **b.** Faux. **c.** Faux.

2 **a.** Les grands pôles du commerce européen sont : les cités italiennes (Venise, Gênes, Milan…), qui maîtrisent le commerce méditerranéen ; la Champagne, où se tiennent de grandes foires plusieurs fois par an ; les villes drapantes de Flandre (Ypres, Bruges…) ; et enfin les villes de la Hanse au nord de l'Allemagne (Hambourg, Lübeck…).

b. À la croisée de grandes routes commerciales terrestres, les foires de Troyes ou de Provins rassemblent des marchands venus de toute l'Europe, qui s'échangent les produits en provenance du Nord et du Sud.

3 Au IXe siècle, Bruges bénéficie d'un site et d'une situation particuliers. C'est un pont, donc un carrefour autant pour les hommes que pour les marchandises. C'est un port sur la mer du Nord. Ce qui au haut Moyen Âge n'était pas un avantage (invasions) devient donc un atout, car la forteresse chargée de lutter contre les envahisseurs devient château seigneurial. Les besoins de la famille du seigneur attirent les marchands de produits de luxe. Par la suite, les activités s'entraînent les unes les autres. Il faut construire des auberges, des hôtels… et toutes ces activités favorisent l'essor de ce qui devient une ville à la renommée internationale.

Protégée par ses remparts construits au XIIIe siècle, la ville développe son commerce tout particulièrement avec l'Angleterre. Elle est devenue un port drapier, qui importe la matière première ensuite travaillée dans de multiples manufactures. Les étoffes luxueuses ainsi fabriquées sont ensuite exportées dans toute l'Europe.

Chapitre 9, p. 163

1 Pedro Álvares Cabral : Brésil (1500).
Vasco de Gama : Inde (1498).
Christophe Colomb : Bahamas (1492).
Fernand de Magellan : Philippines (1521).

2 **a.** Une intense activité. Les bateaux, nombreux, se croisent. Beaucoup sont amarrés et sur les quais, des hommes s'activent.

b. *A priori*, Cadix, située sur la côte, est mieux placée et d'accès plus aisé. Cependant, elle est à la merci des attaques. Les Anglais l'ont d'ailleurs attaquée en 1587 et 1596. Dans les terres, Séville est en revanche à l'abri des attaques maritimes. Sa position plus continentale en fait également un débouché pour les productions locales (vin, huile d'olive). Elle a donc pu développer son commerce avec l'Amérique.
C'est de Séville que sont parties presque toutes les expéditions d'exploration de la première moitié du XVIe siècle. C'est aussi à Séville qu'en 1564 est établie l'organisation navale qui va dominer la course vers les Indes à la fin du XVIe siècle et durant une partie du XVIIe siècle. L'activité portuaire est concentrée à l'Arenal, le terrain se trouvant entre le fleuve et les murailles. Une activité artisanale en relation avec le port et la marine se développe (charpentiers spécialisés, fabricants de cordages et de tonneaux, fondeurs de canons, spécialistes du calfatage, muletiers…).

On trouve également des chantiers navals modestes, construisant des navires de petite taille. Les grands navires sont fabriqués en Cantabrie et en Amérique, même si au XVIIe siècle deux galions sont fabriqués à Séville.

3 Le choix de Pékin, ville des steppes du Nord, comme capitale n'a pas gêné l'influence maritime chinoise. La Chine établit des échanges commerciaux avec Macao et les Philippines, où sont installés Portugais et Espagnols. Elle continue de s'intéresser à l'Inde. Elle développe également ses communications intérieures pour relier Pékin aux points stratégiques du pays.

Chapitre 10, p. 165

1 Copernic affirme que le Soleil est au centre du monde (1543).
Martin Luther est l'un des initiateurs de la Réforme (début du XVIe siècle).
Michel Ange peint la voûte de la chapelle Sixtine à Rome (1512).
Machiavel est l'auteur du *Prince* (1513).
Galilée observe la Lune grâce à sa lunette astronomique (début du XVIIe siècle).
Titien peint de nombreux portraits (XVIe siècle).
Watt perfectionne la machine à vapeur (XVIIIe siècle).
Kepler découvre les lois du mouvement planétaire (début du XVIIe siècle).

2 **a.** Une indulgence est l'achat de sa rédemption après une faute grave, une façon pour les croyants d'éviter le Purgatoire. Le pape délivrait un certificat d'indulgence. L'argent versé par le coupable sert, par exemple, à la construction du dôme d'une église.

b. Pour Luther, seul Dieu peut absoudre les péchés. La pratique lui paraît contraire à la religion. Il reproche surtout au pape et à ceux qui vendent les indulgences de profiter de la naïveté des croyants.

c. Luther est excommunié et banni de l'Empire mais il est soutenu par le prince de Saxe qui le recueille, ce qui lui permettra de développer sa théorie.

3 **a.** Galilée remet en question le système cosmologique en vigueur depuis le Grec Ptolémée et défendu par l'Église : la Terre n'est plus au centre de l'Univers ; les planètes tournent autour du Soleil. Cette remise en cause lui vaut un procès pour hérésie par le tribunal de l'Inquisition.

b. Dans cette lettre, Lavoisier fait part au secrétaire de l'Académie des sciences du résultat de ses travaux récents.

c. Le nouvel esprit scientifique consiste à raisonner librement, et non sous la contrainte des dogmes ou de la tradition, à observer la nature à l'aide d'instruments, à appliquer un raisonnement mathématique aux phénomènes physiques, à vérifier ses hypothèses par l'expérimentation, etc.

Chapitre 11, p. 167

1 L'*Habeas Corpus* met fin aux arrestations arbitraires.
La nuit du 4 août consacre l'abolition des privilèges.
La Constitution limite les pouvoirs du souverain ou du chef de l'État.

2 **a.** Le roi et un sans-culotte.

b. Le sans-culotte est reconnaissable à son pantalon gris et à son bonnet phrygien. Le roi est reconnaissable à sa perruque. Il porte des bas et une jaquette.

c. 1792, après l'arrestation du roi à Varennes. Le sans-culotte représente le peuple parisien. Dans son jeu, il n'a que des « piques » (jeu de mot sur les piques dont s'arment les insurgés). Le roi a écarté les « cœurs » de son jeu : en partant en catimini, il a perdu ses fidèles, ceux qui croyaient en lui et l'aimaient. Il n'a donc plus rien pour se défendre et est « capot », comme le joueur de cartes qui n'a plus d'atouts dans son jeu.

3 **a.** Cet organigramme indique que, comme l'avait souhaité Montesquieu, il y a séparation nette des pouvoirs. On note que le pouvoir législatif est composé de deux chambres, ce qui était une des questions posées dès le 31 août 1789 mais n'avait pas été retenu dans la première constitution.

La Constitution de l'an III exprime la volonté de ses auteurs de « terminer la Révolution », en mettant en place une république censitaire, et d'empêcher tout retour de la dictature, grâce à un exécutif collégial composé de cinq directeurs. Mais elle maintient aussi l'instabilité politique puisque chaque année, un directeur et le tiers des députés sont renouvelés.

b. Cette Constitution n'institue pas la démocratie, dans la mesure où seuls les propriétaires et les hommes qui paient des impôts peuvent être électeurs. C'est la République « des meilleurs », ceux qui sont les plus intéressés au maintien des lois. Les femmes ne participent pas à la vie politique, malgré toutes les tentatives dans ce sens (Olympe de Gouges).

Chapitre 12, p. 169

1 1815 : congrès de Vienne.

1830 : indépendance de la Grèce.

1833 : abolition de l'esclavage au Royaume-Uni.

1848 : abolition de l'esclavage en France.

2 L'empire d'Autriche est une vraie mosaïque de peuples qui n'ont guère de points communs. La mer Noire intéresse autant les Russes, qui manquent de débouchés maritimes, que les Autrichiens et les Turcs qui contrôlent les détroits. Les trois empires cherchent donc à dominer les régions riveraines. Or, parmi les peuples des Balkans, certains ont un passé très riche (Tchèques, Hongrois, Moldaves, etc.) et ne supportent plus le joug autrichien ou ottoman. D'autres ont obtenu une certaine autonomie, voire leur indépendance (Grèce).

Les écrivains savent émouvoir les peuples. Le vocabulaire utilisé dans le texte de Kollar est très violent, guerrier, c'est un vocabulaire de révolte.

Une poudrière est un endroit dangereux, où l'on stocke armes et munitions, ce qui demande prudence et vigilance de tous les instants. En cas d'incident, c'est l'embrasement et l'explosion assurée. L'empire d'Autriche et l'Europe balkanique dans son ensemble sont tout aussi instables. Les risques de conflit entre deux ethnies, mais aussi entre Autrichiens, Russes et Ottomans sont réels. Si une telle situation se produisait, c'est toute l Europe balkanique qui « exploserait ». Les accrochages seront nombreux entre 1850 et 1914, et les empires autrichien et ottoman ne survivront pas à la Première Guerre mondiale.

L'expression imagée de « poudrière des Balkans » est donc tout à fait justifiée.

Chapitre 13, page 171

1 **a.** Faux. **b.** Vrai. **c.** Faux. **d.** Faux, 21 veut dire XXIe siècle. **e.** Faux.

2 **a.** Les États-Unis, principale puissance industrielle de la planète, ne l'ont pas signé. Il n'est entré en vigueur que huit ans après sa signature.

b. Globalement non. Au niveau de la planète, les émissions ont augmenté. Mais il faut nuancer. L'Union européenne a respecté en partie ses engagements. En revanche, la Chine, l'Inde et le Moyen-Orient ont continué d'augmenter les leurs.

3 **a.** Secteurs dont la part dans les émissions de GES a augmenté : l'énergie ainsi que l'habitat et le tertiaire. Cela s'explique par une élévation du niveau de vie dans un certain nombre de pays émergents qui a induit un confort domestique plus important. De plus, après la catastrophe de Fukushima, plusieurs pays (dont l'Allemagne) ont relancé la production d'énergie thermique très polluante (centrales à charbon).

b. Secteurs dont la part dans les émissions de GES a reculé : l'agriculture, l'industrie et les transports. Cela est dû au développement d'une agriculture raisonnée moins consommatrice d'engrais, de pesticides, etc. ; d'une industrie qui a profondément modifié ses techniques de production ; de transports de plus en plus collectifs (développement des transports en commun) et performants (moteurs plus économes, essor de la voiture électrique, etc.).
On note que la part des déchets reste stable depuis 1990.

Chapitre 14, page 173

1 Nombre d'habitants supérieur aux ressources disponibles : surpopulation.
Pourcentage de décès d'enfants de moins d'un an : taux de mortalité infantile.
Âge qu'un enfant peut espérer atteindre lors de sa naissance : espérance de vie.
Indicateur mesurant le niveau de développement d'un État : IDH.
Départ de la campagne vers la ville : exode rural.

2 **a.** Une pyramide traduit l'état d'une population à un moment donné. En aucun cas elle ne montre une évolution mais elle permet d'émettre des hypothèses et de comprendre certaines questions de société. La date de réalisation est donc très importante.

b. Moins de 20 ans : dans les PMA, en 1999 environ 52 %, en 2050 environ 30 % ; dans les pays développés, en 1999 environ 30 %, en 2050 environ 20 %.

Plus de 60 ans : dans les PMA, en 1999 environ 10 %, en 2050 environ 30 % ; dans les pays développés, en 1999 environ 22 %, en 2050 environ 38 %.

c. En 1999, la pyramide des PMA avait une forme de triangle. La base large traduisait une forte natalité. Ils étaient dans la phase « explosion ». En 2050, la base, donc la natalité, sera plus resserrée que la partie centrale qui représente les actifs. Il y aura moins de jeunes que d'adultes et l'espérance de vie sera plus longue. Ils auront achevé leur transition démographique.

En 1999, les pays développés voient leur base déjà resserrée. Mais les actifs étaient fort nombreux. En 2050, la base sera encore plus étroite, conséquence d'une natalité faible. Mais, et c'est inquiétant, le sommet, c'est-à-dire les plus de 60 ans seront presque aussi nombreux que les jeunes et les actifs réunis. Ils seront en phase finale de la post-transition.

d. La population vieillit partout dans le monde. Les PMA ont engagé, et pour certains bien avancé, leur transition démographique. Cela se ressent sur la base de la pyramide qui se resserre entre 1999 et 2050. Les pyramides des PMA et des pays développés tendent à se rapprocher. La baisse de la natalité et l'augmentation de l'espérance de vie sont à mettre en relation avec une élévation généralisée du niveau de vie. Mais les inégalités restent fortes. L'Afrique sera encore en retard. Toutefois, cette analyse n'est valable qu'aujourd'hui. Pour établir la situation démographique en 2050, on s'est placé dans la situation actuelle (économique, politique, sanitaire). D'ici 2050, les choses évolueront (guerres, épidémies…). Dans les années 1960, les démographes estimaient que nous serions 12 milliards en 2000, or à cette date nous étions 6 milliards, et nous sommes aujourd'hui environ 7,2 milliards. L'augmentation s'est donc considérablement ralentie.

3 **a.** Ces deux graphiques considèrent trois paramètres : l'évolution de la population, de la production agricole et de la part de production agricole disponible. Ils suivent l'évolution sur 50 ans, entre 1961 et 2012. Le choix de 1961 correspond à un tournant historique. À cette date, la quasi-totalité des États d'Asie et d'Afrique ont acquis leur indépendance. Par ailleurs, les graphiques ne considèrent pas des données brutes, des valeurs absolues difficilement comparables, mais des indices, 1961 correspondant à l'indice 100. On constate que pour les deux continents, l'évolution de la population est nette. Cependant, elle est plus importante en Afrique. La Chine et l'Inde ont en effet engagé des politiques de limitation des naissances dès les années 1960. Entre 1961 et 2005, l'Asie multiplie sa population par 2 quand l'Afrique la multiplie par plus de 2,5. Depuis 2005, la population asiatique n'augmente que très peu, conséquence de son vieillissement (il y a moins de jeunes en âge d'avoir des enfants). À l'inverse, malgré la baisse de la natalité, la population africaine continue de croître à un rythme soutenu parce que le nombre de jeunes ayant entre 15 et 25 ans est très important.

b. En Asie, la production agricole est multipliée par 4,2 ; en Afrique par 3,5. L'écart est net (révolutions vertes précoces en Inde et en Chine notamment), mais l'écart se resserre car beaucoup d'États africains ont engagé des réformes agraires.

c. Il en résulte que, si en Asie, de façon générale, la production agricole couvre les besoins de la population, ce n'est pas le cas en Afrique. Mais ces graphiques considèrent les continents dans leur ensemble. Or, on sait que les inégalités sont très grandes d'un État à l'autre (certains connaissent des famines chroniques en Afrique). Malgré tout, ils nous permettent de mesurer la situation encore difficile du continent.

4 **a.** L'IDH est l'indice de développement humain : il prend en compte l'espérance de vie à la naissance, la durée moyenne de scolarisation et le RNB/hab.

b. Les pays les moins développés se trouvent essentiellement en Afrique subsaharienne, mais tout le continent africain (sauf la Libye), la péninsule indienne, l'Asie du Sud-Est et l'Insulinde ont un IDH inférieur à la moyenne mondiale.

c. Les pays qui ont l'IDH le plus élevé sont ceux qui émettent le plus de CO_2. Mais l'Inde, notamment, conserve un IDH faible alors que ses émissions de CO_2 augmentent : c'est en effet un pays émergent qui s'industrialise rapidement mais où la nouvelle richesse ne profite qu'à une petite partie de la population.

Chapitre 15, page 175

1 **a.** Dans le monde, 870 millions de personnes sont sous-alimentées.

b. En 2013, l'aide alimentaire a concerné 1,8 milliard de personnes.

c. La famine favorise l'exode rural.

d. Dans les PED, 60 % des agriculteurs pratiquent l'agriculture vivrière.

2 **a.** Dans les PED. Toutefois on note une absence de données pour plusieurs États d'Afrique subsaharienne, dont certains figurent parmi les plus pauvres de la planète.

b. En Afrique subsaharienne. Plus de 35 % de la population est sous-alimentée.

c. Faiblesse physique, fragilité par rapport aux épidémies et aux maladies, développement intellectuel ralenti, activité économique limitée.

d. Plusieurs éléments sont à retenir. Les pays victimes de la sous-alimentation ont des climats ingrats, soit trop secs, soit trop humides. Ce sont des pays continentaux pour certains, ce qui est un handicap pour le commerce. Enfin, ce sont des pays qui connaissent une situation politique intérieure instable, marquée par des conflits interethniques.

3 **a.** Les principaux producteurs de blé sont l'Union européenne, la Chine et l'Inde. Les principaux importateurs sont le Proche-Orient et l'Afrique.

b. C'est une des conséquences des révolutions vertes.

c. Les États-Unis importent pratiquement autant de blé que la Turquie.

d. L'Afrique a une production très faible, ce qui explique qu'elle soit un gros importateur. Les populations sont très pauvres mais diverses actions internationales ont développé l'irrigation et introduit des variétés de blé adaptées, ce qui permet à la production d'augmenter. Après avoir diminué en 2009, essentiellement en raison des crises politiques (Côte d'Ivoire…) et sanitaires qui secouent une partie du continent, les importations ont très fortement augmenté.

e. On peut penser que la production de céréales n'est plus suffisante puisqu'elle augmente moins vite que la population. Mais il s'agit d'un résultat global qui cache de nombreuses disparités comme l'ont montré les documents précédents. Il faut donc se méfier.

4 **a.** Agrobusiness : complexe qui intègre toutes les activités liées à l'agriculture, de la production des semences à la commercialisation des produits transformés.

b. Au Brésil.

c. Non, les deux photographies montrent des techniques agricoles bien différentes. En Chine, il s'agit d'une agriculture certes intensive mais locale et qui profite de la moindre terre disponible. Au Brésil, c'est une agriculture de type industriel, liée à l'exportation, et dans laquelle l'agriculteur travaille pour une entreprise, le plus souvent étrangère.

Chapitre 16, page 177

1 **a.** Faux. **b.** Vrai. **c.** Faux. **d.** Vrai.

2 **a.** La famine est le manque total de nourriture.

b. On parle d'insécurité alimentaire quand le ravitaillement en denrées alimentaires n'est pas assuré régulièrement. Les besoins nutritionnels ne sont pas satisfaits et les périodes de disette peuvent être longues.

c. 2,85 millions de personnes, soit 27,9 % de la population somalienne.

d. L'espérance de vie très faible (51 ans), le taux de mortalité infantile parmi les plus élevés au monde, la sous-alimentation (1 696 kcal./j., soit très en dessous des 2 500 requises), le faible accès à l'eau courante (seulement un Somalien sur trois), la mauvaise qualité des sols (seul 1,6 % est cultivable). L'émigration est forte, or elle concerne essentiellement les hommes jeunes.

e. La Somalie est en proie à une guerre civile et religieuse depuis 1988. Les attaques sont particulièrement violentes autour de Mogadiscio. Majoritairement désertique, la Somalie connaît un climat très sec (sauf entre mars et mai et entre septembre et décembre, qui correspondent aux deux saisons de pluies) et très chaud (plus de 40 °C entre juillet et septembre). Les saisons des pluies ne sont pas régulières d'une année sur l'autre, ce qui fragilise encore plus l'agriculture. Les paysans quittent leur terre pour se réfugier en ville, ce qui n'arrange pas la situation. Pas travaillées, les terres sont en proie à l'érosion éolienne.

3 **a.** En Europe, les échanges intrarégionaux sont très importants, plus actifs que les exportations avec le reste du monde, ce qui peut s'expliquer par la complémentarité des agricultures européennes et les liens particuliers qui unissent les États dans le cadre de la PAC (politique agricole commune). L'Europe importe surtout des denrées d'Asie et d'Amérique du Sud (fruits) et dans une moindre mesure d'Afrique.

b. L'Amérique du Nord exporte plus qu'elle n'importe. Les échanges intrarégionaux entre États-Unis, Canada et Mexique, pourtant liés dans le cadre de l'Alena (Accord de libre-échange nord-américain), sont relativement faibles.

c. Ce sont trois ensembles à l'agriculture moins développée, soit pour des raisons climatiques (désert froid comme en Sibérie ou chaud comme au Sahara, en Asie centrale, en Namibie, en Arabie), soit pour des raisons politiques (instabilité, conflits), soit parce que l'agriculture commerciale occupe l'essentiel des activités agricoles.

d. Le continent africain se démarque par la faiblesse de ses exportations et de ses importations.

Chapitre 17, page 179

1 **a.** Faux. **b.** Vrai. **c.** Vrai. **d.** Faux.

2 **a.** Plusieurs types de régions ont de grandes ressources en eau. Ce sont les déserts de glace (Canada, Sibérie), les régions de climat équatorial (Afrique occidentale) ou les régions affectées par la mousson (Asie du Sud-Est). Ce sont aussi des régions où la population est peu nombreuse (Australie, Amérique du Sud), ce qui laisse un excédent disponible.

b. En Afrique, en particulier, les ressources par habitant risquent de diminuer dans de fortes proportions, ce qui est à mettre en lien avec l'augmentation prévisible de la population. Le continent est très jeune : la moitié de la population a moins de 15 ans. Ce sera également le cas de l'Insulinde.

c. Non. Réserves en eau et accès à l'eau potable ne coïncident pas nécessairement. Plusieurs pays (Madagascar, Indonésie) possèdent des ressources en eau importantes, mais connaissent des difficultés d'accès à l'eau potable pour une large partie de leur population. À l'inverse, l'Algérie a peu de réserves, mais plus de 80 % de sa population a accès à l'eau potable.

3 **a.** Les besoins humains, et notamment l'agriculture.

b. Parce que ces étendues d'eau se situent dans des régions au climat désertique, où l'eau est rare et la pluie irrégulière. Le rétrécissement de ces trois étendues d'eau diminue l'évaporation, ce qui assèche encore plus l'atmosphère. En outre, par capillarité, la chaleur fait remonter l'eau des profondeurs qui s'est chargée en sels. Arrivée à la surface, elle s'évapore, laissant les sels sur le sol. Ceux-ci constituent une croûte qui rend le sol inutilisable pour l'agriculture.

c. La population de Mexico augmente de plusieurs centaines de milliers de personnes chaque année : ses besoins en eau augmentent donc constamment. Or la ville est située à 2 250 mètres d'altitude dans une cuvette endoréique (cela signifie que les cours d'eau n'atteignent pas la mer ; ils se perdent dans la dépression).

Chapitre 18, page 181

1 Eau consommable par l'homme : eau potable.

Réserve d'eau dans le sous-sol : nappe phréatique.

Eaux de surface et eaux souterraines : bassin de drainage.

2 **a.** Le désert occupe une grande partie du sud du pays et il est marqué par quelques oasis. Au nord et le long du littoral, il s'agit d'un climat de type méditerranéen. Le Nord intérieur, montagneux, est plus frais et assure le ravitaillement en eau du pays.

b. L'agriculture irriguée (agrumes principalement) et le tourisme.

c. Par transfert de l'eau des espaces de montagne peu habités vers les espaces gros consommateurs.

d. Aménagements touristiques au nord-ouest, au sud en direction de la Libye et dans le désert au nord de l'oasis de Tozeur.

e. Outre le risque d'épuisement des réserves en eau, l'essor du tourisme, très rentable, menace l'agriculture irriguée exportatrice mais moins lucrative.

f. La Tunisie est un État méditerranéen, à la longue façade maritime. Elle a dans un premier temps développé une agriculture irriguée exportatrice, puis elle a joué la carte du tourisme haut de gamme. Des stations ont été créées *ex nihilo* (Port El-Kantaoui, Djerba) et sont de très grosses consommatrices d'eau douce. Pour l'instant, la Tunisie semble avoir trouvé un équilibre entre ses ressources et sa consommation.

En conclusion, le développement du tourisme en direction du désert va obliger la Tunisie à pomper dans les eaux fossiles. Or, contrairement aux eaux des nappes phréatiques, les eaux fossiles ne sont pas renouvelables. En outre, les exigences du tourisme détournent une partie de l'eau utilisée par l'agriculture et déjà, faute de pouvoir être irriguées, un certain nombre de plantations connaissent de sérieuses difficultés.

3 **a.** Les cours d'eau et les eaux profondes.

b. Ils sont partiellement intermittents. Ce sont des oueds.

c. Le Jourdain sert de frontière.

d. L'eau sert surtout pour l'agriculture et la consommation des villes.

e. Un barrage retient des milliers de m^3 d'eau. Il diminue donc le débit du cours d'eau en aval, ce qui peut nuire à la vie agricole et à l'ensemble des activités.

f. Oui, dans la mesure où elle est rare, conditionne la vie de ces pays et est répartie entre plusieurs États. Un barrage construit dans un pays peut avoir de graves répercussions sur un pays voisin.

Chapitre 19, page 183

1 charbon : Chine ; pétrole : Moyen-Orient ; nucléaire : Amérique du Nord et Mexique ; hydroélectricité : Chine ; gaz : Amérique du Nord et Mexique.

2 **a.** Elle a considérablement augmenté : plus que triplé pour le charbon, le pétrole et le gaz naturel. Hydroélectricité et énergie nucléaire n'ont connu qu'une augmentation très lente. À partir des années 1975, les énergies renouvelables apparaissent mais ne se développent guère.

b. Depuis 2005, on observe un ralentissement de la demande en pétrole, une forte montée de celle de charbon, un décollage des énergies renouvelables et un recul du nucléaire. Gaz naturel et hydroélectricité poursuivent leur progression.

3 Rappel de la formule pour calculer une évolution entre deux valeurs A et B : $(B - A)/A \times 100$.

a. Chine : + 65,7 % ; Inde : + 49,6 % ; États-Unis : + 1,8 % ; Canada : + 3,4 % ; Allemagne : – 2 % ; France : – 0,6 % ; Russie : + 6,3 % ; Brésil : + 23,7 % ; Mexique : + 19,1 %.

b. Chine, Inde, Brésil et Mexique. Ce sont des pays émergents.

c. Les vieux pays industrialisés d'Europe et d'Amérique du Nord sont ceux qui ont connu l'évolution la plus modérée. France et Allemagne ont même diminué leur consommation.

4 **a.** Le gaz et le pétrole.

b. Le Caucase est une chaîne de montagnes qui traverse plusieurs États et se situe à la charnière entre plusieurs ensembles géographiques : Europe, Russie, Moyen-Orient. Il est proche d'importants gisements d'hydrocarbures, situés notamment en mer Caspienne.

C'est le passage obligé des échanges continentaux de gaz et pétrole. Si bien que le ravitaillement de certains pays dépend des bonnes relations entre pays traversés. Un quart du gaz consommé par l'Union européenne transite par l'Ukraine et la crise russo-ukrainienne de 2009 l'a fortement inquiétée.

De nouveaux gazoducs et oléoducs sont en construction ou en projet. Ils ravitailleront la Chine, l'Inde. À l'Ouest, leur tracé évite l'Ukraine. La voie maritime, à travers la mer Noire et la Méditerranée, permet d'éviter la traversée d'espaces dont la situation politique instable pourrait bloquer le ravitaillement des États importateurs.

Chapitre 20, page 185

1 En Europe, **la ville** remonte souvent à l'époque romaine.

En Europe, **les grands ensembles** ont été construits après la 2de Guerre mondiale.

La croissance urbaine est faible dans les pays développés.

Dans les PED, **les bidonvilles** occupent la périphérie.

2 **a.** Au centre.

b. Non. Seul le centre de la ville bénéficie d'un réseau de tout à l'égout. Plus l'on s'éloigne du centre de la ville, plus les conditions d'hygiène sont mauvaises.

c. Toutes les voies de communication convergent vers le périphérique qui entoure le quartier central, où les revenus sont les plus élevés.

3 **a.** Lyon est une ville de confluence. La Saône et le Rhône se rejoignent au sud de ce que les Lyonnais appellent la Presqu'île. C'est le vieux Lyon.

b. Le centre-ville est relié aux autres quartiers par des ponts. À l'est, les grands ensembles sont rejetés au-delà du périphérique. Au sud, dans le quartier en restructuration et à proximité de l'autoroute A7 (Lyon-Marseille), la gare de Perrache est le point de départ de tous les TGV. Après la confluence commence la zone industrielle, que l'on appelle « le couloir de la chimie ».

La ville de Lyon est dominée par deux collines : Fourvière et la Croix-Rousse, qui ont laissé leur nom dans l'histoire de la ville. L'autoroute A6 en direction de Paris traverse la colline de Fourvière par un tunnel. Sur la colline de la Croix-Rousse se trouvaient les industries de la soie.

La banlieue aisée se situe sur la rive droite de la Saône ou entre les deux cours d'eau.

c. À São Paulo, l'organisation sociospatiale de la ville est concentrique. La population aisée est regroupée au centre-ville et les populations aux revenus faibles vivent à la périphérie.

À Lyon, ce sont les cours d'eau qui ont déterminé l'organisation de l'espace. La population la plus aisée occupe les collines et l'espace entre Saône et Rhône, si l'on excepte le 6e arrondissement autour du parc de la Tête d'or. La rive gauche du Rhône est occupée par les classes moyennes et le quartier des affaires de la Part-Dieu.

À São Paulo, les principales voies de communication convergent vers le centre. À Lyon, elles traversent la ville.

Chapitre 21, page 187

1 **a.** Faux, cinq États. **b.** Faux, le quart. **c.** Vrai. **d.** Vrai.

2 **a.** Unique pour plusieurs raisons :

– une grande partie de l'océan pris par les glaces en permanence ;

– une mince bande littorale dégelée en été au Groenland ;

– une grande variété de richesses minières et plusieurs champs pétrolifères ;

– une position stratégique de premier plan : passage Atlantique-Pacifique, États-Unis et Russie riverains.

Fragile parce que :

– pas de gestion stricte des déchets ;

– une industrialisation non planifiée.

b. Son degré de pollution est « anormalement élevé ». Or, une partie des sites les plus pollués se trouve en bordure des fleuves, d'où le risque que la pollution soit irréversible et se propage du continent (pesticides) vers l'océan et vice-versa (métaux lourds).

c. Parce que c'est le seul moyen d'éviter une exploitation incontrôlée des richesses et de le préserver de tous les risques inhérents aux diverses convoitises, puisque les opérations militaires y seraient interdites.

3 **a.** Une projection polaire.

b. Les richesses minières et en hydrocarbures, ainsi que sa position géostratégique entre le Pacifique et l'Atlantique, entre l'Amérique du Nord et la Russie, font de l'Arctique une région convoitée.

c. La carte et l'entretien entre la journaliste et le président de l'association Robin des bois montrent que l'Arctique occupe une position stratégique de premier plan, ce qui explique des relations souvent tendues entre les États riverains.

D'abord, c'est un enjeu économique. Sa richesse en minerais divers et en hydrocarbures attise les convoitises. Cinq États ont leurs eaux territoriales dans l'Arctique, ce qui leur donne la possibilité d'extraire ces richesses. Mais le chevauchement entre ZEE et eaux territoriales est source d'accrochages. Les frontières maritimes sont ici, plus qu'ailleurs, très importantes. L'Arctique constitue un raccourci remarquable pour passer de l'océan Pacifique à l'océan Atlantique et c'est toute la navigation qui est concernée. Or, il faut naviguer dans les eaux territoriales des États riverains.

C'est de plus un enjeu scientifique. Les glaces sont un outil de travail exceptionnel pour les morphologues, géologues, climatologues et ethnologues. Les carottages dans la banquise permettent de comprendre l'évolution du climat, les glaciations et les périodes de réchauffement climatique et, par suite, les déplacements humains.

Enfin, l'Arctique est un enjeu environnemental. Jusqu'à présent, personne ne s'est préoccupé de l'environnement dans cette partie pratiquement inhabitée de la planète. Or, les déchets migrent vers les embouchures des fleuves et donc vers les océans. La gestion de ces déchets est donc aujourd'hui un souci majeur.

L'Arctique se trouve ainsi au centre de discussions internationales. Diverses missions s'y rendent pour analyser situation et potentiel.

Chapitre 22, page 189

1 Les marées ont **un très fort** impact sur le littoral. Elles **érodent** le rivage par la puissance des vagues et **le sédimentent** en lui apportant tout ce qu'elles charrient. Épis et brise-lames permettent de fixer les plages **mais perturbent** la circulation de surface des courants marins. Par les aménagements qu'il opère, l'homme **fragilise** le littoral.

2 **a.** Elles sont artificielles, c'est-à-dire qu'elles sont une construction de l'homme.

b. On a réuni deux îles pour créer une piste d'atterrissage et on a créé une île spécialement pour les déchets.

3 **a.** Des terrains ont été gagnés sur la mer en remblayant des récifs coralliens, qui ont ainsi été détruits.

b. Non, parce qu'ils sont détruits autant par la sédimentation que par la pollution par les eaux usées.

4 **a.** C'est d'abord une zone industrielle. Le Japon est tributaire de l'étranger pour ses sources d'énergie et ses matières premières. C'est un État insulaire, si bien que l'activité commerciale ne peut se faire que par mer. Il est donc logique que les zones industrielles aient été installées sur le littoral.

b. Un polder.

c. La mondialisation a favorisé les façades littorales, entraînant ainsi un vaste mouvement d'urbanisation. Certains États, comme le Japon, pallient le manque de place en installant les zones industrielles sur des polders. Le trait de côte de la baie de Tokyo évolue très rapidement. Pour accueillir toujours plus de touristes, les îles se dotent d'aéroports internationaux, gros consommateurs d'espace. Mais si le tourisme a permis de développer l'économie locale, les infrastructures et le surplus de population menacent particulièrement ces espaces très fragiles. Le réchauffement de la planète est une menace supplémentaire pour eux, un certain nombre d'espaces littoraux risquant d'être submergés. Une gestion stricte s'impose.

Chapitre 23, page 191

1 Risque naturel : menace de dommages liée à des aléas climatiques, sismiques, etc.

Seveso : directive européenne visant à répertorier les sites industriels dangereux.

Norme parasismique : ensemble de règles à respecter pour la construction dans les zones sismiques.

Catastrophe : phénomène brutal occasionnant de graves dommages.

2 **a.** Deux raisons essentielles expliquent ce glissement de terrain. Vu le bouillonnement du cours d'eau au premier plan, la région a dû connaître des pluies diluviennes qui ont fragilisé un terrain saturé et rendu instable par la déforestation. Le glissement de terrain semble en effet avoir emprunté un couloir déboisé (peut-être une piste de ski en hiver ?). L'espace forestier, à droite, a été épargné.

b. Les conséquences ont été importantes. Les maisons situées le long de ce glissement ont été emportées et sont complètement disloquées. Au premier plan, des maisons ont été ensevelies. Le village est coupé en deux. La route qui le longeait est barrée par la terre et les ruines des maisons.

3 **a.** La carte et les images satellitaires montrent que la mer d'Aral rétrécit inexorablement depuis 1957. Elle a perdu 60 % de sa surface en cinquante ans. Le niveau de l'eau a baissé de 16 m. Les teintes sombres indiquent la présence d'eau, le gris indique que le sol est à nu.

b. Cette évolution est due aux barrages construits sur l'Amou Daria et le Syr Daria, deux cours d'eau puissants qui descendent de l'Himalaya et dont les eaux ont été, en outre, déviées pour irriguer des champs de coton.

c. Les conséquences apparaissent sur la photographie. Des bateaux ont été piégés et n'ont pu repartir. L'activité maritime et commerciale est donc affectée. Plus grave, le sol est blanc. Ce sont les sels qui, sous l'effet de la chaleur, remontent à la surface par capillarité, se déposent en couche et empêchent toute activité agricole. La population s'en va ; la désertification progresse.

d. Non. Nous sommes en présence d'une catastrophe écologique. La disparition de la mer d'Aral assèche l'atmosphère et favorise la désertification. Mais cela est le résultat de l'action de l'Homme.

PHYSIQUE-CHIMIE

Chapitre 1, page 195

1 **a. Faux** car le nombre 2 005,060 possède 7 chiffres significatifs.

b. Vrai, le résultat de l'opération possède 3 chiffres significatifs car il faut choisir le plus petit des nombres de chiffres significatifs : 36,0 en possède 3 et 0,2240 en possède 4.

c. Vrai, la longueur L convertie en mètre est égale à $2{,}4526 \times 10^{-4}$ m :

$245{,}26\ \mu m = 245{,}26 \times 10^{-6}\ m = 2{,}4526 \times 10^{-4}\ m$.

d. Faux, la longueur L_1 est plus petite que la longueur L_2 : 0,785 mm = 785 µm < 1 224 µm.

2

notation décimale en mètres	notation scientifique en mètres	expression dans une autre unité	ordre de grandeur en mètres	nombre de chiffres significatifs
635 050	$6{,}35050 \times 10^5$	$6{,}35050 \times 10^{-1}$ Mm	10^6	6
0,000000009	9×10^{-9}	9 nm	10^{-8}	1
6 010	$6{,}010 \times 10^3$	6,010 km	10^4	4
0,00001905	$1{,}905 \times 10^{-5}$	19,05 µm	10^{-5}	4

3 **1.**

équipe	chiffres significatifs
1	2
2	3
3	4

2. La mesure la plus précise est R_3, car une mesure est d'autant plus précise que le nombre de chiffres significatifs est grand.

3. La surface calculée doit comporter un nombre de chiffres significatifs égal à celui du rayon R.

équipe	surface en mètres carrés
1	$S_1 = 2{,}9 \times 10^{14}\ m^2$
2	$S_2 = 2{,}99 \times 10^{14}\ m^2$
3	$S_3 = 2{,}993 \times 10^{14}\ m^2$

Remarque sur la règle des chiffres significatifs : un nombre entier ou un nombre tel que π possèdent un nombre infini de chiffres significatifs ; on ne doit donc pas en tenir compte quand on recherche le nombre de chiffres significatifs d'un résultat numérique issu d'une multiplication ou d'une division.

4 **1.** $\Delta t = 1$ min 41 s = 60 s + 41 s = 101 s

2. $d = v \times \Delta t$ avec $\Delta t = 101$ s et $v = 7{,}92\ m{\cdot}s^{-1}$

application numérique : $d = 8{,}00 \times 10^2$ m, soit 800 mètres

3. L'ordre de grandeur est 10^3 m.

5 **1.** La masse du noyau m_C est égale à la somme des masses des nucléons : $m_C = 12 \times m_n$

application numérique : $m_C = 2{,}00 \times 10^{-26}$ kg

2. $m_{te} = 6 \times m_e$

application numérique : $m_{te} = 5{,}5 \times 10^{-30}$ kg

3. $M_a = m_C + m_{te} = (2{,}00 + 0{,}00055) \times 10^{-26}$ kg

application numérique : $M_a = 2{,}00 \times 10^{-26}$ kg

La masse totale des électrons étant petite par rapport à celle du noyau, la masse de l'atome est quasiment égale à celle de son noyau.

4. L'ordre de grandeur de la masse de l'atome est 10^{-26} kg.

Chapitre 2, page 197

1 **a. Vrai** car la fréquence est égale au nombre de périodes dans une seconde.

b. Faux, on applique la formule $T = \frac{1}{F}$ et on trouve : $\frac{1}{100} = 0{,}0100$ s.

c. Vrai car on convertit la période en seconde : $T = 2{,}00$ ms $= 2{,}00 \times 10^{-3}$ s puis on applique la formule $F = \frac{1}{T} = 500$ Hz.

d. Faux, cette période est égale à :

$T = 2{,}0 \times 4{,}0 = 8{,}0$ ms.

2 **1.** $F_1 = \frac{1}{T_1}$ avec $T_1 = 0{,}85$ s

application numérique : $F_1 = 1{,}2$ Hz

2. $F_{cardiaque\ 1} = \frac{60}{T_1}$ avec $T_1 = 0{,}85$ s

application numérique : $F_{cardiaque\ 1} = 71$ battements par minute

3. a. $F_{cardiaque\ 2} > F_{cardiaque\ 1}$

b. $T_2 = \frac{1}{F_2}$ avec $F_2 = \frac{F_{cardiaque\ 2}}{60}$

application numérique : $F_2 = 1{,}5$ Hz et $T_2 = 0{,}67$ s

c. $T_2 < T_1$

3

rythme cérébral	*T* (s)	*F* (Hz)	*U* (µV)	*U* (V)
alpha	$1{,}0 \times 10^{-1}$	10	100	$1{,}00 \times 10^{-4}$
bêta	$5{,}0 \times 10^{-2}$	20	10	$1{,}0 \times 10^{-5}$
alpha	$1{,}1 \times 10^{-1}$	9,1	50	$5{,}0 \times 10^{-5}$
bêta	$6{,}7 \times 10^{-2}$	15	8	8×10^{-6}

4 **1.** $U = S_V \times m$ avec $m = 5{,}0$ div et $S_V = 10$ mV/div

application numérique : $U = 50$ mV $= 5{,}0 \times 10^{-2}$ V

2. $T = S_t \times n$ avec $n = 4{,}0$ div et $S_t = 1{,}0$ ms/div

application numérique : $T = 4{,}0$ ms $= 4{,}0 \times 10^{-3}$ s

3. $F = \frac{1}{T}$ avec $T = 4{,}0 \times 10^{-3}$ s

application numérique : $F = 2{,}5 \times 10^2$ Hz

Chapitre 3, page 199

1 **a. Faux** car les rayons X sont des ondes électromagnétiques correspondant à des vibrations électriques et magnétiques.

b. Vrai car les fréquences des sons sont comprises entre 20 Hz et 20 000 Hz.

c. Faux car les ultrasons ont des fréquences supérieures à 20 000 Hz.

d. Vrai car on applique la formule

$T = \frac{1}{F} = 5{,}0 \times 10^{-17}$ s.

2 **1.** Les os du squelette apparaissent en blanc.

2. $T = \frac{1}{F}$ avec $F = 9 \times 10^{16}$ Hz

application numérique : $T = 1 \times 10^{-17}$ s

3. a. $F = \frac{1}{T}$ avec $T = 2{,}5 \times 10^{-15}$ s

application numérique : $F = 4{,}0 \times 10^{14}$ Hz

b. On obtiendra une image toute blanche.

c. La lumière ne peut pas traverser les tissus mous et la peau à la différence des rayons X.

3 **1.** Sachant que la période est inversement proportionnelle à la fréquence, la plus grande des périodes correspond à la plus petite des fréquences.

$T = \frac{1}{F}$ avec $F = 1{,}5$ MHz $= 1{,}5 \times 10^6$ Hz

application numérique : $T = 6{,}7 \times 10^{-7}$ s

2. a. Les ultrasons qui pénètrent le plus profondément dans le corps humain sont ceux émis par la sonde 1.

b. D'après le tableau, la précision du signal reçu est d'autant moins bonne que l'organe est profond : il n'est donc pas possible d'avoir une image d'autant plus fine que l'organe est profond.

c. Ordre de grandeur : 10^7 Hz.

d. $\Delta t = \frac{L}{v}$ avec $L = 10$ cm $= 10 \times 10^{-2}$ m

et $v = 1{,}5 \times 10^3$ m·s^{-1}

application numérique : $\Delta t = 6{,}7 \times 10^{-5}$ s

Chapitre 4, page 201

1 **a. Faux** car la trajectoire est une droite, ce qui ne correspond pas à un tournant.

b. Vrai car si la vitesse diminue, ce qui est le cas pour un freinage, le mouvement est décéléré.

c. Faux car les deux référentiels sont en mouvement l'un par rapport à l'autre.

d. Vrai car on applique la formule $v = \frac{d}{\Delta t} = 50$ km·h^{-1}.

2

type de mouvement	trajectoire du solide	évolution de la vitesse au cours du temps
rectiligne accéléré	portion de droite	elle augmente
rectiligne uniforme	portion de droite	elle reste constante
curviligne uniforme	courbe	elle reste constante
circulaire décéléré	portion de cercle	elle diminue

3 **1.** Non, car elle n'est pas fixe par rapport à la Terre.

2. Non, car il n'est pas fixe par rapport à la Terre.

4 **1.** La trajectoire est une portion de droite (d'après la figure 2) et la vitesse instantanée augmente au cours du temps (d'après la figure 3) : c'est donc un mouvement rectiligne accéléré.

2. Pour un même intervalle de temps (égal à 0,3 s) la distance parcourue M_0M_3 est inférieure à la distance M_3M_6. La vitesse moyenne entre M_0 et M_3 est donc inférieure à celle entre M_3 et M_6. Ce résultat est en accord avec la réponse à la question 1.

Chapitre 5, page 203

1 **a. Faux** car l'unique force appliquée n'est pas compensée : le mouvement ne peut pas être rectiligne et uniforme d'après le principe d'inertie.

b. Faux car si la vitesse diminue, ce qui est le cas pour un freinage, le mouvement est décéléré et donc non uniforme : d'après le principe d'inertie, les forces ne se compensent pas.

c. Vrai, il suffit d'appliquer le principe d'inertie.

d. Vrai, car la vitesse de la voiture augmente, donc le mouvement est accéléré : d'après le principe d'inertie, les forces ne se compensent pas.

2 **1.** C'est un mouvement rectiligne uniforme.

2. Entre A_1 et A_7, il s'est écoulé un temps égal à $\Delta t = 6 \times 120 = 720$ ms $= 7{,}20 \times 10^{-1}$ s.

$v = \frac{\text{distance } A_1A_7}{\Delta t}$

avec distance $A_1A_7 = 10{,}0$ cm $= 1{,}00 \times 10^{-1}$ m

application numérique : $v = 0{,}139$ m·s^{-1}

3. Le poids du palet et la réaction de la surface de la patinoire (sans frottement).

4. Résultante des forces : $\overrightarrow{R_{\text{forces}}} = \vec{P} + \vec{R}$

5. $\overrightarrow{R_{\text{forces}}} = \vec{0}$ car, d'après le principe de l'inertie, si un système est animé d'un mouvement rectiligne uniforme, les forces appliquées au système se compensent.

3 **1.** $v(0{,}5) = 5$ m·s^{-1} et $v(1{,}5) = 15$ m·s^{-1}

2. La vitesse augmente au cours du temps.

3. Le mouvement étant accéléré, on en déduit d'après le principe d'inertie que les forces appliquées ne se compensent pas.

4. $h(t) = 5 \times t^2$ avec $t = 1{,}6$ s

application numérique : $h = 13$ m

Chapitre 6, page 205

1 **a. Faux** car la pression a pour expression : $P = \frac{F}{S}$. Si la force augmente, alors la pression augmente.

b. Vrai car en appliquant la formule $S = \frac{F}{P}$, on trouve 1 000 m^2.

c. Vrai, car la pression diminue avec l'altitude, donc la force de frottement de l'air s'exerçant sur le cycliste diminue.

2 **1.** $F = P \times S$ avec $P = 3{,}00$ bar $= 3{,}00 \times 10^5$ Pa et $S = 10$ cm$^2 = 1{,}0 \times 10^{-3}$ m^2

application numérique : $F = 3{,}0 \times 10^2$ N

2. $P = \frac{F}{S}$ avec $F = 200$ N et $S = 10$ cm$^2 = 1{,}0 \times 10^{-3}$ m^2

application numérique : $P = 2{,}0 \times 10^5$ Pa

3. L'origine de la pression du gaz est la multitude de chocs des molécules sur la paroi du récipient.

3 **1.** D'après le tableau, à chaque descente de 10 mètres, la pression augmente de 1,0 bar.

2.

profondeur (m)	0	20	30	50	60
pression (bar)	1,0	3,0	4,0	6,0	7,0

3. $F = P \times S$ avec $P = 4{,}0$ bar $= 4{,}0 \times 10^5$ Pa et $S = 1{,}0$ cm$^2 = 1{,}0 \times 10^{-4}$ m^2

application numérique : $F = 4{,}0 \times 10^1$ N

4. Pour éviter un accident de décompression, le plongeur doit effectuer au cours de sa remontée des paliers de décompression : le plongeur reste pendant une certaine durée (de quelques minutes à plus d'une heure) à une profondeur constante afin de laisser le temps à son organisme d'éliminer le diazote gazeux formé au cours de la remontée.

5. Il s'agit du diazote.

6. Lors de la remontée, la pression diminue, il y a donc diminution de la quantité maximale de gaz que peut dissoudre le sang.

4 **1.** La ville de Mexico est située à 2 300 mètres d'altitude.

2. Lorsque l'altitude est élevée, la diminution de la pression a pour conséquence une résistance à l'air plus faible : les performances en saut en longueur sont améliorées.

3. $F = P \times S$ avec $P = 7{,}7 \times 10^2$ hPa $= 7{,}7 \times 10^4$ Pa et $S = 1{,}0$ m^2

application numérique : $F = 7{,}7 \times 10^4$ N

4. Pour améliorer son record, Bob Beamon aurait dû aller concourir à La Paz en Bolivie (3 660 m d'altitude) car l'altitude y est plus élevée qu'à Mexico et la résistance de l'air y aurait donc été plus faible.

5. $P = \frac{F}{S}$ avec $F = 3{,}2 \times 10^4$ N et $S = 0{,}5$ m^2

application numérique : $P = 6 \times 10^4$ Pa

Chapitre 7, page 207

1 **a. Faux** car l'échelle de température absolue est reliée à celle des degrés Celsius par :

$T = t + 273{,}15$ donc 10 °C correspond à 283,15 K.

b. Faux car à pression et température données, deux gaz différents contenant la même quantité de matière occupent le même volume.

c. Vrai, car la d'après la loi de Boyle-Mariotte, le produit $P \times V$ est une constante. Si V diminue alors P augmente.

d. Vrai, car la d'après la loi de Boyle-Mariotte, le produit $P \times V$ est une constante. Les deux grandeurs sont inversement proportionnelles : si l'une est doublée, l'autre est divisée par deux.

2 **1.** On convertit les trois volumes en mètres cubes :
$V_1 = 1{,}7 \times 10^{-3}$ m^3 ; $V_2 = 1{,}2 \times 10^{-3}$ m^3 ;
$V_3 = 1{,}5 \times 10^{-3}$ m^3
On calcule le produit $P \times V$:
$P \times V_1 = 1{,}7 \times 10^2$ Pa·m^3 ; $P \times V_2 = 1{,}2 \times 10^2$ Pa·m^3 ;
$P \times V_3 = 1{,}5 \times 10^2$ Pa·m^3

2. Ces trois produits sont différents. Ceci ne contredit pas la loi de Boyle-Mariotte car il n'y a pas la même quantité de gaz dans chacun des échantillons.

3. D'après la loi de Boyle-Mariotte, le produit $P \times V$ est constant pour un échantillon donné et à température constante. Par conséquent, doubler la pression impliquerait de diviser par deux le volume pour que la loi soit vérifiée.

3 **1.** $P = 0{,}80$ bar $= 8{,}0 \times 10^4$ Pa
$P \times V = 8{,}0 \times 10^4 \times 5{,}4 = 4{,}3 \times 10^5$ Pa·L

2. $F = P \times S$ avec $S = 1{,}0$ cm$^2 = 1{,}0 \times 10^{-4}$ m^2
$F = 8{,}0 \times 10^4 \times 1{,}0 \times 10^{-4} = 8{,}0$ N

3. On applique la loi de Boyle-Mariotte :
$P \times V = 4{,}3 \times 10^5$ Pa·L avec $P = 2{,}4$ bar $= 2{,}4 \times 10^5$ Pa

soit : $V = \frac{4{,}3 \times 10^5}{2{,}4 \times 10^5} = 1{,}8$ L

4. On applique la loi de Boyle-Mariotte :
$P \times V = 4{,}3 \times 10^5$ Pa·L avec $V = 2{,}7$ L

soit : $P = \frac{4{,}3 \times 10^5}{2{,}7} = 1{,}6 \times 10^5$ Pa $= 1{,}6$ bar

4 On applique la loi de Boyle-Mariotte pour remplir le tableau :

volume (L)	4,4	**4,1**	4,0	4,4	**4,0**
pression (bar)	**0,59**	0,63	**0,65**	**0,64**	0,70
$P \times V$ (bar·L)	2,6	**2,6**	**2,6**	2,8	**2,8**
température (°C)	20	20	20	40	40

Chapitre 8, page 209

1 **a. Faux** car l'année de lumière est la distance parcourue par la lumière dans le vide pendant un an : c'est une unité de distance.

b. Faux car aucun objet ne peut dépasser dans l'Univers la vitesse de la lumière.

c. Vrai car la lumière reçue sur Terre aujourd'hui a été émise par les étoiles dans le passé.

d. Vrai car d'après la formule de la vitesse : $d = c \times \Delta t$, ce qui nous montre que la durée et la distance sont proportionnelles.

2 **1.** $\Delta t = \frac{d}{c}$ avec $d = 5{,}03 \times 10^{15}$ km $= 5{,}03 \times 10^{18}$ m et $c = 3{,}00 \times 10^{8}\ \text{m} \cdot \text{s}^{-1}$ (vitesse de la lumière dans le vide)

application numérique : $\Delta t = 1{,}68 \times 10^{10}$ s

2. $d_{al} = \frac{d}{9{,}46 \times 10^{15}}$ avec d exprimée en mètres (voir question précédente)

application numérique : $d_{al} = 532$ al

3. $d = d_{al} \times 9{,}46 \times 10^{15} = 15 \times 9{,}46 \times 10^{15} = 1{,}4 \times 10^{17}$ m

4. D'après la définition de l'année de lumière : $t = 2010 - 40 = 1970$

La lumière a été émise en 1970 (l'année du dernier album des Beatles !).

3 **1.** Dans un jour il y a 24 heures et dans une heure il y a 3 600 secondes.

1 an $= 365{,}25 \times 24 \times 3\,600 = 3{,}1558 \times 10^{7}$ s

2. $d = v \times \Delta t$

avec $\Delta t = 5$ ans $= 5 \times 3{,}1558 \times 10^{7} = 1{,}5779 \times 10^{8}$ s

application numérique : $d = 4{,}70 \times 10^{9}$ km

3. $\Delta t = \frac{d}{v}$ avec $d = 5{,}75 \times 10^{12}$ m

et $v = 29{,}8\ \text{km} \cdot \text{s}^{-1} = 2{,}98 \times 10^{4}\ \text{m} \cdot \text{s}^{-1}$

application numérique : $\Delta t = 1{,}93 \times 10^{8}$ s

4 **1.** $\Delta t = \frac{2 \times d_{T-J}}{c}$ avec $c = 3{,}00 \times 10^{8}\ \text{m} \cdot \text{s}^{-1}$

d_{T-J} est la distance Terre-Jupiter ; elle est égale à la différence entre les distances Soleil-Jupiter et Soleil-Terre :

$d_{T-J} = d_{S-J} - d_{S-T} = 4{,}20$ UA $= 6{,}30 \times 10^{8}$ km
$= 6{,}30 \times 10^{11}$ m

application numérique : $\Delta t = 4{,}20 \times 10^{3}$ s

2. Non, car la vitesse de la lumière dans le vide est une vitesse qui ne peut pas être dépassée.

Chapitre 9, page 211

1 **a. Vrai** car le mouvement de la Lune se reproduit identique à lui-même tous les 29,5 jours.

b. Faux car la fréquence est égale au nombre de périodes dans une seconde : il y a donc 200 périodes dans une seconde.

c. Vrai, car on applique la formule $F = \frac{1}{T}$ et on trouve 5,0 Hz.

d. Vrai, car d'après la formule $F = \frac{1}{T}$, la période et la fréquence sont inversement proportionnelles : si l'une est multipliée par trois alors l'autre est divisée par trois.

2 **1.** $L = 50{,}0$ cm $= 5{,}00 \times 10^{-1}$ m et $g = 9{,}80\ \text{N} \cdot \text{kg}^{-1}$

application numérique : $T = 1{,}42$ s

2. a. $T = \frac{\Delta t}{10} = 1{,}46$ s

b. $T_{mini} = 1{,}46 - 0{,}06 = 1{,}40$ s

$T_{maxi} = 1{,}46 + 0{,}06 = 1{,}52$ s

Encadrement de la période : $1{,}40\ \text{s} < T_{mesurée} < 1{,}52\ \text{s}$

c. La valeur calculée à partir de la formule est comprise dans l'encadrement de la valeur de la période issue de la mesure. On en déduit que la valeur issue de la mesure est compatible à celle calculée à partir de la formule.

3 **1.** La formule (1) dépend de la masse m, ce qui n'est pas le cas de la formule (2).

On en déduit que la formule (1) correspond à l'oscillateur 2 et la formule (2) correspond à l'oscillateur 1.

2. Pour l'oscillateur 2 : $T = 2\pi \sqrt{\frac{m}{k}}$ avec $m = 0{,}100$ kg et $k = 6{,}65$ USI

application numérique : $T = 0{,}77$ s

Remarque : on convertit les grammes en kilogrammes car on utilise les unités du système international (USI).

Chapitre 10, page 213

1 **a. Vrai** car les longueurs d'onde des radiations visibles sont comprises entre 400 nm et 800 nm.

b. Faux car les infrarouges ont des longueurs d'onde supérieures à 800 nm.

c. Faux car ce spectre comporte des raies noires qui correspondent aux radiations absorbées par l'atmosphère de l'étoile.

d. Faux car lorsque la température d'un corps augmente, la couleur émise par celui-ci passe du rouge à l'orange puis au jaune, au blanc et enfin au bleu.

2 Méthode : convertir toutes les longueurs d'onde en nanomètres (nm) et les comparer à l'échelle suivante :

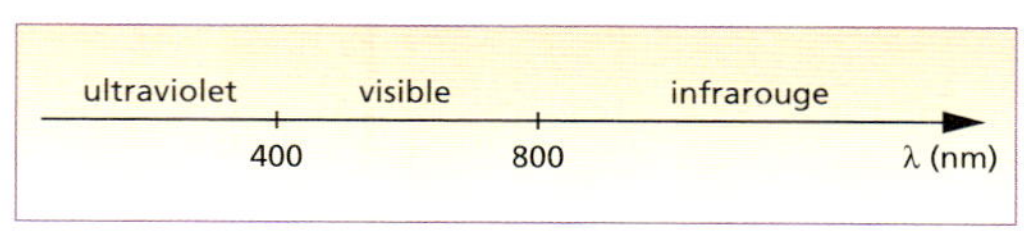

λ	λ (nm)	domaine
978 nm	978	infrarouge
350 nm	350	ultraviolet
$5{,}00 \times 10^{-7}$ m	500	visible
30 μm	$3{,}0 \times 10^{4}$	infrarouge
$2{,}0 \times 10^{-7}$ m	200	ultraviolet

3 **1.** C'est un gaz sous faible pression et porté à haute température.

2. On fait passer une lumière blanche produite par une source solide (lampe à incandescence par exemple) à travers un gaz porté à haute température contenant des ions ou des atomes. On réalise le spectre de la lumière ayant traversé le gaz.

3. Les raies noires et lumineuses sont superposables, car un atome ou un ion peut uniquement émettre les radiations qu'il est capable d'absorber.

4 **1.** Un système dispersif tel qu'un prisme.

2. Un spectre lumineux continu.

3. a. Pour $t_1 = 800$ °C, la lumière émise est de couleur rouge. Pour $t_2 = 1\,800$ °C, la lumière émise est de couleur blanche.

b. Pour $t_2 = 1\,800$ °C, le spectre est plus étendu dans le domaine des courtes longueurs d'onde (c'est-à-dire des radiations bleues et violettes) que celui obtenu pour $t_1 = 800$ °C.

5 **1.** Oui, car la lumière émise par sa surface traverse une atmosphère qui absorbe certaines radiations.

2. En comparant les longueurs d'onde données et le spectre, on en déduit que l'atmosphère stellaire comporte les éléments hydrogène (présence des raies 410, 434 et 486 nm) et fer (présence des raies 431, 517 et 527 nm).

3. Oui, l'élément qui possède une raie à 540 nm.

4. L'étoile a une température de surface égale à 8 000 °C.

Chapitre 11, page 215

1 **a. Faux** car il s'agit du phénomène de réfraction : la lumière est réfractée.

b. Vrai car, si $i_1 = i_2$, en appliquant la seconde loi de Snell-Descartes, on a :

$n_1 \times \sin(i_1) = n_2 \times \sin(i_2)$ avec $\sin i_1 = \sin i_2$ d'où $n_1 = n_2$.

c. Faux car l'indice d'un milieu transparent est toujours supérieur à 1.

d. Vrai car on applique la formule $v = \dfrac{c}{n}$: si n est égal à 2, alors v est deux fois plus petite que c.

2 **1.** Seconde loi de Snell-Descartes :

$$\sin(r) = \frac{n(\text{eau}) \times \sin(i)}{n(\text{verre})}$$

application numérique : $r = 18°$

2. Idem : $\sin(r) = \dfrac{n(\text{eau}) \times \sin(i)}{n(\text{verre})}$

application numérique : $r = 0°$

Le rayon de lumière n'est pas dévié lors de la traversée de la surface de séparation eau-verre.

3. D'après la seconde loi de Snell-Descartes, sin(r) augmente lorsque sin(i) augmente. On en déduit que r augmente lorsque i augmente. L'angle de réfraction r sera donc maximal lorsque l'angle d'incidence i sera maximal, c'est-à-dire lorsque $i = 90°$.

4. Seconde loi de Snell-Descartes :

$$\sin(r_{\text{max}}) = \frac{n(\text{eau}) \times \sin(90)}{n(\text{verre})}$$

application numérique : $r_{\text{max}} = 62°$

3 **1.** On réalise le tableau suivant :

sin(*i*)	0	0,34	0,50	0,64	0,77
sin(*r*)	0	0,22	0,33	0,42	0,50

On trace la courbe en portant sin(i) en abscisse (axe horizontal) et sin(r) en ordonnée (axe vertical). Il faut bien entendu se fixer une échelle pour le tracé.

Échelle proposée :

abscisse : 1 cm (sur le graphique) équivaut à 0,05 ;

ordonnée : 1 cm (sur le graphique) équivaut à 0,05.

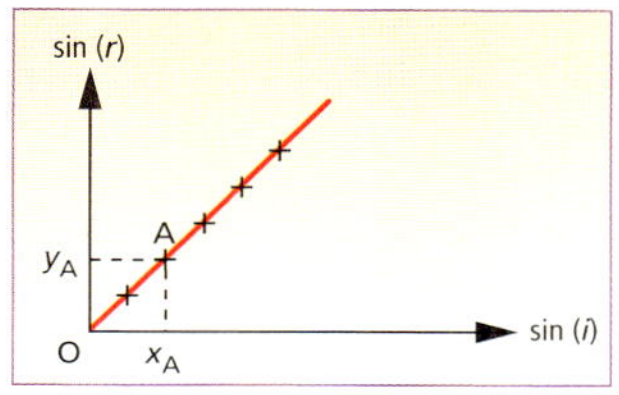

2. La courbe tracée est une portion de droite passant par l'origine O. Le coefficient directeur noté α se calcule en relevant les coordonnées (x_A ; y_A) d'un point de la droite tracée et celles de l'origine O du repère ($x_O = 0$; $y_O = 0$) :

$$\alpha = \frac{(y_A - y_O)}{(x_A - x_O)} = 0{,}65$$

3. D'après la question **2** :

$\sin(r) = \alpha \times \sin(i) = 0{,}65 \times \sin(i)$, soit la relation (1).

D'après la seconde loi de Snell-Descartes :

$n_1 \times \sin(i) = n_2 \times \sin(r)$

$$\text{d'où : } \sin(r) = \frac{n_1 \times \sin(i)}{n_2} = \frac{n_1}{n_2} \times \sin(i) \ ;$$

soit la relation (2) : $\sin(r) = \dfrac{n_1}{n_2} \times \sin(i)$

Par identification entre les relations (1) et (2) : $\alpha = \dfrac{n_1}{n_2}$

donc : $n_2 = \dfrac{n_1}{\alpha}$ avec $\alpha = 0{,}65$ et $n_1 = 1{,}00$

application numérique : $n_2 = 1{,}5$

4 **1.** Seconde loi de Snell-Descartes :

$$n_2 = \frac{n_1 \times \sin(i_1)}{\sin(i_2)} = 1{,}62$$

2. a. Seconde loi de Snell-Descartes :

$$\sin(i_2) = \frac{n_1 \times \sin(i_1)}{n_2}$$

d'où : $r_{\text{rouge}} = 21°$; $r_{\text{bleu}} = 20°$.

b. L'angle de réfraction dépend de la longueur d'onde de la radiation : les différentes radiations ne suivent plus le même chemin après réfraction. Le prisme permet donc de séparer par réfraction les différentes radiations : le prisme disperse ainsi la lumière blanche.

Chapitre 12, page 217

1 **1. Faux** car le poids qui s'assimile à la force gravitationnelle exercée par la Terre dépend de la distance entre l'objet et le centre de la Terre.

2. Vrai car la masse est invariable.

3. Faux la masse reste la même.

4. Vrai car l'intensité de la pesanteur dépend de la planète.

2 **1.** $F_{T/L} = \frac{G \times M_T \times M_L}{d_{T-L}^2}$

avec $d_{T-L} = R_0 = 3{,}84 \times 10^5$ km $= 3{,}84 \times 10^8$ m

application numérique : $F_{T/L} = 1{,}99 \times 10^{20}$ N

2. La force gravitationnelle exercée par la Lune sur la Terre a même intensité que celle exercée par la Terre sur la Lune

application numérique : $F_{L/T} = 1{,}99 \times 10^{20}$ N

3. Ces deux forces sont représentées par des vecteurs opposés.

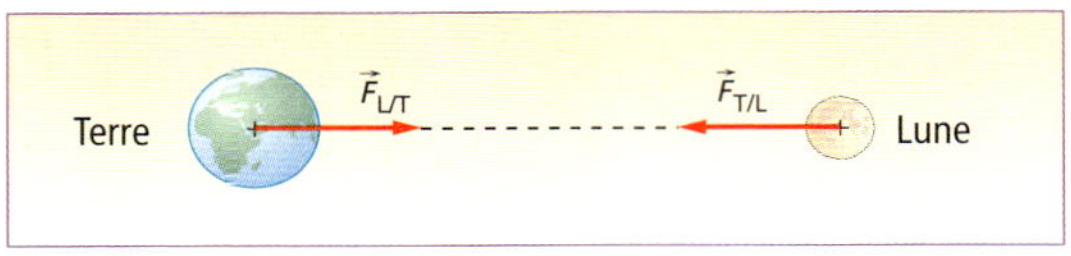

3 **1.** $m = \frac{P_T}{g_T}$ avec $P_T = 980$ N et $g_T = 9{,}8$ N·kg^{-1}

application numérique : $m = 1{,}0 \times 10^2$ kg

2. Le poids diminue lorsque l'altitude augmente car on s'éloigne du centre de la Terre, ce qui entraîne une diminution de la force gravitationnelle exercée par la Terre (si g_T diminue, P_T aussi).

3. $P_T = m \times g_T$ et $m = \frac{P_L}{g_L}$

On remplace m dans la 1re relation : $P_T = \frac{P_L \times g_T}{g_L}$

application numérique : $P_T = 3{,}1 \times 10^3$ N

4 **1.** $P_T = m \times g_T$

application numérique : $P_T = 4{,}9 \times 10^2$ N

2. $F_{T/O} = \frac{G \times M_T \times m}{R_T^2}$

avec $R_T = 6{,}38 \times 10^3$ km $= 6{,}38 \times 10^6$ m ; la distance entre le centre de la Terre et l'objet est égale au rayon terrestre R_T car l'objet est posé sur le sol.

$M_T = 5{,}98 \times 10^{24}$ kg

$m = 50$ kg

application numérique : $F_{T/O} = 4{,}9 \times 10^2$ N

On remarque que la force gravitationnelle exercée par la Terre sur l'objet est égale au poids terrestre de cet objet.

3. $P_{planète} = \frac{P_T}{10}$; soit la relation (1).

Les poids étant égaux aux forces gravitationnelles exercées par la Terre et la planète :

$P_{planète} = \frac{G \times M_{planète} \times m}{R^2}$ et $\frac{P_T}{10} = \frac{G \times M_T \times m}{10 \times R_T^2}$

La relation (1) peut se réécrire :

$\frac{G \times M_{planète} \times m}{R^2} = \frac{G \times M_T \times m}{10 \times R_T^2}$

Compte-tenu que $M_{planète} = M_T$, les simplifications amènent à la relation suivante :

$\frac{1}{R^2} = \frac{1}{10 \times R_T^2}$ soit : $R^2 = 10 \times R_T^2$

$R = \sqrt{10} \times R_T$

application numérique : $R = 2{,}02 \times 10^4$ km

5 **1.** La distance est égale à :

$d = h + R_T = 36\,800 + 6\,380 = 43\,180$ km

2. Calculons la force gravitationnelle en n'oubliant pas de convertir la distance en mètre :

$$F_{T/S} = G \times \frac{M_T \times m}{d^2} = 6{,}67 \times 10^{-11} \times \frac{5{,}98 \times 10^{24} \times 800}{(43\,180 \times 10^3)^2}$$

$$= 171 \text{ N}$$

3. Si le satellite se trouve éloigné, alors la distance d augmenterait ce qui aurait pour conséquence de diminuer la force gravitationnelle.

Chapitre 13, page 219

1 **a. Faux** car il faut aussi tenir compte du phénomène de vaporisation : elle est liquide tant que sa température est supérieure à sa température de fusion et inférieure à sa température de vaporisation.

b. Vrai car on applique la formule de la masse volumique : $m = V \times \rho$. On obtient bien 5 kg.

c. Vrai car on applique la formule de la densité : $d = \frac{\rho(\text{huile})}{\rho(\text{eau})}$: si d est inférieure à 1, cela signifie que la masse volumique de l'huile est plus petite que celle de l'eau.

2 **1.** La température de solidification (passage du liquide au solide) est égale à la température de fusion (passage du solide au liquide) :

$\theta_{solidification}(\text{dioxygène}) = \theta_{fusion}(\text{dioxygène}) = -219$ °C

2. La température de liquéfaction (passage du gaz au liquide) est égale à la température de vaporisation (passage du liquide au gaz) :

$\theta_{liquéfaction}(\text{diazote}) = \theta_{vaporisation}(\text{diazote}) = -196$ °C

3. Le diazote est à l'état solide, car – 215 °C est strictement inférieur à la température de fusion (– 210 °C).

Le dioxygène est à l'état liquide, car – 215 °C est compris entre la température de fusion (– 219 °C) et la température de vaporisation (– 183 °C).

4. On utilise la formule $d(\text{dioxygène}) = \frac{\rho_{dioxygène}}{\rho_0}$ qui devient $\rho_{dioxygène} = d(\text{dioxygène}) \times \rho_0$

avec $\rho_0 = 1{,}29$ g·L^{-1} et $d(\text{dioxygène}) = 0{,}552$

application numérique : $\rho(\text{dioxygène}) = 0{,}712$ g·L^{-1}

5. On utilise la formule $\rho = \frac{m}{V}$ qui devient $V = \frac{m}{\rho}$

avec $\rho_{diazote} = 0{,}808\ kg \cdot L^{-1} = 0{,}808 \times 10^3\ g \cdot L^{-1}$
et $m = 2{,}0\ kg = 2{,}0 \times 10^3\ g$

application numérique : $V = 2{,}5\ L$

3 **1.** La chromatographie permet de séparer puis d'identifier des espèces chimiques présentes dans un mélange homogène.

2. La phase mobile est constituée par l'eau salée et la phase fixe par le papier à chromatographie.

Par identification avec les espèces chimiques de référence, les colorants présents dans la boisson sont la tartrazine et le bleu patenté.

3. Les espèces chimiques à séparer doivent être solubles dans le liquide utilisé comme phase mobile. D'après le tableau, seule l'eau salée peut convenir pour dissoudre les colorants.

Chapitre 14, page 221

1 **a. Faux** car deux liquides non miscibles ne peuvent pas se mélanger : le mélange est constitué de deux phases distinctes.

b. Faux car un condenseur à eau a pour fonction de liquéfier des vapeurs.

c. Vrai car l'espèce chimique se retrouve dans la phase composée du liquide où sa solubilité est la plus grande.

2 **1.** 1 : support élévateur ; 2 : mélange eau-écorce d'orange ; 3 : chauffe-ballon ; 4 : thermomètre ; 5 : sortie d'eau froide ; 6 : condenseur ou réfrigérant ; 7 : entrée d'eau froide ; 8 : distillat.

2. Le condenseur permet de liquéfier les vapeurs formées.

3. La vapeur d'eau entraîne avec elle les espèces chimiques à extraire de l'écorce d'orange.

4. a. L'huile essentielle est récupérée à la température du laboratoire (environ 20 °C). Cette température étant comprise entre les températures de fusion et d'ébullition du limonène, on en déduit que l'huile essentielle est liquide.

b. Le distillat possède deux phases, car le limonène et l'eau sont très peu solubles.

c. La densité du limonène étant plus faible que celle de l'eau (qui est égale à 1), la phase supérieure est constituée du limonène.

5. a. Oui, car du dépôt initial, on arrive à extraire plusieurs espèces chimiques.

b. Par identification avec les espèces chimiques de référence, on reconnaît la présence de citral et de limonène.

3 Le médicament 2 contient du paracétamol car son dépôt arrive à la même hauteur que le dépôt 3.

Chapitre 15, page 223

1 **a. Vrai** car le symbole d'un noyau est $^A_Z X$ où X est le symbole de l'atome, Z est égal au nombre de protons (6) et A est égal au nombre de nucléons (somme des protons et des neutrons : $6 + 8 = 14$).

b. Faux car l'atome de bore possède 5 électrons ($Z = 5$) et pas 6 : sa structure électronique est donc $(K)^2(L)^3$.

c. Vrai car la structure électronique du néon est : $(K)^2(L)^8$, et sa dernière couche est la couche L.

2 Le nombre de protons est égal au numéro atomique Z.

Le nombre de neutrons est égal à : $N = A - Z$

L'atome étant électriquement neutre, le nombre d'électrons est égal au nombre de protons.

atome	béryllium	carbone	sodium	phosphore	chlore	cuivre
protons	4	6	11	15	17	29
neutrons	4	6	12	16	18	36
électrons	4	6	11	15	17	29

3 C ($Z = 6$) : $(K)^2\,(L)^4$; Si ($Z = 14$) : $(K)^2\,(L)^8\,(M)^4$;
N ($Z = 7$) : $(K)^2\,(L)^5$; Cl ($Z = 17$) : $(K)^2\,(L)^8\,(M)^7$;
Na ($Z = 11$) : $(K)^2\,(L)^8\,(M)^1$; Ar ($Z = 18$) : $(K)^2\,(L)^8\,(M)^8$.

4 **1.** Le noyau possède 7 protons et 7 neutrons.

Son symbole est : $^{14}_{7}N$

2. Le nombre d'électrons est égal à celui des protons :
$m(\text{électrons}) = Z \times m_e = 6{,}4 \times 10^{-30}\ kg$

3. Le nombre de nucléons est égal au nombre de masse A : $m(\text{noyau}) = A \times m_n = 2{,}34 \times 10^{-26}\ kg$

4. Le rapport des deux masses est égal à :

$$\frac{m(\text{noyau})}{m(\text{électrons})} = 3{,}7 \times 10^3.$$

Ce rapport est très grand : on peut donc négliger la masse des électrons devant celle du noyau dans le calcul de la masse de l'atome.

5 **1.** On trouve les éléments cuivre, oxygène et carbone.

2. D'après la loi de conservation des éléments chimiques au cours d'une réaction, on doit retrouver les mêmes éléments que dans les réactifs : cuivre, oxygène et carbone.

3. Le gaz est du dioxyde de carbone de formule CO_2.

4. L'élément est nécessairement le cuivre, qui est un métal de couleur rouge et de formule Cu.

6 **1.** O ($Z = 8$) : $(K)^2\,(L)^6$; H ($Z = 1$) : $(K)^1$

2. L'atome d'oxygène possède 6 électrons sur sa couche externe.

3. La masse des électrons étant négligeable (voir exercice 3, question 4), la masse de la molécule est égale à la somme des masses des noyaux de chacun des atomes :

$m(H_2O) = 2 \times A(H) \times m_n + A(O) \times m_n = 3{,}01 \times 10^{-26}\ kg$

CORRIGÉS

4. On calcule d'abord la masse d'une goutte d'eau avec la formule de la masse volumique :

$m(\text{goutte}) = \mu_{eau} \times V$

avec $\mu_{eau} = 1{,}0\ \text{kg}\cdot\text{L}^{-1}$

et $V = 5 \times 10^{-5}$ L

On obtient : $m(\text{goutte}) = 5 \times 10^{-5}$ kg

On calcule le nombre N de molécules d'eau :

$N = \dfrac{m(\text{goutte})}{m(H_2O)} = 2 \times 10^{21}$ molécules (on garde un seul chiffre significatif car V en possède un seul).

Chapitre 16, page 225

1 **a. Vrai** car leurs couches électroniques externes respectives contiennent le même nombre d'électrons, à savoir 7.

b. Vrai car ces deux atomes possèdent la même couche électronique externe : M.

c. Vrai

d. Faux car sa structure électronique est $(K)^2(L)^6$ et la couche L est saturée si elle contient 8 électrons.

2 **1.** Il s'agit du fluor (F) car sa structure électronique est $(K)^2(L)^7$.

2. La famille des alcalins.

3. La famille des alcalino-terreux.

3 **1.** 3e période et 15e colonne.

2. $A = Z + N = 31$

3. azote N ($Z = 7$) ; arsenic As ($Z = 33$)

4. La structure électronique est $(K)^2\ (L)^5$ pour l'azote et $(K)^2\ (L)^8\ (M)^5$ pour le phosphore. Ces atomes possèdent 5 électrons sur leur couche externe.

4 **1.** Le silicium ayant des propriétés chimiques semblables à celles du carbone, on doit le retrouver engagé dans le même type de composé, à savoir : SiH_4 et SiO_2.

2. Le chlore appartient à la même famille que le fluor, il doit donc donner le même type de corps simple : Cl_2.

Le potassium appartient à la même famille que le sodium, il doit donc donner le même type de corps simple : K.

5 **1.** Deux atomes ou ions isotopes possèdent le même nombre de protons et un nombre différent de neutrons dans leur noyau.

2. (29 ; 61) ; (29 ; 60)

3. On calcule la masse d'un atome de cuivre en négligeant celle des électrons : $m(\text{Cu}) = A \times m_n = 1{,}05 \times 10^{-25}$ kg.

On calcule le nombre N d'atomes de cuivre dans l'échantillon :

$$N(\text{Cu}) = \frac{m(\text{échantillon})}{m(\text{Cu})}$$

avec $m(\text{échantillon}) = 3\ \text{mg} = 3 \times 10^{-6}$ kg

$N(\text{Cu}) = 3 \times 10^{19}$ atomes

Chapitre 17, page 227

1 **a. Faux** car pour avoir une structure en duet, la couche électronique externe est nécessairement la couche K.

b. Vrai car il possède une structure électronique en octet.

c. Faux car l'ion sodium Na^- correspond au gain d'un électron ce qui donnerait une structure électronique $(K)^2(L)^8(M)^2$ qui n'est pas stable car ni en octet ni en duet.

d. Faux car l'atome de bore a perdu 3 électrons parmi les 5 qu'il possédait : l'ion possède donc 2 électrons.

2

formule de l'ion	Na^+	Mg^{2+}	Al^{3+}	Cl^-
symbole du noyau	$^{23}_{11}Na$	$^{25}_{12}Mg$	$^{26}_{13}Al$	$^{35}_{17}Cl$
nombre de protons	11	12	13	17
nombre de neutrons	12	13	13	18
nombre d'électrons	10	10	10	18

Pour un anion : nombre d'électrons = nombre d'électrons dans l'atome + nombre d'électrons gagnés.

Pour un cation : nombre d'électrons = nombre d'électrons dans l'atome – nombre d'électrons perdus.

Rappel : nombre d'électrons dans l'atome = nombre de protons dans le noyau de l'atome.

3 Mg^{2+} ($Z = 12$) : l'ion possède 10 électrons : $(K)^2\ (L)^8$

F^- ($Z = 9$) : l'ion possède 10 électrons : $(K)^2\ (L)^8$

Be^{2+} ($Z = 4$) : l'ion possède 2 électrons : $(K)^2$

Cl^- ($Z = 17$) : l'ion possède 18 électrons : $(K)^2\ (L)^8\ (M)^8$

Mg^{2+} et Be^{2+} : famille des alcalino-terreux.

F^- et Cl^- : famille des halogènes.

4 **1.** 3e période et 16e colonne. C'est le soufre S.

2. Nombre total d'électrons = 2 + 8 + 6 = 16

3. Le nombre total d'électrons dans l'atome est égal au nombre de protons, donc $Z = 16$.

4. Pour acquérir une structure en octet, l'atome doit gagner 2 électrons : $(K)^2\ (L)^8\ (M)^8$.

La formule de l'ion est donc S^{2-}.

5 L'ion magnésium a pour formule Mg^{2+}.

1. $q = 2e$

2. $q = 2 \times 1{,}6 \times 10^{-19} = 3{,}2 \times 10^{-19}$ C

3. 2 électrons ont été perdus.

4. La charge électrique portée par les ions oxydes doit exactement compenser celle portée par les ions magnésium. La formule de l'ion oxyde est donc O^{2-}.

6 **1.** Parmi les réactifs, on a les éléments H, Fe et S. D'après la loi de conservation des éléments, on trouve ces mêmes éléments parmi les produits. En conséquence, l'ion monoatomique est constitué de l'élément Fe.

2. La charge étant égale à $+ 2e$ (perte de deux électrons par l'atome), on en déduit la formule de l'ion : Fe^{2+}.

3. L'ion H^+ ne possède pas d'électrons : $(K)^0$.

4. L'ion sulfure possède 18 électrons.

Structure : $(K)^2\ (L)^8\ (M)^8$.

Chapitre 18, page 229

1 **a. Vrai** car cette molécule possède trois atomes de carbone, huit atomes d'hydrogène et deux atomes d'oxygène.

b. Faux car dans une formule développée, on représente les liaisons avec les atomes d'hydrogène.

c. Vrai car elles ont toutes les deux la même formule brute : C_2H_6S.

d. Vrai car les doubles liaisons sont représentées par deux traits entre les symboles des atomes liés.

2 **1.** Formule développée :

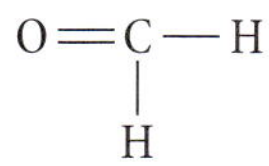

Formule semi-développée : $O{=}CH_2$

2. Elle possède un groupe carbonyle.

3 **1.** Formule développée :

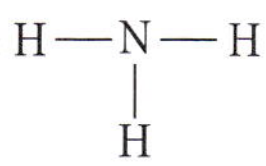

2. Formule semi-développée : NH_3

3. La formule brute est identique à la formule semi-développée : NH_3

4 **1.**

Isomère 1

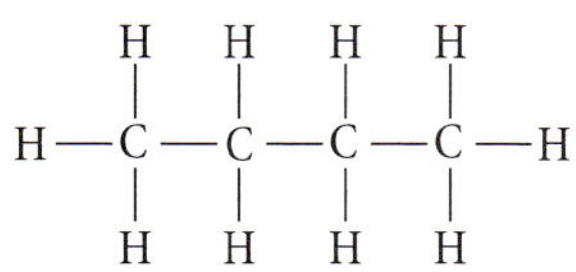

Isomère 2

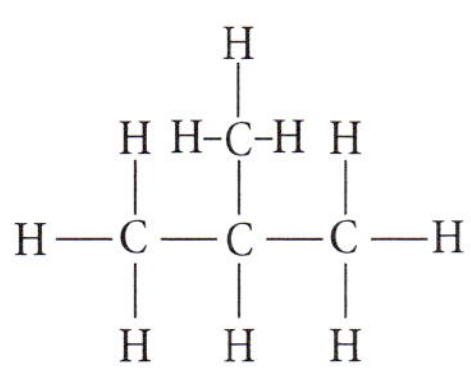

2. $CH_3—CH_2—CH_2—CH_3$ et $CH_3—CH(CH_3)—CH_3$

5 **1.** Formules semi-développées :

$HO—CH_2—CH_2—NH_2$

et $HO—CH_2—NH—CH_3$

2. Formules brutes identiques : C_2H_7ON

3. Ce sont des molécules isomères.

4.

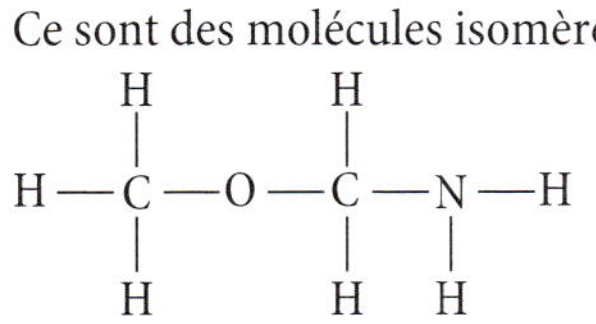

Chapitre 19, page 231

1 **a. Vrai** car la masse molaire se calcule ainsi : $M = 2 \times M_C + 6 \times M_H = 30{,}0\ g \cdot mol^{-1}$.

b. Vrai, on applique la formule : $m = n \times M_C = 120$ g.

c. Faux car on applique la formule : $V = n \times V_m$. Si n est fixé, V est d'autant plus grand que V_m est grand.

d. Faux car d'après la loi d'Avogadro-Ampère, des gaz différents doivent dans ce cas occuper le même volume.

2 $M(C_4H_{10}) = 4 \times M_C + 10 \times M_H = 58{,}0\ g \cdot mol^{-1}$

$M(H^+) = M_H = 1{,}0\ g \cdot mol^{-1}$

$M(SO_4^{2-}) = M_S + 4 \times M_O = 96{,}1\ g \cdot mol^{-1}$

$M(C_{12}H_{22}O_{11}) = 12 \times M_C + 22 \times M_H + 11 \times M_O = 342{,}0\ g \cdot mol^{-1}$

$M(CuSO_4, 5\ H_2O) = M_{Cu} + M_S + 4 \times M_O + 10 \times M_H + 5 \times M_O = 249{,}6\ g \cdot mol^{-1}$

3 **1.** $M_C = \dfrac{m}{n} = 12{,}0\ g \cdot mol^{-1}$

2. $N = n \times N_A = 6{,}02 \times 10^{24}$ atomes

3. $m(C) = \dfrac{m}{N} = 1{,}99 \times 10^{-23}$ g

4 **1.** $n = \dfrac{V}{V_m}$ (20 °C) $= 4{,}17 \times 10^{-1}$ mol

2. $V = n \times V_m$ (150 °C) $= 14{,}6$ L

3. $V_m(0\ °C) = \dfrac{V}{n} = 22{,}4\ L \cdot mol^{-1}$

Chapitre 20, page 233

1 **a. Vrai** car on utilise la formule : $C = \dfrac{n}{V}$.

Si le volume V est constant, alors C augmente si l'on augmente n.

b. Vrai car on utilise la formule : $n = C \times V = 0{,}30$ mol.

c. Faux car il faut diviser la masse de l'espèce chimique dissoute par le volume de la solution.

d. Faux car on peut y dissoudre au maximum 330 g de sel, et 500 g est supérieur à 330 g.

2 **1.** On calcule la quantité de saccharose :

$n = C \times V = 6{,}0 \times 10^{-6}$ mol

Calcul de la masse molaire :

$M = 12 \times M_C + 22 \times M_H + 11 \times M_O = 342{,}0\ g \cdot mol^{-1}$

Calcul de la masse de soluté : $m = n \times M = 2{,}1 \times 10^{-3}$ g

2. a. Calcul de la solubilité : $C_S = \dfrac{m_S}{V} = 2{,}0 \times 10^3\ g \cdot L^{-1}$

b. On calcule la masse : $m = C_m \times V = 100$ g

Calcul de V' (la concentration de la solution saturée est alors égale à C_S) : $V' = \dfrac{m}{C_S} = 5{,}0 \times 10^{-2}$ L

3 **1.** $C_m = \dfrac{m}{V} = 30\ g \cdot L^{-1}$

2. Calcul de la masse : $m_S = C_S \times V = 360$ g

3. Calculons la masse correspondant à 3 litres de solution saturée : $m_S' = 3 \times m_S = 1{,}08 \times 10^3$ g (m_S a été calculée à la question 2).

La masse de chlorure de sodium non dissoute est égale à : $m' = m - m_S' = 1\ 200 - 1{,}08 \times 10^3 = 120$ g

4. Calcul de la quantité de matière : $n = C \times V = 6{,}0$ mol

Calcul de la masse molaire :

$M_{NaCl} = M_{Na} + M_{Cl} = 58{,}5\ g \cdot mol^{-1}$

On calcule la masse : $m = n \times M = 351$ g.

CORRIGÉS

Chapitre 21, page 235

1 Au cours d'une transformation chimique, il y a disparition d'espèces chimiques et formation de nouvelles.

1. Non.

2. Non, c'est un changement d'état liquide-vapeur.

3. Oui, on réalise la combustion d'une espèce chimique : l'acide stéarique qui se transforme en dioxyde de carbone, en carbone et en eau essentiellement.

4. Non, on sépare les espèces chimiques.

5. Oui, on réalise la combustion d'une espèce chimique : la cellulose qui se transforme en dioxyde de carbone, en carbone et en eau essentiellement.

6. Oui, la soude réagit avec les matières organiques responsables du bouchon.

2 $C_6H_{12}O_6 + 6\,O_2 \rightarrow 6\,CO_2 + 6\,H_2O$

$C_6H_6 + 3\,HNO_3 \rightarrow C_6H_3N_3O_6 + 3\,H_2O$

$2\,FeCl_3 + 3\,MgO \rightarrow Fe_2O_3 + 3\,MgCl_2$

$Pb^{2+} + 4\,I- \rightarrow PbI_4^{2-}$

$2\,C_4H_{10} + 13\,O_2 \rightarrow 8\,CO_2 + 10\,H_2O$

$4\,Fe + 3\,O_2 \rightarrow 2\,Fe_2O_3$

3 **1.** Produits de la transformation : eau et dioxyde de carbone (ils n'étaient pas présents dans l'état initial).

2. Réactifs : méthane et dioxygène (le méthane a disparu et la quantité de dioxygène a diminué dans l'état final).

3. Le diazote, car sa quantité ne varie pas.

4 **1.** Oui, car il y a formation d'une nouvelle espèce chimique (précipité blanc).

2. $CO_2 + H_2O \rightarrow H^+ + HCO_3^-$

Chapitre 22, page 237

1 **a. Faux** car doser consiste à trouver la concentration inconnue d'une espèce chimique connue dans une solution.

b. Faux car l'intensité de la couleur est une fonction croissante de la concentration de l'espèce colorée.

2 **1.** Calculons la concentration massique :

$$C_m = \frac{m}{V} = 5{,}0 \times 10^{-2}\ g \cdot L^{-1} = 50\ mg \cdot L^{-1}$$

2. $C_m = 50\ mg \cdot L^{-1}$ donc $40 < C_m < 60$: il n'y a pas d'anomalie.

3. $C_m\,(max) = 60\ mg \cdot L^{-1}$

$m = C_m\,(max) \times V = 60\ mg = 0{,}060\ g$

4. $n\,(max) = \dfrac{m}{M} = 3{,}5 \times 10^{-4}\ mol$

3 **1.** Calculons la concentration :

$$C = \frac{C_0 \times V}{V_0} = 2{,}5\ g \cdot L^{-1}$$

2. $m = C \times V = 0{,}25\ g = 2{,}5 \times 10^2\ mg$

3. On choisit l'indication « Aspirine 250 mg ».

SVT

Chapitre 1, page 241

1 **a. Faux** : l'azote est présent uniquement dans les protéines et les acides nucléiques.

b. Faux : on en trouve dans les molécules de diazote de l'atmosphère et dans des ions minéraux comme les ions nitrate NO_3^- et ammonium NH_4^+.

c. Vrai.

d. Faux : il se trouve en quantité dans les ions dissous dans l'eau.

2 **a.** Les cellules des documents 3 et 4 possèdent un noyau limité par une membrane : ce sont des cellules eucaryotes. La cellule du document 5 ne possède pas de noyau ; la région centrale qui pourrait faire songer à un noyau n'est pas limitée par une membrane : c'est un Procaryote.

b. L'unité structurale des Eucaryotes indique une parenté qui s'explique par leur origine commune : tous les organismes eucaryotes descendent des premiers Eucaryotes apparus sur la Terre.

c. Les chloroplastes visibles sur le document 4 caractérisent les cellules eucaryotes végétales (cependant, toutes les cellules végétales ne possèdent pas des chloroplastes).

Chapitre 2, page 243

1 **a. Faux** : les deux brins sont différents car complémentaires.

b. Vrai : guanine et cytosine sont également présents en quantité égale.

c. Faux : elle peut porter des milliers de gènes et chaque gène est un fragment d'ADN, donc formé de deux séquences complémentaires de nucléotides.

d. Faux : les liaisons se font au niveau des bases azotées complémentaires.

2 **a.** Le plant de tabac s'est formé par multiplication de la cellule initiale ; puisqu'il est entièrement phosphorescent, cela signifie que toutes les cellules qui le constituent ont fabriqué la substance phosphorescente et possèdent donc l'information nécessaire héritée de la cellule initiale. Les cellules du tabac sont donc capables d'utiliser une information génétique provenant d'un autre organisme et absente initialement chez elles.

b. La seule différence entre les bactéries qui fabriquent de l'insuline et celles qui n'en fabriquent pas réside dans l'ADN humain introduit dans les premières. La capacité à produire de l'insuline est donc due à cet ADN humain. Cela montre que l'ADN est le support de cette information et que les organismes eucaryotes et procaryotes l'exploitent de la même façon.

3 En comparant les deux séquences de nucléotides, on constate qu'il existe 18 différences sur 21 paires de nucléotides, soit environ 15 % de similitude et 85 % de différence. Les allèles d'un même gène ont des séquences de nucléotides qui sont très peu différentes ; en conséquence, les deux séquences présentées appartiennent à deux gènes différents.

Chapitre 3, page 245

1 **a. Faux** : elles sont également utilisées au cours de l'anabolisme.

b. Faux : seuls les végétaux chlorophylliens en sont capables.

c. Faux : elles peuvent être dégradées par fermentation.

d. Vrai.

2 **a.** Dans l'enceinte A, les teneurs en glucose et dioxygène diminuent, alors que celles en éthanol et CO_2 augmentent. Par rapport au montage témoin (enceinte B), cela signifie que les levures ont prélevé du glucose et de l'oxygène dans le milieu, et rejeté du CO_2 et de l'éthanol. Le glucose est source de matière et d'énergie pour les levures.

b. De 0 à 150 secondes, les levures ont consommé du dioxygène et du glucose, et ont produit du CO_2, mais pas d'éthanol : elles ont dégradé le glucose par respiration. Après 150 s, le milieu étant privé de dioxygène, les levures ont continué à prélever du glucose et ont rejeté du CO_2 et de l'éthanol : elles ont dégradé le glucose par fermentation. Le métabolisme des levures dépend ainsi de la présence ou non de dioxygène dans le milieu.

3 Après un repas, la teneur en glycogène du foie passe de 15 à 80 g, ce qui signifie que les cellules du foie ont synthétisé du glycogène à partir du glucose apporté par l'alimentation. Pendant la période de jeûne, la teneur en glycogène du foie baisse ; cela signifie que les cellules du foie ont livré du glucose à l'organisme à partir du glycogène stocké. Le métabolisme des cellules hépatiques dépend donc de la teneur en glucose dans le sang, donc de leur environnement.

4 Les colonies de la souche ade2 sont rouges dans un milieu pauvre en adénine et blanche dans un milieu riche en adénine : leur couleur dépend donc de leur environnement. Lorsqu'elles sont placées dans le même environnement pauvre en adénine, les colonies de levures ade1 et ade2 ont des couleurs différentes. La différence n'est donc pas liée au milieu, mais à leur programme génétique qui dirige l'utilisation de l'adénine par les levures.

Chapitre 4, page 247

1 **a. Faux** : tous les êtres vivants sont apparentés.

b. Faux : la notion de degré d'évolution n'est pas une notion scientifique.

c. Faux : elles ont été acquises progressivement. Ainsi, la structure eucaryote a été acquise avant l'acquisition de vertèbres.

d. Vrai : Chimpanzé et Sardine sont tous les deux des Vertébrés contrairement au Criquet.

2 **a.** Le fossile possède un squelette avec une colonne vertébrale, caractère exclusif aux Vertébrés : il est donc plus étroitement apparenté à l'Homme qu'au Criquet.

b. Sur l'arbre phylogénétique, il faut placer le fossile dans la boîte des Vertébrés et à l'extrémité d'une branche partant de l'ancêtre commun 5.

c. Ce fossile n'est pas l'ancêtre commun des Vertébrés. Il indique seulement qu'il y a 380 millions d'années existaient déjà des Vertébrés ; l'ancêtre commun aux Vertébrés est donc plus âgé que 380 millions d'années.

Chapitre 5, page 249

1 **a. Faux :** une mutation affecte une cellule d'un organisme et non l'ensemble de cet organisme.

b. Faux : les mutations doivent affecter les cellules reproductrices pour être transmises et se répandre ainsi dans les populations.

c. Vrai.

d. Faux : une mutation est un phénomène aléatoire et peut être éliminée par la sélection naturelle.

2 **a.** En 2002, dans la zone proche du bord de mer (0 à 20 km), plus de 80 % des larves de moustiques étaient résistantes aux insecticides. En 1970, la population de moustiques de cette zone était totalement sensible. Il y a donc eu dans cette zone un très net changement dans les caractéristiques de la population de moustiques. Plus on s'éloigne du bord de mer, plus la population de moustiques est sensible à l'insecticide. Le changement observé dans la population du bord de mer est donc lié à l'épandage de l'insecticide dans la zone proche du bord de mer.

b. Chez les moustiques, la résistance à l'insecticide est liée à la capacité, héréditaire, à produire beaucoup d'estérase. En 1970, les moustiques produisaient peu d'estérase, leur information génétique ne le permettait pas. Pour que les moustiques deviennent résistants, ils ont dû subir une mutation de leur matériel génétique qui code la synthèse de l'estérase. Ces moustiques porteurs de la mutation ont pu apparaître avant ou après 1970 ; mais ce n'est pas l'insecticide qui a provoqué cette mutation. Dans les années 1970, seuls quelques individus étaient porteurs de cette mutation. En présence d'insecticide, les moustiques résistants ont eu une plus grande probabilité de survie, et donc de reproduction, que les moustiques sensibles. Comme ils transmettent leurs caractéristiques génétiques à leurs descendants, la fréquence des moustiques résistants augmente de génération en génération (sélection naturelle).

3 **a.** Puisque les essais de croisement entre moustiques de surface et moustiques souterrains se sont révélés négatifs, ces deux populations forment deux espèces distinctes (isolement reproductif).

b. Les populations de moustiques diffèrent génétiquement les unes des autres. Chaque ligne de métro constitue un milieu confiné avec une population réduite isolée des populations des autres lignes. Ce sont des conditions favorables pour qu'une dérive génétique intervienne dans l'évolution des caractéristiques génétiques de ces populations.

c. Les moustiques souterrains ont des caractéristiques comportementales différentes de celles des moustiques de surface. Ces différences comportementales sont héréditaires. Si les moustiques souterrains sont issus de ceux de surface, les premiers phénomènes à l'origine des moustiques souterrains sont des mutations affectant le comportement. Seuls quelques individus étaient porteurs de ces mutations. Les caractéristiques de l'environnement du métro, notamment en ce qui concerne les animaux qui y vivent, ont fait que les moustiques porteurs de ces mutations ont eu une plus grande probabilité de survie et de reproduction que les moustiques non mutants. La sélection naturelle a donc joué un rôle dans l'évolution des populations de moustiques.

Chapitre 6, page 251

1 **a. Faux :** il existe des organismes, notamment des bactéries, capables de vivre dans un milieu sans dioxygène.

b. Faux : seule l'eau à l'état liquide importe.

c. Faux : il existe des êtres vivant à plusieurs milliers de mètres de profondeur et ne recevant évidemment pas d'énergie solaire.

d. Vrai : la matière carbonée est une caractéristique de tous les êtres vivants et pour la synthétiser, il faut une source de carbone.

2 **1.** b, c, d – **2.** c – **3.** a – **4.** d – **5.** c, d – **6.** d – **7.** b – **8.** a – **9.** b – **10.** a – **11.** a, d – **12.** c, d

3 **a.** En Y : il y a obligatoirement de l'eau à l'état liquide donc également à l'état gazeux par suite de l'évaporation de l'eau ; possibilité d'eau à l'état solide mais non obligatoire.

En X : il n'y a pas d'eau à l'état liquide ni d'eau à l'état solide ; on trouve uniquement de l'eau à l'état gazeux.

En Z : pas d'eau à l'état liquide (car hors zone d'habitabilité) mais possibilité d'eau à l'état solide et gazeux.

b. Plus l'énergie rayonnée par l'étoile est importante, plus la zone d'habitabilité est éloignée de son étoile. En effet, la présence indispensable d'eau liquide dépend de la température, laquelle est tributaire de la distance à l'étoile.

c. Si Mars avait la même atmosphère que Vénus, sa température de surface serait plus élevée que sa température actuelle (grâce à l'effet de serre important) mais plus faible que celle de Vénus car Mars est plus éloignée du Soleil.

Si Vénus avait la même atmosphère que Mars, son effet de serre serait presque nul et donc sa température serait plus faible qu'actuellement mais plus élevée que la température actuelle de Mars car Vénus est plus proche du Soleil que Mars.

Chapitre 7, page 253

1 **a. Faux :** par exemple, la géothermie n'est pas liée à l'énergie solaire.

b. Vrai.

c. Faux : vrai pour l'énergie tirée de la biomasse, faux pour les énergies électrique et éolienne.

d. Faux : voir le doc. 2 dans « Le document clé ».

2 **a.** « Autres » représente les énergies renouvelables du document 3, mis à part la biomasse et l'hydroélectricité. Hormis la géothermie (chaleur interne du globe), ces formes d'énergie sont directement ou indirectement d'origine solaire. Ces formes d'énergie représentent, encore aujourd'hui, un très faible pourcentage des formes d'énergie utilisées par l'Homme.

b. Cela signifie que dans les années à venir les techniques devraient permettre d'utiliser davantage l'énergie solaire et l'énergie éolienne pour la transformer en énergie électrique et satisfaire une part importante des besoins énergétiques de l'humanité. S'il s'agit du sol au sens strict, on peut penser que le président américain fait allusion aux agrocarburants ; s'il inclut le sous-sol, on peut penser qu'il évoque la géothermie.

3 Le barrage permet d'exploiter l'énergie potentielle de l'eau retenue dans le réservoir. Lors de l'ouverture des vannes, cette énergie potentielle est transformée en énergie cinétique qui actionne une turbine et transforme cette énergie cinétique en énergie électrique. L'énergie électrique fournie est renouvelable dans la mesure où l'eau du réservoir peut être renouvelée grâce aux précipitations (voir cycle de l'eau au chapitre 10).

Chapitre 8, page 255

1 **1.** Réponse **a**.
2. Réponse **e**.
3. Réponse **b**.
4. Réponse **g**.
5. Réponse **d**.
6. Réponses **c** et **f**.

2 **a.** L'énergie chimique potentielle du biocarburant provient de l'énergie chimique de l'amidon extrait des grains de maïs. Cette énergie issue de l'amidon résulte de la transformation de l'énergie solaire (photosynthèse) assurée par les cellules chlorophylliennes des pieds de maïs. Cette production végétale peut être renouvelée chaque année ; en conséquence, l'énergie du biocarburant est elle-même renouvelable.

b. Un rendement de 100 % correspondrait à l'obtention de 1 000 L de carburant sans aucune dépense d'énergie. Or, si on soustrait l'énergie nécessaire pour la production (760 L), on obtient 1 000 – 760 = 240 L d'éthanol. Le rendement est donc $100 \times \frac{240}{1\,000} = 24\,\%$.

c. Puisque le maïs élabore les matières organiques en utilisant le CO_2 de l'air, sa culture soustrait du CO_2 à l'atmosphère.

La transformation de l'amidon en éthanol par fermentation (chapitre 3) et la combustion de l'éthanol dans le moteur libèrent du CO_2 dans l'atmosphère. Les résidus non utilisés des plantes sont consommés par les animaux, dégradés par leur respiration puis rejetés sous forme de CO_2. En définitive, absorptions et rejets de CO_2 s'annulent. Le travail du sol, l'ensemencement, la récolte, le transport... impliquent l'utilisation de combustibles fossiles et donc le rejet de CO_2 dans l'atmosphère. Globalement, l'utilisation des agrocarburants enrichit l'atmosphère en CO_2, mais dans des proportions moindres que l'utilisation exclusive du pétrole.

Chapitre 9, page 257

1 **a. Faux** : il ne s'agit pas d'une énergie renouvelable à l'échelle humaine.

b. Faux : il faut que les dépôts organiques soient enfouis sous d'autres sédiments pour atteindre une température qui assure leur transformation en roche combustible.

c. Vrai.

d. Faux : cette exploitation produit du CO_2, gaz à effet de serre donc elle tend à augmenter celui-ci.

2 **a.** En 1960, la teneur maximale de l'atmosphère en CO_2 était de 320 ppmv et en 2004, de 380. En 54 ans, elle a donc augmenté de 60 ppmv ; cette augmentation est assez régulière même si elle marque une légère accélération depuis 1980.

b. Il existe des variations annuelles de la concentration en CO_2 avec un minimum à la fin de l'été et un maximum à la fin de l'hiver. Durant le printemps et l'été, les échanges gazeux photosynthétiques des végétaux verts l'emportent sur l'ensemble des échanges gazeux respiratoires des êtres vivants, d'où la valeur minimale de la concentration de CO_2 à la fin de l'été. Durant l'hiver, par suite de la chute des feuilles, les échanges gazeux photosynthétiques deviennent inférieurs aux échanges gazeux respiratoires, d'où l'augmentation de la teneur en CO_2 et la valeur maximale à la fin de l'hiver.

c. Entre 1960 et 2005, la quantité de carbone rejetée sous forme de CO_2 est de 235 GT, ce qui correspond à un rejet de CO_2 dans l'atmosphère de 235/2,1 = 112 ppmv.

d. En 2005, la teneur en CO_2 de l'atmosphère devrait donc être de 320 + 112 = 430 ppmv.

e. En réalité, la teneur en CO_2 en 2005 est de 380 ppmv au lieu des 430 attendus. C'est dû au fait qu'une partie du CO_2 rejeté par la combustion des combustibles fossiles a été absorbée par l'océan (puits océanique) et par la biomasse continentale (puits biosphérique).

Chapitre 10, page 259

1 **a. Faux** : sans cesse renouvelée à l'échelle humaine.

b. Faux : pour couvrir les besoins de l'agriculture.

c. Vrai : l'eau d'évaporation des océans revient sur les continents sous forme de pluie.

d. Faux : environ 50 % de cette eau s'évapore directement ou par l'intermédiaire des plantes : elle est consommée car ne revient pas directement à son réservoir d'origine.

e. Faux : environ 3 % seulement.

2 **a.** L'eau utilisée pour l'arrosage est de l'eau douce qui provient soit des nappes soit des rivières ; l'eau de celles-ci provient des précipitations qui ont pour origine la vapeur d'eau de l'atmosphère qui, globalement, provient des océans.

b. L'eau déversée peut :
– être incorporée dans les végétaux ;
– passer dans l'atmosphère sous forme de vapeur (évaporation, transpiration par les végétaux) ;
– passer dans le sol puis regagner les nappes souterraines ;
– pour une faible partie, ruisseler vers les rivières.

c. L'analyse précédente montre qu'une partie de l'eau ne regagne pas les réservoirs où elle a été prélevée, mais passe dans l'atmosphère où elle peut être emportée plus ou moins loin. Cela peut entraîner une baisse des réserves et donc perturber localement le cycle de l'eau.

3 **a.** Globalement, dans le monde, c'est le secteur agricole qui prélève la plus grande quantité d'eau. Ce prélèvement est très important dans certaines régions du monde (Afrique, Proche-Orient, Amérique latine…). Cela est lié à l'inégale répartition de la pluviosité dans le monde.

Ce n'est qu'en Amérique du Nord et en Europe que le prélèvement pour l'agriculture est inférieur au prélèvement pour l'industrie.

b. En Europe, la plus grande part du prélèvement est consacrée aux industries, mais dans certains pays comme l'Espagne et le Portugal, où la sécheresse est fréquente, le prélèvement maximal est pour l'agriculture. Le problème de l'eau se pose donc de façon très différente suivant les pays ; il devient très aigu dans les pays secs. La France prélève beaucoup d'eau pour sa production d'électricité, mais une faible partie seulement est consommée puisque l'eau est ensuite restituée aux rivières.

Chapitre 11, page 261

1 **a. Faux** : non renouvelable car il faut des milliers d'années pour qu'un sol se forme et il peut être détruit en très peu de temps.

b. Vrai : l'air contenu dans les pores du sol est indispensable à la respiration des racines et les ions minéraux absorbés par les racines sont nécessaires à toute la plante.

c. Faux : le sol est formé de matières minérales, de matières organiques (humus) et d'une faune et d'une flore abondante riche en micro-organismes.

d. Faux : les micro-organismes du sol par leur respiration dégradent les molécules organiques et redonnent du dioxyde de carbone (voir page 254).

2 En présence de terre non stérilisée, le papier filtre a en grande partie « disparu » ; en présence de terre stérilisée, il a conservé son aspect initial. Puisque la stérilisation a pour effet de provoquer la mort des êtres vivants du sol, les résultats obtenus montrent que la disparition du papier filtre est due à l'action des êtres vivants. Ceux-ci ont dégradé, consommé le papier filtre et l'ont utilisé comme source de matière et d'énergie.

3 L'aspect du sol peut évoluer en fonction des actions auxquelles il est soumis. Sous l'action du passage des animaux, il se tasse, devient compact, ce qui diminue la quantité d'air et d'eau qu'il peut contenir et empêche l'action des êtres vivants. Le sol est un milieu fragile.

Chapitre 12, page 263

1 **a. Faux** : au repos tous les organes consomment constamment du dioxygène.

b. Faux : toutes les cellules consomment du dioxygène.

c. Faux : la consommation maximale de dioxygène augmente beaucoup plus au cours d'un effort intense (12 à 20 fois).

d. Vrai : la consommation de dioxygène par l'ensemble des organes est égale à celle prélevée par le sang dans l'air alvéolaire en un temps donné.

2 Le temps nécessaire pour parcourir les 30 km est globalement corrélé à la VO_2 max : les coureurs mettent d'autant moins de temps que leur VO_2 max est élevée. Cette corrélation inverse traduit une relation de cause à effet : l'organisme est capable d'un effort d'autant plus intense que sa capacité à prélever du dioxygène est grande. Cette corrélation n'est pas absolue ; d'autres facteurs comme l'endurance (capacité à maintenir une vitesse élevée pendant longtemps) interviennent aussi.

3 **a.** La différence entre la teneur en O_2 du sang artériel et du sang veineux d'un muscle augmente avec l'intensité de l'effort. Cela signifie que le muscle prélève davantage d'O_2 dans le sang lorsque l'intensité de l'effort augmente.

De même, le prélèvement de glucose par un muscle dans le sang augmente avec l'intensité de l'effort.

b. Le glucose prélevé par le muscle dans le sang provient des réserves du foie en glucose sous forme de glycogène. Comme il n'y a pas de réserves de dioxygène dans l'organisme, l'O_2 prélevé dans le sang provient de l'air.

Chapitre 13, page 265

1 **a. Faux** : les artères pulmonaires transportent du sang appauvri en dioxygène.

b. Faux : les échanges gazeux ont lieu au niveau des capillaires et non des artères.

c. Faux : elles sont disposées en parallèle.

d. Vrai.

2 **1.** f, g, h

2. d, g, h

3. b et g

4. e et g

5. a

6. c

3 **a.** BC correspond à la systole auriculaire, car elle termine le remplissage du ventricule

b. Les volumes d'éjection systolique sont de :
125 – 40 = 85 mL.

c. Les valvules artérielles s'ouvrent en C durant l'éjection du sang et se ferment en D.

d. Les valvules auriculo-ventriculaires se ferment en C et s'ouvrent en D.

4 **a.** 5 L × (0,21 – 0,16) = 0,250 L

b. 5 L × (200 – 150) mL/L = 0,250 L

Le dioxygène consommé en une minute correspond exactement au volume de dioxygène prélevé dans l'air pendant une minute.

c. Parmi les modifications susceptibles d'augmenter l'apport de dioxygène aux muscles au cours de l'effort, on peut imaginer :
– une augmentation du débit cardiaque ;
– une distribution du débit cardiaque gauche favorisant les muscles en activité.

Chapitre 14, page 267

1 **a. Faux** : les débits sont identiques.

b. Vrai.

c. Faux : il augmente non seulement avec l'augmentation de la fréquence cardiaque mais également avec celle du volume d'éjection systolique.

d. Faux : il y a aussi le prélèvement accru du dioxygène du sang par les organes, qui s'accompagne d'un prélèvement accru de dioxygène par le sang au niveau des poumons.

e. Faux : un pourcentage plus important du débit cardiaque est distribué aux organes en activité accrue (cœur et muscles).

2 **a.** Au repos, le volume d'éjection systolique est de 135 – 60 = 75 mL. La durée du cycle cardiaque est de 0,9 seconde soit une fréquence de 66 par minute. Le débit est donc de 66 × 75 = 4,95 L (≃ 5 L).

b. Au cours de l'effort, le VES est de 120 mL, la durée du cycle cardiaque de 0,4 seconde et donc la fréquence de 150 par minute. Le débit cardiaque est donc de 150 × 120 = 18 L/min.

3 **a.** La différence importante est que le VES maximal de l'athlète est plus élevé que celui de la personne sédentaire : 180 mL contre 100 ; la fréquence cardiaque est la même : 150/min. Le débit cardiaque du sédentaire est donc de 15 L/min et celui de l'athlète de 27 L/min.

b. Le débit cardiaque de l'athlète étant plus élevé que celui du sédentaire, il passe plus de sang au niveau des poumons chez l'athlète que chez le sédentaire, ce qui est l'un des facteurs permettant de prendre davantage de dioxygène dans l'air et donc d'effectuer un effort plus intense.

Chapitre 15, page 269

1 **a. Faux** : la fréquence est inférieure à celle de l'automatisme cardiaque en raison de l'action modératrice des nerfs parasympathiques.

b. Faux : c'est l'inverse (elle diminue).

c. Faux : c'est l'inverse ; la pression artérielle maximale est atteinte à la fin de la systole ventriculaire et la pression artérielle minimale à la fin de la diastole ventriculaire. Lorsque la fréquence augmente, systole et diastole ont chacune une durée qui diminue donc l'intervalle de temps entre pression maximale et pression minimale diminue.

d. Vrai : une élévation de la fréquence augmente le débit cardiaque qui augmente la pression artérielle.

2 **a.** La fréquence cardiaque du cœur greffé au repos est supérieure à celle du témoin. Le cœur greffé n'a plus d'innervation, sa fréquence au repos est donc celle de son automatisme. Chez le témoin, le cœur au repos est ralenti de façon permanente par l'action modératrice des nerfs parasympathiques.

b. Au cours d'un effort, la fréquence cardiaque du témoin devient nettement supérieure à celle du greffé, ce qui indique que le système nerveux joue un rôle important dans l'augmentation de la fréquence cardiaque au cours de l'effort.

c. On constate malgré tout une augmentation du rythme cardiaque chez le greffé ; le problème est d'en déterminer l'origine. L'action nerveuse étant nulle, cette accélération ne peut être due qu'à des substances (hormones) véhiculées par le sang et agissant sur le cœur (adrénaline).

3 **a.** L'activité des nerfs parasympathiques diminue lorsque l'effort augmente (intensité traduite par le VO_2 max). C'est l'inverse pour l'activité des nerfs sympathiques.

b. Pour une intensité de 90 % de VO_2 max, l'action des nerfs parasympathiques sur le cœur est très faible et celle des nerfs sympathiques très forte. Puisque les messages des nerfs parasympathiques ralentissent le cœur et ceux des nerfs sympathiques l'accélèrent, la fréquence cardiaque est très élevée.

c. Pour un effort d'intensité égale à 50 % de VO_2 max, les activités des nerfs parasympathiques et sympathiques sont semblables et donc, globalement, se compensent. Il en résulte que le cœur doit battre au rythme de son automatisme, soit à une fréquence de 100 par minute environ.

Chapitre 16, page 271

1 **1.** Réponses **c** et **d**.

2. Réponse **e**.

3. Réponse **b**.

4. Réponse **c**.

5. Réponse **d**.

6. Réponse **a**.

2 **a.** L'enregistrement de la pression artérielle (PA) montre qu'elle fluctue entre une valeur maximale et une valeur minimale. Pendant la phase d'augmentation de la pression artérielle, les signaux du message nerveux sont très proches les uns des autres : leur fréquence est élevée avec un maximum au moment du maximum de la PA. Au contraire, lorsque la pression artérielle diminue, les signaux du message nerveux sont plus espacés les uns des autres : leur fréquence diminue et est minimale lorsque la PA atteint sa valeur diastolique. Le message nerveux parcourant la fibre du nerf de Hering change donc lorsque la pression artérielle varie et, plus précisément, il signale quasi instantanément quand elle augmente et quand elle diminue.

En B, la pression artérielle moyenne est inférieure à la normale ; globalement, la fréquence des signaux nerveux est plus faible que dans la situation A, signalant ainsi la baisse de la PA au-dessous de sa valeur normale (hypotension). Aucun message nerveux ne parcourt la fibre du nerf de Hering pendant la période où la pression artérielle baisse, donc lorsque la PA devient très basse. Cela confirme que le message nerveux parcourant le nerf de Hering véhicule des informations sur la PA.

Inversement, lorsque la PA est supérieure à la normale et que notamment la pression diastolique est élevée, la fréquence des signaux nerveux sur la fibre du nerf de Hering est constamment élevée et est très élevée pendant la phase d'augmentation de la pression artérielle.

En résumé, le message nerveux parcourant les fibres du nerf de Hering véhicule d'une part des informations sur la valeur moyenne de la pression artérielle et d'autre part des informations sur ses variations à chaque instant.

b. En A, pendant la durée de deux battements cardiaques, 15 signaux nerveux ont parcouru la fibre du nerf parasympathique ; en B, seulement 6 et en C, 25. Les variations de fréquence des signaux nerveux suivent donc celles du nerf de Hering, ce qui est un argument confirmant que l'activité nerveuse du nerf parasympathique dépend de celle du nerf de Hering.

c. À la suite de la section des nerfs de Hering et de Cyon, le centre nerveux bulbaire ne reçoit plus de messages nerveux renseignant en permanence sur la pression artérielle. Comme ces messages nerveux afférents ont une action excitatrice sur le centre nerveux cardiomodérateur d'où partent les nerfs parasympathiques, ces centres ne sont plus stimulés après section des nerfs afférents. En conséquence, les nerfs parasympathiques ne ralentissent plus le cœur ; **celui-ci s'accélère.**

3 La manœuvre réalisée a provoqué une baisse artificielle de la pression artérielle moyenne. On constate qu'en peu de temps la pression artérielle a repris sa valeur initiale, ce qui traduit l'intervention d'un processus de régulation. Dès la chute de la pression artérielle, on constate une augmentation de la fréquence cardiaque qui reprend sa valeur initiale lorsque la pression est redevenue normale. On peut donc penser que l'augmentation de la fréquence cardiaque, suite à la baisse de la pression artérielle, a contribué au retour de celle-ci à sa valeur normale.

Chapitre 17, page 273

1 **a. Faux** : les cellules (ou fibres) musculaires sont des cellules très allongées (elles atteignent la longueur du ventre du muscle).

b. Faux : les fibres musculaires s'attachent aux fibres conjonctives du tendon mais ne se prolongent pas dans ceux-ci.

c. Faux : ce sont les ligaments d'une articulation qui sont étirés ou déchirés lors d'une entorse ; les fibres musculaires sont déchirées lors d'un claquage.

d. Vrai.

e. Faux : sous l'action de messages nerveux **efférents**.

2 **a.** La région A représente les ventres du muscle où se trouvent les fibres musculaires. La région B représente le tendon inférieur du muscle constitué par un tissu conjonctif fibreux et dépourvu de fibres musculaires (les fibres musculaires s'attachent sur les éléments fibreux du tendon à la jonction ventre-tendon).

b. Le tendon inférieur du muscle du mollet s'attache sur le talon (os calcaneum) : c'est l'attache mobile du muscle. En se contractant, le muscle du mollet tire sur l'os du pied : en conséquence, il y a extension du pied par rapport à la jambe, mouvement absolument indispensable à la marche comme à la course. Si le tendon B (tendon d'Achille) est rompu, marche et course normales deviennent impossibles.

c. Cette manœuvre a pour objectif de faire un diagnostic éventuel de rupture du tendon d'Achille en tirant artificiellement sur le tendon en comprimant le muscle. Si on n'observe aucun mouvement du pied, c'est que le tendon est rompu. On peut ainsi distinguer un claquage bas du mollet d'une rupture du tendon.

ANGLAIS

Chapitre 1, page 277

1 **1.** Réponse **a** – **2.** Réponse **b** – **3.** Réponse **b** – **4.** Réponse **b**

2 One night –it was on **the** twentieth of March *(il s'agit d'une date, d'un jour déterminé)*, 1888– I was returning from **a** journey *(dénombrable singulier, non déterminé : Watson n'a pas encore parlé de cette visite)* to **a** patient *(on ne précise pas quel patient)*, when my way led me through **Ø** Baker Street *(comme tous les noms de rue, avenue, route. Mais on pourrait dire The London Road s'il s'agissait de la route qui mène à Londres)*. As I passed **the** well-remembered door *(ce n'est pas n'importe quelle porte : c'est celle de S. Holmes, dont il se souvient bien)*, I was seized with **a** desire *(on aurait aussi pu mettre* the*)* to see Holmes again. He was going up and down **the** room *(pas n'importe quelle pièce : le salon de son appartement)*. He was at **Ø** work (work *est indénombrable. Il n'y a rien dans le contexte qui le détermine comme une activité particulière)* again. I rang **the** bell *(la détermination est sous-entendue : la cloche de l'appartement)* and was shown up to **the** chamber *(la détermination est indiquée par la relative qui suit, mais cette détermination aurait pu être atténuée en utilisant* a*)* which before had been in part my own. With **an** inviting eye, he waved me to **an** armchair (the *aurait fait supposer qu'il n'y avait qu'un fauteuil)*. He gave me **a** piece of thick, pink-tinted note-paper *(ce morceau de papier n'a pas été mentionné auparavant, il n'est pas déterminé)* which had been lying open on **the** table. "It came by **the** last post," said he.

3 **1.** When Evelyn appeared, she was wearing **an original knee-length red silk** dress.

Original *est le plus subjectif, on le met donc en premier. Doivent venir ensuite la taille, la couleur et la matière.*

2. Her aunt, **a bad-tempered bossy old English** *(ici, deux adjectifs subjectifs avant deux adjectifs objectifs.* Bad-tempered *passe avant : elle est de mauvaise humeur parce qu'elle est autoritaire)* lady, made **a nasty biased remark** *(deux adjectifs subjectifs. La remarque est méchante parce que partiale)* about this dress, which made **slim**, **long-legged**, **blonde** Evelyn look really gorgeous.

4 **1.** She had a **brick-red** dress.

2. She is my **three-month-old** daughter. (*On ne mettra pas de pluriel à* month *: ce mot fait partie d'un adjectif, et les adjectifs sont invariables…)*

3. It is a **heart-breaking** story.

4. This factory is **computer-controlled**.

5

Across:	Down:
2 skin	**1** biased
3 nasty	**2** shy
5 dye	**4** jewel
6 weight	
7 selfish	

6 **1.** J'ai le sentiment qu'il ne viendra pas. **b.** I feel…

2. Je suis convaincu qu'elle va oublier. **d.** I'm convinced…

3. Je ne peux m'empêcher de penser qu'il est là. **a.** I can't help thinking…

4. Je suppose qu'il dit la vérité. **c.** I trust…

Chapitre 2, page 279

1 **1.** Réponse **a** – **2.** Réponse **a** – **3.** Réponse **b** – **4.** Réponse **b** – **5.** Réponse **c**

2 **1.** This boy is **the most brilliant** student in the school.

2. Lucy is **more sensitive** than her sister Olivia, but Olivia is **more selfish**.

3. My uncle is open-minded, he is **the least prejudiced** man I know!

4. Tom and Ann look alike: Tom is **as stubborn as** Ann, really.

5. There are three brothers in this family. John is the **oldest** and Peter the **youngest**. But Sam is definitely the **smartest** of them all!

6. The climate is **warmer** in London than in Glasgow.

7. I have two sisters. Jane is the **more mature**.

3 **1. b.** *quantité positive*. The book contained some of her favourite stories. *Le livre contenait quelques-unes de ses histoires préférées.*

2. d. *quantité inconnue*. That moment was more pleasant than any she had ever experienced. *Ce moment était bien plus agréable que tous ceux qu'elle avait connus jusque-là.*

3. a. *« n'importe lequel »*. Do you know any boss that might find me a job? *Connais-tu un quelconque patron qui pourrait me trouver un emploi ?*

4. c. *phrase négative, quantité négative*. She never had any objection to his projects. *Elle n'avait jamais la moindre objection à ses projets.*

4 **1.** "John, it's time you registered to vote."

Remarquez l'emploi du prétérit après l'expression it's time. *Ce prétérit n'exprime pas un passé. Il s'appelle « prétérit modal ».*

Autre solution pour la même situation :

"If I were you I would register to vote."

2. "What about visiting Uncle Jerry?"

Autre solution possible : "Why not visit Uncle Jerry?"

3. "Let's watch that programme about American political parties."

Ou encore : "Shall we watch that programme about American political parties?"

4. "Why not drive across the USA?"

Why not *est toujours suivi de l'infinitif sans* to.

Autre option : "How about driving across the USA?"

5. "If I were you I would buy more modern clothes."

Ou pourquoi pas : "It's high time you bought more modern clothes."

5 **Across:**

1 consumption
3 bargain
4 worth
6 afford
8 trade

Down:

1 customer
2 purchase
5 consumer
7 mall

Chapitre 3, page 281

1 **1.** Réponse **a** – **2.** Réponse **b** – **3.** Réponse **c**

2 **1. b.** I have never begun a novel with more hesitation. *L'auteur fait le bilan de son expérience en tant qu'écrivain, ce qui implique un lien entre le présent et le passé, donc le* present perfect.

2. c. Death ends all things (…), but marriage finishes it very properly too. *L'auteur exprime une vérité générale et éternelle, ce qui implique le présent simple.*

3. a. Many years ago I wrote a novel called "The Moon and Sixpence". *L'auteur fait référence à ce qu'il a écrit dans le passé. Comme l'événement est daté, même approximativement (*many years ago*), le prétérit s'impose.*

4. e. In the present book I have attempted to do nothing of the kind. I have invented nothing. *L'auteur parle de son livre comme s'il était déjà écrit. C'est, là aussi, une sorte de bilan.*

5. d. The man I am writing about is not famous. *L'auteur se décrit en train d'écrire le livre. L'action se déroule au moment où il parle. On peut le visualiser en train d'écrire.*

3 **1.** They will start performing the play next week / ~~last week~~ / in two days' time. Last week *se réfère à un passé.*

2. The Saxons invaded Great Britain ~~from now on~~ *(à partir de maintenant)* / afterwards / in the 6th century A.D. / after the Romans.

3. In the 1920's / Formerly / ~~In ten years' time~~ / ~~In the next century~~ *(ces deux expressions se réfèrent à l'avenir)*, people didn't use to have a lot of comfort.

4. She refused. Later / Last week / ~~Previously~~, she thought it over and regretted that decision.

4 **1.** Look! This statue **reminds** *(on est dans le présent, puisqu'on demande de regarder, mais* remind *n'a pas de forme en* -ing *: ce n'est pas une action proprement dite)* me of a museum I **visited** when I **was** in Canada a few years ago. (Ago *implique une date, donc le prétérit.)*

2. In 2002, she **thought** *(l'action est datée)* of moving to Washington D.C. the following year, but **she still lives** / **is still living** in New Orleans.

3. I **don't know** why John **hasn't made** up his mind yet. *C'est ici une sorte de bilan, de constatation que l'action n'a pas eu lieu, d'où le* present perfect.

4. Tom always **feels** nostalgic when he **remembers** his youth in Ohio. He **did not have** much comfort, but it **did not matter**. *Les deux derniers verbes sont au prétérit : l'action est implicitement datée : quand il était jeune.*

5. In the fifties, I **travelled** to India. I **had never been** abroad before. *La deuxième action est située avant la première, qui est datée, d'où le* pluperfect.

5 Last week I went to Hastings, the site of a battle that **dates back to** / **took place in** 1066 **A.D.**, when William the Conqueror invaded Britain. In the **souvenir** shop I bought a small history book to keep a **memory** of this visit. The **previous** week I had visited the Tower of London, built by William, whose **legacy** is still present **nowadays**. **From now on** I will always **remember** how important this king was.

Chapitre 4, page 283

1 **1.** Réponse **b** – **2.** Réponse **c** – **3.** Réponse **b** – **4.** Réponse **a**

2 **3**, **4**, **5**, **7**, **9**.

3 **1.** A wonderful perfume was created…

Les autres phrases (**2**, **6**, **8**) ne peuvent être mises au passif.

4 **1.** The suspect **has been arrested**. *Inutile d'ajouter* by the police, *le sens est évident.*

2. John's daughters **are being looked after** by the baby-sitter. *Ici, le complément d'agent est nécessaire pour préciser qui s'occupe des enfants.*

3. Why **was** such an outrageous play **performed**?

4. The 'Mona Lisa' **is thought to be** the greatest masterpiece of all times. *Ou encore, bien que plus lourd,* **It is thought that** the 'Mona Lisa' is the greatest masterpiece of all times.

5. **Can** the play **be rehearsed** next week?

6. The lecture **hasn't been given**.

7. They **are suspected** of stealing money.

5 **1.** On m'a dit de ne rien dire de cette nouvelle publicité.

2. On a donné une prime à la secrétaire / La secrétaire a reçu une prime.

3. On dit qu'Hogarth est le graveur le plus célèbre du XVIIIe siècle.

4. On lui a offert un voyage en Jamaïque.

5. On considérait qu'ils étaient les plus intéressants.

6. On te donnera une récompense.

7. On leur a demandé de donner leur nom et leur adresse.

6 **1.** She is said to be very clever.

2. Books about Merlin the Wizard were lent to them.

3. Louise is supposed to live there.

4. He was denied what he wanted.

5. They were given sweets for Halloween.

6. He is still thought to be working in a restaurant.

7 **1.** a team **2.** a charity **3.** to share **4.** companionable **5.** a social evening **6.** an acquaintance **7.** to take part in.

Chapitre 5, page 285

1 **1.** Réponse **b** – **2.** Réponse **a** – **3.** Réponse **c**

2 **1.** In the past, you didn't have to be skilled to find a job easily. *Absence de nécessité dans le passé.*

2. After the 1930's, people could go on strike when something was wrong. *Permission. Il s'agit ici de l'obtention du droit de grève.*

3. She is likely to be fired soon. *Très forte probabilité.*

4. Applicants must provide a résumé. *Obligation, puisqu'il s'agit d'un règlement.*

5. He can't have resigned without finding another job first! *Certitude : on est sûr qu'il n'a pas démissionné, parce qu'on considère que c'est impossible.*

3 **1.** **You should** apply for this job. *Conseil.*

2. They **needn't** dismiss him: he will resign. *Absence d'obligation, de nécessité.*

3. They **must** stop this strike. *Nécessité, obligation.*

4. You **mustn't** get into the chairman's office. *Interdiction.*

4 **1.** He must be working.

2. He may have finished his dinner.

3. He can't be reading.

4. They should be back home (at this time).

5 **1.** The photo **can't have been taken** in the 21st century. *On en est certain, parce qu'on considère que c'est impossible, quand on regarde, par exemple, comment sont habillés les ouvriers.*

2. It **must be** an early twentieth-century black and white picture. *Forte certitude.*

3. It **looks as if** people **worked** hard at the time.

4. This **must / can / could / may / might be** a factory at the turn of the century. *Ici, le choix de l'auxiliaire dépend de la certitude que l'on a de l'époque où a été prise la photo.*

5. This picture **is likely to represent** working conditions in assembly-lines. *Forte probabilité. Mais les autres auxiliaires (*must / can / could / may / might*) sont possibles aussi, selon le degré de certitude.*

6. Unskilled workers **could find** jobs quite easily. *Possibilité.*

7. You **should think** twice before you resign; this was particularly true at the time! *Conseil. On aurait pu dire aussi* have to *: nécessité, obligation.* Have to *plutôt que* must*, car cette obligation n'est pas imposée par celui qui parle, mais par la situation.*

Chapitre 6, page 287

1 **1.** **b** – **2.** **e** – **3.** **a** – **4.** **c** – **5.** **d**

2 **1.** Tom asked Peter **if he had seen** Louisa recently.

2. Peter answered that **he hadn't. He added that** he **wasn't surprised** and that he **knew** that she **had planned** to spend her holidays in Greece. *Autre possibilité, au style indirect libre, qui transforme simplement les formes verbales et permet ainsi une expression moins lourde :* Peter answered that **he hadn't**. He **wasn't surprised**: he **knew** that she **had planned** to spend her holidays in Greece.

3. Tom asked **if he knew** when she **was** supposed to come back.

4. Peter replied that he **thought** she **would** be back in two or three days' time, but Tom **could** call her on her cell phone if what he **had** to tell her **was** really important.

5. He added that she **might** get angry if Tom *(attention à ne pas se tromper en mentionnant le sujet du verbe)* call**ed** her while she **was** sleeping on the beach.

6. And he remembered that **the year before**, during her holiday in Africa, she **wouldn't** answer any calls.

7. Tom replied it **was** quite her usual self.

8. Peter admitted (that) Tom **had** a point **there**.

9. Tom asserted (that) when she **came** back, she **would have** to explain about her silence.

10. Peter concluded she never **would**.

3 **1.** I couldn't agree more. – **2.** Quite true. – **3.** I have no objection to it. – **4.** Why not! – **5.** Nonsense!

4 **1.** culprit
2. ballot
3. policy
4. polling station
5. to sentence
6. opinion poll
7. trial
8. a taxpayer
9. a national anthem
10. guilty

Chapitre 7, page 289

1 **1.** Réponse **b** – **2.** Réponse **a** – **3.** Réponse **c** – **4.** Réponse **b** – **5.** Réponse **c**

2 **1.** Why did you give up singing?

2. Which one did she choose?

3. How far is London/Liverpool from Liverpool/London?

4. What are they talking about?

5. Who can she work with?

6. How angry is she ?

7. Who will come with you? / Who will you come with?

8. How fast can you run?

3 **1.** What doesn't she like?

2. How long did she live there?

3. How many students were absent yesterday?

4. Who is she arguing with?

5. Whose bag is this?

6. Who wrote "Hamlet"?

7. What did Shakespeare write?

8. How often does he visit his grand-mother?

4 We'll never forget our **package** tour around Britain! We first arrived late at Heathrow airport: our **flight** was **delayed** as we weren't on the organisers' list when we **boarded** the plane. At Heathrow a **coach** took the group to a small hotel in Richmond where we were supposed to be **accommodated**, but all our **luggage** had been left at the airport! Later, on a **trip** to Windsor, we got lost in the town and had to come back on our own. We wanted to take a traditional black **cab** but the **fare** was too high and hitch-**hiking** was the only way! Fortunately a nice British **motorist** took us in his car!

5 **1.** He will not obey **unless** you threaten him.

2. **Given** your results at the test, I suggest you change your career plans.

3. He will call you back **provided** you give him your phone number.

4. She refused to come, **even if** all her family was there.

Chapitre 8, page 291

1 **1.** E c – **2.** D b – **3.** A e (ou B d) – **4.** B d (ou A e) – **5.** C a

2 **1.** The man **whom** / **Ø** / **that** you met yesterday is a Congressman. *Le relatif est complément du verbe* met, *il peut donc être omis.*

2. The woman **whom** / **Ø** / **that** you are talking about is a lawyer in a famous law firm.

3. This is the guy **whose** office is located in the City.

Dans les phrases 2 et 3 ci-dessus, le relatif est traduit par « dont », mais le sens est différent.

4. She wasn't chosen as a Prime Minister, **which** was a surprise.

5. This senator, **who** had never seen any public execution, was shocked.

6. I don't understand **what** he is talking about.

7. This is the only law **that** / **Ø** I have ever disobeyed. *On peut ne pas employer de relatif, puisque celui-ci est complément de* disobey, *mais* that *est le seul autorisé à cause de la présence de* only.

8. She told me about a film **which** / **that** / **Ø** she had seen recently, **whose** producer (the producer **of which**) is not famous.

9. Here is the most moving speech **that** / **Ø** I have ever heard.

10. Here is the M.P. **whose** husband might become Prime Minister one day.

3 **1.** Put on **what** you like, but be careful, it is cold.

2. Yes, this morning the temperature is below zero, **which** surprised everyone.

3. **What** pleases me is that the sky is blue.

4. Bright sunshine and blue sky, here is all **that** I like.

5. But **what** I like best is staying in bed.

6. You are always a little lazy, **which** is a shame!

7. I don't care **what** you think.

4 **1.** The day **when** / **Ø** he was elected, he thanked his friends. *Attention ! « où » ne se traduit pas forcément par* where *! Ici, l'antécédent réfère à un moment, pas à un lieu.*

2. This is the friend **whom** / **Ø** I told you about yesterday. *Ne pas oublier la préposition, qu'on ne sépare pas du verbe. « Dont » ne se traduit par* whose *que quand on exprime une possession, ce qui n'est pas le cas ici.*

3. Actually, this building, **which** is in the heart of London, is a cathedral. *Pourrait-on mettre* that *? Non bien sûr, il s'agit d'une relative non déterminative.*

4. I forgot **what** I had to tell you, **which** is worrying.

5. I have forgotten the book **that** / **which** / **Ø** I had to take.

6. This is the friend **whose** children go to school with mine.

7. It was the time (*ou mieux :* Those were the days) **when** life was easy.

8. The man **that** / **who** / **whom** / **Ø** I am talking about and **whose** parents are very rich, lives opposite the street.

5 **1.** You/he should have worked more.

2. I wish he/you did not smoke just in front of me.

3. I wish I had not hurt you him/her.

4. I wish he/she had invited me to his/her wedding party!

6 I live in a tower downtown. In my neighbourhood there is the office where I work, so unlike suburbanites I am not a commuter. But I also have a cozy cottage in the country. One day I'll leave my flat and move to my cottage: the landscape from my cottage is so nice, with beautiful paths, meadows for different species of farm animals.

Chapitre 9, page 293

1 **1.** Réponse **b** – **2.** Réponse **a** – **3.** Réponse **b** – **4.** Réponse **a** – **5.** Réponse **b** – **6.** Réponse **a**

2 **1. d** – **2. c** – **3. a** – **4. b** – **5. g** – **6. e** – **7. f**

3 Man's negative impact on the **Earth** does not date back to present times. In the 19th century, birds called dodos were **slaughtered** and the **species** went extinct. Since then **oil spills** have polluted coasts, heat **waves** have caused **droughts**, lands have become **barren** and turned into deserts. We can help by using **lead-free** petrol to limit the hole in the **ozone layer**. Putting **garbage** in **dumps** for recycling is another way for everybody to help in the preservation of nature.

4 **1.** As soon as – **2.** even if – **3.** While – **4.** so that – **5.** Although – **6.** if – **7.** unless.

5 **1.** that's why (/ so / therefore) – **2.** due to / because of – **3.** consequently (/ so / therefore) – **4.** hence.

Chapitre 10, page 295

1 **1. d** – **2. e** – **3. a** – **4. b** – **5. c**

2 **1.** The Daily Telegraph: *Quotidien* (daily) *généraliste conservateur britannique.*

2. The Guardian: *Quotidien généraliste britannique. Orientation politique : centre gauche.*

3. The Financial Times: *Quotidien britannique spécialisé dans l'actualité économique et financière.*

4. The Washington Post: *Quotidien généraliste, américain, orienté politiquement vers le parti démocratique.*

5. The Wall Street Journal: *Quotidien américain spécialisé dans l'actualité économique et financière (Wall Street est le quartier financier de Manhattan).*

6. National Geographic: *Mensuel américain consacré à l'homme et la nature.*

7. The Belfast Telegraph: *Quotidien irlandais unioniste (cf. chapitre 15) et modéré traitant de l'actualité irlandaise, britannique et internationale.*

8. The Mirror: *Quotidien britannique, orientation politique à gauche.*

9. The Sun: *Tabloïde quotidien, de style* gutter press *(presse de caniveau, presse à scandale).*

10. Time Magazine: *Hebdomadaire généraliste américain. Tendance politique : républicain.*

3 **1.** "Forever young." *Thème lié à la jeunesse éternelle. Peut-être un article sur la chirurgie esthétique, qui permet de rester jeune d'apparence ; ou sur une star qui malgré son âge donne toujours le sentiment d'être dans le vent. Ce titre d'article peut aussi faire référence à la fois à un film et à une chanson connus.*

2. "Five years for headmistress who stole £500,000 from school." *Ce titre est très précis puisqu'il évoque un chef d'établissement ayant volé ou détourné 500 000 £ sur son lieu d'exercice. Les 5 années font référence à sa peine de prison. Il s'agit donc d'un fait divers.*

3. "Parsonage is recreated for Brontë film." *Ici un petit bagage culturel est nécessaire afin d'identifier « Brontë » comme l'une des trois sœurs Brontë, femmes écrivains au XIXe siècle en Angleterre (Yorkshire). Leur père étant recteur, ou pasteur (en anglais «* parson *»), elles vivaient donc dans le «* parsonage *». Un film ou une série télévisée va visiblement leur être dédié, qui a nécessité la recréation de leur lieu de vie de l'époque.*

4. "Runaway girl back with family after couple found in car." *Il est question d'une fille qui s'était enfuie – visiblement lors d'une fugue –, qui a rejoint sa famille, après avoir été retrouvée par un couple dans une voiture. Le couple a peut-être reconnu la jeune fille suite aux avis de recherche lancés tandis qu'elle était en ville ; ou peut-être a-t-elle eu un accident et est-elle tombée en panne…*

5. "Over 65s promised Tory Tax cuts." *Pour comprendre le titre, il faut connaître le mot* Tory*, qui désigne le parti conservateur en Grande-Bretagne. Il s'agit d'une promesse des conservateurs de réduire les impôts des personnes âgées de plus de soixante-cinq ans.*

6. "TUC day of action over pensions." *Nous sommes ici dans la rubrique économique et sociale : le* Trade Union Congress *(union syndicale britannique) a lancé une journée de manifestation contre le projet gouvernemental de repousser l'âge de la retraite.*

4 When <u>Caroline Meeber</u> (*question* **who**) <u>boarded the afternoon</u> (**when**) train <u>for Chicago</u> (**where**), her total outfit consisted of (**what**) a small trunk, a cheap imitation alligator-skin satchel, a small lunch in a paper box, and a yellow leather snap purse, containing her ticket, a scrap of paper with her sister's address in Van Buren Street, and four dollars in money. It was <u>in August, 1889</u> (**when**). She was <u>eighteen years of age</u> (**how old**), bright, timid, and full of the illusions of ignorance and youth. Whatever touch of regret at parting characterised her thoughts, it was certainly not for advantages now being given up. A <u>gush of tears</u> (**how/what**) at her mother's farewell kiss, <u>a touch in her throat</u> (**how/what**) when the cars clacked by the flour mill where her father worked by the day, <u>a pathetic sigh</u> (**how/what**) as the familiar green environs of the village passed in review, and the threads which bound her so lightly to girlhood and home were irretrievably broken.

Aucune indication concernant **why**, *hormis le fait qu'elle a 18 ans, ce qui peut impliquer un départ pour mener sa propre vie.*

5 **1.** An extract from a novel.

2. It takes place in the USA: she takes the "train for Chicago".

3. Time of the day: in the afternoon.
Date: August, 1889.

4. 4 characters are mentioned (Caroline, her mother, her father, and her sister who lives in Chicago).

5. Surname: Meeber First name: Caroline.
Age: 18 years old; exact location at the beginning of the extract: she is in a railway station ("boarded the afternoon train…").

6. They are close relatives: her parents and her sister.

7. Choose a possible title for this extract.

Leaving home *(par élimination : il n'est pas question d'un emploi ni d'une querelle de famille, puisqu'ils ont apparemment du chagrin à se quitter, ni d'une rencontre familiale puisqu'au contraire il y a séparation).* Coming of age *pourrait aussi être acceptable, puisqu'à 18 ans ce départ ressemble à un départ pour une vie indépendante.*

Chapitre 11, page 297

1 **1.** Réponse **c** – **2.** Réponse **c** – **3.** Réponse **b** – **4.** Réponse **a** – **5.** Réponse **c**

2 **1.** *Il fallait souligner :* a (small) trunk – a (cheap imitation alligator-skin) satchel – a (small) lunch (in a paper box) – a (yellow leather snap) purse.

2. *Le contenu du* purse *est :* a train ticket, a scrap of paper with an address, and $4. *En français, on dira : « porte-monnaie ».*

3. "Outfit" (l. 2): *c'est l'ensemble de ce qu'elle emporte avec elle : équipement, bagages.*

4. "Girlhood" (l. 15) : girl *(nom : fille)* + -hood *(suffixe transformant un nom en autre nom) : on peut penser à* childhood, *l'enfance, construit de la même manière. Il s'agit donc de son état d'être fille, son enfance de fille. Plus tard, on pourra parler de* adulthood, *de* womanhood.

5. *Il fallait souligner :* (A gush of) tears, a touch in her throat, a pathetic sigh, irretrievably broken.

Tous ces groupes de mots expriment un sentiment de grande tristesse (matérialisé dans les larmes, la gorge nouée…) associée à la rupture de la vie avec les parents. Ce départ n'est peut-être pas choisi…

6. "Bound" (l. 14) *est un verbe (puisque placé après le pronom relatif* which, *dont l'antécédent est* the threads, *et ayant* her *comme complément) au prétérit comme tous les autres verbes de cette narration. On en déduit que c'est un verbe irrégulier, puisqu'il ne prend pas -ed au prétérit ! (*bind, bound, bound *et c'est à la rubrique* bind *(relier) qu'il faudra chercher.*

7. *Les… qui la reliaient de manière si ténue à son statut de jeune fille et à son foyer étaient irrémédiablement brisés. Le mot* "threads" *désigne donc sans doute des fils (c'est une métaphore).*

8. "Parting" (l. 9) : *le départ, la séparation (cf.* departure *ou* apart*).*

3 1. She is poor: she leaves with few objects and only $4.

2. a. Right: "the train for Chicago".

b. Wrong: "a gush of tears".

c. Wrong: "the flour mill where her father worked by the day".

d. Wrong: "the illusions of ignorance and youth".

e. Right: "the threads … were irretrievably broken".

4. **Caroline (Meeber)**, an **18**-year-old girl, is going to leave her **father** and her **mother** to go and live with her **sister** in **Chicago**.

Chapitre 12, page 299

1 1. c – 2. b – 3. d – 4. a

2 A security review was launched last night after a campaigner dressed as Batman managed to climb the Buckingham Palace facade and held a five-hour protest beside the royal balcony.

Ministers, senior police officers and royal security officials were under pressure to explain how Jason Hatch, a member of the group Fathers4Justice, was able to penetrate palace security measures with such apparent ease.

First of all Mr Hatch, 32, who claims he is denied access to two of his children, and a fellow activist, Dave Pyke, who was dressed as Batman's friend, Robin, went up the 7.5 metre (25ft) walls of the palace using a ladder after climbing over a one-metre fence yesterday afternoon.

Then, while other members of the campaign group caused a diversion at the front of the palace, the pair climbed up the ladder at a corner of the building.

Eventually Mr Pyke came down when he was challenged by armed officers but Mr Hatch managed to get round to the front of the building.

Ordre logique ici, la narration suivant l'ordre chronologique. Tout d'abord ils ont escaladé l'enceinte de Buckingham, puis la façade, et enfin l'un d'eux a contourné le bâtiment.

3 3. The incident *(qui fait directement suite à l'anecdote narrée précédemment)* is a blow […].

2. The incident also *(rappel de l'incident, avec* also, *« aussi », qui montre que l'on tire de l'événement une deuxième conclusion)* has echoes of the security problem […].

1. Fathers4Justice last night decided to go ahead with more protests *(perspectives d'avenir du mouvement Fathers4Justice qui milite en faveur des droits des pères lors des divorces, en guise de conclusion).* […], while the Queen asked to be kept informed of developments *(là encore, ouverture de l'article sur l'avenir).*

4 *Il faut bien analyser la situation pour trouver le lien logique.*

1. I won't go to India this year. **Instead**, I will discover Japan.

2. Tom felt upset. He had never lived in a town. **Furthermore / On the other hand**, he didn't know anyone here in New York.

3. She has a cottage in the country. **Besides**, she owns a flat in Manchester.

4. I don't like him. **Nevertheless**, I will invite him to the party if you absolutely want me to.

5. Both Tom and Lucy work downtown. Tom works in a bank in Oxford Street. **As to** Lucy, she runs a shop in Penny Lane.

6. First I will buy an apartment in the neighbourhood. **Next**, I will try to find a job.

7. I am a country person and I would love to live in the countryside. **On the other hand / Furthermore**, I know that there are more jobs in a city.

Chapitre 13, page 301

1 1. Réponse **a** – 2. Réponse **c** – 3. Réponse **b** – 4. Réponse **c**

2 "Well, these **characteristics** *(caractéristiques)* we've **mentioned** *(mentionné)* are **based** *(basé)* on what **astrologists** *(astrologues)* say, and **astrology** *(astrologie)* is today's **theme** *(thème)*.

Astrologists are people who say that they can find out about your **personality** *(personnalité)* and maybe your **future** *(futur)* by **analysing** *(analyser)* the **position** *(position)* of stars and **planets** *(planètes)* the day you were born.

It's **controversial** *(controversé)*, many **astronomers** *(astronomes)*, the scientists who study the stars and **planets**, don't believe it's true."

3 1. Right – 2. Wrong – 3. Right – 4. Wrong – 5. Wrong

4 1. b – 2. c – 3. a – 4. e – 5. d

5 **Across:**

1 crosswords
4 leisure
6 laptop
7 chip
8 keyboard
9 remote

Down:

1 cell
2 broadcast
3 computing
5 file

6 1. On a l'intention de s'excuser.
I mean to apologise.

2. On s'attend à ce que quelqu'un vienne.
I expect him to come.

3. On veut que quelqu'un obéisse.
I want him to obey.

4. Il n'est pas question que l'on parte.
I'm not leaving!

Chapitre 14, page 303

1 **1.** c – **2.** f – **3.** d – **4.** a – **5.** b – **6.** e

2 **1.** ↘ – **2.** ↘ – **3.** ↘ – **4.** ↗ – **5.** ↗

3 **a.** Les ordres, les déclarations (positives et négatives) et les exclamations ont une intonation **descendante**.

b. Les phrases inachevées, les énumérations ont une intonation **montante**.

4 **1.** ↘ – **2.** ↗ – **3.** ↗ – **4.** ↘ – **5.** ↘

5 **1.** immigrants – **2.** a painting – **3.** the border – **4.** citizens; going from rags to riches – **5.** the Statue of Liberty; hope.

Ordre logique : **2** – **1** – **5** – **4** – **3**.

Chapitre 15, page 305

1 **1.** Wrong (of Eire) – **2.** Right – **3.** Wrong (under Queen Elizabeth I's) – **4.** Right – **5.** Wrong (53) – **6.** Right – **7.** Wrong (it is independent) – **8.** Wrong (of the Normans).

2 **1.** 53 **2.** The Vikings **3.** Oliver Cromwell **4.** William the Conqueror (the Normans) **5.** Queen Victoria.

3 Braveheart – Britain – Catholics – Ulster – Ireland – IRA – Eire *(faites la différence entre* « Ireland », *qui sous-entend les deux Irlande, l'île ;* « Eire », *qui désigne la République d'Irlande, indépendante, au Sud ; et* « Ulster », *l'Irlande du Nord, qui fait partie du Royaume Uni).*

4 **1.** c – **2.** b – **3.** e – **4.** a – **5.** d

5 **A:** England ; **B:** Wales ; **C:** Scotland ; **D:** Northern Ireland ; **E:** Eire ; **A + B + C:** Great Britain ; **A + B + C + D:** the United Kingdom ; **A + B + C + D + E:** the British Isles.

6 **1.** The head of the state is the King/Queen.

2. The person in charge of the executive power is the Prime Minister *(en fait, le roi ou la reine n'a aucun pouvoir ! Lors de la session parlementaire, elle lit un discours de politique générale qui a été écrit… par le Premier ministre !).*

3. The two major political parties are the Conservatives (Tories) and the Labour Party (the Republicans and the Democrats are American!).

4. The UK Parliament consists of the House of Lords and the House of Commons (Congress and the Senate are American too!). *En fait, la Chambre des Lords ne peut s'opposer que deux fois à une même loi proposée par la Chambre des communes.*

5. The Houses of Parliament are located next to Big Ben.

6. The name of the British monarch's castle in London is Buckingham Palace.

7. The TUC is the Trade Union Congress *(qui réunit régulièrement les syndicats britanniques).*

Chapitre 16, page 307

1 **1.** Wrong – **2.** Wrong – **3.** Right – **4.** Right – **5.** Wrong – **6.** Right – **7.** Wrong (Native Americans first helped the Pilgrim Fathers and took part in the first Thanksgiving celebrations.) – **8.** Wrong (in the 19th century) – **9.** Wrong.

2 **1.** the green card – **2.** 1621 – **3.** South; North – **4.** July, 4th – **5.** Washington, DC.

3 **1.** b – **2.** d – **3.** e – **4.** a – **5.** c

4 **UT:** Utah (from the "Ute" tribe in Navajo)

OH: Ohio ("good river" in Iroquois)

MI: Minnesota ("cloudy river" in Sioux)

IA: Iowa ("beautiful land")

CO: Connecticut ("long river place" in Algonquin)

IL: Illinois ("men/warriors" in Algonquin).

5 **1.** New York City: 5th Avenue *(l'avenue la plus huppée de la ville)*, Manhattan, the Bronx, Ellis Island, the Statue of Liberty, Broadway *(le quartier des théâtres).*

2. Washington, DC: the Capitol, the White House, Lincoln Memorial *(où M.L. King a fait son discours* "I have a dream"*)*, the Potomac *(la rivière qui y coule).*

6 abolished ; rights ; South ; Movement ; launched ; black ; arrested ; led ; speech ; assassinated ; influenced.

7 **1.** b – **2.** d – **3.** a – **4.** c – **5.** e

ESPAGNOL

Chapitre 1, page 311

1 **1.** Réponse **a** – **2.** Réponse **b** – **3.** Réponse **b** – **4.** Réponse **a**

2 gato – cuidadosamente – coche – marroquí – Antequera – está – rosal – élite – bodegón – gorriones – llaman – Amenábar – esta – añil – perdiz – Manzanares – Guadalquivir – cachorro – raja – rosaleda – Macarena – Retiro – callejuela – noviazgo – desgraciadamente – espiral

3 **1.** Ayer hacía un tiempo espléndido así que fuimos a la playa de Málaga con María, Javier, Eugenio, José, sus hijos y su hermana política y lo pasamos muy bien.

2. Sus padres eran famosos campeones de esquí pero él es aficionado al fútbol y sueña con jugar en el Real Madrid.

3. Estaba impaciente de visitar el Museo del Prado para admirar los cuadros de Velázquez y Zurbarán. Quedó muy impresionado por las obras de Goya, y no puede olvidar a ese perro negro de la Quinta del Sordo.Pero reconoce que el Guernica de Picasso, en el Reina Sofía le dio escalofríos, aunque lo había estudiado en clase y pensaba conocerlo bien.

6 llegué, noté, Eché, habitación, Ángela, Qué, habrá, pensé, Ojalá, esté, volvió, pregunté, mía, qué, Qué, Así, sí, contestó, José, había, quería.

7 Por aquí, por acá,
A Córdoba se va.
Quiero ir por aquí,
A cortar alhelí,
Quiero ir por acá,
A tocar maracá.

8 **1.** Estaba impaciente de viajar por la sabana para ver un león.

2. El Papa hizo un viaje a Santiago.

3. ¿Te apetece una raja de melón con jamón?

4. He puesto las sábanas en la lavadora.

5. Los Papas viven en Roma.

6. Sus papás vuelven de Roma.

7. Cuenta que un rajá se enamoró de su abuela.

8. Su papá acaba de regalar un libro a Santiago.

Chapitre 2, page 313

1 **1.** Réponse **b** – **2.** Réponse **b** – **3.** Réponse **b** – **4.** Réponse **a** – **5.** Réponse **b**

2 **1.** la – **2.** El – **3.** La – **4.** el – **5.** la – **6.** el, las, el, las – **7.** El – **8.** los – **9.** el – **10.** el.

3 **1.** la actriz inglesa – **2.** la estudiante francesa – **3.** una profesora interesante – **4.** la peluquera amable – **5.** una cliente desagradable – **6.** la emperatriz china – **7.** la hija menor – **8.** la cantante famosa – **9.** la reina española – **10.** la dependienta cansada – **11.** la niña ingenua – **12.** la conductora imprudente – **13.** la Princesa joven – **14.** sus amigas madrileñas – **15.** la madre de Vicenta – **16.** la directora artística – **17.** la escritora alemana – **18.** la médica simpática.

4 **1.** las Comunidades Autónomas – **2.** los gatos monteses – **3.** los caracteres difíciles – **4.** unas jóvenes felices – **5.** los regímenes dictatoriales – **6.** unas imágenes atroces – **7.** unos turistas parlanchines – **8.** unas mujeres iraníes – **9.** los campeones alemanes – **10.** los olivares andaluces – **11.** unos especímenes frágiles – **12.** los lunes tristes – **13.** unas acciones fantásticas – **14.** los crímenes impunes – **15.** los reyes ingleses – **16.** unos menús baratos – **17.** unas luces deslumbrantes – **18.** los lápices azules – **19.** unas ciudades espectaculares – **20.** los mares grises – **21.** las actrices ágiles – **22.** los leones feroces – **23.** unas capitales occidentales – **24.** unas imperatrices crueles.

5 interesante – nueva novia – chica – rubia – azules – enormes – verde – destrozados – fea – presumida – idiota.

Chapitre 3, page 315

1 yo quepo – vosotros recibís – Usted comerá – tú leías – Ustedes escribieron

2 **1.** ¿Por qué me lo dices a mí? **2.** Yo os lo contaré. – **3.** No te lo hemos pedido. – **4.** Yo se lo digo a Usted. – **5.** Vosotros hacéis lo que os da la gana – **6.** Me lo enseñará Usted. – **7.** Él se las da. – **8.** ¿Por qué tú no quieres venir conmigo? – **9.** Anselmo nos lo dio. – **10.** ¿A mí, me las prestas?

3 **1.** os – **2.** se – **3.** nos – **4.** me – **5.** te.

4 **1.** ¿No quieres sentarte? – **2.** No puedo preguntárselo – **3.** ¿Puedes prestármelo? – **4.** Quiso explicártelo. – **5.** No podemos dártelo.

5 **1.** Se lo explico. – **2.** Vienes conmigo al cine. – **3.** Señor, se lo pide. – **4.** Hijos míos, os lo mando. – **5.** No quiere decírtelo. – **6.** ¿Te vas con él? – **7.** Se la presta. – **8.** Se lo repite. – **9.** Se lo llevó consigo. – **10.** ¿Viene Usted a Madrid con nosotros, Señor?

6 **1. a.** escribís – **b.** comen – **c.** toco – **2. a.** subíamos – **b.** bailaba – **3. a.** hablaréis – **b.** recorrerán – **4. a.** creería – **b.** ayudaría – **c.** viviríais – **5. a.** vendió – **b.** vivieron – **6. a.** desayune – **b.** recibamos – **7. a.** bebieras – **b.** pasearais – **c.** recibiera – **8. a.** siéntese – **b.** dímelo – **c.** escribídmelo.

Chapitre 4, page 317

1 yo saqué – Usted asintió – nosotros durmamos – Ustedes siguieron – tú volviste

2 **1.** empieza – **2.** vuelve – **3.** almorzamos – **4.** juega – **5.** te acuerdas – **6.** llueve – **7.** comienzo – **8.** resolvéis – **9.** cierran – **10.** detiene.

3 **1.** consigue – **2.** pide – **3.** elijo – **4.** os vestís – **5.** impide – **6.** corrijo – **7.** sigue – **8.** persigue – **9.** sigo – **10.** mides.

4 **1.** se sintió – **2.** durmieran – **3.** adhirieron – **4.** muerde – **5.** nos sintamos – **6.** nos muramos – **7.** hiráis – **8.** asintieran – **9.** os divirtierais – **10.** prefirieron.

5 Hoy, no **juego** al **tenis** porque no me **siento** bien y además **llueve**, así **puedo** seguir en la televisión el **partido** de Rafa Nadal en el Abierto de EE.UU. **Juega** cada vez mejor, espero que va a ganar. Después, si **quieres**, **podemos** salir por ahí o ir a **bailar** en una nueva **discoteca** que acaba de abrir. Paco **dice** que es estupenda y que la gente se **divierte** mucho. También, nos **sugiere** que vayamos a su casa a jugar a los **naipes**.

Chapitre 5, page 319

1 **1.** Réponse **a** – **2.** Réponse **a** – **3.** Réponse **a** – **4.** Réponse **b** – **5.** Réponse **b**

2 Está – es – Es – están – está – Es – estuvo – Estuvo – son – era – Están – era – es – estaba – era – eran – era – está – es – es.

3 **1.** son, son, están – **2.** estoy, está – **3.** son, Somos, estamos – **4.** es, está – **5.** sido, es – **6.** están, es, estamos – **7.** estoy, es.

4 están – es – estar – es – están – estuvieron – estuvieron – está – está – es – es – es – es – es – está – está – es – esté – es – esté.

5 son – está – están – están – son – son – están.

Chapitre 6, page 321

1 **1.** Réponse **a** – **2.** Réponse **a** – **3.** Réponse **b** – **4.** Réponse **b** – **5.** Réponse **a**

2 **1.** Uno tiene mucho trabajo. – **2.** Se vende una casa. – **3.** Dicen que un rosal brotó de la tumba. – **4.** Una tiene demasiadas cosas que preparar. – **5.** Dicen que este país es muy hermoso. – **6.** Pensaban que el Rey era culpable. – **7.** Se prohíbe el paso. – **8.** Se fijan carteles.

3 **1.** ¿Qué comemos esta noche? – **2.** Dicen que es un clima muy agradable. – **3.** No pensamos que sea la mejor solución. – **4.** Después de las vacaciones, uno/a se siente mejor. – **5.** Cuentan que es un accidente. – **6.** Iremos a veros la semana que viene. – **7.** Nos gustó mucho Chile. – **8.** Después de dos horas de piscina, una está cansada. – **9.** No se sabe exactamente de qué murió Napoleón. – **10.** A veces uno/a se pregunta cómo resiste.

4 **1.** santo – **2.** primer – **3.** gran – **4.** tercera – **5.** San – **6.** malo – **7.** cien – **8.** cualquier – **9.** buen – **10.** San

5 buen – primer – primera – gran – grande – santo – San – buena – gran – ninguna

6 Es nuestro primer viaje a América Latina. Estamos locos de alegría. ¡Fíjate! Es un gran acontecimiento. Tomamos un avión que tiene un buen horario. Viajamos toda la noche y llegamos en buena forma a Buenos Aires. Podremos visitar la ciudad desde el primer día. El tercer día, nos llevan a Colonia, en Uruguay. Para ir allí, se puede tomar un barco más o menos rápido. Prefiero uno lento, se aprecia más el paisaje.

Chapitre 7, page 323

1 **1.** Réponse **b** – **2.** Réponse **a** – **3.** Réponse **a** – **4.** Réponse **a** – **5.** Réponse **b**

2 **1.** A ella no le gusta la peli. – **2.** A los perros les gustan los huesos. – **3.** A los alumnos les interesó el poema. – **4.** A Usted le encanta estar con sus nietos. – **5.** Al campeón de tenis le dolían los dedos. – **6.** A ellos les toca convidarnos. – **7.** A Ustedes les encanta viajar con sus hijos. – **8.** No te sienta este vestido. – **9.** Nos consta que no estaba en casa. – **10.** A vosotros os apetecen helados. – **11.** A ti no te sientan estos colores. – **12.** A Usted ¿no le duelen los pies?

3 **1.** A nosotros no nos gusta este chiste. – **2.** ¿A ti te gusta esta novela? – **3.** A vosotros os encantaba esa playa. – **4.** ¿A Usted,Señora, le duele la cabeza? – **5.** ¿A Ustedes, Señores, les gusta este cuadro? – **6.** A mí me encanta Barcelona. – **7.** ¿A ti te duelen las manos? – **8.** ¿ A vosotros os apetece una paella? – **9.** ¿A ti te consta que es su primo? – **10.** Señora, a Usted le toca intervenir. – **11.** ¿A Ustedes, no les gustó la película? – **12.** A nosotros, nos encantó la visita al museo. – **13.** A mí, me duele dejarlo solo. – **14.** A nosotros, nos toca hoy.

4 **1.** Les encanta este pintor. – **2.** ¿Te duele la espalda? – **3.** A Usted, Señor, ¿no le gustó la película? – **4.** A mí, me dolían demasiado los pies. – **5.** A ti te toca pagar. – **6.** A nosotros, nos encanta pasearnos por este barrio. – **7.** Hijos míos, ¿os gusta montar a caballo ? – **8.** A mí me toca decírselo.

5 **1.** No, no quiero nada. – **2.** No, no ha venido nadie. – **3.** Yo no bebo nunca. – **4.** No, no hemos visto a nadie. – **5.** A mí no me gusta nada. – **6.** No, ya no me duele. – **7.** No, no hemos comido nada. – **8.** No me lo dijo nadie.

6 **1.** Ni siquiera nos llaman. / Ni nos llaman siquiera. / Ni nos llaman.

2. Ni siquiera los conocemos. / Ni los conocemos siquiera. / Ni los conocemos.

3. Ni siquiera me saluda. / Ni me saluda siquiera. / Ni me saluda.

4. Ni siquiera intentó Paco aprender el poema. / Ni intentó siquiera Paco aprender el poema. / Ni intentó Paco aprender el poema.

5. Ni siquiera lo vi. / Ni lo vi siquiera. / Ni lo vi.

Chapitre 8, page 325

1 **1.** Réponse **a** – **2.** Réponse **a** – **3.** Réponse **b** – **4.** Réponse **b** – **5.** Réponse **a**

2 **1.** aquel – **2.** este – **3.** ese – **4.** Esta – **5.** esta – **6.** esa – **7.** Aquel – **8.** ese – **9.** Aquel – **10.** Ésta.

3 **1.** elegantísima – **2.** tristísimo – **3.** riquísima – **4.** larguísimo – **5.** facilísimo – **6.** voracísimo – **7.** guapísima – **8.** felicísima – **9.** famosísimo – **10.** malísima.

4 **1.** Su jardin es más grande que el nuestro. – **2.** Su acento es peor que lo tuyo. – **3.** Este castillo es más hermoso que el otro. – **4.** Toma eso: es mejor para la salud. – **5.** Su madre es más severa que su padre.

5 **1.** Me gustó tanto Chile como Argentina. – **2.** Son unos comilones: Alberto come tanto como Eugenio. – **3.** Me interesó tanto su teatro como su poesía. – **4.** Paco es tan moreno como su madre. – **5.** Su hija es tan alta como él.

6 **1.** Este coche es menos rápido que el otro. – **2.** Esta casa es menos grande que la de antes. – **3.** Su hermano es menos simpático que ella. – **4.** Hoy, el tiempo es menos agradable que ayer. – **5.** La vida es menos cara allá que en Francia.

7 Lorca cantaba: "Sevilla es una torre llena de arqueros finos" y un refrán dice: "Quien no ha visto Sevilla, no ha visto maravilla". Pasearse por el **casco** antiguo, tomar una copa cerca de la **plaza** de Santa Cruz y admirar los preciosos azulejos de los **patios**, visitar la Casa de Pilatos, subir a la torre de la Giralda o dar una vuelta por el Parque María Luisa es un puro encanto. ¡Qué agradable resulta andar a lo largo del Guadalquivir con la **Torre** del Oro que nos recuerda el esplandor del pasado! ¡O cruzarlo por el elegante **puente** de la Barqueta! ¡Qué agradable respirar los **azahares** e ir descubriendo esta magnífica arquitectura **oriental** en medio de los **naranjos**! Y ¡qué pintoresco es el **barrio** de Triana! Si uno está cansado puede pasar un momento divino en unos **baños** árabes dignos de las Mil y una noches.Y, claro, si uno es adicto a las compras, en la zona **peatonal**, encontrará todos los **almacenes** o tiendas que necesite. ¿Qué más se puede desear?

Chapitre 9, page 327

1 **1.** Réponse **b** – **2.** Réponse **a** – **3.** Réponse **b** – **4.** Réponse **b** – **5.** Réponse **a**

2 **1.** a / con – **2.** en – **3.** de – **4.** con / de – **5.** a – **6.** en – **7.** en / a – **8.** de – **9.** con / a – **10.** con.

3 **1.** para – **2.** Para – **3.** para – **4.** por – **5.** para – **6.** para – **7.** por – **8.** por.

4 **1.** ¿A quién esperas? Espero a mi hermano. – **2.** Están locos por sus nietos. – **3.** No vaciló en defenderlo. – **4.** ¿De qué te disfrazas? – **5.** Su coche olía a tabaco. – **6.** Este anillo no es de oro. – **7.** ¿De quién es este móvil? – **8.** Fue el primero en contestar.

5 El Museo de la Evolución Humana acaba **de** abrir en Burgos. En efecto, **en** Atapuerca, cerca **de** Burgos (Castilla y León), existen yacimientos declarados Patrimonio **de** la Humanidad donde se llevaron **a** cabo estudios arqueológicos muy importantes **para** el conocimiento de nuestros antepasados. Entre los restos más notables es **de** señalar un cráneo y una cadera.

6 **1.** He aquí Diego, el chico de quien te hablé. – **2.** Subió a un coche cuyos cristales eran negros. – **3.** Somos veinticinco alumnos en clase, dos de los cuales vienen de Chile. – **4.** Es raro, tuvo cuatro hijos, dos de los cuales son pelirrojos.

Chapitre 10, page 329

1 **1.** Réponse **a** – **2.** Réponse **a** – **3.** Réponse **b**

2 **1.** Suele ir – **2.** Suelen comer – **3.** Sueles acostarte – **4.** Soléis escuchar – **5.** Usted suele volver.

3 **1.** Ustedes vuelven a llamar– **2.** Vuelves a jugar – **3.** Vuelve a sentirse – **4.** Vuelvo a mudarme.

4 **1.** se puso – **2.** llegó a ser – **3.** se ponía – **4.** se volvió – **5.** se convirtió – **6.** se puso – **7.** se volviera – **8.** se hizo.

5 *La semana pasada* **vino** Joaquín. ¡Cuánto me **alegré**! Ya **llevaba** un año en Argentina y **tendríamos** un montón de cosas que contarnos. **Esperaba** que no **hubiera** atascos, a esas horas, nunca se sabe. **Tenía** que llamar a Susana, a ver si le **apetecía** venir conmigo. Joaquín **estaría** contento de verla. No me **acordaba** dónde **había** puesto el móvil. ¡Qué cabeza la mía! **Estaba** debajo de la almohada, lo de siempre… Pero no **funcionaba**, se **había quedado** sin batería.

6 nació – era – Era – era – vino – entabló – hizo – estalló – quiso – detuvieron – murió.

7 **1.** Después del invierno, el jardín se convirtió en un lodazal.

2. Por fin, llegó a ser Presidente de la República.

3. Cuando comprendió lo que pasaba, se puso muy pálido.

4. A pesar de la opinión de su familia, se hizo cura.

5. Poco a poco, se volvió famosa en la ciudad.

6. A pesar de la crisis se volvieron ricos.

7. ¿Has notado lo flaca que se ha puesto?

8. Se entrenó tanto que llegó a ser campeón.

Chapitre 11, page 331

1 **1.** Réponse **a** – **2.** Réponse **b** – **3.** Réponse **c** – **4.** Réponse **b**

2 **1.** se fuera – **2.** supierais – **3.** invitaran – **4.** vinieras – **5.** durmieran – **6.** ganara – **7.** abriéramos.

3 **1.** parecía / valiera– **2.** Era / supiera – **3.** Deseaba / tuvieras – **4.** valía / olvidaras – **5.** Preferían / fuera – **6.** Estaba / fuera – **7.** Era / llamaran– **8.** era / compraras– **9.** era / hubierais – **10.** Era / trajeran.

4 **1.** pidió / viniera – **2.** Quiso / fuera – **3.** Desearon / se acostaran – **4.** Exigimos / contestara – **5.** aconsejó / estudiaran – **6.** quiso / ayudara – **7.** aconsejó / descansara – **8.** quisieron / investigaran – **9.** aconsejé / insistieras – **10.** pidió / atendieran.

5 **1.** No lo repitas – **2.** Vete – **3.** Volved – **4.** Durmamos – **5.** Deténganse – **6.** Devuélvemelo – **7.** No le llames – **8.** No se preocupe.

6 **1.** Quisiera que leyeras esta novela. – **2.** Era necesario que te lo dijera. – **3.** Nos gustaría que viniera a cenar. – **4.** Le dijeron que era demasiado tarde. – **5.** Le aconsejé que se divirtiera.

7 **1.** Su padre le pide que venga y le traiga su tarea.

2. El profesor aconsejó a los alumnos que se callaran / callasen y se concentraran / concentrasen.

3. El médico pidió al enfermo que tosiera / tosiese y dijera / dijese treinta y tres.

4. Pablo dice a su hermano que se calle y le deje en paz.

5. La madre ordenó a sus hijos que no volvieran / volviesen tarde y no despertaran / despertasen a su hermanito.

6. El portero sugirió a los inquilinos que apagaran / apagasen la luz del pasillo y cerraran / cerrasen la puerta.

7. El director dijo a la secretaria que descolgara / descolgase y dijera / dijese que no estaba.

8. La azafata exigió que se quedaran / quedasen sentados y se abrocharan / abrochasen los cinturones.

Chapitre 12, page 333

1 **1.** Réponse **b** – **2.** Réponse **a** – **3.** Réponse **b**

2 **1.** el monte de Tarik – **2.** Cantabria – **3.** las tres religiones – **4.** un jefe militar y religioso – **5.** Granada – **6.** un palacio granadino – **7.** Francisco I – **8.** *Las Meninas* – **9.** *El 2 de Mayo.*

3 **1.** 600 – **2.** tres / nueve – **3.** arroz – **4.** la paella – **5.** Galicia – **6.** Bilbao.

4

Chapitre 13, page 335

1 **1.** Réponse **c** – **2.** Réponse **c** – **3.** Réponse **a** – **4.** Réponse **b** – **5.** Réponse **b**

2 Cuando … quisieron **nombrar** los lugares que iban descubriendo … representó **millares** de nombres … otras veces **rindieron** homenaje … recuerda vientos **favorables** … A menudo, **agotada** la imaginación … de su tierra de **origen** … por los **Cartagineses** …

3 **México**: Popocatépetl – **Argentina**: Estrecho de Magallanes, Perito Moreno, Iguazú, Río de la Plata, Aconcagua – **Bolivia**: Lago Titicaca – **Chile**: Desierto de Atacama.

4 **México**: Pancho Villa, El subcomandante Marcos, Emiliano Zapata – **Argentina**: Evita Perón, Che Guevara, Quino – **Chile**: Salvador Allende, Gabriela Mistral, Pablo Neruda – **Guatemala**: Rigoberta Menchú – **Venezuela**: Bolívar – **Cuba**: Fidel Castro.

5

Callao: Perú	Colonia: Uruguay
Ushuaia: Argentina	Cancún: México
Concepción: Chile	Guayaquil: Ecuador
Cartagena de las Indias: Colombia	San José: Costa Rica
Asunción: Paraguay	Caracas: Venezuela
La Paz: Bolivia	Tikal: Guatemala

CORRIGÉS

Table des illustrations

6	ph © DeAgostini / Leemage
10, 16, 22	doc. Wikimédia Commons
31	ph © Akg-Images
35	ph © Giraudon / The Bridgeman Art Library
37	ph © René Magritte (1898-1967), « *La reproduction interdite* », 1937, huile sur toile, 81 x 65 cm, Rotterdam, Musée Boijmans Van Beuningen, Photothèque R. Magritte / © Adagp, Paris 2015
38	ph © Selva / Leemage
44	Coll. Archives Hatier
72	© Plantu
73-hg	ph © Akg-Images
73-bd	ph © Erich Lessing / Akg-Images
74	ph © DeAgostini / Leemage
144	ph © Josse / Leemage
149-h	ph © Pirozzi / Akg-Images
149-bd	ph © Corbis
154	ph © Hervé Champollion / Akg-Images
155	ph © 2015. Photo Scala, Florence
158	ph © Centre de Recherches en Histoire de l'Université Rennes 1, d'après Dom Morice: Mémoires pour servir de preuves à l'histoire ecclésiastique et civile de Bretagne
159-hg	Coll. Jean Vigne / Kharbine-Tapabor
159-bg	ph © Martine Beck-Coppola / RMN
163-hd	ph © Paul Freeman / The Bridgeman Art Library
163-bg	ph © Aisa / Leemage
164	Coll. Migny / Kharbine-Tapabor
167	ph © Archives Hatier
174	ph © François Perri / Réa
175	ph © Marta Nascimento / Réa
180	ph © CNES / Dist Spot Image / Explorer / Hoa-Qui / Gamma-Rapho
186	ph © Ron Kwok / Nasa / JPL
191-hg	ph © Keystone / AFP
191-hd	ph © Franck Charel / Hoa-Qui / Gamma - Rapho
191-md, bd	ph © Earth Observatory / Nasa
192	ph © Lilyana Vynogradova / Shutterstock
201	ph © M. Hans
202	ph © Domingie & Rabatti / La Collection
213, 214	ph © J. Riby / Archives Hatier
238	ph © ronfromyork / Shutterstock
241-hd	ph © W. Dentler / BPS / Stone / Getty-Images
241-bg	© Atlas de biologie cellulaire de J.-C. Roland, A et D. Szöllösi, J.-C. Callen, © Dunod, Paris, 1999
241-bd	ph © INRA Photothèque
243-h	ph © F. Hanoteau / Sordalab, Villeneuve-sur-Auvers
243-b	ph © Keith Wood / Promega Corporation
245	ph © F. Hanoteau / Sordalab, Villeneuve-sur-Auvers
252	ph © Juice Images / Corbis
261	ph © F. Hanoteau / Sordalab, Villeneuve-sur-Auvers
274	ph © Serge Bertasius / Shutterstock
285	Coll. Kharbine-Tapabor
303	ph © The Granger Collection NYC / Rue des Archives
308	ph © Alena Stalmashonak / Shutterstock
319	ph © Sepp Puchinger / Imagebroker / Photolibrary
336	ph © asiseeit / Istockphoto

Maquette de principe : Anne Gallet
Mise en pages : STDI
Cartographie : Nathalie Cottrel-Bierling / Légendes cartographie / STDI
Schémas : H. Piolet / F. Dubiez / L. Blondel (Coredoc) / P. Bouillon (Illustratek) / STDI
Iconographie : Hatier illustration
Rédaction de la partie « Focus orientation » : Brigitte Prot
Édition : Anne Peeters, Lisa Roche, Catherine Rollet, Grégoire Thorel, assistés de Mélanie Martin

Achevé d'imprimer en France par Loire Offset Titoulet à Saint-Étienne
Dépôt légal : 98892-9/01 - Avril 2015

IMPRIM'VERT

PAPIER À BASE DE FIBRES CERTIFIÉES

Hatier s'engage pour l'environnement en réduisant l'empreinte carbone de ses livres. Celle de cet exemplaire est de 1.8 kg éq. CO_2 Rendez-vous sur www.hatier-durable.fr

L'Union européenne

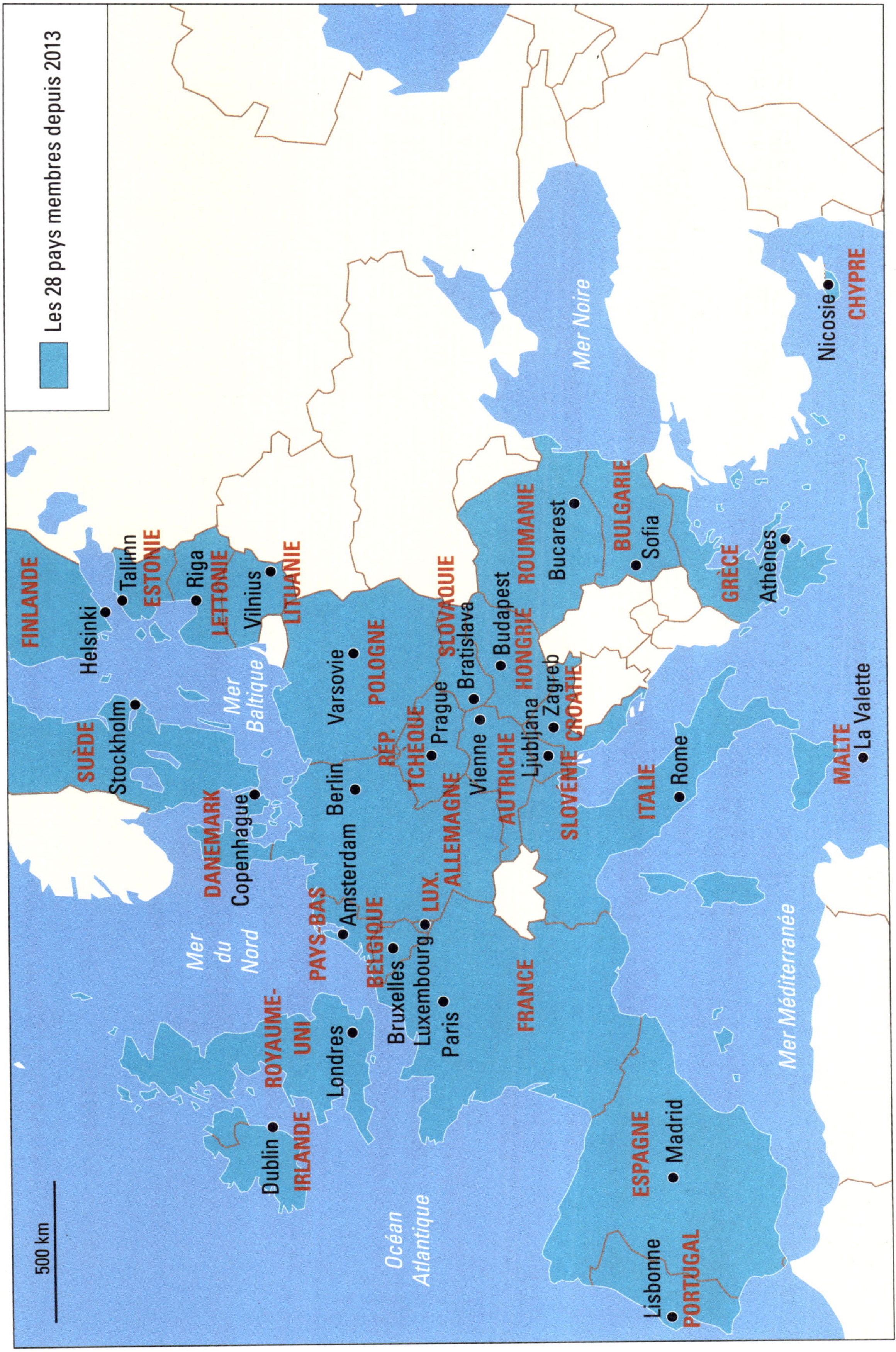

Les États du monde